中华蒙学大全

第一卷 郑红峰 编著

吉林出版集团有限责任公司

图书在版编目（CIP）数据

中华蒙学大全 / 郑红峰编著. —长春：吉林出版集团
有限责任公司，2014.11

ISBN 978-7-5534-5915-8

Ⅰ.①中… Ⅱ.①郑… Ⅲ.①古汉语—启蒙读物
Ⅳ.①H194.1

中国版本图书馆CIP数据核字（2014）第244599号

中华蒙学大全
ZHONGHUAMENGXUEDAQUAN

编　　著：郑红峰
责任编辑：陈　曲　金　昊
封面设计：高　山
出　　版：吉林出版集团有限责任公司
发　　行：吉林出版集团社科图书有限公司
电　　话：0431-86012745
印　　刷：北京市楠萍印刷有限公司
开　　本：710mm×1040mm　1/16
字　　数：1000千字
印　　张：80
版　　次：2014年11月第1版
印　　次：2014年11月第1次印刷
书　　号：ISBN 978-7-5534-5915-8
定　　价：360.00元（全四卷）

如发现印装质量问题，影响阅读，请与印刷厂联系调换。

蒙学大全 · 三字经

蒙学大全·笠翁对韵

前　言

　　中国自古重视教育，视教育为民族生存的命脉。《礼记》曰："建国君民，教学为先；化民成俗，其必由学。"意思就是要建立国家、治理百姓，必须将教育放在第一位。要教化人心，培养淳朴的民风，也必须从教育入手。正是由于重视教育，我们民族才创造了丰富灿烂的中华文明，并能够薪火相传，继往开来。当代中国德育问题重重，因此有必要汲取祖先的教育智慧，重视国学启蒙读物，使我们的孩子能够正心明德，立志治学，知书达理，进取创新。

　　《中华启蒙》是一部很适合孩子看的启蒙读物。它是从大量的传统蒙书中精心选编而成的，内容由24个短篇组成，包括三字经、百家姓、弟子规、千字文、千家诗、增广贤文、声律启蒙、小儿语等对中国乃至世界产生重大影响、广为流传的著名读物。

　　《三字经》是宋朝王应麟先生所作，它是迄今保存最完整、使用最久、影响最广的启蒙书籍。它的内容大部分采用押韵式文风，像一首诗一样，每三字一句，四句一组，背诵起来朗朗上口，如唱儿歌，用来教育子女不仅十分有趣，还能启迪心智，所以本书被广泛翻印，广为流传，经久不衰。

　　《三字经》文笔自然流畅，朴实无华，深入浅出，情真意切。书中仅用三百多字便概括了中华五千年历史的变迁，直至今日内容虽有修改或增加，但主要结构并未改变，是一本难得的启蒙读本。对于少年儿童增长知识、陶冶情操是非常有益的。

　　《百家姓》是北宋初年钱塘（杭州）的一个书生所编撰的蒙学读物，它将经常见到的一些姓氏编成像诗歌一样的韵文，采用四言体例，句句押韵，虽然内容没有文理，但使读者容易诵读和记忆。因此，流传至今，影响极深。它是中国传统文化启蒙读物的经典，它深深地影响了一代又一代的中国人。"赵钱孙李，周吴郑王"，我们也正是在朗读《百家姓》的过程中，了解到丰富多彩的姓氏来源，并由此产生了寻根问祖的兴趣。

　　《千字文》是我国早期的蒙学课本。隋唐以来，《千字文》大为流行，背诵《千字文》被视为识字教育的捷径。它不是简单的单字堆积，而是条理分明，通顺可诵，是咏物咏事的韵文，其内容又涉及自然、社会、历史、教育、伦理等多方面的知识。所选千字，大都是常用字，生僻字不多，便于识读。因流传甚广，以至文书编卷，都采用"天地玄黄"来代替数字。少数民族地区也出现了满汉、蒙汉文的对照本字。由于历代不少大书法家都曾书写，更使《千字文》成为今天学习各种书法的范本。

明清以来，一些学者称《千字文》为文字有限却能条理贯穿的"绝妙文章"，不无道理。

《女儿经》成书于明朝，作者已不能确考。版本众多，内容也多有出入。本书编选的《女儿经》是目前留传最广泛的版本。

《女儿经》是传统蒙学经典读本，是封建社会对女孩儿思想道德进行教化的书，在今天仍有许多可以吸取的理念。比如，文中提倡尊老爱幼、勤俭持家、宽以待人、注意礼貌礼节等。另外，希望家长在使用本书时，对其中个别内容加以辩证的理解再对孩子进行教导，取其精华，弃其糟粕。

编者认为，《女儿经》是所有女孩儿都应读的一本书。因为现在的女孩儿迫切需要基本的礼仪教育，她们成长的家庭环境大多都是富足的，在父母无微不至的呵护下吃穿不缺，然而缺少的正是作为"女儿"应有的礼仪，应有的对别人的关爱和责任。且不说能否按《女儿经》上面的要求去做，最起码也应该懂得基本的"孝道"常识，知道父母的含辛茹苦，尽一些自己应尽的职责。编者认为，读读《女儿经》也是促进和谐社会建设的一剂良药。

《弟子规》原名《训蒙文》，为清朝康熙年间秀才李毓秀所作，是古人教育子女，传承忠厚家风的最佳读物之一。其内容是以《论语·学而篇》"弟子入则孝，出则悌，谨而信，泛爱众，而亲仁，行有余力，则以学文"为中心思想，以三字一句，两句一韵编纂而成。

李毓秀早年从事教书，根据传统文化对童蒙的要求，并结合他自己的教书实践，写成了这篇通喻百家的《训蒙文》。此文后经清朝贾存仁修订改编更名为《弟子规》，全篇分为五个部分加以撰述，具体列举了为人子弟在待人接物、读书求学等方面应有的礼仪与规范。

《弟子规》虽然包含了当时的一些封建伦理思想，如"不管己，莫管闲"，"非圣书，屏勿视"等，但是在教育子弟谦虚自律、远佞近贤、善待亲朋等方面仍有启发意义。因为行文浅易懂，押韵顺口，在清代后期成为广为流传的童蒙读物，与《三字经》《千字文》具有同等影响。

"至乐莫如读书，至要莫如教子"。相信这些有益理论对现在家长如何教育孩子会起到积极的作用。

《龙文鞭影》是明朝万历年间萧良有编写的，整本书贯穿着民族精神、传统美德和人格光辉，虽有一定的历史局限性，但绝无庸俗低级趣味。全文采用四言，押韵格式，并且都是平声韵，朗朗上口。本书几个世纪来，深受广大家长、老师和孩子们的喜欢，至今广为流传。

其他入选，蒙学读物书中均有详细讲解，在此不一一叙述。

总之，本书融知识性与趣味性于一炉，让孩子在阅读时不仅能感受中国古代文化无穷的魅力，也能从中得到许多读书的乐趣。

鉴于时间仓促，文字工作量庞大，难免有疏漏之处，恳请读者朋友批评指正。

目 录

三 字 经

【题解】

《三字经》是宋朝王应麟（字伯厚）先生所作，它是迄今保存最完整、使用最久、影响最广的启蒙书籍。它的内容大部分采用押韵式文风，像一首诗一样，每三字一句，四句一组，背诵起来朗朗上口，如唱儿歌，用来教育子女不仅十分有趣，还能启迪心智，所以本书被广泛翻印，广为流传，经久不衰。

《三字经》是南宋以后，流传非常广远的中国古代启蒙教育丛书之一。关于它的编著者有三种说法：一说是南宋王应麟，二说是南宋区适之（广东南海人，字正叔），三说是明人黎贞。不过认为王应麟是较早的修订作者之一，恐怕是较公正的说法。因为最近发现《祖集堂·卷六·洞山和尚》中也有《三字经》中的"玉不琢，不成器，人不学，不知道"的话。而这本禅宗灯史式的著作乃成书于五代南唐中主保大十年（952），可见《三字经》的雏形早在10世纪中叶已具。何况洞山和尚卒于唐末咸通十年(869)，在他生前早有了许多三言警句是不成问题的。

《三字经》文笔自然流畅，朴实无华，深入浅出，情真意切。书中仅用三百多字便概括了中华五千年历史的变迁，直至今日内容虽有修改或增加，但主要结构并未改变，是一本难得的启蒙读本。对于少年儿童增长知识、陶冶情操是非常有益的。

人之初①，性②本善。性相近，习相远③。

【注释】

①初：初始；开始；初生。

②性：天性，人天生具有的性情和气质。

③习相远：习：积习，习染，这里包括主动接受知识和被动受到影响两种情况。相远：互相远离，差别越来越大。

【译文】

人在刚出生时，本性都是善良的，性情也很相近。但随着各自生存环境的不同变化和影响，每个人的习性就会产生差异。

苟①不教②，性③乃迁④。教之道，贵以专⑤。

【注释】

①苟：如果。

②教：教诲。

③性：性情。

④迁：变化。

⑤专：专心致志。

【译文】

如果不及时进行后天的教育，先天的善性就要改变。然而教育的方法却贵在专一。

昔孟母，择①邻处②。
子不学③，断机杼④。

【注释】

①择：选择。

②处：停留，居住。

③不学：不好好学习。

④杼：织布机上的梭子。

【译文】

以前孟子的母亲，选择生活的环境而居住，儿子不学习，剪断织布机上的布（用以教育孩子学习要持之以恒）。

窦燕山①，有义方②。教五子，名③俱④扬⑤。

【注释】

①窦燕山：五代人，本名窦禹钧，由于他住在燕山附近，人们就称他为"窦燕山"。窦，是人的姓。

②义方：（教育孩子的）好方法。

③名：名声。

④俱：全，都。

⑤扬：显扬、传播。

【译文】

五代时，燕山人窦禹钧教育儿子很有方法，他教育的五个儿子都很有成就，声名传播四方。

子不教，父之过。教不严，师之惰。

养不教^①，父之过^②。教不严^③，师之惰^④。

【注释】

①教：为父之教。

②过：罪过，过错。

③教：为师之教。严：善教之方。

④师：教书先生。惰：怠惰。

【译文】

养活儿子不教育他，是做父亲的过错。教育学生不严格要求，是做老师的懒惰。

子^①不学，非所宜^②。幼^③不学，老何为^④？

【注释】

①子：子女、孩子。

②宜：合适、应该。

③幼：年纪小的时候。

④老何为：年纪大了能做什么。老：年老的时候。何：表示疑问的语气，什么。为：作为。

【译文】

为人子女如果不用心学习，是不对的；年纪小的时候，不肯努力、用功学习，等到年纪大了，还能有什么作为呢？

玉不琢①，不成器②。人不学③，不知义④。

【注释】

①玉：指美玉。琢：雕琢，雕刻玉石使成器物。

②器：指器物。

③学：指学习。

④义：指道义、伦理。

【译文】

玉石不经过雕刻，不能成为器皿。人不学习，就不懂得礼义。

为人子①，方少时。亲师友，习礼仪②。

【注释】

①人子：儿女。

②礼仪：礼节。封建社会礼节繁多，要求人人学会礼仪是重要的教学内容。

【译文】

做儿女的，从小的时候就要亲近老师和朋友，以便从他们那里学习到为人处世的礼节和知识。

香九龄①，能温席②。孝于亲，所当执③。

【注释】

①香：黄香，东汉人，传说他九岁时就能孝顺父亲，夏天炎热，给父亲扇凉枕席；冬天寒冷，先用自己身体去温暖被窝，再让父亲去睡，因"孝"而得官职。

②温席：温：暖。席：睡觉时用来铺垫的草席。此处泛指寝席和被褥。

③所当执：应当如此做。

【译文】

黄香九岁时，冬天就能给父亲温暖被窝。孝顺父母，是当儿女的应该做的。

> 融①四岁，能②让梨。
> 弟③于长，宜先知④。

【注释】

①融：指孔融（153－208），东汉时著名的文学家。

②能：知道，懂得。

③弟：这里和"悌"字意思相同，指弟弟敬爱哥哥。

④先知：早点知道，这里是从小就懂得的意思。知：明白了解。

【译文】

汉代人孔融四岁时，就知道把大的梨让给哥哥吃，这尊敬和友爱兄长的道理，是每个人从小就应该懂得的。

> 首①孝悌，次见闻②。
> 知某数③，识某文④。

【注释】

①首：本义为头，引申为首要。

②次：其次，次一等。见闻：多见天下之事，多闻古今之理。见，指眼见。闻，指耳闻。

③知：知道，学会。数：数目，算数。

④文：文字，文章，文理。

【译文】

一个人首先要学的是孝敬父母和兄弟友爱的道理，接下来是学习看到和听到的知识。并且要知道基本的算术和高深的数学，以及认识文字，阅读文学。

> 一而十①，十而百，百而千，千而万。

【注释】

①一：数之始。十：数之终。而：到，这里表示按照顺序递进。

【译文】

一是数字的开始，一到十是最基本的十个数字。十个一是十，十个十是一百，十个一百是一千，十个一千是一万……这样一直计算下去，结果是无穷无尽的。

三才^①者，天地人^②。三光^③者，日月星^④。

【注释】

①三才：这个名词出自《易经》，本来是形容《易经》的内容广博。《易经·系辞下》说："《易》之为书也，广大悉备，有天道焉，有人道焉，有地道焉，兼三才两之。"

②天地人：指天才，地才，人才。

③三光：这个名词出自班固著《白虎通义》："天有三光日月星。"

④日月星：指日光，月光，星光。

【译文】

宇宙间有"三才"，就指天、地、人。天上有"三光"，就是日、月、星。

三纲^①者，君臣义^②，父子亲，夫妇顺^③。

【注释】

①三纲：《礼记·乐记》："然后圣人作，为父子君臣，以为纪纲。"唐人孔颖达疏曰："三纲谓君为臣纲，父为子纲，夫为妻纲。"宋人文天祥《正气歌》："三纲实系命，道义为之根。"可见三纲系我国封建社会所提倡的主要道德规范，正如汉人班固在《白虎通义·三纲六纪》中解释的："三纲者，君臣、父子、夫妇也。"

②义：义务。指各尽其责。

③顺：和睦；和顺。

【译文】

"三纲"是在人与人的关系中应该遵守的三个行为准则，就是君王与臣子的言行要合乎义理，父母子女之间要相亲相爱，夫妻之间要和顺相处。

日^①春夏，日秋冬，此四时^②，运不穷^③。

【注释】

①曰：说，这里是叫作、称为的意思。

②四时：四个时序，这里指春、夏、秋、冬四季。

③运不穷：运：运转、循环。不穷：无穷尽、无终极、没有停止的时候。穷：终止、停止。

【译文】

春、夏、秋、冬叫作四季。这四时季节不断变化循环运转永无穷尽。

日南北^①，日西东^②，此四方^③，应乎中^④。

【注释】

①南北：南方和北方。

②西东：西方和东方。

③四：四方的定位，四方也叫方位，是各方向的位置。

④应：相应照。乎：与。中：南北西东四个方向的聚合点称为中，也指中央。

【译文】

南北西东，这叫四方，而四方与中央是互相对应的。

日水火，木金土，
此五行^①，本乎数^②。

【注释】

①五行：金、木、水、火、土，古人认为它们是构成宇宙万物的五种基本要素，是总称各项事物抽象概念。

②本乎数：根源于天地自然的数理。本：根源。数：天地自然之数。

【译文】

金、木、水、火、土是构成物质的五种基本元素，宇宙万物的形成、变化都是来源于此。对古人来说，宇宙天地的道理及奥妙，包含在复杂的五行生克理论之中。

日仁义^①，礼智信^②，此五常^③，不容紊^④。

【注释】

①仁义：仁爱，仁慈友爱的善良之心。义：正义、正直、符合道义标准的行为。

②礼智信：礼是合理得体的言行举止；智是慎思明辨的能力；信是诚实不欺的态度。

③常：永恒不变的法则。

④不容紊：不可以紊乱。

【译文】

仁、义、礼、智、信是五种为人处世的基本原则，它们体现的智慧和价值是恒久不变的，因此被称作"五常"。每个人都应该遵守五常，随便乱来的行为是绝对不容许的。

稻粱菽^①，麦黍稷^②，此六谷，人所食。

【注释】

①菽：豆类的总称。

②稷：我国古老的农作物，又说是粟的变种，也说是散穗高粱。

【译文】

稻子，高粱，豆类，小麦，小米，谷子，这六种是人类所食用的主要粮食作物。

马牛羊，鸡犬豕^①，此六畜，人所饲^②。

【注释】

①犬豕：犬即狗，豕即猪。

②饲：喂，养。

【译文】

马牛羊鸡狗猪，这是所谓的六畜，是人饲养的。

曰喜怒，曰哀惧，爱恶欲，七情具^①。

【注释】

①具：具有，具备。

【译文】

高兴、愤怒、悲伤、害怕、喜爱、怨恨、欲望，这七种感情是人人具有的。

匏土革^①，木石金^②，丝与竹^③，乃八音。

【注释】

①匏土革：匏瓜，形状像葫芦，这里指匏瓜制成的乐器。土革：这里分别指用陶土烧制的"埙"以及用皮革制成的鼓、二胡等乐器。

②木石金：指用木材、玉石、金属制成的乐器。

③丝竹：用丝弦（竹管）演奏发声的乐器。

【译文】

古人把制造乐器的主要材质分为：匏瓜、陶土、皮革、木材、玉石、金属、丝线和竹子，用它们制成的乐器合称为"八音"。

高曾祖^①，父而身^②，身而子，子而孙。
自子孙，至玄曾^③，乃九族^④，人之伦^⑤。

【注释】

①高：高祖父、是祖父的祖父。曾：曾祖父、是祖父的父亲。祖，祖父、是父亲的父亲。

②身：自己。

③玄曾：指曾孙（儿子的孙子，也即孙子的儿子）和玄孙（孙子的儿子）。

④九族：指高祖父、曾祖父、祖父、父、自己、子、孙、曾孙、玄孙九代直系血亲。

⑤伦：人伦，指尊长幼之间的等级关系。

【译文】

由高祖父生曾祖父，曾祖父生祖父，祖父生父亲，父亲生我本身，我生儿子，儿子再生孙子。由自己的儿子、孙子再接下去，就是曾孙和玄孙。从高祖父到玄孙这九代称为"九族"。"九族"代表着人的长幼尊卑关系和家族血统的承续关系。

父子恩①，夫妇从②。兄则友③，弟则恭④。
长幼序⑤，友与朋⑥。君则敬，臣则忠。
此十义⑦，人所同⑧。

【注释】

①恩：恩情，有情义。

②从：顺从，和顺。

③友：友爱。

④恭：恭敬。

⑤序：排列顺序，次序。

⑥友：志趣相投，志向相同的人。朋：在同一个老师门下接受教育的人。

⑦十义：指父慈、子孝、夫和、妇从、兄友、弟恭、朋谊、友信、君敬、臣忠十种美德。

⑧同：指共同遵守、遵从。

【译文】

父子之间要讲恩爱，妻子对丈夫要讲服从，哥哥对弟弟要友爱，弟弟对哥哥要恭敬，长幼之间有秩序，朋友相交有信用，君王尊重臣子，臣子忠于君王，这十义，是人人都应共同遵守的行为准则。

凡训蒙^①，须讲究^②。
详训诂^③，明句读^④。

【注释】

①训蒙：教育和训化童蒙。

②讲究：探究其中的道理。指注重教学方法。

③训诂：解释和考证字句的意义、来源。

④句读：古代诵读文章，分句和读，极短的停顿叫读，稍长的停顿叫句。

【译文】

凡是教导刚入学的儿童，必须讲究注重详细地解释，把每个字都讲清楚，每句话都要解释明白，并且使学童读书时懂得断句。

为学者^①，必有初^②，《小学》^③终^④，至《四书》^⑤。

【注释】

①学者：读书求学的人。

②初：开始、基础。

③《小学》：指研究形、字音、字义，并学会使用的学问，这里指古人编的讲字音、字形、字义方面知识的儿童启蒙课本。

④终：结束。

⑤《四书》：指《大学》《中庸》《论语》《孟子》。《大学》《中庸》原都是《礼记》的一篇，南宋时，朱熹把它们与《论语》《孟子》配合，称为《四书》，并作集注。

【译文】

读书求学问，一定要有一个好的开端。《小学》读完了，就应该到读《四书》的时候了。

《论语》者，二十篇^①，
群弟子^②，记善言^③。

①二十篇：《论语》整部书一共有二十篇。

②群弟子：群：众多。弟子：徒弟，学生。

③善言：有益的、有保存价值的重要语言。

【译文】

《论语》共有二十篇。是孔子的众多弟子记载有关孔子言论的一部书。

《孟子》^①者，七篇止^②，讲道德^③，说仁义。

【注释】

①《孟子》：书名。名轲，战国时代著名的思想家、政治家、教育家，这里是书名，指记录孟子言行的著作。

②七篇止：共有七篇的意思。

③道德：人们共同生活及其行为的准则和规范。

【译文】

《孟子》共七篇，是讲述儒家学派的道德、仁义的书。

作《中庸》^①，子思笔^②，中不偏，庸不易^③。

【注释】

①《中庸》：《礼记》篇名，作者是子思。

②子思笔：本名孔伋，字子思，孔子的孙子，是儒家学说的重要传承者。笔：执笔、写作。

③中不偏，庸不易：中是不偏不倚的态度，庸是不变的意思。偏：歪斜，不正。易：变化，变更，变动。

【译文】

《中庸》这一本书，是子思写的。"中"就是坚持原则，不偏不倚，"庸"是永恒不变。

作《大学》^①，乃曾子^②，自修齐^③，至平治^④。

【注释】

①大学：《礼记》篇名。

②曾子：名曾参，字子舆，孔子的学生。相传《大学》是他所作。

③修齐：修身、治家。

④平治：治国、平天下的简称。本当为"治平"，因协韵而改为"平治"。

【译文】

作《大学》这本书的是曾参，他提出了"修身，齐家，治国，平天下"的主张。

《孝经》^①通，四书熟，如六经^②，始可读。

【注释】

①孝经：书名。记录孔子和曾子有关孝道的对话，并诠释圣王以孝道治天下的道理。今通行本是唐玄宗注。

②六经：指经过孔子整理而传授的六部先秦古籍，分别是《诗经》《尚书》《仪礼》《乐经》《周易》《春秋》。

【译文】

能通晓《孝经》，熟读《四书》，才可以去读像六经这样深奥的书。

诗书易，礼春秋，号^①六经^②，当讲求。

【注释】

①号：号称。

②《六经》：战国以前的作品，其中《乐经》失传，所以又叫《五经》。

【译文】

《诗》《书》《易》《礼》《春秋》，再加上《乐》称为六经，应当仔细阅读。

有《连山》^①，有《归藏》^②，有《周易》^③，三易详^④。

【注释】

①《连山》：书名，相传为伏羲氏所作，又称《连山易》。

②《归藏》（cáng）：书名，相传为黄帝作，又称《归藏易》。

③《周易》：书名，相传是周文王所作，古人用它来预测未来、决策国家大事、反映当前现象。

④三易详：易：古代筮书的通称。三易指《连山》《归藏》《周易》三种筮书。详：完整，详尽，完备，齐备。

【译文】《连山》《归藏》《周易》，是我国古代的三部书，这三部书合称"三易"，"三易"是用"卦"的形式来说明宇宙间万事万物循环变化的道理的书籍。

有典谟^①，有训诰^②，有誓命^③，书之奥^④。

【注释】

①典谟：古代文体，《尚书》中《尧典》《舜典》和《大禹谟》《皋陶谟》等篇的并称。典：立国、治国的基本的原则，谟：计谋策略。

②训诰：古代文体，《尚书》中《伊训》《召诰》等篇的并称。训：臣子劝导君王的进谏之词，诰：君王颁发的号令、通告。

③誓命：古代文体，《尚书》中《秦誓》《说命》等篇的并称。誓：起兵讨伐时的文告，命：君王对臣子下达的命令。

④奥：精深奥妙的道理。

【译文】

《书经》载典章、谋略，君臣言行、政令，征伐誓言、训令，文字深奥。

我周公^①，作《周礼》^②，著六官^③，存治体^④。

【注释】

①周公：姓姬名旦，是周文王第四个孩子。

②《周礼》：书名，最系统地记录了礼的体系，相传是周公所作。

③著六官：著：设立，设置。六官：周公根据当时需要，将官制分为六种：吏部天官，大冢宰；户部地官，大司徒；礼部春官，大宗伯；兵部夏官，大司马；刑部秋官，大司寇；工部冬官，大司空。

④存治体：存：保全。治体：治理国家的纲领、要旨。

【译文】

周公著作了《周礼》，记载着六官的官制，保全治理国家的纲要体制。

大小戴①，注《礼记》，述圣言②，礼乐备③。

【注释】

①大小戴：汉朝戴德，称大戴；他的侄子戴圣，称小戴。二人先后把秦以前的儒家关于礼乐制度的论述汇编成《礼记》。现在通行的《礼记》是《小戴礼记》。

②述圣言：述：讲述，传达，叙述；圣言，古圣先贤的言论话语。

③礼乐备：礼：泛指各种礼节。乐：指配合各种礼节的音乐。备：完备，完整，齐备。

【译文】

戴德和戴圣整理并且注释《礼记》，传述和阐扬了圣贤的著作，各种礼节和与其匹配的音乐都完整齐备。

曰《国风》①，曰雅颂②，号四诗③，当讽咏④。

【注释】

①《国风》：又称"风"，包括《周南》《召南》《邶风》《鄘风》……共15个诸侯国与地区的160首诗歌，大多为周代各地的民间歌谣，是《诗经》中最富思想意义和艺术价值的篇章。国：诸侯所封之国。风：民间歌谣之词。

②雅：分《大雅》《小雅》两部分。《大雅》是诸侯朝会时的乐歌，共三十一篇；《小雅》大部分是贵族聚会宴飨时的乐歌，有七十四篇。颂：朝廷、诸侯、贵族们举行宗庙祭祀时的乐歌，分《周颂》《商颂》《鲁颂》三部分，共计四十篇。雅：正乐之歌。颂：宗庙祭祖之乐歌。

③四诗：指《国风》、《大雅》、《小雅》、《颂》。

④讽咏：背诵，吟咏。咏：有节奏地声调抑扬地唱诵。

【译文】

《国风》《大雅》《小雅》《颂》，合称为四诗，应当吟咏唱诵。

《诗》^①既亡，《春秋》作^②，寓褒贬^③，别^④善恶。

【注释】

①《诗》指民间的歌谣。

②《春秋》作：《春秋》：书名。孔子根据鲁国史书编撰而成。作：书写、创作。

③寓褒贬：寓：寄寓、包含。褒：赞美、称赞。贬：批评、指责。

④别：区分，辨别。

【译文】

（由于周朝的衰落）《诗经》被冷落了，所以孔子就编订了《春秋》，在这本书中隐含着对现实政治的褒贬以及对各国善恶行为的分辩。

三传^①者，有公羊^②，有左氏^③，有谷梁^④。

【注释】

①三传（zhuàn）：指解说注释《春秋》的《公羊传》《左传》《谷梁传》。传：注释经义的文字叫传，凡是圣人的著作称经，贤人的著作叫传。

②公羊：指公羊高作《春秋传》一册，称为《公羊传》。

③左氏：指左丘明作《春秋传》一册，称为《左传》。

④谷梁：指谷梁赤作《春秋传》一册，称为《谷毂传》。

【译文】

述《春秋》经义的多种著述中最著名的是《春秋·公羊传》《春秋·左氏传》《春秋·谷毂传》，称为"三传"。

经既明，方读子^①。
撮其要^②，记其事^③。

【注释】

①子：子书。古代凡是著书立说，自成一家之言的书：子书。就是诸子

百家的书。

②撮其要：撮，摘录、摘取、记录。其，指称词，指诸子。要，要旨，核心概要。

③事：指言行及学说。

【译文】

通晓儒家经典后，再去阅读诸子百家的书。抓住经典的要点，牢记书中的言行学说。

五子者，有荀扬①，文中子②，及老庄③。

【注释】

①荀扬：荀：指荀子，姓荀名况，著名思想家、文学家、政治家，儒家学派代表人物之一。扬，扬子，名扬雄，西汉学者、辞赋家、语言学家。

②文中子：隋朝的王通，著名教育家、思想家。

③老庄：老：指老子，姓李名耳，字聃，一字或曰谥伯阳。华夏族，我国古代最伟大的哲学家和思想家之一，道家学派的创始人，后被封为太上老君，在道教中被尊为道祖，著有《道德经》（又称《老子》）。庄：指庄子，名周，战国时期伟大的思想家、哲学家和文学家，道家学派的主要代表人物之一，与道家始祖老子并称为"老庄"，代表作为《庄子》，道家尊称此书为《南华经》。

【译文】

五子是指荀子、扬子、文中子以及老子和庄子。

经子通①，读诸史②。考世系③，知终始④。

【注释】

①通：贯通。

②史：指史书，分为两种，一是国史，记载一朝之事，如《汉书》《晋书》之类；二是通史，记载古今之事，如《史记》等。

③考：考究，考据。世系：家族相承的系统叫世系。

④终始：指王朝盛衰兴亡及其原因。

经书和子书读熟了以后，再读各种史书。读史时必须要考究各朝各代的世系，明白王朝盛衰兴亡及其原因。

自羲农^①，至黄帝^②，号三皇，居^③上世^④。

【注释】

①羲农：羲：指伏羲氏，号太昊，中华民族的人文始祖，是我国古籍中有记载的最早的王。农：指神农氏，即炎帝，远古传说中的太阳神，被后世尊为农业之神。

②黄帝：古帝名。姓公孙。生于轩辕之丘，故名轩辕，并以此为号。因为生长于姬水一带，故又姓姬。建国于有熊，也称有熊氏。

③居：处于。

④上世：上古时代。

【译文】

自伏羲氏、神农氏到黄帝，这三位被人尊称他们为"三皇"，他们处于上古时代。

唐有虞^①，号二帝^②，相揖逊^③，称盛世。

【注释】

①唐有虞：唐：这里指陶唐氏，也就是尧。虞：指有虞氏，也就是舜。

②二帝：指尧、舜。

③揖逊：这里是禅让的意思，即古代帝王让位给别人。

【译文】

黄帝之后，有唐尧和虞舜两位君王，他们相互谦逊礼让，把帝位传给贤人，在他们的治理下，开创了安定繁荣、人人称颂的太平盛世。

夏有禹，商有汤，周文武，称三王^①。

【注释】

①三王：指大禹、成汤、周文王。

【译文】

夏朝的开国君王是大禹，商朝的开国君王是成汤，周朝的开国帝王是文王和武王。这三个人被尊称为"三王"。

夏传子^①，家天下^②，四百载，迁^③夏社^④。

【注释】

①传子：把王位传给自己的儿子。

②家天下:帝王把国家政权据为己有,作为一个家族的私有财产,世代相传。

③迁：变迁、改变，这里是结束的意思。

④社：社稷，指国家政权。

【译文】

夏禹把帝位传给自己的儿子,从此天下就成为一个家族所有的。经过四百多年,夏被汤灭掉,从而结束了它的统治。

汤^①伐夏，国号商，六百载，至纣^②亡。

【注释】

①汤：商代开国的君主。

②纣：指纣王，是商朝的最后一位君王。

【译文】

汤消灭夏桀后，建立了商朝，经历六百多年，到商纣王时而亡国。

周武王，始诛^①纣，八百载，最长久^②。

【注释】

①诛：杀死有罪的人。

②最长久：指周朝是历史上持续时间最长的朝代。

周武王讨伐商纣后建立周朝，历经了八百多年的时间，成为历史上最长久的朝代。

周辙^①东，王纲坠^②，逞干戈^③，尚游说^④。

【注释】

①辙：车轮碾过的痕迹，印记，引申指车驾。此处借指周室东迁。

②王纲坠：王纲，君王的政治法度纲纪。坠：落下、掉下、引申为崩溃、衰落。

③逞干戈：逞：显示、炫耀。干戈：干是盾牌，戈是矛戟，干戈比喻军事或武力。

④尚游说：尚：尊崇。游说：用言语劝服他人听从自己的主张。这里指战国时代策士们周游列国，劝说君主采纳其政治主张的一种活动。

【译文】

周平王东迁国都后，君王的政治法度纲纪开始衰落。诸侯国之间时常发生战争，而游说之士也开始大行其道。

始^①春秋^②，终^③战国，五霸^④强^⑤，七雄^⑥出。

【注释】

①始：开始。

②春秋（战国）：历史时期名称。

③终：结束。

④五霸：春秋时期势力强大而称霸一时的五位诸侯，一般指齐桓公、晋文公、宋襄公、秦穆公、楚庄王。

⑤强：强盛，强大。

⑥七雄：指战国时期秦、楚、齐、燕、韩、赵、魏这七个强大的诸侯国。

【译文】

东周分为两个阶段，一是春秋时期，一是战国时期。春秋时的齐桓公、宋襄公、晋文公、秦穆公和楚庄王号称五霸。战国的七雄分别为齐楚燕韩赵魏秦。

嬴秦氏^①，始兼并^②，传二世^③，楚汉^④争。

【注释】

①嬴秦氏：秦国或秦王朝。秦国的国君姓嬴，故称嬴，这里指秦始皇嬴政。

②兼并：大国吞并小国。

③二世：指秦始皇的儿子秦二世胡亥。

④楚汉：指西楚霸王项羽和汉王刘邦。

【译文】

秦始皇嬴政吞并诸侯列国，传皇位于秦二世胡亥，（由于胡亥的暴政）出现楚汉相争的局面。

高祖兴，汉业^①建，至孝平^②，王莽篡^③。

【注释】

①汉业：指汉朝的天下大业。

②孝平：西汉最后的一个皇帝。即汉平帝。

③王莽篡：莽：汉元帝王皇后的侄子，曾任汉朝宰相，后来自立为皇帝，建立了新朝。篡：特指封建时代臣子夺取君位。

【译文】

汉高祖刘邦复兴，建立汉朝的帝业，传位到汉平帝时，被王莽篡夺了帝位。

光武^①兴，为东汉，四百年，终于献^②。

【注释】

①光武：指汉光武帝刘秀。刘秀本是西汉皇族，王莽时已成平民。公元25年，刘秀起兵，即皇帝位，定都洛阳，史称东汉。

②献：指汉献帝，是东汉最后一位皇帝。

汉光武皇帝刘秀复兴，建立了东汉，传了四百年，到汉献帝灭亡了。

魏蜀吴^①，争汉鼎^②，号三国^③，迄^④两晋。

【注释】

①魏：指魏主曹丕，曹操的儿子，其篡夺汉献帝帝位，国号为魏。蜀：刘备政权的国号。吴：孙权政权的国号。

②鼎：传国的宝，象征着皇位。

③号三国：号称三国时代。

④迄：完结，终止。两晋：东晋和西晋。

【译文】

魏（曹操）蜀（刘备）吴（孙权）争夺东汉的政权，号称三国时代，直到西晋和东晋时才结束。

宋齐^①继^②，梁陈承^③，为南朝^④，都金陵^⑤。

【注释】

①宋齐：南北朝时期南方的四个朝代名称。

②继：继续，继承。

③承：承接，承继。

④南朝：东晋之后建立于南方的四个朝代的总称，分别是宋、齐、梁、陈四国。

⑤都金陵：都：定都。金陵：即今南京市，又名建业、建康。

【译文】

宋、齐、梁、陈四个朝代相继更替，即为历史上的南朝，定都金陵。

北元魏^①，分东西^②，宇文周^③，与高齐^④。

【注释】

①北元魏：北魏是拓跋氏建立，拓跋氏是鲜卑族，后改姓元，所以又称元魏。

②东西：指东魏和西魏。

③宇文周：宇文觉所建立的周政权。宇文：复姓。

④高齐：高洋所建立的北齐政权。高：姓。

【译文】

北魏统一北朝后，又分裂为东魏、西魏，之后又被宇文觉所建立的北周和高洋所建立的北齐取代。

迨^①至隋^②，一土宇^③，不再传^④，失统绪^⑤。

【注释】

①迨：到，及，等到。

②隋：隋朝，公元589年，杨坚建立于长安。

③一土宇：统一天下。一：当动词用，是统一、一统的意思。土宇即国土、封疆。

④不再传：不再传位。指隋文帝只传位到了炀帝，隋朝就灭亡了。

⑤失统绪：亡国的意思：统绪：政权，统治。

【译文】

到了隋朝，隋文帝杨坚统一天下，只传了隋炀帝一代就不再传位，失去了帝王统治。

唐高祖^①，起义师^②，除隋乱，创国基^③。

【注释】

①唐高祖：指唐朝的开国皇帝李渊。

②义师：反抗残暴或为正义而战的军队。

③国基：建立国家的基础。

【译文】

唐高祖李渊举兵起义，推翻隋朝，建立唐朝。

二十传^①，三百载^②，梁^③灭之，国乃改。

【注释】

①二十传：唐朝共传二十三帝。

②三百载：自618年至907年，唐朝统治近三百年。

③梁：后梁太祖，姓朱，名温。曾在唐昭宗时做官，封梁王。他废除哀帝而篡夺天下，改国号为梁。

【译文】

唐朝总共传了二十多位皇帝，近三百年历史。后被梁太祖灭掉，国家改朝换代。

梁唐晋①，及汉周②，称五代③，皆有由④。

【注释】

①梁唐晋（汉周）：分别指后梁、后唐、后晋。

②汉周：汉：后汉高祖，姓刘，名知远，侵入中原，当了皇帝，国号为晋，后来改为汉，传两代，共四年。周：周太祖，姓郭，名威，篡汉而当了皇帝，传二代，共九年。

③五代：唐朝灭亡之后，在中原地区相继出现了五个朝代，即上面所说的后梁、后唐、后晋、后汉、后周。

④由：缘由，缘故。

【译文】

后梁、后唐、后晋以及后汉、后周称为五代，（五个朝代的兴起和灭亡）都是有原因的。

炎宋①兴，受周禅，十八传，南北混②。

【注释】

①炎宋：自秦开始，历代王朝为标榜自己是正统，取代前朝是天命所归，便用五行的转换来解释朝代的更替，宣称自己是五行之一。宋朝认为自己代表"火德"，因此称宋朝为炎宋。炎，是火的意思。

②混：混同，掺杂在一起。

【译文】

赵匡胤接受了后周"禅让"的帝位，建立宋朝。宋朝相传了十八个皇帝之后，北方的少数民族南下侵扰，结果又成了南北混战的局面。

辽与金①，帝号纷，迨灭辽，宋犹存。

【注释】

①辽：北朝辽，姓耶律，胡人，番名阿保机。国号契丹，又改称辽。金：北朝金太祖，姓完颜，名阿骨打，称帝后，初号女真，又改称金。

【译文】

北方的辽国和金国，它们的首领也都号称皇帝。等到金国消灭了辽国时，宋朝仍然存在。

至元①兴，金绪②歇③。有④宋世，一同灭⑤。

【注释】

①元：元世祖姓奇渥温，名忽必烈，蒙古人。两宋将亡，辽、金两国互相争兵。世祖之孙铁木真，消灭了宋、辽、金，建立了统一的元王朝。

②绪：世系。

③歇：停止。

④有：还有。

⑤一同灭：金与南宋同样是被元所灭。

【译文】

到了元朝兴起的时候，元朝把金国消灭，接着又把南宋朝也灭亡了。

莅①中国，兼②戎狄。九十年，国祚废。

【注释】

①莅：来到。

②兼：兼并。

【译文】（蒙古人）入主中原后，兼并了各少数民族。（元朝）只维持了九十多年，国家政权就被废除了。

明太祖①，久亲师②。传建文③，方四祀④。

【注释】

①明太祖：姓朱，名元璋，字国瑞。以布衣起兵，拜刘伯温为军师。南征北伐十八年，剿灭群寇，始成一统，国号明。

②亲师：亲自率兵征伐。

③建文：朱元璋的孙子朱允炆。

④祀：祭祀。

【译文】

明太祖朱元璋，很长时间率领军队亲自参与作战，后传位长孙建文帝，建文帝在位仅四年。

迁北京^①，永乐^②嗣^③。迨崇祯^④，煤山逝。

【注释】

①迁北京：明太祖朱元璋建都于南京，到了第三世成祖时代，把国都迁到北京。

②永乐：明成祖年号称永乐。

③嗣：继承。

④崇祯：明思宗的年号。

【译文】

明成祖迁都北京，年号永乐。最后传至崇祯皇帝，（李自成兵破北京）崇祯帝自缢于煤山。

清太祖^①，膺^②景命，靖^③四方，克^④大定。

【注释】

①太祖：爱新觉罗·努尔哈赤，原是后金的第一代王。因他是清顺治皇帝的祖父，故称清太祖。

②膺：承受，接受。

③靖：平定，使秩序安定。

④克：能够，这里引申为完成。

【译文】

清太祖努尔哈赤，秉承上天授命，平定女真全境，完成开国重任。

至世祖^①，乃大同^②，十二世，清祚^③终。

【注释】

①世祖：爱新觉罗·福临，清顺治帝。他6岁即位，由叔父多尔衮

摄政。

②大同：指天下统一，太平盛世。

③祚：君位，国统。

【译文】

到了清世祖时期天下已被统一。清朝历经12代，最终灭亡。

读史者，考实录^①。通^②古今，若亲目^③。

【注释】

①考：查考。实录：记载皇帝个人事迹的史书。

②通：融会贯通。

③若：如同。亲目：亲眼所见。

【译文】

读史书，可以考见真实的记录，通贯古今，好像亲眼所见。

口而^①诵^②，心而惟^③。
朝于斯^④，夕^⑤于斯。

【注释】

①而：用法同"以"，凭借，用来，用作。

②诵：背诵，熟读成诵。

③惟：思考。

④朝：早上。斯：这里。

⑤夕：晚上。

【译文】读书要一边读，一边用心去思考。只有早早晚晚都把心思用到学习上，才能真正学好。

昔仲尼^①，师项橐^②，古圣贤，尚^③勤学。

【注释】

①仲尼：孔子，名丘，字仲尼，春秋时鲁国（今山东）人，是我国古代一位著名学者和大教育家。

②项橐：相传为鲁国神童，年仅7岁就会回答孔子的问话。

③尚：尚且，还。

【译文】

孔子曾拜7岁的项橐为师，作为古代的圣贤，尚且如此地勤奋好学（对于平凡的人来说就更应该发奋努力）。

赵中令^①，读鲁论^②，彼既仕^③，学且^④勤。

【注释】

①赵中令：北宋太祖、太宗的中书令（相当于宰相）赵普。传说赵普说："半部《论语》打天下，半部《论语》定天下。"

②鲁论："鲁人所学"的《论语》，还有齐人所学的《论语》，以及从孔壁中所得古《论语》。后两种失传，今存仅《鲁论》。

③仕：为官。

④且：尚且，还。

【译文】

宋朝时赵中令——赵普，手不释卷地阅读《论语》，他自己已经当了高官，学习还是勤奋努力。

披蒲编^①，削竹简^②，彼^③无书，且知勉^④。

【注释】

①蒲：草，又叫菖蒲，蒲编是用蒲草编织的席子。

②竹简：用竹子削成的薄片，用来写字。

③彼：他们，此处指西汉时的路温舒和公孙弘。

④且：尚且。

【译文】西汉时的路温舒，将蒲草编成席子，将借来的书抄在席子上，公孙弘，削竹子做成竹简，把借来的书，抄在上面。他们虽然没有书，尚且知道刻苦自励勤奋读书。

头悬梁^①，锥刺股^②。彼不教^③，自勤苦。

【注释】

①头悬梁：东汉人孙敬深夜读书，为了防止打瞌睡，把头发系在房梁上。

②锥刺股：用锥子刺扎大腿，以消除睡意。指苏秦的故事。苏秦是战国时洛阳人，他到秦国去游说，希望求取官职，但秦王不用他，他落魄地回至家中，妻子和嫂嫂都对他面带不悦，于是他发愤读书，夜间疲倦想睡时，便用锥子刺大腿。

③不教：没有人教导。

【译文】

晋朝的孙敬读书时把自己的头发拴在屋梁上，以免打瞌睡，战国时苏秦读书每到疲倦时就用锥子刺大腿。他们不用别人督促教导而自觉勤奋苦读。

如囊萤①，如映雪②，家虽贫，学不辍③。

【注释】

①囊萤：把萤火虫装入袋子里。这里说的是晋朝车胤的故事。

②映雪：映着雪光，借着雪地反射的亮光。这里说的是晋朝孙康的故事。

③辍：终止，停止。

【译文】

晋朝人车胤，把萤火虫放在纱袋里当照明读书。孙康则利用积雪的反光来读书。他们两人虽然家境贫苦，却没有停止刻苦求学。

如负薪①，如挂角②，身虽劳③，犹苦卓④。

【注释】

①负薪：背负薪柴，柴火。这里说的是汉朝朱买臣的故事。

②挂角：把书挂在牛角上。这里说的是隋朝李密的故事。

③劳：辛劳，辛苦。

④苦卓：在劳苦中卓然自立。

【译文】

汉朝的朱买臣，每天边担柴边读书。隋朝李密放牛把书挂在牛角上，边放牛边读书。他们虽然身体很劳累，但在艰苦的环境里仍坚持不懈自立自强。

苏老泉①，二十七②，始③发愤，读书籍④。

【注释】

①苏老泉：宋朝苏洵，字明允，号老泉，四川眉州人。

②二十七：苏洵小时未读书，到了二十七岁时才开始发愤读书，后来成为著名的文学家。他生有二子，长子苏轼，字子瞻，号东坡，后中高科为翰林学士，次子苏辙，字子由，父子三人世称"三苏"。

③始：开始。

④读书籍：苦读学习。

【译文】

北宋苏洵（少年失学）至二十七岁，开始发愤读书，刻苦学习。（后成大学问家，为唐宋八大家之一）。

彼既①老，犹悔迟，尔小生②，宜早思。

【注释】

①既：已经。

②尔：你们。小生：小孩子。

【译文】

像苏老泉上了年纪，才后悔当初没好好读书，而你们这些年轻人，更应该及早把握大好时光，发愤读书。

若梁灏①，八十二，对大廷②，魁多士③。

【注释】

①梁灏：宋代人，为人最好读书。他生于五代，从后晋天福三年开始应试，经历后汉、后周，不中状元，誓不甘心。

②对大廷：在朝廷上回答皇帝的策问。

③魁多士：在众多名士中一举夺魁。魁：为首，第一。

【译文】

北宋梁灏,到八十二岁时,在朝廷上对答考试,成为应试众人的第一名。

彼既成,众称异^①;尔小生,宜立志。

【注释】

①称异:感到惊奇。

【译文】梁灏这么大年纪,尚能获得成功,大家都觉得既惊讶又佩服,而你们年轻人应该早早立定志向,勤奋学习。

莹^①八岁,能咏诗^②;泌^③七岁,能赋棋^④。

【注释】

①莹:指祖莹,字元珍,北齐范阳道(今河北涞水县北)人。八岁能诵《诗经》《尚书》。十二岁时为中书学生,喜读书,内外亲属都叫他"圣小儿"。

②咏诗:此处指咏诵《诗经》。咏:吟咏,咏诵。

③泌:指李泌,唐长安人,字长源,七岁能作《棋赋》。张说赞他为"奇童",张九龄引为"小友"。后事肃宗、代宗、德宗。官至中书侍中同平章事,封邺侯。

④赋:借用棋法说理,铺陈阐述。

【译文】

北齐祖莹八岁就能吟诗,唐朝李泌七岁时就能以下棋为题而做出诗赋。

彼颖悟^①,人称奇^②;尔^③幼学,当效^④之。

【注释】

①颖:聪颖。悟:领会,领悟。

②奇:惊奇。

③尔:你们。

④效:效仿,为榜样学习。

三 字 经

三一

他们的聪明和才智，很受人们的赞赏和惊奇，而你们正是求学的开始，应该效法他们，为学习的榜样。

蔡文姬①，能辨琴②；谢道韫③，能咏吟④。

【注释】

①蔡文姬：《后汉书·蔡琰传》：文姬名琰，东汉陈留人，名士蔡邕的女儿。后没入匈奴，为南匈奴左贤王妾十二年，生二子，被其父友人曹操用金璧赎回，改嫁给屯田都尉董祀。精通音乐，善弹琴等，有《悲愤诗》和《胡笳十八拍》等诗作。《胡笳十八拍》有人疑为伪作。

②能辨琴：能够辨识琴音。

③谢道韫：东晋时谢玄的女儿，谢安的侄女，名书法家王羲之儿子王凝之妻。聪慧有才识。一日大雪，谢安的侄子咏道："撒盐空中差可。"道韫（亦作蕴）咏道："未若柳絮因风起。"因而名噪当时。后王凝之等被孙恩所害，道韫手刃乱兵数人。晚年寡居会稽，家门严肃，为人所敬。《隋书·经籍志》著录文集第二卷。

④能咏吟：指能作诗。

【译文】

东汉末年的蔡文姬能分辨琴声好坏，晋朝的才女谢道韫则能出口成诗。

彼女子，且聪敏①；尔男子，当自警②。

【注释】

①聪敏：聪颖，敏慧。

②自警：自我提醒。

【译文】

她们都是女子，尚且这样聪明敏捷，你们做男子汉的，应当自我警醒。

唐刘晏①，方②七岁，举神童③，作正字④。

【注释】

①刘晏：人名，字士安，唐玄宗时人，童年饱学，是当时著名神童。

②方七岁：年方七岁。

③举：推举选拔。

④正字：官名。

【译文】

唐朝的刘晏，年方七岁，就被推举为神童，并且做了负责刊正文字的官。

彼虽幼，身已仕；尔幼学，勉而致^①。

【注释】

①勉而致：勉励自己努力做到。

【译文】

他虽然年龄小，却已经做了官。你们只要从小就好好读书，勤勉刻苦也能做到。

有为者^①，亦若是^②。

【注释】

①有为者：有志气，肯付出的人。

②若是：像他们一样。是：此及这样，指能像上述诸圣贤一样流芳百世。

【译文】有志气的人，也要向他们一样。

犬守^①夜，鸡司^②晨，苟^③不学，曷^④为人。

【注释】

①守：看守。

②司：管理，负责。

③苟：如果。

④曷（hé）：何，怎么。

【译文】

狗会在晚上看守门户，鸡清晨都会高声打鸣报晓。如果不学习的话，怎么可以算作一个人呢？

蚕吐丝，蜂酿蜜，人不学，不如物①。

【注释】

①人不学，不如物：《孟子·离娄下》："人之所以以异于禽兽者几希，庶民去之，君子存之。"是说人和别的动物差别不多，主要在于人能学仁义道德，从而异于禽兽；人如果不学习仁义道德，虽名为"人"，实在等于"物"——禽兽。

【译文】

蚕能吐丝，蜜蜂会酿蜜，人如果不学习，就连动物都不如了。

幼而学，壮①而行②，上致君③，下泽民④。

【注释】

①壮：大，长大。

②行：做，身体力行。

③上致君：对上要效忠皇帝使君上贤明。

④下泽民：对下要为老百姓谋福利。泽：恩惠，恩泽，即今人谓之"沾光"。

【译文】

年轻的时候好好读书，到壮年时就去当官干事业，上对皇帝效力使他圣明，下给老百姓施以恩泽使他们幸福。

扬①名声，显②父母。光③于前，裕④于后。

【注释】

①扬：远扬。

②显：显耀。

③光：光彩。

④裕：富裕。

【译文】

这样就使自己的声名传扬出去，又使做父母的显得有荣耀，既光耀了祖宗，又造福后代。

人遗①子，金满籯②，我教子，唯一经③。

【注释】

①遗：遗留，传承。

②籯：《汉书·韦贤传》中有"遗子金满籯，不如一经"，籯：竹箱之类的器具。

③一经：此处借指《三字经》。

【译文】

别人遗留给儿女的是满箱满笼的黄金财富，我教给儿女的，唯独就是这本"经"书。

勤有功①，戏②无益，戒③之哉，宜勉力。

【注释】

①功：收获。

②戏：玩乐。

③戒：防备。

【译文】

勤奋（学习）就会有所成就，嬉戏玩耍就没一点好处。要以这句话为警戒，（时时提醒自己）应该努力尽力。

百 家 姓

【题解】

《百家姓》是北宋初年钱塘（杭州）的一个书生所编撰的启蒙学读物，它将经常见到的一些姓氏编成像诗歌一样的韵文，采用四言体例，句句押韵。虽然内容没有文理，但使读者容易诵读和记忆，因此，流传至今，影响极深。

《百家姓》总共收集四百一十一个姓后，增补到五百零四个姓，其中单姓四百四十四个，复姓六十个。据南宋学者考证，该书前几个姓氏的排列是有讲究的：赵是指赵宋，既然是国君的姓理应为首；其次是钱姓，钱是五代十国中吴越国王的姓氏；孙为当时国王的正妃之姓；李为南唐国王李氏。依此判断，《百家姓》"似是两浙钱氏有国时小民所著"。

《百家姓》是中国传统文化启蒙读物的经典，它深深地影响了一代又一代的中国人。"赵钱孙李，周吴郑王"，我们也正是在朗读《百家姓》的过程中，了解到丰富多彩的姓氏来源，并由此产生了寻根问祖的兴趣。

赵

姓氏渊源：

据《通志·氏族略》《姓氏考略》所记，伯益的后代造父为周穆王驾车有功，周穆王把赵城封给他，其子孙遂以赵为姓。

历史名人：

赵匡胤（927—976）：中国北宋王朝的建立者，本为后周大将，"陈桥兵变"后，代周为帝，国320年之久，使赵姓的宗族声望达到了最为辉煌的时期。

赵孟頫（1254-1322）：字子昂，松雪，松雪道人，又号水精宫道人、鸥波，中年曾作孟俯，汉族，吴兴（今浙江湖州）人。元代杰出书画家。精于正楷、行书和小楷，其笔法圆转遒丽，人称"赵体"。

钱

姓氏渊源：

以长寿闻名的彭祖，是远古帝王颛顼的玄孙。传说他活了八百岁，在商、周时都做过官。据说他曾救过尧的命，所以得到了"大彭"封地。到了周朝，彭祖的后代中有个叫彭孚的人，他的官职为"钱府上士"，负责掌管朝廷的钱币，于是以官职为姓就姓"钱"了。钱姓发源于陕西，兴盛于江浙。唐朝末年，钱镠(lù)建立吴越国，绩卓著。

历史名人：

钱　乙：北宋医学家，博览医书，熟读本草，尤以小儿科著名。

钱大昕：清代著名学者，精通文字、音韵、训诂，著有《二十二史考异》、《潜研堂文集等作》。

钱学森：浙江杭州人，生于上海，著名物理学家、火箭专家。长期担任中国火箭和航天计划的技术领导人，为我国航天技术、系统科学和系统工程的发展做出了巨大且富有开拓性的贡献。

孙

姓氏渊源：

孙姓由来已久，姓源众多，据史书记载，最早可追溯到3000多年前的周文王。孙《百家姓》中排第3位，在现今中国姓氏排行第12位。

历史名人：

孙思邈：唐初医学家，著有《千金方》《千金翼方》等，并创立内脏、伤寒等分类系统，在医学上有突出贡献。

孙　武：春秋末期伟大军事家，他应用五行相生相克的原理，编撰成《孙子兵法》，提出了"知己知彼，百战不殆"的军事名言。

孙中山：民主主义革命的领袖，中华民国的开创者。

李

姓氏渊源：

据《百家姓考略》所记，尧帝时代的大理（官名）皋陶，其后代以理为姓。其后世裔理利贞逃避纣王迫害，避居李树下，食李子维持生活，遂改理姓为李姓。

历史名人：

李　耳：老子，春秋时期思想家，道家学派创始人，以著《道德经》而闻名。

李世民：唐代皇帝，即唐太宗李渊之子，知人善任，治国有方，他统治时期政治清明、经济发展，史称"贞观之治"。

李　白：唐代伟大诗人，与杜甫齐名，有"诗仙"之称。

周

姓氏渊源：

相传黄帝时有一位叫周昌的大将，商朝时有一名叫周任的太史，他们的后代都以"周"为姓氏。周朝的建立者周文王，姓姬，是黄帝的儿子后稷的后裔。后稷种百谷于周原（今陕西渭河平原），从此称为周族。周朝很多是姬姓国。公元前256年，东周被秦所取代，很多周的子孙以及周朝遗民以"周"为姓。其中周平王的后裔，被认为是我国周姓的主要来源。

历史名人：

周　勃：沛郡丰邑县（今属江苏）人，西汉的开国大将，被刘邦赐予列侯的爵位，时称"绛侯"。

周　瑜：三国时吴国名将，安徽省舒城人。他联合刘备共同抵抗曹操数十万大军，火烧赤壁，大败曹军。

周邦彦：北宋词人，为格律派词人推为"巨擘"。

周树人：名鲁迅，浙江绍兴人，伟大的文学家、思想家、革命家，中国现代文学奠基人之一，著有《呐喊》《彷徨》等。

吴

姓氏渊源:

据《通志·氏族略》所记,周太王古公亶(dān)父的长子太伯、次子仲雍因主动让贤,远去江南,建立吴国。后来周朝建立,周武王封太伯三世孙周章为侯,改国号为吴,其后代遂以国名吴为姓。

历史名人:

吴　兢:唐代史学家,著有《贞观政要》等书。

吴承恩:字汝忠,号射阳山人,明代淮安山阳(今江苏淮安)人。其著作《西游记》一书,为明人四大奇书之一,更被当代人推为"四大古典名著"之一。

郑

姓氏渊源:

郑姓来源较单一,主要出自姬姓,以国名为氏,是黄帝裔孙后稷之后,其远祖为郑桓公,得姓始祖郑友。

历史名人:

郑光祖:字德辉,平阳襄陵(今山西临汾附近)人,元曲四大家之一,一生创作颇多,代表作为《倩女离魂》。郑光祖所作元杂剧在当时享誉天下,声振闺阁,伶优辈均尊称他为"郑老先生"。

郑　和:明代太监,曾率船队通使西洋七次,历时二十八年,对明朝时期中国与各国间的经济、文化交流做出了贡献。

郑成功:明末民族英雄,曾率军驱逐荷兰侵台军队,收复台湾。

郑板桥:郑燮,字克柔,号板桥,江苏兴化人。康熙秀才、雍正举人、乾隆进士。客居扬州,以卖画为生,世称其诗、书、画为"三绝"。擅画兰竹,为"扬州八怪"之一。

王

姓氏渊源：

王姓起源很多，大多是王族的后代。起源于周朝的姬姓。如周灵王的太子姬晋，因为直言进谏而惹怒君王，被废为平民，家族迁居琅玡。因原是王族，所以世代都称他们"王家"。

历史名人：

王昭君：西汉元帝时宫妃，曾出塞和亲，为民族团结做出了贡献。

王　充：会稽上虞（今浙江上虞）人，东汉思想家，著有《论衡》。

王羲之：东晋大书法家。其子王献之也是著名书法家。

王安石：北宋政治家、文学家。神宗时拜参知政事，实行变法，改革科举。所作诗歌道劲清新，文章亦雄健峭拔，为"唐宋八大家"之一，著有《王临川集》。

冯

姓氏渊源：

据《元和姓纂》所记，周武王的弟弟毕公高受封于冯地，其子孙遂以冯为姓。

历史名人：

冯　谖：战国时人，孟尝君门下食客，曾为孟尝君到封邑薛收取债息，把债券撕掉，使孟尝君赢得民心。

冯延巳：五代南唐词人，官至宰相。著有《阳春集》。

冯梦龙：字犹龙，一字子犹。江苏长州（今江苏苏市吴中区）人，明代戏曲家、通俗文学家，有《喻世明言》《警世通言》《醒世恒言》流传后世，被称为"三言"。

冯子材：广东钦州（今广西壮族自治区钦州市），清末著名的抗法名将，曾历任广西、贵州两省提督，在镇南关大捷中大败法军。

陈

姓氏渊源：

陈姓主要来源于一个叫妫满的人，虞舜的后裔。周武王灭掉商朝后，想要追封前代圣王的后人，妫满于是受封在陈国，被称为胡公。其后人用原来的国名为姓，叫陈满。这便是陈姓的最早来源。

历史名人：

陈　胜：阳城（今河南登封东南）人，秦末农民起义领袖，建立张楚政权，第一个翻开了封建社会农民起义的历史篇章。

陈　寿：字承祚，晋代安汉（今四川南充县）人。少时因孝顺廉洁而被推举，授官佐著作郎。撰《三国志》，时人称其善叙事，有古良史之风。

褚

姓氏渊源：

据《通志·氏族略》所记，殷商王族后裔食采于褚邑，遂以褚为姓。又据《姓氏寻源》所记，古代有一个地区叫褚，其居民遂以褚为姓。

历史名人：

褚　契：字武良，晋代任安东将军，后迁居曲阿（今江苏丹阳里庄西褚村），是今丹阳市褚姓的始祖。

褚遂良：字登善，唐朝钱塘（今浙江杭州）人，一作阳翟（今河南禹州）人，因曾受封河南郡公，故世称"褚河南"。高宗时任尚书右仆射，因反对高宗立武则天为皇后而再三被贬，忧愤而死。工书法，与欧阳询、虞世南、薛稷并称唐初四大书法家。有文集及墨迹传世。

卫

姓氏渊源：

卫姓未列入一百大姓之内。周文王第9个儿子，周武王的弟弟，被封在康地，称"康叔"，后来转封卫地，国都在殷商旧都朝歌，管理商朝的遗民。后来卫国迁到今天的河南濮阳。

历史名人：

卫 青：西汉名将，屡次打败匈奴，官至大将军，封长平侯。

卫 宏：东汉学者，集西汉杂事，为《汉旧仪》四篇。

卫 恒：字巨山，河东安邑（今山西夏县）人，西晋书法家。出身书法世家，擅长草、章草、隶及散隶等书体。著有《四体书势》，论述了草、章草、隶、散隶四种书体的演变。

蒋

姓氏渊源：

据《百家姓考略》所记，周公宣之子伯龄封于蒋，其子孙遂以蒋为姓。

历史名人：

蒋 琬：零陵湘乡（今属湖南）人。三国时蜀汉名臣，诸葛亮称其为"社稷之器"，非"百里才"。

蒋士铨：铅山（今属江西）人，清代戏曲作家、文学家。曾任翰林院编修，著作甚丰，诗文负盛名，与袁枚、赵翼并称"江右三大家"。

蒋廷锡：常熟（今属江苏）人，清康熙文华殿大学士，进士出身。工诗善画，尤精花卉，多用逸笔写生，无不超绝。曾奉雍正皇帝命令重新编校《图书集成》，著有《青桐轩》《秋风》《片云》等诗集。

沈

姓氏渊源：

据《元和姓纂》所记，封周文王之子聃季于沈地，其后代遂以沈为姓。

历史名人：

沈 周：字启南，长洲（今江苏苏州）人，明代杰出书画家。不参与科举考试，专门研究诗文、书画，是明代中期文人画"吴派"的开创者，与文徵明、唐寅、仇英并称"明四家"。

沈　括：北宋科学家、政治家。撰《梦溪笔谈》三十卷，记录了古代许多伟大的科学技术成就，在科学史上有极其重要的地位。

沈德潜：清代诗人，编有《古诗源》《唐诗别裁集》等书。

韩

姓氏渊源：

西周初年，周公灭唐（在今天的山西省翼城市）后，封叔虞于唐，史称晋国，因建都在唐，故叔虞又称唐叔虞。春秋时期晋昭侯分封叔父成师于曲沃，造成分裂局面，后为曲沃武公统一。曲沃武公夺得晋国君位以后，灭掉了周成王之弟所建立的韩国，封其叔父姬万于韩，称为韩武子，武子的曾孙韩厥以封邑为氏，称韩氏。之后其宗室子孙以国为氏，称韩姓。

历史名人：

韩　非：战国时韩国的诸公子之一，战国末期法家的主要代表人物。著有《韩非子》一书，文章峻严峭深，是先秦法家学说的大成之作。

韩　信：淮阴（今江苏淮安市）人，西汉名将，助汉高祖刘邦伐魏、灭赵、降燕、破齐，威震天下，并指挥垓下之战，击败项羽，与张良、萧何并称"汉初三杰"，后为吕后所杀。

韩　愈：河阳（今河南孟州市）人，祖籍昌黎（今河北），故世称韩昌黎，晚年任吏部侍郎，故又称韩吏部。唐代文学家，古文运动的倡导者，"唐宋八大家"之首，著有《昌黎先生集》。

杨

姓氏渊源：

据《百家姓考略》所记，周宣王的儿子父封于杨邑，号曰杨侯，其子孙遂以杨为姓。

历史名人：

杨　坚：581年，杀周静帝自立，建立隋朝，他励精图治，改革兵制，于589年灭陈，结束了东晋十六国以来270余年的南北分裂局面。

杨　业：又名继业，太原（今属山西）人，北宋大将。初为北汉刘崇部将，后随刘崇降宋。986年，宋军北伐失利，杨业避敌锋芒的正确主张遭到诋毁，毅然带兵出战，孤立无援而被俘，绝食就义。杨业死后，子孙继承其遗志，继续活跃于宋军中。

杨玉环：唐玄宗皇帝的贵妃，体态丰盈，容貌美艳。"安史之乱"中，被迫自缢于马嵬坡。

朱

姓氏渊源：
据《姓苑》所记，周武王封曹挟于邾地，其子孙去掉"邾"字垂右边的"阝（古代同邑）"旁，以朱为姓。

历史名人：
朱　熹：南宋理学家，著述颇多，思想对后世影响极大。
朱元璋：明朝开国皇帝，是为明太祖。
朱自清：浙江绍兴人，著名文学家，曾历任几大名校教授。著《背影》《欧游杂记》等。

秦

姓氏渊源：
据《通志·氏族略》所记，秦姓系出自姓。伯益的后代嬴非子，为周孝王放牧马群有功，封于秦，其子孙遂以秦为姓。

历史名人：
秦越人：战国名医扁鹊，他治病以诊脉为名，创立了望、闻、问、切"四诊法"。
秦　嘉：东汉诗人，作《赠妇诗》四首。
秦　琼：字叔宝。汉族，齐州历城（今山东济南市）人。唐初著名大将，勇武威名震慑一时，是一个能闯入敌阵取敌将首级的人物，但也因此浑身是伤。曾追随唐高祖李渊父子为大唐王朝的稳固南北征战，立下了汗马功劳。因其功居于凌烟阁二十四功臣之一。民间与尉迟恭为传统门神。

秦 观：字少沙游，扬州高邮（今属江苏）人，北宋时著名词人，被誉为"苏门四学士"之一，为婉约派的代表人物。著作有《淮海集》《淮海居士长短句》。

尤

姓氏渊源：

据《百家姓考略》记载：尤姓"系出沈氏，五代王审知称闽王，国人姓沈者避审音，去水为尤"，这是尤姓之始。

历史名人：

尤 袤：南宋诗人，诗与杨万里、范成大、陆游并称"南宋四大家"。著有《梁溪遗稿》。

尤 侗：清初剧作家，有才名，曾被康熙称为"老名士"。著有《西堂全集》。

许

姓氏渊源：

在尧帝的时候，有一个贤能的人叫伯夷，他辅佐尧帝治理天下，被尊称为"四岳"之一。周灭商后，周成王把伯夷的后裔封在许国（今天河南省许昌市东部），称为许文叔。到战国初期，许被楚国所灭，许国的子孙流散在中原和江南各地，以国名为姓。

历史名人：

许 行：战国时期"诸子百家"中农家的代表人物。他主张人人都应该劳动，并带着学生穿布衣、织草鞋，干各种活计。

许 慎：东汉经学家、文字学家。他编写的《说文解字》是我国文字学的重要著作。

许 浑：晚唐时期的重要诗人。他的诗集《丁卯集》，其诗作中有"山雨欲来风满楼"之句为世人传唱。

许 衡：字仲平，河内（今河南沁阳）人，宋元时著名的理学家、教育学家和天文学家，其著作被后人集成《鲁斋遗书》。

何

姓氏渊源：
据《元和姓纂》所记，何姓系出自韩姓。韩王安为秦所灭，子孙为避难逃往江淮一带，当地"韩"与"何"音相近，故改姓何。

历史名人：
何仙姑：传说中的仙女，能预知祸福，为八仙之一。

何　晏：三国时期玄学家，是魏晋玄学的主要创始人之一。

何景明：信阳（今属河南）人，明朝文学家。主张文仿秦汉，诗宗盛唐，为当时的"文坛四杰"之一，也是明代著名的"前七子"之一。著有《大复集》《雍大记》等。

吕

姓氏渊源：
春秋时，吕国被楚国所灭，其后子孙以国为氏，称吕氏。

历史名人：
吕不韦：卫国濮阳（今河南濮阳）人，战国末期卫国著名商人，后为秦国丞相，政治家、思想家。

吕　蒙：东汉末孙权部将，少不喜书传，后发愤读书，雄才谋略，处事严谨。

施

姓氏渊源：
《元和姓纂》所记，周朝鲁惠公的子名施父，其第五代孙施伯开始以施为姓。

历史名人：

施　雠：西汉人，是汉武帝独尊儒术之后，专门研究儒家经典的学者，名气颇大。

施肩吾：唐代诗人，世称"华阳真人"。有诗集《西山集》。

施耐庵：元末明初人，著名小说《水浒传》的作者。

施　琅：清代著名的军事家，海军统帅。他率水军出击台湾，为实现国家统一做出了重要贡献。

张

姓氏渊源：

张姓为我国五大姓氏之一，遍布各地，来源丰富主要有二：一是源于姬姓，为黄帝赐姓与弓姓同源。相传少昊的第五个儿子叫挥，他发明了弓箭，黄帝因此任命挥专门负责制造弓箭，黄帝特赐为张姓。二是源于解姓，以先祖名字为姓。春秋战国时，晋国大夫解侯字张，因屡立战功，被晋国国君封为"张侯"，后裔族人便以张为姓。

历史名人：

张　衡：东汉南阳郡西鄂（今河南南阳市石桥镇）人，杰出的文学家和科学家，地动仪、浑天仪等重要科学仪器的发明者。

张择端：北宋画家，以风俗画《清明上河图》知名。

张　謇：南通（今属江苏）人，清代著名实业家和政治活动家。他创办的大生纱厂，有力地推动了中国民族资本主义的发展，并开创了士林一代新风。

孔

姓氏渊源：

传说中的五帝之一帝喾(kù)，是黄帝的曾孙，他的夫人名叫简狄。简狄吞鸟蛋而怀孕，生下一子，取名叫契。因为契是简狄吞吃鸟的子（也就是鸟蛋）而生的，就以"子"姓。经过十四代的演变，从契传到商朝的开国国君汤。汤字太乙，加上姓便叫"子太乙"。汤的后代把"太"字去掉，以"子乙"为姓，就是"孔"姓。

历史名人：

孔　子：名丘，字仲尼，春秋末期的思想家和教育家，儒家思想的创始人，被誉为"万世师表"。

孔　融：东汉末文学家，少有奇才，知长幼之礼，传说四岁即能让梨与兄。为文豪健，是"建安七子"之一。

曹

姓氏渊源：

曹姓来源主要有三种：一起于黄帝姬姓的后代。二由邾姓改姓为曹。三由他姓他族改姓曹。

历史名人：

曹　操：字孟德，东汉末沛国谯县（今安徽亳州）人。先后破吕布、袁术、袁绍，逐渐统一北方。精通兵法，著有《孙子略解》《兵书接要》等。善诗文，多抒发政治抱负，反映东汉末年的人民苦难，辞气慷慨。死后被其子（魏文帝）追尊为魏武帝。

曹雪芹：清代文学家，能诗善画，著长篇小说《红楼梦》。

严

姓氏渊源：

据《百家姓考略》所记，春秋时楚国有个国君死后谥号楚庄王，其后世子孙以其谥号庄字为姓。东汉明帝时期，皇帝名刘庄，庄氏一族为避讳，遂改庄姓为严姓。

历史名人：

严　光：又叫严子陵，东汉初年人，曾与光武帝刘秀同学。他拒受官禄，是著名的隐士。

严　羽：宋代著名诗歌理论家。他写的《沧浪诗话》对后来之人写诗有很大影响。

严　嵩：明朝嘉靖年间的大奸臣，严党的领袖，也是一位书法家。

严可均：清代学者，集唐以前总集的《全上古三代秦汉三国六朝文》，著有《铁桥漫稿》《说文声类》等。

严　复：近代启蒙思想家、翻译家，译有《天演论》等，是中国近代史上向西方国家寻找真理的"先进中国人"之一。

华

姓氏渊源：

据《姓氏辨正》所记，春秋时宋戴公的孙子名督，食采于华，其后人遂以华为姓。

历史名人：

华　佗：东汉末医学家，曾用麻沸散使病人麻醉，为世界医学史上最早之全身麻醉，并首创五禽戏。

华罗庚：著名数学家，为中国数学的发展做出了巨大的贡献，被誉为"中国现代数学之父"。

金

姓氏渊源：

金姓来源主要有三种：一是出自少昊金天氏。二是出自匈奴体屠王太子金日磾之后。三是刘姓改姓为金氏。

历史名人：

金履祥：元代学者，著《通鉴前编》《大学章句疏义》《论语孟子集注考证》等。

金圣叹：明末清初文学批评家，所评《水浒传》《西厢记》等流传甚广，后遭清廷杀害。

金岳霖：（1895—1984），湖南长沙人，字龙荪，哲学家、逻辑学家。

魏

姓氏渊源：

据《元和姓纂》所记，周文王的后裔毕万，在晋国为大夫，受于魏，其子孙以魏为姓。另据《史记》所记，战国时秦国穰侯魏冉，本是楚王后裔，姓芈，后改姓魏，其子孙沿袭魏姓。

历史名人：

魏无忌：即信陵君，春秋战国时期魏国人，魏安厘王之弟，博学多才，屡败秦师，与齐国孟尝君、赵国平原君、楚国春申君并称"战国四公子"。

魏　延：三国时蜀国将领，以其功业升至征西大将军，进封南郑侯。

魏　徵：唐初大臣，有才干，敢犯颜直谏，先后向太宗陈谏二百余事，反复以隋亡为鉴戒提醒太宗，强调"君，舟也；人（民），水也。水能载舟，亦能覆舟"。

陶

姓氏渊源：

陶姓的祖先是尧帝和舜帝。尧曾经是个制作陶器的人，现在的山东定陶县就是他当年制陶的地方。因此，他的后代中有的姓陶，有的姓唐。舜有一个叫虞阏的后人，在周朝做"陶飞"的官，负责管理陶器的制作。他的子孙便以官名为姓，改姓陶。

历史名人：

陶弘景：南朝齐梁间道教大师、医药学家。撰成《真诰》二十卷，被尊为道教经典。又著《本草经集注》，录药物七百余种。

陶　侃：东晋的开国功臣，颇有政绩，是具有传奇色彩的人物。

陶渊明：东晋人，又叫陶潜，别号五柳先生，是魏晋南北朝时期最杰出的诗人，素有"田园诗人"之称，为田园诗派开山鼻祖。

陶行知：近代教育家，提出了"生活即教育""教学做合一""社会即学校"三大主张。

姜

姓氏渊源：

姜姓来源主要有两种：一是出自远古的炎帝神农氏。二是出自恒氏改姓。

历史名人：

姜　嫄：周始祖后稷之母，传说曾履过巨人遗迹，日后怀孕，遂生后稷。

姜　尚：周初姜姓部族长，曾垂钓于渭水边，文王遇之，与他交谈后曰："吾太公望子久矣。"故号"太公望"。立为师，武王尊为师尚父。佐武王伐纣有功，成王时封于齐，为齐国始祖。

姜小白：齐桓公，春秋五霸之首。他任命管仲为相，在"尊王攘夷"的旗帜下，南征北战，树立了霸主的威望。

戚

姓氏渊源：

卫殇公时，孙林父受封于戚邑，其子孙遂以封邑名命姓，形成戚氏。

历史名人：

戚　衮：南朝梁官吏，曾任江州刺史。

戚继光：明朝杰出的军事家、民族英雄。他率领"戚家军"荡平倭寇之骚扰，保卫了沿海地区和平安宁。

谢

姓氏渊源：

据《史记》所记，春秋时周宣王封其申伯于谢，其后代遂以谢为姓。

历史名人：

谢　安：东晋大臣，曾屡辞朝廷征召，年过四十方出仕，官至司徒。在淝水之战中作为东晋一方的总指挥，以八万兵力打败了号称百万的前秦军队，为东晋赢得几十年安静和平。

　　谢　玄：字幼度，在淝水之战中，任前锋都督，出奇制胜，取得淝水大捷。继又率军北伐，挺进中原，一度收复河南失地。

　　谢灵运：南宋诗人，山水诗大家。曾任永嘉太守，后辞官隐居会稽，放浪江湖，做诗自娱。终被杀害。著有《谢康乐集》。

　　谢婉莹：笔名冰心，福建长乐人，现代小说家、文学家、诗人。代表作有通讯散文《寄小读者》，诗集《繁星》《春水》等。

邹

姓氏渊源：

　　邹姓和朱姓都来源于邾国的王族。当年周武王把颛顼帝的后人封在了邾国。邾国成为鲁国的附庸，被改为邹，后来又被楚国所灭。邾国的子孙一部分姓朱，另一部分就拿后来的国名"邹"作为姓。

历史名人：

　　邹　忌：战国时齐国大臣、政治家。任相期间，讽谏齐王进贤纳谏，整饬军容政纪，厉行法治。受封下邳（今江苏睢宁），号曰成侯。

喻

姓氏渊源：

　　据《通志·氏族略》所记，西汉苍梧太守谕猛，自改谕为喻，其子孙遂沿用喻姓。

历史名人：

　　喻　皓：宋代能工巧匠，开宝寺塔的建造者。

　　喻培伦：近代民主革命者，曾参加广州起义，为"黄花岗七十二烈士"之一，后被追赠为"大将军"。

柏

姓氏渊源：

春秋时，柏国被楚国所灭，柏国国君的后代就用原来的国名柏作为自己的姓氏。

历史名人：

柏良器：唐代将领，以功封平原王，官至左领军卫大将军。

柏　古：清代画家。

水

姓氏渊源：

据《通志·氏族略》所记，夏禹之孙留居会稽，以水为姓。另据《姓氏五书》所记，古代称江河湖泊为水国，岸边的居民有的就以水为姓。

历史名人：

水苏民：明代官吏，曾任邵武知县，廉明慈爱，为政有方。

水乡谟：明代万历进士，曾任丹阳令，积劳呕血而卒。

窦

姓氏渊源：

据《风俗通义》记载，夏帝相的皇后为避有穷之难，从墙窦中出逃成功，逃到了有仍（今山东济宁)，生下少康，少康有两个儿子，大儿子杼继承其帝位，小儿子龙受赐姓窦，留居有仍国，从此，龙的子孙后代就以窦为姓。另据《姓氏考略》记载，窦姓人中有一部分是源自于一支为西南夷的少数民族，南北朝时，他们的首领就叫窦茂。也有一部分窦姓人源于古时的地名，古时有很多以"窦"为地名的地方。

历史名人：

窦太后：西汉时期汉文帝的皇后，汉景帝的母亲，以"黄老学术"辅佐文、景、武三位帝王治理汉朝。

窦汉卿：金代著名医学家，善针灸，有死去经日者，胸前稍温，针之即活。著有《针经指南》。

窦　默：元初理学家、针灸医家。著有《针经指南脱铜人针经密语》等针灸专著。

章

姓氏渊源：

姜太公是西周最大的功臣，在他的辅佐下，周文王、周武王父子推翻了商纣王的统治，建立了新的王朝"周"。周朝建立后，周武王封姜太公做齐国的诸侯。姜太公的一支子孙被封在了鄣国（在今天的山东省境内），是杞国的附庸国。后来，子孙把"鄣"字去掉偏旁，姓章。

历史名人：

章学诚：清代著名学者，撰《文史通义》，又主编《湖北通志》《永清县志》等，对我国地方志学贡献极大。遗稿至近代汇编成《章氏遗书》。

章炳麟：清末民初民主革命家、思想家、学者，近代著名朴学大师，研究范围涉及历史、哲学、政治等，著述甚丰。

云

姓氏渊源：

据《通志·氏族略》所记，颛顼的后裔祝融在帝喾时为火正，封于坛，其后代去掉"坛"字的"土"旁，改姓云。

历史名人：

云　敞：东汉官吏，位至中郎谏大夫。

苏

姓氏渊源:

昆吾受封于苏,建立苏国,其后代以苏为姓。

历史名人:

苏　秦:战国时纵横家,善辞辩,主张合纵抗秦,曾任齐相。

苏　武:西汉大臣,武帝时曾奉命持节出使匈奴,被扣留匈奴十九年,牧羊北海,忠心汉室,持节不屈。后获释归朝,官至典属国。

苏洵、苏轼、苏辙:眉州眉山(今四川眉山市)人,北宋文学家,父子三人并称"三苏",皆被列入"唐宋八大家"之中。"老苏"苏洵行文语言明畅,笔力雄健,有《嘉祐集》传世;"大苏"苏轼尤为著名,词文书法无所不精,有《东坡乐府》等传世;"小苏"苏辙,有《栾城集》传世。

潘

姓氏渊源:

潘姓人的祖先,是一个叫季孙的人。他是毕公高的儿子。毕公高是周文王的第十五个儿子,他的兄弟周武王继承王位后,把他封在了毕地,就是今天的陕西西安和咸阳以北一带。毕公高就是毕国的国君,他把儿子季孙封在"潘"这个地方。季孙的子孙就以这个地名为姓,世世代代姓潘。

历史名人:

潘　岳:西晋文学家,非常长于吟诗作赋,辞藻华丽,代表作有《悼亡诗三首》《河阳县作诗》《秋兴赋》《闲居赋》等。潘岳与当时的大诗人陆机齐名,当时的人称赞他们"陆才如海,潘才如江"。

潘世恩:清代进士,曾主军机大臣,兼翰林院掌院学士,咸丰帝诏举人才,他力荐林则徐与姚莹等人。

葛

远古时期，我国有一个部落叫葛天氏，相传是北方葛姓人的祖先。北方葛姓的另一祖先是葛伯，他是颛顼帝的后代，三千多年前，他在今天的河南蔡丘县建立蛊参，邢商汤是邻居。到商汤灭掉夏朝的时候，葛国也被灭了，子孙就把国名当作姓。

历史名人：

葛　洪：东晋道教理论家、医学家、炼丹术家。自号抱朴子，好神仙导养之法，其对化学、医学的发展有一定贡献，著有《抱朴子》等传世。

葛云飞：字鹏起，又字凌召，号雨田，汉族，清代山阴天乐乡（今属杭州萧山）人，是中国统率一军、镇守一方的武将，中国近代史上著名的抗英民族英雄。官至定海总兵，为人刚毅勇敢，廉洁正直。在鸦片战争的定海战役中坚守阵地，奋战至死。

奚

姓氏渊源：

奚仲因功被封于"奚"，因此，奚仲的子孙后代就以封邑名中的"奚"为姓，称为奚氏。

历史名人：

奚　涓：西汉初官吏，率宫内近侍官随刘邦起义，以将军定诸侯，封鲁侯。

奚　涛：明末清初文士，隐居渭塘，好诗画，著有《伤快阁归闲堂集》。

范

姓氏渊源：

据《元和姓纂》介绍，帝尧裔孙刘累，其后代在西周成王时迁于杜地，称为唐杜氏。不久，杜国被周宣王所灭，杜伯之子逃往晋国，被任为士师，遂以官为氏改姓为士。其后代中有一位叫士会的，做了晋国的大夫，被封于范地，其子孙就以邑为氏，称为范氏。

历史名人：

范 蠡：春秋末越国大夫，有谋略，帮助越王埋头备战，终于一举灭吴。

范仲淹：北宋政治家、文学家，他少时贫困苦学，出仕后有敢言之名，他在《岳阳楼记》中的"先天下之忧而忧，后天下之乐而乐"，被传为千古名句。

彭

姓氏渊源：

据《百家姓考略》所记，颛顼的后裔陆终的第三子篯(jiān)铿受封于彭，是为彭祖，传说他活了八百岁，其子孙以彭为姓。

历史名人：

彭 蒙：战国时齐国的隐士，思想与庄子的"齐是非说"相近。

彭龟年：字子寿，号止堂，宋代文学家。崇尚儒家的仁政，有《止堂集》传世。

郎

姓氏渊源：

据《通志·氏族略》记载，鲁懿公的孙子费伯曾为鲁国大夫，后来私自占据了郎地（今山东鱼台东北）建造郎城，其子孙亦世居那里，以"郎"为姓氏。

历史名人：

郎士元：唐代诗人，"大历十才子"之一。

郎 瑛：明代学者，博综艺文，著有《七修类稿》《萃忠录》等。

鲁

姓氏渊源：

据《通志·氏族略》所记，周公亶受封于曲阜，其地本名鲁。等武王死后，周公亶在朝辅佐周成王，让其子伯禽就封于鲁，其后子孙遂以鲁为姓。

历史名人：

鲁　班：春秋时鲁国人，古代著名的建筑工匠、建筑家。几千年来一直被奉为木工、石工、泥瓦匠等工艺部门共同祖师，世称"鲁班爷"。

鲁仲连：齐国人，战国末期学者。不任官职，好持高节，坚持儒家道德观点，反对尊秦为帝，以义不帝秦而被传诵千古。

鲁　肃：东汉末年东吴著名军事统帅。他曾为孙权提出鼎足江东的战略规划，因此得到孙权的赏识，在周瑜死后代替周瑜领兵，守陆口。

韦

姓氏渊源：

夏朝皇帝少康将大彭氏的子孙封于豕韦（今天的江苏省铜山附近），豕韦国又名韦国，在夏朝末年被商汤所灭，其后代子孙遂以韦为姓氏。另据史书记载，韦氏来源还有两支：一是韩信之子曾逃到广东避难，去"韩"字的右半边为姓，即韦氏；另一支为少数民族疏勒国姓氏改变而来。

历史名人：

韦应物：唐代诗人。汉族，因出任过苏州刺史，世称"韦苏州"。诗风恬淡高远，以善于写景和描写隐逸生活著称。唐代山水田园派诗人，其山水诗景致优美，清新自然而饶有生意，为后世称许。

韦绍光：清末鸦片战争中三元里人民抗英首领。曾聚乡民反击英军，毙敌二百余人。

韦昌辉：太平天国前期领导人之一，金田起义后任后护又瓦副军师，领右军主将，官封北王，地位仅次于天王洪秀全、东王杨秀清。

昌

姓氏渊源：

据《风俗通义》所记，黄帝的儿子昌意的儿子颛顼，建都帝丘，为高阳氏。后来高阳氏族以祖父昌意的昌字为姓。

历史名人：

昌义之：南朝梁将领，英勇善战，官至右卫将军、徐州刺史。平生不喜读书，所识不过十字。

昌　海：明代高僧，曾刺血书写五大部经一百十三卷，后被诏选赴京，纂修《大藏经》。

马

姓氏渊源：

《元和姓纂》记载，马氏是嬴姓之后。颛顼帝裔孙伯益的后代中有一个叫赵奢的人，是赵惠文王的大臣，因大破秦军而被封为马服君，其子孙就以官为氏，即马服氏，后来逐渐改为单姓，称为马氏。马氏在发展过程中，也有一些少数民族的血统加入。

历史名人：

马　钧：三国时机械家、发明家。曾制作指南车、龙骨水车等。

马致远：大都（今北京）人，元代著名的杂剧和散曲家，"元曲四大家"之一。其作品清丽典雅，意境高远。代表作有《汉宫秋》等。

苗

姓氏渊源：

据《通志·氏族略》所记，春秋时楚国令尹斗椒之子贲皇，受封于苗地，其后代遂以苗为姓。

苗海潮：隋末农民起义军首领，大业九年聚众起义，不久并入杜伏威部，抗击隋军于江淮一带，后降唐。

苗道润：金代大臣，曾任中都经略使，兼知中山府事。

凤

姓氏渊源：

凤姓是以官为氏，相传高辛氏（颛顼的儿子帝喾）时，凤鸟氏（官名）的子孙皆以凤为姓。

历史名人：

凤　纲：汉代医药学家、隐士。

凤　全：清代官吏，光绪年间位至驻藏大臣。

花

姓氏渊源：

据《百家姓考略》所记，花姓是华姓分出来的。古代无"花"字，通作"华"。后来专用花为花草之花，也有姓华的改为姓花。

历史名人：

花　云：明代将领，相貌奇伟，骁勇绝伦，将兵略地，屡建奇功，累官行枢密院判。

花润生：明代官吏，曾任古田令，吏绩甚著。工诗文，有《介轩集》。

方

姓氏渊源：

榆罔是远古时代的神农氏的后代，将儿子封在方山一带。这个儿子本来叫雷，受封方山后又叫方雷。方雷的子孙就以地名为姓，世代姓方。另外周朝，南方的诸侯国在周宣王的时候发生叛乱，大臣方叔率领千辆兵车平定了叛乱，方叔的后代就跟着姓方。方叔的后代当初主要在河南境内活动，后来逐渐南迁，在福建形成了望族。

历史名人：

方以智：明末清初学者，"明四公子"之一。博学广识，著述颇多，有《通雅》《物理小识》《医学会通》等。

方　苞：字灵皋，一字凤九，晚年号望溪，汉族，安徽桐城人，生于江苏六合留稼村。清代散文家，桐城派散文创始人，与姚鼐、刘大櫆合称桐城三祖。

俞

姓氏渊源：

黄帝时有名医跗，其医术高超，精于脉经。俞又同痊愈之愈同音，故称俞跗，其后人为光大先人医术，称为俞氏。

历史名人：

俞大猷：明代抗倭名将。他博读兵法，有将才，曾屡率水军打败倭寇，被称为"俞家军"。"俞家军"所至之处，蛮番望风披靡。

俞万春：清代小说家，长篇小说《荡寇志》的作者。

俞　樾：清代著名学者。著述甚丰，有《群经评议》《诸子评议》《春在堂随笔》等。为一代宗师，声名远及日本。

任

姓氏渊源：

关于任姓来源，史书上有几种说法。《唐书·宰相世系表》说，黄帝少子禺阳，受封于任，因以为姓。《元和姓纂》记载，任姓是黄帝赐封的12个基本姓氏之一。《左传》说，任姓出自风姓，是太昊伏羲氏的后裔。

历史名人：

任不齐：春秋时期楚国人，孔子七十二贤弟子之一，被唐朝皇帝追封为任城伯，宋朝皇帝加封为当阳侯。

任　防：南朝梁大臣、文学家，善作表奏书记，与沈约齐名，时有"沈诗任笔"之誉。

任伯年：清末著名画家，精于肖像画，亦能画山水和塑像。

袁

姓氏渊源：

据《名贤氏族言行类稿》所记，帝舜的后裔胡公满在周朝时为上卿，受封于陈。胡公满的后世子孙中有一人名伯爰，亦作伯辕。他的孙子便以祖父名字中的爰字为姓，"爰"与"袁"通用，是为袁姓之始。

历史名人：

袁　绍：东汉末年世族豪强，曾号召发兵讨董卓，成为关东军的盟主，官渡之战中为曹操击败，不久病死。

袁宏道：明代文学家，与兄宗道、弟中道并称"三袁"，主张诗文应抒写性灵，反对摹古，名噪一时，文坛称为"公安派"。著有《袁中郎集》。

袁崇焕：字元素，明代东莞（今属广东）人。有胆略，好谈兵。万历进士，天启年间以御清兵战绩，累官至佥都御史，巡抚辽东（辽河以东地区，今辽宁东部和南部）。崇祯时为兵部尚书兼右副都御史，后遭谗而被崇祯帝处死。

柳

姓氏渊源：

春秋时候，鲁国有个叫展禽的人，是掌管刑狱的官，被封在柳下这个地方。他很懂得尊重人，也很正直，人们都很尊敬他。有一次，一个女子到他家后门躲雨，他怕女子冷，就用衣服把她裹在怀里，抱在腿上，但是心里没有一点淫乱的念头，真正做到了"坐怀不乱"。孟子称他是贤良君子。他死后，鲁公赠给他"惠"的谥号，人们就叫他"柳下惠"。他的后代也就跟着用柳作为姓了。

历史名人：

柳宗元：唐代著名文学家、思想家，唐宋八大家之一。著有《永州八记》等六百多篇名作，后人编辑为三十卷，名为《柳河东集》。

柳公权：唐代大臣，书法家。所书正楷体势劲美，自成一家，与颜真卿并称"颜柳"。

酆

姓氏渊源：

酆（fēng），《姓氏考略》中记载，周文王第十七个儿子酆侯被封于酆，其子孙后代就以国为姓，称为酆氏。

历史名人：

酆　舒：春秋时贵族，曾执政于潞，后为晋景公所杀。

酆云奢：宋代道士，曾居茅山，传说其得道仙去。

鲍

姓氏渊源：

夏禹后，春秋时杞公子有仕齐者，封于鲍地，因以命氏。

历史名人：

鲍叔牙：春秋时齐国大夫，以知人善交著称。推举好友管仲为相，共同辅佐齐桓公成为霸主。"管鲍之交"被传为千古佳话。

鲍　宣：西汉官吏，好学，通晓经史，哀帝时为谏议大夫，常上书谏争，批评时政。

鲍敬言：晋代思想家。其"无君论"思想，在当时玄学泛滥中大放异彩，闪烁着朴素唯物论的光辉。

史

姓氏渊源：

史姓人的祖先是传说中汉字的发明者仓颉。黄帝的时候，仓颉任大臣，职务相当于后来的史官。后人就以先祖的官职作为姓，安徽宣城一带是这一支史姓的繁衍发展地。另一支发源于湖北武昌的史姓，他们的祖先是周朝一个被称作太史佚的人。其实太史佚是他的官名，职责是记录天子的言行。太史佚的后代便取"史"字作为姓，世代传了下来。

历史名人：

史　鱼：春秋末卫国史官，以正直敢谏著称。

史可法：明末政治家，军事统帅。因抗清被俘，不屈而死，是我国著名的民族英雄。

史铁生：当代最令人敬佩的作家之一。多年来与疾病顽强抗争，在病榻上创作出了大量优秀的、广为人知的文学作品，代表作《我与地坛》鼓励了无数人。

唐

姓氏渊源：

据《百家姓考略》记载，唐姓出自陶唐氏。舜封尧子丹朱于唐，其子孙遂以唐为姓。又一说周成王封其弟叔虞于唐地，叔虞的后代以唐为姓。

历史名人：

唐　蒙：西汉官吏，曾上书武帝，建议开通夜郎道，被任为中郎将，奉命出使夜郎，说服夜郎侯归汉。

唐　寅：字伯虎，号六如居士，明朝文学家、书画家。玩世不恭而又才华横溢，毕生致力于绘画，且能诗文，与祝允明、徐祯卿、文徵明并称文坛"吴中四才子"，与沈周、仇英、文徵明合称画坛"明四家"。著有《六如居士全集》《画谱》等。

费

姓氏渊源：

是远古大禹治水时，有个大臣叫伯益，帮助大禹治水有功，受封于大费，他的后代以费为姓。

历史名人：

费　祎：三国时蜀汉名臣，与诸葛亮、蒋琬、董允并称为蜀汉四相。深得诸葛亮器重。后被魏降将郭循行刺身死。

费　直：西汉古文易学"费氏学"的开创者。对后世经学研究有重大影响。

费孝通：近现代著名社会学家、人类学家、民族学家、社会活动家，中国社会学和人类学的奠基人之一。

廉

姓氏渊源：

《姓苑》记载，廉姓出自高阳氏，颛顼的裔孙名大廉，其子孙便以其名字中的廉字为姓。

历史名人：

廉　颇：战国末期赵国将领，与白起、王翦、李牧并称"战国四大名将"。多次率兵抵御秦国侵略，屡立战功。

廉希宪：元初大臣，初为忽必烈谋士，因好经史，忽必烈称之为"廉孟子"；又善弓箭。他一生清贫廉洁，为政刚直不阿，曾因面忤世祖被罢官。

岑

据《通志·氏族略》记载，周武王封其弟姬渠于岑，为子爵，世称岑子，其后世子孙遂以岑为姓。

历史名人：

岑　彭：东汉初将领，封舞阳侯。

岑　参：唐代诗人，以描写边塞与军旅生活的诗最著名，有《岑嘉州集》。

薛

姓氏渊源：

黄帝有个后裔叫奚仲，是个聪明灵巧的人。在大禹时期做"车正"的官，他就是薛姓人的祖先。奚仲因为造车有功，被封在了薛国（在今天的山东省滕州市）。薛国历经了夏、商、周朝，直到周朝末年被楚国吞灭。奚仲的后代就用薛作为姓。还有的薛姓来源于战国四公子之一的孟尝君。孟尝君被封在薛国，也就是奚仲曾经受封的地方，人们称他为"薛公"。孟尝君的后代也有的姓薛。

历史名人：

薛　稷：蒲州汾阳（今山西万荣西南）人，唐朝画家。曾官至太子太保、礼部尚书。擅画人物、鸟兽，画鹤尤为生动，时称一绝。工书法，与欧阳询、虞世南、褚遂良并称"唐初四大家"。

薛仁贵：绛州龙门（今山西河津）人，唐朝名将。勇善战，善于骑射，东征"白衣驰敌阵"，大败高丽。西征"三箭定天山"，威震突厥，对巩固唐王朝的边疆做出了很大的贡献。

薛　涛：唐代女诗人，工诗词，曾创制深红小笺写诗，人称"薛涛笺"。

雷

姓氏渊源:

黄帝有大臣雷公,是个名医,精通医术,曾与黄帝讨论医学理论,其后子孙以雷为氏。

历史名人:

雷三益:南宋将领,文天祥部属,雄伟有勇力,后壮烈牺牲。

雷海青:唐代宫廷乐师,精通琵琶,其人有气节,后为叛将安禄山所杀。

雷　锋:我国家喻户晓的全心全意为人民服务的楷模,他短暂的一生中助人无数。

贺

姓氏渊源:

据《通志·氏族略》记载,春秋时齐桓公的后裔有庆封,传汉代其裔孙中有一人名庆纯,官侍中。为避汉安帝的父亲刘庆之讳,诏告天下:凡庆皆改为贺,庆纯改名贺纯,其子孙遂以贺为姓。

历史名人:

贺若弼:隋初大将,官至右武侯大将军。

贺知章:唐代著名诗人。一生豪放不羁,好饮酒,与李白、张大旭等关系密切。能诗,又工书法,尤善草隶,其《回乡偶书》传诵颇广。

贺长龄:清代大臣,主张查禁私种罂粟和吸食鸦片,重视经世致用之学,惠政颇多。

倪

姓氏渊源:

据《元和姓纂》记载:西周初,周武王封颛顼后人于邾,建立邾国。邾国国君邾武公封其次子肥于郳(ní),建立郳国,乃一附庸小国。后来郳国被楚国所灭，其后裔以郳为姓，为避仇杀，改为兒姓。以后又改为倪姓。

历史名人：

倪　瓚：元代画家。所作以水墨居多，简淡幽雅，多为平远山林，枯木竹石，画面上常有很长的题跋。作品有《六君子图》等。

倪若水：唐代大臣，官拜尚书左丞，治绩优异。

汤

姓氏渊源：

汤是汤姓人的始祖，他是商朝的开国国君。他本来姓子，叫履，又叫天乙，是帝喾的十五世孙，成汤是他死后人们给他的谥号。成汤最初是夏朝专管征伐的官。夏朝末年，夏桀残暴昏庸，他就开始实行灭夏的计划。经过多年的征战，他终于把夏桀放逐到南巢，建立了中国历史上第二个奴隶制国家——商朝。由于他爱护百姓，施行仁政，很受拥护，死后有了"成汤"的谥号。他的子孙中有一支就以这个谥号为姓。

历史名人：

汤　和：明朝开国功臣，军事将领，参加郭子兴起义军，授千户。在随朱元璋渡长江、占集庆（今南京）、取镇江诸战中，屡破元军，累功升统军元帅。

汤显祖：明代戏曲家、文学家。在戏曲史上和关汉卿、王实甫齐名，在我国乃至世界文学史上都有着重要的地位，被誉为"东方的莎士比亚"。

汤　鹏：清代铁画艺人。能揉铁做花竹虫鸟，曲尽生致，又能做山水屏障。汤鹏所创的铁画，世代相传，流芳中外。

滕

姓氏渊源：

战国初期，滕国被越国所灭，但后来又恢复起来，不久又灭于宋国，原滕国王族遂以国名命姓，成为滕姓。

历史名人：

滕昌佑：晚唐画家，工花鸟蝉蝶、竹枝生菜，用彩鲜艳，宛有生意，且志尚高洁，不结婚不做官。

滕　网：清代人，性至孝，母疾，一日夜行五百里，求得异药以治愈。

殷

姓氏渊源：

据《元和姓纂》记载，商朝的第十代商王盘庚迁都于殷，称殷朝。其后人以殷为姓。

历史名人：

殷　浩：东晋大臣，度量清明高远，年少负有美名，尤其精通玄理，被当世同好者比为管仲、诸葛亮。官至建武将军、扬州刺史。

殷　峤：字开山，唐代官吏，凌烟阁二十四功臣之一，以学问和才俊知名，尤善写作和书法，累官至吏部尚书，封郧国公。

罗

姓氏渊源：

据《名贤氏族言行类稿》记载，春秋时期，祝融的后代受封于罗，建罗国。其子孙以罗为姓。

历史名人：

罗　隐：唐末文学家，诗文多愤激抗争之谈，同情人民疾苦，作品由后人辑为《罗昭谏集》。

罗贯中：太原（今属山西）人，元末明初杰出的小说家。相传一生著有"十七史"演义，其代表作《三国演义》是我国小说史上重要的里程碑。

罗士琳：字次璆，号茗香，安徽歙县人。因长期寄居扬州，所以自称甘泉人，清代著名数学家。精通天文数算，遂以天文生入钦天监推算天历，著有《勾股容三事拾遗》《四元玉鉴细草》《增广新术》等一大批著作。

毕

姓氏渊源：

周朝的王族姬姓是毕姓的来源。周义王的第十五子叫姬高，被封在了毕国（现在的西安咸阳以北），人们叫他毕公高。毕国后来被楚国所灭，毕公高的后人就用国名做了姓，毕姓就这样流传下来。

历史名人：

毕　昇：北宋人，活字印刷术的发明者。毕昇发明了胶泥活字印刷术，被认为是世界上最早的活字印刷技术。

毕　沅：清代大臣，著名学者。在任陕西、河南巡抚，湖广总督期间，注意募民垦荒，兴修水利。又素喜延请学者名士助其编书。著有《续资治通鉴》《传经表》《晋书地理志校注》等。

郝

姓氏渊源：

据《通志·氏族略》记载，殷商时期，殷王帝乙封子期郝地，其子孙遂以郝为姓。

历史名人：

郝孝德：隋末农民起义领袖。他曾聚数万人起义，转战黄河以北地区，加速了隋王朝的灭亡。

郝　澄：宋代画家。通相术故精于传写，独得精神气骨之妙，落笔过人，笔墨清劲，善于设色。

郝　允：宋代名医，治病不开药方，将各种药研末混合，随症轻重，加减与之，无不愈。

郝永忠：明末农民起义军将领，李自成旗下战将，初在军中为旗手，故又名摇旗。英勇善战，后被清军杀害。

郝懿行：清代著名的经学家、训诂学家。在整理我国古典文化方面做出了卓越的成绩。

邬

姓氏渊源:

据《通志·氏族略》所记,春秋时晋国祁臧受封于邬,世称邬臧,其子孙袭用邬姓。

历史名人:

邬　彤:唐代书法家,工草书。

邬良佐:明代学者,幼负大志,博学经史,有《道学统宗内外二传》留世。

邬希文:清代文士,山水萧疏雅逸,性好洁,焚香鼓琴,有倪高士(瓒)风。

安

姓氏渊源:

据《新唐书·宰相世系表》记载,黄帝子昌意,昌意次子安居西戎,自称安息国,其后代以安为姓。

历史名人:

安期生:秦汉期间燕齐方士活动的代表人物,黄老哲学与仙道文化的传人。人称千岁翁,被奉为上清八真之一。

安禄山:唐代人。他与史思明共同发动了著名的"安史之乱",自此,唐朝由盛转衰。

安　民:宋代著名石匠,当时著名的石碑皆出其手。他品格高尚,不畏权贵,为人称颂。

安维峻:清光绪年间大臣。甲午战争期间,因上疏痛斥李鸿章挟外洋以自重,投降卖国,被誉为"陇上铁汉"。

常

常姓是一个古老的姓氏，早在远古的黄帝时代，就有姓常的人。比如黄帝曾让一个叫常仪的人观看月亮来占卜。当时还有一个叫常先的人，被黄帝任命做大司空。今天河南的常姓人，大多是他们的后人。还有一部分常姓来自周朝的王族康叔，康叔为周武王少弟，因其封地为康邑，故人称康叔封，亦称康叔。周初，商纣之子武庚发动叛乱，后被镇压，康叔由此又受封原商都周围地区和殷民七族，并建立卫国（今沿黄河流域的河南、河北一带），都朝歌（今河南省淇县），后迁帝丘（今河南省濮阳）。时诸侯有分封采邑之制，康叔有一子受封于卫国分封出来的一个采邑——常（今山东省滕州市东南）。秦统一天下，卫国被灭，其后有人以邑为氏，称为常姓，尊康叔为得姓始祖。

历史名人：

常　璩：十六国时史学家，曾撰《华阳国志》十二卷，为古代方志名著。

常　建：唐代诗人，善于描写山水田园和军旅生活。

常遇春：明代开国名将。自言能将十万大军横行天下，军中称"常十万"。一生为将未曾败北，人称"天下奇男子"。

常香玉：豫剧表演艺术家。工青衣、花旦，是豫剧艺术史上的一代宗师，有"人民艺术家"的美誉。

乐

姓氏渊源：

在春秋时期有一个宋国，宋国的宋戴公，他的儿子叫公子衎，字乐父。后来他的孙子夷父须，以他祖父的"乐"字为姓氏。

历史名人：

乐　毅：战国时燕国将领，曾率领燕军大破齐兵于济西，又连攻下七十余城，因其功绩封昌国君。

乐羊子：东汉人，听从妻子劝诚，专心致志，持之以恒，终于学业有成。

于

姓氏渊源：

据《广韵》记载，周武王封第二子（有说第三子）于邘（在故城今河南省沁阳西北于邘郃镇），称于邘叔。后来，于邘叔的子孙就以国名为氏，有的姓了邘，有的则去"阝"旁姓于，是为河南于氏，史称于姓正宗。

历史名人：

于定国：西汉大臣，曾任廷尉，判案清明，重视道德规范，时谓"于定国为廷尉，民自以无冤"。后又代黄霸为丞相，封西平侯。

于　谦：明代名臣，世称于少保，民族英雄。他率兵抵御瓦剌进攻，在不利条件下成功指挥了北京保卫战。

时

姓氏渊源：

据《百家姓考略》记载，春秋时，商王朝的后裔宋国的公子来，受封于时邑，其子孙以封邑时为姓。

历史名人：

时叔远：宋代画家，善绘道像人物。

时　瑞：明代官吏，曾为长沙府通判，执法森严，其人气度凛然，不可侵犯。

傅

姓氏渊源：

据《史记·殷本纪》记载，殷商武丁时期的宰相本名说，因其早年曾于傅岩处隐居，被武丁派人访贤求得，任为相，世称傅说，其子孙以傅为姓。

历史名人：

傅　玄：西晋哲学家、文学家。他学问渊博，文学著述丰富，擅长写乐府诗。在西晋文学史上占有重要地位。

傅　山：清代学者，博通经史、诸子、佛道、医药之学，亦工诗文书画、金石，尤以音韵见长。

傅　雷：翻译巨匠，文艺评论家。在翻译巴尔扎克作品方面做出了卓越贡献，并有《傅雷家书》传世，影响甚大。

皮

姓氏渊源：
源于姬姓，出自樊姓，周天子卿士樊仲皮之后，以祖字为氏。

历史名人：
皮豹子：南北朝时北魏大将，年轻时有谋略武才，沉勇笃实，封淮阳公。

皮日休：唐末文学家，个性放荡不拘，能文章，与陆龟蒙齐名。时称"皮陆"。有自编《皮子文薮》传世。

卞

姓氏渊源：
据《百家姓考略》等书记载，西周初期，周武王封其弟叔振铎于曹，世称曹叔振铎。曹叔振铎的后人中有一勇士名庄，受封于卞邑，称卞庄子，其后人以卞为姓。

历史名人：
卞　和：春秋时楚国人，曾两次献璞玉给厉王、武王，被以欺骗罪剁去双脚。楚文王即位，他抱着璞玉哭于荆山，后文王使玉匠琢璞，果得宝玉，世称为"和氏之璧"。

卞永誉：清代书画鉴赏家，著有《式古堂书画丛考》。

齐

姓氏渊源：

商朝末年有位大才，叫姜子牙，他就在渭水边用直的鱼钩钓鱼，等待贤明的君主来发现他。周文王知道他与众不同，封他为国师。在他的辅佐下，周文王和周武王推翻了商朝，建立了新政权。因为功劳显著，姜子牙被封到齐国做诸侯。姜姓的后裔有的就以国号为氏，姓齐。

历史名人：

齐　泰：明初大臣，官兵部尚书，曾提出削夺诸藩王的建议，力主讨伐燕王。等到燕王兵破京师，被擒，不屈而死。

齐　慎：清代将领，曾以四川提督任参赞大臣。

齐白石：湖南湘潭人，著名画家。早年为木工，后学画，终成一代大师。擅作花鸟虫鱼，亦画山水人物。篆刻初学浙派，后多取法汉代凿印。解放后被授予"人民艺术家"称号。

康

姓氏渊源：

据《元和姓纂》所记，西周初，周武王封幼弟于康，世称康叔，其后人以康为姓。

历史名人：

康子元：唐代经学大师。主张改革弊政，创立新制，由此成为历史上著名的改革家而名垂史册。

康有为：近代资产阶级改良派代表人物之一，发动"戊戌变法"。他首次倡导了政治体制上的中西结合，最早在中国提出了立宪政体。

康广仁：清末维新派，戊戌政变中遇难的六君子之一。

伍

姓氏渊源：

黄帝为部落首领时，其下有大臣名伍胥，其后代以祖名为姓。

历史名人：

伍子胥：春秋末期吴国大夫、军事家。吴国倚重伍子胥等人，遂成为诸侯一霸。

伍廷芳：清末民初杰出的外交家、法学家。他代表清政府签订了中国近代史上第一个平等条约《中墨通商条约》。其在外交和奠定近代法律基础方面功不可没。

余

姓氏渊源：

据《姓氏考略》《风俗通义》等书记载，春秋时有一个叫由余的人在西戎做官，后来投靠秦穆公，其子孙有的姓由，有的姓余。

历史名人：

余玠：南宋将领，与蒙古军作战有功，任四川总领兼夔路转运使。至蜀后，大改政事流弊，招募人才，整顿财赋，发展生产，后被宰相谢方叔陷害。

余子俊：明代官吏，以清廉有才干著称，曾亲督筑西北边墙城堡，官及兵部尚书。

余光中：福建永春人，出生于江苏南京，1949年赴台，著名文学家、诗人。著述甚丰，有《舟子的悲歌》《五陵少年》《天狼星》等十几部诗集，《逍遥游》《乡的牧神》等散文集。

元

百
家
姓

姓氏渊源:

商朝末年,商王帝乙打算废除太子弃的王位继承权,改立另一个儿子受辛。史官元铣极力劝阻,但是帝乙不听。后来受辛继承王位,就是历史上有名的暴君商纣王。贤臣元铣死后,有的子孙就用他名字中的"元"作为姓,沿袭下来。另有一些元姓是源于春秋时期,魏武侯的儿子被封在了元邑(现在的河北省元氏县),他的后代就用这个地名作为自己的姓。

历史名人:

元　琛:北魏宗室,孝文帝族弟,性奢侈,每欲与高阳王元雍争富,自谓富比石崇,远求波斯名马,以银为槽,金为环锁,奢华甚于石崇、王恺。

元　稹:唐代著名诗人。他与白居易共同提倡新乐府,世称"元白"。所作传奇《会真记》为后来《西厢记》的蓝本。

元好问:金末元初的文坛盟主。在金元之际,是文学上承前启后的桥梁,被尊为"北方文雄""一代文宗"。

卜

姓氏渊源:

据《通志·氏族略》记载,周朝设有占卜之官,其后人以官名卜字为姓。

历史名人:

卜　商:春秋末晋国人,一说卫国人,字子夏,孔子得意门人,以文学著称于世。

卜　式:西汉官吏。曾上书朝廷,以家财之半捐公协助边防,又以二十万钱救济家乡贫民。武帝尝令其治县,有政绩,赐爵关内侯,官至御史大夫。

顾

姓氏渊源：

据《通志·氏族略》记载，夏朝时有顾国。夏末顾国被商汤所灭，顾国国君的后代以顾为姓。

历史名人：

顾恺之：东晋义熙年间任通直散骑常侍，多才多艺，工诗赋、书法，尤精绘画，有"才绝、厨绝、痴绝"之称。

顾炎武：明末清初著名思想家、学者。曾举兵抗清，图谋复兴明室。提倡经世致用，反对空谈性命，注意广求证据，开清代朴学风气。著《天下郡国利病书》，记各地风俗、方物、地理等甚详，为研究古代经济及历史地理的重要著作。另有《日知录》《亭林诗文集》等。

孟

姓氏渊源：

春秋时期鲁庄公的弟弟庆父据说是孟姓的祖先。鲁庄公死后，子般继位，庆父派人行刺了他。鲁闵公接着做了两年国君，庆父又行刺闵公，想自己做国君。鲁国人非常恨他，说："庆父不死，鲁难未已。"庆父非常害怕，逃到莒国，改称孟孙氏。但鲁国还是要追究他的罪责，他就在回国的途中自杀了。庆父的子孙都改称孟孙氏，后来又简化为孟，就有了姓孟的人。

历史名人：

孟 轲：名轲，字子舆，邹国（今山东邹县）人，战国时代的思想家，儒家代表人物之一，被誉为光大儒家仁政学说的"亚圣"。

孟浩然：襄州襄阳（今湖北襄阳）人，唐代杰出诗人，与王维同为盛唐田园山水诗派的主要代表，以诗风恬淡孤清著称，作品被辑为《孟浩然集》。

平

姓氏渊源:

据《通志·氏族略》记载,战国时,韩哀侯的儿子诺受封于平邑,韩亡后其子孙以平为姓。

历史名人:

平　当:西汉大臣,哀帝时曾任宰相。

平　安:明代将领,骁勇善战。

黄

姓氏渊源:

据《百家姓考略》记载,颛顼帝后裔受封于黄,建立黄全国,其子孙以黄为姓。

历史名人:

黄　忠:三国时刘备部将,老当益壮,勇冠三军,赐爵关内侯。

黄　巢:今山东菏泽人,唐末农民起义军领袖,一度在长安(今陕西西安)称帝,建立大齐政权,年号金统。

黄道婆:元代女纺织家,曾向海南黎人学习纺织技术,制作并改进了纺织工具,使效率倍增。病卒,当地人民莫不洒泣而共葬之,又为其立祠。

和

姓氏渊源:

据《通志·氏族略》记载,帝尧时,掌管天地四时的官有羲萮氏、和氏,后"羲"与"和"合称成为官名,其后人引以为荣,遂以其祖先官名中的和字为姓。

历史名人:

和　洽:三国时魏官吏,为官清贫廉节有操守,最后以售田宅自给,封西陵乡侯。

和　凝：五代时后周文学家。著有《宫词》百首。

穆

姓氏渊源：

穆姓是产生较早的一个姓。春秋时期，宋国国君宋宣王死后，由弟弟和继位。和执政九年，临死时遗诏传位给哥哥宋宣王的儿子与夷，而让自己的儿子离开宋国，到郑国去做事。因和做君主的时候贤良和气，所以与夷即位后，给和追加谥号为"穆"，史称宋穆公。后来，宋穆公的子孙们就以祖上的号为姓，即姓穆。穆姓的另一个主要来源，是北魏孝文帝迁都洛阳时，鲜卑族丘目陵氏改为汉姓——穆。

历史名人：

穆元休：唐代官吏，以研习儒家学术著称，曾献书天子，升擢偃师丞。

穆　修：北宋文学家，倡导古文，反对宋初追求辞藻的"西昆体"诗歌。

穆桂英：原为穆柯寨穆羽之女，武艺超群、机智勇敢，传说有神女传授神箭飞刀之术。因阵前与杨宗保交战，生擒宗保并招之成亲，归于杨家将之列，为杨门女将中的杰出人物，与杨家将一起征战卫国，屡建战功，是中国古典文学巾帼英雄的典型形象。

萧

姓氏渊源：

据《通志·氏族略》记载，春秋时宋国微子启的后裔萧邑大夫大心，在平息南宫长万叛乱中有功，受封于萧，建立萧国，其子孙以国名萧为姓。

历史名人：

萧　何：沛县（今属江苏）人，汉朝政治家，秦末随刘邦起义，他知人善任，在楚汉相争中为刘邦战胜项羽建立汉朝做出了重要的贡献，后因功被封为邓侯。

萧　衍：南朝南兰陵（今江苏常州西北）人，南朝齐时著名大将，后因朝廷腐败内乱，于502年代齐称帝，建立梁朝，定都建康（今江苏南京）。

萧　统：南朝梁文学家，梁武帝之子，编有《昭明文选》三十卷，为我国现存最早的文章总集，死后谥为昭明太子。

尹

姓氏渊源：

据《通志·氏族略》记载，古代东夷族首领少昊(hào)的儿子殷受封于尹城，称尹殷，其子孙遂以尹为姓。

历史名人：

尹吉甫：周宣王时辅佐国政之臣，曾奉命逐猃狁，最后大胜，深受周王室的倚重。

尹　文：战国时思想家，主张"圣人无为而天下治"，旨在调和道、墨，以救世息民为根本。

姚

姓氏渊源：

春秋时有姚国，为商族的后代，他的子孙便以国为氏，称为姚氏。

历史名人：

姚思廉：唐初大臣，史学家。撰《梁书》《陈书》，均列入廿四史。为唐太宗"十八学士"之一，官至散骑常侍。

姚　崇：唐朝河南三门峡陕县人，祖籍江苏吴兴。历任武则天、唐睿宗、唐玄宗三朝宰相，有"救时宰相"之称。

姚　鼐：清代散文家，曾参与纂修《四库全书》。为"桐城派"代表人物。著有《古文辞类纂》《惜抱轩文集》等。

邵

姓氏渊源：

据《氏族博考》记载，春秋时，召与邵本为一姓，后分为二。又据《元和姓纂》所记，周武王封其庶弟姬奭于召地，称召公。召公的子孙以祖先的封地召为姓。召姓后人中有的在召旁加邑（右"阝"），表示封邑之意，遂组成邵字，以之为姓。

历史名人：

邵　雍：北宋著名哲学家。精研周易，创立了象数之学，著有《宋史》《皇极经世》《伊川击壤集》等。

邵　兴：南宋抗金义军首领，后被秦桧毒死。

邵逸夫：邵氏兄弟电影公司的创办人之一，著名慈善家，香港著名的电影制作者。

湛

姓氏渊源：

据《姓氏寻源》记载，春秋时居住在湛地的人以湛为姓。又据《百家姓考略》所记，夏朝时期，有一氏族建斟灌国。斟灌国被灭后，其国人为了避祸，便把斟灌二字去掉"斗"和"雚"字，重组成"湛"字，以之为姓。

历史名人：

湛　贲：唐代文士，初为州吏，而后立志向学，擢升为进士第。

湛若水：明代学者，博通经史。

汪

姓氏渊源：

汪姓也是一个古老的姓氏，有四千年左右的历史。其祖先是夏朝的诸侯防风氏。传说，夏朝的国君禹召集诸侯到会稽山，防风氏因为来得迟了，被禹杀了头。到了商朝，防风氏改为汪芒氏，又称汪罔氏。商朝以后，后代子孙又改为单字"汪"。春秋时代，又出现一支汪氏子孙——卜鲁国国君鲁成公的儿子被封到了汪邑，他的后世子孙有的就用地名为姓，姓了汪。这一支汪姓后裔在隋唐时期成为望族。

历史名人：

汪元量：宋元时期诗人，诗多哀时感世之作。

汪道昆：明代官吏，备兵沿海，与戚继光共募义乌兵破倭寇，官至兵部侍郎。

汪文升：长州（今江苏苏州）人，清代诗人、书法家。康熙进士，工诗、古文，尤善书法，与姜宸英齐名，与两兄一弟合称"吴门四汪"，著述甚丰。

汪士慎：休宁（今属安徽）人，清代著名书画家，"扬州八怪"之一。善诗，精篆刻和隶书，有《巢林集》传世。

祁

姓氏渊源：
据《百家姓考略》所载，帝尧复姓伊祁氏，其后人中有的以祁为姓。

历史名人：
祁　奚：春秋时晋国大夫，主张外举不避仇，内举不避亲。

祁　序：宋代画家，工山水、人物、花竹、翎毛，尤善画牛及猫，有戴嵩遗风。

毛

姓氏渊源：
据《通志·氏族略》记载，周文王的儿子伯聃，受封于毛邑，其后世子孙以为姓。

历史名人：
毛　遂：战国时平原君的食客，秦兵围攻赵国时，平原君向楚国求救，毛遂自荐前往，说服楚国同意帮助赵国，从此声威大震。这就是"毛遂自荐"的典故。

毛　亨：曲阜（今属山东）人，西汉著名学者。相传是古诗学"毛诗学"的开创者，曾作《毛诗》，世称"大毛公"。古时有四家为《诗经》作注，只有毛亨、毛苌叔侄作注的"毛诗"流传了下来。

毛　晋：明末著名藏书家、雕刻家。家藏图书八万九千余册，多宋元刻本，建汲古阁、目耕楼以储书。曾校刻《十三经》《津逮秘书》《三十种曲》等，流传天下，为历代私家刻书最多者。尤好抄录罕见秘籍，缮写精良，后人称为"毛抄"。

禹

姓氏渊源：

据《通志·氏族略》记载，夏禹的后人以禹为姓。又据《百家姓考略》记载，春秋时有鄅国，其后代去国名鄅"阝"旁，改姓为禹。

历史名人：

禹　祥：明代官吏，曾任仁寿知县，居官清廉。

禹之鼎：清代画家，擅长人物写照。

狄

姓氏渊源：

据《广韵》记载，周朝时，在齐、鲁、晋、卫之间有狄族，其后世子孙以狄为姓。又据《百家姓考略》记载，周成王封弟孝伯于狄城，其后代子孙以狄为姓。

历史名人：

狄　希：春秋时中山国人，善制酒，据说饮他所酿造的酒，可以醉千日。

狄仁杰：唐代大臣，治事明敏果敢，为武则天晚年最敬信的大臣，后被酷吏来俊臣诬陷下狱，免死远贬。

米

姓氏渊源：

据《百家姓考略》记载，米姓始出自西域米国，隋唐时，米国有一支系来到中原地区，遂按照汉俗以米为姓。

历史名人：

米　芾：北宋书画家，徽宗时召为书画学博士。官至礼部员外郎，人称米南宫。因举止癫狂，又称米颠。行草得王献之笔意，用笔俊迈，为"宋四家"之一。

米万钟：明代官吏，位至太常少卿，喜好收集奇石，人称"友石先生"。

贝

姓氏渊源：

据《姓氏考略》记载，周文王的后代公康封于蓟(jì)，其子孙食采于贝丘，其后人以贝为姓。

历史名人：

贝钦世：宋代官吏，曾任江阴县令。中运河常有水患，钦世打算疏通开凿，富户争相捐资以助，不逾月而成。

贝青乔：清代诗人，著《咄咄吟》二卷，对当政的昏庸，将佐的腐败，世风的浅薄，皆能大胆揭露，不忌讳文饰。

明

姓氏渊源：

据《百家姓注》所记，燧人氏有大臣叫明由，明姓自此而始。另据《通志·氏族略》记载，春秋时秦国丞相百里奚之子孟明视，其后代以明为姓。

历史名人：

明 汲：晋代官吏，曾任主簿，廉政爱民。

明崇俨：唐代官吏，曾任正谏大夫，有奇技。

臧

姓氏渊源：

春秋时期鲁国公有个儿子名彄，字子臧，而到鲁惠公时，惠公也有个儿子，名叫欣，字臧，后代也把他的字当作姓氏，这是臧氏的另一个来源。由于鲁国的始创者是周公旦子伯禽，因此，这两支臧姓子孙其实都是周公的后裔。

历史名人：

臧荣绪：南朝齐史学家，朝廷屡次征召而不出仕为官。潜心著述，成《晋书》一百一十卷。为唐初官修《晋书》的主要依据。

臧礼堂：清代学者，著有《说文引经考》，段玉裁、王引之叹其精确，年仅三十卒。

计

姓氏渊源：

夏商时有计国，是夏禹后人的封国。计国被周人灭后，禹的后人就以封国名命姓，遂成计氏。

历史名人：

计　然：春秋时越国人，博学无所不通，特别擅长计谋，范蠡曾与之学习，用其策施之家，乃治产业至巨万。

计有功：宋代学者，著有《唐诗纪事》，为研究唐代诗人最重要的资料之一。

伏

姓氏渊源：

据《氏族博考》记载，伏羲氏的后裔中有以伏为姓者。

历史名人：

伏　胜：西汉学者，秦时曾为博士，世称伏生，今本《尚书》二十八篇，即由他传授而存。

伏　适：唐代名医，著有《医苑》一书。

成

姓氏渊源：

据《通志·氏族略》所记，周武王弟叔武于郕(chéng)建立郕国。后人以成为姓。

历史名人：

成　回：春秋末人，孔子门人子路的弟子。

成　连：春秋时人，著名音乐家伯牙的老师。

戴

姓氏渊源：

据《元和姓纂》记载，春秋时宋戴公的后裔以祖上的谥号戴字为姓。又据《通志·氏族略》所载，春秋时有戴国，其后代子孙以戴为姓。

历史名人：

戴　德：西汉礼学家。与戴圣一起为今文礼学"大戴学"和"小戴学"的开创者。由于二人在礼学上的重大贡献，也被后人尊称为儒宗。他们选集古代各种有关礼仪的论述，另编成《大戴礼记》和《小戴礼记》。

戴　逵：东晋学者、画家、雕塑家。他反对佛教的因果报应说，著有《释疑论》。他曾为会稽山灵宝寺作木雕无量佛及胁侍菩萨，又为瓦棺寺塑五世佛，和顾恺之的壁画《维摩诘像》，狮子国（斯里兰卡）送来的玉佛，在当时并称"三绝"。

戴望舒：现代诗人，"现代派"诗歌的重要代表人物。其主要诗集有《雨巷》《望舒草》《寻梦者》《灾难的岁月》等。

谈

姓氏渊源：

相传少昊后裔的封地在郯国。战国初期，郯国被越国所灭，其后代遂以郯为姓（古代"谈"与"郯"同音通用）。

历史名人：

谈友仁：清代画家，善写真，兼工山水。

谈　迁：清代史学家，撰成编年体著作《国榷》，改正修订《明实录》失实之处，具有较高的史料价值。

宋

姓氏渊源：

据《通志·氏族略》记载，周武王灭殷商后，封商后裔锹子于商丘，建立宋国。宋国亡后，其王族相约以原国名宋为姓。

历史名人：

宋　璟：唐代大臣，敢于革除政事弊端，选用人才，减轻徭役，后继姚崇为相，史称"姚宋"，同为开元时贤相。

宋　慈：南宋法医学家，曾任广东、湖南提点刑狱。著《洗冤集录》五卷，对前人的法医知识进行了总结，此书早已被翻译为多种文字，在世界各国广泛流传。

宋应星：明代科学家，所著《天工开物》共三卷十八篇，是一部我国古代手工业和农业生产技术综合性的科学巨著，在国际上也影响甚巨。

茅

姓氏渊源：

据《通志·氏族略》记载，周公旦的儿子叔受封于茅邑，称茅叔，建立茅国，其后人遂以茅为姓。

历史名人：

茅　盈：汉代著名隐士，与弟固、衷同隐居东山，世称"三茅"。

茅　坤：明代文学家，善古文，喜谈兵，辑有《唐宋八大家文钞》。

庞

姓氏渊源：

据《氏族考略》记载，周文王的儿子毕公高的后代，有的受封于庞地，其后人遂以庞为姓。

历史名人：

庞　涓：战国时魏国将领。他和孙膑一起学兵法，不如孙膑，后来战败而死。

庞德公：东汉末著名隐士，与诸葛亮、司马徽、徐庶等友善。

庞　统：东汉末刘备的重要谋士，很有才干，与诸葛亮齐名，号"凤雏"。

庞中华：著名书法家、教育家和诗人。中国当代硬笔书法事业的主要开拓者。

熊

姓氏渊源：

出自黄帝有熊氏之后，以地名为氏。相传黄帝生在寿丘，长于姬水，居轩辕之丘，建都于有熊（今河南新郑县），又称有熊氏。后代有以地名为姓的，称熊氏。

历史名人：

熊大木：明代小说家，曾编印《全汉志传》《唐书志传》《大宋中兴通俗演义》等通俗小说。

纪

姓氏渊源：

纪姓的始祖是比干的儿子，名叫文坚。比干是商朝末年的贤臣，因为劝阻纣王的荒淫而被杀害。周朝建立后，比干的儿子文坚受到了周武王的接见。周武王看到他左手掌纹像个"仝"字，右手掌纹像个"己"字，合在一起就是"纪"字，于是赐他姓纪。还有一种说法，说纪姓的始祖是炎帝的后裔，当时被周武王封在今天的山东省寿光县一带，称为纪国。春秋时代，纪国灭亡，王族子孙就以国名为姓。

历史名人：

纪天锡：金代名医，早年放弃仕途而学医，精于其技，曾注《难经》五卷。

纪　昀：清代学者、官员，字晓岚，一字春帆，晚号石云。纪昀学识渊博，长于考证训诂，在乾隆间辑修《四库全书》，并著有《阅微草堂笔记》等。

舒

姓氏渊源：

据《姓氏考略》所记，周武王封皋陶后代于舒，建立舒国，其爵位为子爵，世称舒子，其后人以舒为姓。

历史名人：

舒　邵：东汉人，其兄伯膺的亲友被人所杀，邵为复仇，事发后，兄弟争死，并得免刑，海内称"义"。

舒　卞：南宋人，豪俊有文武才，建炎间抗御金人有功，参岳飞军军幕，筹划颇多。

屈

姓氏渊源：

楚国是黄帝后裔的封地。到楚武王时，他的儿子瑕在朝中政绩显著，楚武王很满意，就封了屈邑这个地方给他，所以后人称他为屈瑕。他的子孙世代以屈为姓，这就是屈姓的起源。

历史名人：

屈　原：战国时楚国大臣，伟大的爱国文学家。贵族出身，博学强闻，主张修明法度，举贤授能，以实现富国强兵。但因奸人谗毁，曾两次遭贬，因忧伤国事，发愤作《离骚》，后自投汨罗江而死。著作除《离骚》外，还有《九歌》《九章》《天问》等。

屈隐之：唐代官吏，好经史，尤精《易》《庄》，居官清俭。

项

姓氏渊源：

春秋时期，楚国公子燕受封于项城，建立了项国。其子孙遂以国名项为姓。

历史名人：

项 橐：春秋时神童。相传他七岁时与孔子辩难，使孔子窘困，被后世称为"圣人之师"。

项 羽：秦末农民起义领袖，著名军事家，中国古代第一武将。他跟从叔父项梁在吴中起义，破釜沉舟，于巨鹿击败秦军主力。入关后，自立为西楚霸王，与刘邦争天下。后来被刘邦困于垓下，突围至乌江，自刎而死。

项元淇：明代文学家、书法家。工诗、古文辞，小楷严整，尤善草书。

祝

姓氏渊源：

古时，有一个官职名巫祝，专门负责祭祀，还跟鬼神交流，测人间吉凶。由于巫祝是世袭的，传到后来，有的子孙就以官职为姓，祝作为姓氏就诞生了。还有一种说法，黄帝的后裔曾被周武王分封到祝这个地方，建立了祝国（今山东济南），亡国后，祝国的公族子孙就世代姓祝了。

历史名人：

祝英台：晋代才女，与梁山伯同学，山伯欲与其结姻缘，未成病卒。英台访山伯冢，悲伤痛哭，忽地裂，英台跳入而死。民间流传的梁祝故事即据此衍生而成。

祝允明：号枝山，明代文学家、书画家。他博览群籍，为文多奇气，尤工书法，小楷、狂草无一不精。与唐伯虎、徐真卿、文徵明并称"吴中四才子"。著有《前闻记》《九朝野记》《祝氏集略》《怀星堂集》等。

董

姓氏渊源：

据《广韵》记载，帝舜时有个叫董父的人善于饲养龙，称豢龙氏，赐他以董为姓，其后人袭用之。又据《姓氏清·急就篇》所记，春秋时晋国有史官，称董史，其后人以董为姓。

历史名人：

董仲舒：广川（今河北枣强县东）人，西汉哲学经学大师。他建议汉武帝"罢黜百家，独尊儒术"，从而确立了儒家思想在中国历史上的统治地位。此外，他还杂以阴阳五行说，把神权、君权、父权、夫权贯穿在一起，形成封建神学体系。提出了"天人感应""三纲五常"说。

董源：五代十国南唐画家，其画多写江南山水，平淡天真，与其传人巨然并称"董巨"，对后世山水画影响极大。

董其昌：松江华亭（今上海松江）人，明代书画家、书画理论家、鉴赏家。官至南京礼部尚书，传世画作有《烟江叠嶂图》《潇湘白云图》等，著有《画禅室随笔》《画旨》等。

梁

姓氏渊源：

据《通志·氏族略》记载，周宣王封其长子为西垂大夫，封其次子康于夏阳梁山，建立梁国，其后代以梁为姓。

历史名人：

梁鸿：东汉初隐士，娶同县孟光为妻，深得时人敬仰，曾经为人当佣工舂米，每日归来，妻举案齐眉，奉上饭食。后世传为佳话。

梁红玉：楚州（今江苏淮安）人，南宋名将韩世忠之妻，我国古代杰出的女军事家，在抗金斗争中，多次立功，被封为安国夫人。

梁启超：新会（今属广东）人，著名的资产阶级改良主义者、学者，与康有为一起"公车上书"，倡导维新变法。其学识渊博，著作被辑为《饮冰室合集》。

杜

姓氏渊源：

黄帝的后代中有个叫刘累的人。传说他跟豢龙氏学习驯龙，是夏朝有名的驯龙师，于是被夏王赐为御龙氏。后来，刘累的后代建立了唐国。西周初年，周成王的弟弟叔虞被封在唐，于是唐国国君迁往杜城居住，被称为杜伯。玉宣王时，杜国因杜伯被杀而亡，公族子孙大都投奔他国，留在杜城的就以杜为姓，成为杜氏先人了。

历史名人：

杜　预：西晋大臣、著名学者。平生博学多通，于经济、政治、军事、历法、律令、算术、工程各方面均有研究或著述，被称为"杜武库"。另有《春秋左氏经传集解》三十卷，为现存最早的《左传》注本。

杜　甫：唐代大诗人，曾为检校工部员外郎，故世称杜工部。他的诗成为中国古代诗歌的现实主义高峰，被称为"诗史"。

杜　牧：唐代末年著名诗人，被称为"小杜"。其诗风豪迈不羁，在晚唐时期成就颇高，代表作有《阿房宫赋》《泊秦淮》等。

阮

姓氏渊源：

据《通志·氏族略》记载，商朝时有阮国，其王族以国名为姓。

历史名人：

阮　瑀：东汉文学家，"建安七子"之一。能诗，善作书檄，有《阮元瑜集》。

阮　籍：三国时魏国文学家、名士，"竹林七贤"之一。他博览群书，尤好老庄，有八十余首《咏怀诗》，颇为有名，有《阮嗣宗集》。

阮　咸：魏晋间名士，阮籍之侄，"竹林七贤"之一。精通音律，善弹琵琶。

阮　元：清代大臣，著名学者。长于考证，精通经学，曾编纂《皇清经解》《经籍纂诂》《十三经校勘记》等。

蓝

姓氏渊源:

据《竹书纪年》记载,梁惠王三年,秦王子向被任命为岛蓝国国君,其后人以蓝为姓。又据《百家姓考略》记载,蓝姓系出自芈(mǐ)姓。楚公族食采于蓝邑,其子孙以邑名为姓。

历史名人:

蓝　玉:明初大将,临敌勇敢,每战皆胜,封凉国公,后因锦衣卫告其谋反,其九族均被诛灭。

蓝　瑛:明代画家,所画山水雄犷粗迈,自成一格。

闵

姓氏渊源:

据《通志·氏族略》记载,春秋时鲁庄公的儿子当了两年国君就被庆父杀害。谥号闵,称鲁闵公,其后代子孙遂以闵为姓。

历史名人:

闵　琐:唐末官吏,曾为检校尚书右仆射、钦化军节度使等职。

闵　本:元代官吏,个性刚正廉洁,曾任御史台掾,平反冤狱,十分有声望。

席

姓氏渊源:

传说上古帝王唐尧帝时,有老翁席氏作击壤歌,尧帝对他十分尊敬,封他为"席师"。他的子孙后代就以"席师"中的"席"为姓。战国时期,晋国有一个大夫叫"伯",是掌管晋国典籍的,他的子孙后代以官名中的"籍"为姓,后来为了避西楚霸王项籍之讳,项籍部下姓籍的人改姓席。项羽败于刘邦后,有一些人又把"席"姓改回"籍"姓,但是,有一些人就没有改动,延续至今。席姓后来在安定郡发展成望族,世称"安定望"。

历史名人:

席　豫: 唐代官吏,曾为礼部尚书。累封襄阳县子。为官不畏强权,清廉耿直而无欲。

席　芾: 宋代官吏,临政严明,兴学劝农,百姓称颂。

季

姓氏渊源:

春秋时期,吴国有个叫季札的公子。季札博学且谦虚,曾多次推辞王位,北游齐、鲁、郑、晋等地,有远见卓识。后来,他的后代便以他名字中的"季"为姓,这是季姓的主要来源。另外,春秋时鲁僖公有个宰相名叫友,他在鲁国劳苦功高。他的后人就用"季孙"或"季"为姓,沿用至今。

历史名人:

季　布: 西汉初游侠。以使重守信得名。汉惠帝时为中郎将,后转任河东守。

季振宜: 清代著名的藏书家、版本学家、校勘家。

季美林: 当代学者、古文字学家、历史学家、作家。他精通梵文和吐火罗文,可谓一代宗师,著有《季美林文集》。

麻

姓氏渊源:

据《风俗通义》记载,春秋时,齐国有一位大夫名麻婴,其后人都姓麻。

历史名人:

麻士龙: 宋代将领,曾率残兵五百,与元军大战,后壮烈牺牲。

麻　溶: 明代官吏,以清正廉洁知名,死后贫不能入殓。

强

姓氏渊源:

据《百家姓考略》所载,春秋时,齐国有一位大夫名公孙疆,因古时

"强"与"疆"通用，其后人遂以强为姓。

历史名人：

强　伸：金代将领，臂膀之力过人，勇猛善战。

强　珤：元代文士，工诗，隐居田里，以翰墨自娱，曾被推荐担任常熟州判官，不就。

贾

姓氏渊源：

西周时，周康王姬钊把晋国开国君主唐叔虞的小儿子公明封于贾，建立贾国，其子孙遂以贾为姓。

历史名人：

贾思勰：北魏农学家。他曾根据文献中搜集到的资料和访问老农及自己观察、实验的心得，写成《齐民要术》一书。

贾　谊：西汉著名的文学家，其著作主要有散文和辞赋两类。散文有《过秦论》《陈政事疏》《论积贮疏》等，辞赋有《鵩鸟赋》《吊屈原赋》等。

贾　岛：唐代苦吟派诗人，诗风清峭瘦硬，和另一诗人孟郊被人并称为"郊寒岛瘦"。

路

姓氏渊源：

据《新唐书·宰相世系表》记载，帝喾高辛氏的孙子玄元，因功被封在中路，传到夏时始建路国，其子孙遂以国名路为姓。

历史名人：

路温舒：西汉官吏，勤奋好学，曾以蒲草作为书写工具。任廷尉史，建议朝廷注重德行，缓用刑罚，被采纳，升官临淮太守。

路去病：北齐官吏，性刚毅，为政廉平，吏民叹服。

娄

姓氏渊源：

据《百家姓考略》等书所记，周武王灭商后封少康的后裔东楼公于杞，为杞国。东楼公后裔以娄为姓。

历史名人：

娄师德：唐代将领，以功升官至殿中侍御史，兼河源军司马。

娄文焕：明末义士，闻明朝灭亡，告别亲友，跳海而死。

危

姓氏渊源：

远祖起始于上古时期。古帝虞舜时把三苗族迁到三危（在今甘肃敦煌一带），后代以地名中的"危"为姓。

历史名人：

危　稹：宋代文学家，以文章为洪迈、杨万里所赏，升至秘书郎。

危复之：宋末元初隐士，博览群书，好读《易经》，尤工于诗，多次参加征役，而未获赏识，后隐居紫霞山中。

江

姓氏渊源：

据《百家姓考略》等书所记，江姓出自嬴姓，颛顼裔孙伯益的后人，受封于江陵，建立江国，其子孙遂以江为姓。

历史名人：

江　淹：南朝梁文学家，少时孤贫好学，早年即以文章知名，晚年所作诗文不如前期，人谓"江郎才尽"。

江智渊：生于晋安帝义熙十四年，卒于宋孝武帝大明七年，年四十王岁，尚书吏部郎。著有《江智渊诗选》，《宋书》有《江智渊传》九卷。

江　永：清代音韵学家，通中公历算，尤精于音律声韵，著《古韵标准》《四声切韵表》，对研究汉语古韵有重要创见。

童

姓氏渊源：

据《元和姓纂》记载，颛顼之子老童，其子孙以童为姓。

历史名人：

童伯羽：南宋学者，好读书，在朱熹门下求学，不求功名，有《五经训解》《性理发微》等书传世。

童朝仪：明代文士，工书画，善诗词，天性孝友，文采风流，一时推崇。

颜

姓氏渊源：

邾子挟是传说中的圣王陆终的后人，他在周武王的时候，被分封在邾这个地方，建立了邾国。又过了五代，出了个叫夷父的子孙，因为他字颜，又称为邾颜公。后来邾国为楚国所灭，颜公的子孙就有人把颜作为姓氏。颜姓还有个来源，周成王把伯禽封在鲁国，鲁国有个颜邑，后来成为伯禽子孙的领地，子孙遂以封邑为姓，称颜氏。

历史名人：

颜　回：字子渊，春秋时期鲁国人，孔子的弟子，以德行著称。

颜真卿：唐代大臣、著名书法家。所书正楷端庄雄伟，行书遒劲厚实，人称"颜体"。传世碑刻以《多宝塔碑》《颜家庙碑》等为著名。

郭

姓氏渊源：

据《百家姓考略》所记，周武王灭商后，封虢(guó)仲于东虢，封虢叔于西虢，号曰"二虢"。后来因"虢"与"郭"语音相近，其后人遂以郭为姓。

历史名人：

郭子仪：华州郑县（今陕西华县）人，中唐名将。755年，安史之乱爆发后，郭子仪任朔方节度使，率军收复洛阳、长安两京，功居平乱之首。

郭守敬：元代科学家，杰出的天文学家、水利学家和数学家。他测算出一回归年的长度为365.2425日，与当今通用的公历相差无几。他测定的黄赤交角与实际偏差不到千分之一。他主持编制的《授时历》，实行长达360年，为我国历史上实行最久的历法。

郭嵩焘：清代著名外交家。曾首任出使英国大臣，兼任驻法使臣。对清朝政府的腐败、当时文人的虚骄愚昧有所认识，但终无所作为，抑郁而亡。

梅

姓氏渊源：

殷商时，君王太丁封其弟于梅地，为伯爵，世称梅伯。至商纣时，梅国国君梅伯为纣王所杀，后世子孙以封邑为氏。

历史名人：

梅尧臣：北宋文学家，与欧阳修为同僚，切磋诗文，推动了古文运动。仁宗时参与编撰《新唐书》，诗与苏舜钦齐名，人称"苏梅"。

梅文鼎：清代天文学家、数学家。他曾系统考察古今中外历法，又介绍西方数学。一生著作达八十余种，极富科学价值，对后世颇有影响。

梅兰芳：名澜，字畹华，祖籍江苏泰州，1924年10月22日出生在北京的一个梨园世家，是世界人民熟知的戏曲艺术大师，我国最杰出的京剧表演艺术家。

盛

姓氏渊源：

据《通志·氏族略》记载，周穆王时有盛国。春秋时盛国被齐国所灭，盛国国君的后人以盛为姓。

盛彦师：唐初将领，年少时乐于慷慨助人，后击斩李密，以功封葛国公。

盛　乐：清代文学家，七岁能诗，十一岁中乡举，著有《剑山集》。

林

姓氏渊源：

商纣王有个叔父名叫比干，是个正直的忠良之才，传说他有七窍玲珑心。纣王昏庸残暴，他把批评自己的叔父杀了，还把他的心剖出来看。比干身怀六甲的夫人陈氏怕纣斩草除根，于是逃到树林里躲避追杀，在一个室里产下了儿子，取名叫坚。后来周武王灭商，他听说了坚的逃难经历，赐他"林"姓，于是名字变成了林坚，而他就是林姓人的得姓始祖。

历史名人：

林则徐：清代福建侯官（今福建福州）人，曾领导抗英斗争和著名的虎门销烟运动，是我国历史上著名的爱国将领与民族英雄。

林永升：清末海军将领。中日黄海之战中，率全舰官兵浴血奋战，击伤敌舰多艘，重创日舰"西京丸"号。后在追击日舰时，中日军鱼雷，与全舰官兵壮烈牺牲。

刁

姓氏渊源：

据《百家姓考略》所记，周文王时有雕国，其后人改雕为刁，以为姓。

历史名人：

刁　光：五代时画家，善绘湖石花卉猫兔鸟雀等。

刁　衎：宋代官吏，曾参与编修大型类书《册府元龟》。书成，封兵部郎中。

钟

姓氏渊源：

据《百家姓考略》记载："楚公族钟建封于钟吾，其后人为寸钟吾氏，或为钟氏。"是为钟姓之始。

历史名人：

钟子期：春秋时期楚国人，精于音律。相传伯牙鼓琴，他能分辨是志在高山还是志在流水，因而被伯牙称为知音。

钟　繇：三国时期魏国的书法家。他博采众长，自成一家，尤精于隶、楷，与王羲之并称为"钟王"。

徐

姓氏渊源：

周公的长子伯禽，受封于鲁国，分到了"殷民六族"中的徐姓。

历史名人：

徐光启：明代科学家，从传教士利玛窦学天文、历算、火器等，尽通其术。著《农政全书》，强调"富国必以本业"。又有译著《几何原本》等。他是我国近代学习西方的先驱。

徐霞客：明代地理学家、旅行家。年少时好学，博览图经和地志，年二十二即弃科举，从事旅行，遍游名山大川，所著《徐霞客游记》，文采简丽奇美，极富科学及文学价值。

徐悲鸿：江苏宜兴人，现代著名画家、美术教育家，中国现代美术的奠基人。自幼随父亲学习书画，后赴法国学习西画，归国后长期从事美术教育。被称为中国现代美术教育的奠基者，主张发展"传统中国画"的改良，立足中国现代写实主义美术，提出了近代国画之颓废背景下的"中国画改良论"。

邱

据《元和姓纂》《百家姓考略》等书所记，佐生周公望姜尚辅佐周王有功，受封于齐，建齐国，都营丘（今山东淄博市东北）。其子遂以地名丘为氏。后因避孔子名讳，改为与丘通用的邱姓。

历史名人：

邱处机：登州栖霞（今山东烟台市栖霞市）人，道教全真道北七真之一，龙门道创始人，被成吉思汗尊为"神仙"。著作有《大丹直指》《摄生消息论》《石番溪集》等。

邱　浚：明代大臣，官至礼部尚书，文渊阁大学士。

邱心如：山阳（今江苏淮安）人，清代女作家，晚年设帐授徒，著有长篇弹词《笔生花》。

骆

姓氏渊源：

西周初年，开国功臣姜尚受封于齐地，称为齐太公。齐太公的后代中有个叫公子骆的，其后人便把他的名字作为姓氏，这就是北方骆姓的起源。南方也有一支骆姓，传说他们的始祖是春秋时的霸主越王勾践。

历史名人：

骆宾王：唐代诗人，徐敬业起兵反对武则天，他撰写檄文，武则天看后大加称赏，认为遗漏如此人才乃宰相之过。徐敬业失败后，他下落不明，其诗擅长歌行，为"初唐四杰"之一。

骆秉章：清代大臣，曾任四川总督。

高

姓氏渊源：

春秋时，齐国公子高的孙子，以"高"为氏，称高。

历史名人：

高渐离：战国末燕国人，与荆轲为至交。暗杀秦始皇，未中被害。

高　适：唐代诗人，其作品以描写边塞风光及兵士生活的"边塞诗"最为著名，与岑参齐名，并称"高岑"。

高　启：元末明初长州（今属江苏苏州）人。学识渊博，擅长诗赋，与杨基、张羽、徐贲并称"吴中四士"，其著作被后人汇编为《高太史全集》。

高　翔：扬州（今属江苏）人，清代"扬州八怪"之一。擅长山水画，画梅风格疏淡秀雅，亦能画像。

夏

姓氏渊源：

大禹凭治水之功获封夏国。他死后儿子启登上王位，建立夏朝，从此王位的继承由禅让变成世袭。夏朝享国十七代，最终亡于桀之手。之后，亡国的夏朝王族后人就把夏作为他们的姓氏了。夏姓还有个来源，西周初年，舜的后代妫满被封在陈国。到春秋时，陈国有位公子名叫子西，字子夏。子夏的孙子征舒就以祖父的字"夏"为姓，是为夏征舒，而他的后人也将夏姓延续下去。

历史名人：

夏　圭：南宋画家，善画山水人物，构图别具一格，多作半边，一角一景，人称"夏半边"。为"南宋四大画家"之一。

夏曾佑：近代学者、教育家。与谭嗣同等人交往甚密，曾参加过维新运动。精于佛学，又著有《中国古代史》。

蔡

姓氏渊源：

据《百家姓考略》记载，周文王的儿子叔度受封于蔡，称蔡叔度，其子孙以蔡为姓。

历史名人:

蔡　伦:字敬仲,汉族,东汉人。我国四大发明中造纸术的发明者。他用树皮、废麻、破布、旧渔网等原料造出植物纤维纸。造纸术的发明彻底改写了中国乃至世界的历史。

蔡元培:近代教育家、科学家。曾任南京临时政府教育总长、北京大学校长等职。提出修改学制、男女同校、废除读经等改革措施,基本上确立了我国的现代教育体制。

田

姓氏渊源:

据《通志·氏族略》记载,上古时代,"田""陈"二字音相近,可以互换称呼,姓田也可称姓陈。又据《左传》《史记》等书记载:田氏即陈氏,陈厉公有一子,名完,字敬仲,陈宣公时欲立庶子款继承君位,欲杀其太子御寇,敬仲因与太子交好,害怕受牵连而逃往齐国,齐桓公封其食邑于田,遂改姓田。后来,敬仲的后人田和推翻姜姓齐国,称齐太公,史称田齐。

历史名人:

田　常:春秋时齐国正卿,即田成子,曾杀齐简公,独揽大权,通好邻国。

田　横:秦末义士。刘邦称帝后,与五百余人逃居海岛,迫于刘邦之召,率徒党两人至洛阳,不久自杀,其留居海岛者闻讯亦皆自杀。

田　汉:现代著名文学家、剧作家、诗人。创作过电影剧本《风云儿女》,他还是中华人民共和国国歌《义勇军进行曲》的词作者。

樊

姓氏渊源:

出自姬姓,形成于西周,是周文王的后代,其始祖为樊仲山甫,史称姬姓樊氏。

历史名人：

樊于期：战国时期秦国著名将领，曾帮助荆轲刺杀秦王。

樊　哙：西汉人，汉高祖刘邦的得力干将。

樊宗师：唐代散文家，作文力求艰涩深奥，时人号称"涩体"。

胡

姓氏渊源：

周初年，虞舜的第三十三代孙有个胡公满的，是周武王的女婿，后来周王把他封到陈国。春秋末期，陈国为楚国所灭，陈国后人就以胡公满的姓氏为姓，流传下来。还有个说法，西周时候有一个与王室同姓的胡国，后来被楚国灭掉。另外，春秋时期还有一个王族姓归的胡国，在鲁定公的时候也被楚国吞并。这两个诸侯国王族的后代便以国名为姓氏，胡姓得以光大。

历史名人：

胡三省：宋元之际史学家，曾著《资治通鉴音注》二百九十四卷，对《通鉴》作校勘、考证、辨误。

胡大海：明初大将，治军纪律严明，不随意杀人，留心农桑，深受群众拥戴。后被叛将蒋英袭杀。

胡　适：安徽绩溪人，现代著名学者、诗人、文学家、哲学家，新文化运动的领袖之一，曾历任北京大学教授和文学院院长、辅仁大学教授及董事、中华民国驻美利坚合众国特命全权大使等职，在文学、哲学、史学、教育学、伦理学等诸多领域有深入的研究。

凌

姓氏渊源：

据《通志·氏族略》记载，周文王之子康叔封于卫，建立卫国。康叔的庶子在周朝做官，位至凌人（官名），其后人以祖上的官名凌字为姓。

历史名人：

凌濛初：明末小说家，编有白话小说集《拍案惊奇》。

凌　瑚：清代画家，工人物、仕女，得北宋人法。尤长花卉、禽虫，傅色妍冶，风致婵娟。浙人以梁同书行楷，践维乔山水，瑚之写生，称"三绝"焉。亦能著色山水。

霍

姓氏渊源：

据《百家姓考略》记载，周文王的第六子叔处封于霍国，其后人以霍为姓。

历史名人：

霍去病：平阳（今山西临汾）人，西汉大将。十八岁时，因善于骑射为人所知，不到二十岁就因战功显赫，被封为骠骑大将军，成为汉军统帅之一。可惜，他英年早逝，时年二十四岁。

霍　光：西汉大臣，去病之弟，以大司马大将军辅政，封博陆侯。前后执政二十年。

虞

姓氏渊源：

据《通志·氏族略》所记，舜帝的儿子商均受封于虞寒城，其后代子孙以虞为姓。又据《百家姓考略》记载，古公亶父的次子仲雍的庶孙受封于虞，其后人以虞为姓。

历史名人：

虞　姬：秦末时楚霸王项羽爱妃，善歌舞，垓下之战中自杀。

虞世南：唐初大臣，著名书法家。唐太宗曾称他有五绝，即德行、忠直、博学、辞藻、书翰。其书法刚柔并重，骨力遒劲，与欧阳询、褚遂良、薛稷并称"唐初四大家"。其诗风与书风相似，清丽中透着刚健。

万

姓氏渊源：

据《通志·氏族略》等书记载，春秋时，晋国大夫毕万的后人以祖上的万为姓。又另记载，周朝大夫芮伯万之后，以万为姓。

历史名人：

万　章：齐国人，战国时期孟子门下的得意弟子，是最早扬名于历史的万姓先人。他对整理、编著《孟子》一书有一定贡献。

万斯同：清代著名史学家，博通诸史，尤精明史。他讲求志节，坚决不愿在清朝为官。康熙年间，应邀以布衣参修《明史》五百卷，皆其手定。著有《历代年表》。

万家宝：笔名曹禺，现代史上杰出的文艺家、戏剧作家。作品有《雷雨》《日出》《原野》《北京人》等。

支

姓氏渊源：

据《姓氏考略》所记，尧舜时代有个名叫支父的人，其后代以支为姓。

历史名人：

支　遁：东晋高僧，通习佛经，领会书中之宗旨大意，而不拘于表面词句。所注《庄子·逍遥游篇》，推动以佛证玄，相互渗透，为时人所称服。

柯

姓氏渊源：

据《百家姓考略》所记，春秋时吴王有个儿子名柯卢，其子孙以柯为姓。

历史名人：

柯　乔：明代官吏，曾奉命整治湖广，筑江堤，兴学校，辨冤狱，楚人称颂之。后以事忤权贵，辞官回乡。

柯劭忞：近代史学家，曾任清史馆总裁，撰写《天文志》，整理《儒林》《文苑》等传。对元史钻研尤深，著有《新元史》。

昝

姓氏渊源：

据《百家姓考略》等书所记，昝姓出自咎姓。但因咎字有灾祸之意，如《尚书·大禹谟》有"天降之咎"之句。人们以为咎字不吉利，于是在

"口"中加一横，变成"甴"，以甴为姓。

历史名人：

甴　商：唐代学者，著《心鉴》五卷。

甴如心：明代高士，性颖悟，刚直耿介，读书能悟人所不到处，后厌倦科举之途，慨然有求道之志，年二十九而卒。

管

姓氏渊源：

周穆王时，将其庶子分封于管邑，至管仲始显于齐，其后世子孙以邑为氏。

历史名人：

管　仲：春秋时期齐国人，和鲍叔牙是好朋友。后来经鲍叔牙的推荐到了齐国任宰相，帮助齐桓公建立霸业，使齐国不断富强，成为五霸之首。

管　宁：三国时学者，笃志好学，曾避居辽东，召众讲习《诗》《书》，历三十余年方归故里。

卢

姓氏渊源：

西周时，有炎帝的后裔姜姓，字子牙的，因辅佐周武王兴周灭商有功，被周公（周武王之弟）封于齐，有太公之称，俗称姜太公，名尚。春秋初期，齐太公之后，即齐文公之子名高，高之孙傒任齐国正卿，因迎立齐桓公公子小白有功，被赐以祖名为氏，因此名为高傒，并将高傒封在了卢，其后裔有以卢为氏。

历史名人：

卢照邻：唐代诗人，其诗作多忧苦愤激之辞，为"初唐四杰"之一。

卢鸿：唐代隐士、画家。隐居嵩山，玄宗屡次征召而不就。工籀书，擅画山水树石。

莫

姓氏渊源：

据《百家姓考略》《三郡记》等书中所记，莫姓出自高阳氏，是颛顼之后。颛顼尝造鄚阳城，其后人去掉鄚字的"阝"旁，以莫为姓。

历史名人：

莫是龙：明代画家，十岁能文，擅长书画，有《石秀斋集》及《画说》等传。

莫友芝：清代诗人，工诗，善书法，为晚清"宋诗派"作家，与郑珍齐名。

经

姓氏渊源：

春秋魏国有个叫经侯的，他的后代就以经为姓。

历史名人：

经承辅：明代高士，个性至孝和顺，少时父亡，事母诚笃，抚养胞弟成名。隐居平山之麓，栽梅种竹，耕读敦子，年七十无疾而终。

经元善：清代官吏，光绪年间直、豫、秦、晋等地发生旱灾，他曾集巨资赈灾救急，官至知府。

房

姓氏渊源：

据《百家姓考略》记载，帝舜封尧的儿子丹朱于房，建立房国，其后人遂以房为姓。

历史名人：

房晖远：隋代学者，治《三礼》《春秋三传》《诗》《书》《周易》，兼善图纬，平生以教学为职志，负笈而求学者，数以千计。

房玄龄：唐初大臣，太宗即位后，他长期为宰相之首。制定律令，选拔人才，贞观时有关重大政策措施，他都是重要的策划和执行者。并曾监修国史和主持重修《晋书》。

裴

姓氏渊源：

据《通志·氏族略》等书记载，春秋时卫国有一位大夫受封于裴地，其子孙遂以裴为姓。

历史名人：

裴安邦：清代将领，官至徐州镇总兵，虽为武人而雅好文艺，能做诗，尤关心民间疾苦，时人比之晋代羊祜。

裴　琏：清代戏剧家，有剧作多种，以唐代故事为题材的《四韵事》《昆明池》《集翠裘》《鉴湖隐》及传奇《女昆仑》最著名。

缪

姓氏渊源：

据《元和姓纂》《通志·氏族略》等记载，缪姓为秦穆公的后代。古时，穆音同缪，秦穆公亦称秦缪公，故其一部分子孙以缪为姓。

历史名人：

缪　播：晋代官吏，才思清明辩理，惠帝时官至中书令，后为王越所害。

缪希雍：明代人，遇剑客侠士，常喜谈古今成败事，与东林党诸人相友善。精医术，著有《本草经疏》《本草单方》等。

干

姓氏渊源：

据《百家姓考略》记载，春秋时，宋国有一位大夫名干犨(chōu)，其子孙以干为姓。

干　宝：东晋学者，年少时勤学博览群书，召为著作郎，曾领修国史，成《晋记》二十卷。又搜集古今神怪逸闻，撰《搜神记》三十卷。

干文传：元代官吏，貌伟岸，见识深远，所至有善政，后以礼部尚书致仕。

解

姓氏渊源：

西周初期，周武王的儿子唐叔虞有儿子良受封于解邑。他的子孙后代于是以解良的采邑之地作为姓氏，即解氏。

历史名人：

解　倩：南朝梁画家，工画人物仕女、鬼神故事。

解　缙：明代永乐初年任翰林学士，主编《永乐大典》，是世界上最完备的一部百科全书。

应

姓氏渊源：

据《百家姓考略》所记，周武王封第四子于应，称应侯，其后人遂以应为姓。

历史名人：

应　劭：东汉官吏、学者。曾著《汉宫仪》十卷，对百官典章制度，多所订正。又著《风俗通义》三十卷。

应　玚：东汉末文学家，应劭之侄，"建安七子"之一。其才学足以著书，惜早卒，华美文采无法传世。

宗

姓氏渊源：

"四岳"是尧时掌管地理物候事务的官职。周朝时，四岳的后人中有的做了掌管祭祀典礼的"宗伯"，跟后来的礼部尚书差不多。"宗伯"是世袭的，后来的子孙以官职为姓，宗姓就产生了。宗姓还有一支。春秋时期，宋人伯州犁因父亲伯宗遭难，逃到了楚国。后来小儿子连去了南阳居住，就以他祖父的字为姓，后代也一直沿袭下来。

历史名人：

宗楚客：唐代大臣，武则天堂姐之子。曾官至中书令。

宗　泽：南宋抗金名将。曾提拔岳飞为纺制，屡败金兵，威名远播，后因受奸臣黄潜善压制，忧愤成疾，发背疽而死。死时连呼三次"过河"。

丁

姓氏渊源：

据《通志·氏族略》记载，西周初，姜太公的儿子伋(jí)，死后谥号丁公，其子孙遂以丁为姓。

历史名人：

丁　谓：北宋大臣，曾任同中书门下平章事，封晋国公。

丁汝昌：安徽省庐江人，清末北洋水师提督，甲午战争爆发后，在与日军的威海战役中，拒降而自杀身亡。

宣

姓氏渊源：

据《风俗通义》记载，西周时，周厉王的儿子姬静，继承父位为君，死后谥号宣，是为周宣王。周宣王的一支子孙以祖上的谥号宣为姓。又据《百家姓考略》所记，春秋时鲁国大夫宣伯的子孙以祖上的谥号宣字为姓。

历史名人：

宣仲庸：明代官吏，曾知息县，政绩卓著，百姓无冤辞，尤留心学校，勉励学生成才。

贲

姓氏渊源:

远祖起始于春秋时期。鲁国有个叫贲父的人,后代把他名字中的贲作为姓。

历史名人:

贲　生:汉代淮南人。秉性纯厚谦和,汉景帝时曾从学于常山太傅韩婴。

贲　亨:元代将领,以功升宣武将军,改处州路管军万户。

邓

姓氏渊源:

据《百家姓考略》记载,殷王武丁封其叔父曼季于邓,其后人遂以邓为姓。

历史名人:

邓　牧:钱塘(今浙江杭州)人,元代思想家。自称“三教外人”,表示不列入儒、释、道三教正宗。著有《伯牙琴》《洞霄图志》等。

邓世昌:清末海军名将。曾任北洋舰队总兵,兼“致远”号巡洋舰管带。在中日黄海大战中,他英勇善战,连连挫败敌人,后不幸被鱼雷击中,与全舰官兵二百余人壮烈牺牲。

郁

姓氏渊源:

古有郁国,春秋时为吴国大夫采邑。其后裔以国名为姓氏。

历史名人:

郁文博:明代校勘学家,居万卷楼,丹铅校核不离手,曾校刊《说郛》一百二十卷。

郁文名：清代画家，善画花鸟，山水亦工。家虽贫，却不肯卖画谋生。每逢知己，便欣然饮酒为乐。

单

姓氏渊源：

据《姓氏考略》记载，西周初，周成王封其少子臻于单邑，称单伯，其子孙以单为姓。

历史名人：

单右车：西汉初官吏，刘邦早年有难，单右车曾赠马帮助脱险，后因攻打英布有功，封中牟侯。

单仲友：明初学者，刻意向学，自经史百家以至周、程、张、朱之书，无不深究。

杭

姓氏渊源：

据《百家姓考略》等书所记，大禹治水以后，留下许多船只，禹王让他的儿子管理这些剩余的航船，封为余航国。其后人改航为杭，以杭为姓。

历史名人：

杭　淮：明代官吏，廉明平恕，以志节著称，与兄杭济并负诗名。

杭世骏：清代学者。博闻强记，于经史辞章之学，无不精通。曾主讲于粤秀、安定两书院，著述颇多。

洪

姓氏渊源：

为上古炎帝神农氏之后——共工的后代。共工本姓共氏，从黄帝时起就担任了治理天下水利的官职，被人们尊为水神。颛顼帝时，共工起兵争天下，后失败。传说他失败后一怒之下撞倒了西北方支撑天地的不周山。到大禹时，共工氏又起了不臣之心，大禹镇压了他们后，就把他们放逐到了江南蛮荒之地，共工氏的后人在江南定居后，为了让后世子孙记住他们的祖先做过水神，就给共字加上水旁，以此作为自己的姓氏，这样就形成了洪姓。

历史名人：

洪　迈：南宋史学家，涉略经史，考据审阅典故，著述颇多。有《容斋五笔》《夷坚志》《四朝史》等。

洪秀全：太平天国领袖。金田起义后，称天王。坚持反清斗争达十多年，后病死。

包

姓氏渊源：

据《百家姓考略》所记，春秋时，楚国有一位大夫叫申包胥，其子孙以祖上名字中的包字为姓。

历史名人：

包　融：唐代诗人，有才名，"吴中四士"之一。

包　拯：北宋庐州（合肥）人，执法严峻，不畏权势，连童稚妇女也知道他是包青天。他刚正不阿，为民申冤，惩治权贵，树立了清正廉洁官员的榜样。

诸

姓氏渊源：

据《姓苑》所记，春秋时，鲁国有诸邑，在诸邑任官职受俸禄的大夫的子孙以诸为姓。又据《百家姓考略》所记，越王勾践的后人无诸在汉初因功受封为闽越王，其后人以诸为姓。

历史名人：

诸弘道：明代官吏，经办农业，奖励兴学，治绩一时称最。

诸　升：清代画家，工画兰花竹石。

左

姓氏渊源：

据《元和姓纂》记载，周朝和各诸侯国均设有左史官，如周王有左史戎父，楚威王有左史倚相，他们的后人便以祖上官职中的左字为姓。

历史名人：

左丘明：春秋时史学家，后人因其目盲，称之为盲左。相传他曾著《春秋左氏传》，简称《左传》。

左　思：西晋文学家。他花了十年时间构思并写成《三都赋》，京都洛阳的人争相抄写，一时间竟导致"洛阳纸贵"。

左宗棠：晚清洋务派首领和湘军的统帅之一，曾率军收复新疆。

石

姓氏渊源：

春秋时期，卫国有个叫公孙碏的王族公子，字石。他为人忠义，他的儿子厚联合恶州吁刺死了国君卫桓公。公孙碏不但不支持，还暗地里给陈国君主发出密信，把州吁石厚骗到陈国处死。之后，公孙碏又辅佐桓公之弟做了卫君，公孙碏的孙子骀仲为纪念祖父忠厚，便以公孙碏的字"石"为姓，姓由此产生并流传至今。

历史名人：

石　崇：西晋富豪。他曾与贵戚王恺斗富，以蜡代薪，作锦步障五十步，王恺虽有晋武帝的支持仍不能敌。

石达开：清末太平天国杰出的军事将领，被封为翼王。他有勇有谋，在太平天国前期的胜利进军至定都南京以及率军西征中均屡败清军。

石玉昆：清代说唱艺人，以演唱《包公案》而闻名，其唱调被称为"石韵"。创作了经典著作《三侠五义》，共一百二十回。开创了石派书，被誉为"单弦之祖"。

崔

姓氏渊源：

炎帝神农氏后裔，西周时齐国国君丁公伋的嫡长子季子曾食采于崔邑，子孙以邑为氏，是为山东崔姓。

历史名人：

崔　骃：字亭伯，安平（今属河北）人，东汉学者。博学多才，尽通训诂百家之言。与班固、傅毅齐名。其著作被后人辑为《崔亭伯集》。

崔　灏：唐代诗人。早期多写闺情诗，诗风浮艳，晚期诗风慷慨豪迈，后人辑其诗成《崔灏集》。最为人津津乐道的是他那首《黄鹤楼》。

崔子忠：明代画家，与陈洪绶齐名，有"南陈北崔"之称。

崔　白：凤阳（今属安徽）人，北宋著名画家。擅花竹、禽鸟，尤工秋荷凫雁。"体制清淡，作用疏通"，是融洽五代而又别创的比较活泼、清淡的画风。

吉

姓氏渊源：

据《百家姓考略》《元和姓纂》等书记载，周宣王时，有大臣吉父，战功卓著，其后人以祖上名字中的吉字为姓。

历史名人：

吉　藏：隋代高僧，佛教三论宗创始人。

吉中孚：唐代诗人，为"大历十才子"之一，官至户部侍郎。

钮

姓氏渊源：

钮姓世系不详。据《通志·氏族略》等书所记，东晋有钮滔，一般认为是钮之祖。

历史名人：

钮克让：元代官吏，始历岳州、武昌二郡推官，用法平恕。执政时颇多善绩。累官至宣慰副使。

钮　枢：清代画家，工画仕女，师法仇英笔意。

龚

姓氏渊源：

据《百家姓考略》等书记载，黄帝时有大臣名共工，责管理水土。共工的儿子名句龙，继任父亲职务，他的后人遂把"共"字和"龙"字合在一起，组成"龚"字以为姓。

历史名人：

龚　开：宋元之际画家，博学好古，善画人物山水。

龚自珍：清代著名思想家、文学家。学术上主张结合现实，经世致用，属今文经学派。诗文多抒发其强烈的爱国感情，语言丰富，风格多变，开一代文学风气。

程

姓氏渊源：

伯符在西周前期被封在程地，建立了程国。程国的居民以国名为氏。

历史名人：

程　灏：北宋哲学家，与其弟程颐世称"二程"，并为理学奠基人。其学说主张天即理。

程大位：明代数学家，长于算法，著有《算法统宗》，为珠算专著。

程长庚：今安徽人，清代著名京剧演员，演老生。程长庚唱腔脱胎于"徽调"，取法于楚调，兼收昆曲、山陕梆子诸腔之长，融会为"皮黄调"，却以徽音为主。当时称徽派。

嵇

姓氏渊源：

据《百家姓考略》《姓谱》等书记载，夏朝少康帝封其庶子于会稽，称会稽氏。西汉初，迁徙列国公族大姓，会稽氏被迁至谯郡嵇山，会稽氏遂改为嵇姓。

历史名人：

嵇　康：魏晋年间文学家、名士。"竹林七贤"之一，与阮籍齐名。

嵇曾筠：清代官吏，善治水建坝，曾督江南河道，任河务颇久。

邢

姓氏渊源：

据《元和姓纂》记载，周公旦第四子于邢，立邢国，其后人以邢为姓。

历史名人：

邢　邵：北朝魏齐间思想家、文学家。主张无神论，反对佛教的神不灭论。博学能文，与温子升齐名，时称"温邢"。

邢　侗：明代书法家、画家，能诗善画，尤以书法知名，其字海内视为珍品，与董其昌、朱万钟、张瑞图并称。

滑

姓氏渊源：

据《通志·氏族略》所记，古代有滑国，后来被晋所灭，其子孙以滑为姓。

历史名人：

滑　寿：明代医学家，治病无不愈。曾著《十四经发挥》《难经本义注》《诊家枢要》等，皆有功于后学。

裴

姓氏渊源：

秦非子的后代中有人被封为侯爵，并被封为裴乡的首领，称裴乡侯。他的后世子孙便以封邑为姓，称裴姓。

历史名人：

裴松之：南朝宋史学家，曾奉诏注《三国志》，增补考订史料甚多。

裴　度：唐代大臣，曾攻破蔡州，擒藩镇吴元济，封晋国公。数次为相，为众望所归。

陆

姓氏渊源：

一、尧帝时，有个火神祝融叫吴回，他儿子名陆终。陆终的后世子孙有一部分以"陆"为姓。二、战国时，齐宣王的孙子田通受封在山东平原县陆乡，即陆终原来所在的地方，因此就以"陆"为姓。日后陆姓就在山东发展起来。三、春秋时，有一个少数民族国家叫陆浑国，后来晋国将其攻灭。亡国之后，陆浑国的人依照汉人的习惯，以国为姓，世代流传下来。

历史名人：

陆法言：隋代音韵学家，曾与颜之推、萧该、长孙讷言等八人讨论音韵学，著成《切韵》，为后代考订古音及做律诗提供了依据。

陆　游：字务观，号放翁，南宋伟大爱国诗人，一生写诗近万首，是我国现存诗最多的诗人。

荣

姓氏渊源：

据《百家姓考略》等书记载，周文王大夫夷公受封于荣邑，称荣夷公，其后代以荣为姓。

历史名人：

荣启期：春秋时人，认为得为人、生为男、长寿无疾是人生"三乐"。

荣　林：清代画家，工山水，书法秀劲。

翁

姓氏渊源：

据《百家姓考略》记载，周昭王庶子封于翁山，其后人以翁为姓。又一说，夏朝初期，有贵族名叫翁难乙，他是翁姓的最早祖先。

历史名人：

翁　卷：南宋诗人，终生为平民，工于诗。与徐照、徐玑、赵师秀合称"永嘉四灵"。

翁方纲：字正三，清代大兴县人，进士出身，官至内阁学士。精金石考据之学，亦擅长辞章、书法。曾任鸿胪寺卿，预千叟宴。

翁大年：清代著名的金石学家、书法家、篆刻家和考古学家。著有《官印志》《古兵符考》《陶斋金石考》《秦汉印型》等。

荀

姓氏渊源：

公元前11世纪，周文王姬昌的第十七个儿子被封于郇，建立郇国，为伯爵，史称郇伯。春秋时被晋国武公所灭，其后代子孙遂以国名"郇"为氏，后去"阝"旁加草头为荀姓。

历史名人：

荀　况：战国时思想家，当时人们尊称他为"荀卿"，著有《荀子》三十二篇，历史上十分著名的思想家韩非、李斯都是他的学生。

荀　悦：东汉末史学家，曾依编年体，撰《汉记》三十篇，文辞简练，叙事繁细。为时人所称颂。

羊

姓氏渊源：

据《通志·氏族略》《百家姓考略》等书记载，羊姓出于祁姓。春秋时，晋国大夫祁盈受封于羊舌，称羊舌氏，其后人去掉舌字，以羊为姓。

历史名人：

羊　祜：西晋大臣，曾都督荆州诸军事，安排军士平民，垦田积粮，屡次表请伐吴，因朝议多不合，终未实现。

羊士谔：唐代诗人，曾官至监察御史。

於

姓氏渊源：

据《世本》记载，黄帝时有一位大臣摹因有功受封于於，遂名於则，其子孙以於为姓。

历史名人：

於　琳：宋朝著名大臣。

於清言：晋陵人（今江苏武进），南宋著名画家。

於　教：字伯度，岷州人。明朝著名大臣。

惠

姓氏渊源：

据《百家姓考略》《元和姓纂》记载，周惠王的后代子孙，以祖上的谥号惠字为姓。

历史名人：

惠　施：战国时名辩思想家，学富五车，博学善辩，为庄子好友。

惠　栋：清代学者、经学家。传祖上之学，自幼遍读经史百家之书，为考据学"吴派"创始人。著有《九经古义》《周易述》《古文尚书考》等。

甄

姓氏渊源:

上古部落首领皋陶的儿子仲甄在夏朝做官,后来被分封到甄,他的子孙于是根据祖先的封地和字,将自己的姓氏定为甄。

历史名人:

甄　后:三国时魏国女子,从小喜爱读书,视字便能识,姿貌绝伦,后被曹丕纳为妃。

甄　慧:宋代画家,工绘佛教人物,亦擅长画牛马。

麹

姓氏渊源:

据《百家姓考略》《元和姓纂》记载,周朝时朝廷中有官职叫麹人,是管理酿酒的官员,其后世子孙以祖上官名麹字为姓。

历史名人:

麹　武:战国时,燕国太子丹太傅。

麹履厚:清代学者。

家

姓氏渊源:

据《百家姓考略》等书记载,周考王的一个儿子名家父,其后世子孙以家为姓。

历史名人:

家安国:北宋官吏,曾任教授。

家铉翁:南宋末学者,学问渊博,尤精于《春秋》。著有《春秋详说》《则堂集》等。

封

姓氏渊源：

据《姓苑》等书所记，炎帝裔孙名钜，为黄帝之师，夏朝时其后代受封于封父，其子孙遂以封为姓。

历史名人：

封　衡：三国魏时道士，传说有养气术、隐身法。

封　演：唐代学者，著《封氏闻见记》，记录了许多唐代掌故，语必证实，足资考证。

芮

姓氏渊源：

出自姬姓，芮姓起源于山西。最初是以国名为姓，后来因战败，芮姓子孙就以封地为姓。

历史名人：

芮　祉：三国时吴将领，随孙坚征伐有功，封为九江太守，后转任吴郡。

芮及言：宋代官吏，执政时英明勤毅。

羿

姓氏渊源：

据《百家姓考略》等书所记，夏代有穷氏的首领后羿的子孙以羿为姓。

历史名人：

羿　忠：明代洪武时名臣。

储

姓氏渊源：

远祖起始于战国时期。为齐国大夫储子之后。储子是齐国的功臣及良相，其子孙就以他的名为姓，即为储姓。

历史名人：

储光羲：唐代诗人，他以山水田园诗著称于时，诗风质朴、古雅，富有民歌风韵。后人常将其与王维、孟浩然、韦应物、柳宗元并称。

储国钧：清代文士，博览强识，能文章，尤喜为诗，屡试未获录取，于是浪游山水，晚年亦精词律。

靳

姓氏渊源：

据《风俗通义》记载，战国时，楚怀王侍臣名尚，受封于靳江，称靳尚，其子孙以靳为姓。

历史名人：

靳东发：宋代画家，曾收集古代谏诤百事绘为图，号"百谏图"。

靳　义：明代官吏，曾以监察御史巡按规划治理地区，平反厘清冤情，吏民畏服。

汲

姓氏渊源：

据《通志·氏族略》等书记载，汲姓出自姬姓。春秋时，周文王的后人康叔封于卫，建立卫国。卫宣公的太子居于汲，称太子汲，其后世子孙以汲为姓。

历史名人：

汲　桑：西晋时北方人民起义领袖。

汲　黯：西汉大臣。曾任东海太守，轻刑简政，有黄老遗风。数年，东海大治，召为主爵都尉，列位九卿。为人性倨，不能容人之过，好直谏朝廷弊端，武帝称其为"社稷之臣"。

邴

姓氏渊源：

远祖起始于春秋时期。晋有位大夫豫受封于邴（在山东成武东南），后代把他的封邑名作为姓。

历史名人：

邴　原：东汉末人，以节操著称，曾为五官将长史，闭门自守，非公事不出。

邴　汉：西汉末官吏，曾任太中大夫，王莽专权，他辞官还乡。

糜

姓氏渊源：

据《百家姓考略》记载，糜与夏同姓，侯有糜之后。又一说，糜姓起源于夏代，当时有人以种植粮食作物糜子闻名于世，其后人遂以糜为姓。

历史名人：

糜　信：三国时魏学者，曾任乐平太守。有《春秋说要》《春秋谷梁传记》《春秋汉议》等著作。

松

姓氏渊源：

据《元和姓纂》记载，秦始皇登泰山封禅遇雨，避雨于松树下，封此松树为"五大夫"。后来，五大夫便成了松树的代称。当时避雨的人有以为姓者。

松　冕：明代官吏，兄松晟早亡，事奉寡嫂如母，居官时严明廉政。

井

姓氏渊源：

始于春秋，是以封地名作为姓氏的。春秋时，虞国有个大夫被封到井邑，称为井伯。他的后代就用封邑名"井"作为自己的姓氏。

历史名人：

井　丹：东汉经学家，精通五经，善谈论。

井　源：明代官吏，尚嘉兴大长公主，为驸马都尉，虽富贵，未曾骄气欺人。

段

姓氏渊源：

据《元和姓纂》记载，春秋时，郑武公之子郑庄公之弟，称共叔段，其子孙有的姓共，有的姓段。又据《史记》记载，道家始祖老聃的后世子孙，有的在鲁国为卿，食邑于段，其后人以段为姓。

历史名人：

段秀实：唐代官吏，朱泚谋反，占领长安称帝时，段秀实曾以笏板击朱泚头额，致泚流备逃窜，后遇害，追赠太尉。

段玉裁：清代文学家、训诂学家，龚自珍外公，精于文字训诂音韵之学。著有《说文解字注》等，对我国音韵学、文字学、训诂学、校勘学等方面做出了杰出贡献。

富

姓氏渊源：

据《通志·氏族略》记载，周朝大夫富嗣，其子孙以富为姓。又据《元和姓纂》所记，春秋时鲁国有富父氏，其人以富为姓。

历史名人：

富　弼：北宋大臣，曾拜同中书门下平章事，与文彦博并相，天下称"富文"。每逢朝廷有大问题，知无不言。

富嘉谟：唐代文学家，为文儒雅仁厚，与吴少微皆名重一时，被称为"吴富体"。

巫

姓氏渊源：

远祖起始于上古时期。相传黄帝时有位医生叫巫彭，后代把他名字中的"巫"作为姓。

历史名人：

巫　妨：上古名医，尤精于小儿疾病。

巫子肖：明代官吏，待人和善，清廉耿介，百姓称为"青天"。

乌

姓氏渊源：

据《百家姓考略》记载，上古少昊氏以鸟名任命官职，有旨掌管高山丘陵的乌鸟氏，其后人以乌为姓。

历史名人：

乌　冲：元代学者，为学清苦，隐居授徒。

乌　浚：明代官吏，以敢言知名。

焦

姓氏渊源：

焦姓有两个来源：其一，周朝初年，周武王分封诸侯，王子弟、有功的大臣及前代圣贤的后人都在分封之列。炎帝神农氏的嫡系后裔，被分封焦地为伯爵，建立了焦国，人们称这位神农后裔为焦伯。春秋时期，焦国被晋国吞并，伯爵的后人就以国名为姓，即焦姓。其二，许灵公是春秋时期许国的诸侯，迁居在焦地，后代就以这个地名作为姓氏。

历史名人：

焦　循：清代哲学家、数学家、戏曲理论家。他博闻强记，在经史、历算、声韵、训诂学等方面都有研究，著有《里堂学算记》《易章句》《易通释》《孟子正义》《剧说》等。

焦达峰：辛亥革命烈士。曾发动长沙起义，光复湖南，被推为都督。不久遇害。

巴

姓氏渊源：

据《通志·氏族略》所记，周朝时，在四川东部地区有巴子国，巴子国国君后代以巴为姓。

历史名人：

巴思明：明代官吏。

巴慰祖：清代文人，通文艺，收藏历代珍迹颇丰，书画闻名一时。

弓

姓氏渊源：

据《姓氏考略》记载，上古时主管制造弓弩的官叫弓正，子孙以弓为姓。

历史名人：

弓　蚝：前秦将领，曾为虎贲中郎将，累功至侍中，封上党郡公。

弓　祉：汉代官吏，曾任光禄勋。

牧

姓氏渊源：

春秋时期，周武王的同母少弟、卫国大夫康叔被封于牧，他的子孙后代就以封地地名作为姓氏，称为牧氏。

历史名人：

牧　仲：春秋时鲁国人。

牧　相：明代官吏，曾任南京兵科给事中。

隗

姓氏渊源：

又读wěi，据《百家姓考略》所记，商汤灭夏桀之后，封夏桀后人于隗，建立隗国，其后人以隗为姓。

历史名人：

隗　嚣：东汉初将领，曾为上将军。

隗　相：三国时魏国人，事母至孝。母以江边水洗涤，必得江心水才饮食，相即每日乘船取水。

山

姓氏渊源：

据《广韵》所记，周朝有掌管山林之官，其后人以山为姓。

历史名人：

山　涛：西晋名士，性好老庄自然之说，为"竹林七贤"之一。

山　简：西晋将领，山涛幼子，曾任征南将军，镇守襄阳，喜沉迷饮酒，风流倜傥。

谷

姓氏渊源：

据《通志·氏族略》记载，周朝封颛顼后裔于秦谷，其后代遂以谷为姓。

历史名人：

谷　倚：唐代官吏，曾任太原主簿，以文辞著名，与富嘉谟、吴少微合称"北京（指太原）三杰"。

谷应泰：清代学者，性喜博览群书，工文章，后致力于经史，著有《明史记事本末》。

车

姓氏渊源：

舜后田氏之裔，汉丞相千秋以年老得乘小车出入省中，时人谓之车丞相，子孙便以车为姓。

历史名人：

车　胤：晋代官吏，少时清寒博学，因家贫不常得灯油，夏月常囊萤以照书，彻夜苦学，后因桓温召之入朝，遂知名于朝廷，历官征西长史。

车若水：宋代学者，师事王柏，工古文，有《宇宙略记》等著作。

侯

姓氏渊源：

据《姓氏考略》等书记载，西周初，封夏侯氏后裔于侯，建立侯国，其子孙以侯为姓。

历史名人：

侯　嬴：战国时魏国将领，曾设计窃得兵符，夺权领军，救赵退秦。

侯　霸：东汉初大臣，笃志好学，光武时收录遗文旧制，上奏前世法令制度，多被采行。

侯方域：字朝宗，明末清初河南郡商丘人，擅长古文与写诗，效法韩愈、欧阳修。

宓

姓氏渊源：

据《百家姓考略》记载，出自太昊氏。上古时伏羲亦作宓羲，与宓同音。宓姓乃伏羲氏之后代。

历史名人：

宓不齐：春秋末鲁国人，孔子弟子。曾任单父宰，相传其身不下堂，鸣琴而治。

蓬

姓氏渊源：

远祖起始于周代。周时朝廷把蓬封给支系子孙，后世子孙以封地名为姓。

历史名人：

蓬 球：西晋隐士，入山伐木多年，出山后早已时迁世变。

全

姓氏渊源：

西周时有泉府之官。按周礼属于地官，掌管货币交流和集市贸易。古称钱币为泉，泉府的后人以官职为姓，遂为泉姓。全姓出自泉姓。

历史名人：

全元起：隋代名医，著有《内经训解》。

全祖望：清代史学家。曾主讲于蕺山、端溪二书院，治学兼及经史、诗词。三笺《困学纪闻》，七校《水经注》，又有《鲒亭集》，广搜明末清初诸名士碑传，极富史料价值。

郗

姓氏渊源：

据《姓氏考略》《百家姓考略》等书记载，西周初，周武王封少昊氏的后裔于郗，其子孙遂以郗为姓。

历史名人：

郗　鉴：东晋大臣。少时博览经籍，且亲自耕种，闲时吟咏诗词，不愿入朝为官。明帝时拜安西将军，后因功拜司空，进位太尉。

郗士美：唐代官吏。十二岁时，精通五经，《史记》《汉书》皆能成诵。注重诚信，为官清廉。

班

姓氏渊源：

以班为姓的人，有的是楚国贵族芈氏的后代，有的是上古颛顼高阳氏的后裔。说到班姓起源，就不得不说到楚国一个叫斗班的人。他是楚国贵族若敖的孙子，斗伯比的儿子，从小吃老虎的奶长大，而喂他的老虎身上有斑纹，所以人们又叫他"斗斑"。在古代，"斑"和"班"通用。斗斑的孙辈就用祖父的名字为姓，即姓班。

历史名人：

班　固：字孟坚，东汉史学家。他撰写的《汉书》是我国第一部纪传体断代史。

班　超：东汉外交家、军事家，班固之弟。曾多次出使西域，沟通了汉朝与各国的关系。

仰

姓氏渊源：

据《吕氏春秋》《姓氏考略》记载，虞舜帝时，有大臣名仰延，其后人以印为姓。

历史名人：

仰　忻：宋代人，力学笃行，奉母至孝。

仰　瞻：明代官吏，曾任大理丞。

秋

姓氏渊源：

西周时置司寇，当时称为秋官，后代便以官名为姓，称秋氏。

历史名人：

秋　瑾：清末女杰，自号"鉴湖女侠"，通经史，工诗词，善骑射击剑。提倡男女平等，倡导民主革命。后因组织浙、皖起义事迹败露，被捕就义。

仲

姓氏渊源：

据《元和姓纂》所记，黄帝后裔高辛氏中有两个叫仲堪、仲熊的人，其后世子孙以仲为姓。

历史名人：

仲　由：春秋末鲁国人，字子路，孔子的得意门生，以政事著称于世。为人耿直勇猛，喜闻过。

仲　仁：宋代高僧、画家，酷爱梅花，工画墨梅，著有《华光梅谱》。

伊

姓氏渊源：

据《百家姓考略》记载，帝尧生于伊水，姓伊祁氏，其后人遂以伊为姓。

历史名人：

伊　陟：商代大臣，伊尹子，曾继其父为相。

伊秉绶：清代收藏家，工诗，善隶书，尤好收藏古代书画。

宫

姓氏渊源:

据《古今姓氏书辨证》记载,西周时,朝廷中有专管宫廷修缮、清扫宫室庭院的官,称为宫人,其后代遂以官职宫为姓。

历史名人:

宫之奇:春秋时虞国大夫。晋献公曾借道于虞以灭虢,他向虞君进谏,劝阻无效。后晋果一举灭虢,回师灭虞。

宫天授:元代戏曲家。

宁

姓氏渊源:

春秋时期,秦国国君秦襄公有曾孙去世后谥号"宁公",其支庶子孙有人以其谥号"宁"为氏,世代相传姓宁。

历史名人:

宁 戚:春秋时齐国大夫。他怀才不遇,隐于商贾,桓公外出,发现他正在喂牛,叩角而歌。桓公觉得其为异人,推荐给管仲。管仲据其所长,任命为主管农事生产的"大田"官。

仇

姓氏渊源:

据《百家姓考略》等书所记,夏代有诸侯九吾氏,商代建立九国,为侯爵。商代末年,纣王杀九国国君九侯,其族人为避祸遂加"亻"旁,改"九"为"仇",以仇为姓。

历史名人:

仇 英:明代画家,擅画人物,尤工仕女,山水花鸟亦有名。与沈周、文徵明、唐寅并称"明四家"。

仇兆鳌：清代学者，著有《杜诗详注》，为杜甫诗最完备的注本。

栾

姓氏渊源：
据《世本》等书所记，春秋时，晋靖的孙子名宾，受封于栾邑，其后代遂以栾为姓。

历史名人：
栾　布：西汉初大将，以功封俞侯。
栾　恽：明代官吏，曾任通政使。

暴

姓氏渊源：
远祖起始于商代。商时有位叫暴辛公的诸侯，他的后代就以暴作为姓氏。

历史名人：
暴胜之：西汉官吏，曾任御史大夫，有择才而用之誉。
暴　昭：明代官吏，曾任北平布政使，耿介亮节。

甘

姓氏渊源：
据《通志·氏族略》记载，夏朝时有甘国，其王族后代以甘为姓。

历史名人：
甘　罗：战国末秦国大臣，十二岁时，投效秦相吕不韦，曾因出使赵有功，封为上卿。
甘延寿：后汉时北地郁郅人。汉元帝时，出任西域都护骑都尉。匈奴郅支单于杀汉使者，延寿与副校尉陈汤进军康居，斩郅支单于，被封为义成侯。

甘　宁：三国时吴国将领。作战勇敢，屡败曹军，为孙权所重。

钭

姓氏渊源：

据《百家姓考略》等书所载，战国时，田和篡齐，齐康公被迁海上，居洞穴，吃野菜，以钭（酒器）当锅，烹煮食物。其支庶子孙遂以钭为姓。

历史名人：

钭　滔：五代时后汉官吏，曾任处州刺史。

厉

姓氏渊源：

据《风俗通义》所记，西周时，齐国君主姜无忌去世，谥号厉，称齐厉公，其支庶子孙以厉为姓。

历史名人：

厉归真：五代时后梁画家，善画牛虎，兼工鸟禽雀竹，颇有奇思。

厉　鄂：清代文学家，为浙西词派的重要作家，并著有《宋诗》《南宋院画录》等。

戎

姓氏渊源：

据《百家姓考略》记载，周朝时有戎国，为齐国的附庸，其公族以戎为姓。

历史名人：

戎　赐：西汉初将领，曾打败项羽军，封柳丘侯。

戎　昱：唐代诗人，曾任辰、楚二州刺史。

祖

姓氏渊源:

汤的后代子孙中有祖甲、祖乙、祖丙、祖丁,是祖氏的最早来源。

历史名人:

祖　逖:东晋将领。少尚侠义,有大志,夜闻鸡鸣起舞。后上书要求北伐,晋元帝授任为奋威将军、豫州刺史。曾率部属百余员渡江,至中流击楫,誓必报国。因见国事日非,后忧愤而死。

祖冲之:南朝宋齐间的伟大科学家。博学多才,尤擅长历数,首次把圆周率准确推算到小数点后六位,比欧洲早一千多年。撰《缀术》六卷,又制成《大明历》,此外还有其他著述多种。

武

姓氏渊源:

武姓的来源有三个:其一,西周末年,周平王的小儿子姬武掌上有一片形状像"武"字的纹路。于是周平王就赐他姓武。后来,姬武做了大夫。他的子孙便继承了"武"姓,他们主要是河南武姓的源头。其二,还有,商朝国君武丁的后人以"武"为姓。其三,春秋时的宋武公,死后谥号是"武",其后人以此为姓。

历史名人:

武则天:中国历史上唯一一个正统的女皇帝。684年临朝称制,690年建周代唐。执政期间,善用人才,开创殿试,重视农业,加强边防,政绩颇丰。但任用酷吏,时有冤案。705年,她被迫让位于儿子唐中宗,中宗复唐。

武　亿:清代著名学者。乾隆进士。创办范泉书院,治经史,精于考订金石文字。著有《经读异》《群经义证》《偃师金石记》等。

武　训:清末教育家。早年丧父,家境清贫,以行乞事母,被称为孝丐。后以所积资财在堂邑柳林集兴办义学,清廷授以"义学正"名号,赏穿黄马褂。

符

姓氏渊源:

据《元和姓纂》记载,春秋鲁顷公的裔孙公雅,在秦国任符玺令,为传令官,其子孙遂以符为姓。

历史名人:

符　融:东汉名士,投效李膺,善论辩。

符彦卿:北宋初大将。有谋善战,所得赏赐,全分于士卒,故人乐为所用。

刘

姓氏渊源:

据《通志·氏族略》记载,帝尧陶唐氏的后人,有的被封于刘地,其后人遂以刘为姓。

历史名人:

刘　邦:秦朝沛郡丰邑中阳里(今江苏徐州市丰县)人,汉朝开国皇帝,汉民族和汉文化伟大的开拓者。中国历史上杰出的政治家、战略家、指挥家。参与秦末的推翻暴秦行动。

刘　基:明初大臣、文学家。博通经史,尽览群书,尤精谶纬之学,善察识人才,封诚意伯。后为胡惟庸辈所陷,忧愤成疾,于家乡去世。

景

姓氏渊源:

据《百家姓考略》所记,春秋楚国有大夫景差,其后人皆姓景。又据《姓氏考略》所记,战国时,齐景公之后以景为姓。

历史名人:

景　差:战国时楚国辞赋家,与宋玉同时,皆善辞令而以赋见称。

景星杓：清代文士，喜种菊，自号菊公。得其所种者，呼为"景氏菊"。

詹

姓氏渊源：

据《姓苑》《百家姓考略》等书记载，周宣王封其支庶孙于詹，建立詹国，其后人以詹为姓。

历史名人：

詹景风：明代书画家，著有《书苑补益》和《画苑补益》两书。

詹天佑：近代铁路工程学家，创建京张铁路，为我国自行设计修建铁路第一人。

束

姓氏渊源：

据《百家姓考略》记载，束姓出自田姓。战国时，齐国有疎(shū)氏，汉有疎广，其后因避难去掉"疋"旁，以束为姓。

历史名人：

束　哲：西晋史学家，学识广博，撰《七代通纪》及《晋书纪志》。

束　清：明代官吏，曾任县令。个性清廉耿介，自奉俭约，百姓或有逃租者，他卖衣物以代偿还，爱民如子。

龙

姓氏渊源：

据《通志·氏族略》记载，黄帝裔孙董父好畜龙，赐为豢龙氏，其后人以龙为姓。

历史名人：

龙　述：东汉初官吏，谨约节俭，公正廉明而有气度。

龙　升：宋代画家，工画小景花竹，兼善山水。

叶

百家姓

姓氏渊源:

姓叶的祖先就是成语"叶公好龙"中的叶公。他说喜欢龙,可是真龙来了,他又被吓得魂飞魄散。其实,历史上的叶公才能出众,他是颛顼的后人,本名沈诸梁,在楚惠王时,他做了楚国北边叶邑的行政长官。因为楚国县尹通称"公",所以人们叫他"叶公"。他在叶邑兴修水利,改善环境,深受百姓爱戴。他还平定了白公之乱,功成身退,终老叶邑。其后裔就以邑名叶为姓,叶公也就成为叶氏始祖。

历史名人:

叶　适:南宋哲学家,主张功利之学,发展工商,反对朱熹的性理之学,著有《习学记言》《文心先生文集》等。

叶天士:清代名医,治病有其妙法。

叶圣陶:原名叶绍钧,字圣陶,汉族,江苏苏州人,著名作家、教育家、编辑家、文学出版家和社会活动家。新中国成立后,叶圣陶曾担任新闻出版总署副署长、人民教育出版社社长、教育部副部长。他也是第六届全国政协副主席、第五届全国人大常委委员、第五届全国政协常委委员、民进党中央主席。

幸

姓氏渊源:

据《姓氏五书》所记,古代君王身边有臣,其子孙引以为荣,遂以幸为姓。

历史名人:

幸　轼:唐代官吏,博闻强识,曾官太子校书郎。

幸思顺:宋代人,名儒,曾卖酒江州,人无论贤愚皆喜之。

司

姓氏渊源：

据《百家姓考略》记载，春秋时，郑国有大夫名司成，其子孙皆姓司。

历史名人：

司允德：元代官吏，曾官翰林国史院修撰，事母以孝闻。

司　轲：明代名医，精医术，按脉察疾，治病如神。

韶

姓氏渊源：

据《姓氏考略》所记，帝舜时有乐官，作曲名《韶》，时称《韶乐》。乐官的子孙遂以祖上创作的乐曲名"韶"字为姓。

历史名人：

韶　掳：明代官吏，性格勤敏，处事明快，历升按察佥事。

郜

姓氏渊源：

周文王的第十一个儿子受封于郜，建立郜国。春秋时郜国被宋国所灭，郜君的后世子孙就以原来的国名为姓，称郜氏。

历史名人：

郜知章：元代诗人，与司业王嗣能齐名，时称"王郜"。

郜　琏：清代画家，好游山水，五岳亲历其三，曾画芭蕉，传至日本，海外视为珍品。

黎

姓氏渊源：

据《元和姓纂》记载，黄帝后裔颛顼的孙子受封于黎阳，建立黎国，其子孙以黎为姓。

历史名人：

黎　明：宋代隐士，以孝友信义著称。

黎庶昌：清末学者，为"曾门四弟子"之一，论文推崇桐城派。历任驻英、德、法、日四国参赞，并出使日本六年。使日期间，收集宋元旧籍，刻成《古逸丛书》二百卷，二十六种，皆国内稀见之珍本。

蓟

姓氏渊源：

据《姓氏考略》等书所记，西周初，周武王封黄帝的后人于蓟，建立蓟国，后人以蓟为姓。

历史名人：

蓟子训：东汉道士，传说有神异之术。

薄

姓氏渊源：

据《百家姓考略》记载，薄姓系出薄姑氏。又一说，春秋时，宋国有一位大夫受封于薄，其子孙遂以薄为姓。

历史名人：

薄绍之：南朝宋书法家，善书行草，笔法倜傥。

薄彦徽：明代官吏，曾任四川道监察御史。

印

姓氏渊源：

郑大夫印段，字子石，即子印之孙，其后人世代沿袭为印姓。

历史名人：

印　宗：唐代高僧，著有《心要集》。

印　宝：明代官吏，官至黄州府同知，以精明干练著称。

宿

姓氏渊源：

据《姓氏考略》所记，西周初，周武王封伏羲氏的后人于宿，建立宿国，其后世子孙以宿为姓。

历史名人：

宿仓舒：汉代官吏，官至上党太守。个性至孝，母卒，悲号而死。

宿　友：唐代高僧，译经颇多。

白

姓氏渊源：

白姓来源有两个：其一，春秋时，一个叫胜的贵族，被楚王封在白羽（今天的河南省西峡县），所以叫白胜。他发动政变，想夺取王位，但最终失败。他死后，子孙以他的封地名为姓，代代相传。唐朝大诗人白居易就是这一支白姓的后人。其二，春秋名臣百里奚的孙子叫白乙丙。他在秦国做了大官，其后人便以"白"为姓。

历史名人：

白　起：战国时秦国大将，屡立战功，封武安君。

白居易：字乐天，号香山居士。唐代杰出诗人，他的文章朴实无华，广为流传。

白　朴：元代戏剧家，从事杂剧创作，今存《墙头马上》和《梧桐雨》两种。

怀

姓氏渊源：

据《路史》所记，春秋时，宋国微子启的后代皆姓怀。又据《百家姓考略》记载，西周初，周武王封其弟叔虞于怀，后又改封于晋，叔虞的后人有一支以怀为姓。

历史名人：

怀　素：唐代高僧、著名书法家。嗜酒，善草书，家贫无纸，种芭蕉万余株以供挥洒。弃笔堆积，人曰"笔冢"。世传有《草书千字文》等。

怀应聘：清代文人，著有《冰斋文集》。

蒲

姓氏渊源：

据《百家姓考略》记载，夏代封帝舜的后裔于蒲，其子孙以蒲为姓。

历史名人：

蒲寿庚：宋元之际巨贾，颇有经商才气。

蒲松龄：清代文学家，一生著作很多，诗、文、词、赋、戏曲皆有佳作，以《聊斋志异》最为有名。

邰

姓氏渊源：

远祖起始于上古时期。周族始祖的后裔曾经担任唐尧的大司农，因为有功所以受封于邰(在今陕西武功县西南)。其中有支系后世以邰为姓。

历史名人：

邰茂质：明代人，事亲至孝。母亲惧怕雷声，每闻雷响，皆以身护住其母。母殁，每次打雷，必张盖于墓上，雷止才归去。

从

姓氏渊源：

据《元和姓纂》记载，周平王封少子英于枞，建枞国，称枞侯，其后人改枞为从，以从为姓。

历史名人：

从　诠：唐代高僧，居赵州观音院，世号"赵州古佛"。

从　贞：明代官吏。曾任安陆卫指挥同知，居官清俭，萧然若寒士。管领漕运，尤爱惜士卒，童孺皆颂其德。

鄂

姓氏渊源：

据《百家姓考略》所记，春秋时，晋孝侯之子郗(xī)居于鄂，其子孙以鄂为姓。又据《姓氏考略》所记，楚王有子封于鄂，称鄂王，其子孙以鄂为姓。

历史名人：

鄂千秋：西汉初官吏，以功封安平侯。

鄂容安：清代将领，因平叛身陷重围，力战自尽。

索

姓氏渊源：

据《姓氏考略》等书所记，索姓出自子姓，是商汤王的后裔。西周初，周武王把殷商七族中的索氏迁于鲁定居，后人皆姓索。

历史名人：

索　班：东汉官吏，曾任行长史。

索　靖：晋代书法家，与卫瓘并以善草知名，著有《草书状》。

咸

姓氏渊源：

商代有贤臣名咸，因为以卜祝巫事为职业，故称咸巫，其后代以祖先名字为姓，称咸氏。

历史名人：

咸　冀：唐初官吏，为李世民"秦府十八学士"之一。

咸惟一：明初学者。通五经，元末隐居不仕。洪武初以明经授本县训导。

籍

姓氏渊源：

据《通志·氏族略》所记，春秋时，晋国大夫荀林父之孙负责管理典籍文献，其后代以籍为姓。

历史名人：

籍　谈：春秋时晋国大夫。

籍少公：西汉义士。

赖

姓氏渊源：

远祖起始于春秋时期。春秋时有诸侯国赖国(在今河南境内)，被灭国之后，他的后代就把国名作为姓。

历史名人：

赖　镜：清代画家，精于山水，笔力遒劲。诗作清丽幽美，兼工书法，时称"三绝"。

赖文光：太平天国将领，曾斩杀清将僧格林沁，以功封遵王。

卓

姓氏渊源：

据《战国策》所记，春秋时，楚威王有个儿子名公子卓，其后代以卓为姓。

历史名人：

卓文君：西汉人，卓王孙之女。容貌绝美，善鼓琴。十七而寡。后遇司马相如，鼓琴相知，遂与相恋，私奔成亲。

卓　田：宋代词人，工小词，著有《三衢头舟词》。

蔺

姓氏渊源：

战国时，韩国国君韩献子的玄孙叫韩康，他在赵国做官，获得蔺（在今天的山西省柳林县北）这个封地。韩康的子孙就用封地名作为姓。

历史名人：

蔺相如：战国时著名的政治家、外交家和军事家，多次出使秦国，在不利的条件下为赵国争取了利益。他以国家利益为重的态度感动了与他争功的廉颇，使其"负荆请罪"，演绎了"将相和"这一世代流传的故事。

蔺　亮：隋代将领，骁勇异常。

屠

姓氏渊源：

据《百家姓考略》记载，商王族后裔封郦，建立郦国，其后人以屠为姓。

历史名人：

屠　性：元代学者，所作诗文严谨而有气度。

屠　隆：明代戏曲作家、文学家。作有传奇《昙花记》《修文记》《彩毫记》三种，亦能诗文。

蒙

姓氏渊源：

《元和姓纂》记载，夏朝初，封颛顼的后人于蒙双，其部分子孙遂以蒙为姓。

历史名人：

蒙　恬：秦代将领，作战勇敢，镇守边塞，威震匈奴。后为赵高所害。相传他首创毛笔。

蒙　哥：元代蒙古大汗，成吉思汗孙，拖雷长子，是为宪宗。

池

姓氏渊源：

据《百家姓考略》记载，战国时，秦王族公子池，其子孙以池为姓。又据《风俗通义》所记，春秋时城邑有城墙，墙外有护城河称为池，居于池畔的人家便以池为姓。

历史名人：

池浴德：明代官吏，曾任遂昌知县，判断明决，累迁至太常寺少卿。

池生春：清代文士，官至国子监司业。工书法，著有《诗文剩稿》等。

乔

姓氏渊源：

出自姬姓，为桥姓所改，是一个以山命名的姓氏。据《元和姓纂》及《万姓统谱》所载，相传中原各族的共同祖先黄帝死后葬于桥山（在今陕西省黄陵县城北），子孙中有留在桥山守陵看山的，于是这些人就以山为姓，称为桥氏。至于桥氏改为乔氏，南北朝时，魏孝武帝不堪忍受宰相高欢的专权和压迫，于是同北魏平原内史桥勤一起投奔到西魏。一天，建立西魏的宇文泰突发奇想，叫桥勤去掉木字边改"桥"为"乔"，取"乔"的高远之意。桥勤从此姓乔，世代传承下去。

历史名人：

乔行简：南宋大臣，官拜平章军国重事，封鲁国公。

乔　吉：元代散曲家、戏曲作家。散曲风格清丽，后人将他和张可久并称为元散曲两大家。杂剧有《两世姻缘》《金钱记》《扬州梦》三种。

乔　羽：中国现代剧作家、词作家，曾任中国歌剧舞剧院院长、中国音乐文学学会主席、第八届全国政协委员。

阴

姓氏渊源：

据《通志·氏族略》所记，管仲的裔孙名修，仕于楚国，封为阴邑大夫，世称阴修，其子孙以阴为姓。

历史名人：

阴丽华：光武帝刘秀原配，东汉第二任皇后，春秋时期名相管仲后裔，汉明帝刘庄的生母。阴丽华在历史上以美貌著称。刘秀还是一个尚未发迹的没落皇族之时，就十分仰慕阴丽华的美貌，曾感叹道："娶妻当得阴丽华。"

郁

姓氏渊源：

《姓苑》记载，古有郁国，为吴大夫封地，其公族以郁为姓。又据《百家姓考略》所记，郁姓"出自郁林氏，楚伐郁林，迁其民于郢，为郁氏"。

历史名人：

郁　新：明代临淮人，字敦本。户部尚书。洪武年间官至户部尚书，长于综理，规划甚备。

郁文名：画家，字雷门，江苏吴江人。善画花鸟，山水亦工。

胥

姓氏渊源:

炎帝的部落中有一支族人叫作赫胥氏,其后代以"胥"作为姓氏,世代相传。

历史名人:

胥元衡:宋代官吏,年少无父母而力学,工文章。任湖、海等州通判,所至之处,以廉洁著称。

胥必彰:明代官吏,洪武年间由举人官御史。弹劾权贵要人,朝野震惧,称为"真御史"。

能

姓氏渊源:

据《百家姓考略》《姓苑》等书记载,能姓出自熊姓。周初,周成王有大臣熊绎,因功受封,建立楚国。熊绎的儿子熊挚被封于夔,建夔国,后来被灭。其国人为避难,改熊为能,以能为姓。

历史名人:

能　图:清代文人,曾译辽、金、元三史,官左副都御史,加太子少保。

苍

姓氏渊源:

据《风俗通义》记载,黄帝之孙颛顼有子,帮助帝尧治国。颛顼的长子名舒,其子孙以苍为姓。

历史名人:

苍　葛:东周襄王时大臣,一作"仓葛"。

苍　英:汉代官吏,曾任江夏太守。

双

姓氏渊源：

据《百家姓考略》等书记载，颛顼帝的裔孙受封于蒙双，其子孙后代以双为姓。

历史名人：

双　渐：宋代官吏，博学能文。曾任汉阳知县，为政平易仁和，有古代官吏之风范。

双　林：清代将领，官至江南提督。

闻

姓氏渊源：

据《风俗通义》等书所记，闻姓出自闻人氏。春秋时，鲁国有位名人少正卯，很有学问，但他的主张与孔子不合。后来，孔子在鲁国任大司寇时杀了少正卯。因少正卯是当时闻名的人，其后代便以"闻人"二字为姓，其后一部分子孙又改姓闻。

历史名人：

闻启祥：明朝人。自幼聪慧，好读书，以文章著称。

闻元奎：明朝人。以孝友出名。教导严谨，以身作则，造就人才甚多。

闻一多：原名闻家骅，生于今湖北浠水，现代诗人、学者、民主战士，文学社团"新月社"最早的参与者之一。先后执教青岛大学、清华大学等名校。皖南事变后，他积极投身到反对独裁、争取民主、反对内战的斗争当中。1946年7月15日在昆明遇刺身亡，时年47岁。著有诗集《红烛》《死水》，后全部著作由朱自清等编成《闻一多全集》传世。

莘

姓氏渊源：

据《百家姓考略》记载，夏王启封高辛氏之子挚于莘地，其子孙遂以莘为姓。

历史名人：

莘　野：明代官吏，博闻强记，曾任枣强知县，时称"贤令"。

莘　开：清代文人，好读书，工书画篆刻。

党

姓氏渊源：

一、远祖起始于南北朝时期。是北魏皇族拓跋氏的后世子孙。

二、源自古代。是历史上西羌族人的姓氏。

历史名人：

党　进：宋代将领，形貌雄伟，作战有功，累官至忠武军节度使。

党怀英：金代文士，能属文，尤工篆籀，迁任翰林学士承旨。修《辽史》未成即卒。

翟

姓氏渊源：

据《百家姓考略》所记，黄帝的后裔于翟地，遂以翟为姓。

历史名人：

翟　　公：西汉官吏，文帝时为廷尉，宾客盈门。及罢官，客人稀少，门可罗雀。后复任廷尉，宾客欲往，翟公于门上写道："一生一死，乃知交情；一贫一富，乃知交态；一贵一贱，交情乃见。"

翟　　琰：唐代画家，师吴道子笔法。

谭

姓氏渊源：

相传尧时中原洪水泛滥，尧派鲧治水失败。鲧的妻子生下了禹。舜即位后，任用禹治水。禹治水成功后，舜赐"姒"姓给他。西周初年，姒姓的一支被封在了谭国。谭国不久就沦为齐国附庸。春秋初期，齐桓公吞并谭国。谭国国君的儿子逃到莒国，而留在故国的子孙就以国名"谭"为姓。

历史名人：

谭元春：明末文学家。与同乡钟惺共同评选唐诗，成《唐诗归》；又评选隋以前诗，成《古诗归》。论诗以幽深孤峭为务，时称"竟陵派"。

谭　纶：宜黄（今属江西）人，明朝抗倭名将。性格沉稳，与戚继光共事齐名，号称"谭戚"。

谭嗣同：1898年参加戊戌变法，变法失败后英勇就义，为"戊戌六君子"之一。

贡

姓氏渊源：

据《百家姓考略》等书所记，春秋时，孔子的弟子的后人中有一部分人以贡为姓。

历史名人：

贡　禹：西汉官吏，任御史大夫，与王吉情谊和睦，成语"弹冠相庆"即由他两人的故事而来。

贡祖文：南宋将领，与岳飞友善，曾以恢复共勉。岳飞遇害后，祖文隐藏并保护其子孙脱险。

劳

姓氏渊源：

据《姓谱》《百家姓考略》等书所记，崂山古称劳山。西汉初，劳山人始与内地相通。汉王朝便赐劳山之居，以劳为姓。

历史名人：

劳　樟：明代官吏，曾任罗田知县，有政绩，辞官之日，百姓于道旁哭泣。

劳乃宣：清末遗老、学者。长期从事古代数学研究，提倡并推广汉语拼音，学术上有一定成就。

逄

姓氏渊源:

远祖起始于商代。商王少康时,封炎帝后裔逄蒙的后人为诸侯,逄蒙的子孙以祖名为氏即逄氏。

历史名人:

逄　同:春秋时越国大夫。

逄　安:东汉初将领,后以谋反罪被杀。

姬

姓氏渊源:

据《帝王世纪》《百家姓考略》等书记载,黄帝出生于姬水,遂以姬为姓。周朝王族是黄帝后裔,姬姓之始。

历史名人:

姬　昌:西周奠基者,传说他被囚羑里时,曾推演《周易》,穷探天人之理,是为文王。

姬　旦:西周初政治家,文王第四子,因封邑在周,故称周公。曾佐武王伐商,颇多建功。武王死,因成王年幼,由他摄理政事。曾制礼作乐,礼贤下士,对后世影响极大。

申

姓氏渊源:

据《元和姓纂》等书记载,炎帝后裔有人受封于申地,建立申国,为伯爵,称申伯吕,其后人以申为姓。

历史名人:

申包胥:春秋末楚国贵族。吴国攻楚,他奉命至秦求援,痛哭七日七夜,饮水食物不入口,秦乃出车五百乘,援楚复国。

申屠嘉：西汉大臣，为人廉直，初从刘邦击项羽、英布，任都尉。惠帝时，为淮南太守。文帝时，升迁御史大夫，后又出任丞相，封故安侯。

扶

姓氏渊源：
远祖起始于上古时期。相传夏禹大臣中有扶登氏，之后简姓为"扶"。

历史名人：
扶 嘉：西汉初大臣，佐汉高祖定三秦有功，赐姓扶氏，官至廷尉。
扶克俭：明代官吏，曾任刑部右侍郎。

堵

姓氏渊源：
据《百家姓考略》等书所记，春秋时，郑国大夫洩寇被封于堵邑，世称洩堵寇，其后人以堵为姓。

历史名人：
堵允锡：明代官吏，以熟悉领兵著名。曾任湖北巡抚。
堵　霞：清代才女，号蓉湖女史。博通经史，能诗画，工小楷。

冉

姓氏渊源：
据《百家姓考略》记载，西周初，周文王少子季载受封于聃，后代去掉"耳"旁，以冉为姓。

历史名人：
冉　雍：春秋末鲁国人，孔子得意门生。以德行见称。出身微贱，而学识精进，气度开阔。孔子赞他可任诸侯之治。
冉　通：明代官吏，曾任兵科给事中。面折廷诤，刚直名声动天下，虽遭受流放，仍读书不断。

宰

姓氏渊源：

据《百家姓考略》记载，宰姓系出自姬。周朝大夫宰孔，其后人以宰为姓。

历史名人：

宰　予：春秋末鲁国人，孔子门徒。利口善辩，以言语见长，敢于问难质疑。

宰应文：明代人，性孝，幼时丧其亲，以木刻双亲肖像，侍奉如生，出入必禀告。

郦

姓氏渊源：

距今四千多年前，夏商时期，郦国逐步成为骊戎部落，迁到骊山一带。商末周初，骊戎部落首领郦山助周灭商，成为十大功臣之一。春秋时期，骊戎被晋国所灭，王族后裔聚居在新蔡，就用国名作为姓氏，世代相传，称为郦氏。

历史名人：

郦食其：秦汉时谋略之士。家贫，好读书，自称高阳酒徒，后投效刘邦，曾献计力克陈留，被封为广野君。

郦道元：一生勤奋好学，广泛阅读各种奇书。《水经注》记载了他在野外考察中取得的大量成果，是古代地理学名著之一。

雍

姓氏渊源：

远祖起始于西周时期。周文王的第十三个儿子名雍伯，他的子孙就把他名中的"雍"作为姓。

历史名人：

雍　陶：唐代诗人，曾任简州刺史。

雍熙日：明代棋师，围棋称国手，著有《弈正》一书。

郤

姓氏渊源：

据《古今姓氏书辨证》记载，春秋时，晋国公族叔虎在征战中立功，晋献公把郤邑封给他，建立郤国，其后人以郤为姓。

历史名人：

郤　正：三国时蜀国官吏，位终巴西太守。

郤　克：春秋中期晋国正卿、元帅，身残志坚，博学多才。任内励精图治，对内宽厚而对外强硬，使民生得到发展，并多次在对外战争中取得胜利，吹响了晋国复兴的号角。

郤　诜：晋代官吏，曾任雍州刺史。博学多才，不拘小节。

璩

姓氏渊源：

据《姓氏考略》记载，"璩"与"镽"通用，是指用金银制的耳环，最早制作璩（耳环）的人，其子孙遂以璩为姓。

历史名人：

璩光岳：明代官吏，曾任兵部职方司员外郎。善草书，著有《石波馆集》《老子解说》等。

璩伯昆：明代官吏，曾任江西武宁令，政风平和，发展文教尤其显著。

桑

姓氏渊源：

据《通志·氏族略》所记，春秋时，秦国公族公孙枝，字子桑，其后世子孙以桑为姓。

历史名人：

桑弘羊：西汉大臣，曾任御史大夫。主张推行重农抑商政策，坚持将冶铁、煮盐收归公营，充实国家经济实力。

桑　哥：元初大臣，通晓各族语言，曾为西番译史，善理财。官至尚书右丞相兼宣政使。

桂

姓氏渊源：

桂姓源自姬姓，其祖先姬季桢，周末时期人，是秦博士，被人陷害，他的弟弟姬季眭怕遭牵连，就让他的四个侄子按自己名"眭"的同音字改"桂"姓。

历史名人：

桂彦良：明初学者，明太祖称其为"通儒"。

桂　萼：明代大臣，曾任礼部尚书，并以本官兼武英殿大学士，入参机务。

濮

姓氏渊源：

据《路史》记载，虞舜的子孙受封于濮地，其后人以濮为姓。又据《姓苑》所记，春秋时，卫国有一位大夫受封于濮地，其子孙遂以濮为姓。

历史名人：

濮　英：明代将领，勇猛有力，累功官至西安卫指挥。所训练兵被称为"劲旅"。

牛

姓氏渊源：

宋微子的孙子叫牛父，为保卫国家而壮烈牺牲，他的后人以牛为姓。

历史名人：

牛僧儒：唐代大臣，曾任兵部尚书同平章事，是晚唐牛李党争中"牛派"首领，著有传奇集《玄怪录》。

牛　皋：南宋初将领，岳飞部属，曾屡败金军，官至荆湖南路马步军副总管。后被秦桧使人毒死，遗言谓"所恨南北通和"。

寿

姓氏渊源：

据《史记》《风俗通义》记载，春秋，周文王子的支孙吴王寿梦，其子孙以寿为姓。

历史名人：

寿　良：晋代学者，治《春秋三传》，贯通五经。

寿　宁：元代诗僧，曾作《静安八咏》，并汇集诸家之作，编有《静安八咏诗集》。

通

姓氏渊源：

据《元和姓纂》等书所记，春秋时，巴国有大夫封于通川，其孙遂以通为姓。

历史名人：

通　辨：元代高僧。

通　凡：明代僧人，才气纵横，尤工诗。

边

姓氏渊源：

周朝时，宋国国君的儿子名城，字子边，其后世子孙便以边为姓。

历史名人：

边　韶：东汉官吏，才思敏捷，出口成章，以文学知名，教授数百人。桓帝时，官至尚书令。

边　鸾：唐代画家，善画花鸟，用笔细心精确，设色鲜明，为世所重。

扈

姓氏渊源：

据《百家姓考略》记载，夏朝时禹的后裔有封于扈国，其公族以扈为姓。

历史名人：

扈　辄：西汉初将领。

扈　蒙：北宋史学家，任史馆修撰。曾与李穆等同修《五代史》，又与李昉等同编《文苑英华》。

燕

姓氏渊源：

据《通志·氏族略》所记，商朝封黄帝后裔伯倏于燕，后人以燕为姓。又据《百家姓考略》所记，西周初，周武王封召公姬奭(shì)于燕，建立燕国，其子孙以燕为姓。

历史名人：

燕　凤：北魏大臣，博综经史，官至行台尚书。

燕文贵：宋代画家，善人物山水，细碎清润，自成一家，有燕家景致之称。

冀

姓氏渊源：

据《元和姓纂》记载，春秋时，晋国大郤芮受封于冀，其子孙遂以冀为姓。

历史名人：

冀禹锡：金代文人，幼聪慧，工诗，画亦劲健可喜。

冀　凯：明代官吏，精明干练，正直不屈，官至工部左侍郎。

郏

姓氏渊源：

周成王姬诵定鼎于郏鄏，他的子孙中有迁往这个地方居住的，于是改为郏姓。

历史名人：

郏元鼎：宋代文士，学识渊博，精于经传。

郏抡达：清代画家，工画山水墨兰，著有《虞山画志》。

浦

姓氏渊源：

源自春秋时期。浦氏为姜太公吕尚之后。春秋时，齐国始祖姜太公有后裔仕晋为大夫，后受封食采于浦，他的后代子孙就以邑名"浦"为氏。

历史名人：

浦南金：明代唐府教授，字伯兼，嘉定人。嘉靖举人。博学多才，喜好古文，擢升国子助教。死后没有留下一点值钱的遗产。著有《诗学正宗》。

浦起龙：清代史学家。

尚

姓氏渊源：

据《万姓统谱》所记，姜太公名尚，辅佐周武王灭商有功，受封于齐。姜太公在周朝为太师，称太师尚父，或简称尚父，其后世子孙便以他的名字尚为姓。

历史名人：

尚仲贤：元代戏剧作家，著有《柳毅传书》等杂剧。

尚　达：明代官吏，曾任岳阳令，县有洞水为患，下令开渠浇灌农田，某年天大旱，百姓受其利。

尚小云：京剧四大名旦之一。他擅演艺高胆大、豪放豁达的古代妇女及少数民族妇女，编写并出演了《梁红玉》《汉明妃》《双阳公主》《墨黛》《昭君出塞》等名剧。

农

姓氏渊源：

据《风俗通义》记载，西周初，封神农后裔任农正官，管理农业生产，其后人遂以农为姓。

温

姓氏渊源：

周朝时的温国所在地，是郗温的封邑。当时晋厉公对权势很大的郗氏非常不满。一天，郗温打到一头野猪，派人拿给厉公，却被厉公宠幸的宦官孟张夺去，一怒之下郗温射死了孟张。厉公极为恼火，想除掉郗氏。郗温知道后，有人主张先下手杀厉公，但郗至认为宁可被杀也不可犯上，结果郗温被厉公杀死。有些郗温至的子孙逃到国外，就以封邑为姓。

历史名人：

温庭筠：唐代诗人、词人。本名岐，字飞卿，太原祁（今山西祁县东南）人。富有天才，文思敏捷，每入试，押官韵，八叉手而成八韵，所以也有"温八叉"之称。

别

姓氏渊源：

《姓氏寻源》上指出，别姓是别成子之后。按照别义，古诸侯卿大夫长子世为宗子，宗子之次子世为小宗，小宗之次子为别子，不敢姓祖父之姓，而别为一族之宜，以祖父之官爵字谥别为姓氏。

历史名人：

别之杰：宋代官吏，曾任兵部尚书，后拜参知政事。

庄

姓氏渊源：

据《姓氏考略》记载，春秋时，楚庄王的支庶子孙以祖上谥号庄为姓。

历史名人：

庄　周：战国时思想家，道家学说的代表人物，其思想对后世影响极为深远，与老子合称"老庄"。

庄日璜：清代画家，善绘人物花卉虫蝶，所画《百蝶图》尤有名。

晏

姓氏渊源：

来源于姜姓。春秋齐国大夫晏弱被分封于晏，也就是今天的山东省齐河县西北的晏城，所以他以晏作为自己的姓氏。他的后代也沿用晏姓，形成了晏姓的一支。

历史名人：

晏　婴：又称晏子，历任齐灵公、庄公、景公三朝，是春秋后期一位重要的政治家、思想家、外交家。后人集其言行逸事编成了《晏子春秋》。

晏　殊：北宋著名的文学家，以词著称，尤擅小令。代表作有《破阵子脱鹊踏枝脱浣溪沙》等，有词集《珠玉词》传世。

晏几道：北宋著名的词人。他好藏书，能诗文，尤以词著称。代表作有《小山词》。

柴

姓氏渊源：

《通志·氏族略》记载，西周初，周武王封姜太公于齐，建立齐国。齐国公族本为姜姓，但其后世裔孙有一人名高柴。高柴的孙子字举，他以其祖父的柴字为姓，名柴举，其后人皆以柴为姓。

历史名人：

柴　荣：五代时后周皇帝，又称柴世宗。

柴　绍：唐初将领，李渊女平阳公主之夫，官至左、右卫大将军，右骁卫大将军。

瞿

姓氏渊源：

据《百家姓考略》所记，商王武乙后裔受封于瞿上，从而名瞿父，其子孙遂以瞿为姓。

历史名人：

瞿　佑：明代文学家，著有传奇小说《剪灯新话》等。

瞿式耜：南明大臣，曾为文渊阁大学士，兼兵部尚书，后与清军战死。

阎

姓氏渊源：

据《新唐书·宰相世系表》所记，西周初，周武王封太伯曾孙仲奕于阎乡，仲奕的后代遂以封邑阎为姓。

历史名人：

阎立本：唐代画家兼工程学家。他善画人物、车马、台阁，尤擅长于肖像画与历史人物画。有作品《步辇图》等传世。

阎尔梅：明末清初诗文家，复社文人。其诗有奇气，声调沉雄，著有《白耷山人集》。

阎若璩：清初著名学者，清代汉学发轫之初最重要的代表人物之一。曾参与《大清一统志资治通鉴后编》的编纂，并著有《日知录补正录》等。

充

姓氏渊源：

据《姓谱》所记，周朝官制中有充人职。充人是管饲养祭祀用牲畜的官，后代以充为姓。

历史名人：

充　虞：战国时人，孟轲弟子。

慕

姓氏渊源：

姓出自鲜卑族。源流说法是黄帝的后代中曾经有一支到北方建立了鲜卑国。鲜卑国的公族当中有的姓慕容。后来渐渐简化为单姓慕，就是现在慕姓的起源。

历史名人：

慕容垂、慕容德：十六国时南燕政权建立者。

慕　完：元代官吏，曾任刑部侍郎，执法公平合宜。

连

姓氏渊源：

据《姓氏考略》所记，颛顼曾孙陆终的儿子名惠连，其后代以连为姓。

历史名人：

连　总：唐末文人，善作赋，为温庭筠所称赞。

连　盛：明代官吏，曾任御史，个性刚直廉洁方正。

茹

姓氏渊源：

一、远祖起始于古代。蠕蠕族(亦称"茹茹族")进入中原后改为

"茹"姓。

二、源自南北朝时期。由北魏鲜卑族普六茹姓所改而得。

历史名人：

茹孝标：宋代官吏，曾以都官员外郎出知江州，负气节，治理有方。

茹　洪：明代画家，工书画，绘山水竹木，气韵高妙奇绝。

茹志鹃：当代著名女作家。她的创作以短篇小说见长。笔调清新、俊逸，情节单纯明快，细节丰富传神。她善于从较小的角度去反映时代本质。

习

姓氏渊源：

据《风俗通义》所记，春秋时有少习国，习国灭后，其公族以习为姓。

历史名人：

习凿齿：晋代名士，博学广闻，以文笔著称，曾著《汉晋春秋》。

习　韶：明代官吏，勤于职守，官至兵部郎中。

宦

姓氏渊源：

远祖起始于古代。想成为仕宦的人，就取"宦"作为姓以表其心志。

历史名人：

宦　绩：明代人，永乐年间进士。

艾

姓氏渊源：

出自于夏后氏，禹王之后，以祖字为氏。夏朝少良当国时，有大臣汝艾（一作女艾），其后人以祖字为姓，遂成艾姓。通常认为，汝艾是艾姓的始祖。据《通志·氏族略》载，艾氏为"夏少康臣汝艾之后"。

历史名人：

艾　宣：北宋画家，工花竹鸟禽，所作富有野趣。

艾元征：清代官吏，官至刑部尚书。

鱼

姓氏渊源：

据《百家姓考略》记载，鱼姓"系出子姓，宋司马子鱼之后，以父王字为氏"。这是鱼姓之始。

历史名人：

鱼　豢：三国魏史学家，曾撰《魏略》五十卷。

鱼玄机：唐代女诗人，本为李亿妾，后出家于长安咸宜观为道士，与温庭筠等以诗篇相赠答。爱好读书，有才学。

容

姓氏渊源：

远祖起始于上古时期。黄帝有位名容成的大臣，被世人称为容成子，他的子孙就把他名字中的"容"作为姓。

历史名人：

容悌与：明代官吏，性孝。母病瘫痪，亲自在旁侍奉汤药，十三年如一日，乡人称为"孝行先生"。

容若玉：明代官吏，历官多善政，廉洁奉公。后因劳疾卒于官，家无长物，同僚相助，始得入葬。

向

姓氏渊源：

据《姓氏考略》记载，春秋时，宋桓公有子字向父，其后代以为姓。

历史名人：

向　秀：西晋名士，为"竹林七贤"之一，性好老庄之学。

向敏中：北宋大臣，初任地方官，以清廉著称。后任兵部侍郎、代兼知枢密院事、加同平章事。

古

姓氏渊源：

据《风俗通义》所记，周朝周古公亶的后人以古为姓。

历史名人：

古押衙：唐代侠客，曾为人排难解纷。

古彦辉：明代官吏，对民事尽心，后召为监察御史。

易

姓氏渊源：

据《姓氏考略》所记，春秋时，齐桓公有宠臣名雍巫,字牙,精于烹饪技术，封邑在易，人称易牙，其后人以易为姓。

历史名人：

易　青：宋代将领。

易翼之：明代学者。曾任地方官，后归隐龙川江，为一时表率，著有《四书音义会编》《春秋经传会编》等。

慎

姓氏渊源：

据《百家姓考略》等书所记，春秋时，楚国白公胜的后人受封于慎邑，其子遂以慎为姓。

历史名人：

慎　到：战国时思想家，学黄老道德之术。曾讲学稷下，与田骈齐名，一度为太子傅。著有《慎子》四十二篇。

慎东美：宋代文人，狂纵不就规矩，工诗文，善书法，笔法老逸，不媚世邀俗。

戈

姓氏渊源：
据《姓谱》记载，夏朝时，封同姓人于戈，其后人遂以戈为姓。

历史名人：
戈叔义：元代画家，工画墨竹。

戈　载：清代词人，著有《词林正韵》一书，对填词用韵颇有帮助。

廖

姓氏渊源：
据《百家姓考略》记载，相传帝颛顼有个后裔叫叔安，夏时，因封于廖国，故称廖叔安，其后代以国为氏，称廖氏。

历史名人：
廖　化：三国时蜀汉将领，官至右车骑将军。

廖寿恒：清末大臣，曾纂修《同治实录》。

廖仲恺：原名恩煦，又名夷白，字仲恺，广东归善（今惠阳县）人，近代民主革命家，民主党左派领袖。早年入同盟会，追随孙中山，投身大革命运动。他是一位伟大的爱国主义者、国民党左派领袖、我国民主主义革命的先驱。历任国民党中央常委，工人部长、农民部长、黄埔军校党代表、广东省长、财政部长。

庚

姓氏渊源：
远祖起始于上古时期。古帝唐尧时设有掌庚大夫一职(掌管粮仓的官职), 他们的后代就以官名为姓。

历史名人:

庾　冰: 东晋大臣, 一生居官俭约, 家无私蓄, 为当世所称。

庾　信: 北周诗人, 初仕梁朝, 后出使西魏, 被迫留居长安。北周代魏, 任开府仪同三司, 故世称庾开府。其诗忧怀故国, 兼感叹身世, 风格苍劲悲凉。代表作有《咏怀》二十七首、《哀江南赋》等。

终

姓氏渊源:

一是出自高阳氏, 是黄帝孙颛顼的后裔, 以祖字为氏。据《元和姓纂》载, 颛顼有子老童, 老童生子吴回, 吴回生子陆终, 陆终的孙子以祖父的字为姓, 称为终姓。此支终氏望出济南、南阳。二是出自妊姓, 以祖字为氏。夏朝有太史令终古, 他的后世子孙以其名字中的"终"字为姓, 也称终氏。

历史名人:

终　军: 西汉官吏, 少好学, 年十八选为博士弟子, 以奏对合宜, 甚受武帝赏识, 擢升谏大夫。曾使南越, 说服南越王臣服汉朝。后卒, 年仅二十余, 时人称为"终童"。

终　郁: 唐代官吏, 与杜甫交情甚笃, 甫曾赠之以诗。

暨

姓氏渊源:

远祖起始于上古时期。相传大彭的裔孙被封于暨, 他的子孙就以地名为姓。

历史名人:

暨　艳: 三国时吴官吏, 官至尚书。个性狂傲清高, 好为清议。

暨　逊: 晋代官吏, 以孝行知名。

居

姓氏渊源：
据《百家姓考略》记载，晋国大夫先且居的后人，有的以居为姓。

历史名人：

居　简：南宋寺僧。

居　节：明代文士，善书画，工诗，有气节，以穷困死。

衡

姓氏渊源：
据《通志·氏族略》所记，商汤的丞相伊尹在商朝建立，被尊称为"阿衡"，伊尹的后人有的以衡为姓。

历史名人：

衡　胡：汉代学者，以通《易经》，官至二千石。

步

姓氏渊源：
据《百家姓考略》记载，晋国大夫郤扬的后人，有的以步为姓。

历史名人：

步　骘：三国吴大臣，曾拜骠骑将军，后为丞相。

步　熊：晋代人，好卜筮术语，门徒甚多。

都

姓氏渊源：
远祖起始于春秋时期。郑国有位大夫名公孙阏，字子都，他的子孙就把他字中的"都"作为姓。

历史名人：

都　洁：南宋官吏，曾任太府少卿。

都　穆：明代学者，博学多闻，虽垂老而不释卷。曾奉命出使至秦，访求山川形势故宫遗迹，作《西使记》。搜访金石遗文，作《金薤琳琅》。

耿

姓氏渊源：

据《通志·氏族略》《百家姓考略》等书记载，商代时有耿国，周朝封同姓人于耿，耿为诸侯国，耿国灭后，其公族以耿为姓。

历史名人：

耿　翕：东汉初将领，好戎马征战之事，曾任建威大将军，封好畤侯。

耿定向：明代理学家，著有《耿子庸言》《耿天台文集》等。

满

姓氏渊源：

据《姓氏考略》所记，帝舜的裔孙胡满的后人，有的以满为姓。

历史名人：

满长武：三国时魏官吏，曾任大将军掾。

满　月：唐代高僧，以博晓经论为僧众所推重。

弘

姓氏渊源：

远祖起始于春秋时期。卫国有位名弘演的大夫，他的后代把他名字中的"弘"作为姓。

历史名人：

弘　恭：西汉大臣，曾任中书令。

弘　忍：唐代高僧，为佛教禅宗五祖。

匡

姓氏渊源：

《风俗通义》《姓氏辨正》等书记载，春秋时，鲁国的句须任邑宰，其子孙遂以匡为姓。

历史名人：

匡　章：战国时齐将。

匡　衡：西汉时大臣，元帝时为相，封乐安侯。善解说《诗经》。

国

姓氏渊源：

据《元和姓纂》《百家姓考略》等书记载，春秋时，郑穆公的儿子公子发，字子国，其后世子孙有的以祖上之字国为姓。

历史名人：

国　渊：三国时魏官吏，曾师从名儒郑玄，玄称其为"国器"。曹操征召为司空掾，掌管屯田事，恭俭自守，卒于官。

国　柱：清代将领，曾参加平定准噶尔叛乱，屡立战功，升任总兵。

文

姓氏渊源：

一、远祖起始于西周时期。西周的奠基者姬昌，又称为文王，他的支系后裔，就把他的谥号作为姓氏。

二、源自五代时期。宋初有位大臣文彦博本来姓敬，他的祖先为了避开后晋皇帝石敬瑭的名讳，则改为"文"姓。

历史名人：

文　翁：西汉官吏，曾任蜀郡守，兴修农田水利，重视教育，并派小吏至长安，就学于博士。

文天祥：南宋末大臣、抗元爱国英雄、文学家。曾以右丞相兼枢密使往元营谈判，因抗争，被元军所拘，后脱逃，率师抗敌，在五坡岭被元军所俘，元世祖屡劝其降，终不成，后被杀。作《正气歌》《过零丁洋》等诗，享誉古今，有《文山先生全集》。

寇

姓氏渊源：

据《韵谱》所记，周文王的儿子康叔在周朝为司寇，其后世庶子孙，有的以寇为姓。

历史名人：

寇　恂：东汉初将领，曾任汝南太守，封雍奴侯。平素好学，修乡校，教生徒，聘能讲《左氏春秋》者，亲受学。

寇　准：北宋大臣，为人刚直，曾屡次犯颜直谏，渐被重用，景德元年任宰相，后因丁谓等排挤遭贬。

广

姓氏渊源：

据《风俗通义》《姓谱》等书所记载，黄帝时，有人名广成子，隐居崆峒山中，其后人有的以广为姓。

历史名人：

广　宣：唐代高僧，与诗人刘禹锡友善，著有《红楼集》。

广　厚：清代官吏，曾任湖南巡抚。

禄

姓氏渊源：

据《百家姓考略》记载，殷纣王的儿子武庚，字禄父，其后人以禄为姓。

历史名人：

禄　　氏：清代官吏陇庆侯之母。

阙

姓氏渊源：

远祖起始于春秋时期。孔子所居住的地方叫阙里，又叫阙党(在今山东曲阜城内阙里街)，住在这里的人们就以此地名为姓。

历史名人：

阙　　清：明代官吏，曾任平凉知府，天性纯孝，为政务本爱民。

阙　　岚：清代画家，工绘事，尤善人物肖像写真。

东

姓氏渊源：

出自风姓，太昊伏羲之后有改姓东氏。据《路史》记载，伏羲氏之后东蒙氏之后人有居于东方者，以居地为氏，后改东氏。

历史名人：

东良会：元代将领，曾任商州总管。

欧

姓氏渊源：

远祖起始于春秋时期。越王无强的第二个儿子受封于乌程欧余山，他的后代就以封地名为姓。

历史名人：

欧冶子：春秋末著名冶匠，善铸剑，与干将齐名。相传曾为越王铸湛卢、巨阙、胜邪、鱼肠、纯钧五口宝剑，又与干将合作为楚王铸龙渊、泰阿、工布三口宝剑。

欧大任：明代官吏，官至南京工部郎中。王世贞称其为"广五子"之一。

殳

姓氏渊源：

据《百家姓考略》《通志·氏族略》等书记载，帝舜有臣殳斨(qiāng)，其子孙以殳为姓。

历史名人：

殳邦清：明代人，七岁丧父，事母以孝闻名。

沃

姓氏渊源：

据《百家姓考略》等书记载，商朝第六世王沃丁的子孙以沃为姓。

历史名人：

沃　墅：明代官吏，曾任温县知县，关心百姓生活艰难，下令开垦穷乡，整顿荒芜，种植桑枣，离任时，百姓聚集道旁挽留。

利

姓氏渊源：

据《路史》等书记载，皋陶的后裔理利贞，因逃避纣王迫害，曾避难李子树下，食李充饥，遂改名李利贞，其后人中有的以理为姓，有的以李为姓，也有的以利为姓。

历史名人：

利　几：秦汉之际将领，为项羽部属。

利本坚：明代官吏，任地方官时，爱民节用，为众僚所推崇。

蔚

姓氏渊源：

远祖起始于古代。古时有名为蔚州的地方（今河北蔚县），住在这里的人们就以地名为姓。

历史名人：

蔚昭敏：宋代将领，以击辽军有功，拜唐州团练使，累迁保静军节度使。

蔚　绶：明代官吏，曾任礼部尚书。

越

姓氏渊源：

据《百家姓考略》等书所记，夏禹王后裔，夏王少康之子无余，受封于会稽，建立越国，国灭后，其公族子孙有的以越为姓。

历史名人：

越石父：春秋时齐国人，有贤能之名。

越其杰：明代官吏，倜傥好奇，工诗文，兼善骑射，官至河南巡抚。

夔

姓氏渊源：

据《通志·氏族略》《百家姓考略》等书记载，春秋时楚国国君的六世孙熊挚受封于夔城，建立夔国。国灭后，其后世子孙便以国名夔为姓。

历史名人：

夔　安：南北朝时官吏，曾任太保。

隆

姓氏渊源：

远祖起始于周代。鲁国有个叫隆邑的地方，住在这里的人就以邑名为姓。

历史名人：

隆　英：明代官吏，曾知南宫县，淳朴节约，有古代清高官吏之风范。

隆光祖：明代大臣，议事识大体，清廉耿介，累官至吏部尚书。

师

姓氏渊源：

据《风俗通义》等书所记，夏商周时代，掌管音乐歌咏之官名师，上古有师延、师涓，周朝有师尹，这些音乐官的后代多以师为姓。

历史名人：

师　丹：西汉大臣，廉正守道，曾代王莽为大师马，封高乐侯。

巩

姓氏渊源：

远祖起始于春秋时期。周敬王有位名简公的卿士受封于巩邑(在今河南巩县一带)，他的后代就把封地名作为姓。

历史名人：

巩　信：南宋将领，沉勇有谋，累官江西招讨使。

巩　珍：明代官吏，曾出使西洋三年，历国二十多个，记载其风土人物，著有《西洋番国志》。

库

姓氏渊源：

据《风俗通义》记载："古守库大夫，因官命氏。"其后人官名库为姓。

历史名人：

库　钧：汉代官吏，曾任金城守。

聂

姓氏渊源：

据《百家姓考略》记载，春秋时，齐丁公封支庶子孙于聂城，其子孙以封地聂为姓。

历史名人：

聂　政：战国时韩国侠客。因杀人避仇，偕母、姐赴齐，隐于市屠。后刺杀韩相侠累，己亦自刭。

聂夷中：唐末诗人，作品多表现关怀民生疾苦和讽喻时世之情，语言朴素流畅，言近意远。

聂　耳：云南玉溪人，现代作曲家，中共早期党员。1935年在日本游泳时溺水身亡，年仅23岁。由他作曲的《义勇军进行曲》被定为中华人民共和国国歌。

晁

姓氏渊源：

据《通志·氏族略》记载，周景王的小儿子姬朝，在争夺王立中失败，逃往楚国，其子孙以朝为姓。因"朝"与"晁"同音，后来又改为晁姓。

历史名人：

晁　错：西汉大臣，少时从张恢学申、商之术，又曾从伏生受《尚书》，通晓文献典故，时称"智囊"。景帝时任御史大夫，法令多所更定。后被政敌暗算，处以斩刑。

晁补之：北宋文学家，善文学，工诗词，尤精《楚辞》，为苏轼门人，与黄庭坚、张来、秦观同为"苏门四学士"。

句

姓氏渊源：

远祖起始于上古时期。相传少昊氏有个叫重的儿子，曾经担任句芒官(负责管理森林的官职)，他的子孙就把他官职名中的"句"作为姓。"句"又写作"勾"，古时候两者通用。

历史名人：

句　扶：三国时蜀将领，忠勇宽厚，屡立战功，官至左将军。

敖

姓氏渊源：

据《风俗通义》等书所记，古帝颛顼的老师太敖，其子孙以敖为姓。楚国尊者称敖，有霄敖、郏敖，其后人以敖为姓。

历史名人：

敖陶孙：南宋诗人，倜傥有大志，著有《腥庵集》。

敖宗庆：明代官吏，历任副都御史、云南巡抚。

融

姓氏渊源：

据《世本》等书所记，古帝颛顼的后裔有祝融氏，其后人有姓祝，有的姓融。

历史名人：

融　公：唐代僧人，与诗人孟浩然友善。

冷

姓氏渊源：

据《风俗通义》等书所记，黄帝时有管音乐的官叫伶伦，因伶与冷同音，其后人遂以冷为姓。

历史名人：

冷寿光：东汉末寿星，享年约一百五六十岁，须发尽白，而肤色如三四十岁时。

冷　麟：明代官吏，精敏廉慎，百姓称颂。

訾

姓氏渊源：

据《百家姓考略》等书所记，古代有訾陬氏部族，帝喾的一个妃子即为该部女子，訾陬氏后人有的省去陬字，成为訾姓。

历史名人：

訾　顺：西汉将领，封楼虚侯。

辛

姓氏渊源：

远祖起始于夏代。夏王启把莘封给他的儿子(在今陕西合阳县奉冈)。其子孙就以封地名为姓，即为莘氏，后将莘简化为辛，即为另一支辛氏。

历史名人：

辛　甲：西周初史官，曾倡导百官群臣各献箴言，劝王行善补过。由召公奭推荐，任周太史。

辛弃疾：南宋著名爱国词人。作品亦多抒发恢复祖国山河的强烈感情，风格纵放自如，冲破音律束缚，屹然别立。与苏轼并称"苏辛"，是南宋豪放词派的宗主。

阚

姓氏渊源：

据《百家姓考略》等书所记，春秋时齐国大夫止封于阚，称阚止，其后人以阚为姓。一说南燕伯之后，封于阚邑，其后人以封邑名为姓。

历史名人：

阚　止：北魏时学者，聪敏过人，博通经传，过目成诵。选《十三州志》，勘定先秦诸子著作三千余卷。

阚　棱：唐代将领，相貌魁伟，善用两刃刀。

那

姓氏渊源：

据《百家姓考略》等书所记，春秋时有权国。楚武王灭权国，将权国人迁往那处（今湖北荆门东南），其后人遂以那为姓。

历史名人：

那　鉴：明代云南土官。

简

姓氏渊源：

据《百家姓考略》《元和姓纂》等书所记，春秋时晋国大夫狐鞫居受封于续，死后谥号简，称续简伯，其后人以简为姓。

历史名人：

简　芳：明代官吏，曾任南京刑部主事，性耿介，执法公允。

饶

姓氏渊源：

远祖起始于战国时期。齐国有位大夫受封于饶邑(在今河北饶阳县东北)，他的子孙就把封邑名作为姓。

历史名人：

饶应龙：明代官吏，曾任监察御史，清高亮节。

饶大振：明代画家，喜酒醉后纵情作画，山水人物俱佳。

空

姓氏渊源：

据《百家姓考略》记载，空姓出于古空侯氏，其后人以空为姓。又据

《姓氏考略》所记，商代始祖契的后代受封于空桐，遂姓空桐，后人又改为单姓空。

历史名人：

空同氏：相传为赵襄子之夫人。

空空儿：唐人传奇《聂隐娘》中登场的怪盗，按其年代应在唐后期，而书中借用来作为安禄山手下的高手，增加一点小说的趣味性。

曾

姓氏渊源：

夏朝贤君少康曾经把最小的儿子封在了鄫国（今天的山东省苍山西北），历经夏、商、周三代，到了春秋时期，鄫国被莒国吞灭。太子巫逃奔到鲁国。他的后代为了纪念故国，把"鄫"字去掉"阝"旁，改姓了"曾"。

历史名人：

曾　参：孔子的弟子，上承孔子之道，下启思孟学派，对孔子的儒学学派思想既有继承，又有发展和建树。著有《大学》，后世儒家尊他为"宗圣"。

曾　巩：北宋著名散文家，唐宋八大家之一。他散文成就很高，是北宋诗文革新运动的积极参与者。其代表作有《墨池记》寄欧阳舍人书胀鄩州赵公救灾记》等。

曾国藩：清末军事家、理学家、政治家，洋务运动的发起者之一，湘军的创立者和领导人。其一生著述颇多，而以《曾文正公家书》流传最广。

曾纪泽：清末外交官，精通乐律，兼通西语。

毋

姓氏渊源：

尧为部落首领时，其下有臣名毋句，他制造了乐器磬。通常认为毋句为毋姓始祖。

历史名人：

毋　雅：晋代官吏，曾任夜郎太守。

母昭裔：五代十国时后蜀学者，性嗜藏书，酷好古籍，刻印典籍多种，并著《尔雅音略》。

沙

姓氏渊源：

据《姓苑》所记，炎帝时有大臣夙沙，其后人以沙为姓。一说殷纣王的王兄微子启的后人，以沙为姓。

历史名人：

沙 玉：明代官吏，曾任地方官，忠谨爱民。

沙神芝：清代书法家，工篆隶书，狂草尤雄健。

乜（niè）

姓氏渊源：

据《元和姓纂》所记，春秋时，卫国大夫封邑于乜城，后人以地名乜为姓。

历史名人：

乜仁义：明代名士。

乜子彬：民国时国军少将，31师91旅旅长。

养

姓氏渊源：

据《姓氏考略》《左传·昭公三十年》等书记载，春秋时，吴国公子掩余、烛庸逃到楚国，楚王让他们在养地居住，其后世子孙遂以养为姓。

历史名人：

养由基：春秋时楚国大夫，善射，距柳叶百步而射，百发百中。

养 奋：东汉学者，博通古籍，以布衣举方正。

鞠

姓氏渊源：

远祖起始于上古时期。相传后稷的孙子出生时掌纹如同"鞠"字，所以取名鞠陶，他的后代就把名字中的"鞠"作为姓。

历史名人：

鞠　武：战国时燕国大臣，曾任燕太子丹太傅，通过田光向太子丹推荐了侠士荆轲。

鞠嗣复：北宋官吏，曾任休宁县令。

须

姓氏渊源：

《风俗通义》等书记载，春秋时有须句国，其公族称须句氏，改为须姓。

历史名人：

须　贾：战国时魏国大夫。

须用纶：明代官吏，曾任地方官，廉平正直，风节凛然。

丰

姓氏渊源：

远祖起始于上古时期。古帝颛顼时有位丰侯旦，他的子孙把他名字中的"丰"作为姓。

历史名人：

丰　干：唐代高僧。

丰　坊：明代学者，博学工文，尤善书法，家有万卷楼，藏书甚多。性孤僻耿介，滑稽玩世。著有《易辨》《春秋世学》《诗说》等。

巢

姓氏渊源：

《姓诧谱》《通志·氏族略》等书记载，上古有先民居山中，以树为巢，称"有巢氏"。夏禹王封有巢氏后人建有巢国。后来巢国被楚所灭，其后人遂以巢为姓。

历史名人：

巢元方：隋代医学家，曾任太医博士，奉诏谕主持编纂《诸病源候论》五十卷，为中国医学史上的重要著作。

巢鸣盛：明末清初高士，事母至孝。

关

姓氏渊源：

关姓有两个来源：其一，远古时代，董父为帝舜养龙，他是颛顼帝的后裔，被封为豢龙氏。因为"豢""关"二字通用，所以后来又写作"关龙氏"。夏朝，贤臣关龙逢因为帝王桀的统治腐朽，他前去劝谏，结果犯上被囚，赐死。于是关龙逢的后代就改姓关。其二，春秋时期的尹喜在函谷关任关令。传尹喜在老子西游出关时，追随他而去。后来尹喜的后代就以他的官名为姓，也称关氏。

历史名人：

关　羽：三国时刘备部将，英勇善战，屡立战功。

关汉卿：元代戏剧家，所作杂剧有六十余种，现存十三种，主要有《窦娥冤》《拜月亭》等。并曾亲临舞台，粉墨登台演出。

关天培：清代将领，任广东水师提督，协助林则徐查禁鸦片，并在虎门海防与英国侵略舰队作战，后壮烈牺牲。

蒯

姓氏渊源：

《百家姓考略》记载，春秋时，卫庄公名蒯聩(kuì)，其后人以蒯为姓。

蒯　通：秦汉之际策士，曾著《隽永》八十一篇，已失传。

蒯光典：清代学者，博览群书，学兼古今，曾出访欧洲。于经、史、子学，均有笺注札记，考证其异同。

相

姓氏渊源：

据《姓谱》《百家姓考略》等书所记，夏王有帝相，所都为相里，其后世子孙以相为姓。又据《姓氏大全》所记，商王河直甲居，其后人以相为姓。

历史名人：

相　威：元朝国王速浑察的儿子，因伐宋有功，授征西都元帅，拜江淮行省左丞相。

相　礼：明代诗画家，能诗善弈，当世无敌。

查

姓氏渊源：

据《百家姓考略》《姓苑》等书记载，春秋时，齐顷公封其子于楂，其后世子孙以楂为姓，后改为查姓。

历史名人：

查慎行：清代诗人，作品多记行旅之事，善用白描手法。著有《补注东坡编年诗》等。

后

姓氏渊源：

据《姓氏考略》等书记载，后姓出自太昊氏。太昊的裔孙有名后照者，其后世子孙以后为姓。

后　　处：春秋时齐国人，孔子门人。

后　　苍：汉代学者，通《诗》《礼》，宣帝时为博士。

荆

姓氏渊源：

荆姓有三个来源：一、西周初年，苗人领袖鬻熊在荆山一带建国，称为荆国。春秋时期，荆国改称楚国。在楚文王之前，荆国国君的后人中，就有以国号为姓氏的。二、楚国的王族后代，有一些居住在秦国，姓楚，为了避讳秦王嬴子楚的名字，于是改姓了荆。三、有些荆姓是从庆姓改来的，比如战国时期著名的刺客荆轲就是由庆姓改作荆的后代。

历史名人：

荆　　轲：战国时齐国侠士，好读书击剑，后被燕太子丹尊为上卿，派他去行刺秦王，事未成功，自己被杀。

荆　　浩：五代时后梁画家，工画山水，著有《笔法记》，为画学名著。

红

姓氏渊源：

据《百家姓考略》等书记载，春秋时，楚国公族熊渠的儿子熊挚，字红。熊挚受封为鄂王，其支庶子孙以祖上的字红为姓。又据《元和姓纂》所记，汉高祖刘邦的后人，楚元王刘交之子刘富，被封为休侯，后又封于红，称红侯富，其子孙以红为姓。

历史名人：

红　　绡：唐代著名歌伎，有才名。

游

姓氏渊源：

据《元和姓纂》记载，春秋时，郑穆公之子名偃，字子游，其孙以祖上的字游为姓。

游九言：宋代官吏，官至荆鄂宣抚参谋。

游　旭：清代画家，善画山水、人物、虫鸟花卉，兼工诗，亦擅篆刻。

竺

姓氏渊源：

据《姓苑》所记，夏、商、周三代有孤竹国。春秋时，孤竹国国君之子伯夷、叔齐的后人以国名竹字为姓。到了汉代，竹姓后人竹晏，改竹为竺，以竺为姓。又据《汉书·西域传》《百家姓考略》等书记载，古代印度称天竺国，天竺国的僧人来中国传教，皆以竺为姓。

历史名人：

竺法兰：东汉高僧，佛经翻译家，为天竺学者之师。

竺　渊：明代官吏，曾任福建参议。

权

姓氏渊源：

远祖起始于商代。商王武丁的后裔受封于权(在今湖北荆门东南)，他们的子孙把封地名作为姓。

历史名人：

权德舆：唐代大臣，宪宗时官至礼部尚书、同中书门下平章事。著述颇多，有《权载之集》五十卷。

权邦彦：南宋官吏，主张抗金，曾任东平知府，金人围城，邦彦誓以死守，虽城破，仍力战不已。

逯

姓氏渊源：

据《百家姓考略》记载，秦国公族大夫封于逯，其后人以逯为姓。

历史名人：

逯鲁曾：元代官吏，性刚介，曾任监察御史。

逯德山：明初将领，少负大志，跟随太祖征伐，以功升镇抚。

盖

姓氏渊源：

《百家姓考略》等书记载，春秋时，齐国大夫受封于盖邑，其后人以盖为姓。

历史名人：

盖文达：唐初学者，为李世民"秦府十八学士"之一，后擢谏议大夫，拜崇文馆学士。

盖　霖：明代官吏，有奇才，曾授交趾府同知。

益

姓氏渊源：

据《百家姓考略》等书记载，帝舜的大臣皋陶之子伯益的子孙以益为姓。

历史名人：

益　畅：南宋官吏。

益　智：元代将领，官至怀远大将军、曲靖宣慰使。

桓

姓氏渊源：

一、远祖起始于上古时期。黄帝有位名叫桓常的臣子，可算作是"桓"姓的始祖。

二、源自春秋时期。齐有国君公子小白，谥号是"桓"，历史上称为齐桓公，他的后代就把他的谥号作为姓。

三、源自南北朝时期。由北魏乌丸复姓所改而得。

历史名人：

桓　　谭：东汉初哲学家，博学多通，遍习五经，曾提出"以烛火喻形神"之说，断言精神不能离开物质而存在，如烛光不能离开烛体一样。

桓　　温：东晋大将，曾三次北伐，终未如愿。

公

姓氏渊源：

据《通志·氏族略》记载，春秋时，鲁昭公的两个儿子，一个衍，一个叫为，都被封为公爵，世称公衍、公为，他们的后世子孙遂以公为姓。另外，古代有很多由公字组成的复姓，如公西、公子、公孙、公叔、公正等，其后人多把复姓改为单姓公。

历史名人：

公　　俭：汉代官吏，曾任主爵都尉。

公勉仁：明代官吏，曾为大同巡抚，选将练兵，守边十年无战事。

万　俟

姓氏渊源：

《百家姓考略》《元和姓纂》等书记载，鲜卑族的万俟部落随鲜卑族的王族拓跋氏进入中原。拓跋珪创立北魏朝，北魏献文帝赐其弟弟的后人姓万俟。

历史名人：

万俟洛：北齐将领，慷慨有气节，勇锐盖世，封建昌郡公。

万俟雅言：北宋词人，自号词隐。曾任大晟府制撰，著有《大声集》。

司　马

姓氏渊源：

周宣王时，重黎（颛顼的后人，帝喾的火正，即掌管火的官）的后代程伯休父做了司马。作为一种官职，司马非常重要，一方面掌管国家的军队，另一方面帮助君王处理国家大事。在征战中，程伯休父立下大功，于是周宣王允许他用官职为姓，让后代一直继承。于是，世上便有了司马这个姓氏。从春秋一直到秦汉、魏晋时期，作为大姓的司马氏出了很多政治、军事、文学方面的名人。

历史名人：

司马迁：字子长，阳夏（今陕西韩城）人，西汉史学家、文学家。因替投降匈奴的李陵辩解而入狱，受腐刑。但他忍辱负重，在狱中完成了我国历史上最早的纪传体通史《史记》。这部书被鲁迅誉为"史家之绝唱，无韵之离骚"。

司马相如：字长卿，成都（今属四川）人，西汉著名文学家。因作《子虚赋》《上林赋》而受到汉武帝的赏识，他与卓文君的浪漫爱情故事更是流传千古。

司马炎：晋朝建立者，司马昭长子。统一全国后，罢州郡兵，屡次责令郡县劝课农桑，使社会得到短暂的安定与复苏，史家誉为"太康繁荣"。

司马光：字君实，号迂叟，世称涑水先生，夏县（今属山西）人，北宋著名政治家、文学家。他编撰了《通志》，后被宋神宗赐书名《资治通鉴》。

上 官

姓氏渊源：

据《元和姓纂》等书所记，楚庄王的小儿子子兰，官至上大夫，其后世子孙以上官为姓。

历史名人：

上官仪：字游韶，唐代诗人。擅作五言诗，在技巧上独树一帜，人称"上官体"，追随者甚多。举进士为官，后因反对武则天而冤死狱中。

上官喜：明代画家，擅画山水，亦能草书，晚年书画益工，人得其片纸，视若珍品。

上官惠：清代画家，长汀（今属福建）人。善画山水、楼台，笔墨苍劲老道，脱尽烟火气。绘有潮州府志插图。

欧　阳

姓氏渊源：

夏朝国君少康把他的一个儿子封在会稽（今浙江省绍兴市），建立越国。战国时期，越王无疆把他的第二个儿子蹄分封在乌这亩余山的南边。古时称山的南边、水的北边为"阳"，所以蹄又称欧阳亭侯。后来，无疆被楚王打败，越国灭亡。欧阳亭侯的后代就以"欧阳"和"欧"为姓。

历史名人：

欧阳询：唐初著名书法家，其书笔法险劲刻厉，结构严整，世称"欧体"，与虞世南、褚遂良、薛稷并称"唐初四大书法家"。

欧阳修：字永叔，自号醉翁、六一居士，北宋政治家、文学家，"唐宋八大家"之一。1030年中进士甲科，官至参知政事。因议新法与王安石不和，辞官隐居。纂有《毛诗译本》《新五代史》《集古录》等，与宋祁合修《新唐书》。作品由后人辑为《欧阳文忠集》。

夏　侯

姓氏渊源：

据《百家姓考略》所记，古有杞国，乃夏禹王后代夏侯氏所建。后来，杞国被楚国灭亡，杞简公之弟佗逃到鲁国，受封为侯爵，世称夏侯，其子孙遂以夏侯为姓。

历史名人：

夏侯渊：三国时曹操部将，封博昌亭侯，升任征西将军。

夏侯玄：三国时魏国大臣，精通玄理，为玄学倡始人之一。

诸　葛

姓氏渊源：

据《风俗通义》所记，古有葛国，国灭后其一支族迁往诸城，其后代子孙遂以国名"葛"字和地名"诸"字，合成诸葛以为姓。

历史名人：

诸葛亮：三国时蜀国政治家、军事家。东汉末年，隐居今河南南阳卧龙岗。刘备三顾茅庐，以咨当世之事，诸葛亮向刘备提出了占据荆（今湖南、湖北）、益（今四川）两州，联合孙权、对抗曹操，统一全国的建议（"隆中对"），从此成为刘备的主要谋士，帮助刘备取得赤壁之战的胜利，占领荆、益两州，建立了蜀汉政权。刘备称帝，他任丞相。刘备死后，他受遗诏辅佐后主刘禅，建兴元年（223），以丞相受封武乡侯，兼领益州牧。此后经略蜀汉数年，东和孙权，南平孟获，而后出师北伐，与魏相攻战又数年，后病死于五丈原（今陕西岐山县西南）军中，葬定军山，终年54岁。

闻 人

姓氏渊源：

据《风俗通义》记载，春秋时，鲁有一位名人叫少正卯，有学问，口才好，是当时的闻名人物，被孔子所斩，其后人便以"闻人"二字为姓，或单以"闻"为姓。

历史名人：

闻人袭：字定卿，沛国（今安徽宿县西北）人。建宁元年十一月以太仆代刘矩太尉。

闻人宏：字君度，浙江省嘉兴人，大观年间进士著有《中兴要览》《经史旁闻》等。

闻人诠：浙江省余姚人，明朝著名哲学家王阳明的学生。

东 方

姓氏渊源：

远祖起始于上古时期。相传古帝伏羲氏降生时，依照八卦图所在的震位为东方，所以他的支系子孙就用"东方"作为姓。

东方朔：西汉大臣，文学家。个性诙谐滑稽，擅长辞赋，常以正道讽谏汉武帝。

赫 连

姓氏渊源：

据《通志·氏族略》记载，复姓赫连出自南匈奴部族。十六国时，南匈奴右贤王的后人勃勃称大夏天王，自创姓氏赫连，寓光辉显赫与天相连之意。

历史名人：

赫连达：北周将领，勃勃之后代，耿介有胆识。

赫连韬：唐代文士，有不羁之才，一生未曾为官。

皇 甫

姓氏渊源：

据《新唐书·宰相世系表》记载，春秋时，宋戴公之子名充石，字皇父。后来其孙南雍邮以祖父的字皇父为姓，称皇父邮。西汉时，其裔孙皇父鸾，改父为甫，遂开始以皇甫为姓。

历史名人：

皇甫湜：唐代文学家，从韩愈学古文，为文奇僻险奥。

皇甫坦：宋代名医，有节操。

尉 迟

姓氏渊源：

远祖起始于南北朝时期。北魏孝文帝让尉迟部落人改姓"尉迟"，他们的子孙就用此名为姓。

尉迟恭：唐初大将，李世民亲信之一，曾积极参与"玄武门之变"，助李世民夺取帝位，战功卓著。

公　羊

姓氏渊源：

据《通志·氏族略》所记，春秋时，鲁国有贵族公孙羊孺，后世子孙以祖父姓和名中各一字组成复姓公羊。

历史名人：

公羊高：战国时齐国学者，子夏弟子，曾作《春秋公羊传》。

公羊寿：西汉经学家，公羊高之玄孙。

澹　台

姓氏渊源：

据《百家姓考略》记载，春秋时，孔子的弟子灭明居于澹台，遂以澹台为姓，称澹台灭明。

历史名人：

澹台灭明：春秋时鲁国人，孔子门人。

澹台敬伯：东汉人，曾追随薛汉学习《韩诗》。

公　冶

姓氏渊源：

远祖起始于春秋时期。鲁国有位名季冶的大夫，字公冶，他的后代就把他的字作为姓。

历史名人：

公冶长：春秋时齐国人，孔子门人，能通鸟语，孔子将其女儿许配给他。

宗 政

姓氏渊源：

《通志·氏族略》记载，汉高祖后裔楚元王之孙刘德曾任宗正官职，"宗正"亦作"宗政"，是掌管皇族事务的官，刘德的支孙以祖上官职宗政为姓。

历史名人：

宗政子泄：汉代名士。

宗政珍孙：北魏将领，曾任安西将军。

濮 阳

姓氏渊源：

据《陈留风俗传》《百家姓考略》等书所记，春秋时郑国公族大夫居于濮水之阳，其族遂以濮阳为姓。

历史名人：

濮阳兴：三国时吴大臣，官至丞相，封外黄侯。

濮阳成：明代将领，沉毅有远志，勇力过人，曾屡立战功，封武德将军。

淳 于

姓氏渊源：

据《水经注》《尚友录》等书所载，夏朝时有斟灌国。西周初，周武王封斟灌于州国，世称州公。后来州国被杞国所灭，其公族留居淳于城，复国后，称淳于国，其子孙遂以淳于为姓。

历史名人：

淳于髡：战国时齐国大臣，曾用隐语劝威王亲理政事，振作图强，戒禁长夜之饮。又与邹忌论政，支持其改革法治。

淳于缇萦：西汉人，著名医学家淳于意之女。其父为人所告下狱，她上书文帝请做官婢，以赎父刑。文帝感动，不久下令免除其父刑罚。

单　于

姓氏渊源：

据《汉书·匈奴传》《姓氏寻源》等书记载，早期匈奴最高首领称单于，后匈奴部族消失，其融入其他民族的子孙以祖上的王位名称单于为姓。

太　叔

姓氏渊源：

据《古今姓氏辨正》记载，春秋时卫文公的第三子姬仪，世称太叔仪，其子孙遂以太叔为姓。

历史名人：

太叔雄：汉代官吏，曾任尚书。

申　屠

姓氏渊源：

远祖起始于周代。是周平王时申伯的后世子孙，住在安定屠原，所以取名字中的"申"与地名中的"屠"相结合，把"申屠"作为姓。

历史名人：

申屠嘉：西汉大臣，文帝时拜丞相。为人正直，不受私人面晤。

申屠致远：元代学者，家无余产，聚书万卷，著有《释奠通礼》《杜诗纂例》等。

公　孙

姓氏渊源：

据《广韵》记载："古封公之后，皆自称公孙，故其姓多，非绸也。"

据此可知，古代姓公孙的人很多，有的是因祖上受封为公爵，有的则是诸侯的后人，都是出身于贵族之家。

历史名人：

公孙鞅：战国中期政治家，法家代表人物。少时学刑名之术，后应召入秦，颇受秦孝公器重，曾在秦国主持变法达二十年之久。他的改革措施推动了社会生产力的发展，使秦国得以富国。孝公死。他遭到了反对者的车裂。其重要政见经后人整理成《商君书》二十九篇。

仲 孙

姓氏渊源：

据《元和姓纂》等书所记，春秋时，鲁桓公的次子名庆父，因他在兄弟中排行二，故世称公仲，又因他是鲁国王族后代，所以庆父的子孙称仲孙氏，后人就以仲孙为姓。

历史名人：

仲孙何忌：春秋时鲁国大夫。

轩 辕

姓氏渊源：

远祖起始于上古时期。相传是轩辕氏黄帝的后世子孙。

历史名人：

轩辕集：唐代道士，传说年百余岁而颜色不老。

轩辕损：宋代官吏。

令 狐

姓氏渊源：

据《新唐书·宰相世系表》记载，周文王之子毕公高有孙毕万，春秋时任晋国大夫。他的曾孙魏是一员猛将，屡立战功，受封于令狐邑，其后人遂以令狐为姓。

历史名人：

令狐德棻：唐初大臣、史学家。曾任国子监祭酒、弘文馆学士。参与修撰《艺文类聚》《五代史志》等书，主编《周书》《太宗实录》《高宗实录》等。

令狐楚：唐代大臣、诗人。宪宗时官至中书舍人，知制诰，敬宗时官至尚书仆射。《全唐诗》存其诗一卷。

钟 离

姓氏渊源：

据《新唐书·宰相世系表》所记，春秋时宋国公族后裔宗在晋国为官，后因受谗言而被杀害，其子州黎逃到楚国，定居于离，其后人遂以钟离为姓。

历史名人：

钟离昧：西汉初将领，与韩信友善。后因韩信听谗言，自刎而死。

钟离权：名权，字云房，一字寂道，号正阳子，因《列仙全传》说其为汉朝大将，故又被称作汉钟离。

宇 文

姓氏渊源：

据《通志·氏族略》记载，复姓宇文出自鲜卑族。鲜卑族的首领称大人，到普回袭任大人时，在一次打猎中他拾得一块玉玺，认为是天命所授。鲜卑语谓天子为"宇文"，遂以宇文为姓。

历史名人：

宇文邕：北周皇帝，在位时曾禁断佛道两教，制定惩治贪污条例，统一权衡度量，使国力大为增加。

宇文融：唐代大臣，开元年间曾拜黄门侍郎，兼同中书门下平章事，甚受朝廷之器重。后遭贬，卒于途中。

长　孙

姓氏渊源：

远祖起始于南北朝时期。北魏献文帝的兄长，起初是拓跋氏，世袭"大人"称谓，由于是皇室中的长辈，所以在孝文帝时就改成"长孙"复姓。

历史名人：

长孙无忌：唐初大臣，太宗长孙皇后之兄，曾决策发动玄武门之变，助太宗夺得帝位。以皇亲及元勋地位，历任尚书右仆射、司空、司徒等职，封赵国公。又曾奉命主编《唐律疏义》三十卷。

长孙佐辅：唐代诗人，著有《古调集》。

慕　容

姓氏渊源：

据《通志·氏族略》记载，三国时期，鲜卑族迁居辽西，建立政权。到涉归做单于时，自称"慕二仪（天地）之德，继三光（日月）之容"，因此以慕容为自己部落的姓。

历史名人：

慕容垂：又名慕容霸，前燕王慕容皝的第五子。十六国后燕创建者。

慕容恪：字玄，昌黎棘城（今辽宁省义县西）人。鲜卑族。前燕主慕容皝之子。东晋十六国时期前燕名将，智勇兼备，善于用兵。

慕容完：元代官吏，曾任刑部侍郎，擅审理案件，执法公平。

鲜　于

姓氏渊源：

据《通志·氏族略》所记，西周周武王封商纣王的叔父箕子于朝鲜。箕子的支庶子仲封地在于邑，其后世子孙遂以"鲜"和"于"组成复姓。

历史名人：

鲜于仲通：唐代官吏，曾为京兆尹，后被贬职。

鲜于枢：元代书法家、诗人，官至太常典簿。工楷、行、草书，与赵孟頫齐名。善悬腕书写，笔力劲健，尤以草书闻名。能诗文，著有《困学斋集》《困学斋杂录》等。

闾　丘

姓氏渊源：

远祖起始于春秋时期。齐国有位名叫婴的大夫，因为住在闾丘(在今山东邹县境内)，他的子孙就把他居住地名作为姓。

历史名人：

闾丘均：唐代官吏，善文学，与陈子昂、杜审言齐名，武帝时官至博士。

闾丘秀才：宋代画家，善画水，自成一家。

司　徒

姓氏渊源：

据《通志·氏族略》所记，夏、商、周三朝都设置司徒官，是六卿之一，地位很高，相当于宰相。担任过此官职的人的后世子孙，有的就以司徒为姓。

历史名人：

司徒映：唐代官吏，官至太常卿，素有清望。

司　空

姓氏渊源：

据《通志·氏族略》所记，春秋晋国设置司空官职，其后代有的以司空为姓。

历史名人：

司空曙：唐代诗人，为"大历十才子"之一。其诗多写自然景色和乡情游思，表现幽寂的境界，长于五律。

司空图：唐末诗歌理论家，撰《诗品》二十四则，以四言韵语形容诗的各种境界，以诗评诗，对后世论诗颇有影响。

亓 官

姓氏渊源：

据《元和姓纂》《姓氏寻源》等书记载，亓与笄在古代是一个字。后来，亓又读qí。笄是一种插在绾起的头发上的簪子。周代设有掌管笄礼的官职，其后人遂以笄官为姓，笄又简化为亓，遂有亓官之姓。

历史名人：

亓官氏女：宋国人，孔子的妻子。

亓官宾：据《亓氏族谱》记载，亓官宾为元朝人，后改姓亓。

司 寇

姓氏渊源：

《风俗通义》所记，周武王时，任苏忿生为司寇，这是掌管法刑狱的官，其后人遂以祖上官职司寇为姓。

历史名人：

司寇惠子：春秋时鲁国大夫。

仉

姓氏渊源：

据《通志·氏族略》等书所记，仉姓出自党姓。春秋时，鲁国大夫中有人姓党(zhǎng)，其后世子孙有一支以音为姓，故姓掌。后来又有人改掌为仉。

历史名人：

仇　经：明代官吏，曾任高苑县簿，累升河南道御史，有声誉。

督

姓氏渊源：

远祖起始于春秋时期。宋殇公时有位公族华督，他的后代就把他名中的"督"作为姓。

历史名人：

督　琼：汉代官吏，曾任五原太守。

子　车

姓氏渊源：

远祖起始于春秋时期。春秋时，秦国穆公死后曾经让子车奄息、子车仲行、子车铁虎等"三良"殉葬，他们的子孙就把其父名中的"子车"作为姓。还有另一种说法源自张澍的《姓氏寻源》"先为子车氏，非殉葬后子孙以为氏也。"

颛　孙

姓氏渊源：

据《尚友录》记载，春秋时，陈公子颛孙在晋国做官，其子孙以颛孙为姓。

历史名人：

颛孙师：春秋时陈国人，孔子门人，为人有容貌，资质灵慧。

端　木

姓氏渊源：

远祖起始于春秋时期。孔子的门人中有个叫端木赐的，该姓则为端木赐的后世子孙。

历史名人：

端木叔：战国时人，端木赐的后裔，家境富足，好赈贫济困。

端木国瑚：清代官吏，曾任内阁中书。

巫 马

姓氏渊源：

据《姓氏考略》记载，周朝时，设置有驯养和医治马病的官职，称巫马，其后人就以祖上官职巫马为姓。

历史名人：

巫马施：春秋时鲁国人，孔子门人，曾任单父宰，以勤苦辛劳治理单父。

公 西

姓氏渊源：

据《姓氏寻源》记载，春秋时，鲁国公族季孙氏的一支子孙以公西为姓，孔子弟子中有公西赤。

历史名人：

公西华：春秋末鲁国人，孔子门人。

漆 雕

姓氏渊源：

漆雕氏为春秋时鲁国漆雕开之后，是以名为氏，漆雕开为孔子名贤弟子七十二贤之一，他的后人以他的名"漆雕"为姓。

历史名人：

漆雕开：春秋蔡国人，孔子门人，习《尚书》，不喜仕为官。

乐 正

姓氏渊源：

据《元和姓纂》所记，周朝设有乐正官，掌管音乐。其后人以乐正为姓。

历史名人：

乐正子春：春秋末鲁国人，曾参弟子。

乐正子长：宋代道士，传说其服仙药后，年逾百八十岁，仍面如童颜。

壤 驷

姓氏渊源：

据《姓氏考略》等书所记，春秋时有复姓壤驷的族。孔子有个弟子叫壤驷赤，其后代以壤驷为姓。

历史名人：

壤驷赤：字子徒，春秋末期秦国上邽（今甘肃省天水市秦城区）人。孔子弟子，为七十二贤人之一。身通六艺，唐代封"北征伯"，宋朝封"上邽侯"，明代称"先贤"，甘肃省天水市设有壤驷赤祠。

公 良

姓氏渊源：

据《姓氏考略》所记，周朝时，陈国有个名叫良的公子，世称公子良，其子孙以公良为姓。

历史名人：

公良孺：春秋末陈国人，孔子门人。孔子过蒲遇人阻挡，公良孺挺剑而出，解救了孔子。

拓 跋

姓氏渊源:

远祖起始于古代。是鲜卑族的姓氏之一。相传黄帝的后裔,受封于北土,属于鲜卑族拓跋部,他们的后代就以部族名为姓。

历史名人:

拓跋珪:北魏建立者,是为道武帝。

拓跋宏:北魏皇帝、鲜卑族政治家。亲政期间,曾实行全面改革,加强了鲜卑拓跋部的封建化,促进了民族融合,是为孝文帝。

夹 谷

姓氏渊源:

据《姓氏考略》所记,夹谷出自女真族。金国的女真族加谷部,写为夹谷,后人以夹谷为姓。

历史名人:

夹谷楫:金代官吏,初任赞皇主簿,礼以接士,严以惩治奸恶,有政声。

夹谷之奇:元代官吏,曾任吏部尚书。

宰 父

姓氏渊源:

据《孔子家语》记载,周朝时设有管理公卿官员升迁考核职,称宰夫。因"夫"与"父"音相近,后来转变成宰父,其后人以官职宰父为姓。

历史名人:

宰父黑:孔子弟子。名黑,字子索,春秋末年鲁国东人。唐开元年间封"乘丘伯",宋朝再封为"祁乡侯"。

谷 梁

姓氏渊源：

据《姓氏寻源》等书所记，古代称良种穀子为粱，种植穀粱的氏族，以穀粱为姓，后来粱改为梁，穀粱复姓遂流传下来。

历史名人：

穀粱赤：春秋时鲁国人，子夏弟子，撰《春秋穀粱传》，为"春秋三传"之一。

晋

姓氏渊源：

远祖起始于西周时期。西周初年，周成王封弟弟叔虞于唐（今山西临汾一带）。叔虞之子继位后，把国都唐迁到晋水（今山西太原附近），改国名为晋，晋国在春秋时很强大，到战国时衰败。失国后，晋国族人仍以原国名为姓。

历史名人：

晋　鄙：战国时魏国将领。

晋　冯：东汉官吏，好古乐道，曾任京兆祭酒。

楚

姓氏渊源：

据《姓苑》记载，周成王封熊绎于楚，其后人遂以楚为姓。

历史名人：

楚　衍：宋代学者，通天文历算和音韵之学，曾造《司辰星漏历》十二卷，官至司天监丞。

楚　智：明代将领，骁勇果敢，曾任都指挥使。

闫

姓氏渊源:

据《姓谱》所记,闫姓为阎姓的别支。闫、阎二姓同出一源。

历史名人:

闫　亨:晋代辽西郡郡长,因屡次规劝苟豨而被诛杀。后人对阎亨气节甚为称颂。

法

姓氏渊源:

据《后汉书·法雄传》所记,战国时,齐襄王名法章。秦国灭齐后,齐国的公族子孙为避祸,遂以祖上名的法字为姓。

历史名人:

法　雄:东汉官吏,曾任南郡太守,在职数年,犯科日减,农耕丰收。

法若真:清代画家,善绘山水,工诗文,官至江南布政使。

汝

姓氏渊源:

据《姓源》所记,东周初期,周平王封小儿子于汝邑,其后人遂以汝为姓。

历史名人:

汝　郁:东汉官吏,曾任鲁相,以德化人,流民归居者达八九千户。

汝　为:南宋官吏,主张抗金恢复中原。

鄢（yān）

姓氏渊源：

据《国语》记载，古代有鄢国。春秋时鄢国被郑国所灭，其公族子孙遂以鄢为姓。

历史名人：

鄢　高：明朝正德年间，做了县官，为人正直。

鄢鼎臣：明江西丰城人，字玉铉。天启时期中举人。

涂

姓氏渊源：

远祖起始于古代。古时有叫涂水的地方(今安徽东部的滁河)，住在这里的人们就以"涂"为姓。

历史名人：

涂　升：明代官吏，曾任御史，文采凛然。

涂天相：明代官吏，官位至工部尚书，著述颇多。

钦

姓氏渊源：

据《姓苑》所记，钦姓起源于吴地，即今江苏、浙江一带。又据《魏书》所记，古渔阳乌桓部落中有钦姓，可能起源于乌桓山脉。

历史名人：

钦德载：南宋末官吏，宋亡，隐于碧岩山中。

钦　揖：清代书画家，善画山水，有宋末人笔意，书学褚欧二体。

段 干

姓氏渊源：

出自李姓，为春秋时道家鼻祖老子之子李宗子之后代，以封地名为氏。据《路史》载："殷干氏初邑段，以邑干，因邑为氏。"又《史记》中记载，春秋时道家鼻祖老子之子李宗，任魏国大将，先后被封地"段""干"两地，其子孙遂以段干作为姓氏，称段干氏。

历史名人：

段干木：战国初年魏国人，曾求学于子夏。魏文侯待以客礼，每乘车过其住所门口，向他鞠躬致敬。

百 里

姓氏渊源：

据《史记》《中国姓氏起源》等书记载，春秋时秦国大夫百里奚后人以百里为姓。

历史名人：

百里嵩：西汉官吏，曾任徐州刺史。

东 郭

姓氏渊源：

据《姓谱》所记，周朝时，一座城有内城和外城，外城称郭。当时齐国公族大夫有居住在国都临淄东郭的，称东郭大夫，后来又称东郭氏，其后人遂以东郭为姓。

历史名人：

东郭垂：春秋时齐国处士。

东郭顺子：战国时魏国高士，修道守真。

南 门

姓氏渊源：

据《姓氏考略》等书记载，古代居住在南城门一带的居民有的以南门为姓。又一说，夏代置有管理南城门的官职，其后人以南门为姓。

历史名人：

南门蠕：商代大臣，曾辅佐商汤。

呼 延

姓氏渊源：

一说出自匈奴族呼衍氏所改，一说出为鲜卑族姓氏之一，还有说出自赐姓。晋代鲜卑人稽胡楚，因有功被赐姓呼延，后代因此随之姓呼延。

历史名人：

呼延谟：十六国时前赵官吏，曾官至太守。

呼延赞：宋代将领，骁勇能战，官至康州团练使。

归

姓氏渊源：

远祖起始于春秋时期。春秋时有归姓胡子国，之后被楚国所吞灭，所以子孙以归为姓。

历史名人：

归有光：明代文学家，所作抒情散文朴素简洁，感情自然动人。他与王慎中、唐顺之、茅坤等在文坛上被称为"唐宋派"。

归　庄：清初文士，曾参加过抗清斗争，善书画，工文辞，游历湖山，多遣兴之作。

海

姓氏渊源：

据《姓苑》《尚友录》等书所记，春秋时，卫国有大臣海春，其人皆姓海。

历史名人：

海　云：元代僧人、画家，善画墨竹。

海　瑞：明代著名清官，兴利除弊，抑制豪强，扶植贫弱，政绩卓著。

羊　舌

姓氏渊源：

据古书《尚友录》和《元和姓纂》里说，羊舌姓起源于春秋时代的晋国，那时晋国有一位晋靖侯。晋靖侯本来是周文王、周武王的后代，而他的子孙中有一人被封于羊舌邑，于是后代就以封地为姓了。古代的羊舌邑，在现今山西省境内。

历史名人：

羊舌肸：春秋时晋国卿，提倡尊贤使能，不以貌取人，为孔子所赏识。

羊舌赤：春秋时晋国官吏，曾任中军尉。

微　生

姓氏渊源：

据《路史》所记，春秋时，鲁国有贵族微生氏，其子孙以微生为姓。

历史名人：

微生亩：春秋时鲁国隐士。

岳

姓氏渊源:

据《姓苑》记载,上古时设有"四岳"官职,其职务是掌管山岳的祭祀,四岳官的后人以岳为姓。

历史名人:

岳　飞:南宋抗金名将,作战勇敢,屡败金兵,后被奸相秦桧以"莫须有"的罪名杀害,时年三十九。宁宗时追封为鄂王。著有《岳忠武文王集》。

岳　珂:南宋学者,岳飞之孙。官至户部侍郎,淮东总领制置使。为辨岳飞之冤,作《金陀粹编》。另著有《刊正九经三传沿革例》《程史》等。

帅

姓氏渊源:

远祖起始于晋代。三国末有位司马师,在夺取曹魏政权的过程中建立了功绩,晋武帝即位,追尊为景帝。为避开司马师的名讳,之前姓师的人就改为了"帅"姓。

历史名人:

帅念祖:清代文士,曾参与编修《大清一统志》,工于诗,尤善指头画。

缑

姓氏渊源:

据《通志·氏族略》记载,周朝时,有大夫受封于缑邑,其后世子孙遂以缑为姓。

历史名人:

缑仙姑:唐代道姑,修道于衡山。

缑　谦:明代官吏,官至南京右通政。

亢

姓氏渊源：

远祖起始于战国时期。齐国有个叫亢父的地方(在今山东济宁市)，住在这里的人们就把地名中的"亢"作为姓。

历史名人：

亢良玉：明代人，事父母至孝。

亢树滋：清代文人，著有《市隐书屋文集》。

况

姓氏渊源：

据《三国志·蜀志》所记，三国时，蜀中名人况长宁，其后人皆姓况。

历史名人：

况　钟：明代官吏，曾任苏州知府，在职期间，兴利除弊，抑制豪强，不遗余力，为明朝著名清官。

况周颐：近代词人，著有《蕙风词》《蕙风词话》等。

后

姓氏渊源：

据《世本》记载，春秋时，鲁孝公八世孙成叔受封于郈邑，其人去掉"郈"字的"阝"旁，以后为姓。

历史名人：

后　敏：明代官吏，永乐进士，历官陕西布政司参议。为人忠厚和乐，长于政事，后被冤家陷害而死。

后　礼：清代画家，以绘竹兰著名。

有

姓氏渊源：

远祖起始于上古时期。相传是有巢氏的后世子孙。

历史名人：

有　若：春秋末鲁国人，孔子弟子。

有日兴：明初官吏，洪武年间赐姓为宥氏。

琴

姓氏渊源：

据《姓氏考略》所记，周朝时，有人以制琴或弹琴为业，其后人以祖上的职业琴字为姓。又据《通志·氏族略》所记，春秋时，卫国有人名琴牢，琴牢的后人以琴为姓。

历史名人：

琴　牢：春秋时卫国人，孔子弟子。

琴　彭：明代官吏，永乐年间署茶笼州事，有善政。

梁　丘

姓氏渊源：

据《尚友录》所记，春秋时，齐国一个大夫受封于梁丘，其后人以梁丘为姓。

历史名人：

梁丘贺：西汉学者，随从京房学《易》，深受汉宣帝信任，官至少府，被画像于麒麟阁。

左　丘

姓氏渊源：

据史籍《元和姓纂》记载："齐国临淄县有左丘。"史籍《氏族博考》

中也记载："左丘明居左丘，为左丘氏。"左丘，在西周时期是齐国的一个地名，故址在今山东省临淄地区。春秋晚期，有一鲁国大夫名叫"明"，居于左丘，就以此地名为其姓氏，称左丘氏。

东 门

姓氏渊源：

《左传》记载，春秋时，鲁国国君鲁庄公的儿子遂，字襄仲，居住在东门，称东门襄仲，其后代遂以东门为姓。

历史名人：

东门归父：春秋时鲁国大夫，襄仲之子。

东门京：西汉时人，擅察马之神韵，曾铸铜马献给汉武帝，诏令立铜马于鲁班门外，改鲁班门名为金马门。

西 门

姓氏渊源：

远祖起始于春秋时期。郑国有大夫住在城西门，他的子孙就把他居地名作为姓。

历史名人：

西门豹：战国时魏国官吏，曾任邺令，组织百姓修十二渠，引漳河水灌溉农田，并破除巫术迷信，废止为河伯娶妻的陋习。

西门季玄：唐代官吏，官至神策中尉，性刚烈耿介。

商

姓氏渊源：

据《史记》所记，周朝灭亡商朝后，商朝的公族子孙有的以商为姓。

历史名人：

商　泽：春秋末鲁国人，孔子弟子。

商　喜：明代画家，善绘山水人物。

牟

姓氏渊源：
据《风俗通义》所记，春秋时有牟子国，其国人有的以牟为姓。
历史名人：
牟　融：东汉经学家，少博学，以大夏侯《尚书》授子弟，门徒数百人，永平年间拜司空，后进为太尉。
牟仲甫：宋代画家，善绘猿獐猴鹿。

佘

姓氏渊源：
远祖起始于古代，从余姓转变而来。
历史名人：
佘可材：明代官吏，曾任通政司左通政，练达政事。
佘观国：清代书画家，工绘兰竹，兼长篆刻。

佴

姓氏渊源：
据《通志·氏族略》记载："佴氏，如代切，晋《山公集》有佴湛。"这是佴姓较早的记载。
历史名人：
佴　祺：明代官吏，进士及第。

伯

姓氏渊源：
据《风俗通义》所记，古代嬴姓的祖先伯益，在舜帝、夏禹时都受到重用，后来被禹的儿子启所杀。伯益的后人有的以伯为姓。

历史名人：

伯　宗：春秋时晋国大夫，贤能而好直言以辩。

伯　嚭：春秋时吴国大臣，曾任太宰。

赏

姓氏渊源：

据《姓苑》所记，春秋时，赏姓是吴国的吴中八姓之一，这是赏姓之始。

历史名人：

赏羽羌：西夏族祖先。

赏　庆：南朝时人，曾在江东做幕僚。

南　宫

姓氏渊源：

据《通志·氏族略》记载，春秋时鲁国大夫孟僖子的儿子仲孙阅住在南宫，其后人遂以南宫为姓。

历史名人：

南宫长万：春秋时宋国大夫。

南宫括：春秋时鲁国人，孔子弟子。

墨

姓氏渊源：

名叫墨胎的国君，他的后代就把他名字中的"墨"作为姓。

历史名人：

墨　翟：春秋、战国之际思想家，墨家学派的创始人，提倡"兼爱""非攻"的思想。

墨　麟：明代官吏，曾任少詹事。

哈

姓氏渊源：

哈姓为回民十三姓之一。约在元代时开始有此姓。

历史名人：

哈攀龙：清代将领、武进士，官至贵州提督。

譙

姓氏渊源：

据《元和姓纂》等书所记，周文王的后裔支庶子孙，有一支受封于譙，其后人遂以譙为姓。

历史名人：

譙　隆：西汉官吏，曾任上林公，后因忠言直谏拜侍中。

譙　谟：明代文士，隐居山林不在朝为官。能诗，以吟咏自娱。

笪

姓氏渊源：

根据《通志·氏族略》记载，可知笪姓的开山鼻祖是建平进士宋笪琛。这个姓氏自古以来便繁衍于我国江南的建州地区，今建州多此姓，其他地区比较少见。所谓建州，是唐代所设的一个郡，所改称建安，指的是现在福建省建瓯县一带。笪氏族人多奉笪琛为笪姓的始祖。

历史名人：

笪重光：清代文士，曾任御史。工书画，诗亦清刚隽永，著有《书筏》《画筌》等。

年

姓氏渊源：

远祖起始于春秋时期。齐襄王的弟弟名叫年，他的子孙就把他的名字作为姓。

历史名人：

年　富：明代官吏，曾任户部尚书，廉正刚直，始终不改其节，一代名臣。

年希尧：清代数学家，著有《视学测数》《算法纂要总纲》等。

爱

姓氏渊源：

据《姓氏考略》所记，唐代西域有回鹘（亦称回纥）国，北方回鹘国的国相叫爱邪勿。后来回鹘国成为唐朝的附庸国，国相爱邪勿来到中，唐朝皇帝赐他姓爱，名弘顺，其子孙遂以爱为姓。

历史名人：

爱　薛：元代官吏，通西域诸国语，擅星历医药，直言敢谏，官至平章政事。

阳

姓氏渊源：

据《广韵》所记，东周时，周景王封其小儿子于阳樊，其后人因避祸乱到了燕国，以祖上封地阳字为姓。

历史名人：

阳　城：字亢宗，唐代陕州夏县（今山西省夏县）人。唐德宗时，他出任道州（今湖南省道县）刺史。

阳孝本：宋代大学者，学问深而博，品德高贵，隐居在山中读书讲学。

佟

姓氏渊源：

据《满洲氏族谱》所记，佟姓出自佟佳氏。在今辽宁省境内鸭绿江支流，元明时期称佟佳江，居住有佟佳氏族，其后人改为单姓佟。

历史名人：

佟养性：明末开原人。原居开原佟佳，后自开原徙抚顺，归附后金，隶汉军正蓝旗。努尔哈赤以宗女赐为妻，授三等副将。

佟图赖：初名盛年，清代隶汉军镶黄旗，世居开原，后迁抚顺。袭世职。天聪间，从攻大凌河，进二等参将。崇德间，授右参政。

第 五

姓氏渊源：

据《风俗通义》《后汉书·第五伦传》记载，汉高祖刘邦即帝位后，为了削弱地方豪强势力，把战国时的齐、楚、燕、韩、赵、魏六国王族后裔迁徙到关中。其中齐国贵族田氏，因族大人多，故改变了原来的姓氏，而以第一氏、第二氏至第八氏来划分。第五氏即其中的一氏，其后人以第五为姓。

历史名人：

第五上：东汉刺史，为官冠名州郡，永寿中以奉使称职，拜高密侯相，惩治贪恶，刚直不宥。

第五元先：东汉学者，通京氏易、公羊春秋、三统历、九章算术，为郑康成之师。

第五琦：唐代扶风郡公。能言强国富民术，不益赋而用以饶。

言

姓氏渊源:

据《元和姓纂》《万姓统谱》等书所记,春秋时,吴国有人叫言偃,字子游,是孔子的弟子,其子孙以言为姓。

历史名人:

言　茅:明朝人,成化年间举为进士,而当了地方官,官职为户平知府。

言友恂:清朝末年人,有学问,办事认真。官任"教谕"。

福

姓氏渊源:

据《姓氏考略》所记,春秋时,齐国有大夫福子丹,其后世子孙皆以福为姓。

历史名人:

福　裕:元初嵩山少林寺高僧,是元代中兴少林寺最有名的方丈。

福　寿:元朝人,官至江南台御史大夫,对朝廷非常忠诚。他文武双全,打仗时奋勇当先,死后皇帝也很悲哀,追加他封号为"忠肃"。

千 字 文

【题解】

《千字文》是我国早期的蒙学课本。隋唐以来,《千字文》大为流行,背诵《千字文》被视为识字教育的捷径。它不是简单的单字堆积,而是条理分明,通顺可诵,是咏物咏事的韵文,其内容又涉及自然、社会、历史、教育、伦理等多方面的知识。所选千字,大都是常用字,生僻字不多,便于识读。因流传甚广,以致文书编卷,都采用"天地玄黄"来代替数字。少数民族地区也出现了满汉、蒙汉文的对照本字。由于历代不少大书法家都曾书写,更使《千字文》成为今天学习各种书法的范本。

《千字文》的续广增编,宋元以来,不下数十种,如《续千字文》《广易千字文》《叙古千文》《正字千字文》等,但都不能与周编《千字文》相抗衡。

明清以来,一些学者称《千字文》为文字有限却能条理贯穿的"绝妙文章",不无道理。

天地玄黄①,宇宙洪荒②。

【注释】

①玄黄:天地的颜色。《易·乾》:"天玄而地黄。"
②洪荒:指远古时代宇宙一片混沌、蒙昧的状态。

【译文】

黑色的苍天,黄色的大地,辽阔无边的茫茫宇宙。

日月盈①昃,辰宿②列张③。

【注释】

①盈：月圆。

②辰宿：星宿。

③列：陈列。张：分布。

【译文】

日月在宇宙中运转，日出日落，月圆月缺，无数星辰陈列散布。

寒来暑往^①，秋收冬藏^②。

【注释】

①寒来暑往：指一年四季的交替。

②秋收冬藏：指谷物在春天播种，在夏天成长，在秋天收获，然后在冬天储藏。

【译文】

一年始于春，春去夏来，过了秋天，就是岁末的寒冬。农事始于春耕，经过夏耘，秋天收割，冬天入库。

闰^①余成岁，律吕^②调阳。

云腾致雨，露结为霜。

【注释】

①闰：余数。历法纪年与地球环绕太阳运行一周的时间有一定差数，所以每隔数年必设闰日或闰月加以调整，使四季正常运行。

②律吕：乐律的统称。我国古代有阳律、阴律各六，合称十二律。阳六称律，阴六称吕。这里指用律吕来调和阴阳，使时序正常。

【译文】

将累积多年的闰余合并为一个月，放在闰年里，六律六吕被古人用来调节阴阳。当云气上升遇冷的时候就变成了雨，当露水遇到寒夜的时候就会凝结为霜。

金生丽水^①，玉出昆冈^②。

剑号巨阙③，珠称夜光。

【注释】

①丽水：在今云南丽江县，又名金沙江，产金。

②昆冈：即昆仑山。

③巨阙：古时的一种宝剑名。

【译文】

丽江水中盛产黄金，昆仑山上盛产美玉。最有名的宝剑叫"夜光"。

果珍李柰①，菜重芥姜②。

海咸河淡，鳞潜羽翔。

【注释】

①柰：沙果，俗称花红。

②芥姜：与上句"李柰"均泛指果蔬。芥，芥菜。种类很多，叶用芥菜可腌制雪里蕻，茎用可腌榨菜，根用可腌大头菜，种子可磨碎做芥末。

【译文】

人爱吃的果是李子和花红，菜则是芥菜和生姜。海水含盐味咸，江河之水味淡。鱼在水中游，鸟飞上天。

龙师①火帝②，鸟官③人皇④。

【注释】

①龙师：相传伏羲氏有龙瑞以龙作官名，故称龙官。

②火帝：即炎帝，相传古帝燧人氏发明取火的方法，故称火帝。

③鸟官：黄帝的儿子少昊氏名挚，又称金天氏以鸟做官名，故称鸟官。

④人皇：传说中远古部落的酋长，与天皇、地皇合称三皇。

【译文】

龙师、火帝、鸟官、人皇，都是上古时代的帝皇。

始制文字①，乃服衣裳②。

【注释】

①制文字：相传黄帝的史官仓颉创造了汉字。

②服衣裳（cháng）：传说黄帝之妻嫘祖，为西陵氏之女，创造发明了养蚕制丝法，教民制作衣裳。

【译文】

黄帝时仓颉创造了文字，百姓穿上了衣服。

推位①让国，有虞陶唐②。

【注释】

①推位：上古实行过将帝位禅让给有贤能之人，尧禅位于舜，舜禅位于禹。

②有虞：即舜，传说中的五帝之一，号有虞氏，史称虞舜。陶唐：即尧，传说中的五帝之一，号陶唐氏，史称唐尧。

【译文】

五帝以前，政权转移，都取禅让方式，传与贤人。如尧传舜，舜传禹。

吊①民伐②罪，周发殷汤③。
坐朝问道④，垂拱平章⑤。
爱育黎首⑥，臣伏戎羌⑦。

【注释】

①吊：慰问。

②伐：讨伐。

③周发：周武王姓姬名发，灭商纣王而建周朝。殷汤：商汤，灭夏桀王而建商朝。

④朝：朝廷。道：治国之道。

⑤垂拱：垂衣拱手。平：治理。章：显著。

⑥黎首：百姓。黎：黑。

⑦臣伏：俯首称臣。戎羌：指少数民族。

【译文】

安抚百姓、讨伐暴君的是周武王姬发和商君成汤。贤君身坐朝廷，与众大臣探讨治国之道，垂衣拱手，不亲理事务而天下太平。他们爱护、体恤百姓，四方各族人民都来归附。

遐迩①一体，率宾②归王。
鸣凤③在竹，白驹食场④。
化被⑤草木，赖及万方⑥。

【注释】

①遐迩：这里指远近。

②率宾：统统归顺。

③鸣凤：一种吉祥的鸟，俗名凤凰。

④场：农牧场。《诗经·小雅》："皎皎白驹，食我场苗。"

⑤化：教化，教诲。被：通"披"，遍及。

⑥赖：有利。万方：各个地方。

【译文】

将远近的臣民都聚拢在一起，他们都心甘情愿地屈服于贤君。竹林中凤凰在欢鸣，草场上白马在觅食。贤明君主的教化惠及大自然的一草一木，恩泽遍及天下百姓。

盖此身发，四大五常①。
恭惟鞠养②，岂敢毁伤。

【注释】

①四大：地、水、火、风。古人认为，人体由以上四大元素组成。五常：仁、义、礼、智、信，皆为封建伦理道德规范。这里与后面的"女慕贞洁，男效才良"都意在宣扬"三纲五常"的封建糟粕。

②鞠养：调养、休养。

【译文】

人的身体发肤，是地、水、火、风四大元素构成的，人的思想行为，是受仁、义、礼、智、信五种品德约束的。做儿女的要恭恭敬敬，时刻谨记父母的养育之恩，怎么还敢轻易损毁自己的身体呢？

女慕①贞洁，男效②才良。

【注释】

①慕：仰慕。

②效：效法。

【译文】

妇女应当看重贞洁，男子应仿效有才德之人。

知过必改，得能^①莫忘。

【注释】

①得能：学到了知识技能。

【译文】

知道自己有了过错，一定要改正，自已有能力去做到的事，一定不要放弃。

罔^①谈彼短，靡^②恃^③己长。

【注释】

①罔（wǎng）：不可，不要。

②靡（mí）：不。

③恃（shì）：凭借。

【译文】

不要谈论他人的短处，也不要依仗自己的长处就不思进取。

信^①使可覆^②，器欲难量。

【注释】

①信：信用，承诺。

②覆：检验，实践。

【译文】

与人约定，务求兑现，使可以验证。度量要大，要大到使人难以估量。

墨悲丝染^①，诗赞羔羊^②。
景行维^③贤，克念^④作圣。

【注释】

①墨悲丝染：《墨子·所染》记载，墨子见到丝被染便悲叹道："染于苍则苍，染于黄则黄"。

②诗赞羔羊：《诗经·召南·羔羊》："羔羊之皮，素丝五纯"，赞美羔羊毛色的纯正，借此比喻君子品德高尚。

③景：仰慕。行：行为。维：同"惟"，只。

④克：克制。念：私欲。

【译文】

墨子为白丝染色不褪而悲伤，《诗经》赞颂羔羊能始终保持洁白如一。要敬仰圣贤，努力克制自己的私欲。

德建名立，形端表正①。
空谷②传声，虚堂习听③。

【注释】

①形：言行举止。表：仪表，风度。

②空谷：空旷的山谷。

③虚堂：高大而空旷的厅堂。习听：回声引起重听。习：反复。

【译文】

高尚的德行建立了，声名自然就会树立，心性举止庄重，仪表自然就会端正。空旷的山谷中，声音传播得很远，空荡的厅堂里，说话会有回声。

祸因恶积，福缘①善庆②。

【注释】

①缘：由于。

②庆：吉庆，福。

【译文】

灾祸是由于恶行积累而成，幸福是由于善行而得到的奖赏。

尺璧①非宝，寸阴②是竞③。

【注释】

①尺璧：直径一尺的璧玉，很珍贵。

②寸阴：短暂的时间。

③竞：争取，珍惜。

【译文】

一尺长的璧玉算不得贵重，可哪怕是一寸短的光阴也需要去争取。

> 资父事①君，曰严与敬。
> 孝当竭力，忠则尽命。
> 临深履薄，夙兴②温凊③。

【注释】

①资：凭借，此处作"参照"讲。事：服务。

②夙兴：早起。夙，早。此句文意包括"夜寐"，就是晚睡。

③凊：使之凉，音庆。

【译文】

奉养父母、侍奉君主，就是要严肃而恭敬。孝敬父母应当尽己所能，忠于君主要一心一意，恪尽职守。侍奉君主要像站在深渊边、踩在薄冰上一样小心谨慎。孝顺父母要比他们睡得晚、起得早，冬天注意防寒保暖，夏天注意防暑降温。

> 似兰斯馨①，如松之盛。
> 川流不息②，渊澄取映③。

【注释】

①馨：香气。

②川流：河流。不息：不停止。

③渊：潭池。澄：水清而静。取映：照映物人。

【译文】

能如此，他的德行，就像兰花般的芳香，松柏般的茂盛，流水般的不止歇，深潭可照那样的净。

> 容止若思①，言辞安定。

【注释】

①容止：容貌、举止。若思：沉静安详。

【译文】

仪容举止要庄重，看上去若有所思，言语措辞要稳重，显得从容沉静。

笃初①诚美，慎终宜令②。
荣业所基③，籍甚无竟④。

【注释】

①笃初：良好的开端。笃：忠实真诚。

②慎终：以谨慎的态度对待结束。宜令：应当美好。

③荣业：光荣显赫的事业。基：根本。

④籍甚：亦作"藉甚"，盛大，众多。竟：止境。

【译文】

无论修身、求学，重视开头固然很好。认真去做，有好的结果更重要。这是事业显耀的基础，有了这个基础，事业发展就兴盛无止境。

学优登①仕，摄②职从政。

【注释】

①登：登上，步入。

②摄：治理。

【译文】

书读得好，就可以做官，担任一定职务，参与治理国事。

存以甘棠①，去而益②咏③。

【注释】

①甘棠：指甘棠树。

②益：更加，越加。

③咏：赞扬，称颂。

【译文】

（为纪念西周召伯）保留甘棠树，召伯已成为过去，人们却还用诗篇加以歌颂。

乐殊①贵贱，礼别尊卑。

【注释】

①殊，差异：古时乐器形制不同，使用上有严格的贵贱等级区别。

【译文】

选择音乐根据人的身份贵贱而有所不同，采用礼节根据人的地位高低而有所区别。

上①和下②睦，夫唱③妇随。

【注释】

①上：尊贵者或长辈。

②下：贫贱者或晚辈。

③唱：同"倡"，倡导。

【译文】

长辈和晚辈要和睦相处，夫妇要一唱一随，协调和谐。

外受傅训①，入奉母仪②。
诸③姑伯叔，犹子比儿④。
孔怀⑤兄弟，同气⑥连枝。

【注释】

①傅训：师傅的教诲。

②奉：遵循。母仪：母亲立下的规范。

③诸：众。

④犹子：兄弟之子。比：类同。

⑤孔：很，甚。怀：思念。

⑥同气：共同承受父母之气。

【译文】

在外要接受老师的教导，在家要奉行母亲的礼仪。要像孝顺父母那样对待姑姑、伯伯、叔叔，要像关爱亲生子女那样爱护侄子侄女。兄弟间要互相关爱，气息相通，因为彼此有共同的血缘关系，就像形体不同却同根相连的枝条一样。

交友投分^①，切磨箴规^②。

【注释】

①投：投合，接近。分：情分。

②切磨：切磋琢磨。箴规：劝戒勉励。

【译文】

结交朋友要意气相投，在学习上共同探讨研究，在品行上互相劝勉。

仁慈隐恻^①，造次^②弗离。

【注释】

①隐恻：即恻隐，指同情心。

②造次：仓促，慌忙。

【译文】

仁慈而富有同情心，在急促慌乱的情况下也不可丢失。

节义^①廉退^②，颠沛匪亏^③。

【注释】

①节：气节，节操。

②退：谦让。

③颠沛：穷困，受挫折。匪：不。亏：缺。

【译文】

气节、正义、廉洁、谦让这些美德，即使在最穷困潦倒的时候也不可缺失。

性静情逸①，心动神疲②。
守真志满③，逐物意移④。
坚持雅操，好爵自縻⑤。

【注释】

①性：指仁、义、礼、智、信等封建伦理道德规范。静：静止，坚守不动。情逸：心情安逸。

②心动：心为声色嗜欲等外物所动。神疲：精力疲乏。

③守真：保持自己天生的善性。志满：指意志坚定。满：充沛，坚定。

④逐：追逐。物：物质。意：意志。移：迁移、改变。

⑤爵：爵位、官位。縻：同系，持续，保持。

【译文】

保持品性沉静淡泊，心绪就安逸闲适。内心浮躁好动，精神就疲惫困倦。保持纯真的天性，就会感到满足。追求物欲享受，心志就会改变。坚守高尚的德行，好的职位自然会为你所有。

都邑华夏①，东西二京②。
背邙面洛③，浮渭据泾④。

【注释】

①都邑：京城。邑：城市。华夏：古称中原地区。

②东西二京：西汉的都城长安被称为西京，东汉的都城洛阳被称为东京，两处合称为"东西二京"。

③邙：即北邙，山名。在河南洛阳境内。洛：洛水，也叫雒河。

④浮：泛。渭：渭水。浮渭：指长安城建在渭水之上。据：依、傍。泾：泾水。古人认为泾水浑浊，渭水清澈，实际情况正相反，后用泾渭分明比喻是非清楚。

【译文】

（古代我国的首都）有西都长安和东都洛阳。洛阳北靠邙山，南临洛水，长安则位于泾渭二水之间。

宫殿盘郁①，楼观②飞惊。
图写禽兽，画彩仙灵。
丙舍傍启③，甲帐对楹④。
肆⑤筵设席，鼓瑟吹笙。
升阶纳陛⑥，弁⑦转疑星。

【注释】

①盘郁：曲折盘旋。

②观：泛指宇。

③丙舍：宫中正室两旁的房屋。傍启："傍"通"旁"，侧面开门。

④甲帐：用明珠、美玉装饰的床帐。楹：殿堂上的柱子。

⑤肆：摆设。

⑥纳：进入。陛：台阶。

⑦弁：帽子，其缝合处饰以彩玉。

【译文】

雄伟的宫殿曲折盘旋，重叠幽深，高大的亭台楼阁凌空欲飞，触目惊心。宫殿里画各种各样的飞禽走兽，还有彩绘的天仙神灵。正殿两旁的偏殿从侧面开启，华丽的幔对着高大的楹柱。宫殿里大摆筵席，弹瑟吹笙，一片歌舞升平的欢腾景象。文武百官走上台阶，进入宫殿，装饰着玉石的帽子不停转动，疑似天上闪耀的繁星。

右通广内①，左达承明②。
既集坟典③，亦聚群英。

【注释】

①广内：汉代宫殿名。广内殿在长安的建月建章宫中，是宫廷藏书的地方。

②承明：承明殿在长安的未央宫中，是帝王著作的地方。

③坟典：《三坟》《五典》的并称。后来成为古代典籍的通称。《三坟》，记载三皇事迹的古书。《五典》记载五帝事迹的古书。

【译文】

宫殿的右边通向藏书的广内殿，左边通往群臣聚集休息的承明殿。这里收藏了很多典籍名著，也聚集了成群的文武英才。

杜稿钟隶①，漆书壁经②。

【注释】

①杜稿：汉朝杜度的草书手稿，唐朝人称其为"神品"。钟隶：时钟繇的隶书真迹。

②漆书：古时候没有墨，用陶漆在竹简上写字。这里指汲县魏安釐王墓中发掘出来的漆书。壁经：秦始皇焚书坑儒后，汉代鲁恭王在曲阜孔庙墙壁里发现的古文经书。

【译文】

宫殿里有杜度的草书作品，钟繇的隶书作品，还有漆写的古书和孔府墙壁里发现的经书。

府罗将相，路侠槐卿①。
户封②八县，家给千兵③。
高冠陪辇④，驱毂振缨⑤。
世禄侈富⑥，车驾肥轻⑦。
策功茂实⑧，勒碑刻铭⑨。

【注释】

①侠：同"夹"，指两侧站。槐卿：公卿。《周礼》载，朝廷上三公之位面对三棵槐树，故称三公为三槐。

②封：封邑。

③千兵：兵丁上千。战国时秦有千户侯，封食邑千家，为上卿。这里"千兵"与上句"八县"均为泛指。

④冠：帽子。辇（niǎn）：专指天子与后妃乘坐的车辆。

⑤驱毂（gǔ）：驾车的意思。车轮与轴相接触的部分叫毂。振：抖动，摆动。缨：古代帽子上系在颌下的带子。

⑥世禄：世袭的俸禄。侈富：奢侈，富有。

⑦肥轻：即肥马轻裘。

⑧茂：勉励。实：事迹。

⑨勒：刻。铭：铭文。

【译文】

贵族家中寄食的人可任将军、丞相，进出的也是能任高官的人才。这种人家，都有广大的封地，安全则派一千名士兵保护。逢到皇帝出巡，要戴上高高的帽子，乘坐马车跟随。车轮转动时，结帽的绳带摇晃不停，气度高贵。子孙世代继承官位，薪俸极为丰厚，马肥壮而车轻便。朝廷还说尽确切地记载他们的功德，刻在碑石上流传的后世。

磻溪伊尹①，佐时阿衡②。

【注释】

①溪：是姜太公吕尚钓鱼的地方，这里指代姜太公。伊尹：商成汤王的宰相，辅佐成汤王灭夏桀。

②佐时：辅佐当朝帝王。阿衡：商朝官名，相当于宰相。这里指伊尹。

【译文】

周文王在磻溪寻访到了姜太公，尊他为太公望，周朝在他的辅佐下消灭商朝统一天下。伊尹辅佐成汤推翻夏朝建朝，成汤封他为阿衡（他们都是应时而生辅佐当朝君王成就大业的功臣）。

奄宅①曲阜②，微旦孰营③？

【注释】

①奄：商朝的古地名宅，开辟居住之地。

②曲阜：地名，今山东西南部。

③微：如果没有。旦：指周公。孰：谁。

【译文】

在曲阜这个地方，人们安居乐业，要是没有周公旦，又有谁能管理鲁国？

桓公匡合①，济弱扶倾②。

【注释】

①桓公：指齐桓公姜小白，春秋时齐国国君。匡合：纠合力量，匡塞定

天下。

②倾：倾覆。

【译文】

齐桓公多次会合诸侯，救济弱小的国家，扶持危亡的周王室。

绮回①汉惠，说②感武丁。

俊乂密勿③，多士寔宁④。

【注释】

①绮（qǐ）：绮里季。他与东园公、用里先生、夏黄公于秦末汉初时隐居商山，时称"商山四皓"。汉惠帝刘盈为太子时因性格柔弱，汉高祖一度想改立赵王如意。吕后采用张良计策，令太子卑词安车迎四皓并与之游，高祖认为太子羽翼已成，遂打消了改立太子的念头。

②说（yuè）：傅说。相传原是服苦役的刑徒，在傅岩筑墙修路，商王武丁因梦中感应，知道他是辅佐殷商的圣人，遂寻访得之，任为治国之相。

③俊乂（yì）：有德之人。密勿：勤勉努力。

④多士：英才贤士。寔（shí）：是。宁：安定。《诗经·大雅·文王》："济济多士，文王以宁。"意思是人才济济，文王赖之以安邦。

【译文】

汉惠帝做太子时靠绮里季才保住王位，商君武丁因梦中启示而得贤相傅说。正是有这些贤士勤勤恳恳地辅佐君王，国家才得以富强安宁。

晋楚更①霸，赵魏困②横。

【注释】

①更：更替，变化。

②困：被困，困住。

【译文】

到战国时代，关东六国合纵拒秦，秦以连横计策破赵魏等。

假①途灭虢，践土会盟②。

【注释】

①假：借。

②会盟：诸侯聚会结盟。

【译文】

晋国向虞国借路出兵攻打虢国，得胜回来把虞国也一起消灭了。晋文公在践土会盟诸侯，成为新的霸主。

何遵约法①，韩弊①烦刑②。

【注释】

①弊：作法自弊。

②烦刑：指苛刻的刑法。

【译文】

萧何遵奉汉高祖简约的精神制定了律法九章，韩非却受困于他自己主张的严苛刑法。

起翦颇牧①，用军最精。
宣威沙漠②，驰誉丹青③。

【注释】

①起：白起，战国时秦国名将，长平之战大胜赵军。翦：王翦，战国末年秦国大将，得秦王嬴政重用，先后率军攻破赵、燕，灭掉楚国。颇：战国时赵国名将廉颇。牧：李牧，战国末年赵将，曾于肥（今河北晋县西）大败秦军。

②宣威沙漠：指西汉大将卫青、霍去病、李广。他们率军多次击败匈奴，北方解除了对汉威胁，西边打通了西域之路，宣扬国威，声震大漠。

③丹青：史册。古代丹册记勋，青史记事。

【译文】

秦将白起、王翦，赵将廉颇、李牧，是精通用兵作战的将领。声威远传到沙漠边地，荣誉和声名用丹青石相流传。

九州禹迹①，百郡秦并②。

【注释】

①九州：泛指中华大地，上古时期，中国被划分为九个州。禹：大禹，古代治水英雄。

②百郡秦并：秦始皇统一中国，设置郡县。

【译文】

大禹治水的足迹遍布九州之地，天下数以百计的郡县，都是秦始皇统一中国的成果。

岳宗泰岱①，禅主云亭②。

【注释】

①岳：指五岳。宗：尊崇。泰岱：指东岳泰山。

②禅：封禅，古帝王在泰山上筑土为坛，用来祭祀苍天，以报上苍之功，曰封；在泰山下的小山上筑土为坛，扫地而祭，以报大地之功，曰禅。云亭：分别指云云山、亭亭山。

【译文】

我国的名山有五座，最出名的，是东岳泰山，也称岱宗。古代封禅的礼仪，在泰山下云、亭二小山上举行。

雁门紫塞①，鸡田赤城②。
昆池碣石③，巨野洞庭④。
旷远绵邈，岩岫杳冥⑤。

【注释】

①雁门：即雁门关，长城关口之一，在今山西代县北。紫塞：指长城。《古今注》："秦筑长城，土色皆紫，故称紫塞。"

②鸡田：在今宁夏灵武县。赤城：指赤城山，在今浙江天台县北。

③昆池：即昆明滇池。碣石：山名，在今河北昌黎县西北。

④距野：湖泽名，在今山东巨野县北。洞庭：指洞庭湖。

⑤岩：石窟。岫：山洞。杳：深邃。冥：昏暗。岩岫杳冥：形容高山空谷挺拔秀丽，幽深莫测。

【译文】

名关有北疆雁门关，要塞有万里长城，驿站有边地鸡田，奇石有天台赤城峰。赏池赴昆明滇池，观海临河北碣石，看泽去山东巨野，望湖在湖南洞庭。我国幅员辽阔，连绵遥远。山谷高峻深幽，变化莫测。

治本于农，务兹稼穑①。
俶载南亩②，我艺黍稷③。
税熟④贡新，劝赏黜陟⑤。

【注释】

①兹：此。稼：耕种。穑：收割庄稼。

②俶（chù）载：开始。南亩：泛指农田。《诗经·豳风·七月》："馌送饭，彼南亩。"

③艺：种植。黍稷（shǔ jì）：这里代指种农作物。

④熟：指庄稼成熟。

⑤劝：奖励。黜陟（chù zhì）：指官吏的进退升降。

【译文】

治国的根本在于发展农业，务必做好播种与收割这些农活。一年的农活开始了，我在向阳的土地上种上黄米和谷子。在收获的季节，要用刚熟的新谷向国家交纳税粮。官府应按农户的贡献多少给予奖励或处罚，对有关官吏予以升迁或降职。

孟轲敦素①，史鱼秉②直。
庶几中庸③，劳谦谨敕④。

【注释】

①孟轲：孟子，名轲。敦：崇尚。

②秉：操持。

③庶几：近乎。中庸：古代儒家主张的最高道德和行为。中：不偏。庸：经常而不可改变。

④敕：警诫。

【译文】

战国时孟子看重纯朴，春秋时史鱼行为正直。中庸之德，差不多可以算是勤劳、谦虚，而又谨慎、警诫了。

聆音察理，鉴貌辨色。
贻厥嘉猷^①，勉其祗植^②。

【注释】

①贻（yí）：留赠。厥（jué）：那个。嘉猷（yóu）：忠告，好的谋划。

②祗（zhī）：敬。可用以加强词义，这里有敬奉、谨守的意思。植：树立。此处指立身处世。

【译文】

听别人说话，要仔细审察话里面的道理。看别人面孔，要小心辨析他的脸色。要给子孙留下有益的忠告，勉励他们处世立身须谨慎。

省躬讥诫^①，宠增抗极^②。

【注释】

①省躬：反省自己。省：检查。躬：自身。讥：劝谏。诫：警戒。

②宠：尊贵荣耀。抗：通"亢"，高等。极：到极点。

【译文】

听到别人的讥讽和劝告，一定要认真反醒自己，荣宠如果达到极点，就一定要警惕。

殆辱近耻，林皋^①幸即。
两疏^②见机，解组^③谁逼?

【注释】

①林皋：指野外的山林湖池。

②两疏：指西汉时的太子太傅疏广、太子少傅疏受。二人以年老辞去官职，受到众人尊崇。

③解组：指辞官。组：用丝织成的阔带子，古代用作玉佩的绶类廖守绶。这里代指官位。

【译文】

如果知道有危险或耻辱的事即将发生，不如归隐山林，或许可以幸免于祸。疏广、疏受叔侄预见到危险的先兆，于是告老还乡，有谁逼迫他们解下绶印呢？

索居①闲处，沉默寂寥。
求古寻论，散虑②逍遥。
欣奏累遣③，戚谢欢招④。

【注释】

①索居：孤独生活。

②散虑：排散忧虑杂念。

③欣：欢欣。奏：进，来。累：疲累烦恼。

④戚：悲伤，忧愁。谢：辞别，指离去。招：招致，来到。

【译文】

他们离群独居，悠闲度日，整天不用多费口舌，清静无为，岂不是好事？探求古人古事，读写至理名言，就可以驱散忧虑和杂念，自由自在，悠然自得。轻松的事凑到一起，费力的事丢在一边，排遣不尽的烦恼，得来无尽的欢乐。

渠荷的历①，园莽抽条。
枇杷晚翠，梧桐蚤凋。
陈根委翳②，落叶飘摇。
游鹍独运，凌摩绛霄。

【注释】

①的历：光彩烂灼的样子。语出吴苏彦《芙渠赋》："映的丽于朱霞。"

②委翳：枯死。

【译文】

池塘里的荷花开得光艳动人，园里的草木抽出了嫩绿的枝条。到了冬天，枇杷叶子还是那么青翠欲滴，一入秋天，梧桐树叶就早早地凋落了。陈年老树枯萎衰败倒伏在地，落叶随风飘荡飞扬。鹍鸟独自在天空中翱翔，盘旋上升，直冲九霄。

耽读玩市①，寓目囊箱②。

①耽：沉溺。玩：熟观。市：书铺。东汉时王充少贫，无钱买书，便到书铺阅书。

②寓目：寄托目光。囊：有底的口袋，此指书袋。箱：书箱。

【译文】

喜欢读书的人，有东汉时王充，家贫无书，常常到街上书店里看书，他双眼看见只是那书箱和书袋。

$$易辏攸①畏，属耳垣墙②。$$

【注释】

①易辏：轻忽，轻率。攸：所，助词。

②属耳：以耳附壁而窃听。垣墙：院墙，围墙。

【译文】

即使换了轻便的车子也要注意危险，说话最忌旁若无人，要留心隔着墙壁有人在偷听。

$$具膳餐饭，适口充肠。$$
$$饱饫①烹宰，饥厌②糟糠。$$
$$亲戚故旧，老少异粮③。$$

【注释】

①饫（yù）：饱食。这里指过饱。

②厌：饱，满足。

③异粮：指不同的食物。

【译文】

安排平时的饭菜，要适合大家的口味，能让大家吃饱。饱的时候自然不想吃大鱼大肉了，饿的时候，粗茶淡饭也会感到满足。亲戚、朋友会面要盛情款待，老人和小孩的食物应各不相同。

$$妾御绩纺①，侍巾帷房②。$$
$$纨扇圆絜③，银烛炜煌④。$$

昼眠夕寐⑤，蓝笋象床⑥。

【注释】

①御：侍奉。绩：纺织。

②巾：指手巾、头盖、带子之类。帷房：内室。

③纨扇：细绢制成的团扇。絜：同"洁"。

④银烛：银白色的烛光。炜煌：火光明亮的样子。

⑤昼：白天。寐：睡。

⑥笋象床：指铺着蓝色竹席的象牙床。

【译文】

妇女们的事是纺纱织布，掌管衣服被褥。家里有圆的丝扇，烛光明亮如银，睡眠则有象牙装饰的，铺上染成蓝色的竹席。

弦歌酒宴，接杯举觞①。
矫②手顿足，悦豫③且康。

【注释】

①觞（shāng）：喝酒的器具。

②矫（jiǎo）：举起。

③豫（yù）：喜悦，安适。

【译文】

酒宴上有歌舞弹唱，大家高举酒杯，开怀畅饮，随着音乐节拍手舞足蹈，身心既快乐又健康。

嫡后嗣续①，祭祀烝尝②。
稽颡再拜③，悚惧④恐惶。

【注释】

①嫡后：正妻所生的儿子。嗣续：指继承王位或家业。嗣、继承。续、延续。

②烝尝：古代祭祀的名称。秋天祭祀祖先叫尝，冬天祭祀祖先叫烝。泛

指一年四季的祭祀活动。

③稽颡：古时的一种礼节，屈膝下跪，叩头至地。稽：叩头至地。颡：
额头。再：两次。拜：以手伏地，头触地。

④悚惧：恐惧，这里指敬畏，即尊敬佩服而又有些畏惧。

【译文】

子孙一代代继承祖先基业，一年四季的祭祀大礼不能疏略遗忘。跪着
磕头，拜了又拜，礼仪要虔诚恭敬，要尊敬佩服而又有些畏惧。

笺牒^①简要，顾答审详。

骸^②垢想浴，执热^③愿凉。

【注释】

①笺牒（jiàn dié）：指书信文章。

②骸：指身体。

③执热：酷热难解。语出《诗经·大雅·桑》："谁能执热，逝不以
濯。"意思是谁不愿在酷热时，以沐浴求得凉快。

【译文】

给人写信时要简明扼要，回答别人问题时要详细周全。身上有了污垢
就想洗澡，手拿着热的东西就希望它快点凉。

驴骡犊特^①，骇跃超骧^②。

诛斩贼盗^③，捕获叛亡^④。

【注释】

①驴骡犊特：泛指家中的大小牲畜。骡：骡子。犊：小牛，泛指牛。
特：公牛。

②骇：惊骇，受到惊吓。超：一个跳到另一个前面去。骧：腾跃不已。

③诛斩：杀戮。诛，本义是声讨、谴责，引申义为诛灭、剪除。贼盗：
就是盗贼，偷盗和抢劫的人。

④捕获：捉到。叛：背叛。亡：逃亡。

【译文】

畜牧繁荣，驴、骡、老牛和小牛，受到惊吓，能跳跃而前。法纪严肃，
杀死盗贼，活捉逃走的叛徒。

布射僚丸^①，嵇琴阮啸^②。

【注释】

①布：指吕布。吕布辕门射戟，使刘备、袁术和解。见《三国志·吕布张邈传》。僚丸：僚，即熊宜僚，善弄丸。见《庄子·徐无鬼》："市南宜僚弄丸而两家之难解。"弄丸即俗称丢弹子。

②嵇琴：魏晋时嵇康善弹琴。见《晋书·嵇康传》："弹琴咏诗，自足于怀。"阮：阮籍，与嵇康同时代人，阮籍能吹口哨（啸）。

【译文】

吕布擅长射箭，宜僚善玩弹丸，嵇康善于弹琴，阮籍善于长啸。

恬^①笔伦^②纸，钧^③巧任钓。
释纷利俗^④，并皆佳妙。

【注释】

①恬：人名，蒙恬。

②伦：人名，蔡伦。

③钧：人名，马钧。

④释：消除，消散。纷：纠纷。利：便利。俗：百姓。释纷：除纠纷。利俗：便利世人。

【译文】

蒙恬制造了毛笔，蔡伦发明了纸张，马钧心灵手巧善发明，任公子擅长钓鱼。他们的技艺或解决纠纷，或造福百姓，都高明巧妙，为人称道。

毛施淑姿^①，工^②颦妍笑。

【注释】

①毛：毛嫱，古代美女。施：西施，春秋时越国美女。

③工：善于。

【译文】

毛嫱、西施仪容娇美，笑靥如花，连皱眉也很好看。

年矢每催，曦晖朗曜。
璇玑悬斡①，晦魄环照。
指薪修祜②，永绥吉劭③。

【注释】
①璇玑：北斗七星中的两颗星。这里即指北斗星。悬：悬挂。斡：运转。
②指薪：语出《庄子·养生主》："指穷于为薪，火传也，不知其尽也。"意为用木柴烧火，木柴化为灰烬，但火种是不会灭的。比喻人的身体会死亡，而整个人类的生命和文化是延续无穷的。修：修治，修身。祜：福祜，幸福。
③绥：平安。吉劭：吉祥如意。

【译文】
　　时光飞快流逝，白天太阳，夜晚明亮，轮流照耀。漏矢和璇玑催促人们抓紧时间。人的一生只有修福积德，才能像薪尽火传那样长存于永久，子孙后代就会永远安定、和平、吉祥、幸福。

矩步引领①，俯仰廊庙②。
束带矜庄③，徘徊瞻眺④。

【注释】
①矩步：走路步法端正，符合规矩。引领：伸长脖颈，这里抬头前行。
②俯仰：上下，这里指上朝。廊庙：庙堂，指朝廷。
③束带：束好衣带，指穿戴衣服。矜庄：保持端庄严肃的态度。
④徘徊：作者形容自己等待呈献《千字文》时忐忑紧张的样子。实际上是谦词。瞻眺：仰望。

【译文】走路姿势端正合度，昂首阔步，心地光明正大、举动严肃庄重。衣冠端正，矜持庄重，小心谨慎，高瞻远瞩。

孤陋寡闻，愚蒙①等诮②。
谓③语助者，焉哉乎也。

【注释】

①蒙：糊涂无知。

②诮：讥讽。

③谓：称说。

【译文】

学识浅陋、见识狭窄的人，与那些愚昧无知的人都是要受人嘲笑的。最后，还有焉、哉、乎、也这些所谓的语助词。

神童诗

【题解】

《神童诗》是古代广为流传的启蒙读物之一，内容主要是劝勉孩子从小立志，勤奋读书，学好本领，将来为官做相，辅佐君王，施恩于百姓。神童诗的形式为五言绝句，语言通俗易懂，易学易记，容易被儿童接受。

《神童诗》的作者是汪洙，字德温，鄞县人。宋朝元符三年进士，官至观文殿大学士。幼年聪明过人，九岁便能做诗，号称汪神童。据《通俗编》卷记载，一次朝廷一位高官听说他是神童而召见他。汪洙穿了一件很短的衫子便去应见。高官问他为什么衫子这么短？他当即作诗回答："神童衫子短，袖大惹春风。为去朝天子，先来谒相公。"这一故事表现了他非凡的聪明才智。

后人以汪洙的部分诗为基础，又加进其他人的诗，编成如今的《神童诗》。

劝学（一）

天子重英豪，文章教尔曹。

万般皆下品，唯有读书高。

【译文】

皇帝看重英雄豪杰，用文化知识教育你们。所有的行业都是低级的，只有读书才高贵。

劝学（二）

少小须勤学，文章可立身。
满朝朱紫贵，尽是读书人。

【译文】

从小就要勤奋读书，知书识理，写一手好文章，才能做一番大事业。你看朝中那些高官，全都是读书人出身。

劝学（三）

学向勤中得，萤窗万卷书。
三冬今足用，谁笑腹空虚！

【译文】

学习只能从勤奋中得来。借萤火虫的微弱光线照明苦读，通宵达旦，夜以继日。从此以后，你要起早贪晚，苦学三年，便一定能成为饱学之士。到那时，谁还能嘲笑你腹内空空、无知识无才学呢？

劝学（四）

自小多才学，平生志气高。
别人怀宝剑，我有笔如刀。

【译文】

从小多才能，多知识，向来志气高亢。别人佩剑习武，我则文笔明快如刀。

劝学（五）

朝为田舍郎，暮登天子堂。
将相本无种，男儿当自强。

【译文】

早上你还是一个乡村野夫，（因为读书，因为机缘）到晚上就能进入朝廷做了官。将相不是天生的，好男儿应该努力自强。

劝学（六）

学乃身之宝，儒为席上珍。
君看为丞相，必用读书人。

【译文】

学问是随身不可分离的宝物，学者在任何场合上都如珍宝一样受人重视。你看做丞相的，必定是读书人。

劝学（七）

莫道儒冠误，诗书不负人。
达而相天下，穷则善其身。

【译文】

不要说读书会耽误自己，好好读书，学问绝不会辜负你。得志可以做官治理国家，不得志也可以做一个修身养性的人。

劝学（八）

遗子黄蠃金，何如教一经？
姓名书锦轴，朱紫佐朝廷。

【译文】

与其说遗留给子孙后代满竹筐的金子，莫不如教给他们圣贤之书，（在科举考试中一旦高中）其姓名就被写在带轴的锦缎之上，印作官文入了官册，又穿上大红大紫的华贵长服，协助皇帝治理国家。

劝学（九）

古有千文义，须知后学通。
圣贤俱间出，以此发蒙童。

【译文】

古书中有许多道理，后人需要学会。圣贤都是从这里培养出的古书来启发幼童。

劝学（十）

神童衫子短，袖大惹春风。
未去朝天子，先来谒相公。

【译文】

神童年纪小衣衫尚短，但袖子大引来了春风。还没来得及朝拜天子，先以诗名来拜见贵人。

劝学（十一）

大比因时举，乡书以类升。
名题仙桂籍，天府快先登。

【译文】

　　在大比之年，考试按不同类别升级，考生中有生员及监生、荫生、官生和贡生各类，他们经科考，录科及录遗考试合格者，均可应考。相传月宫中有桂花树，封建时代把考中进士比喻为蟾宫折桂刀，

劝学（十二）

喜中青钱选，才高压众英。
萤窗新脱迹，雁塔早题名。

【译文】

　　自己的文章被选中而高兴，优异的才能压倒诸位精英。刚刚脱离了苦读的生活，早早在大雁塔上题了名。

劝学（十三）

年少初登第，皇都得意回。
禹门三级浪，平地一声雷。

【译文】

　　年少时初次参加科考就考取功名，意气风发地从京城返回了家乡。在各级考试中层层中选，就好像平地里响起了一声惊雷。

劝学（十四）

一举登科日，双亲未老时。
锦衣归故里，端的是男儿。

【译文】

在科举考试中喜登榜首，一举成名之时，父亲和母亲尚都健在，二老喜笑颜开。衣锦还乡，成了一个顶天立地的男子汉。

状　元

玉殿传金榜，君恩予状头。
英雄三百辈，随我去瀛洲。

【译文】

宫殿传下考试结果，皇帝降恩，取为状元。同榜考取三百人，跟我一起走上朝廷。

言　忠

慷慨丈夫志，生当忠孝门。
为官须作相，及第必争先。

【译文】

大丈夫意气风发，有远大的志向，活着就要尽忠尽孝，为家门争光。做官就要做到宰相，应考中举，一定要争取名列前茅。

帝都（一）

宫殿岧峣耸，街衢竞物华。
风云今际会，千古帝王家。

【译文】

宫殿巍峨高耸，街市上繁多的物品在竞争。明君贤臣会合在今天，此地自古以来是皇帝之家。

帝都（二）

日月光天德，山河壮帝居。
太平无以报，愿上万年书。

【译文】

日月运行，散布着上苍的恩泽，山清水秀，使皇城更显得巍峨壮丽。天下太平时，做官的也并非无所作为，要考察时世，出谋划策，报答朝廷的恩德。

四　喜

久旱逢甘雨，他乡遇故知。
洞房花烛夜，金榜题名时。

【译文】

长久干旱下好雨，远在他乡见老友，新婚之夜洞房彩烛高照，榜上有名考中进士，这些都是人生最高兴的时候。

早 春

土脉阳和动，韶华满眼新。
一枝梅破腊，万象渐回春。

【译文】

大地苏醒暖气涌动，春光满眼一片新绿。一枝梅花冲破腊月的严寒，世间万物都渐渐迎来了春天。

春 游

柳色浸衣绿，桃花映酒红。
长安游冶子，日日醉春风。

【译文】

翠柳飘拂，把衣服都染绿了，桃花照映下，杯杯美酒都泛出红光。长安城里出游的青年男女，天天陶醉在大好春光里。

暮 春

淑景余三月，莺花已半稀。
浴沂谁家子？三叹咏而归。

【译文】

美景只剩下最后一个月，莺啼花开大半过去。在那沂水里洗澡的是谁家子弟？回家路上反复歌咏。

寒　食

数点雨余雨，一番寒食寒。
杜鹃花发处，血泪染成丹。

【译文】

春雨停后又有几点雨滴洒落下来，在寒食节之后一场春寒。春天里满山遍野开放的杜鹃花一片火红，如同鲜血染成的一般。

清　明

春到清明好，晴添锦绣文。
年年当此节，底事雨纷纷。

【译文】

清明将到，春色特别好，晴天里，花红柳绿，一片锦绣天地。每年清明节一到，又会细雨纷纷下个不停。

纳　凉

风阁黄昏雨，开轩纳晚凉。
月华当户白，何处递荷香？

【译文】

黄昏时在楼阁观赏雨景，晚上在长廊开窗乘凉，月光照在门上一片洁白，哪里传来荷花幽香？

秋　夜

漏尽金风冷，堂虚玉露清。
穷经谁氏子，独坐对寒檠。

【译文】

漏壶的水流尽了，黎明将到，秋风吹来阵阵寒冷。空堂幽静，白玉般的露珠晶亮。是哪家的孩子苦读经书，一个人独自坐对寒灯不休息。

中　秋

秋景今宵半，天高月倍明。
南楼谁宴赏？丝竹奏清音。

【译文】

秋色到了，今晚就已过了一半，天空分外高远，月光倍感明亮。南面楼阁里是谁在设宴赏月？弹琴吹笛，传来一阵阵悠扬的乐音。

秋　凉

一雨初收霁，金风特送凉。
书窗应自爽，灯火夜偏长。

【译文】

雨过天青，秋风吹来寒冷。书房里随之而清爽，灯下读书，不觉夜已深沉。

七 夕

庭下陈瓜果，云端望彩车。
争如郝隆子，只晒腹中书。

【译文】

在庭院中摆放着新鲜的瓜果梨桃，抬头仰望天空，据说能看见牛郎与织女会面时所乘坐的彩车。农历七月初七这天，人们都晾晒衣服，而晋人郝隆则躺在院中晒肚皮。（别人问他）他说："晒吾腹中书尔。"

登 山

九日龙山饮，黄花笑逐臣。
醉看风落帽，舞爱月留人。

【译文】

九九重阳，在龙山饮酒，菊花怒放，像在笑我这个被放逐的臣子。我醉态朦胧，连风吹落帽子也不去管它，月光下起舞弄清影，自我欣赏不已。

对 菊

昨日登高罢，
今朝再举觞。
菊花何太苦，
遭此两重阳。

【译文】

昨日登山下来，今天再来登山饮酒。菊花怎么这样苦，两个重阳节被人采摘。

冬　初

帘外三竿日，新添一线长。
登台观气象，云物喜呈祥。

【译文】

帘外的太阳已经升得很高，冬至后白天一天比一天长。登上观象台看天气的变化，云彩的颜色中预示着吉祥。

季　节

时值嘉平候，年华又欲催。
江南先得暖，梅蕊已先开。

【译文】

时节已经是腊月，一年又将过去，光阴催人老。长江以南先转暖，梅花已经开放。

除　夜

冬去更筹尽，春随斗柄回。
寒暄一夜隔，客鬓两年催。

【译文】

报更的竹签已用完，除夕的冬夜已过去，春天随着北斗星的转动又来到。嘘寒问暖过了年底的一夜。在外乡作客，进入第二年，两鬓平添了白发。

长 春

长占四时春，花红日日新。
摘来同寿酒，堂上献双亲。

【译文】

四季花开，长占春光，日新月异，多么明媚。暂且摘来和寿酒一起，在堂上呈献给双亲。

梅 花

墙角数枝梅，凌寒独自开。
遥知不是雪，为有暗香来。

【译文】

墙角一枝梅花不畏严寒，傲雪怒放，是百花丛中最早盛开的鲜花。远远地看去，以为是一片白雪，只因暗香袭来，才知是梅而非雪，原来是梅花绽开传来的香味。

桃 花

人在艳阳中，桃花映面红。
年年二三月，底事笑春风。

【译文】

在春天艳丽阳光的照耀下，桃花把姑娘的脸映衬得一片粉红。每年二三月的时节，是什么使得桃花在春风里这样盛开？

牡　丹

倾国姿容别，多开宝贵家。
临轩一赏后，轻薄万千花。

【译文】

　　倾国的姿态、容貌与众不同，多数盛开在富贵的人家。靠着窗户欣赏了牡丹花后，其他万千朵花都黯然失色，不值一提了。

荷　花

一种灵苗异，天然体自虚。
叶如斜界纸，心如倒抽书。

【译文】

　　荷花生长在水中，真是灵苗自异，它的身体埋藏在水下，天然空虚。叶儿就像斜分的界线（方格纸），心中好比倒抽的书。

荷　钱

买有清和景，团团贴水心。
贪夫虽着眼，不解济贫人。

【译文】

　　用钱买来清新和煦的美景，一团团，一簇簇，紧贴水心。贪心的人尽管眼里羡煞，只奈是他不懂周济穷人。

兰　花

一种生深谷，清标压众芳。
不须纫作佩，入室自幽香。

【译文】
兰花生长在幽谷之中，它清雅的格调群压众花。不需要缝制成佩带挂在身上，只要你进入芝兰之室，自然幽香扑鼻而来。

萱　草

散作堂前彩，花浓茎正修。
宜男曾入咏，底事不忘忧？

【译文】
萱草开时堂前弥漫光彩，花繁盛的时候茎儿修长。相传妇女佩带它能够生男孩而被人歌颂，那么，它为什么又称作忘忧草呢？

梨　花

院落沉沉静，花开白云香。
一枝轻带雨，泪湿贵妃妆。

【译文】
破晓时分，庭院还笼罩在灰白的曙色之中，梨花悄然绽放，散发出阵阵清香，它们是这样洁白，以至于让人误以为是散发着香气的白雪。梨花如此美丽，得到了人们的怜爱，唐代诗人自居易就曾用带雨的梨花来比喻嘤（yīng）嘤哭泣的美人杨贵妃的妆容。

葵　花

向日层层折，深红间浅红。
无心驻车马，开落任熏风。

【译文】

向日葵朝着太阳层层折腰，花色有深红、浅红许多种。它无心要人停马观赏，自开自落，任随南风。

丹　桂

自是月中种，人间无此香。
邻林今寂寞，多负绿衣郎。

【译文】

丹桂原本是月宫的树种，人世间没有这样的清香。如今空林无花，让人寂寞，辜负了我们这些官位卑微的读书人。

榴　花

炎日榴如火，繁英簇绛绡。
佳人斜插处，疑把绿云烧。

【译文】

夏日里，石榴花开得火一样红艳，繁花一簇簇，与绛绡相似。佳人把它斜插在鬓边，还错以为乌亮的鬓发上燃烧着一团火焰呢！

绿 竹

居可无君子，交情耐岁寒。

清风频动处，日日报平安。

【译文】

居住的地方怎么可以没有君子般的竹子相伴？我们的情谊不为严寒所动摇。春风频频吹拂的地方，总有那竹子每日报着平安。

云

出岫本无心，油然散晓明。

从龙今有便，愿作傅岩霖。

【译文】

如同云一样从岩洞飘出，原本无心，清晨的阴暗转眼油然散去。跟从飞龙如今有了方便，希望成为丞相傅说，化为雨辅助君王恩泽四方。

风

解落三秋叶，能开二月花。

过江三尺浪，入竹万竿斜。

【译文】

可以吹落秋天的树叶，能够吹开二月的鲜花。刮过江面，能卷起千层巨浪，扫过竹林，能让无数竹竿倾斜。

雷

括括风云起，晴空陡作阴。
一声天欲裂，胆破不平心。

【译文】

只见风云飘然而起，猛然间晴空转阴。一声巨响，老天像要开裂，急雷爆发，使人极为震惊，尤其会吓坏那些心术不正、常干坏事的人。

潮

涨落几时休？从春复到秋。
烟波千万里，名利两悠悠。

【译文】

潮涨潮落何时才能停息？从春天就如此直到秋冬。烟波浩荡没有边际，名利两字也一样万里悠悠。

雪

尽道丰年瑞，丰年瑞若何？
长安有贫者，为瑞不宜多。

【译文】

都说是大雪兆丰年，丰年有祥瑞又怎么样？对于长安那些穷苦的人，雪代表着灾祸，这祥瑞实在是不能多啊！

言 志

小儿何所爱，爱者芝兰室。
更欲附飞龙，上天看红日。

【译文】
　　小孩子所喜欢的是什么呢？他应该是喜欢进入那芝兰之室。更期盼驾着飞龙高升，去天上看那红艳艳的太阳。

月

团圆离海峤，渐渐出云衢。
此夜一轮满，清光何处无？

【译文】
　　一轮明月离开了海边的高山，逐渐地升起在云端天边。这一晚，月色如此洁白，哪里不洒满它的清光呢？

安 分

寿夭莫非命，穷通各有时。
迷途空役役，安分是便宜。

【译文】
　　人生寿命的长短都因为命运，际遇的穷贵也都各有定时。在迷途上即便累死累活也是一场空，只有安守本分才最妥当。

恢 复

三箭天山定，中兴再颂歌。
抚绥新境土，整顿旧山河。

【译文】

当年薛仁贵三箭定天山，中兴时颂扬高唱。抚慰新开辟的疆土，整治原有的江山。

待 时

韩侯曾寄食，宣尼亦厄陈。
固穷千古事，君子岂常贫？

【译文】

淮阴侯韩信曾经寄食于人，孔夫子也受难于陈国。贫困之事原本千古如此，难道说君子会永远穷困下去吗？

华 山

只有天在上，更无山与齐。
举头红日近，回首白云低。

【译文】

华山非常高，只有天在它的上面，再没有别的山峰与它比高的了。仰头可看到红日在近旁，回头一看白云飘荡在低处。

仁 义

圣治先人意，施为日月新。
渐摩今既熟，孰不荷陶钧？

【译文】

圣王治世有先见之明，实施起来会日新月异。不断揣摩，如今已经熟练，谁不想驾驭天下呢？

道 院

道院通仙客，书堂隐相儒。
庭栽栖凤竹，池养化龙鱼。

【译文】

道院里能够成仙，书堂中隐居着相臣才子。庭院中栽种能栖凤的佳竹，池里养着能化龙的神鱼。

小 学 诗

【题解】

《小学诗》是阐发宋代大学者朱熹编的《小学》一书的蒙学教材。《小学》一书，以类分为立教、明伦、敬身三个部分。"立教"主要是劝学，"明伦"是讲封建社会中的伦理道德，如"父慈子孝""君仁臣义"等，"敬身"则是说修身养性，为人处世的道理。

《小学诗》的作者为谢泰阶，清代河南孟津人，他在诵读《小学》时，深有感触，颇受教育，于是便将《小学》用诗歌的形式重新表达，所以便有了如今的《小学诗》。

《小学诗》语言通俗易懂，易读易记，全文五字一句，四句为一段，朗朗上口。作者还用这本教材教育过自己的学生。在社会上影响极大，给予了《小学诗》很高的赞评。

本书摘选"敬身"部分的精华编辑出版，这些理论对少年儿童大有好处，领悟之后必定受益匪浅。读者对某些带有封建色彩的文章应区别对待，并对儿童加以指导。

　　　　年少书生辈，淫书不可看，
　　　　暗中多斫丧，白璧恐难完。

【译文】

年轻的读书人要多看高雅有益的好书，描写淫乱行为的坏书千万不能看，否则，好的品德会不知不觉地败坏、丧失，好比白玉破碎，难以保全。

　　　　搬是搬非者，冤家结最深，
　　　　终须招恶报，拔去舌头根。

【译文】

　　搬弄是非的人，起初都想到处讨好人，但后来却往往处处难做人，结怨最深。这种恶劣的行为终归要招恶报，人家恨不得拔掉你的舌头根。

　　　　君子总虚心，骄矜是小人，
　　　　回头不认错，贻误到终身。

【译文】

　　君子总是虚心恭谦，有错就改正。傲慢自大，那是小人的态度。不肯回头认错，当时似乎有了面子，到头来会一错再错，耽搁自己的一生。

　　　　小怨狂争斗，旁人切勿帮，
　　　　须知人命重，惹出大灾殃。

【译文】

　　假如有人为一点小怨小恨狂争恶斗，局外人万万不要出手去帮其中任何一方，须知人命关天，否则会惹出更大的灾祸。

　　　　一字千金值，存心莫放刁，
　　　　有财须善用，勿使笔如刀。

【译文】

　　账目上落笔一字，往往价值千金，为公家做事要问心无愧，不要存心欺诈，玩弄诡计。有钱就该妥善使用，不要吝啬得使算钱的笔像刀锋一样刻薄。

　　　　凡事随天断，何须太认真，
　　　　不妨安吾分，做个吃亏人。

【译文】

　　"谋事在人，成事在天。"做事必须努力，又要由天意决定，何必过于细心固执，或闷闷不乐，或愤愤不平呢？不如安分守己，甘愿做个吃亏的人。

善事诸般好，无如救命先，
保婴能积命，功德大无边。

【译文】

做什么善事都很好，不过救人性命是最大的善事，正所谓"救人一命，胜造七级浮屠（佛塔）"。如果能保人腹中婴孩，等于救两条命，那更是功德无量。

禽鸟莫轻伤，轻伤痛断肠，
杀生多损寿，利害细思量。

【译文】

鸟类以虫害为食，与人无害而有益，不要轻易伤害。一旦伤害，它同样会有断肠般的悲痛。杀生只能有损自己的天寿，要仔细思量其中的得失利害。

牛犬与田蛙，功劳百倍加，
一门能戒食，瘟疫免全家。

【译文】

像牛、狗、青蛙这类动物，或耕地，或看家，或护田，都是对人非常有功的动物，一家老小都不去吃它们，那么，全家人就能免受祸害。

字纸弃灰堆，天殃即刻来，
好将勤拾取，免难更消灾。

【译文】

把印有前贤文章的书和纸拿来燃烧，天灾人祸立刻就会降临。如果有丢失，要认真地捡起来放好，这样就能免难消灾，护你平安。

> 莫入赌钱场，如投陷马坑，
> 终身从此误，家业必消倾。

【译文】

千万不要跑到赌场去鬼混，赌钱成瘾，等于掉进难以自拔的陷坑，不仅耽误事业，害了自己终生，还要连累家小，甚至弄得倾家荡产，妻离子散。

> 暗地勿亏心，须防鉴察神，
> 念头方动处，天界已知闻。

【译文】

在无人能察觉的情况下，也不可以做亏心事，要想到上天自有鉴察人间是非善恶的神灵，你刚刚动一坏念头，天界就知道得一清二楚了。

> 中国名教地，天生为丈夫，
> 智愚贤不肖，只是念头殊。

【译文】

中国是讲究名分礼教的文明国都，人生在世，就要做光明磊落的大丈夫。是成智者，还是为庸人，是做圣贤君子，还是做不肖之子，只是一念之差而已。

> 负义忘恩者，原来不是人，
> 试从清夜里，仔细省其身。

【译文】

忘恩负义，就不能算作一个人。清夜宁静，卧床合眼之时，要仔细反省自身。

度量须宽大，将心好比心。
量宽终有福，何苦学凶人？

【译文】

做人终究要气度宽大，与人交往，应多为人家着想，将心比心。自古以来，气度宽大的人终究会给自己带来好运，何苦去学蛮横霸道之人？

唆讼心肠坏，明明不是人，
暗中虽取利，祸患贻儿孙。

【译文】

离间人家去打官司的人心肠最毒，这明明不是人干的事情。也许他能暗中获得一点益处，可是害了原告被告双方，只能给子孙带来灾祸。

官法苦难熬，相争手无交。
倘然伤性命，谁肯代监牢？

【译文】

送官法办，那个苦难就难熬了。假如跟人争吵，千万不能动手打人。一旦害人性命，谁肯替你坐监牢呢？

淫乱奸邪事，原非人所为，
守身如白玉，一点勿轻亏。

【译文】

为男为女，品德贞操最最要紧，奸淫一类的坏事，实在不是人应该做的。要守住自己的干净之身，如同毫无污点的白玉，一点都不可轻视。

俭朴最为良，奢华不久长，
粗衣与淡饭，也好过时光。

【译文】

勤俭节约是最可贵的好品质，奢侈豪华，日子不会长久。粗衣淡饭，也能生活美满幸福。

谎话说连篇，难瞒头上天，
倘令人看破，不值半文钱。

【译文】

谎话连篇，骗得了别人，骗不了自己，更骗不了老天爷。何况谎话总难长久，假使让人识破了，你就会名誉扫地，被人看得不值半文铜钱。

急难人人有，伤心可奈何，
此时为解救，阴德积多多。

【译文】

危急之事人人都可能遇上，只懂得伤心难过又有什么用呢？此时还不如尽自己的全力帮人救急解难，能这样做，积下的阴德可就不少了。

惜字一千千，应增寿一年，
功名终有分，更得子孙贤。

【译文】

文字创自圣贤之手，文章传播圣贤之言。爱护一万个字，能增阳寿一年。爱惜文章书籍，功名终究有缘。子孙也会高雅斯文，有道德有出息。

天地须知敬，清晨一炷香，
亏心多少事，每日细思量。

【译文】

对天地要有敬畏之心。每日清晨点上一炷香以表恭敬，心中还要细细思忖做了多少亏心事，要诚心忏悔。

极盛败之基，极衰兴有时，
循环关气数，立命在人为。

【译文】

兴旺到头可能就会埋下衰落的隐患，衰落到头可能就有兴旺的转机。世事循环反复，自有命运在安排，然而安身立命不能消极等待，还要凭自己的主观努力。

财势难长靠，欺人勿太狂，
请看为恶者，哪个好收场？

【译文】

钱财势力不可能长久地倚靠，不要欺人太甚。古往今来，倚财仗势做坏事的人很多，然而有哪个最终能落得好下场呢？

田产休争夺，空将情义伤，
区区身外物，谁保百年长？

【译文】

一家人分割田地家产，不要你争我夺，伤了叔伯兄弟的情义。跟人相比，这些毕竟是身外之物，谁能保自己长命百岁，永远享用祖产呢？

酒醉最伤人，糊涂误性真，
况多成痼疾，贻患到双亲。

贪杯醉酒最伤人的身心。一是脑子混乱，会做出违背本意的错事。二是有害身体，上瘾的人还会酿成疾病。不仅害自己，还会给父母亲留下祸殃。

> 莫说他人短，人人爱己名，
> 枉将阴骘损，况有是非生。

【译文】
不要去说别人的短处，每个人都爱惜自己的名声。说人之短对自己没有丝毫好处，只能白白地伤了阴德，更何况还会因此造成是非和纠纷。

> 言语须和气，衣冠贵肃齐，
> 好将人品立，方可步云梯。

【译文】
对人说话一定要和气，穿衣戴帽贵在整齐。只有好好地端正自己的仪表德行，才能立足于社会，成为有成就的人。

> 庄敬时时强，肆安日日懒，
> 小人君子路，从此判千秋。

【译文】
为人端庄严肃，自敬自爱，就能时刻进步。一味贪图舒适，只能一天比一天懒惰。是做小人还是做君子，自古以来先从这一点上开始分别。

> 闲气莫相争，徒然害自身，
> 善人天保佑，何必闹纷纷？

【译文】不要为了小事与人争吵，自讨闲气，这不但不解决问题，还会害了自己。好人会有上天保佑，何必跟人家闹来闹去？

过失须当改，人生几十秋，
时来原不在，急速早回头。

【译文】

有了过错要立刻改正，人生短暂，仅有几十个年头，不要让过错耽搁了。时光流逝，过去的时间不再回来，有错要趁早改正。

五谷休抛弃，须知活命根，
时时能惜谷，便是福之门。

【译文】

粮食是农民凭借血汗换得的，盘中餐粒粒来之不易，是度日的必需、活命的基础，不要随便抛弃。能时刻记得爱惜，就是开启福运的大门。

万物总贪生，须存恻隐心，
放生堪积德，禄寿好培根。

【译文】

世上万物都贪恋自己的生命。人对动物应怀有恻隐之心。对于生灵都不如放生能积阴德，添福添寿更有了基础。

谁保常无事，平居毋笑人，
自家还照顾，看尔后来身。

【译文】

谁能保证自己终生无灾无害？日子过得太平安稳固然可喜，但千万不要因别人有难而幸灾乐祸。还是好好照顾自己，要不然，日后会有自己的好看。

作恶横行辈，便宜只占先，
一朝灾难到，大错悔从前。

【译文】

作恶多端横行霸道的人，只是先占一时的便宜，一旦灾祸临头，没有一个不懊悔先前犯下的罪孽的。

结讼最为愚，家财荡尽无，
可怜忙碌碌，赢得也全输。

【译文】

跟人结怨打官司最为愚蠢。忙忙碌碌，劳民伤财，有的甚至弄得倾家荡产。可怜赢了官司却输了钱。

斗气真愚拙，甘将性命轻，
忘身忘父母，不孝罪分明。

【译文】

有些年轻人争强好胜，为一点毫无意义的纷争，不惜以性命相搏，不知道看轻自己的身体就是忘记了父母的养育之恩，分明先犯了不孝之罪。

莫取人财物，良心竟弗论，
银钱虽到手，面目不留存。

【译文】

不要为了掠夺、骗取或强抢别人的财物，连良心都不讲。人要脸，树要皮，就算银钱被你拿到手，你又有什么颜面留在世上做人呢？

花鼓滩簧戏，人生切莫看，
忘廉并伤耻，受害万千般。

花鼓、滩簧一类的戏曲，演的大多是男男女女的风流韵事，珍惜人生的读书人千万不要看，否则会忘了廉耻，败坏了道德，害处真是说都说不尽。

> 积德终昌盛，欺心越困穷，
> 远金兼却色，第一大阴功。

【译文】

多做好事多积德，家道总归会兴旺昌盛起来。做违背良心的事，只会越来越贫困潦倒。做人要看淡金钱，不近女色，这是最大的阴德。

> 靡费真无益，空云体面装，
> 省来行善事，积尔子孙昌。

【译文】

仗着有钱挥霍浪费，一点儿好处也没有，只是满足自己的虚荣心和所谓的体面，倒不如省下钱来做一些有益他人或社会的好事，还可为你的子孙积德。

> 欲望后人贤，无如积善先，
> 临终空手去，难带一文钱。

【译文】

要期望后辈有出息，不如自己先积德行善。到死了两手空空，一文钱也带不走。

> 第一伤人物，无如鸦片烟，
> 此中关劫数，明者避为先。

【译文】

最为害人的东西，比不上吸食鸦片烟。抽鸦片烟荡尽家产，伤害身体，最后自己成了烟鬼，家庭如同地狱，的确是人生大劫。明白人还是远远躲开为好。

滋味勿多贪，生灵害百般，
乍过三寸舌，谁更辨咸酸。

【译文】

不要贪吃鲜美可口的鸟兽，那会害了不少的生灵，你不过饱一时口福，山珍海味只是在短短的舌头上滑过而已，谁又知道你吃出了什么滋味呢？

更劝上头人，休将婢仆轻，
一般皮与肉，也是父母生。

【译文】

还要劝有身份地位的上等人，不要太轻视了婢女仆人，虽然他们身份低微，但同样是血肉之躯，也是爹娘给的一条性命。

生意经营客，钱财总在天，
留心能积德，明去暗中添。

【译文】

经商做生意的人要明白：赚钱多少总要听凭天意，要时刻告诫自己，不要弄虚作假、坑害顾客。这样，明里亏本，暗中还是在为自己添福。

技艺随人学，营生到处寻，
一生勤与俭，免得去求人。

【译文】

技术本领要自己留心，见人就学。事情活计也要自己设法，到处去寻。为人一生，总离不开勤俭二字，免得度日艰难，央求别人。

竟不畏王法，奸习与逞凶，
欺人心地坏，头上有天公。

【译文】

终归有个别执迷不悟、不怕王法、照旧奸诈狡猾、作恶多端的人，欺世骗人，败坏了自己的良心，别忘了头上苍天有眼，日后自有公断。

天道最公平，便宜勿占人，
天宽并地阔，何弗让三分？

【译文】

老天爷对人最公平，不亏待任何一个好人，所以，千万不要去占别人的便宜。人生在世，天宽地阔，不必在乎一时的得失，何不让人三分？

争讼宜和息，官事切勿成，
有钱行好事，乐得享安平。

【译文】

与人发生争执，最好能心平气和地化解，千万不要越闹越大，弄到上法庭打官司的地步。有告状的钱还不如做做好事，心安理得地过太平日子。

口角细微事，何妨让几分，
从来大灾难，多为小争纷。

【译文】

与人发生口角，是小事一桩，明白人何妨忍让几分。能忍让，大事化小，小事化了。反过来，很多大的祸害，往往是因小的纠纷引起的。

穷汉小生意，全家仰力勤，
得钱能有几，莫与争毫分。

【译文】

穷苦人挑个小担，摆个小摊，小小的生意往往靠一家人辛勤劳苦地支撑，只愿微利度日，又能赚几个钱呢？千万不要和他们算毫争分，斤斤计较。

世有黑心人，谋财挑祸根，
青天来霹雳，财去命难存。

【译文】

世上偏有这样的黑心人，为了谋取财物，不惜挑起事端，甚至害人性命，到头来事情败露，难逃法网，财物拿不到，连小命都保不住。

财物眼前花，来时且漫夸，
细将天理想，勿使念头差。

【译文】

财物如眼前鲜花，分外诱人，但有财物来时，也别随意夸口，显耀自己的本事，要紧的是细想天理人情，考虑该不该拿，别使心念有丝毫差错。

淫戏休宣点，何人不动情？
害人还自害，妻女败名声。

【译文】

戏曲里的淫乱情节，更是万万不可对人去渲染评论，凡人都有情欲，听了哪个不动心？你会害了别人，也害了自己，老婆女儿也跟着坏了声誉。

戒尔勿贪财，贪财便有灾，
此中原有数，何必苦求来。

【译文】

告诫你们读书人，千万不要贪财，贪财就会招来灾祸。有财无财，财多财少，各人自有天数，该自己有的少不了，不该有的，何必苦苦追求。

> 正事须常干，休寻逸乐方，
> 试看勤力者，家自有余量。

【译文】

正当有益的事要时常不断地去做，不要老想着怎么才能更安逸地去享受。你看那些勤劳做事的人，家境总是比较宽松，应对不时之需总是绰绰有余。

> 诗句明明示，良言值万金，
> 善人终究好，天道不亏人。

【译文】

诗句把修身养德的道理说得明明白白，良言一句比黄金万两更有价值。说到底，行善之人终究有好的结果，天道不会亏待善人。

小 儿 语

【题解】

《小儿语》是明朝人吕得胜所撰写的一本童谣体裁的蒙学读物。

明代著名学者吕坤是吕得胜之子，他秉承父志，在《小儿语》的基础之上又增补了许多内容，写成《续小儿语》。后来又有人写了《小儿语补》。本文由于篇幅限制，现将《小儿语》《续小儿语》《小儿语补》三本书的内容经过删选、合并、调整，重新修订为《小儿语》。

本书语言通俗易懂，易记易诵，将为人处世的道理编成童谣的形式，让儿童诵读、实践，对他们的成长有很大益处。

> 一切言动，都要安详。
> 十差九错，只为慌张。

【译文】

所有的言语和举动，都要保持沉着镇静，出现差错的原因十有八九都是因为慌里慌张引起的。

> 沉静立身，从容说话。
> 不要轻薄，惹人笑骂。

【译文】

沉静安稳才能安身立命，说话要从容不迫，不要言语放荡，举止轻浮，让人嘲笑讥骂。

先学耐烦，快休使气。
性躁心粗，一生不济。

【译文】

先要学会耐心不要烦躁，不要无故生气，如果性情急躁做事粗心大意，就会一生时运不济。

能有几句，见人胡讲。
洪钟无声，满瓶不响。

【译文】

你能懂得多少，一见人就胡说八道。钟再大，不撞是不会响的，装满水的瓶子是不响的，恰恰是半瓶水才响。

自家过失，不消遮掩。
遮掩不得，又添一短。

【译文】

自己犯下的过失，要勇于承认，不需要遮掩。遮掩不了，反倒又加上一条过失。

无心之失，说不罢手。
一差半错，哪个没有？

【译文】

别人无心犯下的过错，能说清楚就尽量放过人家，大家都不是圣贤，谁能避免不犯个一差半错的？

宁好认错，休要说谎。

教人识破，谁肯作养?

【译文】

宁愿勇敢地承认错误，也不要用撒谎来掩饰错误，因为一旦谎话被识破，谁还会抚养像这样说谎的孩子?

要成好人，须寻好友。

引酵若酸，哪得甜酒?

【译文】

要想成为一个好人，必须寻找好的朋友。就像酿酒一样，如果用来发酵的酒药是酸的，又怎么能酿出甜酒来呢?

与人讲话，看人面色。

意不相投，不须强说。

【译文】

人家讲话，要看人家的脸色，如果彼此见解不相迎合，就不必勉强再说下去。

当面说人，话休峻厉。

谁是你儿，受你闲气。

【译文】

当面讲别人缺点时，要注意分寸，不要过于严厉，别人又不是你的孩子，怎能愿意受你的气呢?

当面证人，惹祸最大。

是与不是，尽他说罢。

【译文】

当面揭破别人的隐私，所招惹的祸害最大，关于别人的是非，由别人去评说，不关自己任何事。

造言生事，谁不怕你。
也要提防，王法天理。

【译文】

捏造谣言，挑起事端，这样的人谁不怕你三分。但是要小心，人间还有王法天理，不会容你胡作非为。

我打人还，自打几下。
我骂人还，换口自骂。

【译文】

你打别人，别人一定会还手，等于自己打了自己几下。你骂别人，别人一定会还口，等于换了一个嘴巴来骂自己。

既做人生，便有生理。
个个安闲，谁养活你？

【译文】

既然是一个活生生的人，便会有生存的技巧和方法，如果你们一个个闲着不干事，那么谁来养活你们呢？

世间生艺，要会一件。
有时贫穷，救你患难。

【译文】

世上能够谋生的技艺，你一定要会一件，在你贫困的时候，你所学的技艺会帮你渡过难关。

> 饱食足衣，乱说闲耍。
> 终日昏昏，不如牛马。

【译文】

吃得饱，穿得好，只会吹牛、玩乐，整天糊里糊涂，还不如能出力干活的牛马。

> 担头车尾，穷汉营生。
> 日求升合，休与相争。

【译文】

挑担拉车，是穷人谋生的手段，他们每日辛勤地劳动只能获得饲口的粮食，千万不要与他们发生争执。

> 强取巧图，只嫌不够。
> 横来之物，要你承受。

【译文】

靠势力去抢，想诡计去占，还是嫌自己的财物不多，这种用不正当的手段得来的东西，犯下的罪孽还是要你自己承受。

> 少辱不肯放下，惹起大辱倒罢。
> 一争两丑，一让两有。

【译文】

事不关己，不要去理会。和人发生争执，双方都不好，如果谦让一下，对双方都会有好处。

> 万爱千恩百苦，疼我孰如父母。
> 却教惹怒生嗔，只是我不成人。

【译文】

万爱千恩百苦，谁也比不上父母最疼爱我了，如果惹他们生气，那就太不像话了，简直不是人。

儿小任性娇惯，大来负了亲心。
费尽千辛万苦，分明养个仇人。

【译文】

小孩如果从小娇生惯养，放任宠爱，长大以后就会辜负了父母的心愿。费尽千辛万苦，到头来却养出一个仇人。

自打一下偏疼，人说一句偏怨。
口噙一个娇儿，断送坏了乾坤。

【译文】

对孩子自己舍不得打，也不愿意让别人说，恨不得用嘴巴把他含起来，最后把孩子的一生断送了。

老子终日浮水，儿子做了溺鬼；
老子偷瓜盗果，儿子杀人放火。

【译文】

老子整天泡在水里，儿子总有一天会成为淹死鬼。老子小偷小摸，儿子就会去杀人放火。

为人若肯学好，羞甚担柴买草。
为人若不学好，夸甚尚书阁老。

【译文】

做人若愿意向好的方面学习，即使干担柴卖草的活又有什么值得羞耻的呢？做人若不愿意学好，那么自夸是什么"尚书阁老"也是枉然。

> 人生丧家亡身，言语占了八分。
> 话多不如话少，语少不如语好。

【译文】

人生中如果家庭遭到衰败或失掉性命，大都是因为言语不慎招致了灾祸。说话多不如说话少，说话少不如说话好。

> 使他不辩不难，要他心上无言。
> 人言未必皆真，听言只听三分。

【译文】

和别人辩论的时候，让别人不再争辩不难，重要的是让他心服口服。别人说的话未必都是真的，不要全部相信，只要相信三分就可以了。

> 自家认了不是，人再不好说你。
> 自家倒在地下，人再不好踢你。

【译文】

自己先认错，别人就不好再指责你了。自己先跌倒在地，别人就不好再来踢你。

> 慌忙倒不得济，安详走在头地。
> 话多不如话少，话少不如话好。

【译文】

慌慌忙忙并不一定走得快，相反安静稳重一定会走在领先的地位。说话多不如说话少，说话少不如说话好。

小辱不肯放下，惹起大辱倒罢。
走路休走岔了，说话休说发了。

【译文】

受到了小小的侮辱，如果不肯放过，就会招引更大的侮辱。走路时注意不要走差了，说话要实事求是，不扩大不缩小。

乞儿口干力尽，终口不得一钱。
败子羹肉满桌，吃着只恨不甜。

【译文】

叫化子费尽力气，唇焦口干，整天也要不到几个铜板，可是败家子满桌大鱼大肉，吃腻了还嫌菜差味淡。

世间第一好事，莫如救难怜贫。
人若不遭天祸，舍施能费几文。

【译文】

人世间第一等的好事，莫过于帮助穷苦的人渡过难关。人们如果没有遭遇灾祸，帮助别人又能花去几个钱呢？

蜂蛾也害饥寒，蝼蚁都知疼痛。
谁不怕死求活，休要杀生害命。

【译文】

一只小小的飞蛾也会担心饥寒，蝼蚁都晓得疼痛，生命对于每一个人来说都是最宝贵的。谁不想好好生存，千万不能去做杀人害命的事情。

气恼他家富贵，畅快人有灾殃。

一些不由自己，可惜坏了心肠。

【译文】

人家富贵你气恼，人家有灾祸你高兴，其实祸根本不由你决定，这种念头只会坏了自己的心思。

天来大功，禁不得一句自称；
海那深罪，禁不得双膝下跪。

【译文】

天大的功劳，如果自夸一句，就会使功劳前功尽弃；海一样深重的罪孽，如果能真心认罪，努力改正，也会减轻罪行。

你看人家妇女，眼里偏好。
人家看你妇女，你心偏恼。

【译文】

在你眼中，别人家的女子都是好的。可是，当别人看你家的女子时，你却心生懊恼。

女小儿语

【题解】

《女小儿语》是明代吕得胜所作。作者的创作理念与《女儿经》类似，只是在一些具体的内容上，对《女儿经》做了补充。《女小儿语》同《女儿经》一样，是封建时代的产物，难免有些落后不合时宜的思想，在诵读过程中，应采取古为今用的原则对儿童进行引导。在否定其封建伦理思想的同时，我们认为它的许多提法，在今天仍有教育意义，例如提倡"勤谨""强调内在美""体贴奴婢的辛劳""尽力教育子女"等。

> 少年妇女，最要勤谨，
> 比人先起，比人后寝。

【译文】

年轻姑娘和妇女最最要紧的，是勤快肯干小心谨慎。早上要比别人先起身，晚上要比别人后睡觉。

> 争着做活，让着吃饭，
> 身懒口馋，惹人下贱。

【译文】

要争着去做家务事，吃饭时要让其他人先吃。如果身性懒散，不愿做事，嘴却很馋，就会被别人看低贱了。

> 米面油盐，碗碟匙箸，
> 一切家火，放在是处。

【译文】

米、面、油、盐，碗盏、碟子、汤匙、筷子，日常家务需要用的物品，都要整齐地放在合适的位置。

> 件件要能，事事要会，
> 人巧我拙，见他也愧。

【译文】

女人要心灵手巧，该会的每一件事都要会。如果别人什么活都做得像模像样，而自己却笨手笨脚的，看见人家自己也会惭愧的。

> 口要常漱，手要常洗，
> 避人之物，藏在背里。

【译文】

要经常漱口，经常洗手（养成良好的卫生习惯）。内衣内裤要放置妥当，不要随便晾晒在显眼的地方。（避人之物：指妇女的内衣内裤之类）。

> 脚手头脸，女人四强，
> 身子不顾，人笑爷娘。

【译文】

女人的脚、手、头和脸，是最能显露自己教养的地方，要精心护理。如果不干不净，蓬头垢面，连自己的身子都照管不了，别人就会笑自己父母没有管教好。

> 衣服整齐，茶饭洁净，
> 污浊邋遢，猪狗之性。

【译文】

着装要整齐大方，平时递的茶、做的饭应干净卫生。不干不净、乌七八糟，那是猪狗的本性。（邋遢：不整洁，不利落。）

> 一斗珍珠，不如升米，
> 织金妆花，再难拆洗。

【译文】

一斗珍珠远不如一升米对家里人来说来得实惠。那些织有彩色花纹的锦缎，与装饰有饰物的衣服，拆洗时是很难打理的。

> 刺凤描鸾，要他何用？
> 使的眼花，坐成劳病。

【译文】

一天到晚坐着绣凤描凰，其实没有什么用处。绣花绣得眼花腰酸，一天到晚坐着还会劳累成疾。（鸾：旧时传说中凤凰一类的鸟。）

> 妇女装束，清秀雅淡，
> 只要贤德，不在打扮。

【译文】

妇女的梳妆穿戴，应清秀淡雅，不要浓妆艳抹。女人最要紧的是具备贤淑的德行，而不是外在的装扮。

> 不良之妇，穿金戴银，
> 不如贤女，荆钗布裙。

不贤惠不会持家的妇女，即使装扮得再富贵华丽，也比不上粗布衣裙、荆钗素面的贤良女子。（荆钗布裙：以荆枝当发钗，用粗布做衣裙。）

> 剩饭残茶，都要爱惜，
> 看那穷汉，糠土也吃。

【译文】

平时吃剩的饭菜，过夜的茶水都要爱惜，不可随便丢掉。要想到世上还有许多穷苦人，连糠也要当饭吃。

> 一米一丝，贫人汗血，
> 舍是阴骘，费是作孽。

【译文】

一谷一米，一针一线，都是劳动者用血汗换来的，应非常珍惜才是。如果有多余的，施舍给穷人是积阴德，浪费掉那简直是犯罪。（舍：施舍。）

> 安详沉重，休要轻狂，
> 风魔滥相，娼妓婆娘。

【译文】

女子为人处世要端庄安稳，不要轻佻放荡，如果风骚轻浮，简直跟娼妓没什么两样。（风魔滥相：风骚轻佻，放荡的样子。）

> 笑休高声，说要低语，
> 下气小心，才是妇女。

【译文】

女子平时不要高声大笑，更不能大声说话，语气要低缓轻柔，小心翼翼，才像个有教养的女子。（这是男尊女卑的封建社会对女子的苛刻要求，但现代社会中言谈仍应讲究文明。）

偷眼瞧人，偷声低唱，
又惹是非，又不贵相。

【译文】

偷偷地看人，偷偷地唱歌，这很不好，会招惹是非，又显得没身份，没教养。女子应该娴淑安宁，端庄大方。（贵相：庄重的样子。）

古分内外，礼别男女，
不避嫌疑，招人言语。

【译文】

自古以来男女有别，男主外，女主内，俗话说"男女授受不亲"。如果男女交往过分密切亲近，不避嫌就会招人背后议论。

孝顺公婆，比如爷娘，
随他宽窄，不要怨伤。

【译文】

对待公婆要如同对待自己的亲生父母一样孝顺敬重。要让公婆随心所欲做自己想做的事。自己心胸要宽广、大度，不要抱怨，更不要中伤对方。

尊长叫人，接声就叫，
若叫不应，自家先到。

【译文】

长辈叫人时，要随声帮着呼叫。被叫的人找不到，要赶紧自己跑到长辈面前，问自己可否代劳。（尊长：家长或其他辈分比自己高的人。）

　　　　　　　长者当让，尊者当敬，
　　　　　　　任他难为，只休使性。

【译文】
　　平时要尊敬长辈，哪怕尊长有意为难自己，也不要发脾气。（这是对晚辈的要求，中国向来有尊敬长辈的传统。当然，长辈也应像个长辈。）

　　　　　　　事无大小，休自主张，
　　　　　　　公婆禀问，夫主商量。

【译文】
　　日常家事，不管大事小事不要自作主张，都要多向公公婆婆汇报请示，多与丈夫商量。（禀：旧时下对上报告。）

　　　　　　　夫主是天，不可欺心，
　　　　　　　天若塌了，哪里安身？

【译文】
　　丈夫是"天"，欺骗不得。如果"天"塌了，哪有安身之处？（封建社会里女子没有地位，"嫁鸡随鸡，嫁狗随狗"，所以认为"夫主是天"。）

　　　　　　　有夫不觉，无夫才知，
　　　　　　　孤儿寡妇，猪狗也欺。

【译文】
　　以前在丈夫身边的时候，体会不到丈夫的重要，失去了丈夫，才知道丈夫是自己的依靠。最可怜惜的莫过于孤儿寡妇，连猪狗都要来欺侮。

也休要强，也休撒泼，
惧内陵夫，世人两笑。

【译文】

女子不要比丈夫要强，也不要撒泼胡闹，蛮不讲理。男人怕老婆，老婆压男人，这两种现象都会被世人耻笑。（内：指妻室。陵：通"凌"。）

夫不成人，劝救须早，
万语千言，要他学好。

【译文】

丈夫有过错，不像做人的样子，做妻子的要及早劝他上进学好。哪怕说尽千言万语，也要苦口婆心，劝他学好变好，成为有出息的人。

相敬如宾，相成如友，
蝶狎谑戏，夫妇之丑。

【译文】

夫妻之间要互相尊敬，彼此像对待宾客一样彬彬有礼，像对待朋友一样互相理解体谅。如果轻浮下流，嬉笑打闹，夫妻俩都丢丑。

越争越生，越嚷越恼，
不如贤惠，都见你好。

【译文】

与人相处要和睦。越是争个头破血流，彼此间越有隔膜。越是吵闹，自己越是气恼。不如心地善良些，通情达理，待人和蔼，人人都会夸你好。

大伯小叔，小姑妯娌，

你不让他，哪个让你？

【译文】

与大伯、小叔、小姑、妯娌相处，需要忍让。不懂得尊敬他人，谁又能礼让你呢？

骂尽他骂，说尽他说，

我不还他，他也脸热。

【译文】

凡事都要忍，让他（她）骂，让他（她）说，我始终不还嘴，他（她）终会自感惭愧。

百年相处，终日相见，

千忍万忍，休失体面。

【译文】

夫妻在一起过一辈子，每天都要相见，难免有些矛盾，但一定要忍让，不要你争我斗失去身份，伤了和气。

既是一家，休要两心，

外合里差，坏了自身。

【译文】

同是一家人，就不要有别的心思。如果貌合神离，必将败坏家庭，也毁了自己。

母家夫前，休学语言，

讲不清白，落个不贤。

【译文】

　　无论是在自己的父母面前，还是在丈夫面前，都不要鹦鹉学舌，搬弄是非，说三道四，添油加醋，往往会落个不好的名声，被看作讨人厌的长舌妇。

　　　　　让得小人，才是君子，
　　　　　一般见识，有甚彼此。

【译文】

　　即使是小人，也让他几分，这才是君子。如果同小人一般见识，那自己跟小人还有什么区别呢？

　　　　　休要搬舌，休要翻嘴，
　　　　　招对出来，又羞又悔。

【译文】

　　女人不要在别人背后学舌，挑拨是非，弄得别人关系不和。也不要说话不算话，动不动就满口胡言，否则，三对六面，亮出真情，就会又羞惭又后悔。

　　　　　休要张皇，休使腔调，
　　　　　鬼气妖风，真见世报。

【译文】

　　不要一点小事就方寸大乱，也不要娇娇滴滴地拿腔弄调。体态要端庄，处事要稳重，鬼头鬼脑妖里妖气的，会现世现报。

　　　　　邪书休看，邪话休听，
　　　　　邪人休处，邪地休行。

做人要自重自爱。不看不正派的书；不听淫秽脏话，不和坏人交往，不去不干净的地方。（邪：不正派。）

宁好明求，休要暗起，
一遍发觉，百遍是你。

【译文】

生活中遇到难处，宁可当面向人求助，千万不可暗做手脚。偷人钱财，只要一次被人发现，以后少了什么，就每次都会怀疑是你干的。

也休心粗，也怕手慢，
不痒不疼，忙时没干。

【译文】

做事情不要丢三落四、粗心大意，也不要慢慢吞吞、拖拖拉拉。最怕养成马虎随便的坏习惯，那样，活计忙时谁也不要你干。

看养婴儿，切戒饱暖，
些须过失，就要束管。

【译文】

看管养育孩子，切忌吃得过饱、穿得过暖。孩子有过错，哪怕只有一点点，也要严格管教。（些须：些许，一点点。）

水火剪刀，高下跌磕，
生冷果肉，小儿毒药。

【译文】

别让孩子玩水、火，或者刀剪一类有危险的东西，也别带孩子去高低不平容易摔倒碰伤的地方。生冷水果，不新鲜的肉食都会使小孩子生病。

邻里亲戚，都要和气，
性情温热，财物周济。

【译文】

邻居亲戚之间，要客客气气，平时要嘘寒问暖，体贴周到。谁若有难处，要尽力帮助，出钱也好，给东西也好，都要爽快大方，不可小气。

也要仔细，也要宽大。
做事刻薄，须防祸害。

【译文】

做事要仔细耐心，待人要宽宏大量。尖酸刻薄，最容易被人忌恨，容易惹祸上身。

只夸人长，休说人短，
人向你说，只听休管。

【译文】

谈起别人，你只开口说人家的长处，不要去揭别人的短处，人家向你唠唠叨叨地说别人的不是，听了完事，只当是耳旁风。

手下之人，劳苦饥寒，
知他念他，凡事从宽。

【译文】

不要让家中的婢女佣人辛苦劳累，吃不好穿不好，对她们应多理解一点，多体贴一些。凡事都要宽大点，不要一味苛求。

三婆二妇，休教入门，
倡扬是非，惑乱人心。

【译文】

平时不要让尼姑、道姑、媒婆、虔婆和牙婆之类的女人到自己家里来。这些人好搬弄是非，扰乱人心，还是敬而远之的好。（三婆二妇：三姑六婆。）

妇人不明，鬼狐魔道，
簇箸下神，送祟祷告。

【译文】

女人容易头脑不清，经常去相信神鬼仙，走火入魔。甚至陈设酒饭向神灵祷告，请神灵除去鬼祟，消灾免祸。其实这都是徒劳的。（簇箸：一簇筷子。）

拨龟相面，回避安胎，
哄将钱去，惹出祸来。

【译文】

占卜、相面，让家人回避，请巫婆作法保胎，都只能让人把钱骗走，说不定还会惹出祸来。（拨龟：火中拨出龟壳，按龟纹来推测祸福。）

房中说话，常要小心，
旁人听去，惹笑生嗔。

【译文】

夫妻在房中说些私房话，一定要谨慎，不要高声谈笑，无所顾忌。如果让旁人听了去，让人笑话，惹人生气。

门户常关，箱柜常锁，
日日紧要，防火防盗。

【译文】

日常生活要小心，门窗要关好，箱子柜子要加锁，防火、防盗关系到家庭人身财产安全，每日都要注意。

多积阴骘，小积钱财，
儿孙若好，钱去还来。

【译文】

平时要多积阴德，不要总把心思放在钱财上。有些人不明白这个道理，总想多积钱财留给儿孙。其实只要儿孙有出息，钱去了还会再来，何愁没钱花。

安分知足，休生抱怨，
天不周全，地有缺欠。

【译文】

做人要安于本分，懂得知足，不要过多地抱怨，不要有非分的要求。要知道天尚且还不完美，地还有欠缺的地方，何况人生呢？

任从受气，留着本身，
自家寻死，好了别人。

【译文】

不管受了多大的委屈，也一定要坚强地活下去。如果受了一点委屈就自寻短见，只会顺了别人的心，吃亏的还是自己。

妇人好处，温柔方正，
勤俭孝慈，老成庄重。

【译文】

妇女最让人称道的是，性情温柔，为人大方正派，做事勤快，持家节俭，对长辈孝顺，对子女慈爱，谈吐成熟，举止庄重，每一个子女都要努力去做。

妇人歪处，轻浅风流，
性凶心狠，又懒又丢。

【译文】

妇人常有的缺点是，作风轻浮，在男女关系上随便，或者性情凶恶，心地狠毒，或是生性懒惰，丢人现眼。这些毛病必须努力克服才是。

男子积攒，妇人偷转，
男子没吃，妇人忍饥。

【译文】

丈夫辛辛苦苦地积攒起一些钱，妻子却偷偷地拿去乱花，那么这个家永远没有钱，丈夫没吃的，妻子也得挨饿。

好听偷瞧，自家寻气，
装哑作聋，倒得便宜。

【译文】

女子总受打听别人的闲事，偷看别人的私事，结果自讨没趣，平空自找气受。还不如装聋作哑，落个清净磊落。（便宜：便利，好处。）

贤妻孝妇，万古传名，
村婆俗女，枉活一生。

【译文】

要学那些历代的贤惠妻子和孝顺媳妇，人人赞扬，美名流芳。像有些不知妇德不守妇道的乡下婆娘和庸俗女人那样做人，真是白白活了一生。

买马不为鞍镫，
娶妻却争赔赠。

【译文】

买马全看马本身是否好，不是为了马身上的马鞍马镫。但有些人娶妻子却要计较赔嫁的多少，这是多么糊涂啊！

妇人好吃好坐，
男子忍寒受饿。

【译文】

如果主妇勤俭，那么这个家就会人丁兴旺，生活富足。如果妻子好吃懒做，只知道坐享安逸，那么不管丈夫多么能干，也难免要忍饥受冻。

妇人口大舌长，
男子家败身亡。

【译文】

如果妻子喜欢说长道短，搬弄是非，往往会招惹灾祸，弄得男人家破人亡。（口大舌长：指胡说乱道。）

一言半语偏生恼，
朝打暮骂也罢了。

女小儿语

【译文】

有些人气量小，一点儿气也受不得，一天到晚生气。也有人早上挨打，晚上挨骂，但想得开。所以做人应该豁达一些。

> 打骂休得烦恼，
> 受些气儿灾少。

【译文】

被长辈责骂，不要太烦恼，多受些气，就一定少些灾难。（这是劝女子逆来顺受，自我宽解。从现代社会眼光看，这个宽解并不妥当。）

> 谁好与我斗气，
> 是我不可人意。

【译文】

与人争执时要多想想，谁平白无故地喜欢跟我怄气呢？肯定自己也有做错的地方。这样，自然能心平气和。（可：适合。）

> 妇人动了邪情，
> 横死还得恶名。

【译文】

如果妇人动了歪心，跟人家偷情，就会不得好死，死了还要背个坏名声。

> 妇人声满四邻，
> 不恶也是凶神。

【译文】

女子如果一天到晚大呼大叫，扰得左邻右舍不得安宁，这种女子即使不是坏人，也像个凶神，让人生厌。

美女出头，
丈夫该愁。

【译文】

如果妻子容貌出众，就更要行为检点。如果逞强好胜，抛头露面，那丈夫就该犯愁了——因为难免有风流丑闻，甚至导致家庭破裂。

孤儿寡妇，
只要劲做。

【译文】

孤儿寡妇，度日艰难。但只要自尊自强，肯拼命地做事干活，日子也会有出头的那一天。

絮聒老婆琐性子，
一件事儿重个死。

【译文】

有的女人说话啰唆，有注意琐碎小事的秉性，芝麻绿豆一点事，整天唠叨个没完，看得比死还重（女子要改掉这种习惯，丈夫要对妻子开导、谅解）。

仆隶没贤德的主儿，
娘家没不是的女儿。

【译文】

主人再开明仁慈，做奴仆的也还是对主人有意见。可女儿再不好，做父母的也总认为她好。

新来媳妇难得好，
耐心调教休烦恼。

【译文】

新过门的媳妇，对婆家的生活习惯、规矩都不熟悉，难以做得让人样样满意。做婆婆的要多加谅解，耐心调教，不要苛责。

只怨自家有不是，
休怨公婆难服侍。

【译文】

如果公公婆婆对自己有意见，做媳妇的要多检查自己的不是之处，不要怪他们要求太高，难以服侍。己都尽力做到了，公公婆婆自然会夸你贤惠。

家教宽中有严，
家人一世安然。

【译文】

教育子女小的细节可宽些，大的原则问题上要从严管束。这样，全家人一辈子可以安然无恙。

妇人败说夫婿，
开口没你是处。

【译文】

夫妻间要彼此尊重，做妻子的在外面乱说自己丈夫的不是，别人只会认为她做得不对。

继母爱前男，
贤名天下传。

【译文】

做后妈的要像爱自己亲生子女一样爱丈夫前妻的孩子，贤惠的美名会天下传扬。

中华蒙学大全

第二卷 郑红峰 编著

吉林出版集团
有限责任公司

女　儿　经

【题解】

《女儿经》成书于明朝，作者已不能确考。版本众多，内容也多有出入。本书编选的《女儿经》是目前流传最广泛的版本。

《女儿经》是传统蒙学经典读本，是封建社会对女孩儿思想道德进行教化的书，在今天仍有许多可以吸取的理念。比如，文中提倡尊老爱幼、勤俭持家、宽以待人、注意礼貌礼节等。另外，希望家长在使用本书时，对其中个别内容加以辩证地理解，再对孩子进行教导，取其精华，弃其糟粕。

编者认为，《女儿经》是所有女孩儿都应读的一本书。因为现在的女孩儿迫切需要基本的礼仪教育，她们成长的家庭环境大多都是富足的，在父母无微不至的呵护下吃穿不缺，然而缺少的正是作为"女儿"应有的礼仪，应有的对别人的关爱和责任。切不说能否按《女儿经》上面的要求去做，最起码也应该懂得基本的"孝道"常识，知道父母的含辛茹苦，尽一些自己应尽的职责。编者认为，读读《女儿经》也是促进和谐社会建设的一剂良药。

女儿经，仔细听。
早早起，出闺门。
烧茶汤，敬双亲。

【译文】

孩子们，仔细听我说说《女儿经》。每天早早起来，走出自己的房门，先去烧好茶和水，然后恭恭敬敬地捧给父母亲。（闺门：古时候女子居室叫闺房，闺房的门就是闺门。汤：热水。）

勤梳洗，爱干净。

学针线，莫懒身。

【译文】
勤于梳洗打扮，仪容整洁，爱好干净。要学习做针线活，切不可懒惰。

父母骂，莫作声。
哥嫂前，请教训。

【译文】
父母批评或者责备，都不要回嘴，应该安静地听，同样，做妹妹的对哥哥嫂子也要尊敬，应该多接受他们教导和训诫。（教训：教育和训诫。）

火烛事，要小心。
穿衣裳，旧如新。

【译文】
点烛亮灯这类的事，一定要小心谨慎。穿衣服要得体干净，即使是旧衣服，也要像新衣服一样干净整洁。

做茶饭，要洁净。
凡笑话，莫高声。
人传话，不要听。

【译文】
烧茶煮饭，茶具、饭碗、灶面，都要收拾得干干净净。家里和人谈笑说话时，不要大声嚷嚷，影响别人，不要传播听信谣言。（笑话：这里指说笑和谈天。）

出嫁后，公姑敬。
丈夫穷，莫生嗔。

【译文】

女孩子出嫁之后，要像孝顺生身父母一样地尊敬公公婆婆，丈夫即便十分贫困，也不要为此生气。（公姑：丈夫的父亲叫公，丈夫的母亲叫姑。嗔：生气、发怒。）

夫子贵，莫骄矜。
出仕日，劝清政。
抚百姓，劝宽仁。

【译文】

丈夫富贵了，也不要因此骄傲，自夸自满。丈夫出外做官，要勉励他廉洁正直，做一个清官、好官。勉励丈夫对百姓要宽厚仁慈，多体恤，多抚慰。

我家富，莫欺贫。
借物件，就奉承。
应他急，感我情。
积阴德，贻子孙。

【译文】

我家富裕，也不要欺负穷人。街坊邻里来借东西，应该热情相助，立刻把东西借给他们。别人有危难时得到帮助，会一辈子感激我的恩情，给子孙后代积下阴德。（奉承：两个字都是捧、拿的意思。）

夫妇和，家道成。
妯娌们，要孝顺。

【译文】

一个家庭当中，首先丈夫和妻子要和睦相处，相互体贴，那么家庭才会美满幸福。妯娌们对长辈要孝敬。（家道：家运、家业。妯娌：哥哥的妻子和弟弟的妻子的合称。）

邻舍人，不可轻。
亲戚来，把茶烹。
尊长至，要亲敬。
粗细茶，要鲜明。

【译文】

亲戚、客人来了，要把茶泡好，饭做好，盛情款待。长辈来了，要表现出亲切和恭敬。粗茶留给自己喝，好茶用来招待客人，这一点一定要清楚明白，不要混淆了。

公婆言，莫记恨。
丈夫说，莫使性。

【译文】

公公婆婆责骂的话，不要放在心里，怨恨他们。丈夫有劝说的话（虚心地反省自己）不要使性子、耍脾气。

整肴馔，求丰盛。
着酱醋，要调匀。
用器物，洗洁净。
都说好，贤惠人。

【译文】

女孩子要学会烧一手好菜，想方设法，让餐桌上丰富多样。烧菜时，油盐酱醋要用得不多不少，调制均匀。吃完饭后，碗筷锅盆要洗得干干净净。如果做到了这些，人人都会夸你贤惠。（肴馔：指美食。）

夫君话，就顺应。
不是处，也要禁。
事公姑，如捧盈。

【译文】

女子要尊敬丈夫，无论丈夫说什么话，都应该顺从他。即便有说得不对的地方，也要忍住。至于侍奉公公婆婆，要像捧着装满水的盆子那样，小心谨慎。（禁：禁得起，受得住。事：服侍。捧盈：捧着装满水的盆子，比喻做事小心谨慎。）

修己身，如履冰。
些小事，莫出门。
坐起时，要端正。
举止时，切莫轻。

【译文】

修炼自己的品德修养，就像在很薄的冰上行走一样，要小心谨慎。为了一点点小事不要轻易出门。坐着的姿势应该端端正正，注意自己的一举一动，不要表现出轻浮的样子。

冲撞我，只在心。
分尊我，固当敬。
分卑我，也莫陵。

【译文】

别人说话冲撞、得罪了我，我只是把它搁在心里，别人假如十分尊重我，那我也理应尊重他们。即便有人过分地贬低我，我也不要因此就欺侮他。（祇：只。卑：贬低。陵：欺侮。）

守淡薄，安本分。
他家富，莫眼热。
行嫉妒，损了心。

【译文】

女孩子要甘于过平淡清苦的日子，安于自己的本分。别人家境富裕，不要眼红。如果因为别人生活得好就妒忌他们，甚至做有害他们的事，那就损害了自己的品性。

勤治家，过光阴。
不伶俐，被人论。

【译文】

女孩子结了婚，当了家庭主妇，就要克勤克俭，辛勤地劳作，把家里治理得井井有条。假如不聪明，又不肯干，那就要被人瞧不起，说你的不是。（伶俐：聪明、灵活。）

若行路，姊在前，妹在后。

【译文】

和姐姐外出走路时，要让姐姐走在前面，自己跟在后面，表示对姐姐的尊重。

若饮酒，姆居左，妯居右。
公婆在，侧边从。

【译文】

假如妯娌们坐在一起饮酒，那就应该让嫂子坐在左边，弟媳坐在右边。假如公公婆婆也在，那么，妯娌们就应该坐在两边，侍奉公婆。（姆：弟妻对嫂子的称呼。左、右：古时的座位以左为上。）

慢开口，勿糊言。
齐捧杯，勿先尝。

【译文】

一家人坐在一起喝酒聊天的时候，女孩子不要急于开口，更不要胡言乱语。当大家一齐捧杯相互敬酒的时候，要让别人先喝，不要自己先尝。（糊言：同"胡言"。）

既能饮，莫尽量。
沉醉后，恐癫狂。
一失礼，便被谈。

【译文】

即便很能喝酒，酒量很好，也不要因此就尽情地喝。万一喝醉了，恐怕会胡言乱语，疯疯癫癫地失了礼节，就会被别人笑话。（癫狂：吃醉酒以后胡言乱语、东倒西歪的样子。）

肴面物，先奉上。
骨投地，礼所严。
动匙箸，忌声响。
出席时，随尊长。

【译文】

吃饭时，要把好饭好菜先摆在长辈面前，请他们先吃。吃剩的骨头满地乱扔，是礼节所不允许的。汤勺、筷子要轻拿轻放，不要发出声响。出门赴宴，要跟随在长辈的后面。

客进门，缓缓行。
急趋走，恐跌倾。
遇着人，就转身。

【译文】

做客人的时候进了人家大门，要慢慢地走。如果走得很急很快，一不小心就容易跌倒。要是遇着别人，应该马上转过身去，让别人先过去。（趋：很快地走。跌倾：跌倒。）

洗钟盏，轻轻顿。
坛和罐，紧紧封。

吃完饭后，要把那些用过的杯子、碗碟洗得干干净净，轻轻地摆放好。再把盛东西用的坛子、罐子的口封严实，储藏好，以便日后使用。（钟：喝茶、饮酒用的没有把儿的小杯子。盏：浅而小的杯子。顿：整理安放。）

公姑病，当殷勤。
丈夫病，要温存。
爷娘病，时时问。

【译文】

公公婆婆生病了，应当殷勤地照顾。丈夫病了，做妻子的要温存体贴。爸爸妈妈生病了，做女儿的要时时刻刻记挂在心上，不时地送去问候和关怀。

姑儿小，莫见尽。
叔儿幼，莫理论。

【译文】

做嫂子的，对待小姑和小叔应该尽量地忍让。小姑年纪还小，就算她做错了什么事，也不要过分地埋怨她。小叔还不懂事，即使言语上有点冲撞，也不要和他认真理论。（姑儿：丈夫的妹妹。叔儿：丈夫的弟弟。见尽：责备、埋怨。理论：争论是非。）

里有言，莫外说。
外有言，莫内传。

【译文】

讲话要注意内外有别。平常在家里说的话，不要轻易对外人说；同样，外人说的话，也不要轻易在家里传。

勤纺织，缝衣裳。
烹五味，勿先尝。
造酒浆，我当然。

【译文】

女孩子要勤勤恳恳地纺线织布，还要缝制一年四季的衣服。做好了饭菜，要先让长辈家人吃，不可自己先吃。酿造制作米酒，女孩子也应该做得很出色。

> 无是非，是贤良。
> 姆婶事，决莫言。
> 若闻知，两参商。

【译文】

女孩子不惹是非，才算得上贤淑、善良。妯娌之间发生的事情，千万不要胡说，假如让她们听见了，就会影响彼此之间的融洽，破坏家庭的团结。（参商：参、商是两颗星的名字，参星在西，商星在东，此出彼没，永远见不了面，常用来比喻两人不和睦。）

> 伯叔话，休要管。
> 勿唧唧，道短长。

【译文】

大伯和小叔子的事情，不要去管教，不要在背后叽叽喳喳，说长道短。

> 孩童闹，规己子。
> 是与非，甚勿理。

【译文】

自己的孩子和邻居小朋友一起打闹，有时候不免会发生争执，应该首先规劝自己的孩子。即便并不是他的错，也不要去争论。（规：规劝、劝诫。理：理论、争论。）

略不逊，讼自起。
公差到，悔则迟。

【译文】

对于那些说不清的问题如果处理不好，态度略有点不恭顺，事情就会越惹越大，甚至引起官司。等公差到来的时候，后悔就来不及了。

里长到，不可嗔。
留饮酒，是人情。
早完粮，得安宁。

【译文】

里长到家里来催交公粮，不可以板着脸，而应该很客气地留他坐，请他喝几杯酒，这才是人之常情。至于交公粮的任务，早一天完成，自己心里也可以早一天清静。（里长：古时候，二十五户人家为一里，一里之长就叫作里长。）

些小利，莫见尽。
论彼此，俗了人。
学大方，人自称。

【译文】

女孩子不要老是为一些蝇头小利和别人斤斤计较，甚至吵吵闹闹。如果在一点点小事情上都要分清你我，那就是一个庸俗的人了。相反，女孩子应该学会大大方方地做人，这样别人自然都会夸奖你。

晒东西，也莫轻。
秽污衣，寻僻静。
恐人见，起非论。

【译文】

把家里的衣物拿出来晒晒，要注意不能太轻率。那些不干净的衣服要找一个偏僻的、没有人的地方去晒，避免被别人看见了，又引起不必要的谈论。（轻：轻易，随便。秽：肮脏，不干净。污：脏。）

他骂我，我不听。
不回言，人自评。

【译文】

别人若骂我，我只当没听见，也不与他争吵，人们自会有公正的评判。

升斗上，要公平。
买物件，莫亏人。

【译文】

假如做点小生意，要诚信为本，公平交易，不要缺斤少两，欺骗主顾。去买东西，也不能耍花样，让卖主吃亏。（升斗：古时量粮食的器具，十升是一斗。现在计量通常按重量来计算，如公斤、市斤等。这里泛指做各种买卖时的数量计算。）

夫君怒，说比论。
好言劝，解愁闷。

【译文】

丈夫诉说辛苦，感叹不平，埋怨别人。这时候做妻子的要好言相劝，消解丈夫心中的烦闷。（比：和别人相比心中不平衡，不满意自己的地位、收入、待遇等。）

夫骂人，莫齐逞。
或不是，赔小心。
纵怀憾，看你情。
祸自消，福自生。

【译文】

丈夫和人发生争执，不能帮着他一起骂人。假如是丈夫的错，还应该代他向别人赔礼道歉。这样即便别人心里不乐意，也会看在你的情面上不再追究。灾难就会自然消除，而好运则会悄悄降临。

> 有儿女，不可轻。
> 抚育大，继宗承。

【译文】

有了子女，不可忽视对他们的教育，把他们培养成有作为的人，继承家业，给祖宗争光。

> 或耕耘，教勤谨。
> 或读书，莫鄙吝。

【译文】

孩子或者让他学着做农活，教育他勤奋、认真，学会生存之道；或者送他上学堂读书，不要鼠目寸光，只顾眼前的生活，不考虑长远的利益，不舍得为孩子花钱读书。（鄙：浅薄。吝：吝啬，小气。）

> 倘是女，严闺门。
> 训礼义，教《孝经》。
> 能针黹，方成人。

【译文】

如果孩子是个姑娘，就应该更严格地教导她。经常地给她讲一些做女孩子的道理，教她读读《孝经》，空闲的时候，还要让她学做针线活。只有这样，孩子长大以后，才会成为一个贤惠的好女子。（针黹：指针线活。）

衣服破，缝几针。
鞋袜破，被人论。
是不是，自己寻。
为人母，所当慎。

【译文】

衣服穿破了，鞋袜穿破了，应该马上用针线补好，要不然被别人看见了，会说你是个懒散的人。自己做得对不对，平常应该时刻地反省，而作为孩子的母亲，就更应当谨慎。

奴婢们，也是人。
饮食类，一般平。

【译文】

男女奴仆都是人，虽然身份地位不同，但人格是平等的，无高低贵贱之分。在饮食上应该和主人一样，主人吃什么，奴仆也应吃什么。

不是处，且宽忍。
十分刻，异心生。

【译文】

婢女仆人若有什么不是之处，做主妇的可宽容处不妨宽容，能忍耐时暂且忍耐。待他们过于严厉刻薄，他们必然萌生二心。（刻：苛刻，刻薄。）

若太宽，便不逊。
最难养，是小人。
再叮咛，更警心。

【译文】

然而如果对仆人不加管教，过于宽厚，那他们又会对主人不恭敬、不顺从。尤其是那些品质不太好的人最难管教，一定要常常地叮嘱他们，时刻地告诫他们，以免他们犯错误。（逊：恭敬。小人：指品格卑鄙的人。警：告诫、警告。）

　　妯娌多，都一心。
　　本等话，莫生嗔。
　　同茶饭，莫吵分。
　　一闹嚷，四邻听。

【译文】

　　妯娌们再多，也应同心同德，和睦相处，家庭的和睦需要每个成员都付出爱心。妯娌之间应宽容谦让，即使有一些小矛盾，也不要斤斤计较。同在一起烧茶做饭，难免有摩擦，要互相体谅，不要争吵。为了一点小事就大吵大闹，四周的邻居都会知道，造成不好的影响。

　　任会说，非为能。
　　吵家的，个个论。
　　公姑闻，不安宁。

【译文】

　　不管你再能说会道，也称不上什么大能耐。整天吵吵嚷嚷地闹分家，人家个个都会说你不是。假如被公公婆婆听见了，还会让他们不得安宁。（任：任凭。）

　　各自居，也要命。
　　命不遇，只是贫。
　　那时节，才耻论。
　　这等事，当自忖。

【译文】

　　即使真的分了家，能不能过上好日子，也要看命。如果没有遇上好机会，就只能一辈子受穷。那时候，反而被别人耻笑议论。所以分家这等事，要三思而后行。（忖：考虑、思量。）

管家娘，更须听。
赶捉牲，莫纷纷。
动宰割，忌刀声。
亲锅厨，休铮铮。

【译文】

女子假如当家，那就更要听清。赶捉牲口的时候，不要弄得乱糟糟、闹嚷嚷的。杀鸡宰羊的时候，不要发出磨刀声。下厨房烧饭菜的时候，不要让锅铲发出铮铮的响声。

最不孝，斩先脉。
夫无嗣，劝娶妾。
继宗祀，最为切。

【译文】

家中没有儿子，就没有人传宗接代，这是最大的不孝。假如真是这样，应该劝丈夫娶一个小妾来传宗接代，这是最紧迫的事情。（嗣：子孙。这几句反映了封建伦理中的传宗接代思想对旧时女子的压迫，自然不能作为对当代女子的要求。）

遵三从，行四德。
习礼义，难尽说。
看古人，多贤德。
宜以之，为法则。

【译文】

女子应该遵行"三从四德"，这方面的规矩怎样去养成，难以一一详说。古代有很多贤惠的好女子，应该把她们作为自己学习的榜样。（三从是"未嫁从父，既嫁从夫，夫死从子"。四德是"妇德、妇言、妇容、妇功"。）

弟 子 规

【题解】

《弟子规》原名《训蒙文》，为清朝康熙年间秀才李毓秀所作，是古人教育子女，传承忠厚家风的最佳读物之一。其内容是以《论语·学而篇》"弟子入则孝，出则悌，谨而信，泛爱众，而亲仁，行有余力，则以学文"为中心思想，以三字一句，两句一韵编纂而成。

李毓秀早年从事教书，根据传统文化对童蒙的要求，并结合他自己的教书实践，写成了这篇通喻百家的《训蒙文》。此文后经清朝贾存仁修订改编更名为《弟子规》，全篇分为五个部分加以撰述，具体列举了为人子弟在待人接物、读书求学等方面应有的礼仪与规范。

《弟子规》虽然包含了当时的一些封建伦理思想，如"不管己，莫管闲"，"非圣书，屏勿视"等，但是在教育子弟谦虚自律、远佞近贤、善待亲朋等方面仍有启发意义。因为行文浅显易懂，押韵顺口，在清代后期成为广为流传的童蒙读物，与《三字经》《千字文》具有同等影响。

"至乐莫如读书，至要莫如教子"。相信这些有益理论对现在家长如何教育孩子会起到积极的作用。

一、总 叙

弟子规，圣人训：首孝悌，次谨信，泛爱众，而亲仁；有余力，则学文。

【译文】

做学生的行为规范，就是圣人的教训。首要的是应当孝顺父母尊敬兄长，其次是做事要谨慎说话要信实，还要广泛地爱人，而且要亲近有"仁德"的人。在此基础上有余力，就应当去学习典章文献。

二、入则孝，出则悌

父母呼，应勿缓；父母命，行勿懒；父母教，须敬听；父母责，须顺承。

【译文】
父母有事情招呼我们的时候，应当立刻答应他们，而不应当慢吞吞的。当父母吩咐我们做事的时候，我们要立即去做，千万不要偷懒。父母有教诲，要恭敬地聆听。父母责备我们时，要顺从地接受。

冬则温，夏则凊，晨则省，昏则定。

【译文】
冬天要使父母的住处温暖，夏天要让父母的住处清凉。早晨起床要向父母请安，晚上要侍候父母睡下后方才离去。

出必告，反必面，居有常，业毋变。

【译文】
出门要告诉父母一声，回来也要通报一声，以免父母挂念。平时居住的地方要固定，选定的职业或立定的志向要努力去完成，不要轻易改变。

事虽小，勿擅为，苟擅为，子道亏。物虽小，勿私藏，苟私藏，亲心伤。

【译文】
即使是小事情，也不要自作主张而要和父母商量，如果擅自做主，做儿子的礼数就有所亏损。尽管东西小，也不要私自拿去藏给自己，如果私自给自己藏东西，就会使父母感到伤心。

亲所好，力为具。亲所恶，谨为去。身有伤，贻亲忧，德有伤，贻亲羞。

【译文】
凡是父母所喜欢的东西，一定要尽力替他们准备好。凡是父母所讨厌的东西，一定要小心地处理掉。如果身体有所不适或受到损伤，就会让父母为我们担忧。如果在德行上有了缺欠，就会使父母感到丢脸。

亲爱我，孝何难？亲恶我，孝方贤。亲有过，谏使更。怡吾色，柔吾声。谏不入，说复谏，号泣随，挞无怨。

【译文】
父母爱护自己，想要孝顺有什么难的？父母厌恶（憎恨）自己，继续行孝方显孝子本色。父母有错，应该（用适当的方法）劝谏让他们改正，使自己的脸色更加使其高兴，使自己的声音更加轻柔。当父母一时无法接受自己的劝谏时，要等到他们心情好的时候再去规劝他们。当我们在规劝恳求父母改过时难免会痛哭流泪，假如这样会让父母生气的话，即使父母责打我们，我们也千万不要有怨言。

亲有疾，药先尝，昼夜侍，不离床。丧三年，常悲咽，居处变，酒肉绝。丧尽礼，祭尽诚，事死者，如事生。

【译文】
父母有病服药时，子女要仿效汉文帝代父母先尝药汤，要不分黑明昼夜地守侍在父母床前。父母不幸死了要守丧三年，在守丧期间应经常有悲泣的样子，不在守丧期间夫妻同房，也不喝酒不吃肉。办丧事要竭尽礼节，祭祀时要诚心诚意。对待死去的父母如同对待活着的父母一样。

兄道友，弟道恭。兄弟睦，孝在中。财物轻，怨何生？言语忍，忿自泯。

【译文】
　　做哥哥的要爱护弟弟，做弟弟的要尊重哥哥。兄弟之间能够和睦相处，对父母的孝心也就包含在其中了。如果彼此把财物看得轻一些，不贪图钱财，兄弟之间就不会有怨仇。说话时都能够互相忍让一点，多替对方着想，忿恨自然会消除。

　　或饮食，或坐走，长者先，幼者后。长呼人，即代叫。人不在，己即到。称尊长，勿呼名，对尊长，勿见能。路遇长，疾趋揖，长无言，退恭立。骑下马，乘下车，过犹待，百步余。长者立，幼勿坐，长者坐，命乃坐。尊长前，声要低，低不闻，却非宜。进必趋，退必迟。问起对，视勿移。事诸父，如事父，事诸兄，如事兄。

【译文】
　　与长辈一起用餐时，一定要懂得礼让，让长辈先吃。就座和行走的时候，让长辈先坐，先走。长辈有事呼唤他人，要是自己听到了就应该马上替长辈传达消息。要是被呼唤的人不在，应该主动去到长辈身边，询问长辈有没有需要帮忙的事情。对长辈要常怀尊敬之心，称呼长辈的时候不要直呼其名。如果有长辈在场，我们应该懂得谦虚、学会低调，不要卖弄才华。路上看到长辈，要主动上前去和长辈打招呼。要是长辈没有什么特别的吩咐，就恭敬地站在一边，让长辈先走。不管是骑马还是坐车，只要在路上看到长辈，就应立即停止前行，下来向长辈行礼问候。只有当长辈离去大约100步的距离时，自己才能继续前行赶路。与长辈在一起的时候，要是长辈站着，我们就不应该坐着。只有当长辈坐下后，招呼我们坐下，我们做晚辈的才能坐下采。和长辈说话，要放低声音，切忌大声喧哗。同时，也要注意，说话的声音不要太低，因为太低了长辈听不到，是很不恰当的。看到长辈以后，要快步上前去问候。准备离开时，等长辈走了之后我们再走，让自己就跟在他后面。长辈问话，要站起来回答，眼睛要直视长辈，不要东张西望，交头接耳。对待叔叔伯伯要毕恭毕敬，像平常对待自己的父母一样。对待自己的同族兄长，要像对待自己亲兄长一样友爱。

三、谨而信

朝早起，夜迟眠，老易至，惜此时。晨必盥，兼漱口，便溺回，辄净手。

【译文】

要早早起床，夜里迟点睡眠，因为衰老很容易到来，所以要珍惜这早晚的时光。早上起床后要洗脸洗手，还要洁牙漱口。大小便回来后，应立即洗净一双手。

冠必正，纽必结，袜与履，俱紧切。置冠服，有定位，勿乱顿，致污秽。衣贵洁，不贵华，上循分，下称家。

【译文】

平日里戴帽子要戴端正，穿衣服要把纽扣结好，袜子和鞋子都要穿得干净整齐，鞋带要结紧。脱下来的衣帽，应当放在一个固定的地方，不可随处乱丢，以免把衣服弄脏。穿的衣服贵在整洁大方，而不在于华丽。衣服要符合自己的身份，还要和自己的家庭条件相适合。

对饮食，勿拣择，食适可，勿过则。年方少，勿饮酒，饮酒醉，最为丑。

【译文】

对于食物，不要挑食，也不要偏食，偏食会营养不良。吃东西也要适可而止，不要过量。年青的时候，千万不要喝酒。因为一旦喝醉了，就会丑态百出而丢脸。

步从容，立端正。揖深圆，拜恭敬。勿践阈，勿跛倚，勿箕踞，勿摇髀。

【译文】
走路要不慌不忙从从容容，站也要站得端端正正。作揖打躬要做得揖深下而腰背弓圆，跪拜行礼要态度庄重而恭敬。不要用脚踩门坎，不要用一条腿支撑身体斜靠着，不要蹲着把两腿叉开来，不要摇晃自己的大腿。

缓揭帘，勿有声。宽转弯，勿触棱。执虚器，如执盈。入虚室，如有人。事勿忙，忙多错。勿畏难，勿轻略。

【译文】
揭帘子的动作要轻，不要弄得很响。走路转弯时要留有余地，这样才不会因为触到棱角而伤了身体。即使手中拿着空器具，也要像拿着盛满东西的器具一样小心。即使到没有人的房间，动作也不能随便，要像进入有人的房间一样谨慎、小心。做事要从容，不要匆忙慌乱，匆忙容易出错。不论遇到什么事情都不要害怕困难，更不要轻率应付。

斗闹场，绝勿近。邪僻事，绝勿问。

【译文】
凡是有人打架闹事的场所，绝对不要走近，更不可挤进去看热闹。发现别人做了不正经的事，绝对不要声张，更不可到处宣传。

将入门，问谁存。将上堂，声必扬。人问谁，对以名，吾与我，不分明。

【译文】
将要进门时，先问问屋里有谁在里边，将要上堂屋去，要大声和主人打招呼。人家问你是谁，你要说名字，不要只回答说"吾"或"我"，这样别人就分不清你究竟是谁。

用人物，须明求，傥不问，即为偷。借人物，及时还，人借物，有勿悭。凡出言，信为先，诈与妄，奚可焉？

【译文】

想要使用别人东西时，必须当面向人家提出请求，以便征得别人的同意。假如不问一声就拿走，这就是偷盗。借别人的东西，要在约定的时间内归还，拖延时间人家以后就不相信你了。别人向你借东西时，如果自己有，不可以吝啬不借。说话最要紧的是要诚实讲信用。说谎话，说胡话，都是不可以的。

说话多，不如少，唯其是，勿佞巧。刻薄语，秽污词，市井气，切戒之。见未真，勿轻言，知未的，勿轻传。

【译文】

多说话不如少说话，一个人说话要得体，要说实事求是的话，不要以花言巧语去取悦别人。说奸猾欺骗的话和粗俗污秽的脏话，这些都是市井无赖的习气，我们一定要竭力戒除。对于那些看得不是很透的事情，不要轻易发表建议和评论。对于不了解、不清楚的事，不要到处传播，以免发生不愉快的事情。

事非宜，勿轻诺，苟轻诺，进退错。凡道字，重且舒，勿急疾，勿模糊。彼说长，此说短，不关己，莫闲管。

【译文】

不妥当的事情，不要轻易答应别人，假如你不经考虑答应了别人，你会发现实践诺言是错误的，不实践诺言也是错误的，会使自己感到进退两难。在讲话的时候，咬字要清楚而流畅，不可以讲得太快，也不可以讲得含糊不清。有人说长，有人道短，如果别人所说的这些事情同你自己没有关系，你就不要理会，不要多管闲事。

见人善，即思齐，纵去远，以渐跻。见人恶，即内省，有则改，无则警。唯德学，唯才艺，不如人，当自励。若衣服，若饮食，不如人，勿生戚。

【译文】

看到品行好的人，就向他们看齐，纵然和他们差距很远，也要努力逐渐赶上他们。见别人的坏行为，就自我反省，看看有与他们相同的地方就改正，没有相同之处也要加以警惕。只有在道德、学问、才能、本领方面不如人，才应当自我勉励抓紧赶上别人。如果穿的衣服、饮食方面不如人，那就不应该为此而忧愁。

闻过怒，闻誉乐，损友来，益友却。闻誉恐，闻过欣，直谅士，渐相亲。无心非，名为错，有心非，名为恶。过能改，归于无，倘掩饰，增一辜。

【译文】

当听到有人说自己的过错时就生气不已，当听到有人称赞自己时就高兴不已，这样一来你身边就会出现一些坏朋友，而真正的好朋友却离你越来越远了。因为别人对自己的赞美会导致自己产生傲慢情绪，因此，当听到有人赞美我们时，我们应当从心里感到恐惧。因为别人对自己的指责有助于我们改正错误，因此，当听到别人指责我们时就应该高兴。这样，真正的良师益友就会亲近我们了。并非故意犯了错时，我们将这称为过错。而有意做不好的事情时，这就是有心的了，就是罪恶了。知错能改，才能不再犯同样的错，假如将错误刻意掩饰起来，不想让别人知道，其实那样反而是错上加错。

四、泛爱众而亲仁

凡是人，皆须爱，天同覆，地同载。行高者，名自高，人所重，非貌高。才大者，望自大，人所服，非言大。

【译文】

只要是人，都应该互相爱护，因为大家头上共同覆盖着一个天，又被同一个大地所负载着。品德高尚的人的名声总会高起来，人们尊重这些人，并不是因为他们外表多么漂亮。有才能的人，他的威信和声望自然会大起来，人们佩服这些人，并不是因为他们会说大话能吹牛。

己有能，勿自私，人有能，勿轻訾。勿谄富，勿骄贫。勿厌故，勿喜新。

【译文】

自己有才能，不要只想着为自己谋私利，别人有才能，不要心生嫉妒，随便轻视毁谤。不要谄媚巴结富有的人，也不要对穷人傲慢无礼。不要厌弃过去的朋友，也不要只喜欢新结交的朋友。

人不闲，勿事搅。人不安，勿话扰。人有短，切莫揭。人有私，切莫说。道人善，即是善，人知之，愈思勉。扬人恶，即是恶，疾之甚，祸且作。善相劝，德皆建。过不规，道两亏。

【译文】

对于正在忙碌的人，不要去打扰他，当别人心情不好，身心欠安的时候，不要闲言闲语干扰他，增加他的烦恼与不安。别人的缺点，不要去揭穿。对于他人的隐私，切忌去张扬。赞美他人的善行就是行善。当对方听到你的称赞之后，必定会更加勉励行善。张扬他人的过失或缺点，就是做了一件坏事。如果指责批评太过分了，还会给自己招来灾祸。朋友之间应该互相规过劝善，共同建立良好的品德修养。如果有错不能互相规劝，两个人的品德都会有缺陷。

凡取与，贵分晓。与宜多，取宜少。将加人，先问己，己不欲，即速已。恩欲报，怨欲忘，抱怨短，报恩长。

【译文】
财物的取得与给予，一定要分辨清楚明白，宁可多给别人，自己少拿一些，才能广结善缘，与人和睦相处。事情要加到别人身上之前（要托人做事），先要反省问问自己，换作是我，喜欢不喜欢，如果连自己都不喜欢，就要立刻停止。对别人的恩惠要时时想到报答，对别人的怨恨却要希望自己尽快忘记。对别人的怨恨应该越少越短越好，而对别人报恩，要越多越长越好。

待婢仆，身贵端，虽贵端，慈而宽。势服人，心不然。理服人，方无言。

【译文】
对待佣人的态度贵在自身要端庄，但重要的还是要对他们仁慈而宽厚。以权势一味地去压服别人，人家表面似乎服从，但心里是不服气的。只有以理服人，别人才会没有什么闲言碎语。

同是人，类不齐，流俗众，仁者稀。果仁者，人多畏，言不讳，色不媚。能亲仁，无限好，德日进，过日少。不亲仁，无限害，小人进，百事坏。

【译文】
大家都是人，但是类别不一样，在人类之中，普通的俗人最多，品行高尚、满怀爱心的人只是少数。真正品德高尚、满怀爱心的人，大部分人都会敬畏他，因为他讲话直言不讳，对人也不诌媚傲贫。一个人如果能同品格高尚的人士亲近交往，会得到无限的好处，他的道德会一天比一天增进，他的过失会一天比一天减少。一个人如果不主动接近品德高尚的人，害处简直是无限的，因为他交不上品德高尚的人，便有许多缺乏道德的小人来包围他，他会受到影响，什么坏事都做。

五、行有余力　则以学文

不力行，但学文，长浮华，成何人？但力行，不学文，任己见，昧理真。

【译文】

不努力去实行仁义道德，只学习经典文献等文化知识，就能使自己滋长表面的浮华，那将会使自己变成什么样的人呢？但是只努力去实行仁义道德，却不重视对经典文献等文化知识的学习，仅仅凭着自己的主观想法去做事，那就会使自己不明白真正的道理。

读书法，有三到，心眼口，信皆要。

【译文】

读书的方法有三到，那就是心到、眼到、口到。心要记，眼要看，口要读，而且心眼口都要信实地用到，才能真正地读好书。

方读此，勿慕彼，此未终，彼勿起。宽为限，紧用功，工夫到，滞塞通。心有疑，随札记，就人问，求确义。

【译文】

正在读着这本书时，不要去想着那本书。这本书还未读完，不要再去读另一本书。读书要用心专一才有成就。把学习的期限安排得宽裕一些，但在学习时要抓紧时间。只要功夫到，不懂的地方自然就通达了。读书时，如果心中有疑问，就要随时做笔记，以便向别人请教，求得准确的意义。

　　房屋清，墙壁净，几案洁，笔砚正。墨磨偏，心不端，字不敬，心先病。列典籍，有定处，读看毕，还原处。虽有急，卷束齐，有缺损，就补之。非圣书，屏勿视，蔽聪明，坏心志。勿自暴，勿自弃，圣与贤，可驯致。

【译文】
　　读书的房屋要收拾得干干净净，墙壁要清洁，书桌和凳子要弄得没有污垢，笔和砚台也要放端放正。要是在砚台内将墨锭子磨偏斜了，就说明你的心思不正，当然把字写得歪歪扭扭不工不正，说明你写字时思想上出了毛病。平时摆放经典书籍，都应有个固定的地方，读完用毕后要立即放回原处，即使有急事，也应当把书籍捆卷好放整齐。如果书籍什么地方有损坏，要养成马上补好的习惯。不是圣贤写的好书不读，对坏书要抛弃不读，否则掩蔽了你的聪明，也教坏了你的情志。不要自以为自己不能像圣贤那样行仁义遵礼义而自卑自贱，圣人和贤人的目标都是可以通过接受教训不断修养而达到的。

弟子规

三四一

弟 子 职

【题解】

《弟子职》是《管子》中的一篇。本书主要记载弟子事师、早作、受业、对客、馈馈、乃食、洒扫、执烛、退习等礼节。单从内容上看，并不是私塾的学生规范，但清代人认为它是古代私塾的学生守则，单独出版，作为学生的启蒙课本。

郭沫若认为它是齐国稷下学宫的学则，这种说法已被大多数人所接受。

齐国的稷下学宫非常有名，它是我国最早的学生守则，在教育史上的意义重大。它的中心内容是尊重老师、尊敬长辈、刻苦学习、立身修行、谨慎择友等。这些道理在当今社会仍然适用。

一、学 则

先生施教，弟子是则①。温恭自虚②，所受是极③。

【注释】

①弟子是则：意谓学生应以老师的教导作为效法的榜样。则：效法。

②自虚：谦虚谨慎。

③所受是极：谓接受师教当穷其本源。极：穷。

【译文】

对于老师的言传身教，学生必须遵守并以此作为行为准则。温和、恭敬、谦虚谨慎,这些都是老师所要传授的,而是学生必须遵照执行的。

见善从之,闻义则服^①。温柔孝悌^②,毋骄恃力。

【注释】

①服:实行,执行。

②孝:子女顺从父母并尽心奉养称之孝。悌:敬爱兄长。亦泛指尊重长者。

【译文】

看见别人的善行要虚心学习,听到别人的义行也要尽力学习。对父母恭敬孝顺,对兄长要敬重友爱,不要因为自己年轻力壮就骄傲自满。

志毋虚邪^①,行必正直。

游居有常^②,必就有德^③。

【注释】

①虚邪:虚伪邪癖。

②游居:外出与居家。常:纲常,法度。

③就:趋从,接近。有德:有道德的人。

【译文】

心志不可虚伪邪僻,行为必须正直。出外居家都要遵守常规,一定要接近有道德的人。

颜色整齐,中心必式^①。

夙兴夜寐,衣带必饬^②。

【注释】

①中心:内心。式:尊敬。

②饬:端正。

【译文】

容色保持端正,内心必合于规范。早些起床,晚些就寝,不管什么时候衣物都要整齐、端正。

朝益暮习^①，小心翼翼，
一此不解^②，是谓学则^③。

【注释】

①朝益：古时，学生对老师前一天的讲授有所不理解，第二天早上请求进一步说明，叫朝益。暮习：晚上复习功课。

②一：专一，坚持。解：同"懈"，懈怠。

③学则：学习的准则。

【译文】

老师所教授的新课程，晚上要加以复习，态度要严肃虔敬，专心致志于此，从不懈怠。这就叫"学则"。

二、早 作

少者之事，夜寐蚤作^①。
既拼盥漱^②，执事有恪^③。

【注释】

①蚤：通"早"。作：起身。

②拼（pīn）：扫除。盥漱：洗手与漱口。

③执事：从事工作，干活。有恪（kè）：谨慎、恭敬的样子。

【译文】

少年的职责，是要比老师晚点睡，比老师早点起。先打扫睡房，再洗脸漱口，做任何事态度都要认真谨慎。

摄衣共盥^①，先生乃作。
沃盥撤盥^②，氾拚正席^③，先生乃坐。

【注释】

①摄衣：提起衣服的前襟，以示恭敬。共盥：谓侍奉先生盥漱。共：通"供"，供奉。

②沃盥：浇水洗手。撤盥：撤去盥具。

③氾拼：洒水打扫。正席：摆正先生座席的方向。古人礼制，先生的坐席有一定的朝向，在南北向的屋内蠹朝西，东西向的屋内朝南。

【译文】

卷起衣袖，为老师准备盥洗的物品，等待老师起床后使用。帮老师浇水洗手，等老师洗漱完毕就撤掉洗漱用品。之后再去打扫教室，摆正老师的座位，老师才入座开始给学生讲课。

出入①恭敬，如见②宾客。
危坐③向师，颜色毋怍④。

【注释】

①出入：指往来。

②见：接待。

③危坐：端坐。古人两膝着地而坐，危坐即正身而跪。

④怍：面色改变。

【译文】

与人交往态度要谦恭，就像接待宾客一样。面对着老师，坐姿要端正，神情要庄重专注。

三、受 业

受业之纪①，必由长始。一周则然，其余则否②。

【注释】

①受业之纪：从师学习的次序。纪：次序。

②一周则然，其余则否：谓受业由长及幼以轮流一周为限，以后则不从

此例。

学生听老师上课开始时有顺序，要让年龄大的先听课，依次按照这个顺序轮流一遍以后，就不必按此顺序了。

始诵必作[1]，其次则已。
凡言与行，思中以为纪[2]。

【注释】

①始诵必作：首次诵读必起立。古人以此表示对凡事开端的谨慎和恭敬。

②中：中和，不偏不倚。 纪：法则。

【译文】

第一次朗读课文，必须要直身而跪，第二次后就可以不拘此礼。所有的言语与行动，必须以"中庸"之道为基准。

古之将兴[1]者，必由此始。
后至就席，挟坐则起[2]。

【注释】

①兴：起，指有所作为。

②狭坐则起：古时一席可以坐四人，以长幼顺序而坐，如果有后来者，先来者必起身让位。

【译文】

古人中想要有所作为的人，必须从"中庸"的法则开始。同学上课时，如果座位狭窄，先坐的同学要起身让位。

四、对 客

若有宾客，弟子骏作[①]。
对客无让[②]，应且遂行。

【注释】

①骏作：速起迎客。

②对：应对，酬答。 让：辞让。

【译文】

假如有客人前来，学生要马上起身迎接。对待客人的询问，必须及时作答。对待客人的要求，要马上去实施。

趋进受命[①]，所求虽不在，
必以反命[②]，反坐复业[③]。
若有所疑，奉手[④]问之。
师出皆起。

【注释】

①趋进受命：趋，小步快走，表示恭敬。受命，接受先生的差遣或指示。

②反命：回复，回报。

③复业：指因客来中止学业，客人离去后，要补习老师所讲授的内容。

④捧手：拱手，表示敬意。

【译文】

小步快走，十分恭敬地接受老师的差遣，老师的要求自己没法完成，也一定要回来答复，然后继续听老师授课。假如有疑问，要拱手向老师请教。老师出去，学生们都要起立相送。

五、馔馈

至于食时，先生将食，
弟子馔馈^①，摄衽^②盥漱，
跪坐而馈。

【注释】

①馔（zhuàn）：安排食物。馈（kuì）：为人进食。

②摄衽：犹言摄衣。

【译文】

下面是关于饮食的原则。老师准备要吃饭时，学生要安排好饭菜等食物，卷起衣袖洗净双手，然后跪下将饭菜奉送给老师。

置酱错食^①，陈膳毋悖。
凡置彼食，鸟兽鱼鳖，
必先菜羹^②，胾羹中别^③，
胾在酱前，其设要方^④。

【注释】

①酱：古人称醋一类的调味品，也指用鱼、肉等捣烂制成的酱糜。错：陈、置。

②鸟兽鱼鳖，必先菜羹：谓荤食一定要放在菜羹前面。一说"必先菜羹"即菜羹必先，因古人进食先素菜后肉食。

③胾：大块肉。中别：内外分别置放。古人进食肉食陈放在羹的外边。

④其设要方：食具要摆放成方正之形。要：成为。

【译文】

放置肉酱和饭食也要遵循法则，布陈食物时不要错乱，陈设食物的法则是：鸟兽鱼鳖等肉类放置在前排，接着放菜汤，再接着是放大块的肉，最后才放肉酱，这些食物要摆放得方方正正。

饭是为卒①，左酒右浆②。
告具③而退，捧手而立。

【注释】

①饭是为卒：饭则上在最后。

②左酒右浆：酒、浆分别置放在左右。浆，泛指饮料或淡酒。

③告具：报告先生食器俱备。

【译文】

摆放好菜，接着盛上饭，然后在左边斟上酒，以备老师荡口，右边放上浆水，以便老师漱口。做完了这些准备工作，马上向老师汇报。然后退于一边，拱手而立，恭敬听命。

三饭二斗①，左执虚豆②，
右执挟匕③，周还而贰④，
唯嗛之视⑤，同嗛以齿⑥，
周则有始⑦，柄尺不跪⑧，
是谓贰纪⑨。

【注释】

①三饭二斗：斗，饭斗。意思是说吃三斗恐怕中间要添二斗饭。

②左执虚豆：豆，通"斗"。意思是左手拿饭斗。

③挟匕：挟，通"箸"，筷子。匕，即饭勺。

④周还而贰：因数人共食，不能站在一处添饭，必须周旋走动。

⑤唯嗛之视：嗛，通"歉"，不足。只要看到谁吃完了，就给他添上。

⑥同嗛以齿：同嗛，同时吃完了。以齿：论年纪，年长者先添。

⑦周则有始：有，又。一周之后，又从头开始。

⑧柄尺不跪：匕柄长一尺，柄长可及，不须跪也。

⑨是谓贰纪：贰：添。这就是添饭的规矩。

【译文】

假如吃三碗饭才饱，就要盛两次饭。盛饭时左手拿着空碗，右手拿着饭勺，沿桌走动为大家盛饭。看到谁先吃完了就给他先盛上，假如同时有两个人吃完了，就给年长者先盛，盛过一轮饭后，要依照由长而幼的顺序再盛。假如是拿长勺盛饭，盛饭时就不要蹲着。这些是盛饭的原则。

先生已食，弟子乃撤，
趋走进漱，拚前敛祭[1]。

【注释】

[1] 敛祭，收拾祭品。古人饮食必祭。

【译文】

老师们都吃完饭，学生们搬走餐具，快速拿漱口用具给老师漱口，收拾好席前陈列的祭物。

六、乃 食

先生有命，弟子乃食。
以齿相要[1]，坐必尽席[2]。

【注释】

[1] 以齿相要：要：制约，约束。座位按年纪大小为序。

[2] 坐必尽席：尽：满。指坐满席子，不留空位。

【译文】

老师宣布吃饭的时间到了，学生才能吃饭。学生吃饭时座位依年纪大小为序，而且要坐满席子，不留空位。

饭必捧挐[1]，羹不以手[2]。
亦有据膝[3]，毋有隐肘[4]。

【注释】

[1] 捧挐（wǎn）：用手捧抓。挐：抓捏。古人吃饭用手抓。

②羹不以手：吃羹不能用手而应用筷子或匕。

③据膝：古人两膝着地而坐，端坐时重心在脚踝部，若重心前移至双膝，即为据膝。这是一种比较随便的坐姿。

④隐肘：以肘支撑，斜倚着身子，叫隐肘。这是一种不庄重坐姿。隐：通"稳"。

【译文】

用餐时，用左手捧着饭团，用右手指拨饭吃，喝汤时则不能用手抓。坐要端直，两膝可以靠席，两肘不可以放在案几上。

　　　　既食乃饱，循咡覆手[①]，
　　　　振衽扫席。已食者作，
　　　　抠衣而降[②]，旋而向席[③]。

【注释】

①循咡（èr）覆手：古人饭后用手抹嘴以去不洁，表示餐毕。循：沿着，顺着。咡：口耳之间。覆手：合手。

②抠衣而降：提起衣服退下。抠衣：提起衣襟，以免脚踩着。

③旋而向席：古人坐上或退下坐席均由席后上下，上句言"退下坐席"，此句言从席后转向席前。

【译文】

吃饭以后，用手将嘴揩干净。提起衣袖，清理座席。先吃完的起身，要提起衣服向后退，然后转身走向餐席的前面。

　　　　各撤其馈，如于宾客[①]。
　　　　即撤并[②]器，乃还而立。

【注释】

①各撤其馈，如于宾客：古人进食若无宾客，则食毕由一年少者负责撤去食具。若有宾客，则各人自撤其具。此言弟子食毕当各自撤去食器，如有宾客一样。

②并：收藏。

【译文】

各人搬走各人的餐具，态度就像对待宾客一样。打理完餐具后，马上回到老师身边侍立待命。

七、洒　扫

凡拚之道，实水于盘，
攘臂袂及肘，堂上则播洒[①]，
室中握手[②]。

【注释】

①堂上则播洒：堂上宽大，故可以用手泼水清洗厅堂。

②握手：以手掬水而洒。

【译文】

清洁的方法是，先把水放在盆中，把袖子卷到手肘上避免被打湿，泼水清洗厅堂，用手撩水清洗内室。

执箕膺揲，厥中有帚[①]。
入户而立，其仪不忒[②]。

【注释】

①执箕膺揲（yè），厥中有帚：拿畚箕时应以箕舌向着自己，把帚放在箕中。膺：胸口。揲：箕舌。

②仪：仪容，举止。忒：差误。

【译文】

拿畚箕时，要让箕口对着自己，把扫帚放在畚箕中，进入室内，站立要端正，仪态不要有差误失礼。

执帚下箕，倚于户侧[①]。
凡拚之纪，必由奥始[②]。

【注释】

①执帚下畚，倚于户侧：拿起扫帚，放下畚箕，将箕靠在门边，以防影响他人进出。

②凡拼之纪，必由奥始：纪：次序。奥：西南角，尊者之位。从西南开始，也是表示恭敬。

【译文】

拿起扫帚，把畚箕搁置在门口侧面靠墙。整理清洁，一定要从西南面老师的座位开始。

> 俯仰磬折[①]，拼毋有撤[②]。
> 拼前而退，聚于户内，
> 坐板排之，以叶适己，
> 实帚于箕。

【注释】

①磬折：弯腰如磬。磬，一种曲尺形的古代乐器。

②拼毋有撤：打扫时不得触动他物。撤，动。竹说撤为中止义，谓打扫时不得中途停止。

【译文】

扫地时要弯着腰，不要碰到其他物品。扫回自己的面前，边扫边退，将垃圾聚集成堆，蹲下来将垃圾扫进畚箕，然后将箕舌面向自己。

> 先生若作，乃兴而辞。
> 坐执而立，遂出弃之。
> 既拼反立[①]，是协是稽[②]。

【注释】

①既拼反立：既拼：扫毕。反：通"返"；立：侍立老师身边。

②是协是稽：是：于是。协：合，共同。稽：考究。

【译文】

假如老师前来帮忙，学生要马上起身谢绝。蹲下来拿好畚箕，站立起来，将垃圾拿到外面倒掉。清扫完毕后马上回到老师身边侍立。同学们共同学习，共同钻研学问。

八、执　烛

暮食复礼[①]。昏将举火。
执烛隔坐[②]。错总之法[③]，
横于坐所[③]，栉之远近，
乃承厥火[④]。

【注释】

①暮食复礼：晚饭时复行朝食之礼。

②执烛隔坐：弟子手持火炬座席之一角。烛：古时无蜡烛，烛即火炬，须人执之。隔：指席角。

③错总之法，横于坐所：置放未燃火炬的方法，是把它们横放。放在弟子座前；错：放、置。总：通"熄"，火炬。

④栉之远近，乃承厥火：火炬烧余部分的长短，换上新的。栉：火炬的烧余部分。远近：犹言长短。

【译文】

晚餐时要重复早餐时的礼节。天黑之后要点火烛照明。拿火烛的要坐在屋角。接火烛的方法是，将没有点过火的烛把横放在座前，依火烛烧剩下的长短情况，用新的火烛更替烧短了的火烛。

居句如矩[①]，蒸间容蒸[②]，
然者处下[③]，捧椀以为绪[④]，
右手执烛，左手正栉[⑤]。

【注释】

①居句如矩：意谓点火时两烛之间要成直角。居句：偏句，曲折。矩：方。

②蒸间容蒸：意谓点火时两炬之间应留有空处，以利火焰上燃。蒸：细

木柴，此指火炬。

③然者处下：燃烧的火炬应在下方。然：通"燃"。

④捧椀以为绪：用盘子来承接火炬的灰烬。椀：盘子。绪：火炬的残烬。

【译文】

束薪之间，要留有一束的空隙。燃烧的束薪放在底下，还要捧碗来贮存火炬余灰。右手握持火炬，左手修整余烬。

有堕代烛①，交坐毋倍尊者②。
乃取厥栉，遂出是去③。

【注释】

①有堕代烛：燃烛有脱落者及时更替。一说，残烬脱落，火炬渐短而手不能执，则由别人以新烛代之。

②交坐毋倍尊者：弟子执烛与师俱坐，不能背对老师。交：俱。倍：背。一说"交"为交换义，谓以新烛代残烛者必与原执烛者交换座位，此时不能背对尊者。

③去：丢掉。

【译文】

谁的火烛掉了，就换另一个人来拿新的火烛，但交换位置时要并列进行，注意不能背对着老师。先前拿火烛的有人代替后，就要收拾好烧短的火烛和灰烬，拿到外面扔掉。

九、请 衽

先生将息，弟子皆起，
敬奉枕席，问足何止①。
傲衽则请②，有常则否。

【注释】

①问足何止：指问老师脚向何方休息，即头冲哪儿睡。

②傲衽则请：傲，开始。衽：此为动词，铺设枕席。

【译文】

老师打算休息时，学生们都要起立致敬，为老师摆放好床铺搁置好枕头，要问老师睡在哪一边，假如有常规，则不用请示。

十、退 习

先生既息，各就其友，
相切相磋，各长其仪①。

【注释】

①各长其仪：各自增益自己良好的品行。仪：善。

【译文】

老师入睡后，学生各自找到志趣相投的朋友，相互讨论相互学习，彼此都能提升学问。

结 语

周则复始①，是谓弟子之纪②。

【注释】

①周则复始：周：尽。复：又。指今日终了，明日又开始，明日仍如今日。
②纪：准则。

【译文】

今天结束了，明天又开始，明天又像今天一样，以上的各条都是弟子应当遵守的纪律和法则。

名 贤 集

【题解】

　　《名贤集》是南宋以来流传于民间的一种通俗读物，也是我国古代对儿童进行伦理道德教育的蒙学教材之一。其中不乏洞察世事、启人心智之句，如"人无远虑，必有近忧"，让人凡事应从长计议。"良言一句三冬暖，恶语伤人六月寒"，劝人言语之间要相互尊重。尽管《名贤集》过去属于儿童读物，但今天看来，它仍具有一定的文化价值，成年人读来也会受益匪浅。尤其是随着年龄增长和阅历的增加，再来重读《名贤集》，相信读者自会另有一番感受。当然，由于受时代的局限，《名贤集》中也有许多消极内容，如："有钱便使用，死后一场空"，"为仁不富矣，为富不仁矣"等，这需要读者在阅读时，细加甄别，以便剔除其糟粕，汲取其精华。

　　《名贤集》作者已无从查考。但根据内容推测，似为南宋以后儒家学者辑历代名人贤士之格言善行及广泛流传于民间的谚语，并加以提炼而成的。

　　此文取材大部分来自社会民间，较多地反映了当时社会与民众的人生经验和理想愿望，其中有不少关于修身、治家、人际交往等方面的观念与规范，至今仍有借鉴意义。

　　　　　　但行好事，莫问前程。

【译文】

　　只管做好事，不要顾虑前程如何。

　　　　　　与人方便，自己方便。
　　　　　　善与人交，久而敬之。

【译文】

　　给予别人便利，自己也会得到方便。以善良的心地和别人交往，时间长了，人们就会敬重他。

人贫志短，马瘦毛长。

【译文】

人贫困了，立志时容易鼠目寸光。马瘦了，毛就显得非常长。

人心似铁，官法如炉。

【译文】

即使人心像铁一样坚硬，而法律却像火炉，再硬的东西也会被熔化。

谏之双美，毁之两伤。
赞叹福生，作念祸生。

【译文】

劝诫别人双方都有益，诽谤别人双方都有损害。心存善念则幸福生，心生歹念则灾难起。

积善之家，必有余庆。
积恶之家，必有余殃。

【译文】

行善的人家必有很多值得庆贺的事，而行恶之家一定会遭到祸殃。

休争闲气，日有平西。
来之不善，去之亦易。

【译文】

不要在小事上争执、闲气，随着日起日落，时光推移，这些鸡毛蒜皮的事也就会自消自灭。不是正道上来的钱物，所得的东西也很快失去。

人平不语，水平不流。

【译文】
人心平静，自然言语不多；水面平静，自然没有流动。

得荣思辱，处安思危。

【译文】
得到了荣华富贵，要想到曾经经历过的屈辱。处在安乐环境下，要想到可能出现的危险。

羊羔虽美，众口难调。

【译文】
羊羔的肉虽然很鲜美，但是各人的口味不同，很难调和。

事要三思，免劳后悔。

【译文】
做事要再三斟酌，以免将来懊悔。

太子入学，庶民同例。
官至一品，万法依条。

【译文】
皇太子入学，也要和平民的儿子一样遵守校规。官大到一品，也要受各种法律的约束，不能为所欲为。

得之有本，失之无本。
凡事从实，积福自厚。
无功受禄，寝食不安。

【译文】

按照行为规范去做，就会得到益处，违背行为规范去做，就会有所损失。一切事情从实际出发，按照行为规范和道德标准去做，得到的好处自然会丰厚。如果没有功劳而受到奖赏，那么睡觉、吃饭也不会心安理得。

财高语壮，势大欺人。

【译文】

钱财多说话就豪壮，权势大就会欺负人。

言多语失，食多伤心。

【译文】

说话过多必定会出错，饮食过多必定会损伤身心。

送朋友酒，日食三餐。

【译文】

欢送朋友对方可饮酒，一日之中要吃三餐。

酒要少吃，事要多知。
相争告人，万种无益。
礼下于人，必有所求。

【译文】

要少饮一点酒，要多懂得一些知识。相互争吵并且去打官司，这对双方都没有好处。降低身份礼遇待人，必定是对别人有所求助。

敏而好学，不耻下问。

【译文】

要聪明灵活而又爱好学习，并且不以虚心地向比自己地位低或学问浅的人请教为耻辱的事。

顺天者昌，逆天者亡。

【译文】

顺从"天意"的就生存，违背"天意"的就灭亡。

人为财死，鸟为食亡。

【译文】

人常常为了争钱财而丧命，鸟为了觅食误中机关而身亡。

得人一牛，还人一马。

【译文】

若得到别人的好处，一定要加倍报答。

老实常在，脱空常败。

【译文】

只有忠厚老实，才能活得自在，为人不实，就会遭到失败。

三人同行，必有我师。

【译文】

三个人一起走路，其中必定有人可做我的老师。说明人各有长处。

人无远虑，必有近忧。

【译文】

人若没有长远的考虑，不久就可能遇上忧心的事情。

寸心不昧，万法皆明。
明中施舍，暗里填还。

【译文】

只要不做昧良心的事，所有的法律条文自然会通晓明白。给别人施舍东西从表面上对自己有物质损失，但在其他看不见的地方却会得到补偿。

人间私语，天闻若雷。
暗室亏心，神目如电。
肚里踌躇，神道先知。

【译文】

人世间私下说的话，就好像打雷，天神都听得很清楚。背地里做的亏心事，老天爷也看得见。心里有违犯常理的打算，老天爷早就知道了。

人离乡贱，物离乡贵。

【译文】

人离开故乡，外地人歧视他瞧不起他，本地的土特产物品到了外地，却因为物稀而显得珍贵。

杀人可恕，情理难容。
人欲可断，天理可循。

【译文】

　　杀人犯法的事情，尽管有种种原因可以原谅，但是它毕竟触犯了刑律，为法制所不能宽容。人们的各种个人欲望都可以舍弃，而为人处世的社会道德标准必须遵循。

黄金浮世在，白发故人稀。
黄金非为贵，安乐值钱多。

【译文】

　　金钱飘浮在人世间，生不带来，死不带去。人到了老年，以往的亲友逐渐少了，这才是令人怜惜的。黄金并不可贵，安逸快乐才有价值。

休争三寸气，白了少年头。
百年随时过，万事转头空。

【译文】

　　为小事争闲气，白了少年头，百年光阴瞬息过，万事到头一场空。

耕牛无宿草，仓鼠有余粮。

【译文】

　　耕作的牛没有第二天吃的草，粮仓的老鼠却有吃不尽的粮食。

万事分已定，浮生空自忙。

【译文】

　　人生的一切都是命中早就注定了的，一辈子忙忙碌碌，四处奔波，都是空忙。

结有德之朋，绝无义之友。
常怀克己心，法度要谨守。

【译文】

结交有道德的朋友，断绝没有道义的朋友。经常在心中存有约束自己言行的思想，要严格地遵纪守法。

君子坦荡荡，小人常戚戚。

【译文】

君子的胸襟宽广，小人时常忧虑。

见事知长短，人面识高低。
心高遮甚事，地高偃水流。
水深流去慢，贵人语话迟。
道高龙虎伏，德重鬼神钦。
人高谈今古，物高价出头。

【译文】

遇到事情要善于判断是非曲直，根据人的表现要能够识别德才高下。心高能遏制坏事，地高能阻塞水流。水深流速缓慢，高贵的人不多说话，不轻易表示自己的态度。道行高能降龙伏虎，品德高能使鬼神钦敬。人的学识高能谈今论古，物价高贵必然能卖出超乎寻常的价钱。

休倚时来势，提防运去时。
藤萝绕树生，树倒藤萝死。

【译文】

不要时运一来就仗势欺人，要担心时运去时祸及自身。就像藤萝缠绕着树生长，树一倒，藤萝也就死了。

官满如花卸，时败奴欺主。
命强人欺鬼，运衰鬼欺人。
但得一步地，何须不为人。

【译文】

做官任期满了，就像花谢了一样。时运不济，奴仆也能欺侮主人。人时运强时可以压住鬼，时命不好时鬼也来欺弄人。到那时，只要有一步路可走，何必不做人呢？

人无千日好，花无百日红。
人有十年壮，鬼神不敢傍。

【译文】

人不可能千日都好，花也不可能百日红。人的一生中有十年强壮期，这一时期鬼神都不敢接近。

厨中有剩饭，路上有饥人。
饶人不是痴，过后得便宜。

【译文】

生活富有，厨房中能有剩饭了，不要忘记还有人生活穷苦。路上就有要饭的人，能够宽容别人不是痴笨，以后便会获得好处。

量小非君子，无度不丈夫。
路遥知马力，日久见人心。
长存君子道，须有称心时。

【译文】

小度量就不是君子，没有宽厚的心，没有度量的人就不算一个男子汉。路途遥远，才能鉴别马的优劣。时间长久，才能看出人品的高低。经常保持高尚的道德修养，一定会有称心如意的时候。

> 雁飞不到处，人被名利牵。
> 地有三江水，人无四海心。

【译文】

　　大雁飞不到的地方，如有名利，人也会到那里去。大地上流奔着无数条江河，人却没有包容四海的心胸。

> 有钱便使用，死后一场空。
> 为仁不富矣，为富不仁矣。

【译文】

　　有了钱就要毫不所惜地花掉它，等死后一切都是空的。慈爱宽厚，乐于助人者富裕不起来，富裕的人的对人不宽厚仁爱。

> 君子喻于义，小人喻于利。

【译文】

　　道德崇高的人明白做人的道理，而小人却只知道眼前的利益。

> 贫而无怨难，富而无骄易。
> 百年还在命，半点不由人。

【译文】

　　人们贫穷而不怨天尤人，富贵了也不骄傲奢侈。人一辈子都得听天由命，不是自己所能够支配的。

> 在家敬父母，何必远烧香。
> 家和贫也好，不义富如何。

【译文】

只要在家孝敬父母也就够了，何必到远处去烧香拜佛。一家人和睦相处虽然贫穷也会生活得很好，不仁不义，钩心斗角，即使再富有的家庭又将如何？

　　　　晴干开水道，须防暴雨时。

【译文】

人们不管做什么事情，都要有预见性，做好准备，正如在晴天干燥的时候，也要把雨水的通道疏通，以防暴雨到来。

　　　　寒门生贵子，白屋出公卿。
　　　　将相本无种，男儿当自强。

【译文】

贫寒人家也能培养显贵的人，平常百姓也能产生高级官员。将军、相国原本就不是遗传的，男子汉应当独立自强。（寒门、白屋：都指贫穷人家。公卿：指古代的高级官员。）

　　　　欲要夫子行，无可一日清。
　　　　三千徒众立，七十二贤人。
　　　　成人不自在，自在不成人。

【译文】

要想达到孔夫子那样的品行和成就，不可以有一日偷懒图清闲。孔夫子弟子三千，其中贤人就有七十二名，想成就大业的人就不能贪图自在，贪图清闲自在的成不了有作为的人。

国正天必顺，官清民自安。
妻贤夫祸少，子孝父心宽。

【译文】

国家的大政方针正确了，老天一定风调雨顺，各级官员清廉了，百姓必然安居乐业。家庭中妻子贤惠，丈夫的祸事就少。子女孝顺，长辈便舒心。

白云朝朝过，青天日日闲。
自家无运至，却怨世界难。

【译文】

白云天天不断飘过，青天却日日安然存在。自己没有幸运的事情发生，居然抱怨客观外界的种种困难，这是不正确的。

有钱能解语，无钱语不听。

【译文】

有了钱别人就会按你的眼色行事，没钱即使给别人说好话也不会有人听。

时间风火性，烧了岁寒衣。
人生不满百，常怀千岁忧。

【译文】

时间像风火一样煎熬着穷人们，又像是在寒冷的冬天偏偏烧了御寒的衣服。尽管人的一生活不到百岁，可是自己受苦不算，还常常忧虑子孙后代受苦。

来说是非者，便是是非人。

【译文】

前来说长道短的人，必是搬弄是非者。

积善有善报，积恶有恶报。
报应有早晚，祸福自不错。

【译文】

做好事多了会有好的报应，做坏事多了必有坏的报应。报应有早有晚，是祸是福自然是不会错的。

花无重开日，人无长少年。

【译文】

鲜花凋零了，就不会重新开放，人生也不会永远是少年时期。要珍惜时光，不要白白浪费了宝贵的光阴。

人无害虎心，虎有伤人意。
上山擒虎易，开口告人难。

【译文】

人虽然没有害虎之心，虎却有伤人之意，上山擒虎还算容易，开口求人实在是难于启齿。

忠臣不怕死，怕死不忠臣。

【译文】

精忠报国的臣子是不畏牺牲的，怕死的不能称作是忠臣。

从前多少事，过去一场空。

【译文】

从前为之奋斗的许多事情，过去以后也只是一场空。

满怀心腹事，尽在不言中。

【译文】

满肚子的心事，不知从哪说起，只好不说。

既在矮檐下，怎敢不低头。

【译文】

既然处在人家的权势之下，怎么敢不低头呢？

家贫知孝子，国乱识忠臣。

【译文】

家里贫穷才能看出哪一个是孝子，国家动乱危难之时，才能识别谁是忠臣。

凡是登途者，都是福薄人。

【译文】

凡是在外流浪的人，都是没有福分的人。

命贫君子拙，时来小人强。
命好心也好，富贵直到老；
命好心不好，中途夭折了；
心命都不好，贫苦直到老。

【译文】

命运注定受穷,即使是道德高尚的人,也会变得笨手笨脚,力不从心。时运来了,小孩子也能变成能人。命好心好,一辈子享富贵,命好心不好的人,中途也不会有什么好结果。心不好而且命也不好的人,一辈子都会受苦受罪。

年老心未老,人穷志莫穷。

【译文】

年老精神不要颓废,人穷也要有志气。

自古皆有死,民无信不立。

【译文】

死是自古就有的,老百姓对统治者失去了信任,其统治就不能安稳。

六言

长将好事于人,祸不临身害己。

【译文】

经常对别人做好事,祸害就不会落到自己头上。

既读孔孟之书,必达周公之礼。

【译文】

既然读了孔子、孟子的书,就必须达到"周礼"所规定的道德规范。

君子敬而无失,与人恭而有礼。

【译文】

君子对自己戒慎而不犯错误，对别人谦恭而有礼貌。

事君数斯辱矣，朋友数斯疏矣。

【译文】

对君主多次谏言就会招来羞辱，对朋友多次规劝，朋友就会与你疏远。

人无酬天之力，天有养人之功。

【译文】

人们没有酬谢上天的能力，但上天有养育人们的恩德。

一马不备双鞍，忠臣不事二主。

【译文】

一匹马不能备两副鞍子，忠臣不能侍奉两个君王。

长想有力之奴，不念无为之子。

【译文】

时常想念得力的奴仆，不思念一无是处的儿子。

人有旦夕祸福，天有昼夜阴晴。

【译文】

人们或早或晚都会有福有祸，就像自然界有白天夜晚，有阴天晴天一样。

君子当权积福，小人仗势欺人。

【译文】

君子当权，多做善事，也为自己积福，小人得势，就仗势欺人。

人将礼乐为先，树将枝叶为圆。

【译文】

做人必须把礼乐等孔孟之道放在首位，就像树只有有了树枝和叶子才能成为树的形状一样。

马有垂缰之义，狗有湿草之恩。

【译文】

马有垂下缰绳救出主人的壮举，狗有弄湿草地解救主人的恩情。

运去黄金失色，时来铁也争光。

【译文】

时运过去，黄金也失去光泽。时运到来，铁也会发出光辉。

怕人知道休做，要人敬重勤学。

【译文】

怕别人知道的事情就别做，要想别人敬重就要勤学、谨慎。

泰山不却微尘，积小垒成高大。

【译文】

泰山不拒绝接受细微的尘埃，不断积累小的微尘就可筑成高山。

人道谁无烦恼，风来浪也白头。

人们常说谁没有忧愁，风吹水面波浪的头也是白色的。

贫居闹市无人问，富在深山有远亲。

【译文】
贫寒之人，虽身居闹市却无人过问，富贵人家，即使是住在深山之中，也常有远房亲属来探望走动，

人情好似初相见，到老终无怨恨心。

【译文】
看待人情就如同首次见面，那么到老的时候也就没有什么悔恨的了。

白马红缨彩色新，不是亲者强来亲。
一朝马死黄金尽，亲者如同陌路人。

【译文】
人有钱有势的时候，不是亲戚也硬来攀亲。一旦贫困潦倒，亲戚就好像陌生人一样。

青草发时便盖地，运通何须觅故人。

【译文】
草长起来便能遮盖地面，运气到来时自然也不必去找熟人帮忙。

但能依理求生计，一字黄金不见人。

【译文】
只要能按照道理来谋生就行了，一字值千金，不用写信求助他人。

才与人交辨人心，高山流水向古今。

【译文】

结交朋友，一开始就要辨别此人是不是真心，是不是知音，古代俞伯牙和钟子期"高山流水"的故事，从古至今传为佳话，受人仰慕。

莫做亏心侥幸事，自然灾害不来侵。

【译文】

不做亏心事，不靠偶尔侥幸取得成功，灾害就自然不会降临。

人着人死天不肯，天着人死有何难。

【译文】

人让人死天不肯，事情就难办了。如果天让人死就没有什么困难了。

我见几家贫了富，几家富了又还贫。

【译文】

我看见多少人家贫困后又富起来，多少人家富裕后又贫困下去。

三寸气在千般用，一旦无常万事休。

【译文】

人有一口气在，活着，就能做各种事情，一旦死去，一切都完了。

人见利而不见害，鱼见食而不见钩。

【译文】

有些人终日碌碌无为，只看见眼前的利益而看不见害处，就像鱼只看见鱼饵，看不见钩子一样。

是非只为多开口，烦恼皆因强出头。

【译文】

出现是非就是因为话多造成的，有些人的烦恼也是因为想出风头而导致的。

平生正直无私曲，问甚天公饶不饶。

【译文】

一生中假如正直没有私心，为什么去问上天宽恕不宽恕呢？

猛虎不在当头卧，困龙也有上天时。

【译文】

再凶狠的老虎也不在路中间卧着，被困的龙也有飞上天的时候。

临崖勒马收缰晚，船到江心补漏迟。

【译文】

马到悬崖才想收缰绳，已为时太晚。船行至江心再补漏洞，已经来不及了。

家业有时为来往，还钱长记借钱时。

【译文】

家产富有的时候要为以后着想，还别人钱时要经常记住当初向别人借钱的时候。

常将有日思无日，莫待无时思有时。

【译文】

常常在有吃有穿时想想没有吃穿的日子，不要到了没有吃穿了才会想有吃有穿的日子。

善恶到头终有报，只争来早与来迟。

【译文】

善缘恶果到头来都会有报应，只是这些报应有的来得早，有的来得晚。

金风未动蝉先觉，暗算无常死不知。

【译文】

秋风还没有吹起，但蝉早已清楚。暗地里图谋害人，自己先死了也不知道。

青山只会明今古，绿水何曾洗是非。

【译文】

青山只会使得古今分明，然而绿水怎能洗去是是非非呢？

蒿里隐着灵芝草，淤泥陷着紫金盆。

【译文】

草丛里隐藏着名贵的灵芝草，烂泥里埋藏着珍贵的紫金盆。

劝君莫做亏心事，古往今来放过谁。

【译文】

劝你不要做对不起人的事，从古到今有谁能逃得过去呢？

山寺日高僧未起，算来名利不如闲。

太阳已经升起很高，山寺中的和尚还未起床，看起来辛辛苦苦追名逐利还不如自己清闲自在好。

欺心莫过三江水，人与世情朝朝随。

【译文】

不要瞒骗良心向天发什么誓言，因为人情世故天天跟从你。

人生稀有七十余，多少风光不同居。
长江一去无回浪，人老何曾再少年。

【译文】

人的一生很少有活到七十多岁的，年轻时的多少风光不会永远存在。像滔滔的长江水一去不回头，人老了怎么能再还童呢?

大道劝人三件事，戒酒除花莫赌钱。
言多语失皆因酒，义断亲疏只为钱。

【译文】

劝人注意道德修养有三件大事，就是别酗酒，别贪色，别赌钱。饮酒过量，说话未免失言，只顾得钱，致使丧失仁义，亲友疏远。

有事但近君子说，是非休听小人言。

【译文】

遇到事情只能亲近品德崇高的君子，向他倾诉。分辨是非曲直，绝不能听信道德低下的小人胡说。

妻贤何愁家不富，子孝何须父向前。

心好家门生贵子，命好何须靠祖田。

【译文】

家中妻子贤惠不用愁家庭不富裕，儿子孝顺不必父亲事必躬亲。心地善良的家庭一定能生育光宗耀祖的儿子，命运好无须依靠祖宗留下的遗产。

侵人田土骗人钱，荣华富贵不多年。
莫道眼前无可报，分明折在子孙还。

【译文】

占人家的土地骗人钱，荣华富贵也持续不了几年，不要说眼前还没遭到报应，欠下的债分明要由子孙来偿还。

酒逢知己千杯少，
话不投机半句多。

【译文】

遇到知心朋友，千杯酒下肚还觉得少。相互交流意见不合，就算说半句也是多余的。

衣服破时宾客少，
识人多处是非多。

【译文】

生活贫寒，衣服破旧时，宾客就少了。认识的人多，交往多时，是非也会增多。

草怕严霜霜怕日，
恶人自有恶人磨。

【译文】

万物总是相辅相成的。小草怕寒霜，寒霜又怕太阳升起来，恶人自然有更恶的人来压治他。

月过十五光明少，人到中年万事和。

【译文】

十五过后月光逐渐减少，人到中年万事求得平和。

良言一句三冬暖，恶语伤人六月寒。

【译文】

说一句好话，在寒冬都感觉温暖。说坏话伤害人，在六月都感到冰冷。

雨里深山雪里烟，看时容易做时难。

【译文】

深山落雨，雪天笼烟，看起来雅观，而要达到其境界并不是容易事。

无名草木年年发，不信男儿一世穷。

【译文】

无名草木尚且年年萌发生长，不相信堂堂的男子汉就甘心一辈子受穷。

若不与人行方便，念尽弥陀总是空。

【译文】

给别人行方便，自己方便，你若不给别人方便，光是呼唤阿弥陀佛也没有用。

少年休笑白头翁，花开能有几时红。

【译文】

少年儿童不要嘲笑上了年纪的白发老人，鲜花开放能够有多少艳丽的光阴呢？

越奸越狡越贫穷，奸狡原来天不容。
富贵若从奸狡得，世间呆汉喝西风。

【译文】

越奸诈越狡猾的人越贫穷，奸诈狡猾为老天所不容，富贵如果都从奸诈狡骗而得，那么世上的老实人只好受穷去喝西北风。

忠臣不事二君主，烈女不嫁二夫郎。

【译文】

忠臣不会侍奉两个君主，讲究贞操的女人不会嫁给两个男人。

小人狡猾心肠歹，君子公平托上苍。

【译文】

品性卑劣的小人为人狡猾，心肠恶毒。因而品德高尚的君子很难讨到公平，只能依靠上天来主持公道。

一字千金价不多，会文会算有谁过。
身小会文国家用，大汉空长做什么。

【译文】

满腹经纶，学有成就，吐字价值千金，识文断字，能筹会算的人谁会指责。虽然身材短小，因为文才出众，为国家所用，相反地个头虽高大，而无才学能有什么用场。

　　　　　　乖汉瞒痴汉，痴汉总不知。
　　　　　　乖汉做驴子，却被痴汉骑。

【译文】
　　投机取巧的人欺负老实人，老实人总不知道。投机取巧的人也会有愚蠢的时候，让老实人无意中得到好处。

龙文鞭影

【题解】

《龙文鞭影》是明朝万历年间萧良有编写,原书书名为《蒙养故事》。清朝初年杨巨净综合两本书的优点,又加以修订增补,改名为《龙文鞭影》。龙文原是西域宝马,与蒲梢、鱼目、汗血并称四骏,后人常用来指那些才华横溢的少年。

萧良有本人就是有名的"神童",史书称他"生而颖异,有神童名"。万历八年(1580年)以会试第一、进士第二的成绩进京,坐镇最高学府国子监。他站在相当高的角度编写这本书,将数千年的历史人物放入其中。只要是在政治、军事、经济、文化、艺术等方面有一定影响的人物。他都从某个角度加以反映,整本书贯穿着民族精神、传统美德和人格光辉,虽有一定的历史局限性,但绝无庸俗低级趣味。

全文采用四言,押韵格式,并且都是平声韵,朗朗上口。几个世纪来,本书深受广大家长、老师和孩子们的喜欢,至今广为流传。

卷一

一　东

粗成四字,诲尔童蒙。
经书暇日,子史须通。

这本书每句有四个字，我学问粗浅，这些文字就用来教育小孩子，起到启蒙作用。那些儒家的经典书记一定要每日必看，而诸子百家的著作和前人的各种历史著作也都要熟悉。

重华大孝　武穆精忠

【浅释】

上古帝舜又叫重华，他的母亲早亡，父娶后母生弟名象。三人合谋屡次害舜，舜逃生后仍然孝顺父母亲爱兄弟。所以孔子和孟子都称他为"大孝"的表率。南宋爱国名将岳飞的谥号是武穆精忠，他少年便立志抗金。十八岁从军，立战功，背上刺有"精忠报国"四字，后被秦桧以莫须有的罪名害死。

尧眉八彩　舜目重瞳

【浅释】

尧是上古五帝之一，传说他的眉毛由八种颜色组成，而舜帝的眼睛是两个瞳孔的。

商王祷雨　汉祖歌风

【浅释】

成汤的君王叫子履，他统治期间有七年大旱，朝廷的太史占专管占卜的，预言要有人求雨才行，于是君王就亲自求雨。

汉高祖刘邦，在楚汉战争中击败项羽后建立汉朝，做了皇帝位。汉高祖即位后回到家乡，宴请父老，歌唱道："大风起兮云飞扬，威加海内兮归故乡，安得猛士兮守四方？"

秀巡河北　策据江东

【浅释】

汉高祖刘邦的九世孙是刘秀。公元6年汉朝被当时的王莽篡位，天下大乱。刘秀于公元22年起兵，第二年皇族刘玄称帝，刘玄派刘秀以大司马身份，巡行河北，除莽苛政，为中兴汉代奠定基础。

孙策是三国时期吴郡人，吴郡的首领孙坚的长子，当时占据着江东，孙策临死时，将事业托付给弟弟孙权。孙权后来攻破荆州，做了皇帝。

太宗怀鹞　桓典乘骢

【浅释】

唐太宗李世民是个好皇帝，但是有时候也会贪玩。有一次他曾得到一只鹞鹰，正玩得高兴，看见魏徵来了，魏徵是宰相，这个人极其正直，是个敢于说实话的贤臣，太宗从心里害怕他，于是就把鸟藏在怀中，魏徵早看到了，就故意长时间奏事，结果鹞鹰闷死在怀中。

桓典是东汉时朝廷的侍御史，常乘着骢马出游办事。京城中的人惧怕他，有："行行且止，避骢马御史"的歌谣。

嘉宾赋雪　圣祖吟虹

【浅释】

明太祖朱元璋也就是圣祖，有一次微服出行，信口做了一首《虹霓》诗："谁把青红线两条，和风甘雨系天腰。"在一旁的彭友信恰好听到，随口把诗续上了："玉皇昨夜鸾舆出，万里长空架彩桥。"皇帝大为高兴，次日任命他为布政使。

吕注：嘉宾赋雪，谢惠连《雪赋》："岁将暮，时既昏，寒风积，愁云繁。梁王不悦，游于兔园。乃置旨酒，命宾友，召邹生，延枚叟，相如末至，居客之右。俄而微霰零密雪下，王乃歌北风于卫诗，咏南山于周雅，授简于司马大夫。曰：'抽子秘思，骋子研辞，侔色揣称，为寡人赋之。'相如于是避席而起……"遂成白雪歌。

郯仙秋水　宣圣春风

【浅释】

唐朝的李泌七岁就能做文章，当时的文学家张九龄称他是自己的小友。

诗人贺知章见到他说："此稚子目如秋水，必拜卿相。"唐玄宗听说后急忙召见他，并命令他与大臣张说观棋。张说试探他说："方若棋局，圆如棋子；动若棋生，静若棋死。"李泌即答道："方若行义，圆若用智；动若骋材，静若得意。"皇帝大为高兴。命李沁的家人"善视养之"。后来他官至宰相，封为邺侯。因他生前好仙术，故称为邺仙。

孔子也叫宣圣，是春秋时鲁国人，西汉平帝时追尊孔子为"褒成宣尼公"，后人也称孔子为宣圣。

恺崇斗富　浑濬争功

【浅释】

晋代将军有人叫王恺的，散骑常侍有个叫石崇的，这两个人常常比富，王恺用糖刷锅，石崇就用蜡烛做柴火做饭；王恺做了紫丝布步障，长度有四十里，石崇就做锦步障，大约长五十里，并用这个和王恺比较。晋武帝曾经赐给王恺一株珊瑚树，高三尺左右，枝干交错，世上罕见，王恺拿给石崇看，石崇便用铁如意把珊瑚树砸碎了。并且说："不足多恨，今还卿。"于是命令下人取出好几株珊瑚树，都有三四尺，让王恺挑选，算是赔偿他的。

王浑是晋武帝的女婿，王濬的小字叫阿童。公元279年，他们一同率军攻吴王孙皓。王濬作战英勇果断，从武昌顺流而下，一举收复吴都建康，吴主孙皓归降。第二日，王浑才渡江，反而状告王濬不受节制。皇帝偏袒女婿，没有赏赐王濬。以后二人一直争功不止。

王伦使虏　魏绛和戎

【浅释】

王伦，字正道，是北宋的一名官员。后来南宋绍兴七年二月，王伦被派往金国议和，往来数次，曾议成收回河南、接回被金国软禁的先帝之约，但因金国兀术政变这个商议也废止了，王伦因而回国后被皇帝囚禁，九年后被勒死。

春秋时鲁襄公四年，戎狄侵略晋国，晋侯将要出兵讨伐，大臣魏绛极力反对，他主张和戎，并提出和戎的五个好处，晋侯终于采纳了他的意见。

恂留河内　何守关中

【浅释】

汉代人寇恂，曾在刘秀手下为官。后来刘秀欲北上，大臣邓禹推荐让寇恂留守军营，用来巩固后方。于是刘秀就封拜寇恂为河内太守。寇恂一面筹饷支前，一面御敌来犯，为刘秀立下大功。

萧何是西汉时沛人，做官到了丞相。楚汉相争的时候，萧何被刘邦留下镇守关中，并负责转给馈饷，萧何做得很好，刘邦的前线部队的军需丝毫没有缺乏。天下平定后，封萧何为酂侯。

曾除丁谓　皓折贾充

【浅释】

王曾是宋朝直言敢谏的大臣，居宰相多年。丁谓为人奸滑诡诈，也在朝廷做官。宋真宗死后，仁宗继位，民谣说："欲得天下好，莫如召寇老；欲得天下宁，拔去眼前钉。"王曾指出："权柄归宦官，祸端兆矣！"后丁谓与雷宦，擅自转移皇陵，并隐情不报，经王曾察明真相，雷宦被处死，丁谓获罪。

孙皓是三国时吴国的末代皇帝，吴国在公元280年为晋所灭。贾充开始在魏国做官后来又去晋国做官。孙皓降晋后，贾充指责孙皓在吴国曾对人用酷刑，孙皓说那是对待奸诈不忠的人的，贾充很惭愧。

田骄贫贱　赵别雌雄

【浅释】

战国时魏国人田子方是子贡的学生，魏文侯的老师。一天，他在路上遇见太子击，击下车拜见，子方却不行礼。太子生气地问："富贵者应当骄傲呢，还是贫贱者应当骄傲？"子方回答说："贫贱者可以对人骄傲，富贵者怎么敢对人骄傲呢？国君一骄傲就会亡国；士大夫一骄傲，就会失去自己的家；士人中贫贱的，他所说的话如果不被采用，行为如果不合君意，可以转身而去，难道还怕丢了贫贱不成？"

汉代人赵温胸怀大志,他曾说:"大丈夫应当像雄鹰一样奋飞,怎么能像母鸡一样伏在窝里!"最后他弃官浪迹天涯。

王戎简要　裴楷清通

【浅释】

王戎是晋代的官员,晋武帝时选拔吏部尚书,征询大臣钟会的意见。钟会说:"王戎简要,裴楷清通。可当此任。"所以就以王戎和裴楷二人为吏部郎。

子尼名士　少逸神童

【浅释】

子尼名士:子尼,即蔡克,晋陈留考城人,王澄行经陈留,问此郡名士有哪些人,官吏说:"有蔡子尼、江应元。"当时郡人中有很多居高位的人,王澄问曰:"然则怎么说只有此二人?"官吏说:"向谓君侯问人,不谓问位。"

少逸神童:刘少逸,北宋人,年十一,文辞精敏。其师潘阆携见王元之、罗思纯。二公因与联句试之。思纯曰:"无风烟焰直。"少逸曰:"有月竹阴寒。"又曰:"日移竹影侵棋局。"少逸曰:"风送花香入酒卮。"元之曰:"风雨江城暮。"少逸曰:"波涛海寺秋。"又曰:"一回酒渴思吞海。"少逸曰:"几度诗狂欲上天。"于是报告朝廷,赐进士及第。

巨伯高谊　许叔阴功

【浅释】

巨伯高谊:汉代荀巨伯探望生病的友人,碰上贼攻郡,友曰:"吾今死矣,子可去。"巨伯曰:"远来相视,于今吾去,败义以求生,岂荀巨伯所行者!"贼至,问曰:"大军至,一郡尽空,汝何止?"巨伯曰:"友人有疾,不忍委之,愿以身代其死。"贼曰:"我辈无义而害有义,不可。"遂去。许叔阴功:宋代许叔微,名如可。笃志经史,精通医术,建炎初年,瘟疫流行，许叔微走街串巷，治好不少人。梦神曰："上帝以汝阴功，赐汝以官。"因留语云："药市收功，陈楼间阻。堂上呼卢，喝六作五。"后以第六人登第，陛见改第五人，在陈祖言、楼林之间。

代雨李靖　止雹王崇

【浅释】

相传唐朝人李靖小时进山射猎，投宿于一朱门大户人家。睡至半夜，一位老婆婆走来对他说："这里是龙宫，天帝让行雨，可是两位龙子都不在，麻烦你代劳一下如何？"随即她牵来一匹青骢马，告诉李靖说："马一叫，你就取瓶子里的一滴水滴在马鬃上，平地上水就深达三尺了。"李靖知道家乡旱情严重，他便连下了三十滴水。李婆婆连连顿脚："你的家乡一定遭了大水灾。这一滴，是地上十尺雨。"

汉代王崇幼年时父母双亡，他肝肠寸断，痛不欲生。入夏，上天突降冰雹，生灵被砸死许多，可是冰雹一到王崇家的田头便突然停住了，他的麦田竟然未受丝毫损失。人们都说这是王崇的孝心感动了上苍。

和凝衣钵　仁杰药笼

【浅释】

和凝是五代时著名的一个人物，他年轻时考中第十三名进士，仕途上披荆斩棘也一晃数年过去，后来他当了考官，有个叫范质的人也名列第十三，于是和凝说：他将接受我的衣钵。后来范质也成为一个名官。狄仁杰是唐朝人，做官到凤阁鸾台平章事。元行冲博学多才，狄仁杰很器重他，他曾对仁杰说："下官侍奉上官，就像富贵人家中储存的好食品一样，精美的食物用来补充体力；人参灵芝这些珍贵的补品，用来防止疾病。可以想象天下的谋士能够符合上官口味的有很多了，我愿意成为您的一剂小小的药石可以吗？"仁杰笑着说；"你就是我的药箱中那剂好药，一天也不可缺少啊。"后来元行冲升迁至陕州刺史。

义伦清节　展获和风

【浅释】

沈伦是宋代人，宋太祖令他随军入蜀，他常常一个人居住并食用普通蔬菜。等到从东方回来时，他筐中只有图书数卷而已。皇帝询问大臣曹彬，才知道沈伦是个清廉的人，提升为枢密副史。展获是春秋时鲁国大夫，在柳树下居住，他去世后，他的门生打算很有排场地祭祀一回，但他的妻子说："你们谁能比我更了解你们的恩师呢？你们只听过他谆谆教诲可否见过他的内心世界。他从来都是不肯与人交恶，从来都是以诚挚待人，从来没有一个私下的敌人，连一直对峙的敌人都很尊敬他，他性情和顺，内藏坚毅，刚柔并济，又炉火纯青，侥幸有机会拯救黎民于水火，便不顾自己得失安危。虽然曾经三次遭到罢黜，却从不自甘堕落。"

占风令尹　辨日儿童

【浅释】

老子西游到函谷关时，关令尹喜望见有紫气浮在关上，仔细看老子果然乘青牛而过。

孔子东游时，见两个小孩在争辩。就问原因，一个小孩说："我认为日出时离人近，而日中时远也。"另一个小孩说："日出时离人远，而日中近也。"第一个小孩说："日初出大如车盖，日中则如盘子一样，这不就说明远者小而近者大吗？"第二个小孩说："日初出感觉特别凉快，及其日中如在热汤中一样，这不就说明近者热而远者凉吗？"孔子不能回答。两儿笑曰："谁说你多智？"

敝屦东郭　粗服张融

【浅释】

汉武帝时有个东郭先生，等待公车很久了还在坚持，贫困饥寒，在雪中行走，鞋只有帮而没有鞋底，脚踏在地上。路人笑之，他自己却逍遥自如。

张融是南齐吴郡吴县人。齐高帝曾下诏赐衣服给他，说："见卿衣服粗敝，诚乃素怀有本。过尔褴褛，亦亏朝望。今送一通故衣，意谓虽故，乃胜新也。是吾所着，已令裁称卿体。"

卢杞除患　彭宠言功

【浅释】

卢杞是唐代人。为虢州刺史时，上疏称：虢州有官家野猪三千，是百姓生活的隐患。德宗说："把他们赶往其他地方。"杞曰："其他地方也有皇上的百姓啊，我的意思是这些猪吃了最方便。"皇帝说："守着自己的城池，同时也考虑其他的人，他是个宰相的材料。"就下旨将猪送给当地百姓吃。但事实上卢杞为人极坏。所以新旧《唐书》将其皆列入奸臣传。

彭宠是东汉人，担任渔阳太守。当年光帝武讨伐王郎的时候，彭宠负责为军队运粮，而且做得很好，他就自负有功，特别得意。大臣朱浮就写信跟他说："辽东的猪，自古都是黑色的，一次居然产下一头白猪头，人们感到惊奇，就打算献给上面的官员。到了河东，才发现那里成群的猪全是白色的，于是人们又惭愧地回来了。如果以你的功劳与朝廷相比较，就好像辽东的白猪与成群的白猪比较。"

放歌渔者　鼓枻诗翁

【浅释】

唐朝时有叫崔铉的，是江陵守官，有个楚江钓鱼的人，人们不知道他的姓氏，曾垂钓于楚江，得鱼就换酒，而且特别爱大声唱歌。人们问他："你是钓鱼的隐士吗？"回答说："姜子牙、严子陵是隐者，殊不知他们钓的是名利。"然后就离开了。

宋朝的卓彦恭曾经路过洞庭，在月下泛舟，一个老翁把船靠在他旁边，卓彦恭问有鱼没有，老翁答："无鱼有诗。"于是就以敲船舷为节拍歌唱道："八十沧浪一老翁，芦花江上水连空。世间多少乘除事，良夜月明收钓筒。"彦恭问老人的姓名，老人不回答自己离开了。

韦文朱武　阳孝尊忠

【浅释】

前秦苻坚巡视太学，见《周礼》没有人讲授，太常博士卢壶就推荐韦逞的母亲宋氏来讲。苻坚答应了，当时女子不宜抛头露面，于是宋氏就在家中建立讲堂，招收学生一百三十人，隔着绛纱帐讲课。宋氏被称为文君。晋代时朱序镇守襄阳，遇苻坚派苻丕来进攻，朱序的母亲韩氏亲自登城巡视，告诫说西北角当先受敌，就率领百余婢女及城中的女丁，在西北角筑新城二十余丈。贼人进攻西北角朱序部众据新城坚守，贼人溃退，襄人称此城为夫人城。

汉代王阳担任益州刺史，走到九折坂险道，说："我的身体是祖先给我的怎么能经过这么危险的地方呢？"于是返回。后来，王尊担任益州刺史，办理公务走到九折坂时，说："这里不是王阳所惧怕的险道吗？"呵斥车马冲过去。后世人称王阳为孝子，王尊为忠臣。

倚闾贾母　投阁扬雄

【浅释】

战国时齐国王孙贾的母亲，人称贾母。王孙贾侍奉齐缗王，齐国被淖齿这个人祸乱，国王出逃。王孙贾不知国王在哪里，贾母说："你早晨出去晚上回来，我会靠在门口张望你，你晚上出去不回来，我也会爬在窗户上张望你，现在国王逃走了，你不知道他去了哪里，怎么能回家？"王孙贾于是率国人杀掉淖齿，立缗王的儿子，齐国得到了安定。

扬雄是西汉文学家。王莽时扬雄的门人刘棻因符命获罪，被流放，扬雄正在天禄阁校书，怕被株连，就从阁上跳下，几乎摔死。当时人说他："唯寂寞自投阁。"

梁姬值虎　冯后当熊

【浅释】

梁姬是宋代大将韩世忠的夫人梁氏，未出嫁时，一次在自家房屋看见老虎蹲卧廊间，觉得特别害怕，就奔跑出去不敢言语。不久众人来到，看到她这个样子就跑回去观看，原来卧虎的地方睡着一个士兵，就问他的姓名，叫韩世忠。梁姬心中感到很惊异，回家告诉母亲，就备酒邀请韩世忠，让二人结为夫妇，后来韩世忠果然富贵，梁氏被封为梁国夫人。

冯后是汉元帝的妃子，汉元帝喜欢游虎圈，冯婕妤（也就是冯后）、傅婕妤相随。突然跑出一头熊，傅婕妤惊走，而冯婕妤用身体挡住熊，皇帝问她为什么不怕，她说："妾恐熊至御座，故以身挡之。"由此得宠。

罗敷陌上　通德宫中

【浅释】

罗敷是汉代王仁的妻子秦罗敷，她原是邯郸的美女。王仁为赵王家令，罗敷在山野采桑，赵王登台看见她，想占有她，罗敷作《陌上桑》以自明，后来嫁给王仁。

樊通德是汉成帝宫人赵飞燕的使役之妾，知道很多通德宫中皇家的事情，每与其夫谈及宫中发生在飞燕身上的惨事，就凄然泪下。后她的丈夫据她所述，写成《飞燕传》。

二　冬

汉称七制　唐美三宗

【浅释】

汉朝有七位受人赞颂的皇帝，他们分别是西汉的高祖刘邦、文帝刘恒、武帝刘彻、宣帝刘询，东汉的光武帝刘秀、明帝刘庄、章帝刘炟。

唐朝的二十一位国君中，历史学家认为其中三位最为杰出，他们分别是唐太宗李世民、玄宗李隆基（开元时期）、宪宗李纯。太宗除隋之乱，使百姓安居乐业，有"贞观之治"；玄宗早年励精图治，使国家兴盛，有"开元盛世"之称；宪宗刚毅果断，平定藩镇之乱，收服强藩，使唐重振声威，得到后世历史学家的赞颂。

杲卿断舌　高祖伤胸

【浅释】

　　唐玄宗天宝年间颜杲卿任常山太守，安史之乱时被贼人所擒，颜杲卿骂喊不屈，被贼人断舌而死。

　　汉高祖刘邦在楚汉战争中与项羽在广武间对话，项羽怒而放弩射中刘邦胸部，刘邦为了不动摇军心，按住脚说："射中了我的脚趾。"

魏公切直　师德宽容

【浅释】

　　宋代韩琦，被封为魏国公。多次上疏皇帝，以"明得失、正纪纲、亲忠直、远邪佞为急，前后七十余疏"，被誉为"切而不迁"。

　　娄师德是唐武则天时的宰相。曾告诫其弟要让"唾面自干"，为了与人结怨不要擦干。曾荐狄仁杰为相，而狄仁杰反而排挤他，于是武则天当着狄仁杰的面念了他的推荐书。狄仁杰叹曰："娄公盛德，我为所容久矣。"

祢衡一鹗　路斯九龙

【浅释】

　　祢衡是东汉末年的名士，孔融十分钦佩他，称赞他的才学。曾上书举荐，说："鸷鸟累百，不如一鹗。使衡立朝，必有可观。"曹操立刻召见，祢衡看不起曹操，对曹操傲慢无礼，曹操便把他推举给黄祖，然而他傲态不改，最终被黄祖杀害。

　　唐朝宣城令张路斯，他的夫人石氏生了九个儿子，当时被人们称作"九龙"。

纯仁助麦　丁固梦松

【浅释】

　　宋代范纯仁是范仲淹的儿子，曾经押五百斛麦子送还姑苏，舟至丹阳，遇到石曼卿，石曼卿当时"家有三丧而未葬"。范纯仁将麦子资助之。归来后对范仲淹说了此事，正与范仲淹的意思相合。

三国人丁固字子贱。小时候梦到松生腹上，占卜的人说："松字于文为十八公也，后十八年，君其为公乎。"后来果然言中。

韩琦芍药　李固芙蓉

【浅释】

宋时江都（今扬州）有三十二种芍药花，其中名为"金带围"的最为珍稀。韩琦担任郡守时，开了四枝。后来韩琦拜相，有人称这是"花瑞"。

相传唐朝李固言落第游四川，遇到一个老妇，对他说："您明年在芙蓉镜下及第。"第二年考试，诗赋的题目是"有人镜芙蓉之目"，这次李固言当真中了状元。李固言耿直忠贞，不求私利，严惩奸吏，深受民众爱戴，官位升到了太子太傅。

乐羊七载　方朔三冬

【浅释】

东汉时，乐羊子外出求学，才过一年就跑回家中。他的妻子问他怎么这么快就回来，他说："在外想家。"他的妻子便用剪刀把织机上的织布剪断，说："此帛生自蚕茧，成于机杼。一丝而累，以至于寸；累寸不已，遂成丈匹。君远出求学，学业未成，中途而归，与断帛有何不同。"她这篇关于"半途而废"的议论相当精辟，让乐羊子深受启发，重新外出求学，七年不回，学业大为长进。

西汉东方朔，善诙谐，汉武帝即位，他上书说："臣年十二，学书三冬，文史足用。十五学击剑，十六学《诗》《书》，通二十二万言；十九学孙吴兵法，亦诵二十二万言。可以为大臣矣。"东方朔勤奋学习，能武能文，能背诵四十四万言，可见他下了多大苦功，武帝见了，相当赞赏。

郊祁并第　谭尚相攻

【浅释】

北宋时宋郊与宋祁兄弟，同时举士。汉代袁谭与袁尚是同父异母兄弟，他们的父亲袁绍死后，互相攻伐，以争冀州，曹操乘衅举兵，并夷灭之。

陶违雾豹　韩比云龙

【浅释】

陶违即陶答子，为周代的大夫。他治理陶有三年，政绩却不明显，声名也不好，可是家中的财产却增加了二倍。他的妻子多次劝说他："才学浅而官位高是造祸，没有功劳而家中富有是积殃，可你现在只管贪富图大。我听说南山有黑豹在雾中隐藏着，七天不下来找食吃了，为什么呢？它是要等毛皮润泽长出花纹后好藏身，以免遭祸害。猪不择食，所以长肥了人要将它杀死。你现在违背这个道理去做，难道不考虑后患吗？"陶答子没有听妻子的忠告，后来果然遭诛杀。

唐代韩愈《醉留东野诗》云："昔年因读李白杜甫诗，常恨二人不相从。吾与东野生并世，如何复蹑二子踪。东野不得官，白首夸龙钟；韩子稍奸黠，自惭青蒿倚长松。低头拜东野，愿得终始如骶蛬；东野不回头，有如寸筳撞巨钟。吾愿身为云，东野变为龙。四方上下逐东野，虽有离别无由逢。"东野，是诗人孟郊的字，与韩愈为忘年交。

洗儿妃子　校士昭容

【浅释】

唐朝杨贵妃把安禄山收为义子，把他当小儿，弄了个三日洗礼的仪式，还用锦绣包裹着安禄山，如同在襁褓中，让宫女用彩轿抬着。把肉麻当作有趣，真是一大丑闻。

昭容：女官名，此指唐代上官婉儿。传说上官婉儿母亲怀孕时，梦巨人给她一杆大称说："用它称量天下文士。"郑氏希望生一男儿，及生昭容，母视之曰："称量天下，岂是汝耶？"婉儿口中呕呕，如应作是是。婉儿入宫，为武则天掌诏命，其军国大计，杀生大柄，多其决。至若幽求英俊，郁兴辞藻，亦甚得其力。见《嘉话录》《太平御览》引《景龙文馆记》。

彩鸾书韵　琴操参宗

【浅释】

唐代人吴彩鸾，嫁给文箫，文箫家贫不能自给，彩鸾每天写韵书一部，售以度日。居十年，各跨一虎升天。

琴操参宗：宋代苏轼在杭州时，携乐妓游西湖，一日戏曰："我作长老，尔试参禅。"问："何谓湖中景？"苏轼答曰："落霞与孤鹜齐飞，秋水共长天一色。""何谓景中人？"答云："裙拖六幅潇湘水，髻挽巫山一段云。""何谓人中意？"答曰："随他杨学士，鳖杀鲍参军。""如此究竟如何？"答曰："门前冷落车马稀，老大嫁作商人妇。"琴操大悟，即日削发为尼。

三　江

古帝凤阁　刺史鸡窗

【浅释】

黄帝姓公孙，名轩辕。有凤凰筑巢于阿阁。先前，黄帝曾向天老问起凤凰是什么样子，天老详细地描述了凤凰的样子，并且说："凤凰生长在东方君子之间，翱翔在四海之外，凤凰出现，天下就会大安。黄帝便在殿中斋戒，果然，凤凰遮天蔽日地飞来，齐集于梧桐树上，吃竹子结的粟实，再也不走了。

晋宋宗，字处宗，官至兖州刺史。得一长鸣鸡，爱养窗前，后忽作人语，与处宗谈论，极有玄致。处宗因此玄业大进。

亡秦胡亥　兴汉刘邦

【浅释】

胡亥，秦始皇的次子，始皇死后，胡亥继位，实行暴政。刘邦、项羽起兵后，被杀。胡亥死后其侄子婴继位，后又被项羽诛杀，秦朝于是灭亡。

楚汉战争中，刘邦战胜项羽后，建立汉朝。

戴生独步　许子无双

【浅释】

戴生独步：东汉戴良，字叔鸾，议论高奇，多骇流俗。曾说："我若仲尼长东鲁，大禹出西羌，独步天下，无与为偶也。"

许子无双：东汉许慎，字叔重，少博学经籍。马融很推重他。时人为之语曰："五经无双许叔重。"哀笺：戴良家富，好给施，尚侠气，食客尝三四百人。时人为之语曰："关东大豪戴子高。"后弃官遁隐。详见《后汉书·逸民列传》。许慎，撰《说文解字》，经学一代之冠，清段玉裁作注，余尝谒段氏纪念馆，有楹联曰："说字解经功超许郑，审音辨律名震乾嘉。"许郑指许慎、郑玄，乾嘉之学名家辈出。

柳眠汉苑　枫落吴江

【浅释】

汉苑中有柳树，其形状像人，因此便叫作"人柳。"很奇特，每天醒来三次，睡着三次，很准时。李义山《江之嫣赋》说："岂如河畔牛星，隔岁只闻一过多不比禁中人柳，经朝剩得三眠。"

唐代的崔明信生于五月五日，当时正值中午，庭院中的树上落满了异雀，大声地叫着。太史占卦说："若是生儿子，一定会以文章显扬于世，但是做官官位却不会高。果然，崔明信贞观年间做了秦州的县令，死在任上。他工于诗，一次，郑世翼在江中遇见崔明信，对他说："听说先生有'枫落吴江冷'的诗句，我想拜读一下先生的全诗。崔明信使拿出自己的诗来，郑世翼没有看完，说了声："所见不如所闻啊"，便将手中其他诗稿投于江中，摇舟而去。

鱼山警植　鹿门隐庞

【浅释】

鱼山在泰安府东阿县西，曹植曾在此登山临东阿。忽然听到岩岫里有诵经声，不禁恭敬地聆听起来。

后汉的庞德公，荆州刺史刘表数次延请他，他都不去。后来他带着妻子登鹿门山采药，从此不再回来。

浩从床匿　崧避仗撞

【浅释】

唐代孟浩然年四十始游京城，与王维友善，王维私下邀请他进入内署，正好唐明皇到了，孟浩然躲到床下，王维据实报告皇帝，皇帝说："朕闻其人而未见也。"诏令孟浩然出来。

汉明帝喜欢以耳目的揭发作为事实，公卿大臣，都被诋毁。曾经因事杖打郎药崧，药崧逃到床底下，皇帝更恼怒，急言道："你出来。"药崧说："天子穆穆，诸侯皇皇，未闻人君，自起撞郎。"哀笺：孟出后，帝问其诗，浩然再拜，自诵所为，至"不才明主弃"之句，帝曰："卿不求仕，而朕未尝弃卿，奈何诬我？"因放还。

刘诗瓴覆　韩文鼎扛

【浅释】

刘诗瓴覆：明代刘基，字伯温，是元代的进士，弃官隐居在青田山，明太祖征召他入朝，刘伯温陈述有关时事的十八项策略，成就了帝业。瓴覆：汉代刘歆曾对扬雄说："今学者有禄利，然尚不能明《易》，其若《玄》何，吾恐后人用覆酱瓴也。"

韩：指韩愈，唐代著名的文学家。鼎扛：黄庭坚诗："虎儿笔力能扛鼎。"虎儿指米友仁。

愿归盘谷　杨忆石淙

【浅释】

愿归盘谷：盘谷在河南济源县北，唐李愿隐居在此。

杨忆石淙：镇江府城南有杨一清石淙精舍，在丁卯桥南。杨一清，字应宁，云南安宁人。韩愈曾写《送李愿归盘谷序》一文。杨一清，幼时有文名，以奇童荐为翰林秀才，十四岁中进士。

弩名克敌　城筑受降

【浅释】

韩世忠制造了一种杀伤力很大的弓叫克敌弓，以抵挡金人骑兵的进攻。这种弓的射程达百步，还能射穿两重铠甲。

受降城在山西大同西北，本是公孙敖修筑的。唐代朔方总督张仁愿在大同城黄河北岸又筑中、东、西三座卫城，驻扎重兵，阻挡突厥人南侵，并请求朝廷趁突厥人兵力空虚而攻漠北之地，收复失地三百余里。突厥人从此不敢过太行山牧马。

韦曲杜曲　梦窗草窗

【浅释】

韦曲杜曲：唐代韦安石在西安府南建有花园，名为韦曲。杜岐公建有花园，名为杜曲。

梦窗草窗：南宋吴文英，善于写词，有《梦窗甲、乙、丙稿》四卷。周密有《草窗词》二卷。

灵征刍狗　诗祸花龙

【浅释】

明代陈士元所著《梦古逸旨》上说："梦也是觉，比如庄子梦为蝴蝶，梁世子梦为鱼鸟。觉也是梦，比如太史刍狗之梦，周宣刍狗之占。《魏志》上载，周宣，字孔和，太史问周宣，他梦见了刍狗，是怎么回事？周宣说："得饮食"。过了些日子，太史说他又梦见刍狗，周宣道："掉下车折了脚。"隔了一段时间，太史又问周宣，周宣说："有火灾"。太史说："我三次问你都不是梦，不过是试试你罢了，看你说得究竟灵验不灵验，怎么都应验了？"

明代的高启，字秀迪，自号青邱子，长洲人。洪武初年被朝廷征召编修

《元史》，擢为户部侍郎。工于诗。因题写宫女图而触怒了高帝，借口因魏观之事而将他除去，死年39岁。有诗说："女奴扶醉踏苍苔，明月西园侍宴回。小犬隔花空吠影，夜深宫静有谁来。"

嘉贞丝幔　鲁直彩缸

【浅释】

唐代宰相张嘉贞想纳郭元振为女婿，就对他说："我有五个女儿，会各拿着一条丝站在幕后，你去牵线，线那头是谁，谁就是你妻子。"元振于是牵了一条红丝，是宰相的三女儿，贤惠而美丽。

宋代黄鲁直的儿子，向苏迈的女儿求婚。结婚时，用红彩线缠其缸做彩礼。

四　支

王良策马　傅说骑箕

【浅释】

王良策马：《史记·天官书》："汉中四星，曰天驷。旁一星曰王良。王良策马，车骑满野。"

傅说骑箕：星名。传说傅说是商朝武丁时的宰相，辅助殷得以中兴，死后成为天上的星座，在箕尾之间。

伏羲画卦　宣父删诗

【浅释】

伏羲姓风，号太昊，一号春皇。当时，黄河中有龙马浮出，背旋成图，上有阴阳奇偶之数，伏羲便根据图上所示画成八卦，即乾（一）、兑（二）、离（三）、震（四）、巽（五）、坎（六）、艮（七）、坤（八），称之为"先天"。后来，文王、周公、孔子相继作《易》。

至圣孔子，他死后，鲁哀公在诔文中称他为"尼父"，西汉时谥为"成宣"，又加称"至圣文宣王"。孔子和弟子曾周游四方，因当时礼崩乐坏，大道不通，又回到鲁国。他将古诗三千余首删作310篇，让学生子夏为之作序。到秦汉时，佚了六首。

高逢白帝　禹梦玄彝

【浅释】

传说汉高祖刘邦酒醉后走在沼泽中，碰见大蛇当道，拔剑将蛇斩为两段，继续前行，遇到老妪在黑夜中哭泣，说："吾子白帝也，化为蛇，当道，今被赤帝子斩之，故哭。"

禹梦玄彝：大禹，曾治理天下的大水。至衡山，梦男子自称玄彝苍水使者，曰："欲得我简书，斋于黄帝之宫。"禹斋三日，果得金简玉牒，因知治水之要。

寅陈七策　光进五规

【浅释】

宋高宗时，起居郎胡寅曾进七条计策：一、停止和议，整修战略；二、置行台多；三、讲求实效；四、发天下之兵；五、建都荆、襄；六、选宗室；七、存纪纲。当时，平章事兼江淮宣抚吕颐浩，因为憎恨他的耿直，而罢他为外官。

司马光是北宋大臣，史学家。仁宗朝时知谏院。曾上三札，又进五规，叫保业、惜时、远谋、谨微、务实。仁宗认为极好，遂采纳了他的进言。

鲁恭三异　杨震四知

【浅释】

鲁恭三异：东汉鲁恭担任中牟令，邻县发生蝗灾，唯独不侵扰中牟县境。河南尹袁安闻之，前往察看，看到儿童旁有雉，问何不捕之，儿童回答说："雄方雏。"袁安于是说："虫不入境，化及禽兽，童子有仁心。三异也。"

杨震四知：东汉人，曾推荐昌邑令王密做官。杨震路过昌邑，王密夜怀十金送给杨震，杨震拒不接受，王密说："深夜没有人知道。"杨震说："天知、地知、你知、我知，何谓无知?"

邓攸弃子　郭巨埋儿

【浅释】

晋朝邓攸带家属逃亡时，路上遭遇敌兵，儿子和侄儿不可能同时庇护，必须舍弃一个。由于他弟弟早死，只留下这个侄儿，他便硬了心肠把儿子捆在树上，自己背着侄儿逃走。东晋元帝时，他担任吴郡太守，为官清廉，后官至吏部尚书。死时仍旧没有儿子。当时，人们都很怜悯他，叹息说："天道无知，使邓伯无儿。"

汉朝郭巨，家道贫寒，养不活老母。他母亲心疼孙儿，每次吃饭，总要分一点给孙儿吃。郭巨夫妇看到后，便感到留着儿子会让母亲挨饿，就商量说："儿子今后还能够再生，而母亲倘若死了，就永远不会再有了。"于是夫妇俩便决定将儿子活埋了。他俩挖地三尺多深，突然发现一罐金子，上面有一排红字："天赐孝子郭巨，官不得夺，人不得取。"

公瑜嫁婢　处道还姬

【浅释】

公瑜嫁婢：宋代人钟离瑾，字公瑜，任德化县令时，嫁女时买来婢女，知道婢女是前任县令的女儿，就同女儿一样嫁出。

处道还姬：杨素，字处道。徐德言与妻子乐昌公主，在战乱时各执破镜一半相约，后乐昌公主流落为杨素家姬，徐德言流落到京城，在市场上买到了乐昌公主的半边破镜，做诗曰："照与人俱去，照归人不归。"杨素知道后，即召德言还其妻。

允诛董卓　玠杀王夔

【浅释】

汉代王允，字子师，很有才略。郭林宗见了，感到很惊异，说："王生一日千里，有辅佐天子的才能。汉献帝时为司徒，因恨董卓专权恣肆，便私下里买通董卓部将吕布，定计诛杀了董卓，将董卓的尸体弃置街中。守尸的小吏在董卓尸体肚脐处点燃灯，烧了3天，火才熄灭。

宋朝的余玠任四川宣谕司时，利司都统王夔残忍凶悍不听指挥，蜀中百姓深受其害。余玠到嘉定后，王夔率领部下迎接。余玠慢慢地命官吏犒赏了将士，而对亲将杨成授以密计，让杨成带领部众，将王夔招来议事，王夔来了后，便被杀掉了。

石虔趫捷　朱亥雄奇

【浅释】

东晋桓石虔，动作相当轻捷，没有人能和他相比。有一次，他和父亲桓豁一起围猎，一只老虎中了箭，受伤倒在地上。将领们怂恿他把老虎身上的箭拔出来，他真的上前拔出一支箭来。后来，他跟伯父桓温入关，作战十分英勇，威镇敌营。一次，他的叔父桓冲陷入敌阵，身边的将帅没一个敢去救他，桓温便对石虔说："你的叔叔身陷敌阵，你知道吗？"石虔听了意气激昂，扬鞭跃马在几万敌军中，没有谁能抵挡他，就这样他把桓冲救了出来，全军都非常钦佩他。

战国时朱亥是个力士，隐居在屠宰铺里。侯嬴把他举荐给信陵君无忌。后来信陵君窃兵符救赵，唯恐魏国老将晋鄙不接受命令，把他也带去了。当晋鄙表示猜疑不想交出兵权时，朱亥拿出袖里藏着的四十斤铁锥，一下把晋鄙打死，夺取了他的兵权，便率兵抗秦，秦军溃败，赵国得救。

平叔傅粉　弘治凝脂

【浅释】

季汉何晏，字平叔，南阳人。善谈老庄，官至吏部尚书。美姿仪，面至白，魏明帝疑其傅粉，正值夏月，与以热汤饼，既啖，大汗出，以朱衣自拭，色转皎然。晋杜乂，字弘治。其肤清绝，王右军见之，叹曰："面如凝脂，眼如点漆，神仙中人也。"有称王长史形者，蔡子尼曰："恨诸人不见杜弘治耳。"王长史，名仲祖。《江左名士传》曰：杜弘治清标令上为后来之美。

伯俞泣杖　墨翟悲丝

【浅释】

汉代人韩伯俞很有孝心。一次，他做了错事，母亲用拐杖打他，伯俞哭得眼泪沾湿了衣服。母亲说："以前打过你几次，你都没哭，今天为什么就哭了呢？"伯俞答道："从前，母亲打儿子，儿子觉得疼，知道母亲身体健康。今天母亲打儿子却不感到疼，才晓得母亲已经年迈力衰，儿子才伤心地哭啊！"陈思王《灵芝篇》曰："伯瑜年七十，彩衣以娱亲。"

墨翟，战国时宋人，著书十篇，号为墨子。一次，墨子见到染丝的人，便悲叹地说："布放在黑色里染就成了黑的，放在黄色里染就成了黄的，放进五色里就成了五色的，因此不能不慎重。不仅仅是染丝，治理国家也是这样啊！"《文心雕龙》上说："凡人才中有天资的，开始学习时就治学谨慎。砍梓染丝，其功夫在于最初。

能文曹植　善辩张仪

【浅释】

曹植，字子建，是曹操的第三个儿子。十岁就会做文章，才思敏捷，落笔成章，深受曹操宠爱，想把他立为太子，之后却失宠。"七步成诗曹子建"这个著名的典故，就是赞赏他的才华的。

张仪是战国时魏国人。他与苏秦都是鬼谷子的学生。他主张连横，使六国割地事秦，是秦、魏两国的宰相，纵横家的代表人物之一。封武信君，年轻时他地位卑微，有一次跟随楚国国相参加宴会，别人诬赖他偷了珍贵的璧，他被打得遍体鳞伤，回家后便问妻子："我的舌头还在吗？"妻子说在，张仪便放心了，说："只要舌头在就行。"后来，他就是凭借这张能说会道的嘴游说秦国国君而获得显达的。

温公警枕　董子下帷

【浅释】

温公警枕：司马光在宋哲宗朝为相，封为温国公。宋范祖禹作《司马温公布衾铭》曰："公一室萧然，图书盈几，竟日静坐，泊如也。又以圆木为枕，少睡则枕欹而觉，乃起读书。"

董子下帷：董子，即西汉大儒哲学家董仲舒，专门研究《春秋公羊传》。《汉书·儒林传》："董仲舒少治春秋，孝景时为博士，下临讲诵，弟子传以久，次相授业，或末见其面。盖三年不窥园，其精如此。"

会书张旭　善画王维

【浅释】

张旭，唐朝人，字伯高。善草书，性嗜酒，每大醉，呼叫狂走，乃下笔，或以发得墨而书，既醒自视，以为入神。初为常熟尉，有老人陈牒求判，信宿又至，旭责之，曰："观公笔奇妙，欲以藏家耳。"因出其父书，天下奇笔也，旭自是尽得其法。又尝见公主担夫争道而得笔法，观公孙大娘舞《剑器》，更得其神，人称草圣。

善画王维：王维，字摩诘，唐朝著名诗人、画家。曾做监察御史、节度府判官等，后又任尚书右丞，故称王右丞。王维最善诗与画。宋朝苏轼说："味摩诘之诗，诗中有画，观摩诘之画，画中有诗。"

周兄无慧　济叔不痴

【浅释】

春秋时期，晋悼公周的兄长是个痴人，不能分辨菽（豆类）麦，不能当国君，臣下们就把公周立为国君。

晋朝王湛，是王济的叔父。他平生不愿展现自己，别人都把他当作呆子。有一次，王济去看望他，看见他床头放了一本《易经》，就跟他谈《易经》。王湛对《易经》的剖析相当透彻，王济听后感慨说："自己家中出了一位名士，居然三十年都没发现！"就把他举荐给晋武帝，从此开始知名。王湛三十八岁了才出仕当官。

杜畿国士　郭泰人师

【浅释】

季汉杜畿自荆州还，至许见侍中耿纪，语终夜。尚书令荀或与纪比屋，夜闻畿言，异之，旦遣人谓纪曰："有国士而不进，何以居住？"既见畿，如旧相识，遂进之于朝。

汉郭泰，林宗，介休人。魏昭童子时，求入事泰，供给洒扫。泰曰："当精义讲书，何来相近？"昭曰："经师易获，人师难遭。欲以素丝之质，附近朱蓝。"于时泰名显，士争归之，载刺常盈舞。又于梁陈间行遇雨。巾一角垫，时人乃故折巾一角，以为"林宗巾"。

伊川传易　觉范论诗

【浅释】

宋代的程颐，人称"伊川先生"。出游成都时，看见有个修篾桶的人拿着本书，仔细看去，却是《周易》。他讲起了未济卦，知道三阳失位是难穷之义。程颐不由缘对他另眼相看。后来，他对袁滋说："《易》学在蜀地啊！"一次，他见一个卖酱的薛翁，与之交谈后，大有所得。大概篾叟、酱翁都是蜀中的隐士。袁滋又作袁溉，字道洁，他的学问得于富顺监卖香的薛翁。宋代僧人彭觉范，会做诗。他有个弟弟叫超然，为人谨慎忠厚，也善于论诗，谈吐风趣。一天，超然和兄长论诗时说："诗贵得于天趣。"觉范问道："怎样才算识得诗的天趣呢？"超然回答道："能够理解萧何慧眼识韩信的苦心，那么就算识天趣了啊。"觉范竟无言以对。

董昭救蚁　毛宝放龟

【浅释】

汉朝董昭横渡钱塘江时，看到江面上浮着一枝短的芦苇，上面有一只大蚂蚁，董昭便牵着芦苇到岸边，这只巨蚁获救了。相传后来董昭被人诬陷，关在杭州的监牢里，有许多蚂蚁来把他的枷锁咬断了，董昭便逃出监狱，到山中避祸去了。

晋朝毛宝，十二岁时看到一个渔夫捕到一只白龟，感觉很新奇，便用钱买下放生。后来毛宝做了邾城守将，与石虎交战，打了败仗，便要投江自杀。到了水中脚下踩到一样硬硬的东西，到了岸边，才知道是他先前放生的白龟救了他的命。

乘风宗悫　立雪杨时

【浅释】

乘风宗悫：宗悫，字元干，南朝宋孝文帝时人。少时，叔父宗炳问其志愿，意答曰："愿乘长风破万里浪。"元嘉二十二年（445年）破林邑时为振武将军，城破，珍宝山积，悫一毫无犯。立雪杨时：杨时，字中立，北宋南剑州将乐人。《宋史·杨时传》载：杨时四十岁时曾与游酢拜见程颐，程颐正在瞑目而坐，杨时不敢打扰，久立不去。等程颐察觉时，门外已雪深一尺，二人还立在那里。后历知浏阳、余杭、萧山，都取得了政绩。

阮籍青眼　马良白眉

【浅释】

晋人阮籍，字嗣宗。他仪表堂堂，神气宏放，得意之时，放浪形骸。适值天下多变故，名士很少有能保全气节的，便整日醉酒酣畅，自我排遣。他能做青、白眼，见到俗客就白眼看之。他居丧时，嵇康之兄嵇喜去吊丧，阮籍用白眼瞪着他，弄得嵇喜很不高兴地走了。嵇康听说了这件事，便挟着酒，带着琴来造访阮籍，阮籍大为高兴，现出了青眼。汉末的马良，字季常，襄阳宜城人。兄弟5人均以才能而著称。马良的眉毛边长有白毛，街坊邻居道："马氏五常，白眉最良。"刘备领荆州时，将他任为从事，即位之后，又任为侍中。蜀攻打吴时，刘备让马良去招纳五溪一带的蛮族前去攻吴，后都受了封号。

韩子《孤愤》　梁鸿《五噫》

【浅释】

韩子《孤愤》：韩子即韩非，韩国贵族，法家代表人物，与秦国的李斯同出于荀子门下。《史记·老子韩非列传》称：韩非见韩之削弱，数以书谏韩王，韩王不能用。故作《孤愤》《五蠹》等数十万言。

梁鸿《五噫》：梁鸿，字伯鸾，少贫而博学，娶妻孟光，隐居霸陵山中，一日过洛阳，见宫室侈丽，乃作《五噫歌》："陟彼北邙兮，噫！顾览帝京兮，噫！宫室崔嵬兮，噫！人之劬劳兮，噫！辽辽未央兮，噫！"肃宗闻而非之，下令缉捕。他改姓易名，与妻远居齐鲁之间，为人做工。每归，妻子孟光举案齐眉。

钱昆嗜蟹　崔谌乞麋

【浅释】

宋朝钱昆非常喜欢吃螃蟹，有人问他最大的心愿是什么，他回答道："但得有螃蟹，无通判处亦可矣。"北齐时西河郡太守崔谌，倚仗他弟弟的权势，向李绘索取麋角、鸽羽，李绘回信断然拒绝，而且狠狠地讥讽他一下。回信说："鸽有六羽，飞则冲天，麋有四足，走便入海。下官手足迟钝，不能追飞逐走，以事佞人！"让崔谌自讨没趣。

隐之卖犬　井伯烹雌

【浅释】

隐之卖犬：吴隐之，字处默，晋濮际人。《晋书·吴隐之传》："隐之将嫁女，（谢石）知其贫素，遣婢必当率薄，乃令移厨帐，助其经营。使者至，见婢牵犬卖之。

此外萧然无办。"井伯烹雌：井伯，即春秋时秦国的贤相百里奚，字井伯。家贫，出游不返，其妻无以自给，乃西入秦，为院妇，遂与相失。后吴为秦相，妻知之，未敢言。一日，吴坐堂上作乐，所请来的洗衣妇自言知音，因援琴而歌者三，其一曰："百里奚，五羊皮。亿别时，烹伏雌，炊扊扅屋，今日富贵，忘我何为？"问之，原来是过去的妻子，遂还为夫妻。

枚皋敏捷　司马淹迟

【浅释】

枚皋敏捷：枚皋，字少孺，西汉淮阴人，才思敏捷。汉武帝出巡时，每有所感，则命他做赋。他受诏即成。故而扬雄说：军旅之际，戎马之间，飞书驰檄，则用枚皋。

司马淹迟："马相如，字长卿，西汉辞赋家，他做了很多赋，至今尚有《子虚》《上林》等名篇传世。其为文首尾温丽，但构思淹迟。控引天地，错综古今，忽然而睡，涣然而兴，几百日而后成。

祖莹称圣　潘岳诚奇

【浅释】

南北朝时北朝的祖莹，字元珍，八岁时就能诵读《诗经》《尚书》两本很深奥的儒家经典。这除了他的聪明之外，还与勤奋刻苦分不开。家里不让他晚上苦读，他便把灯光遮盖起来偷偷看书，当时人们都称誉他不同凡响。是"圣小儿"。

晋朝潘岳，字安仁，文章辞藻华丽，人长得俊美有风度。小时候他带着琴坐车出门，车子行走在洛阳街道上，很多妇女都把水果等好吃的东西扔到车里，满载而归。不管邻里还是县城的人都把他称为奇童。

紫芝眉宇　思曼风姿

【浅释】

紫芝眉宇：唐朝元德秀，字紫芝，河南人。少年丧父，孝事母亲。后为鲁山令，为官清廉自守。后隐居陆浑山中。不为墙垣扃钥，遇到荒饥，日或不食，弹琴以自娱。房琯每见德秀叹曰："见紫芝眉宇，使人名利之心都尽。"

思曼风姿：曼，即南北朝时张绪，字思曼。少有才文，风姿清雅，官至国子祭酒。齐武帝曾称赞蜀地的柳树曰："此柳风流可爱，似张绪当年。"

毓会窃饮　谌纪成糜

【浅释】

东汉末的钟毓、钟会，是钟繇的儿子。二人小时，一次趁父亲睡觉，偷喝药酒，这时，父亲已醒，假装睡着偷偷观看他们在干什么。只见钟毓拜而再饮，钟会却饮而不拜。到后来，父亲问起钟毓为什么喝酒时要拜，钟毓答道："酒以成礼，不敢不拜。父亲又问钟会为什么不拜，钟会答道："偷本来已经不是礼了，所以不拜。"孔文举的儿子中，大的六岁，小的五岁，小儿子，有一次偷酒而饮，大儿子责问他，他的回答与钟会所说一样。

陈谌、陈纪同为兄弟，父亲是汉太邱长陈寔。两人均有美德，讲究孝悌，事亲养子，举家雍和。他们和父亲一道享誉名望，当时人称为三君。这二人小的时候，有一天家中来了客人，那客人谈锋很健，口若悬河，雅而不俗。父亲让兄弟俩去准备饭，二人却迟迟不端出来。父亲问起，陈纪跪着回答："父亲与客人说话，我们偷听，竟忘了锅中的饭，饭现在已成了糜（粥）了"。陈寔问道："你们记住了不少谈话的内容吧？"二人跪在当地，细细陈述了一遍，没有落下一句。陈寔高兴地说："这样的话，只要糜（粥）就行了，又何必要吃饭呢？"

韩康卖药　周术茹芝

【浅释】

东汉韩康，字伯休，经常在长安市场上卖药，三十多年从不讲价。有一次，一个姑娘向韩康买药，由于她不认识韩康，便想讲价，韩康不愿让价，这姑娘很生气，说："公是韩伯休耶？乃不二价乎！"韩康说："我本欲避名，今小女子皆知我名，何用药为！"从此就不再卖药了。汉桓派人请他去当官，他不接受，便逃到霸陵山中隐居。

周术，号佣里先生，同东园公、绮里季、夏黄公一起在商山隐居。当时这四个人胡子眉毛全都白了，大家便把他们称为"商山四皓"。汉高祖刘邦派使者礼聘他们，他们昂首向天，长叹一声，唱道："哗哗紫芝，可以疗饥。唐虞往矣，吾当何归？"这首歌就是《紫芝曲》，暗示汉朝已不再是他们理想中的唐虞盛世，所以无意出山。

刘公殿虎　庄子涂龟

【浅释】

宋刘安世官台谏，欲直言，因白其母，母曰："谏官为天子净臣，汝父欲为之而弗得，汝当捐身报主，勿以母老为虑。"安世因知无不言，言无不尽。至雷霆之怒，则执简却立，妙霁复前，或至四五。观者皆汗蹄竦听，目之曰"殿上虎"。尝曰："吾欲为元祐全人，见司马公于地下也。"世号元城先生。

《南华·秋水》篇：庄子钓于濮水，楚王使大夫乏二人往见焉，曰："愿以境内累君矣。"庄子持竿不顾，曰：吾闻楚有神龟，死已三千岁矣，王巾笥而藏之庙堂之上，此龟者，宁其殆为留骨而贵乎？宁其生而曳尾于涂中乎？二大夫曰："守生而曳尾于涂中。"庄子曰："往矣，吾将曳尾于涂中。"

唐举善相　扁鹊名医

【浅释】

唐举，周时人，精通相术。有记载说，他可以通过观察人的形状颜色，而知道其吉凶妖祥。蔡泽曾找唐举给自己看相，唐举笑着说："圣人是不看相的，你不怕它危险吗？"蔡泽明白唐举在开玩笑，便说："要说富贵我是拥有的，就是不知道我能活多久。"唐举说："先生的寿数从现在开始，往后能活四十三岁。"蔡泽听了说："身居官位，享尽荣华富贵，即使活四十三岁也足够了。"

扁鹊，姓扁名缓。一说姓秦，名扁鹊，字越人。战国时医学家。有丰富的医疗实践经验，遍游各地行医，擅长各科，医名很大。魏文侯曾问他道："你兄弟三人，谁的医术最好？"扁鹊答道："我的大哥治病是看神色，消病于未形之时，所以他的名声没有出家门。我的二哥治病，只施行小小的手段，所以他名声没有出里巷。而我治病，却诊血脉，投毒药，切肤动手，因而闻名于世。"

韩琦焚疏　贾岛祭诗

【浅释】

宋朝韩琦担任了三年的谏官，所保留的奏疏草稿，要搜集起来烧毁保密，他这是效仿古代名臣如晋代羊祜等人的做法。

唐朝诗人贾岛早年为僧，后来结识韩愈才还俗，他是位苦吟诗人，五言律诗是其特长，经常有好句。晚年时，他常在除夕这天把一年中所做的诗集中到一起，以酒肉祭诗，说："劳吾精神，以是补之。"

康侯训侄　良弼课儿

【浅释】

康侯训侄：胡安国，字康侯。他的侄儿胡寅，少桀黠难制，胡安国闭之空阁，置书千卷于其上。年余，胡寅悉成诵不遗一卷，遂中进士，累迁起居郎。

良弼课儿：南宋进士余良弼曾写教子诗："白发无凭吾老矣，青春不再当知乎?年将弱冠非童子，学不成名岂丈夫?"

颜狂莫及　山器难知

【浅释】

南朝人颜延之，文章冠世，和谢灵运齐名。宋文帝曾召见他，但他却只管在酒店中狂歌，不去应对。第二天酒醒后，才去见文帝。文帝问他的几个儿子才能如何，颜延之答道："颜竣得了我的笔法，颜测得了我的文法，颜表继承了我的节义，颜曜却承了我的酒。"有个叫何尚之的问："谁得了你的狂放呢? "颜延之说："我的狂放谁也赶不上。颜延之性情刚烈，直言不讳，无所顾忌，人们称之为"颜彪"。

西晋的山涛，性孤僻，很难与人相处。一次，羊祜和晋武帝商量伐吴之事，山涛说："我们并非圣人，外部安宁了，内部就必然出乱。消除吴国这个外患，使别国畏惧我们，难道不是办法吗?"在场的人都佩服他的远见卓识。王戎看着他说："璞玉浑金，世人都钦羡它们是宝物，但不能说出它们是什么器物啊! "

懒残煨芋　李泌烧梨

【浅释】

唐朝高僧明瓒，号懒残，在衡山石窟中隐居。德宗皇帝命使者去石窟中宣召他进京，使者进到石窟时，懒残和尚还在拨牛粪的火煨芋吃，不愿应召进京。

唐肃宗半夜坐在宫中，宰相李泌陪伴着他。那时李泌正在修炼，不吃米谷之类的食物，肃宗皇帝亲自给他烧梨吃。

干椹杨沛　焦饭陈遗

【浅释】

干椹杨沛：东汉末年时，杨沛曾拿出桑葚和野豆送给缺粮的曹操军队。焦饭陈遗：晋代人陈遗担任吴郡主簿，其母喜食焦饭，陈遗每次煮饭，必定贮之拿回家奉母。陈遗后来在战乱中靠焦饭活命，被举为孝廉。

文舒诫子　安石求师

【浅释】

东汉王昶，字文舒，他曾经写了一封信教导他的儿子："夫物速成则疾亡，晚就则善终。能屈以为伸，让以为德，弱以为强，鲜不遂矣。人或毁己，当退而求之于身。"司马懿称其德才兼备。

宋朝改革派代表人物王安石，是唐宋八大家之一。他思考问题的方法和常人不同，一次他想替小孩子找一位教书先生，要求这位先生是学识渊博、品德崇高的读书人。大家都感到奇怪，找一个启蒙老师，教孩子认几个字罢了，何必如此费事！有个人就问王安石说："启蒙何必如此？"王安石说："先入者为主。"就是说启蒙老师是打基础的，基础怎么样，对孩子未来影响很大。假如小时候老师把书教错了，以后孩子想改正就要花费几倍的功夫，不可不慎重。

防年未减　严武称奇

【浅释】

汉景帝时，有一个叫防年的，因继母陈氏杀了自己的父亲，便将继母杀了。廷尉以大逆之罪判了防年死刑。上报朝廷后，景帝反复看了案牒，迟疑不决。年方12岁的武帝侍立在父王身边，这时他说："继母情同亲母，是因父情所系，现在继母妄杀了防年父亲，下手之时，母情已经没有了。防年杀继母是为了报父仇，如此看来，不应该以大逆论罪。"景帝认为言之有理，便朱批不予治罪。

唐代的严武，字季鹰，是中书侍郎严挺之的儿子。严挺之宠爱小妾玄英，而虐待妻子裴氏。8岁的严武见了，十分气愤，便在衣袖中藏了铁锤，夜晚趁玄英熟睡，将她的头颅击碎。家中的人都以为他是在儿戏，严武正色道：说过朝廷大臣因宠妾而虐待正妻的事呢？因为这个缘故，我才杀了她，这并不是儿戏！"严挺之惊奇不已，说道："你真是我严挺之的儿子！"天宝年间，严武为剑南节度使，和杜甫很要好，杜甫曾看着他说道："严挺之竟会有这样能干的儿子！"

邓云艾艾　周曰期期

【浅释】

季汉邓艾，字士载。少有大志，每见高山大泽，辄规度军营处所。仕魏，封邓侯。景元中，大举伐蜀，艾督军自阴平道以毡自裹，推转而下。蜀平，诏以艾为太尉。艾捷于应对，然口吃，语称"艾艾"。晋文字戏之曰："卿云艾艾，定得几艾？"对曰："凤兮，凤兮，故是一凤。"

西汉人周昌口吃，然而敢强力敢言，高祖欲易太子，昌廷诤之上问其说，盛怒曰："臣口不能言，然期期知其不可。陛下欲易太子，臣期期不奉诏。"上欣然而笑，太子始定。宋刘贡父戏王汾口吃，赞曰：恐是昌家又疑非类。未闻雄名，只有艾气。扬雄、韩非皆口吃。

周师猿鹤　梁相鹓鹐

【浅释】

晋葛洪，号"抱朴子"，广读诗书，元帝时，被召为丞相，他著的《抱朴子》中有一个神话故事，说周穆王带师南征，一军尽化，君子为猿为鹤，小人为虫为沙。

战国时惠施做了梁国的国相，庄子去看他。有人对惠施说庄子来这里是想篡夺这相国的宝座。惠施听了很惊恐，就派兵在国内搜捕庄子，搜了三天三夜也没找到。之后还是庄子自己找上门来，他对惠施打一个比方说："南方有鸟，名鹓（凤凰），你知道吗？它从南海出发，飞往北海，不是梧桐树不休息，不是竹实不吃，不是甜美的泉水不饮。有一次，一只猫头鹰找到一只腐烂的老鼠，鹓刚好从它头上飞过，猫头鹰仰起头来，叫了一声'吓！'你是想用这梁国来吓唬我吗？"

临洮大汉　琼崖小儿

【浅释】

临洮大汉：传说秦王二十六年，在临洮有长五丈，足六尺的巨人出现。琼崖小儿：李守忠奉使到琼崖，见琼州人杨避举的父亲已一百二十岁，他祖父活了一百九十五岁。又见梁上鸡窝中一人伸出脑袋，他祖父说："这是九代祖先，不语不食，不知活了多少年。"

东阳巧对　汝锡奇诗

【浅释】

明代李东阳，号西崖，长沙人。他天资聪明，幼时曾举神童。天子宣他入朝，因人小腿短，双脚迈不过宫中门槛，天子逗笑说："神童足短。"他随即应答："天子门高。"天子将东阳抱起放在膝上。东阳的父亲跪伏在丹墀下，天子问东阳："儿子坐着而让父亲立在一旁，合乎礼吗？"东阳答："嫂嫂落水而小叔去救，是应该的啊。"天子又出句道："螃蟹浑身甲胄。"东阳对曰："蜘蛛满腹经纶"。后来，他中了进士，历仕四朝，官至宰相。宋朝的陈汝锡，青田人。他自小学思敏捷，曾用他的一联诗"闲愁莫浪遣，留为痛饮资，"让诗人黄庭坚看。黄庭坚击节称赞道："真和我们这些人无异啊！"绍圣四年，陈汝锡由太学举进士及第，是他家乡有史以来第一个登第的才子。著有《鹤溪集》。

启期三乐　藏用五知

【浅释】

启期三乐：孔子游泰山，见荣启期鹿裘带索，鼓琴而歌，孔子曰："先生何以乐也？"问启期曰："吾乐甚多。天生万物，人为贵，吾得为人，一乐也；男女之别，男尊女卑，吾得为男，二乐也；生有不见日月，不免襁褓者，吾行年九十，三乐也。"

藏用五知：宋代李若拙，字藏用，曾作《五知先生传》：知时、知难、知命、知退、知足。

堕甑叔达　发瓮钟离

【浅释】

汉朝孟敏，字叔达，为人果断刚直。一次他去太原，蒸饭用的陶甑忽然摔在地上，摔得粉碎，他连看都不看一眼继续前行，当时一位大名士郭泰看见了，就问他原因，他回答说："已经破了的甑，看了有什么好处？"郭泰被他问住了，感到这个人很不寻常。

汉朝钟离意想要做鲁王的国相，整修孔子庙的时候，他的下属张伯在殿堂上除草，拾到七枚玉璧，他把六枚上交钟离意，把一枚暗地里留给自己，殿堂下还有一个瓮，不知里面是什么。钟离意把它打开，看到有一块用红漆写的竹简，上面写着："后世修我书，广州董仲舒。护我车，试我履，发我笥，会稽钟离意。璧有七，张伯怀其一。"这个典故把孔子写成了一个未卜先知的仙人，明显是后人编造的，因为孔子原本就不讲什么奇特的东西。

一钱诛吏　半臂怜姬

【浅释】

宋钱诛吏：宋朝张咏知崇阳县，一吏从库中出来，鬓发旁有一钱，是库中钱，张咏命令杖之。吏勃然怒曰："一钱何足道！尔能杖我，不能斩我也。"张咏拿笔判决："一日一钱，千日千钱。锯木断，水滴石穿。"亲自提剑下台阶斩杀了他。

半臂怜姬：宋代宋祁有众多妻妾，一天在锦江赴宴，微寒，派人回家拿半臂（短袖上衣），结果众妻各送一件，共十余件，宋祁恐怕有厚薄之嫌，不敢穿，忍冻回家。

王胡索食　罗友乞祠

【浅释】

王胡之是晋代人，字修龄，曾住在东山，家境贫困。陶胡奴当乌程县令时，特地送给他一船米，王胡之却不肯接受，直截了当地说："王修龄如果饥饿，应向谢仁祖（谢尚）要吃的，不需要陶胡奴的米"。晋代罗友幼时很好学，极喜喝酒。不论是士人还是庶民，他都愿与他们在一起畅饮。他经常等在别人家的祠堂里向人乞讨祭奠剩下的酒食。有时，他早早地躲在人家大门的旁边，到第二天早上得到食物才回家。他即使在军营、公署、集市上乞食，也不以为羞耻。桓温曾责怪他说："你既然生活这样窘迫，为什么不到我这儿来拿些东西？"罗友傲慢地说："我向你乞食，今天可以得到，明天就让你看不起了呀！"桓温听了大笑。后来，桓温任他为襄阳太守，后又迁广、益二州刺史。

召父杜母　雍友杨师

【浅释】

汉朝召信臣，担任上蔡县县令时，爱民如子，当地民众都很拥戴他，爱他就像爱自己的父亲一样，把他称为"召父"。又，东汉杜诗，光武时被提拔为南阳太守。他在自己的管辖区内除暴安良，免除老百姓的徭役，老百姓十分感激他，把他称为"杜母"。

南宋抗金名将张浚问杨用中："你曾在梁洋一带当官，那地方有人值得我去结交吗？"杨用中回答说："杨仲远可以为师，雍退翁可以为友。"由此可见古人择友非常严谨。

直言解发　京兆画眉

【浅释】

直言解发：唐代贾直言被流放到南海，临行前对妻子说："吾去汝亟嫁。"妻董氏束发，用帛封好，说："非君手不解。"贾直言二十年后回来，妻头上封帛如故。京兆画眉：汉代张敞担任京兆尹，曾亲自为妻子画眉。

美姬工笛　老婢吹篪

【浅释】

晋朝石崇有个名叫绿珠的姬妾，貌比天仙，又擅长吹笛，石崇对她很是宠爱。

王琛担任秦州刺史时，当地发生羌人叛乱，王琛带军镇压，久攻不下。一天，王琛突然想起府里有一个老婢女，擅长吹篪。王琛便让婢女化装成贫苦的老太婆，吹篪行乞，那些羌人听见她吹篪的声音，便落下思乡的泪水，无心再战，很快都投降了。

五　微

敬叔受饷　吴祐遗衣

【浅释】

南朝齐人何敬叔任长城令时，清廉公正，禁止亲友馈赠。有一年，天遇灾荒，庄稼歉收。夏至时，朝廷给他的俸米拨了下来，共二千八百石，可是，他将这些米全部代穷苦农民交了租子，自己没留一点儿。这以后亲友又送来礼品，他还是不收受。

吴祐，汉代人，字季英，陈留长垣人。曾举孝廉，任胶东相。他为政清廉，崇尚仁义简朴，他治下的官吏纷纷约束自己，不敢欺诈百姓。有个叫孙性的小吏，一次私吞了钱财，买了件衣服给他父亲穿。他的父亲很生气地斥责他说："你的上司如此清正廉明，怎么能容忍你这种欺诈行为呢？"孙性听了，感到很害怕，便向吴祐自首认罪。吴祐见他主动认罪，便宽恕了他，说："你以孝敬父亲之心，甘受污辱之名，正是观过而知仁啊！"他让孙性回家去向父亲道谢，将那件衣服赠送给了他的父亲。

淳于窃笑　司马微讥

【浅释】

淳于窃笑：战国时齐国人淳于髡，滑稽，善于言谈。当楚国伐齐时，齐王让他到赵请救兵，淳于髡大笑，齐王问何故，淳于髡说："今臣从东方来，见道旁有稻田者，操一猪蹄，酒一盅，祝曰：'瓯窭满篝筹，污邪满车，五谷藩熟，穰穰满家。'臣见所持者狭而欲者奢，故笑之。"齐王于是给他黄金千镒、白璧十双、车马百驷至赵，赵拨精兵十万，楚国于是退兵。

司马微讥：唐代卢藏用举进士不中，后隐居终南山得官，人称随驾隐士。有天台山道士司马承祯到京城，卢藏用指着终南山说："此中大有佳处，何必天台？"司马承祯说："以仆观之，乃仕宦之捷径耳。"

子房辟谷　公信采薇

【浅释】

汉初三杰之一的张良，字子房，封为留侯，在帮助汉高祖刘邦取得天下之后，功成身退，与世无争，晚年，他弃官跟赤松子修炼，学习辟谷术，不食人间烟火。

周武王伐纣，孤竹国国君的两个儿子伯夷（名允，字公信）、叔齐（名致，字公远）拦在路上叩马而谏，认为文王才去世就用兵，是不孝、不仁。武王不听他们的劝说。商纣亡国，他二人认为再吃周王的皇粮是可耻的，便隐居首阳山，采薇（一种野菜）当粮食充饥，最后兄弟俩都饿死在山中。

卜商闻过　伯玉知非

【浅释】

子夏的儿子死了，他哭得双眼失明。他的同窗、以孝著称的曾子来吊唁，子夏哭着对曾子说，"天啊，我并没有什么罪过，为什么让我遭此不幸哪！"曾子说："卜商，你怎么没有罪过呢？你我在诛泗之间侍奉老师多年，后来你退居西河之上，使西河百姓认为你就是老师，这是第一件罪过，死了父亲，却不让百姓知道，这是第二件罪过，你儿子死了，你哭瞎了眼睛，这是第三件罪过。"子夏听了，急忙丢下拐杖伏地而拜道："我有罪，我有罪，我离群索居已经很久了啊！"卫大夫蘧瑗，字伯玉。《淮南子》上说他活到五十岁时而感知前四十九年的不对之处。《庄子·则阳》篇中说：伯玉活了六十岁，六十年间能够不断变化提高。吴公子季札应聘到卫国任职，将上述话说于卫君，卫君说："卫国多君子，不会有这种担心的"。

仕治远志　伯约当归

【浅释】

仕治远志：郝隆，字仕治，晋时高平人，曾在桓温军中任参军。谢安早有隐居之意，因屡征，在桓温军中任司马。有人送给桓温草药，其中有远志。桓温问谢安："此药为什么又名山草？"谢未及答，郝隆应声说："此甚易解，没出来时称为远志，出来就称为山草。"谢安甚有愧色。桓温看看谢安笑曰："郝参军言无恶意。"伯约当归：汉末姜维，字伯约，少年丧父，与母相依为命。隶于诸葛亮旗下后，与母相离。一日得母信，令求当归。姜继回信说："良田百顷，不在一亩；但有远志，不在当归也。"

商安鹑服　章泣牛衣

【浅释】

荀子说："子夏之衣，悬结如鹑。"鹑服，就是穷人穿的又脏又破的衣服。汉朝王章在读书当诸生（在太学读书的生员）时，一次生病没有被盖，就用牛衣（用乱麻编成给牛御寒的）遮寒，王章悲伤地对妻子涕泣，妻子喝住他，不让他啼哭。后来王章当京兆尹要弹劾王凤，他妻子劝他人当知足，要记住牛衣对泣时。他不听劝告，后来果然被王凤陷害致死。

蔡陈善谑　王葛交讥

【浅释】蔡陈善谑：北宋时蔡襄与陈亚均善诗，好戏谑。一次酒酣，蔡襄题诗曰："陈亚有心便是恶。"陈亚当即对曰："蔡襄无口便成衰。"闻者绝倒。王葛交讥：晋朝名士王导与诸葛恢共争姓族先后，王导曰："何不言葛王，而言王葛。"诸葛恢说："譬如言驴马，不言马驴，驴宁胜马乎?"相互讥讽。

陶公运甓　孟母断机

【浅释】

东晋人陶侃，字士行，为广州刺史。每遇闲着没事时，便每天早上往房外运砖，晚上又将砖搬回房内。有人对陶侃所为感到奇怪，问他这是在干什么。他答道："我致力于图取中原大业，如果现在安逸，将来恐怕不能承担重任，所以现在就必须吃大苦锻炼哪!"孟母姓仉（zhǎng）氏，孟子的母亲。丈夫死后，她带着孟子过活，为了让孟子受到好的环境熏陶，她先后搬了三次家。孟子稍长大些，出外求学，不久又回了家。母亲正在织布，见了儿子，便问："你去求学，为什么现在却回来了？"孟子回答说他不想学了。孟母一听很生气，用剪刀剪断了织布机上的线，说："你这样荒废学业，就像我剪断这织机上的线一样。"孟子听了，又羞又怕，从此早晚勤于学业，专心苦读，成为一代宗师，世称"亚圣"。

六 鱼

少帝坐膝　太子牵裾

【浅释】

晋明帝司马绍是晋元帝司马睿的长子，年幼时聪颖敏捷。有一次他坐在元帝膝上，恰巧长安那边派人来，元帝问他："你说太阳和长安哪个离这里远？"他答道："长安近，不闻人从日边来。"元帝听了非常高兴。第二天，他宴请群臣的时候，元帝想让儿子表现一下，又当场问儿子，谁知儿子竟然答道："日近。"元帝听到后脸色都变了，问他为什么跟昨天回答得不一样，司马绍说："举头见日，不见长安。"这个回答很巧妙，在大家意料之外，大臣们都认为这孩子很聪慧。

西晋愍帝太子小时候相当聪明，五岁时，一夜宫中失火，武帝上楼察看火势，太子牵着武帝的衣襟，将他拉到暗处，武帝问他原因，太子说："暮夜仓促，宜备非常，不宜亲近火光，令照见人主。"

卫懿好鹤　鲁隐观鱼

【浅释】

卫懿好鹤：卫懿公好鹤，鹤竟乘大夫坐的车，当狄人进攻卫国时，将士们说："让鹤去打仗。"最后卫国大败。

鲁隐观鱼：鲁隐公将到棠地观看捕鱼，臧僖伯劝谏说："凡与国家大事无关的东西，国君应该不去重视。"

蔡伦造纸　刘向校书

【浅释】

东汉的蔡伦，字敬仲。和帝时任中常侍，封龙亭侯。古时候的书是写在竹简上的，因竹简太笨重，后来人们又在丝帛上写字，称为纸。但丝帛太昂贵，一般人买不起。蔡伦便总结了西汉以来用麻质纤维造纸的经验，改进造纸术，用树皮、麻头、破布、旧渔网为原料，造出又薄又白的纸，人们称之为"蔡侯纸"。现在湖广衡州耒阳县蔡子池南春纸石臼尚在，也有的说西汉皇后纪已有赫(xī)蹄纸，造纸不是从蔡伦才开始的。

　　汉代刘向，字子政，本名更生。汉宣帝命他在天禄阁校正《五经》。当时正值元宵佳节，晚上，其他人都出去游赏花灯了，只有刘向没有去。一会儿，有一个穿黄衣服的老人叩开门走了进来，吹着青藜，用拐杖端起灯烛照着刘向，同他谈起了盘古开天辟地前的事，并说："我是太乙之精，天帝听说你很好学，特地派我来看望你。"

朱云折槛　禽息击车

【浅释】

　　西汉成帝时，朱云担任槐里令，上奏皇帝请借尚方剑斩处佞臣张禹。成帝大怒，下令把他拉出去斩首。拉他时，他死命抓住殿槛，结果把殿槛都拉断了。大呼："臣得从龙逢、比干游地下，足矣。"幸亏这时辛庆忌出面救他，才被赦免。后来，有关人员要修理殿槛，汉成帝不让，说要保留原样，以表彰忠直之臣。

　　春秋时期，秦国大夫禽息向秦穆公举荐百里奚，秦穆公不接受。秦穆公走后，禽息用头撞大车，连脑浆都流了出来，说："臣生无补于国，不如死也。"他以死荐贤的做法，让秦穆公顿时觉悟，重用了百里奚，结果秦国很快便强大起来。

耿恭拜井　郑国穿渠

【浅释】

　　耿恭拜井：东汉人耿恭领兵据守疏勒城，匈奴人断绝城中水源。耿恭掘地十五丈无水，于是对天祈祷，一会儿泉水奔出。匈奴以为神，于是解围。

　　郑国穿渠：战国时韩国为防止秦国的进犯，派水工郑国劝秦国修渠，以消耗其国力。秦国发觉了韩国的用意，要杀郑国，郑国曰："开始时臣虽然是用计，然渠成亦秦之利也。"渠修成后，灌溉良田万亩，秦国逐渐富强，于是命名该渠为郑国渠。

国华取印　添丁抹书

【浅释】

国华取印：宋代曹彬，字国华。在周岁抓周时，左手持干戈，右手持俎豆，又取一印，人皆异之。后被封为鲁国公。添丁抹书：唐代卢全为儿子取名叫添丁，卢全曾写《示添丁》："忽来案上翻墨汁，涂抹诗书如老鸦。"

细侯竹马　宗孟银鱼

【浅释】

细侯竹马：汉代郭伋，字细侯。在并州时曾有恩于民，当他任并州牧时，儿童数百名骑竹马迎拜。宗孟银鱼：北宋蒲宗孟，担任翰林学士，皇帝说："翰林职清地近，而官仪未备，自今宜佩鱼。"佩鱼：唐朝五品以上官员，按级别分别佩金、银、铜鱼，而翰林学士佩鱼自蒲宗孟开始。

管宁割席　和峤专车

【浅释】

三国时魏国管宁，字幼安。年青时，他与华歆同坐在一张席子上读书，一次门外有辆坐着高官的华丽车子从书斋门前路过，管宁一动不动，依旧聚精会神地读书，华歆却放下书本出去看热闹。管宁很瞧不起华歆的这种做法，就用刀把席子割开，对华歆说："你不是我的朋友。"从此他们就不坐在一起。后来魏文帝曹丕要封他做大中大夫，魏明帝曹睿又要封他光禄勋，他都拒绝了。

晋朝和峤，字长舆，晋武帝时为中书令，深得皇帝器重，按晋朝规矩，"监、令同车。"但是当时的秘书监是荀勖，和峤平常对这位秘书监的为人很不以为然，便特意在他面前显得很神气的样子，荀勖也瞧不惯他那样的神气，于是便不和他同车。这样一来那辆车原本应该是秘书监、中书令合用的车，便成和峤专用了。

渭阳袁湛　宅相魏舒

【浅释】

渭阳袁湛：晋朝人谢绚曾在座上对其舅袁湛无礼，袁湛说："汝父昔已轻舅，汝今复来加我，可谓世无渭阳情也。"渭阳：舅父的别称。

宅相魏舒：晋朝魏舒少时住外家。相宅的人说："必出贤甥。"魏舒自负地说："当为外家成此宅相。"后来果然担任司徒。

永和拥卷　次道藏书

【浅释】

南北朝时的李谧，字永和。少年时极好学，立志一生以琴、书为业，因此闭门不出，放弃产业经营而专事整理、校勘、删削图书的工作。他常常感叹道："大丈夫拥有万卷图书，哪有时间去做官啊？"朝廷好几次召他做官，他均予以拒绝。正死后谥号罐贞静处士沙。

晋代的宋次道，家藏万卷图书，凡所藏，均校雠三五遍，因而当时的藏书，均以宋次道家的为善本。他家住春明坊，士大夫中喜欢读书的，大多居住在他家周围，以便于借还之需。这便使春明坊的房地产价比其他地方高出一倍。

镇周赠帛　宓子驱车

【浅释】

唐朝张镇周，在唐高祖武德年间被调任为舒州都督，就任前，他在自己的老宅里宴请亲戚朋友，大家痛饮了十天，他再送客人们钱财布匹，然后说："今日与亲故宴饮，明日则都督治民，官民礼隔，不复交游。"这就是告诉他们，今天大家是亲戚朋友，明天我是官你是民，公事公办，大家要好自为之。由于事先做了交代，亲戚朋友们都不敢为非作歹，境内秩序井然，社会治安稳定。

春秋时，鲁国人宓不齐，字子贱，到单父做地方官。人还没到单父，当地有权位的人纷纷乘车在半路上迎接他，宓不齐把他们全赶了回去，到单父后，他礼遇当地的老年人，敬重有才德的人，与他们一同治理地方上的事情，达到了垂手而治的境地。孔子赞誉他是君子。

廷尉罗雀　学士焚鱼

【浅释】

廷尉罗雀：汉代翟方进担任廷尉，门前宾客盈门，及废，门可罗雀。后复起用，有宾客欲往，翟方进在门上写道："一死一生，乃知交情；一贫一富，乃知交态；一贵一贱，交情乃见。"

学士焚鱼：南北朝时张褒，梁天监御史劾其不供学士职，张褒曰："碧山不负吾。"就焚掉佩戴的银鱼而去。

冥鉴季达　预识卢储

【浅释】

宋朝杨仲希，字季达。在他还是个普通人的时候，客居在成都一户人家里，这家主人的妻子是个年轻妇女，对季达调情，被季达很严肃地拒绝了。一夜，季达的妻子在家里做了一个梦，梦到有一个人告诉她："汝夫独处他乡，不欺暗室，神明知之，当魁多士。"第二年季达当真中了第一名进士。

唐朝卢储，应进士科考试。按当时习惯，应考者要先将平日所做诗文中最出色的呈送达官贵人，争取受到他们的青睐以提高知名度。他把自己所做诗文送给尚书李翱，李翱把它放在桌子上，他的长女见了，细阅数遍后对侍女说："此人必为状元。"恰巧李翱从外面回来，才走到门外，听见了这话便招卢储为婿。第二年，卢储当真中了状元。

宋均渡虎　李白骑驴

【浅释】

宋均渡虎：汉代宋均担任九江太守。郡内多虎，伤害百姓，设置槛阱仍然不能避免，宋均说："这是因为官员贪暴，应该进忠言，退奸吏，可以移去槛阱。"老虎果然向东渡江而去。后来楚地多蝗虫，一飞到九江界内，也各自散去。

李白乘驴：传说唐代诗人李白曾经骑驴过华阴，县令不准他骑驴，李白写诗云："曾使龙巾拭唾，御手调羹，贵妃捧砚，力士脱靴。想知县莫尊于天子，料此地莫大于皇都，天子殿前尚容吾走马，华容县里不许我骑驴。"知县大惊，向他谢罪。

仓颉造字　虞卿著书

【浅释】

仓颉造字：仓颉是传说中黄帝的史官，据说他观鸟迹虫文，创制了文字。虞卿著书：周虞卿是游说的士人，曾经向赵孝成王游说，第一次得到黄金百镒，第二次被任命为上卿，故号虞卿。著书八篇，世号《虞氏春秋》。

班姬辞辇　冯诞同舆

【浅释】

西汉成帝刘骜要去后宫游览，叫班婕妤与他同坐在一辆车上，班婕妤婉言推辞，她说："观乎图画，圣贤之君皆有名臣在侧，三代末主乃有嬖女。今欲同辇，得近似之乎？"汉成帝认为她的话很对，便不坚持了。

南北朝时，北朝的冯诞跟北魏的道武帝拓跋珪同岁，冯诞在幼年时期就陪拓跋珪读书。道武帝宠爱冯诞，两人经常同坐一辆车，同在一张桌上吃饭，同在一张席上睡觉，知遇之恩、宠爱之盛，很少人能比得上他。

七　虞

西山精卫　东海麻姑

【浅释】

西山精卫：《山海经》记载，炎帝的女儿游东海时溺死，化为冤鸟，名为精卫，常御西山之木石填东海。

东海麻姑：《神仙传》载，东海中有神仙名叫麻姑。

楚英信佛　　秦政坑儒

【浅释】

楚王英，是汉光武帝刘秀的第六个儿子，汉明帝的弟弟。他好修寺塔祠宇，供奉神明。有一年，明帝听说西域有神，名佛，便派遣楚王英到天竺国求学。他到天竺后，悉心求佛，精研佛经，及至回国时，已经精于佛道，并带回来不少经书和西域僧人。于是，中国才开始流传起佛教的书和佛的形象。王公贵人中，楚王英是最先好佛的。

秦始皇，名政，他厌恶儒生们借古非今，议论朝政，便下令焚烧民间所藏《诗》《书》和百家著作，儒生中犯禁的有四百六十余人。为除掉这些人，秦始皇先暗中派人在骊山温泉附近种瓜，冬天时，瓜成熟了，他诏告儒生们，让他们说说是什么原因让瓜在冬天成熟的。儒生们各抒己见。秦始皇便命儒生们前去种瓜处观看，待四百六十余名儒生去了后，便将他们全部坑杀在那里了。

曹公多智　　颜子非愚

【浅释】

汉末曹操足智多谋、机警善变。一次当曹军与马超、韩遂相持于渭南时，马超等请求议和，曹操假装答应。当两军会合时，马超、韩遂的部下将士纷纷上前围观曹操的仪容，挤得里三层外三层的。曹操笑着说："你们想看看曹公吗，他也是人嘛，并没有四只眼两只嘴，不过多些智慧罢了。"

春秋时的鲁国人颜回，是孔子的学生。他天资聪明，善于举一反三，遇事不迁怒于人，也不重复自己的过失。穷居陋巷，箪食瓢饮，不改其乐。孔子曾称赞他："颜回不是个愚蠢的人。"

伍员覆楚　　勾践灭吴

【浅释】

伍员覆楚：楚国伍员，字子胥，是伍奢的儿子。伍奢因为进谏被平王杀害，伍员逃到吴国，说服吴国讨伐楚国。伍员到楚国后，平王已死，昭王逃走。伍员于是鞭平王尸三百下。楚国大夫申包胥到秦国哭七天七夜，请求救兵，秦国于是出兵救楚。楚昭王复位。

勾践灭吴：越王勾践失败后，进入吴国做奴仆，后用范蠡的计策才得返国，于是卧薪尝胆，整治军队，终于灭掉吴国。

君谟龙片　王肃酪奴

【浅释】

宋朝名臣蔡襄字君谟，仁宗庆历年间往福建建州知府。此前，真宗朝的丁渭在任福建漕运使时，负责监制御茶上贡。他监制的茶饼上刻有龙凤花纹，称"龙凤团"。蔡襄则把它制得更小巧精致，每斤十个饼，每次上贡十斤。

北魏时的王肃原是南齐人，他的父亲、兄弟先后被杀害，他从建业(今南京)投奔北魏。刚到北魏时，他不吃羊肉而喝鲫鱼羹，不饮酪浆而饮茶。一次，他陪孝文帝一块进餐时，才吃羊肉，喝酪浆。孝文帝问他："羊肉、酪浆与鲫鱼羹、茶相比，味道如何？"他答道："羊好比齐、鲁大邦，鱼好比邾、莒小国；茶味不行，只能与奶酪为奴。"后世便将"酪奴"作为茶的别名。

蔡衡辨凤　义府题乌

【浅释】

东汉时，有个叫辛缲的隐士隐居在华阴，光武帝召了他几次，他均不去。一天，有只大鸟飞来，那鸟高五尺，身上有五种颜色，以青居多，栖息在辛缲家的槐树上，十来天了还没飞走。太守听了这件奇事后，到辛缲家去看那鸟，认为此鸟是凤凰。太史令蔡衡看了后说："像凤凰的鸟有五种，身上多红色的是凤凰，多青色的为鸾，多黄色的叫鹓雏，多紫色的是鸑鷟，多白色的为鹄。这鸟身上青色居多，因此是鸾，而不是凤凰。"天子认为他说得有理。

李义府是唐代人，据说他初见唐太宗时，太宗让他为御史府（称"乌府妙"）题诗，李义府题道："日里扬朝彩，琴中伴夜啼。上林多少树，不借一支栖"。太宗深深理解诗中的含意,笑着对李义府说:"要把整棵树借给你,岂止是借一枝啊!"便拜他为监察御史。李义府阴险狡诈,人号为"李猫"。

苏秦刺股　李勣焚须

【浅释】

苏秦刺股:战国时苏秦游说秦国没有得到重用,回来时妻子不下织机迎接他,嫂子不给他做饭。苏秦发誓读《太公阴符经》,读到欲睡时,就用铁锥刺股。一年后,终于学成,于是周游列国,佩了六国的相印。

李勣焚须:唐代徐世勣,唐太宗赐姓李,任命为仆射。他的姐姐病了,李勣亲自煮粥,烧掉了胡须,他姐姐说:"那么多仆人,何必要你亲自煮呢?"李勣说:"你我都年纪大了,还能煮多少次呢?"

介诚狂直　端不糊涂

【浅释】

北宋初年文学家石介曾著《唐鉴》警戒奸臣。杜衍、韩琦等荐他为太子中允。时范仲淹、韩琦、富弼当政,欧阳修、余靖为谏官,他作《庆历圣德》诗云:"众贤之进,如茅斯拔。大奸之去,如距斯脱。"得罪了旧党夏竦。他的老师孙复见后说:"石介的祸从此开始了。"他刚直狂介,被时人认为是"狂直"。

宋太祖时,有人说户部侍郎吕端为人糊涂。太宗说:"吕端小事糊涂,大事不糊涂。"吕端担任宰相后以清简为务,为人处世识大体。太宗病重弥留之际,宣政使王继恩等谋立楚王元佐。皇后命继恩召见吕端。吕端得知有变,把继恩骗入书阁,然后进宫奉太子即位。太子即位时他先不拜,请卷帘升殿,当确认是太子时才率众臣拜呼万岁,是为真宗。

关西孔子　江左夷吾

【浅释】

关西孔子:汉代杨震是华阴人,通晓经书,人称关西孔子。

江左夷吾：晋代王导，善于因事运用机谋。当时江左草创，温峤以此为忧，及听了王导的想法后，说："江左自有管夷吾，吾复何虑哉！"管夷吾，即管子，战国时齐国贤臣。

赵抃携鹤　张翰思鲈

【浅释】

宋人赵抃（biàn），字阅道，任殿中侍御史。他弹劾不避权贵，京师中的人叫他"铁面御史"。他到成都当知府时，带着一张琴，一只鹤，为政简易。再知成都时，连琴鹤也不带，只带一位随从处理杂务。宋神宗时，他拜参知政事，但与王安石不和，便要求到杭州任知府。

晋人张翰，字季鹰，吴人，张俨的儿子。他有文才而放任不羁，在齐王司马冏手下为大司马东曹掾。当他得知司马冏将败，急欲南归。一天，他对司马冏说："秋天来了，想吃家乡的莼菜羹和烧鲈鱼了。"继而叹道："人生一世，贵在心意合适，怎么能为迷恋做官而图空名呢？"便辞去官职回家乡了。不久，司马冏告败，人们都佩服张翰有先见之明。

李佳国士　聂悯田夫

【浅释】

聂季宝与当时的名儒李膺(字元礼)同是河南襄城人。太学生称李膺为"天下楷模李元礼"，把得到他的接见称为"登龙门"。季宝很想谒见他，又因出身低微而不敢贸然求见。杜密知道聂季宝贤能有才，想让李膺定评，便安排季宝前来拜见。李膺并没有看重季宝，只在台阶下放了个位子。但见面交谈之后，他便断定"此人当作国士。"后来李膺的预言果然成真。

唐代诗人聂夷中曾写过一首《伤田家》诗："二月卖新丝，五月粜新谷。医得眼前疮，剜得心头肉。我愿君王心，化作光明烛。不照绮罗筵，只照逃亡屋。"二月、五月本不是卖丝、粜谷的季节，农民迫于租债不得已预先抵押出去。这情形深刻反映了封建社会的阶级对立和农民的悲惨境遇。

善讴王豹　直笔董狐

【浅释】

讴，歌之别调也。王豹，卫人，出自单门，善讴，家淇水。河西近淇之地，人皆化而善讴，淳于髡亟称之，以诮孟子。《左传·哀公六年》："陈僖子辇子囚王豹于句窦之丘。"此系景公嬖臣，非卫人。鲁宣公二年，晋赵穿弑灵公于桃源。赵盾为正卿，亡不出境，反不讨贼，太史董狐直书"赵盾看弑其君"以示于朝。孔子曰："董狐，古之良史也，书法不隐;赵宣子，古之良大夫也，为法受恶。越境乃免。"

赵鼎倔强　朱穆专愚

【浅释】

南宋高宗朝的宰相赵鼎曾上书论四十件国事，以图复兴。他还荐举岳飞收复襄阳。金人每见南宋使者，必问李纲、赵鼎安否，可见对两人的敬畏之情。赵鼎因反对议和得罪了秦桧，被贬岭南，移居吉阳军。他上谢表说："白首何归，怅余生之无几；丹心未泯，誓九死以不移。"意谓余生不多了，不知归宿在何处。忠心不灭，发誓即使死去九次，忠君爱国之志仍然坚定不移。秦桧见后说："这老倔强还像从前那样不屈不挠。"三年后，他绝食而死。死前他自作墓志铭曰："身骑箕尾归天上，气作山河壮本朝。"箕尾，星座名。

东汉人朱穆一心攻读，不问世事，简直到了如痴如醉的境界，有时甚至丢了衣帽也不知道，走路也会跌入泥坑中。父亲认为他"迂腐"到几乎不知道马有几条腿的地步。他为人刚直，曾任冀州刺史、尚书等职，都因反对宦官擅权而被贬，最后郁愤而死。

张颐化石　孟守还珠

【浅释】

汉人张颐为梁相。有一天雨后，见一只山雀般大小的鸟掉落地上，眨眼间便化为圆石。张颢用锤敲碎了那块石头，得到一块金印，上写"忠孝侯印"。张颢便告知了灵帝。灵帝命人将金印藏于秘府。朝议郎樊夷上疏说，尧舜时设有忠孝侯的官职，今天上苍降下印来，应该再设置才是。灵帝朝，张颢任太尉。

汉时的孟尝，字伯周，顺帝时任合浦太守。合浦郡因靠大海，不产粮食，却出珍珠。前任太守过于贪婪，对百姓敲骨吸髓，逼着大众采珍珠，时间一长，珍珠渐渐迁徙到了交趾郡。孟尝到任后，革除弊端，体恤民情，没过一年，珍珠又回来了，复出现了商人云集的场面，老百姓的日子又好起来。人们将孟尝奉为神明。后来，孟尝被朝廷征召，全郡官民哭。

毛遂脱颖　终军弃繻

【浅释】

毛遂脱颖：毛遂是战国时平原君的门客，曾自荐去楚国做说客，平原君说："贤士处世，就像锥子放在囊中，其锥末马上可以看见，你到我这里三年还没有建树。"毛遂说："臣今天请求处在囊中，当脱颖而出，不只是锥末可以看见。"脱颖而出，指锥尖刺破囊而出。

终军弃繻：汉代人终军，字子云。从济南出关时，守关的小吏给他返回的凭证，终军说；"大丈夫西游，不会再回来了。"于是丢弃凭证而离去。繻，古代出入关口的凭证。

佐卿化鹤　次仲为乌

【浅释】

徐佐卿自称青城山道士，唐玄宗时人。一天，他从外回山，对弟子说："我出游，被飞箭射中。以后箭的主人到此，便还给他。"说完，就把箭挂在墙上。安史之乱后，玄宗避难蜀地，游道观，认出这枚箭是先前在沙苑打猎时射出的，这才知道，他那时射中的鹤是佐卿所化。

秦代人王次仲深感篆书难写而不方便于使用，于是将它简化，改造为隶书。秦始皇一统天下后，三次派人征召他，他都不应。秦始皇大怒，令用槛车将他囚禁送到京城，次仲化为大鸟，振翅高飞，掉下三根羽毛。使者只捡回一根回报秦始皇。其余两根化作大翮山、小翮山。

韦述杞梓　卢植楷模

【浅释】

韦述杞梓：唐玄宗时韦述担任史官，韦家兄弟五人也分别为官。张说对人说："韦家兄弟，人之杞梓。"杞梓：比喻兄弟。

卢植楷模：汉代卢植，刚毅有大节。曹操曾说他是"士之楷模"。

士衡黄耳　子寿飞奴

【浅释】

士衡黄耳：晋代陆机，字士衡，家中有狗名叫黄耳，曾对黄耳说："在京城与吴中久绝消息，能往取消息否？"黄耳摇尾作声，带书信而去，一月后带家书返回，以后又多次送信。

子寿飞奴：唐代张九龄，字子寿，曾养鸽往返送家信，给鸽取名为飞奴。

直笔吴兢　公议袁枢

【浅释】

唐代史学家吴兢博通经史，武则天时入史馆编修国史，曾与著名史学家刘子玄一起撰写《武后实录》，记录张昌宗诱使张说陷害魏元忠等史实，直书不讳。后来张说为相，屡次请求删改，均遭吴兢拒绝："依公所请，怎么还能称为实录？"人称他为董狐。

南宋史学家袁枢于孝宗乾道年间任国史院编修官，所撰写的《通鉴纪事本末》是一部开创纪事本末体例的史书。在他撰写国史时，同乡章子厚竭力要求他为其润饰加工传记，袁枢一口回绝，说："我任史官，撰写历史的法则是不允许隐瞒恶事恶行。我宁可得罪乡亲，也不可负于天下和后世。"当时的宰相赞叹他是良史。

陈胜辍锸　介子弃觚

【浅释】

陈胜辍锸：秦国陈胜在耕田时，曾停止耕作，将锸放在垄上说："苟富贵，毋相忘。"同伴说；"帮人佣耕，如何富贵？"陈胜叹息说："燕雀安知鸿鹄之志哉!"后与吴广起兵反秦，自立为王各地响应。锸，锹，农具。

介子弃觚：汉代人傅介子，年十四好读书，曾经弃觚而叹说："大丈夫怎能坐在家中做老儒生，应当在异域立功。"后来因功被封为义阳侯。觚，古代写字用的木板。

谢名蝴蝶　郑号鹧鸪

【浅释】

宋代诗人谢逸屡举进士不第，后以诗文自娱。黄庭坚曾对他的"贪夫蚁旋磨，冷官鱼上竿""山寒石发瘦，水落溪毛涸"等诗句十分欣赏。他擅写蝴蝶诗，有蝴蝶诗作三百余首，多佳句，人称"谢蝴蝶"。

唐代诗人郑谷，字守愚。在昭宗时任都官郎中，人称"郑都官"。他传世最著名的是《鹧鸪》诗。诗云："暖戏烟芜锦翼齐，品流应得近小鸡。雨昏青草湖边过，花落黄陵庙里啼。游子乍闻红袖湿，佳人才唱翠眉低。相呼相应湘江阔，苦竹丛深日向西。"后人因此称他为"郑鹧鸪"。

戴和书简　郑侠呈图

【浅释】

戴和书简：汉代戴和每结交到亲密的朋友，就焚香告于先祖，书写在竹简上。

郑侠呈图：宋代进士郑侠，请画工将干旱造成的饥民流离失所、饥寒困苦之状画在图上呈上。请求实行善政，神宗皇帝于是下诏责己，三日后天下大雨。

瑕邱卖药　邺令投巫

【浅释】

瑕丘卖药：唐代瑕邱曾卖药百余年，因为地震而死，有人将他的尸体丢在水中，取他的药来卖，一会儿瑕丘披着羊羔皮来，其人恐惧哀求。

邺令投巫：邺县风俗信巫，每年将女子投入河中，说是为河伯娶妇，西门豹担任邺县县令时，将巫婆投入水中，开渠灌溉农田，百姓安定。

冰山右相　铜臭司徒

【浅释】

杨国忠，本名钊，他是杨贵妃的堂兄，因而受唐玄宗的宠信，赐名国忠。天宝十一年（752年）任右相，权倾朝野，结党营私，横征暴敛，公开接受贿赂。有人劝进士张象前去拜谒投靠。象说："你们把杨右相看作泰山，我以为是冰山，若太阳一出，你们不就失去依靠了吗？"于是象便隐居嵩山。

东汉灵帝时政治腐败，公开标价卖官鬻爵。崔烈让奴仆递进五百万钱，买得了司徒的官职。他还恬不知耻地问儿子崔钧："我位居三公，舆论反映如何？"儿子回答道："论者嫌其铜臭。"

武陵渔父　闽越樵夫

【浅释】

武陵渔父：晋代陶渊明在《桃花源记》中描述这样一个故事：一个武陵渔夫沿桃花源捕鱼，从一个小山口到了村庄，村人自给自足，恬然自乐，说是秦时避乱来此，不知道有汉代魏代晋代。渔夫回来后，再去寻找却找不到此地。闽越樵夫：传说唐代一个樵夫蓝超曾追白鹿，从一个极窄的石门中进入一豁然开朗的地带，那里鸡犬之声相闻，有主人称是避秦时乱来此。蓝超想回家与亲人告别再来此，后来却找不到此地。

渔人鹬蚌　田父逡卢

【浅释】

战国时，赵国将要攻打燕国，苏秦的弟弟苏代作为燕国的使者前去游说赵国。他对赵惠王说："今天我过易水时，见有一只蚌刚刚张开壳晒太阳，飞来一只鹬（yù）要啄它的肉，蚌的硬壳合住，紧紧地夹住了鹬的嘴。鹬说：'今天不下雨，明天不下雨，一定会有死蚌。'蚌说：'今天不出来，明天不出来，一定会有死鹬。'双方互不相让。这时，渔人路过这里，便将双方都捉了去。同样的道理，燕赵两国互用兵力，必消耗国力，臣担心强秦将会充当渔夫的角色啊。"赵惠王恍然大悟，立即停止了对燕国的用兵。

田父，指种田的人。齐国欲伐魏国，淳于完对齐王说："韩子卢是天下跑得最快的狗，东郭逡是海内最狡猾的兔子，韩子卢迫东郭逡，绕山者三，腾山者五，各自劳倦至极，田父毫不费功夫就得到功劳，恐怕齐魏相争，也是如此。"齐于是罢兵。

郑家诗婢　郗氏文奴

【浅释】

东汉著名经学家郑玄，师事马融，后以古文经学为主，兼采今文经说，遍注群经，收弟子数千，成为汉代经学的集大成者。他家中的奴婢都读诗书。一次他发怒，让人把一个想为自己辩解的奴婢拽到泥中。过了一会儿，另一奴婢来问："胡为乎泥中？"(语见《诗经·邶·式》)这个奴婢回答："薄言往诉，逢彼之怒。"(语见《诗经·邶·柏舟》)

郗信袭爵南昌公，拜临海太守。他有个仆人识字知文，郗信的姐夫王羲之十分喜欢这个仆人，多次在刘惔面前称道。刘惔问："比方回(郗信字)怎么样？"王羲之回答说："他不过是个下人，有读书识文的意向罢了，怎么能和方回相比呢？"刘惔回答说："不如方回，那不过是个平常的奴仆罢了。"

八 齐

子晋牧豕　仙翁祝鸡

【浅释】

子晋牧豕：汉商丘子晋牧猪，年七十不娶，不老，食菖蒲根，饮水而已。豕，猪。

仙翁祝鸡：晋代祝鸡翁，常养鸡千余只，皆有名字，早晨放出，晚上回笼，只呼鸡的名字，鸡就自动分开。

武王归马　裴度还犀

【浅释】

周武王灭商后，回到丰镐，将战马放生到南山的南面，把牛放养在桃林的原野，以表示天下太平，从此不再使用武力。

唐朝宰相裴度，年轻时游香山寺，在寺中捡到了一条犀带，就守在寺里等候失主。后来一个妇女急急忙忙地进寺找犀带，裴度查明她的确是失主后就把犀带还给了她。原来这犀带是那个妇女用来替她父亲赎罪的。

重耳霸晋　小白兴齐

【浅释】

重耳霸晋：晋文公，姬姓，名重耳。曾因骊姬之乱出逃十九年，后得以返国，出谷戍，释宋围，一战而霸。

小白兴齐：齐桓公，姓姜，名小白。任用管仲为相，大兴齐国，遂为五霸之长。

景公禳彗　窦俨占奎

【浅释】

景公禳彗：齐景公二十二年，出现彗星，齐景公想祈祷以消灾，晏子说："无益也。天上出现彗星，是为扫除秽德，君无秽德，何须祈祷？"

窦俨占奎：宋代翰林学士窦俨与卢多逊、杨徽之同担任谏官，曾推算说："岁在丁卯，五星将在奎宿相聚，奎主文明，天下将太平，二位可以看到，老夫看不到了。"后来果如其言。

卓敬冯虎　西巴释麑

【浅释】

明代卓敬，十五岁时在宝香山读书。一个风雨交加的夜晚，他从山上回家。由于天黑，迷了路，黑夜中，他碰到一只动物，以为是头牛，就骑上它到家里。进门一看，吃了一惊，原来这不是牛，而是一只老虎。

秦国的西巴是孟孙氏的门客。一次，孟孙氏出猎，捉到一只鹿，让西巴把这小鹿运到府中，母鹿紧随着西巴他们。西巴看到后，觉得这母鹿怪可怜的，于心不忍，就把小鹿放了。孟孙氏知道后非常生气，把西巴赶走了。过了三个月，他又派人把西巴请回来，让他当儿子的老师。他说："先生对小鹿尚有仁爱之心，一定会对我的儿子竭尽全力的。"

信陵捕鹞　祖逖闻鸡

【浅释】

信陵捕鹞：魏国公子无忌，号信陵君，正在吃饭时，有一鸠投入案下，公子赶走鸠，鸠于是被屋上守候的鹞吃掉。公子无忌说："我有负于鸠。"于是捕捉三百只鹞，按剑说："谁有罪？"一鹞低头服罪，公子无忌就杀掉了它，将其他的都放走，于是仁慈的声名大振，士人争相归附。

祖逖闻鸡：晋代祖逖立志报国，担任司州主簿时，半夜闻鸡叫而起来舞剑。后带兵与石勒相持，收复黄河以南土地。

赵苞弃母　吴起杀妻

【浅释】

后汉的赵苞为辽西太守，一次，他到家乡去接母亲，回来的途中，经过柳城，正碰上鲜卑人进犯，将赵母作为人质劫走了。赵苞出战时，鲜卑人将赵母推到阵前，威逼赵苞投降。赵苞悲愤地对母亲说："儿子本想以微薄的俸禄孝敬母亲，颐养天年，不料竟然连累了母亲，遗憾的是我身为王臣，不能顾私恩而毁忠节啊！"赵母答道："人各有命，怎么能事事相顾？千万不要为了我而毁了你的大节。"赵苞冲进敌阵，左杀右砍，大破敌军。鲜卑人恼羞成怒，杀了他的母亲。赵苞悲痛万分，不久吐血而死。

吴起，战国时卫国人。最初在鲁国做官，善用兵。有一年，齐国大举攻伐鲁国，鲁君想拜吴起为将，反击齐国，又考虑到吴起的妻子是齐国人，恐吴起不会尽力，便犹豫不决。吴起为了让鲁君释去疑虑，杀了妻子，请求为将讨齐。吕东莱说吴起贪财货与贪功名，总是一样的。吴起杀妻求将，是贪心使然。吴起是曾子的学生，在魏做官，与魏武侯出巡西河。顺河而下时，武侯感叹山河之大，吴起说："为人在于有德而不在处境凶险。"

陈平多辙　李广成蹊

【浅释】

西汉陈平，家庭十分贫困，他的同村有个富翁张负，孙女嫁了五次，死了五个丈夫，被人认为是克夫命，谁也不敢再娶她为妻。这时陈平却表示要娶她。张负说："陈平虽贫，门外多长者车辙。"这长者指有身份的人。于是就把那个寡居的孙女嫁给了陈平。

汉朝名将李广，号"飞将军"。他不善言谈，忠厚老实得就像个乡下人，然而天下人却很仰慕他。司马迁在《史记》中评价他道："桃李不言，下自成蹊。"蹊即指小路。

烈裔刻虎　温峤燃犀

【浅释】

秦始皇二年，有画工名烈裔，刻两白玉扇霓，其毛如生，不点目睛。始皇使余工夜往点之，及旦，虎飞去。明年，南郡献白虎二只，视之，乃玉虎也，命去目睛，乃不能复去。详见《拾遗记》。晋温峤，字太真，山西祁人。初都督江州军事，过牛渚，深不可测。世传下多怪，峤燃犀照之，奇形怪状，有赤衣乘马者。须臾，水族覆灭，夜梦告曰："幽明白别，何故相犯？"牛渚在今太平府城北，今名燃犀渚。

梁公驯雀　茅容割鸡

【浅释】

唐狄仁杰，在武则天时几起几落，最终取得信任。他劝谏武则天召庐陵王李显回京，对匡复国祚有帮助，死后追封梁国公。早年他母亲过世，在家守制，有白鹊驯扰的祥瑞。

东汉茅容曾在一棵树下避雨。其他人姿态不雅，只有他正襟危坐，姿势非常标准。当时，郭林宗正好从那里经过，感觉这个人很特别，就要求到他家里借宿。茅容也很爽快地答应了。回到家里，茅容杀鸡做饭，鸡煮好了，便端给母亲吃。自己和客人都只吃粗茶淡菜。郭林宗觉得这个人是贤人，便劝导他读书。当时的茅容已经四十多岁了，但他听了郭林宗的话，发愤学习，最终成为道德修养很崇高的人。

九　佳

禹钧五桂　王祐三槐

【浅释】

五代后周的窦禹钧，渔阳人，官至谏议大夫，广行阴德，建起了义塾，邀请名儒，供给衣食，教授四方游学之士。他的五个儿子仪、俨、侃、偶、僖相继登科中第，人称"五子登科刀"。宰相冯道赠诗道："燕山窦十郎，教子有义方。灵椿一株老，丹桂五枝芳。"又称"窦氏五龙"。

　　王祐，宋代人，出使魏州时，宋太祖曾向他许愿，将来让他和王溥一样做司空。后因百口明符彦直冤狱而贬官，亲朋故友对他开玩笑说："你真是太想做司空了！"王祐笑着说："我虽然没有做司空，我的二儿子一定会做的。"随后，王祐便在庭院里亲手植了三株槐树，说："我的子孙中一定会有位至三公的。"他的二儿子叫王里，景德三年拜相，为真宗所信赖。家人因此建了"三槐堂"，以资纪念。宋代文豪苏东坡写有《三槐堂铭》记叙这件事情。

同心向秀　肖貌伯偕

【浅释】

　　同心向秀：晋代向秀与山涛、嵇康、吕安友善，志同道合，当世少有。

　　肖貌伯偕：唐代张伯偕与弟弟张仲偕形貌相似，仲偕的妻子梳妆毕，看见伯偕说："漂亮吗？"伯偕说："我是伯偕。"过了一会儿，又见到了，说："刚才我错将伯偕认作你了。"伯偕回答说："我仍然是伯偕。"妇人羞愧不敢出门，后来兄弟俩以衣服相区别。

袁闳土室　羊侃水斋

【浅释】

　　桓、灵之世，党锢之祸继起。袁闳不接受朝廷征召，并修筑土屋，闭门谢客，独自住了十八年。早晚在屋中向母亲行礼，谁也不能到屋中见他。面对当时的形势，袁闳采取了"穷则独善其身"的方法，表明自己不与当权者合作的态度。

　　南北朝时，羊侃生性豪奢，他刚好到衡州时，曾经在两船间起三间通梁，设置水斋，饰以锦旗，令观者赞叹。

敬之说好　郭讷言佳

【浅释】

　　唐项斯，字子迁。擢进士，授丹徒尉。为人清奇雅正，尤工于诗。杨敬之赠以诗云："几度见君诗尽好，及观标格胜于诗。平生不解藏人善，到处逢人说项斯。"斯由此名益著。

晋郭讷，字敬言，官至太子洗马。讷尝入洛，听伎人歌，言佳。石季伦问其曲，郭曰不知。季伦笑："卿不识曲，哪得言佳。"讷答曰："譬如见西施，何必识姓名然后知美。"

陈瓘责己 阮籍咏怀

【浅释】

陈瓘责己：宋代陈瓘在礼部做官，因为不知道程伯淳而写文章责备自己，不知道当世贤人。

阮籍咏怀：晋代阮籍志气宏放，晋文帝时，常担心祸患，做《咏怀》诗八十余篇。

十 灰

初平起石 左慈掷杯

【浅释】

晋朝黄初平，十五岁时在山林放羊，被一个道士带去金华山石室中四十多年，也不想家。他哥哥黄初起在山中寻找他，兄弟才得以相见。哥哥问他："羊呢？"他说都在山的东面，他哥哥去看，只看见许多白石。随后又和初平一起去看，初平喊一声："羊起！"石头都变成了羊，并且有几万头之多。

左慈是东汉末年人，传说他有神仙术，有一次曹操设宴请他，左慈用簪子划杯中的酒，酒竟然分成左右两个半杯。他自己喝了一半，另一半请曹操喝。喝毕，把杯子朝上一扔，奇迹出现了：那只杯子突然化作一只飞鸟，飞向了远方。

名高麟阁　功显云台

【浅释】

名高麟阁：汉宣帝时，将有功的大臣画在麒麟阁中，写下姓名、官爵。

功显云台：汉明帝时将中兴功臣三十一人的像画在南宫云台上。

朱熹正学　苏轼奇才

【浅释】

南宋朱熹一生钻研儒家典籍，最终成为理学大师。他与当时的儒家学者都有来往，著述六经，有人曾这样称颂他："绝学以来，集诸儒之大成，发先圣之要秘，熹一人而已。"

宋朝苏轼，在嘉祐年间为翰林学士，宣仁太后对他说："先帝每诵卿文章，必叹曰：'奇才！奇才！'但未及进用，今所以授卿此官。"苏轼听了后非常感激已经过世的先皇的知遇之恩，不禁失声痛哭起来。

渊明赏菊　和靖观梅

【浅释】

渊明赏菊：晋代陶元亮，本名渊明，后改名陶潜。隐居栗里，种菊东篱。

和靖观梅：宋代林逋，字君复，谥号和靖。曾在孤山上建宅，宅四周种梅，观之不倦，所做《咏梅》诗脍炙人口。

鸡黍张范　胶漆陈雷

【浅释】

鸡黍张范：汉代张劭与范式为友，曾同在大学学习，分手时范式约定在来年某日拜访张劭的双亲。来年张劭告诉母亲杀鸡煮黍准备，母亲说："二年之约何必当真。"张劭说；"范式必定不会失约。"到期范式果然来到。

胶漆陈雷：汉代人陈重与雷义为友，同举孝廉，同拜中书郎。当时人说："胶漆自谓坚，不如陈与雷。"

耿弇北道　僧孺西台

【浅释】

东汉耿弇，字伯昭，光武帝巡察河北，收上谷兵，定彭宠，取张丰，平张步，都是采用了耿弇的计策。东汉建国初期，光武帝把他任命为建威大将军，建武二年受封为好畤侯。

唐朝牛僧孺，字思黯，曾在伊阙担任县尉。相传假如县里有人进入尚书台，县前水塘中会露出滩头；假如是进入西台（中书省），还会有一对溪鷿鹈飞下来。有一天，县前水塘中的滩头突然露出，并且还有一双溪鷿鹈飞下来。几天后，牛僧孺当真被任命为西台。当了平章事，即宰相。

建封受贶　孝基还财

【浅释】

建封受贶：唐代张建封，不得志时，尚书裴宽曾向他赠送钱帛奴婢，张建封毫不推让。后来镇守徐州。贶：赐赠之物。

孝基还财：宋代张孝基娶富家女，富家只有一子，不肖，遂将全部家财赠给孝基。后富家子沦落为乞丐，孝基就将全部家财还给了他。孝基死后，忽然有人在高山见到他坐着仪仗专车，孝基说："我以还财之故，上帝命我主此山。"

准题华岳　绰赋天台

【浅释】

准题华岳：宋代寇准是华州人，八岁时曾吟华山诗："只有天在上，更无山与齐。"他的老师说："贤郎怎得不做宰相。"

绰赋天台：晋代孙绰，字兴公。博学能文，听说天台山神秀，就让人画其图，遥为之作赋。赋成，友人范荣期赞赏说："掷地有金石声。"

穆生决去　贾郁重来

【浅释】

汉朝楚元王任用穆生为中大夫，对他非常尊重。穆生不太会喝酒，每次设宴，楚元王都特地为他准备好甜酒。有一次宴会，楚元王却忘了准备。穆生说："我该走了，不设甜酒，说明王父开始怠慢我了！"于是他决意离开，免得自讨没趣。

五代时，贾郁在一个县当县官。调任的时候，他的一个下属，借着酒醉骂他。贾郁很气愤，说："假如以后我再来这个县当县令，一定要惩办你。"那个下级说："公若再来，犹铁船渡海。"意思就说你根本没机会再来这里为官了，谁知不久贾郁真的被调派到这个县做官，那个撒酒疯的下属由于盗窃库钱遭到了惩办。

台乌成兆　屏雀为媒

【浅释】

台乌成兆：汉代朱博担任御史大夫，府中种植有柏树，树上有乌鸦栖息，后称御史台为乌台。唐代柳仲郢担任谏议大夫，每次升官，都有乌鸦聚集，五天才散。兆，预兆。

屏雀为媒：唐高祖的皇后窦氏的父亲，在嫁女时曾画二孔雀于屏上，说谁射中孔雀的眼睛就将女儿嫁给谁，结果唐高祖李渊二箭各中一目，于是娶了窦氏。

平仲无术　安道多才

【浅释】

北宋寇准字平仲，与张咏是好朋友。寇准当了宰相，张咏则在陈州当知州，对部下说："寇公奇才，惜学术不足耳。"而后张咏当面对寇准说："《汉书·霍光传》不可不读。"寇准听了他的话，就拿这本书读，读到"（霍光）不学无术"句，寇准笑着说："张公谓我矣。"

宋朝张安道，自小就相当聪慧，不管什么书，他看过一遍就记住了。平生做文章从来不打草稿。当时人都称颂他是天下奇才。

杨亿鹤蜕　窦武蛇胎

【浅释】

杨亿鹤蜕：宋代杨亿出生时，胎盘中裹着的是一只雏鹤，全家惊骇，遂弃之江中，其叔父说："异必奇人。"迟到江中，打开看时，鹤蜕变为婴儿，身上有紫色细毛，三月才脱光。

窦武蛇胎：汉代窦武出生时有一蛇同产，送入林中。后来窦武的母亲死时，有一大蛇从林中出来，以头触棺，流血如泣，很有一会儿才走。人们认为是吉祥之兆。

湘妃泣竹　鉏麑触槐

【浅释】

湘妃泣竹：尧帝的两个女儿娥皇、女英都嫁给了舜。舜南巡时死于苍梧，两个妃子跟随，死在江湘之间，成为湘水神，故世人称为湘妃。当初，二妃到洞庭湖之君山，痛哭挥泪，染竹成斑，今称为湘妃竹。鉏麑触槐：

鉏麑是晋国力士，晋灵公让他刺杀赵宣子，去的时候赵宣子将要上朝，因时间尚早，正在假寐，鉏麑退而叹息说："杀了为民做主的人不忠，违背了命令不守信。"于是在槐树上撞死。

阳雍五璧　温峤一台

【浅释】

汉朝阳雍伯看到行人走路口渴没地方喝水，便设了个茶水站，免费供应茶水。有一次，一个喝了茶水的人送给阳雍伯一升菜籽，说："种此生美玉，并得好妇。"阳雍伯接受了这菜籽，并把它种下去。此时北平徐家有个姑娘还没有出嫁，雍伯就到她家里提亲。徐家回话说："要一对白璧才能够答应。"雍伯想起那人的话，就到种菜籽的地方挖掘，结果挖出五枚玉璧。

这桩婚姻就成功了。

晋朝温峤，字太真。他学识广博，文笔卓绝，是一位美男子。他有个表妹还没有出嫁，姑母交代他帮忙找个合适的女婿。温峤问姑母："好女婿很难找，条件像我这样的行吗？"姑母说："怎么敢想有你这般条件的！"不久，温峤告诉姑母："你要找的女婿找到了，门第人才都不比我差。"姑母答应了。他便送来玉镜台作为聘礼。举行婚礼那天，新娘新郎进入洞房，新娘揭开盖在头上的红巾笑着对温峤说："我早就怀疑是你老奴（温峤小字）了，当真是啊！"

十一　真

孔门十哲　殷室三仁

【浅释】

孔子弟子分为四科，共十人，称十哲。程正叔曰："此特从夫子于陈蔡间者耳，门人之贤，不止于此。曾子传道而不与十哲，固知为世俗之论也。"十哲之称，见唐开元二十二年八月之制。

殷纣无道，微子启，帝乙首子，纣庶；兄也，去之荒野，以存宗嗣。箕子，胥余父师也，谏不听。因之乃被发佯狂为奴。王子比干，少师也，陈先王艰难，天命不易，请王清心易行，伏于象门之外。纣怒曰："比干自以为圣，吾闻圣人心有七窍，信乎？"遂剖之，以观其心，孔子以其迹异而心同，称为"三仁"。

晏能处己　鸿耻因人

【浅释】

汉末的何晏，字平叔。七岁时，格外聪敏灵慧，曹操很爱他。因何晏生活在宫中，所以曹操要收他为儿子。一天，他在地上画了一个方块，自己跳在中央，人们问他干什么，他说"这是何家的房子。"曹操知道后，便命人将他送回家去了。

汉代人梁鸿，字伯鸾，少年时失去了父亲。喜欢独居，不与别人一起吃饭。一天，他的邻居做熟饭后，叫梁鸿到他家的热灶上去做饭。梁鸿说："我不用别人的热灶做饭。"于是，他将邻居灶里的火扑灭，然后再生火做饭。

文翁教士　朱邑爱民

【浅释】

西汉文翁名党，景帝时为蜀郡太守。他在蜀郡崇尚文化教育工作，兴办学校，改变风俗，派司马相如等十八人到长安跟博士学习，回来再教授学生，是个很有远见的官吏。汉代郡国办学，文翁是第一个，后来才有人仿效。

汉代朱邑，先担任北海太守，后来升迁到大司农这个要职。临终前，他嘱咐儿子说："我本来是桐乡啬夫(汉时乡官，掌管诉讼和赋税，是个低级官吏)，遗爱在民，民实爱我，死必葬我于桐乡。"他知道自己在桐乡当小官的时候为老百姓做了许多好事，老百姓会记住他。

太公钓渭　伊尹耕莘

【浅释】

太公姓姜，字子牙，姜其氏也。年八十钓于渭水，得玉璜，刻曰："周受命，吕佐之。"文王出猎，卜曰："非熊非罴，乃王者师。"遇尚，以后车载之归，喜曰："吾太公望子久矣。"因称为"太公望"。武王尊为师尚父，从之伐纣。

伊尹名挚，生于空桑，居于伊水，故氏曰伊，尹其字也。第考《太甲篇》自称尹躬，恐无君前称之理。尹耕于有莘国之野，乐尧舜之道，汤三使往聘，因说汤伐夏救民焉。故莘城在汴州陈留县东北。

皋惟团力　泌仅献身

【浅释】

唐朝曹王李皋，代宗时是江西节度使，他训练自己的部队，向士兵们传授团力之法。李希烈作乱，侵犯江西，李皋把李希烈手下将领韩露、杜少诚等打得落花流水，狼狈逃窜。李希烈很怕他，不敢再派兵侵犯江淮一带。

有一年端午节，文武百官纷纷向唐代宗献礼，只有李泌没有献，唐代宗当面问李泌："先生何独不献?"李泌答道："从头巾到鞋子，都是陛下所赐。我所剩下的只是一个身体，有什么好献的呢!"代宗说："我所需要的正是你的献身精神。"

丧邦黄皓　　误国章惇

【浅释】

黄皓，三国蜀后主刘禅的宦官。他专权恣肆，又善于逢迎，很得后主宠信。他谗毁姜维，将他赶走，后主昏庸，全然不觉。魏陈留王派邓艾举兵伐蜀，蜀亡，刘禅降魏。诸葛亮说："亲近小人，疏远贤臣，这是后汉所以倾颓的原因啊!"这句话是有所指的。

宋人章惇，字子厚。王安石变法时，他帮助王安石推行新法，哲宗朝时外贬，不久召为通判。陈瓘于途中拜会他，问道："天子用先生理政，先生打算先干什么?"章惇说："司马光奸邪，所要办的是先除掉他。陈瓘说："先生错了，如果这样，恐怕要让天下人失望。指司马光为奸邪，必反复改动法令，误国更厉害。当今之际，是要消除朋党，主持中正，才可以解除弊端。"章惇很高兴。章惇的两个弟弟和九个孙子，都举士及第。

鞅更秦法　　普读鲁论

【浅释】

商鞅，魏人。为秦相，徙木立信，尽变秦法，使民勇于公战，怯于私斗。后以公子虔之徒告鞅反，逃亡欲止客舍，客曰："商君之法，舍人无验者，坐之。"鞅叹曰："嗟乎! 为法之敝，一至于此。"

宋赵普，字则平，蓟州人，沉厚寡言，手不释卷，历相两朝。太宗尝称之曰："普能断大事，尽忠国家，真社稷臣也!"每归私第，必阖户启箧，取《论语》读之。尝语上曰："臣有《论语》一部，以半部佐太祖定天下，以半部佐陛下定太平。"后卒，谥忠献。上撰《神道碑

吕诛华士　孔戮闻人

【浅释】

姜太公吕望封在齐。齐这地区有个名叫华士的人，他不肯向周天子称臣，也不跟各国诸侯往来，是个头上长角、身上长刺的不驯服的人，但那地区的人却称赞他贤——有才有德。姜太公三次召见他，他都不理，说不来就是不来。结果姜太公把他定为"逆民"之罪，而诛杀了。

孔子曾一度在鲁国当司寇，他才当权七天就把鲁国的一个大夫少正卯杀了。他的学生子贡问他："少正卯，鲁国的闻人，为什么要杀？"无缘无故地把一个名人杀了，难免引起人们的疑心。孔子解释说："天下大恶有五：心逆而险，行僻而坚，言伪而辩，记丑而博，顺非而泽，少正卯兼而有之，不可不除。"

暴胜持斧　张纲埋轮

【浅释】

汉武天汉二年，泰山琅琊盗起，遣直指使者暴胜之等衣绣持斧，分部逐捕，刺史郡守以下多伏诛。闻隽不疑贤，请见。不疑盛饰造门，胜之迎上座，不疑曰："凡使吏，太刚则折，太柔则废；威行济之以恩，乃可善后。"胜之改容纳焉，遂表荐不疑。胜之，字公子。

汉张纲，字文纪，皓子，彭山人。少负气节，顺帝朝为御史。时帝八使按行风俗，纲独埋车轮于洛阳都亭曰："豺狼当道，安问狐狸。"遂劾大将军梁冀及冀弟河南尹不疑等不法事，冀患之，使出为广陵守，以广陵有张婴之乱也。八使：杜乔、周举、周栩、冯羡、栾巴、郭遵、刘班，并纲八人。

孙非识面　韦岂呈身

【浅释】

孙抃，北宋人，皇祐年间任御史中丞，举荐吴敦复、唐介为监察御史。

有人奇怪地问他："你连他们二人的面也没见过，为什么还要推荐他们呢？"孙抃说："古人耻于毛遂荐，今天怎么能要求一定要认识对方才委之以官呢？"后来唐介、吴敦复都以刚介而著名。

唐朝人韦澳，字子斐。武宗时擢为宏词科，恒齐著孪附，故十年没有升迁。御史中丞高元裕想推荐韦澳为御史，曾暗示他拜谒一下自己，韦澳却说："恐怕没有毛遂自荐的御史。"宣宗时，他官至翰林，持身清节，不随波逐流。

令公请税　　长孺输缗

【浅释】

晋朝裴楷当了中书令，相当于宰相。他每年都督促梁王、赵王这两家皇亲国戚交税百万，用这些钱救济贫苦困难的老百姓。有人讥刺他说："何为乞物示恩？"裴楷说："捐有余而补不足，天之道也。"

宋代杨长孺在湖州当刺史，敢于碰硬，制伏有权有势的人，政绩卓著。后来他调任广东，将要调任的时候，他已经积存七千贯薪水，他把这笔钱全用来替贫困户交租。

白州刺史　　绛县老人

【浅释】

唐薛稷为纸封九锡，拜楮国公、白州刺史，统领万字军，详《纂异记》。又桓温有主簿善别酒，好者为青州从事，恶者为平原督邮。青州有齐郡从事，谓到脐下；平原有革县督邮，言在膈上。下句绛县老人与青州从事对亦可。

鲁襄公三十年，晋悼夫人食舆人之城杞者，绛县老人与焉，问其年，曰："臣小人也，不知纪年。臣生之岁正月甲子朔，四百有四十五甲子矣。"盖七十三年也。赵孟召之而谢过焉，曰："武不才，任君之大事，以晋国事多虞，不能由吾子，使吾子辱在泥涂久矣，武之罪也。"遂仕之，使助为政，辞以老，使为君复陶，以为绛县师。复陶主衣服。

景行莲幕　谨选花裀

【浅释】

南北朝时，南朝齐国有个庾杲之，字景行，宰相王俭用他当幕僚。王俭府里有莲花池，种很多莲花，景行有个朋友很羡慕景行能在这样好的环境中工作，写信说："庾景行泛湖水，依芙蓉，何其丽也！"芙蓉就是莲花。

唐朝许慎，字谨选，为人旷达，不拘小节。他跟亲友们在花圃里举行宴会，不设帐幕，也没椅子，只叫仆人把树上落下的残花聚拢铺在地上请客人坐，并且还相当自豪地说："我自有花裀，何须坐具？"

郗超造宅　季雅买邻

【浅释】

晋人郗超，字嘉宾。每听说有高尚贤士隐退，便拿出百万钱为其修造住宅。当时，有个叫戴逵的，隐居于剡溪，郗超得知后，在剡溪为戴逵建了住宅，外表极为壮观精美。戴逵得意地说："剡溪我的住宅，就像官舍一般。"戴逵，字安道，博学能文，善弹琴，品性高洁，几次征召咨均不就，隐于剡溪。

南北朝的宋季雅，被免掉南康太守后，在吕僧珍的住宅旁买下一个院子，合家搬了进去。吕僧珍问他买宅子花了多少钱，宋季雅答："一千一百万。"吕僧珍连说贵了。宋季雅说："我花一百万是买宅子，花一千万是买邻居啊！"到吕僧珍得子时，宋季雅前去庆贺，在送礼的袋子上写着："钱一千"，守门人嫌少，不予通报。宋季雅强行闯了进去，吕僧珍亲自打开袋子一看，只见里边装得尽是黄金。

寿昌寻母　董永卖身

【浅释】

宋朱寿昌，字康叔。七岁，父嫁其母，不知所在。及长，弃官，刺血写

中华蒙学大全

经求之，得于蜀中，计别五十年矣。东坡贺以诗云："嗟君七岁知念母，怜君壮大心愈苦。羡君临老得相逢，喜极无言泪如雨。"

汉董永，千乘人。少失母，独养父。父死无以葬，从里人裴氏贷钱一万，约以身做奴。葬毕，忽遇一妇求为妻，俱诣钱主，主人令织缣三百匹以偿。一月毕，妇曰："我织女也，因君至孝，上帝令我助君偿债。"言讫，凌空而去。后生子仲，送永抚之。

建安七子　大历十人

【浅释】

在曹丕的《典论·论文》中提到了孔融、陈琳、王粲、刘桢、徐干、应玚、阮瑀等七位作家，并对这些作家的作品风格进行评论。这七位作家都活跃在建安时期，后人便把他们合称为"建安七子"。

唐代宗大历年间有十位诗人，名声都差不多，人们便称他们为"大历十才子"。但"十才子"是谁，各书所载不同，据《新唐书·卢纶传》载，十才子为"卢纶、吉中孚、韩翃、钱起、司空曙、苗发、崔峒、耿湋、夏侯审、李端等"。十才子在艺术方面都有一定修养，擅长五言律诗，有形式主义倾向。

香山诗价　孙济酤缗

【浅释】

唐自居易为江州司马，筑草堂于香炉峰下，称香山居士。工诗，初颇以规讽得失，其后更偶下俗支好，至数千篇，士人争为传写。鸡林行贾售其国相，率篇易一金，其伪者国相辄能辨别之。鸡林，新罗国名。

季汉孙济，孙权之叔。嗜酒，不治产业。常醉，屡欠酒缗，人皆笑之。济恬然自若，谓人曰："寻常行坐处欠人酒债，欲货此绲袍偿之。"杜工部诗"酒债寻常行处有"本此。

令严孙武　法变张巡

【浅释】

春秋时的孙武，齐国人。因为深谙兵法，投在吴国阖闾帐下。吴王拨给他一百八十个宫女，让他操练。孙武将他们编为两队，派吴王的两个宠姬当队长，指挥宫女们执戟列队。孙武三令五申后，妇人们仍哈哈大笑起来，理也不理。孙武即下令将两位队长正法。再发号令，全队整肃森然，服从命令，前后左右转身跪起，都符合要求，判若二样。吴王便用孙武为将军，西破强楚，北震齐鲁。孙武著有《兵法》十三篇。

唐朝张巡，教演兵法，从不拘泥古制，而是令大将各出其意。有人问他为何如此，他答：古代的人敦厚淳朴，征战双方有前、后、左、右军，大将居中，三军听将令一起进退。现在我们征战的对手是胡人，胡人善骑射，行动迅速，变化万千，所以用兵一定要做到兵解将意，将识士情，上下相习，人自为战。"

更衣范冉　广被孟仁

【浅释】

东汉范冉(一作范丹)，年轻时跟尹包友善，他俩家里都很穷，出入只有一件红色的衣服。每次外出访友，年长的尹包先穿那件红衣服进门，出来把衣服脱下给范冉穿。范冉后来当莱抚长，有人议论要让他当侍御使，他不愿干，便弃官离去。

东汉时孟仁，年轻的时候他母亲给他做了床又大又厚的被褥，有的人觉得奇怪，便问他母亲为什么要缝这么大的被，他母亲说："小儿无德致客，客多贫，故为广被，使之便于结交朋友。"

笔床茶灶　羽扇纶巾

【浅释】

唐陆龟蒙，字鲁望，长兴人。尝自忍饥，耻食屠沽儿酒肉，故亲党鲜会，伏腊丧祭，皆未尝及。无事时，乘小舟，赍束书，茶灶、笔床、钓具，棹船而游，少不会意，竟还不留。性嗜茶，辟园顾渚山下，遂收之。号天随子，又号甫里先生。

季汉诸葛亮与司马懿对于南，克日交战。懿戎服莅事，使人视亮，独乘素车纶巾，羽扇指挥，三军随其进止，懿叹曰："诸葛君可谓名士矣。"亮寻卒，军退，懿行其营垒，复叹为天下奇才。

灌夫使酒　刘四骂人

【浅释】

汉代灌夫为人刚直，他不喜当面讲人的好话巴结讨好别人。对皇帝国戚、有权势的人，也从不买账，一定要凌辱他们。而对贫贱的士人，他反而更加恭敬。后来因为在宴会上借着酒醉辱骂丞相田蚡，田蚡在皇帝面前告他的状，结果以"大不敬"的罪名，诛连三族。

唐朝刘子翼，排行第四，老朋友都称他刘四。他为人刚直，朋友有什么过错，他都要当面责备，但是从来不在背后议论别人。李百药对人家说："刘四虽骂人，人终不恨。"刘子翼也善于写诗，有道德、有学问。

以牛易马　改氏为民

【浅释】

晋元帝南渡后建国，史称东晋，传帝位十代，共九十八年。司马懿在世时，有《玄石图》，上面写有"牛继马后"的谶语，因此，司马懿就深忌讳姓牛的人，担心乒够铲权。一天，他将后军将军牛金叫来喝酒，他先饮了一杯好酒，然后倒给牛金一杯毒酒，将牛金毒死了。但他却没有预料到，慕王妃夏侯氏与一牛姓小吏私通，生下元帝司马睿。

汉末民仪，本姓氏，在吴做官。孔融嘲笑他说："氏字民无上，可改为民。但是遍查姓谱，并没有氏姓。"《琅玡代醉》篇上氓与昏皆从民字。唐时避太宗讳，所以石经皆以氏字代之，则又改氏为民，或者说仪改氏为是。

圹先表圣　灯候沈彬

【浅释】

唐司空图，字表圣，虞乡人。举进士，避乱不仕，自号耐辱居士，又号知习子。尝预为冢圹，故人来者，引置圹内，赋诗对酌。人或难之，表圣曰："我非暂游此中，公何不广耶？"出则以女家人鸾台自随。尝为王重荣作碑，赠绢数千匹，图置之节门，外人得取之，一日而尽。有《一鸣集》传世。

唐沈彬，字子文。隐云阳山学仙道，工诗，有《湘江行》云："数家渔网残烟外，一岸夕阳细雨中。"人脍炙之。后仕南唐为吏部郎，临终指葬地以示；示家人，穴其所，得石莲花灯三盏，有铜碑，篆文曰："佳城今已开，虽开不葬埋。漆灯犹未灭，留待沈彬来。"未灭，一作不燕。

十二 文

谢敷处士　宋景贤君

【浅释】

晋朝谢敷，清心寡欲，隐居在若耶山十几年，朝廷多次征召他去做官，他都不应召，甘愿做处士。宋景公时，上天出现了许多异常的现象，人们心里都有些惊慌，总有一种灾难就要降临的感觉。

宋景公便召见子韦，问个清楚。子韦说："祸当在君，可移于相，或称于民，或移于岁。"景公说："相，所与治国家者；民，为国之本；岁荒，人必饥死；均不可移。"子韦说："君有此至德之言，祸象必退。"

景宗险韵　刘辉奇文

【浅释】

南北朝曹景宗，字振为，以胆勇闻。梁武朝为右将军，魏兵围钟离，景宗率师解围，振旅而还。帝宴之，辩臣联句，令沈约限韵。时韵用已尽，唯余"竞""病"二字，景宗操笔立成云："去时儿女悲，归来笳鼓竞。借问行路人，何如霍去病？"帝大称赏。

宋刘几，字之道。为文好险语，欧公恶之，场中一人论曰："天地轧，万物苗，圣人发。"公曰："必刘几也。"因戏批：秀才剧，试官刺。以朱笔横抹之，谓之红勒帛。后为御试考官，试《尧舜性仁赋》有曰："静以延年，独高五帝之寿；动而有勇，刑为四罪之诛。"擢第一。及唱名，乃刘辉，即易名也。公愕然久之。

袁安卧雪　仁杰望云

【浅释】

汉代人袁安，字邵公，汝阳人。未发以前客居洛阳，有一年天下大雪，洛阳县令到他的住处，走到门前，只见门前也无足迹，使命人扫起门前雪，进屋见袁安直挺挺地躺在床上。洛阳县令问袁安为什么不出去？袁安说："天下大雪，我怎么好出去打扰别人呢？"洛阳令为其言语感动，举为孝廉，后来官至司徒。

唐时的狄仁杰，武后朝为相，以功封梁国公。早先他在并州当法曹参军时，双亲均在河南。有一次，他登太行山时，见天上一片白云孤飞，不由得感慨道："我的家乡在白云下面啊！"他在山上徘徊了很久，待云彩移走后才离去。太行山在今山西绛县东。

貌疏宰相　腹负将军

【浅释】

宋朝王钦若相貌丑陋，脖子上长有一颗肉瘤，言行不雅。他曾拿着文章求见钱希白，钱希白看不起他，对他很冷漠。有个看相的对钱希白说："此相乃人中之贵。"钱希白压根就不相信。后来王钦若做了真宗的宰相。他很会顺应真宗皇帝的意思，讨真宗的喜欢。后来仁宗皇帝曾说："钦若所为真奸邪也。"

有一位大将军吃饱饭后抚摸着肚皮自豪地说："我不负汝。"他的侍从对他说："将军不负此腹，此腹却负将军。"嘲笑他肚子里没有墨水，说不上有什么筹谋，只是个酒囊饭袋罢了。

梁亭窃灌　曾圃误耘

【浅释】

梁大夫宋就为边县县令，与楚邻界。梁亭与楚亭皆种瓜，梁勤于灌，瓜美。楚灌稀，瓜恶。楚亭人搔梁瓜焦死，梁觉，欲报之。就曰："人恶亦恶，何褊之甚。我教子为楚人夜灌其瓜，勿令知也。"梁人如其言，楚瓜美，怪而察之，乃梁人为之也。楚王曰："此梁之阴让也。"谢以重币，因请交。

曾子耘瓜，误斩其根。父晢怒，大杖击之。曾子仆地有顷，乃苏。孔子闻之曰："参来勿纳。"曾子请之，孔子曰："舜事瞽叟，小杖则受，大杖则走。今参委身以待暴怒，身死，陷父于不义，不孝孰大焉。女非天子之民也，杀天子之民，其罪奚若。"曾子闻之，曰："参罪大矣。"遂造孔子谢过。

张巡军令　陈琳檄文

【浅释】

张巡是唐朝时的一位将军，军令严明。令狐潮围攻雍丘，张巡的偏将雷万春站在城上和令狐潮对话，脸上被射中六箭还是丝毫不动，令狐潮手下的人甚至怀疑这是木雕的假人。后来令狐潮对张巡说："前见雷将军，已知足下军令矣。"

东汉陈琳，字孔璋，"建安七子"之一。他先前是袁绍手下的文职人员，后来归附了曹操。曹操很爱他的才华。有关国家大事和军中大事的文告都是由陈琳起拟。曹操有头风病，有一次病发作了，他躺着看陈琳的文稿，看着看着突然间他跳了起来，说："吾病愈矣！"

羊殖益上　宁越弥勤

【浅释】

一天，赵简子问一个叫成抟的大臣说："我听说羊殖是贤良的大夫，他的品行究竟怎样呢？"成抟回答："我不清楚。"赵简子问："你同羊殖是朋友，怎么会不知道呢？"成抟道："羊殖的为人，有几次变化。十五岁时，廉洁而不隐瞒自己的过失。二十岁时，仁慈而讲信义。到三十岁时，为晋中军尉，勇猛而富有仁义之心。五十岁时，为边城守将，近者悦，远者亲。如今我与他已有五年没见了，不知道他的近况，故而说不清楚。"简子说："果然是贤大夫，每变一次，品德都上进一步。"

战国时的赵国人宁越，中牟人。因为苦于耕稼之劳，问他的朋友道："有什么办法能免除耕稼之苦呢？"朋友答："什么办法都不如学习，勤学三十年就可以免除耕稼之苦了。"宁越说："不错。别人休息了，我不休息了，我不睡，像这样学习十五年就足够了。"于是，发愤十三年，学成后师事齐威公。

蔡邕倒屣　卫瓘披云

【浅释】

季汉王粲，字仲宣。博物多识，问无不知。蔡邕奇其才略，闻粲在门，倒屣迎之。粲年少短履小，一座皆惊，邕曰："此君奇才，吾不如也，吾家书籍当悉与之。"后仕魏。屣，履不摄跟也。

晋乐广，字彦辅。善谈论，每以约言析理，遂餍人心，卫瓘见而奇之，曰："此人之水镜也，见之若披云雾而睹青天。"后仕至尚书令。女适卫玠，时有"妇翁冰清，女婿玉润"之语。

巨山龟息　遵彦龙文

【浅释】

唐朝李峤的哥哥和弟弟们全都是在三十岁的时候死的，所以他的母亲很担心他也熬不到这个年龄。她就去问当时名气很大的袁天罡。袁天罡观察了他的鼻息，都从耳中出入，和长寿的乌龟一样，便向巨山的母亲恭贺说："龟息也，必大贵大寿。"

南朝杨愔，六岁的时候就能读历史书，十一岁时能读《诗经》《易经》。长辈们都很器重他，都觉得这是个才华横溢的年轻人，他们说："此儿乳牙未落，已是我家龙文（骏马名），更十岁后，当求之千里外。"后来遵彦在梁武帝时做了太子少保，被封为开国公。

十三　元

傲倪昭谏　茂异简言

【浅释】

唐罗隐，字昭谏。工诗，尤长于咏史。性傲倪，少与桐庐章鲁风齐名，为宰相郑畋所重。畋女览隐诗，讽咏不已，畋疑有慕才意。隐貌陋，一日，女窥见之，遂绝口不咏。令狐绹子滈登第，隐贺以诗，绹曰："吾不喜汝得第，喜汝得罗公诗耳。"

宋吴简言，字若讷，以茂异决科，累官祠部郎中。尝经巫山神女庙，题诗云："惆怅巫娥事不平，当时一梦是空成。只因宋玉闲唇吻，流尽长江洗不清。"是夜梦神女来谢。

金书梦珏　　纱护卜藩

【浅释】

唐代李珏，唐文宗开成年间任丞相。李绛称他是日角珠庭，不是庸人相貌。当时广陵有个平民叫李珏的，以卖粮食为生，每斗只赚二文钱，以此来奉养父母。凡收买进卖出的粮食，让人自己称量，从不短斤缺两。丞相李珏节制淮南肘，有一晚梦见自己走入一个洞中，见石壁上用金泥写了很多姓名中有李珏二字，心中正喜，这时有两位童子出来说道："这是江阴的部民李珏，不是你啊。"李珏活了百余岁，升仙而去。

唐代李藩，字叔翰。少时沉静而有规矩，宪宗时任同平章事。他曾向葫芦生问卜，葫芦生说："你是纱笼中的人。"李藩听了，有些摸不着头脑。后来有一个新罗僧人说，大凡位至宰相的人，阴间阎王一定暗中用纱笼护其名姓，为的是害怕被异物所害。不久李藩遭杜兼诬陷，天子召他到长安，见他风度儒雅，仪表堂堂，不由惊异地问："这样的人怎么会是坏人呢？"

童恢捕虎　　古冶持鼋

【浅释】

童恢字汉宗，东汉时人。相传他担任不其县县令时有虎害民。他令人捕虎，捉到两只。他对虎说："根据王法，杀人者死。你们中间哪只是杀人的，赶快低头认罪，不杀人的就叫一声。"其中一只虎低头闭目，另一只虎哀号。他就杀一放一。

古冶子是春秋时期的力士，曾侍卫齐景公。一次齐景公渡黄河时，突然有一只鼋衔了车驾左边的马，沉入河中。在场的人都大惊失色，不知所措。但古冶子却独自持剑跃入水中，斜游了五里，又逆水上游了五里，终于到了砥柱下面。此时他左手拿了鼋头，右手挟了左骖马，像燕雀一样腾跃而出，仰天大呼，河水为之倒流三百步。四周观看的人都把他比作河神。

何奇韩信　香化陈元

【浅释】

汉萧何见韩信，与语奇之。汉王未及重用信，信亡去，何自策骑月下追返之，力荐于高祖，曰："诸将易得王耳，至如信，国士无双。"高祖遂筑坛，拜为大将，卒赖成功。信字君实。

汉仇览，一名香。为蒲亭长，有陈元者，母讼其不孝，览惊曰："守寡养孤"奈何致子于法？"览因亲至其家，详谕元以大义，卒成孝子。邑令王涣署为主簿，曰："闻不罪陈元而化之，得无少鹰鹯之志乎？"览曰："窃谓鹰鹯不如鸾凤，故不为耳。"

徐干《中论》　扬雄《法言》

【浅释】

三国时学者徐幹，字伟长，是建安七子之一。魏文帝曹丕在《与吴质书》中称："伟长抱文怀质，恬淡寡欲，有箕山之节，可谓彬彬君子矣。"他曾著《中论》，主张"凡学者大义为先，物名为后"，反对儒学烦琐的训诂章句，而阐述儒家经义，成一家之言。

西汉著名辞赋家扬雄早年仿司马相如，作《甘泉》《河东》《羽猎》《长扬》四赋，以此被荐为郎。晚年后悔他少年时所作的辞赋不好，认为是"雕虫篆刻，壮夫不为也"。于是仿《易经》作《太玄》，仿《论语》作《法言》。《法言》尊圣人，谈王道，宣扬传统儒家思想。

力称乌获　勇尚孟贲

【浅释】

乌获，字文举，秦武王时力士，其力能扛鼎。武王喜欢斗力，因此乌获格外受武王宠爱，得以做了大官。后来在一次举鼎时不小心折断了胳膊而死。江蔓——《论衡》上说："董仲舒、扬子云，文之乌获也，战国时的勇士孟贲（bēn），齐人，据说他力大无比，能生拔牛角。听说秦武王喜爱力士，便归附秦武王。一次他过河，先于其他人跳上船，船上的人不知他是武士，一齐吼他。到河中间时，孟贲大怒，豹眼环睁，髭毛直竖，将船上的人通通掀到河里去了。

八龙荀氏　五豸唐门

【浅释】

汉荀淑，字季和。子八人，俭、绲、靖、焘、汪、爽、肃、专并有名。淑居西豪里，县令苑康："昔高阳氏有才子八人。"遂署其里曰高阳里，号其子曰八龙。靖、爽尤知名，复有二龙之号，或称二玉。许邵曰："叔慈内照，慈明外朗。"陈太邱尝携诸子侄造之，于时德星聚，太史奏：五百里当有贤人爵人聚。

宋唐垧、唐肃、唐询、唐介、唐淑问相续为御史，人称一门五豸。"按介，字子方，垧子叔。淑问，介之子，垧兄。肃则垧祖，询则垧父也。有足曰虫，无足曰豸。

张瞻炊臼　庄周鼓盆

【浅释】

唐朝段成式的《酉阳杂俎》中记载，江淮有个王生善于占卜，有个名叫张瞻的商人在回家前做了个梦，梦见自己用臼做饭。第二天，他来向王生求卜吉凶。王生说："臼中炊，没有釜（谐'妇'音)，你这次回家肯定见不到妻子了。"张瞻回到家时，果然妻子已死。

庄周的妻子死了，惠子前往吊唁，见庄子正坐在地上敲击瓦盆唱着歌。惠子说："你与妻子共同生活这么多年，生养了许多子孙，现在她老死了，你不哭也罢，怎么还鼓盆而歌呢?这不也太过分了吗？"庄子回答说："她刚死时，我怎么能没有感慨呢!但一想，人的生命就像四季的运行，人死了就像安卧在巨室(宇宙)里一般。而我现在却嗷嗷大哭，对于生命的认识太不通达了，所以不哭了。"后人称丧妻为"鼓盆之戚"。

疏脱士简　博奥文元

【浅释】

南北朝张率，字士简。嗜酒疏脱，在新安遣家僮载米三千斛还吴，耗失大半。士简问其故，答曰："雀鼠耗？"士简叹曰："壮哉鼠雀！"竟不究。率初作颂赋，虞讷诋之，后更为之，托言沈约，讷便句句称赏。唐萧颖士，谥文元。性严酷，有仆名杜亮，事之十余年，颖士每加捶楚，辄百余，不堪其苦。人或激之择木，亮曰："我非不段能他从，所以迟留者，特爱慕其博奥耳！"陆放翁诗："奴爱才如萧颖士。"萧字茂挺。

敏修未娶　陈峤初婚

【浅释】

宋人陈敏修，绍兴年间中进士第三人。天子问他道："你就是陈敏修？年龄多大了？"陈敏修答："七十三岁。"天子又问，几个儿子。陈敏修答："尚未娶妻。"天子就将自己的内人嫁给了他。那妇人年纪三十，当时人说："新人若问郎年纪，五十年前二十三。"

陈峤是宋时人，字景山，年近花甲时才及第。有个儒士把女儿许给了他。新婚之夜，陈峤做诗道："彭祖尚闻年八百，陈郎犹是小孩儿。"苏轼谪惠州时，邻居中有位老举人，年已六十九岁，他的妻子三十岁生子。苏轼开玩笑地写了一副对联："令阃方当码而立岁，贤夫已过古稀年。"

长公思过　定国平冤

【浅释】

韩延寿字长公，汉昭帝时任淮阳、东郡太守，很有政绩。宣帝时代萧望之为左冯翊，诬陷延寿在东郡有僭越行为，被诛死。长公任左冯翊时，巡察至高陵，有兄弟争田，他为之悲伤，自责道："为郡表率，不能宣明教化，致使有骨肉争讼，责任在冯翊。"因而闭门思过。争讼者听说后感到惭愧，便袒露上身表示待罪，并愿以田相让。

于定国，汉宣帝时任掌刑狱的廷尉长达十八年之久。他断案审慎决断，从轻发落疑案，哀恤鳏夫寡妇，治狱公平宽简，时人称颂道："张释之为廷尉，天下无冤民；于定国为廷尉，民自以为不冤。"

陈遵投辖　魏勃扫门

【浅释】

汉陈遵，字孟公。性好客，每会饮，取客车辖投井中，虽有急不得去。善书，凡与人尺牍，众皆珍藏之。初为京兆史，列侯中有与同姓字者，每至，入门，坐中莫不震动，既至而厅非，因号曰："陈惊坐"。汉魏勃欲见齐村相曹参，贫无以通，乃常早起扫齐相舍人门。舍人怪而问之，乃知是勃，询其故，勃曰："愿见相君。无因，敕为扫之，借以自通也。"于是引见参，遂以为舍人。

孙璉织屦　阮咸曝裈

【浅释】

宋朝孙璉善于吟诗，但他不想通过科举考试而平步青云。他自食其力，亲自种田、织麻鞋维持生活，活到一百岁。晋朝阮咸，旷达不羁，不受礼教束缚，跟他的叔叔阮籍齐名。阮籍和阮咸他们的家都住在路的南边，其他姓阮的族人都住在路的北边。北边的是富豪，南边的是穷人。传说七月七日曝衣不蠹，北阮曝的尽是绸缎纱罗，南阮没衣服可曝，阮咸便把犊鼻裈挂在竹竿上曝。犊鼻裈是当时下等人穿的粗布围裙。大名人曝犊鼻裈在当时也许是一条大新闻。

晦堂无隐　沩山不言

【浅释】

宋黄庭坚，字鲁直，号山谷道人。有一次，他想诠释"吾无陷乎尔"之义，但再三不得其解，便前去向黄堂寺的晦堂老子请教。晦堂老子没有回答。此时，暑退凉生，秋风满院，晦堂开口问道："闻见木樨的香气了吗？"黄庭坚回答："闻到了。"晦堂道："吾无隐乎尔？"黄庭坚不由大为叹服，唐代有个香岩禅师未出家时，曾参拜沩山禅师。沩山说："父母未生时，试道一句看。"香岩听了，有些摸不着头脑，几次试着恳求沩山说破。沩山说："罐我说底是我底，终不干你的事。"香岩一听无望，便哭着告辞。过南阳时，有一天他拔除草木，偶抛瓦砾，击竹作声，忽然顿悟。便沐浴焚香，向沩山遥拜，赞叹道："和尚大慈，恩逾父母，若为说破，今日何有？"

十四　寒

庄生蝴蝶　吕祖邯郸

【浅释】

周庄周为漆园吏，字子休。尝梦化为蝴蝶，栩栩然不知周也。俄而觉，则蘧蘧然周也，不知周之梦蝶，蝶之梦周也，是谓物化比。栩栩，忻畅貌。蘧蘧，自得貌。南北朝李愚，蚀疏旷不羁。尝曰："予夙夜在公，不得烂游华胥国。欲构一蝶庵，以庄周为第一祖，陈抟专配食，忙者晦与注籍供职。

唐开元中，吕岩得道，云游邯郸客邸，适主人炊黄粱。时有卢生在座，言困厄欲求仕。岩乃取囊中枕授之，未几，梦登第，出入将相五十年，荣盛无比。及觉，黄粱尚未熟，卢生因求度世之术，后亦仙去。岩即纯阳子。

谢安折屐　贡禹弹冠

【浅释】

东晋时，谢安为丞相。派他的侄儿谢玄率八万人马在淝水打败了苻坚的九十万大军。捷报传来，他依然和朋友下棋，不露一丝惊喜。下完棋进入内室，经过门槛的时候，由于太高兴了，居然摔了一跤，连木屐底上齿都折断了。

汉朝贡禹跟王吉(字子阳)是很要好的朋友。王吉当了益州刺史，贡禹拍打着帽子上的灰尘为王吉也为自己祝贺，因为他清楚这一下他就要做官了。后来王吉向汉成帝举荐贡禹，贡禹也当了官。因此当时人说："王阳在位，贡禹弹冠。"意思是说他们意气相通，取舍一样。

颛容王导　浚杀曲端

【浅释】

晋王敦乱，从弟王导诣台待罪，亟呼周颛："伯仁，以百口累卿。"颛直入不顾，见帝，申救而出，但谓左右曰："今年杀暮诸贼奴，取金印如斗大。"既又表明导无罪，导皆不知。敦至，问部何如，导不答，遂杀颛。寻知之，导悔曰："我虽不杀伯仁，伯仁由我而死。"伯仁，颛字。

宋曲端，字正甫。为威武将军，善战，得士卒心。与宣抚使张浚议不合，害之。浚犹张其号以惧虏。寻召丕欲用，吴蚧与之有隙，书"曲端谋反"四字于手示浚。又端诗："不向关中兴事业，挪来江上泛渔舟。"王庶诬其指斥乘舆，遂下端狱，武臣康随计杀之，谥壮愍。

休那题碣　叔邵凭棺

【浅释】

明代姚康，字休那(nuò)，桐城人。平生只刻苦研读经史，不屑于做官。何、史二相先后请他入幕，均不就，贫寒如故。七十岁时，做诗自祭，有陶靖节风。又为自己题碑铭道："吊有青蝇，几见礼成徐孺子；赋无白凤，免得书称莽大夫。"年七十六岁而卒，著述极丰。

明代方叔邵，字虎王，桐城人。豪放不羁，饮酒做诗，自得其乐，其书法可与张旭媲美。崇祯壬午年夏天，方叔邵生了牙病，便整齐衣冠坐在棺木中，依着棺木写下遗书："千百年之乡而不去，争此瞬息而奚为？无干戈剑戟之乡而不去，恋此枳棘而奚为？清风明月如常在，翠壁丹崖我尚归。笔砚携从棺里去，山前无事好吟诗。"遗书书完，他寿终正寝。遗嘱不要装殓。

如龙诸葛　似鬼曹瞒

【浅释】

诸葛亮在隆中隐居，徐庶对刘备说："诸葛孔明卧龙也，将军岂愿见之乎？"

曹操字孟德，小名阿瞒。年幼时叔父不喜欢他，经常在他父亲面前说他的缺点，曹操对此怀恨在心。有一次，他故意装作痉挛疯癫不省人事的样子，让叔父向他父亲报告，等父亲赶到时，他又恢复正常。父亲问他，他反诬是叔父诅咒他。这样父亲便不相信叔父的话，从那以后他更加肆无忌惮了。所以就有这么一句话：似鬼阿瞒。

爽欣御李　白愿识韩

【浅释】

汉李膺，字元礼。性简亢，无所交接，唯以荀淑为师。淑第六子爽尝就诣膺，因为其御。既还，喜曰："我今日得御李君矣。"其见慕如此。故当时被其容接者，名为登龙门。登龙门，任昉、袁昂事亦同。

唐韩会，字朝宗。玄宗朝为荆州刺史，以好士荐贤称。李白流落江汉，上书自荐，其简端曰："白闻天下谈士相聚而言曰：'生不愿封万户侯，但愿一识韩荆州。'何令人之景慕一至于此！"韩会即四夔之一。

黔娄布被　优孟衣冠

【浅释】

战国时齐国的隐士黔娄子，坚守正道，从不更改自己高洁的品行。他家里很贫寒，死的时候只有一床短短的布被。他的妻子用布被给他盖尸，要么露头要么露脚。曾子说："斜其被则敛矣。"他的妻子不接受，认为他一生德行端正，怎么能在死后斜着被子盖他的遗体呢？便说："斜而有余，不若正而不足。"楚国的丞相孙叔敖，为官清正廉洁。他死后不久，家里生活就十分艰苦。

他的儿子只得替人挑柴维持生计。优孟得知后感慨万千。他便把自己化装成孙叔敖去见楚庄王，楚庄王以为孙叔敖复生，要他做楚国的丞相，他拒绝了。他说楚王无情，孙叔敖做了多年丞相，为楚国做出了那么多的贡献，如今他的儿子还以为人担柴养活自己，楚国的丞相不能做，楚王听了后就召见孙叔敖的儿子，赐给他一块封地。

长歌宁戚　鼾睡陈抟

【浅释】

春秋时齐国大夫宁戚，原为卫人。家中贫困，为人挽车到齐国。夜里他在车下喂牛，击打着牛角唱道："南山矸，白石灿，生不逢尧与舜禅，短布单衣适自骭。从昏饭牛薄夜半，长夜漫漫何时旦？"齐桓公听见了，深为诧异，命管仲将宁戚迎进宫，拜为上卿。

宋代陈抟，字图南，号希夷，普州崇龛人，自号扶摇子。举进士不第，先隐居武当山。相传有五位老人前来听他讲《易经》，对他说："我们是日月池中的龙，这里不是你所栖的地方。"说罢，令陈抟闭上眼睛，驾起风而行，不一会儿，就到了华山，从此居华山修道。陈抟喜酣睡，每睡百余日不起，这是因为五龙授他以蛰法的缘故。周世宗曾在宫冲关门闭户试之。

曾参务益　庞德遗安

【浅释】

曾子有疾，曾元抱首，曾华抱足。曾子曰："吾无颜氏之才，无以告子，然君子务益。夫华多实实少者，天也；言多行少者，人也。夫飞鸟以山为埤，而层岭；鱼鳖以滩为浅，而穿穴其内，然所以得者饵也。君子苟能无以利害身，则辱安从至乎！宦怠于官成，病加于小愈，祸生于懈惰，孝衰于妻子。"

汉庞德公隐居于岘山，不入城府。刺史刘表累召不赴，乃造访，公耕垄上，妻馈于前，相敬如宾。表曰："先生不受官禄，何以遗子孙？"公曰："人遗之以危，我遗之以安耳！"建安中，携妻子移隐鹿门山下，子涣，晋太康中群舸太守之守。群舸，音臧歌。

穆亲杵臼　商化芝兰

【浅释】

汉朝公孙穆，年轻时到太学学习，缺少粮钱，就受雇到吴祐家为他家舂米。吴祐跟他谈话，发觉他学识渊博，谈吐不凡，感到十分惊讶。一问之下才得知他的家世，便和他交了朋友。由于是在舂米的地方交的朋友，因此就称为"杵臼交"。公孙穆后来做到了弘农令。

卜商和端木赐都是孔子的弟子。孔子对他的学生曾参说："我死后，商也日益，赐也日损。"曾子问他原因，孔子说："商也好与贤于己者处，赐也悦与不若己者处。不知其人，视其友。"故曰：与善人居，如入芝兰之室，久而不闻其香，即与俱化矣；与不善人居，如入鲍鱼之肆，久而不闻其臭，即与俱化矣。"

葛洪负笈　高凤持竿

【浅释】

晋葛洪，宇稚川，句容人。家贫，篱哥落不修，常披榛出门，排草入室。屡遭延火，典籍都尽，故闭门却扫，绝少交游序。或寻书问义，则不远千基,期于必得。常负笈徒步，借书抄写，自伐薪以货纸墨。夜辄燃火，或写或读，但所写多反复，人罕能读之，后鹤秘术仙去。笈，书籍也。

汉高凤，字放通，叶县人。家以农为业，妻尝之田，曝麦于庭，令凤护鸡。时天暴雨，凤持竿诵经，麦为流水所漂。妻还怪问，凤方悟。后成名儒，教授西唐山中，不应征辟，隐身渔钓而终。西唐山，一名唐子山，在今南阳府唐县南，见《水经注》。

释之结袜　子夏更冠

【浅释】

汉代人张释之，任廷尉。张释之与一个姓王的年轻人过从甚密，那年轻人通佛道之理，隐居不仕。一天张释之宴请众公卿，王生也来了，他立于庭中，解下袜子，对张释之说："替我绑结好袜子。张释之一语不发，跪在地上为王生绑上袜子。事后，有人问王生道："你为什么当众侮辱廷尉？"王生答道："我既老衰又贫贱，自认为对廷尉没有多大帮助，之所以让他替我穿袜子，是要让世人知道他宽仁大度，礼贤下士，提高他的声望啊！"众人听了，都认为王生是贤者，因而更看重张释之。

汉时的杜钦，字子夏。少时好读经书，家中虽富庶，而他却双目失明，所以不好为官。茂林杜邺，与杜钦同姓同字，二人都以才能著称，所以人称杜钦为"盲杜子"，以和杜邺区别。杜钦极讨厌别人用他的缺陷来诋毁他，便做了一顶小冠，高宽才二寸，于是京师又称杜钦为"小冠杜子夏妙"，而呼杜邺为"大冠杜子夏"了。后王凤奏请天子钦准杜钦为大将军、武库令。

直言唐介　雅量刘宽

【浅释】

宋仁宗时，御史唐介竟然敢弹劾名望很高的文彦博"结交后宫，窃取相位"。仁宗皇帝看了他的奏疏后龙颜大怒，把他贬为英州别驾。

汉朝刘宽，为人仁慈宽厚。在南阳做太守时，小吏、老百姓做了错事，他只是让差役用蒲鞭责打，以表羞辱。他的夫人为了试丈夫是不是和人们所说的那样仁厚，便让婢女在他和下属集会办公的时候捧出肉汤，把肉汤倒在他的官服上，结果刘宽不但没发脾气，后而问婢妇："肉羹烫了你的手吗？"还有一次，有人曾错认了他驾车的牛，硬说这牛是他的，刘宽也不争辩什么，叫车夫把牛解下交给那个人，自己走路回家。后来，那人找回了自己的牛，便把牛送还给刘宽，并且向他道歉，刘宽反而还安慰那个人。

抆须何点　捉鼻谢安

【浅释】

南北朝何点，容貌方雅，博通群书，宋、齐累征不起。与梁武帝有旧，帝践祚，赐以鹿皮冠，手诏征之，召硎己华林园，欲拜为侍中。点以手抆帝须，曰："乃欲臣老子耶？"寻辞疾归。李卓吾谓其可比严光。

晋谢安少有时名，朝命敷逼，皆不就。人为语曰："安石不起，当如苍生何！"虽处衡门，雅负公辅之望。时兄弟已有贵者，翕簪家门，倾动人物。刘夫人，刘恢妹也，见安独静退，戏谓之曰："大丈夫不当如此耶？"安乃捉鼻曰："正恐不免耳！"弟万废，安年四十余，始应辟命，后破苻坚，赠太尉，谥文靖。

张华龙鲊　闵贡猪肝

【浅释】

晋朝文学家陆机曾给博物学家张华送鲊（腌鱼），张华说："这是龙肉啊！"就把苦酒浇到鲊上，鲊散发出五色光芒。

汉朝闵贡，是人们公认的有节操的士大夫。他旅居安邑时，家中非常贫困，一天仅买一斤猪肝。

渊材五恨　郭奕三叹

【浅释】

彭渊材，宋代宜丰人。平生喜漫游。一天，他同一个受过黥刑的人背着布袋回家，邻居中有人怀疑他背的是金银财宝，彭渊材也故意见人就说"我的财富足以和国家的财富相比"。他当众打开布袋，里面不过是廷珪墨一方，文与可丝竹一支，欧阳修《五代史》稿一部。他曾自称平生有五个遗憾：一憾鲥鱼多骨。二憾金橘带酸，三憾莼菜性冷，四憾海棠不香，五憾曾子固不能诗。彭渊材通晓大乐，朝廷擢为协律郎。

晋代人郭奕，字大业，素有才望，初为野王令。一次，羊祜回洛阳时路过他的辖地，郭奕派人邀请挽留羊祜，又亲自前往驿馆拜谒。二人相见，郭奕叹道："羊叔子为何一定要降低我郭大业呢？"他第二次见羊祜时，又求羊祜再住一时，羊祜答应了。郭奕又叹道："羊叔子离人远了啊！"羊祜将要离去时，郭奕送了数百里，一直出了县境，便以出境而被免了官职。他再次叹道："羊叔子为什么一定要不及颜子呢！"

弘景作相　延祖弃官

【浅释】

南北朝陶弘景，字通明，读书万卷。一事不知，以为深耻。齐高帝引为诸王侍读。永明中，脱朝服挂神武门，上表辞禄，隐居弓茅山华阳洞。性爱松风，庭院皆植松，每闻其响，欣然为乐。筑三层楼，自处其上，弟子处其中，宾客处其下，行辟谷导引之术。梁武帝早与之游，即位，征之不出，每有大事，无不咨询，谓之山中宰相。

唐元延祖矢志不仕，年过四十，亲娅强勒之，再调春陵丞，辄弃官去，曰："人生衣食可适饥寒，不宜复有所须，每灌畦掇薪，以为有生之役，过此吾不思也。"子结为道州刺史。

二疏供帐　四皓衣冠

【浅释】

汉朝疏广、疏受分别为太子太傅和太子少傅。叔侄俩在位五年，之后向皇帝请求归养，皇帝赐黄金一百斤，高官显贵们都设宴为他们饯行。叔侄俩就风风光光地回到家乡。

汉高祖刘邦想废掉太子刘盈而改立戚夫人生的儿子如意为太子。吕后很担心，便向张良请教对策，张良建议请商山四皓入宫。吕后便在宫中设宴请四皓，并让太子作陪。高祖看到这四个老人胡须眉毛全白了，穿戴整齐，很有派头，并知道是商山四皓，便很惊讶地问他们，以前请他们为什么不来，如今为什么却来了。四人说："陛下轻士，臣等义不受辱；太子仁孝，愿为之死。"刘邦听后，便打消了换太子的想法。

曼卿豪饮　廉颇雄餐

【浅释】

宋石延年，字曼卿，宋城人。喜豪饮，与刘捌潜善。尝悴海州，潜访寻访之，剧饮，中夜酒竭，有醋斗余，并饮之。每与客痛饮，露发跣足，着械而坐，谓之囚饮；坐于木杪，谓之巢饮；以槁束之，引首出饮，复就束，谓之鳖饮，人甚苦之。官太子中允，进《备边策》，不报。已而西方用兵，上思其言，欲召用，甄则死矣。

周廉颇为赵将，威震齐秦，伐燕有车功，封信平君，为假相国。悼襄王，千古使乐乘代颇，颇怒，遂奔魏。赵后困于旁荤，复使使视颇。仇人郭开赂使，令毁之，使见颇，颇一饭斗米，肉十斤，被甲上马，以示可用。使者报曰："廉将军虽老，尚善饭，然顷之三遗矢矣。"

长康三绝　元方二难

【浅释】

晋代顾恺之，字长康，博学而有才气，善绘画。每画人物，数年不点眼睛。他对人说："传神写照，正在此中。"敖世传顾恺之有三绝：才绝、画绝、痴绝。在桓温手下任虎头将军，所以称"虎头将军"，号"顾虎头"。宋友文工书法，富文辞，有勇力，号"三绝"。

东汉名士陈蓬的长子陈纪，字元方。次子陈谌，字季方。二子与陈蓬并有高名，时号"三君"。一次，元方的儿子长文，季方的儿子孝先在一起谈论各自父亲的功德，争得面红耳赤，于是到祖父陈蓬面前询问。陈蓬说道："元方难为兄，季方难为弟。"

曾辞温饱　城忍饥寒

【浅释】

宋朝王曾，咸平年时考中了状元，刘子仪和他开玩笑说："状元试三场，一生吃不尽。"王曾见他这么庸俗，有些不愉快，就说："曾平生志不在温饱。"唐朝人阳城是位有道之士，在中条山隐居。有一年当地闹饥荒，很多人没饭吃，阳城也隐匿自己的行踪，不去走访邻居。他用榆皮煮粥吃，依旧坚持讲学论道，一天也没停止过。后来他担任了谏议大夫这个清正机要的官职。

买臣怀绶　逢萌挂冠

【浅释】

汉代朱买臣，字翁子，家贫，常担薪自给，行讴道中，妻耻求去。后随计吏至长安，上书，严助复荐之，拜中大夫，授会稽太守。买臣衣故衣，怀其印绶，步归郡邸，诸吏方群饮不视。守邸见其绶，乃太守也，白守丞来谒，买臣徐乘传而之官。

汉逢萌，字子庆。家贫，为亭长，叹曰："大丈夫安能为人役哉！"遂去之长安求仕。时王莽杀其子宇。萌谓友人曰："三纲绝矣，不去，祸将及。"即挂冠东都城门，携家浮海，客辽东，光武即位始还，累征不起。

循良伏湛　儒雅倪宽

【浅释】

汉朝更始年间，天下各路豪杰英雄起兵征讨篡国忤逆之徒王莽。这时伏湛担任平原太守，他把自己的俸禄都捐出来赈济饥荒，全郡的贫苦人就凭借他的赈灾活动才得以保全性命。

汉朝倪宽曾在同州担任太守。他仁厚儒雅，不忍心催缴租税过于严而急，所以解送到上级的钱粮少，上司评他的成绩是最下等，就要被朝廷免官了。老百姓知道这消息，怎么忍心让他被免官，于是家家户户都把公粮交了上去。最终还是倪宽这个州送的公粮最多，他的考核成绩从最低一跃成为最高。

欧母画荻　柳母和丸

【浅释】

宋欧阳修，字永叔。四岁丧父，母亲韩国夫人郑氏守节不嫁，亲自教养儿子。当时家中贫困，母亲便常常用荻草在地上扫出一片来，教儿子学写字。欧阳修长大后，举进士，两试国学，一试礼部，均为第一，文章名冠天下。欧阳修的父亲欧阳观为泗州司理时，常常秉烛写官文书，几写几废，不由长叹息。妻子问他，他说："这是极难写的文章，我想写活，但写不活，所以叹息。"陶弘景幼时好学，四五岁时便常以荻草做笔，画地画灰学写字。

唐朝柳公绰的妻子，是相国韩休的曾孙女，她教子严格，训课有方，是官宦人家的楷模。她常研和苦参、黄连、熊胆做成药丸，让儿子柳仲郢夜读时含在嘴里，时刻提醒儿子刻苦学习。后来，柳仲郢累官侍御史、京兆河南尹。韩愈借给他书看，他读起来不分昼夜，将九经三史抄了一遍，又将魏晋、南北朝史抄了一遍，分门分类共三十卷，叫《柳氏自备》，所书小楷精谨，无一字随意书写。

韩屏题叶　燕姞梦兰

【浅释】

唐僖宗宫人韩翠屏有感，因题诗红叶云："流水何太急，深宫尽日闲，殷勤谢红叶，好去到人间。"置御沟水中流出，学士于祐得之，亦题一叶云："曾闻叶上题红怨，叶上题诗寄阿谁？"亦置御沟，风送逆流而进，韩得之。后放宫人三千人，丞相韩泳为于作伐，礼成。各出红叶相视，乃曰："事岂偶然！"翠屏因又题一绝。

郑文公有贱妾燕姞，梦天使与己以兰，曰："以是为而子。"盖以兰有国囵香，人服媚之也。既而文公与姞兰而御之，辞曰："贱妾有子，将不信，敢征兰乎？"公曰："诺。"后果生穆公，名曰兰。后穆公有疾，曰："兰死，吾其亡乎？"刈兰而死。

漂母进食　浣妇分餐

【浅释】

汉代韩信年轻时曾在城下钓鱼，漂母（浣纱妇女）见到韩信经常挨饿，便把自己的饭分给韩信吃。韩信很感谢她，对她说："我如富贵，必当报母。"漂母很生气，说："大丈夫不能自食，我怜而食汝，岂望报答？"

伍子胥从楚国逃亡到吴国，到了溧阳，看到一个妇女在岸边洗衣服。子胥向她要吃的，她就把自己的饭分给伍子胥吃。子胥对她说："幸勿告人。"走开后，回头望这个妇女，她已经自己跳入水中了。

十五　删

令威华表　杜宇西山

【浅释】

汉丁令威，辽东人。学道于灵墟山，后化鹤归辽东，集华表柱云："有鸟有鸟丁令威，去家千年今始归。城郭如故从民非，何不学仙冢累累。"
《安徽通志》：灵墟山在太平府东三十五里，旧传丁令威化鹤于此。坛址犹存，有丹洞、丹井。

化鹤事与苏耽同。黄帝子昌意娶蜀女，生帝喾，后封其支庶于蜀。始称王者名蚕丛，后王曰杜宇，尝值大水，与居民避水于长平山。荆人鳖灵，其尸随水上，至汶山下。宇立为相，开峡治水，人得陆处。宇禅位与之，自居西山，道成升天，又号望帝，尝化为鸟，即今之子规。

范增举玦　羊祜探环

【浅释】
项羽的重要谋臣范增，机谋善断，被项羽尊为亚父。秦朝末年，刘邦率兵先入咸阳，派兵守函谷关。项羽知道后，大怒，破关而入，驻军鸿门（在临潼县东），要打刘邦。项伯从中斡旋，刘邦到鸿门谢罪，项羽设宴相待。范增在座，几次举起所佩玉玦（yāng）向项羽示意杀掉刘邦。可是项羽不听，放走了刘邦。后来，刘邦使出反间计，项羽削了范增权力，范增愤而离去，死于途中。宋代文学家苏轼说："范增不走，项羽不亡，范增也是人杰啊！"晋人羊祜，字叔子。五岁时，有一天忽然让乳母到邻居李氏花园的桑树下探取金环，果然得到一枚。李氏对乳母说："这是我死去的儿子丢掉的。至此才知道羊祜是李氏儿子的前身。五代时的文詹在杏林中拾到了一个五色香囊，上面记着他的前生世事。

沈昭狂瘦　冯道痴顽

【浅释】
沈昭，即沈昭略，南齐人，性狂隽，使酒任气。有一晚酒醉遇王约时说："你为何又肥又痴？"王反唇相讥："你为何又瘦又狂？"沈抚掌大笑"瘦已胜肥，狂又胜痴，奈何，奈何，王约，奈汝痴何？"
冯道，五代人，侍奉过十个君王，早把丧君亡国不当回事。契丹灭了后晋，冯在京师见契丹主耶律德光。耶律讥讽他："是何等老子？"冯卑躬屈节地说："无才无德痴顽老子。"虽然冯道曾经权倾朝野，但是此时也只能自卑自贱，因为他知道自己只是一个亡国奴。

陈蕃下榻　郅恽拒关

【浅释】

汉陈蕃，字仲举。为豫章蜀了午，性方峻，杜门谢客。徐孺子名稚，蕃慕其贤，时为设一榻以礼之。去则悬之于壁。唐王勃《滕王阁序》："人杰地灵，徐孺下陈蕃之榻"是也。又乐安周谬，高洁之士，蕃每见之。字而不名，亦设一榻以待之。汉郅恽，宇君章，西平人。为上东门侯。光武尝出猎夜还，恽拒关不纳，乃从中东门人。明日，恽复上书谏，奏入，赐布百匹，而贬中东门侯为尉。

雪夜擒蔡　灯夕平蛮

【浅释】

唐将李愬讨伐叛将吴元济。刚开始，李愬表面上不肃军政，善待降人，以麻痹敌人，暗中却抚养士卒。第二年冬，乘晚上下大雪突袭吴元济的蔡州，俘获了吴，平了淮西之乱。

北宋时，狄青任广西宣抚使，逢元宵灯节，利用这个时机，狄青设计麻痹敌兵，乘机将昆仑关守敌一举歼灭。这就是历史上有名的"灯夕平蛮"。

郭家金穴　邓氏铜山

【浅释】

东汉人郭况，是光武帝郭皇后的弟弟。光武帝对他十分宠爱，赏赐极为丰盛，累金达数亿之多，当时称为"金穴"。郭府中用珍宝装饰台榭，悬明珠子屋四角，白天看天上的星斗在萤萤闪烁，夜里恰如白日一般明亮。所以百姓们说：洛阳多钱郭氏室，夜日昼星富无匹。

汉朝人邓通，以棹船为黄头郎（船夫）。一次，文帝梦见上了天，再仔细看去，是衣尻带后穿的黄头郎在推他朝上井。醒来后，他到渐台，见邓通衣着与梦中一样，便对邓通格外宠信。一次，文帝让方士给邓通看相，相面者说邓通会因贫穷而饿死。文帝说："我能让邓通富起来，还说什么他贫穷呢？"便对其赏赐无数，还赐给他一座蜀严道铜山，让他自己铸钱，于是邓氏钱广布天下，官至上大夫。汉景帝即位，讨厌邓通，封了他的家产，邓通只得寄居他处，死于他人家中。

比干受策　杨宝掌环

【浅释】

汉何比干，字少卿。武帝时为廷尉，治尚仁恕，活者数千人。一日，有老妪造门，曰："公先世有功德，及公又治狱多平反，今天赐策，以广公后。"因出怀中策九十九枚，曰："子孙佩印者如此算。"反，音翻。《汉书》：录囚平反之，谓活罪人也。

汉杨宝，华阴人。性慈爱，方九岁，至华阴山北，见一雀为鸱鹗所搏，坠地，蝼蚁攒之。宝怀归置巾箱中，饵以黄花。百余日，雀愈，朝去暮来。忽一夕，变为黄衣童子，以白玉环四枚与宝曰："善掌此环，使君子孙洁白，累世三公，当如此环。"光武封为靖节先生。子震，孙炳，曾孙赐，元孙彪，俱贵显，符其数。

晏婴能俭　苏轼为悭

【浅释】

晏婴，春秋时候齐国人，执政五十多年，节俭力行，每顿饭只吃素菜，衣服也是几十年不换，妾不穿帛衣，一狐裘能穿十三年之久。人们认为他太过于节俭，可是他仍然保持这种节俭的作风。

悭，音啬，苏轼不好奢侈，力求简朴，曾自评："仆行年五十，始知作活大要是悭耳，文以美名，谓之俭素。"音啬本来是贬义词，可是被苏轼说成是简朴、朴素，表现出一种乐观的生活态度。

堂开洛水　社结香山

【浅释】

宋文彦博，字宽夫。以太尉留守西都，慕白乐天九老会，乃集洛中公卿年高德劭者富弼、司马光等为耆英会，就资圣院建耆英篷。命闽人郑奂绘像堂中，合席汝言、王尚恭、赵丙、刘几、冯行己、楚建中、王慎言、张问、张焘、王君舰，共一十三人。奂，音绰。

唐白居易，字乐天。晚年放意诗酒，与嵩山僧如满为空门友，平泉容韦楚为山水友，刘梦得为诗友，皇甫明之为酒友。又与胡泉、吉日父、张浑、刘真、郑据、卢真、狄兼谟、卢贞等年高不仕者，共结香山社，曰为赋诗宴集，人争慕之。因绘为《香山九老图》，唯卢真年未七十，虽与会而不及列。

腊花齐放　春桂同攀

【浅释】

唐武则天天授二年腊月，有大臣谋反，假称上林苑中花业已开放，请武则天御临上林苑赏花。其时，天寒地冻，树枯枝败，何来百花？武则天准奏，但心中生疑，恐生不测，便遣使宣诏云："明朝游上苑，火速报春知。花须连夜发，莫待晓风吹。"结果，第二天早上，上林苑内各种名贵花卉竞相开放了。群臣震惊，图谋之事只得暂且搁置下来。

明朝仪真地方有蒋南金、王大用二人，未入仕时，于元旦之一起到庙中游玩。庙中游人杂沓，摩肩接踵。忽然，二人闻见桂花的奇香，便从桂树上各折下一枝已开的桂花，众人见到不胜惊异。二人拿着花出门时，一群小儿唱道："一布政，二知府，掇高冠，花到手。"众人追问小儿，小儿回答道："我们是信口开玩笑哪！"后来，正德戊辰年，蒋、王二人果中进士，蒋南金官知府，王大用官至布政使。

卷三

一　先

飞凫叶令　驾鹤缑仙

【浅释】

相传东汉时河南叶县令王乔，为河东人，精通法术，他去京师，不需要车马，抵达后，定会有两只野鸭飞来，有人曾经捉到它，却是王乔的鞋子。

相传周灵王太子晋曾游伊洛，有个叫浮邱公的道士接他上嵩山。三十多年之后，遇见桓良说："可告我家，七月七日候我于缑氏山巅。"到时候，他当真乘白鹤停在山头上，看得到但是不能靠近，更是碰不着。

刘晨采药　茂叔观莲

【浅释】

汉刘晨，剡溪人，永平中与阮肇入天台采药，路迷粮尽，望山头有桃，共取食之。下山见渡口流出一杯，有胡麻饭屑。因度山，遇二女子，便唤刘、阮姓姓氏，因邀述家，一切精丽。俄有群女各持三五桃，笑云："贺汝婿来。"遂行夫妇礼。居半载，辞归，诸仙作歌送之，至家，已传十世。晋太康八年，忽失所在。曹唐有诗咏其事。

宋周敦颐，别号濂溪，道州人。性喜莲，每当盛开，辄往观之。因作《爱莲说》，有云："香远益清，亭亭净植，可远观而不可亵玩焉。"又云："莲，花之君子者也。"皆寓意深远。公之生平，可于此想见。黄山谷曰："茂叔人品甚高，胸中洒落，如光风霁月。"

阳公麾日　武乙射天

【浅释】

据《淮南子·览冥训》记载：鲁阳公与韩国发生冲突，两人打得非常激烈，一直打到傍晚，鲁阳公用手把武器一挥，太阳倒退了三座星宿。

武乙是商纣前的三代君主，曾制作木偶人，并称它为天神，与它搏击，用人来代替（操纵）这些天神，假如打不胜，马上杀死。还制作皮的袋子，高高地悬挂起来。武乙仰射它，称作射天。

唐宗三鉴　刘宠一钱

【浅释】

唐魏徵，少时有大志，好读书。初参加李密领导的瓦岗军，后降唐，为太子李建成心腹。建成被杀后，太宗爱他才干，不计前嫌，任为谏官。敢直颜犯谏而神色泰然。魏徵死后，太宗极为悲伤，对侍臣说："以铜为鉴，可正衣冠，以古为鉴，可知兴替，以人为鉴，可明得失。朕尝得此三鉴，今魏徵逝，亡一鉴矣。"太宗登凌烟阁，观魏徵像，赋诗痛悼之。封郑国公，谥文贞。

汉代人刘宠，字祖荣，会稽太守。征为将作监大匠，山阴的五六位年长者带了百钱为他饯行，哭着说："自您到任以来，狗不夜吠，民不见吏，地方安泰，民风顿开。如今您将要离去，所以为您送行。"刘宠说："我的作为不及各位所言，真是有累各位了。"然后只向每人接受了一钱的礼品。出山阴地界时，刘宠将钱投于江中。后人便将此江唤为"钱清"，还建了一座一钱太守庙。

叔武守国　李牧备边

【浅释】

晋重耳出亡，曹、卫不礼。及反国，侵曹伐卫。卫人出成公于囊牛，以悦于晋。宁武子从。大夫元咺奉公弟叔武以受盟。或诉曰："立叔武矣。"咺子角从公，公使杀之。咺不废命，奉叔以入守。晋人复成公，前驱射杀叔武，元咺奔诉于晋。公不胜，执归京师。鲁僖公请之，得释。

李牧，赵良将，常居代雁门备匈奴，日击牛享士，谨烽火，多间谍，虏入则急收保。赵王怒，使代之。虏来出战，辄不利。复用牧如前者数岁，士皆愿决一战，遂张左右翼，大破之，虏由是十余年不敢犯边。又大破秦军，以功封武安君。

少翁致鬼　栾大求仙

【浅释】

汉武帝的李夫人亡故了，武帝十分想念她。道士方少翁说可以招来她的魂魄，就在晚上点起蜡烛，张设帷帐，摆放酒肉，让武帝住在帷帐里，果然，武帝真的远远地看到李夫人围着帷帐漫步走着。这时，他更加悲伤，做了首诗，叫乐府用弦乐器伴奏歌唱。

汉武帝时的五利将军方士栾大，对他说："臣尝往来海上，见安期，羡门之属曰：'黄金可成，河决可塞，不死之药可得，仙人可致也。'"武帝对他的话信以为真，就派他治装入海求仙，方士栾大之后因为遭到诬陷，无罪但却被腰斩而死。

彧臣曹操　猛相苻坚

【浅释】

季汉荀彧，字文若，颍川人，淑之孙，何颙许以王佐之才。闻曹操有雄略，与从子攸往归之。操悦曰："吾子房也。"以为奋武司马，军中事悉以咨之。后董昭欲进操九锡，密以访彧。彧曰："君子爱人以德，不宜如此。"操憾之。彧偶病，操馈食，发之，空器也，遂饮药卒。攸从操征伐，奇策十二，操称为人之师表。

晋王猛字景略，北海剧人。少贫贱，以鬻畚为业，遇异人于嵩高山。桓温入关，猛被褐谒之，扪虱与谈世务，旁若无人。温曰："江东无卿比也。"乃署为军咨祭酒，欲与猛俱还，猛不就。寻因吕婆楼荐，相苻坚，坚自谓如玄德之遇孔明，秦遂以大。临终，劝勿以晋为图。坚不从，致取灭亡。

汉家三杰　晋室七贤

【浅释】

汉高祖曾在洛阳南宫置酒大宴群臣，席间对诸将说："运筹帷幄，决胜千里，我不如子房（张良）；镇抚百姓，馈饷不绝，我不如萧何；连师百万，战胜攻取，吾不如韩信，这三个人都是人杰，我能很好地使用他们，所以能夺取天下。而项羽却连一个范增也不能用好，所以被我打败了。"群臣皆服之。

西晋嵇康文辞壮丽，好言老庄，崇尚虚无，轻蔑礼法，纵酒任侠。魏嘉平年间，他与陈留人阮籍、阮籍兄子阮咸，河内山涛、河南向秀、琅玡王戎、沛人刘伶同居山阳，喜欢在竹林中游玩吟咏，世人呼为"竹林七贤"。

居易识字　童乌预玄

【浅释】

相传唐代诗人白居易，他出生七个月时就能识字了。

汉扬雄的次子扬信，字子乌，小字童乌。扬雄的《法言》里曰："吾家童乌，九岁能预吾《玄》矣。"

黄琬对日　秦宓论天

【浅释】

汉黄琬字子琰，琼孙。建和元年正月日食，京师不见。琼为魏郡守，以状闻。太后诏问所食多少，琼思其对而未知所况。琬时七岁，在侧曰："何不言日食之余，如月之初？"琼大惊，即以其言应。后征拜少府，又为豫州牧。击平寇贼，威声大震，封阳泉乡侯。琬，黄香曾孙。

季汉秦宓，谞子敕，蜀人。吴使张温来聘，丞相亮同百官往饯，促宓至。温忽问曰："天有头乎？"宓曰："有。诗云：'乃眷西顾'"又问："有耳乎？"曰："有。天高听卑。诗云：鹤鸣于九皋，声闻于天。"又问："有足乎？"曰："有。诗云：天步艰难。"又问："有姓乎？"曰："有。"曰："何姓？"曰："姓刘。"曰："何以知之？"曰："当今天子姓刘。"温大惊异之。

元龙湖海　司马山川

【浅释】

东汉下邳人陈登，字元龙。有一次，许汜与刘备谈论人物，汜对刘备说："元龙湖海之士，豪气未除。"刘备问他原因。汜说："昔过下邳，见元龙无主客礼，自卧床上，使客卧地下。"备说："君有国士名，而不留心救世，乃求田问舍，是元龙所讳。若是我，则自卧百尺楼上，使君卧地下。"刘备表明做官应为民着想的道理。

汉代人司马迁，曾经南游江、淮、浮、沅、湘，北涉汶、泗，还受奉西至巴蜀以南邛、筰、昆明等地，足迹遍布大江南北，号称"读万卷书，行万里路。"

操诛吕布　膑杀庞涓

【浅释】

汉末的吕布，据下邳。曹操领兵至下邳，数度攻而不克。后来，曹操采用谋士荀攸、郭嘉之计，决开泗、沂之水淹城。一个多月后，吕布部将宋宪、魏续等举城投降。曹操生擒吕布，并把他杀了。这样下邳便纳入曹魏版图。孙膑，是孙武的后代。庞涓将他骗到魏国，施了膑刑（挖去膝盖骨），遂称为"孙膑"。齐国淳于髡出使魏国，用计将他车载回齐国，受到齐威王的礼遇和重视。魏侵赵，时赵向齐求救。齐国大将田忌采用孙膑的计策，挥兵直逼魏国都大梁，解了赵国之危。后来，庞涓为魏将。孙膑用减灶之计诱敌深入，估计庞涓夜里要到马陵，便在大树上写下白书："庞涓死此树下。"庞涓兵到，命人取火照着看去，正要大发雷霆，忽觉万弩齐发，魏军死伤大半。庞涓无路可走，喊一声："遂使竖子成名！"拔剑自刎。

羽救巨鹿　准策澶渊

【浅释】

秦兵围赵巨鹿，项羽悉引兵渡河往救，皆沉船，破釜甑，烧庐舍，持三日粮，以示必死。九战，绝其甬道，杀苏角，虏王离。诸侯皆从壁上观。楚战士无不以一当百，呼声动天。诸侯军慴恐，项羽召见诸将，入辕无不膝行而前，莫敢仰视。由是羽为上将军，诸侯属焉。

宋真宗朝，契丹大入。帝以问寇准，准曰："了此不过日。"因决策请帝幸澶渊。及至南城，敌兵甚众。请驻跸以观军势。准独与高琼同议渡河。帝御北城楼，敌薄城下，诸士卒迎击之，斩获大半。帝还行宫。准居城上，与杨亿饮博欢歌，帝闻，喜曰："准如此，吾复何忧！"寻射杀统军挞览，敌因请盟。帝遣曹利用往议，岁币三十万。

应融丸药　阁敞还钱

【浅释】

汉代应融担任汲县令，当时，祝恬被征召去京师，途中遭遇疾病，到了汲县，县令应融前往居舍看望，亲自为他调制丸药，帮他精心治疗。

阁敞在汉时担任郡中属官，太守第五（复姓）尝被征，曾把俸金一百三十万寄存在他那里，敞把它埋藏在堂上。后来，太守第五尝全家病死，只剩下一个九岁的孤孙，听他的祖父说有三十万钱寄存在敞那里。于是便去敞处讨回，敞立刻拿钱还他，这小孩说："祖唯言三十万，无百三十万。"敞曰："府君病困谬言耳，郎君为疑！"

范居让水　吴饮贪泉

【浅释】

南北朝范柏年初见宋明帝，因言及广州有贪泉。帝问卿州有此水否，对曰："梁州唯有文川武乡、廉泉让水。"又问卿宅在何处，曰："臣所居在廉、让之间。"帝善之，授梁州刺史。

出慧晓与张融并宅，其间有池，池上有柳。何点曰："此泉便是醴泉，此木便是交让。"晋吴隐之，字处默，介立有清操。与韩康伯邻，康伯母曰："汝居铨衡，必举如此辈人。"后为广州刺史，州二十里地名曰石门，有贪泉，饮者怀无厌之欲。乃酌泉饮之，赋诗曰："古人云此水，一歃怀千金。试使夷齐饮，终当不易心。"在州清操愈厉。及归，夫人刘氏赍沉香一斤，隐之见之，投于湘亭之水。

薛逢羸马　刘胜寒蝉

【浅释】

唐朝人薛逢，字陶臣，会昌年中荣登进士第，迁巴州刺史。为政廉明，颇得人心。当地人歌颂他的德行说："日出而耕，日入而归。吏不到门，夜不掩扉。有孩有童，愿以名垂。何以字之？薛孙薛儿。"到晚年宦途不济，骑着匹瘦马赴朝，正碰上新科进士出游，团司吆赶道："回避新郎君！"薛逢道："不要以貌取人！阿婆三五少年时，也曾向东涂西抹来。"

汉代人杜密，字周甫，登封人，被罢去北海相，回归家园，每次拜谒太守，总有许多请托，太守极为不满。同郡的刘胜，也从蜀地归回，却独自闭门谢客，无所干预。太守王昱便对杜密说："刘胜这个人有高士之风。"杜密暗知太守在讥讽自己，也回道："刘胜位列大夫，而知善而不推荐，闻恶而不言，隐情惜己，像寒蝉一般，真是个罪人。"说得王昱满面羞惭，自觉无趣。后来党祸事发，杜密与李膺同坐。

捉刀曹操　拂矢贾坚

【浅释】

东汉崔琰，相貌威武，眉清目秀，而且留有四尺长的胡须，有一次，曹操要接见匈奴使者，他认为自己形陋不足威远，于是就让崔琰代替他去接见匈奴使者，他自己持刀站在床头，接见完后，叫人去问匈奴使者："魏王如何？"答说："魏王威严非常，然床头捉刀人乃真英雄也。"曹操马上意识到自己的做法被使者知道了，所以就命属下追杀匈奴使者。

南北朝的贾坚在燕国做官，烈祖知道他擅长射箭，想亲自看看，于是在百步外的地方放了一头牛，让他射。他第一箭射在牛的脊背上，拂脊而过，第二箭射在牛的腹下，擦腹而过，都接近皮肤射落牛毛，两次都是一样。

晦肯负国　质愿亲贤

【浅释】

唐徐晦与杨凭善。李夷简弹凭，贬临贺尉，亲友无敢送者，晦独至蓝田与别。权德舆谓之曰："毋乃为累乎！"对曰："晦自布衣，蒙杨公知奖，今日远谪，安得不与之别？"数日，夷简奏为御史，晦谢曰："平生未奉颜色，公何从而取之？"夷简曰："君不负杨临贺，肯负国乎！"

宋范希文贬饶州，举朝莫敢相送，王质独扶病饯于国门。大臣让之曰："君何自陷朋党？"质曰："范公天下贤者，质何敢望之！若得为范公党人，是公厚赐质矣。"

罗友逢鬼　潘谷称仙

【浅释】

晋时，有人被任命为郡守，桓温召集朝廷各官员给他饯行，罗友迟到了，桓温问他什么原因，友说："中途逢鬼揶揄云：只见你送人作郡，不见人送你作郡。"桓温听后向他表示让他担任襄阳太守。

宋人潘谷，精通造墨，写得一手好字，有一次，他饮酒三天，酩酊大醉，跳进一口枯井，死了，有人下去看，他盘腿正坐，体背柔软，手里还拿着念珠，人们认为他成仙了。

茂弘练服　子敬青毡

【浅释】

晋代王导，字茂弘，善于因事运机。东晋建立之初，国用不给，只有练葛数千端（二丈为一端），卖又卖不出去。王导很是担心，就与朝臣用练葛制了单衣穿着。于是，世皆竞相摹仿，以至练的价钱骤贵，每端卖至一金。遂筹集了一大笔钱，国家的财政开支才应付了。

晋人王献之，字子敬，王羲之第七子。工草隶，善丹青。小时学书，父亲从背后猛然抽笔而不脱，为简文帝婿，宫中书令。据说有一天晚上他在房中睡觉，有小偷潜入室内，将家中财物偷走。王献之缓缓地说："偷儿，青毡是我家旧物，你们可不要将它取走。"小偷儿们猛不防，不禁又惊又吓，仓皇逃走，后来人便用青毡借指儒者故家旧物。

王奇雁字　韩浦鸾笺

【浅释】

宋王奇，赣县人，少为县吏。令题雁字诗于屏云："只只衔芦背晓霜，昼随鸳鸯入寒塘。"奇密续云："晚来渔棹惊飞去，书破遥天字一行。"令奇之，因激使学。后游京师，真宗偶见其诗，召见赐第。奇做诗云："不拜春官与座主，愿逢天子作门生。"官至侍御史。

五代韩浦，与弟洎俱有词学。洎尝轻浦曰："吾兄为文，绳枢草舍，庇风雨而已。吾之文，是造五凤楼手。"浦闻之，因人遗蜀笺题诗寄洎曰："十样鸾笺出益州，新来寄至浣溪头。老兄得此全无用，助汝添修五凤楼。"浦宋初举进士，官至郎中。梁周翰有《五凤楼赋》，乃东京也。洎音忌。

安之画地　德裕筹边

【浅释】

唐玄宗在五凤楼设酒宴款待宾僚，聚集了许多观看的人，喧喧嚷嚷，秩序混乱，高力士让严安之维持秩序。安之用手画地说："犯此者死。"于是人们就不敢超越。

唐李德裕罢相位后到西川担任节度使，在成都府西边建筑了一座筹边楼。依山川的险要，南边与南人相接的地方，画在左边，西边和吐蕃相连的地方，画在右边，每天观察此图，熟悉边疆的地形。

平原十日　苏章二天

【浅释】

秦昭王闻魏齐在平原君那里，必欲为范雎报仇，乃遗书平原君曰："寡人闻君高义，愿与为布衣之友。君幸来访，寡人与君为十日之饮。"平原君畏秦，且以为然而入见。昭王与饮数日，因索魏齐。

汉苏章为冀州刺史，有故人任清河太守。章行其部，按其奸赃。太守为设酒肴，陈平生之好曰："人皆有一天，我独有二天。"章曰："今日苏孺文与故人饮者，私恩也；明日冀州刺史察事，公法也。"遂正其罪，州境肃然。

徐勉风月　弃疾云烟

【浅释】

南朝梁时的徐勉，字修人，六岁时能写《祈霁文》，为乡人称道。同族人徐孝嗣说："这孩子是人中豪杰，必定远走高飞。"后来，他为梁吏部尚书。一天晚间，徐勉与门人们闲谈，有个叫虞嵩的前来向他求官，他正色道："今天晚上只可谈风月，不宜说公事。"后官至仆射中书令，为官清正，常说："别人将财宝留给子孙，我把清白留给子孙。死后谥为简肃。

宋人辛弃疾，字幼安。理宗朝，他辞去官职，急流勇退，将家中之事托附儿辈，作《西江月》云："万事云烟已过，一身蒲柳先衰。而今何事最相宜？宜醉宜游宜睡。早起催科了办，更量出入收支。乃翁依旧管些儿，管竹管山管水。"著有《稼轩集》，自号"稼轩居士"，妙工词，与苏轼并称，谥号"忠敏"。

舜钦斗酒　法主蒲鞯

【浅释】

宋人苏舜钦，性情豪爽，嗜饮酒。有一天，在外舅杜祁公家读书，看到《汉书》中写"（张）良与客狙击始皇"，拍案说："惜乎击之不中！"就喝了满满的一大盅。遂后看到"臣始起下邳，与上会于（陈）留，此天以臣授陛下"，又拍案说："君臣相遇，其难为此！"又喝了一大盅。杜祁公笑着说："有如此下酒物，一斗不足多也。"

唐人李密，字法主，文武双全，志气宏远，年幼时常骑一头黄牛，在牛角上挂一本《汉书》边走边翻阅。越国公杨素遇到他，便对儿子说："你等不如他。"后来，越国公的孙子玄感起兵伐隋，请李密当谋主，李密不久便归唐，被封为邢国公。

绕朝赠策　苻卤投鞭

【浅释】

周绕朝，秦大夫，晋士会奔秦，晋人忌秦用士会，乃使魏寿余伪归秦，以诱士会。秦使士会如魏师，绕朝谏不听。士会行，朝赠之以策曰："子无谓秦无人，吾谋适不用也。"既济，魏人噪，以士会还。杜预以策为马挝，服虔解策夫为策书，义较确当。绕朝后以漏言而诛，见《韩非子》。

苻坚北定九州，将大举南伐，苻融等咸谏止之，不听，曰："吾百万之众，投鞭于江，足断其流，何险之足恃！"至为谢玄等所败。卤，坚祖父蒲洪，以"草付王"之谶，改姓为苻。坚字永固，武都氐人，小字肩头。

豫让吞炭　苏武餐毡

【浅释】

战国赵襄子杀害了智伯，并把他的头骨涂漆后用作酒具。智伯的家臣叫豫让挟匕首潜到襄子宫中，躲在厕所内，刺杀襄子。没能成功而且被抓获，襄子把他放了。豫让就漆身为癞，吞炭为哑，沿街乞讨。有一天，他埋伏在桥下又想刺杀襄子，襄子的马怕了，乱叫，豫让又被擒获。

汉代时，苏武出使匈奴，被扣留。卫律劝他投降，他坚决抵抗。匈奴把他流放到阴山大窖中，吞雪餐毡，拿着节符放公羊。匈奴说公羊怀孕才能够回去。苏武被羁在漠北达十九年之久才回到国家。宣帝赐封他为关内侯。并把他的画像挂在麒麟阁里。

金台招士　玉署贮贤

【浅释】

燕昭王为报齐国侵伐之仇，下诏求贤。大臣郭隗说："从前有求千里马的，带着千金前去买，但千里马却死了，那人就用五百金买了马的骨头，不到一年，有人送来三匹千里马。如今大王招贤，应先从我郭隗开始，比我贤明的人，难道在千里之外吗？"燕昭王便筑黄金台，待以师礼。乐毅、邹衍等贤者闻风而至。

宋人苏易简，字太简，才思敏捷。宋太宗时，他以廷试第一名列榜首，中进士，累官翰林学士承旨。太宗御笔用飞白法写下"玉堂之署"四字赐他，说："美卿居清华之地也！"一天，太宗赐酒，出句道："君臣千载会。"苏易简对："忠孝一生心。"太宗大喜，将酒席上金器尽赐之。宋周之麟为学士，高宗也书"玉堂"二字赐之。所以称翰林为"玉堂"。

宋臣宗泽　汉使张骞

【浅释】

宋宗泽，字汝霖，义乌人，有文武才。李纲荐为东京留守，大败金师，十三战皆捷。金人惮之，对南人言必称宗爷爷。后为汪伯彦、黄潜善所沮，愤死，叹曰："出师未捷身先死，长使英雄泪满襟。"呼渡河杀贼者三，无一语及家事。墓在京口岘山，谥忠简。

汉张骞，武帝时为郎，使西域，至大宛，得葡萄种，一名马乳，一名黑水晶。国人以酿酒，十年不败。至大夏，得笻竹。留西域十余年。元朔中，击匈奴，封博望侯。

胡姬人种　名妓书仙

【浅释】

阮咸是竹林七贤之一，一生豪放无羁，性情直率。姑姑来家，随身带一个胡人使女，阮咸便和她珠胎暗结。姑姑知道了他们的事情，答应把婢女留下来，可走的时候突然改变了主意，把使女带走了。阮咸不顾世俗之道，把胡女追回，还大言不惭地说："人种不可失。"这种事情，也许只有魏晋时期的所谓名士才能做得出来。

长安中，有妓女名曹文姬，尤工翰墨，为关中第一，号曰书仙。

二　萧

滕王蛱蝶　摩诘芭蕉

【浅释】

唐滕王元婴，善画蝴蝶。王建宫词云："内中数日无呼唤，写得滕王蛱蝶图。"刘鲁封尝见其图，有江夏斑、大海眼、小海眼、村里来、菜花子诸品。其嗣王湛然亦善花鸟。元婴，高祖子，曾为洪州刺史，后封滕王。蛱，音劫。

唐王维，字摩诘，善画，然不问四时。尝以桃、李、芙蓉、莲花同画。画《袁安卧雪图》，有雪里芭蕉，乃得心应手，意到笔随，自成妙品。

却衣师道　投笔班超

【浅释】

宋人陈师道，字无己，彭城人。与赵挺之同为郭大夫之婿，但讨厌赵挺之的人品。陈师道在馆职，有一年郊祀，天气奇冷，做两层裘皮不能御寒。陈师道只有一件皮衣，他的儿子便向赵挺之家借了一件。陈师道问他从何借来，儿子从实相告。陈师道说："你难道不知道我不穿他家的衣服吗？"

坚决让儿子把皮衣退回，忍冻坚持了一夜，结果生病而死。

班超，东汉人，班固的弟弟。班固被召为校书郎，班超与母亲随同哥哥一道至洛阳。因家中贫困，班超就替官府抄写文牍以养家。时间一长，班超感觉劳苦不堪，便投笔叹道：“大丈夫没有别的志气和谋略，也应当学傅子介、张骞立功异域，取得封侯，怎么能终日在笔砚上消磨时光呢?”一旁的人听他如此这般，都笑了起来。班超说：“眼光短浅的人怎么能知道壮士之志啊！”有相面的对班超说：“你是虎头燕颔，飞而食肉万里，为封侯之相。”后来，班超果然以平西域之功劳，封为定远侯。

冯官五代　季相三朝

【浅释】

五代时，有个叫冯道的人，善于顺风转舵，阿谀奉承，他侍奉过五代四姓十位君主，都是当宰相。还著书记载他做官的经历，以官爵为荣，世人都以叛国无耻而鄙视他。他自号“长乐老子”，辽主耶律德光问他“是什么老子”?他回答说：“我是无才无德痴顽老子。”耶律德光大笑，仍任他为相。

季孙行父，又称季文子，为鲁国的上卿，曾任鲁宣公、成公和襄公三位君主的相。他为鲁国制定了田亩兵赋制度，归还了封地汶阳之田。女仆不穿细布，马不喂粮食。因为没有金玉珍宝，死后只好把家中用器当作陪葬品。当时君子从此知道季文子是忠于鲁国国君的。

刘蕡下第　卢肇夺标

【浅释】

唐刘蕡，字去华，文宗朝对策，极诋宦寺，考官冯宿等皆叹服而不敢收。李邰曰：“刘蕡下第，我辈登科，能不厚颜！”乃上疏言：“蕡所对，臣实不及，乞回臣所授以旌蕡直。”不报。

唐卢肇，宜春人，与黄颇同举。郡守独饯颇，不及肇。明年，肇状元及第归。太守请观竞渡，肇为诗云：“向道是龙人不信，果然夺得锦标归。”见《唐诗纪事》。肇为李文饶所知，王文懿公知贡举，因取之以作状头，所试《天河赋》，一时传诵。又进《海潮赋》敕宣付史馆。

陵甘降虏　蠋耻臣昭

【浅释】

西汉人李陵字少卿，名将李广的孙子。他在武帝时拜骑都尉，贰师将军李广利伐大宛，武帝让他押运军器，但他自请率五千人马出居延攻敌，三十天后与单于主力相遇，杀敌千余而箭将尽，当匈奴失利正欲退兵时，李陵军中一将投降匈奴，将陵军后援已断、粮矢将尽的情报告诉匈奴。单于便集中精锐再攻，陵至兵尽粮绝方降。武帝闻报杀李陵一家。匈奴单于把女儿嫁给李陵，后来死于匈奴。

战国时齐人王蠋曾谏齐湣王，不听。他为此辞官退耕山野。燕昭王以乐毅为帅大破齐军，攻下齐都临淄，齐湣王仓皇出逃。乐毅久闻王蠋贤能，便令军士不准进入环昼邑三十里之内，还备重礼请见，蠋不去。燕以屠城相威胁，蠋说："忠臣不事二君，烈女不更二夫。今国破君亡，吾何以存。"便自杀而死。

隆贫晒腹　潜懒折腰

【浅释】

晋代人郝隆，字佐治。七月七日，富贵人家皆晾晒衣物，唯独郝隆卧在地下晒太阳。别人问起他，他回答说："我在晒我肚子里的书呢！"后仕桓温，为蛮府参军。一年三月三日，桓温宴请群臣，做诗助兴。郝隆不会写诗，只写了一句："娵（jú）隅跃清池。"桓温说道："为什么说蛮语？"郝隆说："千里投公，才得以做蛮府参军，哪能不作蛮语呢！"

晋代人陶潜，字元亮，当过彭泽令。任职仅八十多天。一天，小吏报郡中派遣督邮到县，县令理应束带拜见。陶潜说："我怎么能为五斗米向乡里小儿折腰？"当下便解绶辞职，归隐田园，作《归去来辞》，自号"五柳先生"以自况。后颜延年私谥为"靖节微士"。

韦绶蜀绵　元载鲛绡

【浅释】

唐韦绶，万年人，在翰林，德宗尝至其院，韦妃从幸。会绶方寝，学士郑絪欲驰告，帝不许。时适大寒，帝以妃蜀锦袍覆之而去。弟贯之在宪宗朝，贯之子澳在宣宗朝，澳子庠在僖宗朝，庠弟郊在昭宗朝，三世五人，俱翰林学士。

唐元载芸晖堂户牖内设紫绡帐，得于南海，即鲛绢之类。轻疏而薄，无所障碍，虽凝冬而风不能入，盛暑则凉自生，其色隐隐然。或不知其为帐，谓卧内紫气之光而已。南海有鲛人，居水室，织绡售之于市，去则泣珠以谢主人。

捧檄毛义　绝裾温峤

【浅释】

东汉有位毛义，以孝顺被人们所称道。南阳张奉仰慕他的名声，特来拜访他。坐定之后，政府的公文送来了，毛义出去拜接公文，原来是任命他为安阳县令。毛义捧着公文走进来，喜形于色。张奉一见，以为他不过是个利禄之徒，心中生了鄙薄之意。后来毛义母亲去世了，毛义就离职回家守孝。三年服丧期满，政府又多次召他去做官，但都被拒绝了。张奉叹息说："我误解毛义了。他往日做官的喜悦，乃是为了得到薪俸孝敬老母的缘故。贤人的行为有时真难以推测啊！"

东晋温峤，任刘琨将军的司马，驻扎在河北一带。有一次，他送公文到首都建康，老母不愿他远离，温峤竟扯断衣袖走了。他到了建康以后，皇帝留下他在身边做官，温峤多次要求回去，皇帝都不准许。后来母亲死了，温峤要去奔丧，但北方已被胡人占领而回不去，造成了终身遗憾。

郑虔贮柿　怀素种蕉

【浅释】

唐郑虔，字弱齐。玄宗朝置广文馆，上爱其才，以为博士，居官贫约，淡如也。微时好书，苦无纸，尝于慈恩寺前扫柿树落叶，贮至数屋，日为隶书，久之殆遍。又晋王育折蒲学书，徐伯珍以箬叶学书，俱究经史。

唐僧怀素，善草书，居零陵东郊，贫无纸，常于所居种芭蕉数万，取叶代纸，以供挥洒，号其所曰"绿天庵"，后道州刺史追作《绿天铭》。太白《草书行》："少年上人号怀素，草书天下称独步。"又云："吾即醉后倚绳床，须臾扫书数千张。"又："恍惚如闻神鬼惊，时时只见龙蛇走。"皆道其实。

延祖鹤立　茂弘龙超

【浅释】

晋人嵇绍，字延祖，嵇康之子。山涛荐为秘书丞。一次，有人对王戎说："昨天在众人中见到嵇绍，其气度，有如野鹤立于鸡群之中。王戎说："你还没见过他父亲的仪表。"有一年，他官侍中时，河间王司马颙举兵叛乱，嵇绍随同晋惠帝迎敌。两军交战，晋军大败，士兵四散溃逃，只有嵇绍拼力死战，护卫着惠帝突围，他身上中了好几箭，鲜血溅到了惠帝身上。事后，惠帝左右的人请他脱下浣洗，惠帝不同意，说："这是嵇待中的血，何必要洗！"

晋人王导，小字阿龙，出将入相，尽力晋王室。晋元帝即位后，他官进侍中、司空，权力炙手可热。廷尉桓彝在路边见到王导的风采，不由叹道："人言阿龙超，阿龙故自超。"看得入神，不知不觉到了台门。

悬鱼羊续　留犊时苗

【浅释】

羊续是羊祜的祖父，汉灵帝时任庐江、南阳郡守。他为官清廉正直。一日，府丞给他送来生鱼，他碍于情面收下后，把它悬挂起来。后来那人又送来礼物，看见了上次所送的鱼，于是便打消了再送的念头。后人便以"悬鱼"喻清廉。

时苗在东汉献帝建安年间任寿春令。一天，他驾车的黄牛生下一头小牛犊，他离任时对主簿说："我来时本无此犊，犊是在这里生下的，应当留在这里。"那些官吏说："六畜不认父，只认母，自然应该随母，由你带走。"他终究还是把牛犊留下了。之后，"留犊"也成为人们颂扬为官清廉的典故。

贵妃捧砚　弄玉吹箫

【浅释】

唐玄宗坐沉香亭，时牡丹盛开，意有所感，召供奉李白为乐章。时自己大醉，水洒其面，醉稍解。带使贵妃杨玉环为之捧砚，白援笔立成《清平调》三章，婉丽精切。帝爱其才，令梨园子弟促歌，帝自调玉笛以倚曲。箫史善吹箫做凤鸣，秦穆公以女弄玉妻之，遂居凤楼教弄玉吹箫后弄玉乘凤，箫史乘龙，共飞升而去。今则陕西宝鸡县有凤女台，乃其遗迹。

三　肴

栾巴救火　许逊除蛟

【浅释】

汉桓帝时担任桂阳太守的栾巴，相传他有道术，可以喷酒灭火。

许逊是唐时的旌阳令，后来，他弃官东归，路上遇到谌母。相传他懂得道术，能杀蛇斩蛟，为民除害。

《诗》穷五际　《易》布三爻

【浅释】

《汉书·翼奉传》："《易》有阴阳，《诗》有五际（卯、酉、午、戌、亥），《春秋》有灾异，皆列终始，推得失，考天心，以言王道之安危。"《诗纬·汎历枢》仍云："午亥乏之际为革命，多卯酉之际为改正，辰在天门，出入候听。卯天保也，酉祈父也，午采芑也，亥大明也。"三国人虞翻，字仲翔，会稽余姚人。初作《易注》奏明皇上道，"臣郡吏陈桃梦见臣与道士相遇，散发披皮衣，布《易》六爻，烧掉其中三爻给臣饮，臣请求他将其余三爻都让臣吞下。道士说，'《易》道在天，三爻足够了。'如此说来，臣受命应当知晓经书。"他将所注《易注》给孔融看，孔融道："我听了延陵礼乐，看了你的《易注》，才知道东南一带的确出人才，不愧是会稽之竹箭啊！"之后，还为《老子》《论语》《国语》训注，皆传于世。

清时安石　奇计居鄛

【浅释】

晋谢安，宇安石，尚从弟也。始有东山之志，寓居会稽，与王羲之及高阳许询，桑门支遁游处则鱼弋山水、入则言咏属文。虽受朝寄，然东山之志始末不渝，每形于言色。王俭尝曰："江左风流宰相，唯有谢安石。"唐有韦安石，宋有王安石。

范增，居鄛县人，年七十余，居家有奇计，说项梁立楚后。时楚怀王孙儿为民间牧羊，梁立之。后事项羽，羽尊为亚父，以为谋主。陈平为高祖行间，羽疑，增遂乞骸骨归，疽发背死。

湖循莺脰　泉访虎跑

【浅释】

江浙一带有很多湖泊，莺脰湖在江苏吴江县西南，形状像莺脰，因此得名。杭州虎跑山上有个虎跑寺，有泉水自山岩中流出来，称为虎跑泉。相传，唐元和的时候，性空大师在虎跑寺坐禅，没水，想迁往别的地方，梦到神人派老霓移水来，第二天当真看到有两只老虎用脚刨地，随后泉水涌出，清凉甘甜。

近游束皙　诡术尸佼

【浅释】

晋束皙，字广微，阳平元城人。汉太傅疏广之后，因避乱徙居，改疏为束也。官著作郎，性沉退，不慕荣利，作《玄居释》以拟《客难》，张华见而奇之。又尝作《近游赋》。又：《远游》，楚词名，屈不平。皙俗误作暂。《客难》，汉扬雄作。

汉《艺文志》有《尸子》二十篇。尸子名佼，鲁人，秦相商鞅师之。韩愈《送孟东野序》云："孟轲、荀卿，以道鸣者也。邹衍、尸佼、孙武、张仪、苏秦属，皆以其术鸣。"

翱狂晞发　嵇懒转胞

【浅释】

宋朝人谢翱，福建福安人。元兵南下时，文天祥由海路到福建，发檄文号召州郡勤王。谢翱带全家赴国难，参军事。文天祥被捕后，谢翱隐姓埋名藏匿了起来。他善做诗，成立汐社，以诗会友，自号晞发子，有《晞发集》。四十七岁死，葬在严陵钓鱼台南岸，友人方凤在墓右建"许剑亭"表示对他的怀念。

晋人嵇康，字叔夜，谯国铚人。其祖先姓奚，会稽上虞人，徙居铚地的嵇山，因而以嵇为姓。嵇康身长七尺八寸。著有《养生论》，宫中散大夫。原与山涛友善，山涛举荐他以代自己，嵇康便写信与山涛决绝，并说："我很乐意游山泽，亲鱼鸟。一旦做了官，此事便做不得了，我怎么能放弃我所喜欢的而去做所不愿做的事呢？"嵇康性懒，每想小便而忍住不起来，直到胞中略转方才起身。

西溪晏咏　北陇孔嘲

【浅释】

宋时人晏殊，曾在海陵西盐场当官，种有一棵牡丹，并把诗刻到石碑上，后来范仲淹来到这个地方，也题诗一首，当地的人，由于是二位名家写了诗，因此用红漆的栅栏来保护花和碑石，牡丹长得繁茂，每次能开好几百朵花，成为海滨奇观。

南朝山阴人孔稚珪，曾经和周颙隐居于北钟山，后周出山担任海盐令，途经此地，作了《北山移文》，仗此山灵的口，对周大肆嘲讽。

民皆字郑　羌愿姓包

【浅释】

魏郑浑任下蔡长、邵陵令。天下大定，俗皆剽轻，不念产殖，生子无以相活。浑所在夺其渔猎具，课使耕桑。又开稻田，重去子之法。民初畏罪，后稍丰裕，无不举赡，所育男女，多以郑为字。唐阳城为道州刺史，州产侏儒，岁贡诸朝。城哀其所生离，无所进。帝使求之，奏曰："州民尽短，不知何者可。"供自此罢，州人感之。

宋包拯，字希仁，庐州合肥人，天圣五年举进士，立朝刚。西羌俞龙珂既归，朝吏阁门引见，谓押伴使曰："平生毅闻包中丞拯朝廷忠臣。某既归汉，乞赐姓包。"神宗遂如其请，名顺。其后西河之役，极罄忠力。坟公极言时事，复为京尹，令行禁止，天下皆呼包待制。市井小民及田野之人，凡见徇私者，皆指笑之。

骑鹏沈晦　射鸭孟郊

【浅释】

在宋人写的《青渚纪闻》中记载：沈晦梦骑大鹏，驾风腾飞，翱翔空中。于是作了《大鹏赋》来记述这件事，没多久，他名扬天下。

《建康志》中记载：元和初，县尉孟郊曾在平陵城建造射鸭堂。孟郊有诗曰："不如竹枝弓，射鸭无是非。"所以由此得名。

戴颙鼓吹　贾岛推敲

【浅释】

晋人戴颙，字仲若，谯郡人，戴逵之子。春天的一日，他带着两个柑子和一斗酒出门，有人问他到哪里去，他回答："找一个清静的地方，听黄鹂唱歌的声音。这里的声音庸俗不堪，我要让清新的声音针砭庸俗之声，宣扬我心胸所怀，你明白吗？"唐代人贾岛，字浪仙，早年家境寒苦，出家为僧，号无本，居法乾寺。善做诗苦吟。曾自吟道："僧敲月下门。"又认为不妥，换"推"字，骑在驴上以手做推敲的样子，不小心冲撞了京兆尹韩愈的仪仗。左右的人上来盘问贾岛，贾岛从实以告。韩愈听了说："敲字好。"便与贾岛一同论诗，成为至交。后韩愈劝贾岛进学，举进士。

四　豪

禹承虞舜　说相殷高

【浅释】

夏大禹，姓姒，字高密，崇伯鲧之子，其母孕十四月而生子僰道之石纽乡。取涂山氏女甫四月，遂往治水。功成，因受舜禅而家天下。禹母暮馋夜获月精石如薏苡，吞之而生禹，故姓姒氏。僰音匐。石纽，在今四川石泉县。涂山有四，此属今之凤阳府。

殷王高宗名武丁。傅岩在虞、虢之间。高宗时，道路为水所坏，使胥靡刑人筑之。傅说贫不自给，代为筑以供食。高宗梦上帝赍以良弼，乃审象旁求，得之版筑之间，与之语，果圣人，爰立作相。虞、虢，二国名。胥靡，囚徒也。

韩侯敝袴　张禄绨袍

【浅释】

韩昭侯有一条旧的裤子，叫手下收藏。手下的人问他："为何不赐予左右？"韩昭侯说："我听说英明的国君对自己的一颦一笑都十分谨慎，赐裤子给人岂只是一笑一皱眉？我一定要赏赐给一个有功的人。"

范雎和须贾受命出使齐国。须贾怀疑范雎私通齐国，便密告丞相魏齐。魏齐派人用鞭子打范雎，断了肋骨。范雎装死，被丢在厕所时，才得到逃脱。到秦国后改名张禄，任秦昭王之相。有次，须贾出使秦国。范雎穿破烂衣服去见他，须贾大吃一惊说："范叔尚在乎？何一贫至此哉！"就脱下绨袍送他。后知他就是范雎，肉袒谢罪。范雎因绨袍之情，放过了他。

相如题柱　韩愈焚膏

【浅释】

汉司马相如，字长卿，成都人，将东游，成都城北十里有升仙桥，相如题其柱曰："不乘高车驷马，誓不过此桥也。"后果为中郎将，建节使蜀，太守以下郊迎，县令负弩前驱。相如故宅在益州笮桥北。

唐韩愈，七岁读书，日记数千言，比长不倦。为国子博士，尤贪多务得，焚膏油以继晷，经史百家皆搜抉无隐。宋苏轼为公作潮州庙庙碑有云："匹夫而为百世师，一言而为天下法。"又云："文起八代之衰，道济天下之溺。"晷，音轨，日影也。

捐生纪信　争死孔褒

【浅释】

纪信，广安人，楚汉相争时为刘邦部将。一次，项羽猛攻荥阳，刘邦被围困在荥阳城里。正无计可施时，纪信请求乘坐刘邦的黄幄车传左纛（dào，大旗）出城，以诳骗楚军，刘邦乘机逃出成皋。项羽大怒，将纪信捉住后活活烧死。后来，刘邦为纪信立忠祐庙，诰天下道："以忠殉国，与君任难，实开汉业，使后世知君为重，身为轻，侯何有焉？"

汉代人孔褒，孔子二十世孙。当时，名士张俭被宦官侯览所诬，迫不得已逃亡在外，为躲官府追捕来到孔家，正值孔褒不在家，孔褒弟孔融只有16岁，便将张俭藏匿起来。后来事情泄露，张俭逃脱，而孔褒兄弟二人却被牵连，兄弟二人争着负罪。孔褒说："张俭来投靠我，理应我坐牢。"二人一同去问母亲，他母亲却说："家中出事，长者有罪，我应承担。"一家人相互争死，后来，由皇帝亲手定了孔褒的死罪。

孔璋文伯　梦得诗豪

【浅释】

东汉末的陈琳，字孔璋，曾著《武库赋》《应机论》，张纮见其著作后，曾写信赞扬他是文章之伯。陈琳回答说："自我在河北，与天下隔。此间人少做文章，易为雄伯，故使我受此过善之誉。"

刘禹锡，字梦得，是唐代彭城人，他是中唐时的大诗人，诗风雄浑豪迈。白居易推其为"诗豪"。

马援矍铄　巢父清高

【浅释】

汉马援，字文渊，茂陵人，少有大志，兄况曰："汝大才当晚成。良工不示人以朴，且从所好。"后事光武为伏波将军。援尝谓宾客曰："丈夫立志，穷当益坚，老当益壮。"至年六十二，五溪蛮乱，援复请行，帝愍其老，不许。援披甲上马，据鞍顾盼，以示可用。帝笑曰："矍铄哉，是翁也！"遂遣之。进营壶头，失利，病卒，封新息侯。

巢父，尧时隐士，山居不营世利。年老，以树为巢，寝处其上，因号巢父。尧让以天下，巢父曰："君之牧天下，犹予之牧犊，无用天下为？"乃过清泠之水，自洗其耳曰："向闻贪言，污吾耳也。"或云许由以清泠之水洗耳，巢父牵犊见之，不饮而去。

伯伦鸡肋　超宗凤毛

【浅释】

刘伶，字伯伦，是西晋时人，他跟嵇康、阮籍等很好，是当时"竹林七贤"之一。他体弱消瘦，有一次跟一粗汉口角，粗汉伸出臂膀要打他。刘伶和气地对他说："鸡肋不足当尊拳。"粗汉才没打他。

南朝齐谢凤，字超宗，曾经著《服淑仪诔》。齐武帝看了这一著作后，非常欣赏，赞叹道："超宗殊有凤毛，如灵运复生。"（凤毛，赞他名字跟本领一致，有"凤毛麟角"的意思，灵运，即指谢灵运。）

服虔赁作　车胤重劳

【浅释】

汉代人服虔，字子慎。他将注《春秋》，想参考他人对《春秋》的不同注解，听说崔烈在讲传经传，便改名到崔烈门下当食客，偷听他的讲学。他知道崔烈之学，移邑便与其他学人论起短长。崔烈听后，怀疑他是服虔。第二天早上，崔烈来到服虔住所，服虔正熟睡，崔烈便呼"子慎！子慎！"服虔不觉，便随口答应。崔烈由必友善。先是郑玄注《春秋》，未完成，便将全部译著交与服虔，《春秋》遂成为服虔所注。

晋人车胤，字武子。太元年间，领国子博士，迁吏部尚书。一次，孝武帝将讲《孝经》，谢公兄弟等人私下开庭讲习。有人对袁羊说："不问则德音有遗，多问则重劳二谢。"袁羊说："必无此嫌。"车胤说："怎么知道？"袁羊说："何曾见明镜疲于屡照，清流惮于惠风？"

张仪折竹　任末燃蒿

【浅释】

周张仪与苏秦同师鬼谷子，以游说显名。二人微时尝为人佣书，遇圣人之文无题记，则以墨书掌内及股里，夜还，折竹写之，久而成帙。鬼谷子，王诩也。袁峻家贫无书，每从人假借，必皆抄写，日自课五十纸，纸数不登则不止。

宋任末，年十四便勤学，或依林木之下，编茅为庵，削荆为笔，夜则映月望星，暗则燃蒿自照，观书有合意，则题其衣裳及掌里以记其事。门徒悦其勤学，更以净衣易之。顾欢贫无以受业，常于学舍壁后倚听，无遗忘者，夕则燃松节读书或燃糠以照。

贺循冰玉　公瑾醇醪

【浅释】

贺循是晋代的儒宗，晋室南渡后，宗庙制度都是由贺循规定的。晋元帝曾经说："循水清玉洁，位上卿而居室才蔽风雨。"真可谓是个清官。

三国时吴军都督周瑜，字公瑾，庐江人。当时的副都督是程普，他以年长自居，多次凌侮周瑜，他却从不与其计较，因而程普赞叹地说："与公瑾交，如饮醇醪，不觉自醉。"

庞公休畅　刘子高操

【浅释】

汉庞德公与司马德操夹汉而居，望衡对宇，欢情自接，泛舟蹇裳，率尔休畅。一日，德操诣之。值呈德公渡沔，德操入其室，呼其妻子使速为黍："徐元直向云当来就我与德公谈。"妻子罗拜堂下，奔走设供。须臾德公还，直入相就，不知何者是客。

南北朝刘讦与从兄歊及阮孝绪，各履高操，号为"三隐"。族祖孝标尝与之柬云："讦超凡绝俗，如天半朱霞，歊矫矫出尘，如云中白鹤：皆歉岁之良稷，寒年之纤纩。"尝着鹿皮冠，被衲衣，游山泽，风神颖俊，意气弥远，遇者以为神仙。孝绪撰《高隐传》，篇中所载一百三十七人；歊、讦卒，乃益二传。

季札挂剑　吕虔赠刀

【浅释】

周朝时吴国的季札，是虞仲的第十九世孙。他的哥哥诸樊把君位让给他，他坚辞不就，后封于延陵，因而被称作延陵季子。一次出使鲁国时，路过徐地，徐君非常喜欢他的剑，但却难以开口。季札心里明白，但因为出访他国的使命还未完成，不能相赠。可是，等到完成使命再到徐地封，徐君已经死了。季札于是把剑解下来，挂在徐君墓前的树上，然后才离去了。他的随从说：徐君已经死了，剑还给谁呢？季札回答说，"当时我虽然没有把剑给徐君，但是心里已经应允了，难道因为人死了，就可以不再信守自己的心许了吗？"

晋朝时的吕虔有一把佩刀，精于此道的工匠详细察看了以后认为，只有掌握国家命运的重臣才可以佩带这把刀。于是吕虔便对王祥说："卿如果不是这样的人，刀或许会给他带来不幸。您有国家重臣的气象，权且以此相赠吧！"王祥坚辞不要，几次三番后才不得不接受下来。后来，王祥快要死的时候，把刀交给弟弟王览说："你的后世必定兴起，足以配得上这把刀。刀果然，王览的后代中代代都有才能出众的人，兴旺发达于江左。

来护卓荦　梁竦矜高

【浅释】

隋来护儿，年少时聪明过人，卓绝超群，在读《诗经》中，读到"击鼓其镗，踊跃用兵""羊羔豹饰，孔武有力"的时候，拍桌子感叹地说："大丈夫应为国灭贼，以取功名，安能区区事笔砚乎？"年长时，当了大官大都督，多次立了战功，进而封为荣国公。

《七序》的作者梁竦。有次，他登高远望，感叹地说："大丈夫居世，生当封侯，死当庙食。如其不然，闲居可以养志，读书足以自娱，州郡之职，徒劳人耳。"梁竦矜高，事与愿违。

壮心处仲　操行陈陶

【浅释】

晋王敦，字处仲，为荆州刺史，每醉后，以铁如意敲唾壶，歌曰："老骥伏枥，志在千里；烈士暮年，壮心不已。"歌阙，壶口尽缺。唾，拖去声。四句系魏武乐府《龟虽寿》中语。

五代陈陶，操行高洁。郡守严撰欲试之，遣小妾莲花往试，陶竟夕不纳。妾献诗曰："莲花为号玉为腮，珍重尚书遣妾来，处士不生巫峡梦，空劳云雨下阳台。"陶答曰："近来诗思清如水，老去风情薄似云；已向升天得门户，锦衾深愧卓文君。"撰益重之。陶善诗，有"中原不是无麟凤，自是皇家结网疏"之句，皆脍炙人口。

子荆爽迈　孝伯清操

【浅释】

孙楚，字子荆，晋代人，是个才华出众，性格豪爽的有为之人。年轻时曾想隐居，对王武子说欲枕石漱流，却误认为："我欲漱石枕流。"因而王武子问曰："流可枕，石可漱乎？"子荆答曰："所以枕流，欲说其耳，所以漱石，欲砺其齿。"他以后成为石苞骠骑参军。

王恭，字孝伯，是晋时人，清操超群，且很有才华。他常说："名士不须奇才，但使常得无事，痛饮酒，熟读《离骚》，便可称名士。"

李订六逸　石与三豪

【浅释】

唐李白，其先为蜀之彰明人。任城尉，遂家焉。因与孔巢父、陶沔、韩准、裴政、张叔明订交，居徂徕山，号"竹溪六逸"。白又与贺知章、李适之、李琎、崔宗之、苏晋、张旭、焦遂为"饮中八仙"，杜甫曾作歌纪之。任城，今济宁州。琎，音津。

宋石延年，字曼卿，永城人，气节自豪，不务世事，工诗，其句有"乐意相关禽对语，生香不断玉交花"，为世所叹赏。徂徕做三豪诗，谓欧阳公豪于文，曼卿豪于诗，杜牧豪于歌也。徂徕石介，号默，字师雄，历阳人。

郑弘还箭　元性成刀

【浅释】

汉代的郑弘，字巨君，山阴人。没有发达前，他在白鹤山打柴时，捡到一支箭。不久，有人前来寻找，郑弘便把箭给了他。寻箭人便问郑弘有什么希望，郑弘说："经常为若耶溪难以把柴运出去而忧虑，希望能够早上吹南风，傍晚吹北风。"结果就像他所希望的那样，直到现在依然如此，被披民间叫作郑公风。郑弘以后当官做了淮阴太守，不懈地施行德育教化。他所到之处，总是随之降下了及时雨且有白鹿在两旁同他的车并排前进。主簿恭贺道："国家重臣三公的车幡上画有鹿，这难道不是表明您将成为宰相吗？"不久，郑弘果真升任太尉。

刘殷七业　何点三高

【浅释】

刘殷，晋代人，生有七个儿子，五个儿子授《五经》，一个儿子授《史记》，另一个儿子授《汉书》。一家之内，七业俱兴。

何点，南朝时人，人们称他为"游侠处士"。宋、齐好几次请他做官，他都拒而不去，梁武帝也想请他当官，把他召到华林园，仍以有病辞归。他的哥哥何求，其弟何胤，都隐居不当官。人们称其"何氏三高"。

五　歌

二使入蜀　五老游河

【浅释】

汉李郃誓丙芒厾厾五菱云和帝遣二使入蜀观风俗，向益州，宿候舍。郃时候吏，因问曰："君来时，可知二使何时发？"二人惊问："何以知之？"郃曰："有二使星临益部，故知之。"郃，音合。《论语谶》八卷，载仲尼云："吾闻帝尧率舜等游首山，观河渚。有五老游河渚，一日河图将来告帝期，二日河图将来告帝谋，三日河图将来告帝书，四曰河图将来告帝图，五日河图将来告帝符。有顷，赤龙衔玉苞，舒图刻板，题命可卷金泥玉检封盛书。咸曰：'知我者，重瞳也。'五老乃飞为流星，入土、昴之间。"

孙登善啸　谭峭行歌

【浅释】

孙登是三国时魏国人，隐居在汲郡山，住在窟里同。谈论《周易》，弹奏弦琴，善啸，有次嵇康与孙登同游，在游中登对康说："子才多识寡，难免于今之刀。"当真，嵇康遭司马昭等陷害而被杀。

五代时的谭峭，泉州人，他聪慧过人，只要是看过的文史书籍，都不会忘记，一心学仙，他曾经咏诗道："线作长江扇作天。鞋抛在海东边。蓬莱信道无多路，只在谭生挂杖前。"他拜嵩山道士为师，学会辟谷养气丹的道术。道家把他称为"紫霄真人"。

汉王封齿　齐王烹阿

【浅释】

汉高祖大封同姓，诸将坐沙中偶语，上望见之，问张良。良曰："陛下以若属取天下，而止大封同姓，诸将欲谋反耳。"因劝上急封所最憎之雍齿为什方侯。诸将曰："齿且侯，吾辈无患矣。"遂定。

齐威王时，即墨大夫毁言旧至，使视之，而即墨治。阿大夫誉言日至，使视之，而阿不治。于是封即墨以万家，即日烹阿大夫及左右尝鹜誉之者。群臣悚，务尽其情，齐国大治。阿，即今泰安府东阿县。即墨，今平度州。

丁兰刻木　王质烂柯

【浅释】

汉代的丁兰，河内人，母亲很早去世了，他就用木头刻了母亲的像供奉起来，就像自己的母亲还活着一样。邻居张敬借东西，丁兰的妻子向木像求问，木像不允许。张叔喝"醉"了，便责骂木像并动手打它。丁兰回来后，看到木像不高兴，问清原因，便痛打张叔。官府前来捉拿丁兰，木像为他流下了眼泪。郡里赞扬他一片孝心感动了神灵，便上报给朝廷，朝廷下令为他画像扬名。

晋代的王质，衢州人。进山砍柴时，在一座石屋里，看见两个少年正在下棋，他便放下了斧头观看。少年人给了他枣样的一块东西，他含在嘴里便不再感到饥饿了。等回家的时侯，斧把已经烂掉了。到了家中一看，早已过去几百年了，家中的亲戚也已不在人世。后来他再次进山，自己也山修。这座山于是就被人们叫作"烂柯山"。

霍光忠厚　黄霸宽和

【浅释】

汉光禄大夫霍光，在宫中任职二十多年，做事小心严谨，从没犯过错误，武帝想把年幼的弗陵立为太子，查问诸臣，他们都觉得霍光忠厚，能够胜任，于是就派画师画周公负成王朝诸侯图赐予他。不久，霍光担任大司马大将军。受遗诏辅助少主。

汉时阳夏人黄霸，他在担任河南太守丞时，别的官吏执法严厉而苛酷，百姓非常不满，而他却不一样，以宽容仁厚出名，深受时人的拥戴。后来他做了丞相。

桓谭非谶　王商止讹

【浅释】

后汉桓谭，字君山，以宋弘荐为议郎给事中。光武由赤伏符即位，遂欲以图谶决疑，因宣布天下。谭力谏，帝怒其非圣，欲斩之。谭叩头流血，黜为六安丞。藏书甚多，时人语曰："挟桓君山之书，富于猗顿。"赤伏符：儒生强华所奉谶书。猗顿：鲁富人。

汉王商，字子威，成帝朝为左将军。京师无故惊言大水将至，奔走蹂躏，大将军王凤以为太后与上当船，令吏民上城：避水。商曰："必讹言，不宜重惊百姓。"有顷，稍定，果讹言。上于是美王商，数称其议。凤乃大惭，自恨失言。

隐翁龚胜　刺客荆轲

【浅释】

汉代的龚胜，字君宾，哀帝时做谏议大夫。王莽执掌大权的时候，他辞官隐居，并起了个号叫"隐翁"。王莽征召他出来做官，派太守及其部下一千多人前去致意。龚胜对学生高晖等人说："一个人怎么能够去服务于两个朝代呢？"于是以有病为借口，绝食十四天而死。终年七十九岁。有一位老人前来吊唁，哭得很悲哀，说："唉！香草因为生香而烧掉了自己，脂膏由于发光而销毁了自己。龚胜竟然在天年未尽的时候夭折，简直不像是我的学生啊！"龚胜与龚舍同称二龚。

荆轲，字次非，卫国人。燕太子丹招他做门客，称呼他荆卿，希望他能挟制秦王，收回被秦国抢占的燕国领土。如果不行，就刺死秦王。荆轲于是就带着燕国督亢的地图和秦国叛将樊於期的头去到秦国。太子和众位宾客都穿白衣戴白帽送行到易水河畔。高渐离敲着筑，荆轲应声唱和，众人双目圆睁，头发直竖，天空中一道白虹直冲太阳。到了秦国，事情未能成功，荆轲为此而死。

老人结草　饿夫倒戈

【浅释】

春秋晋大夫魏武子临死前，吩咐儿子魏颗，用他的小老婆来陪葬。魏颗不听他父亲的话，把他的小老婆嫁出去。后来，魏颗同秦将杜回作战，只见一个老人结草让杜回绊倒于地，于是魏颗活擒杜回，到了晚上，魏颗梦到那老人对他说："我是你所嫁妇人之父，感君恩德，今结草相报。"

春秋晋国人灵辄，家境非常贫寒。翳桑有个叫赵盾的，给他送食物，也给他的母亲送去吃的，让他母子得以充饥。后来灵辄担任晋公甲士，灵公伏甲士想杀赵盾，灵辄倒戈救盾。盾问他为什么要这么做，他说："我是翳桑的饿人啊。"便自己逃走了。

弈宽李讷　碑赚孙何

【浅释】

唐李讷，性急而酷嗜弈棋，每下子极宽缓。有时躁急，人家密以棋具置前，使欣然取子布算，都忘其恚。此癖之佳处。恚音惠，怒恨也。讷，嫩人声。

宋孙何，字汉公，汝阳人。好古文，为转运使，性苛急，州县患之，乃求古碑磨灭者数本，订于馆中。孙至，读碑辨识文字，以爪搔发垢嗅之，往往至暮，不复省录文案。

子猷啸咏　斯立吟哦

【浅释】

晋时人王徽之，字子猷，他曾经居住在一间空屋，却叫人种竹，有人问他："暂居何必如此？"子猷啸咏了一会儿，指着竹说："不可一日无此君。"有一天，他途经吴中，一个士大夫家种有竹子，主人明白子猷会来，就洒扫摆酒等待他来，他来时，却径直走到竹园，啸咏许久后，居然也不和主人相会便走了，主人非常不高兴，然而，王徽之却更加赏识主人，请他去，与他畅谈，都很开心。

崔立之，字斯立，唐时元和初担任蓝田丞，县府庭院里有四行竹树，在围墙的南面有高挺的大竹子。他又种了两株松树。他每日吟哦在竹树之间。假如有人问事，他总会说："我方有公事，你且去。"

弈世貂珥　闾里鸣珂

【浅释】

汉金日䃅，休屠王子，没入官，武帝奇甚貌，拜为侍中，赐姓金氏。后为车骑将军，与霍光同受遗诏，辅昭帝。素著忠曷，封秺它侯，二子赏、建，昭帝时俱为侍中。赏嗣侯爵，与张安世皆七叶貂珥。汉代衣冠，惟金、张乏茹盛日䃅，音密低。休屠，音朽除。秺音妒，秺，地名。珥，插也，朔方以貂皮温额，汉用金锁饰首，则插貂尾。

唐张嘉贞以张循魏荐天后，诏为监察御史，历梁、秦二州都督，开元中拜中书令。弟嘉祐，斑金吾将军。每朝，轩盖驺从盈闾巷，时号所居坊曰鸣珂里。

昙辍丝竹　衷废蓼莪

【浅释】

晋代的羊昙，是谢安的外甥，深受谢安的赏识。谢安死后，羊昙一年之内不玩弄音乐，不娱乐歌舞，外出也决不越过两州路。一次，因到石头城出访，大醉而归，一路哼唱，不觉来到州门。随从们说："这是西州门。羊昙于是悲伤哭泣不止，用马鞭敲打着城门，朗诵曹子建的诗说："生存华屋处，零落归山丘"，痛哭着离开了。晋文帝在担任魏国安东将军的时候，因为王仪敢于说话而杀了他。王仪的儿子王衷，字伟元，痛心自己的父亲因无罪而死，于是从不面向西方坐，表示自己决不做晋朝的臣民。他隐居教学，皇家多次征召他都不应，在父亲墓旁建了房子，常扶着松柏放声大哭，眼泪滴在树上，使树木都干枯了。母亲生前怕雷，去世以后，每当雷响，他便来到墓前说："衷在这儿呢。"每当读诗读到"哀哀父母，为我劬劳"时，没有不流泪不止的。所以，那些跟随他学习的人，就不再研习《蓼莪》这首诗了，担心触动他的悲伤。

箕陈五福　华祝三多

【浅释】

周武王灭掉商后，把箕子放回镐京。传说箕子曾为谢武王写过《洪范》，书中记述了过去所讲的五种幸福："一曰寿，二曰富，三曰康宁，四曰攸好德，五曰考终命。"这即为"五福"。

尧帝在华巡山，华山人祝尧帝多寿，多福，多男子，后人把此称为"华山三祝"，称叫"华祝三多"。

六　麻

万石秦氏　三戟崔家

【浅释】

汉秦彭，茂陵人，六世祖名袭，为颍川太守，与群从五人同时为二千石，三辅号为万石秦氏。彭为山阳太守，有麒麟、凤凰、嘉禾、甘露之瑞，肃宗褒之。历朝号万石者六家。自汉石奋为九卿，长子建，次子庆，叔、季失名，皆官至二千石，景帝号奋为万石君家。后遂以万石为美谈。石，俗读担。担误。

唐崔琳，开元中为中书令，弟珪为太子詹事，瑶为光禄大夫，列荣戟，时号三戟崔家。每宴集，绶印相辉，华每毂盈门，一榻置笏，重叠其上。又：张俭长俭，兄文师，弟延师，并赐银青光禄大夫，亦号三戟张家。槃，音启。戟，兵栏双枝为戟，单枝为戈。

退之驱鳄　叔敖埋蛇

【浅释】

唐朝韩愈，字退之，到广东潮州任刺史，非常关心百姓疾苦。老百姓向他诉苦说："水里鳄鱼很多，把人和牲畜快吃光了。"于是韩愈设立祭坛，写了一篇《祭鳄鱼文》，亲自祭祀神灵，请求把鳄鱼撵走。当天夜里，电闪雷鸣，狂风暴雨大作，鳄鱼就迁移到潮州西面六十里之外去了，从此百姓安居乐业。

春秋时楚国有位孙叔敖，他小时候在外面玩耍，看见一条两头蛇。当时人们都认为，谁见了两头蛇就会死。孙叔敖为了不让别人再看见它，就把它打死埋掉了。回家后哭着告诉母亲说："我快要死了，不能孝敬你了。"母亲说："你埋了两头蛇，为别人做了好事，积了阴德，就会有好报应，不会死的。"孙叔敖长大以后，以心地善良名闻远近，楚庄公就请他去做官，后来成为著名的宰相。

虞诩易服　道济量沙

【浅释】

汉虞诩，字升卿，武平人。年十二，通《尚书》，孝养祖母，举顺孙，为朝歌长。时朝歌多盗，故旧皆吊之。诩曰："不遇盘根错节，何以别利器！"大有治声。历迁武都太守，兵不满三千，羌万余围之，诩陈兵令从东郭出西郭，人贸易衣服，回转数周，羌恐而退，设伏邀之，复增灶进兵，大破羌人。官至尚书仆射。

檀道济仕刘宋文帝，进爵司空。元嘉八年，使领兵伐魏，与魏兵三十余战。军至历城，以资粮竭引还，魏人造之。恐兵溃，夜乃唱筹量沙，以所余少米覆其上。及旦，魏人见道济资粮有余，以降卒妄告，斩之。道济因全军而返，雄名大振，魏其惮之，图之以禳鬼。

伋辞馈肉　琼却饷瓜

【浅释】

周代的孔伋，字子思，是孔子的孙子，住在鲁国的都城里。鲁缪公多次馈送他熟肉，孔伋因为拜谢赏赐而奔忙，于是就让那些使者走到大门之外，自己向北叩头拜谢而拒绝接受赏赐。

北齐时的苏琼，字珍之，长乐人。担任南清河太守六年，绝不接受馈赠。当地人赵颖，八十多岁时告老还乡，仗着自己年老，亲自送了两个新瓜给苏琼，苏琼收下挂在梁上，并不食用。人们听说他接受了赵颖送的瓜，就竞相送来瓜果。等到了一问，才知道赵颖所送的瓜还在，于是便相互看看，退了回来。百姓中有乙普明兄弟两人争夺田地，多年了都未了断，苏琼叫他们来说："难得的是兄弟的情谊，容易得到的是田地，丧失了兄弟之心怎么办呢？"说着说着流下了眼泪。两兄弟因此深受感动，不再分田了。

祭遵俎豆　柴绍琵琶

【浅释】

祭遵，东汉将，为人清廉恭俭，克己奉公。每有赏赐，他从不私留，都分给部下。崇信儒术，虽在军旅，还不忘俎豆祭祀之礼，可谓好礼悦乐。死后，光武帝曾叹息道："安得忧国奉公之臣如祭征虏(遵)者乎！"

柴绍，唐将。和妻子平阳公主拒吐谷浑、党项犯边。敌居高临下，万箭齐发，唐军混乱。而柴绍稳坐军中，命人弹琵琶，二女子舞蹈。敌迷惑，乃停射观看。柴绍乘机挥兵掩杀，斩首五百，大败敌军。

法常评酒　鸿渐论茶

【浅释】

河阳释法常，性嗜酒，无寒暑风雨常醉，醉则熟寝，觉即朗吟曰："优游曲世界，烂漫枕神仙。"谓人曰："酒天虚无，酒地绵邈，酒国安恬，无习君臣贵贱之拘，无钱财利禄之图，无刑罚之避，乐陶陶，坦荡荡，乐其可得而量也，转而入于飞蝶都，则又懵腾浩渺而不思觉也。"

唐竟陵僧于水滨得婴儿，育为弟子，及长，自筮得《蹇》之《渐》，繇曰："鸿渐于陆，其羽可用为仪又吉。"乃姓陆氏，字鸿渐，名羽。尝论遍茶之功效并煎煮之法，造茶具二十四韧事，以都统笼贮之，隐居苕溪。李季卿宣尉仁江南，召羽煮茶，羽野服挈具而入，李心鄙之，命取钱三十文酬博士。羽夙游江介，通狎胜流，遂收钱具去。

陶怡松菊　田乐烟霞

【浅释】

东晋陶潜，又名渊明，字元亮。弃官归田以后，赋《归去来兮辞》，文中有"三径就荒，松菊犹存"之句。唐代韦表微进士及第以后，任监察御史，心中不乐，曾说："愿为松菊主人，不愧对陶元亮就可以了。"

唐代田游岩，三原人，先隐居太白山，又入箕山，隐居在上古隐士许由的祠庙旁边，自认为是许由的邻居，朝廷多次召他做官，都不愿出山。后来唐高宗游嵩山，曾亲自登门访问他，田游岩穿着山野人的衣服，拜见了皇帝。皇帝命左右扶他起来，问他说："你觉得这样生活快乐吗?"田游岩说："我已是泉石膏肓，烟霞痼疾。"意思是说对泉石烟霞有一种特殊的癖好。于是皇帝把他请到京师长安，任他为崇文馆学士，居住在奉天宫东面，并在他的大门上面亲自题了匾额："处士田游岩宅"。

孟邺九穗　郑珏一麻

【浅释】

北齐孟邺，字敬业，安国人，为东郡太守，以宽惠著名。郡内麦或一茎五穗，或三穗四穗，县人送嘉禾一茎九穗，咸以为政化所感。汉光武生于洛阳，是岁县界有嘉禾一茎九穗，因名曰秀。又张堪为渔阳太守，民歌曰："桑无附枝，麦穗两歧。张公为政，乐不可支。"

后唐郑珏与李愚同为学士，郑阁下一麻忽生，李曰："承旨相矣。"及霜降成实，乃白麻也。珏大拜。唐制：拜相，诏用白麻纸。珏音觉，同榖。阳城居谏议时曰："如相裴元龄，当取白麻坏之。"

颜回练马　乐广杯蛇

【浅释】

孔子和颜回一同上泰山，望见吴阊门外有一匹马，对颜回说："你看见吴阊门了吗?"回答说看到了。于是又问："门外有什么东西?"颜回说："像是有件像匹白绢一样的东西。"孔子笑道："嘿，是匹马呀!"颜回仔细一看，果真如此。所以，人们以后便用"匹"来指称马。

晋代的乐广，曾招待亲朋好友喝酒，事后却不料有人对他说："前一向承蒙你请我喝酒，但在杯子里却发现了蛇的影子，喝完后就得了病。"乐广一想，原来是客厅的墙上挂了一张弓，映在酒杯中，影子就好像一条蛇。于是乐广又重新置了酒宴请这位客人来，斟上酒后问他说："看到什么了?"客人回答说同上次一样。于是乐广就把因弓影而造成这种情况的原因告诉客人，心中的疑虑消失了，因此而起的重病也顿时好了起来。

罗珦持节　王播笼纱

【浅释】

罗珦，唐人，为官清廉，坚持操守，以治行闻名，修官学，施教化，颇有政绩。

王播，唐人。贫贱时曾居扬州惠昭寺木兰院，随人吃饭。后来僧人都厌烦他，就提前开饭，王播来时，饭已开过了。他显贵后，重游故地，发现以前自己的题诗都被僧人恭敬地用碧纱罩上了。他感慨万端，又题二绝句于壁，一首说："二十年前此院游，木兰花发院新修。而今再到经行处，树老无花僧白头。"二首说："上堂已了各西东，惭愧阇黎(高僧)饭后钟。二十年来尘扑面，如今始得碧纱笼。"

能言李泌　敢谏香车

【浅释】

唐李泌与肃宗而覆予歹吾还山，上曰："卿以朕不从北伐之谋乎？"对曰："非也，乃建宁王事耳。巨非咎既往，欲陛下慎将来，昔天后忌杀长子弘，次子贤惧，作《黄台瓜辞》冀其感悟，辞曰：'种瓜黄台下，瓜熟子离离。一摘使瓜好，两摘使瓜稀，三摘犹为可，四摘抱蔓归。今陛下已摘一矣，慎勿再摘。"上愕然曰："卿言朕当书绅。"

齐宣王为大室，盖百亩，堂上三百户，三年不竣，群臣莫敢谏。香车问曰："荆王释先王之礼，乐而为淫乐，敢问荆邦为有主乎？"曰："为玩主。""为有臣乎？"曰："为无臣。"车曰："今王为大室，三年成，群臣莫敢漻。为有臣乎？"王曰："为无臣。"车曰："请避矣。"遂趋出。王曰："香子留！何谏寡人之晚也！"因止其役。

韩愈辟佛　傅奕除邪

【浅释】

唐宪宗崇佛，曾遣使去凤翔迎佛骨，韩愈上表谏止，劝宪宗把佛骨付之水火，永绝根本。因此触怒宪宗，被贬潮州。

傅奕，唐人，极力反对佛教，斥其无补于百姓而有害于国家。曾有一胡僧能以咒术令人死生，太宗问傅，傅说："此邪法也。臣听说邪不犯正，若使咒臣，必不得行。"太宗召僧咒傅，果然傅一如平常，而僧倒地自绝。

春藏足垢　邕嗜疮痂

【浅释】

南北朝阴子春，官至刺史，身服垢污，脚数年一洗，言每洗则失财。后于梁州洗足者再，竟败事。商丘有刘姓者，饱闻人足臭而文思乃发越，亦一奇也。

南北朝刘邕，爱食疮痂，以为味似鳆鱼。尝诣孟灵休，灵休患炙疮，痂在席，邕取食之艺。灵休大惊，痂未落者，悉褫以饲邕，灵休遂举休流血。邕袭父南康郡公，目吏二百许人，不问有罪无罪，避与鞭，疮痂尝以给膳。

薛笺成彩　江笔生花

【浅释】

浣花溪在戊都府的西南方向，又百花潭，任夫人地位低微时，见一位和尚掉在河水沟里，就帮他洗刷衣服，结果谭里开满了各种各样的花，于是就被叫作浣花溪。杜甫曾住在这，节度使裴冕为他建造了草堂。以后又有名妓薛涛住在这儿，用潭中的水造十色彩笺，起名叫薛涛笺。又有一种说法，是说薛涛喜好做小诗，往往改大为小，叫薛涛笺。

南北朝时的江淹，字文通，年少时就以文章华美著名。做蒲城令时，一次在城外孤山过夜，梦见有人送给他一支五色彩笔，从此文章一天比一天华美。十多年后，一次在冶亭住宿，梦见一个自称郭璞的英俊男子说："我有一支笔放在你那儿多年了，是否还给我。"江淹就从怀中拿出笔来还给了这个人。从此以后诗文中再也没有惊人之笔了，被人们称为是才华已尽。另外，李白也曾梦见笔头上开出花来，而且从那以后，才华文思与日俱增。

班昭汉史　蔡琰胡笳

【浅释】

东汉班昭，是班固的妹妹。丈夫曹世叔死后，作《七诫》让女儿诵读。

班固著《汉书》未成而死，皇帝下诏书请班昭补作，在皇家文史馆东观完成了兄长的遗愿。皇帝又经常请她入宫，让皇后贵人们拜她为师，称她为"曹大家"，大家即大姑。

东汉末年蔡琰，是大文学家蔡邕的女儿。她六岁就通晓音律，后嫁为卫仲道妻，早寡。匈奴入侵被俘，留居匈奴十二年。蔡邕好友曹操，痛惜亡友没有儿子，就派使者带上重金把蔡琰赎回来。但蔡琰在匈奴已经结婚，生有二子。于是蔡琰心情复杂，临行时作《胡笳十八拍》。匈奴人卷芦叶吹而歌之。诗载《汉貌诗乘》。

凤凰律吕　鹦鹉琵琶

【浅释】

黄帝使伶伦采懈谷之竹吹之为黄钟之音。于是制十二管以听凤凰之咆鸣，其雄鸣为六律，雌鸣为六吕，谓之律本。《抱朴子》曰：轩辕听凤凰鸣而调律。轩辕，黄帝讳。懈谷在大夏之硒。《抱朴子》，葛洪所著书。

宋蔡确，神宗时为相，贬新州。侍儿名琵琶，有鹦鹉甚憲。公每叩响板，鹦鹉传呼其名。琵琶卒后，误触板。鹦鹉犹传呼不已。蔡悒悒不乐，因写怀曰："鹦鹉言犹在，琵琶事已非。伤心漳江水，同渡不同归。"

渡传桃叶　村名杏花

【浅释】

东晋王献之有爱妾名桃叶，王献之出门，桃叶送至江边渡头，舍不得离别。王献之为她唱了一支歌："桃叶复桃叶，渡江不用楫。但渡无所苦，我自迎接汝。"不用楫是不用急的意思。歌词大意是说，我渡江后你不用发急，不要发愁，我会派人接你去的。桃叶唱了支歌报答他："桃叶映红花，无风自婀娜。春花映何限，感郎独采我。"中唐诗人杜牧，诗情豪迈，人称小杜。曾在秋浦郡做官，清明那天，他写了一首诗；"清明时节雨纷纷，路上行人欲断魂。借问酒家何处有，牧童遥指杏花村。"杏花村在池州秀山门外；池州，今安徽贵池。秋浦郡即池州。

七　阳

君起盘古　人始亚当

【浅释】

自太极生两仪，两仪生四象，四象变化而庶类繁矣。相传首出御世者曰古氏，又曰浑沌氏，明天地之道，达阴阳之理，为三才首君。其时民风沕穆，居不知其所，行不知所之，闷闷然如人之方孩，兽之适野。《格致草》云：造人之始，西经所载，以水土合和成男，复取男一肋成女。男曰亚当，女曰夏娃。生二子，一名迦音，一名亚伯。种类蕃息，秽染天地。自亚当生后一千六百五十六年，洪水稽天，仅留一善者名诺厦厄夫妇及三子夫妇共八人。三子一名生，一名刚，一名雅弗，种传贤圣，分掌天下。意盘古正当此时。

明皇花萼　灵运池塘

【浅释】

唐玄宗在宫殿的四面为他的兄弟建造住宅，在宫殿西面的叫"花萼相辉之楼"，南面的叫"勤政务木之楼"。唐玄宗经常带诸王上楼，一同听诸生奏乐，兄弟欢乐融洽。

南北朝人谢惠连，十岁就会做诗，其族兄谢灵运非常赏识他，对人说："对惠连辄得佳语。"在永喜西堂，他曾经想写一首好诗，一整天也没写成，突然梦到惠连，便得"池塘生春草"这样好的句子。

神威翼德　义勇云长

【浅释】

东汉末年的张飞，字翼德，仗义放走了严颜。刘备背离曹操投奔袁绍，战败后逃往江南，曹兵随后追击，张飞在霸陵桥上圆睁双眼，横握长矛，怒声喝道："我是张翼德，可前来决一死战。"曹军没有一个人敢靠近的。史书曰：真神奇威武仅次于关羽。魏国的谋士程昱等都称张飞和关羽是"万人敌"。东汉末年的关羽，字云长，是蒲州解地人，精通址二春秋翠，誓与刘备同生死。曾保护刘备的家人留在下邳。曹操派兵包围了他，并派张辽游说关羽投降，关羽向曹操约法三章，以表明自己的志向。后在万军丛中杀掉了颜良来表示报答，然后把曹操所赏赐的东西全都留下后投奔刘备。等到刘备称帝后，他出镇荆州，威名震动了整个中国。孔明曾在给他的信中说："孟起文武双全，英雄壮烈，非常人所能比，算是当世的豪杰，和黥彭是同样的人，与张飞也不差上下，但是却不如你超群绝伦。"

羿雄射日　衍愤飞霜

【浅释】

相传尧时有十个太阳，一起升到天空，稻谷、森林都被晒死了，尧就命令后羿射掉九个太阳，剩下一个，或许就是今天这个太阳了。

战国时邹衍，他听说燕昭王礼贤下士，就自梁国去往燕国去，燕昭王为了建造碣石宫，把他作为典范，让大家仿效。昭王去世后惠王听信谗言，把他抓起来投入牢狱。衍无法申冤而仰天痛哭，当时正值暑夏，居然天降大霜。

王祥求鲤　叔向埋羊

【浅释】

晋王祥，字休徵，沂州人，事继母朱氏极恭谨。冬月，母思食生鱼，天寒冰结，祥解衣，将剖冰求之。冰忽解，双鲤跃出。今望江县埠南岸有小池，相传每天寒，冰冻如人卧冰。祥尝奉母避地于此，因名为卧冰池。宋罗孟郊事与祥略同，人目其池为曾子湖。又晋王延，冬月为母欲鱼，扣而哭，鱼忽跃么凳多每。叔向名肸，晋卿也。尝有攘羊者，以羊首遗，向母不食埋之。阅三年，攘羊事败，遣捕追问向家，起马验之，羊首骨肉皆尽，唯一舌尚存。国人异之。向后遂以羊舌为氏。《左传》疏或曰：羊舌氏姓李名果，盗羊事发，辞连李氏，李氏掘羊头示之，以明己之不食。

亮方管乐　勒比高光

【浅释】

东汉末年，诸葛亮躬耕南阳，在隆中隐居，作了《梁父吟》，文中他把自己比作是管仲，乐毅。

石勒是十六国时后赵的缔造者，徐光说他强于汉高祖、光武帝，他说："卿言太过。人贵有自知之明，朕如果遇到高祖，当北而事之。假如遇到光武，能够并驱中原。大丈夫宜磊落如日月，终不效仿曹操和司马懿，欺凌孤寡，狐媚以取天下。"

世南书监　晁错智囊

【浅释】

唐虞世南，字伯施，余姚人，十八学士之一，文章赡博。太宗尝称其五绝：一德行，二忠直，三博学，四词，五书翰。上一日出行，有司请载书以从，上曰："虞世南在，行秘书监也，何用载书！"太宗尝令世南和宫体诗，竟不毒不华诏。汉晁错学申商刑名于张恢生，为人峭直刻深，上言太子宜令知术数。文帝善之，拜为太子家令，以其辩得幸，太子家号为智囊。

昌囚羑里　收遁首阳

【浅释】

周文王名叫昌，纣不行正道，把九侯剁成肉酱，把鄂侯作成肉干。文王听到后私下里极为感慨。崇侯虎进言陷害，纣就把文王拘留在羑里。于是周文王就在这儿把伏羲的八卦推演成六十四卦，并且写了卦辞，这就是《周易》。文王的臣子闳夭等人用计使文王获释，并使纣封文王为西伯，赐给他弓箭，让他主管征战讨伐的事情。

南北朝时的薛收，字伯褒。听到唐高祖兴兵后，就隐退到首阳山，准备响应起义。唐朝建立后，他做了秦王府的主簿。跟随唐太宗讨伐王世充、平定刘黑闼时，无论何时何地，所写的檄文捷报，都晓畅快捷，就像是早就构思好的一样。后来被封作汾阳侯，早早地就死了。唐太宗继承皇位后，对房玄龄说："薛收要是还在的话，理应让他做中书令。"

轼攻正叔　浚沮李纲

【浅释】

宋代人程颐，字正叔，他十八岁时就上书劝谏仁宗执行王道，可算是有胆识的年轻人。在哲宗时，他担任讲官。他为人过于庄重，苏轼说他不近人情，就告诉顾临等人，一同写文章连名上告，弹劾他。后来，就去西京担任国子监。

李纲在宋钦宗时当宰相。张浚担任侍御史，他以买马招军罪密告钦宗，于是钦宗就贬谪了李纲相官职位，所以李纲只做了七十天的相，人们都为他感叹。

降金刘豫　顺虏邦昌

【浅释】

宋刘豫为河北提刑，金人南侵，弃官居真州。张悫荐之，起知济南府。时盗起山东，豫求易南郡，执政不许，豫忿而去，遂降金兀术，立为齐帝。高宗诏暴其罪逆于六师。《铁围山丛谈》云：刘豫为小官时，纱至阙里拜仲尼，仲尼辄答其拜。又尝梦拜释氏，释氏为之起，因独匄负。

徽钦北狩，金人使吴，等集百官，议立异挚。张叔夜请立太子，不许。张邦昌为相，遂受伪命，立为楚啼。舍人吴革等数盲人，皆先杀妻评，焚所居，举义金水门外。范琼乃诈与合谋，而袭杀百余人。是日风霾，月晕无兆，邦昌心亦不安，拜官皆加"权"字。高宗立，伏诛。

瑜烧赤壁　轼谪黄冈

【浅释】

周瑜，为东汉末吴国建威中郎将。那时，曹操带兵百万要攻打吴国，很多人都认为应投降于曹，只有他主战，请求给精兵三万抗曹。于是，驻兵赤壁，火攻曹军，把曹军打得一败涂地。

宋苏轼在湖州时，所做的诗被中丞李定、御史舒亶觉得有问题，有埋怨诋毁君父之嫌，被捕入监牢，遂成"乌台诗案"。曹太后看了他写的诗，认为苏轼是被仇人陷害，于是就免罪出狱，同时被贬为黄州团练副使。

马融绛帐　李贺锦囊

【浅释】

汉马融，字季长，新息侯援之后，美辞貌。后历南郡守，忤梁冀，免官。高才博学，世称通儒，从游者以千计。卢植、郑玄皆其高弟。善鼓琴，好吹笛。堂施绛纱帐，前授生徒，后列女乐，以次相传，鲜有入其室者。达生任性，不拘儒者之节，著《忠经》。融受学挚恂。

唐李贺，字长吉，耽苦吟。每日出，骑弱马，小奚奴背锦囊随后，遇所得即投其中。暮归，母探囊，见诗草，必怒曰："真是儿呕出心乃已！"一日昼见绯衣人贺赤虬，持一版曰："上帝白玉楼成，召君为记。"遂卒。

昙迁营葬　脂习临丧

【浅释】

昙迁和尚既研究佛家的教义，又涉及老庄的思想。他擅长楷书，常同范蔚宗、王昙首交流技艺。后来蔚宗被处死，家中也被杀掉了十二个人。所有的知交朋友没有人再敢到蔚宗家里去，昙迁却卖掉了衣服，把所有被处死的人都一一安葬了。宋孝武皇帝听到此事后极为赞赏，告诉徐爱说："你写《宋书》的时候，千万不要忘了这个人。"另外，传说范蔚宗被捕入狱后，宋文帝要他在自己的白团扇上写几句诗词中的名句，范蔚宗就提笔写道："去白日之昭昭，袭长夜之悠悠。"皇帝一看，心中顿时感到一阵凄凉悲哀。后汉时，脂习和少府孔融关系极好。当时曹操是司空，权势名望一天比一天高，但是孔融却不在乎，问候极少而态度又很高傲，于是脂习因此而常常责备他。可是在孔融被处死后，许昌城中的所有和孔融关系一直比较好的大臣们，没有一个人敢替孔融料理后事。只有脂习抚摸着尸体哭道："文举，你抛弃我死了以后，我还能再和谁交流呢？"曹操得知后，准备把脂习抓起来治罪，但又认为他做的事是符合情理的，因而就原谅了他。后来，脂习见到曹操时，曹操说："元升，你有胆子，有气魄。"

仁裕诗窖　刘式墨庄

【浅释】

后蜀王仁裕做了一万首诗，当时人们把他称为"诗窖子"。

宋时人刘式，在太宗朝担任财政大臣，任职十几年，尽管掌管财政，但是死后家贫如洗，只留下几千卷的书，他的妻子陈氏指着这些书，告诉几个孩子说："这是你父亲的'墨庄'，今送给你们。"从这之后，他的几个孩子，都以父亲为典范，遵照母亲的教导，刻苦努力，一同中了高第，成为那时的名臣。

刘琨啸月　伯奇履霜

【浅释】

晋刘琨，字越石，少得俊朗之目，与祖逖俱以豪雄著名。永嘉初，为并州刺史，转战至晋阳，为胡骑所围，城中窘迫，琨乃乘月登楼清啸，贼闻之，皆凄然长叹。中夜奏胡笳，贼又掩涕唏嘘，人有怀土之念。比晓，胡遂弃围而走。又刘畴，字王乔，尝避乱坞壁。畴吹笳为出塞入塞之声，以动其思，贾胡皆囊争垂泣而去。

周尹伯奇母死，父吉甫更娶后妻，生伯封，谮伯奇。吉甫偏听而放伯奇于野。伯奇自伤无罪见逐，为作《履霜操》以歌之，冀感悟也。宣王出游，吉甫从，闻其歌，宣王曰："此孝子之辞也。"吉甫乃求伯奇于野，已化为伯劳。吉甫遂射杀后妻以谢之。

塞翁失马　臧谷亡羊

【浅释】

边塞上有个老翁，他的马逃到了胡地，人们去抚慰他。他说："这或许是件好事。"几个月后，这只马居然带了一匹胡地的骏马回来。这时，又有人向他祝贺，他说："这可能不是件好事。"他的儿子骑骏马，从马背上摔下来，折断了手臂。人们又抚慰他。他说："这何尝不是好事？"后来发生了战祸，青年壮士都应征赴前线作战。大多都战死沙场，只有他的儿子因为臂折而活下来。

依《庄子·骈拇》记载：有两个小孩，一个姓臧，一个姓谷，他们一起去放羊，两人都把羊丢了。问臧干什么去了，臧说挟策读书。问谷干什么去了，谷说去赌博游戏。两人同样去放羊，也同样把羊丢了，但是所做的事却不一样呀！

寇公枯竹　召伯甘棠

【浅释】

宋寇准，真宗朝拜为相，张咏闻之喜曰："真宰相也。"寻以斥丁谓为佞，被谗三绌。乾兴初，再贬雷州道，出公安，剪烛插神祠前，轧之曰："准若无负朝廷，枯竹再生。"已而厅果然。居雷州有手，一日，沐浴具朝服，束所赐犀带，北面再拜，就榻而卒。丧过公安，民皆迎祭，斩竹挂纸钱，逾月皆生笋成林，因庙祀之，名为相公竹，不忍剪伐。

召公奭，周同姓，食采于召，谓三召康公，与周公分陕而治。陕以西，召公主之，故又称召伯。尝巡行南国，有棠树，臭狱政事其下，自侯伯至庶人各得其所。公卒，民思之，为之赋《甘棠》，因爱其树，不忍剪伐。

匡衡凿壁　孙敬悬梁

【浅释】

汉代的匡衡，字稚圭，东海承人，家贫困而好学。城中有一大户人家藏书丰富，匡衡就前去要求为他无偿工作。主人很奇怪，匡衡就解释说："希望能让我遍阅你的藏书。主人非常感慨，就答应了他。匡衡夜里读书没有灯，于是就凿开墙壁借着邻家的灯光看书。凭着这种精神，他在学业上达到了极高的境地，没有人能比得上。七年之间，他没有离开长安城就担任了宰相。朝廷中每当研究政事的时候，他都能够引经据典加以说明。曾多次向皇帝上书献计献策。后来被封为乐昌侯。

受杞韵苏敬，學殳宝，信都人，酷爱学习，长年累月协门读书。偶然到街市一次，人们就会说道："闭户先生来了。"每当晚上读书的时候，怕时间一长睡了过去，就用绳子把头发系在梁上。一旦要睡，头发被绳子一拉就醒了过来，接着又读书。

衣芦闵损　扇枕黄香

【浅释】

春秋鲁国人闵损，字子骞，幼年丧母，继母虐待他，只偏爱自己的两个孩子，冬天自己的孩子穿棉衣，闵损只穿芦花絮的。父亲得知这情况后。想把继母赶走。闵损这小孩很明白事理，竭力劝止父亲，并对他的父亲说："母在一子寒，母去三子单。"他的父亲听后觉得很有道理，接受了他的意见，继母也为之感动，也由此醒悟过来。

汉黄香，九岁的时候母亲就去世了，他非常孝顺父亲，夏天时用扇子扇凉枕头席子。冬天时用自己的体温先暖被褥。然后再让父亲入睡。长大之后，他博学多识，京城里的人都称颂说："天下无双，江夏黄香。"

婴扶赵武　籍杀怀王

【浅释】

程婴，晋人，与公孙杵臼为赵朔客。屠岸贾诛朔，朔妇生遗腹子，贾闻而索之，杵臼取他儿匿山中，令婴谬呼赵氏现。贾因攻杵臼孤儿杀之。婴乃匿赵氏真孤。年十五，韩厥言于晋景公立之，是为赵武，灭屠岸贾。

项梁兵起，从范增言，求楚怀王心民间，立为怀王，以从民望。后项籍尊为义帝，都盱眙。及灭秦自王，乃使人徙义帝于长沙，阴令九江王布弑于江中。新城三老董公说汉王发丧，率诸侯之师伐籍。布，黥布。义帝向牧羊于盱眙。

魏徵妩媚　阮籍猖狂

【浅释】

唐太宗的宰相魏徵，以敢于直谏而闻名于世。他曾因事进谏唐太宗，太宗不同意。他就不应答太宗的问话。太宗说："应而后谏，何伤？"魏徵就说："从前舜戒'面从'，今臣心知其非而口应陛下，这就是'面从'。这难道是贤臣事明君之法吗？"太宗笑着说道："人言魏徵疏慢，我视之更觉妩媚"。阮籍，由于处在魏晋易代之时，社会动荡不安，很不正常，更因司马氏专权，所以，他总是纵酒谈玄，不许论人物好坏，也不议论时事，以求得保住性命。有时，索性闭门读书，接连几个月也不出门外。有时，就去登山游览自然风光，居然一整天也不回来。有时，心中没目的也没方向地驾车，到了无路可走了才痛哭而回。

雕龙刘勰　愍骥应玚

【浅释】

南北朝刘勰，字彦和，撰《文心雕龙》五十篇，论古今文体。欲取定于沈约，无由自达，乃负书候约于车前，状若货鬻者。约取读，大重之，谓深得文理，色，常陈之几案。又撰自古帝王贤达至于魏世，通三十卷，名为《要略》。后为沙门。云王勰著《要略》，非刘事。勰，古协字。

季汉应玚，字德琏，汝阳人，建安七子之一。时遇董卓之乱，不得志于时，因作《愍骥赋》，愍良骥之不遇以自畴也。故谢灵运《邺中诗序》云："应玚汝颍之士，流离世故，颇有飘薄之叹。"又子建送应氏诗："清时难屡得，嘉会不可常。天地无终极，人命苦朝霜。"即其不遇可知已。

御车泰豆　习射纪昌

【浅释】

西周时，造父想随泰豆学习驾车之术。然而泰豆三年都不教他，造父并不因此而不高兴，反而更加谨慎而恭敬地待他。泰豆被他感动，才对他说："良弓之子必先为箕，良治之子必先为裘。学驾车，要先随我疾走，然后六辔可持，六马可御。"遂后，他就立木为路，只可容足，沿木而走，跑步往返，不摔跤。造父依照泰豆的要求练习，仅用三天时间就全部学会了所应该掌握的要领。后来，泰豆还教他得心应手的妙法。

《列子·汤问》记载：纪昌想向飞卫学习射箭之术。卫告诉他："学射须先学会不眨眼。"纪昌回到家后，每天躺在织布机下，睁着眼看梭子来回穿动。三年之后，锥尖要触碰眼睛他也不会眨眼。飞卫对他说："要视小如大，视微如著。然后，再来告诉我。"纪昌用马尾把虱子悬挂在窗户前面，每天看它，虱子渐渐变大了。三年后，再看虱子就像车轮一样。看别的东西则大得像山一样。此时，他能够射虱心而马尾不断。

异人彦博 男子天祥

【浅释】

宋代的文彦博站在朝堂上，端重而威武，契丹的使者耶律永昌拜见皇帝时，看到文彦博后，倒退几步，脸上变色说："这就是潞公吗？多么的雄壮！"苏轼说："你只看到他的相貌，还没有听到他的谈话。他总理政务，博古通今，虽然年少，但是著名人物也有不如他的地方。"永昌拱手说："天下少有的奇人！"文彦博年少时跟随父亲在阆郡监税，紫极宫道士何首贞见到他后，认为他是一个不同凡响的人，说："南极之灵，降临世上成为国中的伟丈夫。于是文彦博就自号为"南极贞子"。后来成为太师。

宋代的文天祥，字履善，号文山。宋朝灭亡之后，元朝皇帝打算让他做丞相，他宁死不屈，于是元朝皇帝就命令有关机构在柴市上将他处死。临刑时，文天祥面向南方拜了两拜，然后从容就义。在他的衣带中留有这样的遗言："孔子说'成仁'，孟子说'取义'只有尽到了'义'，才可以达到'仁'。"读圣贤书，所学的到底是什么呢？从今往后，可以说是不辜负圣贤的教诲了。元朝皇帝每当上朝的时候，总是感慨地说："文丞相真是一个大丈夫，本朝所有的将相都赶不上他。真是太可惜了。"

忠贞古弼 奇节任棠

【浅释】

南北朝古弼，代州人，仕魏以忠直闻。尝入奏减苑囿，太祖方与刘树奕棋琪，弼侍坐良久，不获申，乃起，于帝前捽树，掣下床，以手搏之曰："朝廷不理，实尔之罪！"帝愕然曰："不听奏事，朕之过也，树何罪？"弼具状，帝奇而准其奏。弼头尖，时称笔公。太武帝尝称为社稷臣，又称之为国宝，封灵寿侯。捽，音卒，持发也。

汉任棠，隐居教授，有奇节。汉阳太守庞参铣候之，棠不与言，但以薤一大、本、水一盂置户屏前旨，自抱孙儿伏户下。主簿白以为倨，参思其意良久曰：“水者，欲吾清也。拔大本薤者，欲吾击强宗也，抱儿当户，欲吾开门恤孤也。”叹息而还。参在职，果能抑强扶弱，以惠政得民。

何晏谈《易》　郭象注《庄》

【浅释】

何晏，字平叔，三国时魏人，自称精通《易》。一天，与管辂一同谈论《易》，那时邓玄茂也在座，说：“君善《易》。为何言谈不及《易》中辞义？”辂说：“善《易》者不谈《易》中辞义。”何晏面带笑容地说：“可谓要言不烦。”

晋朝的向秀曾注《庄子》，那奇妙的注释十分别致，说得玄而又玄，其中《秋水》和《至乐》两篇还没有注完，向秀便过世了，郭象窃其为己有，自注《秋水》，又更换《马蹄》一篇，其他的只是点定一下文句，没做注释。

卧游宗子　坐隐王郎

【浅释】

南朝宋宗炳，喜好游览山川美景，隐居不做官，曾把自己的房屋建在庐山。后来因病还金陵，把所游览时见到的山水画下来，对人说：“抚琴动操，欲令众山皆响。”又说：“老疾俱至，名山恐难遍睹，唯卧以游之。”

晋人王坦之，是个大宦官，曾任侍中，中书令，领比中郎将，誉满朝廷，被人称为王中郎。《世说新语》中记载：“王中郎以围棋为坐隐，支遁以围棋为手谈。”

盗酒毕卓　割肉东方

【浅释】

晋毕卓，字茂世，铜阳人。少放达，尝曰：“得酒满数百斛，左手持酒杯，右手持蟹螯，漂浮酒船中，便足了一生。”大兴末为吏部郎，比舍郎酿熟，卓因醉夜至瓮下盗饮，为掌酒者所缚。明旦视之，乃毕吏部也。卓与阮孚等为八达。

汉东方朔，善诙谐滑稽。武帝朝，待诏金马门。帝社日赐从官肉，大官未至，朔先割肉以归。有司奏帝，令自责。朔再拜曰："受赐不待诏，何无礼也！拔剑自割，何其壮也！割之不多，何其廉也！归遗小妾，又何仁也！"上笑曰："令卿自责，而反自誉。"复赐酒肉。大官，主上食者，细君，妻之称。

李膺破柱　卫瓘抚床

【浅释】

汉代的李膺调任司隶校尉后，当时的内侍张让的弟弟张朔为野王令，贪婪凶残，不行正道，当他得知李膺时，就逃回京城，藏在哥哥张让家的合柱中。李膺得知这一情况后，就带着部下赶到这儿，击破合柱，把张朔抓住押往洛阳，审问后立即正法。从此以后，内侍们一下子都变得规矩起来。

晋代的卫瓘，字伯玉，职务为侍中。惠帝还是太子时，大家都认为他难以担当皇帝的重任。一天卫瓘由于醉了，就跪在皇帝的床前说："我有话想说。"帝问："您想说什么呢？"卫瓘欲说又止，反复多次，最后才一边用手摸着床一边说道"这个位子可惜了！"至此，皇帝才明白了他的意思，但却故作不解地说道："您真是醉得很厉害呀？"传说惠帝在华林园听到蛙声后，问身边的人说："这些叫声是为公呢？还是为私？"贾胤回答说："在公地就是为公，在私地就是为私。"

营军细柳　校猎长杨

【浅释】

汉文帝时的将军周亚夫，驻军细柳，以防御匈奴。刘礼驻军灞上，徐历驻军棘门。汉文帝亲自去犒劳他们。先到灞上、棘门，然后到细柳，先导告知："天子将至。"军门都尉说："军中只听将军令，不听天子诏。"文帝就派人持节诏将军，周亚夫就下令开门。门卫又说："将军有令，营中不得跑马。"文帝就按辔慢走。走到军营当中，周亚夫说："甲胄之士不能拜。"文帝对随从的人说："真将军也！灞上、棘门如儿戏耳！"

汉成帝外出打猎，把捕捉到的野兽送往长杨村熊馆，用来向胡人显耀，但是老百姓却不得安宁。因此，扬雄写《长杨赋》给予嘲讽。

忠武具奠　德玉居丧

【浅释】

宋岳飞万函五嚣頁蚕等尤好《左氏春秋》《孙吴兵法》。未冠，能挽弓三百斤、弩八石。学射于周同，能左右射。同死，朔望必鼍衣具酒肉，诣同冢，奠而泣，引同所赠弓发三矢，乃归。父知而义之。

唐顾德玉，字润之之，从俞观光学，观光无子，尝曰："吾昔病，润之侍汤药，情若父子，医为感动，弗忍受金。我老，必托之以死。"寻访医吴扣，疾革，趋润之二，次尹山而遂卒。润之奉其尸敛于家，衰经就位。或问敛于家礼与？润之曰："生服，其训，死而委诸草莽，仁者弗为也。"明年，葬于顾氏先挠茔傍，岁时享祭唯谨。

敖曹雄异　元发疏狂

【浅释】

高昂，字敖曹，北朝齐人，姿态雄异，年轻的时候不听从老师的教诲，经常说："男儿当横行天下，自取富贵，谁能端坐读书做老博士？"北齐神武帝时担任西南道大都督，渡河祭河伯时，他说："河伯是水中之神，高敖曹是地上之虎。"

宋时人滕达道，字元发，生性疏狂，曾经是范仲淹的门客，嗜酒成性。有一天，范仲淹点亮蜡烛读书。他酒醉后走了进来，看到范仲淹就不停地作揖，问淹读什么书，淹答："汉书"。又问汉高祖是什么人，淹没回答就走了出去。

寇却例簿　吕置夹囊

【浅释】

宋寇准，真宗朝大拜，用人多不以次，同列颇不悦。堂吏尝持例簿以进，准曰："宰相所以进贤退不肖也，若用例，一吏职耳。"羽去不用。寻为王钦若所谗，罢为刑部尚书，出知陕州，复知天雄军。契丹使过之，谓准曰："相公重望，何以不在中书？"公曰："主上以朝廷无每，北门锁钥，非准巨不可。"

宋吕蒙正，字圣功，河南人。淳化、咸平中，凡两居相位。夹囊中有册子，每四方人谒见，必问有何人才，即疏之，悉分门类。朝廷求贤，取之囊中而用无不当。封许国公，谥文穆。

彦升白简　元鲁青箱

【浅释】

南朝人任昉，字彦升，擅长做文章，沈约推重其文，所以也出了名，他早先担任齐太学博士，后来，在梁武帝时担任御史中丞，每奏弹劾，必说："臣谨奉白简以闻。"

王淮之，字元鲁，了解江左旧事，所以封地为青箱，由于世代相传，因此被人们称为"王氏青箱"。从他祖父开始，四代担任御史中丞，百官特别惧怕他。

孔融了了　黄宪汪汪

【浅释】

汉孔融，字文举，十岁随匠父至洛阳。时李膺有盛名，诣门者多不得通。融谓阍者曰："我与李府君通家。"坐定，膺问曰："高明祖父与仆有旧乎？"真对曰："昔先君仲尼与君先人伯阳相师友，则融与君累世通家也。"膺与宾客皆奇之。陈韪后至，人语之，韪曰："小时了了，大未必佳。"融曰："想君时，必当了了。"

汉黄宪，字叔度，汝南人。郭泰适汝南造袁奉高，辞不停轨，鸾不轰轭，至诣叔度，乃弥日信宿。人问搬，曰："奉高之才譬泛滥，虽清而挹。叔度汪汪若千顷波，澄之不清，淆之不浊，不可量也。屡举孝廉不就，乏下号徵君。陈蕃、周举相谓曰："时月之间不见叔度，鄙吝复生矣。"

僧岩不测　赵壹非常

【浅释】

南北朝时的赵僧岩，行为洒脱而没有一定之规，常常出人意料。他和刘善明关系很好，刘善明主管青州时，准备举荐他做秀才，赵僧岩听说后极为吃惊，很不满意地离开了。后来他突然出家当了和尚，居住在山里，经常随身带着一把壶。一天，他告诉学生说：“我今天晚上就要死在这个壶中了。”结果，真是死在了这天夜里。

汉代的赵壹，字元叔，因才华出众而清高自傲，曾作《农穷鸟赋》来抒发自己的胸怀。曾在成州居住，因为出谋献策来到京城，见到司空袁逢时，只是拱手到地，袁逢因此而责怪他。赵壹说：“过去，郦食其对汉王刘邦也不过是拱手到地，现在对三公你也是拱手到地，为什么竟这样不满意呢？”袁逢于是走下堂来握住他的手，格外敬重起来。离开京城后，赵壹又去拜访河南尹羊陟，羊陟没有接见他，于是他就来到堂上放声大哭。这使羊陟感到他不是一个平常的人，出来和他见面交谈后，认为他的确不同一般。第二天，去拜访监察官时，所有的人都乘着豪华的车马随从，只有赵壹坐着毫无装饰的简陋的车子。羊陟感慨地说道：“裹在石头中的美玉还未显露，必然要有人为他竭尽全力，使它能够被发现。于是就向朝廷推荐了赵壹。

沈思好客　颜驷为郎

【浅释】

唐时人吕岩，号洞宾，传说得道后长生不老，于宋熙宁九年曾游览湖州东林。当地有个叫沈思的人，能酿造十八仙酒，洞宾向他求饮，自上午到晚上，洞宾面无酒色，题诗壁上：“西邻已富忧不足，东老虽贫东有余。白酒酿成缘好客，黄金散尽为收书。”

汉人颜驷，到了年老才出仕。做了郎中官。有一天，汉武帝巡察郎署，问他缘由。驷答：“文帝喜欢文，但我习武；景帝好美男，而我却貌丑；陛下喜欢提拔年轻人，但我却老了。因此三世不遇。”武帝听过后，为他感叹，就把他任为都尉官。

申屠松屋　魏野草堂

【浅释】

汉申屠蟠，字子龙，陈留人。九岁丧父哀毁，致甘露白雉之祥，蔡邕称曰大孝。蟠隐居精学，博贯《五经》，兼明图纬，见汉室陵夷，累征不就，依松为屋，杜门养高。董卓废立，荀爽、陈纪等皆为所胁，独蟠得全，人皆服其先见。纬，音位，天象也。申屠，复姓。

宋魏野，字仲先，陕州人。居东郊，筑草堂，有水竹之胜，又凿土袤丈，曰乐天洞，无贵贱皆纱帽白衣见之。出骑白驴，号草堂居士。好弹琴赋诗，有"棋进莫饶客，琴生却问儿""松风轻赐扇，石井胜颁冰""洗砚鱼吞墨，烹茶鹤避烟"诸佳句。太宗巡视汾阴，与李渎并被荐，召之不至。一日方教鹤舞，忽报中使至，抱琴逾垣而走。

戴渊西洛　祖逖南塘

【浅释】

晋时人陆机，返回洛阳时，随带了许多行李。有个叫戴渊的人，擅长武功，却唆使一些年轻人抢夺他的行李。陆机知道他。就在船中远远地对他说："你有如此才能。为何做贼？"戴渊听后流下了泪水，把剑抛到地上，陆机上了岸，与其交谈，最终结成了好朋友。后来，并为他作书推举，让他成为征西将军。

晋人王导，相传有一天去探访祖逖。突然发现逖家中有很多裘袍，层层叠叠的，珍饰也很多，一排一排的。王导诧异地问他。祖逖说："昨夜复南唐一出"。王导得知祖逖在还没有出来当官时，曾经在南唐唆使那些年轻力壮会武的人去抢夺别人的财物。

倾城妲己　嫁"虏"王嫱

【浅释】

商纣王攻打有苏氏时，得到美女妲己，她的美貌使全城的人为之倾倒。纣非常宠爱她，从此，母鸡打鸣，女人干政，她的每句话都被采纳实行。她怂恿殷纣王实行炮烙的刑法，结果终于使商王朝灭亡了。汉元帝要画工为后宫宫女们画像，然后按着画像挑选人来陪伴他。宫女们都纷纷贿赂画工。

昭君王嫱容貌虽然非常美丽，但是却不愿意以这种手段得到皇帝赏识，于是画工就有意把她画得很差。匈奴人前来朝拜，皇帝命令把后宫中意到匈奴去的人赐给他们。王嫱愿意前往。到皇帝面前辞别的时候，她的艳丽光彩照人，使皇帝感到后悔莫及，结果，画工毛延寿因此而被杀了头。当时的人们可怜王嫱嫁到异地远方，就作了许多歌为她送行。后来，王嫱所生的儿子成了匈奴的首领。

贵妃桃髻　公主梅妆

【浅释】

唐明皇在禁苑中，有千叶桃花盛开，帝与杨贵妃设宴花下，帝曰："不独萱草忘忧，此花亦能消恨。"又王仁裕《天宝遗事》载御苑有千叶桃花，帝亲折一枝插妃子宝髻曰："此花亦能助娇态。"

南北朝宋武帝女寿阳公主，人日卧于含章殿檐下，梅花落额，妆著如钿，益映其媚。后人效之，遂增饰制贴面，名曰寿阳妆。钿，金华饰也。—云梅落公主额，成五色之花，拂之不去，经三日洗之乃落。

吉了思汉　供奉忠唐

【浅释】

秦吉了（鸟名），白色的毛，红色的头，样子像鹦鹉，耳朵很灵锐，舌头很灵巧。有个夷人曾买回家一只，吉了说："我汉禽，不入夷地"。它受到惊吓，拒绝进食，所以死了。

黄巢造反，唐昭宗逃到蜀中，随从御驾的有个养猴的人。他教猴子像皇帝他们一样生活，皇帝什么时候起床吃饭，就让猴子也同时吃饭和起床，唐昭宗赐它红袍。号"供奉"。后来，朱全忠篡位，用猴子命令殿下的起居。猴子见到朱全忠，就直奔过去，跳跃，冲撞，于是被杀掉。

卷四

八　庚

萧收图籍　孔惜繁缨

【浅释】

汉萧何从沛公攻陷咸阳，秦王子婴来降，诸将争走财货之府，何独收秦丞相御史律令图书藏之，沛公因具知天下陋塞，户口多少，强弱处并民所疾苦。明宋潜溪遂言曰："当始皇焚天下诗书，而藏于秦博士者固在也。邯侯乃弃之，而取户口阻塞之图，方与咸阳宫殿一一火俱尽。悲夫！郦侯万世之罪人也。卫孙桓子率师伐齐，与齐遇败。新筑人救桓子，是以免三。卫人赏之邑，辞请曲县繁缨以朝，许之。仲尼闻之曰："惜也！不如多与之邑。惟名与器可以假人。"

卞庄刺虎　李白骑鲸

【浅释】

卞庄子是鲁国卞城的大夫，性情勇猛，曾刺杀过老虎。当时，管竖子制止他说："两只老虎正在吃牛，牛肉是美味，它们肯定要因此争斗，结果必然大的受伤，小的死掉。到那时，只要把受伤的杀掉，一举就可以得到两只老虎。"卞庄子认为很对，就照此办理，果然，一举两得。齐国人准备攻打鲁国，因为害怕卞庄子，而不敢从卞地经过。唐代的李白，具有独一无二的天才。贺知章看到他的文章后感叹道："您真是一个被贬下凡的仙人啊。李白后来到岁涂去拜访本家李阳冰，乘船游览采石矶时，因为大醉，看到水中的月影就兴奋地叫着去捞它，结果掉在水里淹死了。后人于是就在这儿修了"捉月亭"来纪念他。另外有人说李白骑着鲸鱼到天上去了，这不过是一种委婉的说法罢了。盐官徐仲华题诗说："舟舣江干吊谪仙，吟风弄月笑当年。骑鲸直上天门去，诗在人间月在天。"

王戎支骨　李密陈情

【浅释】

晋代的王戎、和峤两人都死了父亲，王戎因过分哀伤，身体虚弱，瘦骨嶙峋；和峤痛哭不已，做了孝子应该做的一切事情。晋武帝对刘仲雄说："你是不是常去看望王戎与和峤？听说和峤哀伤过度，真令人担心！"刘仲雄说："和峤虽然极尽孝子之礼，但精神还不错，王戎虽然礼行不周，却悲伤得瘦骨如柴了。我以为，和峤是生孝，而王戎则是死孝。所以，陛下应为王戎担心，而用不着担心和峤。"

李密，晋朝人，字令伯。父早亡，母改嫁，祖母把他抚养成人。晋武帝征召李密为太子洗马，李密上表，请求皇帝允许他在家侍奉祖母。表中说："我没有祖母，就没有今天。祖母没有我，就无人赡养。我们祖孙二人，相依为命，我不能离开她呀！"晋武帝看后感慨地说："李密并非徒有其名呵！"于是下令嘉奖他，并赐给他两名奴婢，还让当地政府给他家送去粮食。

相如完璧　廉颇负荆

【浅释】

赵得楚和氏璧，秦昭王请易以十五城。蔺相如奉璧入秦，秦竟无偿城意。相如乃云璧有瑕，取示之。乃令秦王斋五日而受璧，阴使使者怀归，以身待命于秦。秦王以为贤，礼而归之，赵终不与秦璧。蔺，音吝。

廉颇、蔺相如同仕赵，相如位居颇上，颇怒欲辱之。相如每称疾引避，人皆耻之。相如语舍人曰："秦人不敢加兵于赵以吾两人在也。吾所为者，先、家之急而后私仇也。"颇闻之，肉袒负荆，造门请罪，卒成刎颈之交。

从龙介子　飞雁苏卿

【浅释】

晋文公回国执政后，奖赏那些曾追随他一起流亡的人，但却忘掉了介子推，介子推于是就带着母亲隐居到绵山。介子推的追随者们在宫门上挂了他们所写的抗议书说：“有一条天矫不凡的龙，因为被上天遣责而流亡，有三条蛇追随着它，其中一条曾经为他割下了自己大腿上的肉。后来，有两条蛇跟随他一起到国家，得到了极为优厚的爵位和封地；而另外一条，却却被忘却而丢弃在荒野中。晋文公看到后感叹地说：“唉！这的确是我的罪过啊！”于是就寻找介子推，可是介子推并没有因此而归来。于是就放火烧山，希望能逼他出来，但结果介子推和母亲誓不出来而被烧死。因此，以后人们就把这座山叫作介山。介子推原名叫王光。当晋文公在鲁国饿肚子时，他曾经割下自己腿上的肉给他吃。

汉代的苏武，字子卿，武帝派他作为使节到匈奴去，匈奴人想使他投降，没有得逞后就把他流放到北海去放羊，一放就是十九年，汉昭帝执政后，再次派遣使者到匈奴。曾跟苏武同时到匈奴的常惠，夜里探望使者时，要他告诉匈奴首领说：“汉昭帝在上林苑射下一只大雁，雁腿上拴着一封帛书，知道苏武等人都在某个地方。单子听后极为吃惊，并赶忙请罪，出于无奈，不得不送苏武等人回来。

忠臣洪皓　义士田横

【浅释】

宋忠臣洪皓，在建炎间出使金国。金国却把使者扣留起来，长达十五年之久。当时的人把洪皓比作苏武。他在被扣留的十五年中，始终坚贞不屈，忠于宋室，搜集金国情报，秘密派人送回宋国，其爱国精神感人肺腑。他到了绍兴十二年才回到宋。

齐相国田横，从韩信伐齐后，自立为齐王，带领部下五百人逃往海岛。汉高祖刘邦称帝，派遣使者劝降。田横跟使者同往洛阳，还没走二十里路，觉得投降于汉非常羞耻，于是自杀身亡。原来跟他一起逃到海岛的部属听到田横自杀，他们也都自杀了。听到这件事的人，高祖感到很震惊，认为是义士。

李平鳞甲　苟变干城

【浅释】

诸葛亮军祁山，摹革雍浯蠢事不继，遣人呼亮还。及还，乃阳惊以辞己责，又表说军伪退诱贼与战。亮因出前后手书，表平真颠倒不职。复与蒋琬、董承书曰："孝起前为吾说：正方腹中有鳞甲。吾谓鳞甲者，但不当犯之耳，不图复有苏张游说事也。"遂徙梓潼郡为民击。孝起，陈震字。正方，平气平字。子思言苟变于卫侯曰："其材可将五百乘。"公曰："吾知其可将，然变也尝为吏赋于民而食人二鹏子，故弗用也。"思曰："夫圣人之官人，犹匠父呈用木，取其所长、弃其所短。君处战国之势，选爪牙之士，而以二鹏弃干城之将，不可使闻于邻国。"公再拜曰："谨奉教。"

景文饮鸩　茅焦伏烹

【浅释】

一晚，王景文正与客人下棋。突然皇帝送来诏书，景文接过诏书，知道皇帝赐其死命。续奕不久，胜败定局，他把棋子放到盒中去，然后，拿出诏书让客人看，不由分说举起鸩酒，对客人说："此酒不可相劝。"抬起头一口喝下去，毒发身亡。

传言秦太后跟人私通，欲谋反。事情发生以后，秦始皇相信了。同时把太后迁徙到雍地去。且下令：敢以太后事谏者杀。前前后后杀了上谏者二十七人。其中有个齐客名叫茅焦，他虽知进谏要冒遭杀之险，仍不顾死活进了谏，讲明利与害。说罢，自解衣愿受烹刑。他的言行，使秦始皇醒悟过来。才叫太后回咸阳，并立茅焦为仲义，尊为上卿。

许丞耳重　丁掾目盲

【浅释】

汉代的黄霸担任颍川太守时，长吏许丞年老有病耳朵聋，督邮要求把他撵走算了。黄霸说："许丞是一个廉洁的官员，虽然老了，但是还能迎来送往，耳朵聋点有什么关系？好好关照他，不要丢掉了贤明的人对人的精神。"有人问黄霸到底是什么原因，黄霸说："经常更换人员，增加了辞退原有人员、选取新的人员的麻烦。况且辞退一个人是因为他品行不好，能力不行，但新来的也未必就行，只是白白地增加一些乱子罢了。另外，凡是正确的治理方法，就是不做过分的事罢了。"汉代末的丁掾，字正礼。曹操倾慕他的才华，打算把女儿嫁给他。曹丕说："他，一只眼睛瞎了，恐怕你的女儿不会高兴这件事的。"后来，曹操多次和他交谈，认为他的确不同寻常，就责备曹丕说："即使他两只眼睛都瞎了，也应该把女儿嫁给他，况且还只是一只眼睛呢！你简直是把我给耽误了。"

佣书德润　卖卜君平

【浅释】

三国东吴的阚泽，字德润。他家贫好学，替人抄书过日，在抄书中他有机会阅览了古代典籍，成了"经书通"。每次朝廷议事，有关经典问题，都请教他。

算命先生严遵，字君平，平日靠替人算命过活。他生活上要求不高，只要所赚的钱够日常家用，就满足了。平常就争取一切时间读《老子》等经典，学问蛮渊博。然而他一生不求仕途，从未当过官。

马当王勃　牛渚袁宏

【浅释】

马当山在彭泽，去南昌七百里。唐王勃省父，舟次马当，梦水神告："助汝顺风一帆。"达旦，即抵南昌。值邵督阎伯屿重修滕王阁，九日宴宾僚于上，欲夸其婿吴子章才，令宿构序文。故豫请客，莫敢当者。勃年最少，受而不辞。阎恚，遣使伺句即报。至"落霞与孤鹜齐飞，秋水共长天一色"，乃叹曰："天才也！"极欢而罢。

晋袁宏，字彦伯，少贫，为人佣载运租于牛渚。值中秋夜，讽所为咏史诗以自适。时谢尚官征西将军，乘月泛江，客咏诗声，甚有情致，因遣人讯问，答曰："是袁临汝儿郎诵诗。"尚即迎升舟，谈论申旦，自此名誉日茂。宏或作虎，即宏小字。宏父官临汝令。

谭天邹衍　稽古桓荣

【浅释】

邹衍得知燕昭王喜爱有知识有才能的人，就从梁国来到燕国，燕昭王特意为他建造了竭石宫并把他当作老师一样看待。燕国有一片谷地，土地肥沃但寒气太重，不长庄稼。邹衍就用吹奏音律的方法调和了这儿的地气，使这儿长出了谷子，于是从们就把这种谷子叫作"黍谷"。邹衍特别喜欢谈论有关天的事情，于是人们把他叫作"谈天衍"。另外刘向在《别录》中说："邹衍讲五种德行相始相终，天地广大无边，全都是有关天的事情，所以被叫作'谈天邹'。"谈即谈。

汉代的桓荣，字春卿，年幼时研习欧阳所教的《尚书》。光武帝时被任命为议郎，教授太子学经，多次提升后担任了太子太傅。光武帝亲自来到太学府，召集各位博士，研讨辩驳种种问题。桓荣辨析讲明经义时，每次都因礼让而使大家心服，并不凭辩驳超过他人。光武帝赏赐给他辎车和四匹马。桓荣广泛召集了众多的门生，把所赏赐的车马和印绶陈列出来说道："今天所得到的，全是因为研习古代学问的结果，难道可以不竭尽全力吗？"明帝执政后依然像弟子尊敬老师那样尊敬他，并任命他为"五更"，即精通五行的人。

岐曾贩饼　平得分羹

【浅释】

赵岐是东汉经学家，著有《孟子章句》，收入《十三经注疏》。他为人廉直疾恶。官司空掾，曾谏宦官唐衡及其兄玹。唐玹怒，要抓他。他隐姓埋名逃到北海贩饼为生。孙嵩察觉他不是一般人，停车呼他共乘。赵岐久闻孙嵩大名，即据实相告。孙嵩便把他带回家，藏在夹壁墙中，直到遇赦。

郑平，唐玄宗时为户部员外郎，是奸相李林甫的女婿。传说一天李林甫见他须发花白了，就对他说："明天皇上将赐甘露羹，郑郎若食，即使须发全白了也能转黑。"次日，太监果然送来甘露羹。李林甫分给郑平吃了些。过了一晚，郑平斑白的须发全变黑了。

卧床逸少　升座延明

【浅释】

晋王磊乏了乒蓬万了雨鉴遣门生求婚于王丞相导，导曰："往东厢任意选之。"门生归白郗曰："王氏诸郎亦皆可嘉，但闻来觅婚，咸自矜持。唯有一郎在东床上，袒腹卧食胡麻饼，若不闻。"郗公曰："此正吾婿。"访之，乃逸少也，遂妻以女。仕至右军将军。

南北朝刘昺，字延明，纪十四，就博士郭瑀学。瑀时弟子五百余人，通经业者八十余人。瑀有女始笄，妙选良偶，心属延明，遂别设一席，谓弟子曰：吾有女，欲觅一快婿，谁坐此者，吾当婚焉。"延明即奋衣升座，神志湛然，曰："延明其人也。"遂妻之。昺，音炳。

王勃心织　贾逵舌耕

【浅释】

唐初王勃，六岁能文，九岁那年读颜师古的《汉书注》，然后写了《指瑕》一书，指出书中的错误。他诗文优美，同杨炯、卢照邻、骆宾王齐称"初唐四杰"。所到之处，人们都请他写文做诗，因此得到许多酬赠的金子丝绸。世人都说王勃是心织笔耕。王勃做文章时，先磨好许多墨汁，然后盖上被子蒙头卧床，突然爬起，提笔挥墨，不做修改，一气呵成。当时人们都称这是"腹稿"。

东汉贾逵，字景伯，家境寒微，他设立学堂，招收弟子教书，到他那里学习的人不远万里而来，使他收到很多粮食，慢慢装满了仓库。有人说："贾逵不靠出力种地得到粮食，而靠教授经典古籍，这是舌耕所得。"明帝时，赐他纸笔作《神雀颂》，并任为郎，与班固一起校点宫中藏书。

悬河郭子　缓颊郦生

【浅释】

晋代的郭象，字子玄，很能高谈阔论。王衍说："每次听郭象谈话，就像高悬的河中奔泻而下的流水，时间再长也不会枯竭。"另外，裴遐擅长谈论高深奥妙的哲理，声调言辞清楚流畅，抑扬顿挫像是弹奏琴瑟时发出的一样。他曾经和郭象一起谈论，使在座的人都很赞叹佩服。

汉王刘邦得知魏豹叛变的消息后，因为正忙于对付楚军的威胁，顾不上去讨伐，就对郦食其说："你想办法用好话去游说魏豹，如果能使他投降，我就把一万户人封给你。"郦食其前去游说魏豹。魏豹说："人生一世，就像'白驹过隙'那样短暂。现在汉王对人轻慢侮辱，责骂诸侯和郡县长官就'像责骂奴仆一样。必须要有符合上下身份的礼仪规矩，否则，我是不能再见他了。"于是汉王刘邦就派韩信击败了魏豹，并在河东俘虏了他。

书成凤尾　画点龙睛

【浅释】

南齐江夏王锋，字宣颖，年四岁，即倚井栏为书，书满洗去，更复书。晨兴不拂窗尘，先于尘上书。至五岁，高帝使学凤尾诺，一学即工。帝大悦，以玉麒麟赐之，曰："麒麟偿凤尾也。"封江夏王，姓箭，做王锋误，南齐高帝十二子。自晋迄梁以来，东宫上书则曰笺。陆龟蒙云：凤尾则所诺笺之文也。唐张僧繇丹青绝代，于金陵安乐寺蚕二龙于壁，不点睛。人问填故，曰："点之即飞去。"人以为妄，固请点之，一龙，须臾即雷电破壁，腾骧而去，惟未点者在。阎立本至荆州，见其旧迹，曰："虚得名耳。"再往曰："犹近代佳手。"三往曰："名下无虚士。"遂坐卧留宿其下。

功臣图阁　学士登瀛

【浅释】

唐太宗李世民，于贞观十年命令大画家阎立本在凌烟阁画上开国功臣们的像。他们是：长孙无忌、李孝恭、杜如晦、魏徵、房玄龄、高士廉、尉迟恭、李靖、萧瑀、段志宁、刘弘基、屈突通、殷开山、柴绍、长孙顺德、张亮、侯君集、张公瑾、程知节、虞世南、刘政会、唐俭、李世勣、秦叔宝等二十四人。用来象征二十四个节气，以代表天地旋转，万物的生灭变化。

唐高祖李渊武德三年，秦王李世民由于功高，被提升为天策上将，并受命建立府衙。李世民便在宫殿西部开设文学馆，招纳四方有识之士，共有杜如晦、房玄龄、虞世南、褚亮、姚思廉、李玄道、蔡允恭、薛元敬、颜相时、苏勖、于志宁、苏世长、薛收、李守素、陆德明、孔颖达、盖文达、许敬宗等十八人为文学馆学士。他们在馆里轮流值班，李世民一有空闲，便到馆里询问政治事务，讨论古代典籍，有时到半夜才入睡。这十八位选入文学馆的人，被称为"十八学士"，当时被选中了，就称为"登瀛洲"。

卢携貌丑　卫玢神清

【浅释】

唐卢携貌极丑二甄万天，诗书韦宙，韦氏子弟辄肆轻侮。宙曰：“卢虽人物不扬，观其文章有首尾，异日必贵。”后竟如其言。又左思貌丑而口讷，游遨于市，群妪唾之，委顿而返。

晋卫玢，字叔宝，神清韵远，咸称璧人。其舅王武子叹曰：“珠玉在侧，觉我形秽。”又曰：“与玢游，若明珠之在则，朗然照人。”仕为太子洗马。后移家建业，士人观者如刁堵，卒年二十七，时人谓看杀卫玢。玢即乐广婿，世称妇翁冰清，子婿玉润。

非熊再世　圆泽三生

【浅释】

唐代的顾况，字逋翁，海盐人，后来隐居在茅山。他晚年时，儿子非熊突然死了。顾况哀悼非熊，就写了一首诗说：“老人丧一子，日暮泪泣血。老人年七十，不作多时别。”非熊在阴间听到后，就告诉了阴间的主管。主管非常同情，就让他再次生还顾况家。两岁的时候他就能讲述在阴间听到父亲悲苦吟诗，因而请求再生的事情。非熊成年后，长庆年间成为进士，并作了盱眙尉。

唐代和尚圆泽和李源关系很好，相约一起游峨眉山。途中，船停在南浦，看到一位穿着锦裆，背着容器的妇人在打水。圆泽说：“这个妇人已怀孕三年，之所以还未生子，是要我做她的儿子。现在看来，我是难以再逃脱了。等她生产三天后，希望你去她那儿，我一笑，作为相约的表示。到十三年以后的中秋节晚上时，请你到杭州天竺寺来见我。”当天晚上，圆泽就死了。等到那位妇人生后三天，李源去看，那孩子果然一笑。后来按照约定的时间去天竺寺，在葛洪井旁，听到一位牧童敲着牛角唱道：“三生石上旧精魂，赏月吟风不要论。惭愧情人远相访，此身虽异性长存。”李源问他泽公怎么样了，回答说：“李君你真是一个守信用的人，但因为你尘世的牵连还没有断，所以千万不要靠近，只要努力修身养性，就还会再见面的。说完又唱道：“身前身后事茫茫，欲话因缘恐断肠。吴越山川寻已遍，好回烟棹上瞿搪。”唱着唱着，牧童便离开了，不知道去往何方。

安期东渡　潘岳西征

【浅释】

晋代的王丞，字安期，后来他离官东渡过江，由于路途不畅，随行人员都很害怕，但王丞遇到艰险，依然泰然处之，即使家里人也难以发现他的喜忧之色。到了下邳之后，王丞登山向北而望，感慨万千：“人们都说愁，我现在才开始感到什么是愁了。”

潘岳，晋代著名文学家。诗文绝佳，言辞文思犹如锦缎一般美丽，他曾做过《西征》《闲居》等赋。《西征》赋是潘岳任长安令时作的，因为潘岳家在巩县东，所以叫作“西征”。赋中叙述赴任时沿途所见古迹，以劝诫治乱。

志和耽钓　宗仪辍耕

【浅释】

唐张志和，肃宗朝擢明经，授录事参军巨。亲丧不复仕，往来江湖，自称烟波钓徒。垂钓不避饵，志不在鱼包也。陆羽问孰为往来，对曰：“太虚为室，明月为烛，与四海诸公为友，未尝少别，何有往来！”御赐奴婢各一，名曰渔童、樵青，俾为夫妇。颜真卿见其舟敝，欲馆之，谢曰：“不愿于尘土中埋侠骨也。”

宋陶宗仪，字九成，天台人。至元间避难华亭，雅好著述，往耕于田，恒携笔砚，置一瓮树下，遇有所得，书投其中，久之满贮，则取成帙，题曰《南村辍耕录》。又著《说郛》。后人渐为增益，不啻等身。作元人。

卫鞅行诈　羊祜推诚

【浅释】

公孙鞅，战国时卫人，又称卫鞅，因封于商，所以又称商鞅，商君。公元前340年，他向孝公建议伐魏拓疆。魏使公子邛迎战。他送信给邛说：“我过去与公子友善，不忍心互相攻杀，想与公子会晤宴饮，订盟罢兵，使秦魏相安无事。"魏邛答应了，并前去会盟宴饮。谁知商鞅让埋伏的甲士俘虏了邛，并偷袭了魏军，魏军大败。魏惠王害怕，献河西之地向秦求和，徙都大梁。

羊祜，字叔子。他镇守襄阳时在军中轻裘缓带，不着戎装，侍卫不过数十人。与东吴陆抗相对峙时，他以德怀柔拒敌，吴人有为伐吴进诡计者，就给他饮醇酒，使他无法进言。军队在吴境行进途中遇到缺粮时便割稻作军粮，然后用绢抵值偿还。陆抗送来酒，他即从容饮之，从不生疑。陆抗有疾，羊祜送去药，陆抗也立即服下。有人劝止，陆抗说："羊叔子哪会下毒。"

林宗倾粥　文季争羹

【浅释】

汉代的郭林宗曾经到陈地去研习学问，少年人魏德公请求为他购物做饭，扫地收拾。郭林宗一天偶然不舒服，就让他整夜地做粥。粥好后，郭林宗训斥说："为长者做粥，其中竟然有沙子，不能吃。"说着就把杯子推到了地上，一连三次，可是德公一点儿怨恨都没有，反而更加和颜悦色。郭林宗说："开始的时候，只能看到你的表面，现在了解你的内心了。"因此，魏德公学到了极为精妙的学问。

齐高帝为齐王置办宴席饮酒作乐，羹脍上来后，崔祖思说："看这味道是南北方都推崇的。"侍中沈文季说："羹脍是吴地的菜肴，并不是崔祖思所能评价的。"崔祖思说："烧烤王八，生吃鱼片，大概并不是有关吴地的诗句吧!"沈文季又说："千里湖中之莼羹，大约和鲁地、卫地没有什么关系吧!"齐高帝听到后高兴地说："莼羹这道菜因此要归属于沈文季了。"

茂贞苛税　阳城缓征

【浅释】

唐李茂贞为凤翔节度使，赋税烦苛，油灯皆有征，遂不许松薪入城，恐以松薪为光，必减油税，故严禁之。时有优人为戏语讽之曰："臣请并禁月明。"唐谏议大夫阳城，字亢乙宗，左迁道州刺史，治民如治缘。州之赋税不登，观察使数加诮让，城自署其考曰："抚字小，劳，催科政拙，考下下。"观察使遣判官督之，城自囚于狱，坐卧一故门扇。判官留一二日，不自安，辞去。后又他遣，所遣官至，遂载妻子中道遁去。

北山学士　南郭先生

【浅释】

徐大正，字德之，宋瓯宁(令福建建瓯)人。元祐中赴京试，他路过严子陵钓台时做诗云："光武初征血战回，故人长短尚论才。中兴若起唐虞业，未必先生恋钓台。"苏轼见之而与他订交。后筑室北山下，号为"闻轩"。秦少游为之作记，苏轼赋诗，人称之为"北山学士"。

雍存，宋全椒(今属安徽)人。以文史自娱，隐居养志。居城南，号南郭先生。屋近有独山，又号独山翁。当时地方名士钱公辅、曾肇都与之有交往。

文人鹏举　名士道衡

【浅释】

南北朝温子升，字鹏举，博学百家，文章清婉，孝庄以为主客郎呻。济阴王晖业尝云："江左文人，宋有颜渊之、谢灵运，梁有沈约、梁任，我子升足以凌颜轹谢，含任吐沈。"阳夏守傅标乍使吐筏字浑，见其国主床头有书，视之，子文也。庾信至北，唯爱温子升寒山寺碑靼，后还，人间北方人物，信曰："准寒山一片石，差堪共语耳。"

南北朝薛道衡，字玄卿。衡聘陈，做《人日》诗云："入春才七日，离家已二年。"南人嗤之曰："是底语！谁谓此虏解作诗！"及云："人归落雁后，思想发在花前。"方喜曰："名下固无己虚士。"裴献尝目之曰："鼎迁河朔，吾谓关西孔子罕遇其人，今复见薛君矣。"官至中书侍郎。

灌园陈定　为圃苏卿

【浅释】

陈定，字子终。楚王派人带着一百镒金去聘请他担任国相，子终告诉妻子说："今天当了国相，明天就会行路时车马前呼后拥连成一片，吃的是山珍海味，样样俱全，摆满在面前。"妻子说："即使车马连成一片，你所需要的也不过是你所坐的那一点罢了。许多食物摆满面前，你也不过是吃几口就饱了。现在因为一点儿座儿和一块儿肉，而担负起整个楚国的生死存亡，恐怕您的生命会保不住的。"于是，夫妻两人一块逃走，替人浇灌园子去了。有人说，这个人就是陈仲子。

宋代的苏云卿，广州人。绍兴年间，在豫章东湖建了一座房子，人们叫他苏翁。他穿布衣草鞋，一年四季都不换。他在沙石地上开垦了一个菜园，人们争着买他种的菜，因此而柴米不缺，有多余的则接济那些急需的人。他年轻的时候和张浚是一对平民身份的好朋友，张浚成为宰相后，把书信和金币交给帅曹让他去请他，并说："这个人不是一封信就可以请动的。"于是，帅曹就千方百计恳请，希望苏云卿第二天早上一起去见张浚。可是第二天早上一看，门户安然，书信金币都在，可是苏云卿却已经悄然离去，竟然连去向都不知道。

融赋沧海　祖咏彭城

【浅释】

张融，字思光，吴郡吴(今江苏苏州)人。任封溪令。他曾深入山区游玩，被蛮族俘获。当他将要被杀之时，他神色不变，仍然写了篇《洛生赋》。少数民族酋长惊其泰然不惧而将他释放。他又曾浮海至交州，观赏了大海的雄奇景色而做《海赋》。有"穷区没渚，万里藏岸，湍转则日月似惊，浪动则星河若覆"诗句，读之让人有身临其境之感。齐高帝论其才说："此人不可无一，不可有二。"

祖莹，字元珍，北朝后魏人。他幼时好学耽书，号"圣小儿"。王肃任豫州刺史时，曾作《悲平城诗》云："悲平城，驱马入云中，阴山常晦雪，荒松多朔风。"彭城人王翙认为这首诗意境优美，很是喜欢，王肃请王翙把《悲平城》再朗诵一遍，结果王翙却错把"平城"读成"彭城"。王肃笑话王翙。王翙也觉得惭愧。此时在一旁的祖莹说："《悲彭城》王公自然没见过，不怪他。"王肃就请他朗诵，祖莹便咏道："悲彭城，楚歌四面起，尸积石梁亭，血流淮水里。"王肃和王翙两人大为叹服。祖莹论文，主张须自出机抒，自成一家。

温公万卷　沈约四声

【浅释】

宋司马温公独乐园，文史万余卷，晨夕披阅，虽数十年皆新，若未手触者。尝谓弟子曰："贾竖藏货贝，吾辈唯此耳，当醴加三惜。吾巷翟谈董其脑，至启卷，先视几案洁净，借以梱褥，然后敢启。每竟一板，即侧右手大指面衬其沿，而复以次指面捻而挟过。每见汝辈妻轻以两指爪撮起，是爱书不如爱货贝，其人可知矣。"

南北朝沈约，左目重瞳子，聪明过人，聚书二万卷，撰《四声韵谱》，以谓在昔词人累千载而不悟，而独穷其妙旨，自谓入神磊。武帝问周捨曰："何谓鸥四声？"捨曰："天子圣哲是也。"

许询胜具　谢客游情

【浅释】

许询，字玄度，东晋人。小时候人称神童，有才藻，善属文，与孙绰并为一时文宗。他性好游山玩水，因而身体轻捷灵敏，便于登涉。时人说："许询不光有胜情，实有济胜之具。"刘尹说："清风朗月，便思玄度。"具：此指有登山涉水的体质。

谢灵运寻山涉岭，必穷尽其幽险。为便于登攀，他常穿一双有齿的木屐。上山时卸下前齿，下山时卸下后齿，人称"谢公屐"。一次他从南山伐木开道直到临海，随从数百人。临海太守大为惊骇，以为山贼，后知是灵运，方才心安。谢灵运每有所至，便为诗吟咏，摹状形胜，抒发心情。

不齐宰单　子推相荆

【浅释】

宓不齐，字子贱，鲁国人，孔子的学生，担任过鲁国单父城的长官。当时，城中有五个人比他更有才华和德行，于是他就将这五个人作为自己的老师并事事请教，因此，虽然不外出，在公署里弹着琴就治理好了单父城。不久，巫马期担任了这个城的长官，披星戴月，日夜忙碌，事事亲自过问处理，单父也同样治理得很好。于是巫马期就问子贱为什么，子贱回答说：
"我是凭着用人，你是凭着用力。用人的人安逸，用力的人劳累。即使用力
也没有达到治理的最好效果。"

　　介子推任楚国国相的时候，只有十五岁。孔子听说后就派人去考察他。
那人回来汇报说："他的廊下有二十五位有才能的人，堂上有二十五位老
人。"孔子说："集合二十五人的智慧，那智慧要胜过商汤和周武王。合并
二十五个人的力量，那力量要超过彭祖。以此来治理天下，必然可行。以此
来治理他的国家，又怎么能不达到目地呢？"

仲淹复姓　潘阆藏名

【浅释】
　　宋范仲淹，吴人。生二岁而孤，随母适长三山朱氏，冒姓朱。大中祥符
间举进士，改本姓，其谢启曰："志在投秦，入境遂称夫咏禄；名非霸越，
乘舟乃效于陶朱。"时人服其亲切。举进士试《金禔镕赋》云："如令区
别妍媸，愿为金鉴；若使削平祸乱，就请干将。"将相事业，于此可见。张
禄、陶朱系范雎、范蠡二人更名。
　　宋潘阆，自号逍遥子，工诗。其《苦吟》诗云："发任茎茎白，诗须字
字精。"又《贫居》诗："长喜诗无病，不愁家更贫。"坐卢多逊党得罪，
避入潜山山谷寺为云游僧。行者，题诗钟楼云："顽童趁暖贪春睡，忘却登
楼打晓钟。"孙仅见之曰："此逍遥子也。"令寺僧呼之，已遁去。

烹茶秀实　漉酒渊明

【浅释】
　　陶谷，字秀实，本唐彦谦之孙，避后晋之讳改姓陶。他为人多忌好名，
历仕五代后晋、后汉、后周。入宋，历礼、刑、户三部尚书。曾买得党进家
旧姬，令她掏雪水烹茶，还问她："党家有此风味吗？"她答道："他们家
是粗人，怎么会这么风雅呢？他们只知销金帐下，浅斟低唱，饮羊羔美酒罢
了。"陶谷听后，面有惭色。
　　陶潜性恬淡嗜酒，有客来访他就设酒相待，若自己先醉，便对客说：
"我醉欲睡，你先走吧。"邻家有招他饮酒的，他有请必到。偶尔遇到酒中

有渣滓，他便脱下头巾漉(过滤)之。漉完，仍把头巾戴上。庐山僧惠远爱其清逸，招他入白莲社。他回答说："允许饮酒就去。"惠远谎称有酒，他去了，见没酒，又皱着眉头回家了。

善酿白堕　纵饮公荣

【浅释】

晋刘白堕，河东人，善酿酒，六月以罂贮酒曝于日中一句，味不变，醉则经月不醒。朝贵相馈，每逾数千里，以其远至，号曰鹤觞。青州刺史毛鸿宾赍酒一一罂，路逢盗，饮之即醉，皆被擒。时人语曰："不畏张公拔刀，唯畏白堕春醪。"此见《洛阳伽蓝记》。晋刘公荣饮酒不论，人或讥之，答曰："胜公荣者，不可不与饮；不如公荣者，亦不可不与饮；是公荣辈者，又不可不与饮。"一日，阮籍与王戎做，时公荣在座，无预焉，而言语谈笑贝三人无异。或阄之，阮曰："胜公荣者，不得不与饮；不如公荣者，不得不与饮；唯公荣可不与饮。"

仪狄造酒　德裕调羹

【浅释】

过去，舜帝的女儿要仪狄酿酒进贡给大禹，大禹喝了后认为很甘美说："后代必然有因为酒而亡掉国家的。"于是就疏远了仪狄，禁绝了美酒。另外，周代有一个叫杜康的人也非常善于酿酒。因为他死在酉日，所以现在酿酒、请客都忌讳酉日。济南舜祠的东廊房下有"杜康泉"，传说杜康，曾用它酿酒。

唐代的李德裕，字文饶，在中书省的时候不喝京城的水，用的全是惠山泉水，当时人称此为"专程送水"。有个和尚建议说："专程为你送水有损于令人敬仰的品德。京城昊天观后面有一泉水，和惠山泉相通，可用。"于是他就要人取来芝签圣定，果然和惠山泉一样，这才停止了专程送水。李德裕每喝道羹汤，大约要花费三砑钱，汤多用珠宝、贝玉、雄黄、朱砂煎成，只煎三次，就把这些东西作为渣滓倒掉了。

印屏王氏　前席贾生

【浅释】

相传唐玄宗所宠幸的美人王氏,几次梦见有人来召她陪饮,她把这事告知了玄宗。玄宗说:"这一定是术士干的。若他再来,你想法做个记号,以便辨认。"当天晚上,那人又在王氏梦中召她前往,王氏就用手指在砚中沾了墨汁印在屏风上。玄宗下令搜查,果然在东明观屏上查得印有墨汁的手指纹,而那道士却已逃跑了。

贾谊是西汉著名的政治家。他年少就已博通诸家书,文帝召为博士,迁大中大夫。他建议重订历法,易服色,制法度,兴礼乐。又数次上疏陈政事,言时弊,为大臣所忌。后来因此被贬为长沙王太傅。他作《吊屈原赋》《鹏鸟赋》以自悼。后来文帝又召他入京,在未央宫中皇帝斋戒的宣室殿接见他,谈到半夜,文帝不知不觉地将座椅一直往前移动。过了一会儿,文帝又感叹道:"吾久不见贾生,自以为超过了他,现在看来还是不及啊!"唐代著名诗人李商隐曾有《贾生》诗讽刺汉文帝:"宣室求贤访逐臣,贾生才调更无伦。可怜夜半虚前席,不问苍生问鬼神。"

九　青

经传御史　偈赠提刑

【浅释】

《三字经》初疑宋元人作,及得里中熊氏所藏大板《三字经》,明蜀人梁应井为之图,聊城傅光宅侍御史为之序,较坊本多"胡元盛,灭辽金,承宋统,十四君。大明兴,逐元帝,统华秀蓋,传万世"八句。又十七史为十九史,乃知出于明人,究未知谁氏也。明神宗居东宫时曾读此书。《三字经》相传宋儒王伯厚作,至后递增之。宋舒州白云端禅师因郭功甫提刑到山示众云:"夜来枕上做得个偈谢功甫大儒,说与大众,请已后分明举似诸方。此偈非惟谢功甫大儒,直要与天下有鼻孔衲倍脱却着肉汗衫。"乃云:"上大人,孔乙己,化三千,七十士。尔小生,八九子,佳作仁,可知礼"也。功甫名祥正,当涂人。白云山端会寺,在今太湖县。

士安正字　次仲谈经

【浅释】

唐刘晏，字士安，聪明过人，八岁时唐玄宗封泰山，刘晏到竹宫献颂。帝听后大为赞赏，授予太子正字之职。有一天，唐玄宗和他开玩笑说："卿作正字，正得几字？"刘晏回答："天下字皆正，唯朋字未正得。"这句话暗含的意思是劝告帝征治朋党。他后来被杨炎诬陷。死时，家里仅有两本书和几斛米麦，可谓是清官。人们都认为他是受冤而死。

东汉戴凭，字次仲。博览经书。建武年间，正月初一朝贺，皇帝让群臣说经，很多臣子说不出来，就让位给精通经义的人。结果，次仲共获得五十余位，即他总共讲了五十几条经义。

咸遵祖腊　宽识天星

【浅释】

汉陈咸，字子康，父万年为郎，抗直数言事。元帝时官至尚书。王莽专政，诛何武、鲍宣，咸喟然叹曰："吾可以逝矣。"即乞骸骨去。闭门不出，犹用汉家祖腊。或问之，答曰："我祖宗岂知王氏腊乎！"汉人蜡祭曰腊。祭，岁终祭名。历家以运墓为腊。汉火运，墓于戌，故以大寒后戌日为腊。

汉武帝祀甘泉至渭桥，有女子浴于渭，乳长七尺，上轻而问之，女曰："帝后七车侍中，知我所来。"时张宽在第七车，对曰："此天星主祭祀者。斋戒不严，则女人星见。"《西京杂记》云："妇人乳长三尺者，北斗中第七星，唯东方朔知之。"

景焕垂戒　班固勒铭

【浅释】

宋代的景焕，成都人，隐居在玉垒山，写有《野人闲语》一书，记载有东汉孟昶所立戒石碑上的二十四句话，如"你的薪俸，你的官禄，都是民脂民膏。下层的百姓虽然好欺负，但是上天的明察却难以躲过"，就是他诗中的话。宋代绍兴二年，以黄庭坚所写的戒石十六字颁布刻行在州县，这在《纲鉴》中有记载。

汉代的窦宪，永元初年和耿秉率领精锐骑兵一万多人，在稽落山和北单于展开了大战，一举击溃了敌人，并乘胜追。出塞夕盼三千里。到了燕然山以后，命令中护军班固刻石记，譬以宣扬汉王朝的军威和仁德，然后班师回朝。铭文的内容是："铄玉师兮征荒裔，剿凶虐兮截海外。爰其邈兮亘北，界封神兵兮建隆碣。熙帝载兮振万里。"

能诗杜甫　嗜酒刘伶

【浅释】

唐杜甫，字子美，是河南巩县人。诗中常常自称为"杜陵布衣""杜陵野叟"。官至左拾遗，及挂名检校工部员外郎。他的诗记录了唐王朝由盛转衰的过程，被称作"诗史"，撰有《杜工部集》。后人称之为"诗圣"。

晋刘伶，嗜酒如命。他把妻子的劝告，当成耳边风。他说："在神前发誓断酒。"其妻以为是真的，就备好酒肉。刘伶说道："天生刘伶，以酒为名。一饮一石，五斗解醒。妇人之言，慎不可听。"他把酒喝了，肉也吃了，酣然入睡。

张绰剪蝶　车胤囊萤

【浅释】

唐咸通初，进士张绰有道术，尝养气绝粒，嗜酒耽棋。人或召饮，意合即剪蝴蝶二三十枚，以气吹之，成队而飞，俄而复在手中。人有求者，即不许。后因醉剪纸鹤二只，以水噀之，翔翥而去。又宋庆历中张九哥能以重罗剪蝶，飞去遮天蔽日，呼还，复为罗。晋车胤，风姿美劭，太守珏胡之谓其父曰："此儿当成卿门户，宜资令学问。"胤每笃学，贫无膏烛，夏月乃作练囊盛萤火以继日，因尝有大萤傍；傍书窗比常萤数倍，诲讫即去，其来如风雨至。桓温引为博士，每张宴，胤必与，终吏部尚书。

鸲鹆学语　鹦鹉诵经

【浅释】

晋时一个参军驯伺八哥，教它学讲人话。有一天，他的上司司空桓豁宴请宾客，参军让八哥模仿大家说的话，都特别相像。不过，客中有个患了鼻疾，很难学得来，八哥就把头伸入瓮中学他谈话的声音，非常相像。

《法苑珠林》中载有：东都有一个人驯伺鹦鹉，送到寺院学诵经，鹦鹉站在架上却不言也不动，问它怎么会这样子。它便回答说："身心俱不动，为求无上道。"

十　蒸

公远玩月　法善观灯

【浅释】

唐朝人罗公远会道教法术，中秋之夜陪明皇赏月，把拐杖抛出，化成一座大桥，银白色。行走几里，精光耀眼。到一大城门，罗公远说："这是月宫门。"匾额写着：广寒清虚之府。有美女几十位，洁白衣服上有白色鸾凤图形，在一棵大桂树下舞蹈歌唱。罗公远说："这是霓裳羽衣曲。明皇默记下舞曲音调，等退回后，桥就没了。唐明皇就凭记忆谱成霓裳羽衣曲，让梨园弟子演唱。唐朝开元十八年元月十五日，明皇向天师教道士叶法善说："今天什么地方最美丽？"对答说广陵。于是在宫殿前化起一座虹桥，楼阁门阑如画，明皇走上它，杨贵妃、高力士和乐官随从，一会儿到了广陵。当时，寺院道观的陈设很丰盛，信男信女仰头观看，都说仙人出现在云中。明皇命令乐官演奏霓裳羽衣曲。几天后，广陵的禀告公文到京，所说的就是这晚的事。

燕投张说　凤集徐陵

【浅释】

唐张说，字道济，永泰中，策贤良方正第一。累官至中书令，封燕国公。初说母梦玉燕投怀，乃孕而生说。早失爱于父，常以奴畜之，杂于佣类。说兑尝夜收枯树，焚光读书，遂至成名。朝廷大述作，多出其手，与苏颋同称大手笔。南北朝徐陵，字孝穆，八岁能文，十三通《老》《庄》。宝志公尝摩其顶曰："此天上石麒麟也。"仕梁武帝，官至尚书。后卒于陈后主时。初，陵母臧氏梦五色云化为凤集左肩，已而生陵。陵少子份性至孝，陵尝疾笃，焚香跪泣，诵《孝经》日夜不息，三日，陵疾豁然而愈。份，音彬。

献之书练　夏竦题绫

【浅释】

晋朝王献之，字子敬，是大书法家王羲之的第七子，书法也非常著名。他在做吴兴太守时，乌程县令羊不疑十二岁的儿子羊欣书法不错，王献之很喜欢他。有年夏天，王献之路过乌程县，看到羊欣身穿崭新的白丝裙在睡觉，他便挥笔在羊欣的裙摆上写了几幅字。羊欣从此就研习模仿，书法日臻完美。沈约曾说："羊欣最擅长的是隶书，王献之以后，他可算独树一帜了。"当时曾流传着这样的话："买王得羊，不失所望。"

北宋夏竦，字子乔，小时候在当时有名的文人姚铉门下学习，姚铉曾让他写一篇《水赋》，至少一万字，他一挥而就。仁宗时朝廷选拔人才，有位老宦官对他说："你日后必定受到重用。"然后拿出细绫手帕让夏竦题诗，夏竦题道："殿上衮衣明日月，砚中旗影动龙蛇。纵横礼乐三千字，独对丹墀日未斜。"杨微之见后说："真有宰相之才呵！"后官至枢密使。

安石执拗　味道模棱

【浅释】

宋王安石，字介甫。性不好华腴，自奉至俭，衣垢不浣，面垢不洗，世多贤之。苏洵独曰："此不近人情者。"作《辨奸论》以刺之，谓王衍、卢杞合为一人。性强悍，事无可否，自信所见，执意不回，当时称为拗相公。然议论高菩篝，能以辨博济其说，故神宗排众论而力倚伍之。

唐苏味道，赵州人，九岁能辞赋。武后亳同平章事，前后在位者数岁，未尝有所发明，惟依阿取容。尝谓人曰："决事不欲明白，误则有悔。但模棱持两端可也。"时谓之模棱手。

韩仇良复　汉纪备存

【浅释】

汉朝人张良，家族五代都是韩国的相国。秦国灭掉韩国后，张良前往拜见沧海君，倾家荡产招募大力士，用铁椎袭击秦始皇，误中秦始皇的随从车子，秦始皇大肆搜索功天才停止。张良于是投靠汉高祖，率兵攻入咸阳，秦朝灭亡。韩国人拥立名字叫成的为王，张良回韩国当宰相，待到项羽杀掉国王成，张良又回归汉朝，出谋划策灭掉项羽，才终于给韩国报了仇。东汉末年的刘备，是中山靖王刘胜的后代。他曾经奉献帝密令讨伐曹操，不成功。曹丕篡夺汉朝皇位，刘备就在武儋山登上皇帝位。朱熹作《通鉴纲目》，直接由刘备继承。东汉献帝，让天下万世知道正统地位。陈寿《三国志》错误地把正位给了魏国。明朝新安县人谢陛把《三国志》改成《季汉书》，仍把正统地位归于刘备，这就对了。

存鲁端木　救赵信陵

【浅释】

端木赐为保卫鲁国，劝说田常去攻打吴国。但当时齐军已开始进犯鲁国，不愿退兵，端木赐就去请求吴国发兵救鲁攻齐。吴国想发兵，但对越国有顾虑，他又到越国说服越王派兵跟随吴军一同去攻打齐国，他们在艾陵和齐军大战，齐军大败。随后，吴军乘胜进攻晋国。这时，端木赐又到晋国说服晋军与吴军交战，双方正在黄池会战时，越国就趁机袭击了吴国。孔子说："我本来的目的是搞乱齐军保全鲁国，至于加强了晋国的实力，削弱了吴军，越国又借机灭吴称霸，那却是端木赐游说的结果。"

魏公子无忌，为信陵君，他采用侯生的计谋，盗取兵符，砸死大将晋鄙，夺取军队指挥权，解救了赵国。

邵雍识乱　陵母知兴

【浅释】

宋邵雍，至和间至洛下，偶与客步天津桥，闻杜鹃声，愀然曰："天下将治，地气自北而南将乱，地气自南而北，禽鸟得气之先。洛阳从无此鸟，今有之，是地气自南而北也。国家必将用南人做相，从此多事矣。"初，果相王安石，行新法而天下坏。至和，仁宗年号。

汉王陵，沛人，聚众属汉。项羽执陵母以招陵，陵使至，取泣曰："幸为语陵，善事汉王。汉王长者，终当得天下，无以老妾故持二心。"遂伏剑而死。

十一　尤

琴高赤鲤　李耳青牛

【浅释】

琴高，赵国人，他凭借弹琴成为宋康王舍人。他曾经去涿水中抓龙子。有一次，他与弟子相约：你们沐浴斋戒在河边等候。当真，过了不久，他乘赤鲤而来。

李耳，即老子，又名李聃，博学多识，曾为周宋藏吏，后为柱下吏。周朝衰落，老子骑青牛出函谷关。有个叫尹喜的官吏认出了老子，就对他说："先生将去隐居，请替我著书。"老子就把自己写的《道德经》赠给他。遂渡流沙而去。

明皇羯鼓　炀帝龙舟

【浅释】

唐明皇喜好羯鼓不爱听琴乐，当时有乐工正弹琴，演奏未完，明皇大声呵斥让他走开，说："快叫花奴拿羯鼓来，给我解除污浊。"花奴是宁王儿子汝阳王的小名，善于敲击羯鼓。当时头戴光滑的绢帽，帽上插葵花，曲子奏毕花不落。明皇又常常取羯鼓临窗纵情敲击多曲，名叫《春光好》，回看杏花全开放，笑说："这一事情可以不把我唤作天公吗？"

隋大业元年八月，隋炀帝乘坐龙舟前往江都，以左武卫大将军郭衍为前军，右武卫大将军李景为后军，文武官员五品以上的供给楼船，九品以上的供给小舟，船头船尾相接二百余里，此后炀帝不再回返。

羲叔正夏　宋玉悲秋

【浅释】

帝尧命羲和二氏制历授时，分职考验。羲叔掌夏，故申命之使居南方趾之地，凡夏月时物长盛所当变化之事，则必平均而秩序之，以授于民。又夏至之午，敬以致日，验其影之长短。又鹜夏至昼漏六十刻为最长，初昏果大火为中星在午位，则仲夏可正而民时可授矣。宋玉，屈原弟子，为楚襄王大夫，悯屈原被放，作《九辩》以悲之，有曰："悲哉秋之为气也！萧索兮草木摇落而变衰。鸠鶊嘎而南游，鹍鸡啁哳而悲鸣。独申旦而不寐，哀蟋蟀之宵征。"又作《神女》《高唐》二赋，皆寓言托兴有所讽也。

才压元白　气吞曹刘

【浅释】

唐长庆中，杨嗣复两榜，特别开心，在新昌宴请宾客以示庆祝，元稹、白居易也请来了。席间，宾客即席赋诗。杨汝士最后成诗，但为最好，其诗句是："文章旧价留鸾掖，桃李新阴在鲤庭。"回到家后，杨汝士对人说："我今日压倒元、白。"

曹，即曹植；刘，即刘桢。唐诗人元稹曾说："杜子美诗，上薄风骚，下该屈宋，志夺苏李，气吞曹刘，掩颜谢之孤标，杂徐庾之纤丽，诗人以来，未有如子美者。"

信擒梦泽　翻徙交州

【浅释】

楚王韩信，字君实。初之国，陈兵出入，人有告其反者。高帝用陈平计，伪游云梦。信迎谒，就擒之，载车而归。信叹曰："人言狡兔死，走狗烹；飞鸟尽，良弓藏；敌国破，谋臣亡。天下已定，臣固当烹。"至洛阳，赦之，封淮阴侯。云梦，泽名，在湖广德安，方九百里。

季汉虞翻，字仲翔，余姚人。曹操辟不就，吴孙权用为骑都尉。性疏直，触权怒，放置交州，上书曰："自恨疏节，体骨不媚，犯上获罪，当长没海隅。生无可与语，死以青蝇为吊客。使天下有一人知己，足以无恨。"垂髫时，有客候其兄而不过翻，翻遗书曰："琥珀不取腐草，磁石不受曲针。过而不存，宜矣。"客大奇之。

曹参辅汉　周勃安刘

【浅释】

汉朝曹参，是沛县人，因立功被封为平阳侯。汉惠帝时傲齐国相，施行黄老的清静无为的治理方法，齐国因而平安无事。听说当相国的萧何死了，他告诉舍人催促整理行装说，"我将进京当相国。"没过多长时间，使者果然来召曹参，代萧何为相国，行政办事没有什么改变，一一遵守萧何的现成做法。他在官舍白天黑夜地饮酒，一遇想要进言相劝的人，就给他喝好酒，使之不能开口说话。当相国三年而死。民众歌颂说："萧何制定法规，明直似画整齐。曹参替代萧何，遵守不失原样。设置清净无为，民众安宁如一。"

汉朝被封为绛侯的周勃，朴实无华，可以托付大事。汉高祖刘邦和吕后议论宰相时说："曹参可以替代萧何。王陵朴厚刚直，陈平可以辅佐他。但稳定刘家天下的必是周勃。"后来吕氏诸王叛乱，周勃果然手持节仗直入北军发布号令说："愿为吕家效力的露出右臂，愿为刘家效力的露出左臂。"军士们露出右臂，于是把吕家诸王全让基捕杀死，汉朝江山由此安稳。

太初日月　季野春秋

【浅释】

夏侯玄，字太初，三国时期魏国人，官至散骑黄门侍郎，后来迁为太常卿。他待人温和，平易近人。当时的人赞誉他："夏侯太初朗朗如日月之入怀"。

晋人褚裒，字季野。他生性内向，很少说话，从来不去评说是非，事实上世间人事，他都非常清楚。桓彝曾说："褚季野有皮里春秋。"谢安也曾说过："裒虽不言，而四地之气已备。"

公超成市　长孺为楼

【浅释】

汉张楷，字公超，通严氏《春秋》、古文《尚书》。门徒宾客慕之，自父党宿儒皆造其门，车马镇衔，徒从无所止，黄门贵戚家皆起舍巷次，以候过客之利。楷辄避之，学者辄随之，所居成市，华阴山南遂有公超市。五府连辟举贤良，皆不就。

宋孙长孺嗜学聚书，经史百家悉备，建楼藏之，人号书楼孙氏。祥符八年五经出身，知广西浔川，政尚仁恕，累官太寻中允。又曹曾积石为仓以藏书，世名曹氏书仓。

楚丘始壮　田豫乞休

【浅释】

楚丘，披裘带索，一身官员装扮去拜见孟尝君。孟尝君问他："先生老矣，春秋高矣，何以教文？"丘回答说："假如叫我投石头比远，追赶车马，那我真的老了。不过，假如叫我帮助你出谋献策，那我还是个壮年人。怎么能算老呢？楚丘自以为始壮矣！"

三国时的卫尉魏田豫，年龄不大，却自求让位去职。所以，司马懿不答应。田豫辩解说："年过七十而居位，犹钟鸣漏尽而夜行不休，是罪人。"称说自己有病，离职回乡。

向长损益　韩愈斗牛

【浅释】

汉向长，字子平，朝歌人，隐居不仕。性尚中和，尝读《易》至损、益卦，喟然叹曰："吾已知富不如贫，贵不如口贱，但未知死何如生耳。"嫁娶毕，敕断家事，云："当如我已死。"与同好禽庆游五岳名山，不知所终。禽庆，字子夏。

唐韩愈，修武人，作《三星行》云："我生之初，日宿南斗，牛奋其角，箕张其口。牛不见佛箱，斗不挹酒浆，箕独有神灵，无时停簸扬。"东坡尝自谓生时与退之相似，盖退之身宫在斗牛，而坡公之命宫在焉，故赠术士谢正臣诗有"生时宿直斗牛箕"之句，所谓摩蝎宫也。两公生平遭遇相似以此。

琎除酿部　玄拜隐侯

【浅释】

唐朝人李琎，宁王的儿子，封爵汝阳王，曾取云梦石砌起泛春渠用来蓄藏酒，制造金银龟鱼漂浮在上作为舀酒的器具，自称酿王兼酿部尚书。杜甫《饮中八仙歌》诗中，所说"汝阳三斗始朝天"，就指李琎。

汉朝人王玄隐居在侯山，汉景帝多次征召他都不应命，景帝就以他隐居的山封他为侯，所以叫作侯山。宋之问的诗句："王玄拜隐侯"。翌王安石《草堂怀古》诗："周颐宅作阿兰寺，娄约身归率培波。他日隐侯身亦老，为寻陈迹到烟萝真。"意思是说，周颐的住宅改成寺庙，娄约的身体埋进佛塔，将来的隐侯也要老死，为了寻览过去的遗迹来到烟雾蒿草处。都引用这个故事。

公孙东阁　庞统南州

【浅释】

汉代人公孙弘，家庭非常贫寒，以养猪为生。不过，他有上进之心，四十多岁开始勤学，博览群书，大有进步，到元朔中成为丞相，封为平津侯，开设东阁邀请贤者。

东汉末年庞统，字士元，司马徽把他称为"南州士之冠冕"，他的叔叔庞德公称他为"凤雏"。刘备领荆州，任命他为来阳令，他做不好县令之职。鲁肃写信告诉刘备："庞士元非百里才也，使处治中、别驾之任，始当展其骥足耳。"于是就把他任为治中从事，与诸葛亮一同成为军师。

袁耽掷帽　仁杰携裘

【浅释】

晋袁耽，字彦道，阳夏人，俊迈多能。桓宣武少游于博徒戏，大输，债主敦書甚切，莫知所出，欲求救于耽。耽时居艰，应声许诺，略无嫌吝。遂变服怀布帽随温与戏，耽有艺名，仁闻而不识，曰："卿当不办作袁彦道也。"遂就局。十万一掷，直上百万，耽投马叫绝，探布帽掷地曰："汝今识袁彦道否？"温，宣武名。

唐武后赐张昌宗集翠裘，后复令狄仁杰与昌宗赌此裘，狄因指所着袍曰："臣以此相敌。"后曰："为不若矣。"狄曰："此大臣朝见奏对之服也。"昌宗累局皆北，梁公遂携裘拜恩而出。

子将月旦　安国阳秋

【浅释】

东汉许劭，字子将，经常对乡里人物所写的文章加以评说，每个月弄一次，所以称为"月旦评"。曹操年轻的时候，曾请他评说自己。子将说："公治世之能臣，乱世之奸雄。"说完后，曹操为之大笑。

晋代人孙盛，字安国，他曾作《晋阳秋》。桓温读这本书，书中写了枋头败绩一事。他看到这里尤为恼怒，对孙盛的儿子说："枋头一战，我的确失利，但哪里像你父亲所说的！假如这样记史，自此关闭你家门户。"他的孩子哭哭啼啼地要他的父亲改掉那篇文章。孙盛火冒三丈不愿更改，不过他的儿子却悄悄把它改了。

德舆西掖　庾亮南楼

【浅释】

唐权德舆，字载歪，天水人，德宗朝知制诰，在西掖凡八年，风流蕴藉，为缙绅羽仪。后结庐练湖上，蓬蒿满径，宴如也。每遇一胜境，得一佳句，怡然独笑，如获珍宝。元和中同平章事。凡贵人名士殁后以铭记请者十有八九，为一宗匠。

晋庾亮，字元规，镇武昌。秋夜气佳景清，佐吏殷浩、王胡之之徒共登南楼理咏，音调始道，亮忽率左右十许手人步来。诸贤欲起避，公徐云："诸君少住。老子于此兴复不浅。"臣复据胡床与浩等谈咏竟夕。后王逸少下与丞相言及此事，丞相曰："元规尔时风范不得不少颓。"右军答曰："惟邱壑独存。"

梁吟傀儡　庄梦髑髅

【浅释】

唐朝人梁锃作《傀儡吟》说："刻木牵线作老翁，鸡皮鹤发与真词。须臾提弄即无事，还似人生一梦中。"意思是说，雕刻木块成一老头，又用线牵引，皮肤皱起头发灰白和真人相同。一会儿工夫玩毕，木偶戏又寂静无事，很像人生中的一场梦。傀儡起源于陈平造木偶为汉高祖解除白登围困，后来发展成木偶戏。给木偶戏加进歌舞的人叫郭郎，秃头善长耍戏玩笑。所以《风俗通义》说："姓郭的都忌讳秃，先前一位姓郭的人有秃头病，滑稽调戏，后人做成他的傀儡，叫作郭秃。"傀儡也写成窟礧。汉朝有寓龙寓车马，都是用木头刻成的。

孟称清发　殷浩风流

【浅释】

唐代诗人孟浩然，隐居于鹿门山，做了很多小诗，风格清新淡雅。人们赞曰："导漾挺灵，实生楚英，浩然清发，亦其自名。"

晋人殷浩，喜爱读《老子》《易经》，是当时的知名人物，成为当时风流人物崇敬的人。

见讥子敬　犯忌杨修

【浅释】

晋王献之，宇子敬，数岁时，观逸少门生樗蒲，曰："南风不竞。"门生曰："此郎于管中窥豹，特见一斑。"献之怒，拂衣而去。樗，音枢，从手。樗蒲，老子人胡作，今人掷之为戏。

季汉杨修，字德祖，为曹操主兰簿，从操至江，读曹娥碑，背有八字云："黄绢幼妇，外孙齑臼"。操不解，问修曰："卿知否？"修曰："知之。"曰："且勿言，待吾思之。"行三十里乃得之，令修解曰："黄绢，色丝；色丝，绝字。幼妇，少女，妙字。外孙，女儿之子，好字。齑臼，受辛，受辛字。乃绝妙好辞。"操曰："正合孤意。"由是深忌修，后诬他事杀之。

荀息累卵　王基载舟

【浅释】

晋灵公建筑九层台，三年没建成，并且弄得百姓困乏不堪。荀息为了劝阻晋灵公，对他说："我能累十二棋子，加九卵于上。"灵公说："危哉！"息说："不危，公造九层台，三年不成，男不耕，女不织，那倒是十分危险的"。灵公觉醒过来，就停止了造台。

三国魏人王基，在曹丕大兴土木时，他上奏说："古人以水喻民曰：'水可以载舟，亦可以覆舟。'颜渊曰：'东野之子御，马力尽矣，而求进不已，殆将败矣。'今事役劳苦，男女怨旷，愿陛下深察东野之敝，留意水舟之喻。"

沙鸥可狎　蕉鹿难求

【浅释】

《列子》曰："海上之人有好沤鸟者，每旦之海上从沤鸟游，沤鸟之至者百数而不止。"其父曰："吾闻沤鸟皆队，汝游，汝取来吾玩之。"日之海上，沤鸟舞而不下也。故曰："至言去言，至为无为。"李商隐笺："海翁忘机，鸥故不飞；海翁易虑，鸥乃飞去。"

《列子》曰：郑人有薪于野者，遇骇鹿，毙之，恐人之见之也，藏于隍中，覆之以蕉。俄而遗其所藏之处，遂以为梦焉，顺途咏其事。傍有闻者，用其言而之，归告其室人，以为彼真梦者矣。薪者归，乃梦藏之处，又梦得之之主。爽旦，讼而归之士师，二分之，以闻郑君。郑君曰："嘻！士师将复梦分人鹿乎？"隍，音皇，濠也。

黄联池上　杨咏楼头

【浅释】

宋朝人黄镒，七岁时还不能说话，他祖父希望他的品格好，遇见事物即教诲他。有一天，带他到池边，祖父说。"水马池中走。"黄镒忽然对他说；"游鱼波上浮。"后来他升任台阁大臣。又：宋朝人许应龙，五岁通晓经典大意，客人说："小儿气食牛。"许应龙应声对说："大夫才吐凤。"满座之人都极为赞叹。

宋朝人杨亿，祖父叫杨文逸，五代南唐时任玉山县令，曾梦见怀玉山人走来见他，醒后杨亿就出生了。但好几岁了还不能说话，有一天，家人抱他登楼，不小心碰了他的头，他当即开口吟诵说："危楼高百尺，手可摘星辰。不敢高声语，恐惊天上人。"意思是高楼高出一百尺，伸手可以摘星星。不敢高声来说话，恐怕惊吓天上人。七岁时擅长写文章，从祖父杨徽之经常和他谈话，赞叹说："使我们家族兴盛在于摊子。"后来杨亿考中遊士，曾两次担任翰林学士。

曹兵迅速　李使迟留

【浅释】

由于江陵有军备，曹操担心被刘备占据，就带三千骑兵急往，一天一夜走了三百多里。结果，在长坂坡把刘备击败。

东汉李郃，身为汉中府吏。窦宪讨小老婆，大家都送礼祝贺。江中太守也想派人前往恭贺。李郃劝他说："窦将军恃宠骄横，危主可待，幸勿与交。"太守依旧要派人去庆贺，郃便让他去，途中故意滞留，到扶风窦宪失败。凡是送礼的全被罢官，唯有江中太守未遭此劫。

孔明流马　田单火牛

【浅释】

季汉后主建兴九年，诸葛亮饱出祁山，以木牛运粮，尽退敌军。与魏张郃战，射杀郃。十二年春，亮悉大众由斜谷土出，以流马运，据武功五丈原与司马懿对于渭南，恐粮尽，分兵屯田。作木牛流马法见亮集。又葛由，成王时好刻木羊卖之，一日忽骑羊上绥山仙去。

周田单，齐人，初为临淄市掾。燕伐齐，尽降其地，唯莒、即墨不下。即墨人以其智，立为将军。单乃收城中千余牛，衣以绛缯，画豹文，束刃于角三墨入尾，灌脂于苇，夜凿城数十穴，燃苇端，以壮士匠千人随其后，奔燕师，大败之，尽复齐七十余城，迎襄王于莒而立之，封平安君。

五侯奇膳　九婢珍馐

【浅释】

西汉末楼护担任京兆吏，口才极佳，能言善辩，为王氏五侯上客。有一天，五侯送予他珍馐，楼护就把它合成鲭，世人称为"五侯鲭"。

唐段文昌，字墨卿，精通烹调，家里的厨房称为"炼珍堂"。他的烹调方法，堪称绝妙，家里的九位奴婢都为之倾倒。

光安耕钓　方慕巢由

【浅释】

汉严光，一名遵，字子陵，小气狂奴，少与光武同学。光武物色求之，光被委圣泽中，使三反后至。幸其馆，光冬不起，帝抚其腹曰："咄咄子陵，不可相助为理耶？"寻共卧，又足加帝腹。太史奏：客星犯帝座其急。帝笑曰："朕与故人严子陵共卧耳。"不屈，归耕富春山，前临桐江，上角钓台，清丽奇绝，号锦峰绣岭。汉薛方，字子容，王莽时清节士也。莽以安车迎之，方谢曰："尧舜在上，下有巢由。今明王方隆唐虞之勠，臣欲守箕山之二节。"莽悦，不复强。许二字武仲，阳城槐里人。尧让以天下，不受，与友巢父遁，耕于中岳颍水之阳，箕山之下。

适嵇命驾　访戴操舟

【浅释】

普朝人吕安和嵇康友善，每一想念，便从千里以外驾车前往。吕安曾访问嵇康，恰巧嵇康不在，嵇康的兄长嵇喜接待他，他没进门，只在门扇上写一个"凤"字而离去。嵇喜认为是赞许，等嵇康回来后，让嵇康看，说："凤"字，是凡鸟的意思。又：王维的诗句"到门不敢提凡鸟"（来到门首不敢提笔写凡鸟），就是利用了这个故事。晋朝人王徽之，表字平猷，风度潇洒为当时第一。任桓神幕府的的参军时，桓冲说："您在府中的时间长了，现在应该帮助处理事务。"王徽之开始时没回答，只用手指顶着下："西山近日以来，尽有清爽气息。"他曾居住在山阴县，夜里雪刚停，月色清朗，睡醒后，打开房门命人倒上酒，四处观望一片皎洁，因而吟咏左思的《招次》诗，忽然想到戴安道，戴安道当时住在剡溪县，他便乘坐小船前往，经过一个晚上才抵达，但到了门口又不进去，说："乘着兴趣而来，兴趣消尽而返，为什么一定要见到戴安道呀"。

篆推史籀　隶善钟繇

【浅释】

依《书断》记载，黄帝使仓颉创造了古文，周宣王太史籀造作了大篆。又有的人说，籀，秦时卜士变迹为大篆。李期做小篆。

钟繇，三国时魏国书法家，善于正楷，隶书，是秦汉以来最杰出的书法家。

邵瓜五色　李橘千头

【浅释】

秦邵平，广陵人，封东陵侯。今广陵有东陵亭，疑即平所封地。秦亡，为布衣，种瓜长安城东。瓜有五色，甚美，世称之东陵瓜，又云青门瓜，青门即东门也。见阮籍《咏怀诗》。按召平有三人。《史记》无种瓜事。《六国表》："楚怀王十年城广陵。"《项羽本纪》："广陵人召平于是为陈王。"

季汉李衡，武陵人，为丹阳太守，每欲治家，妻习氏不许。衡密遣十人于龙阳洲做宅，种橘其上，临终，敕其子曰："汝母恶吾营家，故家贫如此。吾汜州有千头木奴，不责汝衣食，岁可得千绢，亦足汝用矣。"汜州在龙阳县，长二十里。东坡诗："山中奴婢橘千头"，用此。

芳留玉带　琳卜金瓯

【浅释】

明代李春芳少年时在崇明寺读书学习，学识大有进步。考中进士，后拜为相，留玉带寺中，因此把寺的楼叫"玉带楼"。

唐玄宗想拜崔琳为宰相，先把他的名字写好，用金碗盖住，叫太子猜测，太子猜说："大概是崔琳、卢从愿吧！"这两人在当时都有宰相的名望。唐玄宗开元时代的贤相各有所长，崔、卢两人，并没有突出的地方，因此历史上并不知名。

孙阳识马　丙吉问牛

【浅释】

孙阳，即伯乐，是识马行家。有一次，他经过虞坂，看到在盐车下面伏着骐骥，伯乐下车为之哭泣。于是，骐骥伏而喷，仰而鸣，认伯乐为知己。

汉宣帝朝丙吉为相，他性情和善，为人宽厚谦让。有次出门遇到一群人斗殴，他不闻不问。不过听到路边牛喘，却过去问赶牛的人走了多少路了。有人嘲笑他问牛不问人。他却说："斗殴是地方所禁止的事。今方春未热，恐牛以暑致喘，是时气失调，这是宰相的职责。"

盖忘苏隙　聂报严仇

【浅释】

汉盖勋，字元固，敦煌人，家世三千石。梁鹄为州刺史，欲杀从事苏正和，访之于勋。勋素与正和有隙，或劝其乘此以报，勋曰："乘人之危，不仁。"乃谏鹄而止。正和造谢，勋不见，曰："吾为梁使君谋耳，非为苏郎也。"董卓废少帝，勋与言曰："贺者在门，吊者在庐，可不慎哉！"周聂政，轵人。

时严仲子与章相侠累有仇，欲报之政勇，乃奉黄金百镒为政母寿。政以母在，不许。及母死，伏行独剑柬杀侠累，自披面抉目而死。暴尸购识者。其姊往哭之，曰："是轵深井里聂政也，妾敢畏诛而没贤弟之名！"遂死尸帝。

公艺百忍　孙昉四休

【浅释】

唐朝张公艺，是寿张县人，家族中九代人共同住在一起。高宗登泰山祭祀后返回时，亲自到张公艺的住处，召见他，询问能使家族这样和睦的道理。张公艺请求把要回答的用笔写在纸上。于是写了一百多个"忍"字进上，高宗赞许，命令赏赐给100匹缣帛。朝人孙昉，表字景初，当皇帝的专用医生，自号四休居士。黄庭坚曾询问他四休居士的意思，他回答说："粗茶淡饭能吃饱就行，补破遮寒能暖和就行，三平二满能过去就行，不贪不妒能到老就行。"黄庭坚说："是安乐的好法子"。

钱塘驿邸　　燕子楼头

【浅释】

北宋初年，陶毂出访南唐，在钱塘驿借宿。韩熙让歌女秦弱兰骗说是驿吏女，服侍陶谷，他果真喜欢。兰向他求词，作《风光好》赠给她。诗曰："好姻缘，恶姻缘，奈何天。只得邮亭一夜眠。别神仙。琵琶拔尽相思调，知音少。再得鸾胶续断弦，是何年？"李后主煜宴请毂，命歌伎咏此诗。谷相当失意，当天就返回。

唐张建封镇守徐州，他和舞伎关盼盼关系极为亲密。建封去世后，盼盼决意不嫁，住在燕子楼，写《燕子楼诗》三百首。白居易为这本诗集作序。同时也学作绝句，其中有一首："满窗明月满楼霜，被冷灯残拂卧床。燕子楼中霜月苦，秋宵只为一人长。"

十二　侵

苏耽橘井　　董奉杏林

【浅释】

南北朝贾雨，匡阳人，侍母以孝闻，将仙去，留柜与母曰："所需即有。"预知后二年里当大疫，乃植橘凿手井曰："食橘一叶，饮水一盏，病可自愈。"忽有白鹤数十降于门，遂仙去。后果疫，母用其言以疗疾，皆愈。后化鹤来止郡城，以爪攫楼板云："城郭是，人民非，三百甲子一来长归。吾是苏仙，惮我何为？"

晋董奉，字君异，侯官人。居庐山，有道术，为人治病不取钱，病重者令种杏五株，轻者一株。数年成林，子熟时作一仓，令买者随器之大小易以谷。若置谷少取杏多，群虎即吼逐之。所得麦悉以赈贫者，兼供冬给行旅。岁祥消三千斛，谷尚有余。奉后仙去，其妻女犹守其宅，卖杏取给。有欺之者，虎逐如故。

汉宣续令 夏禹惜阴

【浅释】

汉宣帝时，魏明奏请四个知阴阳的明经，各主管一个季节，明确地讲出他在这方面所知道的，用来调和阴阳，就像高祖时派谒者赵尧、李顺、李阳、贡禹各举春夏秋冬之类。

大禹曾告诫人们要珍惜时光。陶侃守荆州时，对大家说："大禹圣人，乃惜寸阴，至于我等，尤当惜分阴。岂可逸游荒醉，生无益于时，死无闻于后，这是自暴自弃。"

蒙恬造笔 太昊制琴

【浅释】

秦蒙恬所做毛笔，以枯木为管，鹿尾为柱，羊毛为被，非若今之兔毫竹管也。昌黎《毛颖传》似误。又许慎《说文》云："楚谓之聿，吴谓之不律，燕谓之弗，秦谓之笔。"如此，则诸国皆有其制，垣并吞，灭前代之美，而秦笔始独称。恬魂戈稍为损益耳。《尔雅》云：不律谓之笔。《博物志》又云：蹋作笔。是古已有笔矣。

太昊金天氏，伏羲也。断桐为琴，绝为弦，弦二十萌七，以通神明之觌，以合天人之和，而音乐始兴。陈晒《乐书》则云："或谓伏羲作，或谓神农作，或谓帝俊使晏龙作。而其详言之制，则只属中古以后，非仁伏羲初制也。"今琴七弦，则宫、商、角、徵、羽加少宫、少商。

敬微谢馈 明善辞金

【浅释】

南北朝时人宗测，表字敬微，性格恬静，不喜和人交往，曾闲居江陵。要出游名山时，就随身携带《老子》《庄子》。子孙拜送悲泣不止，而宗测却长啸而去，头也不回。于是他前往庐山，住在祖父宗少文的旧宅中。鱼复县人侯子响任江州刺史，赠送他许多东西，宗测说："少年时患有狂疾，寻找名山采草药，远路来到这地方，根据肚子的容量吃松籽，按照体型的大小穿薜萝，清淡已感满足，怎可接纳这些意外之物？"便推托不接受。

元朝人元明善曾作为一位蒙古族使臣的副手出使交趾国，到返回时，交趾国人赠给他上好的金子，蒙古族使臣受纳，元明善却不接受。交趾国王说："你们的使臣已经接受了，您为什么坚决推让？"元明善说："他接受的原因，是安慰小国的人。我不接受的原因，是顾全大国的体面。"

睢阳嚼齿　金藏披心

【浅释】

"安史之乱"时，叛军将领尹子奇攻打睢阳。张巡和许远守睢阳，顽强抵抗。在作战的时候，张巡总是大声呼喊，牙齿都咬碎了。尹攻陷睢阳，张巡被俘。尹看张巡的牙齿，的确只剩下三四个。苏东坡曾这样记述："张睢阳生犹骂贼，嚼齿穿龈；颜平原死而不忘君，握拳透爪。"

有人向武后密告太子要谋反。武后叫来俊臣审问。安金藏当时是太常工人。他大呼："太子不反，公若不信，我请剖心明之。"就拔出佩刀自刳。五脏全流了出来，满地是血。武后叫人抬进宫，敷上药，过了一天一夜才醒过来。太子因此才免此灾祸。

固言柳汁　玄德桑阴

【浅释】

唐李固言未第时，行柳树下，闻有弹指声，问之，答曰："吾柳神九烈君，已用柳汁染子衣矣。果得蓝袍，当以枣糕饲我。"未几，状元及第。文宗朝拜中书同平章事。见《三峰集》。季汉刘备，字玄德，家涿县，少孤，与母贩屦织席为业。舍东南角篱上有桑树生高五丈余，遥望鸾童如车盖，往来者皆怪此树非凡。邑人李定云："此家必出贵人。"玄德少时，与宗中诸儿常戏桑荫之下，吾必当乘此羽葆盖车。叔父子敬曰："汝勿妄语，灭吾门也。"后为徐州牧，与吴魏争衡，卒都蜀。

姜桂敦复　松柏世林

【浅释】

南宋的左司谏晏敦复，在两个月里论驳了二十四件事，震动整个朝廷。秦桧派人向他致意："如能委曲，可致要职"。复回答说："姜桂之性，老而愈辣。我岂能为一己私利而误国事？"

东汉末年，宗世林同曹操是一辈的人，他看不起曹操的为人，不跟他交往。以后，曹操任司空，总管朝政，讽刺般地问他："可与交往否？"世林回答说："松柏之志犹存。"

杜预传癖　刘峻书淫

【浅释】

晋杜预，字元凯，西安人。耽思经籍，为《春秋左氏经传集解》。又参考众家谱第，谓之释例，备县成一家之学，耽老乃成，人恭知之，唯挚虞亟称其美。时王解群相马，又甚爱之。而和峤鳜聚敛。预常称济有马癖，峤有钱癖。武帝闻之，谓预曰："卿有何癖？"对曰："臣有《左传》癖。"预又称杜武库，以平吴功封当阳伯。南北朝刘峻，字孝韦标，自课读书，常燎麻炬从夕达旦，时或昏睡，燕其鬓发，及觉复读。闻有异书，必往祈借。崔慰祖谓之书淫。梁末，隐金华山，著《山栖志》，注《世说新语》，识者谓前无古人。

钟会窃剑　不疑盗金

【浅释】

晋朝人钟会是荀勖的从舅，二人感情不合。荀勖有把宝剑价值百万，母亲钟夫人收藏着。钟会擅长书法，模仿荀勖的笔迹，写信给钟夫人要取宝剑，于是偷走不还。荀勖知道钟会干的，但无理由要回，常常想着报复他。正巧钟会兄用千万巨钱建起一座住宅，很精工华丽，还没来得及迁居，荀勖因很精通绘画，便舞地到住宅前，在门堂上画钟会兄弟的父亲钟繇的画像，衣服冠巾状态面貌和生前一样，兄弟二人入门，看见后大感悲伤，住宅就空着不住人而废弃了。

汉朝直不疑,是南阳郡人,文帝时为郎。同舍中有人请假回去,误拿了同舍另一位郎的金子离去。金子的主人怀疑是直不疑,直不疑承认有这回事,买来金子偿还,后来请假回去的人返回后归还金子,而丢金子的人很惭愧,由此称直不疑为忠厚的人。景帝朝任御史大夫,因立功劳封爵塞侯。

桓伊弄笛　子昂碎琴

【浅释】

桓伊是晋时人,他笛子吹得很好,江南数第一把手。王徽之的船停泊在轻溪,知道桓伊善笛,但未见过面,就派人邀请他。桓伊听王的邀请马上下车,为王吹《梅花三弄》。吹毕,上车离开,主客没说一句话。

陈子昂,唐时人,入京时没得赏识,心里很不愉快。当时有个卖琴的,标价百万,他用车子载钱买下这把琴。大家感到很惊奇,便问为何买下这把琴。他说:"我喜此琴,明日弹奏。"邻里们如期来听他的演奏。子昂笑着说:"蜀人陈子昂,有文百轴,不为人知。此琴贱工耳,岂足留心?"举起琴把它打碎,把文轴赠送给大家,于是名震京师。

琴张礼意　苏轼文心

【浅释】

周琴牢,字子张,与子桑户、孟二之反三人为友,相视而笑,莫逆于心。子桑户死,孔子使子贡往侍事焉,二人鼓琴而歌曰:"嗟来桑户乎,瞄桌桑户乎!而已反其真,而我独为人猗!"子贡趋进:"敢问临丧而歌,礼乎?"二人相视而笑曰:"廷恶知礼意!"寻贡以告。孔子曰:彼游方之外者也,而某游方之内者也。"宋苏轼为文浑涵为匕芒,雄视百世。尝谓刘景文曰:"某生平无快意事,惟作文,意之所到,则笔力曲折,无不尽意,自谓世间乐事,无复逾此。"景文,刘季孙字。又杨大年作文则与门人宾客饮博,投壶奕棋,语笑喧哗,而不妨缔思。

公权隐谏　蕴古详箴

【浅释】

唐穆宗十分喜爱柳公权的书迹,任命他为右拾遗侍书学士。穆宗问权为什么字写得这么好，公权答曰："用笔在心，心正则笔正，笔正乃可法矣。"那时候，穆宗很荒纵，所以权故意这样说。宗变了脸色，领会到他是以笔谏之意。

张蕴古是唐时人，是当时著名人士。唐太宗即位，他写了《大宝箴》给皇帝，劝他要看重和关心人民。说得很确切，也很直爽。

广平作赋　何逊行吟

【浅释】

唐宋璟，字广平。皮日休序其集曰："广平为相，贞资劲质，刚态异状。疑其铁肠与石心，不解吐婉媚辞。睹其文，有《梅花赋》，清秀富艳，得南朝徐庾体，殊不类其为人。"徐，徐陵。庾，庾信。李纲自云：广平《梅花赋》已缺，已尝补作之。南北朝何逊，字仲言，剡人，官水利部郎，仕梁为扬州藩曹。公廨有梅一株，逊常吟咏其下。后居洛阳，思梅橱不得，因请荪百历州，从之。至日花适盛开，译，逊于东阁延诸名士醉赏之，笑傲终日杜诗"东阁官梅动诗兴，还如何逊在扬州"，用此。云逊为梁建安王掌书记，乃建业之扬州。以广陵为扬州，自隋始。

荆山泣玉　梦穴唾金

【浅释】

卞和是楚国寿春人，在荆山得到一块璞玉，献给楚厉王，被认为是假玉，砍掉卞和左脚。又献给楚武王，也被认为是假玉，砍掉卞和的右脚。楚文王继位后，卞和怀抱璞玉痛哭得眼里出血而说："我不是悲伤断脚，宝贵的玉被当作石头，诚实的人被叫作骗子，所以悲伤。"文王让雕刻玉器的工人琢开它，果然得到美好的玉璧，便封他为零陵侯，卞和却不要。现在的怀远县抱璞岩，传说是卞和的遗迹。

南康郡武都县西面沿江两岸有石洞，名叫梦穴，曾有船主，遇到一位全身穿黄衣的人，担了二笼黄纸，请求捎带载上。经过崖下，那人向船上唾，直接下崖，进入石中。船主开始很气愤，看见他进入石中，才知道是个神奇怪异的人，看船上所唾，全是黄金。任昉《述异记》中记载了这个故事。

孟嘉落帽　宋玉披襟

【浅释】

孟嘉晋时人，当时已是较有才名的人，是桓温参军。9月9日桓温在龙山设宴延请宾僚，他们军服整整齐齐，孟嘉的帽子被风吹落而不觉得。那时，桓温叫孙盛写文章嘲笑他。嘉当即寻笔作答，文辞甚为美妙卓绝，大家都非常佩服。

有一次，宋玉、景差跟楚襄王游兰台宫。一阵大风吹来，楚王披襟挡风，说："快哉此风!寡人所与庶人共之。"(庶人，指百姓)。宋玉说："此大王之风，士庶人安得共之?夫风入于深宫，经于洞房，清清冷冷，愈病析醒，发明耳目，宁体便人，此为大王之雄风。然起于穷巷之间，动沙块，吹死灰。憞悯郁邑，驱风致湿，此谓庶人之雄风也。"

沫经三败　获被七擒

【浅释】

鲁人曹沫，以勇力事庄公。桓公伐鲁，庄公请献隧邑以平。鲁与齐会阄干柯，沫以匕首劫桓公于坛上曰："返，鲁之侵地!"桓公许之，遂归沫三败所亡之于鲁。诸侯闻之，皆信齐而归附焉。匕首，剑属。雍闿杀永昌太守附吴，使郡人孟获诱诸夷叛。诸葛亮往讨之，马谡送之曰："用兵之道，攻心为上。愿公服其心。"亮至南中斩雍闿，收孟获。七擒七纵，亮犹遣获，获止不去，曰："公天威也，南人不复反矣。"于是悉收获等以为汉之官属。

易牙调味　钟子聆音

【浅释】

春秋时齐国国君的宠臣易牙，擅长调味，善于拍马奉承，有一次，齐桓公对他说："我尝遍天下美味，只是蒸婴儿的味道未尝。"易牙听后，就把自己的儿子蒸了后给齐桓公吃，公认为是野味，大加称赏。

春秋楚国的钟子期，精通音律，伯牙，善于鼓琴。子期听他的琴音，意在高山，说："巍巍乎若泰山!"志在流水，说："荡荡乎若流水!"子期死，伯牙说世无知音，就把琴弦割断，把琴摔破，一生不再弹琴了。

令狐冰语　司马琴心

【浅释】

晋朝人令狐策梦见自己立在冰上，和冰层下面的人讲话。索统说："冰上是阳，冰下是阴。作为阳面的人和阴面的人讲话，是媒介的事情。古人曾说：'你若打算来娶我，河冰未封快来娶。'您将要给人做媒呀！"恰巧太守田豹通过令狐策求娶张公征的女儿做儿媳妇，到春天二月成婚。汉朝人司马相如，小名犬子，在外求官顺利，经过临邛县时，因平常和临邛县令王吉友好，王吉器重他。富豪卓王孙备下宴席招待司马相如，一并招待县令王吉。酒喝到痛快时，王吉请求司马相如弹琴娱乐。这个时候卓王孙有位叫卓文君的女儿新近守寡，喜欢音乐，所以司马相如装作不好违背王吉的情面，却暗暗用琴曲挑逗她。卓文君欣赏琴曲高妙而喜欢上他，于是在夜里私奔司马相如。司马相如就和她坐车跑回成都，在成都开店卖酒。

灭明毁璧　庞蕴投金

【浅释】

春秋鲁人澹台灭明，是孔子的弟子。传说他曾经带了价值千金的美玉渡河。河伯想得到这块玉，掀起大波浪，并且叫了两只蛟挟船。灭明对河伯说："你可以义求，不可以威劫"。于是左手拿着这块玉，右手握剑斩蛟。蛟被斩死，波浪停止。就向河中投这块玉，连续投了三次，这块玉总是跳起来。于是灭明就毁璧而去。

庞蕴，是唐代衡阳人。他曾建造一只铁船，把家中的钱藏在这只船里。然后沉没海底。全家都去修行。临死时，他对别人说："但愿空诸所有，慎勿实诸所无。"

左思三赋　程颐四箴

【浅释】

晋左思，字太冲，欲赋蜀、吴、魏三都，因求为秘书郎，构思十年，门庭藩溷，皆著纸笔，偶得一句，即便疏人。赋成，张华见曰："君文未重于世，宜经高明之士。"乃就皇甫谧。谧作序，非之者乃转相传写，洛阳为之纸贵。初，陆士衡亦拟作，与弟书有旨曰："此间有一伧父，欲赋三都，须成以覆酒瓿。"及赋出，乃叹服辍笔。伧，音枨。宋程颐，世称伊川先生，谥曰正。作魂、听、言、动四箴以自警。朱子备录于《颜子问仁章》注内，盖以其发明亲切，学谱所宜深思玩索而服膺弗失也。《内则》云：纫箴请补缀。又医者以箴石刺病。故凡有所讽刺而救其失谓之箴。

十三　覃

陶母截发　姜后脱簪

【浅释】

晋陶丹的妾湛氏，家境非常贫寒，生了个儿子叫陶侃。有一天，范逵策马来访。湛氏见天下大雪，立即把床上草垫的草撤下来，给马吃，一面又悄悄地把头发剪掉，换回酒肴，用以请客。范逵得知这情况之后，赞叹地说："非此母不生此子。"因此就举荐侃为孝廉。

周宣王曾经起床晚了，耽误了早朝。姜后脱簪待罪长苍，派人传话给宣王："妾不才，使君王乐色而忘德，失礼而晏起。祸乱之兴，自我而始，愿请罪。"宣王说："寡人不德，实自生过，非夫人罪"。从此以后宣王便勤于政事了。

达摩面壁　弥勒同龛

【浅释】

达摩大师，南天竺国香至王第三子，遇西天二十七祖，得法，泛重溟，三周一苇、寒暑，达于南海。梁武迎至三金陵，机不相契，潜止嵩山少林寺，面壁而坐，终日默然，人莫之测，谓之壁观。越九年，法付慧可，于千蓬寺涅槃，葬熊耳山。竭魏宋云奉使西域回，遇于葱岭岭，携只履獭游。云问师何往，师曰反西天耳。《淳化阁帖》唐褚遂良书内有云："法师道体突居，深以为尉耳。复闻久弃尘滓，与弥勒同龛，一食清斋，六时禅诵，得果已来，将无退转墩也。"东坡《自金山放船至焦山》诗云："只有弥勒为同龛"，亦指老僧言。藏经云：弥勒佛，元日生。

龙逢极谏　王衍清淡

【浅释】

夏朝国王桀残暴酷虐，瞿山地面裂开连及山泉，桀派人疏凿它，规劝阻止的人要处死。关龙逢说："君主应是节约费用爱惜人民的。当今君王您动用财物无穷，杀人无数，民心已离散，天命不保君，为什么不悔改呀！"桀说："我拥有天下，如同天上有太阳，太阳消亡我也才消亡。"于是关押龙逢，并将他杀死，商朝的开国君王汤派人前去吊丧，桀发怒，把汤关押在夏台，好久以后才被释放。

晋朝人王衍，表字夷甫，惠帝朝时任尚书令，善于谈论《老子》《庄子》，世人号称口中雌黄。起初他任元城县令，整天清谈玄理，县中事务也处理。每每握住珏柄麈尾，一和手同色少年时，山涛见到他，嗟叹很久说："什么样的老太婆，生出这么个好儿子！然而耽误天下百姓的人，未必不是这个人。"后来他被石勒杀害。

青威漠北　彬下江南

【浅释】

卫青，为汉武帝时的大将军，曾七次带兵出击匈奴，屡立大功，威镇漠北。

曹彬，字国华，曾为后汉。后周做过官，最后在宋任职，官至枢密使。宋太祖征伐江南，曹彬带领行营之师，攻破金陵，活捉南唐后主李煜。

遐福郭令　上寿童参

【浅释】

唐郭子仪，华州人，从军沙漠，间以役回银州，七勿夜见空中赤光车并车，车绣幄中坐美女，垂足于床，自天而下。子仪意是织女，乃拜祝。女笑曰："大富贵，亦寿考。"言讫，转冉而去。后仕至中书令，凡二霉考。家人三千。麾下士多贵至王公，常颐指役使。八子七婿皆朝廷显官。诸孙数十人，每问安不能尽辨，惟颔之胃而已。

宋童参，瓯宁人。性淳朴，隐于耕。仁宗元年，参年百有兰岁，赐敕慰劳云："古者天子巡狩方岳，问百年者就见之。今汝黄髮鲐，以上寿闻，其可使与编氓齿乎！往以忠孝教而子孙。"授承绣郎，逾年卒。子珪，登进士。老人气衰，皮肤清瘠，背若鲐鱼，故曰鲐背。

郗愔启篋　殷羡投函

【浅释】

郗超是晋时人郗愔的儿子，年少时像不羁之牛，非常粗野。桓温心怀不轨，想要谋反，郗超为他出谋划策。制定废立计划。超未死之前曾把一只箱子交给他的门生，告诉他，假如我死了，我的父亲要是哭得厉害，十分悲伤的话，你就把这箱子给他。超果真死了，其门生照办。由于他的父亲异常悲痛，就打开箱子，发现里面全是超和桓温的来往书信，十分恼怒地说："小子死晚矣！"所以就不再悲伤了。

晋建元中豫章太守殷羡，字洪乔。有一次，他回家，郡里的很多人都托他带信。他走到石头城下时，不知什么原因，居然把随带的一百多封信投到了水中，说："沉者自沉，浮者自浮，殷洪乔不能为人做致书邮！"

禹偁敏赡　鲁直沉酣

【浅释】

宋王禹，字元之，九岁能文，甚敏赡。父以磨面为主。毕士安为州守，禹偁代父输面，士安方命诸子属对云："鹦鹉能言争似凤。"禹偁从旁应声曰："蜘蛛虽巧不如蚕。"士安叹曰："子文章满腹，必当名世。"后举进士，为右拾遗，有《小畜集》。

宋黄庭坚，字鲁直，沉酣经史，诗文与苏轼齐名。尝云：土大夫三日不读书，则义礼不交于胸中，双镜觉面目可憎，向人则语言无味。又殷仲堪曰："三日不读《道德经》，便觉舌本闲强。"

师徒布算　姑妇手谭

【浅释】

唐朝和尚一行寻求访问可以效法的人，到天台山国清寺，看见一座寺院内有十几株古松，门前有流水。立在大门和照墙之间，听见院中一位和尚在排列算筹进行推算，并对徒弟说："今天应有一位弟子从远方来这里求教我的算法，已该到门前。"妙即除去一根算筹说："门前水应例向西流，弟子也来到。僧一行接着他的话音而小步跑入，叩头请教算法，门前水果真向西流。唐朝人王积薪跟随明皇西去，临时住宿在深溪一户人家。那家只有婆婆和媳妇两口人，家境困苦，天刚黑就关闭门户。王积薪听到婆婆对媳妇说："美好的夜晚没什么可以舒心，和你下围棋行吗？"当时堂内无烛光，婆媳各在室内对谈走棋。过一会儿婆婆说："你已经失败了，我只胜九子罢了。"等到天明，他向那位老年妇女请教，老妇回头对媳妇说："这位先生可以教给围棋的常规走势。"媳妇于是指示攻守的方法，王积薪的棋艺从此更加精妙。

十四　盐

风仪李揆　骨相吕岩

【浅释】

李揆，唐肃宗乾元年间任代理宰相，皇帝对他说："你的门第、人品、文才堪称当今第一，实在是朝廷的表率啊！"唐德宗时，卢杞很忌妒他，让他出使吐番，他到达吐蕃后，吐蕃的酋长们问他："听说唐朝有称天下第一的李揆，是不是你？"李揆怕被留住，就骗他们说："那个李揆怎么肯来这儿呢？"他返回到凤翔，不久就死去了。

唐朝的吕岩，他喜欢戴华阳巾，穿黄白细布做成的圆袖大领衣服，系青黑大腰带，就像汉代的张良。还在婴孩时，高僧马祖见了他说："这孩子外相仪貌非常，以后遇见庐就会居住下来，遇见钟就会叩头，希望留心记住。"吕岩后来中了进士，任德化县令。有一天他独自游玩庐山，遇到汉代钟离仙人，给他传授剑法，得到九九阴阳算法，号纯阳子，成仙而去。

魏牟尺缁　裴度千缣

【浅释】

魏牟见赵王，王方使冠工制冠，问治国于牟。对曰："大王诚能重国若此尺缁，则国治。"王曰："社稷至重，比之尺缁何也？"曰："大王制冠不使亲近，而必求良工者，非谓其败缁而冠王不成钦？今治国不求良士而任其私爱，非器苗于尺缁钦？"王无以对。缁，墨缯也。唐皇甫湜，字持正，与李翱、张籍齐名。裴度辟为判官。度修福先寺，求碑文于自居易，湜曰："近舍涅而远求居易，请辞。"度乃使作之，立就，酬以车马缯彩甚厚。湜大怒曰："自吾为《顾况集序》，未尝许人。今碑文三千字，一字三缣，何遇我薄耶？"度笑曰："不羁才也，当应足数。"湜，音塞。缣，丝绢也。或云一字一绢，未详熟是。

孺子磨镜　骊士织帘

【浅释】

汉代徐稚字孺子，曾事江夏黄琼。琼死，他前去参加葬礼，但他家贫苦无盘缠，便带了磨镜工具前往。一路上他为人磨镜，取得报酬做路费赖以前往。后来，别人有丧事都不敢告诉他。他事后知道了，虽赶不上入殓，但即使有万里之遥，也还是具鸡酒前去祭奠。奠毕就回，也不去见死者家属。

沈骊士，字云祯，南朝梁人，家贫，以织帘为业。他边织帘边读书，手口不息，乡里称他为"织帘先生"。他常常因为没有书读而苦恼。后来他有机会游京城，历观所藏四部，博通经史，却不与人来往。回家后他又尽心抚养死去的哥哥的孤儿，乡里称道他的义气。他隐居余杭山中讲授经学，从学者数百人。后来家里遭了火灾，藏书尽毁，年八十，犹于灯下手录数千卷。

华歆逃难　叔子避嫌

【浅释】

汉朝华歆，表字子鱼，是高唐县人，和王朗一起乘船避难。有一男子汉要依附上船，华歆不太愿意。王朗说："幸好还有宽裕的地方，为什么不可以？"随后贼人追上，王朗要舍弃捎带的那个人。华歆说："原先不愿意，就为的这种情况罢了。既然已接纳他上船而依托我们，怎可因为情况紧急而抛弃呢？"始终扶助到底。

周朝颜叔子，是鲁国人，独自住一间房子，夜里下大雨，邻居房屋倒塌。"女子赶快避躲过来。"颜叔子让她手握蜡烛，蜡烛烧完，点燃火把继续握着，到天明不变。他避嫌就是这样的审慎。

盗知李涉　虏惧仲淹

【浅释】

唐李涉，南康人，过皖口遇盗。其豪首审知是涉，遂曰："既是李博士，不用剽夺。久闻诗名，愿赠一首足矣。"涉题绝句云："风雨潇潇江之上村，绿林豪客夜知闻，相逢不用相回避，世上而今半是君。"盗喜曰："确言也。"一笑而去。涉号青溪子，与弟渤隐居庐山白鹿洞中，屡避不就。

宋范仲淹镇延安，夏人相戒曰："毋以延安为意。小范老子胸中有数万甲兵，不比大范老子可欺也。"公与韩魏公在军，名重当时，称为韩范。谣曰："军中有一韩，西贼闻之心胆寒；军中有一范，西贼闻之惊破胆。"夏，元昊也。大范谓范雍，曾镇延安。

尾生岂信　仲子非廉

【浅释】

《庄子·盗跖》记载：尾生与一女子约会于桥下。女子未来，而河水暴涨，他仍然不肯离去，最终抱着桥柱而淹死。后人便以"抱柱"为坚守信约的典故。庄子认为他是为名而轻死，说不上"信"。

陈仲子即田仲，战国时齐国贵族。在《孟子·滕文公》中，匡章认为他是廉士，居于陵。有一次，他三天没吃东西，虚弱得耳听不见，眼看不见。后来他发现井边有一颗李子，已经被虫吃了一大半。他爬着去吃了它，然后耳目才渐渐清楚。世人认为他不苟食，孟子则认为他不能算廉。他的操行充其量不过像蚯蚓，上食土、下饮泉而已。

由餐藜藿　鬲贩鱼盐

【浅释】

仲由少贫贱，食藜藿，从百里之外负米以供二亲。亲殁后，徙游于楚，从车百乘，积粟万钟，累梱列鼎，叹曰："愿欲食藜藿，为藻负米，不复得也。枯鱼衔索，几何不蠹；二亲之寿，忽若过隙。"夫子曰："由也事亲，可谓生事尽力，死事尽哀者矣。"殷胶鬲，遭殷乱末流，鬵贩鱼盐。文王知其贤，举之以贡于纣。后武王伐纣，纣使候师于鲔水。问师将何之，武王曰："将之殷。"鬲曰："以何日至之？"武王曰："将以甲子至殷郊，子以是日报矣。"会大雨日夜不休，武王疾行不辍，曰："吾以救胶鬲之死也。"鲔，音委。武王入殷，问殷之所以亡，胶鬲日中为期，明日不至。

五湖范蠡　三径陶潜

【浅释】

范蠡鲁表字少伯，是三户人，任越国的大夫，辅佐越王勾践消灭吴国。勾践要给他分割一些领土，他推辞说："君王行令，臣下行意。"于是携带西施乘船浮览五湖，渡过海进入齐国，改变姓名，自号鸱夷子皮。后来，他散发钱财，辞去齐国的相国职务，定居在陶地，自号陶朱公，又发财积累资产巨万。越王勾践找不到范蠡，用好金子收买入画他的图像而朝拜行礼。

陶潜《归去来辞》一文中有"三径就荒汐"一句话，原来陶潜在柴桑的旧宅蓬蒿满园，好像张仲慰闭门养性时，庭院田园长满蓬蒿没人住。

徐邈通介　崔郾宽严

【浅释】

徐邈，字景山，三国魏人，曾为尚书郎。一次他违禁饮酒至醉。醉中赵达问他曹操是何等样人，徐邈答："算中圣人。"后来有人问卢钦："徐公当武帝之时，人以为通；自凉州还京师，人以为介，为什么？"卢钦回答："过去毛孝先、崔季珪用事，贵清素之士，人都变换他们的车服，以求名高，徐公不改其常。所以人以为通；等天下风气奢靡，人们竞相仿效徐公依然故我，不与俗同，所以人以为介。"

崔郾，字广略，唐宪宗朝任谏议大夫。敬宗朝为中书舍人，迁礼部侍郎，出为虢州观察使。后改鄂、岳等州观察使，恤民捕盗，颇有政绩。治虢以宽，整月也不鞭笞一人；治鄂则严法峻诛，一概无赦。人问原因，他答："陕土地贫瘠，百姓贫而劳，吾抚恤还来不及，犹恐骚扰他们；鄂土地肥沃，百姓强悍，杂以夷俗，不用威，无法治。为政贵在知变呀。"

易操守剑　　归罪遗缣

【浅释】

汉王烈，字彦方，少师陈寔，以孝义闻。乡里有盗牛者，主得之，盗请罪曰："刑戮是甘，但勿使王彦方知之。"烈闻，谢之，遗以布一端。后有老父遗剑于路，行道一人见而守之，求其人，乃锰牛者。凡有争讼往质于烈，或至途而返，或望庐而还，其德感人如此。

汉陈定，字仲弓，平心率物，乡里有争讼，辄求判正，曰："宁为刑罚所加，不为陈君所短。"尝夜读书，有盗止梁上，宴呼子弟谓曰："不善之人，未恶，习与性成，遂至于此，梁上君子是已。"盗惊投地，稽首归罪。寔曰："当由贫困所致。"遗绢二匹遣之。

十五　咸

深情子野　　神识阮咸

【浅释】

晋人桓伊，字叔夏，小字子野，或称野王，工于音乐，笛子吹得非常好。他每次听见唱歌时没有伴奏，总是说："怎么能这样呢？"他对音乐是特别喜好的。谢公曾赞叹道："子野可谓一往有深情。"

晋人阮咸，通晓音律，听力特别敏捷。宴会上，荀勖叫人弹奏制造的乐器，他一定说音调不准。勖听后，非常生气，就把他贬为始平太守。后来，有个耕田的人拾获周时的玉尺。勖用它校对所制作的乐器，发现确实短了一黍，所以才钦佩阮咸的辨音能力。

公孙白绖　司马青衫

【浅释】

公孙侨，任郑国的大夫。吴国派出季札来鲁国访问，是由于为新立的国君通好的缘故。他又到齐国访问，随后到郑国访问，又到了卫国、晋国。在郑国时见到公孙侨，好像老相识。他送给公孙侨白绢大带，公孙侨献上麻布衣服。唐朝人白居易贬官任江州司马，高兴地说："想念庐山很久了，现在得到青山绿水，做清风明月的主人，幸运得很。"有一天送客人到浔阳江头，夜里听到邻近船上的琵琶乐声，经过询问，原是长安城中的老年妓女弹奏的。为此他写了《琵琶行》诗，末尾说："凄凄不似向前声，满座重闻皆掩泣。座中泣下谁最多？江州司马青衫湿。"意思是：凄凄惨惨不再像先前的优美乐调，满座席上的人重新听凄惨乐声都捂脸哭泣，座中流下眼泪最多的是谁？江州司马白居易的青色官袍上潮湿一大片。

狄梁被谮　杨亿蒙谤

【浅释】

唐狄仁杰，以功追封梁国公。武后尝谓公曰："卿在汝南，有谮卿者，欲知之乎？"公谢曰："陛下以臣有过，臣当改之；以为无过，臣之幸也。彼谮臣者，臣不愿知。"谥文惠。又己吕蒙正初入朝堂，有朝臣指之曰："此子亦参政耶！"蒙正佯为不知。同列者不平，诘其姓名，蒙正遽止之曰："若一知其姓名，则终身不忘，不若不知为愈。"时服其量。

宋杨文忠公亿为执政者所忌，言事者攻之不已，公谢启有曰："已落沟壑，犹下石而未休，方因蒺藜，尚弯弓而不已。"亿，谥文。

布重一诺　金慎三缄

【浅释】

季布曾任河东太守，诋毁曹丘是窦长君所生。曹丘对他说："楚人谚曰：'得黄金百斤，不如得季布一诺。'足下为何能得此名？我到处出游，扬先生之名于天下，先生何故憎我？"季布听了曹的话后，非常高兴，并赠给他很多东西。

孔子走进后稷庙，见到一铜人，三次想说都没说，后来就在这铜人的背上刻上铭文："古之人慎言：无多言，多言多败；无多事，多事多患。安乐必成，无所行悔。"

彦升非少　仲举不凡

【浅释】

南北朝时人任昉，表字彦升，八岁能写好文章。梁武帝时，历任黄门侍郎，出京任义兴郡、新安郡太守。为政清廉简约，撰写的文章有几十万字。褚彦回对他父亲任遥说："您有好儿子，可喜可贺，正是一百个不算多，一个不算少。"任昉因此而名声很高。

汉朝陈蕃，表字仲举，是汝南人。薛勤任郡府功曹时，陈蕃十五岁，替父亲送书信给薛勤，薛勤特别留心他。第二天，薛勤前去访问，陈蕃父亲出迎。薛勤说："您有位不平凡的儿子，我来问候他，不是到您这里来。"当时庭院房舍壳芜，薛勤说："后生为什么不打扫干净来接待客人？"陈蕃说："大丈夫应当扫除天下，怎可伺奉一间屋室？"薛勤更觉奇特，与他谈论了一整天。

古人万亿　不尽兹函

【浅释】

十千曰万，十万曰亿，古人之多也。函，书帙也。言学问无穷，人当博洽，非仅得此函可遂已也。二语总结。

孝 经

【题解】

传统蒙学读物中，《孝经》是"孔子明帝王治天下之大经大法，以垂万世"（明太祖语）。

《孝经》是《十三经》之一，相传为孔子所作，又说为孟子或孟子门人所作。是字数最少（总字数不过一千八百余言），内容最浅，而影响最大，争议最多的著作。其宗旨在于宣扬儒家所提倡的孝道。宋太宗御书《孝经》赐给李至，说："于文无足取，若有资于教化，莫《孝经》若也。"

《孝经》是中国文化史上最重要的典籍之一。在中国古代社会生活中的作用是巨大的，是古代以"忠孝"为核心的伦理道德和社会规范的集中体现。古话说"三岁定一生"，能让小朋友在他们记忆的黄金时期阅读这些经典，随着年龄的增长，经典之精髓就会慢慢地在他们身上发酵。为什么要"孝"？"孝"就是对父母养育之恩的一种回报，叫作"慈乌反哺"：父母给你生命，所以你要善待父母的生命。让小朋友怀着崇敬之心去了解古人，并非要件件照办，而是想通过这些故事，让他们知道人世间传统道德孝的重要性！

开宗明义章^① 第一

仲尼居^②，曾子侍^③，子曰："先王有至德要道^④，以顺天下，民用和睦，上下^⑤无怨，汝知之乎^⑥？"曾子避席曰："参不敏，何足以知之？"子曰："夫孝，德之本也^⑦，教之所由生也^⑧。复坐^⑨，吾语^⑩汝。身体发肤^⑪，受之父母，不敢毁伤^⑫，孝之始^⑬也。立身行道^⑭，扬名^⑮于后世，以显^⑯父母，孝之终也^⑰。夫孝，始于事亲^⑱，中于事君^⑲，终于立身^⑳。《大雅》云：'无念尔祖^㉑，聿修厥德^㉒。'"

【注解】

①开宗明义：阐述本经的宗旨，说明孝道的义理。开：张开。宗：宗旨。明：显示，使之明晰。义：义理。

②仲尼居：仲尼，孔子的字。孔子，春秋末期思想家、政治家、教育家，儒家的创始者。居：闲居，无事闲坐着。

③曾子侍：曾子，即曾参，字子舆，孔子的学生。侍：地位低的人在地位高的人身侧为侍。这里指在孔子坐席旁边陪坐。

④先王：先代圣帝明譬王。这里指尧、舜、禹、汤、文、武等史上著名的圣君圣王。至德：至善、至用。

⑤上下：指社会地位的尊卑高低，这里包括了从贵族到平民的各个阶层。

⑥汝知之乎：你知道这些道理吗？汝：你。之，指代前句所说的"至德要道"。乎：语气词，用在句末表示疑问或反问。

⑦夫孝，德之本也：孝道是一切德行的根本。夫：发语词。本：根本。

⑧教之所由生也：所有教化都是从孝道产生出来的。

⑨复坐：孔子让曾子回到自己的席位上去。复：重回。

⑩语：告诉。

⑪身：躯体。体：四肢。发：毛发。肤：皮肤。

⑫毁伤：毁坏，残伤。

⑬始：开端。

⑭立身：指在事业上有所建树，有所成就。行道：指按照天道行事。

⑮扬名：显扬声名。

⑯显：显耀，荣耀。

⑰孝之终也：这里指孝道的高级的、终极的要求。终：终了。

⑱始于事亲：以侍奉双亲为孝行之始。

⑲中于事君：以为君王效忠、服务为孝行的中级阶段。

⑳终于立身：以建功扬名、光宗耀祖为孝行之终。

㉑《大雅》：《诗经》的一个组成部五分，主要是西周官方的音乐诗歌作品。

㉒无念：犹言勿忘，不要忘记。尔：你的。祖：祖先。

㉓聿修厥德：继承、发扬先祖的美德。聿：语助词。厥：其。以上二句见于《诗经·大雅·文王》。

【译文】

孔子在家里闲坐，他的学生曾参侍坐在旁边。孔子说："先代的帝王有其至高无上的品行和最重要的道德，以其使天下人心归顺，人民和睦相处。人们无论是尊贵还是卑贱，上上下下都没有怨恨不满。你知道那是为什么吗？"曾参站起身来，离开自己的座位回答说："学生我不够聪敏，哪里会知道呢？"孔子说：'这就是孝。它是一切德行的根本，也是教化产生的根源。你回原来位置坐下，我告诉你。人的身体、四肢、毛发、皮肤，都是父母赋予的，不敢予以损毁伤残，这是孝的开始。人在世上遵循仁义道德，有所建树，显扬声名于后世，从而使父母显赫荣耀，这是孝的终极目标。所谓孝，最初是从侍奉父母开始，然后效力于国君，最终建功立业，功成名就。《诗经·大雅·文王》篇中说过：'怎么能不思念你的先祖呢？要称述修行先祖的美德啊！'"

天子章① 第二

子曰："爱亲者，不敢恶②于人；敬亲者，不敢慢③于人。爱敬尽于事亲，而德教加于百姓，刑④于四海，盖天子之孝也。《甫刑》云：'一人有庆，兆民赖之⑤。'"

【注解】

①天子章：此章以下至于庶人，都说的是行孝奉亲之事，天子至尊，故标居首章。

②恶：厌恶，憎恨。

③慢：怠慢，轻侮。

④刑：通"型"，典型，榜样。

⑤《甫刑》：《尚书》篇名，又名《吕刑》。庆：善，美德。

【译文】

孔子说："爱自己父母的人，就不会厌恶别人的父母，尊敬自己父母的人，也不会怠慢别人的父母。尽心尽力地侍奉双亲，将德行教化施之于黎民百姓，使天下百姓遵从效法，这就是天子的孝道。《尚书·甫刑》里说：'天子一人有善行，万方民众都信赖他'"。

诸侯①章第三

在上不骄②，高而不危；制节谨度③，满而不溢④。高而不危，所以长守贵也⑤；满而不溢，所以长守富也⑥。富贵不离其身，然后能保其社稷⑦，而和⑧其民人，盖诸侯之孝也。《诗》云："战战兢兢，如临深渊，如履薄冰⑨。"

【注解】

①诸侯：指由天子分封的国君。

②在上：指诸侯的地位在万民之上。骄：骄傲，傲慢。

③制节：俭省费用。谨度：指行为举止谨慎，合乎法度。

④满：充实，指国库充裕。溢：过分，这里指奢侈浪费。

⑤长守贵：长久地保有尊贵的地位。贵：指政治地位高。

⑥长守富：长久地保有财富。富：指钱财多。

⑦社稷：代指国家。社：土地神。稷：谷神。

⑧和：使……和睦。

⑨战战兢兢，如临深渊，如履薄冰：意思是说恐惧谨慎，担心坠入深渊不可复出，担心陷入薄冰下不可援救。战战：恐惧。兢兢：戒慎。临：近。语出《诗经·小雅·小旻》。

【译文】

身为诸侯不骄傲，处的位置再高也不会有倾覆的危险；生活节俭、慎行法度，财富再充裕丰盈也不奢靡。居高位而没有倾覆的危险，这是长久保持尊贵地位的原因；财富充裕而不奢靡，这是长久守住财富的原因。保持富有和尊贵，然后能保住国家安全，能与黎民百姓和睦相处，这该是诸侯的孝道吧。《诗经》中说："小心谨慎，就像来到深水潭边一样，又如脚踩薄冰一样。"

卿大夫章^①第四

非先王之法服^②不敢服；非先王之法言^③不敢道；非先王之德行不敢行。是故非法不言，非道不行；口无择言^④，身无择行。言满天下无口过，行满天下无怨恶。三者备矣，然后能守其宗庙。盖卿大夫之孝也。《诗》云："夙^⑤夜匪^⑥懈，以事一人。"

【注解】

①卿大夫章：周王朝与各诸侯国都有卿大夫一职。

②法服：符合先王礼法规定的服饰。

③法言：符合先王礼法的言语。

④口无择言：言行都遵守礼法，所以无可选择。

⑤夙：早。

⑥匪：不。

【译文】

不是先代圣明君王所制定的合乎礼法的服饰不敢穿戴；不是先代圣明君王所说的合乎礼法的言语不敢说；不是先代圣明君王实行的道德准则和行为不敢去做。所以不合乎礼法的话不说，不合乎礼法道德的行为不做；开口说话不须选择就能合乎礼法，自己的行为不必着意考虑也不会越轨。于是所说的话即便天下皆知也不会有过失之处，所做的事传遍天下也不会遇到怨恨厌恶。衣饰、语言、行为这三方面都能做到遵从先代圣明君王的礼法准则，然后才能守住自己祖宗的香火延续兴盛。这就是卿、大夫的孝道啊！《诗经·大雅·烝民》里说："要从早到晚勤勉不懈，专心侍奉天子。"

士章^①第五

资^②于事父以事母，而爱同；资于事父以事君，而敬同。故母取其爱，而君取其敬，兼之者，父也。故以孝事君则忠，以敬事长则顺。忠顺不失，以事其上，然后能保其禄^③位，而守其祭祀。

盖士之孝也。《诗》云："夙兴夜寐，无忝尔所生④。"

【注解】

①士章：士之位次于卿大夫，故置其后。

②资：资取。

③禄位：俸禄，爵位。

④诗句出自《诗经·雅·宛》。忝：辱没。尔所生：生你的人。

【译文】

用侍奉父亲的心情去侍奉母亲，爱心要相同；用侍奉父亲的心情去侍奉国君，崇敬之心也相同。所以，侍奉母亲用爱心，侍奉国君用尊敬之心，两者兼而有之是对待父亲。因此用孝道来侍奉国君就忠诚，用尊敬之道侍奉上级则顺从。能做到忠诚顺从地侍奉上级，然后能保住自己的俸禄和职位，并能守住对祖先的祭祀。这该是士人的孝道吧！《诗经》里说："要早起晚睡，不要让父母因你而蒙羞。"

庶人章①第六

用天之道②，分地之利③，谨身节用④，以养父母。此庶人之孝也。故自天子至于庶人，孝无终始⑤，而患不及者⑥，未之有也。

【注解】

①庶人：众人。

②用天之道：按时令变化安排农事。用：善用。天之道：指春生、夏长、秋收、冬藏。

③分地之利：分别情况，因地制宜，种植适宜当地生长的农作物，以获取地利。

④谨身：谨慎小心。节用：节省开支。

⑤孝无终始：孝道的义理非常博大。

⑥而患不及：而担心做不到。患：忧虑，担心。不及：做不到。

【译文】

利用春温、夏热、秋凉、冬寒的季节变化的自然规律，区分土质和地势的不同特点，因时因地，各尽所宜，以获取最大的收成。行为举止，小心谨慎；用度花费，节约俭省，以此来供养父母。这是庶民大众的孝道要求。所以上自天子，下至普通百姓，孝道无始无终，永恒存在的，有人担心不能做到孝，那是没有的事情。

三才①章第七

曾子曰："甚哉，孝之大也！"子曰："夫孝，天之经②也，地之义③也，民之行④也。天地之经，而民是则之。则天之明，因地之利，以顺天下。是以其教不肃而成，其政不严而治。先王见教之可以化民也，是故先之以博爱，而民莫遗其亲，陈之以德义，而民兴行；先之以敬让，而民不争；导之以礼乐，而民和睦；示之以好恶，而民知禁。《诗》云：'赫赫师尹，民具尔瞻⑤。'"

【注解】
①三才：指天、地、人。
②经：规律，法则。
③义：合理的。
④行：行为准则。
⑤诗句出自《诗经·小雅·节南山》。赫赫：显赫。师：太师。师尹：太师尹氏。具：通"俱"。

【译文】
曾参说："太伟大了！孝道是多么博大高深呀！"孔子说："孝道犹如天上日月星辰的运行，地上万物的自然生长，天经地义，乃是人类最为根本首要的品行。天地有其自然法则，人类从其法则中领悟到实行孝道视为自身的法则而遵循它。效法上天那永恒不变的规律，利用大自然四季中的优势，顺乎自然规律对天下民众施以政教。因此其教化不须严肃实施就可成功，其政治不须严厉推行就能得以治理。从前的贤明君主看到通过教育可以感化民众，所以他首先表现为博爱，人民因此没有敢遗弃父母双亲的；向人民陈述道德、礼义，人民就行动起来去遵行，他率先以恭敬和谦让、垂范于人民，于是人民就不争斗；用礼仪和音乐引导他们，人民就和睦相处；告诉人民对值得喜好的美的东西和令人厌恶的丑的东西的区别，人民就知道禁令而不犯法了。《诗经·小雅·节南山》篇中说：'威严而显赫的太师尹氏，人民都仰望着你。'"

孝治①章第八

子曰："昔者明②王之以孝治天下，不敢遗③小国之臣，而况于公、侯、伯、子、男乎④？故得万国之欢心⑤，以事其先王⑥。治国者⑦，不敢侮于鳏寡⑧，而况于士民⑨乎？故得百姓之欢心，以事其先君。治家者⑩，不敢失于臣妾⑪，而况于妻子⑫乎？故得人之欢心，以事其亲⑬。夫然⑭，故生则亲安之⑮，祭则鬼享之⑯，是以天下和平，灾害⑰不生，祸乱⑱不作，故明王之以孝治天下也如此。《诗》云：'有觉德行，四国顺之。'"

【注解】

①孝治：以孝道治理天下。

②昔者：从前。明：圣明。

③遗：遗忘。

④公、侯、伯、子、男：周朝分封诸侯的五等爵位。

⑤万国：指天下各诸侯国。欢心：爱护、拥护之心。

⑥以事其先王：意指各国诸侯都来参加祭祀先王的典礼。

⑦治国者：指天子所分封的诸侯。

⑧鳏：老而无妻。寡：老而无夫。

⑨士民：指士绅和平民。

⑩治家者：指受禄养亲的卿大夫。

⑪臣妾：指男女仆役。

⑫妻子：妻子儿女。

⑬亲：指父母双亲。

⑭夫然：如此。夫：发语词。

⑮生：活着。亲：双亲。安之：安定地生活。

⑯祭：祭奠。鬼：指去世的父母的灵魂。享之：享受祭奠。

⑰灾害：指自然界水、旱、风、雨等灾变。

⑱祸乱：指人事方面的祸患。

孔子说："从前圣明的君王是以孝道治理天下的，即便是对极卑微的小国的臣属也不遗弃，更何况是公、侯、伯、子、男五等诸侯呢？所以会得到各诸侯国臣民的欢心，使他们帮助诸侯祭祀先王。治理一个封国的诸侯，即便是对失去妻子的男人和丧夫守寡的女人也不敢欺侮，更何况对他属下的臣民百姓呢？所以会得到老百姓的欢心，使他们帮助诸侯祭祀祖先。"孔子说："治理自己卿邑(yì)的卿大夫，即便对于臣仆婢妾也不失礼，更何况对其妻子、儿女呢？所以会得到众人的欢心，使他们乐意侍奉其父母亲。只有这样，才会让父母双亲在世时安乐、祥和地生活，死后成为鬼神享受到后代的祭祖。因此也就能够使天下祥和太平，自然灾害不发生，人为的祸乱不会出现。"孔子说："所以，圣明的君王以孝道治理天下，就会像上面所说的那样。《诗经·大雅·抑》篇中说：'天子有伟大的德行，四方的国家都会归顺于他。'"

圣治①章第九

曾子曰："敢问圣人之德，无以加于孝乎？"子曰："天地之性，人为贵。人之行，莫大于孝，孝莫大于严父②，严父莫大于配天③，则周公其人也。昔者，周公郊祀后稷以配天；宗祀文王于明堂④，以配上帝。是以四海之内，各以其职来祭⑤。夫圣人之德，又何以加于孝乎？"

【注解】

①圣治：阐述圣人以孝治天下。

②严父：尊崇父亲。

③配天：祭天时以祖先配享。

④明堂：古代帝王宣明政教，举行朝会、祭祀、庆赏等大典的地方。

⑤各以其职来祭：诸侯各按职责进贡方物助祭。

【译文】

曾子说："我很冒昧地问，圣人的德行，没有比孝道更大的了吗？"孔子说："天地万物之中，以人类最为尊贵。人类的行为，没有比孝道更为重大的了。在孝道之中，没有比敬重父亲更重要的了。敬重父亲，没有比把父亲同天帝一起祭祀更为重大的了，这一点，只有周公能做到。从前，周公在郊外祭天，把始祖后稷配祀天帝；在明堂祭祀，又把父亲文王配祀天帝。所以，各地诸侯能够恪尽职守，前来协助他的祭祀活动。"圣人的德行，有什么能超出孝道的呢？

故亲生之膝下^①，以养父母日严^②，圣人因严以孝敬^③，因亲以教爱^④。圣人之教，不肃而成^⑤，其政不严而治^⑥，其所因者本^⑦也。父子之道^⑧，天性也，君臣之义也。父母生之，续^⑨莫大焉^⑩。君亲临之，厚莫重焉^⑪。

【注解】

①亲：指亲近父母之心。膝下：指孩提时代。

②养：供养，侍奉。日严：日益尊敬。

③圣人因严以孝敬：指圣人依靠子女对父母尊崇的天性，引导他们敬父母。

④因亲以教爱：根据子女对父母亲近的天性，教导他们爱父母。

⑤圣人之教，不肃而成：圣人的教化虽然并不严厉，但却很有成效。

⑥其政不严而治：圣人的政令虽然并不苛刻，但却能使天下太平。

⑦因：凭借。本：天性，此指孝道。

⑧父子之道：指父子之间父慈子孝的感情关系。

⑨续：传宗接代。

⑩焉：于之，于此。

⑪君亲临之，厚莫重焉：君王对臣，好比严父对子女，没有比这更厚重的。

【译文】

因为子女对父母亲的敬爱，在年幼相依父母亲膝下时就产生了，待到逐渐长大成人，则一天比一天懂得了对父母亲尊严的爱敬。圣人就是依据这种子女对父母尊敬的天性，教导人们对父母孝敬；又因为子女对父母天生的亲情，教导他们爱的道理。圣人的教化因此不必严厉地推行就可以成功，对国家的管理不必施以严厉粗暴的方式就可以治理好，是因为他们因循的是孝道这一天生自然的根本天性。父子之情，乃是出于人类天生的本性，也体现了君主与臣属之间的义理关系。父母生下儿女以传宗接代，没有比这更为重要的了；父亲对于子女又犹如尊严的君王，其施恩于子女，没有比这样的恩爱更厚重的了。

"故不爱其亲而爱他人者，谓之悖德^①；不敬其亲而敬他人者，谓之悖礼。以顺则逆，民无则焉^②。不在于善^③，而皆在于凶德^④，虽得之^⑤，君子不贵^⑥也。

【注解】

①悖德：违背德行。悖：违背。

②以顺则逆，民无则焉：意谓本来应顺从天意，现在却反而违背天意，那么民众百姓无以取法了。

③善：指孝顺父母的行为。

④凶德：指不爱其亲而爱他人之亲的行为。

⑤之：指崇高的地位。

⑥贵：看重，认为贵。

【译文】

所以不爱父母却去爱别人，叫作违背道德；不尊父母而尊敬别人，叫作违背礼法。不顺应天理，偏要逆天理而行，百姓就无从效法。不在善道上下功夫，反违背道德礼法，即使能一时得志，也是不被君子看重的。

"君子则不然，言思可道^①，行思可乐^②，德义可尊，做事可法^③，容止可观^④，进退可度^⑤。以临其民^⑥，是以其民畏而爱之，则而象之^⑦。故能成其德教，而行其政令。《诗》云：'淑人君子，其仪不忒^⑧。'"

【注解】

①言思可道：君子所说的每一句话都要考虑是否能得到别人的称道。

②行思可乐：君子所做的每一件事都要考虑能否使人感到高兴。

③做事可法：君子所建立的事业要使人能够效法。

④容止可观：君子的容貌和举止要使人仰慕。

⑤进退可度：君子的一进一退都要合乎法度。

⑥以临其民：用这样的办法来统治他的臣民。临：统治。

⑦畏而爱之，则而象之：既敬畏他，又拥戴他，并处处效法他，模仿

他。象：模仿，效法。

⑧淑人君子，其仪不忒：善人君子，他的威仪礼节不会有差错。淑人，有德行的人。仪：仪表，仪容。忒：错。语出《诗经·曹风·鸤鸠》。

【译文】

"君子的作为则不是这样，其言谈，必须考虑到要让人们所称道奉行；其作为，必须想到可以给人们带来欢乐；其立德行义，能使人民为之尊敬；其行为举止，可使人民予以效法；其容貌行止，皆合规矩，使人们无可挑剔；其一进一退，不越礼违法，成为人民的楷模。君子以这样的作为来治理国家，统治黎民百姓，所以民众敬畏而爱戴他，并学习仿效其作为。所以君子能够成就其德治教化，顺利地推行其法规、命令。《诗经·曹风·鸤(lú)鸠（jiū）》篇中说：'善人君子，其容貌举止丝毫不差。'"

纪孝行章第十

子曰："孝子之事亲也，居则致其敬，养则致其乐，病则致其忧，丧则致其哀，祭则致其严。五者备矣，然后能事亲。事亲者，居上不骄，为下不乱，在丑不争。居上而骄则亡，为下而乱则刑，在丑^①而争则兵^②。三者不除，虽日用三牲^③之养，犹为不孝也。"

【注解】

①丑：众。

②兵：动用兵器。

③三牲：牛、羊、猪。

【译文】

孔子说："孝子对父母亲的侍奉，在平日里的时候，要竭尽对父母恭敬，在饮食生活的奉养时，持和悦愉快的心情去服侍；父母生了病，要带着忧虑的心情去照料；父母去世了，要竭尽悲哀之情料理后事；对先人的祭祀，要严肃对待，礼法不乱。这五方面做得完备周到了，方可称为对父母尽到了子女的孝心。侍奉父母双亲，要身居高位而不骄傲蛮横，身居下层而不为非作乱，在民众和顺相处、不与人争斗。身居高位而骄傲自大者势必要招致灭亡，在下层而为非作乱者免不了遭受刑罚，在民众中争斗则会引起相互残杀。这骄、乱、争三项恶事不戒除，即便对父母天天用牛、羊、猪这样的美味尽心奉养，也还是不孝之人啊。"

五刑章① 第十一

　　子曰："五刑之属三千，②而罪莫大于不孝。③要君者无上，④非圣人者无法，⑤非孝者无亲，⑥此大乱之道也。"⑦

【注解】
　　①五刑：古代五种轻重不同的刑罚。即墨、劓、刖、宫、大辟。墨，在额上刺字后，涂上黑色。劓，割鼻。刖，断足。宫，男阉割，女幽闭宫中。大辟，死刑。
　　②五刑之属三千：应当处以五刑的罪有三千条。
　　③罪莫大于不孝：在应当处以五刑的三千条罪行中最严重的是不孝。
　　④要君者无上：用武力威胁君王的人目无君王。要：要挟，胁迫。
　　⑤非圣人者无法：用言语诋毁圣人的人目无法纪。非：诽谤，诋毁。
　　⑥非孝者无亲：反对孝道的人目无父母。
　　⑦大乱之道：大乱的根源。道，根源。

【译文】
　　孔子说："五刑所属的犯罪条例有三千之多，其中没有比不孝的罪过更大的了。用武力胁迫君主的人，是眼中没有君主的存在；诽谤圣人的人，是眼中没有法纪；对行孝的人有非议、不恭敬，是眼中没有父母的存在。这三种人的行径，乃是天下大乱的根源所在。"

广要道章① 第十二

　　子曰："教民亲爱，莫善于孝。教民礼顺，莫善于悌②。移风易俗，莫善于乐。安上治民，莫善于礼。礼者，敬而已矣。故敬其父，则子悦；敬其兄，则弟悦；敬其君，则臣悦；敬一人，而千万人悦。所敬者寡，而悦者众，此之谓要道也。"

【注解】

①广要道：广宣要道，变恶为善。

②悌（tì）：敬爱兄长。

【译文】

孔子说："教育人民互相亲近友爱，没有比倡导孝道更好的了。教育人民礼貌和顺，没有比服从兄长更好的了。转移风气、改变旧的习惯制度，没有比用音乐教化更好的了。使君主安心，人民驯服，没有比用礼教办事更好的了。"所谓的礼，就是敬爱而已。所以，尊敬他人的父亲，他的儿子就会喜悦；尊敬他人的兄长，他的弟弟就愉快；尊敬他人的君主，他的臣下就高兴。敬爱一个人，却能使千万人高兴愉快。所尊敬的对象虽然只是少数，为之喜悦的人却有千千万万，这就是礼敬的意义。

广至德章第十三

子曰："君子之教以孝也，非家至而日见之也。教以孝，所以敬天下之为人父者也。教以悌，所以敬天下之为人兄者也。教以臣，所以敬天下之为人君者也。《诗》云：'恺悌君子，民之父母。'非至德，其孰能顺民，如此其大者乎。"

【译文】

孔子说："君子教人以行孝道，并不是挨家挨户去推行，也不是天天当面去教导。君子教人行孝道，是让天下做父亲的人都能得到尊敬。教人以为弟之道，是让天下做兄长的人都受到尊敬。教人以为臣之道，是让天下做君主的能受到尊敬。《诗经·大雅·泂酌》篇里说：'和乐平易的君子，是民众的父母，不是具有至高无上的德行，其怎么能使天下民众顺从而如此伟大呢！'"

广扬名①章第十四

子曰："君子之事亲孝，故忠可移于君②；事兄悌，故顺可移于长；居家理，故治可移于官③。是以行成于内④，而名立⑤于后世矣。"

①广扬名：进一步阐述行孝和扬名的关系。

②君子之事亲孝，故忠可移于君：君子侍奉父母能极尽孝道，他就能忠诚地侍奉君王。移：转移，感情的转移。

③居家理，故治可移于官：善于料理家事，就能管理好政事。

④行成于内：在家中养成了美好的品行。行：指孝、悌、理三种品行。内：家中。

⑤立：树立。

【译文】

孔子说："君子侍奉父母亲能尽孝，所以能把对父母的孝心移作对国君的忠心；侍奉兄长能尽敬，所以能把这种尽敬之心移作对前辈或上司的敬顺；在家里能处理好家务，所以会把理家的道理移于做官、治理国家。因此，能够在家里尽孝悌之道、治理好家政的人，其声名也就会显扬于后世了。"

谏诤①章第十五

曾子曰："若夫慈爱、恭敬、安亲、扬名，则闻命矣。敢问子从父之令，可谓孝乎？"子曰："是何言欤，是何言欤！昔者，天子有诤臣七人，虽无道，不失其天下；诸侯有诤臣五人，虽无道，不失其国；大夫有诤臣②三人，虽无道，不失其家。士有诤友，则身不离于令名③。父有诤子，则身不陷于不义。故当不义，则子不可以不诤于父，臣不可以不诤于君。故当不义则诤之，从父之令，又焉得为孝乎！"

【注解】

①谏诤：为臣子如遇君主和父亲有过失，就当谏诤。

②诤臣：能直言规劝君主改正的臣子。

③令名：美名。

【译文】

曾子说："像慈爱、恭敬、安亲、扬名这些孝道，已经听过了天子的教诲，我想再冒昧地问一下，做儿子的一味遵从父亲的命令，就可称得上是孝顺了吗？"孔子说："这是什么话呢？这是什么话呢？"从前，天子身边有七个直言相谏的诤臣，即使天子是个无道昏君，他也不会失去其天下；诸侯有直言相谏的诤臣五人，即便自己是个无道君主，也不会失去他的诸侯国；卿大夫有三位直言劝谏的臣属，即使他是个无道之臣，也不会失去自己的家园；普通的读书人有直言相劝的朋友，自己的美好名声就不会丧失；父亲有敢于直言力诤的儿子，就能使父亲不会陷身于不义之中。因此，在遇到不义之事时，如果是父亲所为，做儿子的不可以不劝诤力阻；如果是君王所为，做臣子的不可以不直言谏诤。所以，对于不义之事，一定要谏诤劝阻。如果只是遵从父亲的命令，又怎么称得上是孝顺呢？"

应感章①第十六

子曰："昔者，明王事父孝，故事天明；事母孝，故事地察。长幼顺，故上下治；天地明察，神明彰矣。故虽天子，必有尊也，言有父也；必有先也，言有兄也。宗庙致敬，不忘亲也。修身慎行，恐辱先也。宗庙致敬，鬼神著矣②。孝悌之至，通于神明，光于四海，无所不通。《诗》云：'自西自东，自南自北，无思不服③。'"

【注解】

①应感章：认为孝道可上感天地神明，降福于行孝之人。

②鬼神著矣：指祖先之神。

③诗句出自《诗经·大雅·文王有声》。

【译文】

孔子说："从前，贤明的帝王侍奉父亲很孝顺，所以在祭祀天帝时能够明白上天覆庇万物的道理；侍奉母亲很孝顺，所以在祭祀后土时能够明察大地孕育万物的道理；理顺处理好长幼秩序，所以对上下各层也就能够治理好。能够明察天地覆育万物的道理，神明感应其诚，就会彰明神灵、降临福瑞来保佑。所以虽然尊贵为天子，也必然有他所尊敬的人，这就是指他有父亲；必然有先他出生的人，这就是指他有兄长。到宗庙里祭祀致以恭敬之意，没有忘记自己的亲人；修身养心，谨慎行事是因为恐怕因自己的过失而使先人蒙受羞辱。到宗庙祭祀表达敬意，先祖们的灵魂就会到来。对父母兄长孝敬顺从达到了极至，即可以通达于神明，光照天下，任何地方都可以感应得到。《诗经·大雅·文王有声》篇中说："从西到东，从南到北，没有人不想顺从的。'"

侍君章① 第十七

　　子曰："君子之事上②也，进③思尽忠，退④思补过⑤，将顺其美，匡救其恶⑥，故上下能相亲也。《诗》云：'心乎爱矣，遐不谓矣。中心藏之，何日忘之⑦。'"

【注解】
①侍君章：本章旨在阐明在朝廷上为官的人，应极力发挥广大君主的优点，同时还要匡正君主的缺点，最终达到上下一致，君臣相亲。
②上：君主、天子、帝王。
③进：仕进，做官，为朝廷效劳。
④退：身退，即辞官家居。
⑤补过：补救过错。
⑥将顺其美，匡救其恶：将：扶助，帮助。顺：顺畅，这里有发扬光大之意。美：是优点，指美好的言行，即长处。匡：匡正，纠正。恶：缺点、不是，跟"美"相对。
⑦《诗》云："心乎爱矣，遐不谓矣。中心藏之，何日忘之。"：《诗》：《诗经·小雅·隰桑》篇。爱：敬爱。遐不：胡不，何不。谓：倾诉、诉说。之：前后两个"之"都指敬爱君王的心情，是代词。
【译文】
　　孔子说："君子侍奉君王，在朝廷要想如何尽忠心；退官居家要想如何补救君王的过失。对于君王的优点，要顺应发扬；对于君王的过失缺点，要匡正补救。这样，君臣关系才能相互亲敬。《诗经》说：'心中充溢爱敬的情怀，无论多么遥远，真诚的爱永久藏在心中，不会忘记。'"

丧亲①章第十八

子曰：孝子之丧事也，哭不偯②，礼无容③，言不文④，服美不安⑤，闻乐不乐⑥，食旨不甘⑦，此哀戚⑧之情也。三日而食⑨，教民无以死伤生⑩，毁不灭性⑪，此圣人之政也。丧不过三年⑫，示民有终也⑬。

【注解】

①丧亲：失去双亲。

②偯：哭的尾者迤逦委曲，指拖腔拖调。

③礼无容：指丧亲时，孝子的行为举止不讲究仪容姿态。

④言不文：指丧亲时，孝子说话不应辞藻华丽。文：有文采。

⑤服美不安：孝子丧亲，穿着华美的衣裳会于内心不安。服美：穿着漂亮的衣裳。

⑥闻乐不乐：由于心中悲伤，孝子听到音乐也并不感到快乐。

⑦食旨不甘：即使有美味的食物，孝子因为哀痛也不会觉得好吃。旨：美味。甘：味美，甜。

⑧哀戚：忧虑，哀伤。

⑨三日而食：指古时丧礼，待母之丧三天以后，孝子就应该进食。

⑩教民无以死伤生：这是教导人民不要因父母的丧亡而伤害到自己的身体。

⑪毁不灭性：虽因哀痛而消瘦，但是不能伤及生命。毁：因伤而损坏身体。

⑫丧不过三年：指守丧之期不可超过三年。

⑬示民有终也：让人民知道，丧礼是有终结的。终，指礼制上的终结。

【译文】

孔子说："孝子丧失了父母亲，会哭得声嘶力竭，发开哭腔；举止行为失去了平时的端正礼仪，言语没有了条理文采，穿上华美的衣服就心中不安，听到美妙的音乐也不快乐，吃美味的食物不觉得可口，这是做子女的因失去亲人而悲伤忧愁的表现。父母之丧，三天之后就要吃东西，这是教导人们不要因失去亲人的悲哀而损伤生者的身体，不要因过度的哀毁而灭绝人生的天性，这是圣贤君子的为政之道。为亲人守丧不超过三年，是告诉人们居丧是有其终止期限的"。

"为之棺、椁、衣、衾而举之，陈其簠、簋^①而哀戚之。擗踊^②哭泣，哀以送之；卜其宅兆，而安措之；为之宗庙，以鬼享之；春秋祭祀，以时思之。生事爱敬，死事哀戚，生民之本尽矣，死生之义备矣，孝子之事亲终矣。"

【注解】

①簠簋（fǔ guǐ）：古代盛食物的器具，也用作祭器。簠：长方形，有四足。簋：多为圆形。

②擗踊（pǐ yǒng）：捶胸顿足，形容哀痛哭泣。

【译文】

办丧事的时候，要为去世的父母准备好棺材、外棺、穿戴的衣饰和铺盖的被子等，妥善地安置进棺内，陈列摆设上簋、簠类祭奠器具，以寄托生者的哀痛和悲伤。出殡的时候，捶胸顿足，号啕大哭地哀痛出送。占卜墓穴吉地以安葬。兴建起祭祀用的庙宇，使亡灵有所归依并享受生者的祭祀。在春秋两季举行祭祀，以表示生者无时不思念亡故的亲人。在父母亲在世时以爱和敬来侍奉他们，在他们去世后，则怀着悲哀之情料理丧事，如此尽到了人生在世应尽的本分和义务。送死的大义都做到了，才算是完成了作为孝子侍奉亲人的义务。"

洞学十戒

【题解】

所谓"洞学"，指江西庐山著名的白鹿洞书院。

《洞学十戒》的作者是明代的高贲亨，做过江西提学副使。

这是一篇古代书院的学规。这个学规极具特色，告诉学生不能怎样做，这样做会有什么危害，当然反过来也说明了应该怎样做。全篇言简意赅，学生容易犯的错误几乎都一一指出，对儿童成长有着深远的影响。

一曰立志卑下：

谓以圣贤之事不可为，舍其良心，甘自暴弃，只以工文词、博记诵为能者。

【解析】

第一是没有远大抱负：例如觉得古代圣人贤人做过的事自己一定做不到，行动上违背良心，学习上自暴自弃，光是凭文章华丽、书背得多来显耀自己。

二曰存心欺妄：

谓不知为己之学，好为大言，互相标榜，粉饰容貌，专务虚名者。

【解析】

第二是存心欺骗作假：像不知道求学是为了提高道德修养，只喜欢说大话，相互吹捧，装饰自己的外表，专门热衷于求取虚名。

三曰侮慢圣贤：

谓如小衣入文庙及各祠，闲坐嬉笑及将圣贤正论格言做戏语，不盥栉观书之类。

【解析】
第三是对圣贤不恭谦：比如，穿着短衣短裤走进孔庙和其他祠院，闲坐着戏闹谈笑，或者把圣贤的至理格言拿来开玩笑，不洗好脸梳好头就打开圣贤的书来看等。

四曰陵忽师友：

谓如相见不敬，退则诋毁，责善不从，规过则怒之类。

【解析】
第四是轻慢老师同学：比如，和师长同学见面时不讲礼节，背地里还要说他们的坏话，不听别人的好心劝，指出他的过错就大发雷霆等。

五曰群聚嬉戏：

凡初至接见之后，虽同会亦必有节，非同会者，尤不可数见。若群聚遨游，设酒剧会，戏言戏动，不惟妨废学业，抑且荡害性情。

【解析】
第五是聚在一起打闹：凡是首次见面的人，即便是在同一团体里也要有克制，不要立即打得火热，不在同一团体就更不应常常见面。聚在一起游玩、喝酒、看戏、说脏话、干坏事，不只会妨害和荒废学业，更会败坏了自己的品行。

六曰独居安肆：

谓如日高不起，白昼打眠，脱巾裸体，坐立偏跛之类。

【解析】
第六是独处时疲沓懒散：像太阳升高了还不起床，白天睡大觉，脱了头巾，光着身体，坐立不端，东歪西倒等。

七曰做无益之事：

谓如博弈之类。至于书文，虽学者事，然非今日所急，亦宜戒之。

【解析】
第七是干没有益处的事：比如，赌博、下棋等。至于学书法写文章，尽管是做学问的人应该做的，但假如不是当前急需具备的，就不要去花太多的时间。

八曰观无益之书：

谓如老庄仙佛之书，及《战国策》诸家小说，各文家，但无关于圣人之道者，皆是。

【解析】
第八是看没有益处的书：比如，老子、庄子、仙道、神佛的书，以及《战国策》之类的各家小说，各家文章。其余凡是和圣贤的道理无关的书，都是。

九曰好事：

凡朋友同处，当知久敬之道，通财之义。若以小忿小利，辄伤和气，与途人无异矣。

【解析】

第九是好惹是非：和朋友交往，要明白友谊长存的道理。花钱用物上讲义气。假如为了一点点矛盾和得失，就和朋友伤了和气，那就是把朋友看得和路上相遇的陌生人一样了。

十曰无恒：

夫恒者入圣之道，小艺无恒，且不能成，况学乎？在院生儒，非有急务，不宜数数回家，及言动课程，俱当有常，毋得朝更夕变，一作一辍。

【解析】

第十是没有恒心：恒心是成就圣人德行的关键，没有恒心，小技艺也不能成，何况学业呢？在校读书，不是有急事，不要老回家；学习要有规律，不要早晚更改，做做停停。

声律启蒙

【题解】

《声律启蒙》是我国较早的声律蒙书，与《三字经》《百家姓》一样是家喻户晓的儿童启蒙读物。声律教育是我国古代学习的传统内容，这部书主要传授的是音韵方面的知识，是掌握声韵格律的启蒙读物，同时也是我国楹联史上的瑰宝。"云对雨，雪对风，晚照对晴空"的琅琅书声，在古老的神州大地上曾经响彻了两个世纪。

《声律启蒙》在写作上的特点是很鲜明的，它把常见的韵字组成韵语，而这些韵语又都是富有文采的符合格律的对子；同时又巧妙地加入了大量的历史故事与成语典故，朗朗上口而便于记忆。内容上海阔天空，鸟兽草木鱼虫，用作者之笔，把人们带进了一个极为丰富多彩的天地。多少年来，它作为儿童启蒙教育的课本，初学写作韵文的范本，深受历史文人学者的推崇。

《声律启蒙》作于清康熙年间，作者车万育（1632—1750），字舆三，号鹤田，又号敏州，湖南邵阳人。康熙二年（1663）举人，曾任岳麓书院院长。近年来发现，车万育的《声律启蒙》其实是元代祝明《声律发蒙》一书的翻版。车万育在祝书的基础上做了润色修改。后湘潭人夏大观进行了注释，衡山聂铣敏做了重订。这可能正是车氏未将此书列入自己书目的原因。尽管如此，仍不能抹杀车万育在中国楹联史上的地位。

一 东①

云对②雨，雪对风，晚照③对晴空。来鸿对去燕，宿鸟④对鸣虫。三尺剑⑤，六钧弓⑥，岭北⑦对江东⑧。人间清暑殿⑨，天上广寒宫⑩。两岸晓烟杨柳绿，一园春雨杏花红。两鬓风霜，途次⑪早行之客；一蓑⑫烟雨，溪边晚钓之翁。

【注释】

①一东：这是按诗韵（平水韵）标目。"一东"即上平声十五韵目之第一韵目。下同。

②对：诗学术语，有双重含义，一指词或句子在意义上的相配偶对仗，二指相对偶的词或句子，其音节点上的字在声调上的平仄相对（至于律诗句子音节点上字的平仄相对，还有一些特殊的规定，这里不做深谈。

③晚照：夕阳的光辉。

④宿鸟：夜栖的鸟。

⑤三尺剑：汉高祖刘邦曾说："吾以布衣提三尺取天下。""三尺"，是剑的大约长度，所以常以"三尺"或"三尺剑"统称宝剑。

⑥六钧弓：三十斤为一钧。《左传·定公》载："颜高之弓六钧。"指硬度很强的弓。

⑦岭北：地名，元代有岭北行省，在今蒙古人民共和国境内。

⑧江东：汉唐称芜湖到南京一段的长江南岸为江东，后遂习惯上沿用。

⑨清暑殿：避暑的宫殿。

⑩广寒宫：传说唐玄宗梦见一宫殿，上面的榜额写着"广寒清虚之府"，即广寒宫。后多指月宫。

⑪途次：指路上。

⑫蓑（suō）：蓑衣。用草或棕制成的雨披。

沿对革①，异对同，白叟②对黄童③。江风对海雾，牧子对渔翁。颜巷陋④，阮途穷⑤，冀北对辽东。池中濯足水⑥，门外打头风⑦。梁帝讲经同泰寺⑧，汉皇置酒未央宫⑨。尘虑萦心，懒抚七弦绿绮⑩；霜华满鬓，羞看百炼青铜⑪。

【注释】

①沿对革：沿：沿承。革：改变、革新。

②白叟：白发老头。

③黄童：黄发孩童。

④颜巷陋：指颜回居住在简陋的地方。

⑤阮途穷：晋代诗人阮籍，常以纵酒装疯避祸，走在路上每遇道路阻塞，便痛哭而返。

⑥濯（zhuó）足水：语出《孺子歌》："沧浪之水浊兮，可以濯我足。"

⑦打头风：逆风，顶头风。出自《琅嬛记》。

⑧同泰寺：佛寺名，南朝梁武帝萧衍大力倡导尊佛崇儒，常与高僧在同泰寺讲论佛经。

⑨未央宫：汉高祖刘邦统一天下之后，曾经在未央宫设宴招待。

⑩绿绮：有名的乐器。楚庄王有琴叫绕梁，司马相如有琴叫绿绮（卓文君琴名），蔡邕有琴叫焦尾，都是有名的乐器。

⑪青铜：指青铜镜。

贫对富，塞对通。野叟对溪童。鬓皤①对眉绿②，齿皓对唇红。天浩浩③，日融融④。佩剑对弯弓。半溪流水绿，千树落花红。野渡燕穿杨柳雨，芳池⑤鱼戏芰荷⑥风。女子眉纤，额下现一弯新月；男儿气壮，胸中吐万丈长虹。

【注释】

①鬓皤（pó）：两鬓全白。

②眉绿：形容年幼。

③浩浩：广阔无垠的样子。

④融融：形容温暖。

⑤芳池：春草池塘。

⑥芰（jì）荷：出水的荷，指荷叶或荷花。

二 冬

　　春对夏，秋对冬，暮鼓对晨钟。观山对玩水，绿竹对苍松。冯妇虎①，叶公龙②，舞蝶对鸣蛩③。衔泥双紫燕，课蜜④几黄蜂。春日园中莺恰恰，秋天塞外雁雍雍⑤。秦岭云横，迢递⑥八千远路；巫山雨洗，嵯峨十二危峰。

【注释】

①冯妇虎：春秋时期，晋国有一个叫冯妇的人，打虎本领很强。

②叶公龙：指叶公好龙的故事。

③蛩：蟋蟀。

④课蜜：采花酿蜜。

⑤雍雍：大雁和谐悦耳的叫声。

⑥迢递：形容路途遥远的样子。

　　明对暗，淡对浓，上智对中庸①。镜奁对衣笥②，野杵③对村春④。花灼烁⑤，草蒙茸⑥，九夏对三冬⑦。台高名戏马⑧，斋小号蟠龙⑨。手擘蟹螯从毕卓⑩，身披鹤氅自王恭⑪。五老峰⑫高，秀插云霄如玉笔；三姑石大，响传风雨若金镛⑬。

【注释】

①上智：儒家认为天资最聪明的人。中庸：这里指平常的人。

②镜奁（lián）：镜匣。衣笥（sì）：盛衣物的竹制箱子。

③野杵（chǔ）：郊野的捣衣声。杵，俗称棒槌，旧时洗衣用来捶打衣服的工具。

④村春（chōng）：村中捣米的声音。春，把稻子或谷物放在石臼里捣去皮壳。

⑤灼烁（shuò）：光彩貌。

⑥蒙茸（róng）：杂乱貌。

⑦九夏：夏季的九十天。三冬：冬季的三个月。

⑧"台高"句：戏马台即项羽掠马台，南朝宋武帝刘裕曾在这里宴会宾客。

⑨"斋小"句：东晋桓温曾在南州建蟠龙斋，上面画的尽是龙。

⑩"手擘"句：晋毕卓性情高傲豁达，爱喝酒，曾说："一手持蟹螯，一手持酒杯。拍浮酒池中，便足了一生。"擘，（bò），分开，螯（áo），螃蟹钳子形状的脚。

⑪身披鹤氅自王恭：晋王恭仪表很美，人们夸他"濯濯如春月柳"。他曾经身披鹤氅裘，孟昶看到了，惊叹道："此真神仙中人也？"鹤氅是用鹭鸟羽毛制成的外套。

⑫五老峰：庐山峰名。

⑬"三姑石"句：《地舆志》载：南康有三姑石，响声若金镛。金镛（yōng），大钟。

仁对义，让对恭，禹舜①对羲农②。雪花对云叶，芍药对芙蓉。陈后主③，汉中宗④，绣虎⑤对雕龙⑥。柳塘风淡淡，花圃月浓浓。春日正宜朝看蝶，秋风那更夜闻蛩。战士邀功，必借干戈成勇武；逸民适志，须凭诗酒养疏慵⑦。

【注释】
①禹舜：大禹和舜，皆为古代贤王。
②羲农：伏羲及神农氏。
③陈后主：南朝末年的亡国之君。即陈叔宝，字元秀，在位七年为隋所灭。
④汉中宗：汉代著名君主。即汉武帝曾孙刘询，在位二十五年崩，谥号汉宣帝。
⑤绣虎：指魏晋著名文学家曹植（曹操之子，魏文帝曹丕的弟弟）。据称他七步成诗一首，人称"绣虎"。
⑥雕龙：指古代著名文艺批评著作《文心雕龙》。
⑦疏慵：松散懒怠。

三 江

楼对阁，户对窗，巨海对长江。蓉裳①对蕙帐②，玉罍③对银釭④。青布幔⑤，碧油幢⑥，宝剑对金缸。忠心安社稷⑦，利口覆⑧家邦。世祖中兴延马武⑨，桀王失道杀龙逄⑩。秋雨潇潇，漫烂黄花都满径；

春风袅袅⑪，扶疏⑫绿竹正盈窗。

【注释】

①蓉裳：屈原《离骚》有句："制芰荷以衣兮，集芙蓉以为裳。"

②蕙帐：兰蕙做帐，形容山中隐士居处。

③玉斝（jiǎ）：古代酒器。

④银釭：银质油灯。

⑤布幔：帐。

⑥碧油幢（chuǎng）：用油布制成的青绿色帷幕。

⑦社稷（jì）：代指国家。

⑧利口：能言善辩。覆：使之覆灭。

⑨"世祖"句：后汉马武，出身绿林。西汉更始初年，拜为振威将军。东汉光武帝刘秀攻下邯郸后，延请马武率领上谷突骑。马武归顺刘秀后，为刘秀中兴大业屡建军功。

⑩龙逄（páng）：夏时人，直谏夏桀，桀无道，终杀龙逄。

⑪袅（niǎo）袅：形容微风的吹拂。

⑫扶疏：犹婆娑。形容舞动的姿态。

旌对旆①，盖对幢②，故国对他邦。千山对万水，九泽③对三江④。山岌岌⑤，水淙淙，鼓振对钟撞。清风生酒舍，皓月照书窗。阵上倒戈⑥辛纣战，道旁系剑子婴降⑦。夏日池塘，出没浴波鸥对对；春风帘幕，往来营垒燕⑧双双。

【注释】

①旌（jīng）：古代旗之一种，缀旄牛尾于竿头，下有五彩析羽，用以指挥或开道；亦为古代旗帜的通称。旆（pèi）：古时旗尾状如燕尾的垂旒。后泛指旌旗。

②盖：古代贵族车子上的顶盖。 幢（chuáng），古代作为仪仗用的一种旗帜。

③九泽：古代传说中的九个湖泊，说法不一，《吕氏春秋·有始览》指吴的具区泽、楚的云梦泽、秦的阳华泽、晋的大陆泽、梁的圃田泽、宋的孟诸，齐的海隅、赵的巨鹿、燕的大昭泽等九泽。

④三江：古代传说中的三条江河，说法不一，据《尚书·禹贡》"三江既入"条下蔡沈注云：三江在震泽下分流，东北入海为娄江，东南入海为东江，并松江为三江。《佩文韵府》云三江乃钱塘江、扬子江、松江。一云为松江、钱塘江、浦阳江。

⑤岌岌：高耸巍峨状。

⑥倒戈："前徒倒戈"。周武王兴兵伐纣，纣发兵与周武王迎战。纣王众叛亲离，兵众阵前倒戈反击，致至使纣王大败，身灭国亡。

⑦道旁系剑子婴降：传派高祖刘邦破秦，秦始皇之孙秦王子婴驾素车白马，系剑于道旁，向刘邦军队投降。

⑧垒：此处指燕巢。

铢对锊，只对双，华岳①对湘江②。朝车③对禁鼓④，宿火对寒缸。青琐闼⑤，碧纱窗，汉社对周邦。笙箫鸣细细，钟鼓响枞枞⑥。主簿栖鸾名有览⑦，治中展骥姓惟庞⑧。苏武牧羊，雪屡餐于北海⑨；庄周活鲋，水必决于西江⑩。

【注释】

①华岳：是指西岳华山，在陕西华阴县。

②湘江：河流名，源出广西，流经湖南全镜，向北汇入洞庭湖，和长江连通。全长817千米。

③朝车：早朝之车。

④鼓：宵禁之鼓。

⑤青琐闼：刻有青色连环花纹的宫门。闼，宫门。

⑥枞枞：敲击钟鼓的声音。

⑦主簿栖鸾名有览：东汉的仇览，字季智，又名香，先为蒲县亭长，后为主簿，他自称做鹰鹯不如做鸾凤。主簿，县令的属官，主管文书簿籍之事。

⑧治中展骥姓惟庞：《三国志·庞统传》记载：庞统，字士元，是三国时期刘备的谋士，与诸葛亮齐名，刘备曾派他做耒阳令。但是在这里却没有做出什么政绩，鲁肃和刘备都认为他不是百里之才，只有使他的官位在治中别驾这样的地位上，才能施展他的才能。治中和别驾都是府佐名。

⑨雪屡餐于北海：苏武为西汉大臣，出使匈奴时被扣留，后来被发配到

北海牧羊，喝雪水，吞毡毛，历尽千辛万苦，却始终握着汉朝的笏板，直到十九年之后才得以回国。

⑩水必决于西江：《庄周·外物》中讲了这样一个故事，据说有一次，庄子因事外出，在一条车辙之中发现一尾鲋鱼，那条鱼请求庄子给他一些水，好让它不至于渴死，庄子却慷慨地说要去引西江的水过来救它。

四 支

茶对酒，赋①对诗，燕子对莺儿。
栽花对种竹，落絮②对游丝③。
四目颉④，一足夔⑤，鸲鹆对鹭鸶⑥。
半池红菡萏⑦，一架白荼蘼⑧。
几阵秋风能应候⑨，一犁春雨甚知时。
智伯恩深，国士吞变形之炭⑩；
羊公德大，邑人竖堕泪之碑⑪。

【注释】
①赋：古文体之一。
②絮：柳絮。
③游丝：飘荡的蛛丝。
④四目颉（jié）：指苍颉，传说是他始创汉字。苍颉为神圣，有四只眼睛。
⑤一足夔（kuí）：夔为舜时乐正。舜曾说："一夔足矣。"意思是说夔具有真才，有他一个担当乐正就足够了。后采人们误解这话，以为夔异于常人，只长了一只脚。孔子也向鲁哀公解释说：足是"足够"之足，不是"手足"之足。
⑥鸲鹆（qú yù）：八哥。鹭鸶（lù sī）：白鹭鸟。
⑦菡萏（hàn dàn）：荷花。
⑧荼蘼：花名。
⑨应候：合于气候变化之规律。
⑩"智伯"句：春秋战国之交，豫让受智伯恩遇。后来智伯被赵襄子等杀死，豫让便漆身为癞，吞炭为哑，变其形容，伺机行刺赵襄子以报智伯仇，不遂，被执自杀。

⑪"羊公"句：晋武帝时，羊祜镇守荆州，极得民心，死后葬岘山。百姓常记他的德行，见到他的墓碑每每落泪。时称堕泪碑。

行对止，速对迟，舞剑对围棋。花笺对草字，竹简对毛锥①。汾水鼎，岘山碑，虎豹对熊罴②。花开红锦绣，水漾碧琉璃。去妇因探邻舍枣③，出妻为种后园葵④。笛韵和谐，仙管⑤恰从云里降；橹声咿轧⑥，渔舟正向雪中移。

【注释】

①毛锥：毛笔。

②罴：棕熊。

③"去妇"句：汉朝人王吉的妻子摘了邻居家的几个枣，王吉就把她休回了娘家。

④"出妻"句：这里指公仪休拔葵去织的故事。

⑤仙管：这里指笛子。

⑥咿轧：摇橹的声音。

戈①对甲②，鼓对旗，紫燕对黄鹂。
梅酸对李苦，青眼③对白眉④。
三弄笛，一围棋，雨打对风吹。
海棠春睡早⑤，杨柳昼眠迟。
张骏曾为槐树赋⑥，杜陵不做海棠诗⑦。
晋士特奇，可比一斑之豹⑧；
唐儒博识，堪为五总之龟⑨。

【注释】

①戈：矛。

②甲：铠甲。

③青眼：正视。晋阮籍不拘礼教，对凡俗之士，常用白眼斜看他，唯有嵇康携琴来到时，阮籍大喜，常用青眼看他。

④白眉：三国蜀马良，字季常，眉间有白毛。兄弟五人都有才名，又都有一个"常"字为字。时谚说："马氏五常，白眉最良。"

⑤"海棠"句：杨贵妃睡醒，唐明皇笑问道："海棠春睡未足耶？"

⑥"张骏"句：晋西平公张骏据梁州，种柳树不活，独酒泉西北角有槐树生长，因而他就写了《槐树赋》。

⑦"杜陵"句：杜甫诗集中没有咏海棠的诗，或以为杜甫母名海棠，因此避讳而不写海棠诗。

⑧"晋士"句：晋王献之少时，看到他父亲的门生赌博，时见胜负，就说："南风不竞（意谓力量不强）。"门生们轻视他这个小孩子，反而说："这个小儿不过是透过管子看豹，只能见到一点花斑而已。"

⑨"唐儒"句：唐殷践猷知识渊博，贺知章称他为"五总龟"。因龟长寿，又古人以为龟千年有五聚，问无不知，所以称博学多闻的人为五总龟。

五　微

来对往，密对稀，燕舞对莺飞。风清对月朗，露重对烟微①。霜菊瘦，雨梅肥，客路对渔矶②。晚霞舒锦绣，朝露缀珠玑。夏暑客思欹③石枕，秋寒妇念寄边衣④。春水才深，青草岸边渔父⑤去；夕阳半落，绿莎⑥原上牧童归。

【注释】
①微：淡。
②渔矶：水边突出的可供垂钓的岩石。
③欹（qī）：倾斜。
④边衣：寄给戍边战士的征衣。
⑤渔父：渔。
⑥绿莎（suō）原：青草原。莎，莎草，泛指草。

宽对猛，是对非，服美对乘肥①。珊瑚对玳瑁，锦绣对珠玑。桃灼灼②，柳依依③，绿暗对红稀。窗前莺并语，帘外燕双飞。汉致太平三尺剑，周臻大定一戎衣④。吟成赏月之诗，只愁月堕；斟满送春之酒，唯憾春归。

【注释】

①乘肥：骑肥马。

②灼（zhuó）灼：红艳鲜明。

③依依：柔弱的柳条随风摆动的样子。

④"周臻"句：周兴师伐商，终于安定天下。臻（zhēn），达到大定，天下安定。一戎衣，穿上战服，借指举兵。

声对色，饱对饥，虎节①对龙旗②。杨花对桂叶，白简③对朱衣④。尨也吠⑤，燕于飞⑥，荡荡对巍巍。春暄⑦资日气，秋冷借霜威。出使振威冯奉世⑧，治民异等尹翁归⑨。燕我弟兄，载咏棠棣韡韡⑩；命伊将帅，为歌杨柳依依⑪。

【注释】

①虎节：古时使节所持的虎形信物。

②龙旗：绘有龙纹的旗帜，古时王侯用作仪卫。

③白简：古时候御史如果要向皇帝弹劾官员，一般使用白色竹简书写。

④朱衣：古代官服颜色。唐时四、五品官员穿的是红色的官服，因此称为朱衣。《欧阳公诗》中有："文章自古无凭据，唯愿朱衣一点头。"

⑤尨也吠：《诗经·野有死麕》中有："舒而脱脱兮，无感我帨兮，无使尨也吠。"这本是热恋女子劝告情人不要过于冒失的话。尨，一种杂色长毛狗。

⑥燕于飞：语出《诗经·燕燕》："燕燕于飞，差池其羽。"借燕子双飞，比喻女子出嫁。

⑦暄：温暖。

⑧出使振威冯奉世：西汉冯奉世曾出使西域，率军击破莎车，后封为关内侯。

⑨治民异等尹翁归：汉代尹翁归曾先后为东海、右扶风守令，他治民有方，赏善刑奸，除盗罢税，政绩卓然。

⑩棠棣韡韡：棠棣，就是棠棣，果实似李但略小，古时用来形容兄慕棒桦，灿烂的样子。

⑪杨柳依依：《诗经·采薇》中有："昔我往矣，杨柳依依，今我来思，雨雪霏霏。"这首诗是用来描写出征战士艰苦的生活。

六 鱼

无对有，实对虚，作赋对观书。
绿窗对朱户^①，宝马^②对香车^③。
伯乐马^④，浩然驴^⑤，弋雁^⑥对求鱼。
分金齐鲍叔^⑦，奉璧蔺相如^⑧。
掷地金声孙绰赋^⑨，回文锦字窦滔书^⑩。
未遇殷宗，胥靡困傅岩之筑^⑪；
既逢周后，太公舍渭水之渔^⑫。

【注释】
①朱户：豪门大户。
②宝马：珠玉装饰之马。
③香车：涂着香料的精美之车。
④伯乐马：良马。伯乐是秦穆公时人，善相马。
⑤浩然驴：唐孟浩然曾在灞水之滨踏雪寻梅，并说："我的诗思在风雪中、驴背上。"
⑥弋（yì）雁：用带绳的箭射雁。
⑦分金齐鲍叔：齐管仲穷困时与鲍叔共做生意，分利时总给自己分得多。鲍叔也不认为管仲贪，知道这是他贫困的缘故。
⑧奉璧蔺相如：战国时，赵国得和氏璧，秦国要以十五城换赵璧。赵蔺相如奉璧使秦，见秦无诚意，以大智大勇与强秦对抗，终于不辱使命，完璧归赵。
⑨掷地金声孙绰赋：晋人孙绰作《天台山赋》，他的友人范荣期赞美其赋，说："你试把它掷地，当作金石声响。"
⑩回文锦字窦滔书：前秦苏蕙为秦州刺史窦滔妻，窦滔为安南将军，抛却苏蕙携宠妾而去。苏蕙悲恨，用彩锦织成《回文璇玑图诗》以赠滔。滔颇受感动，于是夫妻和好如初。
⑪"未遇"句：殷高宗梦得贤臣，后来按梦中人的相貌在傅岩找到了傅说（yuè）。傅说未遇高宗时，仅是一个操杵筑土的奴隶。胥靡，奴隶。筑，筑土之杵。

⑫"既逢"句：殷末，姜太公只在渭水之滨垂钓居闲，遇周文王，得以重用。周后，指周文王。舍，离去。

终对始，疾①对徐②，短褐对华裾③。六朝对三国④，天禄对石渠⑤。千字策⑥，八行书⑦，有若对相如⑧。花残无戏蝶，藻密有潜鱼。落叶舞风高复下，小荷浮水卷还舒。爱见人长，共服宣尼休假盖⑨；恐彰已吝，谁知阮裕竟焚车⑩。

【注释】

①疾：快步行走。

②徐：缓缓而行。

③华裾：指衣服的大襟，也引申为衣服的前后部分，此处泛指华美的衣服。

④六朝：吴建都于建业（今南京城），后历东晋、宋、齐、梁、陈，各朝均都于此，号为"六朝"。三国：指魏、蜀、吴三国。

⑤天禄：传说中的长角怪兽，汉代有阁名为"天禄阁"。刘向曾在此阁校书（整理古籍）。石渠：据古史记载，汉初萧何曾建"石渠阁"收藏各国图书典籍，后来汉成帝以石渠作为国家收藏秘籍之处。

⑥千字策：唐代科举考试重于诗赋，至宋代，开始侧重于"策试之制"，即要求考生就国家政治、军事大政发表议论，每篇文章以千字为限，称为"千字策"。

⑦八行书：语见唐代诗人孟浩然诗："家书寄八行。"此典原出马融寄窦尚书，内有两纸八行文字，故后人以"八行书"言其简赅。

⑧有若：孔子的弟子。相如：战国时人蔺相如。另一解为指东汉时著名文学家司马相如。

⑨假盖：语见《孔子家语》。言某日孔子正待出门而天将阵雨，孔子的门人对孔子言，某人家里有雨伞（盖），可以向此人借用。孔子回答说：此人为人，缺点就在于比较计较财物的得失。我听说与人交往，应当注意人家的长处，回避人家的短处，这样才能长久。我并不是不知道他家有伞，而怕的是他若不肯借，正暴露出他的短处呀！

⑩焚车：晋代人阮裕，字思旷，有一辆好车。凡是有人求借，他无不借给。有一次，有人葬其母亲，欲向阮裕借车而又不敢开口。阮裕闻后叹息道："我有这么一辆好车，却让人家不敢来向我借，这车拿来还有什么用处

呢？"于是，便焚烧了此车。

麟对凤，鳖对鱼，内史对中书^①。犁锄对耒耜^②，畎浍对郊墟^③。犀角带^④，象牙梳，驷马对安车^⑤。青衣能报赦^⑥，黄耳解传书^⑦。庭畔有人持短剑^⑧，门前无客曳长裾^⑨。波浪拍船，骇^⑩舟人之水宿^⑪；峰峦绕舍，乐隐者之山居。

【注释】

①内史、中书：都是官名。

②耒（lěi）耜（sì）：古代农具。

③畎（quǎn）浍：田间沟渠。郊墟：村落。

④犀角带：古代朝服上佩用的以犀角为饰之带。

⑤驷马：指车。古代一车上套四马，故名。安车：古代的一种小车，可以安坐。

⑥"青衣"句：传说前秦苻坚关门密写赦免罪犯的文书，忽见有青蝇入室，赶走复来。不一会儿，外面的人都知道将有免罪的文书发下来。问他们是怎么知道的，都说是有个青衣人在街上大喊着这么说的。苻坚想了想说，那人是刚才的青蝇变化的。报，传言。

⑦"黄耳"句：传说晋陆机在洛阳养了一条狗叫黄耳，能传报家书。

⑧"庭畔"句：战国荆轲替燕丹行刺秦王，藏匕首（短剑）于所献地图卷中。轲至秦廷，展开地图，拿出匕首，刺向秦王；未遂被杀。

⑨曳长裾：指奔走于王侯权贵之门。裾，外衣的大襟。

⑩骇（hài）：惊怕。

⑪水宿：船上过夜。

七 虞

金对玉，宝对珠，玉兔^①对金乌^②。孤舟对短棹，一雁对双凫。横醉眼^③，捻吟须^④，李白对杨朱^⑤。秋霜多过雁^⑥，夜月有啼乌^⑦。日暖园林花易赏，雪寒村舍酒难沽。人处岭南，善探巨象口中齿^⑧；客居江左，偶夺骊龙颔下珠^⑨。

【注释】

①玉兔：指月亮，传说月亮中有玉兔。《楚辞》中有："顾兔在腹，谓月中有玉兔。"

②金乌：传说太阳上有金乌。《淮南子》说"日中有金乌"，意思是太阳上有三只脚的金乌。

③横醉眼：语出陆放翁诗："三万里天横醉眼。"

④捻吟须：语出卢延逊诗："吟安一个字，捻断数茎须。"

⑤杨朱：战国时期哲学家，主张为我贵生重己，孟子称他：拔一毛利天下而不为也。

⑥秋霜多过雁：北方有白雁，秋深则来，来则霜降，北方人称它为霜信。

⑦夜月有啼乌：古有《乌夜啼》曲。

⑧巨象口中齿：《南州异物志》有："象脱牙犹自爱惜，掘地藏之，人欲取，必做假牙代之不令其见，见则后不藏故处。"

⑨骊龙颔下珠：骊龙就是黑龙，传说其颔下有宝珠，如果想要得到宝珠，必须等到它睡着之后。

贤对圣，智对愚，傅粉对施朱①。名缰对利锁②，挈榼③对提壶。鸠哺④子，燕调雏⑤，石帐⑥对郇厨⑦。烟轻笼岸柳，风急撼庭梧。鸜眼⑧一方⑨端石砚，龙涎三炷博山垆⑪。曲沼鱼多，可使渔人结网；平田兔少，漫劳耕者守株⑫。

【注释】

①傅粉：搽粉。施朱：涂抹胭脂口红之类。

②名缰、利锁：形容为名利所纠缠牵绕。

③挈（qiè）：提。榼（kè）：古时的盛酒器。

④哺：这里指喂食。

⑤调雏：训养小鸟。

⑥石帐：晋石崇与王恺斗富，王恺做紫丝屏风长四十里，石崇做绵屏风长五十里。帐，借指帐静，屏风。

⑦郇厨：唐韦陟封郇公，家富好奢，厨中饮食应有尽有。

⑧鸜（qù）眼：指砚台贮水处有白、赤、黄色的圆形斑点。

⑨方：砚的数量单位。

⑩端石：广东德庆县端溪产石所制的砚，最为精良。

⑪龙涎：香名。三炷：三支。博山炉：雕刻重叠山形装饰图画的香炉。"垆"通"炉"。

⑫平田兔少，漫劳耕者守株：春秋宋国有一人在耕田时，偶尔得到一只撞树根而死的兔子，便不耕田了，每天守在树根旁，以为还有兔子来撞树根。漫：枉，徒然。株，树根露出地面的部分。

秦对赵，越对吴，钓客对耕夫，箕裘①对杖履②，杞梓对桑榆。天欲晓，日将晡③，狡兔对妖狐。读书甘刺股④，煮粥惜焚须⑤。韩信⑥武能平四海，左思⑦文足赋三都。嘉遁⑧幽人，适志竹篱茅舍；胜游公子，玩情柳陌花衢。

【注释】

①箕裘：语出《礼记·学记》："良冶之子，必学为裘；良弓之子，必学为箕。"良冶、良弓，指善于冶金和造弓的人。这段话的意思是儿子往往继承父业，后常以"箕裘"比喻祖先的事业。

②杖履：亦作"杖屦"。语出《礼记·曲礼上》："侍坐于君子，君子欠伸，撰杖屦，视日早暮，侍坐者请出矣。"撰，持也。古人席地而坐，老人出行，必须持杖着履，后来以"杖履"作为敬老之词，亦用指老人出游。

③晡：一日之中午。

④刺股：战国时人苏秦说秦失败，于是奋发读书，常常苦读至深夜，昏昏欲睡，则用锥自刺其股，血流至足。后用以比喻发愤学习。

⑤焚须：古代孝悌故事。传唐代李勣的姐姐生病，他亲自下厨房为姐姐熬粥，火不慎焚其胡须，一时传为美谈。

⑥韩信：汉代名将，他曾辅佐汉高祖刘邦平定四海，威震天下，功封淮阴侯。

⑦左思：晋代著名文学家。传说他的杰作《三都赋》花十年工夫写成，轰动一时，人人争相抄录转诵，致使"洛阳为之纸贵"。

⑧嘉遁：语出《周易·遁》："九五，嘉遁贞吉。"旧时用为称颂隐遁之词。遁，隐处。

中华蒙学大全

第三卷　郑红峰　编著

吉林出版集团
有限责任公司

八 齐

岩对岫①，涧对溪，远岸对危堤。鹤长对凫②短，水雁对山鸡。星拱北，月流西，汉露③对汤霓④。桃林牛已放，虞坂马长嘶⑤。叔侄去官闻广受⑥，弟史让国有夷齐⑦。三月春浓，芍药丛中蝴蝶舞；五更天晓，海棠枝上子规啼。

【注释】

①岫：山洞。

②凫：野鸭。

③汉露：汉武帝曾经造金茎玉盘，承接甘露，服食以求长生不老。

④汤霓：商汤讨伐残暴的夏桀，人们就像旱天看到了雨后的霓虹一样欢迎他。

⑤虞坂马长嘶：指伯乐孙阳相马的故事。

⑥"叔侄"句：汉朝人疏广与侄儿疏受均为高官，他俩功成身退，一起辞官回归故里。

云对雨，水对泥，白璧对玄珪①。献瓜对投李②，禁鼓对征鼙③。徐稚榻④，鲁班梯⑤，凤翥⑥对鸾栖。有官清似水，无客醉如泥。截发惟闻陶侃母⑦，断机只有乐羊妻⑧。秋望佳人，目送楼头千里雁；早行远客，梦惊枕上五更鸡。

【注释】

①白璧：圆形中间有孔的白色玉器。玄珪：上尖下方的黑色玉器。

②献瓜：唐高宗四月想吃瓜，明崇俨不一会儿就给他献来瓜，说是在缑氏老人园中买的。问老人，答道："窖藏去年的瓜，今年新瓜未下来时，这可卖百钱"。投李：《诗·卫风·木瓜》有句："投我以木李，报之以琼玖。"咏情人间相互赠物以表爱恋之情。投，送给。

③禁鼓：宫中鼓声。征鼙：军旅中的鼓声。

④徐稚榻：后汉陈蕃任豫章太守，不喜欢应酬宾客。唯器重高士徐稚，

声律启蒙

六二九

特设一榻招待他。等徐稚去后，便把榻放下不用。

⑤鲁班梯：春秋鲁国为楚国设计制造云梯，用以攻打宋国。后经墨子规劝，楚国才打消了攻宋的念头。鲁班指公输般。

⑥翱：飞。

⑦"截发"句：晋陶侃家贫，范逵来访，陶侃没有什么待客，其母便剪下自己的头发，卖掉后买酒菜让陶侃款待范逵。

⑧"断机"句：后汉人乐羊，远出家门求学。一年后，还未学成，就回家了。其妻怪而问他，他说："没有别的，只是很想你。"其妻持刀走到织机旁说："你看这丝绢，出自蚕茧，一根丝一根丝地织起来，才至寸盈尺累丈。今天若断了它，就前功尽弃。你求学中道而归，和割下这机丝有什么两样？"乐羊子很感动，又去求学，立志学成，七年都没有回家。

熊对虎，象对犀，霹雳对虹霓。杜鹃对孔雀，桂岭对梅溪。萧史凤①，宋宗鸡②，远近对高低。水寒鱼不跃，林茂鸟频栖。杨柳和烟彭泽③县，桃花流水武陵④溪。公子追欢，闲骤玉骢⑤游绮⑥陌；佳人倦绣，闷欹珊枕⑦掩香闺。

【注释】

①萧史凤：萧史是古代传说中的神仙，他善于吹箫，能以箫作鸾凤之音。秦穆公的女儿弄玉，也好吹箫，秦穆公就将她嫁给箫史，并筑凤台给他们居住，数年之后，弄玉乘凤，萧史乘龙，夫妻双双升仙而去。事见《列仙传》载。

②宋宗鸡：相传南朝时人宋处宗用笼子喂养了一只鸡，平日常将它置放于窗间，一天，这鸡突然开口说话，与宋处宗谈天论地，极有见解。宋处宗由此学问大有长进，后以鸡窗作为书室代称。见《艺文类聚》卷九一引《幽明录》。

③彭泽：彭泽相传为陶潜（渊明）所居之处，陶潜喜植柳于房前舍后，并且自号"五柳先生"。

④武陵：为陶渊明《桃花源记》所指"桃花源"所在之处。

⑤玉骢：白马。

⑥绮：斜靠。

⑦珊枕：以珊瑚做枕的意思。

六三〇

九　佳

河对海，汉^①对淮，赤岸对朱崖。鹭飞对鱼跃，宝钿对金钗^②。鱼圉圉^③，鸟嗜嗜^④，草履对芒^⑤鞋。古贤尝笃厚^⑥，时辈喜诙谐。孟训文公谈性善^⑦，颜师孔子问心斋^⑧。缓抚琴弦，像流莺而并语；斜排筝柱^⑨，类过雁之相挨^⑩。

【注释】

①汉：汉江。

②钿、钗：都是古代妇女的首饰。

③圉（yǔ）圉：困而未舒的样子。

④嗜嗜：鸟鸣声。

⑤履：鞋。芒：芒草，可以制草鞋。

⑥笃厚：真诚。

⑦"孟训"句：孟子曾见滕文公，同他讲人性本善的道理，开口不离尧舜。

⑧"颜师"句：孔子学生颜回曾问孔子什么是"心斋"，孔子回答他：只要达到空明的心境，排除一切思虑与欲望，就是"心斋"。

⑨柱：筝上的弦枕木。

⑩相挨：排成一行。

丰对俭，等对差，布袄对荆钗^①。雁行对鱼阵^②，榆塞^③对兰崖。挑荠^④女，采莲娃^⑤，菊径对苔阶，诗成六义^⑥备，乐奏八音^⑦谐。造律吏哀秦法酷^⑧，知音人说郑声哇^⑨。天欲飞霜，塞上有鸿行已过；云将作雨，庭前多蚁阵先排。

【注释】

①布袄、荆钗：汉代贤女孟光嫁给梁鸿，勤俭克己，头盘椎髻荆钗（用树枝做成的头饰），身着布衣练裙，为人称颂。

②雁行、鱼阵：皆为古代著名的军队阵法。

③榆塞：榆关，与山海关相距不远。

④荠：一种野菜，俗称为"乳浆菜"，色鲜味美。

⑤采莲娃：采莲的女子，娃，古为女子之称。

⑥六义：诗经学术用语，指古人对《诗经》的创作手法及分类的六种概括，即比、兴、赋、风、雅、颂。

⑦八音：指古代八种制作乐器的材料：金、石、丝、竹、匏、土、革、木。

⑧秦法酷：秦代法律以严苛残酷而著称。汉高祖兵入咸阳，灭秦之时，哀秦法太酷，曾与关中百姓"约法三章"，废除秦之酷刑苛法。

⑨郑声哇：据说孔子曾认为郑国的歌谣内容不健康，言："郑声哇也。"哇（wā），是靡曼、淫俗的，乐声。

城对市，巷对街，破屋对空阶。桃枝对桂叶，砌蚓对墙蜗。梅可望①，橘堪怀②，季路对高柴③。花藏沽酒市，竹映读书斋。马首不容孤竹扣④，车轮终就洛阳埋⑤。朝宰锦衣，贵束乌犀之带⑥；宫人宝髻⑦，宜簪白燕之钗⑧。

【注释】

①梅可望：曹操率军出征，军士渴而无水，曹操骗他们说："前方有梅林，酸可解渴。"军士听到后，翘首遥盼，直流口水。

②橘堪怀：语出《二十四孝·橘遗亲》："后汉陆绩年六岁，于九江见袁术。术出橘待之，绩怀橘二枚。及归拜辞，橘堕地。术曰：'陆郎做宾客而怀橘乎？'陆绩跪答曰：'吾母性之所爱，欲归以遗母。'"

③季路对高柴：季路、高柴都是孔子的弟子。

④马首不容孤竹扣：语出《史记·伯夷列传》："周武王伐纣，伯夷、叔齐扣马而谏。"

⑤车轮终就洛阳埋：东汉安帝时，外戚梁冀专权，汉安帝派御史张纲按巡，张纲埋车轮于洛阳都亭说："豺狼当道，安问狐狸？"最后劾奏了梁冀。

⑥乌犀之带：语出《唐书》："裴度还妇人以乌犀带。"

⑦髻：妇人盘发。

⑧白燕之钗：相传汉成帝时，招灵阁有神女献燕钗，成帝赐予赵婕妤，后昭帝时宫人把它摔碎了，它就化作白燕飞走。

十 灰

增对损，闭对开，碧草对苍苔。书签对笔架，两曜①对三台②。周召虎③，宋桓魋④，阆苑对蓬莱⑤。熏风⑥生殿阁，皓月⑦照楼荐。却马汉文思罢献⑧，吞蝗唐太冀移灾⑨。照耀八荒，赫赫⑩丽天秋日；震惊百里，轰轰⑪出地春雷。

【注释】

①两曜：日，月。

②三台：三台六星，其两两相比，分上台、中台、下台。《晋书·天文志》说这六颗星："在人曰三公，在天曰三台。"

③周召虎：周代的召穆公名召虎，曾奉命沿江汉征讨淮夷。

④宋桓魋（tuí）：春秋宋国的司马向雕，是宋桓公的后代，所以又称桓魋。孔子路过宋国，差一点被桓魋杀死。

⑤阆苑：闻风山之苑，是神话中的仙人居处。 蓬莱：传说中的海上仙山。

⑥熏风：南风。

⑦皓月：明月。

⑧"却马"句：汉文帝时，有人献千里马。文帝降诏，指示来人把马引回，不让献上。却，拒绝。

⑨"吞蝗"句：唐太宗时，一次蝗虫成灾，百姓大忧。唐太宗取蝗虫自吞食，说道："蝗虫吃我的心吧，不要害百姓。"

⑩赫赫：光明貌。

⑪轰轰：形容声音极大。

沙对水，火对灰，雨雪对风雷。书淫①对传癖②，水浒③对岩隈④。歌旧曲，醉新醅⑤，舞馆对歌台。春棠经雨放，秋菊傲霜开。作酒固难忘曲蘗⑥，调羹⑦必要用盐梅⑧。月满庾楼⑨，踞胡床⑩而可玩；花开唐苑，轰羯鼓以奚催⑪。

【注释】

①书淫：古代圣贤故事。据《北堂书钞》卷九，晋时人皇甫谧，字士

声律启蒙

安，博览群书，手不释卷，被世人所称乏为书淫蔡。淫，多的意思。

②传癖：传，指《左传》，我国历史上第一部编年体史书。由于西晋人杜预极好读《左传》，被时人称为"传癖"。

③水浒：浒，水。

④岩隈：隈，江之曲湾处。

⑤旧曲：旧时歌曲。新醅（pēi）：未经过滤的酒。

⑥曲蘖：酿酒时用以发酵的药曲。

⑦调羹：制作肉汤。

⑧盐梅：盐和梅，都是用以调味的物品。

⑨庾楼：庾，指晋人庾亮。旧传庾亮乘月夜登南楼，踞（盘脚坐）于胡床而自玩。

⑩胡床：古时由少数民族传到汉族地区的一种坐床，可收叠，形状有些类似今天的"马扎椅"。

⑪羯鼓：用羊皮做成的皮鼓，据《贵妃外传》记载，杨贵妃游于宫苑之中，见苑内的花朵都未开放，于是便令人用羯鼓催之，不久，苑中的桃花、杏花竞相怒放。羹催：羹，古汉语中的使役动词，相当于"用来做……"

休对咎①，福对灾，象箸②对犀杯。宫花对御柳，峻阁对高台。花蓓蕾，草根荄，剔藓对剜苔。雨前庭蚁闹，霜后阵鸿哀。元亮南窗今日傲，孙弘东阁几时开③。平展青茵，野外芊芊软草；高张翠幄，庭前郁郁凉槐。

【注释】
①休：吉庆、欢乐。 咎：灾祸。
②象箸：象牙筷子。箸，筷子。
③"孙弘"句：指公孙弘东阁招贤的故事。

十一　真

邪对正，假对真，獬豸①对麒麟。韩卢②对苏雁③，陆橘对庄椿④。韩五鬼⑤，李三人⑥，北魏对西秦。蝉鸣哀暮夏⑦，莺啭⑧怨残春。野烧⑨焰腾红烁烁⑩，溪流波皱⑪碧粼粼⑫。行无踪，居无庐⑬，颂成酒德；动有时，藏有节^⑭，论著钱神。

【注释】

①獬（xiè）豸（zhì）：古代传说中的异兽，能辨曲直，常以角顶坏人。

②韩卢：战国时韩国的名犬。卢，黑色犬。

③苏雁：为汉苏武传书之雁。苏武留滞北国，曾修书信系雁足，雁南飞入汉苑，书信为武帝所见。

④陆橘：见《九佳》注。庄椿：《庄子》里提到一株大椿树，以八千岁为春，八千岁为秋。

⑤韩五鬼：韩愈的五穷文，指出五穷鬼，即命穷、智穷、学穷、文穷、交穷。

⑥李三人：唐李白《月下独酌》诗有句："举杯邀明月，对影成三人。"三人指自身、月、身影。

⑦暮夏：夏季之末。

⑧莺啭：莺叫。

⑨野烧：野火。

⑩烁烁：明亮貌。

⑪波皱：波纹。

⑫粼（lín）粼：清澈貌。

⑬"行无"句：西晋刘伶嗜酒，作《酒德颂》中有"行无辙迹，居无室庐"句。"无辙迹"即"无踪"。庐，指屋室。

⑭"动有"句：西晋鲁褒作《钱神论》，内有"动静有时，行藏有节"句。节，节度。

　　哀对乐，富对贫，好友对嘉宾。弹冠对结绶^①，白日对青春。金翡翠，玉麒麟，虎爪对龙鳞^②。柳塘生细浪，花径起香尘。闲爱登山穿谢屐^③，醉思漉酒脱陶巾^④。雪冷霜严，倚槛松筠^⑤同傲岁；日迟风暖，满园花柳各争春。

【注释】

①弹冠对结绶：弹冠，《汉书》记载：王阳为益州刺史，贡禹弹其冠，待王阳推荐，后来果然当上了大夫。结绶，萧育少年时与朱博友善，两人彼

此推荐，名著当时。时人说："王贡弹冠，萧朱结绶。"

②翡翠：鹬鸟。龙麟：语出《隋书》。文帝造玉麟符。

③谢屐：晋代谢灵运好出游，登山穿无前齿木屐，下山时换穿无后齿木屐。屐，鞋。

④陶巾：晋代陶潜自己酿酒，酒熟时取下头上葛巾来滤酒，用完后再把葛巾戴回头上。

⑤筠：竹子的青皮。

香对火，炭对薪，日观①对天津②。禅心对道眼，野妇对宫嫔。仁无敌，德有邻，万石③对千钧④。滔滔三峡⑤水，冉冉一溪冰。充国功名当画阁⑥，子张言行贵书绅⑦。笃志诗书，思入圣贤绝域；忘情官爵，羞沾名利纤尘。

【注释】

①日观：古代山峰名。相传泰山有峰曰"日观"，鸡鸣之时可以观望到太阳升起。

②天津：津，渡口，天津，指天河的渡口。

③石：古代重量单位，每四钧为一石。

④钧：古代重量单位，每三十斤为一钧。

⑤三峡：地名，即长江三峡。

⑥画阁：语见《汉书·宣帝纪》。汉宣帝甘露三年，曾将赵充国、霍光等十名功臣的画像画于麒麟阁上。

⑦书绅：绅，为一种腰带，古代代表有一定身份地位的人，如所谓"缙绅"；书绅，即指把要牢记的话写在绅带上，以示时刻不忘。后来也称记注别人的话为书绅。

十二 文

家对国，武对文，四辅对三军①。九经对三史②，菊馥对兰芬③。歌北鄙④，咏南薰⑤，迩听对遥闻。召公周太保⑥，李广汉将军⑦。闻化蜀民皆草偃⑧，争权晋土已瓜分⑨。巫峡夜深，猿啸苦哀巴地月⑩；衡峰秋早，雁飞高贴楚天云⑪。

【注释】

①四辅：官名。相传是古天子身边的四个辅佐之臣。三军：古代军队的通称，又以步、车、骑为三军。

②九经：儒家的九种经典。前人说法不一，《经典释文》以为是《周易》《尚书》《诗经》《周礼》《仪礼》《礼记》《春秋》《孝经》《论语》。三史：魏六朝以《史记》《汉书》《东观汉记》为三史。至唐，《东观汉记》亡，遂以《史记》《汉书》《后汉书》为三史。

③馥、芬：都指气味芳香。

④歌北鄙：传说纣王好为北鄙之声。北鄙之声表现的是杀伐之声，所以纣很快亡国了。北鄙，北方边远之地。

⑤咏南薰，相传虞舜曾弹五弦琴作《南风》诗，其诗有"南风之薰兮"句。

⑥"召公"句：召公名奭，为周太保（官名）。

⑦"李广"句：西汉李广，威震匈奴，被呼为"飞将军"。

⑧"闻化"句：汉文翁任蜀郡守，兴教化，老百姓顺从他的教化，如草应风而偃（伏倒），于是蜀大治。

⑨"争权"句：春秋之末，晋国韩、赵、魏三家共同灭晋，三分其地。

⑩"巫峡"句：《水经注·江水》上说：长江巫峡两岸常有猿鸣，所以渔歌唱道："巴东三峡巫峡长，猿鸣三声泪沾裳。"巴，古国名，在今四川东部一带，借指四川。

⑪"衡峰"句：衡，山有雁峰，旧说秋天雁南飞，至此而止。楚，旧指湖南、湖北一带。

　　歊对正，见对闻，偃武对修文①。羊车②对鹤驾③，朝旭对晚曛④。花有艳，竹成文，马燧对羊欣⑤。山中梁宰相⑥，树下汉将军⑦。施帐解围嘉道韫⑧，当垆沽酒叹文君⑨。好景有期，北岭几枝梅似雪；丰年先兆，西郊千顷稼如云。

【注释】

①偃武修文：史载武王克商之后，乃偃武修文。偃武，停止军事行动。

②羊车：语出《晋书·武帝纪》，晋武帝荒淫无耻，每幸后宫，乘一辆羊车任其所之，嫔妃们为了得到他的宠幸，便在宫门前插上竹枝，以盐汁洒

在地上，吸引羊车前往。

③鹤驾：古代车驾名。相传王子晋为周灵王太子，于缑山乘白鹤仙去，后人把太子所乘之车驾称为"鹤驾"。

④朝旭：旭，太阳初升；晓曛（xūn）：太阳落山时的余晖。

⑤马燧：唐代宰相。羊欣：南朝刘宋人，字元敬，为新安太守，善书法及医术。

⑥山中梁宰相：语出《梁书·陶弘景传》。时人陶弘景隐居于茅山之中，梁武帝每有大事，则必定进山向他询问，时人称其为"山中宰相"。

⑦树下汉将军：语出《后汉书·冯异传》。东汉偏将军冯异为人谦逊，每当论功行赏时，便退避于大树之下，时人称其为"大树将军"。

⑧解围：相传晋人王凝之的弟弟王献之，一次在与客人辩论当中，即将陷入理屈词穷的尴尬境地。这时，他的嫂子道韫前来为其解围。她设一屏帐将自己遮蔽起来，在帐中与客人继续辩论，发扬和阐述王献之刚才的论点，使客人终不能取胜而言和。

⑨沽酒：相传卓文君与司马相如相恋私奔后，因家境贫困，相如卖酒，文君当垆，维持生计。

尧对舜①，夏对殷②，蔡惠对刘蒉③。山明对水秀，五典对三坟④。唐李杜⑤，晋机云⑥，事父对忠君。雨晴鸠唤妇⑦，霜冷雁呼群⑧。酒量洪深周仆射⑨，诗才俊逸鲍参军⑩。鸟翼长随，凤兮洵众禽⑪长；狐威不假，虎也真百兽尊⑫。

【注释】

①尧：传说中的古帝王，为陶唐氏，名放勋，史称唐尧。舜：传说中的古帝王，姚姓，为有虞氏，名重华，史称虞舜。

②夏：我国历史上第一个朝代夏朝，为禹所建。殷：殷商，我国朝代名。成汤所建，至盘庚时迁都于殷。

③蔡惠：西汉末人。早年不仕莽朝。到了光武中兴，拜议郎。上书请求朝廷禁止贵戚，言辞激烈慷慨。刘蒉：唐元和末人。太和二年，文宗策划贤良，所对者百余人只说常务，独有刘蒉切论黄门宦官太横，有危宗社，陈词激昂。

④五典：传说是上古少昊、颛顼、高辛、唐、虞之书。三坟：相传是三

皇之书。

⑤唐李杜：唐代诗人李白和杜甫。

⑥晋机云：西晋文学家陆机、陆云兄弟。

⑦"雨晴"句：鸠妇，这里指雄鸠，《广雅疏证》引文说鸠"阴则屏逐其匹，晴则呼之"。语曰："天将雨，鸠逐妇是也。"

⑧"霜冷"句：唐人崔涂《孤雁》诗有句："暮相呼失，寒塘欲下迟。渚云低暗渡，关月冷相随。"这里暗用其意。

⑨"酒量"句：晋周颉嗜酒，没有醒的时候，以后做了仆射（yè）这个官，醉饮误事，终于遭免，人们把他叫作"三日仆射"。.

⑩"诗才"句：南朝宋鲍照，曾为临海王前军参军，以诗名世。后来杜甫有诗赞他的诗风说："俊逸鲍参军。"俊逸，俊美洒脱，不同凡响。

⑪"鸟翼"句：洵（xún），实在是。《格物总论》说："凤，神鸟也，见则天下安宁，飞则群鸟随之。"故曰羽虫三百六十而凤凰为之长。

⑫"狐威"句：《战国策》里的寓言说：老虎捉到一只狐狸。狐狸说："不要吃我，天帝叫我为百兽之长。你若不信，跟在我后面，看看百兽怕我不？"于是老虎随狐狸而行，狐狸遂得计。这里引此典，是说老虎才是真正的百兽之尊。

十三　元

幽对显，寂对喧，柳岸对桃源。莺朋对燕友，早暮对寒暄。鱼跃沼①，鹤乘轩②，醉胆对吟魂。轻尘生范甑③，积雪拥袁门④。缕缕轻烟芳草渡，丝丝微雨杏花村。诣阙王通，献太平十二策⑤；出关老子，著道德五千言。

【注释】

①沼：水池。

②鹤乘轩：春秋时卫国的卫懿公不思国政，让仙鹤乘坐豪华的轩车。

③轻尘生范甑：东汉名士范丹家贫，没有米做饭，时间长了，锅里布满了灰尘。

④积雪拥袁门：东汉人袁安闭门睡觉，有人来拜访他，见他家还被大雪封门。

⑤"诣阙"句：隋朝哲学家王通曾向皇帝进言，上《太平策》十二篇。

儿对女，子对孙，药圃对花村。高楼对邃阁，赤豹对玄猿①。妃子骑②，夫人轩③，旷野对平原。匏巴④能鼓瑟，伯氏善吹埙⑤。馥馥早梅思驿使⑥，萋萋芳草怨王孙⑦。秋夕月明，苏子黄岗游赤壁⑧；春朝花发，石家金谷启芳园⑨。

【注释】
①赤豹：语出《诗经》："赤豹黄黑。"玄猿：黑猿。
②妃子骑：唐朝杨贵妃喜欢吃新鲜荔枝，海南每年七日七夜将荔枝飞骑送往长安城。杜牧有诗曰："一骑红尘妃子笑，无人知是荔枝来。"
③夫人轩：《左传》记载，曾有人送鱼轩（以鱼皮装饰的车子）给鲁国乏人。
④匏巴：《荀子》中有："匏巴鼓瑟，游鱼出听。"
⑤伯氏：语出《诗》："伯氏吹埙。"埙，古代陶制乐器，椭圆形，有六孔。
⑥馥馥早梅思驿使：南朝陆凯给在长安做官的朋友范晔寄去一枝梅花，而且赋诗说："折花逢驿使，寄与陇头人，江南无所有，聊赠一枝春。"后成为典故。
⑦萋萋芳草怨王孙：《楚辞》中有"芳草萋萋兮，王孙不归"的句子。
⑧秋夕月明，苏子黄岗游赤壁：典出苏轼《赤壁赋》："壬戌之秋，七月既望，苏子与客泛舟游于赤壁之下。"赤壁，指湖北黄冈的赤壁。
⑨石家金谷启芳园：晋代巨富石崇有金谷园，春天时常在园中宴请宾客，饮酒赋诗，赋诗不成，罚酒三斗。

歌对舞，德对恩，犬马对鸡豚①。龙池对凤沼②，雨骤对云屯③。刘向阁④，李膺门⑤，唳鹤⑥对啼猿。柳摇春白昼，梅弄⑦月黄昏，岁冷松筠皆有节⑧，春喧桃李本无言⑨。噪晚齐蝉⑩，岁岁秋来泣恨⑪；啼宵蜀鸟⑫，年年春去伤魂。

【注释】
①豚（tún）：猪。

②龙池、凤沼：指皇家宫苑里的池名。

③骤：急。屯：聚。

④刘向阁：见《六鱼》注。

⑤李膺门：东汉末，朝廷日乱，纲纪颓弛，只有司隶校尉李膺高风亮节，所以声名自高。士有被其接纳者，就名为"登龙门"。

⑥唳鹤：鸣叫着的鹤。

⑦梅弄：梅影移动。

⑧筠：指竹。有节：这里指有耐寒的本性。

⑨"春喧"句：《史记·李将军列传·赞》说："桃李不言，下自成蹊。"喧，暖。

⑩齐蝉：传说齐王后因哀怨而死，尸体化为蝉，故名"齐蝉"。

⑪泣恨：这里形容蝉叫如同泣诉怨恨。

⑫蜀鸟：杜鹃。传说是古蜀帝杜宇死后魂魄所化。

十四　寒

多对少，易对难，虎踞对龙蟠①。龙舟对凤辇②，白鹤对青鸾。风淅淅，露溥溥③，绣毂对雕鞍④。鱼游荷叶沼，鹭立蓼花⑤滩。有酒阮貂奚用解⑥，无鱼冯铗必须弹⑦。丁固梦松⑧，柯叶忽然生腹上；文郎画竹⑨，枝梢倏尔长毫端。

【注释】

①虎踞：语见《三国志·蜀志》。孔明曰："钟山虎踞龙蟠，帝王居也"。龙蟠：见前注。蟠，盘踞。

②龙舟：古代一种装饰成龙首形象的游船。《隋书·炀帝纪》载，隋炀帝大举南巡至江都之时，龙舟首尾相接，达二百余里，后成为我国民间端午节划船竞赛用船的专名。凤辇（niǎn）：古代一种用人拉着走的车子，后来多指王室用的车子。

③雾溥溥（pǔ）：雾多貌。

④绣毂：毂，即车轮上安置车轴的一种装置。雕鞍：装饰精美的马鞍。

⑤蓼（liǎo）花：植物名，花很小，白色或浅红色，生长在水边。

⑥阮貂：语出《晋书·阮咸传》。晋人阮孚（阮咸）高傲放荡，蔑视权

贵，整日嗜酒游玩，甚至把身上穿的金貂（官帽上的珍贵饰物）斗篷也解下来换了酒喝。

⑦冯铗：语出《战国策·齐策》。齐国孟尝君所养之士中，有一人名冯谖，曾发牢骚怨待遇不好，他一边弹铗一边唱道："长铗归来兮，食无鱼。"铗（jiā）：柄。

⑧丁固梦松：古史传说，汉代人丁固梦见松树生长在自己的腹上，人们告诉他说："松字解开来读，就是十八公的意思。"十八年后，他果然成为公侯。

⑨文郎画竹：文郎，即宋代画家文同。文同善于画墨竹，顷刻之间，枝叶皆成，栩栩如生，自称"画竹必先胸有成竹，不能节节叶叶为之"，后有"胸有成竹"一典流传。

寒对暑，湿对干，鲁隐对齐桓①。寒毡对暖席②，夜饮对晨餐。叔子带③，仲由冠④，郏鄏对邯郸⑤。嘉禾忧夏旱，衰柳耐秋寒。杨柳绿遮元亮宅⑥，杏花红映仲尼坛⑦。江水流长，环绕似青罗带；海蟾⑧轮满，澄明如白玉盘⑨。

【注释】

①鲁隐：鲁隐公，名息姑。《春秋》记事，从隐公元年开始。齐桓：齐桓公，名小白，春秋五霸之一。

②寒毡：唐画家虞，家甚清贫。杜甫说他"才名四十年，坐客无寒毡"。暖席：韩愈《争臣论》说："孔席不暖。"意谓孔子每天奔忙，所用的席都不可能将身子暖热。

③叔子带：晋羊祜，字叔子，在军中常轻裘宽带，身不甲。

④仲由冠：孔子的学生子路字仲由，他初见孔子时，头戴雄鸡冠。仲由后来在卫国做事，卫乱，乱者把仲由冠缨击断。仲由说："君子死而冠不免。"动手系结冠缨，遇难身死。

⑤郏（jiá）鄏：周成王王城，在今河南洛阳西。邯（hán）郸（dān）：赵都，在今河北邯郸市。

⑥"杨柳"句：见《八齐》注。

⑦仲尼坛：杏坛，孔子曾在这里讲学。

⑧海蟾：指月。

⑨白玉盘：喻月。唐人李白《古朗月行》有句："小时不识月，呼作白玉盘；又疑光明镜，挂在青云端。"

横对竖，窄对宽，黑志对弹丸①。朱帘对画栋，彩槛对雕栏。春既老，夜将阑，百辟②对千官。怀仁称足足抱义美般般。好马君王曾市骨③，食猪处士仅思肝④。世仰双仙⑤，元礼舟中携郭泰，人称连璧⑥，夏侯车上并潘安。

【注释】
①黑志对弹丸：黑志、弹丸都指土地狭小。
②百辟：公卿大臣。
③"好马"句：《战国策·燕策》有千金市骨的典故。
④"食猪"句：东汉闵贡家贫而好食猪肝，安邑令命人每日供给。
⑤"世仰"句：东汉郭泰与李膺同船而游，二人仪表非凡，好似神仙。
⑥"人称"句：晋朝夏侯湛与潘安都是美男子，二人同车出行，人称"连璧"。

十五　删

兴对废①，附对攀②，露草对霜菅③，歌廉对借寇④，习孔对希颜⑤。山垒垒⑥，水潺潺⑦，奉璧对探镮⑧。礼由公旦作⑨，诗本仲尼删⑩。驴困客方经灞水⑪，鸡鸣人已出函关⑫。几夜霜飞，已有苍鸿辞北塞；数朝雾暗，岂无玄豹⑬隐南山。

【注释】
①废：衰微，败落。
②攀：依附、巴结有权势地或有金钱的人。
③菅（jiān）：一种草。
④歌廉：后汉廉范，字叔度。为官清廉，随俗化导。章帝建初年间任蜀郡太守。蜀郡原先为了防止火灾，规定不准老百姓夜间劳作。廉范到任后，废掉这个规定，让百姓蓄水以防火。百姓讴歌道："廉叔度，来何暮？不禁火，民安作。平生无襦今五裤。"借寇：东汉寇恂曾任颍川守，有政绩。离

任后，颍川又有人作乱。寇恂随皇帝来安抚颍川，叛乱者尽归降。于是颍川百姓夹道请求，要求借寇恂一年来治理颍川。皇帝就把寇恂留在颍川的长社县，让他镇抚吏人，受纳余降。

⑤习孔：学习孔子的儒家学说，希颜：希望德如儒家的大贤颜回。

⑥垒垒：山重重叠叠的样子。

⑦潺（chán）潺：溪流声。

⑧奉璧：见《六鱼》注。　探镮：晋羊五岁时，向乳母要金环。乳母说："你家哪里有这东西？"羊祜即带乳母到邻家李氏的东墙旁，探手就从桑树中取出一个金环。李氏知道后非惊奇，说："金环是我亡儿丢失之物，羊祜这幼童怎能知道它在什么地方呢？"有人就说羊祜是李氏亡儿的再世之身。

⑨"礼由"句：古文经学家认为，《周礼》为周公旦所作。周公旦是武王之弟，武王死后，成王年幼，由他摄政。

⑩"诗本"句：相传孔子以前的诗有三千篇，后来孔子去掉其中内容重复的，取其中可施于礼义的，为三百多篇，即现在的《诗经》。

⑪"驴困"句：见《六鱼》注。

⑫"鸡鸣"句：战国时孟尝君入秦被囚，后来秦昭王放了他，随即又反悔，急忙派人要在秦境内把孟尝君追回。夜半孟尝君一行已走到函谷关。当时秦国规定不到鸡鸣叫天明不能开关过人。此时孟尝君门客中有人学鸡叫，引得四面群鸡皆鸣。守关的误以为天晓，就开关放行，孟尝君始得出秦。

⑬玄豹：传说南山有玄豹，隐于雾中七日不食，以使毛色更鲜，成其文。后多以玄豹指归隐的人。

犹对尚，侈对悭，雾鬓对烟鬟。莺啼对鹊噪，独鹤对双鹇①。黄牛峡②，金马山③，结草对衔环④。昆山⑤唯玉集，合浦有珠还⑤。阮籍旧能为眼白，老莱新爱着衣斑。栖迟避世人，草衣木食；窈窕倾城女，云鬓花颜。

【注释】

①双鹇：《西京杂记》记载越王献高帝白鹇、黑鹇各一双。

②黄牛峡：在四川夔州府。

③金马山：在四川成都府崇宁县，上有金马碧鸡神祠。

④结草对衔环：结草，春秋晋大夫魏颗的父亲武子有宠妾，生病时要求魏颗将她改嫁，后来病重便要求魏颗杀宠妾殉葬，魏颗没有从命，而把他父亲的妾嫁了出去。后来魏颗与秦力士结草绊住杜回，魏颗得以顺利擒之。夜梦老人说："我乃妾之父也，报子从治命而不从乱命耳！"衔环，传说汉朝杨宝见有一受伤黄雀，医治好之后将它放了，有一天这只黄雀化作黄衣少年，衔四只玉环报恩。

⑤昆山：产玉之地，即昆仑山。

⑥合浦珠还：有史记载："合浦出珠，民皆采珠易米，时守性贪，珠皆尝君为守，去珠复还。"

姚对宋①，柳对颜②，赏善对惩奸。愁中对梦里，巧慧对痴顽。孔北海，谢东山，使越对征蛮③，淫声闻濮上，离曲听阳关④。骁将袍披仁贵白⑤，小儿衣着老莱斑。茅舍无人，难却尘埃生榻上；竹亭有客，尚留风月在窗间。

【注释】

①姚对宋：姚指姚崇，宋指宋璟，他们都是唐朝前期的名相。

②柳对颜：柳指柳公权，颜指颜真卿。他俩是唐代著名的书法家。

③使越对征蛮：征服南方民族。越、蛮是古代对南方民族的统称。

④阳关：指《阳关曲》，又名《阳关三叠》，人们在离别时经常演唱此曲。

⑤"骁将"句：唐朝大将薛仁贵身穿白袍，人称白袍将军。

卷下

一 先

晴对雨，地对天，天地对山川。山川对草木，赤壁对青田①。郏鄏鼎②，武城弦③，木笔对苔钱④。金城三月柳⑤，玉井⑥九秋莲。何处春朝风景好，谁家秋夜月华圆。珠缀花梢，千点蔷薇香露；练横树杪^⑦，几丝杨柳残烟。

前对后，后对先，众丑对孤妍。莺簧对蝶板^①，虎穴对龙渊。击石磬^②，观韦编^③，鼠目对鸢肩。春园花柳地，秋沼芰荷天。白羽频挥闲客坐，乌纱半坠醉翁眠。野店几家，羊角风^④摇沽酒旆^⑤；长川一带，鸭头波^⑥泛卖渔船。

离对坎^①，震对乾^②，一日对千年，尧天对舜日，蜀水对秦川。苏武节^③，郑虔毡^④，涧壑对林泉。挥戈能退日^⑤，持管莫窥天^⑥。寒食芳辰花烂漫，中秋佳节月婵娟。梦里荣华，飘忽枕中之客^⑦，壶中日月^⑧，安闲市上之仙。

【注释】

①离、坎：都是古代八卦之一。

②震、乾：同上。

③苏武节：苏武出使匈奴，保持气节不变之事。参见三江"苏武牧羊"条注。

④郑虔毡：郑虔，唐代人，天宝初年因私撰国史，被囚禁十年，在狱中曾撕扯毛毡以充饥。参见《新唐书·文艺传》。

⑤挥戈退日：古代神话传说。相传战国时楚之县公鲁咏公与韩战，忽然天色变得阴沉昏暗。

⑥持管窥天：语见《庄子·秋水》："用管窥天，用锥指地，不亦小乎？"意思是劝诫人们不要片面地去看问题，以免得出错误的结论。

⑦枕中之客：详见十四寒"邯郸梦"条注。

⑧壶中之仙：语见《列仙传》。相传东汉汝南人费长房遇见一老翁卖药，把他的药壶挂在市场上。后来困倦了便钻进壶中休息，费长房对此情景惊怪不已，于是请求这位老翁允许他一道同入此壶。进入壶中之后，见壶中玉堂华丽，方知是进入仙境之中。

二　萧

恭对慢^①，吝对骄，水远对山遥。松轩对竹槛，雪赋^②对风谣^③。乘五马^④，贯双雕^⑤，烛灭对香消。明蟾^⑥常彻夜，骤雨不终朝^⑦。楼阁天凉风飒飒^⑧，关河地隔雨潇潇。几点鹭鸶，日暮常飞红蓼^⑨岸；一双鸿獭^⑩，春朝频^⑪泛绿杨桥。

【注释】

①慢：指怠慢。

②雪赋：文章篇名，南朝宋谢庄作。

③风谣：泛指民歌。

④乘五马：古代一乘车有四匹马，汉时太守出行增加一马。

⑤贯双雕：一箭双雕。贯，穿在一起。

⑥明蟾：明月。

⑦终朝：一个早上。

⑧飒飒：风声。

⑨蓼：一种草木植物，如水蓼等。

⑩鸿鶒（xī chì）：水鸟名，即紫鸳鸯。

⑪频：屡次。

开对落，暗对昭，赵瑟①对虞韶②。轺车③对驿骑④，锦绣对琼瑶。羞攘臂⑤，懒折腰⑥，范甑对颜瓢⑦。寒天鸳帐酒⑧，夜月凤台箫⑨。舞女腰肢杨柳软，佳人颜貌海棠娇。豪客寻春，南陌草青香阵阵；闲人避暑，东堂蕉绿影摇摇。

【注释】

①赵瑟：语见《战国策·秦策》。秦国与赵国会盟于渑池。秦王说："我听说赵王的瑟弹得不错，请您为我们表演一下吧！"赵王无奈，只得鼓瑟助乐。完毕之后，蔺相如站起来说道："我也曾听说秦王您很善于击盆演唱，请您也为我们表演助兴吧！"秦王不肯，蔺相如怒目逼视，秦王也只得亲自击盆缶演秦乐。

②虞韶：古代王宫内演奏的一种帝乐。

③轺车：古代一种轻便的小车。

④驿骑：驿，为古代的驿站，每隔一定距离设一驿站，备有食宿和马匹，供过往邮差及官员使用。驿站的这种用以传递公文的马匹，称之为驿骑。

⑤羞攘臂：传说春秋时期齐国有征役之事，国人纷纷躲避，唯有一个名叫支离疏的人无所畏惧地还在大街上游逛，原来，他的肩高于顶，可以以此为理由免服征役，故不惧怕。

⑥懒折腰：语出《晋书·陶潜传》。陶渊明注重气节，"羞为五斗米（俸禄）而折腰，"即厌事权贵、不愿为官的意思。

⑦范甑：详见十三元"范甑"条注。颜瓢：颜，指春秋时期孔子的弟子颜回（字子渊），他生性好学，乐道安贫，很受孔子的器重。

⑧鸳帐酒：相传五代时人陶谷俘掠了党太尉的宠姬，时值天寒，便取外面的雪水煮茶与姬共饮，并问她说："党家有这种乐趣吗？"姬回答说：

"他是一介武夫，怎能知道这种乐趣。不过，他倒是很喜欢在销金帐中与人共饮羊羔酒"！

⑨凤台箫：萧史之事。

　　班对马^①，董对晁^②，夏昼对春宵。雷声对电影^③，麦穗对禾苗。八千路^④，廿四桥^⑤，总角对垂髫^⑥。露桃匀嫩脸^⑦，风柳舞纤腰^⑧。贾谊赋成伤鵩鸟^⑨，周公诗就托鸱鸮^⑩。幽寺^⑪寻僧，逸兴岂知俄尔^⑫尽；长亭送客^⑬，离魂不觉黯然消^⑭。

【注释】

①班：《汉书》的作者班固。马：《史记》的作者司马迁。

②董：西汉经学大师董仲舒。晁：西汉政论家晁错。

③电影：电闪之光。

④八千路：多指路途遥远，语本唐人韩愈《左迁至蓝关示侄孙湘》诗句："一封朝奏九重天，夕贬潮阳路八千。"

⑤廿四桥：指扬州的二十四桥。

⑥总角、垂髫：都是古时儿童的发型，借指少年时期。

⑦"露桃"句：以美女匀称的嫩脸比喻带露的桃花。

⑧"风柳"句：以美女舞动的细腰比喻迎风的柳条。

⑨"贾谊"句：西汉文学家贾谊感时伤世，作《鵩鸟赋》。鵩鸟，猫头鹰之类的鸟，人以为不祥。

⑩"周公"句：《诗·豳风·鸱鸮》，前人或以为是周公所作。说是成王年幼，周公辅政，朝廷多有流言。成王未知周公的苦心，周公因作《鸱鸮》诗而托情喻事，以感悟成王。鸱（chī）鸮（xiāo），像猫头鹰一类的鸟。

⑪幽寺：僻静的寺庙。

⑫俄尔：不一会儿。

⑬长亭：古时在路旁设的亭子，人们相送，常在那里饯行。

⑭黯然：伤感的样子。消：销魂，伤心失魂的样子。南朝梁江淹《别赋》："黯然销魂者，妇唯别而已矣"。

三 肴

风对雅^①，象对爻^②。巨蟒对长蛟。天文对地理，蟋蟀对螵蛸^③。龙天矫，虎咆哮，北学对东胶^④。筑台须垒土，成屋必诛茅。潘岳不忘秋兴赋^⑤，边韶常被昼眠嘲^⑥。抚养群黎，已见国家隆治；滋生万物，方知天地泰交。

【注释】

①风对雅：《诗经》分为风、雅、颂三部分。

②象对爻：象即《易》中的象卦。爻即构成《易》的横画，一是阳爻用九表示，另一为阴爻用六表示，每三爻合成一卦，一共八卦。

③螵蛸：海螵蛸，一名乌贼。

④北学对东胶：北学，古乡学名。东胶，周之大学。

⑤潘岳不忘秋兴赋：潘岳是西晋文学家，追求文字华丽，著有《秋兴赋》。

⑥边韶常被昼眠嘲：东汉经学家边韶爱在白天睡觉，被他的弟子嘲笑说："边孝先，腹便便；懒读书，但欲眠。"边韶听到后应声道："边为免字；腹便便，五经笥；但欲眠，思经事；寐与周公通梦，静与子同意；师而可嘲，出何典记？"

蛇对虺^①，蜃对蛟，麟薮对鹊巢^②。风声对月色，麦穗对桑苞^③。何妥难^④，子云嘲^⑤，楚甸对商郊。五音惟耳听，万虑在心包。葛被汤征因仇饷^⑥，楚遭齐伐责包茅^⑦。高矣若天^⑧，洵是圣人大道；淡而如水^⑨，实为君子神交。

【注释】

①虺（huǐ）：古代记载的一种毒蛇。

②麟薮（sǒu）：生长着很多草的湖泽。据古代传说记载，西周初"麒麟在郊薮"，故有"麟薮"之典流传。 鹊巢：语见《诗经·召南·鹊巢》："维鹊有巢"《序》云："鹊巢，夫人之德也"，后来也引指妇人之德。

③麦穗：相传魏晋时人魏兰根为岐州刺史，多有政绩，故连麦穗也

多生为五穗。桑苞：桑树的本干，也称为"苞桑"。后以桑苞比喻根基稳固。

④何妥难：北周时元善为祭酒，讲解《春秋》。私下对何妥说道："这是我的名望让我不能不这么做的，希望您不要来为难我！"何妥应允。但等到他开豁讲解之时，何妥则出其不意地提出一些有关《春秋》的引申之意诘难元善，使元善多不能回答，十分难堪，从此两人之间便产生了裂痕。

⑤子云嘲：子云：指扬雄，字子云，为西汉时期著名的文学家、哲学家和语言学家。曾作《解嘲文》以自娱。

⑥仇饷：传为商汤攻灭葛国的借口。古史传说葛伯因不愿向王室纳贡，从而遭到商汤的征讨而亡国。

⑦包茅：语见《左传·僖公四年》。齐桓公伐楚，是以没有向齐进贡做祭奠用的茅草（包茅）为借口的。

⑧若天：战国时齐人公孙丑为孟轲的弟子，他曾叹道："道"是无上遥远的、美好的，但是要达到这一境界，却犹如登天一样困难啊！

⑨如水：古代处世格言有"君子之交，其淡如水"之句。

牛对马，犬对猫，旨酒①对佳肴。桃红对柳绿，竹叶对松梢。藜杖②叟，布衣樵③，北野对东郊。白驹形皎皎④，黄鸟语交交⑤。花圃春残无客到，柴门夜永有僧敲⑥。墙畔佳人⑦，飘扬竟把秋千舞；楼前公子，笑语争将蹴鞠抛⑧。

【注释】

①旨酒：醇酒。

②藜杖：用藜的老茎做成的手杖。

③樵：打柴人。

④"白驹"句：出自《诗·小雅·白驹》："皎皎白，食我场苗。"皎皎，洁白的样子。

⑤"黄鸟"句：出自《诗·秦风·黄鸟》："交交黄鸟，止于棘。"交交，鸟叫声。

⑥"柴门"句：相传唐人贾岛苦吟得句："鸟宿池边树，僧敲月下门。"下半联是用"推"还是用"敲"字，他不住琢磨，并以手做推、敲之势。这时韩愈恰过其侧，见状而问之。韩亦思量一会儿，说道：还是用

"敲"好。这里暗用其事。

⑦"墙畔"句：宋人苏轼《蝶恋花》词有句："墙里秋千墙外道，墙外行人墙里佳人笑。"这里暗用其意。

⑧蹴踘（cù）：我国古代一种踢球运动。

四　豪

琴对瑟，剑对刀，地迥①对天高。峨冠对博带，紫绶对绯袍②。煎异茗，酌香醪③，虎兕对猿猱。武夫攻骑射，野妇务蚕缫④。秋雨一川淇澳竹，春风两岸武陵桃⑤。螺髻青浓，楼外晚山千仞；鸭头绿腻，溪中春水半篙。

【注释】

①迥：远。

②"紫绶"句：紫绶即紫色的绶带，绯袍即红色的长袍。

③醪：浊酒，醇酒。

④缫：把蚕茧放在热水里加工后抽出蚕丝。

⑤"春风"句：东晋陶渊明的《桃花源记》中说武陵两岸桃花盛开，落英缤纷。

刑对赏，贬对褒①，破斧对征袍②。梧桐对橘柚，枳棘③对蓬蒿。雷焕剑④，吕虔刀⑤，橄榄对葡萄。一椽⑥书舍小，百尺酒楼高。李白能诗时秉笔，刘伶⑦爱酒每饷糟⑧。礼别⑨尊卑，拱北众星常灿灿；势分高下，朝东万水自滔滔。

【注释】

①贬：给予不好的评价。　褒：表扬。

②征袍：战袍。

③枳（zhǐ）棘：多刺的树。

④雷焕剑：晋雷焕见斗牛间有紫气，知丰城藏有宝剑。张华把雷焕补为丰城令，焕掘得二剑，一名龙泉，一名太阿。焕与华各佩其一剑。

⑤吕虔：三国魏吕虔有佩刀，这刀只有位登三公者才可佩带。于是吕虔对王祥说："如果不是应该佩这刀的人，或许要因刀遭害。您有弼辅的才能，我应把这刀送与您。"以后王祥果然位列三公。

⑥一橡：一根橡架屋，形容屋小。

⑦刘伶：见卷上《十一真》注。

⑧餔糟：吃酒糟。

⑨别：区分。

瓜对果，李对桃，犬子对羊羔。春分对夏至^①，谷水对山涛。双凤翼，九牛毛^②，主逸对臣劳。水流无限阔，山笋有余高。雨打村童新牧笠，尘生边将旧征袍。俊士居官，荣引鹓鸿之序^③；忠臣报国，誓殚^④犬马之劳。

【注释】

①春分：二十四节气之一。 夏至：亦为二十四节气之一。

②九牛毛：语出司马迁《报任少卿书》："若九牛之亡一毛。"意思指损失极小而微不足道。

③鹓鸿之序：鹓（yuān），传说为凤的一类鸟。鸿：大雁，鹓鸿之序，即二鸟群飞有序，因此比喻朝官班行，参见《北齐书·文苑传》。

④殚（dān）：尽，竭尽。如"殚力""殚肆心"等词。

五 歌

山对水，海对河，雪竹对烟萝。新欢对旧恨，痛饮对高歌。琴再抚，剑重磨，媚柳对枯荷。荷盘从雨洗，柳线任风搓。饮酒岂知欹醉帽^①，观棋不觉烂樵柯^②。山寺清幽，直跻千寻云岭；江楼宏敞，遥临万顷烟波。

【注释】

①欹醉帽：阮籍酒醉后乌纱帽半坠。

②观棋不觉烂樵柯：传说晋人王质入山砍柴，见到两个童子在下棋，他

放下斧头观看，后来童子对他说，你的斧头柄都腐烂了。王质回家后，与他同时代的人都已去世了。

繁对简，少对多，里咏①对途歌。宦②情对旅况，银鹿对铜驼③。刺史鸭④，将军鹅⑤，玉律对金科⑥。古堤垂鼙⑦柳，曲沼长新荷。命驾吕因思叔夜⑧，引车蔺为避廉颇⑨。千尺水帘⑩，今古无人能手卷；一轮月镜⑪，乾坤何匠用功磨。

【注释】
①里咏：乡里的歌咏，指民歌。
②宦：官。
③银鹿：唐颜真卿家童名，其人对颜真卿一片忠心，后以银鹿泛称仆人。铜驼：晋索靖预感到国家将有祸乱，就指着洛阳宫门外的铜铸骆驼说："我要见到你们在荆棘中了！"
④刺史鸭：唐韦应物几度为刺史，曾养许多鸭，称它们为绿头公子。
⑤将军鹅：晋王羲之曾任右军将军，喜爱观鹅。见山阴道士有好鹅，就为其书写《道德经》，以此为代价换道士鹅。
⑥玉律、金科：指完善的法令，又多指不可改动的规章制度。
⑦鼙：通弊（duǒ），下垂。
⑧"命驾"句：晋吕安钦仰嵇康，每一想到嵇康，就前去拜会，也不论路有多远。命驾，命人驾车，动身前往。
⑨"引车"句：战国赵蔺相如完璧归赵有功，被拜为上卿。赵大将廉颇很不服气，总想路遇蔺相如来侮辱他。蔺相如却总在路上避开廉颇。他对家人说自己不是怕廉颇，而是为赵国的安危着想。大臣结怨于国不利。廉颇听到这话后，很是惭愧，亲自到蔺相如门前负荆请罪，二人遂为好友。
⑩千尺水帘：形容瀑布从高处直下，犹如挂起水帘。
⑪月镜：喻月亮。

霜对露，浪对波，径菊对池荷。酒阑①对歌罢，日暖对风和。梁父咏②，楚狂歌，放鹤对观鹅。史才推永叔③，刀笔仰萧何④。种橘犹嫌千树少⑤，寄梅⑥谁言一枝多。林下风生，黄发村童推牧笠；江头日出，皓眉⑦溪叟晒渔蓑⑧。

【注释】

①酒阑：阑，尽晚的意思。酒阑，即喝酒将尽之时。如《史记·高祖纪》："酒阑，吕公因目固留高祖。"

②梁父咏：相传为三国时诸葛亮所作的《梁父吟》。

③永叔：北宋著名文学家、史学家欧阳修，字永叔。

④萧何：西汉时开国元勋、丞相。他曾制作《汉律》。

⑤种橘：相传古人李衡喜种橘树，种橘千树，犹还嫌少。

⑥寄，梅：详见十三元。"驿使"条注。

⑦皓眉：皓，洁白，明亮。皓眉，指老人。

⑧蓑：草编织成的披风。

六　麻

松对柏，缕对麻，蚁阵对蜂衙。赪①鳞对白鹭，冻雀对昏鸦。白堕酒②，碧沉茶③，品笛对吹笳④。秋凉梧堕叶，春暖杏开花。雨长苔痕侵壁砌，月移梅影上窗纱。飒飒秋风，度城头之筚篥⑤；迟迟晚照，动江上之琵琶。

【注释】

①赪（chēng）：赤色。

②白堕酒：古代的一种酒

③碧沉茶：古代的一种茶名。

④笳（jiā）：胡笳，我国古代北方民族的一种乐器，类似今天的笛子。

⑤筚篥（bì lì）：又名"笳管"，以竹为管，上开八孔，管口插有哨子。汉代起源于西域龟兹，后为隋唐、宋代的重要乐器。

优对劣，凸对凹，翠竹对黄花。松杉对杞梓，菽①麦对桑麻。山不断，水无涯，煮酒对烹茶。鱼游池面水，鹭立岸头沙。百亩风翻陶令秫②，一畦雨熟邵平瓜③。闲捧竹根④，饮李白一壶之酒；偶擎桐叶⑤，啜⑥卢仝七碗之茶。

①菽：豆类植物。

②陶令秫（shú）：晋陶渊明为彭泽令，命在县公田里一律种秫谷，以便酿酒。并说："今吾常醉于酒足矣！"秫，黏高粱。

③邵平瓜：汉邵平在秦为东陵侯，秦亡后成为平民。他就在长安以东种瓜，卖瓜度日，人称其瓜为"故侯瓜"。

④竹根：酒杯名。李白诗有"花间一壶酒"句。

⑤桐叶：茶盏名。唐卢仝有《走笔谢孟谏议寄新茶》诗一首，诗中由喝"一碗"一直写到喝"七碗"，夸赞新茶之美。

⑥啜（chuò）：饮，喝。

吴对楚，蜀①对巴，落日对流霞。酒钱对诗债②，柏叶对松花。驰驿骑③，泛仙槎④，碧玉对丹砂。设桥偏送笋⑤，开道竟还瓜⑥。楚国大夫沉汨水⑦，洛阳才子谪长沙⑧。书篋⑨琴囊，乃士流活计；药炉茶鼎，实闲客生涯。

【注释】

①蜀、巴：均为古代西南地区的奴隶制方国，其地域大致上巴以今重庆地区为统治中心；蜀以今成都地区为统治中心。

②酒钱：相传晋人陶潜清贫廉直，时常囊中羞涩，刘宋代苏东坡诗："口业不停诗有债"，喻作者应有充沛的创作激情和欲望。

③驿骑：详见十三元"妃子骑"条注。

④仙槎：古代传说，有人为寻河源，泛舟漂至天河（银河），遇上织女，此舟便被视为"仙槎"。槎，筏子。

⑤设桥送笋：南朝梁代人范元授（又名范元琰，字伯珪）一日看见有人在偷盗自己园子里的笋，盗窃之后由于园畔的水沟阻断了他的去路，正在发愁。范元授便砍伐了一棵树木为他搭了一座便桥，那盗贼见状十分羞惭，将所盗之笋悉数送还与范家。

⑥开道还瓜：古代寓言故事。晋人桑虞见有人盗窃家园中所种的瓜，由于园边的篱笆上有许多刺而苦于无路可逃，便在园篱上砍开了一道口子，将盗瓜的窃贼放出，盗贼十分羞惭，送还所盗之瓜，并向桑虞叩头请罪。

⑦楚大夫沉汨水：楚国大夫屈原忠诚爱国，却仍然受到楚怀王的猜疑，于是悲愤交加，忧国伤时，自沉于汨水（今湖南省东北部的汨罗江）。

⑧才子谪长沙：汉代才子贾谊有文才，曾被汉文帝谪为长沙太守，人们称之为"洛阳才子谪长沙"。谪，降官。

⑨书簏：装书的竹箱子。

七 阳

高对下，短对长，柳影对花香。词人对赋客①，五帝对三王②。深院落，小池塘，晚眺③对晨妆。绛霄④唐帝殿，绿野晋公堂⑤。寒集谢庄衣上雪⑥，秋添潘岳鬓边霜⑦。人浴兰汤⑧，事不忘于端午；客斟菊酒⑨，兴常记于重阳。

【注释】

①赋客：咏赋做诗的人。

②五帝：传说中的上古五位帝王。《史记》以为指黄帝、颛顼（zhuān xū）、帝喾（kù）、唐尧、虞舜。三王：传说中的远古帝王。《风俗通义》以为指燧人氏、伏羲氏、神农氏。

③眺：望。

④绛霄：唐殿名。

⑤"绿野"句：唐晋国公裴度自请罢去相职，建别墅名绿野堂，常为诗酒之会。

⑥"寒集"句：南朝晋谢庄朝罢回家，衣上沾着雪花，时人认为颇有风韵。

⑦"秋添"句：晋潘岳中年发白，其《秋兴赋》序说："余春秋三十有二，始见二毛（头发花白）。"鬓边霜，形容白发。

⑧"人浴"句：是说每年五月五日，人们不忘祭吊屈原。浴兰汤，《楚辞·九歌·云中君》有句："浴兰汤兮沐芳。"谓用芳香之汤洗澡，以示祭祀之诚意。

⑨"客斟"句：传说南北朝时，汝南桓景从费长房游学。过了几年，长房对桓景说："九月九日你家有灾难。你应赶快回家，让家人把装有茱萸的绛囊系在身上，登高饮菊花酒，这就可以消免灾祸。"以后，九月九日登高

饮菊花酒，就成了人们的习俗。

　　尧对舜，禹对汤^①，晋宋对隋唐。奇花对异卉，夏日对秋霜。八叉手^②，九回肠^③，地久对天长。一堤杨柳绿，三径菊花黄。闻鼓塞兵方战斗，听钟宫女正梳妆。春饮方归，纱帽半淹邻舍酒；早朝初退，兖衣微惹御炉香。

【注释】
①尧对舜，禹对汤：尧、舜、禹都是上古时期中原地区著名的部落首领。汤是商的部落首领，推翻夏朝后，建立了商朝。
②八叉手：唐朝诗人温庭筠才思敏捷，构思时双手交叉，人称"温八叉"。
③九回肠：司马迁在《报任安书》中有"肠一日而九回"的话，形容愁肠百结。

　　荀对孟，老对庄，鞞柳对垂杨。仙宫对梵宇^①，小阁对长廊。风月窟，水云乡，蟋蟀对螳螂。暖烟香霭霭，寒烛影煌煌。伍子欲酬渔父剑^②，韩生尝窃贾公香^③。三月韶光，常忆花明柳媚；一年好景，难忘橘绿橙黄^④。

【注释】
①仙宫对梵宇：仙宫指道观，梵宇指佛寺。
②伍子欲酬渔父剑：战国时，楚兵追捕伍子胥，他急着要渡河，一位渔父用船将他渡过河，他解下佩剑酬谢渔父。渔父说："楚国下令捉到伍子胥赐给粮食五万斛，爵执珪，岂只值百金之剑？"
③韩生尝窃贾公香：汉武帝曾赏赐异香给贾充，贾充的女儿与韩寿私通，所以偷香给韩寿。贾充发觉后，便将女儿嫁给了韩寿。
④一年好景，难忘橘绿橙黄：本句出自宋苏轼《赠刘景文》："一年好景君须记，最是橙黄橘绿时。"

八　庚

深对浅，重对轻，有影对无声。蜂腰对蝶翅，宿醉对余酲[①]。天北缺[②]，日东升，独卧对同行。寒冰三尺厚，秋月十分明。万卷书容闲客览，一樽酒待故人倾。心侈唐玄，厌看霓裳之曲[③]；意骄陈主，饱闻玉树之赓[④]。

【注释】

①余酲（chéng）：酒醒后的不适。

②天北缺：《淮南子·天文篇》说：共工与颛顼争为帝，怒而触不周之山，天柱折，地绝。禾倾西北，地陷东南。

③"心侈"句：是说放纵无度的唐玄宗，看腻了《霓裳》歌舞。侈，放纵。厌，极度满足，厌腻感。霓裳之典，即《霓裳羽衣舞》，唐玄宗时宫廷乐舞，杨贵妃善舞此曲。

④"意骄"句：是说意气骄奢的南朝陈后主，听够了《玉树后庭花》的乐曲。赓，唱和。《隋书·音乐志》载：陈后主与幸臣等又制《玉树后庭花》的歌词，极于轻薄，男女唱和，其音甚哀。

虚对实，送对迎，后甲对先庚[①]。鼓琴对舍瑟，搏虎对骑鲸。金辔匜[②]，玉瑽琤[③]，玉宇对金茎[④]。花间双粉蝶，柳内几黄莺。贫里每甘藜藿[⑤]味，醉中厌听管弦声。肠断秋闺，凉吹已侵重被冷；梦惊晓枕，残蟾犹照半窗明。

【注释】

①后甲：语出《周易·蛊》："先甲三日，后甲三日"，周易中对卦象的解释；先庚：语出《周易·巽》："先庚三日，后庚三日"，亦为《周易》中对卦象的解释。

②辔匜：马头上的络口。唐杜甫诗中有真：马头金辔移了之句。

③瑽琤：亦作玲，玉的响声。如殷文圭《玉仙道中》诗："泉声东漱玉净玖"。

④玉宇：指月宫中的景色。语出《异闻录》。时人翟乾佑与人赏月，有

人问道："月中有些什么？"瞿乾佑对答道："请随我手中所指观看吧！"不一会儿，只见月亮变成了半圆形，月中有辉煌的琼楼玉宇。金茎：相传为汉武帝所作承露盘的铜柱。

　　⑤藜藿：藜，一种一年生的草本植物，开黄绿色的花，嫩叶可吃，茎长老了可以做拐杖。藿，即豆叶，嫩时可食。藜与藿旧时都为穷人的食物。

　　渔对猎，钓对耕，玉振对金声①。雉城对雁塞②，柳袅③对葵倾。吹玉笛，弄银笙，阮杖对桓筝④。墨呼松处士，纸号楮先生⑤。露浥好花潘岳县⑥，风搓细柳亚夫营，抚动琴弦，遽觉座中风雨至⑦；哦⑧成诗句，应知窗外鬼神惊⑨。

【注释】

①玉振：磬声。金声：编钟声。

②雉城：城墙。雉，本为计算城墙面积的单位。雁塞：古代指北方边塞。

③柳袅（niǎo）：柳条柔弱。

④阮杖：指阮籍登山临水手持之杖。阮籍《咏怀》诗有句："床帷为谁设，几杖为谁扶？"桓筝：晋左将军桓伊善音乐。孝武帝饮宴，诏伊筝歌。伊说得有笛声相和，便叫家奴硕来吹笛，帝当即赐硕张姓，封官四品。张硕这才在帝前吹笛，桓伊抚筝而歌怨诗，因以为谏。

⑤松处士：制墨的原料主要是松烟，故呼墨为松处士。楮（chǔ）先生：楮树皮为造纸原料，故呼纸为楮先生。

⑥"露浥（yì）"句：传说晋潘岳为河阳令，下令全县都种花。浥，使湿润。

⑦"风搓"句：汉周亚夫屯兵长安西南细柳一带，称"细柳营"。遽，立刻，马上。风雨至，传说晋师旷抚清角之琴，忽然有风雨而至。

⑧哦：吟。

⑨鬼神惊：唐杜甫评论李白："笔落惊风雨，诗成泣鬼神。"

九 青

　　红对紫，白对青，渔火对禅灯。唐诗对汉史，释典①对仙经②。龟曳尾③，鹤梳翎④，月榭⑤对风亭⑥。一轮秋夜月，几点晓天星。晋士只知山简醉⑦，楚人谁识屈原醒⑧。绣倦佳人，慵把鸳鸯文作枕⑨；吮毫画者，思将孔雀写为屏⑩。

【注释】

①释典：佛教的经典。

②仙经：指神仙道家的经。

③龟曳尾：语出《庄子·秋水》："龟其宁死留骨而贵乎？宁生曳尾于泥涂乎？"意思是说仕宦为官，受爵禄刑罚的管束，不如隐居而安于贫贱，像泥沼中拖着尾巴（曳尾）的乌龟，保持逍遥自在。后人用以比喻自由自在的隐居生活。

④鹤梳翎：语见宋代词人苏东坡诗"痕卜翎"。

⑤榭（xiè）：建于台上的屋子称为榭。

⑥亭：有顶无墙，供休息用的小屋。

⑦山简醉：相传晋人山简嗜酒，人号"醉山翁"。

⑧屈原醒：楚大夫屈原感叹楚国的命运前途多艰，仰天长叹道："世人皆醉，而我独醒！"

⑨鸳鸯枕：鸳鸯为雌雄相伴的水鸟，闺中绣女常在枕头上绣上一对鸳鸯的图案，以表示自己对爱情的向往和追求。

⑩孔雀屏：相传唐高祖皇后窦氏的父亲名毅，在择婿时曾画孔雀于屏上，请前来求亲者用箭射之；据说高祖曾射中孔雀的眼睛，因而成为乘龙快婿。

行对坐，醉对醒，佩紫①对纡青②。棋枰③对笔架，雨雪对雷霆④。狂蛱蝶⑤，小蜻蜓，水岸对沙汀⑥。天台孙绰赋⑦，剑阁孟阳铭⑧。传信子卿⑨千里雁，照书车胤一囊萤⑩。冉冉白云，夜半高遮千里月；澄澄碧水，宵中⑪寒映一天星。

【注释】

①紫：紫绶。见卷下《四豪》注。

②纡（yū）：系结。佩紫、纡青指官宦人的穿戴。

③枰（píng）：棋盘。

④霆：惊。

⑤蛱（jiá）蝶：蝴蝶的一种。

⑥汀：水边平地。

⑦孙绰赋：见卷上《六鱼》注。

⑧"剑阁"句：晋张载字孟阳，至蜀看望父亲，道经剑阁，著《剑阁铭》。晋武帝见了很喜爱，叫人刻其铭于剑阁山上。

⑨子卿：汉苏武字子卿。见卷上《十一真》注。

⑩"照书"句：晋车胤家贫，无油燃灯。夏夜常用囊装萤火虫以照明。

⑪宵中：夜半。

书对史，传对经，鹦鹉对鹡鸰①。黄茅②对白荻③，绿草对青萍④。风绕铎⑤，雨淋铃⑥，水阁对山亭。渚莲千朵白，岸柳两行青。汉代宫中生秀柞⑦，尧时阶畔长祥蓂⑧。一枰决胜，棋子分黑白；半幅通灵，画色间丹青⑨。

【注释】

①鹡鸰（jí líng）：一种鸟名。

②黄茅：茅草中颜色较深的一种。

③白荻（dí）：一种多年生草本植物，生长在路旁和水边。

④青萍：水中的浮萍。

⑤风绕铎（duó）：一种大铃，古代通常用于宣布政教法令时或有战事时使用。风绕铎，相传唐代曾在蜗阳官的竹林之内悬挂细小的玉块，名为"占风铎"，一有风吹，则相触撞发出声音，类似铎声。

⑥雨淋铃：语见《开元天宝遗事》。唐玄宗避战乱至蜀，路遇连日淫雨，栈道中闻铃声，引起他对死于马嵬坡的杨贵妃无限怀念之情，遂作《雨淋铃》曲一首，以表悼念。

⑦汉代秀柞（zuò）：相传汉代宫禁苑围当中生长有一种奇特的柞树；做五柞连抱状，人称"秀柞"。

⑧祥蓂（míng）：古人传说中的一种异草，每月朔日（初一）起每日生一荚，至十五日则十五"望"后每日又落一荚，至三十日全落。

⑨丹青：丹，红色。青，黛蓝色，通常以"丹青"泛指画。

十　蒸

新对旧，降对升，白犬对苍鹰。葛巾对藜杖，涧水对池冰。张兔网，挂鱼罾^①，燕雀对鹍鹏。炉中煎药火，窗下读书灯。织锦逐梭成舞凤，画屏误笔作飞蝇^②。宴客刘公，座上满斟三雅爵^③；迎仙汉帝，宫中高插九光灯^④。

【注释】

①罾：渔网。

②画屏误笔作飞蝇：三国时曹丕画屏风，不慎落了一墨点在上面，因而就这点墨画了一只小苍蝇，孙权以为是一只真苍蝇，用手弹它。

③宴客刘公，座上满斟三雅爵：刘表有大、中、小三种酒具，大者伯雅，次者仲雅、小者季雅，供宾客随意取用。

④迎仙汉帝，宫中高插九光灯：汉武帝曾在宫中点燃九光之灯以迎接西王母。

儒对士，佛对僧，面友对心朋。春残对夏老，夜寝对晨兴^①。千里马，九霄鹏，霞蔚对云蒸^②。寒堆阴岭雪，春泮^③水池冰。亚父愤生撞玉斗^④，周公誓死作金縢^⑤。将军元晖，莫怪人讥为饿虎；侍中卢昶，难逃世号作饥鹰^⑥

【注释】

①兴：起床。

②霞蔚、云蒸：云霞上升、兴起的样子，常用来形容美丽绚烂或人才盛集。

③泮：冰消。

④"亚父"句：秦末项羽、刘邦会于鸿门，项羽的亚父范增出主意要项羽在宴会上诛杀刘邦。由于项羽犹豫不决，遂使刘邦趁机离去。亚父对此十分懊恼，当张良向他奉献刘邦馈赠的礼品——玉斗时，他竟将玉斗放在地上拔剑撞破，愤愤地说："竖子不足与谋，夺项王天下者，必沛公（刘邦）

也，吾属今为之虏矣！"亚父，项羽对范增的敬称。

⑤"周公"句：西周成王有疾，周公向三王之灵祈祷，愿以己身代成王生病。史官把这次祈祷的祝策放到金縢中。以后管、蔡流言诋周公，周公避居东都。成王开金縢见祝策，感动泣下，于是迎周公归来。金縢（téng），金柜。

⑥"将军""侍中"几句：北魏右卫将军元晖，深受皇帝恩宠，禁中要秘之事，唯他掌管；侍中卢昶也深受皇帝重用，所以时人称他们为"饿虎将军""饥鹰侍帮"。

规对矩①，墨对绳②，独步对同登。吟哦对讽咏，访友对寻僧。风绕屋，水襄陵，紫鹄③对苍鹰。鸟寒惊夜月，鱼暖上春冰。扬子口中飞白凤④，何朗鼻上集青蝇⑤。巨鲤跃池，翻几重之密藻；颠猿饮涧⑥，挂百尺之垂藤。

【注释】

①规对矩：规、矩是古代画圆形和方形的工具。

②墨对绳：木工用来吊线的墨汁和线绳子。

③鹄：天鹅。

④"扬子"句：扬子即扬雄，他写完《甘泉赋》后，梦见自己的口中吐出白凤。

⑤"何朗"句：指老生常谈的故事。

⑥颠猿饮涧：指猿猴倒挂着喝溪涧中的水。颠，颠倒。

十一　尤

荣对辱，喜对忧，夜宴对春游。燕关①对楚水，蜀犬对吴牛②。茶敌睡③，酒消愁，青眼对白头。马迁④修史记，孔子作春秋⑤。适兴子猷常泛棹⑥，思归王粲强登楼⑦。窗下佳人，妆罢重将金⑧插鬓；筵前舞伎，曲终还要锦缠头⑨。

【注解】

①燕关：指河北一带的关塞。

②蜀犬：传说四川一些地方经常下雨，不见太阳。偶尔日出，其地之犬也惊奇地叫起来。吴牛：吴地酷暑，受尽日间炎热之苦的牛，晚间望见月亮出来，也误以为是炎热的太阳，因而害怕得喘息起来。

③茶敌睡：茶能驱散睡意。

④马迁：《史记》的作者司马迁。

⑤春秋：我国现存的第一部编年史，相传为孔子所作。

⑥"适兴"句：《世说新语》载：晋王子猷居山阴，雪夜忽忆戴安道，便夜乘小船前往访之。过了一个晚上才到，可刚到戴的门前却又返回。人问其故，他说："我本乘兴而行，兴尽而返，何必见戴？"

⑦"思归"句：东汉末西京扰乱，王粲到荆州依附刘表。表嫌其貌丑体弱，不予重视。王粲不得志，登荆州城楼，作《登楼赋》，赋中有思归意。

⑧金：这里指首饰。

⑨缠头：古代舞伎以锦缠头演出，演出后客人以罗锦回赠，称为缠头。唐杜甫《即事》诗有句："笑时花近眼，舞罢锦缠头。"

唇对齿，角对头，策马对骑牛。毫尖对笔底，绮阁对雕楼。杨柳岸，荻芦洲，语燕对啼鸠。客乘金络马①，人泛木兰舟②。绿野耕夫春举耜，碧池渔父晚垂钓。波浪千层，喜见蛟龙得水；云霄万里，惊看雕鹗③横秋。

【注释】

①金络马：黄金装饰的马笼头。络，即马笼头。

②木兰舟：指用木兰树木建造的船。旧题市鞠梁任昉《述异记》载："木兰洲在浔阳江中，多木兰树，昔吴王阖闾檀木兰予此，用构宫殿也。七里洲中，有鲁班刻木兰为舟，舟至今在洲，诗家云木兰舟，出于此。"后常用为船的美称，并非实指木兰木所制。

③雕鹗：鸟名。俗名为荌，常在水面上飞翔，捕食鱼类。

庵①对寺，殿对楼，酒艇②对渔舟。金龙对彩凤，獭豕③对童牛④。王郎帽⑤，苏子裘⑥，四季对三秋。峰峦扶地秀，江汉接天流。一湾绿水渔村小，万里青山佛寺幽。龙马呈河，羲皇阐微而画卦⑦；神龟出洛，禹王取法以陈畴⑧。

【注释】

①庵：多为尼姑所居的寺庙。

②酒艇：载有酒的小船。

③豮（fēn）豕（shǐ）：被阉割过的猪。

④童牛：小牛。

⑤王郎帽：晋王濛家贫，帽子破了，到市上去买，老妪喜欢他美貌，就送给他一顶帽子。

⑥苏子裘：传说战国时苏秦出外游说，奔走劳顿，连黑貂裘都穿破了。

⑦"龙马"句：相传伏羲氏之世，龙马负河图，伏羲氏按照河图而画八卦。

⑧"神龟"句：相传天帝让神龟负书出洛水，呈书给禹，禹按照此书演九畴。九畴即治理天下的九类大法。

十二　侵

眉对目，口对心，锦瑟对瑶琴。晓耕对寒钓，晚笛对秋砧①。松郁郁，竹森森，闵损对曾参②。秦王亲击缶③，虞帝自挥琴④。三献卞和尝泣玉⑤，四知杨震固辞金⑥。寂寂秋朝，庭叶因霜摧嫩色；沉沉春夜，砌花随月转清阴。

【注释】

①砧（zhēn）：原意为捶、砸或切东西时垫在底下的器具，引申为所发之音。

②闵损：春秋时鲁国人，孔子的弟子，名损，字子骞，以孝悌著称。据说他小时候受后母虐待，冬天时他和弟弟身上所穿为芦花填制的冬衣，而后母所生的二子却穿的是棉衣。这事被他父亲知道后大为愤怒，要赶其后母出家门。闵损劝解道："母在一子单，母去四子寒。"使后母深受教育，从此待诸子如一。 曾参：春秋末鲁国南武城（今山东费县）人，字子舆。为孔子的学生，也以孝著称。他曾提出过"吾日三省吾身"的修养方法，认为"忠恕"是孔子"一以贯之"的思想，后被封建统治者尊为"宗圣"。

③秦王击缶：缶，瓦罐子。此条详见二萧·"赵瑟"条注。

④虞帝挥琴：详见十二文·"南薰"条注。

⑤卞和泣玉：据《韩非子·和氏》记载。春秋时，楚人卞和得到一块璞玉（未经雕琢的玉料），献给楚厉王，厉王认为是石头，砍去了卞和的左腿；后来他又将这块玉献给楚武王，还是被认为是石头，以欺君之罪又被砍去右腿。楚文王继位之后，卞和抱着玉在荆山下痛哭不已，楚文王问得了原委，叫人加工那块璞玉，果然是块罕见的美玉，后世称之为"和氏之璧"。

⑥杨震辞金：《后汉书·杨震传》载，东汉时杨震为官清廉，曾有人私下奉送给他黄金，他拒之不受。此人对他说"没有人会知道这件事的"，杨震正气凛然地回答道："有天知、地知、你知、我知，怎么能说没人知道呢？"

前对后，古对今，野兽对山禽。犍牛①对牝马②，水浅对山深。曾点瑟③，戴逵琴④，璞玉⑤对浑金⑥。艳红花弄色，浓绿柳敷阴。不雨汤王方剪爪⑦，有风楚子正披襟⑧。书生惜壮岁韶华，寸阴⑨尺璧；游子爱良宵光景，一刻千金⑩。

【注释】

①犍牛：犍（jiàn），被阉过的牛。

②牝马：牝（pìn），指雌性，雌兽，牝马，即雌马。

③曾点瑟：卓见《论语·先进》。孔子向他的学生曾点询问其志趣，曾点弹瑟正近尾声，他啪的一声把瑟放下，站起来答道："莫春者，春服既成，冠者五六人，童子六七人，浴乎沂，风乎舞雩，咏而归。"意思是说，在暮春三月，穿着春天的衣服，陪五六位成年人，六七个小孩，在沂水旁边洗洗澡，在舞雩台上吹吹风，一路唱歌，一路走回来。

④戴逵琴：戴逵，晋时人，字安道，《晋书》里有他的传。他善于演奏琴，于是武陵王司马晞遣使者前来召他进宫演奏，戴逵坚辞不就，愤怒地说："戴安道不能为王门伶人（歌舞乐伎）！"当着使者的面将琴砸得粉碎。

⑤璞玉：晋入山，澎为人厚重，人们称赞他是"璞玉浑金"，意思是指他在淳朴当中，体现着自己的美好品德。

⑥浑金：见上"璞玉"条注。

⑦汤王剪爪：古史传说，商汤时遇到大旱灾，汤王白，务爪（指甲）

发（头发），祷告于桑林，以自责自己执政时的种种弊政，于是苍天果然降雨。

⑧楚子披襟：古史故事。楚襄王游于兰台之宫，忽然吹来了阵阵凉风，楚襄王掀开自己身上所披的衣襟，迎接来风赞叹道："快哉此风。"

⑨寸阴："一寸光阴一寸金"之义。

⑩一刻：见于古人诗句："春宵一刻值千金。"

丝对竹，剑对琴，素志①对丹心。千愁对一醉，虎啸对龙吟。子罕玉②，不疑金③。往古对来今。天寒邹吹律④，岁旱傅为霖⑤。渠⑥说子规为帝魄⑦，侬知孔雀是家禽⑧。屈子沉江，处处舟中争系粽⑨；牛郎渡渚，家家台上竞穿针⑩。

【注释】

①素志：平生怀抱。

②子罕玉：子罕为春秋宋臣，有人送玉给他，子罕不受。献玉者说："玉匠说这是个宝物。"子罕说："我以不贪为宝，你以玉为宝。如果你把它送给我，彼此的宝就都丧失了。还不如各人还有各人的宝。"终不受。

③不疑金：汉直不疑在文帝朝为郎。同宿舍的一个人告假回家，误将另一个人的金拿走了。丢者总以为是直不疑偷去的。直不疑也不否认，就拿自己的金以丢失之数给了失主。后来告假者回来了，向丢金者归还误拿之金，丢金者甚惭，以此称许直不疑为忠厚长者。

④"天寒"句：传说战国人邹衍善阴阳之术。北方有地，虽美而寒，五谷不生。邹衍吹律使地暖，草木生。律，音之阳声。

⑤"岁旱"句：相传殷王武丁在傅岩找到了贤人傅说，高兴地对他说："不论日夜都希望你教诲我，以辅佐匡正我的德行。如果我是刀，就让你做磨石；如果我渡河，就让你做舟楫；如果天大旱，就让你做霖雨……"

⑥渠：你。

⑦子规：杜鹃，传说为古蜀帝杜宇魂魄所化。

⑧侬：我。孔雀是家禽：敦煌本《残类书》载：杨修小时和孔融同桌吃杨梅。孔融笑指杨梅向杨修说："杨梅你杨家的果子。"杨修立即反问孔融道："那么孔雀一定是先生您孔家飞禽了？"

⑨"屈子"句：楚屈原五月五日自投汨罗江，楚人哀，每周年时，争着

向江中投入米粽，以吊屈原，遂成风俗。

⑩"牛郎"句：民俗每年七月七日晚上，敬织女星以乞巧。妇女在台上相穿针，穿过者就算能得到织女之巧。

十三　覃

千对百，两对三，地北对天南。佛堂对仙洞，道院对禅庵。山泼黛^①，水浮蓝，雪岭对云潭。凤飞方翙翙^②，虎视已眈眈^③。窗下书生时讽咏，筵前酒客日酣酣。白草满郊，秋日牧征人之马；绿桑盈亩，春时供农妇之蚕。

【注释】

①泼黛：指山岭犹如画中被浓浓地涂上了一层青黑色一般。

②翙翙（huì）：鸟飞的声音。如《诗经·大雅·卷阿》："凰凤于飞，翙翙其羽。"

③眈眈（dān）：注视的样子。如《易经·颐》："虎视眈眈。"

将对欲，可对堪，德被对恩覃^①。权衡对尺度，雪寺对云庵。安邑枣^②，洞庭柑^③，不愧对无惭。魏徵能直谏^④，王衍善清谈^⑤。紫梨^⑥摘去从山北，丹荔传来自海南。攘鸡非君子所为，但当月一^⑦；养狙是山公之智，止用朝三^⑧。

【注释】

①覃：深。

②安邑枣：语出《汉书》："安邑千树枣。"

③洞庭柑：语出《广志》："洞庭以南多产柑。"

④魏徵能直谏：魏徵是唐太宗的大臣，先后直谏二百余项事。

⑤王衍善清谈：王衍，字夷甫，西晋大臣，好老庄之言，崇尚贵无之说，常执玉柄麈尾，清谈虚无，遇义理有的不当，随口更改，时称口中雌黄。

⑥紫梨：《洞冥记》："涂山之北有梨，大如斗，紫色，千年一花。"

⑦攘鸡非君子所为，但当月一：语出《孟子·滕文公下》：有一小偷每次

都偷邻居的鸡，有人对他说："这不是君子的行为。"小偷说："请准许我逐渐减少偷鸡的次数，先是每月偷一只鸡，再每年偷一只鸡，最后就停止了。"

⑧养狙是山公之智，止用朝三：《庄子·齐物论》载：狙公养猴，分给猴子橡子，早三晚四；众猴怒，后改为早四晚三，众猴都很高兴。

中对外，北对南，贝母对宜男[①]。移山对浚井[②]，谏苦对言甘。千取百[③]，二为三[④]，魏尚对周堪[⑤]。海门[⑥]翻夕浪，山市拥晴岚[⑦]。新缔直投公子靷[⑧]，旧交犹脱馆人骖[⑨]。文达淹通，已咏冰兮寒过水[⑩]；永和博雅，可知青者胜于蓝[⑪]。

【注解】

①贝母、宜男：都是中药名。

②移山：《列子》上载，古有愚公，率其子孙立志铲平挡住他们出入的太行、王屋二山，神灵为之感动，将二山移去。浚（jùn）井：挖井水下面的泥土，以使水清。相传舜父及继母定计，故意叫舜下去浚井，然后他们从井上填土，想杀死舜。哪知舜在井中找到旁出的洞，从洞走出。舜父及继母计未得逞。

③千取百：语出《孟子·梁惠王上》。意思是在拥有一千辆兵车的国家中，大夫就拥有兵车一百辆。

④二为三：《庄子》上说："一与一为二，二与一为三。"

⑤魏尚：西汉人，为云中太守。周堪：西汉人，精于经学，曾为光禄大夫。

⑥海门：内河入海处，即海口。

⑦晴岚：晴日山间的雾气。

⑧"新缔"句：吴公子季札到郑国聘问，见到了子产。二人就像老相识。季札送给子产白绢大带，子产给季札送上麻布衣服。新缔，新结交。芝，麻布衣。

⑨"旧交"句：孔子到卫国去，碰上过去为自己看门的人死了，孔子就叫子贡解下车上的骖马来资助人家办丧事。骖，车辕马旁边的马。

⑩"文达"句：唐盖文达曾以刘焯为师，后来在刺史窦抗召集的儒生会上，盖文达提出的问题，刘焯都答不上来。当窦抗得知刘焯与盖文达是师生关系时，叹道："可谓冰生于水而寒于水也！"淹通，学问渊博通达。

⑪"永和"句：魏李谧字永和，起初曾向孔瑶学小学。以后学问大进，孔瑶又来向李谧学习，同门生笑着说："青成蓝，蓝谢青。师何，在明经。"《荀子·劝学》有句："青，取之于蓝而青于蓝；冰，水为之而寒于水。"蓝，蓝草，可用以染青色。

十四 盐

悲对乐，爱对嫌，玉兔对银蟾①。醉侯对诗史②，眼底对眉尖。风飘飘，雨绵绵，李苦对瓜甜。画堂施锦帐，酒市舞青帘。横槊③赋诗传孟德，引壶酌酒尚陶潜④。两曜⑤迭明，日东生而月西出；五行⑥式序，水下润而火上炎⑦。

【注释】

①玉兔：传说中月宫里的神兔。银蟾：传说中月宫里的蟾蜍。

②醉侯：泛称好酒而量大之人。如唐人皮日休《夏景冲澹偶然作》诗中有"他年谒帝言何事，请赠刘伶作醉侯"句。诗史：唐代伟大的现实主义诗人杜甫的诗章，大胆揭露了当时统治集团的腐朽，广泛而又尖锐地反映出人民的苦难和社会矛盾，内容深刻而精严，被时人号为"诗史"。

③横槊：槊，即古代兵器中的戟。据《三国志·魏志》载曹操（字孟德）：破赤壁之后，曾经横槊赋诗，壮志抒怀。

④引壶：语出陶潜《归去来辞》："引壶觞而自酌。"引，取。觞：酒杯。酌：斟酒。

⑤两曜：日、月。

⑥五行：指水、火、木、金、土五种物质。我国古代思想家用日常生活中习见的上面五种物质来说明世界上万物的起源和多样性的统一。

⑦火上炎：语出《尚书·洪范》："水日润下，火日炎上。"

如对似，减对添，绣幕对朱帘。探珠①对献玉，鹭立对鱼潜。玉屑饭②，水晶盐③，手剑对腰镰④。燕巢依邃阁，蛛网挂虚檐。夺槊至三唐敬德⑤，弈棋第一晋王恬⑥。南浦客归，湛湛春波千顷净；西楼人悄，弯弯夜月一钩纤。

【注释】

①探珠：指探骊得珠的故事。

②玉屑饭：唐朝郑仁本游嵩山，一位仙人送给他玉屑饭，说吃了可以延年益寿。

③水晶盐：崔浩因评论政事得到皇帝的赏识，被赐水晶盐。

④手剑对腰镰：手剑、腰镰都是古代的短兵器。

⑤"夺槊"句：唐朝尉迟敬德善使长矛，与唐太宗的弟弟李元吉比武，敬德三翻次夺下李元吉手中的长矛。

⑥"弈棋"句：晋朝王恬棋艺高超，自称天下第一。

逢对遇，仰对瞻，市井①对间阎。投簪②对结绶③，握发对掀髯④。张绣幕，卷珠帘，石碏对江淹⑤。宵征方肃肃⑥，夜饮已厌厌⑦。心褊小人长戚戚⑧，礼多君子屡谦谦⑨。美刺殊文⑩，备三百五篇诗咏；吉凶异画，变六十四卦爻占⑪。

【注释】

①市井：古时做买卖的场所。

②投簪：丢掉冠上的簪子，比喻弃官。

③结绶：见卷上《十一真》注。

④握发：史载周公为得天下贤士，"一沐三握发，一饭三吐哺"，为的是不失掉贤士。掀髯：笑时胡须张开。

⑤石碏（què）：春秋卫大夫。 江淹：南朝梁文学家。

⑥宵征：夜行。肃肃：这里指急忙的样子。《诗·召南·小星》有句："肃肃宵征，夙夜在公，寔命不同。"

⑦厌厌：这里指安闲的样子。《诗·小雅·湛露》有句："厌厌夜饮，不醉无归。"

⑧戚戚：这里指忧惧的样子。《论语·述而》："子曰：君子坦荡荡，小人长戚戚。"

⑨谦谦：谦逊的样子。《易·谦》："谦谦君子，卑以自牧也。"

⑩"美刺"句：《诗经》共三百零五篇，其中多起着"美刺（称善和讽

恶）"的作用。

⑪爻占：以爻象占卜。

十五　咸

清对浊，苦对咸，一启对三缄^①。烟蓑对雨笠，月榜对风帆。莺睍睆，燕呢喃，柳杞对松杉。情深悲素扇^②，泪痛湿青衫^③。汉室既能分四姓^④，周朝何用叛三监^⑤。破的而探牛心，豪矜王济^⑥；竖竿以挂犊鼻，贫笑阮咸^⑦。

【注释】

①三缄：缄，封的意思。三缄，即封口三重，表示说话好谨慎。

②"情深"句：相传汉代宫人班婕妤因情伤悲，赋诗在扇，抒其情。

③青衫：指唐代诗人白居易做江州司马时，所作《琵琶行》叙事诗，其中有"坐中泣下谁最多，江州司马青衫湿"之句。

④汉分四姓：东汉时外戚有著名的樊、郭、阴、马四姓，当时人把这些外戚的子弟均称为"四姓小侯"。

⑤周叛三监：周武王灭商之后，以商的旧都封给纣子武庚，并划殷都以东为卫，由武王的弟弟管叔来加以监督。殷都以西为鄘，由武王之弟蔡叔监之。殷都以北为邶，由武王之弟霍叔监之，总称为"三监"，后来，三监反而协助和支持武庚叛乱，为周所灭。

⑥王济：晋人王恺素以"称富"而闻名天下，他有一头牛名叫"八百里骏"，王济不服王恺的"称富"，与之相争，用千万钱和王恺赌这头牛。双方采用射箭的方式以决胜负，结果，王济首破箭靶，取得胜利。他故意斜靠在胡床上命令下人说："快把那头牛的牛心给我取来！"不一会儿，手下的人果然将牛牵来，王济当着王恺的面割走牛心。此典比喻统治阶级穷极无聊、骄奢淫逸的生活方式。

⑦阮咸竖竿：晋人阮咸居住在道南。还有另外一些阮姓的人居于道北都是些有钱人。七月七日，时俗盛行"晒衣"，道北的那些人家晒出的衣物尽是些绫罗绵绮，阮咸为了表示对这种庸俗习俗的鄙视，故意在院中竖立起一根竹竿，上面挂出了一件粗布做的"犊鼻裈"（短裤子），说道："我也不能免俗，只好挂出这件衣服吧！"用以表示讥讽。

能对否，圣对贤，卫瓘对浑瑊①。雀罗对渔网，翠巘②对苍崖。红罗帐，白布衫，笔格③对书函。蕊香蜂竞采，泥软燕争衔。凶孽誓清闻祖逖④，王家能乂有巫咸⑤。溪叟新居，渔舍清幽临水岸；山僧久隐，梵宫⑥寂寞倚云岩。

【注释】

①卫瓘：晋人，著名书法家。 浑瑊：唐人，十一岁从军，于肃、代、德宗三朝颇建武功，曾几经为节度使。

②翠巘（zī）：青翠的山峰。

③笔格：笔架。

④"凶孽"句：晋室大乱，祖逖率部下百余人渡江北伐。船到江心，他击敲着船楫发誓说："我祖逖如果不能平定中原胜利而归，就像这江水一样再不回头！"凶，指敌人。

⑤王家：指商朝。乂（yì）：治理。巫咸：传说是商王太戊的大臣，善占卜之术。

⑥梵宫：佛寺。

冠对带，帽对衫，议鲠①对言谗。行舟对御马，俗弊对民岩②。鼠且硕，兔多毚③，史册对书缄。塞城闻奏角，江浦认归帆。河水一源形淼淼，泰山万仞势岩岩。郑为武公，赋缁衣而美德④；周因巷伯，歌贝锦以伤谗⑤。

【注释】

①议鲠：言论正直，言不从众。

②民岩：不守规矩。

③毚：肥大。语出《诗经》："跃跃毚兔。"

④郑为武公，赋缁衣而美德：郑桓公、郑武公相继为周王室司徒，善于其职，为周人所敬爱，于是做缁衣以称颂其德。

⑤周因巷伯，歌贝锦以伤谗：巷伯是阉人，周幽王时遭谗而受宫刑，于是做贝锦之诗，后来，贝锦指故意编造，使人遭罪。

笠翁对韵

【题解】

《笠翁对韵》是古代私塾教育孩子的必读书目，是训练儿童应对、掌握声韵格律的启蒙读物。俗话说就是对对子，对对子是古文人必具的素质，2004年高考也把对联纳入考试范围。《笠翁对韵》从单字对到双字对，三字对、五字对、七字对到十一字对，声韵协调，朗朗上口，从中得到语音、词汇、修辞的训练。从单字到多字的层层属对，读起来，如唱歌般。较之其他全用三言、四言句式更见韵味。

《笠翁对韵》有30韵，多读多听多记多说多写，对孩子的写作水平会有很大的提高。

本书作者是明末清初杰出的戏曲家和小说家李渔（1611-1680）。原名仙侣，字谪凡，号笠翁，又号天征、笠鸿。祖籍浙江兰溪下李村，李渔一生著术甚丰，有诗文杂著《笠翁一家言全集》。《闲情偶寄》就是其中一部分。戏曲创作有《十种曲》；短篇小说集《无场戏》（又名《连城璧》）、《十二楼》，长篇小说《合锦回文传》等。《笠翁对韵》也是其主要著作。

卷上

一　东①

天对地，雨对风。大陆对长空。山花对海树②，赤日对苍穹③。雷隐隐④，雾蒙蒙。日下对天中。风高秋月白，雨霁晚霞红⑤。牛女二星河左右，参商两曜斗西东。十月塞边，飒飒寒霜惊戍旅；三冬⑥江上，漫漫朔雪⑦冷渔翁。

【注释】

①一东：这里指"平水韵"上平声第一个韵部。

②山花：长在山上的花儿。海树：指大海里的珊瑚。

③赤日：太阳。赤，红色。苍穹：青天。苍，青色。

④隐隐：隐约，不分明。

⑤风高秋月白，雨霁晚霞红：风在高空吹过，秋天的月亮十分明亮，雨过天晴，晚霞一片红。霁（jì），雨停天晴。

⑥三冬：冬天的第三个月，即十二月（腊月）。

⑦朔雪：北方的雪。朔：北方。

河对汉①，绿对红。雨伯对雷公②。烟楼对雪洞③，月殿对天宫④。云叆叇⑤，日曈曚⑥。蜡屐对渔篷⑦。过天⑧星似箭，吐魄月如弓。驿旅客逢梅子雨⑨，池亭人把⑩藕花风⑪。茅店⑫村前，皓月⑬坠林鸡唱韵⑭；板桥路上，青霜锁道⑮马行踪⑯。

【注释】

①河、汉：均指银河。此处的河亦可指黄河，汉指流入长江的汉水。

②雨伯：雨师，司雨之神，一说其为共工之子玄冥所化。雷公：司雷之神，一说其为力士空中击鼓之形象。

③烟楼：形容雾里或雨中之楼。雪洞：本指大雪封住的山洞，后形容居室之清洁明净。

④月殿：一解：月中之神仙宫殿，其名广寒宫，为嫦娥之所居。二解：指人间帝王宫殿。古诗多喻后妃居处。

⑤叆叇（ài dài）：这里形容云盛之状。

⑥曈曚（tóng méng）：日出之际，日色由暗渐明的样子。

⑦蜡屐（jī）：屐是一种木庭鞋。上面有带子，可将屐系在穿着布鞋或袜的脚上，若出行于泥涂，不会湿污屐上的鞋转。《宋书·谢灵运》载：传说谢灵运有特制木屐，上山时去其前齿，下山时去其后齿，以便行山路，人称之为"谢公屐"。大约为防湿，屐上涂蜡，故亦谓之涂蜡屐。《世说新

语·雅量》就载有阮孚吹火给屐上涂蜡之事。 渔篷：搭有草棚的渔船。

⑧过天：形容流星划过夜空。

⑨驿旅：指驿馆，即旅馆。客：这里指行旅之人。梅子雨：江南梅黄时之连阴雨，亦称"黄梅雨"。此时最惹远客愁绪。

⑩挹（yì）：本意为舀取，这里意为双手捧取。

⑪藕花风：吹送荷花香气之风。

⑫茅店：这里指村边简陋旅舍。

⑬皓月：明月。

⑭鸡唱韵：形容晨鸡互鸣。

⑮锁道：形容霜满道路。

⑯马行踪：指霜路上马蹄印迹。这两句由唐温庭筠五律《商山早行》"鸡声茅店月，人迹板桥霜"诗句变化而来。

山对海，华对嵩①。四岳对三公②。宫花对禁柳③，塞雁对江龙。清暑殿④，广寒宫⑤。拾翠⑥对题红。庄周梦化蝶，吕望兆飞熊⑦。北牖⑧当风停夏扇，南帘曝⑨日省冬烘。鹤舞楼头，玉笛弄残仙子月；凤翔台上，紫箫吹断美人风。

【注释】

①华对嵩：华：西岳华山。嵩：中岳嵩山。

②四岳：传说尧时分掌四岳（东岳泰山、西岳华山、南岳衡山、北岳恒山）的官。三公：古代天子以下最大的三个官员，各代的职称并不一致，如周朝以太师、太傅、太保为三公，西汉以大司马、大司徒、大司空为三公，东汉又以太尉、司徒、司空为三公等。三公又释为星名。

③禁柳：古代皇帝居住的城苑禁止百姓出入，所以称禁宫；禁柳即宫廷中的柳树。

④清暑殿：语出《宋书·符瑞志》："清暑爽立，云堂特起。"相传三国时吴有避暑宫，夏日清凉不热。

⑤广寒宫：古代神话，月中有宫殿，名叫广寒清虚之府，也称广寒宫。

⑥拾翠：曹植《洛神赋》："或采明珠，或拾翠羽。"原指拾找像翡翠一样的羽毛，后来把青年妇女采集鲜花野草也称作拾翠，如杜甫诗："佳人拾翠春相问。"张先词："芳州拾翠暮忘归。"

⑦"吕望"句：吕望，即太公望，又称姜太公，他曾辅佐周文王、武王，最后灭掉商纣，建立了西周王朝。传说周文王一夜梦见飞熊进帐，经人占卜，说这是将得到贤人的吉兆。第二天出猎，果然遇到姜太公。

⑧北牖：牖，窗户。北牖，北窗。

⑨曝：晒。曝日：即晒太阳。

二 冬

晨对午，夏对冬。下饷对高舂①。青春对白昼，古柏对苍松。垂钓客，荷锄②翁。仙鹤对神龙。凤冠③珠闪烁，螭带④玉玲珑。三元及第才千顷⑤，一品当朝禄万钟⑥。花萼楼前⑦，仙李盘根调国脉⑧；沉香亭畔，娇杨擅宠起边风⑨。

【注释】

①下饷（xiǎng）：指午后。高舂（chōng）：指傍晚时分。

②荷锄：扛锄。

③凤冠：以凤凰图形为饰之礼冠，古时帝后及高官之家的贵妇人多戴之。后世平民之家婚嫁，其嫡妻，亦着凤冠霞帔。

④螭（chī）带：以螭龙图形为饰之佩带。螭，无角龙。玉玲珑：形容佩带上玉声清脆。

⑤三元：科举考试中乡试第一名为解元，会试第一名为会元，殿试第一名为状元，合称三元。明时以殿试的前三名为三元。明清殿试第一等（一甲）之前三名（状元、榜眼、探花）并赐进士及第，即三元及第。才千顷：形容多才博学。

⑥一品：古代魏晋以后，官分九品，一品为最高之官职，辅君王主持朝政。禄：这里指古时官员之俸禄。钟：古时容量单位，六斛四斗为一钟。万钟，喻俸禄之优厚。

⑦花萼楼：唐明皇李隆基在兴庆宫筑楼，取《诗·小雅·棠棣》"棠棣之花，鄂不铧（huá）铧，凡今之人，莫如兄弟"之意，名曰"花萼相辉楼"。从楼中可望见诸王诸弟之府邸。兄弟相亲之情，于此乃见。

⑧仙李：喻李唐宗室兄弟。 盘根：这里喻兄弟之相依与团结。调国

脉：治理国家。

⑨沉香亭：唐兴庆宫之亭。李隆基曾携贵妃杨玉环在此赏芍药。李白《清平调》诗所谓"名花倾国两相欢，常得君王带笑看"，即指其事。娇杨：指娇美的杨贵妃。擅宠：独得君王宠幸。白居易《长恨歌》所谓"后宫佳丽三千人，三千宠爱在一身"，即指其事。 起：引起。 边风：边关战争。这里指安禄山叛乱。

清对淡，薄对浓。暮鼓对晨钟。山茶对石菊，烟锁对云封。金菡萏①，玉芙蓉。绿绮对青锋②。早汤先宿酒，晚食继朝饔③。唐库金钱能化蝶④，延津宝剑会成龙⑤。巫峡浪传，云雨荒唐神女庙⑥；岱宗⑦遥望，儿孙罗列丈人峰⑧。

【注释】
①菡萏（hàn dàn）：荷花古称。
②绿绮：古之名琴。青锋：古之名剑。
③饔（yōng）：上午吃的一顿饭。
④化蝶：唐穆宗夜宴，有黄色和白色的蝴蝶飞进花间，宫女采之，方知为内库中金银所化。
⑤成龙：晋张华问雷焕："斗牛之间常有异气，何也？"雷焕答曰："此宝剑之精也。"后雷焕做县令时发掘一石函，中有龙泉、太阿双剑。雷焕赠其一与张华，余自佩。张华被杀，其剑不知所终。雷焕死后，焕子佩其剑过延平津，剑跃入水，但见水中，波浪翻滚，双龙盘绕翻腾而去。见《晋书·张华传》。津：渡口。
⑥神女庙：传说战国时楚怀王游病唐，梦神女自称巫山之女，旦为朝云，暮为行雨。楚怀王因此立朝云庙。见宋玉《高唐赋》。
⑦岱宗：泰山别称。
⑧丈人峰：泰山一峰。古诗有"诸峰罗列如儿孙"之句。丈人，老汉。

繁对简，叠对重。意懒对心慵①。仙翁对释伴②，道范对儒宗。花灼灼，草茸茸③。浪蝶对狂蜂。数竿君子竹④，五树大夫松⑤。高皇灭项凭三杰⑥，虞帝承尧殛四凶⑦。内苑佳人，满地风光愁不尽；边关过客，连天烟草憾无穷。

①心慵：慵，困倦、懒。心慵，与懒意思相同。

②释伴：释教即佛教；释伴犹如说道侣，同修一道的伙伴。

③茸茸：草初生的样子。

④君子竹：古人认为，竹劲节虚心，有君子之德。王子猷很喜爱竹，有人问他，他说："何可一日无此君！"

⑤五树：《史记》记载，秦始皇登泰山，遇到暴风雨，躲在一棵松树下避雨，于是封为五大夫松。

⑥高皇：高皇，汉高祖刘邦。项：项羽。三杰：指张良、萧何、韩信。

⑦虞帝：古史传说，唐尧年老把帝位让给虞舜，舜即位后，流放了四人，即共工、驩兜、三苗和鲧，这就是四凶。殛：杀死，或说放，此字今读阳平，古为入声字。

三 江

奇对偶，只对双。大海对长江。金盘对玉盏①，宝烛对银钘②。朱漆槛，碧纱窗。舞调对歌腔③。汉兴推马武④，谏夏著龙逄⑤。四收列国群王伏，三筑高城众敌降。跨凤登台⑥，潇洒仙姬秦弄玉⑦；斩蛇当道⑧，英雄天子汉刘邦⑨。

【注释】

①盏：酒杯。

②宝烛：较好的蜡烛。银钘：用白银做台的灯。钘，指灯。

③舞调：跳舞时伴奏的音乐。

④马武：东汉光武帝刘秀的大将，东汉的开国元勋之一。

⑤龙逄（páng）：关龙逄，传说是夏朝最后一个皇帝桀的大臣，他见夏桀残暴无道，曾力进谏，反而被夏桀处死。

⑥台：凤凰台。

⑦姬：美女。秦弄玉：春秋时秦穆公的女儿名叫弄玉，非常喜欢求仙之术。当时有一个名叫萧史的人很会吹箫，能吹出凤凰的鸣叫声，弄玉爱上了他，秦穆公便把弄玉嫁给了他，还给他们建了一座凤凰台。后来，萧史教弄

玉吹箫，有凤凰飞来，夫妻两人便乘凤凰升天而去。

⑧斩蛇当道：在路上把蛇斩了。

⑨英雄天子汉刘邦：据《史记》记载，汉高祖刘邦刚要起兵造反时，有天晚上喝醉了酒，看见一条白色的大蟒蛇拦住了道路，他拔剑上前就把蛇斩了，后来有一个老妇人在那里哭，说自己的儿子是龙的孩子，变成蛇来到这里，却被赤帝的儿子杀了。这可能是刘邦的拥护者编造的故事，来暗示刘邦是赤帝的儿子，应该当皇帝。

　　颜对貌，像对庞①。步辇对徒杠②。停针对搁苎，意懒对心降③。灯闪闪，月幢幢④。揽辔⑤对飞艘。柳堤驰骏马，花院吠村尨⑥。酒量微酡琼杏颊⑦，香尘没印玉莲双⑧。诗写丹枫⑨，韩女幽怀流节水；泪弹斑竹⑩，舜妃遗憾积湘江。

【注释】

①庞：脸盘。

②步辇（niǎn）：辇本指车。秦以后，皇帝及皇后出行，乘无轮之辇，由人抬行，称之步辇。徒杠（gàng）：可步行通过而不通车舆的小桥，类似独木桥。

③心降：放下心来，一说欢悦。语出《诗·召南·草虫》："亦即见止，亦既觏止，我心则降。"

④幢（chuáng）幢：形容影子摇晃。

⑤揽辔：手持缰绳。

⑥吠（fèi）：犬叫。尨（máng）：长毛狗。

⑦酡（tuō）：喝酒后脸色发红。琼杏颊：形容脸上红色。颊，脸蛋儿。此句意出《楚辞·招魂》："美人既醉，朱颜酡些。"

⑧香尘：形容女子过后的尘土。没印：犹言踏上去留下深深的脚印。双（shuǎng）：足。玉莲双：形容女子之足。

⑨"诗写"句：宋《青琐高议·流红记》载：唐僖宗时，士子于祐在御沟拾到一片大红叶，见叶上有题诗："流水何太急，深宫尽日闲。殷勤谢红叶，好去蓟人间。"（按：此诗与前《一东》第三段注⑥之卢渥题红故事所引之诗全同）就因此系情于怀，眠食俱废，又在另一红叶上写一联："曾闻叶上题红怨，叶上题诗寄阿谁？"置叶于御沟上，使之流入宫中。祐后依贵

人韩泳之门，时逢帝宫放出三千宫人，韩泳便把一个称为韩夫人的嫁给于祐。新婚之夜，韩氏发现书箱中红叶，竟是自己当年题诗由御沟送出者，又于自己箱中取出另一红叶，竟是祐当年题诗句送入宫中者，此叶上还有韩氏补题之一诗："独步天沟岸，临流得叶时，此情谁会得，肠断一联诗。"后来韩氏对贵人韩泳说："吾为祐之合乃天也，非媒氏之力也。"又题一绝道："一联佳句题流水，十载幽思满素怀。今日却成鸾凤友，方知红叶是良媒。"丹枫指红叶。节水，由宫中分出流入御沟之水。

⑩"泪弹"句：说上古舜帝即位五十年，巡于南方，死于苍梧之野。舜之二妃娥皇、女英，前往吊之，啼泪染竹成斑，谓之"湘妃竹"。二妃死，成为湘水神。涠（yú），疑此字有误，涠江应为湘江。

四 支

泉对石，干对枝。吹竹对弹丝。山亭对水榭，鹦鹉对鸬鹚。五色笔①，十香词②。泼墨③对传卮④。神奇韩干画，雄浑李陵诗。几处花街新夺锦，有人香径淡凝脂。万里烽烟，战士边关争保塞；一犁膏雨，农夫村外尽乘时⑤。

【注释】

①五色笔：相传南朝江淹，年轻时梦晋代学者和诗人郭璞赠给他五色笔，于是才思大进，写了许多优美诗文。晚年，又梦郭璞讨回了五色笔，从此才情顿减，人称江郎才尽。

②十香词：史料记载："辽道宗后萧氏，才貌双绝，后以谏猎见疏，作《同心词》自明。耶律乙辛诬后与伶人私通，假造《十香词》为证，帝竟赐后自尽。"

③泼墨：泼墨是绘画术语，意思是大量用墨参差渲染。

④传卮：卮，古代一种盛酒翻琶臺器。传卮，如同说传杯。

⑤膏雨：肥美的雨。乘时：利用有利时机。

菹对醢①，赋对诗。点漆对描脂。璠②簪对珠履，剑客对琴师。沽酒价③，买山资④。国色对仙姿。晚霞明似锦，春雨细如丝。柳绊长堤千万树，花横野寺两三枝。紫盖黄旗⑤，天象预占江左地⑥；青袍白马⑦，童谣终应寿阳儿。

【注释】

①菹（zū）、醢（hǎi）：均为肉酱之义，亦均指古代将人斩为肉酱的刑罚。

②璠（fán）：宝玉。

③沽（gū）：买。沽酒价：东晋阮修外出时，常在杖头上挂一百钱，走到酒店，就进去买酒喝。见《晋书·阮修传》。

④买山资：晋朝和尚支道林向深公买一座山。深公说：从来没有听说巢父和许由买山隐居的。巢父、许由一对隐士。

⑤"紫盖"句：三国末年，有术士对吴主孙皓说："庚子之年，紫盖黄旗当入于洛。"孙皓以为这是预言他将入主晋之都城洛阳，岂知这一年吴国被晋所灭，孙皓作为亡国之君进入洛阳。紫盖，紫色的伞盖，与黄旗同为帝王仪仗。

⑥江左：江东，古时地理以东为左。

⑦"青袍"句：梁武帝时有童谣流传"青袍白马寿阳儿"，不久寿阳侯萧景叛乱，军中尽青袍白马。

箴对赞①，缶②对卮。萤炤③对蚕丝。轻裾④对长袖，瑞草对灵芝。流涕策⑤，断肠诗⑥。喉舌对腰肢。云中熊虎将⑦，天上凤凰儿⑧。禹庙千年垂橘柚⑨，尧阶三尺覆茅茨⑩。湘竹含烟，腰下轻纱笼玳瑁⑪；海棠经雨，脸边清泪湿胭脂⑫。

【注释】

①箴、赞：都是古代的文体名。箴，主规劝告诫；赞，主称颂赞美。

②缶（fǒu）：这里指酒器。

③萤炤（zhao）：萤火虫之光。

④轻裾（jū）：丝绸衣服的大襟。

⑤流涕策：西汉贾谊向文帝上《治安策》，指出诸侯王国的封地太大，势力过强，显得腿大如腰，指大如腿，这是天下之大病。文中说："可痛哭者，是此病也。"故称"流涕策"。

⑥断肠诗：宋女词人朱淑真的作品，辑为《断肠集》。

⑦"云中"句：汉文帝时魏尚为云中太守，治军有方，因他在，匈奴不敢扰边。云中，汉郡名，在今内蒙古托克托县。参见《三国志·周瑜传》上说，刘备枭雄，关羽、张飞为熊虎将。

⑧凤凰儿：喻人身上留有先人的风采。《世说新语·容止》载：王敬伦（劭）风姿似其父王导。穿公服出门，桓温望之，说"大奴（王劭）固自有凤毛"。此即凤凰儿之意。

⑨"禹庙"句：唐杜甫五律《禹庙》有"荒庭垂橘柚，古屋画龙蛇"之句，这里暗用之。橘柚，两种果木。

⑩"尧阶"句：《韩非子·五蠹》载："尧之王天下，茅茨不翦，采椽不斫。"茅茨即茅屋顶。尧阶，指尧的居室。

⑪湘竹：湘妃竹。见《三江》注第二段注。玳瑁：动物名，形似龟。甲片可做装饰品。这句将湘竹拟人，意为：湘竹被烟雾笼罩着，显得龟的腰肢似有轻纱遮护，而又从中透出玳瑁片似的斑痕。

⑫"海棠"句：此句亦将海棠拟人。意为海棠花朵经雨洒，犹如美人清泪冲湿了脸上的胭脂。

争对让，望对思。野葛对山栀。仙风对道骨，天造对人为。专诸剑①，博浪椎②。经纬对干支③。位尊民物主，德重帝王师。切望不妨人去远，心忙无奈马行迟。金屋闭来，赋乞茂林题柱笔；玉楼成后④，记须昌谷⑤负囊词。

【注释】
①专诸剑：春秋时的刺客，藏剑于鱼腹中刺杀吴王僚。
②博浪椎：秦始皇曾到博浪沙巡游，张良令力士拿铁椎刺杀秦始皇，结果误中秦始皇的副车。
③干支：用来表示年、月、日的方法。
④"金屋"句：司马相如曾作《长门赋》，替皇后阿娇向汉武帝求情。
⑤昌谷：李贺的诗集名为《昌谷集》，这里代指李贺。

五　微

　　贤对圣，是对非。觉奥对参微①。鱼书对雁字②，草舍对柴扉③。鸡晓唱④，雉朝飞⑤。红瘦对绿肥。举杯邀月饮，骑马踏花归。黄盖能成赤壁捷，陈平善解白登危。太白书堂⑥，瀑泉垂地三千尺；孔明祀庙⑦，老柏参天四十围。

【注释】

①觉奥：察觉奥妙。参微：思考微妙的事情。

②鱼书：指书信。汉代的一首诗中说"客个蒙妄令遗我双鲤鱼。呼儿烹鲤鱼，中有尺素书"。就是说有人给她捎来两条鱼，她让人把鱼剖开一看，里面有一信。此后，人们就把信叫作鱼书。雁字：也指书信。汉代苏武出使匈奴时被扣留，朝廷多次派人来要，匈奴人骗汉朝使臣说苏武已经死了，后来有人给汉朝使臣出了个主意，说汉昭帝在打猎时打到了一只大雁，雁脚上系着苏武的信，说明苏武还没有死。匈奴人不敢再隐瞒，把苏武放了回去。此后，人们也把书信叫作雁书。

③草舍：茅草屋。柴扉：用树条编成的门。

④鸡晓唱：鸡在天一亮就打鸣。晓，天刚亮的样子。

⑤雉朝飞：野鸡一到白天就飞起来了。雉，野鸡。

⑥书堂：书屋。

⑦祀庙：此指后人建立的祭祀诸葛亮的成都武侯祠。

　　戈对甲①，幄对帷②。荡荡对巍巍③。严滩对邵圃④，靖菊对夷薇⑤。占鸿渐⑥，采凤飞⑦。虎榜对龙旗⑧。心中罗锦绣⑨，口内吐珠玑⑩。宽宏豁达高皇量⑪，叱咤喑哑霸王威⑫。灭项兴刘，狡兔尽时走狗死⑬；连吴拒魏，貔貅屯处卧龙归⑭。

【注释】

①戈：古兵器名。甲：古时战服。

②幄（wò）、帷（wéi）：均指帐幕。

笠翁对韵

六八五

③荡荡：广远之貌。巍巍：高大之貌。

④严滩：后汉严光（字子陵）少与刘秀游学。刘秀称帝后，严光耕于富春山，不受刘秀的征召。人称其垂钓处为严陵濑。严滩即指其处。邵圃："邵"应为"召（shào）"，召圃指召平的瓜圃。《史记·萧相国世家》说："召平者，故秦东陵侯。秦破，为布衣（平民），贫，种瓜于长安城东。瓜美，故世俗谓之东陵瓜。"

⑤靖菊：晋陶渊明世称靖节先生。性爱菊嗜酒。所谓"秋菊有佳色，挹露掇其英。泛此忘忧物，远我遗世情"（《饮酒》）之句，正见其性。故称菊为"靖菊"或"陶菊"。夷薇：商代孤竹君的两个儿子伯夷与叔齐，不愿继位，逃往周地。武王伐纣，夷、齐以为是"以暴易暴"，叩马首而谏阻。商亡，二人立志不食周粟，逃往首阳山，采薇（一种野菜）而食，终于饿死。故称薇为"夷薇"。

⑥占鸿渐：占卜到"鸿渐"之吉兆。《易·下经·渐》："上九：鸿（大雁）渐（进）于阿（大山），其羽可用为代（舞具），吉。"后以鸿渐喻进身仕途。

⑦采凤飞：《左传·庄公·二十二年》载：懿氏想把自己的女儿嫁给敬仲，就占卜吉凶。他的妻子占到吉兆，说是"凤凰于飞，和鸣锵锵"。后以凤凰于飞比喻夫妻敬和。采，这里有得到好兆头之意。

⑧虎榜：旧称进士榜为龙虎榜。"虎榜"是简称。龙旗：古代画有龙形图案的王家仪仗旗。

⑨"心中"句：指行文构思之巧与词语之丽。唐李白《送仲弟令闻序》说："吾心肝五脏，皆锦绣耳。不然，何以开口成文，挥毫散雾也？"

⑩"口内"句：喻出口成章，句雅词丽，朗朗上口。玑（jī），不圆的珠子。《文心雕龙·神思》有句："吐纳珠玉之声。"

⑪"宽宏"句：高皇，指汉高祖刘邦。《史记·高祖本纪》称刘邦："仁而爱人，喜施，意豁如也。常有大度，不事家人生产作业。"

⑫"叱咤"（chì zhà）句：《史记·淮阴侯列传》说：项王（楚霸王项羽）喑哑叱咤，千人皆废（退）。然不能任属贤将，此特匹夫之勇耳。喑哑（yīn yǎ），怒而不止。叱咤，怒喝声。这里的"暗哑"乃"暗嗯"之误。

⑬"灭项"句：项，项羽。刘，刘邦。楚汉相争，韩信之大功，在于辅助刘邦灭项羽而建汉廷。故说："灭项兴刘。"功成，高祖令武士缚韩信，

载于后车，韩信这时说："果若人言：'狡兔死，良狗亨（烹）；飞鸟尽，良弓藏；敌国破，谋臣亡。'天下已定，我固当烹！"这里用其事。

⑭"连吴"句：三国诸葛亮（人称卧龙）辅佐刘备，主张联孙吴而拒曹魏。如赤壁之役，即其主张之体现。亮晚年出兵五丈原，与司马懿相对抗，因患粮不继，又分兵屯田。不久亮故去。貔貅（pí xiū），传说之猛兽，这里喻亮军众。屯处，指五丈原。卧龙归，指诸葛亮身死。

衰对盛，密对稀。祭服对朝衣。鸡窗对雁塔①，秋榜对春闱②。乌衣巷，燕子矶。久别对初归。天姿真窈窕，圣德实光辉。蟠桃紫阙来金母③，岭荔红尘进玉妃。霸王军营④，亚父丹心撞玉斗；长安酒市，谪仙狂兴换银龟。

【注释】

①鸡窗：传说晋代兖州刺史宋处宗常与窗外的鸡谈话，探讨学问，结果学问大进。后人便用鸡窗代指书房。雁塔：唐代一个名叫丰肇的人中了进士以后，在慈恩寺的雁塔题下了自己的名字。之后便有人仿效他的做法。从此，大雁塔就成为了新科进士金榜题名的地方。

②秋榜对春闱：古代封建王朝举行的两场考试，分别在秋天和春天举行。

③金母：王母娘娘。

④"霸王"句：指鸿门宴的故事。

六 鱼

羹①对饭，柳对榆。短袖对长裾②。鸡冠对凤尾，芍药对芙蕖③。周有若，汉相如④。王屋对匡庐。月明山寺远，风细水亭虚。壮士腰间三尺剑⑤，男儿腹内五车书。疏影暗香，和靖孤山梅蕊放；轻阴清昼，渊明旧宅柳条舒。

【注释】

①羹：用肉、菜等勾芡煮成的浓汤。

②裾：衣服的后襟。

③芙蕖：荷花的别称。

④周有若：有若，孔子弟子，貌似孔子，他是东周春秋时人，故称周有若。汉相如：西汉司马相如，当时著名辞赋家。

⑤壮士：史称汉高祖刘邦手提三尺剑起兵，因而后人常把三尺剑作为有志男儿的象征。

　　吾对汝①，尔对余②。选授对升除③。书籍对药柜，耒耜对耰锄④。参虽鲁，回不愚⑤。阀阅对阎闾⑥。诸侯千乘国⑦，命妇七香车⑧。穿云采药闻仙人⑨，踏雪寻梅策蹇驴⑩。玉兔金乌⑪，二气精灵为日月；洛龟河马⑫，五行⑬生克⑭在图书⑮。

【注释】

①汝：第二人称代词，义同“你”。

②尔：第二人称代词，义亦同“你”。　余：第一人称代词，义同“我”。

③选授：选贤才给以官职。　升除：升官和任命。

④耒（lěi）耜（sì）：古代农具。　耰（yōu）：古代农具。

⑤参虽鲁：曾参，孔子学生。亦称曾子。孔子曾说：“参也鲁。”鲁，迟钝。回不愚：回，孔子的学生颜回，字子渊。孔子说颜回：“我和颜回说上一天话，他也不反问我一句，好像很愚钝。反过来看他的行为，足以发扬我所言之理——颜回是不愚钝的。”

⑥阀阅：这里指颇具功绩和阅历的世家府第门前旌表功绩的柱子。　阎闾（yán lǚ）：阎，里中门，里巷。闾，里门。古代以二十五家为闾。“阎闾”也作“阎阎”，泛指民间。

⑦诸侯：先秦时代中央政权分封各国的国君，统称诸侯。千乘（shèng）国：有兵车千辆的诸侯国，古代一兵车四马为一乘。战国时期，千乘之国是诸侯国中的小者。

⑧命妇：古时士大夫阶层之妻室，其受有封号者，称命妇。七香车：古时用多种香料涂饰之车，为贵妇所乘。

⑨“穿云”句：南朝刘宋刘义庆《幽明录》上说：东汉永平年间，浙江剡县人刘晨、阮肇到天台山采药，于云深之处迷失路途，忽逢二仙女，被邀家中并与之共处半年多，等回到自己家里只见子孙过了七代，复入天台山访二女，竟不见其影踪居处。此句暗用其事。

⑩"踏雪"句：唐孟浩然曾在灞水之滨踏雪寻梅，并说："我的诗思在风雪中驴背上。"策，用鞭赶牲口。蹇（jiǎn）驴，跛足的驴。

⑪玉兔：古代传说月中有玉兔捣药，故称月为玉兔。金乌：相传日中有三足乌鸟，故称日为金乌。

⑫洛龟：相传天帝让神龟负书出洛水，呈书给禹，禹按照此书演九畴。九畴即治理天下的九类方法。河马：相传伏羲氏之世，龙马负河图出，伏羲氏按照河图而画八卦。

⑬五行：中国传统哲学以为金、木、水、火、土为构成万物之元素，称五行。

⑭生克：相克相生，即一方面互相排斥，而另一方面又互相补充促进的相反相成的矛盾性状。

⑮图书：指洛龟所呈之书和龙马所负之图。

敧^①对正，密对疏。囊橐对苞苴^②。罗浮对壶峤^③，水曲对山纡^④。骖鹤驾^⑤，待鸾舆^⑥。桀溺对长沮^⑦。搏虎卞庄子^⑧，当熊冯婕妤^⑨。南阳高士吟梁父^⑩，西蜀才人赋子虚^⑪。三径风光，白石黄花供杖履^⑫；五湖^⑬烟景，青山绿水在樵渔。

【注释】

①敧：斜，倾斜。通"敬"。

②囊橐（tuó）：均为盛物之容器，故以"囊橐"喻才学之士。苞苴（bāo jū）：均为包裹之意。苞苴，裹鱼肉用的草包。又赠人礼物，必加包裹，故以之喻赠送的礼物。

③罗浮：山名，相传罗山之西有浮山，原为蓬莱（传说中的仙山）的一部分。后来浮山浮海而至，与罗山并为一体，遂为罗浮。壶：方壶；峤（qiáo）：员峤，均传说中的仙山，在海上。

④纡（yū）：屈曲，绕弯。

⑤骖（cān）：古代驾在马车两侧的马称之为骖。鹤驾：装饰着仙鹤的车驾，也称太子所乘为鹤驾。

⑥鸾（luán）：古代传说中的一种神鸟。舆（yù）：车箱，亦泛指车，此处指车。鸾舆，饰着鸾鸟的车子。

⑦桀溺、长沮：只是他们的绰号。他们在耕田时遇孔子使学生子路"问

津"（问渡口所在），出语讥讽。见《史记·孔子世家》。

⑧搏虎卞庄子：事见《史记·陈轸传》。卞庄子，为春秋时鲁国大夫，他的食邑在"卞"，谥号"庄"，以勇敢著名。一次，他路遇双虎，相争食一牛，正欲刺虎，有人劝他说：两虎正食牛，食尽必相争。争则大者伤小者亡，那时再刺虎，则获二虎。卞庄子依言，果获二虎。后遂有"二虎相争，必有一伤"的成语。

⑨当熊冯婕妤（jié yú），宫中女官，汉武帝时置：冯婕妤侍汉武帝观虎圈，忽然有熊跑出，其他人都吓得跑开了，独有冯婕妤面对熊挡在汉武帝之前。熊被武士杀死后，汉武帝深嘉其勇。

⑩"南阳"句：诸葛亮辅佐刘备前，曾躬耕于南阳，做《梁父吟》。梁父，山名，也叫"梁甫"。

⑪"西蜀"句：汉辞赋家司马相如曾居四川邛崃。作有《子虚赋》、《上林赋》等，辞藻华丽，气魄宏大。汉武帝读之曾叹生不同时，后始知其为时人。西蜀，四川为古蜀国之地，故称蜀，邛崃在川。

⑫三径：西汉末兖（在今山东省）州刺史荐诩辞官隐居，在园中竹荫下"开三径"，只与羊仲、求仲二人来往。黄花：菊花。东晋陶渊明《归去来辞》："三径就荒，松菊犹存。"

⑬五湖：太湖别名。亦为洞庭、鄱阳、太湖、巢湖、洪泽合称。

七　虞

红对白，有对无。布谷对提壶。毛锥对羽扇，天阙对皇都。谢蝴蝶①，郑鹧鸪②。蹈海③对归湖④。花肥春雨润，竹瘦晚风疏。麦饭豆糜终创汉⑤，莼羹鲈脍竟归吴。琴调⑥轻弹，杨柳月中潜⑦去听；酒旗斜挂，杏花村里其来沽⑧。

【注释】

①谢蝴蝶：宋代谢逸喜欢作蝴蝶诗，人称谢蝴蝶。

②郑鹧鸪：唐代郑谷做的鹧鸪诗最佳，所以被人称为郑鹧鸪。

③蹈海：跳海自杀。战国时期，秦国兵围赵国都城邯郸，魏王派将军辛

垣衍领兵救援。但辛垣衍由于害怕秦国的势力，反而劝赵王承认秦王为帝。这时，同样被围困在城里的齐国义鲁仲连知道了这个消息，便去见辛垣衍，批评了他的胆小，并说，如果秦王真的称了帝，自己就"蹈东海而死"。这里的"蹈海"就是用鲁仲连事。

④归湖：春秋时，越国谋臣范蠡和美人西施帮助越王勾践打败吴国后，辞别了越王，一起隐居于五湖。

⑤麦饭豆糜：用麦子做的饭、用豆子做的粥，形容很粗的饭。这句用的是东汉开国皇帝刘秀的典故。刘秀刚起兵时，有一次打了败仗，被围在饶阳，没有东西，他的部下冯异给他做了麦饭和豆粥。

⑥琴调：用琴所弹奏的曲调。

⑦潜：悄悄的。

⑧沽：买酒。

罗对绮，茗①对蔬。柏秀对松枯。中元对上巳②，返璧对还珠。云梦泽③，洞庭湖。玉烛对冰壶。苍头犀角带，绿鬓象牙梳。松阴白鹤声相应，镜里青鸾影不孤④。竹户半开，对牖不知人在否？柴门深闭，停车还有客来无。

【注释】

①茗：茶。

②"中元"句：中元，农历七月十五日，道教称之为中元节。上巳，农历每月初旬中的巳日。三月上巳，是古代的一个节日。

③云梦泽：古代大泽名，在楚（今湖南洞庭湖一带），方九百里，后逐渐干涸，只剩下了洞庭湖。

④"镜里"句：《异苑》载，罽宾国王买得一只鸾鸟，多年不鸣。夫人说："听人说鸾鸟找到同类就鸣，何不让它照镜子试一试。"鸾鸟发现镜子里的影像，高声悲鸣，向天空奋力一飞，就死掉了。

宾对主，婢对奴①。宝鸭对金凫②。升堂对入室③，鼓瑟对投壶④。砚合璧⑤，颂联珠⑥。提瓮对当垆⑦。仰高红日近⑧，望远白云孤⑨。歆向秘书窥二酉⑩，机云芳誉劝三吴⑪。祖饯三杯⑫，老去常斟⑬花下酒；荒田五亩，归来独荷月中锄⑭。

【注释】

①婢（bì）：使女。奴：仆人。

②宝鸭：泊时香的别称。金凫（fǔ）：这里指凫尊。铜质凫（野鸭）形盛酒器。

③升堂入室：语出《论语·先进》："由（子路）也升堂矣，未入于室也。"后喻学问造诣精深，不是外行。堂，厅堂。室，内室。

④鼓：弹。瑟（sè）：古代弦乐器。投壶：古代一种游戏，用以佐酒。游戏者投箭入壶，投中多者胜，少者负，负者饮。

⑤觇（chān）：这里指观测。合璧：古时称日、月并出为合璧，后喻聚集精华。

⑥联珠：古时指五星（金、木、水、火、土）会聚。又汉以后有一种文体也叫连珠。其文穿贯事理，如珠连贯；辞丽言约，对偶有韵。"颂连珠"似指此。

⑦提瓮（wèng）：后汉鲍宣妻桓少君，出嫁时陪嫁财资很多。鲍宣不高兴这些。少君就把陪嫁财资尽送还娘家，身穿短衣裳，与鲍宣拉着鹿车（人力牵引的小车）回自己的家。拜过公婆，提瓮出汲。瓮，汲水陶器。 当垆：汉卓文君与司马相如自成婚姻，二人开设了一酒店，司马相如亲自为客沽酒，文君当垆。垆，古时酒店的垒土坎便于安放酒瓮。土坎称垆。卖酒坐在垆上，叫"当垆"。

⑧"仰高"句：《世说新语·夙慧》载：晋明帝小时，有一次坐在元帝（明帝父）膝上，有人从长安来。元帝因而问明帝："你说长安远还是日远？"明帝回答："日远。没有听说谁从日边来。这不是很明白的吗？"元帝惊异他的聪明，第二天召来群臣又重提昨天之问，明帝却答道："日近。"元帝说："你怎么和昨天回答得不一样？"明帝又答道："举目见日，不见长安。"这里用其事。

⑨"望远"句：《大唐新语·举贤》载：狄仁杰被荐为并州法曹，其父母亲仍在河阳。仁杰赴任时，路经太行，南望白云孤飞，就告诉左右说："吾亲所居，在此云下？"不禁悲啼。站立许久，等云移走后才再登征途。这里用其事。

⑩歆向：汉刘向、刘歆父子，曾为汉廷总校群书，向写成《别录》一书，歆写成《七略》一书，对书籍目录学做出重要的贡献。秘书：宫禁中的

藏书。《汉书·刘向传》："冬诏向领校中五经秘书。"窥：看。二酉：大酉山和小酉山。在今湖南。《荆州记》上说"小酉山上石穴中有书千卷。"后称藏书多为二酉。

⑪机云：西晋陆云、陆机兄弟，吴郡吴人，俱有文才，名重一时。芳誉：美誉。三吴：泛指江浙一带。

⑫祖饯：设宴与出行者作别。

⑬斟（zhēn）：向杯里倒酒。

⑭"荒田"句：晋陶渊明《归园田居五首》有句："种豆南山下，草盛豆苗稀。晨光理荒秽，带月荷锄归。"这里暗用其意。荷（hè）锄，扛锄。

君对父，魏对吴。北岳对西湖。菜蔬对茶荈，苣藤对菖蒲。梅花数，竹叶符。廷议对山呼。两都班固赋[①]，八阵孔明图[②]。田庆紫荆堂下茂[③]，王褒青柏墓前枯。出塞中郎，羝有乳时归汉室[④]；质秦太子，马生角日返燕都[⑤]。

【注释】

①两都班固赋：东汉班固曾作《两都赋》。

②孔明图：诸葛亮曾设八阵图阻止吴国入蜀。

③"田庆"句：汉代田庆兄弟商量分家，忽然发现院中紫荆树枯萎，他们深受感动，决定不再分家，结果紫荆树又复活了。.

④"出塞"句：指苏武牧羊的故事。

⑤"质秦"句：战国时燕太子丹曾经作为人质被扣押在秦国，秦王说除非马生出角来才让他回国。

八 齐

鸾对凤，犬对鸡。塞北对关西。长生对益智，老幼对旄倪[①]。颁竹策[②]，剪桐圭[③]。剥枣[④]对蒸梨。绵腰如弱柳，嫩手似柔荑[⑤]。狡兔能穿三穴隐，鹪鹩[⑥]权借一枝栖。角里[⑦]先生，策杖垂绅扶少主；于陵仲子，辟纬织屦赖贤妻[⑧]。

①旄倪：老幼的合称；旄，通"耄"，老人；倪，小儿。

②颁竹策：皇帝给诸侯王颁发的委任状，用竹简制成。

③剪桐圭：古代帝王诸侯举行仪式时所用的玉器，上尖下方，代表官阶。

④剥枣：剥（pū），同扑，打。

⑤"嫩手"句：语出《诗·卫风·硕人》，写卫庄公夫人的美，说她手如柔荑，肤如凝脂。荑（tí），此意为草木初生的幼芽。

⑥鹪鹩：一种食小虫的极小的鸟，又名"巧妇鸟"。

⑦角里：角（lù），有人说是角字的讹误。

⑧"于陵"句：于陵仲子，即陈仲子，战国时齐国的隐士。因居于于陵，所以又叫于陵子。楚王想让他为相，他逃到别处隐居替人灌园，他的妻子为人织布。

鸣对吠①，泛②对栖。燕语对莺啼。珊瑚对玛瑙，琥珀对玻璃③。绛县老④，伯州犁⑤。测蠡对燃犀⑥。榆槐堪作荫，桃李自成蹊⑦。投巫救女西门豹⑧，赁浣逢妻百里奚⑨。阙里门墙，陋巷规模原不陋⑩；隋堤基址，迷楼踪迹亦全迷⑪。

【注释】

①吠：狗叫。

②泛：浮而行。

③玻璃：指天然水晶石一类。

④绛县老：《左传·襄公》载：晋绛县某人年老无子，问他多大年龄，他说：我不知道计算年岁，只知我生的一天，是正月初一甲子日，已经过了四百四十五个甲子日，最后一个子日到今天刚好二十天。师旷说："满七十三岁了。"

⑤伯州犁：秋楚人，后在楚被杀。

⑥测蠡：语出《汉书·东方朔传》："以管窥天，以蠡测海。"蠡，瓢。后以"管窥蠡测"喻见识浅薄。燃犀：东晋温峤到牛渚矶。燃犀角照明，见到奇形怪状的水族，或乘车或骑马或身穿红衣。

⑦"桃李"句：语出《史记·李将军列传》："桃李不言，下自成

蹊。"意思是桃李树无须自吹，它们的鲜花和硕果都会引得人来，从而桃李树下自有为人所踏出的小路。蹊（xī）：小路。

⑧"投巫"句：《史记·滑稽列传》附录载：战国时魏国邺地的女巫借口为河伯娶妇，每年将一些少女投入黄河中。西门豹来邺地做官，为改其陋习，救彼少女，声言先让女巫入河中与河伯传话，就将女巫接二连三投入河中。入者终不见上岸，娶妇的迷信骗局遂被揭穿。此后再无人敢提为河伯娶妇事，少女们于是得救。

⑨"赁浣"句：相传秦国士大夫百里奚多年与家人失去联系。一次雇用妇人洗衣，后来才发觉洗衣妇竟是自己的妻子。赁，雇用。浣（huàn），洗。

⑩"阙里"句：阙里原是孔子的住处，孔子曾在此处讲学授徒。门墙，孔子的学生子贡比喻孔子之贤，说孔子如有几丈高的围墙，找不入门之处，就难能看到其中宗庙之伟，房舍之多。陋巷，《论语·雍也》载：孔子说颜回："贤哉，回也！一箪食，一瓢饮，在陋巷，人不堪其忧，回也不改其乐。贤哉，回也！"回，颜回，也叫颜渊，孔子的学生。"阙里门墙"句喻孔门富于德行，因而颜回的陋巷也不算陋。

⑪隋堤：隋炀帝时，开通济渠，沿渠筑堤，顺堤栽柳，后世称为隋堤。迷楼：隋炀帝在扬州所建之楼。进入此楼的人通常整天也难得寻到出口。隋炀帝说即便真仙进入也迷路，故称之"迷楼"。

越对赵，楚对齐。柳岸对桃溪。纱窗对绣户，画阁对香闺。修月斧①，上天梯②。蝃蝀对虹蜺③。行乐游春圃，工谏病夏畦④。李广不封空射虎⑤，魏明得立为存麛⑥。按辔徐行⑦，细柳功成劳王敬；闻声稍卧，临泾名震止儿啼⑧。

【注释】
①修月斧：参见《声》十四盐·"玉屑饭"条注。
②上天梯：传说上古时都广之野有树名"建木"，上达天庭，为各方天帝上天下地的天梯。《山海经·海内经》："有木名曰建木，百仞无枝，上有九欘，下有九枸。"《淮南子·地形篇》："建木，众帝所自上下。"
③蝃蝀（dì dòng）：虹的别称。蜺（ní）：同"霓"，虹的一种。

④工谀（yú）病夏畦（qí）：意思是精心阿谀奉承，比那些在夏日田地里劳动的人更为苦劳。工：精巧，精于。谀：用不实之语奉承他人。病，疲倦，劳累。畦，田垄。夏畦，夏天在田地里劳动的人，后也用于比喻一般艰苦工作的人。《孟子·滕文公下》："胁肩谄笑，病于夏畦。"

⑤"李广"句：汉武帝时右北平太守李广，名将，出猎时见草中大石，以为是虎而引弓射之，箭中石没羽。李广镇右北平，匈奴称之为"飞将军"。但李广终未得封侯，最后被迫自杀。

⑥"魏明"句：三国魏文帝曹丕之子曹睿（ruì）幼时随父出猎。文帝射中一只母鹿，让曹睿射幼鹿，曹睿说："它的母亲已被杀死，我不忍心再杀它。"文帝认为他宅心仁厚，遂立为太子。后为魏明帝。麂（nì）：幼鹿。

⑦"按辔"句：汉文帝时，大将周亚夫驻军细柳。文帝慰问军队，先到灞上，棘门两处军营，受到隆重迎接。后至细柳，守营士兵不许其进入。文帝卫士告诉士兵，说是文帝来了。守营官兵说："军中只知执行军令，不执行皇上的命令。"后来文帝入营，卫士又说："军中不得驱驰！"文帝只好勒马缓行。文帝视察后感叹："周亚夫才是真正的将军。"辔（pèi），驭马用的嚼子与缰绳。徐行，缓缓地行走。

⑧"闻声"句：唐代大将郭子仪镇守原州，吐蕃不敢越过临泾（jīng经，属原州，后为原州治所），常以其名吓小儿夜哭。稍，在此当读如shào，方与上联平仄相对。按《广韵》所载，"稍"字两个读音：shào、shāo均可。《广韵》："稍，所教切，去"，"效韵，山"，意为"逐渐"。

九 佳

门对户，陌对街。枝叶对根荄①。斗鸡对挥麈②，凤髻③对鸾钗。登楚岫④，渡秦淮⑤。子犯对夫差⑥。石鼎龙头缩，银筝雁翅排。百年诗礼延余庆，万里风云入壮怀。能辨明伦，死矣野哉悲季路；不由径袜，生乎愚也有高柴。

【注释】

①荄（gāi）：草根。根荄，也是草根。

②挥麈：麈，古书上指鹿一类的动物，尾巴可以做拂尘。

③髻：梳在头顶上的发结。

④登楚岫：岫即山，楚岫，南方的山。

⑤秦淮：古代金陵附近的一条河，相传是秦始皇所开凿以疏通淮水，故名。它是古代有名的风景游览区。

⑥子犯：名狐偃，字子犯，春秋晋人。夫差：（？—前473）春秋吴王。

　　冠对履①，袜对鞋。海角对天涯②。鸡人对虎旅③，六市对三街④。陈俎豆⑤，戏堆埋⑥。皎皎⑦对皑皑。贤相聚东阁⑧，良朋集小斋。梦里山川书越绝，枕边风月记齐谐⑨。三径萧疏，彭泽高风怡五柳⑩；六朝华贵，琅玡佳气种三槐⑪。

【注释】

①履：鞋。

②海角、天涯：喻极远之处。

③鸡人：古代宫中不蓄鸡，天将亮时，由头包红巾的卫士高声喊叫，用以报晓，名为鸡人。虎旅：皇宫中的禁军。

④六市：市楼六星，属天市桓。　三阶：三台，星名。

⑤陈俎豆：《史记·孔子世家》载："孔子为儿嬉戏，常陈俎豆，设礼客。"俎（zǔ）、豆，都是祭祀时盛祭品的器皿。俎方形，豆圆形。

⑥戏堆埋：相传孟子幼时住处近墓地，孟子说玩时就学殡葬祭礼。

⑦皎皎（jiǎo）：洁白貌。

⑧"贤相"句：西汉公孙弘被举为贤良，没几年，居宰相、获封侯，于是就建宾馆，开东阁以招贤人。阁，小门。

⑨"梦里"句：《越绝书》，不见撰者名字，四库全书提要认为是汉袁康撰，吴平所定。书中记录了春秋越国的事，多采用传说，故曰"梦里山川"。"枕边"句：《齐谐》，书名。《庄子·逍遥游》说："齐谐者，志怪者也。"故曰："枕边风月"。

⑩"三径"句：东晋人陶潜，字渊明，曾做彭泽令，不愿逢迎官场为

五斗米而折腰，便辞官归隐，作《归去来辞》，其中有"三径就荒，松菊犹存"之句。陶在门前种植五棵柳树，自诩"五柳先生"。高尚风范披及后人。怡（yí），喜乐。

⑪"六朝"句：相传周代宫廷植槐树三株，三公朝天子，面向三槐而立。后遂以"三槐"喻三公一类高官，南朝王导之家本为琅玡望族，《晋书·苟崧传》载《虞预与王导书》有言："誓生有三槐之望。"琅玡，地名，在今山东。又北宋宰相王旦之父王祐在院中种了三棵槐树，并说："我的后人一定会有成为三公的人。"这里把两件事联串起来，均指王导家。佳气，指美好的品质，出众的才能。

勤对俭，巧对乖。水榭对山斋。冰桃对雪藕①，漏箭②对更牌。寒翠袖③，贵荆钗④。慷慨对诙谐。竹径风声籁⑤，花溪月影筛。携囊佳韵随时贮⑥，荷锄沉酣到处埋。江海孤踪，云浪风涛惊旅梦；乡关万里，烟峦云树切归怀。

【注释】

①"冰桃"句：《汉武故事》记载，仙人西王母多次降临到人间，给汉武帝带来玉枯、冰桃、雪藕。

②漏箭：指针。

③寒翠袖：语出杜甫《佳人》诗，描写一个被丈夫遗弃屏居山谷中的贵人，最后两句是："天寒翠袖薄，日暮依倚竹。"

④荆钗：用竹木制成的钗。历史上记载许多开明妇女，能同丈夫同甘共苦，史书常用布衣荆钗描写她们的朴素，因而荆钗就成了贤明妻子的代称。

⑤籁：被风吹动的竹木发出的声响。本指从孔窍中所发出的声音，后泛指一切的声音。如：天籁、人籁、万籁俱寂。

⑥"携囊"句：唐诗人李贺的故事。

杞对梓，桧对楷。水泊对山崖。舞裙对歌袖，玉陛①对瑶阶。风入袂②，月盈怀。虎兕③对狼豺。马融堂上帐④，羊侃水中斋⑤。北面黉宫宜拾芥⑥，东巡岱畤定燔柴⑦。锦缆春江，横笛洞箫通碧落⑧；华灯夜月，遗簪堕翠遍香街⑨。

【注释】

①陛（bì）：台阶。后特指皇宫的台阶。

②袂（mèi）：衣袖。

③兕（sì）：雌性犀牛。

④"马融"句：汉代马融在堂前教授学生，在堂后设绛纱帐，演奏高雅的音乐。

⑤"羊侃（kǎn）"句：南朝梁朝羊侃好奢侈，曾结舟为斋，亭馆俱备，宴游于中。

⑥黉（hóng）宫：古时学宫。拾芥：俯拾草芥。比喻取之极易，后常指求取功名。《汉书·夏侯胜传》："胜每讲授，常谓诸生曰：'士病（苦，困）不明经术（研究《易》《礼》《诗》《书》《论语》等儒家经典的学问）。经术苟（如果）明，其取青紫（王公大臣服色，借指功名），如俯拾地芥耳。'"

⑦东巡：君王出巡至于东岳泰山。岱畤（zhì）：泰山别称"岱宗"，古时为帝王祭祀天地的处所。畤，帝王祭祀天地五帝之固定处所。《尚书·尧典》："岁二月，东巡狩，至于岱宗。"燔（fán）柴：烧柴，古祭天之礼，将木柴堆积，上置玉石、牲牲（宰杀后的牛、羊等用于祭祀），然后引燃木柴，使气达于天。

⑧碧落：九天（之上）。

⑨"华灯"句：意为中秋之夜，街市上华灯璀璨，妇女出门看灯，热闹拥挤，以致首饰遗落遍街。

十　灰

春对夏，喜对哀。大手对长才①。风清对月朗，地阔对天开。游阆苑，醉蓬莱②。七政对三台③。青龙壶老④杖，白燕玉人钗⑤。香风十里望仙阁⑥，明月一天思子台⑦。玉橘冰桃，王母几因求道降；莲舟藜杖，真人原为读书来。

【注释】

①大手：大手笔，指写文章很高明的人。长才：有高才能的人。

②阆苑：神话传说中的仙境。蓬莱：传说中海上的仙山。

③七政：指日、月和金、木、水、火、土五星。三台：指三台星。

④壶老：传说东汉费长房曾跟随一位在山中隐居的仙人壶公学仙术，一次他要回家，壶公送他一根竹杖，说骑上它一会儿就可以到家。费长房果然片刻就到家了，他一扔下竹杖，竹杖立刻变成一条青龙腾空而去。

⑤白燕玉人钗：汉武帝曾建招灵台，想等神仙降临。有神女飞来，赠给汉武帝一双玉钗，玉钗后来变成白飞鸟走了。

⑥望仙阁：南朝后主陈叔宝曾经为他所宠爱的妃子张丽华建造了临春、结绮、望仙等楼阁，非常奢华。

⑦思子台：汉武帝逼死了被诬陷的太子刘据，后来真相大白后便建了一座台来纪念太子，名叫思子台。

朝对暮，去对来。庶矣对康哉①。马肝对鸡肋②，杏眼对桃腮。佳兴适，好怀开。朔雪对春雷。云移鹚鹊观，日晒凤凰台。河边淑气③迎芳草，林下轻风待落梅。柳媚花明，燕语莺声浑是笑；松号柏舞，猿啼鹤唳总成哀。

【注释】

①庶矣：人口众多。康哉：安康。

②马肝：马肝味道不好。这里用来比喻琐碎的事情。鸡肋：曹操征讨刘备时，曾用"鸡肋"做号令。

③淑气：温和怡人的气息。

忠对信，博对赅①。忖度②对疑猜。香消对烛暗，鹊喜对蛩哀。金花报③，玉镜台④。倒罨⑤对衔杯。岩巅横老树，石磴覆苍苔。雪满山中高士卧，月明林下美人来⑥。绿柳沿堤，皆因苏子来时种；碧桃满观，尽是刘郎去后栽。

【注释】

①赅：全面、完备。

②忖度：推测、估量。

③金花报：唐进士登科有金花贴。后考试得中，通报其家，叫作金花报喜。

④玉镜台：出自古代的一则故事：温峤娶其姑女，以玉镜台为聘礼。新婚之夜，女拨开纱扇拍手大笑说："我嫌是老奴，果如所疑。"

⑤罍：古时盛酒器皿。

⑥美人来：赵师雄游罗浮，日暮见一美人邀共饮，雄不觉醉卧。醒来在梅花树下，翠羽嘈唧其上，月落参横，惆怅不已。

十一　真

莲对菊，凤对麟。浊富对清贫①。渔庄对佛舍，松盖对花茵②。萝月③叟，葛天民④。国宝对家珍。草迎金埒马⑤，花醉玉楼人。巢燕三春尝唤友⑥，塞鸿八月始来宾⑦。古往今来，谁见泰山曾作砺⑧；天长地久，人传沧海几扬尘⑨。

【注释】

①浊富：不义之富。清贫：贫穷而有节操。唐姚崇《冰壶诫》："与其浊富，宁比清贫。"

②"松盖"句：唐李贺诗《苏小小墓》："草如茵，松如盖。乃盖，伞。"茵，坐垫。

③萝月：藤萝之间的月色。

④葛天民：葛天氏之民。葛天民，相传是远古时帝号。古人认为葛天氏时是理想的时代，葛天氏之民是淳朴而自由的人民。

⑤金埒马：《世说新语·汰侈》载：王济迁家北邙下，当时土价贵，而王济爱好马射，就买来场地作为马射场地，界沟以钱铺之，人称"金埒（惜）"。埒，沟界。

⑥唤友：《诗·小雅·伐木》有句："嘤木丁丁，鸟鸣嘤嘤，嘤其鸣矣，求其友声。"鸟啼与同类相呼为"友声"，亦即唤友。

⑦"塞鸿"句：《礼记·月令》："季秋之月，鸿雁来宾"。塞鸿，边塞之雁。

⑧"泰山"句：《汉书·高惠高后文功臣表》："封爵之誓曰：'使黄河如带，泰山若厉，国以永存，爰及苗裔。'"这里暗用其意。厉，"砺"的本字，磨石。

⑨"人传"句：《太平广记·女仙·麻姑》载：麻姑说自己已见东海三为桑田。前次到蓬莱，见水又浅于过去，仅有其半，难道又要变为陆地吗？方平笑答道："圣人皆言海中复扬尘也。"方平，王远的字。王远、麻姑都是传说中的仙人。

兄对弟，吏对民。父子对君臣。勾丁对甫甲，赴卯对同寅。折桂客，簪花人①。四皓对三仁②。王乔云外鸟③，郭泰雨平巾④。人交好友求三益，士有贤妻备五伦。文教南宣，武帝平蛮开百越；义旗西指，韩侯扶汉卷三秦。

【注释】

①折桂客，簪花人：都指科举及第。

②"四皓"句：四皓是指汉初商山的四位隐士。三仁是指商纣时期微子、箕子、比干三位贤人。

③"王乔"句：相传汉朝人王乔会法术，曾把鞋子化成两只大雁驾着在天上飞。

④"郭泰"句：相传汉代名士郭泰有一天外出遇雨，头巾被风吹折成一角，人们纷纷仿效，称为折角巾。

申对午①，侃对訚②。阿魏对茵陈③。楚兰对湘芷④，碧柳对青筠⑤。花馥馥⑥，叶蓁蓁⑦。粉颈对朱唇。曹公奸似鬼⑧，尧帝智如神⑨。南阮才郎差北富⑩，东邻丑女效西颦⑪。色艳北堂⑫，草号忘忧忧甚事⑬？香浓南国，花名含笑笑何人⑭？

【注释】

①申：地支的第九位。午：地支的第七位。

②侃（kǎn）：侃侃，理直气壮，从容不迫地谈论。 訚：辩论时的和悦貌。

③阿魏、茵陈：均为中药名。

④楚兰、湘芷：屈原《九歌·湘夫人》："沅有茝兮澧有兰。"沅（yuán）水、澧水，均在湖南，因有湘水流之，湖南旧亦称湘。春秋战国时属楚国。芷，白芷，一种香草。

⑤筠（yún）：竹子。

⑥馥馥（fù）：香气浓烈。

⑦蓁蓁（zhēn）：茂盛貌。

⑧"曹公"句：《世说新语·识鉴》：曹公少时见乔玄，玄谓曰："天下方乱，群雄虎争，疤而理之，非君乎？然君实乱世之英雄，治世之奸雄。"曹公，曹操。

⑨"尧帝"句：《史记·五帝本纪》："帝尧者，放勋。其仁如天，其知如神。"知，通"智"。

⑩"南阮"句：《世说新语·任诞》："阮仲容，步兵居道南，诸阮居道北。北阮皆富，南阮贫。"阮仲容，即阮咸，阮籍之侄，善弹琵。步兵，即阮籍，三国时文学家，思想家，曾任步兵校尉。阮籍、阮咸皆有才识。亦在"竹林七贤"之列。

⑪"东邻"句：《庄子·天运》说：西施心痛，在村头皱着眉头。东邻丑女看到西施这样很美，也就学样子捧着心口皱起眉头来，她这样一来却更难看了，使得"其里之富人见之，坚闭门而不出；贫人见之，挈妻子而去走。"以后人们就把拙劣的模仿叫"效颦"。效，仿照。颦（pín），皱眉。

⑫"色艳"句：《诗经·卫风·伯兮》有句："焉得谖草？言树之背。"谖（xuān），通"萱"。

⑬草号：亦名忘忧草。传言对此可以忘忧。

⑭"香浓"句：含笑是花名，北宋丁渭有诗句："真草能忘忧忧底事，花名含笑笑何人。"以上二句用此诗意。

十二 文

忧对喜，戚对欣。二典对三坟①。佛经对仙语，夏耨对春耘。烹早韭，剪春芹。暮雨对朝云。竹间斜白接②，花下醉红裙。掌握灵符五岳篆③，腰悬宝剑七星纹。金锁未开，上相趋听宫漏④水；珠帘半卷，群僚仰对御炉熏。

【注释】

①"二典"句：二典指《尚书》中的《尧典》《舜典》两篇。三坟，传说是三皇之书。

②白接：白接蓠，毡巾名，当时一种帽子。

③篆：符箓，道士画的驱避邪魔的符号、帖子。

④宫漏：铜壶滴漏，古代宫中计时的用具。

词对赋，懒对勤。类聚对群分①。鸾箫对凤笛，带草对香芸②。燕许笔③，韩柳文④。旧话对新闻。赫赫周南仲⑤，翩翩晋右军⑥。六国说成苏子贵⑦，两京收复郭公勋⑧。汉阙陈书⑨，侃侃⑩忠言推贾谊；唐廷对策，岩岩直谏有刘蕡⑪。

【注释】

①类聚：对个体来说，可以因类而聚合。群分：对群体来说，可以因类而分组。语出《周易·系辞》："方以类聚，物以群分。"

②带草：原名沿阶草。相传东汉经学家郑玄在不期山讲学，学用沿阶草束书，故名。香芸：芸香。一种香草，可以防止书籍生蠹鱼。

③燕许笔：唐燕国公张说、许国公苏颋二人皆善文，人称"燕许大手笔"。

④韩柳文：韩愈、柳宗元为唐代古文运动的倡导者，二人于文章言必己出，务去陈言，反骈重散，人称"韩柳"。名在唐宋八大散文家之列。

⑤"赫赫"句：《诗经·大雅·常武》："赫赫明明，王命卿士，南仲大祖……"赫赫，显赫，盛大貌。南仲：周宣王的卿士，宣王曾命他整六军之师而惠南国之众。

⑥"翩翩"句：东晋王羲之书法飘逸，人谓之"飘如游云，矫若惊龙"，后又有"书圣"之誉。翩翩，形容王羲之其人风姿美好，其字飘洒秀逸。右军，王羲之曾为右军将军，故称王右军。

⑦"六国"句：战国时苏秦用合纵之术，游说六国，终于成为"纵约长"，身佩六国相印。说（shuì），劝别人听从自己的主张。

⑧"两京"句：唐朔方节度使郭子仪为平定安史之乱、收复两京，出力最多，功勋卓著。两京，西京长安、东京洛阳。

⑨"汉阙"句：西汉时贾谊曾上《陈政事疏》《论积贮疏》等，对政治、经济等重大问题提出了自己的主张，遭到当时权贵的嫉恨，终于被贬长沙。

⑩侃侃：形容直言不讳，言无不尽。

⑪"唐廷"句：刘蕡（bēn），唐元和末人。太和二年，文宗第试贤良，所对者百余人，只说常务，独有刘蕡切论黄门（宦官）太横，有危宗社，词激昂。岩岩，这里形容直言激切。

言对笑，绩对勋①。鹿豕②对羊羵③。星冠对月扇，把袂④对书裾。汤事葛，说兴殷。萝月⑤对松云。西池青鸟使，北塞黑鸦军。文武成康为一代，魏吴蜀汉定三分⑥。桂苑秋宵，明月三杯邀曲客⑦；松亭夏日，熏风⑧一曲奏桐君。

【注释】

①绩、勋：都指成就、功劳。

②豕：猪。

③羊羵（fán）：春秋时，季康子挖井，挖到一个瓦缸，发现里面竟然有一只羊，去问孔子。孔子说这是土里面的是怪物叫羵羊。

④把袂：就是拉住袖子，引申为握手。

⑤萝月：穿过藤萝的月光。

⑥定三分：确定了天下三分的格局。

⑦桂苑秋宵，明月三杯邀曲客：来自李白的诗句："举杯邀明月，对影成三人。"曲客，酒。曲是造酒的东西。

⑧熏风：暖风。

十三　元

卑对长，季对昆①。永巷对长门②。山亭对水阁，旅舍对军屯。杨子渡③，谢公墩④。德重对年尊。承乾对出震，叠坎对重坤⑤。志士报君思犬马，仁王养老察鸡豚⑥。远水平沙，有客泛舟桃叶渡⑦；斜风细雨，何人携榼杏花村⑧。

①季对昆：季，弟弟。昆，兄长。

②"永巷"句：永巷，汉代拘禁犯罪的妃嫔宫女的地方。长门，汉宫名，据说武帝陈后失宠居于此。

③杨子渡：古津渡名，在江苏江都县南。杨侯封子于金陵，所以叫杨子渡。

④谢公墩：山名，在江苏江宁县城北（古代金陵），晋谢安尝居半山，曾登临，所以得名。后来宋王安石也曾在此居住。

⑤"承乾"二句：乾、坤、坎、震，《周易》的四个卦名。乾为龙，所以君称承乾。震为雷声，有发号施令的意思，所以出震是皇帝发号令。

⑥"仁王"句：战国思想家孟轲阐述他的仁政思想，说如果王者施仁政，鸡豚狗彘之畜无失其时，七十者可以食肉。

⑦桃叶渡：在江苏南京市内秦淮河、青溪合流处。据说晋代王献之有妾名桃叶，桃叶渡江，以歌送之："桃叶复桃叶，渡江不用楫。"

⑧榼：古盛酒器皿。杏花村：在金陵。唐代杜牧《清明》诗："借问酒家何处有？牧童遥指杏花村"，后以杏花村代指卖酒之处。

君对相，祖对孙。夕阳对朝曛①。兰台②对桂殿，海岛对山村。碑堕泪③，赋招魂④。报怨对怀恩。陵埋金吐气⑤，田种玉生根⑥。相府珠帘垂白昼，边城画角动黄昏⑦。枫叶半山，秋云烟霞堪倚杖⑧；梨花满地⑨，夜来风雨不开门。

【注释】

①曛（xūn）：初出的太阳。

②兰台：有二解：一是战国时楚国的台名，二是汉代的藏书处。

③碑堕泪：晋武帝时，羊祜镇守荆州，极得民心，死后葬岘山。百姓常记他的德行，见到他的墓碑每每落泪。接替羊祜镇守荆州的杜预名其碑为"堕泪碑"。

④赋招魂：《招魂》，楚辞名篇，司马迁以为是屈原的作品，一说其作者为宋玉。赋，这里指做诗。

⑤"陵埋"句：秦始皇听信方士之言，以为南方有王气，遂在金陵钟山

埋金以镇王气。这里指其事。

⑥"田种"句：相传古有杨伯雍者在终南山汲水供人饮。三年后，有人送给他石子一斗，说是选良田种之，不仅可生玉，而且可得佳人。右北平徐公有一女甚美，杨伯雍去求婚，徐公说要以白璧一双作为聘礼。杨伯雍种玉恰恰得到白璧一双，持以聘之，遂娶徐女。这里用其事。

⑦画角动黄昏：指阁中吹奏乐器，其声在黄昏中缭绕。此句取宋人姜夔《扬州慢》"渐黄昏，清角吹寒，都在空城"之意。

⑧烟霞堪倚杖：意谓值得拄杖去观赏烟霞。

⑨"梨花"句：唐人刘方平七绝《春怨》有句："寂寞空庭春欲晚，梨花满地不开门。"这里仿写之。

十四 寒

家对国，治对安。地主对天官。坎男对离女①，周诰对殷盘②。三三暖③，九九寒。杜撰对包弹④。古壁蛩声匝，闲亭鹤影单。燕山帘边春寂寂，莺闻枕上漏⑤珊珊。池柳烟飘，日夕郎归青锁闼⑥；阶花雨过，月明人倚玉栏杆。

【注释】

①坎男对离女：《周易》中坎卦为阳卦，离卦为阴卦。

②周诰：指《尚书》中的《大诰》《康诰》等篇。殷盘：指《尚书》中的《盘庚》。

③三三暖：三三指农历三月三日上巳节，从这天开始，气候逐渐变暖。

④包弹：宋代清官包拯铁面无私，多次上书弹劾达官贵人，人称"包弹"。

⑤漏：古代计时的漏壶。

⑥闼：门。

肥对瘦，窄对宽。黄犬对青鸾。指环对腰带，洗钵对投竿①。诛佞剑②，进贤冠。画栋对雕栏。双垂白玉箸，九转③紫金丹。陕右棠高怀召伯④，河南花满忆潘安⑤。陌上芳春，弱柳当风披彩线；池中清晓，碧荷承露捧珠盘。

【注释】

①洗钵：晋代大书法家王羲之习字洗砚于池，池里的水都变得墨黑。后名"洗砚池"。投竿：钓鱼。

②诛佞（nìng）剑：汉成帝时县令朱云上书成帝，请赐锋万剑斩佞臣张禹。成帝大怒，令斩朱云。朱云手攀殿槛而致槛折。后修槛时成帝令存之，以彰忠臣。佞：本意为能说会道，后引义为"巧言谄媚"。

③九转：九次循环。道家炼丹，认为烧炼时间越长，循环变化的次数越多越好，以九转为贵。

④"陕右"句：周成王时，周公与召（shào）公（召伯）分理天下。陕（古地名）之东周公主之，陕之西召公主之。陕右，古时以西为右。

⑤"河南"句：西晋文学家潘岳曾为河阳令，栽花满县，人称"花县"，潘安，潘岳字安仁，后亦称"潘安"。

行对卧，听对看。鹿洞对鱼滩①。蛟腾对豹变②，虎踞对龙蟠③。风凛凛④，雪漫漫。手辣对心酸。莺莺对燕燕⑤，小小⑥对端端⑦。蓝水远从千涧落，玉山高并两峰寒⑧。至圣不凡，嬉戏六龄陈俎豆⑨；老莱大孝，承欢七袠舞斑斓⑩。

【注释】

①鹿洞：白鹿洞。在今江西星子县。唐人李涉、李渤兄弟在这里隐居读书，养了一只白鹿，因而得名。鱼滩：指严滩。后汉光武帝登基，严光隐姓埋名，归身富春江畔，以耕渔为乐。后人称其为严滩。

②蛟腾：王勃《滕王阁序》："腾蛟起凤，孟学士之文宗。"暗用董仲舒梦见蛟龙入怀后，就作了《春秋繁露》的典故。喻人有文采。豹变：《周易·革》："君子豹变，其文蔚也。"喻君子文采丰富。

③"虎踞"句：相传诸葛亮曾对孙权说：金陵的地形，钟山像龙蟠，石头城像虎踞，乃是帝王居处。后人以龙蟠虎踞形容地势险要，人才出于其中。

④凛凛（lǐn）：寒冷貌。

⑤莺莺对燕燕：都是春天时柳间檐上飞鸣之鸟。人多以"莺莺燕燕"词

语直觉地表现春光明媚。

⑥小小：苏小小，六朝时钱塘名妓。

⑦端端：李端端，唐代名妓。

⑧"蓝水"二句：为杜甫《九月蓝田崔氏庄》七律颈联之原句。蓝水，亦名蓝溪，在今陕西蓝田，入于灞水。玉山，在今蓝田，为终南山峰岭。

⑨至圣：孔子。陈俎豆：见本卷《九佳》第二段之注。

⑩"老莱"句：相传春秋时楚国隐士老莱子七十岁时，父母健在。老莱子非常孝顺，常常身穿五彩衣。一次故意跌倒，在地上翻滚，装作小孩哭啼之态，以取父母欢笑。衮，原指古时帝王上公所穿之礼服。服上文采称衮章。这里的"七衮""斑斓（lán）"，指五彩衣。

十五　删

林对坞①，岭对峦②。昼永对春闲③。谋深对望重，任大对投艰。裾袅袅④，佩珊珊⑤。守塞对当关。密云千里合，新月一钩弯。叔宝君臣皆纵逸⑥，重华父母是嚚顽⑦。名动帝畿⑧，西蜀三苏来日下⑨；壮游京洛，东吴二陆起云间⑩。

【注释】

①坞：地势周围高中间凹的地方。

②峦：山，多指连绵的山。

③永：漫长。闲：安静。

④袅袅（niǎo）：细长柔软之物的柔和摆动状。

⑤佩：古人悬于腰带上的一种装饰物，多为玉质，故常称"玉佩"。珊珊：见十四寒·"珊珊"注。

⑥"叔宝"句：意指南朝陈后主陈叔宝，宠妃张丽华，荒淫厚敛，国力衰微。后隋军入城，二人投降。

⑦"重华"句：传说舜名重华。舜未为国君时，其父母多次默许及至合谋让舜的兄弟象谋害舜。

⑧"名动"句：苏洵（苏老泉）及子苏轼（苏东坡）、苏辙以文名重于当世，合称"三苏"，均在"唐宋八大家"之列，为四川眉山人。帝畿："畿"指京城周围之内的地区，"帝畿"是强调其为皇帝所在。

⑨西蜀：详见六鱼三"西蜀"注。日下：以日喻君，"日下"即京城。

⑩"壮游"句：晋代文学家陆机、陆云兄弟为吴郡人，大有才名，人称"二陆"。

临对仿，吝对悭①。讨逆对平蛮②。忠肝对义胆，雾发对云鬟。埋笔冢③，烂柯山④。月貌对天颜。龙潜终得跃，鸟倦亦知还⑤。陇树飞来鹦鹉绿，池筠密处鹧鸪斑。秋露横江，苏子月明游赤壁⑥；冻雪迷岭，韩公雪拥过蓝关。

【注释】

①悭（qián）：吝啬。

②"讨逆"句：讨逆，讨伐坏人。蛮，旧指南方少数民族。

③埋笔冢：陈、隋间僧人智永是著名的书法家，相传他写字用笔积八瓮，后埋成一墓，叫笔冢。

④柯：斧柄，烂柯山：《志林》载：晋人樵者王质入信安山，见二童子对弈，一局未终，斧柯已烂；回到家乡，家乡已经过了几代，完全变了模样。

⑤"鸟倦"句：语出晋陶潜《归去来辞》："云无心以出岫，鸟倦飞知还。"

⑥"秋露"二句：元丰四年，苏轼曾月夜泛舟赤壁，作《前赤壁赋》，赋中有"少焉，月出于东山之上，徘徊于斗牛之间。白露横江，水光接天"等语。

卷下

一 先

寒对暑，日对年。蹴鞠①对秋千。丹山对碧水，淡雨对罩②烟。歌宛转③，貌婵娟④。雪鼓对云笺。荒芦⑤栖南雁，疏柳噪⑥秋蝉。洗耳尚逢高士笑⑦，折腰肯受小儿怜⑧。郭泰泛舟，折角半垂梅子雨⑨；山涛骑马，接䍦倒着杏花天⑩。

【注释】

①蹴鞠（cù jū）：我国古代的一种足球运动。

②覃（tán）：长。

③宛转：形容歌声悠扬回荡。

④婵（chán）娟：美好貌。

⑤荒芦：指深秋过后的芦苇。

⑥噪：这里指蝉鸣。

⑦"洗耳"句：《高士传》载：尧让天下于许由，由不受而远逃。尧又召他为九州长，许由不想听这样的话，就用颍水来洗白己的耳朵。这时其友巢父牵着牛犊过其旁，知由洗耳，就对由说："你要是处高岸深谷，谁能见到你？你是有意游荡在这里，想求声名，这洗耳水会弄脏我的牛犊之口！"于是巢父牵牛到颍水上流而饮之。

⑧"折腰"句：晋陶潜任彭泽令时，督邮来到，县吏告陶潜应整饰衣冠拜见，陶潜叹道："我不能为五斗米折腰，拳拳地事奉乡里小儿！"于是辞官而去。五斗米指县令的俸禄。

⑨"郭泰"句：见前《十一真》"郭泰"注。梅子雨：江南梅子熟时的连天阴雨。

⑩"山涛"句：山涛，字巨源。其子山简，子季伦。山简镇守襄阳时，每次到习氏园池痛饮，大醉，连戴的帽子（白接䍦）也歪了。这句李笠翁误把山涛当作简，而把"倒著接䍦"一事栽到山涛的身上。

轻对重，肥对坚。碧玉对青钱。郊寒对岛瘦①，酒圣对诗仙②。依玉树③，步金莲④。凿井对耕田。杜甫青宵立，边韶白昼眠⑤。豪饮客吞波底月，酣游人醉水中天。斗草青郊，几行宝马嘶金勒；看花紫陌，千里香车拥翠钿。

【注释】

①郊寒：郊指孟郊，岛指贾岛，二人都是清奇幽峭，风格相近，所以后

人称之为郊寒岛瘦。

②诗仙：唐朝大诗人李白的诗歌飘逸，人称诗仙。

③玉树：形容男子风度潇洒，面貌美好。

④金莲：代指女子的脚。

⑤"边韶"句：东汉时，有一位叫边韶的教书先生很有才气，但就是喜欢白天打瞌睡。

吟对咏，授对传。乐矣对凄然。风鹏①对雪雁，董杏对周莲②。春九十③，岁三千④。钟鼓对管弦。入山逢宰相⑤，无事即神仙。霞映武陵⑥桃淡淡，烟荒隋堤⑦柳绵绵。七碗月团，啜罢清风生腋下⑧；三杯云液⑨，饮余红雨晕腮边。

【注释】

①风鹏：《庄子》中说，北海有一种大鱼，叫鲲，变成大鸟，叫鹏。鹏有几千米大小，它要飞到南海，需要积累很长时间的风才有可能浮起它。

②董杏：《神仙传》中载，三国东吴董奉为人治病不取报酬，病重的为他栽五棵杏，轻者栽一棵，数年后共得百余株，郁然成林。周莲：宋代的大学者周敦颐，非常喜欢荷花，曾做过一篇《爱莲说》的文章，赞此花"出淤泥而不染"的高洁品质。

③春九十：春光九十，意思是春光将尽。

④岁三千：意思是长寿。

⑤入山逢宰相：南朝梁时陶弘景隐居山中，武帝常问他国事，时人称之为山中宰相。

⑥武陵：陶渊明《桃花源记》写武陵一位渔夫，偶逢一处世外桃源。

⑦隋堤：炀帝自板渚引河达淮，岸上悉种柳。

⑧"七碗"二句：唐代的卢仝诗中有"七碗吃不得也，唯觉两腋习习清风"的句子。月团，茶名。

⑨云液：酒的美称。

中对外，后对先。树下对花前。玉柱对金屋，叠嶂①对平川。孙子策，祖生鞭②。盛席对华筵③。解醉知茶力，消愁识酒权④。丝剪芰荷开东沼^⑤，锦妆凫雁泛温泉^⑥。帝女衔石^⑦，海中遗魄为精卫；蜀王叫月，枝上游魂化杜鹃^⑧。

【注释】

①叠嶂（zhàng）：重叠的山峰。

②祖生鞭：祖逖、刘琨都以雄豪著名，二人情同手足，共被而睡，闻鸡起舞。刘琨与亲友的信中说："我枕戈待旦，志枭逆虏，常恐祖生先我着鞭耳！"

③华筵：丰盛的筵席。

④"消愁"句：此句从唐郑谷《中年》诗："愁破方知酒有权"中变化而来。

⑤"丝剪"句：隋炀帝荒淫奢靡，在东都洛阳修筑西苑，并在苑中开凿了人工湖。冬天剪丝绸为花，使西苑里冬天犹如春天般万紫千红。

⑥"锦妆"句：《新唐书·杨贵妃传》："每十月，帝（指玄宗）幸华清宫……俄五家队合，烂若万花，川谷成锦绣。"《明皇杂录》载：玄宗新拓广华清池，制作宏丽。安禄山又从范阳送采了白玉鱼龙凫雁以及石梁、石莲花，这些东西雕镌巧妙，夺于天工。明皇大悦，命将石梁横池上，让石莲恰恰露出水际。解衣将入温泉，只见鱼雁皆奋鳞举翼，状欲飞动。

⑦"帝女"句：《山海经·北山经》说：发鸠之山有鸟名精卫，是炎帝少女女娃灵魂所化。女娲游于东海，溺而不返，故为精卫，常衔西山之木石以填东海。

⑧"蜀王"句：相传周末蜀王杜宇，号望帝，死后其魂化为鹃，人称"杜鹃"。据说杜鹃啼鸣时，口中流血。

二　萧

琴对管，斧^①对瓢。水怪对花妖^②。秋声^③对春色，白缣对红绡^④。臣五代^⑤，事三朝。斗柄对弓腰^⑥。醉客歌金缕，佳人品玉箫。风定落花闲不扫，霜余^⑦残叶湿难烧。千载兴周，尚父一竿投渭水；百年霸越^⑧，钱王万弩射江潮。

①斧：古代的炊事用具，相当于现在的锅。

②花妖：百花的精怪。

③秋声：秋天的风声。

④缣（jiān）：细致的丝绢。绡（xiāo）：生丝织成的丝织品。

⑤臣五代：这里指的是五代时的冯道，他先后在后唐、晋、辽、后汉、后周五朝任职，自号"长乐老"，一直被当成没有气节的典型。臣，臣服。

⑥弓腰：跳舞的时候把腰向后弯成弓形状。

⑦霜余：被霜了之后。

⑧霸越：在越地称霸。

荣对悴，夕对朝。露地对云霄。商彝①对周鼎，殷箫对虞韶②。樊素口，小蛮腰③。六诏对三苗④。朝天车奕奕⑤，出塞马萧萧⑥。公子幽兰重泛舸，王孙芳草⑦正联镳⑧。潘岳高怀⑨，曾向秋天吟蟋蟀；王维清兴⑩，尝于雪夜画芭蕉。

【注释】

①彝（yí）：古代青铜器的通称，多指宗庙祭祀用的礼器。

②韶：韶乐，即大韶，舜时乐名。此言"虞韶"，泛指而已。

③樊素口、小蛮腰：白居易有二妾樊素、小蛮。樊素善歌，小蛮善舞，故有诗曰："樱桃樊素口，杨柳小蛮腰。"

④六诏：唐代云南少数民族建立的南诏国，由六个部分（诏）组成。三苗：古族名。亦称有苗民。其地在江、淮、荆、州（今河南南部至湖南洞庭，江西鄱阳一带）。传说舜时曾迁到三危（甘肃敦煌一带）。

⑤朝天：前去朝观天子。奕（yì）奕：明亮的样子。

⑥萧萧：马鸣而不哗的声音。

⑦幽兰：比喻公子贵族。舸（gě）：大船，芳草：亦喻王孙贵族。

⑧镳（biāo）：马嚼子。如成语有"分道扬镳"。

⑨"潘岳"句：西晋文学家潘岳曾作《蟋蟀赋》。参见十四微二"河南"句注。

⑩"王维"句：唐代诗人、画家王维，字摩诘，绘画不论四时，曾画雪中芭蕉。

　　耕对读，牧对樵。琥珀对琼瑶①。兔毫对鸿爪，桂楫对兰桡。鱼潜藻，鹿藏蕉②。水远对山遥。湘灵能鼓瑟③，嬴女解吹箫。雪点寒梅横小院，风吹弱柳覆平桥。月牖通宵，绛蜡罢时光不减；风帘当昼，雕盘停后篆难消。

【注释】

①琼瑶：美玉。

②鹿藏蕉：《列子》载，郑国有人采薪时，把鹿杀死用蕉叶藏起，结果忘了藏鹿的地方，认为是个梦。路上不断地提到此事，有听到的人按他说的找到了鹿。采薪的人回家，梦到了藏鹿的地方，又梦到了取鹿的人，于是告于士师，判给二人各分其五。郑君听说此事，说："士师将复梦见分人家的鹿吗？"

③湘灵：尧帝的两个女儿娥皇、女英都嫁给了舜，舜南巡时死于苍梧，两个妃子跟随，死在江湘之间，成为湘神，所以世人称为湘妃。当初，二妃到洞庭湖之君山，挥泪痛哭，染竹成斑，今称为湘妃竹。

三　肴

　　诗对礼①，卦对爻②。燕引对莺调③。晨钟对暮鼓④，野馔对山肴⑤。雉方乳⑥，鹊始巢⑦。猛虎对神獒⑧。疏星浮荇⑨叶，皓月上松梢。为邦自古推瑚琏⑩，从政于今愧斗筲⑪。管鲍相知⑫，能交忘形胶漆友；蔺廉有隙⑬，终为刎颈死生交。

【注释】

①诗：指《诗经》。礼：三礼，即《仪礼》《礼记》、《周礼》。

②爻：构成八卦的基本符号，分为阳爻"一"、阴爻"一"。

③燕：指燕乐，古乐名。引：乐曲体裁之一。莺调：如莺啼般婉转的曲调。

④晨钟、暮鼓：佛寺中早晚报时的钟鼓。

⑤野馔（zhuàn）：野味。山肴：山珍。

⑥雉方乳：后汉鲁恭为中牟令，蝗虫不进入中牟县。河南尹听说后，就使人前往观察，来到中牟县的桑树下，见雉很驯服，儿童也不捕捉。问其故，儿童说雉正在哺乳期。

⑦鹊始巢：《礼记·月令》语。

⑧獒（áo）：大犬。

⑨荇（xìng）：荇菜，一种水草。

⑩瑚琏（hú liǎn）：古代祭祀用的器皿。《论语·公冶长》载：孔子曾说他的学生子贡是瑚琏之器。后人因此以瑚琏喻有大才。

⑪斗筲（shāo）：很小的容器。《论语·子路》："斗筲之人，何足算也。"后人以斗筲喻才识浅陋。

⑫"管鲍"句：管仲、鲍叔牙都是春秋时齐人，二人曾先后为齐相。《史记·管晏列传》："管仲曰：'吾始困时，尝与鲍叔贾（行商），分财利多自与，鲍叔不以我为贪，知我贫也。吾尝为鲍叔谋事而更穷困，鲍叔不以我为愚，知时有利不利也。吾尝三仕三见逐于君，鲍叔不以我为不肖，知我不遭时也。吾尝三战三走（逃跑），鲍叔不以我为怯，知我有老母也。公子纠败，召忽死之，吾幽囚受辱，鲍叔不以我为无耻，知我不羞小节而耻功名不显于天下也。生我者父母，知我者鲍子也。忘形胶膝友，不拘于身份形迹的、不相失忘的朋友。'"

⑬"蔺廉"句：《史记·廉颇蔺相如列传》载：战国时蔺相如完璧归赵，渑池会智挫秦王，被升为上卿。赵国大将廉颇曾国立下汗马功劳，为此事深感不平，就有意侮辱蔺相如。蔺相如处处都忍让，终于感动了廉颇，颇负荆请罪，以释前怨，二人结为刎颈之交。

歌对舞，笑对嘲。耳语对神交。焉乌对亥豕①，獭髓对鸾胶②。宜久敬，莫轻抛。一气对同胞。祭遵甘布被③，张禄念绨袍④。花径风来逢客访，柴扉月到有僧敲⑤。夜雨园中⑥，一颗不雕王子奈；秋风江上，三重曾卷杜公茅。

【注释】

①"焉乌"句：意思是焉和乌，亥和豕，字形相近，往往造成讹误。

②獭髓：獭，水獭，旧传水獭的髓是很好的滋补品，服食能益神智；相传水獭的骨髓与玉屑、琥珀屑相和，可以消瘢痕。鸾胶：传说海上有凤麟洲，多仙人，以凤喙麟角合煎做膏，名续弦胶，能续弓弩断弦。

③一气：指有血缘关系的亲属，多用来比喻兄弟。"祭遵"句：祭遵是东汉光武帝的将军，他为人克己奉公，凡皇帝的赏赐一律分给士卒，家无私财，穿皮裤，盖布被，夫人裳不加缘，因而受到皇帝的敬重。

④绨：比绸子厚实、粗糙的纺织品，用丝做经，棉线做纬。

⑤"柴扉"句：这句是从唐代诗人贾岛"僧敲月下门"句演化而来。

⑥"夜雨"句：晋人王祥至孝，后母不慈，命其看护后园柰树；柰落则鞭之。祥抱树大哭，感动上天，柰一颗不落。

衘对舍，廪①对庖。玉磬②对金铙。竹林对梅岭③，起凤对腾蛟。鲛绡帐④，兽锦袍⑤。露果对风梢。扬州输⑥橘柚，荆土贡青茅。断蛇埋地称孙叔⑦，渡蚁作桥识宋郊⑧。好梦难成，蛩响阶前偏唧唧⑨；良朋远到，鸡声窗外正嘐嘐⑩。

【注释】

①廪（lǐn）：米仓。 庖（páo）：厨房。

②磬（qìng）：古代的一种敲击乐器，多为石制。

③竹林：晋代嵇康、阮籍等七人为友，皆为才学之士，号"竹林七贤"。梅岭：大庾岭，在今江西、广东交界处。传说英媚司寇种梅三十株于此，故后岭上多梅，因名"梅起凤"句：蛟气之腾，光焰夺目：凤毛之起，纹彩耀空，故多以喻才华。唐人王勃《滕王阁序》："腾蛟起凤，孟学士之词宗。"

④鲛绡（jiāo xiāo）：传说南海有鲛人（美人鱼），在海底织绡（丝绢），她流出的泪会变成珠子。

⑤兽锦：上面绣有神兽图案的锦缎。

⑥输：输送，输来。

⑦"断蛇"句：传说见两头蛇可致死，春秋时楚国人孙叔敖见两头蛇，杀而埋之，恐后有人见而遭害。于是后为楚相。

⑧"渡蚁"句：相传宋朝时人宋祁见蚂蚁淹在雨水中，便"渡而活

之"，后为状元。

⑨唧（jī）唧：象声词，形容蟋蟀叫声。

⑩嘐（jiāo）嘐：象声词，鸡鸣之声。

四　豪

荍对茨^①，荻^②对蒿。山麓对江皋。莺簧对蝶板^③，麦浪对桃涛。骐骥^④足，凤凰毛^⑤。美誉对嘉褒。文人窥^⑥蠹简^⑦，学士书兔毫。马援南征载薏苡^⑧，张骞西使进葡萄^⑨。辩口悬河，万语千言常亹亹^⑩；词源倒峡，连篇累牍自滔滔^⑪。

【注释】

①荍（jiāo）：一种植物。茨（cí）：蒺藜。

②荻：一种草本植物。

③莺簧：形容笙簧之声美如莺啼。蝶板：喻檀板。檀板，檀木拍板，一种乐器。

④骐骥（qí jì）：《庄子·秋水》："骐骥骅骝，一日而驰千里。"后以骐骥喻杰出的人才。

⑤凤凰毛：喻人有俊才，又喻人有先人的风范。

⑥窥（kuī）：观看。

⑦蠹简：被虫蚀的书籍。

⑧"马援"句：《后汉书·马援传》载：马援远征交趾，因南方的薏苡实大，可以成为良种，就载了数车随军而归。薏苡，一种植物，入药，可医瘴疠。

⑨"张骞"（qiān）句．汉武帝时，张骞出使西域，把葡萄带入内地。

⑩"辩口"句：《世说新语》载：王衍说郭象的语言如悬河泻水，注而不竭。辩，通"辩"。亹亹（wēi wēi）：水流进貌。

⑪"词源"句：《隋书·艺文传》："词无竭源。"杜甫《醉歌行》："词源倒流三！"

梅对杏，李对桃。栀朴对旌旄。酒仙对诗史，德泽对恩膏。悬一榻^①，梦三刀^②。拙逸对贵劳。玉堂花烛绕，金殿月轮高。孤山看鹤盘云下，蜀道闻猿向月号。万事从人，有花有酒应自乐；百年皆客，一丘一壑尽吾豪。

【注释】

①悬一榻：汉代陈蕃，字仲举，年轻时，薛勤曾称颂他是"不凡之子"。陈蕃担任豫章太守，不喜欢见客人，但是很器重隐士徐稚，特地准备一个坐榻接待他。

②梦三刀：晋代王浚梦到有三刀挂在卧室梁上，一会儿又增加一刀，所以非常恐惧，主簿李毅祝贺说："三刀为州字，又增加一刀，你即将去益州为官。"不久王浚果真到益州当官。

台对省①，署对曹②。分袂对同胞。鸣琴对击剑，返辙对回艏③。良借箸④，操提刀⑤。香茶对醇醪。滴泉归海大，篑土积山高⑥。石室客来煎雀舌⑦，画堂宾至奉羊羔⑧。被谪贾生⑨，湘水凄凉吟鹏鸟；遭谗屈子，江潭憔悴著离骚⑩。

【注释】

①台、省：古代的官署名。

②署、曹：古时办理公务的机关。

③返辙：《晋书·阮籍传》说：阮籍任性不羁，时常率意独驾，不同径路，车无行路，就恸哭而返。　回艏：《世说新语·任诞》："王子猷居山阴，夜大雪。忽忆戴安道。时戴在剡，即便夜乘小船就之。经宿方至，造门不前而返。人问其故，王曰：'吾本乘兴而来，兴尽而返，何必见戴？'艏（cáo），木船。

④良借箸：《史记·留侯世家》：项羽急围荥阳，汉王刘邦恐忧，郦食其献策，请复立六国后代。张良从外来，听说此事，吃饭时说：臣请借前箸（筷子）为大王筹划这事。于是用筷子比画，劝阻了复立六国后代。

⑤操提刀：《世说新语·容止》说：曹操将见匈奴使者，自以为形象丑陋，不足以威振远国，就让崔季珪替他，而他自己却立在床头。

⑥"篑土"句：出自《荀子·劝学篇》："积土成山"。篑（kuì）：盛土的筐子。

⑦崔舌：茶名。

⑧羊羔：酒名。酒色白如羊羔，故名。

⑨"被谪"句：西汉贾谊被贬为长沙王太傅，有鹏飞入房屋，因而作《鹏鸟赋》。谪（zhé），贬官并调任到边远地区。鹏（fù），猫头鹰。

⑩"遭谗"句：《楚辞·渔父》："屈原既放，游于江潭，行吟泽畔，颜色憔悴，形容枯槁。"司马迁《报任少卿书》："屈原放逐，乃赋《离骚》。"屈原，战国时楚人。主张富国立法，举贤授能，行美政而抗强秦。忠而见疑，信而见谤，终遭贬放，于国危之际，自投汨罗江身死。又屈原是我国第一位伟大诗人。

五　歌

微对巨，少对多。直干对平柯①。蜂媒对蝶使，雨笠对烟蓑。眉淡扫②，面微酡③。妙舞对清歌。轻衫裁夏葛，薄袂剪春罗④。将相兼行唐李靖，霸王杂用汉萧何。月本阴精，岂有羿妻曾窃药；星为夜宿，浪传织女漫投梭。

【注释】

①平柯：柯，树枝。平柯就是横枝。

②扫：描画。

③面微酡：因酒醉而面色微红叫酡。

④春罗：适于春季穿的绫罗。

慈对善，虐对苛。缥缈对婆娑①。长杨对细柳，嫩蕊对寒莎。追风马②，挽日戈③。玉液对金波④。紫诏衔丹凤⑤，黄庭换白鹅⑥。画阁江城梅作调⑦，兰舟⑧野渡竹为歌。门外雪飞⑨，错认空中飘柳絮；岩边瀑响，误疑天半落银河⑩。

【注释】

①缥缈（piāo miǎo）：若有若无貌。婆娑（suō）：徘徊、扶疏。

②追风马：宝马名。

③挽日戈：鲁阳公与韩构难，战酣，日暮，援戈而挥之，日为之返回了三个星宿的位置。

④玉液、金波：同是指酒。

⑤"紫诏"句：后赵太祖石傀传诏书时，将诏书衔在绘彩的木凤口中，从楼观上放下。

⑥"黄庭"句：《太平广记·书》载：王羲之性好鹅，山阴有一道士养好鹅十余只。王羲之清旦乘小舟去看鹅，十分喜爱，就要求买道士的鹅。道士说："我性好道，早就想写河上公《老子》，素绢早准备好了，而无人能书写。你若能自书《老子》道德各两章，我便将鹅群相奉送。"王羲之在这里停了半日，为士写完字，笼鹅而归。

⑦"画阁"句：暗用李白《与史郎中钦听黄鹤楼吹笛》"黄鹤楼中吹玉笛，江城五月落梅花"诗句。

⑧兰舟：木兰舟，形容精美的船。

⑨"门外"句：此句用谢道韫咏雪的典故。《世说新语·言语》载：谢安雪天与儿女辈讲论文义，过了一会儿大雪纷飞，谢安欣然说："白雪纷纷何所似？"侄子胡儿说："撒盐空中差可拟。"侄女谢道韫答道："未若柳絮因风起。"

⑩"岩边"句：李白《望庐山瀑布》："飞流直下三千尺，疑是银河落九天。"这里借其诗意。

松对竹，荇对荷。薜荔①对藤萝。梯云对步月②，樵唱③对渔歌。升鼎雉④，听经鹅⑤。北海⑥对东坡。吴郎哀废宅⑦，邵子乐行窝⑧。丽水良金皆入冶，昆山美玉总须磨。雨过皇州，琉璃色灿华清瓦；风来帝苑，荷芰香飘太液波。

【注释】

①荔：南方一种蔓生植物，叫木莲。

②梯云：拿云当梯子，形容青云直上的样子。步月：在月光下散步。

③樵唱：砍柴的樵夫在唱歌。

④升鼎雉：据说，商朝天子武丁在祭祀开国之君成汤的时候，有一只野鸡飞来，在祭祀用的大鼎上鸣叫，把武丁吓坏了，认为这是一种不祥的

兆头。

⑤听经鹅：传有个和尚叫志伟，他所养的鹅都能听懂佛经。

⑥北海：指孔融，他在汉末时曾做过北海太守，是当时的名士。

⑦吴郎哀废宅：出自唐吴融的《废宅》诗："风飘碧瓦雨摧垣，却有邻人与锁门。几树好花闲白昼，满庭荒草易黄昏。放鱼池涸蛙争聚，栖燕梁空雀自喧。不独凄凉眼前事，咸阳一火便成原。"

⑧邵子乐行窝：北宋哲学家邵雍把他的住宅称作"安乐窝"。

笼对槛，巢对窝。及第对登科①。冰清对玉润，地利对人和。韩擒虎②，荣驾鹅③。青女对素娥④。破头朱泚笏⑤，折齿谢鲲梭⑥。留客酒杯应恨少，动人诗句不须多。绿野凝烟，但听村前双牧笛；沧江积雪，唯看滩上一渔蓑。

【注释】

①及第：科举应试中选。登科：唐制举子放榜，只称及第；待选服官，由吏部复试，获中方称登科。

②韩擒虎：隋大将，统兵灭南朝陈，生擒陈后主。

③荣驾鹅：春秋鲁国大夫。

④青女：霜神。素娥：嫦娥。

⑤"被头"史载：唐建中四年，太尉朱泚拥泾原节度使姚令言军，立为帝。朱泚以唐大臣段秀实素有人望，遣使迎取。段佯为应允，待与朱会面时突以象牙笏猛击朱泚之头，致流血满面，遂被害。

⑥"折齿"句：史传晋时文士谢鲲曾调戏邻女，邻女正在纺织，顺手将梭子投来打掉了谢鲲的牙齿。

六　麻

清对浊，美对嘉。鄙吝对矜夸①。花须对柳眼，屋角对檐牙②。志和宅③，博望槎④。秋实对春华。乾炉烹白雪，坤鼎炼丹砂。深宵望冷沙场月，边塞听残野戍笳。满院松风，钟声隐隐为僧舍；半窗花月，鹤影依依是道家。

【注释】

①矜（jīn）夸：夸耀。

②檐（yán）牙：屋檐边的橼子排列得像牙齿一样，叫檐牙。

③志和宅：唐代诗人张志和是一位著名的隐士，他长年漂泊在江湖之上，以渔舟为宅。

④博望槎：相传汉博望侯张骞为了找寻黄河的源头，曾经乘槎，突然到了天河。

雷对电，雾对霞。蚁阵对蜂衙①。寄梅对怀橘②，酿酒对烹茶。宜男草③，益母花④。杨柳对蒹葭⑤。班姬辞帝辇⑥，蔡琰泣胡笳⑦。舞榭歌楼千万尺，竹篱茅舍三两家。珊枕半床，月明时梦飞塞外；银筝一曲，花落处人在天涯。

【注释】

①蚁阵：蚁排成阵，准备和别的蚁群相斗。　蜂衙：众蜂聚集护卫着蜂王。

②寄梅：《荆州记》载：陆凯与范晔相善，从江南寄梅一枝到长安给晔，并赠诗说：“折梅逢驿使，寄与陇头人。江南无所有，聊寄一枝春。”怀橘：相传东汉末年，陆绩六岁时去见袁术，私下将三枚橘子藏在怀里，拜辞时，橘子堕地，袁术问其故，陆绩说回家孝敬母亲。

③宜男草：萱草，又名忘忧草。

④益母：一种草名。

⑤蒹葭（jiān jiā）：芦苇。

⑥“班姬”句：班姬，相传为失宠后作《怨歌行》的班婕妤。《汉书·外戚传》说：她在成帝初被选入宫，大受宠爱，被立为婕妤。成帝有次游后庭，欲与她同辇，被辞之。

⑦“蔡琰”句：蔡琰即蔡文姬，传世作品有《悲愤诗》，传说《胡笳十八拍》也是她的作品。

圆对缺，正对斜。笑语对咨嗟①。沈腰对潘鬓②，孟笋对卢茶③。

百舌鸟，两头蛇。帝里④对仙家。尧仁敷率土，舜德被流沙。桥上授书曾纳履，壁间题句已笼纱。远塞迢迢，露碛⑤风沙何可极；长沙渺渺，雪清烟浪信无涯。

【注释】

①咨嗟：叹息。

②沈腰：南朝梁时的文学家沈约，字休文，体弱多病，腰肢纤弱。潘鬓：晋文学家潘岳，由于屡遭不幸，身体早衰，两鬓早白。

③孟笋：《二十四孝》记载，孟宗的母亲病了，想吃鲜笋。孟宗守竹而竹子竟然生出了竹笋。卢茶：唐代诗人卢仝好茶，饮必七碗。

④帝里：帝乡，指天帝所居之处。

⑤碛：水中堆沙。

疏对密，朴对华。义鹘对慈鸦①。鹤群对雁阵，白苎对黄麻②。读三到③，吟八叉④。肃静对喧哗。围棋兼把钓，沉李并浮瓜。羽客片时能煮石⑤，狐禅千劫似蒸沙⑥。党尉粗豪，金帐笼香斟美酒；陶生清逸，银铛融雪啜团茶⑦。

【注释】

①义鹘（gǔ）：杜甫有《义鹘诗》。鹘：鸭。猛禽，即隼（sǔn）。慈鸦：鸦能反哺其母。

②白苎（zhù）：苎：苎麻。黄麻：唐时以黄麻纸写诏。

③三到：古人认为读书当"口到，眼到，心到"。

④八叉：参见《声》七阳"八叉手"条注。

⑤羽客：仙人。"羽"有飞升之意，求仙得道后即飞升，称为"羽化"。煮石：传说仙人可煮石为饭。

⑥狐禅：旁门左道，非正宗，劫：佛经称天地（循环）为一劫，表示一段很长的时间。蒸：佛经上说："狐禅如蒸沙，千劫不能成饭。"

⑦"陶生"句：陶生：指五代时陶谷。参见《声》卷下·二萧."鸳帐酒"条注。铛（chēng），金属制茶。团茶，月团茶。按："龙团"之为茶名起于宋。

七 阳

台对阁，沼对塘。朝雨对夕阳。游人对隐士，谢女对秋娘^①。三寸舌，九回肠^②。玉液对琼浆^③。秦皇照胆镜^④，徐肇返魂香^⑤。青萍夜啸芙蓉匣，黄卷时摊薜荔床^⑥。元亨利贞^⑦，天地一机成化育^⑧；仁义礼智，圣贤千古立纲常^⑨。

【注释】

①谢女：东晋才女谢道韫。秋娘：一指唐代歌伎的称渭。一指杜秋娘，是李椅妾，善唱《金缕袍》。后入宫，受宠于唐宪宗。回乡后穷困潦倒而死。

②九回肠：语出司马迁《报任少卿书》："肠一日而九回。"

③玉液、琼浆：指美酒。

④"秦皇"句：《太平广记·宝》载：秦咸阳宫有方镜，宽四尺，高五尺九寸，表里通明。人直来照之，影则倒见；以手掩心而来；即见五脏，历历无碍。人有疾病在内者，则掩心而照之，必知病之所在。又女子有邪心，则胆张心动。秦始皇常常照宫人，胆张心动，则杀之。

⑤"徐肇"句：《香谱》载：苏氏子德歌善为返魂香，燃之可见亡灵。徐肇求其香，尽见父母、曾高的亡魂。

⑥青萍：宝剑名。芙蓉匣：《越绝书》说：越王勾践有宝剑，名纯钩。薛烛望之，手振拂扬，其华闪耀如芙蓉始出，故称剑匣为芙蓉匣。黄卷：书籍。薜荔床：指山中隐士之床。

⑦元亨利贞：《周易·乾》语：元：始；亨：通；利：和；贞：正。

⑧机：造化。化育：变化孳生和养育万物。

⑨纲：三纲，即君为臣纲、父为子纲、夫为妻纲。常：五常，即仁、义、礼、智、信。

红对白，绿对黄。昼永对更长。龙飞对凤舞，锦缆对牙樯。云弁使^①，雪衣娘^②。故国对他乡。雄文能徙鳄^③，艳曲为求凰^④。九日高峰惊落帽^⑤，暮春曲水喜流觞^⑥。僧占名山，云绕茂林藏古殿；客栖胜地，风飘落叶响空廊。

【注释】

①云弁使：蜻蜓。

②雪衣娘：白鹦鹉。

③雄文能徙鳄：唐代韩愈为潮州刺史。该地多鳄鱼，常伤人畜。韩愈，作《祭鳄鱼文》并备礼祭之，于是，鳄鱼远徙。

④"艳曲"句：指汉代司马相如曲《凤求凰》，招卓文君与其私奔。

⑤"九日"句：古代名人逸事。晋孟嘉为桓温参军，九月九日随桓温宴集龙山，风吹嘉帽落，嘉不觉。桓温便嘲之，嘉即时以答，举座叹服。

⑥"暮春"句：指晋代王羲之与众文士暮春聚会兰亭之事。众人曲水流觞（shāng，酒器），王作《兰亭集序》叙其事，书文号称双绝。

衰对壮，弱对强。艳饰对新妆。御龙对司马①，破竹对穿杨②。读班马③，识求羊④。水色对山光。仙棋藏绿橘，客枕梦黄粱。池草入诗因有梦，海棠带恨为无香。风起画堂，帘箔影翻青荇沼；月斜金井，辘轳声度碧梧墙。

【注释】

①"御龙"句：御龙、司马都是姓。

②破竹：比喻做事顺利。穿杨：传说楚将养由基善射，百步之内，可穿杨叶。

③班马：班固作《汉书》，司马迁作《史记》。

④求羊：西汉末，蒋诩解官归桂林后于竹林中开三条小径，只与求仲、羊仲来往。

臣对子，帝对王。日月对风霜。乌台对紫府①，蔀屋对岩廊②。香山社③，昼锦堂④。雪牖对云房⑤。芬椒涂内壁⑥，文杏饰高梁⑦。贫女幸分东壁影⑧，幽人高卧北窗凉⑨。绣阁探春⑩，丽日半笼青镜色；水亭醉夏，重风常透碧筒香。

【注释】

①乌台：御使台。 紫府：仙府。

②蔀（pù）矿屋：指贫家之居。 岩廊：指富贵之家。

③香山社：白居易在洛阳香山筑石楼为居室，自号香山居士。曾与八位耆旧在都履道坊合尚齿之会。

④昼锦堂：宋韩琦、章得象都是宰相，二人告老还乡后，各建昼锦堂。昼锦，《史记·项羽本纪》："富贵不归故乡，如衣绣夜行，谁知之者？"反其意而用之，故名。

⑤雪牖、云房：唐姚鹄《题终南山隐者居》："夜吟明雪牖，春渗闲云房"。

⑥"芬椒"句：《三秦皇图》："椒房殿，在未央宫，以椒和泥涂壁。"为皇后居处。

⑦"文杏"句：此句从司马相如《长门赋》："饰文杏以为梁。"演化而来。

⑧"贫女"句：《渊鉴类函》载：齐东海边一村落的女子们商定，晚上把各人的灯烛集合在一起，增强亮度，以便纺织。其中有徐吾者，家极贫，无法带来灯烛。邻女们就不想叫她晚上再来。徐吾说："我因为贫穷而没有带来灯烛，可我却在这里起常先，息常后，每天给大家洒扫和安排座位。把光明处给大家，我总找东壁稍暗的地方坐下，这是没有灯烛的缘故啊。其实，这一室之中，少一人之烛不为暗，多一人之烛不为明。你们为何吝惜东壁的余光而不使贫女得你们的恩惠，为你们劳作呢？"

⑨"幽人"句：《晋书·陶潜传》："尝言夏虚闲，高卧北窗之下，清风飒至，自谓羲皇上人。"幽人，隐士。

⑩绣阁：妇女们的华贵闺房，这里指妇女。 探春：正月十五日收灯以后，到郊外游玩。

八 庚

形对貌，色对声。夏邑对周京。江云对渭树，玉磬①对银筝。人老老②，我卿卿。晓燕对春莺。玄霜春玉杵，白露贮金茎。贾客君山秋弄笛③，仙人缑岭夜吹笙④。帝业独兴，尽道汉高能用将；父书空读，谁言赵括善知兵⑤。

①玉磬（qìng）：玉做的磬。磬，一种打击乐器。

②人老老：《孟子》中说："老吾老以及人之老。"意思是说尊敬自己的老人，进而要推广到尊敬别人的老人。人老老，意思是人人都尊敬老人。第一个"老"字是尊敬老人的意思。

③贾客君山秋弄笛：《太平广记》上记载，说是一位贾生夜宿君山，见一老者吹笛，笛声能够翻江倒海。

④仙人缑岭夜吹笙：此用王子乔吹笙的典故。

⑤赵括：战国时赵国人，他的父亲赵奢是赵国的名将。赵奢死后，赵王让赵括取代廉颇为将，蔺相如进谏说，赵括只会读书，结果在与秦国作战时大败，赵括也死在这一战中。这就是"纸上谈兵"的故事。

功对业，性对情。月上对云行。乘龙对附骥，阆苑对蓬瀛。春秋笔①，月旦评②。东作对西成。隋珠光照乘③，和璧价连城④。三箭三人唐将勇，一琴一鹤赵公清⑤。汉帝求贤，诏访严滩逢故旧；宋廷优老，年尊洛社重耆英。

【注释】

①春秋笔：孔子作《春秋》，惜墨如金，往往在一字中包含褒贬之意，被称为春秋笔法。

②月旦评：汉代许劭好品评人物，每月变更评论品题，称为"月旦评"。

③隋珠光照乘：传说隋侯救了一条蛇，后来蛇从江中衔来一枚夜明珠报答他。

④和璧价连城：春秋时期楚国人卞和发现了一块宝玉，价值连城。

⑤"一琴"句：赵抃为官清廉，去成都上任时，仅仅带着一张琴、一只鹤。

昏对旦，晦①对明。久雨对新晴。蓼湾对花港，竹友对梅兄。黄石叟②，丹邱生。犬吠对鸡鸣。暮山云外断，新水月中平。半榻清风宜午梦，一犁好雨趁春耕。王旦登墉，误我十年迟作相③；刘黄不第，愧他多士早成名。

【注释】

①晦：昏暗不明。

②黄石叟：汉初张良所遇仙人黄石公，曾赠给张良兵书。

③"王旦"二句：典故出自《宋史·王旦传》："宋相王旦柄权十八年，死后，王钦若继为宰相。王钦若语人曰：'子明（王旦）迟我一十年作宰相。'"登墉，做官。

九 青

庚对甲，己对丁。魏阙对彤庭①。梅妻对鹤②子，珠箔③对银屏。鸳浴沼④，鹭飞汀。鸿雁对鹡鸰⑤。人间寿者相，天上老人星。八月好修攀桂斧，三春须系护花铃。江阁秋登，一水净连天际碧；石栏晓倚，群山秀向雨余青。

【注释】

①魏阙：指皇宫、王宫。彤庭：古代朝堂上的地面铺成红色，故称彤廷，代指朝廷。

②梅妻、鹤子：北宋诗人林逋隐居在杭州西湖的孤山山，非常喜爱梅花和鹤，终身未娶，人们说他以梅为妻，以鹤为子。

③珠箔：珠帘。

④鸳浴沼：鸳鸯在池塘里戏水。

⑤鹡鸰：一种鸟的名字，古人常用来比喻兄弟。

危对乱，泰①对宁。纳陛②对趋③庭。金盘对玉箸，泛梗对浮萍。群玉圃，众芳亭。旧典对新型④。骑牛闲读史⑤，牧豕自横经⑥。秋首田中禾颖重，春余园内菜花馨。旅次凄凉，塞月江风皆惨淡；筵前欢笑，燕歌赵舞独娉婷⑦。

【注释】

①泰：平安。

②纳陛：凿毁基使为登升的陛级，纳乏于檐下，不使露而可登之以升，称为"纳陛"，是对有特殊功勋者的赐赏。

③趋：小步快走，表示恭敬。

④型：本义指铸造器物用的模子，后引义为典范。

⑤"骑牛"句：西晋李骑牛读《汉书》，常挂帙于牛角。帙（zhì）：包书的布套。

⑥"牧豕"句：西汉公孙弘少年时为人牧豕，勤于学，常带"经"而读。年五十位至丞相。经，指儒学典籍。

⑦燕（yān烟）：燕国。娉婷（pīng tíng拼亭）：姿容美好动人。

十 蒸

萍对蓼，艾对菱①。雁弋对鱼罾②。齐纨对鲁缟③，蜀锦对吴绫。星渐没，日初升。九聘对三征④。萧何曾作吏⑤，贾岛昔为僧⑥。贤人视履循规矩⑦，大斧挥斤校准绳⑧。野渡春风，人喜乘潮移酒舫⑨；江天暮雨，客愁隔岸对渔灯⑩。

【注释】

①菱：菱角。

②弋（yì）：系有丝绳的箭。罾（zēng）：有支架的渔网。

③纨、绮（qī）、锦、绫：皆是丝织品。

④聘、征：聘任、征召。

⑤"萧何"句：汉相萧何，在秦时曾为沛县主吏掾。

⑥"贾岛"句：唐诗人贾岛曾为僧，韩愈劝其还俗。

⑦"贤人"句：履，鞋。"循规矩"喻走正路。晋傅元《履铭》说："戒之哉，思履正，无履邪。正者吉之路，邪者凶之征。"

⑧大斧挥斤校准绳：《孟子·尽心章句上》："大匠不为拙工改废绳墨，羿不为拙射变其彀率。"校，校正。绳墨，木工用以画线的墨斗。

⑨"野渡"句：唐元结《石渔湖上醉歌》："长风连日作大浪，不能废人运酒舫。"产里取其诗意。酒舫（fǎng），载酒之舟。

⑩"江天"句：宋陆游诗句："借问生涯在何许，孤舟风雨伴渔灯。"这里取其诗。意。客，指行旅。

谈对吐①，谓对称②。冉闵对颜曾③。侯嬴对伯嚭④，祖逖对孙登⑤。抛白纻，宴红绫。胜友⑥对良朋。争名如逐鹿，谋利似趋蝇⑦。仁杰姨惭周⑧不仕，王陵母识汉方兴。句写穷愁，浣花寄迹⑨传工部；诗吟变乱，凝碧伤心叹右丞。

【注释】

①谈、吐：就是说话。

②谓、称：都指称呼。

③冉闵：孔子有四大弟子，即冉有、闵子骞、颜回、曾参。这里说的是冉有与闵子骞。冉有性情谦和，擅长政事。闵子骞，待人真诚，有德行。颜曾：孔子四大弟子的另两位。颜是指颜回，睿智好学，是众多弟子中最贤的一个。曾指曾参，非常孝顺，曾写过《孝经》。

④侯：战国时期舞甲城大梁的守门人，魏国公子信陵君对他非常好，认为他是个杰出的人，后来在窃符救赵一事中，他以生命报了信陵君的知遇之恩。伯嚭：春秋时期人，伯州犁的孙子，他跑到吴国，吴王夫差让他做太宰，所以也叫太宰嚭。他是个贪财误国的奸臣，吴国打败越时俘虏了越王勾践，但勾践贿赂了伯嚭，伯嚭就劝吴王放了勾践。后来，勾践卧薪尝胆，终于灭了吴国。

⑤祖逖：东晋时期人，小时候就为了收复中原而刻苦努力，有闻鸡起舞的故事。孙登：晋初的隐士。

⑥胜友：很有地位的朋友。

⑦趋蝇：苍蝇很喜欢往想吃的东西上附，所以把追名逐利的人比喻为苍蝇。

⑧周：武则天当了皇帝后，把唐朝国号改为周，她死后，又改回为唐。

⑨寄迹：暂寄踪迹。

十一 尤

荣对辱，喜对忧。缱绻对绸缪①。吴娃②对越女，野马对沙鸥。茶解渴，酒消愁。白眼对苍头③。马迁④修《史记》，孔子作《春秋》。莘⑤野耕夫闲举耜，磻溪渔父晚垂钓。龙马游河⑥，羲圣因图而画卦⑦；神龟出洛，禹王取法以明畴⑧。

【注释】

①缱绻（qiǎn quǎn）：情意缠绵。绸缪（chóu móu）：该词有数义，在此相当于"缠绵"，谓情意深。

②娃：年轻女子，美女。

③白眼：参见《声》四青眼条注，苍头：南朝宋沈庆之著威名，患头风，常着狐皮帽，南人称为"苍头公"。

④马迁：司马迁。

⑤莘（shēn）：商周之时古国名。

⑥"龙马"句，"神龟"句：参见《声》十一尤"龙马、洛龟"条注。

⑦羲帝：伏羲。传说他由河图而作八卦以至六十四卦。

⑧明畴：辨明类别。传说禹治洪水由洛龟而得洛书《洪范九畴（九类）》（《尚书·洪范》），讲经邦治国之理，论天人感应之事。

冠对履，舄①对裘。院小对庭幽。画墙对漆地②，错智对良筹③。孤嶂笋，大江流。芳泽对园丘。花潭来越唱④，柳屿起吴讴⑤。莺懒燕忙三月雨，蛩催蝉极一天秋。钟子听琴⑥，荒径入林山寂寂；谪仙捉月⑦，洪涛接岸水悠悠。

【注释】

①舄（xī）：鞋。

②画墙：对墙而立。《论语·阳货》："人而不为周南、召南，其犹正墙面而立也欤？"膝地：古人席地而跪，两膝着地。

③错智：指晁错。《史记·袁盎晁错列传》：（晁错）以其辩得幸太子，太子家号曰："智囊"。良筹：指张良。《史记·留侯世家》："高帝曰：'运筹策帷帐中，决胜千里外，子房功也。'"

④越唱：越地的歌谣。

⑤屿（yǔ，旧读xǔ）：小岛。吴讴（ōu）：吴地民歌。

⑥"钟子"句：《列子·汤问篇》："伯牙善鼓琴，钟子期善听琴。伯牙鼓琴，志在高山，钟子期曰：'善哉！峨峨兮若泰山。'志在流水，钟子期曰：'善哉！洋洋兮若江河。'"句本此。

⑦"谪仙"句：《唐摭言》载：李白在当涂采石矶泛舟，因醉欲捉月而溺死。句本此。

鱼对鸟，鹖对鸠①。翠馆对红楼。七贤对三友②，爱日③对悲秋。虎类狗④，蚁如牛⑤。列辟⑥对诸侯。陈唱临春乐⑦，隋歌清夜游⑧。空中事业麒麟阁，地下文章鹦鹉洲。旷野平原，猎士马蹄轻似箭；斜风细雨，牧童牛背稳如舟。

【注释】

①鸠：鹁鸪，一种小鸟。

②七贤：晋代的嵇康与阮籍、山涛、向秀、阮咸、王戎、刘伶是非常好的朋友，常宴集于竹林之下，被称为"竹林七贤"。三友：以三种事物为友，如松、竹、梅；琴、酒、诗；梅、石、竹等。

③爱日：温暖的阳光。语出骆宾王《赠宋之问》诗："温辉凌爱日，壮气惊寒水。"

④虎类狗：东汉马援在《戒兄子严敦书》中，告诫说，学龙伯高，不成犹为谨慎之士，所谓刻鹄不成尚类鹜；学习豪侠好义的杜季良，不成为天下轻薄子，所谓画虎不成反类狗。

⑤蚁如牛：晋代的殷浩耳朵得了病，竟然听见床下的蚂蚁有动静，声音大得像是牛斗之声。

⑥列辟（bì）：辟，君王；列辟等于说诸王侯。

⑦"陈唱"句：南朝陈后主荒淫，修结绮、临春、望仙阁，与张丽华、江总、孔贵嫔诸人日夜游戏、歌唱，其中以《玉树后庭花》《临春乐》为最

斟蜘。

⑧"隋歌"句：传说隋炀帝夏夜宴游，放萤火虫照明，歌清夜之曲；冬日剪彩为花。

十二　侵

歌对曲，啸对吟。往古对来今。山头对水面，远浦对遥岑①。勤三上②，惜寸阴③。茂树对平林④。卞和三献玉⑤，杨震四知金⑥。青皇⑦风暖催芳草，白帝⑧城高急暮砧。绣虎雕龙⑨，才子窗前挥彩笔⑩；描鸾刺凤，佳人帘下度金针⑪。

【注释】

①遥岑（cén）：远山。

②三上：宋欧阳修《归田》："余平生所作文章，多在三上，乃马上、枕上、厕上也。"

③惜寸阴：《世说新语·政事》"陶公性检厉"条刘孝标注：陶侃常云："民生在勤，大禹圣人，犹惜寸阴；至于凡俗，当惜分阴。"

④平林：平原上的树林。

⑤"卞（biàn）和"句：相传春秋时楚人卞和先后将璞玉献给楚厉王、楚武王，都被认为是欺骗，先后被砍去左右脚。楚文王时卞和抱着璞玉在荆山痛哭，楚文王派人剖璞，果然得到美玉。

⑥"杨震"句：汉代人称"关西孔子"的杨震经过昌邑，县令王密夜晚杨震送来十金，并说："谁也不知。"杨震说："天知，地知，你知，我知。怎么能说谁也不知？"

⑦青皇：春神。

⑧"白帝"句：这是杜甫《秋兴八首》诗句。白帝城，在今四川。

⑨绣虎雕龙：喻有文采。虎，曹植才高八斗，七步成诗，人称"绣虎"。雕龙，战国驺奭（shì），善修饰文辞，如同雕琢龙图，人称"雕龙奭"。南朝梁刘勰立论著书，取其义而名之《文心雕龙》。后以雕龙喻文章华丽。

⑩彩笔：相传南朝江淹少时梦见有人给他彩笔，从此作文富于文采。见后《十四盐》第三段注。

⑪金针：相传唐代郑采娘七夕乞巧，织女给她一枚金针。郑采娘从此奇巧。见《桂苑丛谈·史遗》。

登对眺①，涉对临②。瑞雪对甘霖③。主④欢对民乐，交浅对言深。耻三战⑤，示七擒⑥。顾曲对知音⑦。大车行槛槛⑧，驷马聚⑨骎骎。紫电青虹腾剑气，高山流水识琴心⑩。屈子怀君⑪，极浦⑫吟风悲泽畔；王郎忆友，扁舟卧雪访山阴。

【注释】

①眺（tiào）：远看，眺望。

②涉：蹚水过河，申为"渡"。临：从高处往低处看，面对。

③霖（lín）：《左传·隐公九年》："凡雨自三日以往为霖。"以往：以上。

④主：君主。

⑤三战：赤壁之战前，刘备势弱，曾屡败于吕布、曹操，数失妻、子。"三战"，约言之耳。

⑥七擒：相传诸葛亮平南，七纵而七擒孟获。南人心诚服，称："永不复反矣。"

⑦顾曲：三国东吴周瑜善知音律，时有"曲有误，周郎顾"之说。顾：回头看。知音：详见十二侵二"高山"句注。

⑧槛槛（kǎn kǎn）：车行声。《诗经·王风·大车》："大车槛槛，毳（cuì，鸟兽细毛）衣如菼（tān，芦荻）。"

⑨驷（sì）马：同驾一辆车的四匹马。骤：马疾走。骎骎（qīn qīn）：马疾走状。

⑩"高山"句：详见十二侵二"高山"句注。

⑪"屈子"句：详见四豪三"遭谗"句注。

⑫极浦江：岸尽头。

十三 覃

宫对阙，座对龛。水北对天南。蜃楼对蚁郡^①，伟论对高谈。遴杞梓，树棆楠^②。得一对函三。八宝珊瑚枕，双珠玳瑁簪。萧王待士心惟赤^③，卢相欺君面独蓝^④。贾岛诗狂，手拟敲门行处想；张颠草圣，头能濡墨写时酣。

【注释】

①蚁郡：唐朝淳于棼梦见自己到了大槐安国，被招为驸马，后又被封为南柯郡守。醒来后发现原来是睡在了大槐树下的一个蚂蚁窝旁。

②遴杞梓，树棆楠：挑选培养人才。

③"萧王"句：光武帝刘秀早年被封为萧王，对部下以诚相待。

④"卢相"句：唐朝奸相卢杞，脸色发蓝，心狠手辣，人称"蓝面鬼"。

闻对见，解对谙^①。三橘对双柑^②。黄童对白叟^③，静女^④对奇男。秋七七^⑤，径三三^⑥。海色对山岚^⑦。鸾声何哕哕^⑧，虎视正眈眈^⑨。仪封疆吏知尼父^⑩，函谷关人识老聃^⑪。江相归池，止水自盟真是止^⑫；吴公作宰，贪泉虽饮亦何贪^⑬。

【注释】

①谙（ān）：熟悉。

②三橘：用"陆绩怀橘"典故，前《六麻》第二段注。 双柑：南朝宋戴颙春天携带双柑斗酒到野外，别人向他到什么地方去，答道："去听黄鹂声。"

③黄童：黄口小儿。白叟：白发老人。

④静女：娴静的女子。

⑤秋七七：殷天祥，字七七。大众也就这样叫他。鹤林寺种的杜鹃，高丈余，每到春末，开花烂漫。有人对七七说："你能在重阳这天让花开吗？"七七答道："可以。"到了重阳这天，花果真烂漫如春。

⑥径三三：见前《七阳》第三段注。

⑦岚（lán）：山林的雾气。

⑧"鸾声"句：语出《诗经·鲁颂·泮水》："鸾声哕哕。"鸾：通"銮"，銮铃。哕哕（huì huì）：象声词，有节奏而和谐的铃声。

⑨"虎视"句：语出《周易·颐》："虎视眈眈。"眈眈，注视。

⑩"仪封"句：仪封人见过孔子后，对孔子的学生说："天无道已经很久了，天将让孔夫子作为大众的引路人。"仪，地名。封人，官名。父（fǔ），通"甫"，古时对男子的美称。孔子，字仲尼，故称"尼甫""尼父"。

⑪"函谷"句：老子将要西出函谷关，关令尹喜占风气，预知有神仙要过关，于是就择道四十里迎接。一见老子就用弟子见老师的礼拜见。老子后来传授他《道德经》，尹喜也得道成仙。

⑫"江相"句：南宋宰相江万璧因不满贾似道的专权误国，辞官归家，榷其池为"止水"。后元兵到来，投水池以尽节。止，心如止水般宁静纯洁。

⑬"吴公"句：广州附近有贪泉，相传人饮后就变得贪婪无厌。晋吴隐之赴任广州刺史，到了贪泉，饮后赋诗："古人云此水，一歃怀千金。试使夷齐饮，终当不易心。"从此更加清廉。歃（shà），用嘴吸取。

十四　盐

宽对猛①，冷对炎。清直对尊严。云头对雨脚，鹤发对龙髯②。凤台谏③，肃堂廉④。保泰对鸣谦⑤。五湖归范蠡，三径隐陶潜。一剑成功堪佩印，百钱满卦便垂帘。浊酒停杯，容我半酣愁际饮⑥；好花傍座，看他微笑悟时拈。

【注释】

①宽对猛：《左传》载，郑国的大夫子产临终前对他的儿子说："我死，子必为政。唯有德者能以宽服民，其次莫如猛。"宽，指仁厚；猛，指严厉。

②"鹤发"句：鹤发，是说人发白如鹤羽，指老人。龙髯，龙的胡须。传说黄帝在鼎湖乘龙而升天，小臣扯龙须而上，结果扯断了。

③"风台"句:风即讽,讽谏;台,台省;谏,谏臣。古谏官所居官署称讽台。

④"肃堂"廉:肃堂即官署;廉,阶陛的侧。

⑤"保泰"句:泰和谦是《周易》的两个卦名。保泰,意为保持安康。鸣谦是谦卦的一爻句爻辞,意思是以谦虚的品习又辞,意思是以谦虚的理由辞宫范蠡:字少伯,佐越王勾践破吴,成功载西施归五湖。

⑥"浊酒"句:语出杜甫诗:"艰难苦恨繁霜鬓,潦倒新亭浊酒杯。"

连对断,减对添。淡泊对安恬①。回头对极目②,水底对山尖。腰袅袅③,手纤纤④。凤卜对鸾占⑤。开田多种粟,煮海尽成盐。居同九世张公艺⑥,恩给千人范仲淹⑦。箫弄风来⑧,秦女有缘能跨羽;鼎成龙去,轩臣无计得攀髯⑨。

【注释】

①淡泊:无名利之求。诸葛亮《诫外生书》:"非淡泊无以明志,非宁静无以致远。"安恬(tián):宁静。

②极目:极力远望。

③袅袅(niǎo niǎo):体态轻盈貌。

④纤纤(xiān xiān):柔貌。

⑤凤卜、鸾占:卜得佳偶。

⑥"居同"句:唐张公艺九代家而居。唐高宗问他:怎样才能九代同居?张公艺书写了一百个"忍"字奉上。

⑦"恩给(jǐ)"句:宋人范仲淹初显达,在家乡买了靠近城郭的良田,称作"义田",以供养接济族人。

⑧"箫弄"句:用"弄玉吹箫"典故。见前《三江》第一段注。

⑨"鼎成"句:相传轩辕黄帝采首山铜,在荆山铸鼎。鼎铸成,有龙下来迎接黄帝。黄帝骑上龙,群臣及后宫七十余人也跟着骑上龙。余下的小臣骑不上,就抓住龙髯。龙髯(须)被拔断,并坠落下黄帝的弓,众人抱着弓和龙须失声痛哭。轩臣,轩辕黄帝的众臣。

人对己,爱对嫌。举止对观瞻。四知对三语,义正对辞严。勤雪案,课风檐。漏箭对书笺。文繁归獭祭①,体艳别香奁②。昨夜题诗更一字③,早春来燕卷重帘。诗以史名④,愁里悲歌怀杜甫;笔经人索^⑤，梦中显晦老江淹。

【注释】

①獭祭：水獭喜欢吃鱼，常将所捕鱼井然有序地陈列岸边以作祭祀的供品。后用来比喻写文章罗列典故，堆砌辞藻。

②香奁：古代女子的梳妆盒。

③"昨夜"句：指一字之师的典故。

④诗以史名：杜甫的诗反映历史和人民疾苦，称"诗史"。

⑤"笔经"句：传说南朝诗人江淹得到一支五色笔后，诗歌闻名于世，后来梦见神人将五色笔要走，从此再也写不出好诗，人称"江郎才尽"。

十五　咸

栽对植，薙对芟^①。二伯^②对三监。朝臣对国老^③，职事对官衔。鹿麌麌^④，兔毚毚^⑤。启牍对开缄^⑥。绿杨莺睍睆^⑦，红杏燕呢喃^⑧。半篱白酒娱陶令，一枕黄粱度吕岩^⑨。九夏炎飙^⑩，长日风亭留客骑^⑪；三冬^⑫寒冽，漫天雪浪驻^⑬征帆。

【注释】

①薙（tì）：割去野草。芟（shān）：割草。

②二伯：一指春秋时齐桓公、晋文公，此时"伯"读如bà，通"霸"；一指周代主持国政的东、西二伯周公、召（shào）公。

③国老：古代告老退职的卿大夫。

④鹿麌麌：鹿群聚集。

⑤毚毚（chán chán）：健壮轻捷之貌。

⑥牍（dú）：古代写字用的狭长木板。后引义为书籍、文书。在此指文书、书信（尺牍）。缄（jiān）：书信，亦作"椷"。

⑦睍睆（xiàn huǎn）：美丽的样子.

⑧呢喃（ní nán）：燕子鸣声。

⑨"半篱"句：陶渊明辞官隐居，菊柳为伴，诗酒自娱，诗有"采菊东篱下，悠然见南山"之句。

⑩九夏：夏季九十天。炎：高热。飙（biāo）：暴风。炎飙，酷热的气浪。

⑪骑（jì）：一人（骑）一马称为"一骑"。

⑫三冬：冬季之月，即冬季。

⑬驻：使滞留。

梧对杞，柏对杉。夏濩对韶咸①。涧瀍对溱洧②，巩洛对崤函③。藏书洞④，避诏岩⑤。脱俗对超凡。贤人羞献媚⑥，正士嫉工谗⑦。霸越谋臣推少伯⑧，佐唐藩将重浑瑊⑨。邺下狂生⑩，羯鼓三挝羞锦袄；江州司马⑪，琵琶一曲湿青衫。

【注释】

①夏濩（huò）：周代六舞中的《大夏》《大濩》。韶咸：即周代六舞中的《大韶》《大咸》。

②涧瀍（chán）：涧水、瀍河。二水源于河南，流入洛河。溱洧（zhēn wěi）：溱水、洧水，河南境内的两条河。

③巩洛：巩县、洛阳，在今河南。崤函：崤山、函谷关，在今河南。

④藏书洞：湘南小酉山石洞中有书千卷，相传是秦人读书处。

⑤避诏岩：汉初商山四皓隐居商山。汉高祖多次征召不就，义不为汉臣。

⑥"贤人"句：孔子曾说："花巧的言辞，伪装的笑脸，卑顺的模样，左丘明以此为耻，我也以此为耻。"贤人正指孔子、左丘明一类的人。献媚亦如上面孔子所形容的。

⑦正士：指品行端正的读书人。工谗：精于说别人的坏话。

⑧"霸越"句：春秋范蠡字少伯，辅佐勾践兴越灭吴，终使勾践称霸于诸侯。

⑨"佐唐"句：指唐铁勒族浑部浑瑊（jiān），他十一岁从军，随王师平定安史之乱，屡立战功。后又平朱泚、李怀光之乱，封咸宁郡王、拜相。

⑩"邺下"句：三国祢衡击鼓，为渔阳掺挝，鼓声悲壮，音节奇妙。曹操征为鼓吏，有次曹操令祢衡击鼓，祢衡当众脱衣，裸体而立，慢慢地换上击鼓的礼服。然后去击鼓，脸色不变。曹操笑着对四周的人说："本欲辱衡，衡反辱孤。"邺（yè），地名，曹操曾在这里建都。羯（jié），古代羯族的敲打乐器。

⑪"江州"句：唐元和十五年，江州司马白居易在浔江口听一商妇弹琵琶。琵琶的凄凉曲调，商妇的沦落身世引发了他的贬谪失意之情，于是做《琵琶行》诗。诗中有"座中泣下谁最多，江州司马青衫湿"之句。这里用其事。

袍对笏，履对衫。匹马对孤帆。琢磨对雕镂，刻划对镌镵①。星北拱②，日西衔。卮漏对鼎镬③。江边生杜若④，海外树都咸⑤。但得恢恢存利刃，何须咄咄达空函⑥。彩凤知音，乐典后夔须九奏⑦；金人守口，圣如尼父亦三缄⑧。

【注释】

①镌镵（juān chán）：都是刻、削的意思。

②星北拱：星指北极星，拱是拱托、环绕的意思。古人认为群星都围绕北极星而分布。

③卮漏：卮（zhī），古代一种盛酒器。鼎镬：孔子的祖先正考父为宋大夫，家有鼎名镬鼎。上面的铭文是：一命而偻（lǚ），再命而伛，三命而俯。循墙而走，亦莫敢余侮。

④杜若：桂树，若，杜若，香草名。

⑤都咸：传说中生于海外的神木。

⑥咄咄：表示惊讶的语气。晋代的殷浩得到桓温将推荐他做尚书令的消息，非常高兴，准备回信，又怕言语不周，把信取出放进几十次，结果却寄出了空信封。后桓温将其免职，于是他整日用手在空中乱画，连呼咄咄怪事。

⑦"乐典"句：后夔（kuí），即夔，传说是舜的乐官，他奏起乐来，百兽起舞，凤凰也飞来。九奏，奏乐九曲。

⑧"金人"二句：尼父即孔子。相传孔子入周太庙，见有铸金人，三缄其口，背后有铭文："古之慎言人也。"两句的意思是，圣达如孔子，也要学习金人那样守口如瓶，讲话谨慎。

训蒙骈句

【题解】

骈句，即骈偶句、对仗句。两马并驾为骈，二人并处为偶，意谓两两相对。古时宫中卫队行列月仗（仪仗），两两相对，故骈偶亦称对仗。以偶句为主，构成字数相等的上下联，上下联词语相对，平仄相对。用这种形式写成的四六句诗歌，晚唐时称作"四六"，宋明沿用，至清改称"骈体"。对儿童进行骈句训练，可为将来写作打下良好基础。

《训蒙骈句》按韵部顺次，由三言、四言、五言、七言、十一言的五对骈句组成一段，每韵三段。此书与《声律启蒙》《笠翁对韵》都是吟诗作对的训练读物，爱好诗文者，若熟而能诵，必文笔流利。

这本儿童学诗作对的启蒙读物，语言流畅，对仗精工，朗朗上口，是一部深受大众喜爱的读物，融实用性和知识性为一体。尤其是其中涉及我国古代大量的文化知识，从诗词歌赋到哲学、历史、宗教，使人们在进行技巧训练的同时，能获得大量的传统文化知识。

此文作者为明代司守谦。司守谦，字益甫，明代宣化里人，能文，不幸早夭，诗文散佚，仅存此篇于世。

卷上

一 东

天转北，日升东。东风淡淡，晓日濛濛。野桥霜正滑，江路雪初融。报国忠臣心秉赤，伤春美女脸消红。孟轲成儒，早藉三迁慈

母力^①；曾参得道，终由一贯圣人功。^②

【注释】

①孟轲成儒，早藉三迁慈母力：相传孟轲（孟子）幼年丧父，他的母亲为了使之学有所成，曾三次迁徙居所，初居坟地附近，孟轲学办丧事，又迁与屠夫为邻，孟轲学宰杀之功，最后至学宫附近，孟轲才开始学习礼仪，最终成为儒家著名学者。

②曾参得道，终由一贯圣人功：曾参是孔子最得意的学生，以孝行见称，他一贯奉行忠恕之道。他协助孔子述《大学》，作《孝经》，后世儒家尊之为宗圣。

清暑殿，广寒宫。诗推杜甫，赋拟扬雄^①。人情冷暖异，世态炎凉同。丝坠槐虫飘帐幔，竹庄花蝶护房栊^②。高士游来，屐齿印开苔径绿；状元归去，马蹄踏破杏泥红。

【注释】

①扬雄：汉代人，辞赋大家，曾经撰写《逐贫赋》。
②房栊：指窗户。

龙泉剑，乌号弓。春禊逐疫^①，社酒祈丰^②。笛奏龙吟水，箫吹凤啸桐。江面渔舟浮一叶，楼台谯鼓^③报三通。时当五更，庶尹拱朝天阙外^④；漏^⑤过半夜，几人歌舞月明中。

【注释】

①春禊逐疫：古时民俗，春秋两季于水边举行祭礼，以求祥免灾，叫作春禊（xì）。
②社酒祈丰：古时立春后第二个戊日为春社，立秋之后第五个戊日为秋社，在社日设酒食举行祭祀社神仪式，以祈求有好收成。
③鼓：城门上的望楼，称为鼓楼，楼内的鼓，称为谯鼓。
④庶尹：百官之长。天阙：指帝王之所。
⑤漏：漏壶，古代用来滴水计时的器具。

二 冬

君子竹，大夫松。偷香粉蝶，采蜜黄蜂。风定荷香细，日高花影垂。大庾岭^①头梅灿烂，姑苏台^②足草蒙茸。跃马游人，苑内观花夸景美；操豚野老，田间拜社祝年丰。

【注释】
①大庾岭：五岭之一，古称塞上，又叫梅岭，相传汉武帝时有庾姓将军筑城于岭上，故称大庾岭。
②姑苏台：在姑苏山上，又名胥台，传说为春秋吴王阖闾所筑。夫差于台上立春宵宫为长夜之饮。越国攻吴，焚毁姑苏台。

冯妇虎^①，叶公龙^②。鱼沉雁杳，燕懒莺慵。依依河畔柳，郁郁涧边松。天成阆苑^③三千界，云锁巫山十二峰。骚客游归，双袖微沾花气湿；渔郎钓罢，一舟闲系柳荫浓。

【注释】
①冯妇虎：春秋时晋国人冯妇，擅长捕虎。
②叶公龙：叶公子高喜爱龙，天龙得知后下凡，吓得叶公慌忙逃走。
③阆苑：传说中神仙居住的地方。

催春鸟，噪秋蛩^①，郭荣叩马^②，卫献射鸿^③。玉盘红缕润，金瓮绿醅^④浓。对雪谁家吟柳絮，披风何处采芙蓉。芳满春园，红杏有颜清露洗；雨过秋谷，玄关^⑤无锁白云封。

【注释】
①蛩：蟋蟀。
②郭荣叩马：郭荣是春秋时齐国的大夫，晋、宋等十国联合攻齐，齐侯想要逃走，郭荣与太子叩马阻拦。
③献射鸿：春秋时，卫献公宴请客人，客人久等仍不见卫献公，原来他

在园林中射鸿雁。

④醅：未过滤的米酒。

⑤玄关：泛指门户，此处指谷口。

三　江

　　花盈槛，酒满缸。颓垣败壁，净几明窗。兰开香九畹[①]，枫落冷吴江[②]。山路芳尘飞黯黯，石桥流水响淙淙。退笔成丘[③]，右军书秃三千管；建旗入境，安石门排十六双。

【注释】

①兰开香九畹：种了九畹地的兰花。《楚辞·离骚》有"余既滋兰之九畹兮"，所以九畹指种兰花。

②枫落冷吴江：吴江天凉后枫叶凋零。吴江，在江苏省，又叫吴淞江，苏州河。

③退笔成丘：东晋书法家王羲之勤奋练字，写坏的毛笔有近三千支，堆起就像小山丘一样。

　　斟玉斝[①]，剔银釭[②]。起风石燕[③]，吠日山尨[④]。春染千门柳，秋莲万顷江。酒力能将愁阵破，茶香可使睡魔降。北苑春回，一路花香随著屐；西湖水满，六桥柳影照飞舟。

【注释】

①玉斝：玉制的酒器。

②银釭：银质的油灯。

③起风石燕：一种形状如燕的石块，相传遇风雨即飞，风雨止后又化为石。

④山尨：一种多毛狗。

　　吹牧笛，泛渔舟。严陵真隐[①]，纪信诈降[②]。冬雷惊渭亩，春水泛湘江。庭院日晴黄鸟并，江湖浪阔白鸥双。十八拍笳，蔡琰悠吹于北塞③；三五株柳，陶潜啸傲于南窗④。

【注释】

①严陵真隐：东汉严光，字子陵，与光武帝刘秀少时为友，不愿做官，隐居富春江。

②纪信诈降：楚汉相争时，纪信为刘邦部将，项羽围困刘邦于咸阳，纪信伪装成刘邦投降，使刘邦得以逃脱。

③十八拍筎，蔡琰悠吹于北塞：蔡琰，字文姬（jī），东汉末年女诗人，博学多才，精通音律。汉末大乱，被匈奴所虏，与南匈奴左贤王生活十二年，后被曹操赎回。《胡笳十八拍》是她的代表作。

④三五株柳，陶潜啸傲于南窗：陶潜，字渊明，东晋文学家，著有《五柳先生传》，在其《归去来辞》中有"倚南窗以寄傲"之句。

四　支

梅破蕊，柳垂丝。荷香十里，麦穗两歧①。剥橙香透甲，尝稻气翻匙。紫陌游人摇玉勒②，画堂酒客醉金卮③。云锁巫山，墨翰饱滋天外笔；池涵列宿，玉盘乱布水中棋。

【注释】

①麦惠两歧：麦子长出两个穗，比喻收成好。

②玉勒：玉制的马笼头。

③金卮：金质的酒器。

三都赋①，七步诗②。班超投笔③，王质观棋④。月照富春渚，雷轰荐福碑⑤。堤柳拖烟迷翡翠，海棠经雨湿胭脂。豪富石崇⑥，邀客不空金谷盏，风流山简⑦，驻军常醉习家池。

【注释】

①三都赋：西晋文学家左思构思十年写就，篇成后士人竞相传写，以至一时洛阳纸贵。

②七步诗：曹操之子曹植所作，曹植才思隽发，下笔成章，其兄曹丕即位之后忌其才，限令七步成诗，他应声作就。

③班超投笔：班超，东汉人，曾因贫为官府抄书，投笔而叹，有建功之心，后出使西域，建功封侯。

④王质观棋：晋朝王质进山砍柴，观二童子下棋。棋罢，斧柄已烂，同时之人都已去世。

⑤荐福碑：宋朝范仲淹镇守鄱阳时，有一个书生献诗，说自己一生贫寒，范仲淹见其字秀，叫他去临摹荐福寺的碑文，这样可以把临摹的字高价出售。但是，就在这天晚上，一个惊雷居然把荐福碑击碎了。

⑥石崇：西晋大臣，任荆州刺史时，拦截贡使商客，致成巨富，曾于河阳置金谷园，极尽奢侈生活，常在金谷园中设华宴待客。

⑦山简：西晋大将，嗜酒豪饮，镇守襄阳时，常住佳园池饮酒，时常醉酒。

戈倒握，笛横吹。阮籍青眼①，马良白眉②。雨阑流水急，风定落花迟。衰柳经风飞病叶，枯梅得月照寒枝。适意高人，斜卷玉帘通燕子，陶情侠客，闲抛金弹打莺儿。

【注释】

①阮籍：晋代人，常常用白眼对俗人，青眼对雅士。

②马良白眉：三国时人马良眉间有白毫，兄弟五人，并有才名，乡里俗谚称："五氏五常，白眉最良。"马良，汉代人，眉毛上有白毫。

五　微

城矗矗，殿巍巍。纫兰楚客①，泣竹湘妃②。客伤南浦草，人采北山薇。竹笋生长擎玳瑁③，石榴并破露珠玑④。能语能言，鹦鹉啭音劳舌底；有经有纬，蜘蛛结网费心机。

【注释】

①纫兰楚客：指屈原，他所作的《离骚》中有"纫秋兰以为佩"之句。纫，缝。

②泣竹湘妃：传说舜的妃子娥皇与女英死后，成为湘水之神，故称为湘妃。虞舜死后，二妃悲伤哭泣，泪滴染竹成斑，故称斑竹，也称泪竹和湘竹。

③玳瑁：爬行动物，形状如龟，可做装饰品。

④玑：不圆的珠子。

吹暖律①，捣寒衣②。风翻翠幕，月照朱帏。夜长更漏远，昼永篆香微。村墟犬已经霜瘦，篱落鸡因啄粟肥。碧愤老翁，柳边时睡游鱼走；雪衣仙女，花底长陪舞蝶嬉。

【注释】

①吹暖律：相传战国时邹衍能够吹律而产生暖气。

②捣寒衣：捶寒衣。

虹晚现，露朝晞①。荷擎翠盖，柳脱棉衣。窗阔山城小，楼高雨雪微。林中百鸟调莺唱，月下孤鸿带影飞。老圃②秋高，满院掀黄开菊径；芳庭春草，两歧铺绿上柴扉③。

【注释】

①晞：干，干燥。

②老圃：种园子的人。

③两歧：两条小路。柴扉：柴门。

六　鱼

花脸露，柳眉舒。两行雁字①，一纸鱼书②。日晴燕语滑，天阔雁行疏。弄笛小儿横跨犊，吟诗骚客倒骑驴③。谢世幽人，紫艳葡萄千日酒；入京才子，白藤画匣万言书。

【注释】

①雁字：雁飞时排成"人"字或"一"字形，称为雁字。

②鱼书：藏于鱼腹中的书信。古代以鱼、雁指传书信者。

③吟诗骚客倒骑驴：相传唐朝诗人孟浩然曾倒骑着驴，在风雪中漫游。

居有屋，出无车。乘舟范蠡^①，题柱相如^②。稻花连陇亩，梧叶满阶除。梅弹随风掠过鸟，月钩沉水骇游鱼。醉卧瓮旁，放达情怀毕吏部^③；行吟泽畔，枯憔面色楚三闾^④。

【注释】

①乘舟范蠡：春秋时范蠡辅助越王勾践讨伐吴王夫差，成功后偕西施泛舟五湖归隐。

②题柱相如：汉代司马相如路过长安，在升仙桥上题字："不乘高车驷马，不过此桥。"

③毕吏部：晋朝吏部郎毕卓越曾经偷邻居家酒喝，醉后躺在酒瓮旁。

④楚三闾：楚国三闾大夫屈原怀才不遇，被放逐到汨罗江。

鹰捕兔，鹭窥鱼。林修茂竹，地种嘉蔬。兰风清枕簟，梅竹润琴书。僧舍何人吹短笛，王门有客曳长裾^①。江燕引雏，花外怯风飞复落，山云含雨，天边蔽日卷还舒。

【注释】

①王门有客曳长裾：《汉书·邹阳传》载，西汉吴王刘濞门客邹阳因刘濞谋反而上书谏止，谏词中有"王之门不可曳长裾"之句。

七　虞

金谷景，辋川^①图。十洲三岛，四渎五湖。篆香^②浮宝鼎，漏箭^③响铜壶。老丈灌园亲抱瓮，文君卖酒自当垆^④。豫让报仇，吞炭漆身思灭赵^⑤；越王怀恨，卧薪尝胆欲平吴^⑥。

【注释】

①辋川：水名，即辋谷水，在陕西蓝田县以南。

②篆香：烧香时出现的烟缕，就像篆体字一样。

③漏箭：古时以漏壶计时，漏箭是漏壶的部件，漏箭上刻节文，随水沉浮以计时。

④文君卖酒自当垆：汉朝卓文君与司马相如私奔后，开了一间小酒家，当垆卖酒谋生。

⑤豫让报仇，吞炭漆身思灭赵：豫让是春秋时期晋国智瑶的家臣，颇受尊宠。智瑶被赵襄子所杀后，豫让改名换姓，吞炭漆身，改变声音和容貌，伺机谋刺赵襄子，为主报仇，结果事败自杀。

⑥越王怀恨，卧薪尝胆欲平吴：春秋时，吴王夫差战败越王勾践，勾践为夫差当奴仆，他卧薪尝胆，发愤图强，归国后操练兵马，等时机成熟后终于攻灭了吴国。

云里鹤，日中乌。来宾雁序，傍母鸡雏。夜月琴三弄，春风酒一壶。菊盏带霜盛碎玉，荷盘翻露泻明珠。关外戍臣，两鬓经霜羁①远塞；江干②鱼父，一蓑烟雨钓平湖。

【注释】

①羁：停留在外。

②干：岸边，水边。

云母石，水晶珠。陆绩怀橘①，史丹伏蒲②。儿童骑竹马，旅客忆莼鲈③。一水尽含飞阁动，百花半映古槎枯。庶尹④趋朝，玉笋班⑤中鸣銮佩；群娇绣阁，石榴花下斗樗蒲⑥。

【注释】

①陆绩怀橘：陆绩是三国时博学多识之士，六岁时到袁术家做客。袁术出橘待之，陆绩私取两枚橘子藏在怀中，并说："吾母爱吃橘，归以赠母。"

②史丹伏蒲：西汉元帝刘奭欲废太子，史丹闯入元帝卧室，伏于青蒲之上劝谏。

③旅客忆莼鲈：莼菜与鲈鱼产于江浙，晋代张翰在京都时，见莼鲈而起思乡之情，因此辞官回家，后来诗文中常以此为思乡之典。

④庶尹：百官之长。

⑤玉笋班：唐末称风貌秀异有才华的朝士为玉笋，与其同列的称为玉笋班。

⑥樗蒲：古代的一种博戏。

八　齐

金鲤跃，玉骢嘶，朝阳丹凤，报晓黄鸡。夜月乌忙唤，春风莺乱啼。园中新笋半成竹，路上花落尽点泥。蛮柳①眠低，小弱腰肢遭雨苦；海棠睡起，丰娇体态被春迷。

【注释】
①蛮柳：古时有"杨柳小蛮腰"的说法。小蛮，白居易的家伎，时称"杨柳细腰"。

敲拍板，唱铜鞮①。赋名鹦鹉，诗咏凫鹥②。峡猿啼夜月，巢鸟掠春泥。涸鲋喜得庄周活③，良马欣逢伯乐嘶④。烟锁溪头，平树绿扬浮翡翠；月沉海底，一泓清水映玻璃。

【注释】
①铜鞮：古曲名。
②凫鹥：凫，野鸭。鹥，鸥鸟。
③涸鲋喜得庄周活：车辙有鲋鱼，请求庄子以升斗之水相救，庄子表示决西江之水以救之。
④良马欣逢伯乐嘶：有一匹马驾车上坡，但因年老体弱上不去，见到伯乐后长嘶而哭。

题粉壁，附丹梯。桑麻接壤，桃李成蹊。渔家收暮网，军垒动宵鼙。一呕扬子①归蛙室，三笑渊明过虎溪②。碎梦悠扬，乱逐落花飞上下；闲魂飘泊，直随流水绕东西。

【注释】

①扬子：即扬雄，汉代文学家。

②三笑渊明过虎溪：相传晋代高僧慧远有送客不过虎溪的习惯，有一次，他和陶渊明、陆静修相会，送他们下山，边走边谈，不知不觉中就过了虎溪。虎溪，位于庐山。

九 佳

蒙月魄，裹青鞋。雷轰天地，风扫雾霾。葡萄来汉苑，薏苡生尧阶。含愁班女题纨扇①，行乐王维赴鹿柴②。帝里繁华，巷满莺花添锦路；仙家静寂，云穿虬树锁丹崖。

【注释】

①含愁班女题纨扇：班女，汉代班况的女儿，班彪的姑姑，汉成帝时封为婕妤，后为赵飞燕所谮，退出东宫，作赋自伤。纨扇：细绢制成的团扇。

②行乐王维赴鹿柴：唐朝诗人王维在辋川别墅右唐粱，常与友人行乐其间。柴，通"砦"，栅栏、篱落。

乌犀带，白玉钗。金章璨绶①。布袜芒鞋②。桂花飘户牖，柳影上庭阶。花酒一园供宴乐，云山千里称吟怀。月到天心，远近楼台均照耀；雪堆山顶，高低蹊路尽庄埋。

【注释】

①金章璨绶：以金为印章、以璨玉装饰成的丝带。

②芒鞋：芒草编制的鞋子。

云竹锦，水松牌。茶抽蓓蕾，酒熟茅柴①。莺梭随柳织，雁字叠云排。袖里风光循竹径，襟前雨意罩兰阶。风刮长途，卷起芳尘迷道路；雪融巫峡，添来新水满江淮。

【注释】

①茅柴：指一种薄酒。

十　灰

巡五岳^①，望三台^②。绿橙是叟，红叶为媒。寒深银粟^③起，醉重玉山颓^④。树杪风停声未息，花梢月上影成堆。篱下菊开，陶令^⑤对花时一醉；庭前枣熟，杜陵^⑥上树日千回。

【注释】

①五岳：中岳嵩山、东岳泰山、西岳华山、南岳衡山、北岳恒山。

②三台：三台六星，在人为三公，在天为三台——上台司命、中台司爵、下台司禄。

③银粟：指雪。

④玉山颓：玉山指头，醉倒称为玉山颓。

⑤陶令：陶渊明，东晋著名诗人，曾任彭泽县令。因当时政治腐败，决心辞官归隐，过田园生活。

⑥杜陵：杜甫自称"少陵野老"。

培晚菊，探寒梅。出墙红杏，夹道绿槐。朱陈^①联戚觉，刘阮到天台^②。解冻暖风医病草，及时甘雨润枯荄。蜂采菜花，脚带黄金飞不起；雀争梅蕊，口衔白玉叫难开。

【注释】

①朱陈：原本是村名，据说徐州古丰县有一个朱陈村，只有两姓人家，世世联姻，后多用来代指婚姻一词。

②刘阮到天台：相传东汉时，刘晨、阮肇到天台山采药迷路，遇到两个仙女，被邀至家中，半年后回家，子孙已过七代。

十一　真

吴孟子①，楚春申②。春风态度，秋水精神。窗目笼纱纸，炉头倒葛巾。吴札多情曾挂剑③，张纲有志独埋轮④。公子朝歌，檀板缓催金缕曲；王孙夜饮，丝绦长系玉壶春。

【注释】

①吴孟子：春秋时鲁昭公夫人，吴国人，本为姬姓，因讳同姓通婚，便不称吴孟姬而称吴孟子。

②楚春申：战国时楚国大夫黄歇，他与魏国的信陵君、齐国的孟尝君、赵国的平原君并称为"战国四公子"。

③吴札多情曾挂剑：吴札与徐君是朋友，徐君喜欢吴札的佩剑，由于吴札要出使他国，所以未来得及赠剑。吴札出使回来后得知徐君已经去世，于是他解下佩剑，系在徐君坟头的树上。

④张纲有志独埋轮：东汉张纲，顺帝时为御史，上书反对宦官专权。当时大将军梁冀专权，张纲被委派出巡，到近郊洛阳都亭，他将车轮卸掉埋在地下，愤然宣称："豺狼当道，安问狐狸。"归来后不顾个人安危，上书历数当朝梁冀等人罪状，京城为之震动。

金孔雀，玉麒麟。螽蛄噪晚，鹈鹕①鸣春。壁蚤惊怨妇，村犬吠行人。渔唱悠悠清水澈，樵歌杳杳碧苔新。秋色萧条，万树凋零山瘦削；春情淡荡，百花妆点草精神。

【注释】

①鹈鹕：杜鹃鸟。

将军帽，进士巾。孔门十哲①，殷室三人②。读书探圣道，嗜酒露天真。戏水游鱼蒙过客，隔花啼鸟唤行人。落地杨花，乱逐东风随马足；掀天桃浪，缓乘春雨化龙麟。

【注释】

①孔门十哲：后世将孔子的弟子：颜渊、闵子骞、冉伯牛、仲弓、宰我、子贡、冉有、季路、子游、子夏列侍于孔庙内，称十哲。

②殷室三人：殷商三臣微子、箕子、比干被孔子称为殷室三仁人。

十二　文

茶已熟，酒初醮。西堂梦草，南涧采芹。烂霞成五色，瑞雪积三分。子美诗成能泣鬼①，相如赋就自超群②。贪醉青莲，采石矶头捞皓月③；思亲仁杰，太行山顶望孤云④。

【注释】

①子美诗成能泣鬼：杜甫字子美，他有"笔落惊风雨，诗成泣鬼神"的诗句。

②相如赋就自超群：汉代司马相如文采出众，他的《子虚赋》《上林赋》代表了汉代大赋创作的最高水准。

③"贪醉青莲"二句：李白，号青莲居士，相传他在酒醉之后，在长江的采石矶捞月，落水而亡。

④"思亲仁杰"二句：唐代狄仁杰在并州做官，思念父母，每次登临太行山，看到飞云，思乡之情就油然而生。

徐孺子①，信陵君②，文章太守，韬略将军，踏山寻妙药，锄地种香芸。灯尽不挑垂暗芯，炉灰重梭尚余薰。金殿昼长，隐隐漏壶花外转；锦江夜静，悠悠渔笛月中闻。

【注释】

①徐孺子：徐稚，字孺子，我国东汉时期著名的高士贤人，经学家，世人称"南州高士"。

②信陵君：魏无忌，战国时期魏国著名的军事家。

巫峡月，楚岫云。灯光灿烂，酒气氤氲①。蜂趋红杏蕊，鹤踏碧苔纹。清露临晨凉似洗，火云当午热如焚。情重志坚，鸳阁腐衣韩烈妇[2]；才高兴发，龙山落帽孟参军[3]。

【注释】

①氤氲：气体弥漫或光色混合动荡的样子。

②韩烈妇：典出《新增幼学故事琼林·新增女子》："唐朝女子韩玖英遇贼，恐被玷污，跳粪坑，饮粪汤，获免。"

③孟参军：晋朝孟嘉为桓温参军，一次游龙山，有风吹落他的帽子，孙盛作文嘲笑，他即时作答，四座皆服。

十三　元

桃叶渡，杏花村。衔芦征雁，接箭老猿。晓径牛羊践，晴檐燕雀暄。水獭祭鱼知报本[1]，山乌哺母不忘恩[2]。曳杖高人，园菊径边寻故旧；荷锄野老，海棠花下戏儿孙。

【注释】

①水獭祭鱼知报本：民间认为水獭是一种知恩的动物，每年正月都要举行仪式，来祭祀被它们吃掉的鱼。

②山乌哺母不忘恩：民间认为乌鸦是一种知恩的鸟类，小乌鸦长大以后，回来养育自己的双亲。

碧鸡庙，金马门。金杯玉斗，龙勺牺樽。庆云拖玉殿，甘露滴铜盆。闭户袁安甘卧雪[1]，下帷董子不窥园[2]。廉范临民，慈惠群歌来何暮[3]；于公治狱，清勤共羡死无冤[4]。

【注释】

①闭户袁安甘卧雪：东汉时有一年冬天，大雪纷飞，积雪深厚，洛阳令到州里巡视灾情。只见家家户户都扫雪开路，出门谋食。来到袁安家门口时发现门已被大雪封住，洛阳令以为袁安已经冻死，凿冰除雪，破门而入后，见到袁安正病卧在床，奄奄一息。洛阳令问他为什么不出门乞食，袁安答

道："大雪天人人皆又饿又冻，我不应该再去干扰别人！"

②下帷董子不窥园：董子即西汉学者董仲舒，他年少读书刻苦，他的书房紧靠着姹（chà）紫嫣（yān）红的花园，但他没有进去过一次。后来他被征为博士，公开聚众讲学，弟子遍布四方。

③廉范临民，慈惠群歌来何暮：廉范，字叔度，东汉人，任蜀郡太守时，革除禁止百姓夜晚点灯的前令，百姓作歌"廉叔度，来何暮，不焚火，民安作"以称颂。

④于公治狱，清勤共美死无冤：于公是西汉东海狱吏，曾说服新上任的太守祭扫一冤死的妇人墓，世人称赞他治狱有德。

鸦聚阵，鹢飞骞。画龙破壁[①]，爱鹤乘轩[②]。疏泉流地脉，移石动云根。芍药歌红翻古砌，薜萝行绿上颓垣。秋冷吴江，青枫叶落飘前渚；日斜彭泽，白蓼花飞过远村。

【注释】

①画龙破壁：传说张僧繇在安乐寺画龙，点睛后雷电破壁，龙腾飞而去。

②爱鹤乘轩：春秋时卫懿公好鹤，鹤乘轩。春秋时只有大夫才能乘轩。

十四　寒

蒲葵扇，竹箨冠。旌旗闪闪，环佩珊珊。烟花潘岳县[①]，夜月严陵滩[②]。衣袂障风金缕细，剑锋横雪玉鞘寒。柳絮因风，数点频黏银伐阅；梨花带雨，一枝斜倚玉栏杆。

【注释】

①烟花潘岳县：晋潘岳在任河阳令时，激励百姓广种桃花，后来人们把这个县称为"烟花县"。

②夜月严陵滩：东汉隐士严子陵隐居在富春山，后人把他所住的地方称作"严陵滩"。

烧兽炭，烹龙团。孟宗哭竹[①]，燕姞梦兰[②]。松枯遭雨苦，花瘦怕风寒。辨礼阅公辞昌歜③，呈威介子斩楼兰④。纵侈王孙，长向花前酺美酒；避嫌君子，不从李下整危冠。

【注释】

①孟宗哭竹：三国时吴国里有个孝子叫孟宗。少年时丧父，母亲年老病重，很想吃鲜笋煮羹。适值严冬，没有鲜笋，孟宗无计可施，只好独自跑到竹林里，抱着竹子哭泣。也许是他的孝心感动了天地，他忽然听到地裂的声音，只见地上露出几茎嫩笋。孟宗大喜，采回去做笋羹给母亲吃，母亲喝了后果然病愈。

②燕姞梦兰：传说春秋时郑文公之妾燕姞某天夜里梦到有人以兰花相赠，后来生下郑穆公。

③辨礼阅公辞昌歜：鲁僖公三十年，周朝天子派周公阅至鲁国，鲁僖公以昌歜等食物宴请他，周公阅推辞说："这是招待有功德行功业之君王的礼节。"昌歜，用蒲根切制成的腌菜。

④呈威介子斩楼兰：西汉昭帝元凤四年，傅介子奉命以赏赐为名，携带黄金锦绣至楼兰，于宴席中斩杀楼兰王，另立在汉楼兰质子为王。以功封义阳侯。楼兰，汉西域诸国。

挥玉勒，跨金鞍。范增撞斗①，贡禹弹冠。琴弦弹别鹤，镜匣掩孤鸾。冰泮楚江舟举易，尘蒙蜀道客行难。大地阳回，淑气催梅传信息；长天昼永，好风敲竹报平安。

【注释】

①范增撞斗：范增是项羽的谋士，被尊为亚父，鸿门宴上劝项羽杀刘邦未遂，事后愤而将刘邦所赠的一双玉斗摔碎。

十五 删

山叠叠，水潺潺。珠还合浦①，玉出昆山。明星千点灿，新月一钩弯。夜饮主宾联蝉座，早朝文武列鸳班。杵臼程婴，义立孤儿存赵祚②；沛公项羽，计谋孺子夺秦关。

【注释】

①珠还合浦：东汉时期，合浦郡盛产珍珠，闻名海外，百姓以采珠为生，贪官污吏趁机盘剥，使得珠民大肆捕捞，珠蚌产量越来越低，饿死不少人。汉顺帝刘保派孟尝当合浦太守，他革除弊端，不准滥捕。不到一年，合浦又盛产珍珠了。

②杵臼程婴，义立孤儿存赵祚：春秋时期，晋国贵族赵氏被奸臣屠岸贾陷害而惨遭灭门，在晋国义士程婴与公孙杵臼的旨领。

蛇报主，雀衔环。虎头燕颔，鹤发龙颜。水流分燕尾，山秀拥螺鬟。梁帝讲经同泰寺①，严光垂钓富春山。反哺慈乌，夜月枝头啼哑哑；迁乔好鸟，春风花底语关关。

【注释】

①梁帝讲经同泰寺：梁武帝信仰佛教，常常和诸位高僧在同泰寺讲经。

铜壶阁，玉门关。闹中取静，忙里偷闲。一川巫峡水，九曲武夷山。端石砚生鸲鹆眼①，博山炉起鹧鸪斑②。避世道人，饮露餐霞消俗态；倾城美女，凝脂抹粉出娇颜。

【注释】

①端石砚生鸲鹆眼：广东德庆县端溪产石，制成砚台称端砚，其中有些石上有鸲鹆（八哥）眼花纹。

②博山炉起鹧鸪斑：山东博山所产香炉叫博山炉，上面常常有鹧鸪形花纹。

卷下

一　先

清冷节，艳阳天。樽前歌舞，花里管弦。高松栖瑞鹤，病柳咽寒蝉。处处播秧梅坞①雨，家家缫蚕竹篱烟。秋色方升，汜水风霜悲唳鹤②；春风欲暮，蜀山花木怨啼鹃。

【注释】

①梅坞：种有梅花的土障。

②悲唳鹤：十六国时期前秦皇帝符（fú）坚在淝水之战中大败，溃兵一路上听到呼呼的风声和鹤的鸣叫声，都以为晋军又追来了。

红杏雨，绿杨烟。庭花一梦，禁柳三眠。砚冷冰团结，帘疏月影穿。隐士不荒三径菊[1]，美人常采一溪莲。鏖战将军，一道甲光衔雪亮；凯歌士卒，千群马色截云鲜。

【注释】

①隐士不荒三径菊：出自陶渊明《桃花源记》："三径就荒，松菊犹存。"

君臣药，子母钱。刻符[1]制鬼，铸鼎升仙。烛奴燃豹髓，剑客舞龙泉。竹笋双生稚犊角，蕨芽实出小儿拳。枕上怀人，梦断还思倾国色；庭前饯客，酒阑更赠绕朝鞭。

【注释】

①刻符：秦书八体之一。刻于符节上的文字。

二　萧

红芍药，绿芭蕉。杏花冉冉，枫叶萧萧。云开山见面，雪化竹伸腰。武士战争披铁甲，美人歌舞堕金翘。怀古不忘，岂在汤盘并周鼎[1]；读书最乐，何分曾瑟与颜瓢[2]。

【注释】

①汤盘并周鼎：汤盘指商汤的浴盘，上面列有"苟日新，日日新，又日新"。周鼎指周朝传国的九鼎。

②曾瑟与颜瓢：曾瑟是指孔子学生曾子弹的瑟。曾子曾停下弹瑟，回答孔子的提问。颜瓢是指孔子的学生颜回吃饭用的瓢，孔子曾称赞他"一瓢饮"而甘于读书。

裁兽锦，剪鲛绡^①。耕云野老，卧雪山寮。珠帘昼半卷，银烛夜高烧。驰骤乌骓能致远，缗蛮黄鸟识迁乔。学士参禅，座内合当留玉带^②；谪仙爱饮，樽前不惜解金貂^③。

【注释】

①鲛绡：手帕，手绢。

②"学士参禅"二句：宋苏轼喜好，经常去参禅。

③"谪仙爱饮"二句：李白写有"五花马，千金裘，呼儿将出换美酒"的诗句。

乘五马^①，贯双雕。闲看妓舞，细听童谣。庄龟山刻节，渡蚁竹编桥。穿花白蝶双飞急，藏叶黄鹂百啭娇。日丽苑林，点点梅妆宋主额^②；风扬宫院，纤纤柳舞楚娥腰。

【注释】

①乘五马：汉代制度太守车乘配驷马，加秩二千石乘五马，后来五马成为太守的代称。

②梅妆宋主额：传说南朝宋武帝的女儿寿阳公主曾卧于含章殿下，殿前的梅花被微风一吹，一朵梅花落于公主额上，自后便有梅花妆一说。

三　肴

闲博弈，喜诙嘲。太公渭水^①，伊尹莘郊^②。葵开握血染，笋出虎皮包。阶下苔生遮蚁穴，溪边柳发蔽莺巢。才子嬉游，顿觉花香随马足；玉人歌舞，不知月影转花梢。

【注释】

①太公渭水：姜太公在被周文王征用之前，曾垂钓于渭水之滨。

②伊尹莘郊：商汤的辅臣伊尹在被任用之前，曾耕耘于莘国郊野。

飞羽檄^①，续鸾胶^②。林留宿鸟，渊发潜蛟。寻芳来曲往，拾翠到平郊。唱彻不将诗板击，醉来还把酒壶敲。春暖泥融，燕语风光浮草际；夜清云散，鹃啼月色映花梢。

【注释】
①飞羽檄：羽书，以鸟羽插书信，称书檄，形容急速。
②鸾胶：传说海上有凤麟（帆）洲，多仙人，以凤喙（huì）麟角混合煎熬成胶，称为续鸾胶。此种胶黏性很强，可以用来粘合弓弩和断弦。

挑野菜，荐山肴①。筑台垒上，结屋诛茅。鹤随鸡共立，鸠与鹊争巢。运际君臣鱼得水，交深朋友漆投胶。攻苦书郎，不敢光阴容易掷；耐勤绣女，漫将春色等闲抛。

【注释】
①山肴：指山中的野菜。

四　豪

偿酒债，纵诗豪。烹茶啜菽①，枕曲籍糟。篱芳红木槿，架袅紫葡萄。远障雨余岚气重，半天云净月轮高。蛩入残秋，昼阁相偕吹蚓笛；鸡鸣半夜，函关曾度窃狐袍②。

【注释】
①菽：豆类的总称。
②鸡鸣半夜，函关曾度窃狐袍：战国时，齐国孟尝君被秦王所拘。孟尝君的门客盗来价值千金的狐白裘献给秦王的宠姬，说服秦王放孟尝君回国。但秦王很快后悔，派人追赶，此时孟尝君一行已到了函谷关，按当时的规定，鸡叫后才能开关放行，门客中有擅长模仿鸡叫之人，他一叫引得群鸡啼鸣，于是孟尝君得以出关逃走。

春鸟唱，晚蝉嘈，傍帘飞雀，升木教猱。尘氛站马足，风力鼓鸿毛。上表陈情传李密①，投诗免役说任涛。螺髻青浓，野外晚山垂万仞；鸭头^②绿腻，溪中春水长三篙。

【注释】

①上表陈情传李密：李密为西晋初的官员，父死母嫁，与祖母刘氏相依为命。武帝司马炎征李密为太子洗马，李密遂上《陈情表》固辞，武帝准其请。

②鸭头：碧波。

乘宝马，掣金鳌。九宫八卦^①，三略六韬。笼鹅王逸少，相马九方皋。窗下援琴弹古调，樽前剪烛读离骚。罢官情闲，陶氏门前栽五柳；除士计妙，齐公庭内赐双桃。

【注释】

①九宫八卦：九宫是将天宫以井字划分乾（qián）宫、坎（kǎn）宫、艮（gèn）宫、震宫、中宫、巽（xùn）宫、离宫、坤兽、苦九个等份。八卦是我国古代一套有象征意义的符号。用"–"代表阳，用"——"代表阴，用三个这样的符号，组成八种形式就叫作八卦。

五　歌

雷霹雾，雨滂沱。穿苔竹笋，缠树藤萝。两山排翠闼^①，一水带青罗^②。蛛网挂檐惊过雀，萤灯照户误飞蛾。雨过池塘，到处青蛙鸣碧草；晴看陂泽^③，有时白鸟浴红荷。

【注释】

①两山排翠闼（tà）：出自王安石的诗句"两山排闼送青来"。闼，门。

②一水带青罗：出自韩愈的诗句"水似青罗带，山如碧玉簪"。

③陂：指池塘。

歌婉转，语婆娑。乾坤转毂^①，日月飞梭。村童携草笠，溪叟晒渔蓑。须贾赠袍怜范叔^②，相如引驾避廉颇^③。野寺日高，无事老僧眠正稳；池亭月上，遣怀骚客咏偏多。

【注释】

①转毂：车轮转动，比喻迅速。毂，轮中空以穿轴之处为毂。

②须贾赠袍怜范叔：战巨范雎（范叔）事魏中大须贾，须贾毁谤使鞭挞之。后范雎逃至秦国，更名改姓，仕秦为相，后须贾出使秦国，范雎褴褛入见，须贾怜之，赠以绨袍，才知范雎为秦相。

③相如引驾避廉颇：战国时赵国大臣蔺相如因功拜为上卿，位在廉颇上，廉颇自以为功高，想在众人面前羞辱他，相如每出相遇则驱车避之，并说："秦之所以不敢攻打赵国，是因为赵国有我与廉将军同心辅君。"

裁细葛，剪香罗。闲中啸傲，醉里吟哦。野云归晚岫，江月滚秋波。山岭云横装凤髻，沙堤雨滴露蜂窝。樵子采鲜，树拥松麟如欲活；渔郎照影，江浮菱镜不须磨①。

【注释】

①江浮菱镜：江水在日光的照射下闪着金光，就像镜子一样。

六 麻

梁上燕，井中蛙①。守株待兔②，打草惊蛇③。断猿号绝壑，归雁落平沙④。檐前蛛网开三面，户外蜂房列两衙。夹道古槐，乘放午阴遮客路；穿篱新笋，乱分春意撩人家。

【注释】

①井中蛙：古代寓言故事，井底的蛙只能看到井口那么大的一块天。

②守株待兔：宋国有个农民，他的田地中有一截树桩。一天，一只跑得飞快的野兔撞在了树桩上，扭断了脖子死了。于是，农民放下他的农具守在树桩旁边，希望能再得只兔子。原比喻希望不经过努力而得到成功的侥（jiǎo）幸心理。现在也可以用来比喻死守狭隘（ài）经验，不知变通。

③打草惊蛇：惊，惊动。打在草上却惊动了蛇。原比喻惩治甲以警告

乙。后多比喻做事不谨慎，反使对方有所戒备。

④平沙：广袤（mào）的沙原。

茶绽蕊，草萌芽，傍花随柳，沉李浮瓜。山人牧芋栗，野老种桑麻。舴艋渔郎歌欸乃[1]，秋千绣女笑喧哗。春去如何，已见飞残堤柳絮；夜来多少，不知开遍海棠花。

【注释】

①舴艋：指船。欸乃：哀叹声。

黏角黍，饭胡麻。披风戴月，饮露餐霞。时酌新丰酒[1]，初尝阳美茶[2]。珠履三千光错落[3]，金钗十二影欹斜[4]。诸葛行军，落落轮前挥羽扇；昭君出塞[5]，忽忽马上拨琵琶。

【注释】

①新丰：地名，故城在今陕西临潼东北，古代以酿造酒闻名。

②阳美：地名，故城在今江苏省宜兴南，自古以产茶闻名。

③珠履三千光错落：春申君有三千门客，其上客都穿珠缀的鞋。

④金钗十二影欹斜：唐牛僧孺姬妾颇多，白居易曾以金钗十二行称之。

⑤昭君出塞：公元前33年，匈奴呼韩邪单于入朝求亲，王昭君自请嫁匈奴，入匈奴后，称宁胡阏氏。

七 阳

黄金殿，白玉堂。朱楼秀阁，画栋雕梁[1]。玉琴横净几，珍簟展方床。梅碧正迎江岸雨，橘黄颊借洞庭霜。割麦山人，紧束黄云青满担，插秧野老，细分春雨绿成行。

【注释】

①画栋雕梁：指有彩绘装饰的十分华丽的房屋。

开祖帐，踞胡床①。弹丝品竹，劝酒称觥。樵歌来绿野，渔笛起沧浪。唤雨斑鸠喉舌冷，宿花蛱蝶②梦魂香。天诏初传，仙女锦衣持虎节，大兵未出，将军绣袄压龙骧。

【注释】
①胡床：能够折叠的轻便床。
②蛱蝶：蝴蝶。

麟应瑞，凤呈祥。蝠争昼夜，燕渺炎凉。夜月梧桐院，春风桃李墙。淼淼溪流分燕尾，迢迢山路绕羊肠。唐穆性贪，库内青钱化作蝶①，初平术妙，山中白石变成羊②。

【注释】
①唐穆性贪，库内青钱化作蝶：唐穆宗时，有一日忽然有数万只黄白蛱蝶在宫中飞舞，张网捕捉，原来是库中青钱所化。
②初平术妙，山中白石变成羊：黄初平放羊时，被一道士引入金华山学道，后来他的哥哥找到他，问羊在什么地方，他呵斥周围的白石，那些石头立刻都变成了羊。

八 庚

霞散绮①，雪飞琼。虹消雨霁，斗②转星横。月移花改影，风动竹生声。岭外云霞花下月，湖边烟雨柳梢晴。肠谷日华，仪凤羽毛新灿烂，洞庭浪暖，化龙头角独峥嵘。

【注释】
①绮：绚丽多彩。
②斗：星名，为二十八宿之一。

占凤偶，结鸥盟。开笼放鹤，跨海斩鲸。刘伶成酒癖①，李白擅才名。月明何处衣砧响，风细谁家玉笛横。援笔祢衡，江夏裁成鹦鹉赋②，吹箫弄玉，笛楼巧作凤凰声③。

【注释】

①刘伶成酒癖：西晋名士刘伶，性嗜酒，作《酒德颂》。

②援笔祢衡，江夏裁成鹦鹉赋：东汉辞赋家祢衡，少有才辩，性情刚傲，曾当众辱骂曹操，著有《鹦鹉赋》。

③吹箫弄玉，笛楼巧作凤凰声：春秋时秦穆公之女弄玉嫁萧史。相传弄玉吹箫，其声悠扬，便有凤凰至。

炊麦饭，忆莼羹。搜肠茗叶，适口香粳。啼鸟惊春梦，鸣鸡促晓行。孟尝门下三千客①，小范胸中百万兵②。韦固良缘，旅舍殷勤逢月老③，裴航佳偶，蓝桥邂逅遇云英④。

【注释】

①孟尝门下三千客：战国时齐孟尝君，广招人才，门客有三千之多。

②小范胸中百万兵：小范指范仲淹，北宋著名的政治家、思想家、军事家和文学家，具有非凡的军事才能。

③韦固良缘，旅舍殷勤逢月老：唐朝时有个名叫韦固的人，他到宋城去旅行，住宿在南店里。一天晚上，韦固走出南店，看到月下有一个老人靠着一个布袋，坐在阶梯上，借着月色看书。韦固好奇地问老人看的是什么书。老人告诉他，此书记载着天下男女的姻缘，布袋里的红绳，是用来系住有缘男女的脚，将来他们会结成夫妻。

④裴航佳偶，蓝桥邂逅遇云英：相传唐朝时有个秀才名叫裴航，当他有一天途经蓝桥驿时，遇见一个织麻的老妇，老妇让孙女云英给他倒了一杯水。裴航看到美丽温柔的云英，便想娶她为妻。

九 青

宣紫诏，拜黄庭。兔飞北阙，鸿抟南溟^①。蟠桃千岁熟，丹桂九秋馨，曳杖寻僧来古寺，提壶饯客到长亭。水面游鱼，冲散浮萍千点绿，岗头过马，踏开芳草一痕青。

【注释】
①南溟：南海。

观稷稼，验尧蓂。庄周梦蝶^①，车胤囊萤。水浪风翻白，山藓雨掠青。汉水雨余龟曳尾，华山月冷鹤梳翎。鲁阳倒戈^②，薄暮指回三舍日；渔父泛棹，清霄摇动一湖星。

【注释】
①庄周梦蝶：庄子曾梦到自己变成一只蝴蝶。
②鲁阳倒戈：相传春秋时鲁阳倒转戈头，让太阳不落山。

千顷稻，一池萍。露冻石乳，风撞花铃。山随帆影转，水被石矶^①停。云迷石洞花眉碧，日晒金城柳眼青。唤友黄鹂，声逐暖风飘院落；失群乌雁，影随寒月下江汀^②。

【注释】
①石矶：水边突出的石头。
②江汀：指江边平地，也可指江中小洲。

十 蒸

霜凛冽，日炎蒸。金乌^①西坠，玉兔^②东升。潭清潦水尽，山紫碎花凝。林泉偶座堪留客，竹院相逢却话僧。苏轼神驰，祛彀^③附床投黠鼠；王思心急，停毫拔剑追飞蝇。

【注释】

①金乌：指太阳，传说日中有三足之乌。

②玉兔：指月亮，传说月中有白兔。

③祛橐：举起口袋。

裁蜀锦，织吴绫。儒传一贯①，释悟三乘②。月殿凌空入，云梯逐步登。鹏达云程天万里，龙翻禹穴浪千层。鹓列鹭班，袅袅仙台朝玉辇，龙蟠虎踞，巍巍帝阙起金陵。

【注释】

①儒传一贯：孔子有"我道一以贯之"之语。

②三乘：佛教把车乘比喻佛法，依据接受程度不同分成声闻乘、缘觉乘和菩萨乘。

酤酒帜，读书灯。菖蒲①九节，莪术②三棱。烦蒸如坐甑，极冷似怀冰。西堂梦草谢灵运③，远地思莼张季鹰④。山妇供厨，旋斫生柴炊野菜；舟翁泛艇，轻摇画桨采河菱。

【注释】

①菖蒲：草名，生于水边，有香气，根可做药。

②莪术：草名，茎可做菜。

③西堂梦草谢灵运：南朝宋著名诗人谢灵运曾在永嘉西堂做诗，终不能成，忽然梦见族弟惠连，而得"池塘生春草"之句。

④远地思莼张季鹰：张季鹰即晋代张翰，他在京都做官时，见到莼菜而勾起思乡之情，毅然辞官回家。

十一　尤

凌烟阁，得月楼。筑台拜将，投笔封侯。碧苔生陋巷，红叶出御沟[①]。天际虹梁和雨霁，江边渔网带烟收。唱晓灵鸡，两翅拍斜茅店月；排云孤鹤，一声泪落海天秋。

【注释】

①红叶出御沟：唐僖宗时，宫女韩翠苹题诗于红叶上，放入御沟，为士人于祐拾得，于祐也题一叶，同样放入御沟内，又为韩翠苹拾得，后来二人结为夫妻。御，插在河流里拦捕鱼蟹的竹栅或苇栅。

青兜[①]铠，白狐裘。焚琴煮鹤，卖剑买牛[②]。疾风吹雨脚，新月挂云头。月落洲留沙上雁，云飞水宿浪中鸥。庠序间人，茗碗香炉对古史，江湖散客，笔床茶灶载扁舟。

【注释】

①兜：指头盔。

②卖剑买牛：汉代渤海地区盗匪猖獗，龚遂担任渤海太守后，激励农民卖剑买牛，致力于耕种。

鸳鸯浦，鹦鹉洲。天寒鸦聚，水暖鱼游。张良诚事汉[①]，王粲原依刘[②]。对雪佳人吹凤管，御寒公子拥狐裘。春宴嘉宾，雅酌琼浆宽酒量；夜吟骚客，闲收花露润诗喉。

【注释】

①张良诚事汉：张良为刘邦重要谋士，辅助刘邦灭项羽，封留侯。

②王粲原依刘：王粲是东汉末年文学家，曾依附刘表，未被重用，后投奔曹操。

十二 侵

青萍剑，绿绮琴。书天木笔，刺水秧针。卞和三献玉[①]，杨震四知金[②]。墙内杏花红出色，门前桑柘绿成荫。元亮归来[③]，新竹旧松多逸趣；子期去后，高山流水少知音。

①卞和三献玉：春秋时楚国人卞和在荆山得到一块璞玉，前去献给厉王，但是厉王认为他是欺诈，砍掉了他的左脚。到了武王即位，卞和又去献璞玉，但是武王依然不相信他，又砍了他的右脚。后来文王即位了，卞和抱着这块璞玉在荆山下哭，文王听说了这件事。于是命匠人雕琢玉璞，里面居然是一块绝世的美玉。

②杨震四知金：杨震是东汉大臣，任荆州刺史时，有人夜间献金，并称无人知道。杨震以"天知、地知、你知、我知"而拒绝。

③元亮归来：元亮即陶渊明，曾任彭泽令，因不为五斗米折腰，毅然解印去职，归隐田园。

松郁郁，竹森森。孤峰绝壑，远水遥岑。桓伊三弄笛①，虞舜五弦琴②。淑气渐催莺出谷，夕阳忙促鸟投林。武将承恩，面带霜威辞凤阙；使臣奉诏，口传天语到鸡林。

【注释】

①桓伊：东晋桓伊擅长吹笛。

②五弦琴：相传虞舜曾制作出五弦琴。

回俗驾，涤尘襟。鱼穿荷影，雉伏桑阴。月寒花溅泪，风冽鸟惊心。咏絮才姬①挥妙笔，寄衣戍妇捣寒砧。雍伯成婿，一函尽献圆中璧②，秋胡戏妇，两袖轻携桑下金③。

【注释】

①咏絮才姬：东晋才女谢道韫将下雪比喻为柳絮飞舞。

②雍伯成婿，一函尽献圆中璧：传说有人送杨雍伯一包菜籽，说种下后可得宝玉美妻。后来果然得到宝玉五双，娶美妻徐氏。

③秋胡戏妇，两袖轻携桑下金：相传鲁国人秋胡，才娶妻三个月便外出做官。三年后回家路上，见到采桑的美丽少妇，于是拿出金银相赠，意图调戏她，后来才发现少妇竟是自己的妻子。

十三 覃

锄嫩笋，切香柑。阳奇阴偶，朝四暮三[①]。冬冰铺冷沼，秋月浸寒潭。雁逐夕阳投塞北，鸿拖秋色下江南。海水将潮，花底黄蜂衙已罢；山云欲雨，阶前白蚁战方酣。

【注释】
①朝四暮三：《庄子·齐物论》记载，有人拿橡实喂猴，早晨三个黄昏四个，猴子恼怒。于是改为早晨四个黄昏三个，猴子非常开心。

听蜀鸟，养吴蚕。谢安高卧[①]，王衍清谈[②]。春暖群芳丽，秋清万象涵。庞德谢安来陇上[③]，曹彬示病下江南[④]。风起寒江，密雪乱堆渔父笠；月斜古路，闲云深护老僧庵。

【注释】
①谢安高卧：谢安是东晋大臣，少时便有名望，屡辞朝廷征召，高卧东山，年逾四十才出仕，孝武帝时官至宰相。
②王衍清谈：王衍是西晋大臣，喜谈老庄玄言，常执玉柄尘蔓尾清谈虚无。
③庞德遗安来陇上：庞德，汉末时期襄阳人，有名于时，居岘山之南，未曾入城府。
④曹彬示病下江南：曹彬是北宋初大将，宋太祖伐江南时，派他率领行营之师。

花侍女，草宜男。龙车凤辇，鹤驾鸾骖[①]。风筛淇澳竹，霜熟洞庭柑。苑上王孙游未返，花前公子醉方酣。野店行人，霜高睡短鸡偏促；穷途过客，雪滑泥长马不堪。

【注释】
①龙车凤辇，鹤驾鸾骖：指帝王的车驾。

十四　盐

风料峭，雨廉纤。夜愁种种，春思厌厌。水痕霜后没，山色雨中添。姑去尽留云母①粉，客来只醉水晶盐。月转书楼，莲漏数声催晓箭，风生绣阁，檀香一缕透香帘。

【注释】

①云母：一种矿石，能够入药。

蜗篆壁，雀驯檐。一端绵绮，三尺素缣①。骄阳红烁石，密雪白堆盐。清霜冷透鸳鸯瓦，落月斜穿翡翠帘，舞剑孙娘②，珮声袅袅知腰软；辨琴蔡女③，弦韵悠悠觉指纤。

【注释】

①素缣：白色的绢帛。

②舞剑孙娘：公孙大娘。唐朝开元年间，玄宗设教坊于宫廷，公孙大娘为其中著名舞伎，以舞《剑器》而闻名于世。她在继承传统剑舞的基础上，创造了多种《剑器》舞，如《西河剑器》《剑器浑脱》等。

③辨琴蔡女：蔡女即蔡文姬，东汉末女诗人，擅长辨析音律。

摇画扇，卷珠帘。九重蜡炬，万轴①牙签。落花狂蝶绕，飞絮游蜂黏。看经老子头斜秃，刺绣佳人指露肩。秋老风寒，乱飘红叶满山路；夜深雪急，故伴绿梅穿户檐。

【注释】

①轴：量词。这里表示牙签数量。

十五 咸

红罗帐，黑石函。琴横徽轸①，乐奏英咸②。花香蜂竞采，泥暖燕争衔。塞上寒霜迟寄袄，江头斜日促归帆。陇上梅开，寄赠故人犹可折；阶前草长，丁宁童子不须芟③。

【注释】
①徽轸：徽即琴徽，系弦的绳子，又指琴面上指示音节的标志，轸是弦乐器上转动弦线的轴。
②英咸：优异杰出为英，祥和为咸。
③芟：割。

飘舞袖，脱征衫。风清月白，河淡海咸。断碑凝土蚀，古镜被尘缄。凛凛清霜寒橘柚，濛濛细雨暗松杉。供韭林宗，夜向灯前冒雨翦①；思莼张翰，归来江上挂风帆。

【注释】
①供韭林宗，夜向灯前冒雨翦：指东汉郭林宗，一日雨夜，友人来访，他冒雨到自家种的韭圃中剪韭菜做饼以招待朋友。翦，通"剪"。

樊迟圃①，傅说岩②。一川花柳，千里松杉。云峰形突兀，石壁势岩巉。野店黄鸡声喔喔，屋梁紫燕语喃喃。炉上酒香，对月几回频举盏；案前书，满临风一笑却开缄。

【注释】
①樊迟圃：樊迟是孔子的学生，曾问孔子学圃（种菜）之事，孔子因此斥责他。
②傅说岩：商王武丁之相傅说被任用前曾在傅岩为奴筑墙。

格言联璧

【题解】

《格言联璧》是我国清代金缨先生的心血结晶，这本书凝结了古代圣人先贤的聪明才智和高尚人格。该书发行后，民间有异本流布，"惜坊本刊草率，讹压滋多，附刻喧宾夺主，传本各异"。潮阳郭辅庭有感于此，选取最初校订的《格言联璧》来"就正通人，复加雠勘，端楷书写，重付精刊"。

《格言联璧》全书以类编次，计有"学问""从政""摄生（附）""存养""持躬""处事""接物""敦品""惠言""齐家""悖凶"等十一类，内容丰富多彩且层次分明，可以说是一部包罗万象的格言宝库。这些格言启迪人们求真、向善、趋美，是古人智慧品德的结晶。在形式上，绝大多数格言形成工整的对偶句，结构整齐，易诵易记，读来朗朗上口。语言准确朴实，极少用典，可谓雅俗共赏，令人受益无穷，玩味不尽。

一、学问类

古今来许多世家，无非积德；
天地间第一人品，还是读书。

【译文】

自古以来许多有名望的世家，都是靠积德；要想具备高尚的人品，只有读书。

读书即未成名，究竟人高品雅；

修德不期获报，自然梦稳心安。

【译文】

读书即使未能成名，毕竟使人地位高贵、品德清雅；修养德行不期望回报，自然心安理得。

为善最乐，读书更佳。

【译文】

做好事最为快乐，读好书更加美好。

诸君到此何为？岂徒学问文章，
擅一艺微长，便算读书种子？
在我所求亦恕，不过子臣弟友，
尽五伦本分，共成名教中人。

【译文】

各位到这里来做什么？难道只是为了做学问、写文章，专攻一技之长，便算是读书的种子？在我看来，所要求的是"恕"，不过是竭尽父子、君臣、夫妇、长幼、朋友五种人伦的本分，共同成为名流社会中的人。

聪明用于正路，愈聪明愈好，
而文学功名，益成其美；
聪明用于邪路，愈聪明愈谬，
而文学功名，适济其奸。

【译文】

人的聪明如果用于正途，越聪明越好，学问功名更能增加他的长处；人的聪明如果用于邪路，则越聪明越显荒谬，学问功名反而助长他的奸猾。

战虽有阵，而勇为本。

丧虽有礼，而哀为本。
士虽有学，而行为本。

【译文】
作战虽然有阵法，但以勇敢为根本。丧事虽然有礼法，但以哀戚为根本。文人虽然有学问，但以品行为根本。

飘风不可以调宫商，巧妇不可以主中馈，
词章之士不可以治国家。

【译文】
旋风不可以用来调节韵律，巧媳妇不可以用来操持家务，只会写文章的人不可以用来治理国家。

经济出自学问，经济方有本源。
心性见之事功，心性方为圆满。
舍事功更无学问，求性道不外文章。

【译文】
来自学问的经世济民，经济才有根源。见于心性的事功，心性才算圆满。舍弃事功便没有学问，追求心性之道不外在于文章。

何谓至行，曰庸行。
何谓大人，曰小心。
何以上达，曰下学。
何以远到，曰近思。

【译文】
什么是至高无上的品行，即平常的修养。什么是德行高尚的人，即恭谨遵守道德规范的人。如何能上达，即努力学习。如何能远到，即只有近思。

竭忠尽孝，谓之人。

治国经邦，谓之学。
安危定变，谓之才。
经天纬地，谓之文。
霁月光风，谓之度。
万物一体，谓之仁。

【译文】

能竭尽忠孝的人才能称为人。学治国安邦的本领才叫作学。具有化险为夷、处惊不变的才能才叫作才。能编织万物的文字叫作文。心胸光明坦荡的风度叫作度。万物与我一体的仁心叫作仁。

以心术为本根，以伦理为桢干，以学问为菑畬；
以文章为花萼，以事业为结实，以书史为园林；
以歌咏为鼓吹，以义理为膏粱，以著述为文绣；
以诵读为耕耘，以记问为居积，以前言往行为师友；
以忠信笃敬为修持，以作善降祥为受用，以乐天知命为依归。

【译文】

把心术作为基准，把伦理作为根本，把学问作为耕地，把文章作为花萼，把事业作为果实，把经书作为园林，把咏唱作为音乐，把义理作为佳肴，把著述作为锦绣，把诵读作为耕耘，把探讨学问作为积聚资财，把先辈的言论当作师友，把忠信恭敬作为修持，把行善降祥作为享用，把乐天知命作为归依。

凛闲居以体独，卜动念以知几，
谨威仪以定命，敦大伦以凝道，
备百行以考德，迁善改过以作圣。

【译文】

严肃对待闲静居坐来体验慎独的精神，预测行动意念来了解事物的先兆，严肃威仪来安于天命，精审躬亲人伦来形成道理，具备各种品行来成就仁德，改过向善来成为圣人。

收吾本心在腔子里，是圣贤第一等学问；
尽吾本分在素位中，是圣贤第一等工夫。

【译文】

把仁心存在自己心中是先贤的最高学问，行为尽自己的本分是圣贤的最高功夫。

万理澄彻，则一心愈精而愈谨；
一心凝聚，则万理愈通而愈流。

【译文】

万理清晰，那么一心更为细致而且更为严谨。一心凝聚，那么万理更加通达，而且更加顺畅。

宇宙内事，乃己分内事；
己分内事，乃宇宙内事。

【译文】

天下的事情，就是自己的事情。自己的事情，也就是天下的事情。

身在天地后，心在天地前。
身在万物中，心在万物上。

【译文】

身虽处天地万物之后，心却在天地万物之前；身虽处天地万物之中，而心却在天地万物之上。

观天地生物气象，学圣贤克己工夫。
下手处是自强不息，成就处是至诚无妄。

【译文】

　　观察天地间生物的气象，学习圣贤克己养性的功夫。行动上要自强不息，成就上要真诚自然。

　　　　　以圣贤之道教人易，以圣贤之道治己难。
　　　　　以圣贤之道出口易，以圣贤之道躬行难。
　　　　　以圣贤之道奋始易，以圣贤之道克终难。
　　　　　圣贤学问是一套，行王道必本天德。
　　　　　后世学问是两截，不修己只管治人。

【译文】

　　以圣贤的道理教导别人很容易，自己实践却是不容易的事。遵从圣贤的道理开始奋斗很容易，但坚持到底却很难。圣贤的道理与实践相结合，行仁政必本于德行。后代则相反，学问与实践不能统一，不修持自己的德行，而只管治理别人。

　　　　　口里伊周，心中盗跖，
　　　　　责人而不责己，名为挂榜圣贤；
　　　　　独凛明旦，幽畏鬼神，
　　　　　知人而复知天，方是有根学问。

【译文】

　　口里说的是伊尹、周公的言论，心中想的是盗跖的邪念，只约束别人却不严格要求自己，这种人枉称为榜上的"圣贤"。行为光明磊落，心中敬畏鬼神，知道人事又知道天理，这才是有根底的学问。

　　　　　无根本底气节，如酒汉殴人，
　　　　　醉时勇，醒来退消，无分毫气力；
　　　　　无学问底识见，如庖人炀灶，
　　　　　面前明，背后左右，无一些照顾。

没有根本的气节，就如同醉汉打人，酒醉时很勇猛，酒醒后勇气消减，没有一点力气。没有学问的见识，就像厨师在炉灶前面烤火，眼前光明而背后周围却没有一点火光照耀。

> 理以心得为精，故当沉潜，
> 不然，耳边口头也。
> 事以典故为据，故当博洽，
> 不然，臆说杜撰也。

【译文】

道理要以心得为精确，所以应当深沉潜伏，否则如同耳旁风、口头语一样。处事要以典故为所本，所以应当博物洽闻，否则就是主观臆测缺乏根据。

> 只有一毫粗疏处，便认理不真，
> 所以说惟精。不然，众论淆之而必疑。
> 只有一毫二三心，便守理不定，
> 所以说惟一。不然，利害临之而必变。

【译文】

事情有一点疏漏，认识道理不真确，所以要精确，否则众说纷纭必然产生疑惑。只要三心二意，便不能守理，所以说"唯一"，否则遇到利害就必然要改变。

> 接人要和中有介，处事要精中有果，
> 认理要正中有通。

【译文】

待人要平和而有原则，处事要精细而又果断，认理要中正而又通达。

> 在古人之后，议古人之失，则易；

处古人之位，为古人之事，则难。

【译文】

生在古人之后，谈论古人的得失就容易；处在古人的位置，做古人的事情就很难。

古之学者，得一善言，附于其身；
今之学者，得一善言，务以悦人。

【译文】

古代的学者，得一善言便身体力行。现在的学者，得一善言就务必用来取悦别人。

古之君子，病其无能也，学之；
今之君子，耻其无能也，讳之。

【译文】

古时的君子，最怕别人耻笑自己无能，所以努力学习。现在的君子，担心别人耻笑，则尽力掩饰自己的过失。

眼界要阔，遍历名山大川；
度量要宏，熟读五经诸史。

【译文】

要让视野开阔，就要游遍名山大河。要让气度恢宏，就要熟读五经史书。

先读经，后读史，则论事不谬于圣贤；
既读史，复读经，则观书不徒为章句。

【译文】

先读经书，后读史籍，那么讨论事理就不会与圣贤相悖谬。既读史籍，又读经书，那么读书就不只是为了分析章节句读。

> 读经传则根底厚，看史鉴则议论伟。
> 观云无则眼界宽，去嗜欲则胸怀净。

【译文】

读经传则学问根底深厚，看史籍则议论宏伟。观赏风景则眼界开阔，去除私欲嗜好则心胸坦诚。

> 一庭之内，自有至乐；
> 六经以外，别无奇书。

【译文】

一个庭院之中，自有极乐。六部经典以外，别无奇书。

> 读未见书，如得良友；
> 见已读书，如逢故人。

【译文】

读了没有见过的书，如同结识好友。看到已经读过的书，如同遇到旧友。

> 何思何虑，居心当如止水；
> 勿住勿忘，为学当如流水。

【译文】

想什么忧什么，存在心里应当静如止水。不要停止不要忘记，研究学问应当像不息川流。

心不欲杂，杂则神荡而不收；
心不欲劳，劳则神疲而不入。

【译文】

心境不能杂乱，杂乱则精神恍惚而不能专心；心神不能劳累，心劳累则精神疲倦，就没有收获。

必慎杂欲，则有余灵；
目慎杂观，则有余明。

【译文】

内心不存杂念，就有充沛的精神。眼睛不要乱看，就有敏锐的目光。

案上不可多书，心中不可少书。
鱼离水则鳞枯，心离书则神索。

【译文】

书桌上不要有太多的书，心中却不能无书。鱼儿离开水鱼鳞就会干枯，心中没有书精神就会虚空。

志之所趋，无远勿届，
穷山距海不能限也。
志之所向，无坚不入，
锐兵精甲不能御也。

【译文】

只要下了决心，不论多远也没有不能到达的地方，即使深山大海也阻挡不了。只要下了决心，不论多坚固也没有不能攻克的敌人，即使精锐兵器也防御不了。

把意念沉潜得下，何理不可得；
把志气奋发得起，何事不可为。

【译文】

使意念沉稳，任何事理都能通达。有志发愤图强，任何事都能成功。

不虚心，便如以水沃石，一毫进入不得；
不开悟，便如胶柱鼓瑟，一毫转动不得。

【译文】

假如不虚心，就如同用水浇灌石头，丝毫也不能进入。假如不开窍，就如同鼓瑟者想转动弦柱来调节音律高低，但弦柱却被胶粘住了，丝毫也不能转动。

不体认，便如电光照物，
一毫把捉不得；
不躬行，便如水行得车，
陆行得舟，一毫受用不得。

【译文】

读书如果不亲自体验，就好像闪电照物，丝毫也把握不到。读书如果不亲自实践，就好像在水中行走得到车、在陆地行走得到船，丝毫也没有作用。

读书贵能疑，疑乃可以启信；
读书在有渐，渐乃克底有成。

【译文】

读书贵在能有疑问，有疑问方能启发思考；读书要循序渐进，渐进才能增进对事物的了解。

> 看书求理，须令自家胸中点头；
> 与人谈理，须令人家胸中点头。

【译文】

　　读书探求事理，必须使自己心里满意。与别人谈论道理，必须使别人心里满意。

> 爱惜精神，留他日担当宇宙；
> 蹉跎岁月，问何时报答君亲？
> 戒浩饮，浩饮伤神。
> 戒贪色，贪色灭神。
> 戒厚味，厚味昏神。
> 戒饱食，饱食闷神。
> 戒妄动，妄动乱神。
> 戒多言，多言损神。
> 戒多忧，多忧郁神。
> 戒多思，多思挠神。
> 戒久睡，久睡倦神。
> 戒久读，久读苦神。

【译文】

　　爱惜精神以备日后担当大任，虚度时光何以报答君主父母之恩？戒酗酒，酗酒伤精神。戒色欲，贪色灭精神。戒美味，美味使精神昏沉。戒过饱，过饱使精神郁闷。戒多动，多动使精神混乱。戒多话，多话损伤精神。戒多忧，多忧使精神郁结。戒多思，思虑多刺激精神。戒久睡，久睡使精神疲倦。戒久读，久读使精神劳苦。

二、从政类

　　眼前百姓即儿孙，莫谓百姓可欺，
　　且留下儿孙地步；
　　堂上一官称父母，漫道一官好做，
　　还尽些父母恩情。

【译文】

　　官员眼前的百姓就是儿孙，不要认为百姓可欺侮，更要为儿孙留下余地与后路。官署堂上的官员被称为父母官，不要认为一官好做，还应尽到父母官的责任与恩情。

　　善体黎庶情，此谓民之父母；
　　广行阴骘事，以能保我子孙。

【译文】

　　能体恤平民百姓的疾苦，称作百姓的父母官；多做些积阴德的事，以让子孙后代得以兴盛。

　　封赠父祖，易得也，无使人唾骂父祖，难得也；
　　恩荫子孙，易得也，无使我毒害子孙，难得也。

【译文】

　　因功业使父祖受到封赏，是容易做到的，但不让别人唾骂父祖则难做到；因功业使子孙受到封赏容易，但不使子孙受到危害，则难做到。

　　洁己方能不失己，爱民所重在亲民。

【译文】

要洁身自爱才能不失本色，爱护百姓最重要的在于亲近百姓。

朝廷立法不可不严，有司行法不可不恕。

【译文】

朝廷立法必须严格，执法官执法却不能没有宽容之心。

严以驭役，而宽以恤民；极于扬善，而勇于去奸；
缓于催科，而勤于抚字。

【译文】

严格管理吏役而宽恕体恤百姓，积极褒扬善举而勇敢除去奸邪，和缓催缴税赋而勤勉安抚养育百姓。

催科不扰，催科中抚字；
刑罚不差，刑罚中教化。

【译文】

催征税赋而不扰民，就是安抚养育百姓；刑罚不以暴制暴，就是刑罚中有所教育。

刑罚当宽处即宽，草木亦上天生命；
财用可省时便省，丝毫皆下民脂膏。

【译文】

施用刑罚能宽大之处就宽大些，草木也是上天赋予了生命，何况是人？钱财费用可节约之时就节约，因为一点一滴都是民脂民膏。

居家为妇女们爱怜，朋友必多怒色；
做官为衙门欢喜，百姓定有怨声。

【译文】

在家里只顾受到妻子儿女的爱戴却疏远了朋友，朋友必然多有不满；做官只为得到官场人的欢喜而不顾及百姓，百姓就一定会怨声载道。

官不必尊显，期于无负君亲；
道不必博施，要在有裨民物。
禄岂须多，防满则退；
年不待暮，有疾便辞。
天非私富一人，托以众贫者之命，
天非私贵一人，托以众贱者之身。

【译文】

做官不必求位高权重，只要无愧于朝廷和父母；行善不必广泛，只要对民生有利。做官的俸禄无须太多，够养老即退休；无须等到年老，有病就应辞官。上天并非只让一人富有，是众多的贫困者衬托着你；上天并非只让一人高贵，是众多的普通百姓衬托着你。

住世一日，要做一日好人；
为官一日，要行一日好事。

【译文】

活在世上一天，就要做一天好人；担任官职一日，就要做一日好事。

贫贱人栉风沐雨，万苦千辛，
自家血汗自家消受，天之鉴察犹恕；
富贵人衣税食租，担爵受禄，

万民血汗一人消受，天之督责更严。

【译文】
穷苦的人整天在风雨中奔波，千辛万苦，享受自己用血汗换来的衣食，苍天看了都觉得可恕；而做官的人接受朝廷俸禄，衣食住行都是百姓用血汗供给，所以上天对他们的监督惩罚要更加严厉。

平日诚以治民，而民信之，
则凡有事于民，无不应矣。
平日诚以事天，而无信之，
则凡有祷于天，无不应矣。

【译文】
平时诚恳治理民众，民众就会信任他，那么凡有事需要民众出力，民众就没有不响应的，平日虔诚侍奉上天，上天就会信任他，那么凡有事祈求于上天，上天就没有不回应的。

平民肯种德施惠，便是无位的卿相；
士夫徒贪权希宠，竟成有爵的乞儿。

【译文】
百姓若愿意积德布施，便是没有官位的大官；做官的人如果利欲熏心，便是有官位的乞丐。

无功而食，雀鼠是已；
肆害而食，虎狼是已。

【译文】
无功于民而食俸禄，就像麻雀、老鼠一样；残害百姓而食俸禄，就如猛虎恶狼一般。

毋矜清而傲浊，毋慎大而忽小，
毋勤始而怠终。

【译文】
不要孤芳自赏，不可只注意大事而忽视小事，办事不要有始无终。

勤能补拙，俭以养廉。

【译文】
勤劳能够弥补笨拙，俭朴可以培养廉洁。

居官廉，人以为百姓受福，
予以为赐福于子孙者不浅也，
曾见有约己裕民者，后代不昌大耶？
居官浊，人以为百姓受害，
予以为贻害于子孙者不浅也，
曾见有瘠众肥家者，历世得久长耶？

【译文】
做官的人清廉，别人都觉得百姓有福，但我认为他的子孙受福最多。可曾见过对待自己俭约而厚待百姓的官，他的后代有不昌盛的吗？做官不清廉的人，人以为百姓受害，但我认为他的子孙受害更多。可曾见过压榨百姓而厚待自家的人，他的后代能长久吗？

以林泉安乐懒散心做官，未有不荒怠者；
以在家治生营产心做官，未有不贪鄙者。

【译文】
以隐居山林水泽、安闲、逸乐、懒散的心理来做官，政事没有不荒废的；以自家经营产业的心理来做官，没有不贪婪的。

> 念念用之君民，则为吉士。
> 念念用之套数，则为俗吏。
> 念念用之身家，则为贼臣。

【译文】

一心只想着君主和百姓，则是正派之人。做事循规蹈矩，这是普通的庸俗官吏。一心只为自己着想，则是奸臣。

> 古之从仕者养人，
> 今之从仕者养己。
> 古之居官也，
> 在下民身上做工夫。
> 今之居官也，
> 在上官眼底做工夫。

【译文】

古代做官的人养育他人，如今做官的人只养育自己。古代做官的人在百姓身上下功夫，如今做官的人却在上司眼皮底下做功夫。

> 在家者不知有官，方能守分；
> 在官者不知有家，方能尽分。

【译文】

在家的人不去追求利禄，才能守本分；做官的人忘却自己的利益，才尽本分。

> 君子当官任职，不计难易，
> 而志在济人，故动辄成功；
> 小人苟禄营私，只任便安，
> 而意在利己，故动多败事。

【译文】

君子做官任职，不计较事情的难易，其志向只在于帮助百姓，所以往往能成功；小人则苟求俸禄经营私利，只做容易安稳的事，目的只在有利于自己，所以往往身败名裂。

> 职业是当然底，每日做它不尽，莫要认作假；
> 权势是偶然底，有日还他主者，莫要认作真。

【译文】

职责是应尽的，每天做不尽，要细心不要认为是假的；权位是偶然的，有朝一日会失去，因此不必把权位太当真。

> 一切人为恶，犹可言也，唯读书人不可为恶，
> 读书人为恶，更无教化之人矣。
> 一切人犯法，犹可言也，唯做官人不可犯法，
> 做官人犯法，更无禁治之人也。

【译文】

其他任何人做坏事，还情有可原，只有读书人不能做坏事。连读书人都做坏事，就没有教化百姓的人了。一般百姓犯法，还有话可说，只有做官的人不能犯法。连做官执法的人都犯法，就没有禁治违法的人了。

> 士大夫济人利物，宜居其实，
> 不宜居其名，居其名则德损；
> 士大夫忧国为民，当有其心，
> 不当有其语，有其语则毁来。

【译文】

士大夫为民服务应平实，不应只重名位，否则有损德行；士大夫为国为民忧劳，应存于心中而不必宣扬，否则毁谤即来。

以处女之自爱者爱身，以严父之教子者教士。

执法如山，守身如玉；爱民如子，去蠹如仇。

【译文】

自爱如处女守身，训诫如严父教子。执法无私，守身如玉，爱民如子，疾恶如仇。

陷一无辜，与操刀杀人者何别；

释一大憝，与纵虎伤人者无殊！

【译文】

陷害一个无辜的人，与持刀杀人有什么区别？释放一个大罪人，与放虎伤人没有什么两样。

针芒刺手，荆棘伤足，举体痛楚，

刑惨百倍于此，可以喜怒施之乎！

虎豹在前，坑阱在后，百般呼号！

狱犴何异于此，可使无辜坐之乎！

【译文】

用针芒刺手或以荆棘刺脚，全身都会感到疼痛，用刑则更残酷，怎么可以凭自己的喜怒用刑呢？猛兽在前，陷阱在后，哀号不断，与人身陷囹圄有何不同，怎么能让无辜之人坐牢呢？

官虽至尊，决不可以人之生命，佐己之喜怒；

官虽至卑，决不可以己之名节，佐人之喜怒。

【译文】

官位虽极显贵，也决不能用别人的生命去迎合自己的喜怒；官位虽极低下，也决不可损害自己的名节，去附和别人的喜怒。

听断之官，成心必不可有，
任事之官，成算必不可无。

【译文】

断案的官吏，不能有成见；担当事务的官吏，不能心中无数。

无关要紧之票，概不标判，则吏胥无权；
不相交涉之人，概不往来，则关防自密。

【译文】

无关紧要的信券，一概不随便签发，那么官衙僚属就无从滥用职权；与职事毫不相干的人物，一概不相往来，那么门户就自然严密。

无辜牵累难堪，非紧要，
只须两造对质，保全多少身家！
疑案转移甚大，无确据，
便当末减从宽，休养几人性命。

【译文】

无辜的人受到牵连，只要两方互相对质，便可知道谁是清白的人。对无确切证据的人，应从宽发落，保留几条性命。

呆子之患，深于浪子，以其终无转智；
昏官之害，甚于贪官，以其狼籍及人。

【译文】

蠢笨的人酿成的祸害比浪子更大，因为他终究无法变聪明；昏庸的官吏对百姓造成的危害比贪官还严重，因为他让生灵涂炭。

官肯着意一分，民受十分之惠；
上能吃苦一点，民沾万点之恩。

【译文】

做官的人能够多存一分关心百姓的诚意，民众就会得到十分恩惠；做官的人能够吃一点苦，民众就会受到万分恩惠。

礼繁则难行，卒成废阁之书；
法繁则易犯，益甚决裂之罪。

【译文】

礼节繁杂则难以遵行，最后就束之高阁；法律庞杂，百姓不小心即容易触犯，其危害甚于死罪。

善启迪人心者，当因其所明而渐通之，
毋强开其所闭；善移易风俗者，
当因其所易而渐反之，毋强矫其所难。

【译文】

善于启发人们心智的人，应当根据受教育者能够明白的层次而逐渐使之弄通，不要强行开启他封闭的思想；善于移风易俗的人，应当从容易处渐渐引导，不要用强制手段去矫正难以改变的风俗。

非甚不便于民，且莫妄更；
非大有益于民，则莫轻举。

【译文】

对百姓不是非常不利的政策，不要随便改动；对于民众不是非常有益的事情，不要随便而为。

情有可通，莫将旧有者过裁抑，以生寡恩之怨；
事在得已，莫将旧无者妄增设，以开多事之门。

【译文】

原有的制度情有可原，就不要苛求裁撤，以增加百姓的怨恨；过去没有的事情不到万不得已，不要轻易举妄行，以增加大家的麻烦。

为前人者，无干誉矫情，
立一切不可常之法，以难后人；
为后人者，无矜能露迹，
为一朝即改革之政，以苦前人。

【译文】

作为前人，不要为了求声名而弄虚作假，立定一切不能通常执行的法律，来难为后人；作为后人，不要为自夸贤能显露政绩，而施行短时间即须改革的政令，来为难前人。

事在当因，不为后人开无故之端；
事在当革，无使后人长不救之祸。

【译文】

该遵循沿袭之法，不要随意改变，以免无故为后人开了个头；必须改变的旧令，应该改革，不要给后人增添难以弥补的祸害。

利在一身勿谋也，利在天下者谋之；
利在一时勿谋也，利在万世者谋之。

【译文】

利益只在一身，就不要去谋取；利益是为天下百姓，则当尽心谋划；利益只在一时，就不要去谋取，利益是在千秋万代，则当尽心谋划。

> 莫为婴儿之态，而有大人之器。
> 莫为一身之谋，而有天下之志。
> 莫为终身之计，而有后世之虑。

【译文】

不要像小孩一样，而装出成人的样子；不要只谋自己的利益，要有替天下谋福的志气；不要为自己一生策划，而要考虑到后代子孙的利益。

> 用三代以前见识，而不失之迂；
> 就三代以后家数，而不邻于俗。

【译文】

借用三代以前的见识，但不要过于迂腐；借用三代以后的经验，但不要落入俗套。

> 大智兴邦，不过集众思；
> 大愚误国，只为好自用。

【译文】

大智慧能强国，但那不过是集思广益的结果；愚昧而让国家遭受祸患，只因为喜好刚愎自用。

> 吾爵益高，吾志益下。
> 吾官益大，吾心益小。
> 吾禄益厚，吾施益博。

【译文】

我的爵位愈高，我的意气愈谦虚。我的官职愈大，我的欲念愈少。我的俸禄愈厚，我的施与愈广。

安民者何？无求于民，则民安矣。
察吏者何？无求于吏，则民察矣。

【译文】

使人民安乐的方法是什么？就是对百姓没有苛捐杂税，则百姓安乐。如何监督官吏呢？就是对他们没有需求，则可以明察秋毫。

不可假公法以报私仇，不可假公法以报私德。
天德只是个无我，王道只是个爱人。

【译文】

不能借国家律法来报自己的私仇，不能凭借国家律法来报私恩。公德在于无私，王道在于爱民。

唯有主，则天地万物自我而立；
必无私，斯上下四旁咸得其平。

【译文】

只要有公心，天地万物就会自由存在；只要无私心，上下四方就都能平和。

治道之要，在知人。
君德之要，在体仁。
御臣之要，在推诚。
用人之要，在择言。
理财之要，在经制。
足用之要，在薄敛。
除寇之要，在安民。

【译文】

治国关键在于知人，君王的德行关键在体现仁爱，统御臣下关键在以诚相待，用人关键在观察其言谈，理财关键在经济制度，丰衣足食关键在减轻赋税，消除盗匪关键在于使人民安乐。

> 未用兵时，全要虚心用人；
> 既用兵时，全要实心活人。

【译文】

没有战争时，要虚心挑选人才；战争爆发时，则要有仁爱之心不去杀戮。

> 天下不可一日无君，
> 故夷齐非汤武，
> 明臣道也。
> 不然，则乱臣接踵而难为君。
> 天下不可一日无民，
> 故孔孟是汤武，
> 明君道也。
> 不然，则暴君接踵而难为民。

【译文】

国家不能一日没有君主，所以伯夷、叔齐用臣道来非议商汤和周武王，这是申明为臣的道义。不然，作乱的臣子会接踵而来，国君也难以为君。国家不能一日没有百姓，所以孔子、孟子用君道来肯定殷汤和周武王，这是申明为君的道义啊！不然，残暴的君王接连继位，国民也难以为民了。

> 庙堂之上，以养正气为先；
> 海宇之内，以养元气为本。

【译文】

朝廷中以倡导正气为关键；一国之中则以养民为基础。

人身之所重者元气，国家之所重者人才。

【译文】

人身最重视的是体力元气，而国家最重视的则为人才。

三、摄生（附）

慎风寒，节饮食，是从吾身上祛病法；
寡嗜欲，戒烦恼，是从吾心上祛病法。

【译文】

防备风寒，克制饮食，是从身体上防范疾病；减少嗜好私欲，消除烦恼，是从心理上防范疾病。

少思虑以养心气，寡色欲以养肾气，
勿妄动以养骨气，戒嗔怒以养肝气，
薄滋味以养胃气，省言语以养神气，
多读书以养胆气，顺时令以养元气。

【译文】

减少思虑来养心气，节制色欲来养肾气，不妄动来养骨气，克制恼怒来养肝气，淡薄滋味来养胃气，节省言语来养神气，多读书来养胆气，顺时令来养元气。

忧愁则气结，愤怒则气逆，
恐惧则气陷，拘迫则气郁，
急遽则气耗。

【译文】

忧愁使气郁结，愤怒则气受阻，恐惧则气陷逆，压抑则气闷，急速则耗气。

行欲徐而稳，立欲定而恭，
坐欲端而正，声欲低而和。

【译文】

行动要轻慢而稳重，站立要稳定而恭敬，坐态要端庄而正直，声音要低缓而温和。

心神欲静，骨力欲动。
胸怀欲开，筋骸欲硬。
脊梁欲直，肠胃欲净。
舌端欲卷，脚跟欲定。
耳目欲清，精魂欲正。

【译文】

心神要静，骨骼要动。心胸要广，筋骨要硬。脊骨要直，肠胃要净。舌端要微卷，脚跟要稳。耳目清明，思想端正。

多静坐以收心，寡酒色以清心，
去嗜欲以养心，玩古训以警心，
悟至理以明心。

【译文】

多静坐以专心，少酒色以清心，去嗜欲以养心，鉴古训以戒心，懂至理以明心。

宠辱不惊，肝木自宁。
动静以敬，心火自定。
饮食有节，脾土不泄。
调息寡言，肺金自全。
恬淡寡欲，肾水自足。

【译文】

宠辱不惊则肝宁，动静皆诚敬则心定，饮食有节制则脾不病，调整呼吸少说话则保肺，平淡少欲则肾水足。

道生于安静，德生于卑退，
福生于清俭，命生于和畅。

【译文】

道生于安静，德见于谦让，福生于清俭，命生于平和。

天地不可一日无和气，
人心不可一日无喜气。

【译文】

天地不能一日没有和气，人心不能一日没有喜气。

拙字可以寡过，缓字可以免悔，
退字可以远祸，苟字可以养福，
静字可以益寿。

【译文】

"拙"可让人少过失，"缓"可让人免懊悔，"退"可远离灾难，"苟且"可让人养福，"静"可让人长寿。

毋以妄心戕真心，勿以客气伤元气。

【译文】

不要以虚妄的心戕害自己的本心，不要因外在的因素伤害了自身。

> 拂意处要遣得过，清苦日要守得过，
> 非理来要受得过，愤怒时要耐得过，
> 嗜欲生要忍得过。

【译文】

不顺心的事要能排遣得了，清苦的日子要能坚持得了，不合理时要忍受得了，愤怒之时要忍耐得了，欲望产生时要克制得了。

> 言语知节，则愆尤少。
> 举动知节，则悔咎少。
> 爱慕知节，则营求少。
> 欢乐知节，则祸败少。
> 饮食知节，则疾病少。

【译文】

言谈有分寸则少得罪人，行为有节制则少后悔，爱慕有节制则要求少，欢乐有节制则祸患少，饮食有节制则疾病少。

> 人知言语足以彰吾德，
> 而不知慎言语乃所以养吾德；
> 人知饮食足以益吾身，
> 而不知节饮食乃所以养吾身。

【译文】

人们都知道说话可以显示自己的品德，却不知道说话谨慎乃是培养自己品德的方法。人们都知道饮食可以有益自己的身体，却不知道节制饮食乃是养生之道。

闹时炼心，静时养心，坐时守心，

行时验心，言时省心，动时制心。

【译文】

喧闹时炼心，平静时养心，坐时守心，行动时验心，言谈时省心，行动时制心。

荣枯倚伏，寸田自开，惠逆何须历问塞翁？

修短参差，四体自造，彭殇似难专咎司命！

【译文】

荣枯相互依存，祸福都由心生，何必去问塞上的老人？寿命长短不同，长寿或夭折由自身决定，无法归咎于命运。

节欲以驱二竖，修身以屈三彭，

安贫以听五鬼，息机以弭六贼。

【译文】

节制欲望，修养身心，安贫乐道，丢弃机巧，都是驱赶病魔和灾难的妙方。

衰后罪孽，都是盛时作的；

老来疾病，都是壮年招的。

【译文】

衰败之后的罪孽，都是强盛时造成的。老来之时的疾病，都是壮年时招惹的。

败德之事非一，而酗酒者德必败；
伤生之事非一，而好色者身必伤。

【译文】

败坏德行的行为有许多，而酗酒必定败德；伤害生命的行为也有许多，而好色必定伤生。

木有根则荣，根坏则枯。
鱼有水则活，水涸则死。
灯有膏则明，膏尽则灭。
人有真精，保之则寿，戕之则夭。

【译文】

树有根就茂盛，根败就枯干。鱼有水就鲜活，水干就枯死。灯有油就明亮，油尽就熄灭。人有元气，保持元气就长寿，伤害元气就短命。

四、存养类

人性中不曾缺一物，人性上不可添一物。

【译文】

人性的内涵不缺善性，而人性的需求则不能多添一分欲念。

君子之心不胜其小，而气量涵盖一世；
小人之心不胜其大，而志意拘守一隅。

【译文】

君子小心翼翼，但气量宏大涵盖天下。小人野心勃勃，而志向拘守一方。

怒是猛虎，欲是深渊。

【译文】
凶怒如猛虎伤人，欲念像深渊难填。

念如火，不遏则燎原；
欲如水，不遏则滔天。

【译文】
愤怒像烈火一样，不遏止就可以燎原。欲望像洪水一样，不遏止就可以滔天。

惩忿如摧山，窒欲如填壑；
惩忿如救火，窒欲如防水。

【译文】
控制怒气要像摧毁山岭般坚定，救火一样迅速；断绝欲念要像填塞山谷般努力，防洪一样急切。

心一松散，万事不可收拾；
心一疏忽，万事不入耳目；
心一执著，万事不得自然。

【译文】
心如果松散就凡事做不成，心如果疏忽就凡事不能专心，心如果固执就万事不得真谛。

一念疏忽，是错起头；
一念决裂，是错到底。

一念之疏略，便是错误的起始。一念之顽固，便是错误到底。

古之学者，在心上做工夫，

故发之容貌，则为盛德之符；

今之学者，在容貌做工夫，

故反之手心，则为实德之病。

【译文】

古代的学者，在内心下功夫，所以表现在容貌上便是美德的标志。现在的学者，只是在外表上下功夫，所以反省于内心便成为本性的缺失。

只是心不放肆，便无过差；

只是心不怠忽，便无逸志。

【译文】

只要心不放纵，便不会犯错；只要心不怠慢疏忽，便没有不能坚持的志向。

处逆境心，须用开拓法；

处顺境心，要用收敛法。

【译文】

处在逆境时必须有开拓进取的思想，处在顺境时必须有居安思危的意识。

世路风霜，吾人炼心之境也。

世情冷暖，吾人忍性之地也。

世事颠倒，吾人修行之资也。

【译文】

人生道路上的风霜，是锻炼人们志气的环境。世间人情的冷暖，是人们培育忍耐的场地。世间万事反复，是人们修养德行的条件。

青天白日的节义，自暗室屋漏中培来；
旋乾转坤的经纶，自临深履薄处得力。

【译文】

光明磊落的品行，是从独处幽室、不为人知中培养得来。扭转乾坤的才干，得力于小心谨慎中。

名誉自屈辱中彰，德量自隐忍中大。

【译文】

名誉从屈辱中彰显，德行雅量从忍耐中壮大。

谦退是保身第一法，安详是处事第一法，
涵容是待人第一法，洒脱是养心第一法。

【译文】

谦让是护身的第一方法，随和是处事的第一方法。宽容是待人的第一方法，洒脱是养心的第一方法。

喜来时，一检点。怒来时，一检点。
怠惰时，一检点。放肆时，一检点。

【译文】

高兴时反省一下。发怒时反省一下。怠惰时反省一下。放肆时反省一下。

自处超然，处人蔼然。
无事澄然，有事斩然。
得意淡然，失意泰然。

【译文】

独处时超脱，待人时和蔼。无事时沉静，有事时果断。得意时平淡，失意时安然。

静能制动，沉能制浮。
宽能制褊，缓能制急。

【译文】

安静能克服躁动，沉潜能克服浮躁，宽和能克服褊狭，舒缓能克服急躁。

天地间真滋味，惟静者能尝得出；
天地间真机括，惟静者能看得透。

【译文】

天地间的真滋味，只有心静的人才能品尝出来。天地间的真机关，只有心静的人才能看得透彻。

有才而性缓，定属大才；
有智而气和，斯为大智。

【译文】

有才干而性情平和的人，必定有大才能；智慧而平心静气的人，则是大智慧。

气忌盛，心忌满，才忌露。

【译文】
气忌太盛，心忌自满，才忌太露。

有作用者，器宇定是不凡；
有智慧者，才情决然不露。

【译文】
有成就的人，仪表一定不平凡；有智慧的人，才干决不外显。

意粗性躁，一事无成。
心平气和，千祥骈集。

【译文】
粗心性急的人，一事无成。心平气和的人，万事得理。

世俗烦恼处，要耐得下。
世事纷扰处，要闲得下。
胸怀牵缠处，要割得下。
境地浓艳处，要淡得下。
意气愤怒处，要降得下。

【译文】
处于世俗烦恼，要能忍耐；处于世事纷扰，要能清闲；胸中牵挂处，要能抛得开；处于浓艳境地，要能淡然处之；处于失意愤怒时，要能稳定情绪。

以和气迎人，则乖沴灭。
以正气接物，则妖氛消。
以浩气临事，则疑畏释。
以静气养身，则梦寐恬。

【译文】

以和气待人，就能平息暴戾祸害。以正气接物，就能消除邪气。以浩气处事，就能消释疑惧。以静气养身，就能安稳睡觉。

观操存，在利害时；
观精力，在饥疲时；
观度量，在喜怒时；
观镇定，在震惊时。

【译文】

看一个人的节操，在其利害得失时；看一个人的精力，在其饥饿疲惫时；看一个人的气度，在其喜怒哀乐时；看一个人的镇定，在其震惊疑惧时。

大事难事看担当，逆境顺境看襟度。
临喜临怒看涵养，群行群止看识见。

【译文】

面临大事与难事，可看出一个人的责任心；处顺境逆境，可看出一个人的胸襟气度；遇喜事怒事，可看出一个人的涵养；与同辈相处，可看一个人的见识。

轻当矫之以重，浮当矫之以实，褊当矫之以宽，执当矫之以圆，傲当矫之以谦，肆当矫之以谨，奢当矫之以俭，忍当矫之以慈，贪当矫之以廉，私当矫之以公，放言当矫之以缄默，好动当矫之以镇静，粗率当矫之以细密，躁急当矫之以和缓，怠惰当矫之以精勤，刚暴当矫之以温柔，浅露当矫之以沉潜，溪刻当矫之以浑厚。

【译文】

轻佻应当以稳重矫正，飘浮应当以忠实矫正，偏狭应当以宽宏矫正，固执应当以圆通矫正，傲慢应当以谦恭矫正，放肆应当以拘谨矫正，奢侈应当以节俭矫正，残忍应当以仁慈矫正，贪污应当以廉洁矫正，自私应当以大公矫正，胡言应当以缄默矫正，好动应当以镇静矫正，粗率应当以细密矫正，急躁应当以和缓矫正，怠惰应当以精勤矫正，粗暴应当以温柔矫正，浅露应当以沉潜矫正，苛刻应当以浑厚矫正。

性分不可使不足，故其取数也宜多；
曰穷理，曰尽性，曰达天，曰入神；
曰致广大，极高明。
情欲不可使有余，故其取数也宜少；
曰谨言，曰慎行，曰约己，曰清心。
曰节饮食，寡嗜欲。

【译文】

人的本性天良不可以缺少，因此其可取法之处也应很多：比如穷极物理，尽其本性，通达天下，收心凝神，致力广大，穷极高明。人的情欲不能够太盛，所以可取法之处也应有很多，比如谨言慎行，克制自我，清心寡欲，抑制饮食，减少奢求。

大其心，容天下之物；
虚其心，受天下之善；
平其心，论天下之事；
潜其心，观天下之理；
定其心，应天下之变。

　　宽心才能容纳天下之万物。虚心才能接受天下之善意。平心才能讨论天下之事物。潜心才能观察天下之道理。定心才能顺应天下之变迁。

　　　　　　清明以养吾之神，湛一以养吾之虑，
　　　　　　沉警以养吾之识，刚大以养吾之气，
　　　　　　果断以养吾之才，凝重以养吾之度，
　　　　　　宽裕以养吾之量，严冷以养吾之操。

【译文】

　　清明以培养神情，精湛以培养思虑，沉着警觉以培养见识，刚大以培养志向，果断以培养才能，凝重以培养气度，宽裕以培养雅量，严峻以培养操守。

　　　　　　自家有好处，要掩藏几分，这是涵育以养深；
　　　　　　别人不好处，要掩藏几分，这是浑厚以养大。

【译文】

　　自己有优点不要太显露，这是培养深沉的涵养。别人有缺点要多加掩饰，这是培养宽宏的器量。

　　　　　　以虚养心，以德养身；
　　　　　　以仁养天下万物，以道养天下万世。

【译文】

　　用谦虚来培养心境，用德行培养身志；用慈爱之心对待天下万事万物，用大道来涵养万世之泽。

　　　　　　涵养冲虚，便是身世学问；
　　　　　　省除烦恼，何等心性安和！

【译文】

涵养虚心，便是一生的学问。去除烦恼，心性是多么平和！

> 颜子四勿，要收入来；
> 闲存工夫，制外以养中也；
> 孟子四端，要扩充去；
> 格致工夫，推近以暨远也。

【译文】

　　颜子的勿意、勿必、勿固及勿我四勿，要放在心中；克制外在的诱惑，以培养正气。孟子的仁、义、礼、智四端要扩充开来；格物致知的功夫，要由自己做起并影响他人。

> 喜怒哀乐而曰未发，
> 是从人心直溯道心，
> 要他存养；
> 未发而曰喜怒哀乐，
> 是从道心指出人心，
> 要他省察。

【译文】

　　喜怒哀乐如能不表现出来，这是从人欲直至天理，要他存心养性。不表现出来而有喜怒哀乐的情欲，这是从天理指出人欲，要他反省自察。

> 存养宜冲粹，近春温；
> 省察宜谨严，近秋肃。

【译文】

　　人性的涵养应当平淡而纯净美好，近似于春天般温润；反思自身应当谨严，类似于秋天般庄严肃穆。

就性情上理会，则曰涵养。

就念虑上提撕，则曰省察。

就气质上销熔，则曰克治。

【译文】

从性情上领会就叫涵养。从思想上提醒就叫省察。从气质上销熔就是克治。

果决人似忙，心中常有余闲；

因循人似闲，心中常有余忙。

【译文】

办事果断的人看起来好像忙碌，其实心中常有闲暇；因循苟且的人看起来闲暇，其实心中常有牵念。

寡欲故静，有主则虚。

【译文】

清心寡欲则能让人心平气和，心有主见则处事就会虚心。

无欲之谓圣，寡欲之谓贤，

多欲之谓凡，徇欲之谓狂。

【译文】

没有欲念的称为圣人，欲念少的称为贤人，欲念多的称为凡人，放纵欲念的称为狂人。

人之心胸，多欲则窄，寡欲则宽。
人之心境，多欲则忙，寡欲则闲。
人之心术，多欲则险，寡欲则平。
人之心事，多欲则忧，寡欲则乐。
人之心气，多欲则馁，寡欲则刚。

【译文】

人的心胸欲念多则狭窄，欲念少则心胸宽广。人的心境多欲则忙乱，少欲则悠闲。人的心术多欲则险恶，少欲则和平。人的心事多欲则忧愁，少欲则快乐。人心之气质，多欲则软弱，少欲则刚强。

宜静默，宜从容，宜谨严，宜俭约，四者切己良箴。
忌多欲，忌妄动，忌坐驰，忌旁骛，四者切己大病。
常操常存，得一恒字诀；勿忘勿助，得一渐字诀。

【译文】

宜静心默言，宜从容不迫，宜恭谨严肃，宜勤俭节约，四者都是切身的良言。忌多欲，忌盲动，忌坐驰，忌旁骛，四者都是切身的大病。经常遵循、经常保存切身的箴言，秘诀在于恒久。不要忘记、不要助长切身的毛病，秘诀在于渐进。

敬守此心，则心定；敛抑其气，则气平。

【译文】

严格恪守本分，那么心就安定；收敛抑制心气，则心气就会平和。

五、持躬类

聪明睿知，守之以愚。
功被天下，守之以让。
勇力振世，守之以怯。
富有四海，守之以谦。

【译文】

愚笨保持聪明睿智。以辞让保持盖世的功劳。以怯懦保持震世的勇力。以谦恭保持天下的财富。

> 不与居积人争富，不与进取人争贵，
> 不与矜饰人争名，不与少年人争英俊，
> 不与盛气人争是非。

【译文】

不和囤积财物的人争富裕，不与有企图的人争富贵，不与重视外表的人争声名，不和年轻的人争外貌，不和脾气暴躁的人争是非。

> 富贵，怨之府也。才能，身之灾也。
> 声名，谤之媒也。欢乐，悲之渐也。

【译文】

富贵是生怨的府第。才能是害身的灾患。名气是招谤的媒介。快乐是悲哀的前奏。

> 浓于声色，生虚怯病。
> 浓于货利，生贪饕病。
> 浓于功业，生造作病。
> 浓于名誉，生矫激病。

【译文】

纵情于声色，易生虚怯病。热衷于财利，易生贪狠病。追求功绩，易生造作病。看重名誉，易生有违常情之病。

> 想自己身心，到后日置之何处；
> 顾本来面目，在古时像个甚人。

【译文】

想想自己的身心，到死后该放在哪里？看看真实的面目，在古人中像个什么人？

莫轻视此身，三才在此六尺；
莫轻视此生，千古在此一日。

【译文】

不要轻视自己的身心，才德都蕴藏在身躯之中；不要轻视自己的一生，千古的功业都由此奠定。

醉酒饱肉，浪笑恣谈，却不错过了一日？
妄动胡言，昧理纵欲，讵不作孽了一日？

【译文】

酒醉肉饱，玩笑闲谈，莫非不是白白过了每一天？胡作非为、胡言乱语、违背情理、恣意纵欲，岂不是造孽了每一天？

不让古人，是谓有志；
不让今人，是谓无量。

【译文】

不谦让古人，这叫有志气。不谦让今人，这叫没气度。

一能胜千，君子不可无此小心；
吾何畏彼，丈夫不可无此大志。

【译文】

一能胜千，君子不能没有这样的小心。我为何怕他，男子汉不能没有这样的大志。

怪小人之颠倒豪杰，不知惟颠倒方为小人；
惜君子之受世折磨，不知惟折磨乃见君子。

【译文】

责怪小人为颠倒豪杰之士，而不知只有颠倒的人才是小人；可怜君子受世事折磨，而不知只有在折磨之中才能见到君子。

经一番挫折，长一番识见。
容一番横逆，增一番器度。
省一分经营，多一分道义。
学一分退让，讨一分便宜。
去一分奢侈，少一分罪过。
加一分体贴，知一分物情。

【译文】

经历一番挫折，增长一分见识。遭受一番磨难，增加一分度量。减省一分营私，增多一分道义。学会一分退让，得来一分便宜。舍弃一分奢侈，减少一分罪过。多一分精细体会，就多了解一分物理人情。

不自重者取辱，不自畏者招祸，
不自满者受益，不自是者博闻。

【译文】

不自我爱惜的人就会自取其辱，不自我敬重的人就会招惹灾害，不自我满足的人就会受到益处，不自以为是的人就会博见多闻。

有真才者，必不矜才；
有实学者，必不夸学。

【译文】

有真才能的人一定不矜夸自己的才能，有真学问的人一定不夸耀自己的学问。

盖世功劳，当不得一个矜字；
弥天罪恶，最难得一个悔字。

【译文】

即使有盖世之功，最要不得的是居功自傲；纵然有滔天的罪恶，最难得的是悔过之心。

诿罪掠功，此小人事。
掩罪夸功，此众人事。
让美归功，此君子事。
分怨共过，此盛德事。

【译文】

推诿罪责、争夺功劳，这是小人的行为。掩饰过失、夸耀功劳，这是众人的行为。推辞美誉、谦让功劳，这是君子的行为。分担怨恨、同当罪过，这是德行美盛者的行为。

毋毁众人之名，以成一己之善；
毋没天下之理，以护一己之过。

【译文】

不要诽谤众人的声望来成就个人的好处，不要埋没天下的情理来遮掩自己的过错。

大著肚皮容物，立定脚跟做人。
实处著脚，稳处下手。

【译文】

宽宏大量处事，站稳脚跟做人。踏实的地方落脚，稳当的地方着手。

读书有四个字最要紧，曰阙疑好问；
做人有四个字最要紧，曰务实耐久。

【译文】

读书最要紧的就是勤学好问，做人最要紧的就是实实在在而持之以恒。

事当快意处须转，言到快意时须住。

【译文】

做事到了最得意时要回头，说话到了最得意时要住口。

物忌全胜，事忌全美，人忌全盛。

【译文】

物忌讳完全不败，事忌讳十全十美，人忌讳完美无缺。

尽前行者地步窄，向后看者眼界宽。

【译文】

只向前走的人觉得道路狭窄，向后看看眼界就宽广。

留有余不尽之巧，以还造化。
留有余不尽之禄，以还朝廷。
留有余不尽之财，以还百姓。
留有余不尽之福，以贻子孙。

【译文】

留一些用不尽的巧思以还给自然，留一些用不尽的俸禄以报国家，留一些用不尽的钱财以回报百姓，留一些用不尽的福泽以造福后代。

四海和平之福，只是随缘；
一生牵惹之劳，总因好事。

【译文】

四海和平之幸福，只是随缘。一生牵挂之劳累，总是因为好事。

花繁柳密处拨得开，方见手段；
风狂雨骤时立得定，才是脚跟。

【译文】

花繁柳茂的地方拨得开，才见手段高明。狂风骤雨的时候站得稳，才是立场坚定。

步步占先者，必有人以挤之；
事事争胜者，必有人以挫之。

【译文】

步步抢先的人，必定有人来排挤他。事事争胜的人，必定有人来挫败他。

能改过，则天地不怒，
能安分，则鬼神无权。

【译文】

有过能改则天地不怒，安分守己则鬼神无奈。

言行拟之古人，则德进。
功名付之天命，则心闲。
报应念及子孙，则事平。
受享虑及疾病，则用俭。

【译文】

言行学习古人，那么品行上进。功名听天由命，那么心情悠闲。想到报应会牵连子孙，那么处事公平。忧虑享福会招致疾病，那么财用节俭。

安莫安于知足，危莫危于多言。
贵莫贵于无求，贱莫贱于多欲。
乐莫乐于好善，苦莫苦于多贪。
长莫长于博谋，短莫短于自恃。
明莫明于体物，暗莫暗于昧几。

【译文】

安宁没有什么比知足更安宁，危险没有什么比多话更危险。富贵没有什么比无所求更富贵，贫贱没有什么比多欲望更贫贱。快乐没有什么比好善行更快乐，痛苦没有什么比多贪欲更痛苦。长处没有什么比足智多谋更长，短处没有什么比自恃才能更短。聪明没有什么比体察物情更聪明，昏暗没有什么比昧于事物的先兆昏暗。

能知足者，天不能贫。
能忍辱者，天不能祸。
能无求者，天不能贱。
能外形骸者，天不能病。
能不贪生者，天不能死。
能随遇而安者，天不能困。
能造就人才者，天不能孤。
能以身任天下后世者，天不能绝。

【译文】

能知足的人，上天不能使他贫穷。能忍辱的人，上天不能降灾于他。无所求的人，上天不能使他低贱。能不重形体的人，上天不能令他生病。能不贪生怕死的人，上天不会令他轻死。能安于环境的人，上天不能令他困扰。能造就人才的人，上天不会令他孤立。能担负天下责任的人，上天不会令他绝后。

> 天薄我以福，吾厚吾德以迓之。
> 天劳我以形，吾逸吾心以补之。
> 天厄我以遇，吾亨吾道以通之。
> 天苦我以境，吾乐吾神以畅之。

【译文】

上天在福分上薄待我，我就厚积我的德行来对待它。上天在身体上使我辛劳，我就使我内心安逸来弥补它。上天在际遇中使我危难，我就用我的处世之道来化解它。上天在环境中使我艰苦，我就使我的精神乐观来克服它。

> 吉凶祸福，是天主张。
> 毁誉与夺，是人主张。
> 立身行己，是我主张。

【译文】

吉凶祸福，是老天安排的。毁誉与夺，是别人决定的。立身处世，则是自身决定的。

> 要得富贵福泽，天主张，由不得我；
> 要做贤人君子，我主张，由不得天。

【译文】

要得到富贵福泽，由天主张，由不得我。要做个贤人君子，由我决定，由不得天。

> 富以能施为德，贫以无求为德；
> 贵以下人为德，贱以忘势为德。

【译文】

富有能布施是为德行，而贫穷以无欲为德行；高贵而能礼遇下人为德行，而低贱以轻视权势为德行。

> 护体面，不如重廉耻。
> 求医药，不如养性情。
> 立党羽，不如昭信义。
> 作威福，不如笃至诚。
> 多言说，不如慎隐微。
> 博声名，不如正心术。
> 恣豪华，不如乐名教。
> 广田宅，不如教义方。

【译文】

维护体面，不如重视廉耻。依赖医药，不如培养性情。树立党羽，不如昭示信义。作威作福，不如笃厚诚心。多言说，不如谨慎含而不露。博取声名，不如端正心术。恣意豪华，不如乐于名分教化。扩大田宅，不如教子有方。

> 行己恭，责躬厚，接众和，立心正，
> 进道勇，择友以求益，改过以全身。

【译文】

自己行为要谦恭，要求自身要严格，对待他人要和气，树立观念要正确，接受道理要勇敢，挑选朋友为了有助于自身，改正过错为了让自身完美。

敬为千圣授受真源；
慎乃百年提撕紧钥。

【译文】

恭敬是千百圣人授受的真正根源，谨慎是千百年来教诲的重要关键。

度量如海涵春育，应接如流水行云，
操存如青天白日，威仪如丹凤祥麟，
言论如敲金戛石，持身如玉洁冰清，
襟抱如光风霁月，气概如乔岳泰山。

【译文】

度量要大如海能容纳一切，如春风润育万物。待人接物如行云流水般清白。情操像青天白日般光明。威仪如丹凤呈祥。言论如敲金石般响亮。持身如玉洁冰清般纯洁。胸襟抱负有如和风明月般和蔼。气概则如泰山般崇高。

海阔从鱼跃，天高任鸟飞，
非大丈夫不能如此度量！
振衣千仞冈，濯足万里流，
非大丈夫不能有此气节！
珠藏泽自媚，玉韫山含辉，
非大丈夫不能有此蕴藉！
月到梧桐上，风来杨柳边，
非大丈夫不能有此襟怀！

【译文】

大海辽阔任由鱼儿游跃，蓝天空旷任由鸟儿飞翔，不是大丈夫不会有这样的度量。在千仞山冈振衣，在万里河流洗脚，不是大丈夫不会有这样的气节。水泽蕴藏珍珠自然明媚，高山蕴藏宝玉自有光辉，不是大丈夫不

会有这样的慰藉。明月来到梧桐上，和风来到杨柳边，不是大丈夫不会有
这样的胸怀。

> 处草野之日，不可将此身看得小；
> 居廊庙之日，不可将此身看得大。

【译文】

身处民间的时候，不能把自身看得太渺小；身居朝廷的时候，不能把自
身看得太高大。

> 只一个俗念头，错做了一生人；
> 只一双俗眼睛，错认了一生人。

【译文】

只因为一个庸俗的念头，一生人都做错了事。只因为一双庸俗的眼睛，
一生人都认错了人。

> 心不妄念，身不妄动，口不妄言，
> 君子所以存诚。
> 内不欺己，外不欺人，上不欺天，
> 君子所以慎独。
> 不愧父母，不愧兄弟，不愧妻子，
> 君子所以宜家。
> 不负天子，不负生民，不负所学，
> 君子所以用世。

【译文】

没有不正的念头，没有不宜的动作，没有乱说的话，所以君子的一切
行为皆存诚信。不欺骗自己，不欺侮别人，不欺骗上天，君子独处时益加谨
慎。不愧对父母、兄弟、妻子，君子无愧于家庭。不负国家所托，不愧对百
姓的期望，不辜负自己所学，君子所以致力于社会的责任。

以性分言，无论父子兄弟，
即天地万物，皆一体耳！
何物非我？于此信得及，
则心体廓然矣。
以外物言，无论功名富贵，
即四肢百骸，亦躯壳耳！
何物是我？于此信得及，
则世味淡然矣。

【译文】

就本性来说，不论父子兄弟，还是天地万物，都是一体而已！什么物体不属于我？对这一点想得通，那么身心就豁达了。就外在来说，不论功名富贵，还是四体形骸，也都是躯壳罢了。什么物体属于我？对这一点想得通，那么对世事就处之淡然了。

有补于天地曰功，有关于世教曰名，
有学问曰富，有廉耻曰贵，是谓功名富贵。
无为曰道，无欲曰德，无习于鄙陋曰文，
无近于暧昧曰章，是谓道德文章。

【译文】

有益于天地称为功，有关于名教称为名，有学问为富，有廉耻为贵，这称作功名富贵。无所为称为道，无所欲称为德，为人不鄙陋称为文，处事不含糊称为章，这称作道德文章。

困辱非忧，取困辱为忧；
荣利非乐，忘荣利为乐。

【译文】

困苦受辱不值得忧虑，而自取困辱才值得忧虑；荣耀利益不是真正的快乐，忘掉荣耀利益才是真正的快乐。

> 热闹华荣之境，一过辄生凄凉；
> 清真冷淡之为，历久愈有意味。

【译文】

热闹荣华的光景，一过就产生凄凉之感。纯真淡然的作为，经历越久越有意味。

> 心志要苦，意趣要乐，
> 气度要宏，言动要谨。

【译文】

意志要艰苦，精神要乐观，气度要宏大，言行要谨慎。

> 心术以光明笃实为第一，
> 容貌以正大老成为第一，
> 言语以简重真切为第一。

【译文】

心术要把光明诚实作为第一，仪表要把正大老成作为第一，言语要把简要中肯作为第一。

> 勿吐无益身心之语，
> 勿为无益身心之事，
> 勿近无益身心之人，
> 勿入无益身心之境，
> 勿展无益身心之书。

【译文】

不要说对自己无益的话，不做无益身心的事，不接近无益于自己的人，不进入无益身心的环境，不看无益身心的书籍。

　　此生不学一可惜，此日闲过二可惜，此身一败三可惜。

【译文】

终生不学习是第一可惜，虚度一日是第二可惜，身心败劣是第三可惜。

　　君子胸中所常体，不是人情是天理。
　　君子口中所常道，不是人伦是世教。
　　君子身中所常行，不是规矩是准绳。

【译文】

君子心中经常体察的，不是人情而是天理。君子口中经常称道的，不是人伦而是名教。君子身上经常实行的，不是规章制度而是道德准绳。

　　休诿罪于气化，一切责之人事；
　　休过望于世间，一切求之我身。

【译文】

不要把过失推诿给命运，一切应从人事方面寻求根源。不要责怨世人，一切应从自身寻求原因。

　　自责之外，无胜人之术；
　　自强之外，无上人之术。

【译文】

除自我反省以外，再没有胜过别人的方法；除了自我发愤之外，再没有超过别人的方法。

书有未曾经我读，事无不可对人言。

【译文】

我有还没读过的书，但没有不可告人的事。

闺门之事可传，而后知君子之家法矣；
近习之人起敬，而后知君子之身法矣。

【译文】

家中的事情可以外传，然后可知君子治家之法了。亲近的人对他肃然起敬，然后可知君子为人之法了。

门内罕闻嬉笑怒骂，其家范可知；
座右遍书名论格言，其志趣可想。

【译文】

家门内很少有嬉笑怒骂的声音，可知这一家规矩严格；书桌上有很多座右铭或格言书，可判断此人的志趣。

慎言动于妻子仆隶之间，
检身心于食息起居之际。

【译文】

在妻子、儿女、仆人、随从面前要谨慎自己的言行，在饮食起居的小节中要检点自己的身心。

语言间尽可积德，妻子间亦是修身。

【译文】

在与人交谈中都能够积德，在同妻室子女相处中也能够修身。

昼验之妻子，以观其行之笃与否也；
夜考之梦寐，以卜其志之定与否也。

【译文】
白天从其妻室子女中验证他，来观察他的行为是否笃实。夜晚在睡梦中考察他，来预见他的志向是否坚定。

欲理会七尺，先理会方寸；
欲理会六合，先理会一腔。

【译文】
要了解一个人先了解他的心，要知道世界先知道自身。

世人以七尺为性命，
君子以性命为七尺。

【译文】
世人以七尺身躯为性命，君子则视性命为有限。

气象要高旷，不可疏狂。
心思要缜密，不可琐屑。
趣味要冲淡，不可枯寂。
操守要严明，不可激烈。

【译文】
形象要高大，但不能疏狂。心思要细致，但不能琐屑。趣味要平淡，但不能枯燥平淡。节操要严明，但不能激烈。

聪明者戒太察，
刚强者戒太暴，
温良者戒无断。

【译文】

聪明的人要警戒太精明，刚强的人要警戒太暴躁，温和的人要警戒优柔寡断。

勿施小惠伤大体，毋借公道遂私情。

【译文】

不要施小恩惠而伤害整体，更不可以公济私。

以情恕人，以理律己。

【译文】

以常情宽恕别人，以道理约束自己。

以恕己之心恕人，则全交，
以责人之心责己，则寡过。

【译文】

用宽容自己的心宽容别人就能保全交情，用要求别人的心要求自己就能减少过错。

力有所不能，圣人不以无可奈何者责人；
心有所当尽，圣人不以无可奈何者自诿。

尽力而力有所不及者,圣人不会用没办法的事苟求别人。用心而心有所当尽者,圣人不会用没办法的原因自我推托。

众恶必察,众好必察,易。
自恶必察,自好必察,难。

【译文】

众人的缺点好恶容易察明,但自身的缺点好恶则不易发现。

见人不是,诸恶之根。
见己不是,万善之门。

【译文】

只看到别人的不是,这是各种恶果的根基。只看到自己的不是,这是一切善行的门径。

不为过三字,昧却多少良心!
没奈何三字,抹去多少体面!

【译文】

"不为过"三个字,遮蔽了多少良心!"无奈何"三个字,掩盖了多少体面!

品诣常看胜如我者,则愧耻自增;
享用常看不如我者,则怨犹自泯。

【译文】

常看品行胜过我的人,那么羞耻油然而增。常看享受不如我的人,那么怨天尤人的情绪自然消失。

家坐无聊，亦念食力担夫红尘赤日。
官阶不达，尚有高才秀士白首青衿。

【译文】

　　家中闲坐无聊，不妨想想，有人在为生活而辛劳。官位不能飞黄腾达，想想仍有许多有才能的读书人，人都老了还是青衣。

将啼饥者比，则得饱自乐。
将号寒者比，则得暖自乐。
将劳役者比，则悠闲自乐。
将疾病者比，则康健自乐。
将祸患者比，则平安自乐。
将死亡者比，则生存自乐。

【译文】

　　和挨饿的人相比，就觉得能吃饭就快乐。和寒冷的人相比，能保暖就很快乐。和劳作的人相比，清闲就很快乐。和患病的人相比，只要健康就快乐。和受灾的人相比，只要平安就快乐。和死去的人相比，只要能生存就快乐。

常思终天抱恨，自不得不尽孝心。
常思度日艰难，自不得不节费用。
常思人命脆薄，自不得不惜精神。
常思世态炎凉，自不得不奋志气。
常思法网难漏，自不得不戒非为。
常思身命易倾，自不得不忍气性。

【译文】

　　经常想到如果父母死后终生悲痛不已，就不能不尽孝心。经常想到度日的艰难，就不能不节约费用。经常想到生命脆弱，就不能不爱惜精神。经常想到世态炎凉，就不能不奋发志气。经常想到法网难逃，就不能不戒胡作非为。经常想到身心生命容易毁坏，就不能不忍耐愤懑。

以媚字奉亲，以淡字交友，
以苟字省费，以拙字免劳，
以聋字止谤，以盲字远色，
以吝字防口，以病字医淫，
以贪字读书，以疑字穷理，
以刻字责己，以迂字守礼，
以狠字立志，以傲字植骨，
以痴字救贫，以空字解忧，
以弱字御侮，以悔字改过，
以懒字抑奔竞风，以惰字屏尘俗事。

【译文】

用媚字奉养双亲，用平淡交友，用节简省花费，用朴拙省劳力，用聋字停毁谤，用盲字远色情，用吝字防口舌，用病字医淫荡，用贪字读书，用疑问穷事理，用苟刻责自身，用迂字守礼教，用恒字立志，以傲字培植风骨，以痴愚救贫困，以空无解忧愁，以柔弱御欺侮，以悔字改过错，以懒字抑竞争，以惰字摒世俗。

对失意人，莫谈得意事；
处得意日，莫忘失意时。

【译文】

面对失意的人，不要谈论得意的事情。处在得意的日子，不要忘记失意的时候。

贫贱是苦境，能善处者自乐；
富贵是乐境，不善处者更苦。

【译文】

贫贱是痛苦的际遇，然而能够善于处在这种环境的人自有愉悦。富贵是欢乐的境地，然而不擅长身处其境的人就越加痛苦。

> 恩里由来生害，故快意时须早回头；
> 败后或反成功，故拂心处莫便放手。

【译文】

恩宠里从来埋伏着祸害，因此得意的时候必须及早回头。失败后也许反而能成功，因此不顺心的地方不要轻意放手。

> 深沉厚重，是第一等资质。
> 磊落豪雄，是第二等资质。
> 聪明才辩，是第三等资质。

【译文】

老成持重是第一等品质，光明磊落是第二等品质，聪明辩才是第三等品质。

> 上士忘名，中士立名，下士窃名。

【译文】

上等贤能之士不看重名望，中等凡人追求名望，下等愚人盗取名望。

> 上士闭心，中士闭口，下士闭门。

【译文】

上等贤能之士闭心而不胡思乱想，中等凡人闭口而不胡言乱语，下等愚人闭门而足不出户。

好讦人者身必危，自甘为愚，
适成其保身之智；
好自夸者人多笑，自舞其智，
适见其欺人之愚。

【译文】

喜欢揭人隐私的人，自身必定危险，自乐其愚，正好成为自保其身的智
慧。喜欢自夸的人，别人往往嘲笑他，自己玩弄自己的小聪明，正好看出他
自欺欺人的愚蠢。

闲暇出于精勤，恬适出于祇惧。
无思出于能虑，大胆出于小心。

【译文】

闲暇从精进勤劳中得来，恬适出于危惧；没有烦恼从思虑周密中得来，
大胆自小心中得来。

平康之中，有险阴焉。
衽席之内，有鸩毒焉。
衣食之间，有祸败焉。

【译文】

安康之中，有阴险。枕席之内，有毒害。衣食之间，有祸患。

居安虑危，处治思乱。

【译文】

处于平安的时候要想到危险，处于安定的时候要想到混乱。

天下之势，以渐而成；
天下之事，以积而固。

【译文】

天下的形势，是由逐渐而形成的。天下的事功，是由积累而取得的。

祸到休愁，也要会救；
福到休喜，也要会受。

【译文】

遇到坏事不必愁，只要有方法补救；好事来临也不必欢喜，要会适当地承受。

天欲祸人，先以微福骄之；
天欲福人，先以微祸儆之。

【译文】

天要降祸于人，先用微小的幸福使人骄纵。天要赐福于人，先用微小的祸害使人戒备。

傲慢之人骤得通显，天将重刑之也；
疏放之人艰于进取，天将曲赦之也。

【译文】

傲慢的人忽然显贵，老天将要严厉惩罚他。放任的人艰难进取，老天将会委屈成全他。

小人亦有坦荡荡处，无忌惮是已。
君子亦有长戚戚处，终身之忧是已。

【译文】

小人也有坦然的时候，就是肆无忌惮罢了。君子也有悲戚的时候，就是终身的忧虑罢了。

水，君子也。其性冲，其质白，其味淡。其为用也，可以浣不洁者而使洁。即沸汤者投以油，亦自分别而不相混，诚哉君子也。

油，小人也。其性滑，其质腻，其味浓。其为用也，可以污洁者而使不洁。倘滚油中投以水，必至激搏而不相容，诚哉小人也。

【译文】

君子像水，情性谦冲，本质洁白，味平淡。而他的用处，可以使不洁的东西变清洁，即使在滚烫的热水中放入油，二者亦不会混合，这就是君子的本性。小人像油，本质滑腻，味浓厚。他的用途，可污染清洁之物，若在滚烫的油中放入水，二者必然相激而不相容，这就是小人的本质。

凡阳必刚，刚必明，明则易知；
凡阴必柔，柔必暗，暗则难测。

【译文】

凡是阳性必然刚毅，刚毅必然光明，光明就易于明白。凡是阴性必定软弱，软弱必然阴暗，阴暗就难以预料。

称人以颜子，无不悦者，忘其贫贱而夭；
指人以盗跖，无不怒者，忘其富贵而寿。

【译文】

称人为颜子，没有不高兴的，却忘了颜回贫贱而且短命。称人为盗跖，没有不愤怒的，却忘了盗跖富贵而且长寿。

事事难上难，举足常虞失坠；
件件想一想，浑身都是过差。

【译文】

凡事困难重重，实行时要时常防范失足。凡事细斟酌，难免有许多失误。

　　　　怒宜实力消融，过要细心检点。

【译文】

有怒气要尽力消融；有过错要仔细检讨。

　　　　探理宜柔，优游涵泳，始可以自得；
　　　　决欲宜刚，勇猛奋迅，始可以自新。

【译文】

探究道理应当优柔，从容不迫潜心研究，才能有心得体会。决裂欲念应当果断，勇敢猛烈奋发迅疾，才能悔过自新。

　　　　惩忿窒欲，其象为损，得力在一忍字；
　　　　迁善改过，其象为益，得力在一悔字。

【译文】

警惕愤恨，抑制欲望，其卦象为"损"，得力在于能忍耐。见善思迁，悔过自新，其卦象为"益"，得力在于能改过。

　　　　富贵如传舍，惟谨慎可得久居；
　　　　贫贱如敝衣，惟勤俭可以脱卸。

【译文】

富贵就像旅舍，只有谨慎才能得以久居。贫贱就像破衣，只有勤俭才能得以摆脱。

俭则约，约则百善俱兴；
侈则肆，肆则百恶俱纵。

【译文】

勤俭则有约束，有约束则各种善行兴起；奢侈则放肆，放肆则各种恶行泛滥。

奢者富不足，俭者贫有余；
奢者心常贫，俭者心常富。

【译文】

奢侈的人虽然富贵但不满足，勤俭的人虽然贫困却有富余。奢侈的人内心常常感到贫困，勤俭的人内心常常感到富裕。

贪饕以招辱，不若俭而守廉。
干请以犯义，不若俭而全节。
侵牟以聚怨，不若俭而养心。
放肆以遂欲，不若俭而安性。

【译文】

贪婪饕餮因而遭到羞辱，不如勤俭而操守清廉。求情请托而违背正义，不如勤俭而保全气节。巧取豪夺而积攒怨恨，不如勤俭而涵养性情。恣意放纵而满足欲望，不如勤俭而安守本分。

静坐，然后知平日之气浮。
守默，然后知平日之言躁。
省事，然后知平日之心忙。
闭户，然后知平日之交滥。
寡欲，然后知平日之病多。
近情，然后知平日之念刻。

　　静坐才能知平日浮躁，静默才能知平日言多，少事后才知平日心的忙乱，闭门谢友才知平日交友的浮滥，寡欲清心才知平日疾病多，体贴人情才知平日的苛刻。

> 无病之身，不知其乐也，
> 病生始知无病之乐。
> 无事之家，不知其福也，
> 事至始知无事之福。

【译文】

　　身体健康没病，不知道没病的快乐，生病之后才知道没病的快乐。家庭平安无事，不知道无事的幸福，有事之后才知道无事的幸福。

> 欲心正炽时，一念著病，兴似寒冰；
> 利心正炽时，一想到死，味同嚼蜡。

【译文】

　　欲念正旺时，一想到病，兴致如同寒冰一样消融。利欲正旺时，一想到死，味同嚼蜡一样枉然。

> 有一乐境界，即有一不乐者相对待；
> 有一好光景，便有一不好底相乘除。

【译文】

　　有快乐就有不快乐的一面来抵消，有好的景况即有不好一面相削减。

> 事不可做尽，言不可道尽，
> 势不可倚尽，福不可享尽。

事不能做得太绝，话不能说得太绝，势力不能用尽，福气不能享尽。

> 不可吃尽，不可穿尽，不可说尽；
> 又要懂得，又要做得，又要耐得。

【译文】

不可吃完，不可穿尽，不可说光；又要能懂，又要能做，又要能忍。

> 难消之味休食，难得之物休蓄。
> 难酬之恩休受，难久之友休交。
> 难再之时休失，难守之财休积。
> 难雪之谤休辩，难释之忿休较。

【译文】

难以消化的食物不要吃，难以得到的物品不要蓄积。难以报答的恩惠不要接受，难以经久的朋友不要交往。难以再得的时机不要错失，难以守住的财富不要积聚。难以洗雪的诽谤不要辩驳，难以消释的愤恨不要计较。

> 饭休不嚼便咽，路休不看便走，
> 话休不想便说，事休不想便做，
> 衣休不慎便脱，财休不审便取，
> 气休不忍便动，友休不择便交。

【译文】

饭不要不嚼就咽，路不要不看便走，话不要不想便说，事不要不想便做，衣服不要不慎地脱下，财不要不审慎便拿，气不要不忍便发，朋友不要不选择便交。

为善如负重登山，志虽已确，
而力犹恐不及；
为恶如乘骏走坂，鞭虽不加，
而足不禁其前。

【译文】

做好事就像背重物登山，志向虽然已经确定，但力量还恐怕不能达到。做坏事就像骑骏马下坡，虽然不用加鞭，但马蹄不停向前。

防欲如挽逆水之舟，才歇手，便下流；
为善如缘无枝之树，才住脚，便下坠。

【译文】

防止欲望就如同拉逆水之舟，一停手就朝下流。做善事如同爬无干的树，一歇脚就往下落。

胆欲大，心欲小，智欲圆，行欲方。

【译文】

胆量要宏大，心思要细密，智慧要圆通，行为要方正。

真圣贤，决非迂腐；
真豪杰，断不粗疏。

【译文】

真正的圣贤，绝不是迂腐不化；真正的豪杰也绝不是粗鲁疏漏。

龙吟虎啸，凤翥鸾翔，大丈夫之气象；

蚕茧蛛丝，蚁封蚓结，儿女子之经营。

【译文】

龙吟虎啸，凤飞鸾翔，是大丈夫的景象；像蚕结茧蜘蛛吐丝、蚂蚁封巢、蚯蚓纠结，则是小女孩的玩意。

格格不吐，刺刺不休，总是一般语病，请以莺歌燕语疗之；
恋恋不舍，忽忽若忘，各有一种情痴，当以鸢飞鱼跃化之。

【译文】

吞吞吐吐，喋喋不休，都是一种说话的病态，请以莺歌燕语悦耳之声来治疗它。依依不舍，仿佛而忘，各是一种痴情的病态，应以鸢飞鱼跃的开阔气度来化解。

问消息于著龟，疑团空结；
祈福祉于奥灶，奢想徒劳。

【译文】

想问卜未来，疑团仍旧存在；祈求福祉于鬼神，也是徒劳无用。

谦，美德也，过谦者怀诈；
默，懿行也，过默者藏奸。

【译文】

谦逊是美德，但过于谦逊的人就是心怀诡计；缄默是善行，但过于缄默的人就是胸藏奸诈。

真不犯祸，和不害义。

正直而不冲犯祸害，仁和而不违背道义。

圆融者无诡随之态，精细者无苛察之心，
方正者无乖拂之失，沉默者无阴险之术，
诚笃者无椎鲁之累，光明者无浅露之病，
劲直者无径情之偏，执持者无拘泥之迹，
敏练者无轻浮之状。

【译文】
性情圆融随和的人没有诡诈的神态，精明细心的人没有苛刻审查的心，行为方正的人没有乖戾的行为，沉默的人没有阴险的手段，诚信笃实的人没有无能的牵累，光明正大的人没有肤浅的缺点，刚直的人没有性情上的偏失，果决的人没有拘泥的毛病，达练的人没有轻浮的外貌。

才不足则多谋，识不足则多事，
威不足则多怒，信不足则多言，
勇不足则多劳，明不足则多察，
理不足则多辩，情不足则多仪。

【译文】
才能不足的人就多思虑，学识不足的人就多麻烦，威仪不足的人就多恼怒，诚信不足的人就多言语，勇气不足的人就多辛劳，精明不足的人就多审察，道理不足的人就多争辩，情分不足的人就多礼仪。

私恩煦感，仁之贼也。
直往轻担，义之贼也。
足恭伪态，礼之贼也。
苛察歧疑，智之贼也。
苟约固守，信之贼也。

念念不忘私恩，不利仁的实行。草率从事而不负责任，违背义的准则。过分恭维的虚伪情态，违背了礼的准则。以苛刻为明察而多顾虑，有害于明智。顽守苟且之约，有害于诚信。

> 有杀之为仁，生之为不仁者。
> 有取之为义，与之为不义者。
> 有卑之为礼，尊之为非礼者。
> 有不知为智，知之为不智者。
> 有违言为信，践言为非信者。

【译文】

有杀人是仁，不杀就是不仁。有取得是义，付出就是不义。有鄙视是礼，尊崇就是非礼。有不知是智，知道就是不智。有违背诺言为信，践约就是不信。

> 愚忠愚孝，实能维天地纲常，
> 惜不遇圣人裁成，未尝入室；
> 大诈大奸，偏会建世间功业，
> 倘非有英主驾驭，终必跳梁。

【译文】

愚忠愚孝的人，真能维护天地之间的纲纪伦常，可惜未能遇到圣人裁制成就，故不能登堂入室。大诈大奸的人，偏会建立世间的功业，如果没有明主驾驭，最终必定会叛乱。

> 知其不可见而遂委心任之者，达人智士之见也；
> 知其不可为而亦竭力图之者，忠臣孝子之心也。

【译文】

了解事情不能成功也就放下心任其发展，是豁达明智人士的见解。明知事情不能成功却仍旧竭力想办法，是有忠臣孝子的诚心。

> 小人只怕他有才，有才以济之，贻害无穷；
> 君子只怕他无才，无才以行之，虽贤何补。

【译文】

小人只怕他有才能，有才能来实现他的野心，造成的祸害是无穷无尽的。君子只怕他没有才能，没有才能来实行他的理想，尽管贤惠又有什么益处？

六、处事类

> 处难处之事愈宜宽，处难处之人愈宜厚。
> 处至急之事愈宜缓，处至大之事愈宜平。
> 处疑难之际愈宜无意。

【译文】

处理难处理的事，越应宽大；与不好相处的人在一起，越应宽厚；处理紧急的事，情绪越要和缓；处理重大的事，态度越应平和；处理有疑难的问题，心中越应没有成见。

> 无事时，常照管此心，兢兢然若有事；
> 有事时，却放下此心，坦坦然若无事。
> 无事如有事，提防才可弭意外之变；
> 有事如无事，镇定方可消局中之危。

【译文】

无事的时候，常有心理准备，小心谨慎就像有事一样。有事的时候，却要安下心，就像无事一样从容处之。无事像有事一样提防，才能止息意外的变故。有事像无事一样镇定自若，才能消除局势的危险。

当平常之日，应小事宜以应大事之心应之。
盖天理无小，即目前观之，便有一个邪正。
不可忽慢苟简，须审理之邪正以应之方可。
及变故之来，处大事宜以处小事之心处之。
盖人事虽大，自天理观之，只有一个是非，
不可惊慌失措，但凭理之是非以处之便得。

【译文】

在平常的日子里，处理小事应当按处理大事一样的心态处理。因为天理无论大小，就目前看来，便有一个邪正的分别，不能怠慢苟简，必须审视情理的邪正来对待它才行。等到变故来临的时候，处理大事应当按处理小事一样的心态处理。因为人事虽大，但从天理看来，只一个是非问题，不能惊慌失措，只根据天理的是非来处理它就行。

缓事宜急干，敏则有功；
急事宜缓办，忙则多错。

【译文】

对于眼前不重要的事情也应尽快处理，动作快便有效率；对紧急的事情则应放慢步调，以免忙中出错。

不自反者，看不出一身病痛；
不耐烦者，做不成一件事业。

【译文】

不自我省察的人，看不出自己一身的毛病；没有耐心的人，则不能成就一番事业。

日日行，不怕千万里；
常常做，不怕千万事。

【译文】

天天走路，就不怕走千万里路。常常做事，就不怕做千万件事。

必有容，德乃大；必有忍，事乃济。

【译文】

必须有宽容的度量，仁德才会宏伟；必须有忍耐的毅力，凡事才会成功。

过去事丢得一节是一节，
现在事了得一节是一节，
未来事省得一节是一节。

【译文】

过去的事不必多计较，现在的事能做多少是多少，未来的事不必自寻烦恼。

强不知以为知，此乃大愚。
本无事而生事，是谓薄福。

【译文】

不懂硬是装懂，这就是最大的愚蠢。本来没事而惹事，这叫薄福。

居处必先精勤，乃能闲暇。
凡事务求停妥，然后逍遥。

【译文】

生活工作首先勤快才能有所闲余；所有事务都能处理得当才能自由自在。

天下最有受用，是一闲字，
然闲字要从勤中得来；
天下最讨便宜，是一勤字，
然勤字要从闲中做出。

【译文】

天下最有用的是个"闲"字，但是闲适要从勤快中得到；而天下最占便宜的是个"勤"字，然而勤奋是从闲暇中做出。

自己做事，切须不可迂滞，
不可反复，不可琐碎；
代人做事，极要耐得迂滞，
耐得反复，耐得琐碎。

【译文】

自己做事，切不能拖拖拉拉，不能反反复复，不能琐琐碎碎。替别人做事，极其要耐心地慢慢来，受得了反反复复，受得了琐琐碎碎。

谋人事如己事，而后虑之也审。
谋己事如人事，而后见之也明。

【译文】

在筹划别人的事时好像在筹划自己的事，那么考虑就能全面；在筹划自己的事时就像筹划别人的事，那么预见就能明晰。

无心者公，无我者明。

【译文】

无私心的人公正，无自我的人严明。

置其身于是非之外，而后可以折是非之中；
置其身于利害之外，而后可以观利害之变。

八五四

【译文】

置身于是非之外，评断是非才能客观；置身于利害之外，才能看清利害的变化。

任事者，当置身利害之外；

建言者，当设身利害之中。

【译文】

做事的人，应当置身于利害之外。倡议的人，应当设身于利害之中。

无事时，戒一偷字；

有事时，戒一乱字。

【译文】

没事要戒除苟且敷衍的毛病，有事要避免慌忙错乱。

将事而能弭，遇事而能救，

既事而能挽，此之谓达权，

此之谓才。未事而知来，

始事而要终，定事而知变，

此之谓长虑，此之谓识。

【译文】

能消除将要发生的事，遇到事情而能弥补，事情发生后能挽救，这叫作达权，有才干。知道将来的事，做事有始有终，已成的事能知其中的变化，这叫深思熟虑，有见识。

提得起，放得下，算得到，

做得完，看得破，撇得开。

【译文】

凡事要提得起,算得到,做得完,看得破,撇得开。

救已败之事者,如驭临崖之马,休轻策一鞭;

图垂成之功者,如挽上滩之舟,莫少停一棹。

【译文】

挽救已经失败的事时,好像驾驭临近悬崖的马,不要轻加一鞭。图谋即将成功的事,好像牵引上了沙滩的船,不要暂停一桨。

以真实肝胆待人,事虽未必成功,

日后人必见我之肝胆;

以诈伪心肠处事,人既一时受惑,

日后必见我之心肠。

【译文】

用真诚待人,事情虽不一定成功,日后人们必定了解我的真心诚意;以欺诈的心肠处事,别人一时或许受到迷惑,但日久必见我心肠狡诈。

天下无不可化之人,但恐诚心未至;

天下无不可为之事,只怕立志不坚。

【译文】

天下没有不可教化的人,只是怕诚心不足;天下没有不能做成功的事,只是怕意志不坚定。

处人不可任己意,要悉人之情;

处事不可任己见,要悉事之理。

【译文】

与人相处不能随心所欲，要了解别人的心情。做事不能固执己见，要明白事情的道理。

见事贵乎明理，处事贵乎心公。

【译文】

见事的可贵在于道理明确，处事的可贵在于心能公正。

于天理汲汲者，于人欲必淡。
于私事耽耽者，于公务必疏。
于虚文熠熠者，于本实必薄。

【译文】

追求天理的人，人的欲望必定淡薄。只顾念私事的人，对公务必有所疏漏。追求外表华丽的人，其内在必定轻薄。

君子当事，则小人皆为君子。
至此不为君子，真小人也。
小人当事，则中人皆为小人。
至此不为小人，真君子也。

【译文】

君子在位，那么小人都可变成君子。到此时仍不能成为君子的人，是真正的小人。小人在位，那么中等的人都会变成小人，到此时仍不成为小人的人，是真正的君子。

居官先厚民风，处事先求大体。

为官务必做到先使民风淳朴，处事必先掌握事情的前因后果。

论人当节取其长，曲谅其短；
做事必先审其害，后计其利。

【译文】

评论一个人应当肯定他的长处，原谅他的短处。做事必须首先考虑事情的害处，然后算计事情的好处。

小人处事，于利合者为利，于利背者为害；
君子处事，于义合者为利，于义背者为害。

【译文】

小人处事，以与他的利益相合的为利，与他的利益相违背的为害；君子处事，合于义者则为利，违背义者则为害。

只人情事故熟了，甚么大事做不到？
只天理人心合了，甚么好事做不成？
只一事不留心，便有一事不得其理；
只一物不留心，便有一物不得其所。

【译文】

只要熟悉了人情世故，什么大事做不到？只要符合了天理人心，什么好事做不成？只要一事不留心，就有一事不得其理。只要一物不留心，就有一物不得其所。

事到手，且莫急，便要缓缓想；
想得时，切莫缓，便要急急行。

【译文】

事情到来时，不能着急，要周全考虑解决的办法；想到解决的办法时，不能怠缓，一定要马上果断施行。

　　　　事有机缘，不先不后，刚刚凑巧；
　　　　命若蹭蹬，走来走去，步步踏空。

【译文】

事情的成功有很多机遇，要不早不晚，才能赶上；命运中有挫折，如奔走追逐，只能步步踏空。

七、接物类

　　　　事属暧昧，要思回护他，著不得一点攻讦的念头；
　　　　人属寒微，要思矜礼他，著不得一毫傲睨的气象。

【译文】

属于别人的隐私，要想着回避袒护，来不得一点攻击或揭发其隐私的念头；对待贫寒低微的人，要想着尊重礼遇他，来不得一丝一毫傲慢轻视的态度。

　　　　凡一事而关人终身，纵确见实闻，不可著口；
　　　　凡一语而伤我长厚，虽闲谈酒谑，慎勿形言。

【译文】

只要一件事牵扯到别人一生，即便亲眼目睹，也不能传出去；只要一句话会有损于自己厚实的品格，那么即便是在喝酒嬉戏时闲聊，也要小心不要说出口。

严著此心以拒外诱，须如一团烈火，遇物即烧；
宽著此心以待同群，须如一片阳春，无人不暖。

【译文】

提防自己的良心以抗拒外在的诱惑，必须让自己的心像熊熊烈火一般，碰到外物就能把它融化；要以宽容的良心对待自己的同辈，让大家感到春天阳光般的温暖。

待己当从无过中求有过，非独进德，亦且免患；
待人当于有过中求无过，非但存厚，亦且解怨。

【译文】

对待自己，应当在没有过错时不断地寻找不足，不仅使自己的德业增进，而且能免除祸患；对待他人应当从过错中寻找他的长处，这不但是心存忠厚，而且能化解对方的怨恨。

事后而议人得失，吹毛索垢，不肯丝毫放宽，
试思己当其局，未必能效彼万一；
旁观而论人短长，抉隐摘微，不留些须余地，
试思己受其毁，未必能安意顺承。

【译文】

事后议论别人的过失，吹毛求疵，一丝一毫也不肯放过，试想如果自己是当事人，未必能比得上他万分之一；在一旁对别人说长道短，故意挑剔毛病，不留一点余地，试想如果自己遭人诋毁，未必就能安心安意顺服承受。

遇事只一味镇定从容，虽纷若乱丝，终当就绪；
待人无半毫矫伪欺诈，纵狡如山鬼，亦自献诚。

【译文】

遇到难事以镇定从容的态度面对,即使纷乱不堪,但终能理出头绪;待人没一点奸诈欺骗,即使对方像山鬼般狡猾,终究能献出诚意。

公生明,诚生明,从容生明。

【译文】

公正、诚实、从容不迫都能让人知晓事理。

人好刚,我以柔胜之。
人用术,我以诚感之。
人使气,我以理诚之。

【译文】

别人争强好胜,我便以柔克刚。别人使用心术,我便以诚恳感化他。别人动了怒气,我则以道理折服他。

柔能治刚,遇赤子而贲、育失其勇;
讷能屈辩,逢暗者而仪、秦拙于词。

【译文】

柔能克刚,当大力士孟贲、夏育遇到小孩子时,他们的勇力也无处可用;木讷能制伏辩才,即使像苏秦、张仪一样善辩,当遇到哑巴时,也无计可施。

困天下之智者,不在智而在愚。
穷天下之辩者,不在辩而在讷。
伏天下之勇者,不在勇而在怯。

使天下有智慧的人感到困扰的不是聪明的人，而是愚笨的人。使天下的辩才说不出话的人，不是善辩的人，而是出言迟钝的人。使天下有勇力的人折服的，不是有勇力的人，而是怯懦的人。

以耐事，了天下这多事；
以无心，息天下之争心。

【译文】

用容忍之心了结天下的麻烦事；以淡然之心平息天下争斗之心。

何以息谤？曰无辩；
何以止怨？曰不争。

【译文】

如何平息毁谤？只有不去辩白。如何消释怨恨？只有不去争辩。

人之谤我也，与其能辩，不如能容；
人之侮我也，与其能防，不如能化。

【译文】

别人毁谤我，与其与他辩解，不如宽忍他；别人欺侮我，与其加以提防，不如化解仇怨。

是非窝里，人用口，我用耳；
热闹场中，人向前，我落后。

【译文】

在是非圈里，别人用口说，我用耳朵听；在热闹的场景中，别人向前进，我则往后退。

观世间极恶事，则一咎一愆，尽可优容；
念古来极冤人，则一毁一辱，何须计较！
彼之理是，我之理非，我让之；
彼之理非，我之理是，我容之。

【译文】

看到人世间最邪恶的事，那么一点过错、一桩邪恶，尽可以宽容；想到自古以来那些蒙受冤屈的人，那么一点毁誉、一些羞辱，又何必计较？对方的道理是对的，我的理由是错的，我让对方；对方的理由是错的，我的道理是对的，我宽容对方。

能容小人，是大人；
能培薄德，是厚德。

【译文】

能容忍小人是胸怀宽大的人，能培养些许德便是德。

我不识何等为君子，但看每事肯吃亏的便是；
我不识何等为小人，但看每事好便宜的便是。

【译文】

我不能识别什么样的人是君子，只是看他每件事都肯吃亏便是君子；我不能识别什么样的人是小人，只是看他事事都好占便宜就是小人。

律身唯廉为宜，处世以退为尚。

【译文】

约束自己只有清廉最好，处事要以谦让为好。

以仁义存心，以勤俭治家，以忍让接物。

【译文】

把仁义存于心中，以勤俭治理家政，用忍让的态度为人处世。

径路窄处，留一步与人行；
滋味浓底，减三分让人尝。
任难任之事，要有力而无气；
处难处之人，要有知而无言。

【译文】

路窄的地方，要留一点地方让别人通过；好的味道，要留一些让别人品尝。负责处理困难的事要有力而没有怨言；与难以相处的人在一起，要心中有数而口中不说。

穷寇不可追也，遁辞不可攻也，贫民不可威也。

【译文】

势穷力竭的敌人不能追逼，理屈词穷支吾搪塞的话语不要追根究底，对贫困的民众不可施以威势。

祸莫大于不仇人，而有仇人之辞色；
耻莫大于不恩人，而作恩人之状态。

【译文】

最大的祸害是与人无仇，却摆出一副仇人似的言语神情；最大的羞辱是没有施恩于人，却摆出一副恩人似的姿态。

恩怕先益后损，威怕先松后紧。

【译文】

恩惠最怕先使人获益而后使他受损,威权则怕先宽松然后严厉。

善用威者不轻怒, 善用恩者不妄施。

【译文】

善用威严的人不轻易发怒, 善用恩惠的人不随便施恩。

宽厚者, 毋使人有所恃;
精明者, 不使人无所容。

【译文】

宽宏的人, 不让别人有所倚恃; 聪明的人不使人无地自容。

事有知其当变, 而不得不因者, 善救之而已矣;
人有知其当退, 而不得不用者, 善驭之而已矣。

【译文】

知道事情应该变化, 而不得不因循的人, 只是善于挽救罢了; 知道其人不该用, 而不得不用的, 只是善于驾驭他罢了。

轻信轻发, 听言之大戒之;
愈激愈厉, 责善之大戒也。

【译文】

轻信谣言而随便动怒是听别人说话的大忌, 劝人从善不能用激烈的方法, 否则将事倍功半。

处事须留余地, 责善切戒尽言。

做事要留有余地，劝人行善千万不要把话说尽。

施在我有余之惠，则可以广德；
留在人不尽之情，则可以全交。

【译文】
尽我的能力帮助需要帮助的人，则可以增广德行；把深厚的情意留给对方，则朋友之间的情谊可以持久绵长。

古人爱人之意多，故人易于改过，
而视我也常亲，我之教益易行；
今人恶人之意多，故人甘于自弃，
而视我也常仇，我之言必不入。

【译文】
以前的人教导别人，多出于爱意，所以人乐于改过，关系也亲近，所以教导容易推行；现在的人教导别人，多出于厌恶，所以被教的人宁可自暴自弃，关系也不融洽，所说的话对方也难以接受。

喜闻人过，不若喜闻己过；
乐道己喜，何如乐道人善。

【译文】
喜欢听人说别人的过失，不如喜欢听人说自己的过错；乐于称道自己的优点，哪里比得上乐于称道他人的善行！

听其言，必观其行，是取人之道；
师其言，不问其行，是取善之方。

【译文】

听别人说话，一定还要看他的实际行动，这是挑选人才的方法；学习别人的话，不过问他的行径，这是择善之法。

> 论人之非，当原其心，不可徒泥其迹；
> 取人之善，当据其迹，不必深究其心。

【译文】

议论别人的过失，应当探讨他的动机，不可只局限于他的行为；学习别人的善行，应当根据他的行为，而不必深究他的动机。

> 小人亦有好处，不可恶其人，并没其是；
> 君子亦有过差，不可好其人，并饰其非。

【译文】

小人也有长处，不能因厌恶他的为人而否定他的好处；君子也有过失，不能因欣赏他的为人而掩饰他的过错。

> 小人固当远，然断不可显为仇敌；
> 君子固当亲，然亦不可曲为附和。

【译文】

小人固然应当远离，然而绝不可明显地视他为仇敌；君子固然应该亲近，然而也不可曲意附和。

> 待小人宜宽，防小人宜严。

【译文】

对待小人应当宽厚，防备小人应当缜密。

闻恶不可遽怒，恐为谗夫泄忿；
闻善不可就亲，恐引奸人进身。

【译文】

听到令人厌恶的事，不可急于发怒，恐怕被喜欢背后说别人坏话的人利用来泄私愤。听到好人好事，也不可立即亲近，恐怕让奸猾的人乘机利用。

先去私心，而后可以治公事；
先平己见，而后可以听人言。

【译文】

去除心中的私念，处理公事才能公平；去除心中的成见，才能听得进别人的忠言。

修己以清心为要，涉世以慎言为先。

【译文】

修养自己的心志要以清心寡欲为关键，处事应首先谨慎说话。

恶莫大于纵己之欲，祸莫大于言人之非。

【译文】

罪恶莫过于放纵欲念，祸患莫大于说人缺点。

人生唯酒色机关，须百炼此身成铁汉；
世上有是非门户，要三缄其口学金人。

【译文】

人生的旅途有着酒宴女色等陷阱，必须千锤百炼使自己成为坚强不屈的铁汉；人世上有许多是非纷扰的危险境地，要学金人一般保持沉默。

> 工于论人者，察己常阔疏；
> 狃于评直者，发言多弊病。

【译文】

专门论说别人的长短，对自己的行为则疏于反省；习惯攻击正直的人，所说的话常常错误很多。

> 人情每见一人，始以为可亲，
> 久而厌生，又以为可恶，
> 非明于理，而复体之以情，未有不割席者；
> 人情每处一境，始以为甚乐，
> 久而生厌，又以为甚苦，
> 非平其心，而复济之以养，未有不思迁者。

【译文】

一般人常常在与人交往时，刚开始认为可以亲近，时间久了又认为令人厌恶，除非能明白事理而且又能体察人情，否则没有不断绝交往的；一般人往往每到一处新的环境，刚开始觉得很快乐，时间久了就产生厌烦情绪，又感到很是苦恼，除非心平气和而又加上很深的修养，否则没有不想迁移的。

> 观富贵人，当观其气概，
> 如温厚和平者，则其荣必久，而其厚必昌；
> 观贫贱人，当观其度量，
> 如宽宏坦荡者，则其福必臻，而其家必裕。

【译文】

看富贵人，要看他的气度，如果性情平和，他的荣华才能长久，后代必能昌盛；而看贫贱人，应看他的度量，如果是宽宏大量、心胸坦荡的人，那他的福气必将来临，而家境一定会富裕。

宽厚之人，吾师以养量。
缜密之人，吾师以炼识。
慈惠之人，吾师以御下。
俭约之人，吾师以居家。
明通之人，吾师以生惠。
质朴之人，吾师以藏拙。
才智之人，吾师以应变。
缄默之人，吾师以存神。
谦恭善下之人，吾师以亲师友。
博学强识之人，吾师以广见闻。

【译文】

性情宽厚的人，我要学习他以修养气度。思维缜密的人，我要学习他以练达见识。慈善贤惠的人，我要学习他以领导下属。勤俭节约的人，我要学习他以治理家政。聪明通达的人，我要学习他以增长智慧。朴实的人，我要学习他以不露锋芒。有才能的人，我要学习他以随机应变。沉默的人，我要学习他以保守心计。谦虚而善待下属的人，我要学习他以亲近师友。博闻强记的人，我要学习他以增广见闻。

居视其所亲，富视其所与，达视其所举。
穷视其所不为，穷视其所不取。

【译文】

居家看他所接近的人，富贵看他所施舍的，显达看他所推荐的，困窘看他不做的事，贫苦看他不拿取的。

取人之直，恕其赣。取人之朴，恕其愚。
取人之介，恕其隘。取人之敏，恕其疏。
取人之辩，恕其肆。取人之信，恕其构。

【译文】

择取他的直爽就要宽宥他的傻气，择取他的朴实就要原谅他的愚昧，择取他的固执就要原谅他的狭隘，择取他的有礼就要原谅他的疏漏，择取他的辩才就要原谅他的放肆，择取他的诚信就要原谅他的拘谨。

> 遇刚鲠人，须耐他戾气。
> 遇骏逸人，须耐他妄气。
> 遇朴厚人，须耐他滞气。
> 遇佻达人，须耐他浮气。

【译文】

遇到刚强耿直的人，须要忍耐他的暴躁脾气。遇到才俊而洒脱的人，须要忍耐他的狂妄。遇到朴实憨厚的人，须要忍耐他的拘泥性情。遇到轻薄的人，须要忍耐他虚浮不实的习气。

> 人褊急，我受之以宽宏；
> 人险仄，我平之以坦荡。

【译文】

别人狭隘偏激，我用宽宏大量去忍受宽容；别人奸险狡诈，我用坦荡的胸襟去平定。

> 奸人诈而好名，他行事有确似君子处；
> 迂人执而不化，其决裂有甚于小人时。

【译文】

奸诈的人喜欢声名，他做人处世也有像君子的地方；迂腐固执的人难以理喻，其后果有时比和小人争吵更严重。

> 持身不可太皎洁，一切污辱垢秽，
> 要茹纳得；

处世不可太分明，一切贤愚好丑，
要包容得。

【译文】

修身很难做到过于明白洁净，对于一切丑陋的事物，要能思量、揣度而容忍；为人处世不能太过精明，对于一切贤愚美丑，要能够包容。

宇宙之大，何物不有？
使择物而取之，安得别立宇宙，置此所舍之物？
人心之广，何人不容？
使择人而好之，安有别个人心，复容所恶之人？

【译文】

世界博大，什么事物没有？如果只选择自己所需的物资，怎么能够另立一个世界，搁置所舍弃的东西呢？人心宽广，什么人不能容忍？如果只选择自己喜爱的人接近，怎么能有另外一个人心，再来容纳自己讨厌的人？

德盛者，其心和平，见人皆可取，
故口中所许可者多；
德薄者，其心刻傲，见人皆可憎，
故目中所鄙弃者众。

【译文】

品德高尚的人，他的心性和缓平允，看人都有可取之处，所以他口中所赞许的人很多；道德浅薄的人，他的心性尖刻傲慢，见到他人都觉得可恨，所以他眼中所瞧不起的人很多。

律己宜带秋风，处世须带春风。

【译文】

要求自己须严厉像秋风一般，与人相处要像春风般温暖和煦。

善处身者，必善处世；
不善处世，贼身者也；
善处世者，必严修身；
不严修身，媚世者也。

【译文】

善于对待自己的人，必然善于为人处世；不善于为人处世，则会变成伤害自己的人。善于待人处世的人，必然严于律己；不能严于律己，则会变成随波逐流的人。

爱人而人不爱，敬人而人不敬，
君子必自反也；
爱人而人既爱，敬人而人既敬，
君子益加谨也。

【译文】

爱护别人而别人不爱护自己，尊敬别人而对方不敬重自己，君子就必定会自我反省；爱护别人而别人也爱护自己，尊敬他人而对方也尊敬自己，君子就会更加谦逊谨慎。

人若近贤良，譬如纸一张；
以纸包兰麝，因香而得香。
人若近邪友，譬如一枝柳；
以柳贯鱼鳖，因臭而得臭。

【译文】

与品德贤良的人亲近，好比用纸包兰花、麝香，纸也会发出香味；与邪恶的人交友，好像以柳条串鱼、鳖，柳条也会沾染腥臭味。

人未己知，不可急求其知；

人未己合，不可急与之合。

【译文】

别人还没能与自己相知，不可急于求得他和自己相知；别人还没能与自己情投意合，不可急于与他结交为好友。

落落者难舍，一合便不可离；
欣欣者易亲，乍亲忽然成怨。

【译文】

孤独的人难于和别人深交，一旦深交便不容易离弃。喜乐自得的人容易和别人亲近，但亲近容易，结怨也会在忽然之间。

能媚我者，必能害我，宜加意防之；
肯规予者，必肯助予，宜倾心听之。

【译文】

能讨好我的人，也可能害我，应注意防范；肯规劝我的人，必定能帮助我，他所说的话要仔细听。

出一个大伤元气进士，
不如出一个能积阴德平民；
交一个读破万卷邪士，
不如交一个不识一字端人。

【译文】

培养出一个危害百姓的进士，不如培养出一位能积德行善的平民；结交一个饱读诗书的奸邪之人，不如结交一位一字不识的正派人。

无事时，埋藏了许多小人；

多事时，识破了许多君子。

【译文】

平安无事的时候，很多小人都被掩盖而显露不出来；遭遇多事的时候，很多伪君子便暴露出来而被看穿。

一种人难悦亦难事，只是度量褊狭，不失为君子；
一种人易事亦易悦，这是贪污软弱，不免为小人。

【译文】

有一种人难以取悦也难以相处，只是度量狭隘，但不失为君子；另有一种人容易共事也容易取悦，但是既贪污又软弱，不免为小人。

大恶多从柔处伏，慎防绵里之针；
深仇常自爱中来，宜防刀头之蜜。

【译文】

大的罪恶多潜伏于阴柔的地方，所以要谨慎防范像藏在棉花中的针一样；深仇大恨常因爱而产生，所以要防甜蜜背后的利刃。

惠我者小恩，携我为善者大恩；
害我者小仇，引我为不善者大仇。

【译文】

施惠于我的是小恩，能提携我从善的是大恩；加害于我的是小仇，引诱我做坏事的是大仇。

毋受小人私恩，受则恩不可酬，
毋犯士夫公怒，犯则怒不可救。

不要接受小人暗地里的恩泽,接受了这恩泽将难以酬报。不要触犯士人的公愤,触犯了众怒则将无可救药。

　　喜时说尽知心,到失欢须防发泄;
　　恼时说尽伤心,恐再好自觉羞惭。

【译文】

彼此喜欢时说尽知心话,到了交情破裂时要防止发泄怨气;彼此恼怒时说尽伤心话,恐怕再和好时自己觉得羞惭。

　　盛喜中勿许人物,盛怒中勿答人言。

【译文】

极为高兴时,不要答应别人的要求,以免做不到;愤怒时,不要随便说话,以免说错话而失体面。

　　顽石之中,良玉隐焉。
　　寒灰之中,星火寓焉。

【译文】

顽固的石头中,有美玉隐藏在其中。寒冷的灰烬中,有星火包含在其中。

　　静坐常思己过,闲谈莫论人非。

【译文】

一个人独自静坐时,要常常反省自己的过失;与他人闲聊时,不要讨论别人的是非。

对痴人莫说梦话，防所误也；

见短人莫说矮话，避所忌也。

【译文】

对痴心的人不要说梦想的话，以防止误导他；见到矮小的人不要说矮比高的话，以避免忌讳的言辞。

面谀之词，有识者未必悦心；

背后之议，受憾者常至刻骨。

【译文】

奉承人的话，有见识的人听起来不一定喜悦；在背后议论别人是非，当事人恨之入骨。

攻人之恶毋太严，要思其堪受；

教人以善毋过高，当使其可从。

【译文】

指责别人的过错不要过于严厉，要想想他的承受能力；教导他人为善也不能要求太高，应当使他可以遵从。

互乡童子则进之，开其善也；

阙党童子则抑之，勉其学也。

【译文】

对于缺少教养的孩子就要教他进取，教导他从善；对于教养好的孩子就要防范他的骄傲，激励他刻苦学习。

不可无不可一世之识；

不可有不可一人之心

【译文】

不能没有原则，这是一生的见识；不能有偏见，这是一己的本心。

> 事有急之不白者，缓之或自明，
> 毋急躁以速其戾；
> 人有操之不从者，纵之或自化，
> 毋操切以益其顽。

【译文】

事情有为之着急而难以弄明白的，让它过一段时间或许自然会明白，不要急躁以免加速它的反作用；人有想操纵他却不服从的，放纵他或许他能自己觉悟，不要太急切，以免增加他的顽劣。

> 遇矜才者，毋以才相矜，
> 但以愚敌其才，便可压倒；
> 遇炫奇者，毋以奇相炫，
> 但以常敌其奇，便可破除。

【译文】

遇到以才学自负的人，不要以才学与他相抗衡，只要以愚笨相对，便能胜过；遇到喜欢炫耀新奇的人，不要用新奇的事物与之相比，只要以平常事物相对，便能破除他的炫耀。

> 直道事人，虚衷御物。

【译文】

以诚恳率直与人来往，以胸无偏见料理事物。

不近人情，举足尽是危机；
不体物情，一生俱成梦境。

【译文】

如果不合乎人情世故，凡事都会遇到危机；如果不体会自然规律，一生都会成为虚幻梦境。

己性不可任，当用逆法制之，
其道在一忍字；
人性不可拂，当用顺法调之，
其道在一恕字。

【译文】

凡事不可任性，克制任性的方法在于一个"忍"字；人性不能违背，要通顺人情，方法在一个"恕"字。

仇莫深于不体人之私，而又苦之；
祸莫大于不讳人之短，而又奸之。

【译文】

仇怨没有什么深于不体谅他人的隐私，而又使其困苦。祸害没有什么大于不避讳别人的短处，而又加以攻击。

辱人以不堪必反辱；伤人以己甚必反伤。

【译文】

羞辱别人达到令人不能忍受的地步定会让自己反遭耻辱；伤害别人达到极重的程度定会让自己反遭伤害。

处富贵之时，要知贫贱的痛痒；
值少壮之日，须念衰老的辛酸。

【译文】

身处大富大贵的境地时，要了解贫困卑贱者的痛苦感受；正当年轻力壮的年华时，须想到年老体弱的辛酸。

入安乐之场，当体患难人景况；
居旁观之地，务悉局内人苦心。

【译文】

在欢乐场中，要体念受苦人的景况；当自己处于旁观者的立场，要想到当事者所费的苦心。

临事须替别人想，论人先将自己想。

【译文】

遇到事情必须先替别人着想，议论别人时应当先将自己想想。

欲胜人者先自胜，欲论人者先自论，
欲知人者先自知。

【译文】

想要超过别人，先要战胜自己；想要谈论别人，先要评论自己；想要知晓别人，先要知晓自己。

待人三自反，处事两如何。

【译文】

待人须不断反省自己，处世要仔细思量言行。

> 待富贵人，不难有礼而难有体；
> 待贫贱人，不难有恩而难有礼。

【译文】

对待富贵的人，做到有礼不难，难在是否得体；对待贫贱的人，做到有恩不难，难在是否有礼。

> 对愁人勿乐，对哭人勿笑，
> 对失意人勿矜。

【译文】

对忧愁的人不要显露快乐，对伤心的人不要展露笑容，对失意的人不要表现得意。

> 见人背语，勿倾耳窃听。
> 入人私室，勿侧目旁观。
> 到人案头，勿信手乱翻。

【译文】

见到有人背后议论，不要去侧耳偷听。进入别人私房内，不要四处张望。在别人桌子前，不要随手乱翻。

> 不蹈无人之室，不入有事之门，
> 不处藏物之所。

【译文】

不迈进没有人的房间，不进入有是非的地方，不停留在贮存物品的场所。

俗语近于市，纤语近于娼，
诨语近于优。

【译文】

低俗的言语像市俗的人所说，挑逗的言语像娼门的人所说，嬉笑的言语像唱戏的人所说。

闻君子议论，如啜苦茗；
森严之后，甘芳溢颊；
闻小人诌笑，如嚼糖霜；
爽美之后，寒泀凝胸。

【译文】

听君子的议论，像喝苦茶，苦涩之后，甜美芳香充溢于面颊；听到小人诌媚的言语，像吃糖霜一样，清爽甜美过后，便觉寒冷充塞胸中。

凡为外所胜者，皆内不足；
存为邪所夺者，皆正不足。

【译文】

凡凭外表的东西取胜的，大都是内在的东西缺乏；凡被邪恶所压倒的，大都正气不足。

存乎天者，于我无与也；
穷通得丧，吾听之而已。
存乎我者，于人无与也；
誉毁是非，吾置之而已。

【译文】

由上天掌握的命运，我无法参与决定，穷困通达或得失，一切顺其自然；我自己能掌握的事情，他人没法决定，誉辱是非，一切随它罢了。

小人乐闻君子之过，君子则耻闻小人之恶。

【译文】

小人喜欢听到君子的过失，君子则耻于听到小人的恶行。

慕人善者，勿问其所以善，
恐拟议之念生，而效法之念微矣！
济人穷者，勿问其所以穷，
恐憎恶之心生，而恻隐之心泯矣！

【译文】

钦佩他人的善行，不要问他为什么从善，唯恐自己行动之前的杂念产生，而仿效为善的念头消减！救助贫穷的人，不要问他为什么贫穷，恐怕憎恶感产生，而同情心消灭！

时穷势蹙之人，当原其初心；
功成名利之士，当观其末路。

【译文】

对处境穷困情势迫促的人，应当推究他的初衷；对功成名就的人，应当观察他的结局。

踪多历乱，定有必不得已之私；
言到支离，才是无可奈何之处。

经历许多挫折，一定有迫不得已的苦衷；没有办法把话表达完整，才是无可奈何的地方。

惠不在大，在乎当厄；
怨不在多，在乎伤心。

【译文】

恩惠不在大小，而在于能够及时救助穷困；怨恨不在多少，而在于伤心的程度。

毋以小嫌疏至戚，毋以新怨忘旧恩。

【译文】

不要由于细小的嫌疑，而疏远最亲密的亲友，不要由于新积的怨恨，而忘却以前的恩情。

两惠无不释之怨，两求无不合之交，
两怒无不成之祸。

【译文】

各让一步，没有不能释怀的怨恨；两方都求全，没有不能和好的交情；双方都愤怒，灾祸是难免了。

古之名望相近，则相得，
今之名望相近，则相妒。

【译文】

古时候名望相当的人一接近就相得益彰，现今名望相当的人一接近就相互嫉妒。

八、敦品类

欲做精金美玉的人品，定从烈火中锻来；
思立揭地掀天的事功，须向薄冰上履过。

【译文】

要成为精金美玉一样的人物，一定要从烈火中锻炼出来。要想建立翻天覆地的事业，必须像踩着薄冰一样谨慎。

人以品为重，若有一点卑污之心，
便非顶天立地汉子；
品以行为主，若有一件愧怍之事，
即非泰山北斗品格。

【译文】

为人以品格为重，如有一点卑贱污秽的思想，便不是顶天立地的汉子。人品以行事为主，如有一件羞耻惭愧的事情，就不是泰山北斗的品格。

人争求荣乎，就其求之之时，
已极人间之辱；
人争恃宠乎，就其恃之之时，
已极人间之贱。

【译文】

人都追求荣华富贵，但就在求到的同时，已极尽人间的耻辱；人都争求攀附权贵，但就在恃宠而骄的时刻，已极尽人间的卑贱。

丈夫之高华，只在于功名气节；
鄙夫之炫耀，但求诸服饰起居。

大丈夫的高贵，就在于功名气节。庸俗人的炫耀，只求之于衣服饮食起居。

> 阿谀取容，男子耻为妾妇之道；
> 本真不凿，大人不失赤子之心。

【译文】

阿谀逢迎、取悦于人，是妇人之道，大丈夫耻于妇人之道。坚守本真、不事雕琢，是童子之心，大人仍不失童子之心。

> 君子之事上也，必忠以敬，其接下也，必谦以和。
> 小人之事上也，必谄以媚，其待下也，必傲以忽。

【译文】

君子对待比自己地位高的人必定忠敬，对比自己地位低的人必然谦虚和气。小人则相反，对上阿谀奉承，对下则傲慢无礼。

> 立朝不是好舍人，自居家不是好处士；
> 平素不是好处士，由小时不是好学生。

【译文】

朝廷上不是好舍人，在家乡也不是好处士。平常不是好处士，从小的时候就不是好学生。

> 做秀才如处子，要怕人。
> 既入仕如媳妇，要养人。
> 归林下如阿婆，要教人。

当做学生时应像处女，要害怕别人。进入仕途之后像媳妇，要养育别人。隐居山林之下像阿婆，要教育别人。

贫贱时，眼中不著富贵，他日得志必不骄；
富贵时，意中不忘贫贱，一旦退休必不怨。

【译文】

贫贱之时，眼中不羡慕富贵，他日得志之时必定不骄傲。富贵之时，心中不忘记贫贱，一旦退休之后必定不怨恨。

贵人之前莫言贱，彼将谓我求其荐；
富人之前莫言贫，彼将谓我求其怜。

【译文】

在有地位的人面前不要诉说自己的卑贱，否则他会认为在要求他推荐；在富有的人面前不要说自己的贫困，否则他会认为在求他可怜。

小人专望人恩，恩过辄忘。
君子不轻受人恩，受则必报。

【译文】

小人只期望别人的恩惠，但受恩之后就忘记。君子不轻易接受别人的恩惠，一受恩就必定报答。

处众以和，贵有强毅不可夺之力；
持己以正，贵有圆通不可拘之权。

【译文】

以和缓的态度与众人相处，贵在坚定不可改易的原则性。以方正的态度严格要求自己，贵在变通不可拘泥的灵活性。

> 使人有面前之誉，不若使人无背后之毁；
> 使人有乍处之欢，不若使人无久处之厌。

【译文】

在别人面前受称赞，不如背后没有人说坏话；与人相处能一见如故，不如与人长久来往而不使对方厌恶。

> 媚若九尾狐，巧如百舌鸟，
> 哀哉羞此七尺之躯！
> 暴同三足虎，毒比两头蛇，
> 惜乎坏尔方寸之地！

【译文】

谄媚像九尾狐狸，灵巧像百舌鸟，可悲啊，羞辱了这七尺的身躯！暴戾如三脚老虎，恶毒如两头蛇，可惜啊，败坏了你方寸的心地。

> 到处伛偻，笑伊首何仇于天？何亲于地？
> 终朝筹算，问尔心何轻于命？何重于财？

【译文】

到处卑躬屈膝，嘲笑你的头，为什么对天怨恨？为什么对地亲密？整天运筹算计，敢问你的心，为什么忽视生命？为什么重视财物？

> 富儿因求宦倾资，污吏以黩货失职。

【译文】

富裕子弟因求官职而解囊倾资，贪污官吏因贪图钱财而丧失职责。

亲兄弟析箸，璧合翻作瓜分；

士大夫爱钱，书香化为铜臭。

【译文】

亲兄弟不和睦，家产像瓜一样被切开；士大夫爱钱，不读书却追逐钱财。

士大夫当为子孙造福，不当为子孙求福。谨家规，崇俭朴，教耕读，积阴德，此造福也。广田宅，结姻援，争什一，鬻功名，此求福也。造福者淡而长，求福者浓而短。

【译文】

士大夫应当为子孙造福，不应当为子孙求福。严谨家规，崇尚俭朴，教导耕田读书，累积阴德，这就是造福。扩大田地住宅，缔结裙带关系，争夺利益，买卖功名，这就是求福。造福的平淡而长久，求福的浓烈而短暂。

士大夫当为此生惜名，不当为此生市名。敦诗书，尚气节，慎取与，谨威仪，此惜名也。竞标榜，邀权贵，务矫激，习模棱，此市名也。惜名者，静而休；市名者，躁而拙。

士大夫当为一家用财，不当为一家伤财。济宗党，广束脩，救荒歉，助义举，此用财也。靡苑囿，教歌舞，奢燕会，聚宝玩，此伤财也。用财者，损而盈；伤财者，满而覆。

【译文】

士大夫应当为自己的一生爱惜名誉，不应当为这一生沽名钓誉。研治诗书，崇尚气节，谨慎取与，严肃威仪，这是爱惜名誉。竞相标榜，攀附权贵，力求清高避俗，习惯模棱两可，这是沽名钓誉。爱惜名誉的人，依靠内心安静集中来修养身心，只为求取功名的人，虽然名噪一时而显得拙劣低俗。士大夫应当为一家用财，不应当为一家伤财。捐助乡亲，投资教育，救济灾荒，资助善事，这是用财。用财的人，虽然有开支但仍有盈余。伤财的人，虽然初始圆满无损，但最终必定倾家荡产。

士大夫当为天下养身，不当为天下惜身。省嗜欲，减思虑，戒忿怒，节饮食，此养身也。规利害，避劳怨，营窟宅，守妻子，此惜身也。

【译文】

做官的人应为肩负天下重任而养身，而不是为天下惜身。省却嗜好欲念，减除烦恼忧虑，戒除愤怒，节制饮食，这就是养身。计较得失利益，规避辛劳仇怨，营造住宅房舍，以妻子儿女为重，这就是惜身。

养身者，啬而大；惜身者，丰而细。

【译文】

养身的人，尽管吝啬但也大方；惜身的人，尽管丰厚但也苛细。

九、惠言类

圣人敛福，君子考祥。
作德日休，为善最乐。

【译文】

圣人约束自己的福禄，君子成就他人的吉祥。修养德性每日不间断，做好事心情最为快乐。

开卷有益，作善降祥。

【译文】

读书有好处，作善得吉祥。

崇德效山，藏器学海。

群居守口，独坐防心。

【译文】
推崇德行要效法高山立场坚定，储藏才能要学习大海胸怀宽广。众人相聚时要谨慎说话，独自静坐时要防止胡思乱想。

知足常乐，能忍自安。

【译文】
懂得满足就能快乐，能忍耐一时之气便能保平安。

穷达有命，吉凶由人。

【译文】
穷困发达是命中注定，而吉凶祸福却是自己掌握。

以镜自照见形容，以心自照见吉凶。

【译文】
自己照镜子能够看到五官长相，用心做镜子便能见吉凶祸福。

善为至宝，一生用之不尽；
心作良田，百世耕之有余。
世事让三分，天高地阔；
心田培一点，子种孙收。

【译文】
善良是最珍贵的宝物，一生都用它不尽。以善心做良田，后代百世都耕种不完。凡事能退让三分，天高地阔；心田培养善念，子孙自有收获。

要好儿孙，须方寸中放宽一步。
欲成家业，宜凡事上吃亏三分。

【译文】

要有贤良的子孙，须有宽容之心。要成家立业，凡事无须太计较。

留福与儿孙，未必尽黄金白镒。
种心为产业，由来皆美宅良田。

【译文】

遗留福泽给儿孙，未必都是黄金白银。以播种善心作为产业，永远都会有美宅良田。

存一点天理心，不必责效于后，子孙赖之；
说几句阴骘话，纵未尽施于人，鬼神鉴之。

【译文】

心留一点天理良心，不必即刻见效，而后代自会得福。讲几句公道话，即便没有完全施恩他人，上天自会知道。

非读书，不能入圣贤之域；
非积德，不能生聪慧之儿。

【译文】

不读书，便不能进入圣贤的领域；不积德，便不能养育聪明的儿女。

多积阴德，诸福自至，是取决于天。
尽力农事，加倍收成，是取决于地。

善教子孙，后嗣昌大，是取决于人。
事事培元气，其人必寿；
念念存本心，其后必昌。

【译文】

多做好事，福气自来，这是上天决定的。努力耕种，加倍收获，是土地所决定的。教导子孙做善事，后代兴盛，是人所决定的。凡事培养精力，人自然长寿；每每存念善心，后代一定兴旺。

勿谓一念可欺也，须知有天地鬼神之鉴察。
勿谓一言可轻也，须知有前后左右之窃听。
勿谓一事可忽也，须知有身家性命之关系。
勿谓一时可逞也，须知有子孙祸福之报应。

【译文】

不要有一点欺人的念头，要知道天地能明察一切。不要随便说每一句话，要知道前后左右会偷听。不要忽视每一件小事，要知道有时可能关系到身家性命。不要只为逞一时之快，要知道子孙会有祸福的报应。

人心一念之邪，而鬼在其中焉，
因而欺侮之，播弄之，昼见于形象，
夜见于梦魂，必酿其祸而后已。
故邪心即是鬼，鬼与鬼相应，
又何怪乎！
人心一念之正，而神在其中焉，
因而鉴察之，呵护之，上至于父母，
下至于儿孙，必致其福而后已。
故正心即是神，神与神相亲，
又何疑乎！

【译文】

人的心中有一丝邪念，而鬼怪就在心中产生，于是鬼怪欺侮你，干扰你，让你白天精神恍惚，晚上做梦也会见到，必定等到祸事发生才停止。所以邪念就是鬼，鬼与鬼相呼应，又有什么可奇怪的呢！人的心中有一个刚正的念头，而神灵就在心中产生，于是神灵就鉴察你、呵护你，上从父母，下至子孙，必定受神的赐福才停止。所以刚正的心念就是神，神与神相亲，又有什么可怀疑的呢！

终日说善言，不如做了一件；
终身行善事，须防错了一件。
物力艰难，要知吃饭穿衣，谈何容易！
光阴迅速，即使读书行善，能有几多？

【译文】
　　每天说好话，不如做一件善事；一辈子做善事，要防备做错一件事。人力、物力艰难，要知道吃饭、穿衣的不容易；时间过得很快，就是读书、做善事又能做多少。

只字必惜，贵之根也。
粒米必珍，富之源也。
片言必谨，福之基也。
微命必护，寿之本也。

【译文】
　　珍爱片言只字，是达贵的根本；珍惜米粒，是富贵的根源；说话谨慎，是祈福的基础；爱护细小的生命，是长寿的本源。

作践五谷，非有奇祸，必有奇穷；
爱惜只字，不但显荣，亦当延寿。

【译文】
　　浪费粮食，即使没有特别的灾祸，也必定会有极端的贫穷；爱惜每一个文字，不但能荣华富贵，当然也能够益寿延年。

茹素，非圣人教也；好生，则上天意也。

【译文】
吃素不是圣贤所教导的，珍爱生命则是上天的本意。

仁厚刻薄，是修短关。
谦抑盈满，是祸福关。
勤俭奢惰，是贫富关。
保养纵欲，是人鬼关。

【译文】
仁厚或刻薄，是人的性命关。谦虚或骄傲，是人的福祸关。勤俭或奢惰，是人的贫富关。养生或纵欲，是人的生死关。

造物所忌，日刻日巧；
万类相感，以诚以忠。
做人无成心，便带福气；
做事有结果，亦是寿征。

【译文】
上天所忌讳的，是刻薄取巧。万物相感应的，是诚意与忠心。做人没有成见，便带来福气。做事有始有终，也是长寿的征兆。

执拗者福轻，
而圆通之人，其福必厚；
急躁者寿夭，
而宽宏之士，其寿必长。

顽固的人福分少，豁达的人福分多；暴躁的人寿命短，宽厚的人寿命长。

谦卦六爻皆吉，恕字终身可行。

【译文】

谦卦六爻都显示吉祥，恕字终身可以通用。

作本色人，说根心话，干近情事。

【译文】

做真我，说真话，干合乎情理的事。

一点慈爱，不但是积德种子，
亦是积福根苗。试看哪有不慈爱底圣贤？
一念容忍，不但是无量德器，
亦是无量福田。试看哪有不容忍底君子？

【译文】

一点慈爱之心，不但是积德的种子，也是积福的根苗。看看哪有不慈爱的圣贤？一点容忍之怀，不但是无量的德器，也是无量的福田。试看哪有不宽容的君子？

好恶之念，萌于夜气，息之于静也；
恻隐之心，发于乍见，感之于动也。

【译文】

人的善恶念头，萌发于夜深人静时，而隐藏于静处；怜悯之心，发于一刹那间，而有所动作。

塑像栖神，盍归奉亲；
造院居僧，盍往救贫。

【译文】

塑造佛像，供奉神灵，何不回家奉养父母？建造寺院，施舍僧人，何不前去救助贫困？

费千金而结纳势豪，孰若倾半瓢之粟，以济饥饿！
构千楹而招来宾客，何如葺数椽之茅，以庇孤寒！
悯济人穷，虽分文升合，亦是福田；
乐与人善，即只字片言，皆为良药。

【译文】

耗费金钱结交权贵，何不拿出半瓢粮食去救济饥饿的人！花钱盖大房子招待宾客，何不盖几间茅屋以保护无家的人。救助贫困，虽表达一点心意，就是福田；与人为善，说几句忠言，都是良药。

谋占田园，决生败子；
尊崇师傅，定产贤郎。

【译文】

谋求侵占他人田园，必定生出败家子孙；尊重崇敬先学师长，必能生出贤良后代。

平居寡欲养身，临大节则达生委命；
治家量入为出，干好事则仗义轻财。

【译文】

平时少欲养心，面临生死关头则豁达坦荡；治理家庭用钱节省，做善事时重义轻财。

善用力者就力，善用势者就势，
善用智者就智，善用财者就财。

【译文】

善于运用力量的人就发挥力量，善于运用权势的人就顺应大势，善于运用智慧的人就利用机智，善于运用财物的人就管理财物。

身世多险途，急须寻求安宅；
光阴同过客，切莫汩没主翁。

【译文】

人世间多险路，必须寻求平安之处；光阴似箭，千万不要虚度此生。

最怕生平坏心术，毕竟主司有眼，如见心田。

【译文】

最怕平素心术不正，毕竟主考官具有眼力，如同看见内心世界。

天下第一种可敬人，忠臣孝子。
天下第一种可怜人，寡妇孤儿。
孝子百世之宗，仁人天下之命。

【译文】

世间最可畏的人是忠臣孝子，最可怜的人是寡妇孤儿，孝子是百代宗师，仁人是天下之本。

形之正，不求影之直而影自直。
声之平，不求响之和而响自和。
德之崇，不求名之远而名自远。

【译文】

　　形体端正，不必求影子正直而影子自然正直。声音平和，不必求响声应和而响声自然应和。道德崇高，不必求声名远播而声名自然远播。

　　　　　有阴德者，必有阳报；
　　　　　有隐行者，必有昭名。

【译文】

　　积阴德，必有好的回报；暗中做好事，必有显扬的声名。

　　　　施必有报者，天地之定理，仁人述之以劝人；
　　　　施不望报者，圣贤之盛心，君子存之以济世。

【译文】

　　施惠必有善报，是天地间不变的道理，仁人用这种道理来劝人；施惠不求回报，是圣贤的宽广胸怀，君子用这种胸怀来济世。

　　　　面前的理路要放得宽，使人无不平之叹；
　　　　身后的惠泽要流得远，令人有不匮之思。

【译文】

　　自己跟前讲道理的路要宽广，不让别人有不公平的哀叹；留给后人的恩惠要长久，让人有心怀不尽的思念。

　　　　　不可不存时时可死之心，
　　　　　不可不行步步求生之事。
　　　　　做恶事，须防鬼神知，
　　　　　干好事，莫怕旁人笑。

【译文】

不能不存随时会死的心，不能不小心求生存。做坏事提防鬼神知道，做好事不怕别人笑话。

> 吾本薄福人，宜行惜福事；
> 吾本薄福人，宜行积德事。
> 薄福者必刻薄，刻薄则福愈薄矣；
> 厚福者必宽厚，宽厚则福益厚矣。

【译文】

我本是福分浅薄的人，应该多做珍惜福分的事。我本是德行浅薄的人，应该多做积累德行的事。福分浅薄的人必定刻薄，愈刻薄则福气愈少；福分厚的人必定宽厚，愈宽厚则福分愈多。

> 有工夫读书，谓之福。
> 有力量济人，谓之福。
> 有著述行世，谓之福。
> 有聪明浑厚之见，谓之福。
> 无是非到耳，谓之福。
> 无疾病缠身，谓之福。
> 无尘俗撄心，谓之福。
> 无兵凶荒歉之岁，谓之福。

【译文】

有时间读书，有力量助人，有著作发行，有聪明见识，没有是非，身体没有疾病，没有烦心的事以及没有荒年等都是福气。

> 从热闹场中，出几句清冷言语，便扫除无限杀机；
> 向寒微路上，用一点赤热心肠，自培植许多生意。

【译文】

在纷繁复杂的场合中，说几句冷静的公道话，便能化解许多矛盾；对贫寒处境中的人，用一点真诚的爱心，自能培养许多生机。

入瑶树琼林中皆宝，有谦德仁心者为祥。

【译文】

进入宝山之中全部都是宝，有谦逊的美德、仁爱之心肠的人为吉祥。

谈经济外，宁谈艺术，可以给用。
谈日用外，宁谈山水，可以息机。
谈心性外，宁谈因果，可以劝善。

【译文】

金钱以外，谈谈艺术，可受用许多；生活以外，聊聊山水，可去机巧之心；人性之外，说些因果报应，可助人为善。

艺花可以邀蝶，垒石可以邀云，
栽松可以邀风，植柳可以邀蝉，
贮水可以邀萍，筑台可以邀月，
种蕉可以邀雨，藏书可以邀友，
积德可以邀天。

【译文】

养花可以招来蝴蝶，堆石可以招来云雾，栽松树可以招来清风，植柳树可以招来鸣蝉，贮泉水可以植浮萍，筑高台可以揽明月，种芭蕉可以听雨声，藏图书可以交朋友，积阴德可以得天眷。

昨德日休，是谓福地；
居易俟命，是谓洞天。

修身养性不停息是有福的境界，顺其自然以安命是洞察天机。

心地上无波涛，随在皆风恬浪静；
性天中有化育，触处见鱼跃鸢飞。

【译文】
心境平静没有波浪，自然处处都风平浪静；天性得到教育化导，到处可见鱼跃鹰飞。

贫贱忧戚，是我分内事，
当动心忍性，静以俟之，
更行一切善，以斡转之；
富贵福泽，是我分外事，
当保泰持盈，慎以守之，
更造一切福，以凝承之。

【译文】
贫困多忧是我分内的事，要忍耐，更要努力做善事以等待机会；富贵荣华是我分外的事，得到后应谨慎保有，更要做好事，使福泽能持久。

世网那能跳出，但当忍性耐心，
自安义命，即网罗中之安乐窝；
尘务岂能尽捐，唯不起炉作灶，
自取纠缠，即火坑中之清凉散也。

【译文】
人世罗网，怎能跳得出来？只是应当有忍性和耐心，自己随遇而安，这就是世网中的安乐窝；世俗杂务，哪里能丢得光？只要不"另起炉灶"，不自寻烦恼，就是火坑中的清凉剂。

热不可除，而热恼可除，秋到清凉台上；
穷不可遣，而穷愁可遣，春生安乐窝中。

【译文】

气候炎热不能清除，但忧愁能够清除，清凉台上溢满秋意；贫困不能排遣，但烦闷能够排遣，安乐窝中布满生机。

富贵贫贱，总难称意，知足即为称意；
山水花竹，无恒主人，得闲便是主人。

【译文】

富贵贫贱难以令人满意，若知足就能称心如意；自然美景没有永久的主人，得到闲暇观赏便是主人。

要足何时足，知足便足；
求闲不得闲，偷闲即闲。

【译文】

要追求满足，什么时候才能得到满足？能知足便是满足。要寻求闲暇，但结果总是不得闲暇，能忙里偷闲就是闲。

知足常足，终身不辱；
知止常止，终身不耻。

【译文】

知足即能永远满足，而终身不受羞辱；懂得进退，终身没有羞辱。

急行缓行，前程总有许多路；
逆取顺取，命中只有这般财。

走得急速或走得缓慢，面前总有许多路要走；不该取的或应该取的，命中就只有这些钱财。

理欲交争，肺腑成为吴越；
物我一体，参商终是弟兄。

【译文】

天理与人欲交战，胸中就是战场；万物与自己成为一体，即使距离像参星和商星那样遥远，也可以成为兄弟。

以积货财之心积学问，以求功名之心求道德，
以爱妻子之心爱父母，以保爵位之心保国家。

【译文】

用积攒钱财的心积累学问，用求功名的心求道德，用爱妻子和儿女的心爱父母，用保官位的心保国家。

移作无益之费以作有益，则事举。
移乐宴乐之时以乐讲习，则智长。
移信异端之意以信圣贤，则道明。
移好财色之心以好仁义，则德立。
移计利害之私以计是非，则义精。
移养小人之禄以养君子，则国治。
移输和戎之赀以输军国，则兵足。
移保身家之念以保百姓，则民安。

【译文】

把花在无益事情中的经费改做有益的事，那么事业就会成功。把耗费在饮酒作乐的时光改做研读学问，那么才智就会增长。把信奉异端邪说的心念改做信奉圣贤，那么道路就会明晰。把追求金钱、美色的心思改做崇尚

仁义，那么道德就会树立。把计较利害的私心改为明辨是非，那么义理就会精明。把供养小人的俸禄改做培养君子，那么国家就会得以治理。把抵御私敌的勇气改做抵御公敌，那么军队就会强大。把保护自己一家的念头改做保护百姓，那么人民就会得以安乐。

做大官底，是一样家数。
做好人底，是一样家数。

【译文】

做大官不失做好人本色，做好人一样能做大官事业，这才是最上等的治家方法。

潜居尽可以为善，何必显宦！
躬行孝悌，志在圣贤，
纂述先哲格言，刊刻广布，
行见化行一时，泽流后世，
事业之不朽，蔑以加焉。
贫贱尽可以积福，何必富贵！
存平等心，行方便事，
效法前人懿行，训俗型方，
自然谊敦宗族，德被乡邻，
利济之无穷，孰大于是。

【译文】

隐居的人也完全可以做善事，哪里必定要显赫的官位！力行孝顺父母、友爱兄弟，立志学习圣贤，编纂汇集先贤的格言，出版流传，这样的行为虽只见教化一时，但恩泽却可流芳百世，这才是不朽的事业，没有比这更崇高的了。贫贱的人也完全可以积德造福，哪里必定要富贵显达！心存平等的原则，做事给人方便，效法前人美好的德行，劝导世俗行为方正，自然能使亲族和睦，德泽可使乡邻受益，济世利人好处无穷，还有什么比这些事更伟大的呢？

一时劝人以口，百世劝人以书。

【译文】

用语言劝人改过从善，影响很细微；但用劝人行善的书籍去规劝世俗，能影响百世。

静以修身，俭以养德；
入则笃行，出则友贤。

【译文】

清静调剂身心，节俭培养品德；在家中忠诚践行，在外则以贤人为朋友。

读书者不贱，守田者不饥，
积德者不倾，择交者不败。

【译文】

读书的人品格不会低下，辛勤耕耘的人不会受饿，积德的人不会倾家，选择朋友的人不会败身。

明镜止水以澄心，泰山乔岳以立身，
青天白日以应事，霁月光风以待人。

【译文】

心地光明透彻像明亮的镜子、平静的水面，人格应似山岳般高尚，做事应光明正大，待人应像明月和风。

省费医贫，弹琴医躁，独卧医淫，
随缘医愁，读书医俗。

【译文】

节约花费可以医治贫困，弹琴可以医治急躁，独自睡眠可以克制欲念，一切顺其自然可以治疗忧愁，读书则可医治庸俗。

以鲜花视美色，则孽障自消；
以流水听弦歌，则性灵何害？

【译文】

以欣赏鲜花的心态看美色，那么痴迷自然会消除；用欣赏流水的心态聆听音乐，那么对心灵会有何害？

养德宜操琴，炼智宜谈棋，遣情宜赋诗，
辅气宜酌酒，解事宜读史，得意宜临书，
静坐宜焚香，醒睡宜嚼茗，体物宜展画，
适境宜按歌，阅候宜灌花，保形宜课药，
隐心宜调鹤，孤况宜闻蛩，涉趣宜观鱼，
忘机宜饲雀，幽寻宜藉草，淡味宜掬泉，
独立宜望山，闲吟宜倚楼，清谈宜剪烛，
狂啸宜登台，逸兴宜投壶，结想宜欹枕，
息缘宜闭户，探景宜携囊，爽致宜临风，
愁怀宜仁月，倦游宜听雨，元悟宜对雪，
辟寒宜映日，空累宜看云，
谈道宜访友，福后宜积德。

【译文】

培养德性应弹琴，锻炼智慧要下棋，排遣情绪宜赋诗，维系气氛宜饮酒，要明了事务须读史书，得意时宜临摹毛笔字帖，独坐时要焚香，睡醒时喝点茶，体验物情直系煀，安适的环境宜歌咏，观察气候宜浇花，保身体安康宜种药，安心宜逗鹤，孤独时宜听虫鸣，享趣味宜观鱼，忘机心宜养鸟，探访幽静宜卧草，品尝淡味宜掬饮泉水，独自站立时宜眺望远山，闲暇吟诗宜登楼，晚上清谈宜点独，狂啸宜登高台，有闲情宜投壶（一种游戏），想事情宜卧枕，停止交友宜闭门不出，探访美景宜带食物，欲清爽宜临风，排遣愁怀宜伫立月下，游玩归来宜听雨，大悟宜对雪，避寒宜晒太阳，疲倦宜看云，谈天宜访友，福泽后人宜积德。

十、齐家类

勤俭，治家之本。和顺，齐家之本。
谨慎，保家之本。诗书，起家之本。
忠孝，传家之本。

【译文】

勤劳节俭，是管理家政的根本。和气安顺，是整顿家政的根本。谨慎稳重，是保持家业的根本。诗书经典，是起家的根本。忠孝道德，是承传家业的根本。

天下无不是底父母，
世间最难得者兄弟。

【译文】

天下最无私的是父母，人世间最难得的是兄弟。

以父母之心为心，天下无不友之兄弟。
以祖宗之心为心，天下无不知之族人。
以天地之心为心，天下无不爱之民物。

【译文】

以父母爱子女的心作为自己的心，天下没有不友爱的兄弟。以祖宗的心作为自己的心，天下没有不和睦的亲族。以天地无私的心作为自己的心，天下没有不能相爱的人民。

人君以天地之心为心，人子以父母之心为心，天下无不一之心矣；臣工以朝廷之事为事，奴仆以家主之事为事，天下无不一之事矣。

【译文】

为人君主以天地博爱的心为心，为人子女以父母慈爱的心为心，那么天下就没有不能统一的思想了；臣子把朝廷的事作为自己的事，奴仆把主人的事作为自己的事，天下就没有不能统一的事情了。

孝莫辞劳，转眼便为人父母；
善毋望报，回头但看尔儿孙。
子之孝，不如率妇以为孝，
妇能养亲者也。
公姑得一孝妇，胜如得一孝子。
妇之孝，不如导孙以为孝，
孙能娱亲者也。
祖父得一孝孙，又增一辈孝子。

【译文】

孝敬父母应不辞劳苦，刹那之间自己也为人父母；做好事不要奢望回报，回头只看看自己的子孙。儿子孝顺，不如影响媳妇也孝顺，因为媳妇能侍奉双亲。公公婆婆能得到一个孝顺的媳妇，胜过得到一个孝顺的儿子。媳妇孝敬，不如教导孙子孝顺，因为孙子能让祖父母愉悦。祖父得一孝顺的孙子，等于又增加了一辈孝子。

父母所欲为者，我继述之；
父母所重念者，我亲厚之。

【译文】

对父母生前想要完成的事业，我要继续努力完成它；对父母生前深切惦念的人，我要亲近并厚待他。

婚而论财，究也夫妇之道丧；
葬而求福，究也父子之恩绝。

【译文】
婚姻追求钱财，那么夫妇之道丧失；丧葬讲求祈福，那么父子恩情断绝。

君子有终身之丧，忌日是也；
君子有百世之养，邱墓是也。

【译文】
君子终身都有追念之情，那就是在父母祭日寄托哀思；君子遗留给后人世代祭享的，只有隆起的坟墓。

兄弟一块肉，妇人是刀锥。
兄弟一釜羹，妇人是盐梅。

【译文】
兄弟如同血脉相连的一块肉，而妇人则像刀子和利锥；兄弟就像同热同冷的一锅汤，而妇人则像或咸或酸的调料品。

兄弟和，其中自乐；
子孙贤，此外何求！

【译文】
兄弟和睦，其中自有乐趣；子孙贤良，此外还有何求。

心术不可得罪于天地，言行要留好样与儿孙。

【译文】
心术不可违背天地意志，言行举止要给子孙做榜样。

现在之福，积自祖宗者，不可不惜；
将来之福，贻于子孙者，不可不培。
现在之福如点灯，随点则随竭；
将来之福如添油，愈添则愈明。

【译文】

现在所享的福泽，是祖辈积累下来的，不能不爱惜；将来的福泽，是留给子孙的，不能不培植。现在所享的福泽如同点油灯，随时点燃，灯油会随时燃干；未来的福泽如同添灯油，愈加油灯愈明亮。

问祖宗之泽，吾享者是，当念积累之难；
问子孙之福，吾贻者是，要思倾覆之易。

【译文】

问祖宗的福泽在什么地方？我如今享受的就是，应当体念当初祖先积累德行的艰辛；问子孙的福泽在什么地方？我所遗留的就是，要考虑到倾覆是很容易的。

要知前世因，今生受者是，
吾谓昨日以前，尔祖尔父，皆前世也；
要知后世因，今生作者是，
吾谓今日以后，尔子尔孙，后世也。

【译文】

要知道前世的因是什么？就是现在所承受的，我说昨日以前，包括祖父、父亲都是所谓前世；要知道后世的因，就是我现在正做的事，我说今日以后，包括子女、孙子都是所谓后世。

祖宗富贵，自诗书中来，
子孙享富贵，则弃诗书矣；
祖宗家业，自勤俭中来，
子孙享家业，则忘勤俭矣。

【译文】

祖先的达贵，是从诗书中得来，子孙享受富贵时，就丢弃诗书了；祖宗的产业，是从勤俭中得来，子孙享受祖辈遗留的家产时，就忘却勤俭了。

> 近处不能感动，未有能及远者。
> 小处不能调理，未有能治大者。
> 亲者不能连属，未有能格疏者。
> 一家生理不能全备，未有能安养百姓者；
> 一家子弟不率规矩，未有能教诲他人者。

【译文】

亲近的人不能感动，就无法感化远处的人。小的事情不能调理，就不能治理大事。不能联络亲近的人，就不能招致疏远的人。一家的生计不能周到照料，就不能安养广大百姓；家中的子弟不守规矩，就不能教诲他人。

> 至乐无如读书，至要莫如教子。

【译文】

最大的快乐莫过于读书，最重要的事莫过于教导子女。

> 子弟有才，制其爱毋弛其诲，故不以骄败。
> 子弟不肖，严其诲毋薄其爱，故不以怨离。

【译文】

子弟有才能，要抑制对他的爱心，不要放松对他的教诲，因此子弟才不会因骄傲而失败。子弟不成才，要严加教诲，不要减少对他们的关爱，所以子弟也不会因怨恨而疏离。

雨泽过润，万物之灾也。
恩宠过礼，臣妾之灾也。
情爱过义，子孙之灾也。

【译文】

雨水太盛，会给万物造成祸害。恩宠超过礼节，是臣妾的灾难。情爱超出礼数，就会给子孙留下祸患。

安详恭敬，是教小儿第一法；
公正严明，是做家长第一法。

【译文】

安详恭敬是教导小孩的首要原则，公正严明是做父母的首要原则。

人一心先无主宰，如何整理得一身正当？
人一身先无规矩，如何调剂得一家肃穆？
融得性情上偏私，便是大学问；
消得家庭中嫌隙，便是大经纶。

【译文】

人的一颗心中先没有主见，如何使自身的言行正当？人自身言行先没有规矩，怎能把一家治理得严肃整齐？能消释性情上的偏见自私，便是大学问；能消除家庭中的隔阂，便是大手笔。

遇朋友交游之失，宜剀切，不宜游移；
处家庭骨肉之变，宜委曲，不宜激烈。

【译文】

碰到朋友方面的过错，应当切实劝导，不要踌躇；处于家庭亲情的变故之中，应当委曲求全，不应过于激烈。

未有和气萃焉，而家不吉昌者；
未有戾气结焉，而家不衰败者。

【译文】

没有家庭和睦气氛聚集而不兴旺发达的，没有家庭暴戾之气集结而不衰败的。

闺门之内，不出戏言，则刑于之化行矣。
房帷之中，不闻戏笑，则相敬之风著矣。

【译文】

在家里对妻子不说轻薄笑语，则夫妻关系和睦；在床榻上不对妻子调笑，则双方相敬如宾。

人之于嫡室也，宜防其蔽子之过；
人之于继室也，宜防其诬子之过。

【译文】

对于原配夫人，应当防止她庇护子女的过失；对于后妻，应当防止她诬赖子女的过失。

仆虽能，不可使与内事；
妻虽贤，不可使与外事。

【译文】

仆人即便能干，也不能让他参与家庭内部的事；妻子虽然贤淑，也不能让她参与家庭外部的事务。

奴仆得罪于我者尚可恕，得罪于人者不可恕；

子孙得罪于人者尚可恕，得罪于天者不可恕。

【译文】
　　仆人得罪了自己，还可以宽恕；得罪了外人，却不可宽恕。子孙得罪了他人，还可以饶恕，伤害了天理，则不可饶恕。

　　　　奴之不祥，莫过于传主人之谤语；
　　　　主之不祥，莫大于信仆婢之谮言。

【译文】
　　仆人的不祥在于传播对主人毁谤的话，而主人的不祥在于相信奴仆的谣言。

　　　　　　治家严，家乃和；
　　　　　　居乡恕，乡乃睦。
　　　　　　治家忌宽，而尤忌严；
　　　　　　居家忌奢，而尤忌啬。

【译文】
　　治理家政严厉，家庭才能和睦；在乡里对别人宽容，乡里才能和睦。治理家政忌讳太过宽大，更忌讳严苛；持家忌讳太过奢侈，更忌讳吝啬。

　　　　无正经人交接，其人必是奸邪；
　　　　无穷亲友往来，其家必然势利。

【译文】
　　没有正派人与他来往，这个人必定是个阴险小人；没有贫穷的亲友和他往来，这家人一定是势利小人。

　　日光照天，群物皆作，人灵于物，寐而不觉，是谓天起人不起，必为天神所谴，如君上临朝，臣下高卧失误，不免罚责。

夜漏三更，群物皆息，人灵于物，烟酒沉溺，是谓地眠人不眠，必为地祇所呵，如家主欲睡，仆婢喧闹不休，定遭鞭笞。

【译文】

太阳普照，万物苏醒，人为万物之灵，若沉溺安逸，天亮了仍沉睡不起，所谓天起人不起，必受到上天谴责，犹如君王早朝而臣子晚起而迟到，必遭责罚。三更半夜，万物沉寂，仍然饮酒作乐，所谓地眠人不眠，必受到土地神的责骂，犹如家中主人要睡觉而奴仆仍吵闹不休，必遭主人鞭打。

楼下不宜供神，虑楼上之亵秽；
屋后必须开户，防屋前之火灾。

【译文】

楼下不宜供奉神牌，是担心楼上的污秽会亵渎神灵；屋后必须开一扇门，以防备屋前发生火灾而后门可以逃生。

十一、悖凶类

富贵家不肯从宽，必遭横祸；
聪明人不肯学厚，必夭天年。

【译文】

富贵人家不肯宽厚，必定遭到灾害；聪明的人不肯宽容，必定夭折天年。

倚势欺人，势尽而为人欺；
恃财侮人，财散而受人侮。

【译文】

倚仗权势欺侮别人，权势丧尽则被人欺凌；凭借财富羞辱别人，财产散尽则受人羞辱。

> 暗里算人者，算的是自家儿孙；
> 空中造谤者，造的是本身罪孽。

【译文】

背地里算计别人的人，到头来暗算的是自己的子孙；无中生有诋毁别人的人，到头来酿成自身的罪过。

> 饱肥甘，衣轻暖，不知节者损福；
> 广积聚，骄福贵，不知止者杀身。

【译文】

吃饱又肥又甜的食物，穿着又轻又暖的衣服，却不懂得节制的人将会损失福分。广泛积蓄财富，以富贵为骄傲，不懂得适可而止的人将会招惹杀身之祸。

> 文艺自多，浮薄之心也；
> 富贵自雄，卑陋之见也。

【译文】

以文才自我夸耀，这是轻浮浅薄的思想。以富贵自我称雄，这是卑劣鄙陋的体现。

> 位尊身危，财多命殆。

【译文】

地位尊贵的人，处境危难；财产富裕的人，生命危险。

机者，祸福所由伏，人生于机，
即死于机也；
巧者，鬼神所最忌，人有大巧，
必有大拙也。

【译文】

所谓"机"，是祸福所潜伏的地方，人因"机"而生，就会因"机"而死。所谓"巧"，是鬼神最忌讳的，人有大巧，定有大拙。

出薄言，做薄事，存薄心，
种种皆薄，未免灾及其身；
设阴谋，积阴私，伤阴骘，
事事皆阴，自然殃流后代。

【译文】

说刻薄话，做刻薄事，存刻薄心，种种都是刻薄的，难免使自身遭受灾祸。设计阴谋，积聚阴私，伤害阴德，事事都是阴险的，自然使后代遭殃。

积德于人所不知，是谓阴德。
阴德之报，较阳德倍多；
造恶于人所不知，是谓阴恶。
阴恶之报，较阳恶加惨。

【译文】

在别人不晓得的时候积德，这叫作阴德。阴德的回报，比阳德多一倍。在别人不晓得的时候作恶，这叫阴恶，阴恶的回报比阳恶更为惨重。

家运有盛衰，久暂虽殊，
消长循环如昼夜；
人谋分巧拙，智愚各别，
鬼神彰瘅最严明。

【译文】

家道有兴衰，虽然时间长短不一样，但是兴替循环就像日夜交互一样。人的智谋有精明愚笨的分别，聪明的人与愚蠢的人各有不同，但是鬼神扬善惩恶最为严明。

> 天堂无则已，有则君子登；
> 地狱无则已，有则小人入。

【译文】

天堂没有路也就算了，有路就该君子登上。地狱没有门也就算了，有门就该小人进去。

> 为恶畏人知，恶中冀有转念；
> 为善欲人知，善处即是恶根。

【译文】

做坏事担心别人知道，坏事中有转为好事的希望。做好事希望别人知道，好事中却潜伏着恶根。

> 谓鬼神之无知，不应祈福；
> 谓鬼神之有知，不当为非。

【译文】

假如说鬼神无知，就不应祈求福禄。假如说鬼神有知，就不该做坏事。

> 势可为恶而不为，即是善；
> 力可行善而不行，即是恶。

【译文】

有机会做坏事而不做，就是善德。有能力做好事而不做，就是恶心。

于福作罪，其罪非轻；
于苦作福，其福最大。

【译文】

在幸福的时候作孽，这种罪孽很重。在穷苦的时候造福，这种福泽最大。

行善如春园之草，不见其长，日有所增；
行恶如磨刀之石，不见其消，日有所损。

【译文】

做好事就像春园里的草，看不到它的生长，其实每天都在增长。做坏事就像磨刀的石头，看不到它的消损，其实每天都在消损。

使为善而父母怒之，兄弟怨之，子孙羞之。
宗族乡党贱恶之，如此而不为善，可也。
为善则父母爱之，兄弟悦之，子孙荣之，
宗族乡党敬信之，何苦而不为善！
使为恶而父母爱之，兄弟悦之，子孙荣之，
宗族乡党敬信之，如此而为恶，可也。
为恶则父母怒之，兄弟怨之，子孙羞之，
宗族乡党贱恶之，何苦而必为恶！

【译文】

如果做好事让父母生气，兄弟埋怨，子孙感到羞愧，同宗同乡的人感到厌恶，这样不做也是可以的。如果做好事让父母热爱，兄弟喜悦，子孙感到光荣，同宗同乡的人敬重信任，为什么不做好事？如果做坏事让父母热爱，兄弟喜悦，子孙感到光荣，同族同乡的人敬重信任，这样就可以做。如果做坏事让父母生气，兄弟埋怨，子孙感到羞耻，同宗同乡的人感到厌恶，何苦一定要做坏事？

为善之人，非独其宗族亲戚爱之，
朋友乡党敬之，虽鬼神亦阴相之；
为恶之人，非独其宗族亲戚叛之，
朋友乡党怨之，虽鬼神亦阴殛之。

【译文】

　　做善事的人，不但他的宗族亲戚热爱他，朋友乡人尊敬他，连鬼神也暗中协助他。做坏事的人，不但他的宗族亲戚背叛他，朋友乡人抱怨他，连鬼神也暗中责罚他。

为一善而此心快惬，不必自言，
而乡党称誉之，君子敬礼之，
鬼神福祚之，身后传诵之；
为一恶而此心愧怍，虽欲掩护，
而乡党传笑之，王法刑辱之，
鬼神灾祸之，身后指说之。

【译文】

　　做一件好事内心愉快惬意，不必自己说出来，而乡亲会称赞你，君子会敬重你，鬼神也会赐福给你，死后人们会传诵你。做一件坏事内心羞耻惭愧，即使想掩盖隐藏，而乡亲会传为笑谈，王法会处罚你，鬼神会降灾给你，死后人们会指名道姓唾骂你。

一命之士，苟存心于爱物，
于人必有所济；
无用之人，苟存心于利己，
于人必有所害。

【译文】

　　为官的人，假如有爱物之心，对人一定有所帮助。没用的人，假如存有利己之心，对人一定有所危害。

膏粱积于家，而剥削人之糠籺，
终必自亡其膏粱；
文绣充于室，而攘以人之敝裘，
终必自丧其文绣。

【译文】

自己家中积满鱼肉精米，却还剥削别人的糟糠之食，最终必然自己失去自己的鱼肉精米。自己室内充满锦绣衣服，却还侵占别人的破旧衣服，最终必然自己失去自己的锦绣衣服。

天下无穷大好事，皆由于轻利之一念。
利一轻，则事事悉属天理，
为圣为贤，从此进基；
天下无穷不肖事，皆由于重利之一念。
利一重，则念念皆违人心，
为盗为跖，从此直入。

【译文】

天下无穷无尽的大善事，都是出自轻视财利的意念。一轻视财利，就事事都处理得合乎天道公理，成为圣贤，就是从这轻利打下根基的。天下无穷无尽的坏事，都是出自看重财利的意识。一看重财利，各种想法就都违背人心，成为盗贼，就是从这重利直接开始的。

清欲人知，人情之常。
今吾见有贪欲人知者矣，
朵其颐，垂其涎，
唯恐人误视为灵龟而不饱其欲也；
善不自伐，盛德之事，
今吾见有自伐其恶者矣，
张其牙，露其爪，
唯恐人不识为猛虎而不畏其威也。

【译文】

清廉而想让人知道，这是人之常情。现在我看到有人贪婪却也想让人知道，鼓动腮颊，流着口水，唯恐别人误认为他是灵龟而不能满足他的欲念。善良而不自我夸耀，这是品德高尚的事，现在我看到有人自我夸耀自己的凶恶，张牙舞爪，面目可憎，唯恐别人不知道他是凶猛的老虎而不畏惧他的威势。

> 以奢为有福，以杀为有禄，
> 以淫为有缘，以诈为有谋，
> 以贪为有为，以吝为有守，
> 以争为有气，以嗔为有威，
> 以赌为有技，以讼为有才。

【译文】

把奢侈当作有福气，把嗜杀当成有俸禄，把淫秽当成有缘分，把奸诈当成有智谋，把贪污当成有作为，把吝惜看成会守财，把争抢看成有气势，把嗔怒当作有威严，把赌博看成有技能，把诉讼当成有辩才。

> 谋馆如鼠，得馆如虎，
> 鄙主人而薄弟子者，塾师之无耻也。
> 卖药如仙，用药如颠，
> 贼人命而诿天数者，医师之耻也。
> 觅地如瞽，谈地如舞，
> 矜异传而谤同道者，地师之无耻也。

【译文】

谋求教职时胆小如鼠，取得教职后威猛如虎，鄙视主人并薄待学生，这是私塾老师的无耻。卖药时像神仙一样吹嘘灵验，用药时像疯子一样胡乱处方，残害了病人生命却推诿天数已尽，这是庸医的无耻。寻觅风水时像盲人一样瞎指点，谈论风水时又眉飞色舞，矜夸其异传，又诽谤同行，这是风水先生的无耻。

不可信之师，勿以私情荐之，
使人托以子弟。
不可信之医，勿以私情荐之，
使人托以生命。
不可信之堪舆，勿以私情荐之，
使人托以先骸。
不可信之女子，勿以私情媒之，
使人托以宗嗣。

【译文】

不可信赖的塾师，不要靠私情举荐他，让人把子弟托付给他。不可信赖的医生，不要靠私情举荐他，让人把性命托付给他。不可信赖的风水先生，不要靠私情举荐他，让人把先人的尸骨托付给他。不可信赖的女子，不要靠私情为她做媒人，让人把子孙托付给她。

肆傲者纳侮，讳过者长恶。
贪利者害己，纵欲者戕生。

【译文】

放肆傲慢的人招致侮辱，讳忌过失的人助长恶习。贪图财利的人危害自己，放纵欲望的人戕害生命。

鱼吞饵，蛾扑火，未得而先丧其身。
猩醉醴，蚊饱血，已得而随亡其躯。
鹈食鱼，蜂酿蜜，虽得而不享其利。
欲不除，似蛾扑灯，焚身乃止。
贪不了，如猩嗜酒，鞭血方休。

【译文】

游鱼吞饵，飞蛾扑火，未能得益却先断送了自己的性命。猩猩喝醉了酒，蚊子吃饱了血，虽然已经得到好处，但随后丧失了自己的性命。鸬鹚吃鱼，蜜蜂酿蜜，虽然有所收获，但不能享受自己的利益。不消除欲望，就像飞蛾扑火，焚烧了身躯才罢休。贪得无厌，就像猩猩嗜好酒，被鞭打到流血方才罢休。

> 明星朗月，何处不可翱翔？
> 而飞蛾独趋灯焰。
> 嘉卉清泉，何物不可饮啄？
> 而蝇蚊争嗜腥膻。

【译文】

星明月亮，什么地方不可翱翔？但飞蛾偏要扑向灯火中。香草清泉，什么东西不能吃喝？但苍蝇蚊子偏要追腥逐臭。

> 飞蛾死于明火，故有奇智者，必有奇殃；
> 游鱼死于芳纶，故有善嗜者，必有美毒。

【译文】

飞蛾的死是受明亮火光的吸引，因此特别聪明的人，必定有特别的灾殃。游鱼的死是受芳香鱼线的引诱，因此有特别嗜好的人，必定有特别的毒害。

> 慨夏畦之劳劳，秋毫无补；
> 笑冬烘之贸贸，春梦方回。

【译文】

感叹夏日种田的辛劳，像秋天的毫芒般没有好处。取笑迂腐之人目光短浅，像春梦般醒后才能回到现实。

吉人无论处世平和，即梦寐神魂，
无非生意；
凶人不但做事乖戾，即声音笑貌，
浑是杀机。

【译文】

　　吉祥的人不但处世平和，即使睡梦中的灵魂，也充满着生机。凶恶的人不但做事荒谬，即使音容笑貌，也都是杀机。

仁人心地宽舒，事事有宽舒气象，
故福集而庆长；
鄙夫胸怀苛刻，事事以苛刻为能，
故禄薄而泽短。

【译文】

　　有仁心的人胸襟宽广平和，事事都有宽广平和的气象，因此福泽积聚而且长远。鄙俗的人胸襟狭隘苛刻，凡事用苛刻来显露能干，因此福泽浅薄而且短暂。

充一个公己公人心，便是吴越一家；
任一个自私自利心，便是父子仇雠。

【译文】

　　对人对己都出于公心，即便是吴越两国也如一家。凡事自私自利，即便是父子关系也会成仇敌。

理以心为用，心死于欲则理灭，
如根株斩而本亦坏也；
心以理为本，理被欲害则心亡，
如水泉竭而河亦干也。

【译文】

天理为人心所用，假如人心死于欲念，那么天理也就被毁灭了，如同树根被斩断了，那么树干也会坏死的。人心以天理为基础，假如天理被欲望所害，那么人心也就死亡了，如同水源枯竭了，那么河流也会干涸的。

> 鱼与水相合，不可离也，离水则鱼槁矣。
> 形与气相合，不可离也，离气则形坏矣。
> 心与理相合，不可离也，离理则心死矣。

【译文】

鱼和水相结合，是不能分离的，离开了水，那么鱼就干死了。形体和气息相结合，是不做分离的。离开了气息，那么形体就坏死了。人心和天理相结合，是不能分离的，离开了天理，那么人心就死亡了。

> 天理是清虚之物，清虚则灵，灵则活；
> 人欲是渣滓之物，渣滓则蠢，蠢则死。

【译文】

天理是清虚的东西，清虚的天理就灵验，灵验的天理就能长存。人欲是渣滓的东西，渣滓的人欲就使人愚昧，愚昧就会使人死亡。

> 毋以嗜欲杀身，毋以货财杀子孙，
> 毋以政事杀百姓，毋以学术杀天下后世。

【译文】

不要因嗜欲而伤害身体，不要因钱财而伤害子孙，不要因政事而伤害百姓，不要用学术伤害天下的后代。

毋执去来之势而救权，
毋固得丧之位而为宠，
毋恃聚散之财而为利，
毋认离合之形而为我。

【译文】

不要执迷于存亡不定的形势而救助权势，不要固守得失不定的官爵而争夺恩宠，不要凭借聚散不定的钱财而图谋私利，不要认定离合无时的形体而为自我。

贪了世味的滋益，必招性分的损；
讨了人事的便宜，必吃天道的亏。

【译文】

贪图世间的好处，必定招致人心的损伤。占了人家的便宜，必定吃了天理的亏。

精工言语，于行事毫不相干；
照管皮毛，与性灵有何关涉！

【译文】

光会讲漂亮话，与成就大事毫不相干。只看表面工夫，和陶冶情操有什么联系？

荆棘满野，而望收嘉禾者愚；
私念满胸，而欲求福应者悖。

【译文】

满野都是荆刺，却盼望收获稻谷的人是愚蠢的。满胸都是私欲，却打算求取福运的人是荒谬的。

> 庄敬非但日强也，
> 凝心静气，觉分阴寸晷，
> 倍自舒长；安肆非但日偷也，
> 意纵神驰，虽累月经年，
> 亦形迅驶。

【译文】

端庄恭敬的人不但每天自强不息，聚精会神，并且认为片刻时间，也倍加舒缓漫长（值得珍惜）。舒逸放纵的人不但每天得过且过，胡思乱想，即便经年累月，也形同迅疾度过（不足为贵）。

> 自家过恶自家省，
> 待祸败时，省已迟矣；
> 自家病痛自家医，
> 待死亡时，医已晚矣。

【译文】

自己的过失错误，自己应及时反省，等到酿成大祸败局已定时，再省悟已经太迟了。自己的疾病伤痛，自己应及时医治，等待死亡来临的时候，再医治已经来不及了。

> 多事为读书第一病。
> 多欲为养生第一病。
> 多言为涉世第一病。
> 多智为立心第一病。
> 多费为作家第一病。

　　烦事多是读书的第一毛病。欲念多是养身的第一毛病。话语多是处世的第一毛病。智谋多是立德的第一毛病。费用多是持家的第一毛病。

今之用人，只怕无去处，

不知其病根在来处；

今之理财，只怕无来处，

不知其病根在去处。

　　现在用人，只怕没有合适的位置，其实毛病在于当初是怎样选人的。现在理财，只怕没有财源，其实关键在于开支是否合理。

贫不足羞，可羞是贫而无志。

贱不足恶，可恶是贱而无能。

老不足叹，可叹是老而无成。

死不足悲，可悲是死而无补。

　　贫困并不值得羞耻，可羞的是贫困却胸无大志。低贱并不值得憎恶，可恶的是低贱却无能为力。年老并不值得唉哀叹，可叹的是年老却一事无成。死亡并不值得悲哀，可悲的是死得毫无价值。

事到全美处，怨我者难开指摘之端；

行到至污处，爱我者莫施掩护之法。

　　事情做到完美的境界，即使恨我的人也难以打开指责我的缺口。行为到了污秽不堪的地步，即使爱我的人也没有人能施展掩护我的办法。

衣垢不浣，器缺不补，对人犹有惭色；

行垢不湔，德缺不补，对天岂无愧心。

【译文】

衣服脏了不清洗，器具破了不补，面对别人尚且有惭愧的脸色。行为污秽不加洗刷，道德败坏不加弥补，面对上苍难道就没有惭愧的情绪？

供人欣赏，侪风月于烟花，是曰亵天；
逞人机锋，借诗书以戏谑，是名侮圣。

【译文】

借风花雪月吟咏风流韵事来供人欣赏，这叫亵渎上天。利用诗词书文开玩笑来显露自己的口才，这叫侮辱圣贤。

罪莫大于亵天，恶莫大于无耻，
过莫大于多言。

【译文】

罪过没有什么比亵渎苍天更严重的，丑恶没有什么比毫无廉耻更大的，过失没有什么比油嘴滑舌更大的。

言语之恶，莫大于造诬。
行事之恶，莫大于苛刻。
心术之恶，莫大于深险。

【译文】

言语的大害，没有什么比造谣更大的。处事的大害，没有什么比苛刻更大的。心术的大害，没有什么比阴险叵测更大的。

谈人之善，泽于膏沐；
暴人之恶，痛于戈矛。

【译文】

赞扬别人的善行，对方所受的光泽比接受膏沐还要光彩。揭露他人的罪行，对方所受的痛苦比受干戈长矛的刺痛还厉害。

> 当厄之施，甘为时雨；
> 伤心之语，毒于阴冰。

【译文】

当别人有急难时而得到帮助，有如干旱时的及时雨一样甘甜。伤害别人心灵的言语，却比冰窖里的冰还要令人心寒。

> 阴恶积雨之险奇，可以想为文境，
> 不可设为心境；
> 华林映日之绮丽，可以假为文情，
> 不可依为世情。

【译文】

险异的阴雨连绵景象，能够想象为文章的意境，但不能设想为心境。绚丽的山林映日景色，能够借做文章的情感，但不能作为人情世故。

> 巢父洗耳以鸣高，予以为耳其窦也，
> 其言已入于心矣，当剖心而浣之；
> 陈仲出哇以示洁，予以为哇其滓也，
> 其味已入于肠矣，当刲肠而涤之。

【译文】

巢父洗耳朵以示清高，但我认为耳朵只是一个洞，听到的话已经进入心中了，应当剖心才能洗净。陈仲子吐出鹅肉以示廉洁，但我认为吐出的只是渣滓，那味道已经进入肠子里了，应当割肠才能洗净。

> 诋缁黄之背本宗，或衿带坏圣贤名教；

詈青紫之忘故友，乃衡茅伤骨肉天伦。

【译文】

　　诽谤僧人道士背叛自己的宗族，如同文人败坏圣贤的教诲一样。辱骂当官的人忘却了亲友，如同隐居的人伤害了骨肉亲情一样。

　　　　炎凉之态，富贵甚于贫贱；
　　　　嫉妒之心，骨肉甚于外人。

【译文】

　　世态的炎凉，富贵人家比贫贱人家更加厉害。人心的嫉妒，骨肉之亲比外人还严重。

　　　　兄弟争财，父遗不尽不止；
　　　　妻妾争宠，夫命不死不休。
　　　　受连城而代死，贪者不为，
　　　　然死利者何须连城？
　　　　携倾国以告殂，淫者不敢，
　　　　然死色者何须倾国。

【译文】

　　兄弟争夺财产，不到父亲的遗产竭尽的时候不会停止。妻妾争夺恩宠，不到丈夫死亡的时候不会罢休。接受价值连城的宝物而替人受死，即使贪财的人也不干，然而为利而死的人又何必要连城之宝？携带美人一同赴死，即使好色的人也不敢，然而为美色而死的人又何必要倾国之色？

　　　　获病危乌，虽童子制梃可挞；
　　　　王嫱臭腐，唯狐狸钻穴相窥。

【译文】

　　大力士乌获病重的时候，连小孩子也能用棍棒打他。美女王昭君死后尸体腐烂发臭的时候，只有狐狸会钻到墓穴中窥探她。

圣人悲时悯俗，贤人痛世疾俗，
众人混世逐俗，小人败常乱俗。

【译文】

圣人悲怜世俗，贤人痛心疾首世俗。众人追逐世俗，小人败坏扰乱世俗。

读书为身上之用，而人以为纸上之用；
做官乃造福之地，而人以为享福之地。
壮年正勤学之日，而人以为养安之日；
科第本消退之根，而人以为长进之根。

【译文】

读书当为身体力行，而人们以为只是纸上的文字功夫。做官本来是为百姓造福的时机，而人们却以为是享福的时机。壮年时期正是勤奋学习的好岁月，而人们却以为是养生安逸的时候。科举中第本是谦让的时机，而人们却以为是进取的时机。

盛者衰之始，福者祸之基。
福莫大于无祸，祸莫大于邀福。

【译文】

兴旺是衰落的开始，幸福是灾难的本源。幸福没有什么比没有灾难更大的，灾难没有什么比求福更大的。

醒世要言

【题解】

《醒世要言》从内容上看，是一部典型的青少年、成人的行为规范。内容范围广博，影响深远，是古代启蒙读物中影响较大的一篇。

全书内容包括事亲、兄弟、夫妇、朋友、教子、传家、睦邻、立品、修身、正心、诚意、淫欲、息争、方便、戒贪、医药、技艺、安贫、惜字、训言、残酷、赌博、节饮、戒瘾、居官、幕友、官差、处人、省己、改过三十个方面。在"正心"一节中，作者意在告诫人们，不要迷信那些异端邪说，不要去听他们胡言乱语。在"方便"一节中，他要求人们救助困苦，普救饥寒。在"节饮"一节中，告诫人们适量饮酒能使人心情舒畅，四体融和，而过量饮酒则容易出丑，甚至与人大动干戈。在其他章节中，作者还告诫人们不要吸毒、赌博、暗中放箭等。

由于本书是封建时代的产物，其中难免有些落后、不合时宜的思想，希望读者在阅读时加以鉴别。

西江月

祖　宗

树有千枝万叶，都从根上生来。

祖祠祖墓好徘徊，想想根基何在？

不是根基深厚，如今哪有良材？

岁时祭扫有余哀，世代栽培勿坏。

【浅释】

树木有千枝万叶，都是从根上萌发出来。在祖宗祠堂坟墓前徘徊深思，想一想自己的根在哪里？如果不是祖上根基深厚，教育有方，自己如今怎么能成为有用之才？每年祭拜祖宗、清扫祖坟时要很悲戚，世世代代都要看护好祖坟，不要让它荒凉损坏。

事　亲

屈指人生大事，承欢养志为先。
生身父母比青天，敢向青天骄慢。
逆子雷霆一击，佳儿富贵双全。
痴人拜佛走天边，佛在堂前不见。

【浅释】

孩子孝道是人生中最大的事情，父母犹如青天一般，不能对父母骄横无礼，父母就是佛，就是神灵，孝子孝孙会得到好的报应，不孝顺的儿孙则会遭到天谴雷击。傻瓜到处烧香拜佛，岂不知佛就在自己的眼前。

兄　弟

兄须友爱其弟，弟必恭敬其兄。
弟兄和气顺亲心，世世一堂余庆。
试想同枝同蒂，今生哪有来生？
如何财产太分明？枕上唆言莫听。

【浅释】

兄长要爱护弟弟，弟弟要尊敬兄长。兄弟间和睦相处，父母也就心满意足了，家庭也就和谐了。想一想，同是父母的孩子，来生就不再是兄弟了，何必把钱财分得太明白呢？妻子枕边的挑唆之言切勿轻信。

夫　妇

夫妇如宾相敬，从无反目鸳鸯。
同心黾勉奉高堂，留作儿孙榜样。
有子莫收婢妾，有妾莫弃糟糠。
百年家政好商量，死亦山头同葬。

【浅释】

　　夫妻之间要相敬如宾，鸳鸯就从来没有反目成仇的。相互侍奉父母，同心同德，给儿孙做个好榜样。有了儿子就不能再娶小老婆，即使娶了，也不能嫌弃原来的妻子。家庭之事要以和为贵，凡事多商量，死也要葬在一起。

朋　友

自昔良朋好友，原因道义成交。
相规相劝赛同胞，终日谈忠谈孝。
而今世道衰薄，诗歌酒肉称豪。
一朝利尽便轻抛，不顾旁人耻笑。

【浅释】

　　朋友之间自古就是因为志同道合才走到一起的，朋友之间相互关爱、规劝，比同胞还亲近。忠孝成为每天谈论的话题。当今的世道衰落，朋友之间以酒肉来维系。一旦没有了经济利益，便不再是朋友，哪里管得着别人耻笑呢?

教 子

子弟莫愁愚钝，家传自有良方。

先教孝悌后文章，步步青云直上。

举动百般粗率，言语一味轻狂。

谁家伶俐好儿郎，可惜毫无福相。

【浅释】

不要怕后代子孙头脑愚钝，教育孩子自有传家良方。首先教其懂得孝悌，然后再教其习字学文，如此即可步步高升青云直上。举止粗鲁不堪，言语轻浮狂妄，即便是一个聪明伶俐的孩子，将来也毫无出息，无福可享。

传 家

若要儿孙富贵，但将诗礼传家。

莫笼禽鸟莫贪花，莫买淫书淫画。

夜夜楼台歌舞，朝朝赌博喧哗。

儿孙习惯更骄夸，惹出祸来天大。

【浅释】

想要子孙后代荣华富贵，只有将《诗》《书》《礼》等儒家经典作为传家之宝，不要做养鸟养花之事，不要去买淫秽书画。不要整夜歌舞作乐、赌博喧闹。儿孙一旦养成骄纵的恶习，就会惹出天大的祸来。

睦　邻

善待乡邻亲族，一团和气为嘉。

无端横逆且由他，久久凶人自化。

口角与人解释，莫教送入官衙，

孤贫鳏寡更堪嗟，周助葬埋婚嫁。

【浅释】

要善待乡族邻里，处处一团和气方为佳。无故横行霸道、胡作非为暂且随他，时间久了恶人自会受感化。因误解与人发生争执要解释明白，以免因此被送入衙门。鳏寡孤贫之人令人嗟叹怜悯，要协助他们办理丧葬婚嫁之事。

立　品

士乃四民之首，最宜品行端方。

莫干词讼入公堂，碑在明伦堂上。

果是天伦不薄，自然丹桂生香。

人间考试未终场，天上题名先唱。

【浅释】

读书人位于四民（士、农、工、商）之首，最应该注意德行端正，起表率作用。不要因为官司进入公堂，明伦堂上会记住你的功德。果真父子兄弟之间感情深厚，就会像丹桂一样自然飘香。人间科考虽然没有结束，但天上早已经金榜题名。

修　身

古圣千言万语，其中要义无他。

只凭心地看如何，先要闭门思过。

百行光明正大，一门孝友谦和。

子孙昌盛吉祥多，方信吾言不错。

【浅释】

古代圣贤千言万语，其中的核心没有其他的。闭门思过，想想自己心地是不是善良。不管做什么都必须光明正大，人人都必须孝顺父母，善待他人，态度谦恭。如此家道定能繁荣兴旺，吉祥如意，那时就会相信我的言语是对的。

正　心

可恨异端邪教，诡言白日升天，

淫人妻女骗人钱，哄杀愚民无算。

诚尔斋公斋妇，休听鬼语魔言，

到头果谁见神仙？只是一刀两断。

【浅释】

可恨那些装神弄鬼的异端邪教，诡异地说人死后能够升天成仙，实际上却干些骗钱、奸淫、残害百姓的勾当。训诫吃斋念佛信教的良民百姓，不要轻信装神弄鬼者的胡言乱语，到头来有谁成了神仙？立即和他们一刀两断。

诚　意

一念心头初动，虚空鉴察分明。

事恐人知便不行，即是圣贤心印。

忌用阴兵暗箭，休成佛口狼心。

能披肝胆见鬼神，梦里心魂亦静。

【浅释】

你心中念头稍微一动，上帝便观察得清清楚楚。坏事怕人知道便不去做，就是圣贤之心。不能暗箭伤人，不要成为口蜜腹剑、表里不一的人。敢于披肝沥胆以诚相见的人，梦里心魂不惊。

淫　欲

万恶莫如淫色，冥司罪案难消。

红颜阴带杀人刀，况有闺门惨报。

就是自家妻妾，也须忍欲为高。

生儿短折枉悲号，自向胎前消耗。

【浅释】

万恶莫过纵欲，到了冥间也难除罪责。美色暗藏杀人刀，岂不见多少人都死于闺房。即使是自家妻妾，也要以制欲为高。子孙夭亡枉自悲哭，都是由于房事过度。

息 争

世上冤仇报复，终成一局残棋。
饶人半著岂为低，省受许多闲气。
只为一朝小忿，看看家败人离。
毕竟温柔占便宜，到处人称高义。

【浅释】

人与人之间冤冤相报，最终会变成一局残棋，永无止境。让人一步不为低，免生许多闲气。何必因为一点小矛盾，搞得家破人亡。毕竟温和忍让为好，人人都赞方法妙、风格高。

方 便

瘟疫勤施汤药，凶荒普救饥寒。
心头造只救生船，渡尽人间苦难。
力壮便劳筋骨，财多莫吝银钱。
若还财力两艰难，也用苦言募劝。

【浅释】

遇到患病者要帮助他看病，见到遭殃者要帮他度过饥寒。要有普救众生之心，以便度尽人间疾苦。身强力壮者应干重体力活，财力丰厚者不要吝惜钱财。假如身体瘦弱、钱财不宽裕，也要到处苦言募捐，以便救济苦难。

戒 贪

巧极偏生蠢子，财多绝少贤郎。
贪吝成家总不祥，转眼沙淘一浪。
本是流通国宝，岂容独饱私囊？
君财多取一分长，天早勾回十丈。

【浅释】

过于聪明偏生愚笨的儿子，钱财太多极少有贤能的子孙。凭贪婪吝啬成家终究不好，转眼间钱财就会消失，就像大浪淘沙一般。金银货币本是供流通用的，怎么能独饱私囊，据为己有？你多占有了一分钱财，老天早就勾回了十丈。

医 药

谁不贪生怕死？可怜病苦呻吟。
全仗医家一片心，利市有无休问。
症若未曾经手，便教另请高明！
贪财莫掘陷入坑，一命终偿一命。

【浅释】

有谁不贪生怕死？身患疾病者痛不欲生，非常可怜。全靠医生一片救死扶伤之心，是不是有利可图且不要问。如果遇到不能诊治的疑难杂症，便让病人另请高明的医生，千万不要因贪财而坑害病人，要明白人命关天，一命偿一命。

中华蒙学大全

第四卷 郑红峰 编著

吉林出版集团
有限责任公司

技 艺

大小各般工匠，全凭真实心肝。

几人机巧赚人钱？还是靠天吃饭。

千里离家作客，双亲望眼将穿。

花街酒市少盘桓，早早回家一看。

【浅释】

各行各业的手艺人，全靠真才实学来谋生。凭投机取巧赚钱养家是不能长久的，还得依靠天吃饭。离家千里做事，双亲望眼欲穿。酒市花街切记不要停留，没事早早回家看望双亲。

安 贫

我有医贫妙术，忍耐两字金丹。

十年天道看循环，只要人心不变。

耕读各勤本业，何难平地为山。

逢人忸怩诉饥寒，空自惹人轻贱。

【浅释】

我有医贫的妙方，"忍耐"二字是灵丹妙药。天道十年循环反复，只要本心不变，贫富会更替交换。人人只要各勤本业，都会积土成山，硕果累累，遇人忸忸怩怩，诉饥诉寒，只会惹人耻笑，招人轻贱。

惜　字

浪子风流词曲，才人轻薄诗文。
伤风败俗坏人心，莫放笔头狂兴。
打扫庭堂墙壁，多粘先辈箴铭。
片言只字抵千金，仔细寻思讽咏。

【浅释】

　　风流浪漫的词曲，轻佻浅薄的诗文，都是些伤风败俗蛊惑人心的东西，不要只顾笔头痛快，肆意乱写。应清扫庭堂墙壁，多贴先贤圣哲的箴言名语，片言只字值千金，还须细心诵咏体会。

训　言

几辈轻狂恶少，相逢议论风生。
谈人过失与闺门，便觉十分高兴。
年少妄评前辈，财多轻笑贫人。
古来才子困功名，多为舌头三寸。

【浅释】

　　那些轻浮狂妄德行恶劣的恶少年，相遇谈论风生。揭人之短，论人隐私，便觉非常得意。晚辈妄自评论前辈，自己很富有就去讥笑贫人。自古多少文人怀才不遇，与功名无缘，大多是因为说话随便，不把握分寸。

残 酷

食馔非关祭养，何容残杀牲禽？
劝君刀下且留情，宛转哀声难听。
物命虽然微贱，天心最是慈仁。
生平不作忍心人，谁量后来福分。

【浅释】

饮食不是为了祭拜和补养老人，何必要残杀牲畜？劝君高抬贵手刀下留情，牲畜哀叫之声让人听了难受。动物生命尽管卑微，然而上天的心最为仁慈。平生不做忍心之人，后世的福分谁能限量？

赌 博

好赌生平无厌，朝朝恶少成群。
田飞屋走鬼为邻，问你悔也不悔？
家富不知守富，家贫不会安贫。
个中坑煞许多人，都是自投陷阱。

【浅释】

天天与德行恶劣的青年混在一块，赌博成瘾。终究落得个变卖家产无家可归的田地，试问悔也不悔？家里富裕时不知道守住这份财富，贫穷时却不会安于贫苦。赌博坑害了多少人？他们都是自投罗网，自甘堕落。

节 饮

能使寸心开朗，能令四体融和，
要知饮酒不须多，两盏三杯便可。
吃得醺醺大醉，醉时屡舞傞傞。
舌头还怕动干戈，断断无多酌我。

【浅释】

适量饮酒能让心情舒畅，能使四肢血脉顺畅。饮酒不宜过多，两盏三杯即可。喝得醉醺醺，走路东摇西晃，此时最容易惹是生非，大动干戈，所以饮酒一定要适量，绝不能暴饮。

戒 瘾

一受鸦片之毒，因而病入膏肓。
不离床榻不离枪，昼夜昏昏惘惘。
哪管高堂着急？哪知后代遭殃？
青黄面貌黑心肠，魑蝎豺狼魍魉。

【浅释】

吸食鸦片，一旦上瘾，就会病入膏肓，无药可救。整天离不开床榻，离不开烟枪，昼夜昏昏沉沉，神情恍惚。哪管父母着急？哪顾后代遭殃？面貌青黄黑心肠，犹如魑蝎豺狼一样，人不像人，鬼不像鬼。

居 官

自古大贤大圣，谁非孝子忠臣？
人不忠孝便非人，忠孝神钦鬼敬。
何故贪官污吏，欺君枉法殃民。
上有青天下子孙，试请扪心自问。

【浅释】

自古大贤大圣的人，有谁不是孝子忠臣？不忠不孝便不是人，忠孝能让鬼神钦佩敬重。那些贪官污吏，为什么要欺君枉法，祸国殃民？面对青天白日、子孙后代，当官者要扪心自问，自己的作为是不是符合忠孝仁义，是不是做了不道德之事。

幕　友

寄语幕中宾友，公门孽海无边。
一言一字可回天，何不行些方便？
奸暴固宜究治，愚柔尤赖矜全。
东家功罪累千千，也有西宾一半。

【浅释】

寄语幕僚宾客，宦海沉浮不定，事关重要。只言片字能够挽回重大的损失，有回天之功；为什么不去行善积德，做些好事呢？奸诈暴虐者自当究查治罪，诚实柔顺之人尤其需要怜悯周全。主人功罪千千万，也有幕僚谋士的一半。

官　差

奉劝在官人役，切莫倚势欺人。
当把人心比己心，头上天心亦顺。
若得官家宠用，正好公门修行。
买田要与子孙耕，留个有余不尽。

【浅释】

奉告官府当差之人，不要仗势欺人。应当将人心比己心，如此苍天也会很高兴。假如得到上级的宠用，正好为百姓多做些善事。假如有余钱，就可置田于子孙，给子孙留下永久的家业。

处 人

莫倚才华傲物，莫将势力倾人。
莫凭偏见废公评，莫记陈年宿恨。
莫向暗中放箭，莫于沸后添薪。
莫凭厚貌饰深情，莫更借刀泄忿。

【浅释】

不要恃才傲物，不要仗势欺人。不要固执己见，强词夺理，不要记陈年旧恨。不要暗中伤人，不要在开水锅底下加柴。不要厚着脸皮掩盖真情，更不要借刀杀人以泄私愤。

省 己

莫挟沾沾之见，莫矜察察之明。
莫因逆耳拒忠诚，莫听谀言巧谮。
莫学豪家折福，莫从乐处戕生。
莫因失意辍精勤，莫更逾闲败行。

【浅释】

不要自以为是，沾沾自喜，不要自尊自大，自夸其能。不要因意见不好听拒绝忠言，不要听阿谀奉承、诬陷中伤的花言巧语。不要学豪门大肆铺张浪费，不要因口福残杀牲畜。不要因失意停止勤奋，放任自流，更不要无事生非，去做坏事。

改 过

夜半平心细想，生平罪孽重重。

自惭自悔自捶胸，枉得人身何用？

虔具心香一炷，低头跪向天公。

心田从此莫疏慵，更愿同人广种。

【浅释】

夜里扪心自问，平生罪孽深重。后悔愧疚，捶胸哀叹，自己枉自为人。虔心焚香一炷，跪向天公忏悔，从今不敢疏忽懒散，更希望诸君以此为鉴。

二十四孝

【题解】

在中国的封建社会，自从儒家思想成为统治思想后，历代统治者都把提倡孝道作为立身育民的根本，建国治邦的基础。《二十四孝》正是在这种历史背景下广为流传，并成为中国文化史上最重要的典籍之一。

孔圣儒学是国学的根本，是中华传统文化的源头活水。目前少年儿童的国学启蒙教育活动正蓬勃兴起，而诵读《三字经》《千字文》《百家姓》《孝经》等，这些堪称"蒙学之冠"的读物，经过长期的耳濡目染，传统文化中人文精神的精髓，将会在少年儿童的心灵深处根植下来，成为他们健康成长的"养料"。

《二十四孝》作为历史的产物，由于时移境迁，其中一些内容已不合时宜，但它的核心思想"尊老，爱老，敬老"，依然符合现在道德教育的要求。希望广大读者取其精华，弃其糟粕，从中吸取对自己有用的养分。

孝感动天

虞舜，瞽瞍之子，性至孝。父顽，母嚚，弟象傲，皆欲杀舜。舜耕于历山，有象为之耕，有鸟为之耘，其孝感如此。帝尧闻之，事以九男，妻以二女，遂以天下让焉。

【译文】

传说中上古五帝之一的舜，是瞽瞍的儿子，心性最孝顺。他的父亲和继母都是极其愚蠢而又狡猾的人。继母生的弟弟象十分傲慢。三人想方设法要害死舜，但舜对父母仍十分孝顺，对弟弟象也不怨恨。舜在历山种田时，大象用鼻子帮他耕地，小鸟用嘴巴帮他除草。他的孝心竟然感动了鸟兽。帝尧知道了以后，就派了九个男子去帮助他，还把自己的两个女儿嫁给他。（经过长达三年的多方面考核之后）尧就把帝位禅让给舜。

戏彩娱亲

周老莱子至孝。奉二亲，极其甘脆。行年七十，言不称老。常着五色斑斓之衣，为婴儿戏于亲侧。又尝取水上堂，诈跌卧地，作婴儿啼，以娱亲意。

【译文】

老莱子是春秋时期的楚国人，（对双亲）十分孝敬。（他）侍奉双亲时，尽可能让他们吃上香甜可口的饭菜。七十岁时，仍不服老。常穿色彩艳丽的衣服，像婴儿一样在双亲身边玩耍（让双亲高兴）。（有一次）他挑水进屋故意跌倒，趴在地上学婴儿哭，让双亲高兴。（孔子说："对于双亲来说，年迈并不算老；而让双亲伤心，才是真正的老。像老莱子，这样才是不失孺子之心啊！"）

鹿乳奉亲

周郯子，性至孝。父母年老，俱患双眼，思食鹿乳。郯子乃衣鹿皮，去深山，入鹿群之中，取鹿乳供亲。猎者见而欲射之，郯子具以情告，乃免。

【译文】

周朝人郯子，心性最孝顺。父母亲的双眼都患了病，一心取回鹿乳给二老吃。打猎的人误以为他是鹿，准备向他放箭，郯子急忙把实情告诉了猎人，才免除了受箭的危险。

为亲负米

周仲由，字子路，性至孝。家贫，常食藜藿之食，但奉亲必有酒肉。为亲负米百里之外。亲殁，南游于楚，从车百乘，积粟万钟。累茵而坐，列鼎而食。乃叹曰："虽欲食藜藿，为亲负米，不可得也。"

【译文】

仲由，字子路，是春秋时期的鲁国人，孔子的学生，有掌管家庭和国家事务的才能，生来就很孝顺（双亲）。（他）家很贫穷，常常吃野菜，但奉养双亲必有酒肉之类的佳肴。常去百里之外为双亲背负他们爱吃的米。双亲过世后，（子路）出游到南方的楚国，外出时跟随的车有百乘之多，积蓄的粮食很多。（他）坐在铺得厚厚的垫子上吃饭，而盛饭的器具就并排在他的面前。他（不由得又回忆起已往的生活之苦），叹了一口气，说："（现在）尽管想吃野菜，为双亲（再）背负（他们爱吃的）米，但已经成为不可能的事了。"为人子，双亲在世时，就应当尽力侍奉他们，以尽做儿子的孝心，不然就会遗憾终生。

啮指心疼

周曾参，字子舆。事母至孝。参尝采薪山中。家有客至，母无措，望参不还，乃啮其指。参忽心痛，负薪以归，跪问其故。母曰："有急客至，吾啮指以悟汝尔。"参以礼待客，食余之物遵母命送人享之。

【译文】

周朝人曾参，别名子舆。他侍奉母亲极其孝顺。一次曾参去山中打柴，家中忽然来了客人。母亲多次在门外探望，不见曾参回来，急忙之中咬了一下自己的指头。曾参在山中突然觉得心痛，他想可能家中有事，急忙担着柴回家，跪在母亲面前，问母亲自己正在打柴突然心痛是什么原因。母亲回答说："家里突然来了有急事的客人，我咬了咬我的指头提醒你罢了。"曾参以礼待客，又依照母亲的话将剩下的食物送给客人享用。（后人评说："孝顺双亲的人应把听从命令放在首位，这不但可以修身，而且能够培养自己的志向。"）

单衣顺母

周闵损，字子骞。早丧母。父娶后母，生二子，衣以棉絮。妒损，衣以芦花。父令损御车。体寒，失绁，父察知其故，欲出后母。损跪曰："母在，一子寒；母去，三子单。"遂止。母感悟，待三子如一。

【译文】

闵损，字子骞，是春秋时期鲁国人，孔子的学生。母亲在幼年时就去世了。父亲娶了继母。（继母）生了两个孩子，给（他们）穿用棉花做的衣服。（因她）讨厌闵损，给他穿用芦花做的衣服。父亲让闵损出车。（闵损）身体太冷，把绳子掉在地上，父亲问明实情后，想休了（闵损）继母，闵损跪求（父亲）说："继母在时，只有一个孩子受冻；继母不在时，就会有三个孩子受冻。"（父亲）打消了休妻的想法。继母也深受感动，以后对待三个孩子一视同仁。

亲尝汤药

汉文帝，名恒，高祖第三子，初封代王。生母薄太后，帝奉养无怠。母常病，三年，帝目不交睫，衣不解带。汤药，非口亲尝，弗进。仁孝闻天下。

【译文】

汉文帝刘恒，是汉高祖刘邦的第三个儿子，当初封为代王。他的生身母亲是薄太后。刘恒侍奉母亲极其周到。母亲曾经一连病了三年，刘恒三年中没有脱衣睡过一次安稳觉，每次的汤药都要先亲口尝过，才让母亲喝。他的仁孝传遍了天下。

为母埋儿

汉郭巨，家贫。有子三岁，母尝减食与之。巨谓妻曰："贫乏不能供母，子又分母之食。盍埋此子？儿可再有，母不可复得。"妻子不敢违。巨遂掘坑三尺余，忽见黄金一釜，上云："天赐孝子郭巨，官不得取，民不可夺。"夫妻得金返家孝母。

【译文】
汉朝时人郭巨，家境贫穷，有个三岁的儿子，母亲常常把自己的食物分给孙子吃。郭巨叹息着对妻子说："我们太穷了，不能更好地供养母亲，儿子又常常分出母亲的食物，还不如把儿子埋掉！"郭巨就准备埋儿，当掘坑三尺多的时候，忽然掘出一坛黄金，上面还写着"上天赐给孝子郭巨，官不得取，民不得夺"。夫妻获得金子后，回家去孝顺母亲了。

扇枕温衾

后汉黄香，年九岁，失母，思慕惟切。乡人称其孝。躬执勤苦，事父尽孝。夏天暑热，扇凉其枕簟；冬天寒冷，以身暖其被席。太守刘护表而异之。

【译文】
东汉的黄香九岁时，失去了母亲，十分思念（母亲）。乡里人赞扬他的孝心。（他）亲自操办家务，勤勉而又艰苦，并极力地奉养孝敬父亲。夏季天气炎热时，（他）便给父亲扇凉枕席。冬天寒冷的时候，（他）便用自己的身体给父亲暖热被窝。太守刘护赞扬了他，并为他做的这一切感到惊讶。

行佣供母

后汉江革，少失父，独与母居。遭乱，负母逃难。数遇贼。或欲劫将去，革辄泣告有老母在。贼不忍杀。转客下邳，贫穷裸跣，行佣供母。母便身之物，莫不毕给。

【译文】

东汉的江革，少年时失去了父亲，只和母亲住在一块。之后遇到战乱，（他）背着母亲逃难。（他）几次遇到贼人。有的贼人想将他劫走，江革就哭着哀求有老母亲年迈无人侍奉。贼人不忍心杀（他）。（江革）便移居到江苏邳县。他贫困得无衣无鞋穿，给人当佣人以便供养母亲。（他）母亲所必用的物品，没有不全部供给的（乡人称他为巨孝）。

卖身葬父

汉董永，家贫。父死，卖身贷钱而葬。及去偿工，途遇一妇，求为永妻，俱至主家。令织缣三百匹，乃回。一月完成，归至槐荫会所，遂辞永而去。

【译文】

相传东汉千乘人董永，家境贫寒。父亲去世后，卖身贷钱掩埋了父亲。在他去债主家打工偿还欠债的半路上，突然遇见了一位如花似玉的女子，坚决要嫁给他。董永只得依允，便和妻子一同到了债主家，债主要他们织足三百匹细绢，才肯让他们回去。妻子心灵手巧，一个月就如数完成了三百匹细绢。夫妻二人一同回家，走到初次见面的槐荫树下，妻子告诉董永她是玉帝的七女儿，是专门来到人间帮助董永还债的，她应该回天宫去了，于是就辞别董永而去。

刻木事亲

汉丁兰，幼丧父母，未得奉养，而思念劬劳之恩，刻木为像，事之如生。每日三餐先敬亲而后自食，出必告，返必面，终年不怠，孝闻朝野。其妻久而不敬，以针戏刺其指，血出。木像见兰，眼中垂泪。兰问得其情，遂将妻弃之。

【译文】

汉代的丁兰年幼时，父母过世。（他）没有机会（很好地）侍奉父母，而又时常思念二老的养育之情，便用木头刻了二老的像，并像（二老）仍活着那样奉养他们，每日三餐必先敬父母之后，自己和妻子才吃；出门必先告诉木像，回家后一定先见木像，终年从不松懈，孝行传遍全国。时间久了，他的妻子也就不（像以往那样）孝顺了，便用针开玩笑去刺木像的手指，（不料）却出血了。木像一见到丁兰，眼泪就流了下来。丁兰问明实情后，就将他的妻子休了。

涌泉跃鲤

汉姜诗，事母至孝。妻庞氏，奉姑尤谨。诗母性好饮江水，去舍六七里，妻出汲以奉之；又嗜鱼脍，去妇常作；又本能独食，召邻母芸食。舍侧忽有涌泉，味如江水，日跃双鲤，取以供。

【译文】

东汉广汉人姜诗，侍候母亲极其孝顺；姜诗的妻子侍候婆婆更是仔细入微。婆婆向来爱饮石亭江水，喜欢吃鲤鱼。石亭江距他家有六七里远，姜妻常常前去打水。母亲又爱吃切得很细的鱼肉丝，小两口常常给老人制作；母亲又不爱一个人吃鱼，喜欢把邻居老太婆叫来一块儿吃，小两口也毫无怨言。不久，屋子旁边突然涌出一股泉水，味道和石亭江水一模一样，而且每天从泉水中还跳出一双鲤鱼，小两口便按时取鱼回家供奉母亲。

拾葚供亲

汉蔡顺，少孤，事母至孝。遭王莽乱，岁荒不给。拾桑葚，以异器盛之。赤眉贼见而问之，顺曰："黑者奉母，赤者自食。"贼悯其孝，以白米二斗牛蹄一只与之。

【译文】

东汉的蔡顺年幼时父亲过世，很孝顺母亲。遇上王莽之乱，年岁饥荒，米珠薪桂，奉母不足。（蔡顺）只好拾桑葚（充饥），用不同的器具装桑葚。赤眉军看到，便问（他）是什么原因。蔡顺回答说："黑紫色的桑葚给母亲吃，红色的自己吃。"赤眉军称赞他的孝心，怜惜他的境况，便赠给他白米二斗，牛蹄一只（带回去奉养母亲，以示敬意）。

怀橘遗亲

汉陆绩，年六岁，于九江见袁术。术出橘待之。绩怀橘二枚，及归，拜辞堕地。术曰："陆郎做宾客而怀橘乎？"绩跪答曰："吾母性之所爱，欲归以遗母。"术大奇之。

【译文】

三国时期吴国吴郡人陆绩，别名公纪，六岁时跟随父亲陆康到九江去拜见袁术。袁术拿出橘子招待他们父子，陆绩暗暗在袖中揣了两个。辞别行礼时，橘子掉在地上。袁术问他："你在我家做客，为什么还要揣上几个橘子呢？"陆绩一边揖拜表示歉意，一边回答说："我母亲最爱吃食，孝敬母亲，竟然忘记了自己在做客。真不好意思！"袁术一听，见他还是个孩子就知道孝敬母亲，很是惊奇。

哭竹生笋

晋孟宗，少丧父，母老，病笃。冬日思笋煮羹食。宗无计可得，乃往竹林中，抱竹而泣。孝感天地。须臾，地裂，出笋数茎。持归作羹奉母。食毕，病愈。

【译文】

孟宗小时就失去了父亲，母亲年纪大了，病情很严重。冬天，（他）母亲想喝用竹笋做的汤。（严冬竹子岂能生笋）孟宗为了孝顺母亲，又无可奈何，只好独自一人到竹林中，扶竹而痛哭。（他）的孝心感动了上天。一会儿，几根竹笋破土而出。（孟宗）拿回家做了笋汤侍奉母亲。（他母亲）喝完后，病情痊愈（他的孝行闻四方，传为佳话）。

卧冰求鲤

晋王祥，字休征，早丧母，事继母甚笃。母欲食鱼。时天寒地冻，祥解衣卧冰求之。冰忽自解，双鲤跃出。持归供母。食毕，病愈。此乃孝感天神之故。

【译文】

王祥，字休征，西晋人，早年母亲就去世了，父亲又娶了一个妻子，当继母生病时，王祥一心一意地侍奉继母。继母（体弱多病）想吃新鲜的鲤鱼。当时天气相当冷，（河水都结了冰，哪里有鱼）王祥解开衣服躺在冰上，（想融冰）得鱼。冰忽然自动融化，两条鲤鱼跳出水面。（王祥）把鱼拿回家侍奉继母。（继母）吃完后，病痊愈了。这就是孝心感动了天神的结果。

扼虎救父

晋杨香，年十四岁，随父刈稻田间。父为虎所噬。时香手无寸铁，唯知有父而不知有身，踊跃向前，扼持虎颈。虎亦靡然而逝。父才得免于害。诏旌门闾。

【译文】

晋朝的杨香，十四岁时，跟着父亲杨丰到田中收获谷子。不料父亲被老虎拽去。当时杨香心中只知父亲有生命危险，一点也不顾及自己，扑上前去，扼住了老虎的脖子，经过一番生死的搏斗，老虎只得丧气地离去。杨香父子才脱离了危险，因此得到乡人们的称颂。

恣蚊饱血

晋吴猛，年八岁，事亲至孝。家贫，榻无帷帐。每夏夜，蚊多攒肤。恣渠膏血之饱，虽多，不驱之，恐去己而噬其亲也。爱亲之心至矣。

【译文】

晋朝的吴猛八岁时，孝顺地侍奉父亲。（他）家里很贫困，床榻上没有蚊帐。每到夏天的夜晚，蚊子多聚在人的身上。（吴猛赤身坐在父榻前）任蚊子叮个够，尽管（蚊子）很多，他也不驱赶蚊子，担心蚊子又去叮他的父亲。他那爱父亲的孝心达到了顶点。

闻雷泣坟

晋王裒，事亲至孝。母存日，性怕雷。既卒，殡葬于山林。每遇风雨，闻阿香响震之声，即奔至墓所，拜跪泣告曰："裒在此，母亲勿惧。"及洛阳倾覆，亲族悉移渡江东，裒恋坟垄不去，遂为贼所害。

【译文】

魏晋时期营陵人王裒，侍奉母亲极其孝顺。母亲生前害怕打雷，死后埋在山林中。每逢下雨，一听到震耳的雷声，王裒就急忙奔到墓地，跪在墓前哭着告诉母亲说："儿子守护在你的身边，母亲不要害怕！"在洛阳沦陷以后，（王裒）的亲族打算全部迁移到江东时，王裒因为留恋母亲的坟墓而没去，于是被乱兵杀害。

尝粪心忧

南齐庾黔娄，为孱陵令。到县未旬日，忽心惊汗流，即弃官归。时父疾始二日。医曰："欲知瘥剧，但尝粪苦则佳。"黔娄尝之甜，必甚忧之。至夕，稽颡北辰求以身代之。数日卒，庐于冢侧。此非大孝心之人所不能为也！

【译文】

庾黔娄任南齐的孱陵县令时，上任不到十天，忽然觉得心惊汗流，便立即弃官返乡探亲。当时他父亲已重病两日。医生叮嘱："想知病情的好坏，先尝一下粪便。（粪便）味苦就表示病情好转。"庾黔娄尝粪，有甜味，心里十分忧虑。到了晚上，跪拜北斗，祈求上天请用自己的身体代替父亲。没过几天，（他父亲）去世了，庾黔娄在坟边结庐（守制三年）。如果不是大孝的人是没法做到的呀！

乳姑不怠

唐崔山南曾祖母长孙夫人，年高无齿。祖母唐夫人，有孝行，每日栉洗，升堂乳其姑。姑不粒食，数年而康。一日病笃，长幼咸集，乃宣言曰："无以报新妇恩，愿子孙妇如新妇孝敬足矣。"后山南贵显，孝祖母如长孙夫人所言，贤名流芳。

【译文】

唐朝博陵人崔琯的曾祖母长孙夫人，年龄过大，牙齿脱落，吃饭困难。祖母唐夫人，每日起床梳洗过后，就到堂屋给婆婆喂乳。一连几年婆婆一口饭也没吃，身体都很健康。后来有一天，长孙夫人病了，一家老小都围在她身边。她向大家说："我今生今世已无法报答我的儿媳对我的恩情，希望你们能像她孝敬我一样孝敬她，我就心安了！"崔山南发家之后，确实像长孙夫人所说的那样孝顺祖母，贤名名扬天下。

弃官寻母

宋朱寿昌，年七岁，生母刘氏为嫡母所妒，出嫁。母子不相见者五十年。熙宁初，寿昌弃官。刺血写金刚经，行四方寻之。与家人诀，誓不见母不复还。后行次同州，得之。时母年七十余矣。士大夫自王安石、苏轼以下多歌诗美之。

【译文】

宋代的朱寿昌，字康叔，天长人。七岁时，他的生母刘氏因为遭到嫡母嫉妒，而被迫出外嫁人。母子二人已有五十年未曾见面。宋神宗熙宁初年，朱寿昌弃官（决心寻找母亲）。他刺伤自己用血写金刚经，打算四处寻母。他和家人离别时，立誓不见母亲永不返回。后行到同州（今陕西大荔县）时，遇到了母亲（欢聚同归）。当时他母亲已七十多岁了。士大夫自王安石、苏轼以下多以诗歌赞颂其孝。

涤亲溺器

宋黄庭坚，元祐中为太史。性至孝，身虽贵显。奉母尽诚，每夕，亲涤溺器，未尝一刻不供子职，可知其孝何如也。

【译文】
宋朝分宁人黄庭坚，别号山谷道人。元祐年间，当了太史。心性极其孝顺。虽做了大官，侍奉母亲仍然十分虔诚。每天晚上，亲自为母亲涮洗尿盆。时时刻刻都牢记着要尽到做儿子的责任，由此可见他的孝心怎么样了。

幼学琼林

【题解】

《幼学琼林》是我国明清以来广泛流行的儿童蒙学读物，以成语典故为主。原名《幼学须知》，又名《成语考》《故事寻源》。作者是明代人程登吉，清代人邹圣脉做了增补，改名为《幼学琼林》。

《幼学琼林》的内容从天文地理到家庭社会，以至释道鬼神、花木鸟兽等，可谓应有尽有。同《三字经》《百家姓》《千字文》等蒙书相比，它有两个特点：其一，它打破了以往蒙书三言、四言的限制，用杂言铺叙；其二，书中所有词目和释义都包容在精练的对句里。"参商二星，其出没不相见；牛女两宿，唯七夕一相逢。"短短二十字，就包含了两个著名的天文现象和美妙的神话故事。

它的内容十分丰富，包罗了天文地理、君臣父子、婚姻家庭、衣食住行、制作技艺等传统知识的大部分内容，可以称得上一部微型的百科全书。在形式上，此书全用偶句写成，文字精练、对仗工整，便于诵读、易学易记。书中的许多历史故事、成语典故，不仅在过去颇为流行，到现在仍然传诵不绝。世人有"读过《幼学》会看书，读了《幼学》走天下"的赞誉。

其实，《幼学琼林》更像一部适合少年儿童学习、吟咏的古代汉语小词典，语义释译，简明扼要，介绍典故，浅显易懂。

卷一

天　文

混沌初开，乾坤始奠。气之较清上浮者为天，气之重浊下凝者为地。日月五星，谓之七政；天地与人，谓之三才。日为众阳之宗，月乃太阴之象。虹名螮蝀，乃天地之淫气；月里蟾蜍，是月魄之精光。风欲起而石燕飞，天将雨而商羊舞。旋风名为羊角，闪电号曰雷鞭。青女乃霜之神，素娥即月之号。雷部至捷之鬼曰律令，雷部推车之女曰阿香。云师系是丰隆，雪神乃是滕六。欻火、谢仙，俱掌雷火；飞廉、箕伯，悉是风神。列缺乃电之神，望舒是月之御。甘霖、甘澍，俱指时雨；玄穹、彼苍，悉称上天。

【浅释】

混沌的宇宙，元气一经开辟，天地阴阳便有了定位。轻清的元气向上浮升而形成。冬天，厚重混浊的部分凝结在下面便形成了地。太阳、月亮及金、木、水、火、土五星并称为七政。天、地和人合称为三才。太阳是众多阳气的宗主，月亮是太阴的精华象征。长虹又称为螮蝀，是天地之气交汇浸淫而形成的；月宫里的蟾蜍，是月亮的精华所凝聚而成的。风将要扬起的时候，石燕就成群地飞起，天将要下雨的时候，商羊（独足鸟）就会出来飞舞。盘旋屈曲的狂风，仿佛弯曲的羊角，闪电光划破长空，如同雷神挥动着鞭子；青女是主管降霜的神灵，素娥就是嫦娥，也是月亮的别名。上天主管打雷的部门里，快走如飞的鬼叫作律令，专管推雷车的女神叫作阿香。云为"丰隆"，雪神为"滕六"。欻火和谢仙，都掌管雷火；飞廉和箕伯，都是风神。列缺是主管闪电的神灵，望舒是为月亮驾驶马车的神仙；甘霖和甘澍都是指及时雨；玄穹和彼苍，都可以称呼上天。

雪花飞六出，先兆丰年；日上已三竿，乃云时晏。蜀犬吠日，比人所见甚稀；吴牛喘月，笑人畏惧过甚。望切者，若云霓之望；恩深者，如雨露之恩。参商二星，其出没不相见；牛女两宿，唯七夕一相逢。后羿妻，奔月宫而为嫦娥；傅说死，其精神托于箕尾。披星戴月，谓早夜之奔驰；沐雨栉风，谓风尘之劳苦。事非有意，譬如云出无心；恩可遍施，乃曰阳春有脚；馈物致敬，曰敢效献曝之忱；托人转移，曰全赖回天之力。感救死之恩，曰再造；诵再生之德，曰二天。势易尽者若冰山，事相悬者如天壤。晨星谓贤人寥落，雷同谓言语相符。

飘飞下来的雪花都是六角形的，可以用来预卜年岁的丰收；太阳升起已有三竿的高度，表示时候已经不早了。蜀地（四川）因山高少日，所以当地的狗看见太阳，就对着太阳狂吠，是比喻人见识太少，少见多怪。吴（江苏）地的水牛看见月亮便气喘吁吁，用来嘲笑世人恐惧得太过分了。期盼之心殷切，好比大旱之年企盼天空的云霓；恩泽深厚，如同万物得到雨露的滋润；参星与商星此出彼没，永远没有机会相见；牛郎和织女隔着银河相望，每年七月初七的夜晚才能相会一次。后羿的妻子嫦娥成仙后升天，飞奔到月宫里；殷高宗的贤相傅说，他死了以后其精神寄托在箕、尾二星之间。披星戴月是说早晚不停地奔波，整日操劳非常艰苦；栉风沐雨是说奔波在外，不避风雨地辛苦经营。事情在无意中完成好像浮云的无心出岫；恩泽广泛地施行，好像阳春滋长着万物一样。送礼物给人家，要自谦说聊表献曝的诚意；托人挽转情势，要说全靠您的回天之力。感谢他人援救的恩情叫作再造；称颂再生的德泽叫作二天。看似坚固，实则容易消亡的情势或权力，好像冰山见到太阳一样；事物悬殊极大，相去甚远如同天和地一样，可称为天壤之别。贤德之人因稀少罕见，比喻为早晨的星星；人云亦云，所说的言语都相似，则用雷同来形容。

心多过虑，何异杞人忧天；事不量力，不殊夸父追日。如夏日之可畏，是谓赵盾；如冬日之可爱，是谓赵衰。齐妇含冤，三年不雨；邹衍下狱，六月飞霜。父仇不共戴天，子道须当爱日。盛世黎民，嬉游于光天化日之下；太平天子，上召夫景星庆云之祥。夏时大禹在位，上天雨金；《春秋》《孝经》既成，赤虹化玉。箕好风，毕好雨，比庶人愿欲不同；风从虎，云从龙，比君臣会合不偶。雨旸时若，系是休徵征；天地交泰，斯称盛世。

【浅释】

一个人的心里担心的事太多，同杞人忧天没什么两样；做事情不考虑自己的能力，就与夸父追日一样。像夏天的炎炎烈日一样，人人惧怕，是说赵盾的严酷；像冬天的太阳一样，给人带来温暖，让人感到舒服，是赞美赵衰的品行。东海的孝妇窦氏含冤而死，齐地大旱三年，直到冤情得以昭雪；邹衍是燕昭王重臣，昭王死后，惠王听信谗言，捕邹衍下狱，邹衍的冤情得不到昭雪，炎炎六月忽然下霜。杀父的仇人，不可能在同一个天空下生存，肯定要拼个你死我活；做儿子的要遵守孝道，就必须珍惜父母健在的日子，多孝敬父母。太平盛世的老百姓，能在光天化日之下快乐地游玩；能让天下太平的皇帝可以感召上天，从而出现景星、庆云等祥瑞景象。夏朝的大禹在位治平水患，上天接连下了三天黄金雨；《春秋》和《孝经》编成以后，赤虹从天而降变成了美玉。箕星喜爱风，毕星喜爱雨，比喻百姓们的心愿和欲望并不相同；风随着虎啸而生，青云随着龙腾而出，比喻君臣会合在一起并不是偶然。下雨、出太阳都顺应时节，这是吉祥的好兆头。天地之祥和，世间万物通畅安泰，这可称为盛世。

增　补

大圆乃天之号，阳德为日之称。涿鹿野中之云，彩分华盖；柏梁台上之露，润浥金茎。欲知孝子伤心，晨霜践履；每见雄军喜气，晚雪消融。郑公风，一往一来；御史雨，既沾既足。

【浅释】

大圆是天的称号，阳德是日的称号。黄帝与蚩尤战于子涿鹿之野，有五色云气，金枝玉叶，绍花蓓之象，覆于帝上，因作华盖。汉武帝起柏梁台，作金茎，上有仙人掌擎玉杯承露，和玉屑饮之，可长生。尹吉甫听后妻言，逐子伯奇。奇自伤无罪，清晨履霜；猿葬彭作《履霜操》。唐李绅镇扬州，章孝标赋《春雪》诗云：朱门到晚难盈尺，尽是三军喜气消。绅览而奇之。《会稽录》：射的山南有白鹤山，此鹤为仙人取箭，郑弘尝采薪于此，得一遗箭，顷有人来觅，弘还之。问何所欲，乃曰："患若耶溪载薪为难，愿旦南风，暮北风。"后果然，至今如故，呼为郑公风。唐颜真卿为御兜平原有冤狱，久不决，天大旱。真卿到郡，决狱而雨，时人呼为"御史雨"。

赤电绕枢而附宝孕，白虹贯日而荆轲歌。太子庶子之名，星分前后；旱年潦年之占，雷辨雌雄。中台为鼎鼐之司；东壁是图书之府。鲁阳苦战挥西日，日返戈头；诸葛神机祭东风，风回纛下。束先生精神毕至，可祷三日之霖；张道士法术颇神，能作五里之雾。

儿童争日，如盘如汤；辩士论天，有头有足。月离毕而雨候将徵，星孛辰而火灾乃见。

【浅释】

传说，神农氏之末，少昊氏娶附宝为妻，见大电光绕北斗，枢星（北斗第一星）朗照郊野，附宝感而怀孕。燕丹在易水边为荆轲饯行，时有白虹贯日。心宿（二十八宿之一）有星三颗，中间大星为天王，其前星为太子，后星为庶子。后世用前、后星分别指世间的太子、庶子。雷是从鸣声上分雌雄，由雌雄分别主水旱的。"中台"指的是主管国家大事的公卿大臣；"东壁"指的是天下藏书的地方。鲁阳公与韩国交战，激战至日暮，鲁阳公举戈挥日，得到了继续战斗的时间。诸葛亮便登台祭天，因而东风大作。纛（dào），这里指军旗。晋太康年间，阳平郡大旱，束皙为求雨，三日而大雨如注，人们都说是束皙精诚所感。后汉张楷精通《春秋》《尚书》等书，门徒常达百人。隐居弘农山中，好道术，能做五里之雾。孔子东游，见两小儿辩日。一儿说："日初出大如车轮，日中则如盘。"另一儿说："日初出很凉爽，日中则如探汤。"三国时，吴国使者张温来到蜀国，与蜀国秦宓就"天"的问题进行了辩论，问答很多。彗星的光芒扫过或扫进，多有关于火灾和火灾先兆的记载。

地　舆

黄帝画野，始分都邑；夏禹治水，初奠山川。宇宙之江山不改，古今之称谓各殊。北京原属幽燕，金台是其异号；南京原为建业，金陵又是别名。浙江是武林之区，原为越国；江西是豫章之郡，又曰吴皋。福建省属闽中，湖广地名三楚。东鲁西鲁，即山东山西之分；东粤西粤，乃广东广西之域。河南在华夏之中，故曰中州；陕西即长安之地，原为秦境。四川为西蜀，云南为古滇。贵州省近蛮方，自古名为黔地。东岳泰山，西岳华山，南岳衡山，北岳恒山，中岳嵩山，此为天下之五岳；饶州之鄱阳，岳州之青草，润州之丹阳，鄂州之洞庭，苏州之太湖，此为天下之五湖。金城汤池，谓城池之巩固；砺山带河，乃封建之誓盟。帝都曰京师，故乡曰梓里。蓬莱弱水，唯飞仙可渡；方壶员峤，乃仙子所居。沧海桑田，谓世事之多变；河清海晏，兆天下之升平。水神曰冯夷，又曰阳侯；火神曰祝融，又曰回禄。海神曰海若，海眼曰尾闾。望人包容，曰海涵；谢人恩泽，曰河润。无系累者，曰江湖散人；负豪气者，曰湖海之士。

【浅释】

黄帝划分中国的疆域，才开始有都、邑等行政区域的界限；夏禹治服了洪水，江河水流的走向和群山的位置才被定下来。天地间的江河山岳不会改变，它们的古今称呼却有很大不同。北京所在的地区原本叫"幽燕"，"金台"是它的另一称呼；南京原是建业城，"金陵"是它的别名。浙江作为武陵所在地，原本属于古代的越国；江西古代属于豫章，又叫"吴皋"。福建古代属于闽中郡，湖广地区古代叫"三楚"。东鲁和西鲁，分别指山东和山西；东粤和西粤，就是广东、广西。河南处在华夏大地的中心，所以又叫"中州"；陕西是长安所在地，古代归秦国。川是西蜀，云南是古代的滇国。贵州省接近南方少数民族，自古就称为"黔"地。东岳泰山、西岳华山、南岳衡山、北岳恒山、中岳嵩山，这是中国著名的五大高山。饶州的鄱阳湖、湘阴的青草湖、巴陵的洞庭湖、润州的丹阳湖、苏州的太湖，这是中国古代著名的五湖。金城汤池形容城墙和护城河坚固、牢不可破，如金铸成的城，如汤沸热的池。黄河像衣带万古流长，泰山像砺石与天共存，是帝王分封功臣时的誓盟之词，祝他永久存在，并誓立永久和好的盟书。皇帝居住的都城称为京师，旅居在外的人，称自己的故乡为梓里。蓬莱那片危险而又遥远的海水，只有会腾云的神仙才能渡过去；东海的方壶和圆峤是神仙居住的地方。沧海变成农田，农田变成大海，是说世事的变化很大；黄河的水变清了，大海的水平静了，预示着天下将会太平。水神叫冯夷，又叫阳侯；火神叫祝融，又叫回禄。海神叫海若，海眼叫尾闾，是海水下泄的石孔，为传说中海水的归宿之处。希望别人包容，是说请人像海水一样包涵自己；感谢别人的恩泽，是说自己好像受到了黄河之水的滋润。没有拖累牵挂的人，叫江湖散人；身负豪情壮志的人，叫湖海之士。

问舍求田，原无大志；掀天揭地，方是奇才。凭空起事，谓之平地风波；独立不移，谓之中流砥柱。黑子弹丸，漫言至小之邑；

咽喉右臂，皆言要害之区。独立难持，曰一木焉能支大厦；英雄自恃，曰丸泥亦可封函关。事先败而后成，曰失之东隅，收之桑榆；事将成而终止，曰为山九仞，功亏一篑。以蠡测海，喻人之见小；精卫衔石，比人之徒劳。跋涉谓行路艰难，康庄谓道路平坦。硗地曰不毛之地，美田曰膏腴之田。得物无所用，曰如获石田；为学已大成，曰诞登道岸。淄渑之滋味可辨，泾渭之清浊当分。泌水乐饥，隐居不仕；东山高卧，谢职求安。圣人出则黄河清，太守廉则越石见。美俗曰仁里，恶俗曰互乡。里名胜母，曾子不入；邑号朝歌，墨翟回车。击壤而歌，尧帝黎民之自得；让畔而耕，文王百姓之相推。费长房有缩地之方，秦始皇有鞭石之法。尧有九年之水患，汤有七年之旱灾。商鞅不仁而阡陌开，夏桀无道而伊洛竭。道不拾遗，由在上有善政；海不扬波，知中国有圣人。

【浅释】

只知道"问舍求田"的人，原本就没有大志向；能够"掀天揭地"的人，才是杰出的人才。空挑起事端，称为"平地风波"；独自担当重任，意志坚定，可称为"中流砥柱"。"黑子弹丸"，用来比喻城邑特别小；"咽喉右臂"，都是称呼险要的地方。单凭一个人的力量无法完成事业，就说"一木焉能支大厦"；英雄自夸自己的胆识本领，就说"丸泥亦可封函关"。事情开始做失败了而后来取得了成功，就说"失之东隅，收之桑榆"；事情马上要成功了却突然停止下来，叫作"为山九仞，功亏一篑"。"以蠡测海"，比喻人的见识粗浅；"精卫衔石"，比喻做事徒劳无功。"跋涉"形容走路艰难，"康庄"指道路平坦。"硗地"是指长不出庄稼的土地；"美田"是指肥沃丰饶的良田。得到了某物却没有用处，就说"如获石田"；做学问有了大成就，就说"诞登道岸"。淄水和渑水都位于山东境内，淄水甘甜，渑水苦味，淄水和渑水的味道不同，放在一起也能分辨的出来；泾水和渭水有清有浊，当二水合流后，依然清浊分明。拿涌出的泉水来充饥，也觉得很快乐，是赞美人安贫乐道，隐居在家不肯出来做官；情愿在清静的东山高枕无忧，是说辞去官职以求轻松悠闲，由此可见他清高的节操可以风世。圣人降临世间，黄河的水才会呈现清澈；太守清廉爱民，越王石才会显现于世。风俗淳朴的乡里称为仁里，风俗恶劣的地方叫作互乡。孝顺父母的曾子，不愿进入里名叫胜母的地方是恨它不孝；主张非乐的墨子，车子走到名叫朝歌的城邑时，就掉头而返，是嫌它失时。尧帝时黎民百姓都能怡然自得，拍着土壤引吭高歌；西周时的百姓朴实讲仁义，都能互相谦让耕地。费长房通晓收缩土地，化远为近的方法；秦始皇时有挥鞭驱赶石头造桥的奇术。尧帝时洪水为患九年，商汤时有七年的大旱灾。商鞅没有仁德，废除自古以来的井田制度，开阡陌奖军功。夏朝国君桀暴虐无道，上天便使伊、洛二水同时枯竭，以示惩戒。路上不捡拾他人的失物，是因为在上的人治理有方的缘故。海里扬不起大波浪来，由此可知中国境内有了圣明人。

增　补

神州曰赤县，边地曰穹庐。白鹭洲，二水中分吴壮丽；金牛路，五丁凿破蜀空虚。瀑布岭头悬，苍碧空中垂白练；君山湖内翠，水晶盘里拥青螺。浩荡长江，险称天堑；嵯峨秦岭，高谓坤维。雪浪涌鞋山，洗清涉武；彩云笼笔岫，绚出文章。

【浅释】

昆仑东南方五千里曰神州，中有和美乡。帝王之宅，看圣人所居李白诗，三山半落青天舟二水，中分自鹭渊。《史记》，秦惠王欲吞蜀，诡言牛能粪金，欲献蜀无路。蜀使五丁力士开路，秦得伐蜀。故史诗云：五丁不凿金牛路，秦惠何由得并吞。李白《咏庐山瀑布》诗："日照香炉生紫烟，遥看瀑布挂前川。飞流直下三千尺，疑是银河落九天。"刘禹锡诗："湖光秋色两相和，潭面无风镜未磨。遥望洞庭山水色，白银盘一青螺。"青螺《艺文志》：长江之险曰天堑。（释）言若天设坑堑，界限域中也。李白《秦岭赋》：为天之枢，为坤之维。鞋山在鄱阳湖中，来人有诗云："飞琼乘醉出天阍，堕下弓鞋千古存。若使当年添一只，雪花浪里浴双鸳。"涿郡有笔山，宛然若笔。宋人诗云："紫雾凝成应濡墨，彩云笼处便生花。一天星斗晴光岫，绚出文章自一家。"

金谷园中，花卉俱备；平泉庄上，木石皆奇。滩之凶，无如虎臂；路之险，莫若羊肠。烟树晴岚，潇湘可纪；武乡文里，汉郡堪夸。七里滩是严光乐地；九折阪乃王阳畏途。将军征战之场，雁门紫塞；仙子遨游之境，玄圃阆风。

【浅释】

西晋富豪石崇的金谷园，奇花异草俱备；唐朝宰相李德裕的平泉座，多怪木奇石。没有比四川虎臂滩更凶险的滩头；没有比羊肠小路更险峻的道路。绿树如烟，山峦秀美，这是湖南潇湘的美景；汉中尚文习武，是个值得夸耀的地方。西汉严光不愿在朝廷做官，以在七里滩垂钓为乐；琅玡王阳为益州刺史，行至九折阪。雁门、紫塞，是将军征战的地方；玄圃、阆风，是神仙遨游的地方。

岁　时

爆竹一声除旧，桃符万户更新。履端，是初一元旦，人日，是初七灵辰。元日献君以《椒花颂》，为祝遐龄；元日饮人以屠苏酒，可除疠疫。新岁曰王春，去年曰客岁。火树银花合，谓元宵灯火之辉煌；星桥铁锁开，谓元夕金吾之不禁。

【浅释】

爆竹一声除旧岁，新的一年又来临了；门上换上了新的桃符，以迎接新的一年。正月初一日是元旦称为首祚；正月初七日是人日，称作灵辰。元旦将椒花酒献给君王，是借此祝颂他长寿。请乡邻朋友喝屠苏酒，可以驱除瘟疫百病。新岁就称首春，去年则称客岁。火树银花，形容元宵节的灿烂辉煌；星桥铁锁开，说元宵节放下吊桥听任城内外游人自由往来观灯。

二月朔为中和节，三月三为上巳辰。冬至百六是清明。立春五戊为春社。寒食节是清明前一日，初伏日是夏至第三庚。四月乃是麦秋，端午却为蒲节。六月六日，节名天贶；五月五日，序号天中。端阳竞渡，吊屈原之溺水；重九登高，效桓景之避灾。五戊鸡豚宴社，处处饮治聋之酒；七夕牛女渡河，家家穿乞巧之针。中秋月朗，明皇亲游于月殿；九日风高，孟嘉帽落于龙山。秦人岁终祭神曰腊，故至今以十二月为腊；始皇当年御讳曰政，故至今读正月为征。

二月初一是中和节，三月初三是上巳节。冬至过后第一百零六天是清明节，立春五个戊日是春社。寒食节是清明前一天，初伏日是夏至后第三个庚日。四月麦子成熟要收割叫"麦秋"，端午节又称为"蒲芦"。六月初六日是"天贶节"，五月初五叫"天中节"。端午节进行龙舟比赛，是为了纪念在这一天投汨罗江而死的楚国大夫屈原；九月九日登高，是模仿桓景登高寻找和消灭瘟魔。春秋二社日，杀猪宰鸡祭祀土地神，大家争饮医治耳聋的酒；七月初七，牛郎织女渡河相会，少女祭拜织女，乞求织布绣花的技巧。中秋之夜，月光分外清朗，唐明皇梦游月宫；重阳节登龙山，山风将孟嘉的帽子吹落在地上。汉人岁终祭神称为腊，至今称十二月为腊月。秦始皇嬴政，秦人为避讳读正为政，所以读正月为征月。

东方之神曰太皞，乘震而司春，甲乙属木，木则旺于春，其色青，故春帝曰青帝。南方之神曰祝融，居离而司夏，丙丁属火，火则旺于夏，其色赤，故夏帝曰赤帝。西方之神曰蓐收，当兑而司秋，庚辛属金，金则旺于秋，其色白，故秋帝曰白帝。北方之神曰玄冥，乘坎而司冬，壬癸属水，水则旺于冬，其色黑，故冬帝曰黑帝。中央戊己属土，其色黄，故中央帝曰黄帝。夏至一阴生，是以天时渐短；冬至一阳生，是以日晷初长。冬至到而葭灰飞，立秋至而梧叶落。上弦谓月圆其半，系初八、九；下弦谓月缺其半，系廿二、三。月光都尽谓之晦，三十日之名；月光复苏谓之朔，初一日之号；月与日对谓之望，十五日之称。初一是死魄，初二旁死魄，初三哉生明，十六始生魄。

掌管东方的神称作太皞，居住在震卦的方位，主管春天，天干为甲乙，五行属木，木在春天就茂盛，它的颜色为青色，所以春帝又称为青帝。掌管南方的神叫作祝融，居住在离卦的方位，主管夏天，天干为丙丁，五行属火，火在夏天就旺盛，因为它的颜色为红色，所以夏帝又称为赤帝。掌管西方的神称作蓐收，居住在兑卦的方位，主管秋天，天干为庚辛，五行属金，金在秋天就兴盛，它的颜色为白色，所以秋帝又称为白帝。掌管北方的神称作玄冥，居住在坎卦的方位，主管冬天，天干为壬癸，五行属水，水在冬天就丰沛，它的颜色为黑色，所以冬帝又称为黑帝。中央的天干为戊己，五行属土，它的颜色为黄色，所以掌管中央的神称作黄帝。夏至过后，阴气开始生长，所以白昼渐渐变短；冬至过后，阳气开始滋长，黑夜渐渐缩短，白昼一天比一天长。冬至节气到了以后，放在十二律管中的芦苇灰开始飞舞，说明冬天即将来临；立秋节气到了以后，梧桐树的叶子开始变黄落下，这说明气候开始变得寒冷。上弦，是说月亮下半部分被遮住，由圆变成半圆的形状，这是每个月农历的初八、初九这一段时间；下弦，是说月亮的上半部分好像缺了一半，只剩下下半部分，这段时间是农历每月的二十二日、二十三日。没有月光，天气变得阴晦，模糊不清，所以叫作晦，晦日是每个月（农历）三十日这一天；月光开始复苏，呈现初露的光芒，开始有一丝的明亮，叫作朔，朔日是指每个月农历初一这一天；月亮与太阳相对，阳光普照大地，好像月亮与太阳对望，所以叫作望，望日是农历每个月十五日这一天。初一那天月光微弱，叫作死魄；初二比较接近初一，叫旁死魄；初三开始，天空渐渐变亮，叫作生明；十六的月亮开始亏缺，叫生魄。

翌日、诘朝，言皆明日；谷旦、吉旦，悉是良辰。片晌即谓片时，日曛乃云日暮。畴昔曩者，俱前日之谓；黎明昧爽，皆将曙之时。月有三浣：初旬十日为上浣，中旬十日为中浣，下旬十日为下浣；学足三余：夜者日之余，冬者岁之余，雨者晴之余。以术愚人，曰朝三暮四；为学求益，曰日就月将。焚膏继晷，日夜辛勤；俾昼作夜，晨昏颠倒。自愧无成，曰虚延岁月；与人共语，曰少叙寒暄。可憎者，人情冷暖；可厌者，世态炎凉。周末无寒年，因东周之懦弱；秦亡无燠岁，由赢氏之凶残。泰阶星平曰泰平，时序调和曰玉烛。岁歉曰饥馑之岁，年丰曰大有之年。唐德宗之饥年，醉人为瑞；梁惠王之凶岁，野莩堪怜。丰年玉，荒年谷，言人品之可珍；薪如桂，食如玉，言薪米之腾贵。春祈秋报，农夫之常规；夜寐夙兴，吾人之勤事。韶华不再，吾辈须当惜阴；日月其除，志士正宜待旦。

翌日、诘朝都是明天的别称；谷旦、吉旦都是好时辰吉祥的日子。片晌是说片刻的时候，日曛是说天将要晚的样子。畴昔、曩者都是前日的别称。黎明、昧爽都是天将破晓的时候。一个月的时光分为三浣：初旬十日为上浣，中旬十日称为中浣，下旬十日称为下浣；做好学问要充分利用三余的时间，夜晚是白昼之余，冬季是一年之余，下雨天是晴天之余。当人用诈术骗人，可说他"朝三暮四"；人求学力求长进，可说他"日就月将"。"焚膏继晷"，是说一个人日夜辛苦；"俾昼作夜"，是形容人颠倒白天与黑夜。一个人自愧一事无成，可以说"虚延岁月"；想要与对方交谈，可以说"少叙寒暄"。让人憎恨的是人情冷暖，人厌恶的是世态炎凉。东周末年没有寒冷的月份，是因为东周政权十分软弱；秦朝灭亡时有炎热的季节，是由于嬴氏政权过分残暴。泰阶星平平正正，象征国泰民安，称为"泰"；四季平和风调雨顺，称作"玉烛"。粮食歉收，可以说"饥馑之岁"；粮食丰收，就称"大有之年"。丰年时的玉、荒年时的谷，是说人品珍贵。"薪如桂，食如玉"，是说柴米价格之贵。春耕祭神祈求作物丰收，秋收后祭神报答神明的庇佑，这是农民常年要做的事；夜深了才睡觉，一大早就起床，是我们做事要勤勉。美好的时光去了就不再回来，读书人应当珍惜光阴；日月容易流逝，有志之士更要随时准备抓住时机。

增　补

寒暑代迁，居诸迭运。九秋授御寒之服，自古已然；三月上踏青之鞋，于今不改。双柑斗酒，雅称春游；对影三人，仅堪夜饮。五月孤军渡泸水，蜀丞相何等忠勤；上元三鼓夺昆仑，狄将军更多妙算。二月扑蝶之会，洵可乐焉；元正磔鸡之朝，必有取尔。

【浅释】

寒暑轮换，日月交替。秋天备好御寒的衣服，自古就是如此；三月为踏青做准备，至今也没有改变。南朝宋戴颙，春时携双柑斗酒外出，说："往听黄鹂声。"见《渊鉴类函》卷四百引《杂记》。对影三人：李白《月下独酌》诗："举杯邀明月，对影成三人。"这仅仅适合黑夜里自斟自饮的情形。诸葛亮率三千军士五月渡泸水，这是何等的忠诚和勤勉；北宋大将军狄青在上元节三鼓天，智取昆仑关叛军，更是有着神机妙算。唐代农历二月十二，有扑蝶会，乐趣无穷；魏晋间，新春元旦宰羊悬头于城门，又杀鸡掷地，以压疬气。

吴质浮瓜避暑，陂塘九夏为秋；葛仙吐火驱寒，户牖三冬亦暖。豪吟释子，夜敲咏月之钟；胜赏君王，春击催花之鼓。清秋汾水，歌传汉武之辞；上巳兰亭，事记右军之序。人日卧含章檐下，寿阳试学梅妆；中秋过牛渚矶头，谢尚细吹竹笛。寇公春色诗，真可喜也；欧子《秋声赋》，何其凄然。

【浅释】
汉末吴质将甘瓜掷入寒冰井中，待凉后取出食用，可使暑天生秋凉之意。传说三国时葛仙吐火驱寒，可使房间冬天也有暖意。唐代僧人如满，月夜为尽诗兴，半夜敲钟；唐玄宗春游，击羯鼓以催花开。清秋的汾河上，歌唱传汉武帝的《秋风辞》；上巳日兰亭盛会，王羲之写下了《兰亭集序》。南朝宋寿阳公主人日卧于含章殿下，额染梅花，嫔娥竞相仿效，于是有了梅花妆；东晋镇西大将军谢尚中秋与袁宏相遇牛渚矶，谢尚吹笛尽兴。寇准在富贵时作的诗词，皆凄惋愁怨；宋文学家欧阳修的《秋声赋》形象地描绘了秋声、秋色，在一片萧飒之气中，抒发了作者的感叹，是欧阳修的一篇名作。

朝　廷

三皇为皇，五帝为帝。以德行仁者王，以力假仁者霸。天子天下之主，诸侯一国之君。官天下，乃以位让贤；家天下，是以位传子。陛下尊称天子，殿下尊重宗藩。皇帝即位曰龙飞，人臣觐君曰虎拜。皇帝之言，谓之纶音；皇后之命，乃称懿旨。椒房是皇后所居，枫宸乃人君所莅。天子尊崇，故称元首；臣邻辅翼，故曰股肱。龙之种，麟之角，俱誉宗藩；君之储，国之贰，皆称太子。帝子爱立青宫，帝印乃是玉玺。宗室之派，演于天潢；帝胄之谱，名为玉牒。前星耀彩，共祝太子以千秋；嵩岳效灵，三呼天子以万岁。神器大宝，皆言帝位；妃嫔媵嫱，总是宫娥。姜后脱簪而待罪，世称哲后；马后练服以鸣俭，共仰贤妃。唐放勋德配昊天，遂动华封之三祝；汉太子恩覃少海，乃兴乐府之四歌。

【浅释】

天皇、地皇、人皇称为三皇。少皞、颛顼、黄帝、尧帝、舜帝称为五帝。用仁义道德去感化百姓，使人归服的方法叫王道；用武力相威胁，假借仁义道德使人归服的方法叫霸道。天子是上天的儿子，是天下的主宰；诸侯是一个封国的君主。官天下，是指把权位禅让给有贤德的人；家天下，是把权位传给自己的子孙。陛下是对天子的尊称，殿下是对皇室宗亲的美称，新皇帝登基称作"龙飞"，臣子拜见君主叫作"虎拜"。皇帝说的话，称为"纶音"；皇后的命令，叫作"懿旨"。"椒房"是指皇后居住的地方，"枫宸"指皇帝所在之处。天子的地位崇高而尊贵，所以把天子叫作"元首"；臣子左辅右弼如皇帝的手足，所以被称为"股肱"。麟的角、龙的后代都是赞誉宗藩的话，储君、储贰都是对太子的称谓。皇太子住在青宫里面；皇帝的印章是用玉做的，所以叫玉玺。宗室的支派是从尊贵的皇族繁衍来的；皇室的家谱，刻在用玉做成的版上，所以取名为玉牒。前星光彩夺目的时候，是普天共同祝福太子千岁长存的时刻；汉武帝与左右的臣子听到三呼"天子万岁"的声音，这是中岳嵩山的奇神仙显灵了。神器、大宝都是指帝位；妃、嫔、媵、嫱都是指宫娥。姜后因为周宣王好色荒废了朝政，而脱下簪待罪，以此来劝告周宣王要勤于政事，世人称她为哲后；汉光武帝的皇后身穿粗布衣服表示节俭，大家都敬仰她是有贤德的妃子。唐尧帝功德与天齐，当他巡狩华地时，当地的封人祝他长寿、富贵、多儿男；汉明帝做太子时，他对百姓的恩德像海水一样深，感动了乐人，他们作了乐府四章，以此感谢太子的恩德。

增　补

德奉三无，功安九有。陈桥驿军兵欲变，独日重轮；春陵城圣哲诞生，一禾九穗。祥钟汉代，禁中卧柳生枝；瑞霭宋廷，榻下灵芝生叶。设鼓悬钟，千古仰夏王之乐善；释旄结袜，万年钦西伯之尊贤。信天命攸归，驰王骤帝；知人心爱戴，冠道履仁。

【浅释】

　　道德天无私覆,地无私载,日月无私照,连功劳也应九州共享。赵匡胤在陈桥驿发动兵变，太阳有双重光环；光武帝刘秀舂陵城起兵时，一禾长有九穗。汉昭帝时，宫内一棵倒地的柳树又长枝叶；宋仁宗时，皇太后床下长出一棵四十二叶的灵芝。传说夏禹治天下，在门上悬挂钟鼓，人们可以随时敲钟鸣鼓求见，千百年来人们都景仰夏禹的乐善好施。周文王伐崇，袜带开了，便放下旗子自己系上袜带，千百年来人们都钦佩周文王对贤良之人的尊重。三皇慢步，五帝加快，三王奔驰，五霸拼命赶路，相信这些都是天意所为；君王要想得到百姓的爱戴，就应以道德为冠冕，以仁义为道路。

　　帝尧用心，哀孤子又哀妇人；武王伐暴，廉货财还廉女色。六宫无丽服，玄宗罢织锦之坊；万姓有余粮，周祖建绘农之阁。仁宗味淡而撤蟹，晋武尚朴而焚裘。汉文除肉刑，仁昭法外；周武分宝玉，恩溢伦中。更知唐主颂成功，舞扬七德；且仰汉高颁令典，约法三章。

【浅释】

　　尧帝用心治国，既怜爱小孩又爱护妇人；周武王讨伐残暴的商纣王，既不贪财也不好色。唐玄宗停止了织锦的作坊的生产，他的六宫佳丽都没有华丽的衣服；周世宗重耕种，建了画有农夫劳作的阁楼鼓励农业生产，百姓因而都有余粮。宋仁宗保持口味清淡，用餐时撤去了昂贵的螃蟹，晋武帝崇尚俭朴而焚烧了昂贵的裘服。汉文帝废除了肉刑，他的仁义昭示于法律之外；周武王把宝玉分赐给伯叔之国，他的恩惠普及同族人。更加应该知道的是唐太宗颂扬禁暴、戢兵、保大、定功、安民、和众七种功德；并且要敬仰汉高祖颁布了律令法典，立下了明确的约法三章。

文　臣

　　帝王有出震向离之象，大臣有补天浴日之功。三公上应三台，郎官上应列宿。宰相位居台铉，吏部职掌铨衡。吏部天官大冢宰，户部地官大司徒，礼部春官大宗伯，兵部夏官大司马，刑部秋官大司寇，工部冬官大司空。

【浅释】

帝王就像太阳一样从东方升起，在南方耀天下。大臣能建立力挽世运那样伟大的功业。太师、太傅、太保为三公，与天上的三台星相对应，帝王的侍从官也属于天上的星宿。宰相的位置很高也很重要，吏部掌管着干部的选拔和任命。吏部、户部、礼部、兵部、刑部、工部为六部，六部尚书分别称大冢宰、大司徒、大宗伯、大司马、大司寇、大司空，或称为天官、地官、春官、夏官、秋官、冬官。

都宪中丞，都御史之号；内翰学士，翰林院之称。天使，誉称行人；司成，尊称祭酒。称都堂曰大抚台；称巡按曰大柱史。方伯、藩侯，左右布政之号；宪台、廉宪，提刑按察之称。宗师称为大文衡，副使称为大宪副。郡侯、邦伯，知府名尊；郡丞、贰侯，同知誉美。郡宰、别驾，乃称通判；司理、鹰史，赞美推官。刺史、州牧，乃知州之两号；鹰史、台谏，即知县之尊称。乡宦曰乡绅，农官曰田畯。

【浅释】

都宪中丞，是都御史的称号；内翰学士，是翰林院的名称。天使是对使者的美称；司成是对祭酒人的尊称。都堂又称为大抚台，巡按又称为大柱史。方伯、藩侯是左右布政使的称号；宪台、廉宪是提刑按察的称号。宗师又称为大文衡，副使被称为大宪副。郡侯、邦伯是对知府的尊称；郡丞、贰侯是对同知的美称。郡宰、别驾，是指通判；司理、荐史都是对推官的美称。刺史、州牧是知州的两个别称；荐史、台谏都是对知县的尊称。乡宦又叫乡绅，农官又叫田畯。

钧座、台座，皆称仕宦；帐下、麾下，并美武官。秩官既分九品，命妇亦有七阶。一品曰夫人，二品亦夫人，三品曰淑人，四品曰恭人，五品曰宜人，六品曰安人，七品曰孺人。妇人受封曰金花诰，状元报捷曰紫泥封。唐玄宗以金瓯覆宰相之名，宋真宗以美珠箔谏臣之口。

【浅释】

钧座和台座都可以称呼官员；帐下和麾下则是对武官的美称。古代的官员分为九品，官员的母亲和妻子都可以接受诰命，称命妇，也有七个阶层之分。一品诰命叫夫人，二品也叫夫人，三品叫淑人，四品称为恭人，五品称为宜人，六品叫安人，七品叫孺人。妇人受到皇帝的册封叫作金花诰，报告考上状元的好消息叫紫泥封。唐玄宗任人唯贤，用盆盖住所选宰相的名字；宋真宗要封禅，用珍珠封住劝谏大夫的嘴。

金马玉堂，美翰林之声价；朱幡皂盖，仰郡守之威仪。台辅曰紫阁名公，知府曰黄堂太守。府尹之禄两千石，太守之马五花骢。代天巡狩，赞称巡按；指日高升，预贺官僚。初到任曰下车，告致仕曰解组。藩垣屏翰，方伯犹古诸侯之国；墨绶铜章，令尹即古子男之邦。太监掌阉门之禁令，故曰阉宦，朝臣皆搢笏于绅间，故曰缙绅。

【浅释】

金马、玉堂是羡慕翰林院的声望和地位；朱幡、皂盖是郡守出巡时令人敬仰的威仪的象征。三台的辅佐大臣叫紫阁明公；知府的府衙正堂因涂着黄色，所以知府又叫黄堂太守。府尹的俸禄为两千石，太守的马车由青白相间的马组成。代表天子巡视疆土，是对巡按的称赞；加官进爵指日可待，是恭维官僚升迁的话。官吏刚刚上任就职叫下车，官吏告老还乡叫解组。藩垣、屏翰是用来比喻镇守一方的官吏，同古代的方伯一样；墨绶、铜章，是指代县令，他所管辖的区域像古代子男小国那么大。太监掌握阉门进出的禁令，所以叫阉宦；古时候，朝中的大臣觐见皇帝时，腰间要插上一块记事的笏，所以叫缙绅。

萧曹相汉高，曾为刀笔吏；汲黯相汉武，真是社稷臣。召伯布文王之政，尝舍甘棠之下，后人思其遗爱，不忍伐其树；孔明有王佐之才，尝隐草庐之中，先主慕其令名，乃三顾其庐。鱼头参政，鲁宗道秉性骨鲠；伴食宰相，卢怀慎居位无能。王德用，人称黑王相公；赵清献，世号铁面御史。

【浅释】

萧何和曹参，同是汉高祖的臣相，以前在沛县，曾当过刀笔吏；汲黯相汉武帝，武帝说他真是稳定社稷之重臣。周朝的召公，展布文王的政治，曾经在甘棠树下休憩，后来人怀念他的遗爱，便不忍心砍掉这棵甘棠树了，诸葛亮有辅佐帝王成就大业的才干，曾经隐居于山野之间的茅草屋内，刘备因赞赏他的才能，三次到他的家中相请。鲁宗道生性直率，他做参政时，被人称为鱼头参政；卢怀慎地位显赫，与姚崇共同辅佐唐玄宗，但他自己以为才能比不上姚崇，于是遇事推让，与姚崇共同商量，不敢专制，被人称为伴食宰相。王德用善于治军而逸面黑，被称为黑王相公。赵清献弹劾不避权贵，人称铁面御史。

汉刘宽责民，蒲鞭示辱；项仲山洁己，饮马投钱。李善感直言不讳，竟称鸣凤朝阳；汉张纲弹劾无私，直斥豺狼当道。民爱邓侯之政，挽之不留；人言谢令之贪，推之不去。廉范守蜀郡，民歌五袴；张堪守渔阳，麦穗两歧。鲁恭为中牟令，桑下有驯雉之异；郭伋为并州守，儿童有竹马之迎。鲜于子骏，宁非一路福星；司马温公，真是万家生佛。鸾凤不栖枳棘，美仇香之为主簿；河阳遍种桃花，乃潘岳之为县官。刘昆宰江陵，昔日反风灭火；龚遂守渤海，令民卖刀买牛。此皆德政可歌，是以令名攸著。

【浅释】

汉朝刘宽责罚犯错误民众，不是实行毒刑拷打，而是用蒲草责罚他们，让他们认识到自己的错误就可以了；项仲山洁身自好，对自己要求非常严格，所以马去喝水也要投钱在那里，从不贪占便宜。李善感直言不讳，他的劝谏像凤凰正对着朝阳鸣叫那么好听；汉朝的张纲上朝弹劾，直接怒斥当权的奸臣。百姓喜爱邓攸，离任时挽留不让他离去。谢太守非常贪财，人们送都送不走。廉范在蜀郡当太守，见百姓勤劳致富，人们歌唱道：过去没有衣穿，现在有五条裤子。张堪镇守渔阳，清正廉洁，人民生活幸福，一棵麦子竟然结出两个麦穗。汉代鲁恭任中牟令时，实施仁政，连桑下的雉鸡都很驯服；汉郭伋做并州太守时，布恩德，他出行时，数百儿童骑竹马在道迎接他。宋朝的鲜于子骏，为民谋福，他去哪里当官都被称为是福星到了；司马光恩德遍布，被誉为"万家生佛"。鸾凤是不栖息在带刺的矮树上的，羡慕仇香才能被提为主簿；河阳种满桃树，是因为潘岳在这里当了县令的缘故。江陵常常发生火灾，刘昆总是跪在地上虔诚地求助，风反过来把火扑灭了；龚遂镇守渤海，劝百姓卖掉屠刀，全力耕作。以上这些官员的德政都是值得歌颂的，他们美好的名声也因此世代传扬。

增 补

太守称为紫马，邑宰地号雷封。槐位棘垣，三公及孤卿异秩；棱官紧职，拾遗与御史别称。给事谓之夕郎，黄门批敕；翰林名为仙掖，紫禁宣麻。饱卿睡卿，名号自别；铨部祠部，政事攸分。俗美化醇，尹翁归去思蜀郡；名高望重，汲长孺卧治淮阳。张魏公作冲天羽翼，李长吉为瑞世琼瑶。士仰直声，汉世喜多二鲍；民歌善政。

【浅释】

太守称为紫马，邑宰又名雷封。槐位与棘垣，是三公和孤卿朝见天子的地方；棱官与紧职，是拾遗与御史的别称。给事指"给事中"等，是一种"加官"名，其意思是在宫廷内办事。秦汉时代是一种侍从官，给事负责为皇帝草拟审议敕文，其职责与黄门侍郎相当，因其每天还要在日暮向青琐门下拜，因此被叫作夕郎。翰林又称仙掖，即靠近皇宫的地方，翰林负责在皇宫草拟、宣布皇帝诏书。光禄寺掌管祭祀，供应酒食，名为饱卿；鸿胪寺掌管邻国朝贡，名为睡卿。铨部负责铨选，即按规定任务考核、选拔官吏；祠部专掌祠记、享祭、天文、漏刻、庙讳、卜筮、医药、僧尼之事。西汉景帝末年文翁任蜀地郡守时，提倡教化，使当地民风变得醇厚，他死后人们为缅怀他，修建了文翁祠；淮阳地方难治理，汉武帝任命汲黯为太守，汲黯辞不肯就，汉武帝说："顾淮阳吏民不相得，吾徒得君之重，卧而治之。"后来汲黯在淮阳治理十年，死在任所。南宋名将张浚，四任右相首辅，宋高宗把他比作自己的冲天羽翼。唐代诗人李贺，以诗才闻名，人称瑞世琼瑶。东汉鲍永、鲍恢刚直不阿、执法严明，为人们所敬仰。

江东闻有三岑。棠棣理政多能，刘氏兄弟守南郡；乔梓治县有谱，傅家父子宰山阴。政简刑清，姜谟号太平官府；身修行洁，裴侠称独立使君。袁尚书部学问深宏，不愧魏朝杜预；寇丞相事功彪炳，真为宋代谢安。熙宁三舍人，乃一朝硕彦；庆历四谏士，实千古良臣。宰相必用读书人，窦宾可象谁当鼎辅；状元曾为瞌睡汉，唯吕文穆乃占魁名。谁云公种生公，或谓相门有相。

【浅释】

唐代岑羲、岑翔、岑休兄弟三人优异，闻名江东，分别为金坛令、长洲令、深水令，皆有政绩。南朝刘之亨、刘之遴兄弟先后为南郡太守，皆有政绩，号为大南郡、小南郡；南朝时傅琰、傅㪍父子先后任山阴县县令，皆有政绩，传说家中有一本《理县谱》。唐姜谟任秦州刺史，使当地太平无盗，人称太平官府。北魏裴侠为河北郡守，清正廉明，爱民如子，人称独立使君。北魏尚书袁翻，学问深宏，堪与三国魏杜预相比。宋丞相寇准，政迹卓著，可以和东晋谢安相比肩。宋代熙宁年间，李大临、宋敏求、苏颂三位知制诰，因反对王安石不合理地提升李定为御史，后都被外放为官，时称熙宁三舍人；北宋庆历年间余靖、欧阳修、王素、蔡襄四个人，敢于直言，合称四谏士。宋初窦仪，知道"乾德"是蜀主王衍之号，宋太祖大喜称赞说："宰相须用读书人。"宋代太师吕蒙正，是丁丑科状元，其有诗句"挑尽寒灯梦不成"，人们据此讥其为瞌睡汉。公种生公：旧注说，晋王况说过："公门有公，卿门有卿。"出处待考。相门有相：三国魏曹植在上书中说："空有举贤之名，而无得贤之实，因为所谓选举，不过是援类而进而已。所以俗语有'相门有相，将门有将'的话。"这些话可以揭示这一联的真实含义。译为：谁说王公生的子孙一定是王公大臣，宰相一定出在宰相府里呢？

武 职

韩柳欧苏，固文人之最著；起翦颇牧，乃武将之多奇。范仲淹胸中具数万甲兵，楚项羽江东有八千子弟。孙膑吴起，将略堪夸；穰苴尉缭，兵机莫测。姜太公有《六韬》，黄石公有《三略》。韩信将兵，多多益善；毛遂讥众，碌碌无奇。大将曰干城，武士曰武弁；都督称为大镇国，总兵称为大总戎。都阃即是都司，参戎即是参将。千户有户侯之仰，百户有百宰之称。以车为户曰辕门，显揭战功曰露布。下杀上谓之弑；上伐下谓之征。交锋谓对垒，求和曰求成。战胜而回谓之凯旋，战败而走谓之奔北。为君泄恨曰敌忾，为国救难曰勤王。胆破心寒，比敌人慑服之状；风声鹤唳，惊士卒败北之魂。汉冯异当论功，独立大树下不夸己绩；汉文帝尝劳军，亲幸细柳营，按辔徐行。符坚自夸将广，投鞭可以断流；毛遂自荐才奇，处囊便当脱颖。羞与哙等伍，韩信降作淮阴；无面见江东，项羽羞归故里。韩信受胯下之辱，张良有进履之谦。卫青为牧猪之奴，樊哙为屠狗之辈。求士莫求全，毋以二卵弃干城之将；用人如用木，毋以寸朽弃连抱之材。总之，君子之身，可大可小；丈夫之志，能屈能伸。自古英雄，难以枚举；欲详将略，须读《武经》。

【浅释】

　　韩愈、柳宗元、欧阳修、苏轼是文人中最著名的人，白起、王翦、廉颇、李牧是武将中的多奇智的人。范仲淹心里面装有数万披甲执枪的将士，楚霸王项羽在江东有八千子弟兵。孙膑和吴起，用兵的谋略值得人们夸赞；穰苴和尉缭，用兵的计谋敌人难以猜测。姜太公曾经写过《六韬》，黄石公曾经写过《三略》。韩信领兵打仗，认为兵将越多越好；毛遂讽刺其他宾客平平庸庸，没有出众的能力。大将要保卫国家，叫干城；武士是士兵头目，叫武弁。都督叫作大镇国；总兵叫作大总戎。都阃称都司，参戎称参将。掌管千户称为千户侯，掌管百户叫作百夫宰。用两车车辕相对做门，叫辕门；作战胜利，公开宣布战功，叫露布。下杀上叫弑，上伐下叫征。交锋又叫"对垒"，求和又叫"求成"。打了胜仗归来，就叫"凯旋"；打了败仗逃走，就叫"奔北"。替君王抵抗所愤恨的敌人，叫"敌忾"；救社稷于危难之中，叫"勤王"。"胆破心寒"，是形容敌人惊恐畏惧的样子；"风声鹤唳"，是形容士卒溃败逃跑时疑神疑鬼的样子。每当众人论说功劳时，冯异便独自走到大树下；汉文帝到细柳营慰劳将士时，拉住马匹缰绳慢步而行，表示遵守军纪。符坚自夸兵多将广，扬言将马鞭投入江中，便能阻断江流，最后却惨遭战败；毛遂自我推荐有奇才，说只要有机会，就会如锥处囊中，脱颖而出。韩信降为淮阴侯，说羞与樊哙做同辈；羽兵败，拔剑自列，说没脸面见江东父老。韩信能忍受从屠人胯下钻过的侮辱，张良有为圯上老人三次穿鞋的谦虚。大将卫青年少，做过牧猪的奴隶；樊哙少年，曾是杀狗之辈。求才不必求全责备，切勿因为两个鸡蛋，失去干城的将领。用人好比用木，不能因为一寸朽木就放弃几人合抱的木材。自古以来，英雄不可胜数；想要明白用兵打仗之道，就须熟读《武经》。

增　补

书曰桓桓武士，诗云矫矫虎臣。黄骢少年，登先陷阵；白马长史，殿后摧锋。天子遣赵将军，真得御边之策；路人问霍去病，速收绝漠之勋。北敌势方强，娄师德八遇八克；南蛮心未服，诸葛亮七纵七擒。卫将军一举而朔庭空，仗剑洗刘家日月；薛总管三箭而天山定，弯弓造李氏乾坤。韩信用木罂渡军，机谋叵测；田单以火牛出阵，势焰莫当。

【浅释】

《尚书》上将武士称为"桓桓武士"，《诗经》上将武士称为"矫矫虎臣"。黄骢少年指的是南北朝勇将裴果；白马长史指的是东汉公孙瓒任辽东属国长史，因喜欢骑白马而得名。西汉将领赵充国为保证西部边境长久安宁向汉宣帝提出了《屯田策》；前梁曹景宗屡立战功，在联句诗中，自比为汉代平定匈奴的霍去病。唐高宗时西北吐蕃强大，多次入侵，娄师德奉旨征战吐蕃，在白水涧八战八胜。三国时南蛮首领孟获率兵犯蜀，孔明将其七擒七纵，使孟获诚心归顺。西汉大将军卫青率兵横扫北方匈奴，捍卫了刘家江山；唐太宗时，西北回纥作乱，薛仁贵率兵征讨，三箭射杀敌酋三人，余将皆降，李氏乾坤得以巩固。韩信率兵攻打魏王豹，采取声东击西的战术，摆列无数战船，佯装渡河，暗中军队却用木罂（小口大腹的水桶）渡过了黄河，一战而胜，活捉魏王豹；燕国军队围困即墨城达五年之久，后来齐将田单以火牛阵战法反击，击溃燕军，并乘势收复了齐国失地。

太史慈乃猿臂英雄，班定远实虎头豪杰。力能迈众，敬德避（矛肖）而复夺（矛肖）；胆略过人，张辽出阵而复入阵。狄天使可例云长，高敖曹堪比项籍。紫髯会稽，振耀吴军武烈；黄须骁骑，奋扬曹氏威声。鸦军雷军雁子军，鬼神褫魄；飞将锐将熊虎将，草木知名。圻父王之爪牙，《诗》旨真可味也；将军国之心膂，人言其不谬乎。

【浅释】

三国太史慈猿臂善射，箭无虚发，人称猿臂英雄；东汉定远侯班超，燕颔虎颈，人称虎头豪杰。唐初大将尉迟敬德武艺高强，与李元吉比武，躲过来稍（同槊），然后又将稍夺下；三国时魏将张辽胆略过人，守合肥时，曾出入于孙权军队的包围圈。宋将狄青，人称狄天使，可与关云长比肩；北齐的高敖曹武功盖世，时人把他比作项羽。东吴主将孙权，威名赫赫，长着紫色的胡须，曾做过会稽太守，人称紫髯会稽；曹操之子曹彪长有黄色胡须，在战斗中常一马当先，被封为骁骑将军。五代时李克用的军队身穿黑衣，被称作鸦军；唐代郑畋任凤翔陇西节度使时，招募锐兵五百人，号称疾雷将；唐末朱瑾，招募军中骁勇者，在脸颊上刺上双雁，号称雁子军。这些军队都让敌人闻风丧胆。汉代名将李广，匈奴称他为飞将军；唐代马磷在平定安史之乱中立下战功，被视为中兴锐将；三国时周瑜称关羽、张飞是熊虎之将。这些人的威名连草木都知道。《诗经》把圻父作为国王的得力助手，人们常把将军比喻为国家的心脏、脊梁骨，两种说法不无道理。

卷二

祖孙父子

何谓五伦？君臣、父子、兄弟、朋友、夫妇；何谓九族？高、曾、祖、考、己身、子、孙、曾、玄。始祖曰鼻祖，远孙曰耳孙。父子创造，曰肯构肯堂；父子俱贤，曰是父是子。祖称王父，父曰严君。父母俱存，谓之椿萱并茂；子孙发达，谓之兰桂腾芳。

【浅释】

什么是五伦？君臣、父子、兄弟、夫妇、朋友；什么是九族？高祖、曾祖、祖父、父亲、自己、儿子、孙子、曾孙、玄孙。家族始祖叫鼻祖，远代的孙子叫耳孙。父亲创造，儿子继承，叫肯构肯堂；父子都有贤能，是父是子。祖父叫王父，父亲称严君。父母都健在，称为"椿萱并茂"；子孙兴盛发达，称为"兰桂腾芳"。

乔木高而仰，似父之道；梓木低而俯，如子之卑。不痴不聋，不作阿家阿翁；得亲顺亲，方可为人为子。盖父愆，名为干蛊；育义子，乃曰螟蛉。生子当如孙仲谋，曹操羡孙权之语；生子须如李亚子，朱温叹存勖之词。

【浅释】

子肖其父，乔树高而上仰，好似做父亲的尊严；梓木低而下俯，如同做儿子的卑恭。不装聋作哑当不了公婆；顺从父母心意，得到父母赞许，才算尽了为人子的本分。掩饰父亲的过失叫作干蛊，养育别人生的儿子叫作螟蛉。生子当像孙仲谋，这是曹操称赞孙权的话；生子须如李亚子，这是朱温感慨自己儿子不如李存勖的话。

菽水承欢，贫士养亲之乐；义方是训，父亲教子之严。绍箕裘，子承父业；恢先绪，子振家声。具庆下，父母俱存；重庆下，祖父俱在。燕翼贻谋，乃称裕后之祖；克绳祖武，是称像贤子孙。称人有令子，曰麟趾呈祥；称宦有贤郎，曰凤毛济美。

【浅释】

用菽水博取老人的欢喜，让老人颐养天年，这是贫穷家奉养父母的天伦之乐。用义方教育子女好好做人，这是贤父爱儿子的方式。继承我的家业，才能够昌盛后嗣，继续祖父的基业，才不辱父母的声名。具庆下是父母都健在的代称；重庆下是祖父母及父母皆在堂的意思。善为子孙计谋，称为燕翼；能继承先贤的子孙叫作像贤。夸奖"麒麟有趾"是夸别人的孩子有祥瑞之兆；赞别人家有好孩子，好像凤凰的羽毛，可以助文采的华美。

弑父自立，隋杨广之天性何存？杀子媚君，齐易牙之人心何在？分甘以娱目，王羲之弄孙自乐；问安唯点颔，郭子仪厥孙最多。和丸教子，仲郢母之贤；戏彩娱亲，老莱子之孝。毛义捧檄，为亲之存；伯俞泣杖，因母之老。慈母望子，倚门倚闾；游子思亲，陟岵陟屺。

【浅释】

隋杨广杀害他的父亲，还存有什么天理？齐易牙杀自己的儿子来讨好齐桓公，哪里还有人心。王羲之牵子抱孙，每有美味，都分给儿孙吃，常享天伦之乐。郭子仪孙子众多不能尽识，每次问安，只能点头示意。和熊胆做丸，让儿子夜嚼助学，柳仲郢有这样的贤母；常穿五彩衣，使双亲高兴，老莱子真算是孝顺。毛义接受檄书做官，是为了养活母亲；韩伯俞受了杖责忽然哭泣，是因感到母亲衰老。慈母盼儿归来，或是站在门口或是站在里门张望等候；游子思念亲人，登山眺望故乡父母。

爱无差等，曰兄子如邻子；分有相同，曰吾翁即若翁。长男为主器，令子可克家。子光前曰充闾，子过父曰跨灶。宁馨英物，皆是美人之儿；国器掌珠，悉是称人之子。可爱者子孙之多，若螽斯之蛰蛰；堪羡者后人之盛，如瓜瓞之绵绵。

【浅释】

疼爱人没有等级和差别，是说对兄长的儿子和邻人的儿子一样；你我的情分相同，我的父亲就是你的父亲。家中的长男才能主管祭祀的礼器，家中有了好儿郎，才能继承祖先的事业。父亲期望他的儿子光宗耀祖可以称为充闾，儿子才能胜过父亲称为跨灶；宁馨、英物用来称别人的儿子超凡脱俗；国器掌珠用来赞美别人的儿子极受重用钟爱。最可爱的是子孙众多，像螽斯一样，团团集聚在一起。赞美子孙昌盛繁衍，好像瓜瓞绵绵滋生。

增　补

经遗世训，韦玄成乐有贤父兄；书擅时名，王羲之却是佳子弟。敬则应得鸣鼓角，母觇子荣；宗武更勿带罗囊，父规儿怠。宋之问能分父绝，作述重光；狄兼谟绰有祖风，后先辉映。焚裘伏剑，罗母与陵母俱贤；跃鲤杀鸡，姜诗与茅生并孝。灵运子孙多是凤，岂是阿私；僧虔后嗣半为龙，原非自侈。

【浅释】

韦玄成：汉韦贤的幼子。韦贤，字长孺，精通经学，号称邹鲁大儒，晚年为相。他把经学传给儿子们，韦玄成后也以明经官至相位。当时有谚语说："遗子黄金满籝，不如一经。"事载《汉书·韦贤传》。王羲之自幼能文章，善书法，深受伯父王敦的器重，王敦对王羲之说："汝是吾家佳子弟，当不减阮主簿。"阮主簿，即阮裕，他在乱世宠辱不惊，隐居自全。晋代王敬则的母亲认为儿子定会做官，出门有鼓角开道，后来王敬则做了会稽太守；杜甫《又示宗武》诗云："试吟青玉案，莫羡紫罗囊。"这两句诗旨在督促次子宗武学诗。唐代宋之问的父亲宋令文有三绝，即文辞、书法和武力，宋之问继承其文辞"一绝"；狄兼谟是唐代名臣狄仁杰的孙子，秉祖父的遗风，祖孙先后辉映。东晋末年桓玄攻破荆州，荆州吏罗企生被杀，罗企生的母亲听说儿子被害，立即焚烧了桓玄以前赠的羔裘。秦末王陵投降刘邦。项羽大怒，劫持王陵母亲，逼使她修书招降王陵，王母不从，伏剑而死。汉代姜诗是个孝子，他的母亲爱吃鱼，又不肯一个人吃，所以姜诗经常做两条鱼，传说一天房舍旁出现涌泉，味如江水，日跃双鲤。东汉茅生是个孝子，每日母亲吃鸡，自己则吃青菜。谢灵运子孙大都有出息，这不是吹捧；南齐王僧虔后代多有才能，也不是自夸。

马援得磷能耀武，毕竟孙贤；祁奚举午不避亲，皆因子肖。触詟犹怜少子，乞请要于君前；萧傲喜见曾孙，效传呼于阶下。王霸则曾惭贵客，张凭则喜说佳儿。李峤贻讥，甘罗堪美。公才公望，喜说云仍；率祖率亲，宁云委蜕。杜氏之宝田斯在，薛家之磐石犹存。词辩既见渊源，强项亦征风烈。

【浅释】

唐代将军马磷是东汉名将马援的后代，马氏家族祖孙耀武；晋国大夫祁奚举荐儿子做中军尉，是因其能胜任。战国时期，赵国触詟，爱小儿子，向太后为他求官；唐末宰相萧傲，平时愿为儿戏，仿效曾孙传呼叫喊的声音，响彻在庭前阶下。东汉王霸与令狐子伯是好友，令狐的儿子做了官，有一次驾着车马带着随从来看王霸，王霸觉得自己的儿子做了农民，不如令孤的儿子，面有愧色。晋代张凭年幼时，祖父对儿子说："我不如你，你有佳儿。"张凭插话说："爷爷怎么能拿儿子开父亲的玩笑呢？"唐中宗召见宰相苏瑰、李峤的儿子。二子尚幼，中宗就询问他们的读书情况，苏瑰的儿子背了一句"木从绳则正，后从谏则圣"，李峤儿子则背了一句"新朝涉之胫，剖贤人之心"。事后，中宗说："苏瑰有子，李峤无儿。"秦国甘罗十二岁时出使赵国，说服赵王献城池给秦国，被秦王拜为上卿。南朝王俭孙子王昧年幼时，风神警拔，一次客人夸赞道："公才公望，复在此矣。"后世就用"公才公望"表示对子孙的祝愿。《礼记》中的"自仁率亲""自义率祖"有其道理，《庄子》中的"子孙非汝有，是天地之委蜕"就没道理了。北宋杜孟以忠孝为宝贝，以经史为田地。唐代薛元超担任中书舍人时，中书省有一块大盘石，上面有薛元超的先祖薛道衡起草的文书。唐代员半千博学多才，他的孙子员淑九岁入宫，讲说佛、老子、孔子，词惊四座，皇帝叹道："半千孙，固当然。"东汉杨震性格刚强，他的孙子杨奇亦如此，汉灵帝评说道："卿强项，真杨震子孙。"

兄　弟

　　天下无不是之父母，世间最难得者兄弟。须贻同气之光，毋伤手足之雅。玉昆金友，美兄弟之俱贤；伯埙仲篪，谓声气之相应。兄弟既翕，谓之花萼相辉；兄弟联芳，谓之棠棣竞秀。患难相顾，似鹡鸰之在原；手足分离，如雁行之折翼。元方、季方俱盛德，祖太邱称为难弟难兄；宋郊宋祁俱中元，当时人号为大宋小宋。荀氏兄弟，得八龙之佳誉；河东伯仲，有三凤之美名。东征破斧，周公大义灭亲；遇贼争死，赵孝以身代弟。煮豆燃萁，谓其相害；斗粟尺布，讥其不容。兄弟阋墙，谓兄弟之斗狠；天生羽翼，谓兄弟之相亲。姜家大被以同眠，宋君灼艾以分痛。田氏分财，忽瘁庭前之荆树；夷齐让国，共采首阳之蕨薇。虽曰安宁之日，不如友生；其实凡今之人，莫如兄弟。

【浅释】

　　天下没有不是的父母，无论父母如何，都应该尽孝，人世间最难得的是兄弟之情。一定要保留兄弟间同根生的缘分，不要伤害兄弟之间的感情。玉昆金友，是羡慕兄弟都谦和贤能；伯埙仲篪，是说兄弟之间同声相应、同气相求的和谐生活。兄弟和睦，如花萼相辉；兄弟都才华溢芳，如棠棣竞秀。兄弟患难与共，彼此顾恤，喻为鹡鸰在原；同胞分离，如飞雁折翅。陈元方、陈季方兄弟二人都有美德，难分上下。宋景文、宋元宪都中状元，时人称为大宋小宋。汉代荀淑育有八子并有才名，赢得八龙的佳誉；唐代薛收与薛德音、薛元敬叔侄三人齐名，有三凤的美名。周公为了国家安危东征三年，杀了叛乱的弟弟；汉代赵礼遇贼，赵孝欲代弟而死，兄弟俩争执不下。煮豆燃萁，比喻兄弟自相残害；斗粟尺布，讥讽兄弟互不相容。兄弟阋墙，是说兄弟在墙内争斗；天生羽翼，则是比喻兄弟亲爱互助。姜肱用大被和兄弟同眠，宋太祖用艾叶灼烧自己，来分担兄弟的痛苦。田氏兄弟分家产，院子里的紫荆树突然枯死了；伯夷、叔齐互相推让国君的位置，最后一起躲到首阳山采野菜充饥。虽说安宁的日子，兄弟不如朋友亲密，实际上今天的人，还是兄弟之间情意深重。

增　补

诗歌绰绰，圣训怡怡。羯末封胡，俱称彦秀；醍醐酪乳，并属珍奇。陆机陆云，名共喧于洛邑；季心季布，气并盖于关中。刘孝标之绶方青，马季常之眉本白。文采则眉山轼辙；才名则秦氏昈通。欲成弟名，虽择肥美而何咎；中分财产，宁取荒顿以为安。一家之桐木称荣，千里之龙驹谁匹。

【浅释】

《诗经》中"此令兄弟，绰绰有余"一句是称颂兄弟之间关系亲密。孔子用"怡怡"来训诫兄弟要和睦相处。羯、末、封、胡四兄弟都是有才学的人；醍醐、酪乳都属于珍贵的物品。陆机陆云的名声享誉洛邑；季心季布的名气在关中处处可以听见。兄弟四人中，系绶的刘孝标独具一格；白眉的马季常是五兄弟中杰出的。文采华丽要算苏轼、苏辙兄弟；才气名望要数秦昈、秦景通兄弟，他们都精通《汉书》，号大秦君、小秦君。许武为了成就弟弟的孝廉美名，自己虽然选择了肥田美宅，让人讥笑，这又有什么罪呢？薛包与弟弟分财产，选择了荒顿的田庐以求得心安。一家桐木是说韩子华兄弟二人都做了宰相，家庭荣耀，就连家里的桐树也跟着沾光；千里龙驹是称赞北朝的卢思道少年英俊，当时没有人能比得上。

上留田何如廉让江，闭户挞亦当唾面受。推田相让，知延寿之化行；洒泪息争，感苏琼之言厚。三孔既推鼎立，五张亦号明经。爱敬宜法温公，恭让当师延寿。

【浅释】

古代廉让江，有李祖让兄弟十人互相廉让的故事，上留田不如廉让江的民风好。后汉的缪彤与三个弟弟一起生活，三人娶妻后，要求分家，缪彤因此掩户自责，检讨有没有对不起兄弟的地方，这使得弟弟、弟媳大受感动，均向长兄谢罪，自此不再提分家的事，而缪氏一家，也越来越兴盛。唐娄师德温顺谨慎，弟弟出任代州刺史时，他告诫说，如果有人唾你的面，不要当面擦去，待它自己干，这样不会激怒对方。缪、娄二人的忍让，各有千秋。西汉韩延寿做左冯翊时，先从反省自身做起，全郡上下也随之思过自正，争田兄弟变为推田相让。北齐苏琼任乐陵太守时，有兄弟二人争田不休，苏琼将二人叫来，说道："难得者是兄弟，易得者是田地，有什么可争的呢？"二人为其言所感动，便不再争了。宋代孔文仲、孔武仲、孔平仲三兄弟都以文学知名，同时代的黄庭坚以三足鼎立形容他们。唐代张知謇、张知玄、张知晦、张知泰、张知默兄弟五人，皆以明经擢第。宋代司马光对其兄司马旦的爱敬足为典范，北朝杨椿（字延寿）恭敬谦让堪为楷模。

夫 妇

孤阴则不生，独阳则不长，故天地配以阴阳；男以女为室，女以男为家，故人生偶以夫妇。阴阳和而后雨泽降，夫妇和而后家道成。夫谓妻曰拙荆，又曰内子；妻称夫曰藁砧，又曰良人。贺人娶妻，曰荣偕伉俪；留物与妻，曰归遗细君。受室即是娶妻，纳宠谓人娶妾。正妻谓之嫡，众妾谓之庶。称人妻曰尊夫人，称人妾曰如夫人。

只有阴不能创造生命，只有阳也不能养育万物，所以天地阴阳须调和而后才会降下雨露；男子娶了女子才能组合成家庭，女子嫁给了男子才有了自己的家，夫妇和睦协调，家道方算有成。丈夫对人称自己的妻子为内子，又称拙荆，妻子称丈夫为良人。祝贺别人娶妻说荣偕伉俪；留物给妻子叫归遗细君。"受室"是说自己娶妻，"纳宠"是说人家买妾。正妻称为嫡，众妾称为庶。称呼别人的妻叫尊夫人，称呼人家的妾叫如夫人。

结发系是初婚，续弦乃是再娶。妇人重婚曰再醮，男子无偶曰鳏居。如鼓瑟琴，夫妻好合之谓；琴瑟不调，夫妇反目之词。牝鸡司晨，比妇人之主事；河东狮吼，讥男子之畏妻。杀妻求将，吴起何其忍心；蒸梨出妻，曾子善全孝道。张敞为妻画眉，媚态可哂；董氏对夫封发，贞节堪夸。冀郤缺夫妻，相敬如宾；陈仲子夫妇，灌园食力。

【浅释】

结发指初次结婚，续弦是说妻死再娶。妇人再嫁称为再醮；男子无偶称为鳏居。如鼓瑟琴，比喻夫妇感情和谐；琴瑟不调，是说夫妇反目不和。牝鸡司晨，比喻妇人掌家政；河东狮吼，是讥讽丈夫怕妻子。为求将位，杀死妻子，吴起心肠何等残忍；蒸梨不熟就遗弃妻子，曾子很难成全孝道。张敞为妻子画眉，儿女情态真是可笑；董氏当着丈夫的面，把头发封住，其贞节实在值得夸耀。冀郤缺夫妇，互相尊敬如待宾客；陈仲子夫妻，灌园种地，自食其力。

不弃糟糠，宋弘回光武之语；举案齐眉，梁鸿配孟光之贤。苏蕙织回文，乐昌分破镜，是夫妇之生离；张瞻炊臼梦，庄子鼓盆歌，是夫妇之死别。

【浅释】

不弃糟糠，是宋弘回绝光武帝的话；举案齐眉则是说梁鸿配得上孟光的贤惠。乐昌公主分破镜，苏蕙织锦回文，都是说夫妇生离的悲伤。张瞻梦见在臼中做饭，庄子击盆唱歌，说的是夫妇的死别。

鲍宣之妻，提瓮出汲，雅得顺从之道；齐御之妻，窥御激夫，可称内助之贤。可怪者买臣之妻，因贫求去，不思覆水难收；可丑者相如之妻，霄夜私奔，但识丝桐有意。要知身修而后家齐，夫义自然妇顺。

【浅释】

鲍宣的妻子出身富家，仍提瓦罐汲水，很懂得顺从的道理；齐御夫的妻子，用话激励丈夫，可称为贤内助。当受责备的是朱买臣之妻，贫困时求去，富贵后又要回来，却不知泼出去的水收不回来；可耻的是司马相如的妻子，听见琴声挑逗，竟在半夜私奔而去。要知道，提高自身品德的修养，而后才能治理好家庭；丈夫对待妻子有礼仪情谊，妻子自然会顺从。

增 补

诗称偕老，易著家人。或穿墉以窥宾，或断机而勖学。贾大夫射雉，未足欢娱；百里奚之烹雌，何嫌寂寞。仍求故剑，宣帝不忘许后于多年；忽著新衣，桓冲顿化成心于一旦。吴隐之得淑女，奚惜负薪。

【浅释】

偕老：老死相守相伴。《诗经》有《君子偕老》篇，称颂夫妻白头偕老。家人：《易经》有《家人》卦，对夫妇关系提出了"正位""夫夫妇妇"等要求，其含义与"夫义妇顺"相近。山涛与嵇康、阮籍交好，当两人来访时，妻子在墙上打洞窥探，事后对山涛说，这两个人才品高卓，应该向他们学习。东汉乐羊子求学未成而归，其妻砍断刚织了一半的布，说明半途而废之害，乐羊子深受启发，又返回完成学业。春秋时人贾大夫貌丑，妻子却貌美如花，结婚三年，妻子没有笑过，直到贾大夫外出打猎射下一只野鸡，妻子才露出笑容。战国时百里奚做了秦国宰相后，一位女子来到他的家中，唱出他当年烹鸡没柴烧门槛的往事，原来这是他失散多年的妻子。汉宣帝未做皇帝时娶过许广汉之女，即位后，说要寻回自己使过的剑，表明他心念许女多年。晋代将军桓冲节俭不爱穿新衣，一次沐浴后，妻子送新衣给他，桓冲大怒，其妻说："不穿新衣，哪来旧衣？"使桓冲打消不穿新衣的成见。东晋吴隐之的妻子贤淑，丈夫做了高官，自己仍背柴做饭。

司马懿有贤妻，何辞执爨。募死士以拒敌，谁同杨氏之坚持；提数骑以拔围，孰比邵姬之勇往。李益设防妻之计，常撒冷灰；志坚摘送妇之词，任撩新发。苟内则之无忝，自中馈之称能。

【浅释】

司马懿的妻子，怕丈夫装病之事声张出去，杀死俾女，亲自做饭。唐代建中末年，李希烈攻打项城，项城县令李侃在妻子的坚持下才没有逃跑，并听其建议招募敢死队、率领抗敌，最后保住了项城。晋代刘遐被石季龙包围，其妻邵姬率领几个骑兵，把他从包围中救出。唐代李益怀疑妻子不忠，出门时常将冷灰撒在门外。唐代秀才杨志坚家贫，其妻耐不住贫苦欲弃他再嫁，杨志坚同意并赠一诗，其中有诗句"荆钗任意撩新鬓"。内则：《礼记》的篇名。主要讲家庭及妇女应遵守的一些规则。孔疏说："闺门之内，轨仪可则，故曰内则。"中馈（kuì）：古时指妇女在家中主持饮食之事。语出《易·家人》："无攸遂，在中馈。"此联是说，如果妇女做到无愧于《内则》的规定，自然就会成为妇女中的能人。

叔　侄

曰诸父，曰亚父，皆叔伯之辈；曰犹子，曰比儿，俱侄儿之称。阿大中郎，道韫雅称叔父；吾家龙文，杨素比美侄儿。乌衣诸郎君，江东称王谢之子弟；吾家千里驹，符坚美符朗为侄儿。竹林叔侄之称，兰玉子侄之誉。存侄弃儿，悲伯道之无后；视叔犹父，美公绰之居官。卢迈无儿，以侄而主身之后；张范遇贼，以子而代侄之生。

【浅释】

诸父、亚父是称叔伯辈的；犹子、比儿，是称呼侄儿的。阿大中郎，是谢道韫对叔父的称呼；我家龙文，是杨昱称赞侄儿。乌衣诸郎君，是江东人称王谢子弟；我家的千里驹，是苻坚赞美侄儿苻朗。竹林是叔侄的别名，兰玉是对子侄的赞誉之词。在战乱中丢下儿子救侄儿，人们悲叹邓伯道无后；对待叔叔如自己的父亲，大家称赞柳公绰的为人。卢迈没有儿子，以侄儿主身后事；张范遇贼，请求用自己的儿子代替侄儿死。

增 补

谢密能成佳器，刘孺可号明珠。或献泛湖之图，或称招隐之寺。陆家精饭，何损素风；杨氏铜盘，独逾诸子。

【浅释】

谢密在少年时，仪态甚好，其叔父夸道："此儿能成大器。"南朝刘孺，七岁能著文，叔父常对友人夸说："此儿是吾家的明珠。"宋代陈世修在他叔父陈执中过生日那天，献上一幅范蠡泛五湖图；唐代李约在他叔父李锜面前多次谈及招隐寺，这二人都是向叔父委婉进谏之人。东晋陆纳做吴兴太守时，谢安来访，侄子陆俶准备了丰厚的酒菜款待谢安。事后，陆纳大怒，觉得陆俶的铺张有损于自己俭朴的生活作风。北宋时杨玮欣赏侄子杨惜的与众不同，高兴地专用铜盘盛美食给他吃。

谢安石东山之费，阮仲容南道之贫。可为都督，王浑预评犹子之词；必破吾门，宗炳先料比儿之语。愚者宜归葱肆，贤者得反金刀。

【浅释】

东晋谢安（字安石）游东山，花费几百金；东晋阮氏家族分道南和道北居住，道南贫而道北富，阮咸（字仲容）居道南。晋代王浚年幼时并不起眼，但叔父王浑却说他将来会做都督，后来他果然做了幽冀都督。南朝宗炳问侄子宗悫的志向，宗悫说："愿乘长风破万里浪。"宗炳说："你不富贵，即破我家矣。"南朝吕僧珍，有个卖葱的侄子向他求官做，他让这个侄子回铺卖葱。十六国时，慕容超费尽周折把金刀交给了叔父慕容德，后来被立为太子，登上皇帝之位。

师 生

马融设绛帐，前授生徒，后列女乐；孔子居杏坛，贤人七十，弟子三千。称教馆曰设帐，又曰振铎；谦教馆曰糊口，又曰舌耕。师曰西宾，师席曰函丈；学曰家塾，学俸曰束脩。

【浅释】

马融在学堂设立紫色的帷帐，前面教授学生诵读经书，后面教授女伶鼓乐；孔子在杏坛讲学，一共有三千弟子，其中德才兼备的有七十二人。称别人设立教馆教学叫设帐，又叫振铎；自己开设教馆授徒，谦称为糊口，又叫舌耕。教书先生叫西宾，先生坐的席位叫函丈；在家设立读书的学校叫家塾，教书先生的薪水叫束脩。

桃李在公门，称人子弟之多；首蓿长阑干，奉师饮食之薄。冰生于水而寒于水，比学生过于先生；青出于蓝而胜于蓝，谓弟子优于师傅。未得及门，曰宫墙外望；称得密授，曰衣钵真传。人称杨震为关西夫子，世称贺循为当世儒宗。

【浅释】

桃李在公门，是称赞别人学生很多。首蓿长阑干，形容给老师的薪俸微薄。学生超过老师，好比冰生于水，比水还要冷；徒弟胜过师傅，就像青出于蓝，比蓝还要深。还未受到老师教诲，叫宫墙外望；得到先生真谛秘诀，称衣钵真传。杨震博学，人称为关西夫子；贺循精通礼仪，被尊为当世儒宗。

负笈千里，苏章从师之殷；立雪程门，游杨敬师之至。弟子称师之善教，曰如坐春风之中；学业感师之造成，曰仰沾时雨之化。

【浅释】

"负笈千里"，是形容苏章寻找老师的殷勤；"立雪程门"，是形容游酥和杨时对老师程颐的尊重。学生称赞老师善于教导，就说像坐在感化万物的春风中一样；学业有成，感谢老师的教导，就说受到了符合时令的雨露的滋润和感化。

增　补

　　民生在三，师术有四。执经问义，事若严君；鼓箧担囊，不辞曲士。史居左，经居右，士得真修；道已南，易已东，人沾教泽。赐宴月池之上，翼赞堪夸；诵书帷帐之中，烽烟奚避。

【浅释】
　　民生在三：《国语·晋语·武公伐翼》："民生于三，事之如一：父生之，师教之，君食之。"又说："非教不知。"师术有四：《荀子·致士》："师术有四：尊师而惮，耆艾而信，诵说不凌不乱，知微而论。"大意是说，有四种人（或条件）方可为师：一是有尊严令人起敬；二是年长而诚实守信；三是学而能用，言行一致；四是有较高深的学识而又能解说出来。向老师请教，要恭敬如侍奉严父；负箧（书箱）担囊前来求学，穷乡僻壤的学生也在欢迎之列。宋代张载教授门徒，规定《史记》放左边，经书放在右边，朝夕诵读，以学真知。宋代杨时从程明道学理学，学成南归，程明道对人说："吾道南矣。"汉代丁宽向田何学习易学，学成后东归，田何对门人说："《易》东矣。"杨时和丁宽都是学有所成者。唐太宗李世民登基后，他的老师张后胤夸道："孔子弟子三千，没有一个封爵的，而我翼赞（教授）你一个学生，就是帝王，我的功劳超过先圣。"东汉张奂奉使匈奴，适逢南匈奴反叛，汉军惶恐，而张奂临危不乱，继续诵书，从而安定了军心。

　　忠臣录、孝子录，纲常互振；经义斋、治事斋，体用兼全。东家之外更无丘，道德由文章炫出；北斗以南应有杰，事功从学术做来。边孝先便便大腹，曾见嘲于弟子；韩退之表表高标，宜共仰于吾儒。应生独举官衔，岂事先生之礼；李固不矜父爵，乃称弟子之良。

【浅释】

宋代曾巩教育学生，其中有《忠臣录》《孝子录》两门课程，旨在振兴纲常；宋代胡瑗，分经义斋、治事斋教授学生，旨在体（经义）用（治事）两全。孔子的"仁义"思想通过儒家著述流芳百世；唐代狄仁杰，当时人称赞他说："狄公之贤，北斗以南，一人而已。"其实，北斗以南应有杰出的人才，丰厚的学养必成就非常事功。东汉边韶（字孝先）的学生曾嘲笑过他的大腹便便；《新唐书·韩愈传》称赞韩愈说："其愈没，其言大行，学者仰之如泰山北斗。"东汉应生，曾任泰山太守。欲拜郑玄为师，说：故泰山太守应仲远，北面称弟子何如？郑玄笑着回答：仲尼之门，分以四科，回赐之徒，不称官衔。劭有愧色。李固,东汉人，父李郃，官至司徒。李固不以父亲官高而自负，出外学习，改易姓名，不让别人知道他是大官之子，这样的行为，才是一种美德。

朋友宾主

取善辅仁，皆资朋友；往来交际，迭为主宾。尔我同心，曰金兰，朋友相资，曰丽泽。东家曰东主，师傅曰西宾。父所交游，尊为父执；己所共事，谓之同袍。心志相孚为莫逆，老幼相交曰忘年。刎颈交，相如与廉颇；总角好，孙策与周瑜。胶漆相投，雷义之与陈重；鸡黍之约，元伯之与巨卿。与善人交，如入芝兰之室，久而不闻其香；与恶人交，如入鲍鱼之肆，久而不闻其臭。肝胆相照，斯为心腹之友；意气不孚，谓之口头之交。彼此不合，谓之参商；尔我相仇，如同冰炭。民之失德，干糇以愆；他山之石，可以攻玉。落月屋梁，相思颜色；暮云春树，想望丰仪。王阳在位，贡禹弹冠以待荐；杜伯非罪，左儒宁死不徇君。分首判袂，叙别之辞；拥彗扫门，迎迓之敬。陆凯折梅逢驿使，聊寄江南一枝春；王维折柳赠行人，遂唱阳关三叠曲。频来无忌，乃云入幕之宾；不请自来，谓之不速之客。醴酒不设，楚王戊待士之意怠；投辖于井，汉陈遵留客之心诚。蔡邕倒屣以迎宾，周公握发而待士。陈蕃器重徐稚，下榻相延；孔子道遇程生，倾盖而语。伯牙绝弦失子期，更无知音之辈；管宁割席拒华歆，谓非同志之人。分金多与，鲍叔独知管仲之贫；绨袍垂爱，须贾深怜范叔之窘。要知主宾联以情，须尽东南之美；朋友合以义，当展切偲之诚。

【浅释】

　　吸取善行培养仁德，都有赖于好的朋友，在交际中你来我往，轮流为主人及宾客。你我同心情谊深厚，好像缔结金兰之真挚。朋友之间互相砥砺切磋，相携共进叫作丽泽相滋。东家称为"东主"，被聘的老师叫作"西宾"。父亲的朋友尊称为父执；朋友有同生死的盟约，取其同心合意的意思故曰同袍。品行相合，意趣相同，心志相契，这样的朋友称为莫逆；心胸开豁，领会契合叫作忘年。廉颇与蔺相如是同生死共患难的刎颈之交。孙策和周瑜自孩童留角髫时感情就很好了。陈重和雷义的友情，就像胶和漆那样难分；元伯与巨卿相约，虽隔两年，仍备好鸡黍等待。和好人交朋友，如同进入有芝兰的屋子，时间久了就闻不到它的香；与坏人交朋友，如同进入鲍鱼市场，久了便闻不到臭味。真诚相待，才算是心腹朋友；意气合，可说是口头之交。彼此不合，如同参商二星不能同时出现；彼此结仇，如同冰和炭不能相容。人失情义，一块干粮也能引起纠纷；他山的石头，可以用来琢玉。"落月屋梁"是描绘杜甫梦见李白的容颜；"暮云春树"则表达了杜甫想望李白的风采。王阳升官，贡禹弹冠相庆，知道王阳日后必会举用自己；杜伯误遭极刑，左儒宁死也要向周宣王进谏。"分首"和"判袂"是表示朋友告别的词语；"拥彗"和"扫门"，则是迎接客人的到来而表示的敬意。陆凯折一枝梅花托驿使转给范晔，报道江南早春的信息；王维折一枝柳条送给即将远行的朋友，于是唱出了《阳关三叠曲》。经常来往没有顾忌的人，称之为"入幕之宾"；不请却自己来的客人，称之为"不速之客"。宴会不再设醴酒，说明楚王戊对待士人的心意已经不如以前了；把车轴上的销钉丢入井中，说明汉代陈遵挽留客人的心很诚恳。蔡邕急着迎接客人把鞋子都穿倒了，周公洗头发的时候，客人来访，他捏着头发就出去了。陈蕃敬重徐稚，专门准备一个坐榻来接待他；孔子路上遇见程生，他们的车盖连在一起交谈。伯牙失去子期，就不再弹琴，因为没有了知音；管宁看清华歆，割开席坐，因为志向不同。多分钱给管仲，是鲍叔牙知道管仲家里贫穷；把绨袍送给范雎，是须贾可怜他生活窘迫。要知道宾主是用情来联系的，应集合东南的名士；朋友是用义来结交的，应当有切磋的诚意。

增　补

　　仲尼老子，可谓通家；管子叔牙，可称知己。伯桃并粮于共事，甘殒流离；子舆裹饭于同侪，不忘贫贱。铃锤道义，向嵇偶锻于柳中；游戏文章，元白衔杯于花下。程普见容于周瑜，若饮醇醪自醉；周举得亲于黄宪，不披绵纩犹温。贵贱相忘，素犬丹鸡定约；死生与共，乌牛白马盟心。面前便失人，刘巴不与张飞语；事后方思友，周顗还靧王导悲。

【浅释】

　　孔子与老子同德比义，互为师友，可谓通家；春秋时期，齐相管仲与鲍叔牙是知己。春秋人左伯桃和羊角哀在去楚国的路上遇到风雪，左伯桃让出衣食给羊角哀，然后跳进空树中自尽。《庄子》载，子舆和子桑是好朋友，下了十日的连绵阴雨，子舆担心子桑没有饭吃，就冒雨前去送饭。晋代名士嵇康和向秀是好友，他们曾在柳树下一同打铁；唐代诗人元稹和白居易是诗友，他们常在花下饮酒做诗。三国老将程普折服于周瑜的气度恢宏，称赞说："与周公瑾交，若饮醇醪，不觉自醉。"东汉黄宪，品性高尚，周举称赞说："与黄宪交往，不穿棉衣也会感到温暖。"古代越地风俗，结拜兄弟时，要杀白狗红鸡，立誓贵贱不相忘；三国时刘备、关羽和张飞三人在桃园杀黑牛白马，立誓结为异姓兄弟。三国蜀人刘巴高傲自负，任尚书期间，不屑与张飞说话；东晋，周顗被王导杀了后，王导才知误会了周顗，但也只能是思悲而已。

　　吕安动遐思，千里命寻嵇之驾；子猷怀雅兴，三更泛访戴之舟。尹敏班彪，岂曰面友；山涛阮籍，是谓神交。孔融座中常满，必然有礼招徕；毛仲堂上全无，定是乏才感召。式饮式食，敢曰无鱼；必敬必恭，何尝叱狗。韩魏公堂前有士，风流态度，得赠女奴；李文定门下何人，新巧诗联，乃逢天子。熊非清渭逢何暮，无任凄怆；客有可人期不来，岂胜慨叹。

　　魏晋名士吕安思念嵇康时，就令人驾车千里前往会见；晋代王子猷，在一下大雪之夜，忽然想到了当世名贤戴逵，便连夜乘小船前去。东汉的尹敏和班彪，不是表面敷衍的朋友；魏晋名士山涛和阮籍，是精神上的朋友。汉末孔融，知礼好宾客，故座中客常满；唐代王毛仲傲慢无礼，他对唐玄宗说，与自己相交的人没有佳客。让客人吃好喝好，谁还会抱怨"食无鱼"呢？招待客人恭敬有礼，哪里能当着客人的面骂狗呢？宋朝宰相韩琦的一个门客宿娼，韩琦便赠一个女仆给他。宋代侍御史王奇，原为宰相李沆幕僚，李沆去世时，宋真宗前往凭吊，见他写的诗后，大加赞赏，特许他参加殿试，后来官至侍御史。宋代人石延年有诗句"熊飞清渭逢何暮"，其以姜子牙暮年遇文王，来抒发自己怀才不遇的凄凉。陈师道有诗句"客有可人期不来"，意为自己所期盼的客人总是不能如约而至，表达好景难再的遗憾。

婚　姻

　　良缘由夙缔，佳偶自天成。蹇修与柯人，皆是媒妁之号；冰人与掌判，悉是传言之人。礼须六礼之周，好合二姓之好。女嫁曰于归，男婚曰完娶。婚姻论财，夷虏之道；同姓不婚，周礼则然。女家受聘礼，谓之许缨；新妇谒祖先，谓之庙见。

【浅释】

　　美满的姻缘，是前世的缘分所缔结的；佳妙的配偶，是上天撮合成的。蹇修、柯人，是媒人的别称；冰人、掌判，是指传话人称呼。六礼齐备完婚，才能使两姓的岔含满。女子嫁人，叫于归；男子娶妻叫完娶。婚姻讲财礼，这是夷虏的陋习；同姓不结婚，这是周礼的法则。女方收聘礼，叫作许缨；新娘拜见祖先，称为庙见。

　　文定纳采，皆为行聘之名；女嫁男婚，谓了子平之愿。聘仪曰雁币，卜妻曰凤占。成婚之日曰星期，传命之人曰月老。下采即是纳币，合卺系是交杯。执巾栉，奉箕帚，皆女家自谦之词；娴姆训，习内则，皆男家称女之说。绿窗是贫女之室，红楼是富女之居。桃夭谓婚姻之及时，摽梅谓婚期之已过。

【浅释】

问名、纳采都是六礼中的礼节，既问名又纳采就合着陈敬仲凤鸣的吉占；女出嫁男成婚，了了向子平素来的心愿。行聘的礼物叫雁币，占卜婚姻吉凶叫凤占。成亲的那一天称为星期，成亲有了日子，就预先订立吉期；传达两家的意见，完全要靠媒妁之人从中牵引。古时婚礼中，男方要送给女方雁鸟当作聘礼，加上其他象征吉祥意义的聘礼，聘礼非常丰隆；新婚之夜，新郎新娘在洞房内合饮交杯酒，用瓢瓜切成两半做成的酒杯；新婚之夜宴请宾客，气氛非常和乐。侍奉梳洗的事情，亲自操持洒扫的工作，是出嫁女儿的自谦之词；娴熟女师的教训，勤习内室的礼仪，是帮助丈夫的贤德，是男家称赞对方女儿的赞语。绿影遮蔽窗前，可怜悯的是贫穷人家的女子；红楼之间夹着道路，夸张的是富有人家的女儿。盛开的桃花，姿容是少见的美好，色泽鲜明，男女成婚，正合仲春的时令；梅树上的梅子都已落了下来，只剩下了七个，又只剩下了三个，未婚的女子感叹，已过了出嫁的吉期。

御沟题叶，于佑始得宫娥；绣幕牵丝，元振幸获美女。汉武与景帝论妇，欲将金屋贮娇；韦固与月老论婚，始知赤绳系足。

【浅释】

在皇宫的水沟里留下题诗的红叶，于佑因此得到宫女；在堂上绣罗外牵红丝，郭元振幸运得到了美女。汉武与长公主谈论娶妻，承诺为阿娇筑金屋；韦固与月老讨论婚姻，才知红绳系着夫妻的脚。

朱陈一村而结好，秦晋两国以联姻。蓝田种玉，伯雍之缘；宝窗选婿，林甫之女。驾鹊桥以渡河，牛女相会；射雀屏而中目，唐高得妻。至若礼重亲迎，所以正人伦之始；诗首好逑，所以崇王化之原。

【浅释】

朱姓和陈姓在同一个村子里住，两姓世代都互通婚姻；秦国和晋国通过联姻而取得和平。蓝田种玉，是伯雍用玉娶到美妻徐氏，这是他的一段好姻缘；唐末李林甫的女儿曾经通过纱窗选择女婿。七月七日喜鹊聚在一起架起一座桥，让牛郎织女渡过银河相会；用箭射中了屏风上孔雀的眼睛，唐高祖因此而得到了娇妻。至于婚姻礼节中重视新郎亲自去迎接的礼节，这正是因为婚姻是人类延续的基础；《诗经》中的第一首诗是："窈窕淑女，君子好逑。"这是因为夫妻关系是实行教化的根本。

增　补

　　鱼水合欢，情何款密；丝萝有托，意甚绸缪。牵乌羊以为礼，自是古风；选碧鹳以成婚，正为佳匹。因亲作配，温峤曾下镜台；从简去华，仲淹欲焚罗帐。刘景择婚杜广，厮卒何惭。

【浅释】

　　鱼水合欢，形容夫妻和美；丝萝有托，形容夫妻情义缠绵。南朝孔淳之，儿子结婚时，用车装酒壶、以黑羊拉车作为聘礼，有人认为礼轻，他说这是古礼；唐代裴宽宽衣碧衫，疏瘦细长，人称鹳雀，可是润州刺史韦诜却选中他为佳婿。晋代温峤的妻子是他的表妹，他把玉镜台作礼聘；宋代范仲淹主张节俭，听说外地的儿子结婚用绫罗做帐子，便有焚罗帐之意。五代的刺史杜广早年是刘景的养马役卒，刘景没有嫌弃他的出身，把女儿许配了他。

　　挚恂定配马融，门徒有幸。义重恩深，楚女因婚报德；情孚意契，汉君指腹联姻。贫乏奁仪，吴隐之婢卖犬；婿皆贤士，元叔之女乘龙。俊逸裴航，蓝桥捣残玉杵；风流萧史，秦楼吹彻琼箫。

【浅释】

　　东汉马融向挚恂学习儒学，挚恂见他好学，便将女儿许配他。吴楚战争，楚军失利，楚王的随从钟建背着楚昭王妹妹季芈逃难，楚昭王复国后，将季芈嫁给钟建以报恩；汉将军贾复征讨贼寇时受伤，光武帝为表彰他，约定儿女婚姻。东晋吴隐之，家贫，女儿出嫁时，他让婢女卖狗换钱置办嫁妆；东汉太尉桓焉的两个女儿，分别嫁给了当时的名士孙伯、李膺，人称二女乘龙（得婿如龙）。唐代秀才裴航在蓝桥遇见女子云英，想娶她为妻，云英的母亲提出要以一玉杵臼为聘礼；春秋时秦国萧史善吹箫，秦穆公以女弄玉嫁之。

妇　女

　　男子秉乾之刚，女子配坤之顺。贤后称女中尧舜，烈女称女中丈夫。曰闺秀，曰淑媛，皆称贤女；曰闺范，曰懿德，并美佳人。妇主中馈，烹治饮食之名；女子归宁，回家省亲之谓。何谓三从？从父、从夫、从子；何谓四德？妇德、妇言、妇工、妇容。周家母仪，太王有周姜，王季有太妊，文王有太姒；三代亡国，夏桀以妹喜、商纣以妲己、周幽以褒姒。兰蕙质，柳絮才，皆女人之美誉；冰雪心，柏舟操，悉孀妇之清声。女貌娇娆，谓之尤物；妇容妖媚，实可倾城。潘妃步朵朵莲花，小蛮腰纤纤杨柳。张丽华发光可鉴，吴绛仙秀色可餐。丽娟气馥如兰，呵处结成香雾；太真泪红如血，滴时更结红冰。孟光力大，石臼可擎；飞燕身轻，掌上可舞。至若缇萦上书而救父，卢氏冒刃而卫姑，此女之孝者。侃母截发以延宾，村媪杀鸡而谢客，此女之贤者。韩玖英恐贼污而自投于秽，陈仲妻恐陨德而宁坠于崖，此女之节者。王凝妻被牵断臂投地，曹令女誓志引刀割鼻，此女之烈者。曹大家续完汉帙，徐惠妃援笔成文，此女之才者。戴女之练裳竹笥，孟光之荆钗布裙，此女之贫者。柳氏秃妃之发，郭氏绝夫之嗣，此女之妒者。贾女偷韩寿之香，齐女致祆庙之毁，此女之淫者。东施效颦而可厌，无盐刻画以难堪，此女之丑者。自古贞淫各异，人生妍丑不齐，是故生菩萨、九子母、鸠盘茶，谓妇态之变更可畏；钱树子、一点红、无廉耻，谓青楼之妓女殊名，此固不列于人群，亦可附之以博笑。

【浅释】

　　男子本性刚烈，合乎乾卦；女子性格柔顺，合乎坤卦。贤德的皇后，被称为女人中的尧舜；贞烈的女子被称为女人中的丈夫。闺秀、淑媛都是称誉贤德的女人；闺范、懿德都是赞美美女的话。妇女主持中馈，是烹调饮食的名称；女子归宁是指回家探望双亲的名称。什么是三从？即在家从父，出嫁从夫，夫死从子；什么是四德？即德行要贞洁，言语要谨慎，女工要勤快，容貌要整洁。周朝八个皇后，都可以做天下女人的典范，太王有周姜皇后，王季有太妊皇后，文王有太姒皇后；夏桀王有妹喜，商纣王有妲己，周幽王有褒姒，三个朝代都是因为女人而使国家灭亡的。像兰蕙一样的优良品质，像柳絮一样的才能，都是对女人的称赞；具有冰雪一样纯洁的心，像柏舟一样沉稳的操守，这都是称赞寡妇有好的名声。容貌娇艳妖娆的女子称为尤物；女子的容颜娇媚，确实可以倾国倾城。南北朝的齐国东昏侯用金子做成朵朵莲花贴在地上，让潘妃按莲花位置步步行走，美其名为步步莲花；唐代大诗人白居易的小妾小蛮的腰像纤纤的杨柳枝随风摇曳。南北朝陈后主的宠妃张丽华，头发油光可鉴；隋炀帝称赞他的妃子吴绛仙漂亮得让人忘记饥饿。汉朝光武帝的宫女丽娟，吐气像兰花一样，幽香可以凝成香雾；唐朝的杨贵妃眼泪比血还红，滴出来能结成红冰。汉朝梁鸿的妻子孟光力大无穷，可以把舂米用的石臼举起来；汉成帝的妃子赵飞燕身材轻巧，能在手掌上跳舞。至于缇萦给皇帝上书，愿为官婢以救父亲；卢氏甘冒刀刃保护婆婆，这些是女子孝顺的。陶侃的母亲剪发换酒款待宾客；村中妇女杀鸡来酬谢宾客，这些是女子中贤德的。韩玖英怕受贼污辱，自己跳进粪坑；陈仲的妻子怕损害妇女的德行，宁可跳崖自杀，这些是女子中贞烈的。王凝的妻子，被人拉了胳膊，便自己用斧砍断；文叔的妻子立志不嫁，自己用刀割掉鼻子，这些是女子中贞节的。曹大家继续写完《汉书》，徐惠妃下笔就能成文，这些是女子中有文才的。戴良女儿的嫁妆，是布衣竹箱；孟光的打扮穿着，是荆钗布裙，这些是女子中贫穷的。自古以来女子的贞淫不同，美丑各异，以生菩萨、九子母、鸠盘茶，是说女人模样变化的可怕；钱树子、一点红、无廉耻，是青楼中妓女不同的名称。这些本来不配列入人群，但也可以博得大家一笑。

增 补

蔡女咏吟，曾传笳谱；薛姬裁制，雅号针神。蛾眉队里状元，崇嘏文章洒洒；红粉班中博士，兰英才思翩翩。城号夫人，牢不可破；军称娘子，锐而莫摧。是谁佳冶唾如花，赵家飞燕；孰个娉婷似颜玉，秦氏文鸾。徐贤妃却天子召，露沁新诗；谢道韫解小郎围，风生雄辩。人说骊姬专国色，我云薛女是香珠。慧姬振铎为严傅，颇称巾帼先生；老妇吹篪当健儿，须谓裙钗将士。

【浅释】

东汉蔡邕的女儿蔡琰，字文姬。博学能文，善音律。相传《胡笳十八拍》为蔡琰所作。薛姬：三国魏文帝的宫女薛灵云。妙于针工，能在昏夜不点灯一宿裁制一身宫服，人称"针神"。黄崇嘏，前蜀的才女。蛾眉，蚕蛾的触须弯曲而细长，如人的眉毛，故以此比喻女人长而美的眉毛。后借作美女的代称。红粉：妇女化妆用的胭脂与白粉，代指美女。兰英：南朝宋韩兰英，入齐后，齐武帝任命她为女博士。东晋有一座以"夫人"命名的城池，牢不可破；隋唐之际，唐高祖李渊的女儿招募一支军队，号称娘子军，锐不可当。赵飞燕吐唾如花落，秦文鸾容颜如玉。唐太宗召徐贤妃久不至，唐太宗大怒，贤妃进诗辩解说："朝来临镜台，妆罢暂徘徊。千金始一笑，一召讵能来？"王凝之的弟弟王献之有一次与客人辩论，处于劣势，王凝之妻子谢道韫遣婢女对客人说："请与小郎解围。"于是隔着帐子辩论起来，使客人词穷。晋献公夫人骊姬，貌美，有国色之称；唐代元载爱妾薛瑶英，肌肤香艳，有香珠之别名。前秦女子宋氏，在家办学堂，人称"巾帼先生"。北魏河间王的婢女朝云扮作老妪吹篪，篪声感动了羌敌，皆弃兵投降。民谚赞曰："快马健儿，不如老妪吹篪。"

看舞剑而工书字，必是心灵；听弹琴而辨绝弦，无非性敏。爱欲海，未可沉埋男子躯；温柔乡，岂应老葬君王骨。还讶桃叶女，横波眼最好；更思孙寿娥，坠马髻偏妍。李子豪雄，红拂顿生敲户念；寇公费用，蒨桃应有惜缣心。诗人老去莺莺在，情意绸缪；公子归来燕燕忙，私（惊）款洽。端端休态果然端，皎皎资容何等皎。语言偷鹦鹉之舌，声律动人；文章炫凤凰之毛，英华绝俗。可谓笑时花近眼，每看舞罢锦缠头。

【浅释】

晋朝书法家卫铄能从剑法中领悟书法；蔡琰能根据断弦的声音知道断的是哪一根弦，二人都是心灵性敏之人。爱欲似海，男子汉不可沉沦其中。汉成帝荒淫无度，死于女色，他宠幸赵合德，称她为温柔乡。温柔乡也是葬人之地。晋王献之的妾桃叶，眼波流转，最为动人；汉梁冀妻孙寿娥，梳妆坠马髻，妩媚动人。隋末李靖豪雄，杨素的俾女红拂一见，顿生投奔之念。宋代寇准，宴会上赠歌姬一束绫，侍妾蒨桃认为侈奢，便作了一首诗劝他节俭。苏轼的两诗句"诗人老去莺莺在，公子归来燕燕忙"，形容男女的情投意合、恩爱融洽。唐代名妓李端端，端庄大方；另一名妓阿软生下一个女儿，洁白如月，白居易为她取名叫皎皎。唐代元稹《寄赠薛涛》诗云："言语巧偷鹦鹉舌，文章分得凤凰毛。"称赞薛涛话语动人、文章优美。唐诗人杜牧的赠妓诗："百宝妆腰带，珍珠络臂鞲（gōu），笑时花近眼，舞罢锦缠头。"这两句诗是说歌妓笑如花，每跳一支舞就会得到赏钱。

外　戚

　　帝女乃公侯主婚，故有公主之称；帝婿非正驾之车，乃是驸马之职。郡主县君，皆宗女之谓；仪宾国宾，皆宗婿之称。旧好曰通家，好亲曰懿戚。冰清玉润，丈人女婿同荣，泰水泰山，岳母岳父两号。新婿曰娇客，贵婿曰乘龙。赘婿曰馆甥，贤婿曰快婿。凡属东床，俱称半子。

【浅释】
　　皇帝女儿的婚礼由公侯主持，所以皇帝的女儿叫公主；与皇帝同行时，皇帝的女婿不是坐在中间的车驾，只能坐侍从的马车：因此被加封驸马的职务。郡主、县君都是对皇室同宗女子的称呼；仪宾、国宾都是对同宗女婿的称呼。旧时把关系好的两家人称为通家，关系好的亲戚叫懿戚。冰清玉润是指丈人、女婿都有好的声望；泰山、泰水是称呼岳父岳母的。新女婿叫娇客，尊贵的女婿为乘龙；入赘女方的男子叫馆甥，贤德的女婿叫快婿。东床是对女婿的别称，相当于半个儿子。

　　女子号门楣，杨贵妃有光于父母；外甥称宅相，晋魏舒期报于母家。共叙旧姻，曰原有瓜葛之亲；自谦劣戚，曰忝在葭莩之末。

【浅释】
　　女子称为门楣，是因为杨贵妃使她的父母光荣；外甥又称宅相，是魏舒想报答母亲娘家人的养育之恩。共叙旧亲，就说原有瓜葛之亲；自谦说是远亲，就说仅在葭莩之末。

大乔小乔，皆姨夫之号；连襟连袂，亦姨夫之称。蒹葭依玉树，自谦借戚属之光；茑萝施乔松，自幸得依附之所。

【浅释】

"大乔""小乔"指代姐妹的丈夫；"连襟""连袂"是对姐妹丈夫的称呼。蒹葭傍依玉树，是自谦借了亲戚的荣光；茑萝依附在松树上，是比喻自己有了依托。

增　补

卢李之亲，苏程之戚。王茂弘呼何充以麈尾，杨沙哥引崔嫂以油幢。林宗贷钱，宁以贫穷为病；彦达分秩，不将富贵自私。直卿果重亲情，相邀会食；潘岳能敦戚谊，每令弹琴。中子执内弟之丧，行冲称外家之宝。

【浅释】

卢纶是李益的内兄弟，苏轼和程德孺是表兄弟的关系。东晋丞相王导（字茂弘），用拂尘招呼内弟何充，以示器重。唐代人杨沙哥带着妻子镇守东川时，妹夫白居易以诗句"何似沙哥领崔嫂，碧油幢引向东川"打趣二人。东汉名士郭林宗，不以家贫为耻，借钱完成学业；宋代益州刺史庾彦达，分出一半俸禄供其姐使用，没有独享富贵。宋代理学家黄直卿，注重亲情，每年正月十五都要邀请自己兄弟相聚。晋代潘岳和内兄感情深厚，常令他弹琴通宵。隋朝王通（自号文中子），在内弟的丧期，恪守礼法。唐代洺州刺史元行冲，称赞表弟韦述为外家之宝。

骑驴以追姑婶，仲容不顾居丧；披扇而笑老奴，温峤自为媒妁。介妇冢妇，不敢并行；先生后生，原为同出。智能散宝，为侄弃军；兆卜张弧，因姬遣嫁。聂政非无贤姊，屈平亦有女媭。莫嫌萧氏之姻，宜学郝家之法。

【浅释】

魏晋间名士阮咸，在母亲的丧期，骑驴追回姑姑的婢女作为妻子；东晋名将温峤自己做媒，骗娶姑女，新婚时，妻子知道了真相，戏称他为老奴。嫡长子之妻为"冢妇"，其他儿子的妻子为"介妇"，按照礼法二妇不能并行。虽然孩子有先生和后生的区别，但都是相同父母所生。汉少帝八年，吕禄要弃军而逃，他的姑姑吕嬃气得抛掷珠玉宝器；晋献公将女儿伯姬嫁给秦穆公时，占卜，得"先张之弧"卦辞。战国时刺客聂政有一贤良的姐姐，屈原也有一个（楚国人以嬃称姐）。武则天认为驸马薛绍的哥哥的妻子萧氏和弟弟的妻子成氏都不是贵族之身，有些不高兴，觉得她们和自己的女儿成为妯娌是耻辱；晋人王浑的妻子与弟媳两人，不嫌贫爱富，而是和睦相处。

老幼寿诞

不凡之子，必异其生；大德之人，必得其寿。称人生日，曰初度之辰；贺人逢旬，曰生申令旦。三朝洗儿，曰汤饼之会；周岁试周，曰晬盘之期。男生辰，曰悬弧令旦；女生辰，曰设帨佳辰。贺人生子，曰嵩岳降神；自谦生女，曰缓急非益。生子曰弄璋，生女曰弄瓦。梦熊梦罴，男子之兆；梦虺梦蛇，女子之祥。梦兰叶吉，郑文公妾生穆公之奇；英物称奇，温峤闻声知桓温之异。姜嫄生稷，履大人之迹而有娠；简狄生契，吞玄鸟之卵而叶孕。麟吐玉书，天生孔子之瑞；玉燕投怀，梦孕张说之奇。弗陵太子，怀胎十四月而始生；老子道君，在孕八十一年而始诞。晚年得子，谓之老蚌生珠；暮岁登科，正是龙头属老。贺男寿曰南极星辉；贺女寿曰中天婺焕。松柏节操，美其寿元之耐久；桑榆晚景，自谦老景之无多。矍铄称人康健，聩眊自谦衰颓。黄发儿齿，有寿之征；龙钟潦倒，年高之状。日月逾迈，徒自悲伤；春秋几何，问人寿算。称少年，曰春秋鼎盛；美高年，曰齿德俱尊。行年五十，当知四十九年之非；在世百年，哪有三万六千日之乐。百岁曰上寿，八十曰中寿，六十曰下寿；八十曰耋，九十曰耄，百岁曰期颐。童子十岁就外傅，十三舞勺，成童舞象；老者六十杖于乡，七十杖于国，八十杖于朝。后生固为可畏，而高年尤是当尊。

【浅释】

不同凡响的人，其出生时必有特异之处；有最高品德的人，必定能享高寿。称人生日叫"初度之辰"；祝贺别人逢十的生日叫"生申令旦"。婴儿出生三日替他沐浴，请亲友宴庆，称为"汤饼之会"；孩子周岁用盘盛物抓周称作"晬盘之期"。男孩出生要在家门的左边悬挂一张弓，称"悬弧令旦"；女孩出生要在门右放一块佩巾，称"设帨佳辰"。祝贺他人生儿子，说是"嵩岳降神"；自谦说生了女儿，说是"缓急非益"。生男孩叫"弄璋"，生女孩叫"弄瓦"。梦中见到熊和罴都是生男孩的吉兆；梦见虺和蛇都是生女儿的祥征。梦兰预示吉祥，郑文公的姬妾曾有因梦兰而生穆公的奇事。英才都有被人称道的经历，温峤听见幼年桓温的哭声时，就知道他必定不同于常人。姜嫄生下稷，是姜嫄去郊外祭祀神灵求子时，在途中看见一个巨大的足迹，她踩了足迹中的大拇指，回去后就怀了孕；简狄生下契，是她到郊外祭祀求子，看见一个燕子的蛋，她吃了燕子蛋后，就怀孕生下契。孔子未出生时，有一只麒麟口中吐出一块玉书奇简；上面写着："水精之子，继衰周为素王。"这是孔子出生时上天安排的瑞兆；梦见玉刻的燕子投入怀中，这是唐朝宰相张说的母亲怀孕时的奇事。汉武帝的太子弗陵，他的母亲怀胎十四个月后才生下他；道家的创始人老子，他母亲怀孕八十一年后才生下他。晚年才生儿子，叫老蚌生珠；年老时才登科及第，这正是属于老人的状元了。祝贺男子的寿辰，说他就像南极星一样放出光辉；祝贺女人高寿，就赞她像婺女星那样焕发光彩。要有松柏坚硬不屈的气节，才能长久经得住风霜；暮年的景色好像日落桑榆，年老来日不多了。老人要身体健康精神矍铄，不要老朽自叹衰颓。头发黄了，却再长牙，再长眉毛，是长寿的象征。行动不灵活就是年老衰弱。时光流逝，不要只会感伤；春秋几何，这是问别人的年龄。"春秋鼎盛"是称赞别人年少；"齿德俱尊"是称羡慕别人年高。活到了五十岁，应当知道前四十九年的过失；人活百年哪有三万六千天都是快乐如意的。人有上寿、中寿、下寿的区分，百岁为上寿，八十岁是中寿，六十岁是下寿；人活到八十岁叫作"耋"，九十岁叫作"耄"，一百岁称为"期颐"。儿童年满十岁就外出拜师求学，十三岁时学习文舞，十五岁以上练习武舞。老人六十岁在乡里就会受敬重，七十岁在城邑里会受到敬重，八十岁时在朝廷里可受敬重。年轻人固然值得敬畏，而老年人更应该受到尊敬。

增　补

　　漫道豫章之小，已具栋梁之观。项橐童牙作师，却知学富；甘罗孺口为相，勿论年雏。列俎豆而习礼仪，孟氏冲年乃尔；执干戈以卫社稷，汪踦小子能然。寇公七岁咏山，已卜具瞻气象；司马五龄击瓮，即占拯溺才猷。步处敏于诗，我道公权过子建；座间言自别，人称谢尚是颜回。

【浅释】

　　南朝王俭年幼时，袁粲评价他说："豫章（樟木）虽小，已有做栋梁的基础。"传说项橐七岁时做过孔子的老师，足见他的学识丰富；秦国甘罗十二岁做丞相，真是有志不在年高。孟子幼年就摆设祭品，熟练礼仪；鲁国汪踦亦年幼，但齐鲁战役中为保卫国家而战死。寇准七岁时做《咏华山》诗云："只有天在下，更无山与齐。举头红日近，回首白云低。"该诗已预示其将来的高高在上。司马光五岁时砸缸救落缸儿童，已显示拯救众生的才略。唐代柳公权能出口成诗，唐文宗称赞他："子建七步，尔乃三步焉。"东晋谢鲲子谢尚，幼时被人称作小颜回，可是他反驳说："满座上的人，没有一个比得上孔夫子，哪里来的颜回？"

　　勿谓卢家儿，案上翻残墨汁；尚嘉羊氏子，桑中探出金环。亩丘人，问年不少；绛县老，历甲何多。李耳出函谷，为令尹演道经五千言；子牙钓渭滨，为周家定国基八百载。是谁运动老阳，生子却无日影；若个学成玄法，烧丹剩有霞光。荣启期能扩襟怀，行歌乐土；疏太傅乞归骸骨，饮饯都门。猃狁侵周，方叔迈年奏三捷；先零叛汉，充国颓龄请一行。李百药才新而齿则宿；卢蒲嫳发短而心甚长。

【浅释】

　　唐代诗人卢仝的幼儿玩耍，将桌上的墨汁打翻；西晋军事家羊祜三岁时，在邻家的桑树林中找到一枚金环。齐国的一位亩丘人，年纪八十三，齐桓公见了，称他高寿。春秋时绛县有一位老人说自己经历了四百四十五个甲子（七十三岁）。老子，姓李名耳，传说他出函谷关时，当地令尹向他求取典籍，他写下了五千言的《道德经》。姜太公，字子牙，在渭水边垂钓时，与周文王相遇，后辅助武王伐纣，建立周朝。汉代有一位老翁，九十岁时生下一个儿子，在日光下没有影子；传说汉淮南王刘安，学道成仙之后，家中的鸡狗吃了炼丹剩下的药酒也跟着升天了。孔子听了荣启期的歌声，赞许他襟怀宽广；西汉太傅疏广辞官离京时，公卿大夫为他都门饯行。猃狁入侵，周宣王派年迈的方叔率军出征，三战三捷；西汉时先零羌族作乱，赵充国年老却请战出征。唐代老臣李百药，才思敏捷，与唐太宗一起作赋时，太宗称赞他"齿宿而意新"。齐国人卢蒲嫳谋划叛乱，事败后为自己辩解说："头发短了，什么都不能做了。"子雅却说他"发短而心甚长"，不能宽恕。

身　体

百体皆血肉之躯，五官有贵贱之别。尧眉分八彩，舜目有重瞳。耳有三漏，大禹之奇形；臂有四肘，成汤之异体。文王龙颜而虎眉，汉高斗胸而隆准。孔圣之顶若圩，文王之胸四乳。周公反握，作兴周之相；重耳骈胁，为霸晋之君。此皆古圣之英姿，不凡之贵品。

【浅释】

人的身体是由骨骼、血肉组成，五官也有贵贱贫富的区别。尧的眉毛有八种颜色；舜的眼睛里有两个瞳仁。大禹的耳朵有三个耳孔，形状很奇特；成汤的胳膊与别人不同，有平常人四肘的长度。周文王有龙一样高耸的额，虎一般威势的眉毛；汉高祖有斗一样的胸，龙一般的鼻子。孔子的额头凹陷，好像土圩；他是使周朝兴盛的宰相；晋文公的肋骨连在一起，他治理晋国雄霸诸侯。这些是古代圣贤非凡的相貌，不平凡之人的贵品。

至若发肤不可毁伤，曾子常以守身为大；待人须当量大，师德贵于唾面自干。谗口中伤，金可铄而骨可销；虐政诛求，敲其肤而吸其髓。受人牵制曰掣肘，不知羞愧曰厚颜。好生议论，曰摇唇鼓舌；共话衷肠，曰促膝谈心。怒发冲冠，蔺相如之英气勃勃；炙手可热，唐崔铉之贵势炎炎。

【浅释】

身体上的头发、皮肤是父母生养而成的，不可任意破坏毁伤，要把这件事当作大事来做；待人接物要谦和卑顺，唐朝娄师德能忍让，有人吐口水在他的脸上，也不去擦拭它，让它自然干掉。造谣中伤、谗言诽谤人的话，好比熔毁金钱、销化骨干一般的厉害；暴虐的政治残害百姓，如同敲剥人的肌肤、吮吸人的骨髓一样的痛苦。被别人牵制叫作"掣肘"，不知羞愧叫作"厚颜"。喜欢议论别人，叫作"摇唇鼓舌"；一起倾诉感情，叫作"促膝谈心"。"怒发冲冠"，是蔺相如斥责秦王不守信用时的英勇气概；"炙手可热"，是人们形容唐代崔铉贵为宰相时的咄咄权势。

貌虽瘦而天下肥，唐玄宗之自谓；口有蜜而腹有剑，李林甫之为人。赵子龙一身都是胆，周灵王初生便有须。来俊臣注醋于囚鼻，法外行凶；严子陵加足于帝腹，忘其尊贵。久不屈兹膝，郭子仪尊居宰相；不为米折腰，陶渊明不拜吏胥。

【浅释】

我形貌虽瘦，而天下百姓肥，这是唐玄宗励精图治时所说的话；口里说的同蜜一样的甜，而心里所想的却像刀剑一样的凶恶，这是形容李林甫奸诈的为人。蜀赵子龙，一身都是胆。周灵王出生时，嘴边便长有胡须。来俊臣把醋灌在囚犯的鼻子里，这是违法的行凶；严子陵睡梦中把脚伸到武帝刘秀的肚子上，忘记刘秀已贵为皇帝。田承嗣很少向别人下拜，却向郭子仪屈膝跪拜。陶潜不愿为五斗米的俸禄奉承上司，于是辞官归隐。

断送老头皮，杨璞得妻送之诗；新剥鸡头肉，明皇爱贵妃之乳。纤指如春笋，媚眼若秋波。肩曰玉楼，眼名银海；泪曰玉箸，顶曰珠庭。歇担曰息肩，不服曰强项。

【浅释】

"断送老头皮"，是说隐士杨璞被宋真宗召去，临行时他妻子送给他的诗句；唐明皇喜欢杨贵妃的乳房，用"新剥鸡头肉"来形容。手指纤细，好像春笋一般；眼光妩媚，如同秋天被风吹起的水波一样。道家把肩称为玉楼，把眼睛称为银海；眼泪叫玉箸，有富贵相的人的头顶叫珠庭。放下担子休息一会儿叫息肩，对人或事不肯屈服叫强项。

丁谓与人拂须，何其谄也；彭乐截肠决战，不亦勇乎。剜肉医疮，权济目前之急；伤胸扪足，计安众士之心。汉张良蹑足附耳，东方朔洗髓伐毛。

【浅释】

丁谓替人拂须，这是何等的谄媚啊！彭乐割去流出的肠子继续作战，多么英勇啊！剜肉医疮，权且救济眼前的急；胸口受伤却抚摸脚趾，是为安定军士的心。汉代张良曾踩着刘邦的脚，附耳低语出谋划策；东方朔曾经遇到奇人黄眉翁，说他年岁大，三千年洗一次髓，二千年剥皮去一次毛。

尹继伦，契丹称为黑面大王；傅尧俞，宋后称为金玉君子。土木形骸，不自妆饰；铁石心肠，秉性坚刚。叙会晤曰得挹芝眉，叙契阔曰久违颜范。请女客曰奉迓金莲，邀亲友曰敢攀玉趾。侏儒谓人身矮，魁梧称人貌奇。龙章凤姿，廊庙之彦；獐头鼠目，草野之夫。恐惧过甚，曰畏首畏尾；感佩不忘，曰刻骨铭心。

【浅释】

北宋大将尹继伦多次打败契丹人，契丹人称他为"黑面大王"；北宋大臣傅尧俞敢于直抨朝政，后人称他为"金玉君子"。"土木形骸"是形容人的身体不用额外装饰；"铁石心肠"是形容人的秉性坚毅刚强。跟君子会晤叫作"得挹芝眉"，跟别人久别重逢叫作"久违颜范"。邀请女性宾客叫作"奉迓金莲"，邀请亲朋好友叫作"敢攀玉趾"。"侏儒"是指人的身材矮小，"魁梧"是说人的相貌奇特。"龙章风姿"的人一定是朝廷中的杰出君子；"獐头鼠目"的人一定是田野中的无用小人。过度的恐惧叫作"畏首畏尾"，感激别人的恩情不忘叫作"刻骨铭心"。

貌丑曰不扬，貌美曰冠玉。足跛曰蹒跚，耳聋曰重听。期期艾艾，口讷之称；喋喋便便，言多之状。可嘉者小心翼翼，可鄙者大言不惭。腰细曰柳腰，身小曰鸡肋。笑人齿缺，曰狗窦大开；讥人不决，曰鼠首偾事。

【浅释】
说人相貌丑陋不出众称为其貌不扬，指人相貌美丽叫面如冠玉。走路一瘸一拐叫蹒跚，耳朵聋叫重听。期期艾艾是指说话不清楚，为口讷；喋喋不休地说话，是指说话多。值得赞扬的是举止小心谨慎的人；说大话而不觉得惭愧的人最让人鄙视。腰身细弱像杨柳枝一样，叫柳腰；身体弱小，叫鸡肋。讥笑别人牙齿脱落，叫狗窦大开；嘲笑别人遇事犹豫不决，叫鼠首偾事。

口中雌黄，言事而多改移；皮里春秋，胸中自有褒贬。唇亡齿寒；谓彼此之失依；足上首下，谓尊卑之颠倒。所为得意，曰吐气扬眉；待人诚心，曰推心置腹。心慌曰灵台乱，醉倒曰玉山颓。

【浅释】
口中雌黄，是说话出口后随意更改；皮里春秋，是指嘴里不说，心中却有主见。唇亡齿寒，形容彼此利害相关；足上首下，形容尊卑位置颠倒。做事顺畅而得意，是指吐气扬眉；待人真诚，就叫推心置腹。形容心里慌张，叫作"灵台乱"；形容酒醉跌倒，叫作"玉山颓"。

睡曰黑甜，卧曰息偃。口尚乳臭，谓世人年少无知；三折其肱，谓医士老成谙练。西子捧心，愈见增妍；丑妇效颦，弄巧反拙。慧眼始知道骨，肉眼不识贤人。婢膝奴颜，谄容可厌；胁肩谄笑，媚态难堪。忠臣披肝，为君之药；妇人长舌，为厉之阶。

【浅释】
睡觉香甜，叫黑甜，躺下休息叫息偃。口尚乳臭是说人年少没有见识；

三折其肱是说医生看的病多了，有了经验，就会变得老练成熟。西施双手捧心皱眉，更加增添了美丽；丑女东施模仿西施的动作，结果弄巧成拙，让人觉得她更丑。具有慧眼的人，才能辨别谁能成仙得道，具有成仙的慧根；凡胎肉眼，就是贤人在眼前都认不出来。奴颜谄媚的样子，让人生厌；耸起肩膀，谄媚地笑，让人感到羞耻。忠臣肝胆相照，是替君主治病的良药；妇人多嘴多舌，是祸害的阶梯。

事遂心曰如愿，事可愧曰汗颜。人多言曰饶舌，物堪食，曰可口。泽及枯骨，西伯之深仁；灼艾分痛，宋祖之友爱。唐太宗为臣疗病，亲剪其须；颜杲卿骂贼不辍，贼断其舌。

【浅释】
做事称心如意，称为如愿；做了羞愧的事，叫作汗颜。喜爱多嘴唠叨，叫作饶舌；食物合乎口味，称为可口。文王仁慈爱民，连枯骨也沾上他的恩泽；宋太祖爱兄弟，用艾烧皮肤分担弟弟的痛苦。唐太宗为臣子治病，剪下自己的胡须；颜杲卿大骂安禄山，被贼子割去了舌头。

不较横逆，曰置之度外；洞悉虏情，曰已入掌中。马良有白眉，独出乎众；阮籍作青眼，厚待乎人。咬牙封雍齿，计安众将之心；含泪斩丁公，法正叛臣之罪。掷果盈车，潘安仁美姿可爱；投石满载，张孟阳丑态堪憎。

【浅释】
不将强暴放在心上，叫作"置之度外"；洞悉了敌人的情况，叫作"已入掌中"。马良眉中有白毛，在他的五个兄弟中才华最高；阮籍用青眼看人的话，就是尊重客人。刘邦咬牙封雍齿为侯，是为了让众将安心；刘邦含泪斩杀救过自己的丁公，是为了让叛臣伏法。晋代潘安仁容貌俊美，每次乘车出门，爱慕他的妇人会给他的车上扔满水果；张孟阳容貌奇丑，每次乘车出门，妇人就往他车上扔满石头。

事之可怪，妇人生须；事所骇闻，男人诞子。求物济用，谓燃眉之急；悔事无成，曰噬脐何及。情不相关，如秦越人之视肥瘠；

事当探本，如善医者只论精神。

【浅释】

北宋有个妇女长出了胡须，这件事让人觉得奇怪；男人生下孩子，这是让人惊骇的事。事情紧迫好比火烧到了眉毛，需要求人相助。做事错过了时机，追悔莫及，好比咬不到自己的肚脐一般。形容两件事情毫不相关，就像越国人对秦国人的土地肥瘠毫不关心一样；事情应该追本究源，就像有经验的医生探究"精"和"神"一样。

无功食禄，谓之尸位素餐；谫劣无能，谓之行尸走肉。老当益壮，宁知白首之心；穷且益坚，不坠青云之志。一息尚存，此志不容少懈；十手所指，此心安可自欺。

【浅释】

没有功劳却拿俸禄，叫作尸位素餐；没有学问、没有能力的人，叫作行尸走肉。年纪虽老志气却更壮盛，立下的志愿白了头也不改变；贫穷却更加坚定，决不丧失直上青云的志气。只要还有一口气，志向不能有丝毫懈怠；十个指头在指着，心里怎么能够自欺欺人呢？

增　补

高台曰头，广宅云面。顿殊于众，须号于思；迥异乎人，指生骈拇。何平叔面犹傅粉，秦襄公颜若渥丹。古尚书头尖似笔，便擅英称；张太仆腹大如瓠，更垂好誉。可作生民主，刘曜垂五尺之髯；能为帝者师，张良掉三寸之舌。维翰一尺面，宰相奇形；比干七窍心，忠臣异蕴。英雄当自别，金云寇莱公鼻息如雷；俊杰却非凡，始信王濬仲目光若电。

【浅释】

高台曰头：这是佛语。又《黄庭经》亦谓"头为高台"。广宅云面：据佛经，面目广宅。战国宋国将领华元，伐郑失败而归，因为他多髯，宋人于是作歌嘲笑他说："于思于思，弃甲复来。"后来就用"于思"指胡须特别多的人。脚趾并生，异于常人之趾。魏名士何平叔面色白皙，魏文帝怀疑他脸上涂粉；秦襄公脸色红黑，好像染了朱砂。北魏太武帝的主政大臣古弼，脑袋像毛笔的笔尖，上尖下圆，被赐名为笔，后来他就把名字改为弼，臣僚们则尊称他为笔公。西汉丞相张苍，原为刘邦的俘虏，其腹大如葫芦，刘邦甚以为奇，就赦免他的死罪，后来他做了丞相。十六国时期前赵皇帝刘曜，胡子长达五尺，后来他做了皇帝；张良之所以能辅佐刘邦建立汉朝，凭借的正是他的三寸之舌。后晋宰相桑维翰，身矮脸长，有异相；传说商纣王的太师比干心有七窍，这是忠臣之异相。英雄俊杰有异于常人处，寇准鼾声如雷，王濬仲目光如电。

垂肩耳大，刘先主毕竟兴王；盖胆毛深，德谦师自当成佛。岳公刺背间之字，愈见心忠；英布黥面上之痕，何嫌貌丑。苏生正直，膝岂容佞士作枕头；林蕴精忠，项不使顽奴为砥石。彦回之髯似戟，岂为乱阶；李瞻之胆如升，不亏大节。颜平原鼓烈气，握拳透爪；张睢阳愤义声，嚼齿穿龈。党进虽然大腹，非多算之人也；李纬徒有好须，不足齿之伧欤。

【浅释】

刘备耳大垂肩，做了蜀国皇帝；德谦胸毛深密，成了一代高僧。岳飞背上刺有"精忠报国"四字，可见他对国家的忠心；西汉英布，脸上有受黥刑留下的刺痕，却照样做了西汉将军。三国时苏则为人正直，一次董昭枕在苏则膝上睡觉，苏则把他推开说："苏则之膝，不是佞人的枕头。"唐代刘辟叛乱，他把刀架在林蕴的脖子上，挟迫林蕴屈从，林蕴说："死就死，我的脖子岂能作顽奴的磨刀石。"南齐尚书褚渊，字彦回，山阴公主想与他私通，褚渊毫不动心，公主劝他说："你须髯如戟，为何无丈夫意？"褚渊对曰："何敢首为乱阶。"南朝梁代李瞻被俘，砍手脚剖腹，仍谈笑自若，有人见他的胆囊大有一升，难怪他不亏大节。唐代颜真卿，曾为平原太守，世称颜平原，德宗时李希烈作乱，颜前往劝说，劝说不成反被缢杀。后来家人开棺，见他握拳如石，指透手背。唐代爱国将领张巡，在安史之乱中死守睢阳，为了鼓舞士气，督战时常大呼，因用力过猛，以至于齿穿牙龈。党进：宋朔州马邑人，官至忠武军节度使，善征战。《宋史》有传。传说一次党进吃过饭摸着肚子说："吾不负汝。"左右曰："将军不负此腹，此腹乃负将军。"讽刺他肚囊虽大，但缺少算计。李纬：唐太宗时为司农卿。《旧唐书·房玄龄传》载，贞观二十一年，唐太宗在翠微宫授李纬为尚书。当时房玄龄在京城留守。后来唐太宗问从京城来的人："玄龄闻李纬拜尚书如何？"来人说："玄龄但云李纬好髭须，更无他语。"太宗马上改授李纬为洛州刺史。

衣　服

　　冠称元服，衣曰身章。曰弁曰冔曰冕，皆冠之号；曰履曰舄曰屣，悉鞋之名。上公命服有九锡，士人初冠有三加。簪缨缙绅，仕宦之称；章甫缝掖，儒者之服。布衣即白丁之谓，青衿乃生员之称。葛屦履霜，诮俭啬之过甚；绿衣黄里，讥贵贱之失伦。上服曰衣，下服曰裳；衣前曰襟，衣后曰裾。敝衣曰褴褛，美服曰华裾。襁褓乃小儿之衣，弁髦亦小儿之饰。左衽是夷狄之服，短后是武夫之衣。尊卑失序，如冠履倒置；富贵不归，如锦衣夜行。狐裘三十年，俭称晏子；锦帐四十里，富美石崇。孟尝君珠履三千客，牛僧孺金钗十二行。千金之裘，非一狐之腋；绮罗之辈，非养蚕之人。贵者重裀叠褥，贫者裋褐不完。卜子夏甚贫，鹑衣百结；公孙弘甚俭，布被十年。南州冠冕，德操称庞统之迈众；三河领袖，崔浩美裴骏之超群。虞舜制衣裳，所以命有德；昭侯藏敝袴，所以待有功。唐文宗袖经三浣，晋文公衣不重裘。衣履不敝，不肯更为，世称尧帝；衣不经新，何由得故，妇劝桓冲。王氏之眉贴花钿，被韦固之剑所刺；贵妃之乳服诃子，为禄山之爪所伤。姜氏翕和，兄弟每宵同大被；王章未遇，夫妻寒夜卧牛衣。缓带轻裘，羊叔子乃斯文主将；葛巾野服，陶渊明真陆地神仙。服之不衷，身之灾也；缊袍不耻，志独超欤。

【浅释】

　　帽子又叫元服，衣服叫身章。弁、冔、冕都是帽子的别称；履、舄、屣都是鞋的别称。在上任的三年，皇帝钦命的服饰有九种器物；士人初刃次行冠礼，有三加的名称。簪缨、缙绅是指仕宦人家穿的服饰，后用以代指仕宦；章甫、缝掖都是儒生的穿戴。布衣是称呼普通老百姓的；青衿是对读书人的称呼。古代的人冬天穿草鞋去踏霜雪就不合时宜，这是讥讽过分节俭的人；低贱的人穿绿衣，黄色显示高贵，用绿色做衣服面，黄色做衣服里，这是讥讽那些颠倒贵贱秩序的人。穿在上身的衣服叫衣，穿在下身的衣服叫裳；衣服的前面叫襟，衣服的后面叫裾。破衣服叫褴褛，华丽的衣服叫华裾。褓褓是小孩的衣服，弁髦也是小孩的服饰。衣襟开在左边是夷狄的服装，衣服的后幅短是武将的装束；不合身份的穿着，如同鞋和帽子穿倒了一样，有钱的人不归省故里，就像穿着好看的衣服在黑夜里行走一样。一件狐皮袍穿了三十年，晏子的俭朴为人所称道；石崇与王恺比富，列锦幛五十里，其豪富让王恺羡慕。孟尝君门下有三千珠履客，牛僧孺多姬妾，堂前的金钗排列了十二行。价值千金的皮袍，不是一只狐狸腋下之毛就能缝制而成的。身着绮罗绸缎者，都是富贵人家，而不是养蚕的人。富贵者的衣被铺盖，用的都是重重叠叠的毯子褥子。贫穷的人有的连短褐粗布的衣衫都不完整。公孙弘非常节俭，一床布被盖了十年。子夏家贫衣着破烂，到处打着补丁已经百结了。裴骏智能超群，魏太祖曾向崔浩夸裴为三河领袖。司马徽称赞庞统才华出众，为南州士人的冠冕。虞舜制定衣裳的图案颜色等级，赐命于有德之人。魏昭侯收藏破裤，等待着赏给有功之人。晋文公提倡节俭，不同时穿两件皮衣。唐文宗的衣服洗了三次仍在穿。衣服鞋子不穿到有破损，不肯换新的，所以世人称颂尧帝俭朴；新做的衣服不穿用，哪里有旧衣可穿呢！这是桓冲的妻子劝桓冲的话。王氏眉心贴着花钿，是因为被丈夫韦固刺伤；杨贵妃曾被安禄山抓伤了乳房，就绣了一件胸衣罩上。姜家兄弟和睦，每晚都睡在一起，同盖一条大被。王章未得到君王的赏识之前十分贫困，寒冷冬夜睡在草编的牛衣上，夫妻两人，在牛衣里哭泣。羊祜镇守里阳，不着戎服缓带轻裘，世人称为斯文主将；陶渊明弃官隐居，葛巾野服对菊饮酒真是陆地上的神仙。衣服如果穿得不合自己的身份，会招来杀身之祸；身着破袍而不以为耻，其志向的确超越众人啊！

增　补

　　制豸作法冠，裁荷为隐服。王乔属仙令，舄飞天外之凫；李后是娇妹，钗化宫中之燕。肌生银粟，是谁寒赠紫驼尼；肩耸玉楼，有客暖捐红衲袄。精忠膺主眷，狄仁杰披金字之袍；阴德有天知，裴晋公还纹犀之带。军中狐帽，沈庆之镇压貔貅；滩上羊裘，严子陵傲睨轩冕。通天带，顿输严续之姬；鹔鹴裘，为赏相如之酒。

【浅释】

古代传说中有一种叫獬的异兽，能辨是非曲直，所以古人把御史的帽子做成獬状。屈原曾多次写自己"以荷为衣"，"以芙蓉为裳"，于是后世以荷衣为隐士的服饰。东汉王乔有仙术，能把鞋变成野鸭，往来飞于空中；李后是一个美女，汉武帝将神女赠的玉钗赐给了她，后来玉钗化为燕子飞上了天。冻得起鸡皮疙瘩的时候，希望有人赠送驼绒大衣；冻得双肩耸立时，盼着有人捐给红衲袄。唐代狄仁杰是武则天时期的忠臣，武则天曾赏赐他紫袍、龟带，并亲自在袍上绣字；唐代晋国公裴度，曾把绣有犀纹的带子还给失主，后来果有善报。宋代将军沈庆之威振军中，因患有头风病，常戴一顶狐皮帽。东汉隐士严光字子陵，常披着羊皮裘衣在江边钓鱼，光武帝登门请他做官，他仍躺在床上，不去理会。五代唐镐有一条通天带，严续想得到它，就以自己的姬妾为赌注与唐镐打赌，结果赌输了，把姬妾输给了唐镐。西汉司马相如，曾用自己的鹔鹴裘换酒喝。

高人能洁己，飘飘挂神武之冠；过客共摩肩，济济看马嵬之袜。晋怀以青衣行酒，事丑万年；光武以赤帻起兵，名芳千古。有女遗王濛之新帽，何人换季子之敝裘。韦绹寝覆缬袍，荣施若此；蔡遵贫衣布袍，廉洁何如。晋帝不忍浣征袍，留彼嵇侍中之血；唐士未须裁道服，重他张孝子之缣。汉王制竹箨之冠，威仪自别；闵子衣芦花之絮，孝行纯全。

【浅释】

南朝陶弘景为保持节操，把官服挂在神武门上，以示自己辞官隐居的决心；杨贵妃缢死马嵬坡后，相传一位老妇拾到了贵妃的袜子，于是人们纷纷前来观看。西晋灭亡后，前赵皇帝俘虏晋怀帝，命他穿着青衣向人敬酒，被后人耻笑；东汉光武帝，在与王莽政权的斗争中，让士兵扎上红头巾，成为千古美谈。东晋王濛去买帽子时，卖帽的妇女见他长得英俊，就多给了一顶新帽子。战国时人苏秦，说秦国十次不成，钱花光了，只好穿着破烂不堪的裘衣返回家中，饱遭家人亲戚的冷眼，当时谁会替他换一件新的呢？唐代韦绶在翰林院睡觉，唐德宗和贵妃见了，不但没有命人把他叫醒，反而亲自为他盖上袍子；东汉蔡遵为官清廉，生活节俭，只穿粗布衣裤。八王之乱时，嵇绍为护卫晋惠帝被杀，血溅惠帝的衣袍，于是惠帝命人将其珍藏，不准清洗；唐代名士韩思彦收到孝子张僧彻送的一匹绢，因是孝子所赠，他非常看重，就对家人说不准随便裁剪。刘邦在家乡做亭长时，用竹笋皮编帽子戴，别有威仪。孔子的弟子闵子骞是个孝子，幼年时后母虐待他，让他在寒冬里穿芦花做成的衣服，他的父亲发觉后要休掉后母，闵子骞不计前嫌，反而为后母求情。

卷三

人 事

《大学》首重夫明新，小子莫先于应对。其容固宜有度，出言尤贵有章。智欲圆而行欲方，胆欲大而心欲小。阁下、足下，并称人之辞；不佞、鲰生，皆自谦之语。恕罪曰原宥，惶恐曰主臣。

【浅释】

大学之道最重要的是明明德、日日新，小孩子学礼仪，首先要学应对的话语和礼节。人的仪容举止固然要适宜合度，说话言语尤应有条理合文法。智能要圆通品行要端正，胆量要大而心却要细。阁下和足下都是对人的尊称；不佞、鲰生都是称自己的谦词。请求别人原谅说宽宥，自己惶悚恐惧叫主臣。

大春元、大殿选、大会状，举人之称不一；大秋元、大经元、大三元，士人之誉多殊。大掾史，推美吏员；大柱石，尊称乡宦。贺入学曰云程发轫，贺新冠曰元服加荣。贺人荣归，谓之锦旋；作商得财，谓之稇载。

【浅释】

大春元、大殿选、大会状，都是对举人的不同称呼；大秋元、大经元、大三元，这是读书人考中之后不同的荣誉称号。大椽史是对官员的赞美；大柱石是对乡宦的尊称。祝贺别人进入学校读书，叫云程发轫；祝贺别人刚刚举行了加冠礼，叫元服加荣。祝贺别人衣锦还乡叫作锦旋；在外面经商发了财回来叫稇载。

谦送礼曰献芹，不受馈曰反璧。谢人厚礼曰厚贶，自谦礼薄曰菲仪。送行之礼，谓之赆仪；拜见之贽，名曰贽敬。贺寿仪曰祝敬，吊死礼曰奠仪。请人远归曰洗尘，携酒送行曰祖饯。

【浅释】

送人礼物自谦为献芹；不接受礼物的婉辞则说反璧。感谢别人赠予厚礼说厚贶，自谦所送之礼微薄言菲仪。赠送给人的路费叫赆仪；初次求见人时的礼物名贽敬。贺寿的礼称祝敬，吊丧的礼称奠仪。接风的酒叫洗尘，送行的酒叫作祖饯。

犒仆夫，谓之旌使；演戏文，谓之俳优。谢人寄书，曰辱承华翰；谢人致问，曰多蒙寄声。望人寄信，曰早赐玉音；谢人许物，曰已蒙金诺。具名帖，曰投刺；发书函，曰开缄。思慕久曰极切瞻韩，想望殷曰久怀慕蔺。相识未真，曰半面之识；不期而会，曰邂逅之缘。

【浅释】

犒劳仆役、随从，叫作旌使。演唱戏文，都是俳戏的优人，因此叫作俳优。谢人寄来书信，便说是辱承你华美的词翰；谢人转致的问候，便说是多蒙你寄托的声音。期盼人家寄信来，便说是早赐我金玉之音；感谢人家承诺的东西，便说是承蒙您的金诺。备齐名帖去拜谒人，叫作投递名刺；打开书信的封函，叫作开拆封缄。唐朝李白上书给韩朝宗，其中有两句说道："生不愿封万户侯，但愿一识韩荆州"，这是思慕已久，而又情深意切的意思，因此后人便把对人的思慕，叫作瞻韩。汉朝的司马相如，少年时候，喜欢击剑，敬仰蔺相如的为人，便把自己的名字也叫作相如，这是殷切的想望，早已怀在心中，因此后人便把想望一个人，叫作慕蔺。

认识还不曾熟悉，便说是半面的相识。没有事先约好而竟然见面，便称作是邂逅相遇的缘分。

登龙门，得参名士；瞻山斗，仰望高贤。一日三秋，言思慕之甚切；渴尘万斛，言想望之久殷。暌违教命，乃云鄙吝复萌；来往无凭，则曰萍踪靡定。虞舜慕唐尧，见尧于羹，见尧于墙；门人学孔圣，孔步亦步，孔趋亦趋。

【浅释】
登上龙门就能够参见有名望的人；瞻仰泰山北斗，就能仰望到有才能的人。过了一天就好像过了三年那么长的时间，是说对某人思慕的心情急切；口干渴得像积下了万斛灰尘一样，是比喻想念的时间长而且很殷切。违背了教训叫作鄙吝复萌，是指那种低下的念头又复生了；来往没有规律，像浮萍一样行踪不定，叫萍踪靡定。虞舜很仰慕唐尧，吃饭的时候看见尧在碗里，坐下休息时看见尧在墙上；颜渊向孔子学习时，很有诚心，孔子慢走他也慢走，孔子快走他也快走。

曾经会晤，曰向获承颜接辞；谢人指教，曰深蒙耳提面命。求人涵容，曰望包荒；求人吹嘘，曰望汲引。求人荐引，曰幸为先容；求人改文，曰望赐郢斫。借重鼎言，是托人言事；望移玉趾，是浼人亲行。多蒙推毂，谢人引荐之辞；望作领袖，托人倡首之说。

【浅释】
曾经与人会面，说是向己承奉颜色，接受言辞。感谢他人指教，则说幸蒙提耳亲箴，面命亲切。求人为己吹嘘称为望汲引，请人包容原谅为包荒。求人推荐事情，说是请你代为先容，请人删改文章则说恳请郢斫。借重鼎言是请托有声望者为自己说一些好话，使事情容易办成；望移玉趾是请求别人人亲自前来。多蒙推毂这句话是说感谢别人引荐；望作领袖，是请别人出来领导当首领。

言辞不爽，谓之金石语；乡党公论，谓之月旦评。逢人说项斯，表扬善行；名下无虚士，果是贤人。党恶为非，曰朋奸；尽财赌博，曰孤注。徒了事，曰但求塞责；戒明察，曰不可苛求。方命是逆人之言，执拗是执己之性。曰觊觎，曰睥睨，总是私心之窥望；曰侘傺，曰旁午，皆言人事之纷纭。

【浅释】

言辞准确，没有一点儿出入，像金子一样坚硬，永不更改，叫金石语；汉朝的士人们，每月聚在一起，评论世人的贤良和国家大事叫月旦评。唐代的项斯，清奇雅正，超凡脱俗。杨敬之写诗表扬他的好品质，中间一句是："到处逢人说项斯。"北齐薛道衡的诗写得很好，他写的一首《人日诗》，让人看后赞叹不已，果然名不虚传，是个有才干的人。与坏人结党去为非作歹，叫朋奸；用尽自己的所有财产下赌注，叫孤注。只是想了结一件事，就说自己但求塞责；劝告人们考察事情不要过分仔细，就说不必苛求。方命就是违背别人的意志去做事；执拗是指固执任性，不听从别人的意见。觊觎是希望得到不应该得到的东西。睥睨指两眼斜视，都是因为有私心去窥探；侘傺、旁午都是说人的事情繁多且复杂。

小过必察，谓之吹毛求疵；乘患相攻，谓之落井下石。欲心难厌如溪壑，财物易尽若漏卮。望开茅塞，是求人之教导；多蒙药石，是谢人之箴规。芳规芳躅，皆善行之可慕；格言至言，悉嘉言之可听。无言曰缄默，息怒曰霁威。

【浅释】

不肯谅解细小的过失，甚至刻意挑剔，好比吹去皮毛寻找疵病。别人有急难不仅不救，反而乘机陷害，叫作落井下石。欲望难以满足如同河流深谷难以填平；财物容易流失，如同用有漏洞的酒器盛酒。请求别人教导，忽然间领悟，称为茅塞顿开；感谢别人规劝说多蒙药石。芳规和芳躅都是懿美的品行，可作为效法、仰慕的对象；确论和美谈都是值得听取牢记的嘉言，值得称扬。默默无语称为缄默；顿时平息怒气就叫霁威。

包拯寡色笑，人比其笑为黄河清；商鞅最凶残，常见论囚而渭水赤。仇深曰切齿，人笑曰解颐。人微笑曰莞尔，掩口笑曰胡卢。大笑曰绝倒，众笑曰哄堂。留位待贤，谓之虚左；官僚共署，谓之同寅。人失信曰爽约，又曰食言，人忘誓曰寒盟，又曰反汗。铭心镂骨，感德难忘；结草衔环，知恩必报。

【浅释】

包拯很少言笑，人们比喻说想看到他笑比看到黄河水清还难；商鞅比较残忍，常常能看到处死囚犯时血染渭水。因为仇恨愤怒到了极点，叫切齿；人笑的时候，面颊都会舒展开来叫解颐。微笑叫莞尔，掩嘴笑叫胡卢。大笑时前仰后合叫绝倒，众人一起笑时叫哄堂。留一个位置给贤能的人坐，叫虚左；官僚在一个衙门办公叫同寅。人不守信用叫爽约，又叫食言；违背盟誓叫寒盟，又叫反汗。铭心镂骨是感激别人的恩德永远都不会忘记；结草衔环是说对自已有恩的人，一定要想办法回报。

自惹其灾，谓之解衣抱火；幸离其害，真如脱网就渊。两不相入，谓之枘凿；两不相投，谓之冰炭。彼此不合曰龃龉，欲进不前曰趑趄。落落不合之词，区区自谦之语。竣者做事已毕之谓；醵者敛财饮食之名。赞襄其事，谓之玉成；分裂难完，谓之瓦解。事有低昂曰轩轾，力相上下曰颉颃。

【浅释】

自已去招致祸害，就像脱去衣服把火焰抱在怀中；人侥幸逃脱灾害，就像游鱼幸脱网而就深渊，能自遂其生。圆的是凿方的是枘，这两者是不相匹配的；冰是水，炭是火，二物至不相容，不能投放在一起。彼此不相符合，如同参差不齐的牙齿，相互抵触不合；要向前走却难以起步，叫作趑趄。落落，是不相契合的样子。区区是卑微的意思，是自称的谦辞。做事完成，称为告竣；大家聚敛金钱共同饮酒，称为醵饮。帮助别人办成某事，如同把玉石切磋琢磨成玉器，因此后人把成全他人叫作玉成；《淮南子·俶族》载，纣有南面之名，而无人主之德，因此天下有土崩瓦解之势，后人把崩溃之势如瓦片散乱，叫作瓦解。人世间的万事万物，有低劣的让人沮丧的，有高昂的让人振奋的，就像马车前高后低（前轻后重）称轩，前低后高（前重后轻）称轾，世人便把事物的轻重、高低，叫作轩轾。鸟儿向上飞称为颉，向下飞称为颉。因此人们将力量不相上下相互抗衡，称为颉颃。

凭空起事曰作俑，仍前踵弊曰效尤。手口共作曰拮据，不暇修容曰鞅掌。手足并行曰匍匐，俯首而思曰低徊。明珠投暗，大屈才能；入室操戈，自相鱼肉。求教于愚人，是问道于盲；枉道以干主，是炫玉求售。智谋之士，所见略同；仁人之言，其利甚薄。班门弄斧，不知分量；岑楼齐末，不识高卑。

【浅释】

首开恶例叫作作俑，沿袭前人的弊端称作效尤。做事艰难辛苦，手口共作称为拮、据；劳碌繁忙无暇修饰仪容称为鞅掌。手脚一齐着地，慢慢向前移行称为匍匐。低头沉思恋恋难舍称为低徊。委屈了一个人的才能，好比明珠投在暗处；同室操戈，手足相残，伤了一家的和气。向愚人请教，如同向盲人问路。背弃道义而求用，好比炫玉出卖，既虚假又浅薄。有智慧的人，见解大略相同；仁德之人，一句话能使百姓普遍获利。班门弄斧是说人无自知之明，在行家面前卖弄。岑楼齐末是说人的见识浅薄，不知道高低贵贱。

势延莫遏，谓之滋蔓难图；包藏祸心，谓之人心叵测。作舍道旁，议论多而难成；一国三公，权柄分而不一。事有奇缘，曰三生有幸；事皆拂意，曰一事无成。酒色是酖，如以双斧伐孤树；力量不胜，如以寸胶澄黄河。

【浅释】

势力发展难以遏制，就像蔓草一样，一旦滋长蔓延就无法根除；心隐藏着坏念头，是说这个人的居心难以预测。在大路旁边建房子，议论的人多，所以很难成功；一个国家有三个主持政事的人，权力分小了决策就不能统一。遇到了奇特的缘分叫三生有幸；做每件事都没有达到目的叫一事无成。沉迷酒色，就好像用两把斧头砍一棵树；力量弱小，就像用一寸胶去澄清黄河水一样。

兼听则明，偏听则暗，此魏徵之对太宗；众怒难犯，专欲难成，此子产之讽子孔。欲逞所长，谓之心烦技痒；绝无情欲，谓之槁木死灰。座上有江南，语言须谨；往来无白丁，交接皆贤。将近好处，曰渐入佳境；无端倨傲，曰旁若无人。借事宽役曰告假，将钱嘱托曰夤缘。事有大利，曰奇货可居；事宜鉴前，曰覆车当戒。

【浅释】

听取众人的话，就会明白，只听信一个人的私语，就会糊涂，这是魏徵对唐太宗所说的话。众人都生气了就不可能触犯他们，一个人有私心就不易成功，这是子产讽劝子孔的话。一有机会就想表现自己的才能，如同身痒心烦不能自忍。没有任何嗜好，如同已枯死的树木和已熄的灰烬。席间如有江南客人，说话唱曲不要涉及思乡情；所交的朋友不要无贤无德。境况逐步好转，兴味渐渐浓厚，不可言行举止傲慢不恭、旁若无人。因事请免工作叫作告假，送钱给权贵求他引荐称为夤缘。挟持某物作为资本，以博取功名利禄名为奇货可居。以往事为教训叫作覆车当戒。

外彼为此，曰左袒；处事两可，曰模棱。敌甚易摧，曰发蒙振落；志在必胜，曰破釜沉舟。曲突徙薪无恩泽，不念豫防之力大；焦头烂额为上客，徒知救急之功宏。贼人曰梁上君子，强梗曰化外顽民。木屑竹头，皆为有用之物；牛溲马渤，可备药石之资。

【浅释】

因为这一方面而排斥反方叫左袒；处理事情这样也行，那样也好叫模棱。敌人容易被打败叫发蒙振落；下定决心要取得胜利叫破釜沉舟。事先提醒别人采取措施，预防事故发生，却得不到应有的回报，这是不懂得预先提示的作用有多重要；救火时熏得焦头烂额的人作为上客，只知道感谢那些帮忙处理事故的人。贼人叫梁上君子，强横顽固的人叫化外顽民。木屑竹头都是有用的东西；牛溲马渤可以当药物使用。

五经扫地，祝钦明自褒斯文；一木撑天，晋王敦未可擅动。题凤题午，讥友讥亲之隐词；破麦破梨，见夫见子之奇梦。毛遂片言九鼎，人重其言；季布一诺千金，人服其信，岳飞背涅精忠报国，杨震惟以清白传家。

祝钦明熟读经书，却在宴会上出尽洋相，自侮斯文，世人讥为五经扫地。晋朝王敦谋反前曾梦见一木撑天，圆梦者告诫不可擅动，以消除他的反意。题凤、题午都是讥讽亲友的隐词；梦中破麦、梦中分梨，都是预兆要与丈夫、儿子相见的奇梦。毛遂的几句话强于百万的兵马，人们看重他的话，比作片言九鼎。季布的诺言必然兑现，人们佩服他的信用，称作一诺千金。岳飞背上刺有精忠报国的字样，大儒杨震把清白廉洁传给子孙。

下强上弱，曰尾大不掉；上权下夺，曰太阿倒持。当今之世，不但君择臣，臣亦择君；受命之主，不独创业难，守成亦不易。生平所为皆可对人言，司马光之自信；运用之妙惟存乎一心，岳武穆之论兵。不修边幅，谓人不饰仪容；不立崖岸，谓人天性和乐。蕞尔、幺么，言其甚小；鲁莽、灭裂，言其不精。

春秋时，楚灭蔡，楚灵王想封公子弃疾为蔡公，向申无宇求教，无宇答道："末大必折，尾大不掉，君所知也。"后人便把下属强大而领袖软弱，不能控制指挥，像尾巴太大难以调动一样，称作尾大不掉；君主的权力，被下属篡取，就像把锋利的太阿宝剑倒持在手上，比喻以权柄授人。当今之世，不仅君主有选择臣子的权力，就是臣子也有选择君主的自由，这是汉朝马援对汉光武帝的忠告；受于天命的君主，不只是开创基业艰难，就是保住君主的权位也绝非易事，这是唐太宗勉励房玄龄、魏徵的肺腑之言。司马光曾对人说："我没有超出别人的地方，只是生平所做的事，没有不能告人的。"这是司马光的自信；"阵而后战，兵法之常。运用之妙，存乎一心。"这是岳飞论兵法之奥妙。就像簇新的布帛，不修整边幅，形容人不喜修饰仪表容颜；不树立山崖和水岸把众人分隔，是说人的性情随和愉快。《左氏春秋》中载有谚语："蕞尔小国。"《鹖冠子》说："无道之君，任用幺么，动即烦浊。"蕞尔和幺么都是比喻渺小。前者偏向指地，后者偏向指人。《庄子·则阳》："君为政焉勿鲁莽，治民焉勿灭裂"。后人便把轻率莽撞称作鲁莽灭裂。

误处皆缘不学，强作乃成自然。求事速成曰躐等，过于礼貌曰足恭。假忠厚者谓之乡愿，出入群者谓之巨擘。孟浪由于轻浮，精详出于暇豫。为善则流芳百世，为恶则遗臭万年。过多曰稔恶，罪满曰贯盈。尝见冶容诲淫，须知慢藏诲盗。

【浅释】

有错误的地方都是因为不学习，做事情先要勉强自己去做才能成为自然。做事情希望快速成功叫躐等，过于讲究礼貌叫足恭。假装忠义仁厚的人叫乡愿，才能超过众人的人叫巨擘。鲁莽冒失是由于言行不庄重，做事情精细详尽是由于从容不迫。做善事就会流芳百世，做恶事就会遗臭万年。错误多了叫稔恶；罪孽满了，就像用绳子串满了钱一样叫贯盈。曾经见过女子打扮妖艳，引人犯罪，一定要知道保管财产，不要因疏忽而招致被窃。

管中窥豹，所见不多；坐井观天，知识不广。无势可乘，英雄无用武之地；有道则见，君子有展采之思。求名利达，曰捷足先得；慰士迟滞，曰大器晚成。不知通变，曰徒读父书；自作聪明，曰徒执己见。浅见曰肤见，俗言曰俚言。

【浅释】

从竹管中窥看野豹，所看到的范围并不多，也不是全部；坐在井内观看天空，则眼界狭小见识不广。没有适当的时机，英雄豪杰就无处施展才能。天下有道，君子才会出来为国家大展才能。称赞人家遇事顺利、手脚快，说捷足先得；安慰士人得名太迟，说大器晚成。不知变通，白读了父亲的遗书。凡事不可自以为聪明，固守成见。见识浅显称作肤见，世俗常说的话叫作俚语。

识时务者为俊杰，昧先几者非明哲。村夫不识一丁，愚者岂无一得。拔去一丁，谓除一害；又生一秦，是增一仇。戒轻言，曰恐属垣有耳；戒轻敌，曰无谓秦无人。同恶相帮，谓之助桀为虐；贪心无厌，谓之得陇望蜀。当知器满则倾，须知物极必反。喜嬉戏名为好弄，好笑谑谓之诙谐。

明智有识之士，就不会看不出事物细微变化的先兆；英雄豪杰，就能洞识当前时势并做出正确的决定。山野村夫连一个字都不认识，愚蠢之人难道没有一点儿可取之处。拔去一丁，是说为民除去了一个祸害；又生一秦是说又增加了一个仇敌。告诫人们不要随便说话，是恐怕隔墙有耳；告诫人们不要轻视敌对势力，是说不要以为秦国无人。帮助恶人干坏事，就好像帮助夏桀做残暴的事一样；贪心无比，从不满足，就好像已经得到了陇，还希望占领蜀。应当知道器皿中的东西装满了就会倾斜，应当知道事物发展到了极点，就会向相反的方向转化。喜欢嬉戏玩耍叫好弄；喜好语言滑稽而略带戏弄叫诙谐。

谗口交加，市中可信有虎；众奸鼓衅，聚蚊可以成雷。萋菲成锦，谓谮人之酿祸；含沙射影，言鬼蜮之害人。针砭所以治病；鸩毒必至杀人。李义府阴柔害物，人谓之笑里藏刀；李林甫奸诡谄人，世谓之口蜜腹剑。代人做事，曰代庖；与人设谋，曰借箸。

【浅释】

谣言诽谤在市井中到处流传，假的事也会变成真的，使人相信闹市中竟会有老虎。众多奸邪摇唇鼓舌所造成的声势，就像一大群蚊子聚集在一起，声音如同雷声一样的大。萋菲成锦是说进谗言者罗织别人细小的过失，以致酿成大罪。含沙射影则是说恶人暗中攻击或陷害他人。针、砭都是古代的医疗用具，用它可以替人治病；鸩羽有毒放在酒里，足以致人于死命。阴阳柔和最能害人，李义府外表温和内心阴险，人人都说他笑里藏刀。奸诡谲诈暗地害人，就像李林甫一样嘴上说得好听，一肚子害人的诡计，世人称为口蜜腹剑。暂时代替他人去办事叫作代庖，帮助他人筹划叫作借箸。

见事极真，曰明若观火；对敌易胜，曰势若摧枯。汉武内多欲而外施仁义，廉颇先国难而后私仇。卧榻之侧，岂容他人鼾睡，宋太祖之语；一统之世，真是胡越一家，唐太宗之时。至若暴秦以吕易嬴，是嬴亡于庄襄之手；弱晋以牛易马，是马灭于怀愍之时。

【浅释】

对事物的认识非常真切，就像火那样明亮，叫明若观火；同敌人对阵时很容易取胜，像折断枯草一样容易，叫势若摧枯。汉武帝外表要施仁政，但内心却有很多私欲；廉颇先以国家为重，而把私仇抛到脑后。宋太祖曾说："自己睡觉的床边，怎么能容忍别人熟睡，鼾声如雷？"唐太宗的时候，国家大统一，北方与南方都成了一家人。至于残暴的秦国本来是姓嬴的，但吕不韦把已怀孕的侍妾献给秦庄襄王，生了秦始皇，秦朝由嬴姓变成了吕姓，这就是说嬴姓是在庄襄王时灭亡的；弱小的晋国本是姓司马的，但晋王的妃子与官员牛金私通，生了个儿子为后来的晋元帝，这时晋朝已姓牛了，这就是说晋朝司马姓在怀帝、愍帝时就已灭亡了。

中宗亲为点筹于韦后，秽播千秋；明皇赐洗儿钱于贵妃，丑遗万代。非类相从，不如鹌鹑；父子同牝，谓之聚麀。以下淫上谓之烝，野合奸伦谓之乱。从来淑慝殊途，惟在后人法戒；斯世清浊异品，全赖吾辈激扬。

【浅释】

唐朝中宗有个韦后，和武三思通奸，有一天韦后与武三思对面打双陆，中宗亲自为韦后检点筹码，这淫秽的声名，传播到了千秋；唐明皇的杨贵妃，收养安禄山为义子，曾做一件大襁褓包裹禄山，说是三朝洗儿，明皇便赐贵妃洗儿钱，这丑闻也遗留万代。不是同类的，却偏去追从他，还比不上鹌鹑这些鸟儿，居则雌雄相伴，飞则牝牡相随；不懂得父子夫妇之间的伦理纲常，父子两代共一妇人的淫乱秽行，称为聚麀。晚辈和母辈通奸，叫作烝；不合礼节的男女之间的淫秽行为，叫作乱。自古以来，善良邪恶就是泾渭分明的两条道路，就看后世之人怎样以善为法，以恶为戒；这个世界上的清浑，是不同的两个类别，全靠我辈澄清浑浊，激荡清流。

增 补

休休莫莫，禁止之词；衮衮匆匆，仓皇之义。暂为寄足，有似鹪鹩一枝；巧于营身，还如狡兔三窟。放枭囚凤，虐仁纵暴奚为；

用蚓投鱼，得重弃轻应尔。爝火虽无大明之耀，铅刀竟有一割之能。淮南一老不就聘，高尚可钦；鲁国两生不肯行，清操足式。一株竹，先兆应举皆荣；两尾牛，预料行兵有失。

【浅释】

休休、莫莫，是表示禁止的词语；衮衮、匆匆，形容匆忙慌张。暂时借住，可如鹪鹩巢于深林，只选一枝即可；巧于营身，应像狡猾的兔子，有三窟为好。放枭囚凤，是虐仁纵暴之举；用蚯蚓钓鱼，是得重弃轻之行为。火把虽然不像太阳那么耀眼，但却能用于照明；铅刀虽钝，但也总能有一割之用。淮南有一隐居老人，无动于朝廷的屡次征召，可见其高洁情操；鲁国有两儒生，始终不肯参加刘邦朝廷礼仪的制定，也可见两儒生的操守。宋代王君炳梦见有人让他种竹子，解梦人说，两个"个"组成"竹"字，两个儿子考试能得中，后来果然应验。唐代农民起义的领袖黄巢，梦见自己骑两尾牛出阵，解梦人对他说，两尾牛为"失"字，近来不可出战，黄巢不听，果然败于唐朝军队。

乐羊子功绩未成，谤书满箧；郭林宗声名最重，谒刺盈车。黠狗行凶，难免呆卿之骂；鸩媒肆毒，已生屈子之悲。人有一天，我有二天，便见大恩之爱戴；河润百里，海润千里，乃为渥泽之沾濡。退我一步行，固云安乐法；道人三个好，尤见喜欢缘。借一叶之浓阴，可资覆荫；扩万间之巨庇，尽属<巾并><巾蒙>。挝三折，编三绝，书三灭，好学十分；眼中泪，心中事，意中人，相思一样。

【浅释】

春秋末期，魏国大将乐羊子攻取中山国，前后历时三年，这期间诬陷他的奏折、书信纷纷而至，以至于装满了筐子。唐代郭林宗声望极高，拜谒求见的名帖装满了车子。唐颜杲卿被安禄山俘获后，宁死不屈，大骂安禄山是狗，最终被杀。奸谗之人从中作梗，致使屈原不得志而投江自杀。东汉冀州刺史苏章与清河太守是故交，苏章对清河太守多有照顾，有一次清河太守说："别人有一天，但我有两天。"可见清河太守对苏章的感恩之情。普施恩泽，如同河海滋润百里千里之地。凡事忍让，是安身之法；乐道人好，会招人喜欢。大片浓浓的树荫是由一叶叶的阴凉组成；万间房屋，也不过是尽帐幕之用。孔子反复读《易》，铁如意断了三根，串书的牛皮断过三次，书中的漆字也变得模糊了，可见其好学精神；宋代张先的词善写眼中泪、心中事、意中人，旨在表达相思之情。

饮　食

　　甘脆肥脓，命曰腐肠之药；羹藜含糗，难语太牢之滋。御食曰珍馐，白米曰玉粒。好酒曰青州从事，次酒曰平原督邮。鲁酒茅柴，皆为薄酒；龙团雀舌，尽是香茗。待人礼衰，曰醴酒不设；款客甚薄，曰脱粟相留。竹叶青、状元红，俱为美酒；葡萄绿、珍珠红，悉是香醪。五斗解酲，刘伶独溺于酒；两腋生风，卢仝偏嗜乎茶。茶曰酪奴，又曰瑞草；米曰白粲，又曰长腰。太羹玄酒，亦可荐馨；尘饭涂羹，焉能充饥。酒系杜康所造，腐乃淮南所为。僧谓鱼曰水梭花，僧谓鸡曰穿篱菜。临渊羡鱼，不如退而结网；扬汤止沸，不如去火抽薪。羔酒自劳，田家之乐；含哺鼓腹，盛世之风。人贪食曰徒餔啜，食不敬曰嗟来食。多食不厌，谓之饕餮之徒；见食垂涎，谓有欲炙之色。未获同食曰向隅，谢人赐食曰饱德。安步可以当车，晚食可以当肉。饮食贫难，曰半菽不饱；厚恩图报，曰每饭不忘。谢扰人，曰兵厨之扰；谦待薄，曰草具之陈。白饭青刍，待仆马之厚；炊金馔玉，谢款客之隆。家贫待客，但知抹月批风；冬月邀宾，乃云敲冰煮茗。君侧元臣，若作酒醴之曲糵；朝中冢宰，若作和羹之盐梅。宰肉甚均，陈平见重于父老；夏羹示尽，邱嫂心厌乎汉高。毕卓为吏部而盗酒，逸兴太豪；越王爱士卒而投醪，战气百倍。惩羹吹齑，谓人惩前警后；酒囊饭袋，谓人少学多餐。隐逸之士，漱石枕流；沉湎之夫，藉糟枕曲。昏庸桀纣，胡为酒池肉林；苦学仲淹，惟有断齑画粥。

【浅释】
　　甜酥肥的食物和烈酒，都算是腐烂肠胃的毒药；那些整天吃野菜粗粮的人，很难讲清楚牛、羊、猪肉等美味的滋味。皇帝吃的食物叫"珍馐"，精制的大白米叫"玉粒"。好酒称作"青州从事"，差酒称作"平原督邮"。"鲁酒""茅柴"，都是质量一般不上档次的酒；"龙团""雀舌"，都是质量上乘芳香四溢的好茶。招待客人礼节微薄，叫作"醴酒不设"，待客人十分淡薄，叫作"脱粟相留"。"竹叶青""状元红"，都是清冽的美酒；"葡萄绿""珍珠红"，都是醇香的好酒。酒要喝五斗才能解除神志不清，晋朝的刘伶真是沉溺在酒里了；喝七碗茶就使两腋下生出一股清风，唐朝诗人卢仝非常嗜好饮茶。茶叫"酪奴"，又叫"瑞草"；米叫"白粲"，又叫"长腰"。"太羹"和"玄酒"，也可以用来祭祖敬神；"尘饭"和"涂羹"，哪能用来填饱肚子？酒是杜康发明酿造的，豆腐是西汉淮南王刘安发明的。和尚忌讳说荤腥名称，所以叫鱼为"水梭花"，叫鸡为"穿篱菜"。在水潭边想得到鱼，不如回去编织一张渔网；把开水不断舀起来以使锅里的水不再翻滚沸腾，不如从锅底抽掉柴草来灭掉火源。宰杀羊端上酒自己慰劳自己，这是耕田人家的乐趣；嘴里嚼着食物，用肚子作鼓而歌，是繁荣盛世的时代景象。贪吃懒做的人，每天只知吃喝叫作徒哺啜；带有轻视性的施舍叫作嗟来食。贪于饮食不知厌足，这是饕餮这一类的人；看见食物就垂涎三尺，一副很想吃的样子。没有被邀请同食叫向隅，感谢主人殷勤款待赏赐食物叫作饱德。平和安稳地走路当作坐车子一样舒服，肚子饿了才进食食物都很美味。家境穷困时常吃不饱称为半菽不饱；受人厚恩常思报答称为每饭不忘。兵厨之扰是表示叨扰酒食的谢意；主人自谦待客菲薄叫作草具之陈。给客人的仆人吃白米饭，用青草喂他的马，由此可知主人待客之厚；炊金馔玉比喻饮食之精美豪奢，是宾客感谢主人款待隆重的说词。抹月批风是文人表示家贫，没有东西可以招待客人的戏言；敲冰煮茗是冬天邀请客人的雅称。陈平分肉十分公平，乡里父老都夸奖他；大嫂厌恶刘邦，在他来时故意敲锅子，表示羹已经吃完。毕卓在吏部做官，夜里却到邻家偷酒喝，这种逸兴未免太过分；越王把酒倒在河水上游，让军士们都能喝到，军士们感激他的恩惠，因而勇气百倍。惩羹吹齑是说因为喝热汤烫伤了，连吃冷菜，也不敢到口就吃，还要把它吹一吹，是惩前戒后，过分小心的意思。酒囊饭袋是形容人不学无术只会吃喝。隐逸山林之士漱石枕流，是何等的清高；沉湎于酒中的人，如同靠着酒糟，枕着酒曲每天活在醉乡之中。昏庸无道的桀、纣，为什么要以酒为池，以肉为林，作长夜之饮呢？范仲淹刻苦求学，每天仅靠咸菜与粥度日。

增　补

　　周颐隐居钟阜，赤米自甘；卢生梦醒邯郸，黄粱未熟。小儿盗禾亩，孔琇之按罪何妨；逸马犯麦田，曹孟德自刑犹尔。易秕以粟，邹侯为民庶之意拳拳；煮豆燃萁，子建悟兄弟之情切切。狄山之肉，旋剖旋生；青田之壶，愈倾愈溢。我爱鹅儿黄似酒，雅可怡情；人言雀子软于绵，最堪适口。

【浅释】

　　周颐隐于山中，有人问他在山里吃什么？他说："赤米白盐，绿葵红苋。"都是粗食野菜，却以赤白绿红美化，可见不以为苦。卢生梦醒黄粱：唐代小说故事说，少年卢生在邯郸旅店中主人正煮黄粱饭，一道士，给他一个瓷枕，他枕上即入梦，娶大家女子为妻，做了十年宰相。忽然梦醒，主人的黄粱饭还未熟。一个十岁儿童偷窃邻家稻禾，孔琇曰："十岁尚能为盗，长大何所不为。"于是按律治罪。曹操的马蹿入麦田，践踏了麦子，违反了当时的军纪，于是他割发以示惩罚。灾荒之年，邹侯让百姓用秕糠换取国库中的谷物，可见其为民着想；曹植做《七步诗》，用煮豆燃豆萁形象地再现了兄弟间的相残。《山海经》载，产于狄山的一种肉，割了就会立即长出来。《山海经》载，青田国有仙果，核可容斗米，纳米其中，顷刻便酿成酒，而且越是往外倒越是往外溢，号称青田壶。鹅肉颜色类似黄酒的颜色，味道清爽；麻雀肉松软如绵，非常可口。

　　多才之士，谢茶而赠我好歌；好事之徒，载酒而问人奇字。挹东海以为醴，庶畅高怀；折琼枝以为馐，可舒雅志。云子饭可入杜句，月儿羹见重柳文。烧鹅而恣朵颐，且愿生鹅四掌；炮鳖而充嗜欲，还思鳖著两裙。种秫不种粳，陶公若以酒为命；窖粟不窖宝，任氏则以食为天。红苋紫茄，种满吴兴之圃；绿葵翠薤，殖盈钟阜之区。

【浅释】

唐代诗人卢仝，常以诗答谢别人赠送的好茶；汉代文字学家扬雄（也是作家），家贫，一些好事的人常带着酒去请教奇字怪字。以东海水作酒，畅饮抒怀；把玉树枝作为佳肴，以展高雅之志。云子饭，被杜甫写进诗中；唐穆宗喜欢柳公权的文章，把月儿羹当奖品赏赐给他。以烧鹅来解馋，恨不得它能生出四个脚掌；以烤鳖来解馋癖，恨不得它有两个裙边。陶渊明归隐种田，但地里种的更多的是用以酿酒的秫米，而不是用以充饥的稻米，可见他以酒为命；任氏家的地窖不是用来藏珠宝，而是专门用来储藏粮食，可见任氏以食为天。梁代蔡博做吴兴太守，自己在官邸前种满苋菜、茄子，目的在于宣扬自己清廉。绿葵翠薤：葵为菜，薤为野菜。钟阜：即钟山。这里讲的仍是周颙的事。有人问他什么最好吃？他说：绿葵翠薤。

宫　室

洪荒之世，野处穴居。有巢以后，上栋下宇。竹苞松茂，谓制度之得宜；鸟革翚飞，谓创造之尽善。朝廷曰紫宸，禁门曰青锁。宰相职掌丝纶，内居黄阁；百官具陈章疏，敷奏丹墀。木天署学士所居，紫薇省中书所莅。金马玉堂，翰林院宇；柏台乌府，御史衙门。布政司称为藩府，按察司系是臬司。潘岳种桃于满县，人称花县；子贱鸣琴以治邑。故曰琴堂。

【浅释】

上古时代，洪水泛滥，人在野外的洞穴里居住；有巢氏教人构架房屋，才有上面的栋梁和下面的屋宇住所。像竹根一样结实，像松叶一样茂盛，比喻宫室的制造度量合适；像鸟儿展翅，像五彩羽毛的野鸡那样奋飞，比喻宫室的建造完善，宫室华丽。朝廷里皇帝的住所叫紫宸，宫中的禁门叫青锁。宰相住在黄阁内，负责掌管、草拟、传达皇帝的谕旨；文武百官准备好要向皇帝陈述的奏章奏疏，跪在宫殿前台阶下面的空地上奏报皇上。木天署是翰林学士居住的地方；紫薇省是内阁中书办公的地方。金马门、玉堂署是翰林学士住的地方；柏台、乌府是御史官的衙门。布政司又叫藩府，按察司又叫臬司，是执行刑罚的官府。潘岳做汉阳县令时，全县都种桃树，所以把汉阳县叫花县；子贱做单父县令时，在公堂上用琴声感化百姓，处理事条，所以他的县堂叫琴堂。

潭府是仕宦之家，衡门乃隐士之宅。贺人有喜，曰门阑蕙瑞；谢人过访，曰蓬荜生辉。美轮美奂，礼称屋宇之高华；肯构肯堂，书言父子之同志。土木方兴，曰经始；创造已毕，曰落成。楼高可以摘星，屋小仅堪容膝。寇莱公庭除之外，只可栽花；李文靖厅事之前，仅容旋马。恭贺屋成，曰燕贺；自谦屋小，曰蜗庐。民家名曰间阎，贵族称为阀阅。朱门乃富豪之第，白屋是布衣之家。

【浅释】
深幽的府弟，总是官宦人家；横木做的门，则是隐居的士人的住宅。恭贺人有喜庆的事情，便说门阑上有云霭瑞气；答谢人过门来访问，便说连蓬户筚门，都生出光芒。"美哉奂焉，美哉轮焉"，是《礼记》中称赞屋宇的高华；"厥子乃弗肯堂，矧肯构"，是说父子共同有所创造和成就。土木刚刚动工，叫作经营开始；建盖完毕，叫作落祭成功。楼房高立，站在上面似乎能够采摘星辰；房屋太窄，只能够容纳双膝。寇莱公的庭堂外面，空地不多，只能栽花种草；李文靖的中厅前面，地方狭窄，只容得旋转一匹马。亲自去祝贺人家房屋落成，便说燕雀相贺；自己谦说房屋狭窄，便说如同蜗牛的庐舍。平民百姓之家，叫作间阎；贵重的宗族，称作阀阅。朱漆红门，是豪门富士的宅第；白茅盖顶，则是布衣寒士的家舍。

客舍曰逆旅，馆驿曰邮亭。书室曰芸窗，朝廷曰魏阙。成均辟雍，皆国学之号；黉宫胶序，乃乡学之称。笑人善忘，曰徙宅忘妻；讥人不谨，曰开门揖盗。何楼所市，皆滥恶之物；垄断独登，讥专利之人。荜门圭窦，系贫士之居；瓮牖绳枢，皆窭人之室。宋寇准真是北门锁钥，檀道济不愧万里长城。

【浅释】
客舍是迎接人住的地方，又叫逆旅；馆驿是传递文书和信件时中途休息的地方，所以叫邮亭。读书的地方叫芸窗；宫门外建一些雄伟的楼砍冕，常用来颁布法令，是朝廷的象征，所以朝廷又叫魏阙。成均和辟雍都是指国立学校的名称；黉宫、胶序是古代乡立学校的称号。嘲笑人容易忘事，好像搬家忘记带走自己的妻子一样；讥笑别人做事不谨慎，好像打开门双手作揖，请盗贼进来一样。宋代京城一个姓何的人，他家楼下卖的东西都是伪劣产品；登上集市的高土墩，左右窥视谋利，这是讥笑那些专利的小人。用竹子编成门，在墙上挖一个圭形的孔做窗户，这是贫困人家的住处；用瓦瓮做窗户，用绳子做门，这都是指穷人的住处。宋朝寇准镇守北方，真可以称为是北方的锁和钥匙；檀道济是国家重臣，不愧是捍卫国家的万里长城。

增　补

　　榱题一建，风雨攸除。百堵皆兴，周邦巩固；重门洞辟，宋殿玲珑。晋公堂下植三槐，相臣地位；靖节门前栽五柳，隐士家风。退思岩，是鱼头参政退思室；知妄室，乃半山居士知妄处。蓂生神尧阶下，竹秀唐帝宫前。夹马营中，异香遍达；盘龙斋内，瑞气常臻。

【浅释】

　　架着屋面板和瓦的木条，架设榱题意味房屋建成。房屋一建成，就有了遮风避雨的地方。百堵土墙都建起来了，意味周朝已巩固；层层大门敞开，表明宋朝宫殿已建成。宋代王祐，字晋公，在屋前种下了象征三公的三棵槐树，他说，我的子孙一定能为三公，后来他的儿子果然做了宰相。晋陶渊明在门前种了五棵柳树，自称五柳先生，以此表明归隐的志向。宋代鲁宗道参政，刚正不阿，人称鱼头参政，自建退思岩（退思室），每日退朝后，独坐其中，反省政事。宋代王安石，号半山居士，筑知妄室，并书曰："知妄为妄，即妄是真，认妄为真，虽真亦妄。"蓂生长在尧帝脚下，竹子生长在唐玄宗的宫殿前。宋太祖赵匡胤出生在洛阳夹马营内，出生的时候，有异香不绝；晋桓温在南州建盘龙斋，斋中画满盘龙，有祥瑞之气。

月榭已成，剩有十分佳景；雪巢既构，应无半点尘埃。避风台，妃子扬歌；凌烟阁，功臣列像。碧鸡坊里神仙至，朱雀桥边士子游。浣花溪上草堂，最是杜公乐地；至道坊间土窟，更为司马胜居。

【浅释】

月榭建成，多了十分佳景；雪巢竣工，无半点尘埃。西汉成帝皇后赵飞燕体轻，成帝为她建七宝避风台，让她在台上唱歌；唐太宗建凌烟阁，用来陈列功臣的画像。传说碧鸡坊曾引来神仙光临；朱雀桥边是文人士子的游览之地。成都浣花溪畔的杜甫草堂是杜甫的故居，也是杜甫的乐土，他在这里写下了二百四十多首诗；洛阳至道坊的土窟是司马光避暑的地方。

器 用

一人之所需，百工斯为备。但用则各适其用，而名则每异其名。管城子、中书君，悉为笔号；石虚中、即墨侯，皆为砚称。墨为松使者，纸号楮先生。纸曰剡藤，又曰玉版；墨曰陈玄，又曰龙脐。共笔砚，同窗之谓；付衣钵，传道之称。笃志业儒，曰磨穿铁砚；弃文就武，曰安用毛锥。剑有干将莫邪之名，扇有仁风便面之号。何谓箑，亦扇之名；何谓籁?有声之谓。小舟名舴艋，巨舰曰艨艟。金根是皇后之车，菱苣乃妇人之镜。银凿落原是酒器，玉参差乃是箫名。刻舟求剑，固而不通；胶柱鼓瑟，拘而不化。斗筲言其器小，梁栋谓是大材。铅刀无一割之利，强弓有六石之名。杖以鸠名，因鸠喉之不噎；钥同鱼样，取鱼目之常醒。兜鍪系是头盔，叵罗乃酒器。短剑名匕首，毡毯曰氍毹。琴名绿绮焦桐，弓号乌号繁弱。香炉曰宝鸭，烛台曰烛奴。龙涎、鸡舌，悉是香名；鹢首、鸭头，别为船号。

【浅释】

凡是一个人生活中所使用的各种物品，需要具备各种技能的工匠才能制造出来。虽然每种物品都有其适用之处，名称则各不相同。管城子、中书君都是毛笔的别号；石虚中、即墨侯都是砚台的不同称呼。墨又称松使者，纸称作楮先生。剡藤和玉版都是纸的别名；陈玄、龙剂都是墨的别号。朋友互取益叫作笔砚同事；师生传授道学称为衣钵相传。立定志向去钻研儒学，哪怕磨穿铁砚。丢弃文学去学习武艺，哪里还用得到毛笔呢？剑有干将镆铘这两种有名的利剑，扇子有仁德之风的美名。何谓箑？就是扇子；何谓籁？就是声音。小船别名舴艋，战舰叫作艨艟。皇后乘坐的车子叫作金根车，女子梳妆所用的镜子叫作菱花镜。凿落是酒杯的名字，参差就是洞箫的别名。用刀在舟旁刻下记号，而照着记号去寻他的剑，这种人一味固执愚笨，全然不知变通；用胶粘住了弦柱，去弹那个瑟，这种人固执拘泥不化。斗筲是说人的才识短浅气量狭小，好比斗和筲容不下较多的米和麦。人的才干伟大，好比房屋的梁柱，担当得起重大的责任。不会做事，好比用铅来做刀，拿来切东西都不够锋利。强硬的弓有六石之称。拐杖取名为鸠杖，是因鸠鸟吃食不噎，用以祝福老人饮食不噎；锁钥做成鱼的形状，是因为鱼昼夜都不闭眼，取它能常醒守护之意。兜鍪俗名称作头盔，叵罗是饮酒的杯子。短剑叫作匕首，毛织的地毯称为氍毹。绿绮、焦桐都是琴的别名，乌号、繁弱都是弓的代称。鸭形的香炉叫作宝鸭，人形的烛台称烛奴。龙涎、鸡舌都是香料的名称；鹢首、鸭头都是船的名号。

寿光客是妆台无尘之镜，长明公是梵堂不灭之灯。桔槔是田家之水车，襏襫是农夫之雨具。乌金，炭之美誉；忘归，矢之别名。夜可击，朝可炊，军中刁斗；云汉热，北风寒，刘褒画图。勉人发愤，曰猛著祖鞭；求人宥罪，曰幸开汤网。拔帜立帜，韩信之计甚奇；楚弓楚得，楚王所见未大。董安子性缓，常佩弦以自急；西门豹性急，常佩韦以自宽。汉孟敏尝堕甑不顾，知其无益；宋太祖谓犯法有剑，正欲立威。王衍清谈，常持拂尘；横渠讲易，每拥皋比。尾生抱桥而死，固执不通；楚妃守符而亡，贞信可录。温峤昔燃犀，照见水族之鬼怪；秦政有方镜，照见世人之邪心。车载斗量之人，不可胜数；南金东箭之品，实是堪奇。传檄可定，极言敌之易破；迎刃而解，甚言事之易为。以铜为鉴，可整衣冠；以古为鉴，可知兴替。

寿光客是不沾染人间尘埃的宝镜；长明公是佛堂点着的不熄灭的神灯。桔槔是种田人用的水车，襏襫是农夫用来避雨的器具。乌金是对炭的美誉；忘归是箭的别名。军营里用的刁斗，夜晚用来打更，白天用来煮饭；刘褒擅长画图，画云汉图时，观看的人觉得热，画北风图时，看的人觉得凉。勉励人发愤图强，叫猛著祖鞭；请求别人宽恕自己的罪过，叫幸开汤网。拔掉赵国的旗，树上自己的旗，打乱赵军的阵脚，这是韩信攻打赵军的计谋；楚国的弓仍然是楚国人得到，这是春秋时楚共王丢失了宝弓时讲的话，这显得楚王见识短浅。董安于性子慢，他常常佩着一把弓剑来提醒自己性情急一些；西门豹性情急躁，他常佩带一块熟牛皮来提醒自己性情宽松些。汉朝的孟敏带的陶器掉在地上，他看也不看就走了，这是因为他知道陶器已破，看也没用；宋太祖曾经说无论谁犯法，我有剑在手，这是他想要树立自己的威信。晋朝的王衍清谈天下事时，手里常拿着一把驼鹿尾做的拂尘；横渠讲授《易经》的时候，每次都坐在虎皮的坐褥上。尾生思想固执而不知变通，一次，他约一个女子在兰桥下相会，遇上涨水，女子没有按约而来，为了守信用，他抱着梁柱不肯离去，结果被水淹死；楚昭王的妃子忠贞，实在可以记载：一次，昭王出游，把她留在渐台，后来昭王派人去接她，使者忘了带昭王与楚妃相约的信符，楚妃不肯离去，结果被水淹死。温峤点燃犀牛角，可以照见水中的妖怪；秦始皇有一块方形的镜，可以照射出世人的心是正是邪。用车载、用斗量的人，是没办法数清楚的；南方产的金石，东方造的竹箭，都是珍品，实在让人称奇。向敌方送去征讨的战书就可以使敌人降服，是说很容易击败敌人；碰上锋利的刃就分成两半，是说事情很容易做到。用精铜做镜子，可以用来整理衣服；用历史做镜子，可以知道国家的兴亡更替。

增　补

侧理为纸别号，玄香乃墨佳名。砚彩鲜明，公权曾评鸲鹆眼；笔锋劲健，钟繇惯用鼠须。秦皇见匕首而惊走；考叔取蝥弧以先登。蛇矛龙盾，声雄太乙之坛；紫电青霜，锐比昆吾之剑。为炊必用土锉，汲井应藉辘轳。睡爱珊瑚枕上凹，人情乃尔；饮怜琥珀杯中滑，我意犹然。

【浅释】

侧理是纸的别称，玄香是墨的佳名。"鸲鹆眼"是有斑点的砚台，同时也是一种巧夺天工的珍玩。这种砚台上有白、赤、黄各色晕纹，看上去活像鸟兽的眼睛，唐代书法家柳公权对它有很高评价。晋代书法家钟繇喜欢用鼠须做成的毛笔，认为用它写出的字笔锋劲健。战国末年，荆轲行刺秦王，秦王见荆轲所献地图中藏有匕首，惊慌躲逃。春秋时，郑国攻打许国，郑国大夫颍考叔舍命高举国旗，以鼓舞士气，郑军因此获胜。太乙，即天神，蛇矛龙盾是祭祀天神的必需品；紫电、青霜是古代的名剑，其锐利可以与古神话中的昆吾剑媲美。烧火做饭，离不开锉；从井里汲水，要凭借辘轳。珊瑚做的枕凹舒适，人人想用它；琥珀杯光滑，便于饮酒，也是人人想用之器具。

石季龙坐五香席上，李太白卧七宝床中。云绕匡庐，案化葛仙之麂；浪翻雷泽，梭飞陶母之龙。庾老据胡床谈咏，诸佐皆欢；孔明执扇指挥，三军用命。以圣贤为拄杖，却优于九节苍藤；用仁义作剑锋，绝胜于七星白刃。上公膺宠命，已知高坐肩舆；末士少豪雄，可惜倒持玉版。

【浅释】

晋代石季龙暴虐豪奢，做五香席以供己坐；唐明皇命人做七宝床，李白也曾躺过。相传东汉葛玄隐居此山，得道成仙之时，他乘几案变成的白麂飘然而去。晋陶侃少时在雷泽网得一支织梭，将它挂在墙上，当夜，风雨大作，织梭化作一条金龙腾云而去。庾老常坐在胡床上与下属谈话吟咏，属下也因此觉得轻松。诸葛亮手执羽毛扇，指挥三军将士，将士们愿意听从指挥。把前贤圣人的言语、行为作为扶持自己走路的手杖，胜过神仙的九节拐杖；以仁义作为防身武器，胜于神兵利刃。书法家钟繇曾任魏明帝的太傅，有"膝病"，所以常常高坐在虎贲上朝见皇帝，享受了前代大臣所没有的荣誉。晋代大将军桓温怀疑王坦之、谢安在皇上面前说自己的坏话，便埋伏一批武士，想在自己的官府杀掉他们。王、谢应召见来到温府，谢安神色自如，最终打消了桓温的猜疑，可是王坦之却紧张得拿反了玉版。

珍 宝

山川之精英，每泄为至宝；乾坤之瑞气，恒结为奇珍。故玉足以庇嘉谷，珠可以御火灾。鱼目岂可混珠，碔砆焉能乱玉。黄金生于丽水，白银出自朱提。曰孔方，曰家兄，俱为钱号；曰青蚨，曰鹅眼，亦是钱名。可贵者明月夜光之珠，可珍者璠珪琬琰之玉。宋人以燕石为玉，什袭缇巾之中；楚王以璞玉为石，两刖卞和之足。惠王之珠，光能照乘；和氏之璧，价重连城。

【浅释】

山川的精华英气，每次泄出来都会变成最好的宝物；天地间的祥瑞之气，常凝结为奇特的珍宝。所以玉器完全可以庇护稻谷等农作物，明亮的珍珠可以防御火灾。鱼目与宝珠相似，但怎么能混在一起，把鱼目当作宝珠呢？碔砆是像玉的石头，但怎么能用碔砆冒充玉呢？丽水出产黄金，朱提出产白银。孔方、家兄都是钱的称号；青蚨、鹅眼也都是钱的名字。贵重的东西，常用明月、夜光这样名贵的宝珠来形容；珍贵的东西，常用璠珪、琬琰这样的美玉来形容。宋国一个愚蠢的人，得到一块燕石，把它当作宝玉，用几层缇巾包裹起来；卞和把一块没雕琢的玉石分别进献给楚厉王和武王，两个人都认为卞和进献的没雕琢的玉是石头，认为卞和欺骗了他们，厉王砍下了卞和的左脚，武王砍下了卞和的右脚。魏惠王的宝珠能够发光照亮车乘的前后；赵惠文王的和氏璧的价值可以换取秦王的十五座城池。

鲛人泣泪成珠，宋人削玉为楮。贤乃国家之宝，儒为席上之珍。王者聘贤，束帛加璧；真儒抱道，怀瑾握瑜。雍伯多缘，种玉于蓝田而得美妇；太公奇遇，钓璜于渭水而遇文王。

鲛人哭泣的眼泪化成了珍珠，宋人以玉雕琢成楮叶真假难辨。有贤能的人是国家的宝贝，读书人是席上的珍品。古时君王聘请贤士，要以束帛加美玉为聘礼。真正的儒者坚守道义，怀瑾握瑜品德高洁。杨雍伯机缘很好，在蓝田种玉，又以所收获之玉为聘礼，娶了美貌的妻子。姜太公有奇遇，在渭水钓得璜玉，而后遇见周文王，辅佐文王建立了周朝。

剖腹藏珠，爱财而不爱命；缠头作锦，助舞而更助娇。孟尝廉洁，克俾合浦还珠；相如忠勇，能使秦廷归璧。玉钗作燕飞，汉宫之异事；金钱成蝶舞，唐库之奇传。广钱固可以通神，营利乃为鬼所笑。

【浅释】

剖开肚子储藏珍珠，这种人爱惜钱财而不珍惜生命；用锦缎缠裹在头上，这是称赞歌女的歌舞，更是赞美她的娇媚。广东合浦县专产珍珠，遭遇贪污的县官，那珠子便源源不断地迁移到别处去了，后来孟尝（汉人）在合浦为官时很清廉，珍珠又返还原地。赵国的蔺相如有胆识和忠心，秦昭襄王假称用十五座城来换取赵国的和氏璧，相如自请怀璧前往，既献璧，秦王没有向赵交割十五城的意思，相如用计取璧，终于完璧归赵。汉武帝建筑了招灵阁，有神女送给武帝一支玉钗，帝赐予赵婕好，宫人有见此钗，想要把它砸碎，第二天清早，再看那匣中，玉钗化作白燕冲天而去，这真是汉朝宫廷中奇怪的趣事；唐穆宗时，皇宫里的牡丹开放，有黄白蛱蝶数万，在花间飞舞，穆宗令张网捕之，得数百，仔细观看，全是金钱，这是唐朝金库里奇特的传闻。唐朝的张延赏将要判狱，突然案上有一帖云："奉钱十万贯。"张延赏说："钱至十万，可以通神，吾惧祸及，不敢为也。"宋朝的刘伯龙当了几任官，家中仍旧穷困，他在家中做小本生意盈利，一鬼在旁拊掌大笑，伯龙叹息道："看来穷困是命里注定，今天居然被鬼所嘲笑。"

以小致大，谓之抛砖引玉；不知所贵，谓之买椟还珠。贤否雠害，如玉石俱焚；贪婪无厌，虽锱铢必算。崔烈以钱买官，人皆恶其铜臭；秦嫂不敢视叔，自言畏其多金。熊衮父亡，天乃雨钱助葬；仲儒家窘，天乃雨金济贫。

【浅释】

用小东西引来大东西，就好像抛出砖瓦，引来美玉；只知道外表华贵而不知其中物品的贵重，就好像买了匣子退还珠子一样，舍本逐末，取舍不当。好人和坏人一起遭受灾害，就好像宝玉与石头全部被焚毁一样；贪求财物不知满足，就算锱铢这么小的财物也不放过。崔烈用钱买官，人们讨厌他的铜臭味；苏秦的嫂子不敢正眼看小叔子，自己说是因为苏秦的钱太多了。熊衮做官时廉洁奉公，贫穷到无钱葬父，上天降下钱雨帮助他埋葬了父亲；仲儒家道窘迫，上天降金子来救济他。

汉杨震畏四知而辞金，唐太宗因惩贪而赐绢。晋鲁褒作钱神论，尝以钱为孔方兄；王夷甫口不言钱，乃谓钱为阿堵物。然而床头金尽，壮士无颜；囊内钱空，阮郎羞涩。但匹夫不可怀璧，人生孰不爱财。

【浅释】

汉代杨震畏惧四知：天知、地知、你知、我知，而不接受别人赠送的金钱；唐太宗为整贪污受贿，故意赐给绢帛。晋鲁褒称钱为孔方兄，王衍一生厌恶谈钱，他的妻子故意用钱挡住他走路，他说把那堵路的东西拿开。虽说平常的百姓，不可以私藏宝玉；然而人生在世，哪一个不需要用到银钱？一旦床头的黄金用完了，即使是大丈夫，也会觉得颜面无光。口袋里没有钱的时候，阮郎也会感到有些羞涩。但是平常的百姓，不可以私藏宝玉，这样会引来祸患；人生在世谁不贪爱钱财，但要取之有道。

增 补

斑斑美玉，瑟瑟灵珠。琉璃瓶最宜卜相，琥珀盏尤可酌宾。嗣续将盛，鸣鸠化金带之钩；爵禄弥高，飞鹊幻玉纹之印。魏博铁铸错，犹惜不成；张说记事珠，忽然顿悟。夏桀乃昏庸主，国有瑶台。

【浅释】

玉有斑斑的美纹，灵珠有瑟瑟的声音。将名字写在纸条上放在琉璃瓶里，用筷子夹出一个名字便选作宰相。琥珀盏即琥珀杯。传说长安张氏，独自在屋中，忽然有一只鸠飞进屋里，张说：你为祸就向上飞，为福就飞进我怀里。结果鸠飞入怀中，化为金带之钩，成为传家宝，自此子孙渐富。东汉张颢雨后见鸟如山鹊坠地，取来一看是圆石，剖开得一金印，颢将印献给皇帝。正合爵禄弥高之意。唐代末年魏博节度使罗绍威用铁铸成锉刀，但为此耗尽资财，且受制于朱温，因此悔恨已极。有人送给张说一颗珠子，如有事忘记了，拿起珠子便会立刻记起来。夏桀是夏代最后一个君主，昏庸无道，以致亡国。用美玉砌成高台。

韩嫣一出，儿童觅绿野之金丸；汉祖既还，亚父撞鸿门之玉斗。刻岷姬之形似玉，好色惟然；铸范蠡之像以金，尊贵乃尔。珊瑚树，塞满齐奴之室；玛瑙盘，捧来行俭之家。燕昭王之凉珠，炎蒸无暑；扶余国之火玉，冽沍无寒。锦帆锦帐，炫人耳目；金埒金坞，骇我见闻。从吾所好，岂曰富而可求；有命存焉，当以不贪为宝。

【浅释】

韩嫣乃汉人，家巨富，好玩弹弓打鸟，以金丸为弹，每天遗失十几丸，京城儿童常跟着他，去拾失落的金丸。项羽在鸿门设宴，准备在酒宴上杀掉刘邦，但后来项羽放走了刘邦，范增对项羽很生气，把刘邦送给他的一对玉斗（酒器）丢在地上，用剑击破。传说夏桀征伐岷山，岷山庄王把两个女儿嫁给夏桀，一个叫琬，一个叫琰，夏桀命人将这两个姬妾的名字刻在苕华玉上。这里说刻姬之形，由于好色，才会这样做。传说范蠡在破吴之后，泛舟游五湖，不知到何处去了。越王怀念他，以黄金铸像，每天行礼。王恺是晋武帝的舅父，武帝总帮助王恺，一次送王恺一枚高二尺许的珊瑚树，石崇用铁如意一下便打碎了，王恺又可惜又气愤，石崇说赔他，命人拿出来六七株三四尺高的珊瑚树，像王恺那株一样的就更多了。裴家有玛瑙盘，有二尺长，一军吏捧盘登阶，足踏衣襟跌倒，盘碎，叩头请罪，裴说：你不是故意的。神色不变。书中赞裴有气度，这里讲裴家多珍宝。传说燕昭王得到黑蚌珠，暑热时放在怀里，遍体清凉，为这珠取名消暑招凉之珠。唐武宗时扶余国贡火玉三斗，色赤，长半寸，上尖下圆，光可照几十步，积多可以燃鼎，放在室内，人可不必穿厚衣服。晋代王济，好射马，买一场地，以钱堆成界墙，称为金埒。如果财富是可以求得的，那么执鞭护卫的工作我也可以干。如果财富不可以求得，那么还是按自己的意志去干吧。春秋时宋国有人向大夫子罕献玉，子罕不接受，他说：你以玉为宝，我以不贪为宝。你把玉给了我，我们两个人就都失去了珍宝。我看还是各自保存自己的珍宝吧。

贫　富

　　命之修短有数，人之富贵在天。惟君子安贫，达人知命。贯朽粟陈，称羡财多之谓；紫标黄榜，封记钱库之名。贪爱钱物，谓之钱愚；好置田宅，谓之地癖。守钱虏，讥蓄财而不散；落魄夫，谓失业之无依。贫者地无立锥，富者田连阡陌。室如悬磬，言其甚窘；家无儋石，谓其极贫。无米曰在陈，守死曰待毙。富足曰殷实，命蹇曰数奇。借澶鲋，乃济人之急；呼庚癸，是乞人之粮。家徒壁立，司马相如之贫；餋廖为吹，秦百里奚之苦。鹄形菜色，皆穷民饥饿之形；炊骨爨骸，谓军中乏粮之惨。饿死留君臣之义，伯夷叔齐；资财敌王公之富，陶朱倚顿。石崇杀伎以侑酒，恃富行凶；何曾一食费万钱，奢侈过甚。二月卖新丝，五月粜新谷，真是剜肉医疮；三年耕而有一年之食，九年耕而有三年之食，庶几遇荒有备。贫士之肠习藜苋，富人之口厌膏粱。石崇以蜡代薪，王恺以饴沃釜。范丹釜中生鱼，破甑生尘；曾子捉襟见肘，纳履决踵。子路衣敝缊袍，与轻裘立，贫不胜言；韦庄数米而炊，称薪而爨，俭有可鄙。总之，饱德之士，不愿膏粱；闻誉之施，奚图文绣？

【浅释】

　　人寿命的长短自有定数，人的富贵全取决于天意。只有君子才能安贫乐道，乐观的人才能了解命运顺其自然。汉武帝初年，京师里的钱贯都朽了，仓内的谷粟，陈年堆积都红腐不能食了，贯朽、粟陈是称道别人财多的说法。挂一紫标，贴一黄榜是梁武帝封闭钱库、标明钱数的标记。贪爱钱财叫作钱愚；好买田宅叫地癖。守财奴是讥讽财富多而又吝啬的人。落魄夫是指贫困失业无所依靠的人。贫穷的人连块锥尖大小的土地都没有，富人的田地则南北相连非常广阔。室如悬磬是说家中空空无一物，生活极为窘迫；家无儋石是说家中连一升一斗的米都没有，指人穷困到了极点。无米断炊断绝了粮米叫作在陈；等死叫待毙。家境富裕钱粮充足称为殷实，命运不佳遇事不顺称作数奇。援助危难中的人称为苏涸鲋，向人借贷钱粮，隐称登山高呼庚癸之神。家中只剩下四面墙壁别无他物，司马相如是如此的贫穷。做饭时没有柴草，连门闩也拆了当柴烧，百里奚的生活曾经极为困苦。身体瘦得像天鹅的脖子，脸色像菜叶一样黄，这是形容穷人饥饿的样子；用尸骸烧火做饭，是说军中缺乏粮食的悲惨状况。商朝的伯夷叔齐宁愿饿死在首阳山上，也不肯吃周朝的饭，把仁臣的大义留在心间；陶朱倚顿两个大富翁的资产足以与王公比富。石崇杀死歌妓来劝酒，这是凭着自己的财富行凶；何曾一餐的饮食费用高达万钱，实在是太奢侈了。二月里蚕还没有吐丝就预售丝，五月稻谷还未成熟就预售新谷子，这就好像是剜去好肉去补疮一样；耕种三年一定要留一年的粮食，耕种九年就应该留有三年的粮食，遭遇荒年也许可以有备无患，度过灾荒。贫穷人的肠胃习惯的是藜藿苋菜；富贵的人嘴里吃的是肥肉细粮。石崇用蜡烧饭，王恺用饴糖水洗锅。范丹为官清廉，家小贫穷，做饭的土灶都生出了青蛙，蒸饭的破甑里都积满了灰尘。曾子安贫乐道，衣服破旧，整理一下衣襟，胳膊肘就会露出来，穿上鞋脚后跟也会露出来，贫困得无以言说。韦庄做饭时要数数米粒，烧火煮饭要称一下柴的重量，节俭的程度称得上是吝啬了。总之，德高望重的人，不愿意过分讲究肥肉细粮的生活，名望很高的人，不会过分追求文采锦绣的衣着。

增　补

公孙牧豕营身，宁思相位；灌婴贩缯为业，岂意封侯。郭泰欲为斗筲役，无可奈何；班超更作写书佣，不得已尔。朱桃椎掷还鹿帻，自知本命合穷；苏季子破损貂裘，谁意运之难泰。苦矣卫青作牧，牛背后受主鞭笞；惜哉栾布为奴，马头前代人奔走。

【浅释】

公孙弘是汉代名相，早年家贫，以放猪为生的时候怎么也想不到会做丞相；汉代灌婴，因建汉有功，被封颍阴侯。东汉名士郭泰早年丧父，母亲想让他到县府做事。他说，大丈夫不能为"斗筲之役"。东汉大将班超，早年家贫，在官署中充作书佣，替人抄写册子，终日劳苦，所得寥寥，他投笔愤慨道："大丈夫当效张骞，立功异域，博取侯封！怎能郁郁久事笔墨间呢？"郭、班二人，都有不得已的时候。唐人朱桃椎，自认本命合穷，有人送他鹿帻让他做乡里的里正，他辞而不受；战国时著名的政治家苏秦，字季子，落魄时穿着破貂裘回家，亲属不愿与他相认。西汉大将卫青，幼时家贫，替人放牛时，常受主人鞭笞；西汉大将栾布，做过奴隶，常奔走于马前马后。

扬雄《逐贫赋》，人谓其逐之何迟；韩愈《送穷文》，我怪其送之不早。异宝充盈，王氏都云富窟；佳肴错杂，郇公常列珍厨。董卓积宝郿中，压残金坞；邓通布钱天下，铸尽铜山。象牙床，鱼生太侈；火浣衣，石氏何多。妇乳饮豚，畜类翻成人类；儿口承唾，家僮充作用壶。牙樯锦缆，隋炀增远渚之奇；玉凤金龙，元宝侈华堂之胜。

【浅释】

汉代扬雄作《逐贫赋》一文，讲述自己窘迫的境遇，有人说他对贫穷的驱逐有些晚了；唐代韩愈作《送穷文》一文，也只能怪其送得不够早。唐代富翁王元宝，珍宝盈室，时人称他为富窟；唐代韦陟，封郇国公，喜爱美食，家中摆满了珍味佳肴。汉末董卓贪婪凶残，他在郿坞聚揽的珍宝、钱财堆如小山；汉代佞臣邓通，受宠于汉文帝，有自铸钱币的权利，他铸的邓通钱遍布天下，用光了汉文帝赐的一座铜山。用象牙做床，鱼容生活得不免太奢侈了；石棉布制成的火浣衣，火烧不毁，非常难得，石崇家中有很多。用妇乳喂养小猪，把畜类当成人类；用小孩口接痰，把家童当作了器具。隋炀帝的游船，用象牙做成桅杆，用锦缎做成船缆，故在当时也是一奇观；唐代王元宝的房间，雕龙画凤，其富丽华贵登峰造极。

疾病死丧

福寿康宁，固人之所同欲；死亡疾病，亦人所不能无。惟智者能调，达人自玉。问人病曰贵体违和，自谓疾曰偶沾微恙。罹病者，甚为造化小儿所苦；患疾者，岂是实沈台骀为灾。病不可为，曰膏肓；平安无事，曰无恙。采薪之忧，谦言抱病；河鱼之患，系是腹疾。可以勿药，喜其病安；厥疾勿瘳，言其病笃。疟不病君子，病君子正为疟耳；卜所以决疑，既不疑复何卜哉。

【浅释】

福寿康宁，本来就是人们希望的事；死亡疾病，也是人的一生中不可避免的。只有聪明的人才能调养好自己的身体，通达的人才能保养好自己。问候他人的疾病时应该说贵体违和，自称自己有病叫偶沾微恙。患有疾病的人，就说被主宰命运的人所困扰；患了疾病的人，难道是实沈（参星神）、台骀（汾水神）等神作怪所引起的？病重得没有办法医治，叫病入膏肓；平平安安没有事情发生叫无恙。采薪之忧就是婉转地说自己有病；河鱼之患指的是腹部有病。可以不用药了，是庆幸病好了；厥疾勿瘳是说病得很严重。君子是不会有疟疾的，正因为让君子也患了这种病，所以它才是疟疾；占卜是用来解除心中疑虑的，既然心中没有疑虑，为什么还要占卜呢？

谢安梦鸡而疾不起，因太岁之在酉；楚王吞蛭而疾乃瘳，因厚德之及人。将属纩，将易箦，皆言人之将死；作古人，登鬼箓，皆言人之已亡。亲死则丁忧，居丧则读礼。

【浅释】

谢安病中梦行路十六里遇鸡而停止，悟到自己鸡年将会重病不起；楚惠王待人厚德，虽然吞吃了蛭而生病，但不久便痊愈了。"将属纩""将易箦"都是人将死亡的意思。"作古人"和"登鬼箓"都是指人已经死亡了。父母亲去世称为"丁忧"，居丧时应当读礼。

在床谓之尸，在棺谓之柩。报孝书曰讣，慰孝子曰唁。往吊曰匍匐，庐墓曰倚庐。寝苫枕块，哀父母之在土；节哀顺变，劝孝子之惜身。男子死曰寿终正寝，女人死曰寿终内寝。天子死曰崩，诸侯死曰薨，大夫死曰卒，士人死曰不禄，庶人死曰死，童子死曰殇。自谦父死曰孤子，母死曰哀子，父母俱死曰孤哀子。自言父死曰失怙，母死曰失恃，父母俱死曰失怙恃。

【浅释】

人死还躺在床上，叫作尸骸；收殓在棺材里，叫作灵柩。报告死丧消息的文字，叫作讣告；安抚守孝的人，叫作吊唁。前去吊唁，叫作匍匐，古时在父母墓旁搭草棚守墓行孝，叫作倚庐。睡卧在草垫上，枕的是土块，这是悲痛父母已经下土，要分担他们痛苦的表现；克制哀思，顺时达变，这是劝说孝子爱护身体。男子死了，称为寿终正寝。女子死了，称作寿终内寝。至于天子死叫作崩，诸侯死叫作薨，大夫死叫作卒，士人死叫作不禄，只有庶人的死才称为死，童子死叫作殇。父亲死了，自己谦称孤子。母亲死了，自己谦称哀子，父母都亡故了，自称孤哀子。自己说父亲死了，叫失怙，母亲死了，叫失恃，父母都亡故了，则称为失怙恃。

父死何谓考，考者成也，已成事业也；母死何谓妣，妣者媲也，克媲父美也。百日内曰泣血，百日外曰稽颡。期年曰小祥，两期曰大祥。不缉曰斩衰，缉之曰齐衰，论丧之有轻重；九月为大功，五月为小功，言服之有等伦。三月之服曰缌麻，三年将满曰禫礼孙承祖服，嫡孙杖期，长子已死，嫡孙承重。

【浅释】

父亲死了为什么叫"考"呢？"考"就是"成"的意思，就是说父亲已完成了他的事业；母亲死了为什么叫"妣"？"妣"就是"媲"，原配的意思，就是说母亲能够与父亲的美德匹配。父母死后百日内的祭祀叫泣血；百日以外的祭祀称为稽颡。死后一周年的祭祀叫小祥，二周年的祭祀叫大祥。用粗麻布做丧服，左右和衣边不缝线叫斩衰，缝起来的丧服叫齐衰，这是说丧服有轻重之分；穿九个月的丧服叫大功，穿五个月的丧服叫小功，这是讲穿丧服也有等级伦次。穿三个月的丧服叫缌麻，三年的丧服期满举行的祭祀叫禫礼。认为孙子为祖父服丧，嫡亲长孙要用杖期；长子死了，嫡孙应该承受丧祭的重任。

死者之器曰明器，待以神明之道；孝子之杖曰哀杖，为扶哀痛之躯。父之节在外，故杖取乎竹；母之节在内，故杖取乎桐。以财物助丧家，谓之赙；以车马助丧家，谓之赗；以衣殓死者之身，谓之襚；以玉实死者之口，谓之琀。送丧曰执绋，出柩曰驾輀。吉地曰牛眠地，筑坟曰马鬣封。墓前石人，原名翁仲；柩前功布，今曰铭旌。

【浅释】
死者随葬的器物叫作"明器"，因为要用对待神明的办法来对待死人；孝子所执之杖称为"哀杖"，为的是要扶持因丧亲而哀痛衰弱的身体。父亲的节操在外，所以父死哀杖用竹子制作；母亲的节操在内，所以母亲死哀杖用桐木制作。送财物给丧家叫作"赙"，以车马帮助丧家办丧事称为"赗"。将衣服送给死者谓之"襚"；放在死者口中的玉叫作"琀"。送葬时牵引灵柩叫"执绋"；出柩叫作"驾輀"。吉祥的葬地名为"牛眠地"；筑造坟茔成的坟墓叫作"马鬣封"。坟前所立的石像原名为"翁仲"；丧葬时灵柩前竖的旗幡叫作"铭旌"。

挽歌始于田横，墓志创于傅奕。生坟曰寿藏，死墓曰佳城。坟曰夜台，圹曰窀穸。已葬曰瘗玉，致祭曰束刍。春祭曰禴，夏祭曰禘，秋祭曰尝，冬祭曰烝。

【浅释】
哀悼死者的挽歌是从汉朝的田横开始流传的，墓志是汉朝的傅奕首创的。生前筑的坟墓叫寿藏，用来祈盼自己长寿，装纳体魄死去的人的坟墓叫佳城。坟盘像城台一样，所以叫夜台，墓穴叫窀穸。已经埋葬叫瘗玉；前去祭奠赞美死者，轻薄的祭礼像青草一样，所以叫束刍。春天祭祀叫禴，夏天祭祀叫禘，秋天祭祀叫尝，冬天祭祀叫烝。

饮杯棬而抱痛，母子口泽如存；读父书以增伤，父之手泽未泯。子羔悲亲而泣血，子夏哭子而丧明。王裒哀父之死，门人因废蓼莪诗；王修哭母之亡，邻里遂停桑柘社。树欲静而风不息，子欲养而亲不在，皋鱼增感；与其椎牛而祭墓，不如鸡豚之逮存，曾子兴思。故为人子者，当思木本水源，须重慎终追远。

【浅释】
拿着杯子喝水时不禁悲从中来，因为母亲的气息还留在杯子上；读父亲遗留下的书籍更增添忧伤，因为书中满是父亲的墨迹手印。子羔悲悼逝去的双亲而泣血，子夏痛失爱子而哭瞎了眼睛。王裒父亲死后，每当他读到《蓼莪》诗中的句子时，都要痛哭流涕，学生们不忍便不再去读这首诗。王修母亲死于社日，次年社日，王修思母极为悲哀，邻里为之凄然，便停止了这个祭祀。树想静止而风并不停息，儿子想奉养父母而双亲则已谢世，皋鱼为此悲伤不已；与其父母死后杀牛到坟前祭奠，不如当他们健在时以鸡猪之肉尽心奉养，这是曾子读丧礼时的感想。所以为人子女的，应当想到木有本，水有源，不要忘记父母对自己有养育之恩；必须慎重地按照礼仪办理父母的丧事，虔诚恭敬地祭祀自己的祖先。

增　补

岁在龙蛇，郑玄算促；舍来鹏鸟，贾谊命倾。王乔出尘寰，天上俄垂玉棺；沈君开窀穸，地中曾现漆灯。箧中存稿，相如上封禅之书；牖下停棺，史鱼表陈尸之谏。梁鸿葬要离冢侧，死后芳邻；郑泉殡陶宅舍傍，生前宿愿。数皆前定，少游之诗谶何灵；事可先知，袁孝叔之卦占偏验。顾雍失爱子，掐掌而流血堪矜；奉倩殒佳人，搁泪而伤神可惜。

传说郑玄梦见孔子来访，对他说：快起来，快起来，今年是辰年，明年是巳年。郑玄想到"岁在龙蛇贤人嗟"的谶语（预言吉凶的文字），算计自己的生命快结束了。果然过不一会儿他便死了。贾谊在长沙，一天鹏鸟飞进他的房子里。谶书上说，野鸟进宅，主人将死。贾谊为此特作《鹏赋》。过了几年，贾谊才三十三岁就死了。传说天上落下一口玉棺材到厅前，王乔说，天帝召唤我了。沐浴后，躺到棺中，葬于城东。传说唐代有个沈彬，见山岗上有一棵大树，说：我死后就埋在这里。等他死后安葬时发现这里是一座古墓，里面有石灯，台上有漆，又有铜牌，上面刻着篆字："佳城今已开，虽开不葬埋。漆灯犹未燃，留待沈彬来。"古代帝王到泰山祭天称为封，在梁父山祭地称为禅。当时史鱼多次建议卫国国君疏远小人弥子瑕，重用贤者蘧伯玉，但是卫君不听。史鱼病危，临终前对儿子说我生前没有说服国君用贤人退小人，死后棺木不能放在正堂，只能放在窗下。后来卫君来吊唁，见棺木未放在正堂，便问为何，其子转述了史鱼的遗言。卫君听后马上认错，并纠正了这个错误。这是中国古代很有名的"尸谏"故事。梁鸿死后，皋伯通据梁的意愿，葬于当地，与古代义士要离墓相邻。郑泉是三国吴人，曾为大中大夫。博学有奇志，好酒如命。临终嘱咐将他埋在陶器作坊旁边，百年后变成土，做成陶酒壶，就称心了。秦少游有《好事近》词说："醉卧古藤阴下，了不知南北。"后来遭贬谪，死在藤州。似乎这个结局已在词中预示。传说袁孝叔遇到异人给他几封信函，告诉他信中写明他的寿与位，每得一官成一事便打开一封。后来他做了几任官，都如信中所说一样。顾雍是三国吴国丞相。他的长子顾邵病死，消息传来时，他正与人下围棋，心里难过，掐手掌流血殷殷，但是表面上若无其事，与客人周旋。荀粲娶曹洪之女为妻，夫妻恩爱，不幸妻亡，荀虽不哭而神色忧伤，异乎寻常，他说佳人难再得，不久他也死了。

仲尼殒而泰山颓，韩相亡而树木稼。酹之絮酒，实为佳士高风；殉以刍灵，乃是先人朴典。陈实之徽猷足录，行吊礼者三万人；郗超之素行可嘉，作诔文者四十辈。牲牢酒醴，用昭报本之虔；橐鞬鸾刀，还备宁亲之具。值既降既濡之候，礼毋无缺于春秋；呈则存则著之形，情必由于爱悫。室事交乎堂事，致斋继以散斋。

传说，一天早上孔子起来，手持拐杖，在门口唱道："泰山其颓乎，梁山其坏乎，哲人其萎乎？"子贡听后预感到孔子要病了，果然，过了七天孔子就死了。韩相：这里指宋代韩琦，曾为宰相多年。王安石为韩琦所写挽诗二首之二说："树稼曾闻达官怕，山颓果见哲人萎。"树稼：冬季凝霜挂树，今称树挂，唐人称为树介，又称为树稼。烤好一只鸡，将一两绵絮浸酒中晒干后裹上熟鸡。吊丧时，直奔墓地，以水浇绵絮，将鸡供于墓前，挤出绵絮中有酒味的水，算作酹。然后留下名帖而去，从不会见丧主。徐稚这套做法与封建礼仪多有不同，所以这里赞为佳士高风。用茅草扎成的人马，古代用来殉葬。据《礼记·檀弓下》说孔子认为用刍灵殉葬好，用俑是不人道的。史书记载陈实的智慧与德行深受当时人们的钦敬，所以当他于八十四岁病逝时，参加葬礼的有三万余人，戴重孝的上百人。郗超一生结交的人都是名士，他死后为他写诔文的有四十多人。祭祀用的猪、牛、羊以及祭祀用的酒，用来表明报答祖先恩德的诚意。郊祭时所用的粗席，以秸秆编成，是为了仿古，示不忘本。上述用具是为了铺设、预备供品，这都是安慰已故亲人的用具。这里是说春秋都不能忘记祭祖先。在祭祀先人时，出于爱心，那么就像亲人在眼前一样。出于诚意，那么他们的形象就鲜明昭著了。由室到堂，都要严肃认真地进行祭祀。祭祀之前追想先人的居处、笑语、志意、所乐、所嗜，一共三天。祭祀前七天之内不御、不乐、不吊，即实行斋戒。

文　事

多才之士，才储八斗；博学之儒，学富五车。三坟五典，乃三皇五帝之书；八索九丘，是八泽九州之志。书经载上古唐虞三代之事，故曰尚书；易经乃姬周文王周公所系，故曰周易。二戴曾删礼记，故曰戴礼；二毛曾注诗经，故曰毛诗。孔子作春秋，因获麟而绝笔，故曰麟经。荣于华衮，乃春秋一字之褒；严于斧钺，乃春秋一字之贬。

才华横溢的士人，夸赞他们才储八斗；博学的儒生，称赞他的学识是学富五车。三坟五典是三皇伏羲、燧人神农和五帝黄帝、颛顼、帝喾、尧、舜写的书；八索九丘是记载八泽和九州的山川地理风物的志书。《书经》是记载上古唐尧、虞舜及夏商周三代的事情，所以书经又叫《尚书》；易经中的卦辞为周文王所作，爻辞为周公所作，他们都姓姬，所以《易经》又叫《周易》。汉朝的戴德、戴圣曾经删订过《礼记》，所以《礼记》又叫《戴礼》；汉朝的毛亨、毛苌曾经为《诗经》做过注释，所以《诗经》又叫《毛诗》。孔子写《春秋》，因为人们捕获了麒麟而不再写作，所以《春秋》又叫《麟经》。荣华罩身，是因《春秋》中能有一个字的褒奖；斧钺加身，是因为得到了《春秋》中的一字之贬。

缣缃黄卷，总谓经书；雁帛鸾笺，通称简札。锦心绣口，李太白之文章；铁画银钩，王羲之之字法。雕虫小技，自谦文学之卑；倚马可待，美人作文之速。称人近来进德，曰士别三日，当刮目相看；美人学业精通，曰面壁九年，始有此神悟。五凤楼手，称文字之精奇；七步奇才，美天才之敏捷。誉才高，曰今之班马；美诗工，曰压倒元白。

【浅释】

缣缃与黄卷，都是书的称号；雁帛与鸾笺，都是简札的别称。构思如彩锦一样巧，言辞如刺绣一样美，这是李太白的好文章；笔画像铁棍一样瘦硬，钩挑如银丝一样圆润，这是王右军写字的笔法。同雕虫一样的小技艺，这是自己谦说文才的卑微；说依靠在马背上，文章能立等写成，这是羡慕人家写文章的迅速。称赞人家近来道德长进，便说士人只分别三日，就要另眼看待他了；羡慕人家学业精通，说是面对墙壁奋斗九年，才有如此神悟。能起筑五凤楼的技能，这是赞扬韩浦赞颂韩洎文字的精奇、巧妙；走上七步便能做出诗文，这是赞扬曹植天赋奇才，思维敏捷。赞誉别人才学高深，便说是当代的班固、司马迁；羡慕别人诗作得精巧，便说是胜过了元稹、白居易。

汉晁错多智，景帝号为智囊；高仁裕多诗，时人谓之诗窖。骚客即是诗人，誉髦乃称美士。自古诗称李杜，至今字仰钟王。白雪阳春，是难和难赓之韵；青钱万选，乃屡试屡中之文。惊神泣鬼，皆言词赋之雄豪；遏云绕梁，原是歌音之嘹亮。涉猎不精，是多学之弊；咿唔呫毕，皆读书之声。连篇累牍，总说多文；寸楮尺素，通称简札。以物求文，谓之润笔之资；因文得钱，乃曰稽古之力。文章全美，曰文不加点；文章奇异，曰机杼一家。应试无文，谓之曳白；书成镂梓，谓之杀青。

【浅释】

汉朝的晁错足智多谋，汉景帝称他为智囊；高仁裕写的诗很多，当时的人称他为诗窖。骚客是对诗人的别称，誉髦是对美士的称呼。自古以来人们称赞的是李白、杜甫的诗；到现在，人们敬仰的是钟繇、王羲之的字。白雪和阳春曲是难以应和的韵律；青钱万选，是指屡次应试屡次都被选中的文章。使神害怕，使鬼哭泣，是说辞赋的雄壮豪放；阻遏云彩，余音绕梁，指的是歌声嘹亮优美。广泛涉猎但不精细，指的是学习贪多所造成的弊病；咿唔呫毕是指读书的声音。连篇累牍，说的是文章长而且啰唆；寸楮尺素指的是书简、信札。用钱物向人索取文章，称作润笔用的资费；用文章去换取钱物，就说这是读书所取得的效果。文章写得完美，就说文不加点；文章写得新颖奇特，叫作文章构思布局自成一家。参加考试但写不出文章，叫作曳白；文章写成后拿去刻版印刷，叫杀青。

袜线之才，自谦才短；记问之学，自愧学肤。裁诗曰推敲，旷学曰作辍。文章浮薄，何殊月露风云；典籍储藏，皆在兰台石室。秦始皇无道，焚书坑儒；唐太宗好文，开科取士。花样不同，乃谓文章之异；潦草塞责，不求词语之精。邪说曰异端，又曰左道；读书曰肄业，又曰藏修。作文曰染翰操觚，从师曰执经问难。求作文，曰乞挥如椽笔；美高文，曰才是大方家。

【浅释】

和袜线一样的才具，是自己谦虚才能的短浅；记述问来的学问，是自己羞愧学问的浅薄。剪裁诗句，称为推敲；求学旷废，称为时作时辍。文章写得浮薄，就像月下的露水，风吹的浮云，不能长远；储藏古典书籍的地方，都是兰台石室，最为珍贵。秦始皇无道庸君，焚毁诗书，坑埋儒生，极端残暴；唐太宗喜欢文学，设办科举，录取士子，十分英明。绣花的样子，各不相同，用来形容文章的新异；潦草行事，敷衍塞责，是说做文章文辞语句都不求精细。奸邪的论说，叫作异端，又称为旁门左道；读书学习，称为肄业，又叫藏修。古时没有纸，就在四棱木板上写字，所以作文叫作蘸墨染翰，执简作文，拜师求学，是求教学问，因此叫作执经问难。求人家写文章，便说恳求如椽大笔一挥；称羡别人的文章高妙，便说这才称得上是大方之家。

竞尚佳章，曰洛阳纸贵；不嫌问难，曰明镜不疲。称人书架曰邺架，称人嗜学曰书淫。白居易生七月，便识之无二字；唐李贺才七岁，作高轩过一篇。开卷有益，宋太宗之要语；不学无术，汉霍光之为人。汉刘向校书于天禄，太乙燃藜；赵匡胤代位于后周，陶谷出诏。江淹梦笔生花，文思大进；扬雄梦吐白凤，辞赋愈奇。

【浅释】

竞相崇尚好的文章，叫洛阳纸贵；不嫌人家反复提问、请教，好像明亮清澈的铜镜，屡照而不疲乏，叫明镜不疲。称赞别人的书架叫邺架，称赞别人爱好读书到了极点，叫书淫。自居易生性聪明，他出生才七个月就认识"之""无"两个字；唐朝的李贺七岁时就写了一篇《高轩过》，名震京城。打开书卷，就一定会受到教益，这是宋太宗鼓励别人读书而讲的一句重要的话；没有学问，没有能力，用不学无术形容汉朝霍光的为人。汉朝刘向元宵节的夜晚在天禄阁校订宫廷书籍，太乙仙人点燃藜杖为他照明；北宋赵匡胤在陈桥驿发动兵变，士兵把黄袍加在他身上，陶谷拿出预先准备禅让的诏书，拥立赵匡胤做皇帝，这样北宋代替了后周。南朝梁江淹梦见有人送他一支五色笔，他从此作文才思大发；扬雄梦见自己口中吐出白色的凤凰，从此他写文章的思路大有进步，他的辞赋写得更加奇妙。

李守素通姓氏之学，敬宗名为人物志；虞世南晰古今之理，太宗号为行秘书。茹古含今，皆言学博；咀英嚼华，总曰文新。文望尊隆，韩退之若泰山北斗；涵养纯粹，程明道如良玉精金。李白才高，咳唾随风生珠玉；孙绰词丽，诗赋掷地作金声。

【浅释】

　　李守素通晓姓氏的学问，唐敬宗把他称为"人物志"；虞世南博识强记，通古贯今，唐太宗称他为"行动秘书"。说人茹古含今，是对学识广博、通晓古今的赞颂；说人口咀精英，齿嚼华美，都是赞美文章的新异，不同流俗。韩愈文章名声很显赫，人们把他比作巍耸的泰山，高高的北斗；宋代程明道的涵养很纯粹，人们说他就像"温良的玉器"，"精炼的金子"。唐朝的李白，学识很高，他口里飞出的口沫随风能生出珠玉来；孙绰写的天台赋，华章丽句，扔掷到地上，能听见金石的响声。

增　补

　　萤辉竹素，蠹走芸编。东观蓬莱，尽藏简编之所；石渠天禄，悉贮史籍之场。鲁为鱼，参明不谬；帝作虎，考证无讹。长蛇生马之文，最难措手；硬弩枯藤之字，未易挥毫。借还书籍用双瓶；收贮文章分四库。瓶豪吟如郑綮，还从驴背成诗；富学如薛收，偏向马头草檄。八行书，言言委屈；三尺法，字字森严。

【浅释】

　　萤辉竹素：竹素，竹简和白绢，指书史。车胤好学，家无灯油，夜间以练囊装数十萤火虫照明。蠹走芸编：蠹，蛀书虫。芸香草可避蛀虫，因又称书为芸编。道观蓬莱：东汉宫廷藏书处名东阁，学者称东阁为老子的藏书室，道家的蓬莱山，简称"蓬观"。石渠天禄：西汉皇家藏书处，在未央宫中。"鲁"和"鱼""帝"与"虎"，篆文形似，所以常引起误写。晋葛洪《抱朴子·遐览》云："书三写，鱼成鲁，虚成虎。"实际上，"鲁"有愚鲁之义，将二字混淆有一定的道理；"帝"与"虎"混淆也有说处，人们常说"伴君如伴虎"，所以把"帝"作"虎"，亦有道理。气势如赤手捕长蛇、生气如骑无鞍勒野马的文章，最难写作；横如百钧硬弓端平、竖如万年枯藤垂挂之书法，不易写就。古有"借书一瓶，还书一甔"之说，所以借人书籍，借时、还时都要送书主一甔酒；《唐六典》云："书有四部，故分四库。"唐代诗人郑綮当官后，有人问他近来有没有写作新诗，他说："诗思在灞桥风雪中的驴背上，此处何以得之？"可见，郑綮主张诗是穷苦之言。唐朝的薛收在秦王府充当幕僚，秦王府的公文信函，大多出自薛收的手笔。他撰写文章，马上挥就，从来不用加以修改。旧时竖式信笺，多用红线划分八行，叫作八行书，书信之言一般多含委屈之情。古代把法律条文写在三尺长的竹简上，所以法律又叫作三尺法，其措辞严谨、内容整饬。

　　咳唾成篇，阵马风樯敏捷；精神满腹，雪车冰柱清高。擅美誉于词场，禹锡诗豪，山谷诗伯；称耆英于艺圃，伯英草圣，子玉草贤。谢安石之碎金，悉为异物；陆士衡之积玉，总属奇珍。少室山集句最佳，片笺片玉；福先寺碑文可诵，一字一缣。陈琳作檄愈头风，定当神针法灸；子美吟诗除疟鬼，何须妙剂金丹。真老艺林英，朱夫子且退避三舍；苏仙文苑隽，欧阳公尚放出一头。

【浅释】

　　唐代诗人李贺文思敏捷，据《云仙杂记》记载，有人前往拜见，见他不说话，便唾地三声，一会儿就写成三篇文章，故用阵中的骏马和风中的桅杆来形容他才思的敏捷。唐诗人刘叉，诗风峻怪，其《冰柱》《雪车》二诗，通篇奇思连绵、意象万千。唐代刘禹锡被人称作诗豪，宋代黄庭坚被誉为诗伯，二人在文坛享有美誉；东汉的张芝被誉为草圣，崔瑗被誉为草贤，二人在书法上有很高的造诣。东晋谢安，字安石，能诗善文，其《简文帝谥议》一文被桓温赞叹为碎金；陆机，字士衡，诗文美如玉堆，为文坛瑰宝。《少室山记》文辞华美，每一页都美如玉石；福先寺碑文为人们所称颂，一个字有一匹绢的价值。东汉末，陈琳代袁绍写讨伐曹操的檄文，当时曹操正犯头风病，阅后惊出一身冷汗，头病也好了；杜甫诗胜过妙剂金丹，能驱疟鬼。南宋理学家真德秀新居建成，书斋名为"学易"，有对联是"坐看吴越两山秀，默契羲文千古心"。朱熹看见后说："我应当避这个老先生三舍（一舍三十里）。"苏仙：指苏轼。欧阳修在给梅圣俞的信中说："读苏轼书，不觉汗出，真是痛快！老夫应当让路，放他出一头地。"即让他高出一头的意思。

科 第

　　士人入学曰游泮，又曰采芹；士人登科曰释褐，又曰得隽。宾兴即大比之年，贤书乃即试录之号。鹿鸣宴，款文榜之贤；鹰扬宴，待武科之士。文章入式，有朱衣以点头；经术既明，取青紫如拾芥。其家初中，谓之破天荒；士人超拔，谓之出头地。中状元，曰独占鳌头；中解元，曰名魁虎榜。琼林赐宴，宋太宗之伊始；临轩问策，宋神宗之开端。同榜之人，皆是同年；取中之官，谓之座主。应试见遗，谓之龙门点额；进士及第，谓之雁塔题名。贺登科，曰荣膺鹗荐；入贡院，曰鏖战棘闱。金殿唱名曰传胪，乡会放榜曰撤棘。攀仙桂，步青云，皆言荣发；孙山外，红勒帛，总是无名。英雄入吾彀，唐太宗喜得佳士；桃李属春官，刘禹锡贺得门生。薪，采也；樵，积也；美文王做人之诗，故考士谓之薪樵之典。汇，类也；征，进也；是连类同进之象，故进贤谓之汇征之途。赚了英雄，慰人下第；傍人门户，怜士无依。虽然，有志者事竟成，仁看荣华之日；成丹者火候到，何惜烹炼之功。

【浅释】

　　书生中了秀才，入学读书叫作"游泮"，又叫作"采芹"；士人应考登了进士科，可以脱去布衣换上官服称为"释褐"，又叫"得隽"。两年一次考举人的乡试，称"大比之年"，又称为"宾兴"；"贤书"是乡试取中者的名单。"鹿鸣宴"是款待文进士的宴会；"鹰扬宴"是款待武进士的宴会。文章符合要求被选中，有朱衣老人在暗中示意；经书弄明白了，获取官职就像拾取芥子一样容易。某地第一次有人考中进士称"破天荒"；读书人出类拔萃称"出头地"。考中状元叫"独占鳌头"；考中解元称"名魁虎榜"。在琼林苑赐宴新考中的进士，这是从宋太宗才开始有的；亲临殿前提问应试的新进士是从宋神宗才开始的。同榜取中之人互称为"同年"，进士举人称自己的主考官为"座主"。应试没有取中，如同鲤鱼没有跳过龙门，触额而返，故称为"龙门点额"。唐代进士及第后，把姓名写在慈恩寺雁塔上，后人便称登科为"雁塔题名"。祝贺别人考中登科，叫"荣膺鹗荐"；

考场如战场，所以进贡院应试，谓之"鏖战棘闱"。殿试后金銮殿上传唱新科进士名次的典礼叫作"传胪"。乡试会试到发榜期叫作"撤棘"。"攀仙桂""步青云"都是进士及第，荣耀发达的代称。"孙山外""红勒帛"都是说榜上无名、没有考取的婉转之词。唐太宗看到新进士，感慨"天下英雄尽入吾彀中"。满城都是桃李，是刘禹锡道贺礼部侍郎选拔了一批新门生。《诗经》以采伐积聚木柴以备燃烧来比喻赞美周文王培育人才，因此后世称以考试选拔人才叫作"薪楢之典"。《易经》泰卦说："以其汇，征吉。"讲的就是连类同进的卦象，后把举荐人才称"汇征之途"。"赚了英雄"是对落第人的安慰；"傍人门户"是对读书人无依无靠的怜惜之词。虽然这样，但是有志者事竟成，终有荣华富贵的日子；火候到了，仙丹自然就能炼成，千万不能吝惜修炼的功夫。

增 补

班名玉笋，饼是红绫。贡树分香，预卜他年卿相；天街软绣，争看此日郎君。江东之罗隐何多，淮右之温岐不少。狗从窦出，莫非登第休征；鼠以经衔，却是命题吉兆。不欺之语，有可书绅；忠孝之求，真难副上。孙宋则弟兄俱贵；梁张则乔梓皆荣。

【浅释】

唐代李宗闽做考官时，取中的进士多是俊逸的年轻人，时人称这批进士为"玉笋班"。唐僖宗光化年间在曲江设宴款待新科进士，命御厨烤红绫饼，依人数赐之。古时的考场，叫作"贡院"，如果贡院的树发出香气，意味来年有人高中。京城的街道被装点一新，人们争相上街观看新状元。唐代文学家罗隐，原名横，20岁应进士举，十试不第，遂更名为隐。罗隐是杭州人，所以说像江南罗隐那样金榜无名的人举不胜举。唐代诗人温庭筠，原名岐，早年才思敏捷，以辞赋知名，然而屡试不第。温庭筠是山西人，所以说世上像淮北温庭筠这样屡试不中的也不少。梦见狗从洞出，是及第的征兆；梦见老鼠衔《孝经》到自己的面前，是考题出自《孝经》的吉兆。"不欺"二字，可以写在束腰的带子上，以起警醒作用。古人强调忠孝两全，可是在伦理亲情和政治忠诚之间很难做到两全。《尚书大传》中曾经用来比喻父子，后世即以乔梓尊称他人父子。孙、宋二家兄弟皆中状元，都很显贵；梁、张二家父子均榜上有名，父子二人一起荣光。

得云雨而扬鬐，岂是池中之物；挟风雷而烧尾，终非海底之鱼。遍历名园，孰作探花之使；同观竞渡，谁为夺锦之人。此日羽毛，伫看振翮；昔年辛苦，莫负初心。莫存温饱之志，还辞贵戚之婚。邹子为书，明月空遭按剑；高公未第，秋江自怨芙蓉。青衫则岁岁堪怜，金线则年年自笑。

【浅释】

蛟龙一旦得到云雨就会腾空而起，它是不会满足于只做池中之物的；传说鲤鱼不会终生为鱼，一旦有天火把它的尾巴烧掉，它就会变成龙。古代朝廷宴请新科进士，要从其中挑选两名最年轻者充当探花使，遍走京城，采集城内最美的鲜花。端午节民间举行龙舟赛，夺锦归来，不仅会声名大振，而且还会带来丰收与幸福。所以，探花和夺锦，都是非常之殊荣。有羽毛，迟早要振翮高飞；多年的辛苦，不会辜负当初的愿望。人不能仅仅满足温饱，有志向的人不会攀附富贵人家的亲事。汉代邹阳说："明月之珠，夜光之璧，如果在夜里投在道路上，没有人不按剑斜着眼看。"后用以比喻有才能的人得不到赏识和重用。唐代高蟾落第，做《落第诗》解嘲说："芙蓉生在秋江上，不向东风怨未开。"自比秋天的芙蓉，吹东风（春天）的时候自然开不了。青衫是古代下层官吏的服饰，年年穿青衫，地位一直低微，让人觉得可怜。唐代的秦韬玉《贫女》诗云："苦恨年年压金线，为他人作嫁衣裳。"贫女虽然手巧，可是每日辛勤地刺绣，只是为他人做出嫁的衣裳而已。

制　作

上古结绳记事，仓颉制字代绳。龙马负图，伏羲因画八卦；洛龟呈瑞，大禹因别九畴。历日是神农所为，甲子乃大挠所作。算数作于隶首，律吕造自伶伦。

【浅释】

上古时代用绳打大小不同的结来记录事情，后来黄帝时的仓颉创制了文字用来代替结绳记事。伏羲氏时有龙马背负一张图从孟河出来，图上有五十五个阴阳点，伏羲根据这些点画出了八卦图；大禹治水时，神龟呈祥，从洛水出来，排列成洪范九畴。神农根据天气寒暑变化制作了历日，以便于百姓安排农事，所以叫农历；用甲子来纪年是传说中黄帝的大臣大挠所创设的。算数的方法是由黄帝命隶首创设的，审定音乐高低的律吕是由黄帝的乐官伶伦创制的。

甲胄舟车，系轩辕之创始；权量衡度，亦轩辕之立规。伏羲氏造网罟，教佃渔以赡民用；兴贸易，制耒耜，皆由炎帝；造琴瑟，教嫁娶，乃是伏羲。冠冕衣裳，至黄帝而始备；桑麻蚕绩，自元妃而始兴。神农尝百草，医药有方；后稷播百谷，粒食攸赖。

【浅释】

甲胄舟车创始于黄帝；权量衡度也是由黄帝首立规模。伏羲氏造了网罟，教导民众打猎捕鱼；少昊氏做成弧矢，是用它来攻战征伐，制出耒耜来做农器，兴起陶冶来做器皿，创始的都是炎帝；造出琴瑟来调五音，变革婚姻习俗，倡导男聘女嫁，创始的就是伏羲。冠冕衣裳创自虞舜，至黄帝时才趋完备；采桑养蚕是黄帝元妃嫘祖所发明。神农尝百草，察其药性辨其配伍，始有医药医方；后稷教民众种五谷，粮食依靠此而来。

燧人氏钻木取火，烹饪初兴；有巢氏构木为巢，宫室始创。夏禹欲通神祇，因铸镛钟于郊庙；汉明尊崇佛教，始立寺观于中朝。周公作指南车，罗盘是其遗制；钱乐作浑天仪，历家始有所宗。育王得疾，因造无量宝塔；秦政防胡，特筑万里长城。

【浅释】

燧人氏教人钻木取火，烹饪的方法自此开始；有巢氏教人构木为巢，宫室的制度从此创立。夏禹铸九鼎置放于郊庙中，象征中华九州。汉明帝派人去印度求佛经，在中国大肆兴建佛寺。周公发明了指南车，罗盘是他遗留下来的。钱乐铸铜制作了浑天仪，以此察看天象，历法才有了依据。阿育王患了疾病，一天一夜，驱使鬼神，筑成无量宝塔；秦始皇修筑了万里长城抗御侵略者。

叔孙通制立朝仪，魏曹丕秩序官品。周公独制礼乐，萧何造立律条。尧帝作围棋，以教丹朱；武王作象棋，以象战斗。

【浅释】
汉高祖刘邦刚夺取天下时，朝政混乱，群臣失礼，为规范朝廷，博士叔孙通主持制定朝廷的各项礼仪规定；三国时的魏国皇帝曹丕为了维护门阀制度而确立了九品官职的等级制度。周成王年幼，周公摄政，特地制作了礼乐，使诸侯前来朝见；萧何设立了法律条文，帮助刘邦稳定汉朝。尧帝创作了围棋，用来教育他的儿子丹朱；武王制作了象棋，用以模仿战斗。

文章取士，兴于赵宋；应制以诗，起于李唐。梨园子弟，乃唐明皇作始；资治通鉴，乃司马光所编。笔乃蒙恬所造，纸乃蔡伦所为。凡今人之利用，皆古圣之前民。

【浅释】
用诗赋选人才是唐朝的盛典；用文章策论取士始于宋神宗，是宋朝的成规。《资治通鉴》由司马光所编纂；唐明皇精通音律，选宫女乐士在梨园教授，梨园遂成为艺人的别称。毛笔由蒙恬所造，纸系蔡伦所制，这些都是文房中的贵品。大凡当今人们所用之物，都是古圣先贤所开创，留传下来给百姓使用的。

增　补

钥因鱼样，取鱼目之常醒；杖以鸠名，重鸠喉之不噎。飞舲是轻车别号；纨箑为素扇佳名。翠华旗光摇汉苑，白玉管，响彻唐宫。

【浅释】

古代的钥匙做成鱼形，据说是取意于鱼常睁着眼，以提醒人们注意；手杖称为鸠杖，据说因为鸠吃东西不会噎着，以提醒老人吃饭慢一点。飞舲，是车的别名；纨箑，是扇子的别名。饰有翠羽的彩旗，在汉朝皇家园林飘扬；以玉做成的白玉管，响彻唐朝宫廷。

米家书画船，足怡素志；齐子班兰物，可壮生平。毡毰毹，美人旧赠；金屈戌，良匠新成。乌金熟炭厚贻，翠羽编帘异制。笒箵收于渔父，卷去夕阳；被襫荷于农人，披来朝雨。

【浅释】

宋代著名书画家米芾，喜好收集各种书画作品，宦游外出时，这些书画随其所往，于是他在坐船上大书一旗"米家书画船"。南齐张敬儿，颇有志怀，做大将军时，曾言："车边犹少班兰物。"毡毰毹，指旧情人的赠物；金屈戌，指门窗上新做成的铜环钮。乌金熟炭是乡下人的厚赠；用翠鸟羽毛编成帘子，是皇家的特制。渔夫用笒箵装鱼，从清晨忙到傍晚；农人穿着被襫下地干活，不论阴晴。

技 艺

医士业歧轩之术，称曰国手；地师习青乌之书，号曰堪舆。卢医扁鹊，古之名医；郑虔崔白，古之名画。晋郭璞得《青囊经》，故善卜筮地理；孙思邈得龙宫方，能医虎口龙鳞。善卜者，是君平、詹尹之流；善相者，即唐举、子卿之亚。推命之人曰星士，绘图之士曰丹青。大风鉴，相士之称；大工师，木匠之誉。若王良、若造父，皆善御之人；东方朔、淳于髡，系滑稽之辈。称善卜卦者，曰今之鬼谷；称善记怪者，曰古之董狐。称谏日之人曰太史，称书算之人曰掌文。掷骰者，喝雉呼卢；善射者，穿杨贯虱。樗蒲之戏，乃云双陆；橘中之乐，是说象棋。陈平作傀儡，解汉高白登之围；孔明造木牛，辅刘备运粮之计。公输子削木鸢，飞天至三日而不下；张僧繇画壁龙，点睛则雷电而飞腾。然奇技似无益于人，而百艺则有济于用。

【浅释】

医生这一职业所从事的事情称为"歧轩之术"，水平最高的人称为"国手"。风水先生钻研青乌子的书，又叫作"堪舆"。"卢医""扁鹊"，都是古代著名的医生。"郑虔""崔白"，都是古代著名的画家。晋文学家郭璞获得了师傅相传的《青囊经》，所以擅长于占卜和察看风水；唐朝医药学家孙思邈得到了龙王赠送的药方，因此能够从口里取出吞食的金钗，为生病的龙点鳞。擅长于卜卦的，是西汉隐士君平、战国时官员詹尹这类人；擅长于相面的，是战国时梁人唐举、春秋时赵人子卿这类人。推算命的人就是"星士"，绘描图画的人叫作"丹青"。"大风鉴"是相面先生的称谓，"大工师"是对木匠的美称。像春秋时晋国赵简子的车夫王良、周穆王的车夫造父这样的，都是善于驾驶车马的人；像东方朔、战国时淳于髡这样的人，都是博学善辩、幽默的人。称赞善于占卜算卦的人，就说"今之鬼谷"；称赞善于搜集记录奇闻逸事的人，就说"今之董狐"。择取好日子的人称为"太史"，记录、算账的人称为"掌文"。形容人摇掷骰子，可以说"喝雉呼卢"；形容人非常善于射箭，就说"穿杨贯虱"。樗蒲这种游戏，说的就是双陆这种赌博的方法；"橘中之乐"是指下围棋。陈平制作了一个木头美人，替被匈奴围困在白登山上的汉高祖刘邦解了围；诸葛亮制造了木牛流马，宋国的公输般用木头削制了一只鸢鸟，在天上飞了三天三夜没有降下；南朝梁著名画家张僧繇画壁龙，其中两条龙从墙壁上腾空飞走了。而奇门怪技好像对人们没有什么用处，而普通的技艺却有利于人们的日常之用。

增　补

青囊春暖；丹灶烟浮。膝里痒生，华佗有出蛇之妙术；背间痛溃，伯宗具徙柳之神功。陆宣公既活国又活人，范文正等为医于为相。一枝铁笔分休咎，三个金钱定吉凶。折棕获奴，应让杜生术善；破墙得妇，当推管辂神通。新雨行来，言从季主；琼茅索得，且问灵氛。

【浅释】

青囊丹灶：说的是医术，是据明人罗洪先的诗概括而成。其诗有"三部脉占心腹病，一囊药贮太和春"，"药炉火足丹初熟，茶灶烟浮酒未醒"等句。华佗用药麻醉她，斩断狗的后脚，放置在疮口，把疮中的蛇引了出来，从而治好了膝疮。南朝薛伯宗善徙痈疽，公孙泰背部生痈，薛伯宗用气封住，将它移置到斋前的柳树上。隔了一天，病人痈消，而树边却长出一个拳头大的瘤子。唐代宰相陆贽，既治国有方，又会治病救人。宋代宰相范仲淹，卒谥文正公，小时候曾对人说，长大以后不做宰相就做医生，因为唯有宰相跟医生能够救人。一支铁笔，可以分辨人运气的好坏；三个铜钱，能够判定事情的吉凶。唐代杜生善卜筮，有一个跑了家奴的人去求他，他让人折树枝，果然抓获躲在树下的仆人。唐代管辂通晓卜卦，有一个人的妻子丢失，管辂让他跟一个挑猪人在东阳门相打斗，猪从挑猪人的箩筐里跑出来，跑到一家院里，撞坏了院墙，从屋里走出来一个女人，正是问卜人的妻子。西汉贾谊、宋忠，外出遇雨，曾与善占者司马季主畅谈；大诗人屈原，找来琼茅向灵氛问卦。

燕颔虎头，识是封侯之相；龙行凤颈，知为王者之征。识英布之封侯，果然不谬；知亚夫之当饿，真个无讹。道士能知吉壤，竹策丛生；闽僧善觅佳城，湖灯呵护。孙钟孝而致三仙，龙图酷而梦二使。动静方圆，还符四象；纵横阖辟，止争一先。飞两奁之黑白，争一纸之雌雄。

【浅释】

班超少时，一个相士说他："燕颔虎头，飞而食肉，有万里侯相。"后来班超平定西域，被封为定远侯，食邑千户。武则天幼时，有相士相面说："龙睛凤颈，将来做皇帝。"后来果然为我国第一位女皇帝。英布年轻时，有人给他看相，预测他在受刑以后会得到王位。后来英布因犯法而受黥刑，又因战功被立为九江王。汉代名将周亚夫在河内做郡守时，许负给他相面，说他三年后为侯，封侯八年为丞相，掌握国家大权九年，因嘴边有条竖线，纹理入口，最后会饿死。周亚夫不信。后来果然应验了相士的话，因人陷害，绝食而死。唐代一位懂风水的道士，选择了一块墓地，他在那里插下一根竹枝，便生出一片竹林，后来智兴将母亲葬在这里，家中两代人为官。南宋诗人尤袤的父亲尤时亨在无锡病故，一位福建和尚为他在湖中选择了一块墓地，据说每到晚上尤时亨所葬之地会有万盏灯火。孙权的祖父孙钟，孝奉老母，曾感动三仙下凡为他指点墓地，所以子孙四代为帝。唐代李龙图为官残暴，一位风水先生想为他选择墓地，却在梦中遭到两位神仙的呵斥。围棋有动静方圆四象；或纵或横，或开或合，只争一棋之先。宋张怀民与张冒下棋，请苏轼写字一张，胜者得此书法，负者出钱请吃饭。

讼　狱

世人惟不平则鸣，圣人以无讼为贵。上有临刑之主，桁杨雨润；下无冤枉之民，肺石风清。虽囹圄便是福堂，而画地亦可为狱。与人构讼，曰鼠牙雀角之争；罪人诉冤，有抢地吁天之惨。

【浅释】

百姓如果遇到不公平的事情就会发出不满的呼声，圣明的人认为人世间没有官司可打是最宝贵的。上面有慎用刑法的君主，用刑犹如细雨滋润万物，使罪犯被感化而向善；下面也没有被冤枉的百姓，用来喊冤的肺石则冷冷清清。虽然幽苦能帮助人们弃恶从善，牢狱可能就是福堂；上古的民风淳朴，在地上画一个圈也能成为监狱。和人结怨打官司可以说是"鼠牙雀角"的争斗；但是犯人诉讼冤情则有"抢地吁天"的惨状。

狴犴猛犬而能守，故狱门画狴犴之形；棘木外刺而里直，故听讼在棘木之下。乡亭之系有岸，朝廷之系有狱，谁敢作奸犯科；死者不可复生，刑者不可复续，上当原情定罪。囹圄是周狱，羑里是商牢。桎梏之设，乃拘罪人之具，缧绁之中，岂无贤者之冤。两争不放，谓之鹬蚌相持，无辜牵连，谓之池鱼受害。

【浅释】

狴犴北方的一种狗，形似狐狸，高大威猛能镇守大门，所以在监狱的门口画着狴犴的图形；棘木外面长着荆棘而里面挺直，所以听取讼词、审理案情是在棘木下面。乡亭拘捕犯人的地方叫"岸"（同"犴"，意指监牢），朝廷拘捕犯人的地方叫狱，谁还敢为非作歹，违法乱纪？死去的人就不可能再生了，受刑罚斩断肢体也不可能再生了，所以上面量刑的官员，一定要根据案情的实际情况，定罪行的轻重。囹圄是周朝时的监狱，羑里是商朝的牢狱。桎梏（脚镣，古代拘系犯人两脚的刑具）是拘捕罪人用的刑具；用大绳索捆绑的人中，难道没有贤能的被冤屈的人？双方各执一词，纠住不放，叫鹬蚌相持；无罪的人无端被牵连，就如同在城门失火，祸及护城河里的鱼。

请公入瓮，周兴自作其孽；下车泣罪，夏禹深痛其民。好讼曰健讼，挂告曰株连。为人解讼，谓之释纷；被人栽冤，谓之嫁祸。徒配曰城旦，遣戍是问军。三尺乃朝廷之法，三木是罪人之刑。

【浅释】
唐代武则天掌政时，周兴和来俊臣都是出名的酷吏。有人告周兴与丘神勣串谋，武后令来俊臣审理，他清楚周兴是个狡诈之徒，必定不会招供。于是问周兴："近来因犯多不认罪，应该用什么方法让他们招供？"周兴说："这很简单，取个大瓮，用炭在它四周炙烤，让囚犯进到里面，还有什么事怕他不招认呢？"来俊臣即刻派人抬来大瓮，站起来对周兴说："有内状告兄，请兄入瓮。"周兴惊恐叩头伏罪，这是周兴自作自受。大禹出巡，见到流放途中的罪犯，下车问清情况后而哭泣不止，左右侍从问其原因，大禹说："因我道德浅薄，不能教化人民而使他们犯罪受罚，因此痛心。"好诉讼的人，叫作健讼；挂名的被告，叫作株连。为人家排解讼事，叫作释纷；被人家栽赃冤枉，叫作嫁祸。犯了徒刑发配，叫作城旦，遣派到边塞戍守，是被定成充军的罪。三尺的竹简，是朝廷所写的法规，枷、杻、镣三件木器，是对罪人所使用的刑器。

古之五刑，墨劓剕宫大辟；今之律例，笞杖死罪徒流。上古时削木为吏，今日之淳风安在；唐太宗纵囚归狱，古人之诚信可嘉。花落讼庭间，草生囹圄静，歌何易治民之简；吏从冰上立，人在镜中行，颂卢奂折狱之清。可见治乱之药石，刑罚为重；兴平之粱肉，德教为先。

【浅释】

古时候的五种刑罚分别是：墨、劓、剕、宫、大辟；隋代以后的刑法则是：笞、杖、死罪、徒、流。上古的时候削木为吏，犯人能够抱木吏自己到庭受审，今天这种古朴的淳风在哪里呢？唐太宗贞观六年（632），将两百多名死囚释放回家，规定第二年秋天再归狱受刑，结果这些犯人如期而至，古人的诚信实在值得赞许。"花落讼庭闲，草生囹圄静"，这是百姓对唐代益昌县令何易的廉洁及治民有方的称颂；"吏从冰上立，人在镜中行"，则是百姓对唐代南海太守卢奂断案清正廉明的赞美。由此可见，治理乱世要以刑罚为重，这好比治病的良药；振兴太平则要以道德教化为先，这如同强身的饮食美味。

增 补

乌台定律，象魏悬书。惟忠信慈惠之师，有折狱致刑之实。失入宁失出，须当念切于无辜；义宁过仁，务必心存其不忍。察五声而审克，应而精详；讯三刺以简孚，宜乎谨慎。蒿满圜扉之宅，人怀天保初年；鹊巢大理之庭，世誉玄宗即位。赭衣满道，何其酷烈难堪；玄铖罗门，未免摧戕太甚。有沸汤之势，抚念不安；巢无完卵之存，扪心何忍。

【浅释】

御史台是制定律令的地方，因栖息众多乌鸦又名乌台。朝廷的大门外有两阙（瞭嘹望楼），名为象魏。朝廷有新的法令颁布下来，就挂在象魏上，公之于众。只有忠信慈爱的官吏，才能依据事实断案。断案，应考虑无辜之人，宁可重罪轻判，不可轻罪重判；要心地宽厚仁慈，既要照章办事又要有不忍之心。察五声，指辞听、色听、气听、耳听、目听，五声之察要做到精详稳妥；讯三刺指讯群臣、讯群吏、讯万民，三讯也要谨慎周详。北齐天保初年，皇帝发布赦令，释放狱中囚犯。监狱没有犯人，故牢狱门前长满莲蒿。唐玄宗在位时，宽法省刑，全国被判处死刑的只有五十八个人。大理寺的狱院中，过去一直杀气太盛，以致鸟雀都不停栖，而现在却有喜鹊在树上做巢。秦朝施行暴政，用刑残厉，路上排满罪犯，即赭衣满道；刑具放在家家户户的门口，即玄钺罗门，如此的刑法对民众的摧残太厉害了。唐代丞相李义府的母亲、妻子、孩子卖官市狱，接受贿赂，其门前人来人往，有沸汤之势；虽然有如此的沸汤之势，但一想结果和良心，却让人心中不安。三国时，曹操派人抓孔融，孔融对抓他的人说："希望你们只抓我一个人，把两个孩子留下。"他的大儿子说："难道鸟窝翻了，还能有不打碎鸟蛋的吗？"曹操竟然连两个孩子也不放过，其心何忍？

虽辟以止辟，还刑期无刑。周礼有三宥之词，千秋可法；虞廷有肆赦之典，万古常称。蝇集笔端，识赦书之已就；乌啼宵夜，知恩诏之将颁。无赦而刑必平，文中之论，夫岂全诬；多赦则民不敬，管子之言，亦非尽谬。孔明治蜀，所以不行；吴汉临终，于焉致嘱。

【浅释】

设置死刑以教育人恪守法律，从而消除犯罪；以刑罚教育人恪守法律，从而达到不用刑的目的，这是法制的理想。《周礼》规定，罪犯得到从宽处理有三种情况：一是弗识，即不审，不知法而犯罪；二是过失，即无意，无意之中犯了罪；三是遗忘，即忽忘，忘记法令规定而犯罪。《虞书》云："眚灾肆赦。"即因无心的过失而导致的犯罪，应当宽恕赦免。这两条规定被圣人设为常法，千古沿用。《白孔六贴》载，传说前秦苻坚在密室里起草赦书，有只青蝇停在赦书上，三驱三至。赦书未发，宫外皆知。追问何人所传，都说是青衣郎，苻坚说："青衣郎就是青蝇。"南朝宋临川王刘义庆，因事触怒文帝，遭贬除官。其半夜闻乌啼，认为是吉兆，后来果然获释，恢复了王位。文中子认为："如果法官能够做到不把个人的情感凌驾于国家法律之上，那么司法就会公正。"管子说："律令过宽，而法不严，犯人会增多。"两人看到了赦免罪犯的弊病，故主张无赦或少赦。三国时，诸葛亮治蜀十年不赦；汉代贤臣吴汉临终前，世祖问遗戒，他说："不能轻易下达赦免。"

释道鬼神

如来释迦，即是牟尼，原系成佛之祖；老聃李耳，即是道君，乃为道教之宗。鹫岭祇园，皆属佛国；交梨火枣，尽是仙丹。沙门称释，始于晋道安；中国有佛，始于汉明帝。篯铿即是彭祖，八百高年；许逊原宰旌阳，一家超举。波罗犹云彼岸，紫府即是仙宫。曰上方，曰梵刹，总是佛场；曰真宇，曰蕊珠，皆称仙境。伊蒲馔，可以斋僧；青精饭，亦堪供佛。香积厨，僧家所备；仙麟脯，仙子所飧。佛图澄显神通，咒莲生钵；葛仙翁作戏术，吐饭成蜂。达摩一苇渡江，栾巴这愠酒灭火。吴猛画江成路，麻姑掷米成珠。飞锡挂锡，谓僧人之行止；导引胎息，谓道士之修持。和尚拜礼曰和南，道士拜礼曰稽首。曰圆寂，曰荼毗，皆言和尚之死；曰羽化，曰尸解，悉言道士之亡。女道曰巫，男道曰觋，自古攸分；男僧曰僧，女僧曰尼，从来有别。羽客黄冠，皆称道士；上人比丘，并美僧人。檀越檀那，僧家称施主；烧丹炼汞，道士学神仙。和尚自谦，谓之空桑子；道士诵经，谓之步虚声。

【浅释】

如来、释迦就是牟尼佛，他原本是佛教的始祖；老聃、李耳就是道君，他乃是道教的祖宗。鹫岭、祇园都属于佛教徒修炼的国度；交梨、火枣都是指仙家炼成的仙丹。把沙门叫释，是从晋朝道安开始的；佛教开始在中国传播，是从汉明帝开始的。篯铿是中国神话传说中的长寿仙人彭祖，他活到了八百岁的高寿；东晋道士许逊做过旌阳县令，后得道成仙，一家人都超脱成仙了。波罗就是彼岸的意思，紫府就是神仙住的仙宫。上方、梵刹都是佛教徒举行佛事的场所；真宇、蕊珠都是指仙人住的地方。伊蒲馔是供给僧徒吃的斋饭，青精饭是供奉佛祖的食物。香积厨是僧人准备做饭的用具，仙麟脯是仙人吃的东西。佛图澄显示自己的法术，烧香念咒，钵中能长出青莲花；葛仙翁施展仙术，口中吐出来的米饭能变成一群蜜蜂。佛教高僧达摩，曾用一根芦苇渡过江；栾巴道术很高，含了一口酒喷出来，就能扑灭火灾。东晋道士吴猛用法术在江中画出一条路，女仙人麻姑把米掷在地上，米可以变成珍珠。飞锡挂锡指僧人行走休息；导引胎息是说道士修炼调养生息。

和尚拜谒时行尊敬的合十礼叫和南，道士拜时行的礼叫稽首。圆寂、荼毗都是指和尚死亡；羽化、尸解都是指道士死亡。女道士被称作巫，男道士被称作觋，自古以来都是有分别的；男和尚叫僧人，女和尚叫尼姑，从来就有区别。羽客、黄冠都是对道士的美称；上人、比丘都是赞美僧人的话。檀越、檀那是僧人称呼施主；烧丹、炼汞是道士想服之成为神仙。和尚自己谦称自己叫空桑子；道士诵读经文，叫步虚声。

菩者普也，萨者济也，尊称神祇，故有菩萨之誉；水行龙力大，陆行象力大，负荷佛法，故有龙象之称。儒家谓之世，释家谓之劫，道家谓之尘，俱谓俗缘之未脱；儒家曰精一，释家曰三昧，道家曰贞一，总言奥义之无穷。达摩死后，手携只履西归；王乔朝君，舄化双凫下降。辟谷绝粒，神仙能服气炼形；不灭不生，释氏惟明心见性。梁高僧谈经入妙，可使顽石点头，天花坠地；张虚靖炼丹既成，能令龙虎并伏，鸡犬俱升。藏世界于一粟，佛法何其大；贮乾坤于一壶，道法何其玄。妄诞之言，载鬼一车；高明之家，鬼瞰其室。《无鬼论》，作于晋之阮瞻；《搜神记》，撰于晋之干宝。颜子渊，卜子商，死为地下修文郎；韩擒虎，寇莱公，死作阴司阎罗王。至若土谷之神曰社稷；干旱之鬼曰旱魃。魑魅魍魉，山川之祟；神荼郁垒，啖鬼之神。仕途偃蹇，鬼神亦为之揶揄；心地光明，吉神自为之呵护。

【浅释】

"菩"就是普遍的意思，"萨"则是救助的意思，因此天地神灵有菩萨的美誉；在水中行走，龙的力量最大，在陆地上行走，象的力气最大，因此精通佛法的高僧有"龙象"的称号。儒家称的"世"，佛家称之为"劫"，道家称之为"尘"，这都是说还没有摆脱世俗的人事牵连；儒家说"精一"，佛家说"三昧"，道家说"贞一"，这都是说深奥的道理无穷无尽。达摩死后，有人看见他手提一只鞋从东方归向西天；后汉王乔朝见皇帝，不用车马，站在由鞋变成的两只野鸭身上从天空中降落。"辟谷绝粒"，神仙不吃五谷，能够用吐纳之法修炼身体；"不灭不生"，释迦牟尼能内心悟道，超脱生死的境界。梁朝的高僧道生法师讲经，绝妙处能够使顽石点头，云光法师说法能够使上天感动，天上的宝花纷纷降落；张虚靖炼丹成仙后，能够降龙伏虎，平素养的鸡犬都跟着他升天了。能把整个世界藏在一粒米中，佛家的法力是何等的强大；把整个乾坤贮藏在一把壶里，道家的法术又是多么的玄妙。无稽之谈就好像说装了一车鬼魂；富贵人家，鬼都要偷窥他的家室。《无鬼论》是晋朝阮瞻所写；《搜神记》是东晋干宝所撰。孔子的徒弟颜子渊、卜子商，死了以后在阴间做了修文郎；隋朝大将韩擒虎、北宋丞相寇莱公，死后在地府做阎罗王。至于说到土神和谷神，就叫作"社稷"；使人间干旱的鬼叫作"旱魃"。"魑魅""魍魉"都是山川中危害人类的精怪；"神荼""郁垒"都是吃鬼的门神。官路困顿不通，连鬼神都要对其拍手戏弄；心地光明磊落，吉神自然呵护庇佑。

增　补

　　菩提无树，明镜非台。光明拳打破痴迷膜；爱欲海济渡大愿船。白足清瘴，谁个未知禅味；赤髭碧眼，何人不是梵宗。法善为妻，智度为母，无烦询骨肉是谁；慈悲作室，通慧作门，不须问宅居何处。孙居士大啸一声，山鸣谷应；陈先生长眠数觉，物换星移。岩下清风，黑虎卖董仙丹杏；山间明月，彩鸾栖张叟绿筠。

【浅释】

　　相传禅宗五世祖弘忍选法嗣，令众弟子作偈。上座师神秀先作一偈："身是菩提树，心如明镜台。时时勤拂拭，勿使惹尘埃。"惠能听后，也作一偈云："菩提本无树，明镜亦非台。本来无一物，何处惹尘埃。"此偈深得五祖赞许，密授禅法衣钵。传说释迦牟尼能用光明拳打破痴迷，指引一条成佛之路；菩萨能把在生死爱欲中挣扎的人们引上成佛的大愿船。北魏高僧昙始，有神异，他光着脚走路，不穿鞋，把脚从泥中拔出，便是白净的，俗号白足阿练。禅宗二世主慧可，长得清瘦有神，号称瘦权。他们二人，都是精通佛理的高僧。晋代西域僧人佛陀耶舍，胡须是红色的，善解毗婆沙，号称赤髭毗婆沙。南朝的西域僧人达摩，眼睛碧蓝，人称碧眼胡僧。这二人也都是佛教的宗师。《维摩诘所说经》对于僧人的家庭眷属做了如下的释义："智度菩萨母，方便以为父，一切众导师，无不由是生，法喜以为妻，慈悲心为女，善心诚实男……"法喜为妻子，智度为母亲，没有必要问谁是自己的骨肉；把慈悲作为房屋，把通慧作为门窗，没必要问家住哪里。孙登是魏晋时期一位有名的隐士，他住在苏门山上。一次阮籍登门造访，见他披发端坐在山岩上鼓琴，于是也席地而坐，主动与他攀谈，但是孙登始终不发一言，无奈之下，阮籍长啸一曲。孙登竟露出会意的笑容，以啸和之，响彻林壑。道士陈抟生于唐末，历梁唐晋汉周五代及北宋，每闻换朝改姓，总是愀然不乐闭门高卧。传说他一睡多年，直到宋太祖登基，他才哈哈大笑，高兴得从驴背上掉了下来，说道天下从此太平了。传说三国吴董奉隐居庐山，有黑虎帮他为人治病；龙虎山顶一轮明月冉冉升起，一彩凤在张天师的绿竹林里栖息。

赵惠宗火中化鹤，岂避烽烟；左真人盘里引鲈，不须烟浪。萧子曾餐芝似肉，安期更食枣如瓜。夏郊有异神，祀处却转凶为吉；黎丘多奇鬼，惑时必以伪害真。唐时花月妖，畏见梁公之面；晋代分榆社，愁逢阮宣子之柯。曾闻大手入窗，贞夫举笔；翻忆长舌吐地，叔夜吹灯。邹德润迁项王祠，莫须有也；牛僧孺宿薄后庙，岂其然乎？

【浅释】

唐代道士赵惠宗自焚，在火中化为白鹤飞去，他根本不在乎烈火凶焰；三国时左慈在水盆中为曹操钓来松江鲈鱼，根本不需要到烟波江上去垂钓。汉代萧静之在山上挖到一棵灵芝，有肉的味道，吃了以后便成了神仙；海中蓬莱山上的仙人安期食用的枣大如西瓜。春秋时期，晋平公得病，一日梦见一黄熊，子产建议他到夏郊祭祀黄熊神。晋平公祭过后，身体康复，转危为安。传说黎丘有鬼扮做人形来骗人，一位老人在路上遇见儿子，回家后发现儿子并没有外出，被鬼骗了。第二天老人去杀鬼，却误杀了亲生儿子，这是鬼以假乱真造成的祸事。唐代狄仁杰刚正不阿，武三思的姬妾素娥，自称是花月妖，不敢与他见面。晋代阮宣要砍社庙里的分榆树，有人劝阻，他却说，树是社，砍树不过是为社搬家，所以，社庙里的神灵忧惧阮宣的斧头。晋代马贞夫，传说深夜读书时，有一只鬼手伸进窗内，马贞夫拿起笔在鬼手上写下红字，鬼手拿不回去，不断哀求马贞夫，直到天明将红字洗去，鬼才得以逃脱。嵇康，一天在灯下弹琴，忽然看见一个一丈长的鬼，于是嵇康吹灭了灯，说："耻与魑魅争光。"梁代邹德润任吴兴太守时，迁走官厅中的项王神位，认为项羽生时不能与刘邦争天下，死后就没有资格接受供奉。项羽死后，还要遭受莫须有的冤屈。《周秦行纪》说唐代宰相牛僧孺夜宿汉文帝母亲薄太后的庙中，与薄太后、王昭君、杨贵妃相聚，这是政敌的诬陷，哪里会有这样的事呢？

鸟 兽

麟为笔虫之长，虎乃兽中之王。麟凤龟龙，谓之四灵；犬豕与鸡，谓之三物。骕骦、骅骝良马之号；太牢大武，乃牛之称。羊曰柔毛，又曰长髯主簿；豕名刚鬣，又曰乌喙将军。鹅名舒雁，鸭号家凫。鸡有五德，故称之曰德禽；雁性随阳，因名之曰阳鸟。家狸乌圆，乃猫之誉；韩卢楚犷，皆犬之名，麒麟骓虞，皆好仁之兽；螟螣蟊贼，皆害苗之虫。

【浅释】

龙是鳞虫类之长，老虎是万兽之王。麒麟、凤凰、乌龟和龙合称为四灵。狗、猪和鸡是古人歃血为盟时所用之物，所以合称为三物。骕骦、骅骝都是古时名马的名称。太牢、大武都是牛的名称。羊毛很柔软、羊须又很长，所以把羊称作柔毛或长髯主簿。猪鬃很硬、猪嘴乌黑，所以称作刚鬣或乌喙将军。鹅行路像雁故称为舒雁。鸭形状像凫称为家凫。鸡有五种美德，故称为德禽；雁又称为阳鸟。家狸、乌圆都是猫的美名；韩卢、楚犷都是良犬的名称。麒麟、骓虞都是喜好仁义之神兽；螟、螣、蟊、贼都是残害庄稼的害虫。

无肠公子，螃蟹之名；绿衣使者，鹦鹉之号。狐假虎威，谓借势而为恶，养虎遗患，谓留祸之在身。犹豫多疑，喻人之不决；狼狈相倚，比人之颠连。胜负未分，不知鹿死谁手；基业易主，正如燕入他家。雁到南方，先至为主，后至为宾；雉名陈宝，得雄则王，得雌则霸。

【浅释】

"无肠公子"是螃蟹的别名，"绿衣使者"是鹦鹉的外号。"狐假虎威”，比喻借别人的权势做坏事；“养虎遗患”，形容纵容敌人自留后患。“犹豫多疑”，比喻人遇事迟疑不决；“狼狈相倚”，比喻人困顿窘迫的境况。争夺某物而胜负未分时，就说不知鹿死谁手；基业换了主人，好像燕子飞入别家。大雁飞往南方，先到的是主人，后到的是宾客，真雉鸡又名陈宝，抓住雄雉可以为王，抓住雌雉可以称霸。

刻鹄类鹜，为学初成，画虎类犬，弄巧反拙。美恶不称，谓之狗尾续貂；贪图不足，谓之蛇欲吞象。祸去祸又至，曰前门拒虎，后门进狼；除凶不畏凶，曰不入虎穴，焉得虎子。鄙众趋利，曰群蚁附膻；谦己爱儿，曰老牛舐犊。无中生有，曰画蛇添足；进退两难，曰羝羊触藩。杯中蛇影，自起猜疑；塞翁失马，难分祸福。

【浅释】

刻鹄类鹜，仿效虽不算成功，却还相似，这是说做学问刚刚取得点儿成就；画老虎，看起来却像一只狗，本来要打算要弄技巧，结果却弄巧成拙。好的东西与坏的东西不相配叫狗尾续貂；贪心图谋不满足，就好像巨蛇要吞食大象。一种灾祸才离去，另一种灾祸又来了，好像前门刚刚拒绝了老虎，后门又引进了豺狼。驱除凶恶，不畏惧凶恶，就像要得到老虎，不深入老虎的洞穴是不能办到的一样。鄙视那些追逐名利的人，就说他们像群蚁附膻一样，不顾一切；谦虚地说，自己疼爱儿子就说像老牛舐犊一般。本来没有的东西，却说存在，就好像蛇本来没有足，却给蛇画上足一样；羝羊触藩是指做事进退两难。墙上的弓影在酒杯里却说酒杯里有蛇，这是自己无故起疑心；边塞的老翁失去了马匹，是福是祸还不能确定。

龙驹凤雏，晋闵鸿夸吴中陆士龙之异；伏龙凤雏，司马徽称孔明庞士元之奇。吕后断戚夫人手足，号曰人彘；胡人腌契丹王尸骸，谓之帝羓。人之狠恶，同于梼杌；人之凶暴，类于穷奇。王猛见桓温，扪虱而谈当世之务；宁戚遇齐桓，扣角而取卿相之荣。

【浅释】

晋闵鸿夸赞吴郡陆云的文采，说他是“龙驹”“凤雏”；司马徽称赞孔明、庞统为“伏龙”“凤雏”。吕后砍断戚夫人手足，放在厕所里，叫作

"人彘"；胡人用盐腌契丹王尸体，称为"帝羓"。狠毒凶恶的人，如同梼杌；凶残暴戾的人，就像穷奇。王猛进见桓温，捉着虱子谈论当时的大事；宁戚遇到齐桓公，敲着牛角唱歌取得卿相的荣耀。

越王轼怒蛙，以昆虫之敢死；丙吉问牛喘，恐阴阳之失时。以十人而制千虎，比言事之难胜；走韩卢而搏蹇兔，喻言敌之易摧。兄弟如鹡鸰之相亲，夫妇如鸾凤之配偶。有势莫能为，曰虽鞭之长，不及马腹，制小不用大，曰割鸡之小，焉用牛刀。

【浅释】
越王勾践攻打吴国时向怒蛙致意，用昆虫敢死的勇气来鼓励将士奋勇作战，视死如归；春秋时丙吉忠于职守，询问牛喘气的情形，恐怕阴阳失序而失去治疗的时机。用十个人去制伏千只老虎，是比喻事情难以取胜；驱使名犬韩卢去搏击跛腿的兔子，比喻敌人容易摧毁。兄弟如同鹡鸰鸟一样，遇到危难，便互相救助；夫妇像鸾凤一样匹配偶合，相亲相爱。有势力，但不能办到的事情，就好像鞭子虽然很长，但始终打不到马的腹部；制伏小的东西，不必用很大的东西，就好像宰小鸡，哪里需要用宰牛的刀？

鸟食母者曰枭，兽食父者曰獍。苛政猛于虎，壮士气如虹。腰缠十万贯，骑鹤上扬州，谓仙人而兼富贵；盲人骑瞎马，夜半临深池，是险语之逼人闻。

【浅释】
枭长大之后会吃掉自己的母亲，獍长大之后会吃掉自己的父亲。繁重的赋税比老虎还要凶暴可怕。壮士的豪气犹如天上的长虹，可以穿日而过。腰带上缠上了钱，骑鹤上天而去，是说世人富贵而登仙的样子。盲人骑着瞎马，半夜走到很深的池塘边，这是威胁人家说出的毛骨悚然的险语。

黔驴之技，技止此耳；鼯鼠之技，技亦穷乎。强兼并者曰鲸吞，为小贼者曰狗盗。养恶人如养虎，当饱其肉，不饱则噬；养恶人如养鹰，饥之则附，饱之则飏。隋珠弹雀，谓得少而失多；投鼠忌器，恐因甲而害乙。

【浅释】

黔驴的本领不过如此而已，鼫鼠的能力最易穷尽。强者兼并弱者，称为"鲸吞"。做小偷，叫作"狗盗"。重用坏人好比养虎，应给它吃饱肉，不饱就会吃人；重用坏人好比养鹰，饿时依附你，饱了就飞走。用明珠去弹鸟雀，比喻得到的少失去的多；"投鼠忌器"，是指做事有所顾忌，恐伤害他人。

事多曰猬集，利小曰蝇头。心惑似狐疑，人喜如雀跃。爱屋及乌，谓因此而惜彼；轻鸡爱鹜，谓舍此而图他。唆恶为非，曰教猱升木；受恩不报，曰得鱼忘筌。倚势害人，真是城狐社鼠；空存无用，何殊陶犬瓦鸡。

【浅释】

事情繁多叫猬集，利益微小得像蝇头，所以利小叫蝇头。心中疑惑好像狐狸一样性情多疑，叫狐疑；人的内心欢喜像鸟雀一样跳跃叫雀跃。爱屋及乌是说爱惜房子，连栖息在屋上的乌鸦都受到宠爱，比喻爱某人并推及爱与之相关的人或物；轻贱黍鸡而喜爱野鸡，是说舍弃自己的风格而学别人的风格。唆使恶人为非作歹，就像教猕猴爬树一样容易；接受别人的恩惠而不思图报，就好像捕鱼的人得到了鱼，就忘了用来捕鱼的竹器。城狐社鼠是比喻那些依仗权势害人的人；陶犬瓦鸡是比喻空摆设在一边，没有任何用途的东西。

势弱难敌，谓之螳臂当辙；人生易死，乃曰蜉蝣在世。小难制大，如越鸡难伏鹄卵；贱反轻贵，似鸴鸠反笑大鹏。小人不知君子之心，曰燕雀焉知鸿鹄志；君子不受小人之侮，曰虎豹岂受犬羊欺。

【浅释】

势单力薄，能力不足，难以抵御敌人，如同螳螂用它的前脚去挡车子一样。人的生命短暂而脆弱，如同蜉蝣生于世上朝生夜死非常短暂。才能小的人难以办成大事，就像越鸡难以孵化天鹅蛋一样，低贱的反而看不起那高贵的，好比鸴鸠嘲笑那大鹏一样。小人不明白君子的所想，就像燕雀不知道鸿鹄远大的志向。君子不受小人的欺侮，就像虎豹不会受到犬羊的欺凌。

跖犬吠尧，吠非其主。鸠居鹊巢，安享其成。缘木求鱼，极言难得；按图索骥，甚言失真。恶人借势，曰如虎负嵎；穷人无归，曰如鱼失水。九尾狐，讥陈彭年素性谄而又奸；独眼龙，夸李克用一目眇而有勇。

【浅释】

跖的狗冲着尧狂叫，因为尧不是它的主人。鸠占据鹊巢，这是坐享别人的成就。竭力形容目的无法达到，用"缘木求鱼"；强调与事情的本来面目相去甚远，用"按图索骥"。凶恶的人又有依靠的势力，称作"如虎负嵎"；穷苦的人没有地方容身活命，称作"如鱼失水"。九尾狐，是讥讽陈彭年本性谄媚而奸诈；独眼龙，是夸奖李克用虽用一目作战却英勇。

指鹿为马，秦赵高之欺主，叱石成羊，黄初平之得仙。卞庄勇能擒两虎，高骈一矢贯双雕。司马懿畏蜀如虎，诸葛亮辅汉如龙。鹪鹩巢林，不过一枝，偃鼠饮河，不过满腹。人弃甚易，曰孤雏腐鼠；文名共仰，曰起凤腾蛟。

【浅释】

指鹿为马，讲的是秦朝赵高欺骗君主的事；叱石成羊，讲的是黄初平得道成仙的事。卞庄很勇猛，一个人能擒住两只老虎；高骈一支箭能射中两只大雕。司马懿惧怕蜀国，就像怕老虎一样；诸葛亮辅助蜀汉像神龙一样威力无穷。鹪鹩是很小的鸟，在树林中筑巢，只不过占用一根树枝而已；偃鼠虽大，到河边饮水，不过喝饱一肚子罢了。孤雏腐鼠，是说抛弃一个人就像抛弃一只孤单的野鸡和腐烂的老鼠一样容易；起凤腾蛟，是指文章和声名都被人共同景仰，就像瞻仰飞起的凤凰和腾云的蛟龙一样。

为公乎，为私乎，惠帝问虾蟆；欲左左，欲右右，汤德及禽兽。鱼游于釜中，虽生不久；燕巢于幕上，栖身不安。妄自称奇，谓之辽东豕；其见甚小，譬如井底蛙。

【浅释】

那些蛤蟆为公家叫还是为私人叫？帝问身边的人；让鸟儿想去左去左，想往右往右，汤德施及于禽兽。鱼在锅中游，活得不会太久；燕巢建在军中帐幕上，栖身不会安全。少见多怪妄自称奇，就像辽东豕一样；一个人见识短浅，如同井中的青蛙。

父恶子贤，谓是犁牛之子；父谦子拙，谓是豚犬之儿。出人群而独异，如鹤立鸡群；非配偶以相从，如雉求牡匹。天上石麟，夸小儿之迈众；人中骐骥，比君子之超凡，怡堂燕雀，不知后灾；瓮里醯鸡，安有广见。马牛襟裾，骂人不识礼义；沐猴而冠，笑人见不恢宏。

【浅释】

父亲品德低下，儿子却很贤明，称作犁牛之子；父亲谦称儿子笨拙，说是豚犬之儿。高出别人一个头，一眼望去特别显眼，才华卓越出众，好比鹤站立在鸡群之中。配偶不相称，私自相从，好比雌雉求雄雉的匹配。夸赞他人之子品格出众，就说他是天上的石麟。君子杰出超凡，就称他为人中的千里马，比喻才能超凡出众。住在堂上的燕雀，不知道灾殃将来临，比喻处境极危险而不自知；住在瓮里的醯虫，哪能有多大的见识呢，比喻处所狭隘，识见怎么会宽广呢？马牛襟裾指穿戴衣冠的禽兽，用来骂人不懂得礼仪。沐猴而冠是说猕猴戴了帽子，依然是猴子，用来笑人徒有其表，眼光短浅没有大器量。

羊质虎皮，讥其有文无实；守株待兔，言其守拙无能。恶人如虎生翼，势必择人而食；志士如鹰在笼，自是凌霄有志。鲋鱼困涸辙，难待西江水，比人之甚窘；蛟龙得云雨，终非池中物，比人大有为。

【浅释】

羊的本性，虎的外表，这是讥笑人徒有其表而没有实在的能力；盯守在大树的旁边，等待兔子来撞树而死，是说那些一心想着不劳而获、坐享其成的人笨拙懒惰。不能给恶人以机遇和权力，否则他们将像老虎添了双翼，肯定要飞入百姓之家，诈取有油水的人来吞食了；志士就像养在笼里的老鹰，虽身陷囹圄，没有自由，然每当时机成熟，便有扶摇直上的凌云壮志。鲋鱼被困在干涸的车辙中，是很难等待西江之水来救助的，这是用《庄子》里的寓言故事来比喻人贫穷窘迫，难以生存；刘备访孙权，求做荆州都督，周瑜上疏说："刘备绝不是自甘久居人下的人，就像蛟龙得水，终究不是池中物啊。"这是比喻人才将大有作为，飞黄腾达。

　　执牛耳，谓人主盟；附骥尾，望人引带。鸿雁哀鸣，比小民之失所；狡兔三窟，诮贪人之巧营。风马牛势不相及，常山蛇首尾相应。百足之虫，死而不僵，以其扶之者众；千岁之龟，死而留甲，因其卜之则灵。

【浅释】
　　"执牛耳"，是说人居于领导地位；"附骥尾"，是盼望他人提携引荐。"鸿雁哀鸣"，比喻灾民流离失所；狡猾的兔子筑有三个巢穴，好比奸诈的人善于为自己谋利益。风马牛，比喻事物之间互不侵犯；常山蛇，形容事物头尾相应。百足之虫死了之后，还不会僵掉，因为脚多的缘故；千岁神龟，死之后留下龟甲，因为用其龟甲占卜非常灵验。

　　大丈夫宁为鸡口，毋为牛后；士君子岂甘雌伏，定要雄飞，毋侷促如辕下驹，毋委靡如牛马走。猩猩能言，不离走兽；鹦鹉能言，不离飞鸟。人惟有礼，庶可免相鼠之刺；若徒能言，夫何异禽兽之心。

【浅释】
　　大丈夫做人顶天立地，宁愿做鸡嘴，给鸡进食，也不愿意做牛后，给牛排粪；士君子怎么会甘心像雌鸟一样伏在草丛间，一定要像雄鸟一样展翅高飞。不要局促不安，像车辕下的小马驹；不要精神颓废，像替人奔走的牛马。猩猩能说话，但还是离不开兽类；鹦鹉虽然能说话，但还是离不开鸟类。人只有懂得礼节，才可能避免不如老鼠的讽刺；如果能够说话而不受礼节束缚，这样的做法与禽兽又有什么不同。

增　补

　　百鸟鹞称悍，众禽鹤独胎。提壶提壶，定是村中有酒；脱袴脱袴，必然身上无衣。百舌五更头，学尽众禽之语；鹓雏九霄外，顿空诸鸟之群。瓮中鸲鹆巧于人，江上白鸥闲似我。莺呼金衣公子，鹢号锦带功曹。鹘入鸦群，雄威岂敌；鸭去鸡队，气类不侔。彪著羊，彪雄而羊败；羆敌犬，羆寡而犬强。猿献玉环，孙恪自峡山失妇。

【浅释】

　　百鸟中鹞是凶猛的，古人把鹤看作仙禽，认为它是胎生而不是卵生。一壶壶的酒拎出来，定是村中有酒；到了春天，人们纷纷将厚棉裤换掉，定是身上已感觉不到寒冷。百舌鸟转动了五次头，便学会了所有鸟的语言；鹓雏高飞九霄之外，鸟群变得稀落了许多。南朝刘义庆《幽明录》中记载了一只鸟鹆，不但能说话，还能仿效各人口音，一次晋司空桓豁宴请宾客，这只聪明的鸟鹆钻进瓦瓮学舌，于是声音里有了鼻音。宋黄庭坚《演雅》诗云："江南春尽水如天，中有白鸥闲似我。"黄庭坚在诗中用自由飞翔于江南天地的白鸥表明自己愿望。唐明皇游苑中，见黄鹂，羽毛鲜洁，固呼金衣公子。鹢，水鸟名，又名吐绶鸡，巴东亦谓之锦带功曹。北齐王思孝以骑射事文宣帝，文宣帝说："尔击贼，似鹘入鸦群。"鸡孵鸭雏，及长，鸭浮水中而去。鸡从岸呼之，鸭不顾，气类之不同也。小虎追羊，虎雄猛有威而羊败；一只棕熊与群狗相斗，因寡不敌众，而狗占上风。裴《传奇·孙恪》记载，唐代秀才孙恪妻袁氏，原为峡山寺老僧所养猿猴，夫妻一次游峡山寺时，袁氏让孙恪赠给寺里老僧一只碧玉环，自己则衣裂身蜕，变成一只老猿，追随猿群而去。

　　鹿随丹毂，郑弘从汉室封公。蚕蚕之皮，有可辟除疠瘴；钑钑之尾，殊堪却退烟岚。李愬设谋平蔡，藉声于鸭队鸡群；卢公觅句迁官，得力于猫儿狗子。长乐宫中有鹿，衔残妃子榻前花；午桥庄外多羊，点缀小儿坡上草。羊舌氏虽为佳话，马头娘未是美谭。辕门传号令，李将军椎飨士之牛；邑士起讴歌，时令尹留去官之犊。

【浅释】

汉代淮阴太守郑弘，坐车外出时，有鹿群随车尾行，与他同行的一位官员见此情景，说："丞相的车播上画有双鹿，现在鹿群随车尾行，预示太守要当丞相。"后来果然如此。蛩蛩，蟋蟀的别名，传说它的皮可以防瘴疬；钑钑，传说中的怪兽，貌似犬，有六足，自呼其名，它的尾可防御岚气，即毒雾。唐宪宗大将李愬，令士兵惊动城边池中的鹅鸭，引起一片叫声，用以掩盖行军的声音，从而平定蔡州叛乱。五代卢延逊的诗句"饿猫窥鼠穴，饥犬舐鱼砧"深为蜀王所喜爱，从而得官，卢延逊曾对人说："平生投谒公卿，不意得猫儿狗子力也。"唐玄宗的骊山长乐宫中有鹿，有一天鹿把杨贵妃榻前的牡丹花衔走了，据说这是安史之乱的先兆。唐裴晋住在午桥庄，庄外小儿坡上青草盛盏，每天都有多只羊在坡上吃草，他说："芳草无情，赖此装点。"古代有个叫季果的人，有人偷杀了羊，把羊头送他，他不敢不接受，就把羊头埋在地下。后来偷窃之事被人发现，季果把羊头掘出来，羊舌还在，所以被免罪，于是他以羊舌命姓，子孙遂姓"羊舌"。上古之时，蜀中某女，父亲出门，女子思父心切，对马说，若能将其父接回，就嫁给它。白马果然将其父接回，女子的父亲非但不提婚嫁之事，反将马射杀，把马皮晾在院子里。马皮将姑娘卷走，数日后，家人在一棵树上找到了姑娘，但见那马皮还紧紧包裹着她，而她的头已经变成了马头的模样，正伏在树枝上吐丝缠绕自己。该女子和马皮尽化为蚕（缠），这种树叫桑（丧）。后来百姓据此为之塑像，奉为蚕神。西汉名将李广，平日爱恤士卒，曾亲自杀牛犒劳将士。三国时魏人时苗，为政清廉，他赴任寿春令时，乘坐一辆用母牛拉的破车。当他离任时，这头母牛产下一头牛犊，时苗就对县吏说："我来时没有这头牛犊，牛犊是在这里生的，还是留在寿春为好。"于是，时苗清政廉洁的名声传播开来。

花　木

植物非一，故有万卉之称；谷种甚多，故有百谷之号。如茨如梁，谓禾稼之蕃；惟天惟乔，谓草木之茂。莲乃花中君子，海棠花内神仙。国色天香，乃牡丹之富贵；冰肌玉骨，乃梅萼之清奇。兰为王者之香，菊同隐逸之士。竹称君子，松号大夫。萱草可忘忧，屈轶能指佞。箖筜，竹之别号；木樨，桂之别名。明日黄花，过时之物；岁寒松柏，有节之称。樗栎乃无用之散材，梗楠胜大任之良木。玉版，笋之异号；蹲鸱，芋的别名。瓜田李下，事避嫌疑；秋菊春桃，时来迟早。南枝先，北枝后，庾岭之梅；朔而生，望而落，尧阶蓂荚。苾刍背阴向阳，比僧人之有德；木槿朝开暮落，比荣华之不长。芒刺在背，言恐惧不安；薰莸异气，犹贤否有别。桃李不言，下自成蹊；道旁苦李，为人所弃。老人娶少妇，曰枯杨生稊；国家进多贤，曰拔茅连茹。蒲柳之姿，未秋先槁；姜桂之性，愈老愈辛。王者之兵，势如破竹；七雄之国，地若瓜分。符坚望阵，疑草木皆是晋兵；索靖知亡，叹铜驼会在荆棘。

【浅释】

植物并非只有一种，所以有"万卉"的名称。谷类也有很多种，所以称作"百谷"。《诗经》说"如茨如梁"是形容庄稼长势茂盛，"惟夭惟乔"是指草木茂盛。莲花高雅是花中的君子，海棠花超逸被称为花中神仙。"国色天香"是说牡丹富贵艳丽。"冰肌玉骨"是形容梅花的清秀俊奇。兰花有王者之香，尊贵高雅。菊花如隐逸之士，孤傲高洁。竹子有"君子"之称，松有"丈夫"之号。萱草又名"忘忧草"，可以使人忘却忧愁；屈轶别号"指佞草"，据说它能够指出佞人。"箖筜"是竹子的代称，"木樨"是桂花的别号。黄菊花过了时令便萎谢了，故以"明日黄花"比喻过时的事物，松柏在严寒时依然苍翠，所以称有气节的人为"岁寒松柏"。樗栎是无用的树木，根楠是能做栋梁的佳木。"玉版"是干笋的别名，"蹲鸱"是芋的别名。在瓜田中不要弯腰提鞋，李树下不要抬手整理帽子，以避免有偷瓜摘李之嫌疑。桃花二月开放，菊花九月开放，这是说时间有早有迟。庾岭的梅花，南边枝条先开，北边枝条后开；生长于尧帝庭阶上的蓂荚，夏历初一开始生荚，十五后开始落荚。苾刍这种植物背阴向阳，比喻僧人一心向佛有德行；木槿的花早晨开放晚上凋谢，比喻荣华富贵不会长久。"芒刺在背"是说心里极度的恐惧不安；薰草香、莸草臭，二者气味绝不相同，如同贤人、恶人之差别。桃李虽然不会说话，人们喜爱它们的花与果实，来往不绝，树下自然踩出小路；若是苦李，即使生在路旁，也会为人所摒弃。年老的男人娶年轻的少妇叫"枯杨生稊"。国家进用贤才,多多益善,就像拔茅草连根带起一样。蒲柳的姿容,未到秋天便已枯槁;姜桂的性质是愈老味道愈辣。行王道之师摧敌势如破竹,战国时期中原地区被七雄所瓜分。淝水之战苻坚大败,远望风吹草动,都以为是晋兵。索靖预测晋朝将亡,指着洛阳宫殿前的铜驼,叹息道,日后恐怕要在荆棘丛中见到了。

王祐知子必贵,手植三槐;窦钧五子齐荣,人称五桂。钼麑触槐,不忍贼民之主;越王尝胆,必欲复吴之仇。修母画荻以教子,谁不称贤;廉颇负荆以请罪,善能悔过。弥子瑕常恃宠,将余桃以啖君;秦商鞅欲行令,使徙木以立信。王戎卖李钻核,不胜鄙吝;成王剪桐封弟,因无戏言。齐景公以二桃杀三士,杨再思谓莲花似六郎。倒啖蔗,渐入佳境;蒸哀梨,大失本真。煮豆燃萁,比兄残弟;砍竹遮笋,弃旧怜新。元素致江陵之柑,吴刚伐月中之桂。捐资济贫,当效尧夫之助麦;以物申敬,聊效野人之献芹。冒雨剪韭,郭林宗款友情殷;踏雪寻梅,孟浩然自娱兴雅。商太戊能修德,祥桑自死;寇莱公有深仁,枯竹复生。王母蟠桃,三千年开花,三千年结子,故人借以祝寿诞;上古大椿,八千岁为春,八千岁为秋,故人托以比严君。去稂莠,正以植嘉禾;沃枝叶,不如培根本。世路之蓁芜当剔,人心之茅塞须开。

【浅释】

王祐知道子孙将为公卿,预先在院中种三棵槐树;窦钧有五个儿子皆显贵,世人为五桂折枝。钼麑撞槐树自杀,不忍心杀害忠臣;越王卧薪尝胆,决心要报吴国之仇。欧阳修的母亲以芦秆当笔,教子写字,谁不赞她的贤德;廉颇背负荆条向蔺相如请罪,好在自己知道悔过。弥子瑕依仗得宠,把咬的桃子给卫灵公吃;秦国商鞅为行法令,让人搬木头树威信。王戎卖李子钻核,真是卑鄙吝啬;周成王剪桐叶分封弟弟,因为天子不能有戏言。齐景公借桃杀人,用两个桃子使三位壮士自相残杀;杨再思阿谀谄媚,说莲花好像张六郎。倒吃甘蔗,指渐入佳境;哀梨蒸来吃,就失去本味。煮豆燃萁,比三兄弟相残;砍竹遮笋,形容弃旧爱新。董元素能把江陵的柑橘搬至长安的宫殿;吴刚被惩罚,砍伐月中的桂树。捐财救济贫困,学范尧夫把一船的麦子送人;用物品表达敬意,姑且仿效山野之民献芹菜。郭林宗款友人，冒雨去菜园剪韭菜；孟浩然自乐有兴，踏雪寻梅花。商代太戊修德政，作祸的祥桑自己枯死；寇准仁德深厚，枯竹复生枝叶。西王母的蟠桃，每三千年开一次花，三千年结一次果，所以人们用蟠桃来祝寿；上古有大椿树，八千年才算一春，八千年才一秋，故而人们借它来比喻父亲。除去稂和莠，是为了培植好苗；使枝叶肥厚，不如育根本。人生道路上的艰难险阻，应当剔除干净；愚昧就是人心里的茅草，应当拔除。

增　补

姚黄魏紫，牡丹颜色得人怜；雪魄冰姿，茉莉芬芳随我爱。雪梅乍放，月明魂梦美人来；玉蕊齐开，风动佩环仙子至。尼父试弹琴，发泗水坛前之杏；渔郎频鼓枻，寻武陵源里之桃花。九烈君原为异柳；支离叟必属乔松。丈夫进学骎骎，勿效黄杨厄闰；男子为人卓卓，必如老桧参天。

【浅释】

姚黄魏紫：两种名贵牡丹。姚黄，是宋朝姚姓培育的千叶黄花；魏紫，是五代魏仁溥家培育的千叶肉红花。见欧阳修《洛阳牡丹记》。雪魄冰姿：是由唐人咏茉莉诗"冰姿素淡广寒女，雪魄轻盈姑射仙"节缩而成，用两位仙女来比喻茉莉花。广寒女即嫦娥；姑射（yè）仙，隋朝赵师雄行经罗浮山，正值梅花开放，他在睡梦中与一梅花仙子对酌；唐代长安的唐昌观中，玉蕊花开得很旺，传说仙女前来观赏，她们佩带的环饰随风而响。孔子有一次在泗水南岸的杏坛上弹琴而歌，美妙的歌乐声引发了树上的杏花；晋朝时武陵一位打鱼人打鱼时，看见上游漂来许多花瓣，便逆流而上，发现了一个与世隔绝的桃花源。传说唐朝的李固在未及第以前，曾梦一棵柳树对他说话，这棵柳树自称是柳神九烈君；鲜伯机在废园中发现一棵奇异的松树，于是将它移到自己的房前，并称其为支离叟。大丈夫学习应如骏马之狂奔，不应像黄杨树那样遇闰月年份而回缩；男子汉做事应卓尔不群，如柏直耸青天的气概。

龙刍茂时，周穆王备供马料；水萍聚处，樊千里用作鸭茵。灵运诗成，已入西堂之梦，江淹赋就，更闻南浦之歌。生成钩弋之拳，西山嫩蕨；剖出庄姜之齿，北苑佳瓠。曾言水藻绿于蓝，始信山菰红似血。元修蚕豆，自古称佳；诸葛蔓菁，至今犹赖。生姜盗母荽留子，尽付园丁；芦菔生儿芥有孙，频充鼎味。

【浅释】

东海的龙驹川岛，是穆天子养八骏的地方，传说岛上长着一种名为龙刍的草，马吃了它可以日行千里。浮光一带产美鸭，太原少尹樊千里买了百只放在自己院落的后池里，并投入数车的浮萍，给鸭做茵褥。南朝诗人谢灵运非常赏识从弟谢惠连，曾说："每有篇章，对惠连辄得佳语。"一次谢灵运在永嘉西堂做诗，竟日不成，忽然梦见谢惠连，便写出了"池塘生春草"的佳句。南朝江淹，擅长作赋，其《别赋》中的"春草碧色，春水渌波，送君南浦，伤如之何"一段，流传千古。汉武帝妃子赵婕妤，两手握拳，因居住钩弋宫，号称钩弋夫人，这里用钩弋夫人的拳比喻新生的蕨菜；春秋时庄夫人庄姜的牙齿方正洁白，排列整齐，宛如瓠子。唐诗中有诗句"水藻绿于蓝"，所以言"山菰红似血"，亦无可挑剔。宋代巢元修喜欢吃的野蚕豆，被好友苏东坡称作"元修菜"，所以蚕豆又名元修；三国时，诸葛亮命士兵开荒广种蔓菁，以保证军粮充足，后世就把蔓菁称作"诸葛菜"，并食用至今。古来谚语有"生姜盗母荽留子""芒种栽姜，夏至偷娘"，意思是说生姜与香菜杂交产籽。"芦菔"句：芦菔即萝卜。苏轼有诗句说："秋来霜露满东园，芦菔生儿芥有孙。"意思是说，秋来萝卜和芥菜都成熟或结籽了。

四字鉴略

【题解】

《四字鉴略》为清初顺治年间，南京进士王仕云编写，四字一句，易读易记。而在明朝万历年间，礼部尚书李廷机用五言一句的韵文编撰了一部概述中国历史的书，名为《鉴略妥注》，且颇受欢迎，流行于书院、私塾之中。此书与王仕云的《四字鉴略》并驾齐驱，成为清代学塾中必读的启蒙读物。

《四字鉴略》韵文简洁明快，主要内容以记述历史、军事、政治方面的大事为主，与国家兴亡，历朝更替无关的内容忽略不记。

本书因历史局限性，难免有些封建、不合时宜的思想，以今天的思想角度来看，显然有些陈旧，如将农民起义称为"寇"等，为了还原历史的真实面目，对于类似原文，我们一律给予保留，敬请广大读者在阅读过程中加以分析鉴别，取其精华。

粤自盘古，生于大荒。
首出御世，肇开混茫。

【解析】

我们的祖先名叫盘古。在很古很古的时候，天地混沌得好像一个鸡蛋。天如蛋白、地如蛋黄，后来轻清的气上浮为天，重浊的气下凝为地，盘古就生在这天地之间。他一手拿斧，一手拿凿或用凿砌，把连在一起的天地分开，渐渐地天越升越高，地越沉越厚，于是结束了天地混沌的状态。又有传说讲：盘古死了以身体毛发变成山岳草木，血液流成江河，于是一切万物都从这里生长出来。

天皇氏兴，澹泊而治。
先作干支，岁时爰记。

【解析】

　　相传盘古开天辟地之后，中国古代经历了三皇五帝的统治，历史学家研究认为：三皇五帝是上古时代部落的领袖或部落联盟的领袖。古书上对三皇五帝的说法不一，有以伏羲、神农、黄帝为三皇的，以伏羲、神农、燧人氏为三皇的，也有以天皇、地皇、人皇为三皇等。本书首先讲了天皇、地皇、人皇，事实上其余被列为三皇五帝的人物，也都有所涉及。

　　相传天皇氏治理国家并不凭借建立自己的政权和地位来统治人民，而是过着和百姓同样的朴素生活，他不站在百姓头上发号施令，百姓自然受他感化而归顺他，受他领导。这正是原始社会中部落首领的典型范式。相传天皇氏创立了干支纪年的方法，自此以后，一年四季才开始有了确切的纪年名称。

地皇氏绍，乃定三辰。
人皇区方，有巢燧人。

【解析】

　　地皇接替天皇管理百姓，观察了日、月、星三种星辰的变化和出入规律，制定了三十天为一个月的历法，把一年划分为十二个月。人皇氏传说共兄弟九人，把天下分为九个区域，各自居于一方管理百姓。这种分居，为以后诸侯分封制度开了先河。此处还有个有巢氏，他模仿鸟巢的建筑方法，在大树上搭建房屋居住，使人类从穴居生活中走了出来，并学会了使用木料为梁柱，为以后进一步移居地上造屋打下基础。燧人氏发明了钻木取火方法，使人类告别了茹毛饮血的时代，开始吃熟食，这是一个划时代的进步。

太昊伏羲，生于成纪。
时河出图，用造书契。
八卦始画，婚娶以正。

【解析】

伏羲时期，相传有龙马背负着图画从黄河中出来，伏羲看到图画的纹路，感触颇深，于是便坐在高台上静思，画出了八卦符号，被奉为文字的始祖，他又指派他的臣子进一步观察山水万物、鸟兽足迹，创造了书契文字，替代了结绳记事。又教人结网，进行渔猎畜牧，而且制定了夫妻嫁娶的婚姻制度，从而告别了原始社会人们只知其母、不知其父的群婚时代，社会文明从此有了很大的进步。

炎帝神农，以姜为姓。
树艺五谷，尝药辨性。

【解析】

继伏羲之后，神农氏成为中国部落的首领。因为他开始制作农具，教人耕种五谷，让人们从单纯的渔猎畜牧转向了农业生产，因此被人称为神农氏。当时的人们经常生病，神农氏又采集百草，逐一品尝，了解各种草木的药性，开出药方，医治疾病。因此神农氏又被尊称为"中国医药之祖"。社会文明又向前迈出显著的一步。

轩辕黄帝，生而圣明。
擒戮蚩尤，神化宜民。

【解析】

轩辕黄帝是一个英明有作为的部落领袖。自神农氏建国以后，神农氏的子孙逐渐衰落，各诸侯部落都不再服从神农氏部落的领导。其中尤其是九黎族部落的首领蚩尤，更是凶暴，常常侵凌别的部落，无人能制。这时轩辕黄帝毅然勇当重任，联络各部落，与蚩尤大战于涿鹿（今属河北），蚩尤兵败被杀。轩辕黄帝遂被各部落推举为部落联盟的领袖，统一了中国。传说他制造舟车，发展文字、音律、医学、算数等。他的妻子嫘祖又教妇女种桑养蚕造丝，使人民在衣着上有了很大进步。嫘祖被后人推崇为"蚕神"，黄帝也被后人神化了。

六相分治，律吕调平。
五币九棘，泉货流行。

【解析】

轩辕黄帝统一中国之后，设置了六位大臣分工治理国家，被称为"六相"，同时，黄帝又令臣子伶伦定乐律，分成十二音，六阳为律、六阴为吕，照此制造乐器，开始有了正规的音乐。又制定了货币制度，以珠、玉、金、刀、布五种不同的物质，来代表货币的贵贱价值，并设置九棘的官职执掌财政。用货币交易替换了以货易货的落后方法。从此，货币就像泉水一样周转流通不断，因此古人又把货币称为"泉"。

麟凤显瑞，屈轶指佞。
在位百年，文明渐兴。

【解析】

中国社会发展史上来说，黄帝时期属于原始共产主义社会阶段的后期，流传于后世的历史资料也不多。所以，旧古史家把黄帝作为中华文明的始祖。司马迁的《史记》，也从黄帝开始叙述，把这一阶段当成太平盛世，将其作为最公平理想的社会来加以赞颂。传说黄帝统治中国一百年，社会文明不断进步，国家一天比一天兴旺起来。

少昊颛顼，帝喾高辛。

【解析】

东夷部落的领袖是少昊，继承黄帝成为诸侯部落的首领。颛顼是北方部落的领袖，居住在高阳（今河北保定东南），所以又号高阳氏，曾辅助少昊，后来接替少昊成为部落联盟的首领（古史称为天子）。在帝丘建都（今河南濮阳东南）。帝喾（kù）又称为高辛氏，曾辅助颛顼。后来为天子，建都于亳（今河南偃师）。

唐尧崛起，嗣挚而升。
屋茅阶土，饭簋啜铏。

【解析】

挚是唐尧的兄长，曾接替帝喾为天子，贪图享受，醉生梦死。由于饮酒无度，没法执政，在位九年后，被诸侯废去，立唐尧为嗣。唐尧一反挚的做法，吃饭穿衣都和普通百姓一样，生活非常朴素，住简陋的茅舍，宫殿阶梯也是堆土砌成。吃饭、祭祀用的簋（guǐ）和铏（xíng）也都是一般的陶具。

华封致祝，莫夹生庭。
童谣叟歌，荡乎无名。

【解析】

尧常常巡视全国，了解民间疾苦。有一次到了华地，当地的封人地方上的办事小官向尧祝福说：祝圣人长寿，使圣人富，使圣人多男子！这个故事被后人称为"华封三祝"，成为用于歌颂某人政绩的成语典故。尽管受到百姓赞颂，尧还不放心，走到街上听百姓议论，他听到歌颂自己政绩的童谣，又遇到一个老叟抚摩着吃得饱饱的肚皮在自由自在地玩击壤游戏，并唱歌道："日出而作，日入而息，凿井而饮，耕田而食，帝力何有于我哉！"尧知道百姓们安居乐业，才放下忧心，胸怀坦荡地快乐起来。

有虞舜帝，克尽孝敬。
象欲杀兄，帝愈恭顺。

【解析】

虞舜是一个非常孝敬父母的人。他的母亲过世了，父亲瞽叟又娶了一个妻子，生了个儿子名叫象。虽然舜对父亲、后母非常孝顺，对兄弟相当友爱，然而他们却把舜视作眼中钉，想害死舜。尽管如此，舜并不怨恨父母和兄弟，并且对他们更加恭谨孝顺和友爱。舜的名气大起来，百姓对他非常尊敬友爱，很愿意和他成为邻居。舜搬到一个新地方，百姓也随着搬来，两年便形成一个城镇，三年便形成一座大城市。唐尧想找个接班人，各方群臣都一致举荐了舜这个人才。

登庸受禅，陈鼓设旌。
能进元恺，殛诛四凶。

【解析】

舜继承了尧的天子帝位，立志为百姓做些好事，他号召百姓多提意见，要敢于直言自己的过失和不足。他在宫门外设立了一个木柱，名叫"诽谤之木"，欢迎百姓将所有的批评建议都写到木柱上，以帮助自己改过纠错，他还担心百姓不知道有这个木柱，便在木柱旁边布满彩旗，又设置鼓架，击鼓吸引百姓前来。舜还积极挑选人才，辅助自己整治国家。高辛氏部落有八个才子，号称"八元"，高阳氏部落有八个才子，号称"八恺"，都特别有名望，舜便把他们召集而来，委以重任。当时又有驩兜、共工、三苗和鲧四个大恶人，被人合称为"四凶"，舜便把他们或流放到偏僻之地，或加以处死，从此四方稳定，百姓得益。

敬命九官，欣歌南风。
迨南巡狩，苍梧考崩。

【解析】

虞舜设立了九个职能部门，任命禹、契、皋陶等九位人才，分别担任九个部门的长官，分工管理刑法、农业、水利、典礼等，把国家治理得非常有条理。舜看到国家太平，百姓安居乐业，十分高兴，便自造了一把五弦琴，又创作了一首叫《南风》的歌曲，他弹着琴，唱着歌，十分快活。歌词大意是："南风啊，和暖地吹吧，可以解除我们百姓的忧怨啊！南风啊，及时地吹吧，可以增加我们百姓的财富啊！"后来舜出去巡视四方，病故于苍梧，葬于苍梧山（又名九嶷山，在今湖南宁远南）。这山上特产一种紫竹，竹身有紫色或黑色斑点，所以又称斑竹，或称湘妃竹。传说舜死后，他的两个妃子娥皇、女英思念他，泪滴到竹上成斑。

夏禹俭勤，绩昭治水。
嗣舜登位，建寅绝旨。

【解析】

夏禹是个勤俭节约的人。当时洪水泛滥，舜指派他去治理，禹带领百姓，疏通河道，兴修沟渠，整整治理了十三年，三次从自己家门前路过，都没进去看看。由于他治水有功，被舜定为接班人。舜过世后，禹接替了天子之位。他创立了新的历法，也就是农业历，因为这历法是夏禹所创，所以后人又称之为夏历。夏历以寅月为一岁之首，也就是正月。因此后人又把建寅作为正月的代名词。夏禹特别厌恶美酒，那时有个叫仪狄的人，善于酿造美酒，他把酿出的酒献给夏禹，禹尝了之后，哀叹说："后世必有喜欢酒而亡国的人啊！"于是便远离了仪狄，把他流放到海边去了。

铸鼎象物，拜善泣辜。
一馈十起，典则贻后。

【解析】

夏禹即位以后，重新划定国家疆域。上古时，中国原分九州。舜分为十二州。禹又重新划定，仍为九州，又搜集天下美铜，铸造了九只铜鼎，以象征九州国土。他非常爱听有益于国家和百姓的建议，人们有好的建议，他必然要下拜表示感谢。有一次他坐车出巡，看见士兵押着一个犯人走过，便下车询问这人犯了什么罪。听了犯人讲述，禹不由伤心地哭起来。随从说："这人犯法，罪有应得，何必为他哭泣呢？"禹说："以前尧、舜当天子时，对百姓教化得好，百姓的心和尧舜的心一样善良，没有人犯罪；可是我当天子，却不能用我的心去感化百姓，而使他们犯罪，所以我才痛心哭泣。"禹为国家和百姓操心办事，有时候吃一顿饭要停下来十次，放下饭碗去处理急事。他处理事务，很讲究原则，制定了不少典章制度，古书上说他举起左手办事，一切都合乎准绳；举起右手办事，一切都处理得中规中矩。并把他的这种典章制度传给了后人。

启能敬承，祖征有扈。

【解析】

夏禹南巡到会稽山（今浙江绍兴郊外），举办了诸侯大会，后来禹患病，死后就埋葬在这座山上。古书上记载，禹曾选伯益为他的接班人，但是后来禹的儿子启却取得王位。史上有两种不同的说法，一种说伯益把王位让给了启，另一种是启与伯益争王，启杀死伯益，取得王位。启也是一个有才能的人，他接替了禹的事业，有效地治理了国家。有一个部落叫有扈氏（今陕西启县一带），这个部落不服，启率领众卿征讨有扈氏，并把它灭了。

太康尸位，荒逸灭度。
后羿畔距，仲康承祚。

【解析】

启的儿子太康接替王位之后，荒嬉无度，不理国事，沉迷于狩猎游玩。后来他的大臣后羿，趁他到洛水狩猎的机会，发动政变，拒绝太康回国，把太康的兄弟仲康另立为王。史书把这件事称为"太康失国"。

羿逐帝相，卒为浞弑。
浞复弑相，王后奔仍。

【解析】

仲康当了夏朝国王以后，感谢后羿拥戴之功，便任命后羿为相，授以大权。后来仲康去世，他的儿子帝相继位，后羿便将帝相赶下台，自己篡夏为王，以自己的亲信寒浞（zhuó）为相。谁知这个寒浞是个大阴谋家，他以献媚骗取后羿的信任，担任相国以后，权力日增，又趁机将后羿杀死，代夏称王。同时，他也没忘掉帝相这个夏朝下台的合法国王，便又派人去杀掉帝相。这时，帝相的妻子正在怀孕，脱险逃回自己娘家的部落。

生子少康，灭浞中兴。

【解析】

帝相的妻子在有仍部落生下了帝相的遗腹子少康。少康长大成人后，起先在有仍部落里任牧正一职，后来到了有虞部落，有虞部落领袖把女儿许配给了少康，把纶地（今山西荣河）给少康居住，少康在这里把夏朝逃亡出来的官吏和百姓召集到一起，在仲康的旧臣靡的帮助下，联络了斟寻氏、斟灌氏等部落的夏族遗民，共同起兵进攻寒浞。杀死寒浞后，少康遂回到旧都为王，恢复了被后羿、寒浞篡夺了四十年的夏朝，史书上把这件事称为"少康中兴"。

迨帝孔甲，淫乱豢龙。

【解析】

少康之后，夏朝又传延了七个帝王，史书上对他们的事迹记载不多。在这以后的国王是孔甲，孔甲生活奢侈淫乱。有个神话故事，传说一个叫刘累的人，会养龙。有一天，天上降下两条龙来，孔甲便令刘累把龙养起来，后来有一条龙死了，刘累把龙肉制成肉酱，献给孔甲吃，孔甲吃了，大加称赞，便令刘累再去找几条龙来吃。刘累没法找到龙，又害怕孔甲降罪被处死，于是便逃到鲁山（今属河南）中藏起来。因为孔甲昏庸暴虐，国内各部落诸侯渐渐叛离了他，夏朝开始走向衰败。

传至履癸，尤为无道。
成汤伐暴，放于南巢。

【解析】

夏朝传到最后一个国王，名叫履癸。他是一个残暴的国君，他宠爱一个女人妹喜，为她造了琼宫瑶台，淫乐其中。又造酒池肉林，酒池中能行船，酒糟筑成的堤长十里。又将干肉挂于木上成肉林，又召集三千人，一声鼓响，三千人跳入酒池牛饮，任意摘树上肉吃，以供妹喜嬉笑观赏为乐。大臣关龙逢向履癸进谏，履癸大怒，将龙逢处死。后来成汤联合了各部落诸侯，出兵灭夏，将履癸擒获，把他放逐到南巢（今安徽巢湖东北），三年后病死，谥号"桀"。"桀"是凶暴的意思，是一个恶谥。因而史书上一般都称他为夏桀。

有夏之世，更十七王。
历四百年，至桀而亡。

【解析】

根据《史记·夏本纪》记载，夏朝共传承了十七个帝王，依次为：禹、启、太康、仲康、帝相、少康、杼、槐、芒、泄、不降、扃、廑、孔甲、皋、发、履癸。十七帝总共统治了四百七十多年，其时代在公元前21世纪至公元前16世纪之间。

猗钦商汤，解网三面。
用宽代虐，刑儆风愆。

【解析】

成汤是个仁厚的君主，有一次他到野外去，看见猎人们四面张网围捕野兽，他就让拆去三面的网，使被围的野兽大部分逃走了。诸侯们听到后说："汤真是个仁德的君主，连野兽都受到他的恩惠了，何况是人呢？"成汤就是用这种仁厚的办法，来代替夏桀的残暴统治，从而获得诸侯的拥护。不过成汤并不是一味宽大。他也制定了官刑，来警戒那些有官位的人，让他们谨慎职守，减少过失。

铭盘惕己，铸金救黔。
大旱躬祷，六事格天。

【解析】

成汤为了加强自身修养，警惕自己，写了很多座右铭，刻在身边常用的器物上，现在这些器物大都遗失，铭文也没传下来，只有一只平常洗浴用的铜盘传于后世，盘上的铭文记载见《礼记》一书，铭文说："苟日新，日日新，又日新。"以此来要求自己一天要比一天有新的进步。后来国内遇到连年大旱，百姓流离失所，卖儿卖女。成汤得知，心中不忍，便将在庄山开采出来的金矿铸为金钱，发给百姓，让他们用这些钱赎回卖出的子女。传说成汤又剪去自己的头发和指甲，在桑林地方祈祷上天降雨，并以为自己有六件事没办好，而加以自责，要求上天降罪给自己，而不要用旱灾惩罚百姓。结果下起大雨，解除了旱情。

元孙太甲，颠覆典刑。

放桐自艾，归亳称明。

【解析】

成汤任用伊尹为相辅助治理国家，立太丁为太子，但是太丁很早就夭亡了。之后成汤去世，伊尹立成汤的次子外丙为王；仅仅两年，外丙又去世，伊尹又立外丙之弟仲壬为王。四年之后仲壬也死了。伊尹便拥立太丁的儿子太甲为王。太甲是成汤的嫡孙，然而德行远比不上成汤，即位以后，暴虐不仁，又不遵从成汤定下的法制，难以担当一国之主的重任。于是伊尹又把他放逐到桐宫，太甲在那思过三年，最终改过从善，所以伊尹又把他接了回来，恢复了帝位，从此太甲变得贤明有为。

太戊修德，祥桑枯殒。

祖乙盘庚，继世贤君。

【解析】

太甲去世后，其儿子沃丁为王。沃丁去世，沃丁的兄弟太庚接替了王位，以后太庚的三个儿子小甲、雍己、太戊相继为王。在雍己为王的时候，商朝威望已有所下降，诸侯部落常常不来朝见。到戊为王时，朝堂上突然生出一棵祥桑来，这棵树其实是两棵树，一棵桑树，一棵楮树，两棵树却合到一起生长起来，被认为是一种不正常的妖异，所以叫作祥桑，"祥"字并不仅是吉祥的意思，在古书里它还含有妖怪、凶兆的意思。太戊见了十分忧虑，便征求大臣们的意见。这时伊尹的儿子伊陟为相，他劝太戊要加强修德，多做好事，把凶兆压下去。太戊听从了他的话，办了不少利国利民的好事，于是那棵妖桑便枯死了。这当然是一种迷信传说，实际上是太戊采纳了伊陟的意见，改革政治弊端，才使商朝得到恢复强盛，太戊亦被称为中兴之君。太戊的曾孙祖乙，祖乙的孙子盘庚，也被称为有作为的贤能君王。盘庚将商都迁到殷（今河南安阳西北），改国号为殷。

所以史书上将商朝又称为殷商。

> 传至武丁，恭默思道。
> 卜相得说，鼎耳雉鸲。
> 反己修德，商道中兴。

【解析】

盘庚以后，他的兄弟小辛和小乙先后为王，然而没什么作为，国势又衰败下来。到了小乙的儿子武丁为王，又才有了起色。武丁外表上沉默寡言，然而却头脑清晰，考虑问题深刻。相传他自小生活在民间，深知奴隶们的疾苦生活。他发现了一个名叫傅说的奴隶，是个人才，便不拘一格地把傅说提拔起来，后来又任他为相。有一次他去太庙祭祀成汤，忽然飞来一只野雉，落在祭祀用的铜鼎耳朵之上啼鸣。武丁觉得是灾异的预兆。于是便仔细反省自己，努力为国为民做了不少好事。鬼方部落的领袖残暴无道，武丁出兵把他伐灭，受到诸侯的称颂。很多偏僻荒远的国家敬仰武丁的恩德，不远千里前来朝拜。于是殷朝又兴旺起来。

> 数传至纣，暴与桀增。
> 宠溺妲己，酒池肉林。
> 诛忠囚善，炮烙严刑。

【解析】

武丁以后，殷又传了八个君王，最后一个就是纣王。他的残暴程度超过了夏桀。纣王宠爱一个叫妲己的女子。为她造了一座豪华的宫殿，名叫鹿台，周围有三里之大，花了七年时间才建成，又在全国搜集珍宝财物，充实于鹿台之内。又造了酒池肉林，与亲信侍臣做长夜之饮。纣的叔父比干劝谏纣王，被剖腹剜心。太师箕子也因劝谏而被纣王终身囚禁。九侯、鄂侯被纣王处死以后，还被剁为肉酱，做熟来吃。妲己还让纣王造了一种十分毒辣的"炮烙之刑"。这种刑法，就是在地下挖一大坑，坑中生起炭火，又将一个铜柱涂上油膏，架到火坑之上，让犯人从铜柱上走过。这铜柱又热又滑，犯人很快便跌下火坑，被活活烧死。而纣王和妲己坐在一旁，观看犯人垂死挣扎的情况以取乐。这样残暴无道，使诸侯渐渐离心，纷纷叛变，最终使纣王走向灭亡。

历年六百，二十八君。

天命既改，商祚告终。

【解析】

商朝自成汤建国到纣王亡国，共经历六百余年。时代为公元前16世纪至公元前11世纪。共传承十七代三十一王，其中成汤太子太丁在成汤尚在世时已早死，并没有即位，因此实应为三十王。即成汤、（太丁）、外丙、仲壬、太甲、沃丁、太庚、小甲、雍己、太戊、仲丁、外壬、河亶甲、祖乙、祖辛、沃甲、祖丁、南庚、阳甲、盘庚、小辛、小乙、武丁、祖庚、祖甲、廪辛、康丁、武乙、太丁、帝乙、帝辛。

本书原文是依据明清之际流传的一部《袁了凡纲鉴》改编，该书怀疑外丙、仲壬并没有即位。所以才称为"二十八君"。

维周文王，生有圣德。

问安视膳，孝道允克。

【解析】

周文王是虞舜时后稷的后代，初封于邰（今陕西乾县），后迁于岐山（今属陕西，故其国又称岐周）。史书上认为文王道德修养十分高尚，能敬老慈幼、礼贤下士，所以很多人才都投奔于他。传说他是一个大孝子，对父母十分孝顺。他年轻时，每天早中晚三次都要到父母那里问安、侍候父母吃饭，从来没有间断。父母有什么要求，他总要尽量快捷地给予解决，所以他孝顺的名声远近传扬，受到社会舆论的称赞。

出猎得师，演易垂则。

【解析】

文王礼贤下士，求贤若渴。有位很有学问的老人，姓姜名尚，又叫"吕尚"，这个姜尚隐居在渭水旁钓鱼（今陕西宝鸡附近）。文王听说了他的贤能之后，就以打猎为名，到渭水边上去寻找。果真找到姜尚，和他交谈以后，非常高兴，便把姜尚迎接回来，以师礼对待，号称为"尚父"。后来姜尚辅助文王的儿子武王灭殷建周。文王去朝拜纣王，因为见到九侯、鄂侯被纣王处死，非常惋惜，背地里叹息了一番，却被人向纣王告密，于是纣王便把文王囚禁到羑（yǒu）里（今河南汤阴北）。文王在被囚禁期间，便研究演习易卦。他把八卦两两相加，演为六十四卦，并为每个卦写了卦辞。卦辞流传下来，成为儒家经典之一，命名为《易经》，又由于其卦辞相传是周文王所写，所以又被称为《周易》。

虞芮质成，归四十国。
三分有二，终守臣节。

【解析】
虞国和芮（ruì）国是殷商时的两个小国（在今山西南部），因为互相争夺田地，引起纠纷，长期难以解决，后来两国国君商定说："西伯是个讲仁义、办事公正的人，我们可以请他来裁决。"于是一同到岐山去拜见周文王。进入周境，只见百姓们十分讲究礼仪，对年长的人十分尊敬，农民在划定田界时，总是互相谦让，从不相争。两国国君十分惭愧，说："我们所争的东西，正是周人所不齿的。相比之下，我们实在是小人啊，如果到君子的堂上去争论这些，岂不是被人笑话，自取其辱吗？"于是中途回国，并互相谦让，解决了多年争田不休的矛盾。诸侯们听到这件事，都十分感动，那些因纣王无道而叛离了殷商的，都转向拥护西伯为领袖，一时之间便多达四十余国。虽然后来全国有三分之二的诸侯都拥护文王为领袖，但文王仍然恪守臣节，十分恭敬地服从纣王的命令。

武王观兵，白鱼入舟。
孟津既会，胜殷遏刘。

【解析】
武王接替了文王的事业，应各诸侯的要求，征讨昏庸无道的殷纣王。在孟津（今属河南）乘船舟渡黄河。船行驶到中流，有一条很大的白鱼，从河里跳到武王的船上，侍臣解释说：鱼是介鳞之物，是刀兵战争之相；白色是殷商所尊崇的色调，为其国家旗帜的主色，因此白鱼跳到舟中，是殷国归于周的征兆。于是武王便把这条鱼作为祭物祭祀天地。诸侯和各部落领袖听闻武王渡河伐殷的消息，都率兵来会，多达八百家。武王与诸侯的军队会合后，任姜尚为军队的总指挥，进军到殷国都城朝歌附近的牧野（今河南淇县西南）。殷纣王也出兵七十万前来迎战，两军在牧野决战。因为纣王的残暴统治，被编入军队的奴隶都不肯为纣王效忠，纷纷倒戈，加入了征讨纣王的行列中，史书上把这件事称为"前徒倒戈"。于是武王和各路诸侯的大军很快便包围了朝歌，纣王逃到鹿台之上自焚而死，武王下令把妲己斩首示众，殷朝至此灭亡。

族闾封墓，释箕子囚。
散财发粟，归马放牛。

【解析】

武王灭掉殷商后，十分注意抚慰殷地的臣民，封纣王的儿子武庚为殷族的首领，让自己的兄弟管叔鲜、蔡叔度为武庚相，辅佐武庚治理殷地。殷商的资深大臣商容，因谏劝纣王，被纣王贬官为民，武王特地派大臣去他居住的地方拜见，对他进行了表彰；又对被纣王迫害致死的比干进行了祭奠，把他的坟墓加土修整；放出了被纣王囚禁的箕子；又派大将南宫适（kuò），将鹿台中纣王搜刮百姓的珍宝财货加以清点，散发给百姓；打开纣王设于巨桥的粮仓，将存粮救济贫苦奴隶。一切办妥之后，才班师回周国。回国之后，将战马放归华山，将服役运输辎重的牛群放养于桃林之野。刀枪兵器则用皮革包了，加封锁入仓库，以表示结束了战争，不再用兵。成语"马放南山，刀枪入库"，就来源于此。最后武王才接受朝贺，正式即天子之位，国号周，定都于镐京（今陕西西安西南）。

成王嗣服，礼成乐备。
康王克缵，四海刑措。

【解析】

周成王，即周武王的儿子姬诵，在周武王去世后继位。由于成王年纪尚幼，所以由成王叔父周公姬旦摄政，在此期间，周公东征平定了武庚和管叔、蔡叔的叛乱，继续分封诸侯；七年后成王长大了，周公就把政权归还给了成王。周公又制定了礼乐制度，姜尚也建立"九府圜法"，加强了国家财政管理，促进了经济的发展。成王去世后，他的儿子康王姬钊继位，康王也是个有才干的人；他去奢崇俭、简政安民，继续实施成王时期的各种政策制度，维持了国家的兴盛。

昭王溺楚，穆作祥刑。

【解析】

周朝到康王的儿子周昭王继位后，便逐步衰败。当时南方的楚国常和周发生战争。周昭王很想扩张疆土，多次亲自出征楚国，所以楚国人非常憎恨他。后来昭王再次南征，沿汉水下长江，汉阳地方的楚国人便假装归顺，献给昭王一艘豪华的大船。这艘船外表非常华丽，里面却是用皮胶黏合而成。昭王乘坐这艘船没多久，皮胶被水溶化，船只解体，昭王也落水而死。他的儿子姬满继位，即周穆王。由于边远各族不断反抗，诸侯不遵从王命，周穆王就让大臣吕侯作《吕刑》一书，并把它作为定罪量刑的准绳。其中包含砍头、剁足、割鼻子等轻重不一的五种刑罚，内容多达三千多条。

传至孝王，非子封秦。
逮于夷王，觐始下堂。

【解析】

周朝王室逐渐衰落，国家制度很多不能执行。周穆王的孙子懿王去世后，懿王的叔父姬辟方乘机夺取了王位，即周孝王。周朝实行的以嫡长子继位的王位继承制，从此发生了改变。有一个叫非子的人很善养马，孝王让他到渭水边放马，结果马群大量繁殖，孝王很高兴，便将一个小城镇秦邑封给他，作为周的附庸。并赐姓嬴，人称为秦嬴氏。后来成为秦国国君的祖先。孝王去世后，诸侯又拥立懿王的儿子姬燮为王，即周夷王。过去诸侯朝见国王，国王端坐于堂上，让诸侯上堂拜见。而夷王是借助诸侯的力量才登上王位的，所以对诸侯很客气，有诸侯来朝觐，他急忙走下堂去迎接，周王的权势从此趋于衰落。

厉王暴虐，民口思防。
宣王中兴，海内向风。

【解析】

　　周夷王的儿子姬胡，即周厉王，是个秉性残暴的国君，那时住在首都镐京的人称作"国人"，住在镐京以外的人称作"郊人"。周厉王奢侈狂妄，不可避免地遭到国人的议论。厉王听到后非常恼怒，认为人们是诽谤朝政，就下令禁止国人议论朝政，又派人暗中监视，凡被告发者，一概处死。因此国人什么话都不敢说了。过了三年，国人终于无法忍受，举行暴动要杀厉王。厉王逃到外地，终生不敢回国。"国人暴动"发生在公元前841年，自这一年起，中国历史才有了确切的纪年。厉王的儿子姬静（又作姬靖）年纪幼小，躲在召公家中，才在"国人暴动"中得以幸免于难。这时国内政治靠周公、召公共同处理。直到公元前828年，传来厉王已故的消息，周、召二公才扶持姬静即位，即周宣王，从而结束了周、召二公共同执政。周宣王做君王后，效法文、武、成、康的做法，和诸侯的关系有所改善，所以被称为"宣王中兴"。

幽王昏乱，弑于西戎。

【解析】

　　周幽王是个昏庸的君主，他宠爱一个妃子褒姒，因而废去没有过错的申后和太子宜臼。这个褒姒生得十分美貌，就是不笑。幽王想尽一切办法逗她高兴，都没有成功。周朝镐京离西北边境的犬戎部落很近，犬戎常出兵到内地抢掠扰乱。因此，全国建了不少烽火台，一旦发生敌情，立即点燃烽火，白天冒烟，夜晚有火光，将敌人入侵的信号传向下一座烽火台。这样片刻之间，烽火信号便传至数百里外。诸侯望见烽火，立即出兵前来救援，保卫镐京安全。这天幽王忽发奇想，利用烽火诱使诸侯上当，以博褒姒一笑。于是下令点起烽火，结果诸侯兵马急忙赶来，却没有敌寇，只见幽王和褒姒坐于城楼上饮酒作乐，都十分扫兴。只好偃旗息鼓，满怀愤慨地回国去了。褒姒见此情形，不由开怀大笑。不久，犬戎等出兵攻镐京，幽王忙举烽火召诸侯来救。诸侯怕再被要弄，皆不发兵救援。犬戎遂攻破镐京，杀幽王于骊山之下，西周遂亡。

平王东迁，赏罚不行。
齐晋秦楚，强伯专征。

【解析】
周平王把都城迁到洛邑，在先前都城镐京的东边，所以历史学家把平王东迁之前的周朝称作西周，东迁后的称作东周。东周又划分为春秋、战国两个时期。平王东迁，即春秋时期的开始。这时，周朝王室尽管名义上仍旧称为天子，实际上诸侯们都已不听从周王的命令，周王也无法对诸侯进行赏罚了。诸侯之间相互讨伐，大国吞灭小国，大国和强国之间，又为争抢盟主而战。这个时期最强盛的国家有齐、晋、楚、秦等国，其中齐桓公、晋文公、秦穆公、宋襄公和楚庄公都曾做过盟主，被人们称为春秋五霸。然而春秋五霸到底都是哪些诸侯，史书上的记载也不完全相同。

孔圣作经，托始于平。

【解析】
孔子是春秋末期的思想家，政治家，教育家。相传他曾整理过《诗经》等古代文献，并且把鲁国史官所记的《春秋》加以删修，成为我国第一部编年体史书。从周平王四十九年（前722），开始记述，周敬王四十一年（前479）孔子卒时止。他的这些著作成为后世儒生必读的经典。

桓庄僖惠，襄顷匡定。
简灵景悼，敬元贞定。
哀思考王，弑逆多衅。

【解析】
桓、庄、僖、惠、襄、顷、匡、定、简、灵、景、悼、敬、元、贞定，是十五位周朝君王的名称。自周平王的孙子周桓王即位开始，到周贞定王去世这段时期，也就是公元前719—前441年，这是自春秋初期到战国初期的历史时期。在此期间，大国吞并小国，互相攻伐。周贞定王过世后，他的儿子姬去疾即周哀王继位，哀王仅在位三个月，就被他的兄弟姬叔即周思王刺杀，夺取王位，同年其弟姬嵬带兵又攻杀思王，自立为王，即周考王。这兄弟三人争王，互相残杀，让弱小的周王室更加衰弱。为了防止再出现兄弟相争，考王即位后，又把他的弟弟姬揭封于河南（今洛阳西），号称西周桓公。这是周朝最后一次分封，原本只剩弹丸之地的周王室疆土，就更为窄小了。

威烈继立，三晋初命。
王室式微，七国相竞。

【解析】
考王在位十五年去世，他的儿子威烈王继位。这时距赵、魏、韩三家瓜分晋国已有五十年之久，但这三家虽然已成为事实上的国家，却从来没有被分封过，不能算合法的诸侯。威烈王为天子，终于正式认可三家的身份，封它们为侯爵诸侯国。这时周王室除了名义上仍为天子外，已没有一点天子的权力了。春秋时期全中国有几十个诸侯国，到周威烈王时，只剩下齐、楚燕、赵、韩、魏、秦七个国家来争夺天下。所以史书上称这七国为"战国七雄"。

历安烈显，爰及慎靓。
仪秦纵横，孟轲守正。

【解析】
周安王、烈王、显王和慎靓王时期，是战国游说、舌辩频繁的时期。这时秦国强大，已成为七雄中的头号强国，其他六国常被秦欺压。苏秦主张用六国联合的合纵策略来抗衡秦国。后来游说了六国，被推为六国联盟的纵约长，秦国势力受到一定抑制。后来张仪为了破坏苏秦的合纵政策，拆散多国联盟，提出了弱国只有与秦联盟，才能获得有力的盟友而不受第三国侵凌的连横政策。后人把他们这类以善于舌辩、游说于诸侯的人，称作纵横家。

在儒家眼中，同时期孟轲提出的"民贵君轻""行仁义""法先王"等主张，才是纯正的治国方法，是儒家思想的传承和发展。因此后人便把孟轲尊奉为仅次于孔子的儒家代表人物。

传至赧王，二周沦亡。

年逾八百，三十七王。

【解析】

公元前256年，秦昭襄王出征周，吞灭了周和考王时分封出来的西周公，因此本文称之为"二周沦亡"。周朝从西周武王建国到东周赧王被秦所灭共经历了八百余年。总共传承三十七王：

西周（都镐京）：

武王、成王、康王、昭王、穆王、共王、懿王、孝王、夷王、厉王、宣王、幽王。

东周（都洛阳）：

平王、桓王、庄王、釐王、惠王、襄王、顷王、匡王、定王、简王、灵王、景王、悼王、敬王、元王、贞定王、哀王、思王、考王、威烈王、安王、烈王、显王、慎靓王、赧王。

秦始称帝，以吕易嬴。

并吞六国，专尚刑名。

【解析】

秦国自其祖先非子被封于秦，赐姓嬴以后，经过几百年的发展，已成为战国时期最强的诸侯国。秦国公子子楚年轻时作为人质，羁留在赵国，受到大商人吕不韦的资助，吕不韦又把已怀孕的宠姬送给子楚为妾，生了嬴政，传说实为吕不韦的儿子。后来子楚在吕不韦协助下逃回秦国，继承了王位，即秦庄襄王，吕不韦也被任命为秦国相国。庄襄王去世后，嬴政继承王位，灭掉六国，统一天下，把国家最高统治者定名为"皇帝"，自称"始皇帝"，准备传之万世。秦始皇是个雄才大略的皇帝，他爱好刑名之学，主张以法治国。统一中国后，他进行了一系列改革，废除了分封诸侯的制度；在全国设立郡县，由中央直接委派地方官员，加强了中央集权；又统一全国文字、货币、度量衡、法律；还修筑道路、发展交通；兴修水利，发展农业等。这些措施，都有助于巩固国家的统一，促进经济、文化的发展。

焚书坑儒，北筑长城。

【解析】

　　秦始皇担心人民反叛，就收缴民间兵器，熔化后铸成十二个金人和若干乐器，焚毁各诸侯国史籍和儒家经典、诸子百家书籍，活埋借古非今、批判现实的儒生和方士四百六十多人。为了防范北方的匈奴，在战国各国原有长城的基础上扩建长城，征集民工百万余人。由于连年用兵、大兴土木，百姓赋税越来越重，再加上残酷的刑法，激起了人民的愤慨和反叛。

阿房方起，沙丘殒身。

【解析】

　　秦始皇统一中国后，开始筑建"阿房宫"，同时又在骊山建了一座陵墓，两项大工程共征用七十多万苦役。在此期间，他又巡行全国，自会稽山（今浙江绍兴）至山东，又到碣石（今河北秦皇岛）。在这里，他又听信方士徐福的话，派了数千童男童女，跟随徐福一同入海寻仙，求长生不死药。徐福从此一去不复返。秦始皇在回咸阳途中患病，在沙丘亡故（今河北广宗附近）。

李斯矫诏，二世称尊。
望夷遇弑，秦祚遂倾。

【解析】

　　秦始皇死后，丞相李斯与掌握大权的宦官赵高合谋，伪造了始皇遗诏，逼死太子扶苏，立胡亥为帝，即秦二世。二世即位不久，爆发了多起农民起义，最著名的有陈胜、吴广起义，以及项梁、项籍、刘邦起义等。战国时各国贵族后代和部将，也纷纷举起故国旗号独立。秦二世三年（前207），秦国内部又发生内讧，秦二世在望夷宫内，被赵高逼令自杀，赵高又立扶苏的儿子子婴为秦王，子婴又杀了赵高。子婴仅当了四十六天皇帝，刘邦的部队攻破咸阳，子婴投降，为项羽所杀，秦朝遂亡。从秦始皇统一全国自称始皇帝开始，至秦朝灭亡，前后仅十五年（前221—前207）。

汉高起兵，破秦灭楚。
三章约法，群才协辅。

【解析】

刘邦本是泗水亭长，之后响应陈胜、吴广起义，投到项梁部下。项梁战死后，由他的侄子项羽来统率部队，刘邦因有战功而被封为沛公，成为项羽部下主力，率兵西进，最先攻破咸阳，接受秦王子婴投降，废除秦国的众多酷法，只定了三条法律，史称"约法三章"，即"杀人者死，伤人及盗抵罪"，受到人民拥戴。不久，项羽进入咸阳，杀子婴及秦国降兵，焚烧宫殿，抢夺珍宝和妇女，所以丧失民心。项羽自认为勇猛无人能比，自封为"西楚霸王"，定都彭城（今江苏徐州），大封诸侯。他非常嫉妒刘邦深得民心，便把刘邦封为汉王，并把他赶到偏远的巴蜀、汉中山区。项羽刚愎自用，不善用人，最终导致诸侯不服，天下大乱。刘邦趁机出兵关中，占领长安，并向东发展，最后形成楚汉相争的局势。刘邦善于用人，很多诸侯和人才叛离项羽而投奔他。刘邦的力量逐渐强大，终于打败了项羽。

时有三杰，萧何信良。
经营五载，帝业用成。

【解析】

楚霸王项羽是一个武艺高强的勇将，无人可敌。他手下有四十多万雄兵，而刘邦仅有十万人，军事上处于劣势，常常被项羽打得大败，走投无路，多次遇险。但刘邦能用人，有一批能人辅佐。萧何、张良、韩信被称为"兴汉三杰"。萧何是最好的后勤，他守于关中根据地，为前线提供了充足粮饷，随时补充兵员。张良则不离刘邦左右，出谋划策，多次从险境中救出刘邦。韩信是项羽部下一个小军官，不被重用，后来到刘邦部队，经萧何、张良竭力推荐，被刘邦破格拜为大将，统率全军，使刘邦转弱为强。韩信采用十面埋伏之计，在垓下（今安徽灵璧南）与项羽决战，击溃了项羽主力，项羽逃到乌江自杀而亡。楚汉战争共进行了五年，刘邦终于获胜统一全国，建立了汉朝。

惠帝嗣位，过于柔仁。
遭母残虐，嗜饮弃政。

【解析】

刘邦做了十二年皇帝后病死，年仅十二岁的太子刘盈继位。刘盈秉性软弱，朝政大权都落到他母亲吕太后手中。吕太后泼辣阴毒，刘邦死后，她就剁去刘邦宠妃戚夫人的四肢，剜去眼睛，弄哑嗓子，熏聋耳朵，置于厕所内，号称"人彘"，请汉惠帝前去观看。惠帝看到母亲如此凶残，抑郁成疾，整天以酒浇愁，不问朝政，几年后忧伤而亡。

吕后临朝，诸吕擅权。
平勃交欢，刘氏以全。

【解析】

汉惠帝无子，吕后夺后宫董美人幼子冒充惠帝张皇后所生之子，立为少帝，而杀董美人灭口。少帝尚在襁褓，吕后遂临朝听政。她违背刘邦"异姓不得封王"的规定，封其侄吕产、吕禄等为王，并让他们掌握国家军政大权。少帝年略长，知己非惠帝子，恨生母为吕后所杀，于是吕后遂囚杀少帝。吕氏死后，诸吕打算谋夺刘氏天下。丞相陈平与太尉周勃等定计，使人诱掌握兵权的吕禄外出游猎。周勃乘机夺其军权，尽擒诸吕斩之，迎立刘邦与薄姬所生之子刘恒为帝，即汉文帝。

太宗孝文，恭俭宽仁。
建贤劝农，加惠元元。

【解析】

汉文帝刘恒生活俭朴，对母亲很孝顺，能仔细听取群臣意见，实施"与民休息"的政策，注重发展农业，减轻农民负担，使农业生产有所恢复发展，经济复苏，国家逐步繁盛起来，广大民众得到了实惠。

景帝遵业，刻薄匪臧。
废后易储，七国跳梁。

【解析】

汉景帝继位后，仍实行"与民休息"的政策，国家比较富庶。为了加强中央集权，他继续实施文帝的"削藩"计划，逐渐禁止藩王自行铸造货币、征缴赋税、任免官员和拥有军队，一些藩王对此非常不满，便发动叛乱，史称"七国之乱"。景帝任周勃的儿子周亚夫为太尉，率兵平定了七国之乱，加强了国家的统治和稳定。但是也有人说他几次废除皇后和变换太子，待人刻薄冷酷。

世宗孝武，雄才大略。
初向儒术，董生对策。
协律定吕，祀郊兴学。

【解析】

汉武帝在位期间是整个西汉王朝的全盛时期，他很重视知识分子的作用，即位之初，便下诏全国各地举荐贤良方正之士，征求直言极谏之人。董仲舒的"天人三策"，提出了"君权神授"的主张，提倡封建的"三纲五常"伦理，建议"罢黜百家，独尊儒术"。汉武帝接受了他的建议，以儒家思想为指导，制定礼乐制度，大力兴办学校，开启了我国封建社会以儒家思想为正统思想的历史。

继志神仙，复穷武功。
才臣竞起，驰骛奋庸。

【解析】

汉武帝晚年和秦始皇一样，追求能长生不死。他迷信方士，在皇宫内筑造了一座高台，以祈求神仙下降相会；他又在宫内立一根巨大铜柱，在柱顶上铸立一个铜人，手捧承露盘在晚间承接天上落下的露水，他认为喝了甘露就能够长生不老。为了向夷族显示汉朝的国威，汉武帝派兵讨伐边疆地域，或派使臣出使，以增强同边疆少数民族之间的经济文化交流。这一时期人才辈出，为实现汉武帝的政治宏图和治国方针而驰骛奔走，建立了显赫功勋。

汤禹定令，相如赋雄。
武骞奉使，汲郑质直。

【解析】

汉武帝任用张汤和赵禹，制定了很多法令，稳定了当时的经济秩序。司马相如是当时著名的文学家，他写的《子虚赋》《上林赋》，描述天子、诸侯游猎的盛大场面，绘声绘色，成为名作，对后人词赋创作有很大影响。苏武、张骞是优秀外交家。苏武出使匈奴，坚贞不屈，被匈奴流放到北海（今俄罗斯贝加尔湖）牧羊十九年，持汉节不改其志。张骞两次出使西域，加强了汉朝与西域少数民族的政治、经济、文化交流，开辟了通向西方的丝绸之路，立下不朽功勋。汲黯、郑都是当时耿直敢言、很有政治才能的官员。

卫青去病，扬名戎狄。
至于受遗，霍光日磾。

【解析】

秦汉更替之际，北方的少数民族匈奴逐步强盛起来，经常南下侵扰。汉朝初期，基本上采用防御政策。到了汉武帝时，才开始转向进攻。雄才伟略的汉武帝，派卫青、霍去病统率劲旅，先后六七次进兵漠北，击溃匈奴主力，使匈奴贵族远远逃离，基本上解除了匈奴对汉朝的威胁。卫青和霍去病立下赫赫战功，威名远扬，只可惜他们都很早就去世了。汉武帝病重时，下诏遗命辅助太子的大臣，有霍光、金日磾二人，他们是和卫青、霍去病齐名的一代豪杰。

晚节知悔，得人最盛。

轮台一诏，国本用滋。

【解析】

汉武帝到六十八岁时，才领悟到过去迷信方士、追求长生不老，以及连年用兵、使百姓负担加重，都是错误的。他曾对群臣说："以前愚惑，被方士欺骗，天下岂有仙人？尽妖妄耳！"又发布了著名的"轮台诏"，诏书大意是说：请求增加百姓赋税，以供边境军需，是重新使百姓陷入痛苦，向轮台派兵屯垦更是错误，今后应当实行让百姓休养生息的政策，加强农业，以富国强民为立国之本。

孝昭幼冲，天资明敏。
辨忠识诈，惜年不永。

【解析】

尽管汉昭帝即位时年纪很小，但是相当聪明，十四岁时大臣上官桀等人阴谋叛变，畏惧大将军霍光，便伪捏燕王书信，诬赖霍光调动军队演习，准备叛乱。一时朝内议论纷纷，霍光得知，去掉帽子到宫门外等候责罚。昭帝宣霍光进宫，说："大将军无罪。"并和群臣解释说："大将军调兵演习，距今还不到十天，远在数千里外的燕王怎会得知其中不少细节，并这么快便送来揭发的奏章？这一定是内宫里的人伪造的！"并下旨查找送信人，果真送信人已闻风逃走。后人对昭帝的聪颖明察，非常赞赏，但是很遗憾他仅二十一岁便过世了。

孝宣励精，继续中兴。
擢用儒臣，望之梁丘。

【解析】

汉昭帝过世后，起初立昌邑王刘贺为帝。然而刘贺生活淫乱，又从昌邑领来大批官吏，肆意擢升，朝政混乱，因此仅做了二十七天皇帝，便被霍光等奏请皇太后废去，拥立勤奋好学的刘询为帝，即汉宣帝。汉宣帝是武帝戾太子的孙子，戾太子被冤杀后，宣帝自小过着普通百姓的生活，他比较明白百姓疾苦，做皇帝后，继续施行"与民休息"的政策，减轻徭役赋税，整顿吏治，平理冤狱，使国家继续保持昌盛稳定的局面。他十分注重教育，征召当时的著名学者萧望之、梁丘贺等人到政府为官。萧望之做了太子刘奭的老师，梁丘贺专职给皇帝的侍从官员教授经书。

以文章显，刘向王褒。

【解析】

汉宣帝很注意收罗文士，其中较为著名者是刘向和王褒。刘向原是在皇帝御辇前引路的一个辇郎，因为文辞出众、博学多识，被宣帝提拔为谏大夫，后来被派往国家藏书楼天禄阁，校勘整理国家藏书，撰《别录》二十卷，是我国最早的目录学著作，刘向也被称为我国"目录学之祖"。王褒很会写文章，曾作《中和》《乐职》《宣布诗》等。汉宣帝读了这几首诗赋，十分赞赏，将其召入京师，授以谏大夫。

安世充国，魏相丙吉。

【解析】

汉宣帝时人才辈出。张安世在昭帝时担任右将军，封富平侯，是霍光的得力助手，后与霍光一起决策，拥立宣帝即位。霍光过世之后，他接任大司马一职。赵充国是一代勇将，精通兵法，因为他家居西北，对匈奴及羌族风俗习惯、人事内情都很了解，多次平定边疆少数民族叛乱，在屯田驻兵，对发展边疆少数民族地区农业生产做出了一定的贡献。在文臣中，先后担任丞相的魏相和丙吉，都是公正廉直的官员，在整顿吏治、发展农业经济等方面都很有成就。

定国延年，将相是职。
黄霸广汉，龚遂翁归。

【解析】

汉宣帝任用了一批能干的官员管理地方事务，保障社会安定，促进经济繁荣。如于定国、杜延年都是精通法律的人才。他们清廉正直、执法公正宽厚，由他们担任司法长官，加强了国家法制、减少了冤狱。黄霸、龚遂被称为守职尽责的地方官典型，号称"龚黄"。黄霸担任颍川太守时，常常深入民间，对民间疾苦了如指掌，鼓励农民务农桑、节财用，种树养畜，改善了百姓生活。渤海地区连年荒旱，农民纷纷起来反抗，封建官府难以制止。龚遂上任后，立即开仓借粮，奖励生产，劝农民"卖刀买犊"，致力农桑，社会很快安定下来。赵广汉和尹翁归都是执法不避权贵，敢于处置地方土豪劣绅的地方官员。

张敞延寿，治民莫追。
惜开三衅，德教有亏。

【解析】

汉宣帝所任用的杰出地方官还有张敞及韩延寿等。只可惜汉宣帝在整治国家上，有三大失误：第一，宠信宦官，促使了宦官势力的膨胀，增大了乱国因素；第二，乱杀相臣，造成不少冤案，很多忠臣都被无辜处死；第三，重用外戚，大权旁落，成为西汉灭亡的祸根。

孝元嗣位，宠任宦戚。
优柔寡断，忠良废斥。

【解析】

汉元帝受其父熏陶，爱好儒术，并擅长书法、音乐。即位后，他任用一批儒士担任要职。但是他也像宣帝一样宠信宦官，依赖外戚。宦官弘恭、石显当了中书令，专权跋扈，多行不法。魏郡太守京房，因弹劾石显的不法行为，反被石显反咬一口，下狱诛杀。甚至元帝的老师萧望之，也被弘恭、石显构陷，在狱中自杀。外戚史高任大司马领尚书事，与宦官互相勾结，专擅朝政。百姓则因赋税加重，流离失所，西汉政权开始迅速转衰。弘恭病死后，石显独擅大权。直到成帝时，外戚王凤势力崛起，石显才逐渐失势，被免官放回故里，中途忧惧病死。

成帝耽色，王侯专恣。
匡衡刘向，谏若罔知。

【解析】

汉成帝是个沉迷于酒色的皇帝，所有国家大事，都交给妻舅王凤掌管。王凤担任大司马大将军领尚书事，王家兄弟五人都被封为侯爵，外戚专权已达到无以复加的程度。与此同时王官贵族争相奢侈享乐，兼并土地，农民大量流离失所，国家陷入重重危机。丞相匡衡和皇族刘向上奏劝谏，元帝竟毫不知觉醒。

迨至哀平，王莽伪恭。
篡十七载，光武兴戎。

【解析】

汉元帝和汉成帝时期，是元帝王皇后娘家权势最大的时候，一家人有九人封侯，五人担任大司马。王家子弟竞相奢侈，唯有王皇后的侄子王莽与众不同。王莽生活俭朴虚心守礼，很受舆论好评。成帝时被封为新都侯，任大司马。哀帝即位，王莽被免职，赶回封地。由于王莽平素有礼贤下士的好名声，不少人为他说好话，于是过了两年，他又被召回朝内任职。哀帝去世后，王莽扶九岁的汉平帝即位，亲自辅政。他策划亲信上书，自封为"安汉公"。后又毒死平帝，立年才两岁的孺子婴为帝，王莽自称"假皇帝"，临朝听政。公元9年，废去孺子婴，自立为帝，改国号为"新"。自刘邦称帝起，至王莽代汉止，前后两百一十年，历十二帝。因其都长安，在东汉都洛阳的西面，故被后人称为"西汉"，又称"前汉"。王莽建国后，连年荒旱、赋税加重，农民流离失所，各地纷纷出现了反莽起义。公元23年，绿林军攻入长安，王莽被杀。南阳人刘秀在反王莽起义中逐渐扩大自己的势力，于公元25年在河北继汉称帝，年号"建武"，定都洛阳，史称"东汉"。

恢廓大度，芟夷群雄。
崇儒礼贤，俊义奋庸。

【解析】

公元23年，王莽将帅王寻、王邑带军四十二万人，与绿林军在昆阳交战（今河南叶县北），刘秀带领精兵三千人突入王莽军中，杀死王寻，莽军溃败。不久，王莽政权覆灭。后来起义军发生内乱，刘縯被杀，刘秀就成为这支部队的领袖。他宽宏大量，善于团结利用西汉贵族力量，力量迅速强大，终于铲平群雄，建立了东汉政权。

伏湛循良，卓茂行谊。
马援大才，宋弘重义。

【解析】

伏湛生于世代名儒家庭，博学多识，有很多弟子；卓茂虽是个小县令，但是勤于政事，用德治和法治相结合的方法，使境内大治。光武帝刘秀听闻他们的声名，便诏请入朝，破格提拔，委以重任。马援深得刘秀信任，战功显赫，成为一代名将。宋弘本在王莽部下担当要职，光武帝得知他很有才干，委以要职，还准备把湖阳公主许配给他。宋弘不愿背叛自己的原配妻子，说："糟糠之妻不下堂！"所以，人们都很敬仰宋弘的品德义气。

刘昆郭伋，杜诗张堪。
一时郡守，允称兴贤。
建武永平，吏事深刻。

【解析】

光武帝刘秀治理国家，任用了一批很能干的官员，公正廉洁、严格执法，注意发展地方经济，使百姓富裕起来。刘昆、郭伋、杜诗、张堪都是著名的廉吏。比如杜诗任南阳太守时，当地百姓就有歌谣说："前有召父，后有杜母。"召父，指西汉宣帝时的南阳太守召信臣。他们都是爱护百姓的地方官员，百姓也把他们当成父母一样爱戴。后来，把地方主管官员称为父母官，就是从召信臣、杜诗开始的。光武帝的年号称为"建武"，他的儿子汉明帝刘庄年号称"永平"。建武、永平年间，是东汉吏治最好的一段时间。

郭后废易，马援谤隙。
中兴之美，史臣致惜。

【解析】

刘秀北征到真定时，娶当地贵族之女郭圣通为妻。光武称帝后，立她为贵人，生皇子刘强，之后被立为皇后。后来光武帝废郭后立阴丽华为后，因为母亲被废，所以太子刘强自请退居藩国，改封号为东海王。马援南征北伐，立下赫赫战功，虽年过花甲，仍旧率兵出征，之后在南征时病死在军中。有人趁机诬陷他，把马援南征时拉回的一车树种，说成是搜刮来的奇珍异宝。光武帝震怒，不加查证，就把马援的新息侯印收回。吓得马援的妻子连马援灵柩也不敢运回原籍安葬。后人评论光武帝，认为他废郭后、贬马援这两件事做得欠考虑，很可惜。

明帝幸学，三老五更。
执经问难，冠带环门。

【解析】

明帝是个比较爱读书学习的人，每年都要去学宫祭祀行礼。根据《礼记》记载，早在周文王时，就设有"三老、五更"的职位，由年龄大、职务高的退休官员担任。天子把他们当成父兄一样养起来，以为示范，向天下宣传敬老尊贤的风气。明帝到学宫举行养老礼，以李躬为三老，桓荣为五更。礼毕以后，明帝又亲自登坛讲授经书，众儒生提出疑难问题请求解答。每逢这种场合，因不能进入学宫，只好站在门外倾听的官员士绅不计其数。

云台纪勋，二十八人。
元功邓禹，迄于刘隆。

【解析】

永平三年（60年），汉明帝命人在皇宫内的云台上，画了二十八位将帅的肖像，用以表彰他们跟随光武帝平定天下、中兴汉朝的功绩，合称为"云台二十八将"。依功劳大小顺序排列，邓禹功绩最大，排在首位，刘隆是最后一位。

刘平善政，班超立功。

【解析】

刘平是个很讲义气的人，王莽末天下大乱，他携母逃难，为了保全他死去兄弟之后，他宁肯带侄女逃走而弃掉自己的儿子。郡守孙萌被叛军围攻，他冒死护卫、身受十创。后来他担任全椒长（相当县令），政有恩惠，狱无遗冤。班超年轻时原是靠给别人抄书、挣些钱来养母。有一天，他忽然把笔扔到地上，叹息说："大丈夫要像张骞那样立功异域，岂能久事笔砚间乎？"于是参加军队，留下了"投笔从戎"的成语典故。后来，他率领三十六骑出使鄯善，鄯善王接待十分热情周到。不久，匈奴也派了使臣率数百人的队伍来到鄯善，鄯善王害怕得罪匈奴，便对班超冷淡起来。班超探知原因，对部下说："现在我们陷入绝境，不入虎穴，不得虎子，必须击败匈奴。"于是与部下趁黑夜突袭匈奴营寨，乘风纵火，斩匈奴使者及随从三十余人，余众悉被烧死。鄯善王得知大惊，深服班超之勇。后来班超又多次率军平定莎车、龟（qiū）兹、焉耆（qí）贵族叛乱，任西域都护三十余年。

惊戎廉范，拜井耿恭。

【解析】

廉范担任云中太守时，遭到五千多匈奴兵的进犯。廉范手下只有数百名士兵，只好坚守城池，派人求救兵。到了夜晚，他令手下士兵，每人点上两三支火把，来回游动。匈奴看到城中火把大增，以为是汉朝救兵到达，便担心起来，打算天亮后退走。廉范带兵于黎明时发起突袭，匈奴大败逃窜。耿恭长期带兵在西北同匈奴作战，相传他在疏勒（今属新疆）与匈奴交战，没水可喝，军士打井也没有打出水来。于是耿恭很恭敬地拜跪祈祷，清澈的井水立刻从井中涌出。

肃宗宽厚，惜少刚德。
宠任窦宪，用启外戚。

【解析】

汉章帝即位以后，以宽厚的作风待人治国，但缺少刚强果断。他曾想封几位舅父为侯爵，母亲马太后不同意。马太后去世后，章帝宠爱窦皇后，便对她哥哥窦宪加以重用。窦宪仗着妹妹为皇后，横行不法，人人畏惧。有一次他看中了沁水公主的一所空田，使以极低的价钱强行买走。后来章帝得知此事，斥责窦宪，让他把空田还给公主，但并未治窦宪之罪，使窦宪依然我行我素，无所畏惧。

和殇安懿，顺用阉宦。
冲质不禄，无庸多责。

【解析】

汉和帝即位时年仅九岁，由窦太后垂帘听政，外戚窦宪遂即掌握大权。窦太后去世，和帝亲政，担心窦宪权势太大，便利用宦官把窦宪收捕，逼他自尽。从此以后，宦官势力迅速膨胀。之后的几个皇帝，都生活在外戚和宦官争权的夹缝中，没有什么作为。汉顺帝原本是安帝太子，他的母亲李妃被阎皇后害死，太子本人也被诬陷而废为济阴王。安帝死后，阎皇后与其弟阎显立北乡侯刘懿为帝。刘懿夭亡，宦官孙程等人趁机拥济阴王刘保即帝位，捕杀阎显及其兄弟阎耀、阎晏等，并把阎太后禁在离宫。顺帝即位后，孙程等都因功被封为侯。顺帝死后，他两岁的儿子刘炳即汉冲帝继位，第二年正月也死了。大将军梁冀又立渤海孝王刘鸿年仅八岁的儿子刘缵为帝，即汉质帝，第二年被梁冀毒死。这两个小皇帝在位都不到一年，同样也是受害者，就不须责难他们了。

时有数贤，俱擅美名。
南阳朱季，毛义郑均。

汉章帝至汉顺帝年间，朱晖、毛义、郑均等道德高尚、为官廉洁的人，受到人们的赞扬。南阳遇到大灾荒，一担米涨到千文钱。家居的朱晖，散尽全部家财，买米周济同族和乡里贫穷百姓，自家却是布衣蔬食。友人早卒，遗属困难者，受他关怀周济的不止一家。毛义、郑均和朱晖一样，好仁重义，辞官回乡以后，安于过俭朴的百姓生活，对人谦恭有礼，常常仗义资助穷苦人家，受到百姓爱戴。汉章帝曾经下诏书对他们进行表彰。

杨震清节，黄宪量深。

【解析】

杨震的清正廉洁是远近闻名的。他在赴任太守途中，住在驿馆，夜里有个县令悄悄地来看他，要送给他十斤黄金。那人说："没人知道，您收下吧！"杨震说："天知，神知，你知，我知，怎能说没人知道呢？"于是拒绝了那个人。黄宪是个博学精深、品德崇高的人，当时一些著名学者对他都非常仰慕，说黄宪的胸襟像汹涌的波涛一样清澈宽广，不可估量。陈蕃曾说过："一个月没见黄宪，那鄙吝的念头就会又从心里萌发出来了。"之后，陈蕃当了高官，叹息说："这位置应该是黄宪的。可惜他早逝，假如还在，我绝不敢接任这个职位啊！"

虞诩增灶，张纲埋轮。

【解析】

朝廷命虞诩为武都太守，去讨伐羌胡，稳定边疆。羌胡首领获知消息后，派了数千兵马在半路拦截。虞诩得到消息，便连夜疾走，把羌胡的兵马远远甩在后面。他采取增灶之计，在宿营造饭的地方多垒加了好几倍的灶火。羌胡追兵来到后，数了一下灶火，非常惊讶，以为大兵来到，便心怀惧怕，不敢追击。虞诩便安全抵达了武都。张纲担任御史时，被朝廷派到各地巡察地方官吏，准备依法惩办一批腐败官吏。其他的官员都乘车出发了，张纲却命随从用土把车轮埋起来，大喊说："现在豺狼当道，何必去打狐狸？"于是便上书弹劾大将军梁冀的违法行为，整个朝廷为之震惊。

桓帝不君，李杜下狱。

【解析】

公元146年，大将军梁冀毒死汉质帝，迎立年仅十五岁的刘志为帝，即汉桓帝，由梁太后听政，梁冀立朝辅政，汉桓帝成为有皇帝之名无皇帝之权的傀儡。大臣李固、杜乔因为反对梁冀，被迫害致死。

梁冀虽殄，五侯肆毒。
贤人忠愤，卒成党锢。

【解析】

汉桓帝长大成人后，不甘愿做梁冀的傀儡，等到梁太后、梁皇后去世之后，桓帝便和宦官单超等密谋，带兵围攻梁冀府第，把他的大将军印收回，逼他自尽，并没收他的全部家产。单超等五人由于除梁冀有功，所以都被封为侯爵，号称"五侯"。他们得势后，飞扬跋扈、贪赃枉法，祸害比梁冀更为严重。当时著名文人李膺、郭泰等联合起来，抨击宦官集团。宦官反倒诬赖他们诋毁朝廷，把李膺、郭泰等两百余人逮捕下狱。史书把这一事件称为"党锢之祸"。

颍川四长，荀氏八龙。
范滂揽辔，李膺高风。

【解析】

荀淑、韩韶、钟皓、陈寔四人，都曾当过县令，又都是颍川郡（今河南许昌一带）人，道德高尚、学识渊博、名满一时，因此，被合称为"颍川四长"。荀淑有八个儿子，都是很有学识的人才，人们称之为"荀氏八龙"。范滂是位廉洁正直的官员。冀州灾荒，民不聊生，引起暴乱。朝廷任他为清诏使，派他到冀州按察。范滂登上马车准备出发，手握马缰，仰望长空，慨然有澄清天下之志。冀州的一些贪官污吏听到范滂要到来，吓得抛下官印逃走了。李膺是一个学识渊博的文武全才，声名远播。他被罢官在家讲学，生徒多达千余人。很多文人以能一见李膺为荣，流传有"李元礼下模楷"的名言，把能见到李膺称为"跳龙门"。

崔寔政论，刘宠一钱。

【解析】

崔寔擅长评论时政，年轻时著有《政论》，很有影响，所以被征召到朝廷做官。刘宠是一个为官清廉的人。他当会稽太守时，禁止官员骚扰百姓，废除繁重的赋税，严查各种不法行为，结果地方大治。之后他离任时，有几个住在山区从来没来过城镇的老农民特意带了一百钱来给刘宠钱行，诉说刘宠到任后，农民生活稳定的变化，非要让刘宠把钱收下。刘宠没办法谢绝，只好选出一文钱收下，作为纪念。路经钱塘江时，就把收下的一文钱投入江中，以表示不取百姓分文之意。

陈蕃下榻，刘宽蒲鞭。

【解析】

陈蕃当豫章（今江西南昌）太守的时候，平时不招待宾客，只有对当地很有才识的隐士徐稚非常敬重，特别制了一张床，以供徐稚来时休息之用，徐稚走后，陈蕃便把这张床挂起来。刘宽是宽厚之人，他当南阳太守时，常把蒲草做成的鞭子作为刑具。手下官吏犯了错误，就拿这个鞭子鞭笞，只是象征性地让他们受一下鞭笞之辱而已。史书把这件事称为"蒲鞭示辱"。

党人议起，狱系名贤。
宦寺擅权，流毒缙绅。
忠臣义士，骈首就戮。

【解析】

公元167年，汉桓帝去世，窦太后和外戚大将军窦武等迎立章帝玄孙刘宏为帝，即汉灵帝。第二年，窦武和陈蕃等大臣，密谋除去专权的宦官曹节、王甫等人。不料机密泄露，曹节等人假传圣旨，将窦武、陈蕃等扣抓了起来，在狱中处死。与窦、陈有关系的官员门生，名士李膺、范滂、杜密等被捕下狱，陆续被杀。流徙和囚禁的六七百人，历史上称之为第二次"党锢之祸"。

乃召外兵，以定王国。
虺蜴虽除，虎狼入室。

【解析】

大将军窦武被杀后，由灵帝何皇后的兄长何进担任大将军。这时，爆发了历史上有名的"黄巾起义"，天下大乱，但是在朝廷内部，外戚同宦官争权夺利愈演愈烈。公元189年灵帝去世，何太后摄政，立灵帝的儿子刘辩为皇帝。为了诛除宦官，大将军何进下令召拥有重兵的并州（今山西太原）牧董卓，率兵进京诛杀宦官。宦官得知何进召外兵的消息，并引诱何进入宫，把何进杀死，一时朝中大乱。宦官张让等，劫持皇帝和皇帝的弟弟陈留王逃到城外。董卓大兵当时已到达洛阳，就杀掉宦官，迎皇帝回宫。董卓非常富有野心，由于诛杀宦官有功，拥兵自重，自命为丞相，起初废去刘辩的帝位，旋即又把刘辩及其母何太后毒害，另立陈留王刘协为帝，即汉献帝。东汉政权前除毒虫，后引虎狼，所以由此迅速走向衰落。

献生不辰，乾纲替陵。
黄巾四起，宇内靡宁。

【解析】

汉献帝这个皇帝当得真不是时候，君权完全被权臣剥夺。加之国内连年灾荒，苛捐杂税压得农民喘不过气来。百姓要活命，终于在公元184年爆发了黄巾大起义。为首的兄弟三人，名叫张角、张梁、张宝，号称天公将军、地公将军、人公将军，都以黄巾裹头，所以称为黄巾军。各地方官员为了保护自身利益，也趁机实行割据，各自为政，并互相攻伐，捞取地盘。东汉王朝已处于风雨飘摇之中。

董卓既诛，曹瞒肆凶。

【解析】

董卓非常凶狠残暴，掌控朝政以后，肆意诛杀大臣、纵兵掠夺，从王公贵族到平民百姓，都遭受他迫害。他又派兵挖掘汉朝几代皇帝陵墓，抢取墓中奇珍异宝。后来渤海太守袁绍等起兵反对董卓，董卓便烧毁洛阳宫殿，劫持献帝及朝中大臣逃到长安。在长安期间，司徒王允策反了董卓部将吕布，设下密谋把董卓杀死。董卓部将李傕（jué）、郭汜又发兵攻进长安，杀王允，吕布逃走。献帝和朝内百官又被李、郭劫持。之后李、郭发生内讧，献帝和百官才得以逃到洛阳，被曹操迎往许（今河南许昌），并定都于许。从此开始，曹操自命为丞相，开启了挟天子以令诸侯的时代。

上弑母后，九锡自传。

曹丕嗣位，遂移汉祚。

【解析】

曹操是个有战略头脑的政治家和军事家。他在取得朝政大权后，先后平定了割据一方的军阀势力吕布、袁绍、张绣等，统一了中国北方。接着又准备统一南方，结果却在赤壁被孙权和刘备的联军打得大败。三国鼎立的局面自此而始。曹操晋爵为魏王，享受"九锡"的待遇，出入用相同于天子的仪仗。但他却不想当皇帝。在他死后，他的儿子曹丕终于篡汉称帝。汉朝至此灭亡。从西汉刘邦建立汉朝到曹丕代汉，西东两汉共传二十四个皇帝，治四百零六年。从汉光武帝建立东汉算起，则传十二帝一百九十六年。

时维玄德，中山苗裔。

起兵讨贼，关张结义。

【解析】

东汉末年，天下混乱，身为汉朝皇族远系，早已没落为普通百姓的刘备，胸怀大志，想趁机干一番事业。在投军途中，他碰到关羽和张飞，三人聊得投机，于是在张飞的桃园中结拜为异姓兄弟，誓同生死。因为他们三人的友谊终生不渝，后人便把他们称为"桃园三结义"，奉为结交朋友的典范。

三顾孔明，克取蜀地。

【解析】

刘备得知孔明是世外高人，隐于南阳，便带领关羽、张飞前往拜访，邀请诸葛亮出来帮助。一连去了两次，诸葛亮都不在家。到第三次，才算见到。史书上称此事为"三顾茅庐"。诸葛亮见刘备是个英雄人物，对自己十分恭敬，不厌其烦地三次拜请，便同意出山帮助刘备夺取天下。他向刘备分析全国大势，说北方曹操统治，地域广大、国富兵强，无法与他抗争；东方现有一个孙权割据，他已好几代人统治东吴，政权巩固、地方富庶，加以人才济济，短时间也难以征服。现今只有西部蜀地，益州牧刘璋昏庸无能，应当夺取作为立脚根本，三分天下，待有机会，中原发生变故，再出兵统一中国。刘备听后非常高兴，便请诸葛亮做军师。后来在诸葛亮的策划下，果然夺取西蜀，实现了三分天下。

亦有孙权，继兄开业。
瑜昭同辅，东吴称杰。

【解析】

孙权的父亲孙坚曾经担任长沙太守。孙坚死后，他的长子孙策带领孙坚的残余军队千余人渡江，平定了江东割据势力，建立了孙氏政权。后来孙策遇刺，临死前，叮嘱其弟孙权说："外事不决问周瑜，内事不决问张昭。"后来孙权在周瑜、张昭的辅助下，政权逐渐巩固。赤壁之战，周瑜和刘备联合，使曹操惨败，由此奠定了三分天下的基础。

三分天下，鼎足而立。
承汉正统，必归昭烈。

【解析】

三国时期，魏、蜀、吴三分天下。一直以来，很多史学家认为魏是汉朝的直接继承者，并占领了中国大部分地域，应当视为正统。东吴和西蜀只是偏安一角的小国，不能称得上正统。因此称刘备建立的国家为蜀或蜀汉。实际上刘备当时所用的国号是汉，以表明他是汉朝的合法继承者。然而后来一些读书人，非常重视儒家的封建伦理道德，在史学观点上，则认为刘备是汉朝皇族后裔，他建立国家，是汉朝的传延，所以才称得上是正统，而曹丕魏国是篡位所建，不能称得上正统。本书原文作者，就是持此观点。

> 后帝昏弱，初任孔明。
> 姜维嗣之，中原九战。
> 宠用黄皓，遂致沦陷。

【解析】

蜀汉后主刘禅是个昏庸无能的皇帝。刘备去世时，托孤给诸葛亮，让诸葛亮辅助刘禅。诸葛亮出兵伐魏，六出祁山，病死军中，指定姜维接替他统率蜀军。姜维继承诸葛亮遗志，九次出兵北伐中原，都未能成功。由于刘禅宠信宦官黄皓，姜维十分愤怒，痛斥黄皓祸国殃民。黄皓十分惧怕姜维，阴谋陷害姜维，姜维只好离开成都避祸，托名屯田，驻兵汉中防魏。后来魏国派邓艾和钟会分兵两路进攻西蜀，钟会在剑阁被姜维所阻，不能前进。邓艾从阴平（今甘肃文县南）小道入蜀，绕到姜维后方，突袭成都，后主刘禅降，蜀汉至此遂亡。自刘备称帝到后主降魏，共历两个皇帝，有国四十三年。所以后称刘备为先主，刘禅为后主。

> 晋之世祖，为司马炎。
> 篡魏灭蜀，君临百官。

【解析】

司马懿是晋武帝司马炎的祖父，为曹操的部下，后来担任太子中庶子，又跟随曹丕，深得曹丕的信任。曹丕做了皇帝，司马懿地位立刻上升。因为司马懿多谋略、善权术，曹丕去世后，他成为魏国唯一能与诸葛亮抗衡的将才，所以权势越来越大。后来发动政变，捕杀曹爽一党，取代曹爽为大将军，专擅国政。司马懿死后，他的儿子司马师、司马昭依次担任大将军。司马昭灭掉蜀汉以后，自封为相国、晋公，加九锡，不久又晋爵为晋王，为篡取曹魏政权打下了坚实的基础，所以，留下了一个"司马昭之心，路人皆知"的俗语。当时当皇帝的曹髦对司马昭专政无法容忍，便亲自带领宫中宿卫数百人到晋王府杀司马昭，反被司马昭的部将贾充杀死。司马昭把曹髦废为高贵乡公，另立曹操的一个孙子曹奂为帝。司马昭死后，他的儿子司马炎继为晋王。几个月后，司马炎逼曹奂禅位，自己当了皇帝，改国号为晋。

始尚仁俭，志怠平吴。
杂戎内居，卒召五胡。

【解析】

司马炎称帝后，雄心勃勃，对臣下和百姓能仁厚宽大，生活也比较俭朴。公元279年，司马炎以贾充为帅，分兵几路攻东吴，次年灭吴。自孙权称帝至孙皓降晋，东吴共历四位皇帝，有国五十九年。司马炎统一中国之后，踌躇满志，便骄横跋扈，沉溺于酒色之中。当时的少数民族主要有匈奴、羯、鲜卑、氐、羌五族，史书称之为"五胡"。他们虽然杂居内地，但仍然保留着原有部落的风俗习惯和军事性组织。晋朝统治阶级对少数民族的歧视，引起他们的仇恨和反抗，以致招来民族之间的战争和国家的分裂，先后出现了匈奴族的前赵，羯族的后赵，鲜卑族的前燕、后燕、西燕、西秦，氐族的成汉、前秦、后梁，羌族的后秦等国。

迨至惠帝，贾后牝晨。
祸起宗室，八王树兵。

【解析】

晋惠帝是有名的痴笨皇帝。依照史书记载，因为连年荒旱，百姓没有粮食吃的，很多人饿死。大臣向他奏报，他居然说："何不食肉糜？"皇后贾南风利用他的无知，掌控了朝政大权。贾后是个奸险毒辣的妇女，为了争权，她杀掉了辅政的外戚杨骏，甚至把杨骏的女儿杨太后废掉（晋武帝司马炎的皇后），并逼她自尽。贾后又召汝南王司马亮进京辅政，却又唆使楚王司马玮杀司马亮，而贾后又把司马玮处死；赵王司马伦不服，出兵把贾后杀掉，废惠帝，自立为帝。其余亲王不满，又起兵杀掉赵王司马伦。诸王相互征伐，总共持续了十六年之久，致使晋朝元气大减。史书上称之为"八王之乱"。

> 李雄继起，张方劫君。
> 越还帝驾，中毒而崩。

【解析】

在晋朝诸王互相攻杀混乱的时候，巴蜀少数民族的首领李雄率众占领了巴蜀最大的城市成都，并自称为成都王，两年后又宣布建立大成国，自立为皇帝，开始打破西晋一统天下的局面。就在李雄攻占成都称王的同时，中原地区诸王正处在混战之中。晋惠帝先后被几个亲王所挟持，最后，落到河间王司马颙部将张方手中。当时司马颙担任平西将军驻于长安，张方便把惠帝挟往长安。东海王司马越发兵征伐司马颙，司马颙杀掉张方求和。司马越不答应。其部将祁弘攻进长安，迎惠帝还洛阳复位。司马颙在逃亡中被杀害。司马越掌控了朝政大权，把晋惠帝毒死，另立惠帝的弟弟司马炽为帝。

> 厥弟怀帝，天资亦明。
> 时违势逆，行酒狄庭。

【解析】

晋怀帝与白痴皇帝晋惠帝不同，是个聪明知礼的人，只是他命运不好，生于乱世。"八王之乱"使西晋经济被严重破坏，各少数民族首领纷纷叛晋。匈奴贵族刘渊，看到西晋皇室骨肉互相残杀，便于离石（今属山西）起兵叛晋，因他姓刘，便冒充刘邦后代，所以国号"汉"。刘渊当了七年皇帝后病死。他的儿子刘聪继位，派部将刘曜攻破洛阳，将晋怀帝俘获，送往刘聪驻平阳（今山西临汾）。刘聪大宴群臣庆功，让晋怀帝穿上仆人服式的青衣，为大家倒酒侍候。在场的晋臣失声痛哭。后来刘聪怕有后患，便将晋怀帝处死。

> 愍帝嗣立，出降刘曜。

逖侃诸贤，亦罔克效。

【解析】

皇太子司马邺得知晋怀帝被杀的消息后，遂在长安即皇帝位。把驻扎在建业（今南京）的琅玡王司马睿任命为左丞相、大都督，督陕东诸军事，命令他出兵北伐，攻克洛阳。但是司马睿却不愿出兵，驻守京口（今江苏镇江）的爱国将领祖逖获知此消息，请求出兵。司马睿便把他任命为豫州刺史、奋威将军。祖逖带领部下渡江北伐，船行到江心，他击楫立誓说："祖逖不能清中原而复济者，有如大江！"表明了他不恢复中原决不回江南的决心。另一爱国将帅陶侃驻守武昌，他有北伐的宏图伟志，可惜由于四处用兵，平定南方叛乱，无力北伐。祖逖的北伐军连连胜利，中原人士都认为他恢复中原指日可待。但是这时刘曜的大兵已直接抵达长安。晋愍帝无力抗衡，只能出城投降。到此为止，西晋灭亡。

元起江左，鲜志中兴。
王敦谋逆，未能讨平。

【解析】

晋愍帝司马邺被杀后，在江南的晋朝贵族王导、王敦等拥立琅玡王司马睿为皇帝，即晋元帝。定都于建康，史称为东晋。司马睿当了皇帝以后，倒是很想做一番事业，恢复中原，但他却缺少英明帝王的雄才大略。在北伐名将祖逖进军中原、收复大片领土、兵临荥阳之际，他却派了亲信戴若思任都督。此人目光短浅，不谙兵法，祖逖受他节制，心中不快，忧虑成病去世，北伐大业功亏一篑。这时王敦势力日大，元帝十分忧虑，与近臣刘隗等商议削夺王氏权力。王敦听说后大怒，以诛奸臣刘隗为名，起兵攻建康。元帝令刘隗、戴若思等出兵抵御，戴若思兵败，为王敦所杀，刘隗逃离东晋，投奔在北方建国的后赵皇帝石勒。王敦兵入建康，滥杀无辜，纵兵抢掠。元帝对他毫无办法，只得下旨封王敦为丞相、总督中外诸军录尚书事。王敦受封，以篡晋时机未至，也不去见元帝，大肆掠夺一番之后还兵武昌。元帝忧恐成疾，不久去世。

明帝继之，躬殄不醉。

【解析】

　　晋明帝即位后，不能忘怀的大事就是实现元帝遗愿，平息王敦叛乱。他把王导任命为大都督，会同大臣温峤、庾亮等商议征讨王敦的计策；并召刘遐、苏峻等地方官吏，发兵入卫建康。此时，王敦病重，听说这消息后，非常震怒，便命令他的兄长王含和部将钱凤等出兵，以诛奸臣温峤为名，杀奔建康。双方交战之时，王敦病死。前线得知该消息后，王敦叛军都丧失斗志，很快就被击败，王含、钱凤被掳获处死。王敦之乱到这里得以平息。

成帝嗣立，逆谋苏峻。
向非温峤，何以存晋。

【解析】

　　只有五岁的晋成帝继位，由庾太后垂帘听政，庾亮、王导辅政。不久，王导过世，所有大权归于庾亮。庾亮见到苏峻自平息王敦叛乱立下战功以后，手掌重兵，势力迅速猛增，实为朝廷隐患，便设法解除他的兵权。苏峻获知后，出兵叛乱，以征讨庾亮为名攻进首都建康。自封为骠骑将军录尚书事，驱役百官，专擅朝政，又允许他的部属在京都恣意抢掠。庾亮逃离京都，投奔江州刺史温峤。温峤便与荆州刺史陶侃等联合，从武昌出兵，东向征讨苏峻。结果苏峻兵败被杀。平息叛乱后，温峤仍然回到武昌。他先后平定王敦、苏峻的叛乱，挽救了晋朝。因此如果不是温峤，东晋恐怕就要不存在了。

康帝二载，穆帝幼龄。

【解析】

　　晋朝辅政大臣王导去世后，庾亮的兄弟、扬州刺史庾冰入朝辅政。庾冰很有能力，史书上称他为贤相。晋成帝病危时，因儿子幼小，接受庾冰建议，将帝位传给兄弟司马岳，即晋康帝。康帝身体欠佳，朝政交庾冰等人。

两年以后，康帝和庚冰先后病故，康帝的儿子司马聃即皇帝位，即晋穆帝。他的母亲褚太后垂帘听政。这时，掌握国家军队大权的庚翼（庚冰之弟）病故，他的好友桓温接替他的职务，被任命为安西将军、都督荆梁四州诸军事、荆州刺史。不久，桓温出兵灭掉了割据蜀地四十余年的成汉政权，威名大震，进位为征西大将军，封临贺郡公，逐渐掌握了东晋军政大权。

哀皇帝奕，简文孝武。
桓温跋扈，安石辅政。

【解析】

晋穆帝过世之后的十二年内，东晋一连更换了四个皇帝。在此期间，一直由桓温掌管国政。桓温努力树立自身威名，先灭掉蜀地的小国成汉，又出兵北伐，进攻前秦和前燕。桓温攻前秦，曾收复西晋首都洛阳，进兵关中，已逼近前秦首都长安，由于军粮不济而退回。攻打前燕，大军抵达枋头（今河南浚县西南），又因为粮运不继，受挫败退。桓温北伐不成，又想在朝内树威，先后立司马奕、司马昱、司马曜为帝。桓温自认为功高盖世，暗示朝廷应给他加"九锡"的荣誉。但是他的副手谢安是位识大体的人，特意拖延不办。没过多久，桓温病故。

苻坚入寇，玄石殄寇。

【解析】

前秦皇帝苻坚，是个雄心勃勃的人。他即位以后，先后灭前燕、前凉、代国，又攻占了东晋的汉中、益州等地。公元383年，亲率大军九十万，大举伐晋。东晋丞相谢安令谢玄、谢石统兵八万迎敌，两军对峙于淝水（今安徽寿县附近）。这时苻坚十分骄傲，认为自己兵马众多，狂妄地说："只要把我军的马鞭子投入河中，也能把河水塞断。"企图一举灭晋。晋军首先在洛口击败秦军前哨后，驻军于八公山下。苻坚登上寿州楼遥望，只见晋军列阵严整，远看八公山上草木摇动，以为都是晋兵，才开始有点惧怕。这时，晋军要求秦军后退些，以便晋军过河决战。苻坚想等晋军渡河，在半渡中加以袭击，一一举击溃晋兵，便下令秦兵后退一些。谁知苻坚兵马虽多，人心不齐，士卒远征，十分厌战，而各少数民族将领，被迫投降苻坚并不甘心，倒希望苻坚战败，以便割据独立。听到后退的命令，一退即不可收拾，苻坚难以制止，加之在襄阳被俘而被编入秦军的原晋国将士，便大呼秦军已败。于是接连数十里的秦军营寨一片大乱。这时晋兵已渡过淝水，乘机追击，秦兵在溃逃中，听到风声鹤唳，都以为是晋兵到来。谢玄乘机克复了彭城（今江苏徐州）和洛阳。苻坚狼狈逃回关中，又被羌族首领姚苌擒杀，夺取了秦国帝位。史称姚苌所建的秦国为后秦。淝水之战是我国历史上著名的以少胜多的战例。并留下"投鞭断流""风声鹤唳""草木皆兵"等成语典故。

> 至于安恭，遂失神州。

【解析】

淝水之战后，谢安过世。皇族司马道子与他的儿子司马元显执掌朝政大权长达二十年。司马道子父子专事聚敛，挥霍无度，结果百姓仇恨，将士离心。公元402年，荆、江二州刺史桓玄叛变，起兵攻入建康，杀死司马元显父子，废去安帝，自立为帝，改国号为楚。公元405年，东晋将领刘裕出兵反叛桓玄，桓玄兵败被杀。刘裕扶持安帝复位，自此刘裕掌控东晋大权。后来刘裕又把安帝杀死，另立司马德文为晋恭帝。公元420年6月，刘裕代晋称帝，把晋恭帝废为零陵王。东晋遂亡。

> 刘裕篡晋，为宋高祖。
> 清俭寡欲，严正有度。

【解析】

自东晋灭亡后的一百七十年间，中国基本上分裂成南北两大部分，南方由宋、齐、梁、陈四个朝代更替统治；北方则复杂些，北魏又分裂为东魏、西魏，北齐、北周先后建国割据，互相讨伐。最后由隋朝灭掉南北各国，杨坚统一中国，因此历史上把从刘裕建立宋朝开始，至隋朝统一中国为止，称为南北朝时期。刘裕是位很有才能的皇帝，他平息桓玄叛乱后，又起兵灭掉南燕、后秦等小国，夺回了曾属于东晋的巴蜀等地，统一了中国江淮流域以南的广阔领域。当上皇帝以后，生活也比较节俭，他在政治上打击豪绅，巩固中央集权，社会经济也有所发展。

义符见废，传位于文。
乃杀道济，坏其长城。

【解析】

刘裕去世，太子刘义符继为皇帝。他在守孝期间，不守丧礼，歌舞淫乐，无所不为，被大臣公议废去，另立其弟刘义隆为帝，即宋文帝。文帝初即位时，注意发展农业，兴修学校，经济一度繁荣。当时刘宋大将，首推檀道济。他战功累累，威名远扬，朝内一些奸臣对他十分惧怕，便向文帝进谗，遂将檀道济逮捕，无故杀死。檀道济听了处死他的诏书之后，义愤填膺，抓下自己的头巾掷到地上，愤慨地说："这是自毁万里长城啊！"与刘宋争夺天下的北魏，得到檀道济被处死的消息，十分高兴，说："道济死，余下一群无能之辈，我们就什么都不怕了！"便出兵攻宋，攻城略地，直达长江北岸的瓜步。宋文帝登上石头城，遥望北岸敌军，十分恐惧，这时才后悔起来，说："如檀道济还在，岂能容敌军来到这里！"

孝武起兵，诛劭而立。
子业狂暴，寿寂弑之。

【解析】

公元453年，宋太子刘劭弑宋文帝，引起大臣和宗室的强烈不满，将军沈庆之等拥护武陵王刘骏征讨刘劭。同年五月攻入台城（今南京城内鸡鸣山一带），擒杀刘劭。刘骏自立为帝，在位十一年。死后由他的儿子刘子业继位。刘子业尽管才十五岁，但是生性残暴，滥杀诸王和大臣。湘东王刘彧笼络刘子业身边的官员把刘子业杀害。经大臣商议，废除刘子业帝号。立湘东王刘彧即位，即宋明帝。

明帝在位，残杀无厌。
苍梧遇刺，顺帝称禅。
篡宋为齐，萧氏道成。

【解析】

明帝即位后，遭到许多地方官员的反对，拥立年仅十一岁的晋安王为帝，与宋明帝对抗。但很快便被明帝平定，并杀了晋安王。此后，明帝疑心重重，深怕有人反对他，又杀死自己几个兄弟和大臣。在削平晋安王的叛乱中，禁军将领萧道成擢升极快。到明帝太子刘昱即位，萧道成已升为总领军，四位辅政大臣之一。刘昱当皇帝时年仅十岁，但比明帝更为残暴，常常带几个亲随微服出宫，路逢行人及犬马牛驴，杀以取乐。以致民间白天闭门，商贩绝迹。他忌萧道成威望，很想杀之。萧道成十分恐惧，便贿赂刘昱侍从，将刘昱杀死，另立刘准为帝，即宋顺帝。顺帝即位，萧道成野心暴露无遗，由大都督、太傅升至相国，圭封齐公，加九锡。最后逼顺帝禅位。国号齐，刘宋自此遂亡。自刘裕裕建国至顺帝禅位，共历五帝六十年而亡。

武帝既殁，昭业昭文。
俱未善终，明帝嗣兴。

【解析】

萧道成过世后，萧赜即齐武帝即位，把长子萧长懋立为太子。后来萧长懋病逝，又立萧长懋的儿子萧昭业为皇太孙。公元493年武帝去世，萧昭业即位，任用奸佞、沉溺酒色、荒淫腐化，被辅政大臣、西昌侯萧鸾所杀，他的弟弟昭文被立为帝。没多久，昭文也被杀，萧鸾自立为帝，即齐明帝。萧鸾即位之后，比较俭朴，力争改变齐武帝以来皇室奢侈的风气，废齐武帝所建新林苑，把它归还给百姓。然而他生性多疑，总担心有人反对他，所以滥杀诸王和大臣，导致齐国国势日渐衰败。

东昏追废，亡于宝融。

【解析】

萧宝卷从小就养尊处优，游手好闲，做了皇帝之后，荒淫奢侈，为政残暴，残杀大臣，大兴土木。萧宝卷在位不到一年，便杀了几位大臣，导致齐大臣人人自危。第二年，他任命功勋显赫、威名远扬的萧懿为尚书令，进京辅政，然而不到一个月，他又妒忌萧懿声威，把萧懿毒害而死，并准备除去萧懿的兄弟雍州刺史萧衍。萧衍知道后,遂在襄阳起兵与南郡太守萧颖胄等拥立南康王萧宝融为帝,在江陵(今湖北荆州),萧衍起兵围攻建康,城内兵变,杀萧宝卷。萧衍入城,假太后下令废萧宝卷为东昏侯。萧衍假传太后懿旨,出任相国,封梁公,接着又晋爵梁王,派人去江陵迎萧宝融来京。萧宝融行到姑孰时(今安徽当涂),下旨禅位于梁王萧衍。萧齐王朝到此灭亡。从萧道成建国,南朝齐共传承七帝,历经二十四年。史上称为南齐,又称萧齐。

> 梁祖萧衍,同泰舍身。
> 逼于侯景,饿死台城。

【解析】

梁武帝萧衍是个多才多艺的人,射箭、骑马、音乐、围棋、文学、书法都很精通。他对读书人很尊敬,但他更崇信佛教。当皇帝后,在全国大造佛寺,并在皇宫所在地台城内,建造了一座豪华的同泰寺,经常前往礼佛诵经。并曾一度舍身同泰寺为僧。后经大臣们捐钱,才把他从寺中赎回。公元548年,东魏降将侯景因不满梁与东魏媾和,起兵叛乱,攻入建康,将梁武帝围困在台城长达四个多月,梁武帝因粮尽饿死台城。

> 简文被弑,绎帝江陵。
> 传至敬帝,遂禅于陈。

【解析】

侯景攻陷台城,立太子萧纲为傀儡皇帝,自立为相国、汉王。公元551年侯景杀死萧纲,又拥立梁豫章王萧栋为帝。仅两个月,又废除萧栋,自立为帝,国号汉。梁湘东王萧绎命部将王僧辩与始兴太守陈霸先联合起兵征讨侯景。公元552年,王僧辩、陈霸先攻入建康,侯景逃亡,被他的部将杀害。侯景之乱平定。萧绎称帝于江陵,即梁元帝。梁元帝非常有才华,著有《金楼子》《古今同姓名录》等书传世。然而他不是一个政治家,他让大将王僧辩驻守建康,陈霸先驻守京口,自己仍在江陵。公元554年,西魏派劲旅突袭江陵,城将陷落,他把自己所藏古今图书十四万余卷全部焚烧,仍旧聚集百官上殿讲授经书。后来城陷,萧绎被擒杀。萧绎死后,王僧辩被陈霸先袭杀，并拥萧方智为帝，即梁敬帝，在建康即位。陈霸先遂掌控军政大权，两年后代梁称帝，国号陈。

霸先创国，兄子嗣位。
末帝叔宝，淫虐肆非。

【解析】

因陈霸先无子，去世后遗诏让其兄长之子陈蒨（qiàn）继位为帝，即陈文帝。文帝出身于民间下层，知道平民百姓疾苦，所以即位后尚能俭朴勤政。在位七年去世。他的儿子陈伯宗文弱无能，当了两年皇帝，被他的叔父陈顼（xū）假太后名义下旨废去，由陈顼即皇帝位，即陈宣帝，在位十四年，国势更加衰弱。宣帝的儿子陈叔宝是陈朝最后一个皇帝，也是陈朝最有名的一个皇帝，但他的出名不是因为他的英明和政绩，而是因为他是中国历史上著名的昏君。他关注的不是国家大事，而是奢靡享乐。他在皇宫内建立之了临春、结绮、望仙三座豪华楼阁，日夜与宠妃张丽华和文臣们游宴其中。他又喜欢作艳曲。著名的歌曲有《玉树后庭花》《临春乐》等。有的大臣看不过去，劝谏他关心国事，他反将大臣杀死。公元589年，隋兵攻入建康，他慌忙与宠妃张丽华躲入后宫花园井中，被隋兵搜出。随将李渊杀死张丽华，而将陈叔宝押送长安。隋文帝封他为长城县公，软禁于洛阳，他竟毫不伤怀，仍过着今朝有酒今朝醉的醉生梦死的生活。陈朝共传了五个皇帝，历三十三年。

周将杨坚，目如曙星。
始篡周位，后复灭陈。

【解析】

东晋之后中国南方历经了宋、齐、梁、陈四个朝代，史上称为南朝。北方主要由北魏统一，后来分裂为东魏和西魏两个国家，东魏后来被其丞相高洋篡夺，国号齐。为了与南方齐国区分开，史书上称之为北齐。西魏后来被宇文觉篡夺，国号周，史称为北周。北方形成北周、北齐对峙的局面。后来北周把北齐灭掉，统一了北方。之后杨坚代北周为帝，出兵灭掉南方的陈，遂统一了东晋以来分裂了两百多年的中国。

为隋文帝，明察临民。

【解析】

　　杨坚当皇帝之后，汲取历代王朝兴衰成败的经验教训，订立了稳定社会、发展生产的一系列政策，实行均田制，拓宽垦田，奖励农耕，减免盐酒税，有力地促进了经济发展。他生活节俭，时常穿着旧衣，吃饭经常是只有一个肉菜。他不止一次教育太子杨勇说："自古以来，没有一个帝王因奢靡腐化而能长治久安的。"皇后独孤氏的表弟崔长仁，担任大都督职位时，到民间搜罗美女，不足一个月，就逼死了七个女子。杨坚知道此事后，便把崔长仁处死。

　　　　杨广弑逆，淫酗色荒。
　　　　狩于扬州，身殒国亡。

【解析】

　　隋炀帝是淫逸残暴的昏君。他擅长玩弄权术，表面上十分孝顺，骗取父母欢心，背地里实施他的阴谋诡计。结果，使杨坚废去太子杨勇，而立他为太子。杨坚病重时，他派亲信将杨坚刺杀。当上皇帝之后，他奢侈淫逸，大兴土木，修建宫苑、园林、离宫，开挖洛阳至扬州的运河。由于徭役繁重，民不聊生，全国爆发了多起农民起义，诸侯割据，兵戈连年。隋炀帝却在扬州乐而忘返。他带往扬州的百官和禁军离家日久，回去遥遥无期，于是发生兵变，将隋炀帝缢死。

　　　　帝侑帝侗，虚名空存。
　　　　李渊篡位，隋祚遂倾。

【解析】

　　公元617年，唐国公李渊，于太原出兵反隋，攻进长安，立炀帝孙杨侑为帝，不久，废去杨侑自立为帝；与此同时，割据于东都洛阳的王世充也立杨侑的兄弟杨侗为帝，不久也把杨侗废去，自立为帝，同李渊争夺天下。最终李渊铲平各地割据势力，建立起唐朝。自公元581年杨坚建立隋朝，共经历二帝，前后仅仅三十八年。至于杨侑和杨侗，只是受人利用的一个棋子，有名无实，不能算作帝王之列。

> 唐祖举兵，始自晋地。
> 六年之中，海内咸义。

【解析】

隋末天下大乱，担任太原留守的唐国公李渊在他儿子李世民劝说下，起兵反隋。李世民是个很有头脑的政治家和军事家，所以很快成为李渊部队的主要统帅和决策人。他的军队攻占长安以后，首先废除了隋朝的苛法，与民约法十二条，宽减赋役，取得了当地贵族豪强和百姓的支持。又制定了首先占领巴蜀、汉中等富庶地区作为根据地，然后向中原发展的正确战略。李世民特别注意笼络人才，如瓦岗军的重要谋士魏徵、徐懋功，王世充的大将秦琼、程咬金，刘武周的大将尉迟恭，都脱离原来势力，投到李世民麾下。李世民十分重视和信任这些人才，经过六年的征战，消灭了各地割据势力，统一了中国。

> 世民承位，庙号太宗。
> 除乱致治，功德兼隆。

【解析】

李世民是一代圣明的国君。他在平息隋末割据势力的战乱中，功绩显赫。即位后他非常注重任贤纳谏，加强对地方官员的考核，发展科举制度，以进选人才，又施行均田制和租庸调法，修订法律、周济灾民，使当时的社会秩序从隋末动乱中趋于安定，经济得到恢复和发展，被史学家称之为"贞观之治"。同时，他又注意团结边疆少数民族，发展西域交通，加强民族文化交流和贸易，又把文成公主许配给吐蕃王松赞干布，增进了民族团结。

> 开馆延才，群贤协恭。

【解析】

唐太宗非常注意培养和收罗人才。他下令全国各郡州县都要建立学校、招收学生、定期考试。并且在政府机构设立弘文馆，在东宫设立崇文馆，选拔优秀学者入馆担任学士，负责教授学生、整理校正图书典籍、参加政府制度礼仪条文的讨论和编制。一时间群贤毕至，人才济济。

房杜善断，马周切理。

【解析】

在隋末战争中，房玄龄、杜如晦二人投奔李世民的旗下，成为他的谋士和助手。后来李世民设置文学馆，把他部下十八个重要文职官员养在馆中，授以学士官位，成为他的智囊团，被人称为"十八学士"。十八人中，属杜如晦、房玄龄功绩最大。李世民当了皇帝后，他们二人担任了宰相职务。唐太宗与房玄龄商议事情，房玄龄总是说："这事非杜如晦不能决定。"等杜如晦来到后，他总是决定采纳房玄龄的方案。这是由于房玄龄善于谋略，杜如晦擅长决断。马周原是将军常何的门客，常何的所有笔墨文字，都由马周代笔。有一次常何上书议论了二十余件事，太宗看后非常赞赏，不相信是常何所写，一问才得知是门客马周代写。当天，太宗便召见马周，授予监察御史。后来马周又陆续上书评判朝政得失，都能切中关键，论判合理。

王珪确论，魏徵刚直。

【解析】

王珪和魏徵本来都曾是太子李建成的心腹。由于建成与李世民争夺帝位，策划谋杀世民，最后反被世民所杀。唐太宗并不以王珪、魏徵曾是自己政敌的部下而不信赖他们，而是依据其德才，加以重用。因为他们二人都敢于直谏，便先任用为谏议大夫，之后又和房玄龄等人一同辅政。魏徵是我国历史上正直敢谏的名臣。他一生劝谏唐太宗的奏疏达数十万字之多。他敢于说真话，直言不讳地指出唐太宗的缺点与过失。他去世后，唐太宗感叹说："我有三面镜子，以铜为镜，能够正衣冠；以古为镜，能够知兴替；以人为镜，能够明得失。如今魏徵去世了，我失去了一面镜子啊！"

德参陈谟，玄素回天。
惜多惭德，礼乐未娴。

【解析】

唐太宗打算征集民工，修建东都洛阳宫殿。当时任中牟县丞的皇甫德参认为这是件劳民伤财的事，便上书陈说利害，文辞有些过头。唐太宗见到奏书，心中大怒，认为皇甫德参越级犯上，要处分他。魏徵得知后，认为皇甫德参很有见地，便替他解释，太宗才醒悟过来，便将皇甫德参提升为监察御史。张玄素也上书劝谏唐太宗，尖锐地指责唐太宗是要学隋炀帝。唐太宗看了奏章，认真思考了一番，便下旨停修洛阳宫殿。魏徵听到这事，高兴地说："张玄素真有回天之力啊！"唐太宗之弟李元吉是原太子李建成的一伙，与李建成一同被杀。唐太宗便夺了他的妻子为妃，十分宠爱，后来还想立她为后。被魏徵谏止。因此，后人多有议论，以为唐太宗道德有亏。

高宗莅治，溺爱衽席。
卒致妖后，斩丧唐室。

【解析】

唐高宗李治即位之后，继续施行太宗的政策，修订法律，安定西域，有贞观的遗风。然而他身体欠佳，无法处理繁重的政务，他的皇后武则天，是个有政治头脑、聪慧有才干的女子，帮助高宗处理朝政，非常得力，因此很受高宗信赖。之后近三十年的时间，事实上已把政务全部委托给武则天了。因为中国古代重男轻女的思想非常顽固，因此对武则天讲了许多不实之词。这本《鉴略》把她称作"妖后"，并依照一些野史，诋毁她的人格、政绩。

中宗久出，得志淫荒。
武氏则天，以周易唐。

【解析】

唐中宗李显，继位仅仅两个月，他的母亲武则天觉得他软弱无能，就把他废为庐陵王，赶出京城，另立李显的兄弟李旦为帝，即唐睿宗。然而却让他居于偏殿，不得干预政事。由皇太后武则天临朝摄政。公元690年，武则天改国号为周，自称圣神皇帝，并且降李旦为皇嗣。武周存在了十五年，武则天年迈体衰，才召回中宗为皇太子，第二年，在张易之的谋划下，拥立李显复位。尊奉武则天为则天大圣皇帝。没过多久，武则天便病故了。

梁公精忠，徐杜平恕。

【解析】

武则天即位以后，任命狄仁杰为地官侍郎同凤阁鸾台平章事，职务相当于宰相。他秉公办事，不徇私情。当时武氏家族权势极大，狄仁杰从不迁就。武则天曾打算立她侄子梁王武三思为太子，接替她为皇帝。狄仁杰据理力争，终于打消武则天立武三思的想法，而召回唐中宗为太子，为恢复唐朝打下基础。狄仁杰还善于发现和举荐人才，举荐张柬之等十几个人担任要职，后来历史证明，这些人都是正直有为的人才。徐有功和杜景俭都担任过刑事官员，执法公正，为政宽恕。当时一同担任审案的还有来俊臣、侯思止两个出名的酷吏，他们罗织罪名、大兴刑狱、陷害无辜，受其迫害者达数千家。徐、杜二人常常在年审案中给受害者平反昭雪。所以有谚语说："遇徐杜者生，遇来侯者死。"

柬之五王，卒返唐绪。

【解析】

公元705年武则天病重，她所宠信的佞臣张易之、张昌宗兄弟二人把守宫门，不准大臣进宫朝见。当时担任宰相的张柬之当机立断，联合敬晖、桓彦范、崔玄、袁恕己共五人迎立太子庐陵王为帝（唐中宗），率领羽林军强行斩关入宫，杀死张易之、张昌宗，拥立中宗复帝位，把武则天迁到上阳宫。十一个月后，武则天病故，享年八十二岁。张柬之等五位大臣，由于恢复中宗帝位有功，都被赐封为郡王。

睿开玄宗，励精求治。
姚崇宋璟，张说九龄。

唐中宗是个懦弱无能的皇帝，复位以后，大权很快落入他的妻子韦皇后手里。她一心想学武则天当女皇，并纵容女儿安乐公主卖官鬻爵，横行霸道。最后，韦后索性毒死中宗，立其十六岁的儿子李重茂为皇帝，由韦后听政。这时唐睿宗被封为相王，为韦氏党羽和安乐公主所忌。韦氏谋杀睿宗，睿宗子临淄王李隆基敏锐果敢，率精兵突入宫中，斩韦皇后和安乐公主及其党羽，扶睿宗复位，贬李重茂为襄王、房州刺史。睿宗复位两年后便禅位给儿子李隆基。李隆基当皇帝后，锐意进取，改革弊政，先后任用姚崇、宋璟、张说、张九龄等为相，使唐朝政治经济有了进一步发展提高。因为唐玄宗这时的年号为开元，所以史学家称这一段时间为"开元盛世"，和唐太宗时的"贞观之治"相提并论。

怀慎坐镇，韩休守正。
几致太平，允称炽盛。

【解析】

玄宗开元年间，还有卢怀慎和韩休，也都是著名宰相。卢怀慎是位清廉俭朴的大臣，生活清贫。他尽管贵为宰相，然而他的妻子依旧穿着粗布衣服，他家住的地方十分简陋，每遇风雨，他只能拿张草席来遮挡。他的俸禄和皇上赐赏的粮食，大部分都被他拿出来救济穷苦的亲戚和百姓。他担任宰相时，自知才能比不上姚崇，一切政务都听从姚崇裁断，因此有人把他称为"伴食宰相"，只是坐镇的宰相之位罢了。韩休待人耿直、不惧权势，时常直谏玄宗。有一次玄宗下旨要把万年县一个县尉放逐到岭南去。韩休拒绝执行，他说："一个小小县尉犯了一点错误，就流放他，那么朝中大奸大恶的人，更应先流放。"他指出金吾大将军程伯献的种种不法行为，说："如果不流放程伯献，韩休绝不执行流放万年县尉的圣旨。"最后，玄宗终究没能让韩休屈服。韩休经常规谏玄宗多勤政、少游宴。玄宗打猎或游宴歌舞稍有过度，韩休必上书规谏。因为有这些贤相的辅佐帮助，玄宗即位后的二十多年，整个国家都繁荣昌盛。

天宝以后，宵人秉权。
林甫腹剑，吉网罗钳。

【解析】

唐朝宰相正式职务名称叫"平章事""同平章事"。不是一人专任，而是数人同时任此职务，共同执政。韩休和张九龄去世后，李林甫便成为宰相之中资历最老、权势最重的宰相。李林甫是一个善耍权术、阴险毒辣的人，他为了巩固自己的地位，用种种手段打击排挤不顺从他的人。表面上对人友好，说话比蜜还甜，背地里暗加陷害，手段毒辣，所以人们形容李林甫为"口蜜腹剑"。吉温、罗希奭都是他的亲信，多次制造冤狱，陷害了很多人，凡被他们罗织罪名的，没一个人能逃脱横祸。所以人们称之为"罗钳吉网"（钳、网都是古代刑具的名称）。李林甫对玄宗极尽吹捧之能事，使玄宗渐渐沉湎酒色游乐之中，朝中大权完全落入李林甫等奸相手中。唐玄宗又改年号为"天宝"。唐朝自此开始走下坡路。

艳妃乱政，失国奔窜。

【解析】

唐玄宗晚年，特别宠幸贵妃杨玉环。杨贵妃一家人由此而得势，她的几个姐妹，都被赐封为国夫人，堂兄杨国忠更是炙手可热，继李林甫为相，贿赂公行，结党营私。北方少数民族出身的将帅安禄山，他设法走杨氏门路，做了杨贵妃的干儿子，取得玄宗的信赖，得以身兼北方三镇节度使要职。之后安禄山与杨国忠发生矛盾，于天宝十四年（755）起兵反叛，以讨杨国忠为名，率精兵十五万，自范阳（今北京）南下，第二年攻占洛阳，在洛阳称皇帝，国号大燕。不久，破潼关，攻破唐朝京都长安。唐玄宗携带杨贵妃、杨国忠等一批朝官，匆忙向西蜀逃亡。走到马嵬坡（今陕西兴平西），随驾将士不愿前行，要求杀死祸国殃民的宰相杨国忠和杨贵妃。他们把杨国忠杀死之后，又逼玄宗交出杨贵妃，把她缢死在一座庙内。玄宗留下太子李亨负责征讨安禄山，自己则带了一帮人逃窜到西蜀去了。

皇子肃宗，灵武收兵。
子仪光弼，克复二京。

【解析】

唐玄宗逃向西蜀以后，他的儿子李亨也西逃到灵武（今宁夏灵武西北）。他自立为皇帝，尊玄宗为太上皇，任命其子广平王李俶为天下兵马元帅，郭子仪、李光弼先后任副元帅。调动国内兵马，又向少数民族回纥（hé）借兵，平定安禄山叛乱。这时安禄山叛军发生内乱，安禄山被他的儿子安庆绪所杀，同时安禄山的重要将领史思明，也和安庆绪分裂，拥兵割据于范阳。郭子仪乘机挥兵东下，李光弼也从太原出击。不久，攻克东京洛阳。安庆绪逃往邺郡（今河南安阳）。肃宗回到长安，玄宗也从西蜀回来，被肃宗安排住于兴庆宫。

惜无远谋，专任辅国。
朝恩观军，节度擅立。

【解析】

宦官李辅国在灵武时，曾经劝谏肃宗即帝位，由于拥立有功，回到西京长安以后，权势日益增大，直升至兵部尚书。另一个宦官鱼朝恩被任命为观军容宣慰使，去前线监督郭子仪、李光弼等。郭子仪被鱼朝恩陷害，免去官职。各节度使人心溃散。史思明趁机占领东都洛阳，李光弼带部下渡过黄河，退守河阳（今河南孟州境内）。其余节度使由于痛恨宦官当权，逐渐各自为政，不听从中央号令。

代宗平乱，能诛三宦。
将任番戎，藩镇为患。

【解析】

公元762年，太上皇唐玄宗和皇帝唐肃宗先后去世，太子李豫即位。即唐代宗。唐代宗是被李辅国、程元振拥立为帝的。为示褒奖，他任命李辅国为司空兼中书令，使之成为中国历史上唯一的正式当宰相的宦官。但他绝不甘心当宦官的傀儡，于是巧妙地利用程元振和李辅国争权的机会，先派人刺杀李辅国，又将程元振免职流放，最后又逼鱼朝恩自缢，剪除了三个窃取国家大权的宦官。这时史朝义叛军内部也出现了分裂，安禄山、史思明的一些老部下，不甘心屈从史朝义，纷纷倒戈，投降唐朝。史朝义越来越孤立，最后兵败自杀。从755年安禄山发动叛乱，至763年史朝义自杀，长达八年的"安史之乱"终于平息。"安史之乱"虽然平定下来，但是集地方军政大权于一身的节度使，坐镇一方，不听中央号令。藩镇割据的局面日趋严重。

吐蕃入寇，中原咸忧。
郭公免胄，回纥方休。

【解析】

曾经担任朔方节度使的铁勒族人仆固怀恩，本是郭子仪的部将，之后叛变唐朝，常引吐蕃和回纥军队入侵内地掠夺。公元765年，仆固怀恩纠集吐蕃、回纥军三十万人进犯，京师震动。朝廷派郭子仪率兵往前线增援退敌。郭子仪抵达前线，得知怀恩突发急病而死，吐蕃和回纥双方争领导权出现纠纷。郭子仪过去征讨安禄山时曾向回纥借兵，同回纥领袖交情深厚，便派一员部将前去劝回纥退兵。回纥领袖听了后非常诧异，说："仆固怀恩说郭令公已去世，皇帝也死了，中原无主，骗我们出兵。假如郭令公还在，我们绝不敢反叛。"但愿能见郭子仪一面。郭子仪便决定亲自去回纥营寨相见。为了表示诚信，他仅带了几个随从。到了回纥营门，他拿下头盔铠甲，放下武器，昂然前行。回纥领袖和各部酋长一看到郭子仪，就拜伏于地，说是上了仆固怀恩的当。郭子仪把他们扶起，一起入帐饮酒。结盟叙旧，打算合兵夹击吐蕃。吐蕃得知消息后，连夜退兵逃离了。史上把这件事称为"郭子仪单骑退回纥"。

德宗初政，闻风仰慕。
后用卢杞，奸邪流祸。

【解析】

唐德宗即位后，曾经决心改革朝政，抑制藩镇势力，做个英明帝王。因而人们对他曾寄托很大希望。不久，他任用卢杞为相。这卢杞面貌丑陋，皮肤青黑色，能言善辩。他当宰相后，排挤陷害反对他的大臣。著名的书法家，德高望重、正直敢言的太师颜真卿，尤其使他害怕。后来淮南节度使李希烈叛乱，卢杞明知李希烈凶暴残忍，却花言巧语说必须有一位极威望的大臣去宣抚劝谕，才能使李希烈归顺朝廷，便推荐颜真卿前往招降。结果，颜真卿被李希烈所杀。后来，大将李怀光上书言卢杞罪行，德宗不得已才将卢杞贬出京城。此时，各地节度使纷纷割据，朝廷政令不行。德宗为了抑制藩镇势力，减削将领兵权，任用了两个宦官统率禁军。此例一开，禁军统帅成了宦官的专利。

顺宗喑疾，传子开泰。
宪宗英武，克平淮蔡。

【解析】

唐顺宗患有风疾，行动不便，而且失音沙哑。虽然这样，他即位以后，任用王叔文、王伾和刘禹锡、柳宗元等十人担当要职，进行改革，贬去贪官京兆尹李实，罢去扰民的宫市，后来又谋划夺取宦官的兵权。宦官以他身体不好为借口，逼他禅位给太子李纯，改革宣告失败。宪宗李纯是位比较贤明的帝王。他即位后暂时妥协于根深蒂固的宦官势力，集中力量对付藩镇。他起初整顿了江淮财政，增加国家财政收入，又利用藩镇之间的矛盾，先后平定几处叛乱。尤其是淮西节度使吴元济，割据蔡州（今河南汝南），到处焚烧抢掠，祸害非常大。宪宗任用宰相裴度督师，以李愬为大将，前往征讨。李愬策划先擒获吴元济几员大将，规劝他们归降，又以他们为前导，趁大雪夜袭蔡州，活捉吴元济。这就是著名的"李愬雪夜袭蔡州"。

李绛裴度，吉甫黄裳。
唐之威令，几于复张。

【解析】

唐宪宗先后任用杜黄裳、李绛、裴度、李吉甫这些力主削弱藩镇势力的人为宰相，平定了几处藩镇叛乱。特别是平定蔡州吴元济后，河北藩镇大惧，纷纷表示要服从朝廷，唐代藩镇割据的局面暂告结束。可惜宪宗晚年过分迷信佛教，祈求长生不老，结果被宦官杀死，朝廷又形成了宦官专政的局面。

穆宗蒙业，牛李相倾。
河朔再失，不可复兴。

【解析】

唐穆宗被宦官拥立为皇帝，只好任由宦官摆布，过着醉生梦死的生活。朝廷内部，宰相牛僧孺同另一派领袖李德裕由于政见不同，互相倾轧。这场党派之争，从穆宗开始，持续了近四十年，史书上称之为"牛李党争"。各地藩镇见到朝廷腐败，大臣互相攻讦，逐渐不听从中央号令，各自为政，再行割据。河朔节度使依次背叛，割据一方。河朔之地再次脱离了唐朝的掌控。

敬宗初立，优纳贤臣。
继比群小，弑于克明。

【解析】

敬宗即位之后，一度因谗言调离朝廷的裴度，再次被任命为宰相。可是这时宦官势力已成尾大不掉之势，敬宗只能在其摆布下嬉戏游乐。宝历（敬宗年号）二年冬十二月的一天夜晚，宦官刘克明和陪同敬宗打毬的军官苏佐明等，因受敬宗责打而怀恨在心，趁陪同敬宗夜饮之机，忽然灭去殿上烛火；将敬宗当场缢死，随后，又假传敬宗遗诏，以绛王李悟入宫摄政。刘克明想把当权的宦官换成自己人，触怒了有兵权实力的宦官王守澄等人。于是王守澄等迎江王李涵入宫即帝位，调动左右神策军、飞龙军进讨贼党，刘克明等被杀，绛王也死于乱军之中。江王李涵改名李昂，遂即皇帝位。

文宗嗣位，优柔少断。
宦官专政，甘露生变。

【解析】

唐文宗尽管是被宦官拥立即位的，但是他十分痛恨宦官专权，对朝中牛、李两派激烈党争也非常反感。因此，他相继排斥了牛、李两派的几个高官，又利用宦官内部的派系矛盾，让人把王守澄毒死。最后，又和宰相李训、节度使郑注等密谋，以左金吾卫内的石榴树上天降甘露为名，引诱掌权宦官仇士良等前往参观，然后伏兵把他们一网打尽。结果仇士良等发现伏兵，立刻退走，劫帝还宫，点禁兵逮杀李训等人，株连达千余人。郑注自凤翔带兵进京，中途听到李训已败，连忙退兵，被监军太监张仲清杀害。史书把这一事件为"甘露之变"。自此以后，文宗实际上已被宦官软禁。

武宗敏达，委任智勇。
克取太原，惜年不永。

【解析】

唐文宗过世后，宦官仇士良又拥立敬宗的弟弟颍王李炎即位。唐武宗李炎亲眼目睹宦官的凶暴残忍，表面对仇士良很恭顺，实际上非常憎恶。不久，仇士良病死，武宗下旨抄没仇士良家产，对宦官势力有一定压制。他又任用支持压制宦官势力和削减藩镇割据的李德裕为相，相继击败企图割据上党（今山西长治）、泽州（今山西晋城）一带的刘稹，又平息了河东都将杨弁在太原的叛乱；对藩镇势力进行了强有力的打击。与此同时，对于一度泛滥无秩的佛教也进行了整顿，拆除一些滥建的佛寺，勒令僧尼还俗达二十六万余人之多。可惜唐武宗年仅三十三岁时就病逝了。

宣宗明察，称小太宗。
懿宗骄奢，僖宗幼冲。

【解析】

武宗病重时，宦官专权拥立武宗的叔父光王李忱为皇太叔。武宗去世后继位，为唐宣宗。宣宗比武宗年龄还要大一些，即位时已三十七岁，多年任藩能以旁观者身份观察朝廷政局，头脑比较清醒。他即位后，免去了李德裕的宰相职务，结束了存在多年的牛李党争。又平息了几处藩镇叛乱；安抚有功于唐室的回纥部落首领，加以策封；趁吐蕃内乱之机，收复了被吐蕃占领的秦、原、沙、瓜等州，一时声威大振，被人称为"小太宗"。到了晚年，宣宗迷信道士、追求长生不老，于是步唐穆宗的后尘，吃"长生药"中毒而死。他的儿子懿宗继位，是个酒色皇帝，过着骄横奢侈的日子，四十一岁时去世。懿宗十二岁的儿子继为皇帝，唐朝国势已衰弱到随时可能崩溃的边缘了。

委任令孜，盗起莫支。

【解析】

唐僖宗当皇帝时还是个小孩子，整天嬉戏游玩，朝政都托付给田令孜去处理，并把田称为"阿父"。此时，广大百姓受宦官、藩镇层层剥削压迫，民不聊生，于是揭竿而起。在河南长垣首先爆发了王仙芝领导的农民起义，很快聚众数万。第二年，曹州（今山东菏泽）人黄巢也起兵响应，势力迅速增强，全国震动。公元878年，王仙芝战死于黄梅（今属湖北），黄巢被推为起义军首领，自号冲天大将军，统军南征，自山东、河南出发，一直打到广州，然后又回师北上，返回河南，打算问罪于长安。

克用殉国，黄巢乃夷。

【解析】

公元880年年末，黄巢带领六十万大军攻破潼关。公元881年1月8日，攻进长安城。田令孜劫持僖宗逃到成都。黄巢进入长安后，即帝位，国号大齐，唐朝文武官员数十人归顺。唐兵无力与黄巢抗御，便任命沙陀部领袖李克用为代州刺史，召他出兵镇压黄巢起义军。这时黄巢部将朱温在宦官诱使下叛变投唐，被僖宗赐名朱全忠，同李克用夹击黄巢。公元883年，李克用部队攻进长安，黄巢军向东撤退。第二年黄巢在山东泰山东南狼虎谷兵败自尽。到此为止，长达十年的唐末农民起义遂告失败。

至于昭宗，崔胤召兵。
宦官虽戮，卒弑于温。

【解析】

　　黄巢起义军被镇压后，藩镇势力越发强大，其中最大的两股势力就是李克用和朱温，他们互相攻杀，崔胤因和朱温关系密切，在朱温支持下，当上宰相，密谋诛杀宦官，致书于朱温，让他出兵赴长安诛灭宦官。其事被宦官侦知，宦官、神策军中尉韩全晦便将昭宗劫往凤翔府。朱温兵至凤翔，迎昭宗回长安，趁机杀宦官数百人。至此唐代宦官统兵和干预朝政的局面遂告终结。但朱温的野心日渐暴露，昭宗被迫封他为梁王。不久，朱温杀死崔胤，强行迁昭宗于洛阳，随后又将昭宗杀掉。

　　　　末帝昭宣，天命去唐。
　　　　册宝用奉，竟禅于梁。

【解析】

　　朱温在洛阳杀死唐昭宗，而立李柷为帝。当时李柷年仅十三岁，朝中大权事实上都落到梁王朱温手里。三年后，朱温逼迫李柷禅位。公元907年，朱温即帝位，国号大梁，定都开封，称为东都，洛阳为西都。他把李柷废为济阴王，不久又将他杀死。唐朝到此灭亡，共传承二十帝，历经二百九十年。

　　　　朱温七年，为子所弑。
　　　　友贞灭珪，姻党依势。
　　　　唐兵伐之，友贞自戮。

【解析】

　　朱温尽管当了皇帝，但是却无力统一中国。他的老对头晋王李克用，一直统占着河东广大地域，仍旧沿用唐朝年号，与朱温交兵不断。李克用死后，他的儿子李存勖继晋王位，势力有增无减。公元912年，朱温亲自率兵与晋军在涿州（今属河北）一带大战，遭受重挫，连夜烧营逃离。朱温逃到洛阳，忧愤交加而得病，被他的儿子朱友珪杀死。朱友珪自立为帝，骄横淫乱，引起内外愤怒。朱温的第四个儿子均王朱友贞和朱温的外甥袁象先、女婿赵岩等密谋诛杀友珪，由袁象先引禁军数千人，突入洛阳宫中。友珪与其妻等都自尽。于是朱友贞在开封即皇帝位。袁象先、赵岩等都有升赏。赵岩因为诛友珪有功，骄横跋扈，奢靡腐化，梁亡后被杀。朱友贞做了九年皇帝，李存勖部李嗣源攻克开封。友贞自尽，梁朝遂即灭亡。梁从朱温称帝，到友贞自尽，共历三帝，前后仅十七年。因为南朝已有个梁朝，因此朱温建立的梁朝，被称之为后梁。

> 后唐庄宗，英武特出。
> 击燕灭梁，父命不辱。

【解析】

沙陀部首领李克用被唐昭宗封为晋王，后来朱温灭唐朝，李克用一直割据于太原，奉唐朝年号。李克用去世时，曾交给他儿子李存勖三支箭，让他完成三件事。一是讨伐叛将刘仁恭，二是击契丹，三是灭朱温。李存勖继晋王位之后，便努力去实现父亲的遗志。公元913年，他亲自统兵北伐，灭掉自称"大燕皇帝"的刘守光，擒斩依附刘守光的叛将刘仁恭；公元922年又亲征契丹，大败契丹兵，迫使其退兵求和。公元923年年初，李存勖即位称帝，随之又灭掉朱温创建的梁朝，实现了李克用的三个愿望。李存勖善于作战，而不善治国。他即帝位后，为政苛酷、滥用民力、听信谗言、残杀功臣、激起各地兵变，在洛阳兵变中被流矢射中而死。

> 明宗皇帝，克用养子。
> 每夕祝天，愿生圣主。

【解析】

李嗣源本是李克用的部将，十七岁时就以英勇善战被克用收为养子，赐名嗣源。后唐庄宗时，李嗣源统领全军。之后魏州兵变，庄宗让他前去平乱，结果反被乱军拥为领袖。庄宗在洛阳被乱兵所杀。他被推奉为监国，不久，又被拥立为帝。他在位期间社会比较稳定，生产也有所发展。他是个文盲，因此所有奏章，全靠文臣念给他听。他每天夜晚都要向上天烧香祈祷，大意说："我本是胡人，碰到天下动乱，被人推上帝位，但确实做不了这个。但愿上天早日降生圣人，把天下治理好。"

闵帝宽柔，废于潞王。
从珂未几，焚死唐亡。

【解析】

明宗病危时，宋王李从厚被请往京师洛阳，没多久，便继明宗为帝。他优柔寡断，仅即位三个月，潞王李从珂便率兵攻入洛阳，夺取了他的帝位，把他废为鄂王，然后杀掉。唐明宗的女婿石敬瑭，担任河东节度使。李从珂和石敬瑭相互猜疑，各有戒心。公元936年，李从珂调派石敬瑭为天平节度使。石敬瑭便借北方契丹兵马反叛，占领洛阳。李从珂遂自焚而亡。后唐至此灭亡。

晋祖敬瑭，借兵契丹。
重贵既执，国遂属汉。

【解析】

石敬瑭向契丹借兵反后唐，条件是答应向契丹称臣。后唐灭亡后，契丹主便册立石敬瑭为大晋皇帝，定都开封。而石敬瑭遂尊契丹主为"父皇帝"，自称"儿皇帝"，并割燕云十六州给契丹，每年向契丹进贡帛三十万匹。石敬瑭死后，石重贵继为帝。他骄奢淫逸，任用非人，以致怨声载道，民不聊生。契丹大军深入内地，烧杀抢掠，攻入开封，俘获石重贵，押送黄龙府（今吉林农安）。石重贵后来竟不知所终。至此，后晋遂亡，共历二帝，享国十一年。

后汉知远，传子承祐。
嬖幸擅权，天命不佑。

【解析】

公元947年后晋亡国后，驻守在太原的河东节度使刘知远趁机称帝，依旧沿用后晋年号。同年契丹主在开封改国号为大辽，没多久便返回辽东。刘知远随后进入开封，宣布改国号为汉，正式即位。一年之后，刘知远病死，他的儿子刘承祐继位。刘承祐是个花花公子，从小养尊处优，只懂得吃喝玩乐，做了皇帝后更是为所欲为。苏逢吉、李业等一班佞臣恃宠弄权，谋害了开国元勋史弘肇和宰相杨邠两位顾命大臣，又打算派人刺杀驻守在外、担任邺都留守的另一位顾命大臣郭威。郭威得知消息，以辩冤为名，出兵杀向京师开封。一路上各州县望风归附。

周主郭威，将士推立。

【解析】

公元950年冬，郭威自澶州出兵杀向开封，不到十天，大兵已抵达开封城下。苏逢吉劝刘承祐御驾出城亲自征战。朝中禁军大部分则反戈投降郭威，刘承祐被乱军所杀，苏逢吉自杀。众将拥立郭威为帝，改国号为周，史称为后周。

世宗柴荣，五代贤君。
恭帝嗣位，周统用讫。

【解析】

柴荣是郭威原配妻子柴氏的侄儿。郭威无子，收他为养子，并传位于他。柴荣被后世学者们称为五代最英明的皇帝。他即位以后，注意改革政治、整顿军事、奖励农耕、兴修水利，走富国强兵之路。他多次用兵，取得北淮南十四州富庶之地，收复了被后蜀占领多年的秦、凤、阶、成四州，夺回被契丹占领的燕北三州，壮大了中原力量，削弱了割据势力，为统一中国创造了条件。可惜的是柴荣在北伐途中忽染重病，只好退兵回到京都，不久病死。他七岁的儿子柴宗训继位为帝。军权落入殿前都点检赵匡胤手中。赵匡胤率军北征，在陈桥驿发动兵变，被拥立为帝，取后周而代之。后周自郭威称帝算起，共共历三帝，十年而亡。从公元907年朱温篡唐建立梁朝起，到公元960年后周灭亡止，共五十多年，经历了梁、唐、晋、汉、周五个朝代。所以这段历史被称为"五代"；同时又因除了中原被这五个朝代统治外，还有南唐、吴越、北汉、南汉、荆南、楚、吴、前蜀、后蜀、闽十个小国先后偏安一隅，所以又被合称为"五代十国"。

宋祖匡胤，英明仁断。
陈桥推戴，削平僭乱。

【解析】

宋太祖赵匡胤是一位勇武善战的将领，柴荣非常信任他，任他为统率中央禁军的殿前都点检。公元960年，赵匡胤率兵征讨北汉，走到陈桥驿，在他的部下赵普、石守信等谋划下，黄袍加身，被拥为帝，逼迫周恭帝禅位，建立了宋朝。赵匡胤即位后，相继平息了荆南、后蜀、南汉、吴越等国，只剩下北汉还占领着河东一隅。因此能够说，赵匡胤基本结束了五代十国的割据形势。

崇儒爱民，文武辅治。
温叟清介，赵普刚毅。

【解析】

赵匡胤当了皇帝后，非常重视儒治，尊重儒士，提倡儒家的道德礼制。他吸取了五代时期拥有兵权的大将篡夺皇位的教训，与赵普定策，宴请禁军高级将领，以高官厚禄、荣华富贵为条件，劝他们解除兵权，历史上称之为"杯酒释兵权"。以后，用文官代替节度使管理地方行政，并统一由中央任命，节度使成为有职无权的荣誉职务，从而加强了中央集权，保证了政权的稳定。宰相赵普向赵匡胤举荐刘温叟，说刘是个清廉正直、深通礼法的人才，应当重用。一连上了几次奏章，赵匡胤不加理睬。赵普仍不肯罢休，继续举荐，终于使赵匡胤明白刘温叟是一个难得的人才，任用刘温叟为御史中丞，负责监察各级政府官员。

曹彬治兵，窦仪端慎。

【解析】

由宋初名将曹彬统率的军队纪律严明，被称为"仁义之师"。他身为主帅，率兵灭南唐，包围了南唐京都金陵。破城前夕，曹彬忽称患病。众将都来问安，他才说患的是心病，担心城破之日，乱兵烧杀无辜。众将齐声保证不滥杀一人，曹彬这才升帐，下达禁暴令，遂后下令攻城。窦仪博学多识，遵纪守法。后周时，赵匡胤率兵攻下南唐要镇滁州。柴荣调派窦仪来滁州清点收缴的南唐物资。赵匡胤看到有不少布匹，想到天逐渐变冷，士兵没有冬衣，便与窦仪商量，要取一批布给士兵做冬衣。窦仪说："在没有清点登记前，您作为统帅，能够自由支配缴获物资，现在一经登记，则为国家财产，没有皇上旨意，是不能动用的。"所以没答应赵匡胤的要求。赵匡胤非常赞赏窦仪这一优秀品质，称帝之后，命窦仪主持修订宋朝法律《宋刑统》。赵匡胤对窦仪也是以礼相待，凡是遇到窦仪来参见，他必定要穿好皇帝礼服后才接见他。

太宗光义，恭俭恕仁。
受兄顾命，可云守成。

【解析】

依史书记载，赵匡胤的母亲杜太后去世时，鉴于前朝许多皇帝年幼无功，而被功勋大臣篡夺皇位，便遗命赵匡胤先传位给其弟赵光义，然后再传给匡胤的儿子。宋太宗赵光义原名匡义。因为匡胤当了皇帝，所以为避其讳则改名光义。他是个比较节俭敦厚的人，即位之后，基本上实施了赵匡胤制定的政策，迫使虽然已经降宋，但仍割据一方的吴越国王取消国号，然后又亲伐北汉，将其灭掉，使五代十国时遗留下的最后两股势力最终消亡。国内政势稳定，生产得到发展。他广泛挑选人才，选派大臣主持编撰了《文苑英华》《太平御览》《太平广记》等重要典籍，为中国文化史做出了贡献。

弟侄不禄，斧声生议。

【解析】

由于杜太后有"先传弟，再传子"的遗言，而赵光义未能履行这个遗言，却将皇位传给了自己的儿子，便引起了后人的猜测疑问。赵匡胤的儿子赵德昭，公元981年，随太宗征辽，因在军中被太宗训斥而自杀。赵光义的弟弟赵廷美，则于公元984年死去。由于他们都在宋太宗去世前死去，后人议论起来，怀疑赵匡胤也是赵光义杀死的。野史上曾有记载说：赵匡胤病危，召赵光义到病榻前密谈。侍卫们在门外守候，见室内烛影摇动，又听到有斧劈之声。不一时，光义出来，宣布继承帝位，匡胤便去世了。于是给后人留下一个"烛影斧声"的千古疑案。

齐贤御戎，杨业无敌。

【解析】

五代时，北方少数民族契丹逐步强大，之后改名为辽国，与宋朝连年交战不休。太宗时，名将杨业身为知代州兼三交驻泊兵马都部署，驻镇北方门户。在雁门关大破契丹兵，后带兵克复云、应、寰、朔四州。号称"杨无敌"。后来由于主帅潘美和监军王侁指挥错误，让他孤军陷于山中，重伤被掳，绝食而亡。杨业牺牲后，太宗任张齐贤为知代州职务，和潘美共同抵御辽兵。齐贤挑选厢兵两千，誓师出击，击败辽兵，又设计伏袭，虏获辽军北院大王之子等高级将帅。辽军溃败而逃。

雅量蒙正，竭诚田锡。

【解析】

吕蒙正身为相位，宽宏大量，对人宽厚。他刚被任为"参知政事"（宋朝副宰相官名）时，有一次上朝，一个官员指着他的脊梁蔑视地说："这小子也能当参知政事？"吕蒙正只当作没听到，不动声色地走过去。和他同列的官员为他抱不平，要去寻查那个人的名字。吕蒙正劝止说："不要查，不知道他的名字最好，一旦得知，会一辈子都难忘怀记恨。还是不知道为好。"人们听了后，都很钦佩吕蒙正的雅量。宋太宗时，田锡从左拾遗抽派到史馆编书，官职虽小，却喜爱议论国家政事。他上疏皇上，提出一项有关国家军事机要的建议、四条有关国家重要政策的建议。太宗看后非常称赞，奖给他五十万钱。朋友劝他不能锋芒太露，过于出风头，必定会遭人嫉妒。田锡说："臣子应当竭诚事君，岂能因为受了一次赏赐，怕人嫉妒，就不敢再进谏了呢？"

继伦奇功，吕端辅嗣。

【解析】

辽国大将于越领兵数万南下，准备劫夺宋朝运往前线的军粮。担任巡防边境的巡检使尹继伦因官小兵少，无法阻击辽国大军，便组织一队精悍骑兵，暗暗尾随辽兵行动，到了唐州徐河间，辽兵和宋朝护粮大军遭遇。一场大战即将爆发。尹继伦看准时机，带领骑兵从背后突入辽阵，先斩杀了辽营一员大将。辽兵大乱，自相践踏，于越也被砍中手臂，狼狈逃走。自此以后，尹继伦声名大振。辽兵互相告诫，要回避"黑面大王"。这是因尹继伦皮肤较黑的缘故。吕端是个很有头脑的宰相，宋太宗称赞他是"小事糊涂，大事不糊涂"。太宗病危时，宦官王继恩等害怕太子赵恒英明，对己不利，密谋另立楚王为帝。吕端已经察觉王继恩的阴谋，太宗驾崩后，他当机立断，趁王继恩来内阁时，把王继恩锁在屋内，派人看守。然后立即扶太子登基，率领群臣朝贺，造成新皇帝已即位的事实，粉碎了王继恩的阴谋。因而，后人常用"吕端大事不糊涂"来称赞他。

真宗宽仁，有帝王量。
信惑异端，天书屡降。

【解析】

宋真宗赵恒登基后，任命张齐贤、李沆、寇准等人为宰相，宋朝经济得到了一定的发展，号称北宋的治世。然而北方辽军多次入侵，也影响了内地的安定和发展。晚年时，真宗体弱多病，便昏愚起来，听信奸佞和迷信僧道，以求神佛护佑，在全国大建道观和寺院，劳民伤财。有人投其所好，假造了写满字的黄绢，说是"天书"降临。真宗深信不疑，非常虔诚地迎到宫中供奉起来。后来，各地不断涌现"天书"，真宗仍不悔悟，更加忙碌地四处祭祀祈福，却不考虑是不是真能得福。

幸澶退辽，赖准谋定。

【解析】

公元1004年，辽邦萧太后亲自率领大兵南下，攻进宋境，京师为之震动。奸臣王钦若等主张迁都南逃，宰相寇准则坚持主战，劝服真宗御驾亲征，去前线督战。抵达澶州后，宋军将士看到皇帝亲临，士气大增，大败辽兵，射死了辽国大将萧达览。辽国萧太后不想战线拉得过长，腹背受敌，并提出议和。宋真宗答应与辽国签订盟约，辽兵退回。史上称该事件为"澶渊之盟"。这次战争，宋朝原本可以获得更大胜利，但是一些奸臣包围真宗，散布投降主义论调，结果尽管打了胜仗，却签订了由宋每年向辽输送十万两白银，二十万匹丝绢的辱国和约，开启了用岁币求苟安的恶例。

仁宗初年，西鄙驿骚。
庆历以后，君子满朝。

【解析】

宋仁宗即位时才十二岁，由刘太后听政达十一年之久。刘太后去世后，仁宗才得以亲政。这时，西部边境极不安定。割据于西北的少数民族领袖李元昊，自立为皇帝，国号大夏，建都兴庆府（今宁夏银川东南），史书称之为西夏。广宗即位时，正是西夏势力强盛之时，常入宋境掠抢，屡败宋兵。宋将刘平、石元孙被俘，任福、王余庆、葛怀敏等战死。直至宋仁宗庆历三年（1043）西夏久战疲困，才与宋议和。这时，北宋涌现出一批名臣，朝堂之上一时人才济济。

韩范富欧，吕诲杜衍。

【解析】

北宋著名的政治家韩琦，以清正廉直享名于世。他担任陕西安抚使，与范仲淹并称为"韩范"，立下赫赫战功；后与富弼一起为相，又并称"韩富"。有人评论他说：在厚重上他能与汉朝周勃相比，作为贤相，能与唐朝姚崇相比。著名政治家、文学家范仲淹，担任宰相后提出了建立严密的任官制度、整治军队、加强法治等十项改革措施。他的"先天下之忧而忧，后天下之乐而乐"，成为传颂千古的名句。富弼不但是很有才干的宰相，而且还是杰出的外交家。他出使契丹时，成功地拒绝了对方提出的割地要求，回国后又提出了安边十三策。欧阳修以文学闻名，是唐宋八大家之一。他主持编写的《新唐书》《新五代史》为史学名著；他曾知贡举，主持进士考试，排斥并抑制险怪奇涩的"太学体"，以整顿文风。他曾当枢密副使和参知政事，在军事和政治上都有突出贡献。吕诲当侍御史时，耿直敢言，他议论宦官任守忠及其党羽罪行，以及弹劾陕西四路钤辖内臣王昭明等。杜衍对部属仁厚，为官清廉，不治私产。尽管做到宰相的高官，退职之后还是住在陋屋，过着普通人的俭朴生活。

赵抃唐介，彦博司马。
升遐之日，四海思慕。

【解析】
　　仁宗朝敢于直言、不畏强权、上书弹劾高官的，还有赵抃和唐介。赵抃上奏章揭发宦官任守忠及其党羽的罪行，又建议仁宗免去宦官王昭明担任的陕西四路钤辖，名震一时，被人称为"铁面御史"。唐介曾上书弹劾宰相文彦博，宋仁宗认为他诽谤大臣，要流放他到边远地方。唐介说："臣是为忠愤所激，才上书揭发宰相错误，跳火海下油锅也可以，何况只是流放充军！"他被贬不久，宰相文彦博认为唐介是敢于说话的直臣，将他召回京城。后来赵抃、唐介都当了参知政事（副宰相）。人们钦佩唐介的耿直敢言，也钦佩文彦博"宰相肚里能撑船"的雅量。司马光连续在仁宗、英宗、神宗三朝担任要职。但他最大的贡献，是他历时十九年，奋笔直书，完成了规模宏大的编年体史书《资治通鉴》。由于宋仁宗任用了很多杰出的人才来辅助他治理国家，所以在他当皇帝这段时间，国内社会经济和科学文化都有所发展。史学家认为，仁宗时期是北宋最繁荣的时期。

英宗嗣位，太后听治。
两宫不和，韩欧调护。

【解析】
　　宋英宗赵曙本是安懿王赵允让的儿子，宋太宗赵光义的曾孙。仁宗三个儿子都早年夭折，所以被立为太子，继承了皇位。尽管他即位时已经三十多岁，但开始仍由仁宗的皇后曹太后垂帘听政。宦官任守忠本来打算立一个昏庸软弱的皇帝，以便从中操控、夺取权势，但是没能实现。因此英宗即位后，他便利用英宗和曹太后在处理政务时的意见不同，从中挑拨，造成英宗和太后之间的矛盾。宰相韩琦想使太后撤帘还政，就选取十几份奏章，呈送英宗批示，接着他又拿去请示太后复核。太后看了后，觉得皇帝批得很好，便让依照皇帝旨意去办。于是韩琦便说皇帝贤明能干，而自己年迈，不必再为辅政操心，恳求辞去宰相官职，告老还乡。太后说："相公不能辞官。我每天来听政也烦了。还是回后宫静养为好。"韩琦便把曹太后和汉朝的马皇后、邓皇后相提并论，觉得太后肯中止听政，确实是马、邓二位皇后所不能及。他问太后准备什么时候撤帘，太后没说话，马上起身退回后宫。韩琦立即让銮仪司官撤帘。帘子去掉后，向里看去，太后背影还没走出殿门。形成太后已撤帘还政的事实。过了几天，韩琦拿了份空白公文，派人送交给两个副宰相签发。欧阳修看韩琦已签了字，便也在下边签了名。另一位副宰相赵概见了非常为难，欧阳修劝他说："韩相公必定有他的道理。"韩琦拿到空白公文，便传召任守忠到政事堂，宣布他的罪状，取出空白公文，填写了发配任守忠的命令，当场让侍卫把他押走了。这是韩琦担心先备公文，宦官耳目众多，害怕万一泄密发生变故的原因。

神宗即位，励精求治。
贤臣纯仁，范镇苏轼。

【解析】

宋神宗是位有抱负的帝王，希望能富国强兵，改变中国"积贫积弱"的势态。此时，农民由于赋税负担过重以及官僚地主兼并土地愈演愈烈而日益穷困，国家财政陷入危机。为改变这种局势，神宗提拔年富力强又锐意改革的王安石担任宰相，展开了一场轰轰烈烈的变法。此外，范纯仁、苏轼也得到神宗的重视。神宗调派范纯仁去陕西担任转运副使，巡察边防。归来后，神宗问其情况。范纯仁说："城郭粗全，甲兵粗修，粮储粗备。"希望皇上能继续重视边防，使边防不至于停留自满，观望不前。对于苏轼，神宗非常赞赏他的文采，曾准备让苏轼去编修国史，只是因为王珪等人阻止，没能实现。范镇以直言出名，屡次上书议论朝政，被任命为谏院的主管官员。

熙宁元丰，安石惠卿。
新法乱政，西北用兵。

【解析】

　　熙宁、元丰都是宋神宗年号。这一时期王安石两次担任宰相，积极进行政治改革，以实现神宗"富国强兵"的理想。他是一个有毅力、有远见，又有比较系统的变法主张的政治家，先后出台了农田水利法、青苗法、免役法、方田均税法、市易法等经济法规和保甲法、保马法、置将法等军事法规。这些新法的实行，可以减轻农民负担，增加国家财政收入，同时由于限制大官僚、大地主勒索农民，触动了他们的利益，因此受到他们猛烈的攻击，被诬蔑为"新法乱政"。王安石变法终因得不到广泛支持而告失败。吕惠卿是王安石推行新法的助手。司马光曾对王安石说，吕惠卿这人不可靠，现在对你谄谀，一旦你失势，他会出卖你来抬高他自己。王安石没听从司马光的劝说，后来果然应了司马光的话。神宗晚年，又打算灭掉西北的西夏，分兵五路，以宦官李宪等统兵作战。结果反被西夏打败，西北一带的防御性工事被西夏占领了一部分。

哲宗嗣位，高后垂帘。
罢停新法，任用忠贤。
司马辅相，敌国戒边。

【解析】

　　哲宗继位，高太后垂帘听政，任用了司马光、文彦博等反对新法的保守派为相，并宣告停止实行新法，王安石变法随之宣告失败。停止实行新法之后，宋哲宗所做的另一件大事就是在西北边境与西夏议和，把米脂、葭芦等四寨地方归还给西夏，西夏也把永乐寨战俘一百四十九人遣返回宋，边境暂时平定。

及太后崩，追贬正人。
内变外戎，祸乱纷纷。

【解析】

自从王安石罢相，到哲宗即位以后这段时间里，新旧两派不同政见之争，逐渐演变为朝臣互相争权倾轧。哲宗亲政，起用已被贬官的章惇、吕惠卿，重用蔡京、蔡卞等，贬逐高太后听政时期的吕大防、苏轼、范纯仁等大臣，文彦博也被降职。哲宗反对将陕北四寨还给西夏，宋辽再启战端。一时间，朝政陡生变幻，边疆战乱纷起。

徽宗即位，穷极奢侈。
天变民怨，贼寇蜂起。

【解析】

宋徽宗赵佶是位多才多艺的书画家。他自创了一种楷书书体"瘦金体"，在我国书法史上占有一定地位。他画的花鸟画，也有相当高的水准。然而他是一个亡国昏君，即位后穷极奢侈，大兴宫殿苑囿，到江南搜刮奇花异石，运到京师筑园，把它称为花石纲。对于辽、夏二国，宋朝每年输送钱财，屈辱求和。而这些财物大多是从老百姓那里搜刮而来，导致民怨四起，各地农民纷纷起义反叛。

信任奸邪，忠良屏弃。
开边生衅，金兵长驱。

【解析】

宋徽宗时，奸邪横行霸道。宰相蔡京晋爵太师、封鲁国公，一时权势非常强大。士人百姓都非常痛恨，把蔡京、童贯等六个掌权奸臣称为"六贼"。蔡京还把宋哲宗元祐年间在朝内任职的司马光、苏轼等三百零九人打成"元祐党人"，一概贬官，其弟子不管做不做官，一律不能进京。又由蔡京亲笔书写三百零九人名单，刻为石碑，号称为"元祐奸党碑"，并以皇帝名义下诏令，每个州县都要翻刻立碑。另一个大奸臣童贯原本是个宦官，后来与蔡京勾结，擢升为监军，掌控军权二十余年。此时，北方女真族兴起，建立了大金国。童贯实行联金灭辽的计策，把同宋朝征战多年的辽国灭掉，而金国不仅占据了原属辽国的领地，并且挥兵南下，长驱直入，又占领了宋朝大片领地，对宋朝的威胁更加严重。

禅位太子，自称道君。
卒为金掳，殂五国城。

【解析】

宋徽宗除了爱好书画外，还迷信道教，幻想修仙学道，长生不老。他十分宠信道士林灵素，在其蛊惑下，在皇城建立规模宏大的教宫观，还下诏天下洞天福地都要建立宫观，塑造圣像。他还经常到与皇宫毗邻的上清宝箓宫听林灵素讲道经，设立大斋会，宴请全国各地来听林灵素讲经的道士，号称千道会。林灵素代表上帝，册立徽宗为教主道君皇帝。这时，金兵大举南下，徽宗便禅位于太子赵桓即宋钦宗，由钦宗主持国政和抗金事宜。他自己却带了一批官员跑到江南游览去了。金兵渡过黄河，抵达开封城下，迫使钦宗签订和约后退去。徽宗这才从江南返回开封。第二年即公元1127年，金兵再围开封，俘虏宋徽宗、钦宗，把他们掳往北方；囚禁于五国城（今黑龙江依兰）。八年后，徽宗病死。

钦宗昏懦，亦为金掳。
绍兴之末，殂于沙漠。

【解析】

宋钦宗即位后，金兵已渡过黄河，抵达东京开封。太学生陈东带领学生包围宫门上书，强烈主张惩办蔡京等六贼并抗击金兵。钦宗被迫任命主战派李纲为宰相兼亲征行营使。李纲团结全城军民全力抗金，又宣诏各地勤王兵马立即增援京师，终于把金兵击退。昏庸的宋钦宗不是趁机聚集兵力追击孤军深入的金兵，反而屈辱求和，同金兵签订了辱国丧权的和约，他觉得这样能够暂时苟安，平安无事了。岂料不过一年，金兵又卷土重来，攻破开封，他与宋徽宗一起被金兵挟往北方的五国城，被囚于五国城。从赵匡胤建国，至宋徽、钦二帝被掳，北宋共历九帝，享国一百六十七年。由于其建都于开封，因此史书上称之为北宋，用以区分后来建都于临安（今浙江杭州）的南宋。

高宗南渡，奸桧议和。
虽有李纲，及鼎浚佐。

【解析】

徽、钦二帝被金兵俘走后，拥兵在外的康王赵构，被拥立为帝。在南京（今河南商丘）即皇帝位，后来南逃，定都于临安（今浙江杭州）。李纲是高宗在南京即位时任命的宰相，由于遭到奸臣黄潜善的排挤罢职。到了临安，高宗先后起用赵鼎、张浚这些主战派为相。但是李纲又遭到秦桧的排挤而离开相位，被谪居于湖广。秦桧曾与徽、钦二帝一起被俘往金国。到了金国，他投降变节，成为金国副元帅挞懒的亲信，之后被派回南宋从事间谍活动。他假说是杀死防守金兵，夺船逃回，骗取了高宗的信任。宋高宗安于偏安一隅，无意收复中原，迎回徽、钦二帝，因此同主和的秦桧一拍即合，不久便任命秦桧为宰相。秦桧先后执政十九年，强力主张与金讲和，向金称臣。因此尽管有李纲、赵鼎、张浚等主张抗金的大臣，终究还是没能改变宋高宗和秦桧的主意，收复中原成为泡影。

厥时大将，张韩刘岳。
不能恢复，偏安以殁。

【解析】

史学家把宋高宗时的张、韩、刘、岳并称为绍兴（宋高宗年号）抗金四名将。他们都是爱国将领，战功赫赫。张浚身为枢密使，韩、刘、岳均是他的部下。刘锜随张浚多次击败金兵。韩世忠以将金元术困于黄天荡四十余日的战役最为著名。岳飞则为四名将中最杰出的将领。公元1140年金国都元帅元术进兵河南，岳飞率军奋勇反击，在郾城大败元术主力，收复了洛阳、郑州，以致金兵军中流行有"撼山易，撼岳家军难"的哀叹。当岳飞进兵到开封郊外朱仙镇时，被十二道金牌召回，后被秦桧加以"莫须有"的罪名杀害。

孝宗能养，思复大业。

敌国鲜衅，和好仅得。

【解析】

宋孝宗是个非常孝顺的帝王。高宗当了二十六年太上皇，孝宗二十六年如一日地恪尽孝道，没有一点懈怠，因此后来庙号孝宗。然而孝宗与高宗却不一样，他不甘愿偏安一隅，想要收复中原。因此，他即位以后，就起用了一贯主张抗金的名将张浚为宰相，起兵北征。又恢复岳飞官职，追谥为武穆。这时秦桧已死，他在朝中的党羽也被孝宗罢官，荡涤无遗。然而这时的金国经过几十年的经营，已巩固了在中原的统治。张浚北征失败，孝宗只得同金国签订和约。这之后，孝宗又任命抗金名将虞允文为相，好几次击溃金兵，威震敌胆，可是也只是制止金兵南侵，实现媾和，北伐中原已是毫无办法了。

光宗受禅，遭后悍妇。
是时中外，汹汹无措。
亟立其子，逆于上皇。
及父告崩，不能成丧。

【解析】

宋孝宗禅位给儿子赵惇，自为太上皇，上尊号为寿皇。此时，金世宗过世，新皇帝金章宗昏弱无能，无力进攻南宋，两国暂时相安无事。

光宗李皇后是个凶悍妇人。她要求立她的儿子赵扩为太子，去求寿皇支持，寿皇不同意。李皇后因此忌恨在心，不断离间寿皇和光宗的父子关系，让光宗长期不去拜见寿皇请安。后来寿皇去世，本应由光宗主持丧礼。但是李皇后却推说光宗有病，不让前去，让丧礼无法进行，一时间，皇宫内外群情汹汹。最后枢密使赵汝愚请示宋高宗吴皇后，经年已八十多岁的太皇太后同意，立光宗的儿子赵扩为皇帝，来主持丧礼，才让这场风波平息了下去。直到第二天，光宗才得知新皇帝已经登基。他只能去做太上皇了。

宁宗不明，制于权臣。
侂胄弥远，先后蒙君。

【解析】

　　宁宗即位后，朝政大权很快落入善弄权术的韩侂胄手里。韩侂胄仗着自己是吴太后妹妹的儿子，公开纳贿卖官、结党营私，宁宗完全成为他的傀儡。这时金国衰弱，韩侂胄的爪牙向韩建议举兵北伐，恢复中原，建立百世大功。结果东西两线同时出击，均告失败。金国派使臣来，要求将伐金首谋治罪。与韩侂胄有积怨的杨皇后与其兄杨次山、大臣史弥远等密谋，趁韩侂胄上朝时将他拘捕杀死，并将其首级送往金国谢罪。史弥远巴结上杨皇后，官职连升四级，掌握了朝政大权。宁宗没有儿子，策立宗室子弟贵和为皇太子。贵和十分痛恨史弥远，因此史弥远想换掉他。后来宁宗去世，史弥远便假传遗诏，拥立另一个皇族子弟贵诚当了皇帝，改名赵昀，即宋理宗。

　　　　　　理宗之朝，贤奸莫辨。
　　　　　　时元灭金，威震海畔。

【解析】

　　史弥远自认为拥立有功，骄横跋扈，一手遮天，连宋理宗都很惧怕史弥远，全部旨意都得听从史弥远的，直到史弥远死后，理宗才得以亲政。被史弥远欺压多年的理宗，这时总算能够出口气，施展自己的抱负了。一些遭受过史弥远迫害的官员，纷纷上书弹劾倚仗史弥远作乱的贪官奸党。理宗趁机把史弥远的亲信党羽逐出朝廷。只可惜朝政不久又落到另一个权奸贾似道手里。此时，北方的蒙古族部落逐步壮大起来，宋宁宗开禧二年（1206），成吉思汗建立蒙古汗国。到宋理宗即位后，蒙古军相继灭掉了西夏和金，对南宋的安全造成了相当大的威胁。

　　　　　　度宗即位，似道专国。
　　　　　　丧师失地，殆无虚日。

【解析】

　　度宗即位后，贾似道晋爵太师，所有大权都归于他。他在西湖葛岭建了一座极其奢华的园林，平日不上朝，全部军国奏章，都由专人送往园内由他裁定。公元1271年，蒙古汗国的大汗忽必烈改国号为"元"，命大军南下灭宋。襄阳是宋朝北方前线的战略要镇，元兵首先进攻襄阳。襄阳军民抵抗敌军长达三年，求援紧急公文飞报临安，都遭到贾似道隐瞒。公元1273年，元兵攻破襄阳城。

> 恭帝嗣位，主少国危。
> 兵入临安，执帝以归。

【解析】

宋恭帝即位时才四岁。由其母谢太后垂帘听政。这时，元兵顺长江而下，已占据九江。在朝中舆论压力下，贾似道不得不亲自统兵出发，到芜湖督师，一个月以后大败逃回，被贬往循州（今广东惠州）安置。押送官郑虎臣之父曾被贾似道杀害。押送至漳州木绵庵时，郑虎臣遂将贾似道杀死。1276年农历正月，元军统帅伯颜的大军抵达临安城下，谢太后率恭帝及百官出降。伯颜便掳了谢太后、宋恭帝等北归献俘。

> 至于端宗，碙洲告崩。
> 末帝名昺，赴海而终。

【解析】

元军攻占临安后，宋大臣陆秀夫、张世杰等在温州奉年仅九岁的益王赵昰为天下兵马都元帅，六岁的卫王赵昺为副元帅，组建兵马抗元。数月后迁至福州，拥立赵昰为帝，任文天祥为丞相兼枢密使，在福建广东一带抗击元兵。坚持了两年多，最终因为兵少而退到海岛。恭帝在碙洲病死，他的弟弟赵昺继为皇帝，史称末帝。1279年2月，宋、元海军在崖山决战，宋军惨败，丞相陆秀夫背起末帝赵昺投海殉国，宋朝遂告灭亡。

> 秀夫世杰，忘身殉国。
> 有文天祥，忠孝激烈。

【解析】

后人把文天祥、陆秀夫、张世杰称为宋末三大忠臣。元兵攻占临安，文天祥奉命进入元营谈判，被拘留。临安陷落，陆秀夫、张世杰保护赵昰、赵昺逃向温州。没多久，文天祥从元营逃回。拥立端宗，继续抗元。崖山决战宋军惨败，陆秀夫背起少帝赵昺投海殉国；张世杰带领十余艘战船突围，在海上遭遇飓风船翻而溺死。文天祥在广东海丰带领另一支宋军抗元时被掳获。元朝慑于他的声威，想让他投降。路过零丁洋时，文天祥写下了千古绝句《过零丁洋》，诗中说："人生自古谁无死，留取丹心照汗青。"以此来表示绝不投降的决心。之后，他被押送到大都，元朝皇帝想劝他归附当丞相，他始终不屈服，最后被杀害。

宋自太祖，迄于帝昺。

通记历年，三百云水。

【解析】

南宋自宋高宗赵构即位后，至帝昺殉国，共历九帝，享国一百五十三年，史称南宋。自赵匡胤建立宋朝至南宋灭亡，共历十八帝，前后总计三百二十年。

惟元世祖，仁明英武。

克成大勋，混一区宇。

【解析】

元世祖忽必烈是位贤明有为的皇帝。即位后把都城迁到燕京，后改名为大都，改国号为"大元"。在位期间努力吸收汉族文化，任命汉族学者担任大臣。效仿汉族政府部门设置，设立了翰林院、国史院、枢密使等机构。在灭掉南宋、统一中国之后，注重发展农业、兴修水利，使社会经济得到了一定的恢复和发展。他努力融合各民族文化，对中国多民族的统一、稳固和发展，做出了突出贡献。

文臣许姚，武则伯董。

幅员之广，古未之有。

【解析】

　　元世祖能求贤纳谏，知人善任。他重用中原著名学者姚枢、许衡，请他们制定朝仪和官制，为治理国家出谋划策，并向蒙古子弟讲授经书。他还广兴学校，促进了汉蒙文化的融合与交流。伯颜和董文炳是功勋卓著的武将。伯颜从襄阳出发，沿长江水路东下；董文炳则率另一支部队，从正阳关（今安徽寿县西南）陆路南下，在安庆和伯颜会师，水陆并进，在芜湖大败贾似道后，挥师临安，灭了南宋。元朝建立以后，国土幅员之广为中国历史之最。当时北到西伯利亚，南到南海，西北到新疆，西南到西藏，东北到鄂霍茨克海，都是元朝本土。另外蒙古汗建立的钦察汗国和伊利汗国，名义上仍奉元朝皇帝为大汗。

　　　　　　成宗继之，善于守成。
　　　　　　武宗更变，赐爵太盛。

【解析】

　　元世祖的太子真金早年亡故，世祖就指定真金的儿子铁穆耳继承太子之位。铁穆耳即位后，谨慎小心，全部都遵从世祖遗法，减免江南部分赋税，修订整理律令。晚年由于卧病，国家政事交宰臣行使，朝纲混乱。成宗过世后，他的侄子海山即元武宗继位。元武宗时官纪废弛，风俗奢靡，滥行赏赐，封爵过多。官员、侍从不管有没有功绩，元武宗一开心就重赏，民间艺人、平民百姓以及僧道，也常常被赏赐以荣誉头衔。

　　　　　　仁宗图治，黎民爱育。
　　　　　　英宗笃孝，用法无私。
　　　　　　见弑行幄，奸党畏之。

【解析】

　　元仁宗即位后，努力改革武宗时的弊政。他重用儒臣，实施科举制度；并注重发展农业，特地下诏重印《农桑辑要》《栽桑图说》等书，散发于民间。英宗自小从汉儒学习经史，对仁宗十分孝敬。仁宗病危，他经常祈祷，愿以身代。即位以后，正好遇到元宵节，英宗不顾还在仁宗丧期，准备在宫内张灯结彩。御史张养浩上书谏止。英宗立即停止张灯，并对张养浩加以赏赐。他处事果断，铁面无私，相继处死了太皇太后的幸臣黑驴和左丞相阿散等人，疏离权臣右丞相铁木迭儿，任命正直能干的拜柱为左丞相，以制约铁木迭儿。太皇太后和铁木迭儿过世后，英宗便收回铁木迭儿官职，铲除他的党羽。铁木迭儿的死党都非常惧怕，趁英宗和拜柱从上都南返之机，在途中把他们都截杀了。

> 泰定称帝，叠见灾异。
> 明宗暴卒，在位未几。

【解析】

铁失等人刺杀了英宗，迎立晋王也孙铁木儿为帝，即泰定帝。泰定帝即位后，追究英宗被刺之事，将铁失等人处死。并为在铁木迭儿专权时受迫害的官员平反昭雪，仍健在的召回录用。泰定帝在位时，水旱蝗灾，山崩地震，不断出现。中原一带，百姓生活异常艰辛。公元1328年夏天，泰定帝在上都病故，丞相倒拉剌等在上都拥立皇太子阿速吉八为帝。燕铁木儿在大都谋立武宗之子周王为帝，但周王远在沙漠，所以先让周王之弟怀王即位，以免生变。上都、大都为争夺皇位发生战争，结果上都失败，皇太子当了一个月皇帝，兵败被杀。周王在和林（在今蒙古人民共和国鄂尔浑河上游）即帝位，即元明宗。在返回大都途中，元明宗被燕铁木儿毒死，在位仅三个月。

> 文宗袭位，犹能重儒。
> 加封孔庙，列祀仲舒。

【解析】

明宗去世后，他的弟弟怀王正式即位，即元文宗。他即位后，平定了四川、云南蒙古宗王的叛乱，大力提倡汉文化，收罗名儒教授儒学，又扩大修筑文庙，加封孔子为"大成至圣文宣王"。之前的文庙是祭祀孔子及其重要弟子的地方。文宗觉得西汉的董仲舒在"独尊儒术"上贡献极大、学问纯正，便也在文庙中把他立为牌祀的行列中。

宁宗早殇，顺帝怠荒。
天眷有德，惟明太祖。

【解析】

　　元文宗病危，遗命把帝位传给他哥哥明宗的儿子。专权的太师燕铁木儿不肯立明宗的长子，而立了明宗的次子懿璘质班为帝，即元宁宗。宁宗当了四十三天皇帝后夭亡。这时燕铁木儿也死了，经太后和大臣议定，才由明宗长子妥懽帖睦尔即皇帝位，即元顺帝。这时元朝内部已极端腐朽，元顺帝荒淫嬉乐，不理朝政。王公贵族之间相互倾轧。加之连年出现水旱灾荒，民不聊生，各族人民纷纷起来反抗。元顺帝十一年（1351）爆发了以韩山童为首的"红巾军"大起义，很快便发展到十几万人。此后又有徐寿辉、张士诚、陈友谅、明玉珍等纷纷割地称王，一时天下大乱。经过二十多年的混战局面，朱元璋削平群雄，并北上攻占了元大都，建立了明朝。元朝从忽必烈国号"大元"，建京大都开始，至明军攻入大都、顺帝北逃止，共历十帝，享国九十八年。如从成吉思汗建立蒙古汗国开始计算，则共历十四帝，前后共计一百六十三年。

礼聘群贤，用开治府。
徐达遇春，刊定九土。

【解析】

　　朱元璋礼贤下士，知人善任。攻克浙江金华之后，他听闻刘基和宋濂的高名，便准备了丰厚礼品，重金聘请他们出山辅助，并特别设立了一座礼贤馆，安排他们居住。二人后来都成为朱元璋的重要谋士。朱元璋还认真听取群臣意见。冯国胜劝他先取金陵，笼络人心，以奠定事业根基，李善长劝他学汉高祖"豁达大度，知人善任"，朱升劝他"高筑墙、广积粮、缓称王"，他都很好地采用他们的建议。朱元璋手下猛将云集，其中最为出名的是徐达和常遇春，他们都是朱元璋起初起义时的老部将，徐达更是朱元璋儿时的伙伴。徐达在消灭吴王张士诚之役和攻破大都之战中，指挥镇定，发挥了关键作用。常遇春武艺高深，精于箭术，以勇武著称。他曾自夸说："能以十万兵马横行天下。"因此被称为"常十万"。另外还有汤和、傅友德、胡大海、邓愈、沐英等一大群勇将，也都是战功卓著。

定鼎金陵，传位太孙。
皇孙建文，失之柔仁。

【解析】

朱元璋在公元1368年称帝，国号明，定都于南京，年号洪武。即位之后，推行屯田，抑制豪强，制定《大明律》，废除宰相制，巩固皇权。立长子朱标为太子，之后朱标去世，朱元璋又立朱标的儿子朱允炆为皇太孙。朱元璋过世后，朱允炆继位，年号建文，所以后人习惯把他称为建文帝。建文帝优柔寡断，听从几个大臣的建议，打算削藩，以加强中央权力。他先逮捕了几个藩王，加罪于他们，并废为庶民。然而他缺乏既强有力又稳妥的削藩策略，引起众多藩王的恐慌和不满，最终致使燕王起兵造反。

成祖永乐，龙飞幽燕。
师名靖难，迁都北京。

【解析】

朱棣被封为燕王，驻于北平（称帝后改名北京）。建文帝即位后，即与大臣齐泰等议定削藩，先后逮捕了周、齐、代、岷四家藩王，又将齐、代、岷王废为庶人。湘王被迫杀。燕王朱棣不肯束手待毙，便以清除朝内奸邪、解救各藩王为名，以"靖难"的名义，起兵讨伐建文。经过三年的战争，终于占领京师南京。建文帝于宫中自焚而死。（有的野史笔记说建文帝从地道中逃走，后出家为僧。）朱棣占领南京后，改北平为北京，在北京建造宫殿和太庙等建筑，于永乐十八年（1420）落成。次年，正式迁都北京，以南京为留都。

仁宗昭皇，监国被谗。
暨登大位，克任贤良。

【解析】

洪武二十八年，燕王立朱高炽为世子，成祖"靖难"南征，他留守北平。成祖登基，他又被立为皇太子。成祖多次北伐鞑靼，令他在京师监国。他的兄弟朱高煦、朱高燧都想谋篡太子位，与宦官勾结，向成祖进谗陷害，高炽险遭废除。朱高炽即位之后，任用贤良，如夏原吉、杨士奇、杨荣等正直有为的官员，都被任命为内阁大学士。明朝的内阁大学士辅助皇帝处理政事，其职权和地位可与宰相相当。

宣庙英武，历年十祀。
三杨秉政，海内称治。

【解析】

明宣宗即位以后，任用杨荣、杨士奇、杨溥为内阁大学士，协助处理政务。因为他们都姓杨，所以被人称为"三杨"。这一段时间国内政治平稳、法令严明、社会安定。明朝建国至此已有六十年，元末战乱的破坏才逐渐消除，百姓安居乐业，国库充余，百业繁荣。宣宗下令在江西景德镇设立窑场，派出官员监督工匠造瓷，造出的瓷器极为精巧。由于这时是宣德年号，所以号称"宣窑"。宣宗还下旨命令工部尚书制造了一批铜香炉，供宫内和寺庙使用。这批香炉从造型到用料都十分考究，被称为"宣德炉"，也成为我国工艺史上的珍品。

英宗正统，轻举丧师。
景泰继立，中国有主。

【解析】

明英宗朱祁镇从小就由一个名叫王振的太监服侍。英宗九岁做了皇帝，不久便提拔王振担任司礼秉笔太监。王振自恃是皇帝的近臣，作威作福，权势非常大。公元1449年，蒙古族瓦剌部落的领袖也先率兵抢夺扰乱大同等地，王振劝说英宗御驾亲征。结果前线兵败，英宗后退，在土木堡（今河北怀来境内）被也先军队追上，英宗被掳，王振死在乱军之中。英宗被掳后，满朝震动。皇太后下诏让英宗的兄弟郕王朱祁钰监国，坐镇京师，把于谦任命为兵部尚书。没多久，由于谦等人提议，朱祁钰即帝位，改年号为景泰。

于谦殚忠，北驾克还。

【解析】
于谦拥立景帝即位后，任兵部尚书，立即组织军队防守北京。有人以为瓦剌军队太盛，建议迁都南方，被于谦否决。景泰帝即位两个月后，瓦剌首领也先劫持英宗到卢沟桥，让明朝政府用金帛万万两（匹）来把英宗赎回。有的大臣想与也先议和。于谦力主抗击，先后击退来犯北京胜门和彰义门的瓦剌军队。也先讨不到便宜，而各地勤王兵马很快就要赶至北京，也先只好带着英宗经良乡县往西退走。后来，也先派使者来请求议和。英宗被俘整整一年，至此才得放回。

潜处南内，七年复辟。
徐石冒功，李岳襄治。

【解析】
明英宗被放回北京后，景泰帝把他安排在城南的一所住宅中当太上皇，该住所称为南宫。英宗对于丧失皇位非常不甘心，然而他已没有权势，无能为力，在南宫中冷冷清清度过了六七年。景泰七年，明代宗病危，去南郊祭天祈福，夜宿斋宫。负责祭祀事务的武清侯石亨看到景泰帝病危，难以恢复，便和宦官曹吉祥、都御史徐有贞等商议，趁机拥立英宗复位。他们连夜调派人马，到南宫迎英宗，自东华门进入皇宫。第二天早朝，拥英宗升殿，宣布英宗复帝位。并当场把拥立景泰帝的于谦等逮捕，遂即处死。英宗复辟，认为是天意，于是便把年号改为天顺。石亨等人拥立有功，理应升官晋爵，但是他们权势过大，遭英宗猜忌，相继被贬官、放逐或处死。英宗复位后，任用李贤、岳正等一批正直有才干的官员外筹边计、内抚民众，国家暂时平安无事。

宪宗成化，任阉媚佛。
林俊直谏，王恕忠斥。

【解析】

明宪宗即位后，恢复了景泰帝的年号，为于谦平反昭雪。但是他宠信宦官汪直，设立西厂特务机构，以汪直为提督，专门缉访监察官员对政府不满的言论活动，先后陷害罢免公卿大臣数十人。汪直一时权倾天下，人人惧怕。同时，宪宗又非常迷信佛法，动用国库巨额金钱建造佛寺。刑部官员林俊上书直谏，要求将招摇撞骗的妖僧斩首，将不法太监梁芳治罪。宪宗见了他的奏章后大怒，将林俊下监。后经多人营救，林俊才被放出来，贬官到外地。兵部尚书王恕向宪宗上几十道奏章，斥责权贵佞幸。宪宗很不高兴，几次将他贬官。但王恕刚直清正的品行却受到人们的赞扬。

> 孝宗弘治，黜奸进贤。
> 谢迁刘健，大夏戴珊。

【解析】

1487年明孝宗即位后，即整顿朝政，首先把不学无术、结党营私的内阁大学士万安罢官，任用正直清廉的王恕、刘健等为大学士，入阁参赞政务，任刘大夏、戴珊为都御史，把因为直言劝谏而被免职的官员一律恢复原职，把不法太监梁芳和方士李孜省逮捕入狱。后来，孝宗又提拔李东阳、谢迁进入内阁为大学士，参与辅政。

> 武宗正德，宦瑾专横。
> 宁藩肆逆，守仁克定。

【解析】

明武宗宠信宦官刘瑾、谷大用等人，荒淫游乐，朝政混乱。宦官们也恃宠作威，尤其是刘瑾更是权势无比。他主管东厂、西厂等特务机构，更增置内厂，杀了很多人，罪行滔天；又扩大皇庄范围，抢夺百姓土地，搞得民不聊生。之后刘瑾因为谋反罪被处死。分封在江西南昌的宁王朱宸濠见到武宗失败，民声沸腾，便想乘机发动叛乱，篡取皇位。结果败在江西巡抚王守仁手下，宸濠被活捉处死。所以有人把王守仁称为明朝中兴第一功臣。

世宗肃皇，龙飞藩邸。
定礼崇圣，作箴主敬。
晚戮谏臣　惑于邪佞

【解析】

明世宗朱厚熜是兴献王朱佑杬的儿子，被迎立为帝时年仅十五岁。他即位以后，着手革除武宗时期的弊政，处死作恶多端的官员江彬、钱宁，黜退宦官谷大用、丘聚、张永等人，遣散锦衣卫及厂、寺的旗校、军士、匠役，退还了部分被官僚强占的民田。他大力提倡儒学，称孔子为"至圣先师"，对祭祀孔子的礼乐规格进行了新的规定。可是到了晚年，明世宗迷信道教，追求长生不老，把朝政交给了奸臣严嵩父子，政治日趋腐败。著名的直臣杨继盛（谥忠愍）弹劾严嵩五奸十大罪，结果被严嵩矫旨处死。

穆宗隆庆，在位未永。
神宗万历，四十八纪。
始任居正，海瑞清直。
末年深拱，政事有失。

【解析】

明穆宗隆庆帝做了六年的皇帝后病死，他的儿子朱翊钧继位。即明神宗，即位时年仅十岁，所有政事都由内阁首辅张居正处理。张居正首先清丈全国土地，清查了大地主隐瞒的庄田，施行"一条鞭法"，就是把各项税役合并为一，按亩征收。这一改革措施使纳税的土地从四百万顷增加到七百万顷，大大增加了国家财政收入。张居正又整改吏治，精简政府冗员，增强边防，起用戚继光等抗倭名将。张居正过世后，神宗恢复了被革职的清官海瑞的官职。海瑞在平反冤案、严惩贪污上有不少政绩。然而神宗是个奸贤杂用的皇帝，朝政日益衰落。晚年时，他居然深居宫内，二十多年都不接见一个大臣。

光宗泰昌，号称仁贤。
在位一月，龙驭上仙。

【解析】

光宗于万历二十九年（1601）被立为太子，到万历四十八年（1620）神宗去世，他才继承皇位。他遵照神宗遗诏，出钱百万，犒劳防边将士，又免去直隶受灾地区百姓钱粮，任用了一批新人入内阁执政，很想有一番作为。但他在位仅一个月就生了病。服了李可灼进的红丸后中毒身亡。有人认为是神宗的郑贵妃和光宗有矛盾，故意让人毒死光宗。

熹宗天启，魏宦擅权。
诛戮忠良，邦国用殄。

【解析】

魏忠贤是明熹宗宠信的一个宦官。他善于玩弄权术，他与熹宗乳母客氏相勾结，骗取熹宗信任，当上司礼秉笔太监。后来又兼管东厂，以致干预朝政，在政府各部门都有他的私党，并自称为九千岁，命全国各地为他盖生祠，顶礼膜拜。对于反对他的大臣和东林党人，他严加压制。著名的将帅熊廷弼、正直的御史杨涟、左光斗等，都被魏忠贤杀害。明朝政权日趋落败，已到了趋于崩溃的边缘。

庄烈崇祯，克诛逆阉。
流寇肆虐，臣工匪比。
遂致沉没，悲哉陨涕。

【解析】

崇祯皇帝即位以后，看到了国势日衰、社会动荡、农民暴动、朝政混乱，便想重振朝纲。他首先拿魏忠贤开刀，逼其自杀，又处死与魏忠贤狼狈为奸的客氏，清除其党羽，抚恤天启年间被迫害的诸臣。同时，他又任命极有将才的袁崇焕为兵部尚书，加强边防，抗击崛起关外的女真族。又调集军队，镇压农民起义。但是为了应付庞大的军费开支，只好增加赋税，更严酷地压榨百姓，导致矛盾进一步激化，农民纷纷起义。崇祯元年，陕西安塞人高迎祥起义，号称闯王，纠集各路农民起义军有三十六营之多。由于其流动性很大，被明朝统治阶级称之为"流寇"。崇祯九年

（1636）高迎祥战死，由李自成接任领袖，继称闯王。李自成提出了"均免田赋"的口号，深受农民欢迎，起义军迅速发展到百万之众。公元1644年春天，李自成攻占北京。崇祯皇帝逃到皇宫后边的煤山上，自缢而死，明朝遂亡。明朝自朱元璋称帝，至崇祯自缢。共经历了十六个皇帝，统治二百七十七年。

弘光南渡，僭位金陵。
去贤用佞，一载出奔。

【解析】

明朝灭亡后，福王朱由崧逃往淮安，被马士英等迎到南京，拥立为帝，年号弘光。马士英掌握了大权，结党营私，卖官鬻爵，排挤史可法等良将忠臣，结果人心离散。一年后清兵攻破南京，弘光帝逃向芜湖，后又被掳，被押往北京处死。

大清奋起，薄海一统。

【解析】

聚居于中国东北部的少数民族女真，是金国的后代。公元1616年，女真贵族努尔哈赤统一了女真各部落，在赫图阿拉（今辽宁新宾）建立了后金政权，称金国汗，年号天命。以后逐步扩张，攻陷了明朝的沈阳、辽阳等地，便迁都于辽阳。皇太极继位后，改年号为天聪。积极吸收汉族文化，翻译汉文书籍，仿明朝官制设立六部。天聪十年（1636）宣布改国号为清，称皇帝，改元崇德。又增编了"八旗蒙古""八旗汉军"，加强兵力，进一步对明朝用兵，准备统一中国。皇太极及于崇德八年（1643）去世，由他六岁的儿子福临继皇帝位，由福临的叔父多尔衮辅政。第二年（1644）正式改元为顺治。就在这一年三月，李自成农民起义军攻陷北京，结束了明朝的统治。李自成占据北京后，便骄傲起来，他的部下争权夺利，彼此不和。这时，明朝山海关总兵吴三桂引清兵进入山海关。李自成被清兵战败，放弃北京南撤。第二年，在湖北通山九宫山被当地民团杀害。清兵占领北京后，长驱直入。经过数年征战，终于统一了中国。

增广贤文

【题解】

《增广贤文》原称《昔时贤文》，源于民间俗语或历史典籍，最早成书于元末明初，后至清朝时经过修订整理，重新刊印。全书采用格言警句的形式阐述了许多为人处世的道理，既充满智慧，又极具警示作用。

《增广贤文》还是一种训示类启蒙读物，吸收了中国民间流传的格言、谚语和古圣先贤的名言佳句，采用了依韵归类的方法，其内容十分广泛，从礼仪道德、典章制度到风物典故、天文地理，几乎无所不包，既是大千世界状貌的描述，又是人间百态的总概括。但《增广贤文》的中心目的主要还是讲人生哲学、处世之道。其中一些谚语、俗语反映了中华民族千百年来形成的勤劳朴实、吃苦耐劳的民族风貌。

《增广贤文》的内容令人叹为观止。这部数千字的妙文，以格言形式讲述了为人处世之道，阐发了深刻的人生哲理。这些精辟的格言警句，并非是作者的凭空谚语，而是对中国人处世经验的智慧的完美总结。

《增广贤文》以韵文的形式，将大量经典格言排列在一起，句法交错，灵活多变，读起来抑扬顿挫，朗朗上口，比较接近口语，显示了强大的生命力。比如，谈勤学惜时的"一寸光阴一寸金，寸金难买寸光阴""少壮不努力，老大徒伤悲"；谈师友关系的"听君一席话，胜读十年书"，"酒逢知己饮，诗向会人吟"；谈处世修养的"岂能尽如人意，但求不愧我心"，"君子爱财，取之有道"；还有谈人生哲理的"爱儿不得爱儿怜，聪明反被聪明误"；等等。在《增广贤文》中类似这样的格言俯拾皆是。这些经典格言经常挂在人们嘴边，说者言简意赅，文采斐然；听者耳熟能详，欣然会意。无须再多费唇舌，加以解释。这是《增广贤文》的魅力所在。

通过阅读这部经典，相信孩子们一定能开阔视野，增长见识，变得更聪明、更懂事。

昔时贤文，诲汝谆谆。
集韵增广，多见多闻。
观今宜鉴古，无古不成今。

【浅释】

对过去的名言，应该多了解一些，以历代兴衰的史实做例子，来指导今天的行动。

知己知彼，将心比心。

【浅释】

知道自己怎么想的，也应该知道别人是怎样想的，所以要用自己的心，体谅别人的心，设身处地为别人着想。

酒逢知己饮，诗向会人吟。
想识满天下，知心能几人。

【浅释】

酒要和好朋友一同喝，诗要读给知书达理的人听。知道的人这么多，然而真正了解、理解达到知心的却很少。

相逢好似初相识，到老终无怨恨心。

【浅释】

人和人之间的相识应该总好像是似的，这样到老就不会产生怨恨之心了。

近水知鱼性，近山识鸟音。

【浅释】

离水近能知道鱼的情况，常在山边能分辨各种鸟的声音。

易涨易退山溪水，易反易复小人心。

【浅释】
山溪的水容易涨满也容易减退，小人的心容易变化，反复无常。

运去金成铁，时来铁似金。

【浅释】
运气差时金子可以变成铁，时来运转的时候铁也会变成金子。

读书须用意，一字值千金。

【浅释】
读书必须要下苦功夫，要明白书中字字都值千金。

逢人且说三分话，未可全抛一片心。
有意栽花花不开，无心插柳柳成荫。
画龙画虎难画骨，知人知面不知心。

【浅释】
　　与人说话只能说三分，不能把内心的想法全部吐露给别人。有意栽花花不一定开放，无意去插柳柳树却可能长得茂盛。龙和虎的形态好画，却难以画出它们的骨骼。了解人的表面很容易，但了解人的内心却十分困难。

钱财如粪土，仁义值千金。

【浅释】
　　钱财就和粪土一样，没有什么值得重视的，仁义道德的价值却值千金，需要我们加倍珍惜。

流水下滩非有意，白云出岫本无心。

【浅释】

水从山上流下不是有意的，白云从洞中升起也是无心的。

当时若不登高望，谁识东流海洋深。

【浅释】

当初若不是去登高望远，就不会有后来了解东海的具体情况。

路遥知马力，日久见人心。

【浅释】

路途遥远才能知道马的力气的大小，事情经历多了才会明了一个人心地的好坏。

马行无力皆因瘦，人不风流只为贫。

【浅释】

马行走无力都因为它瘦弱，人行事不风流不潇洒只因为他贫穷。

饶人不是痴汉，痴汉不会饶人。

【浅释】

宽恕别人的不是傻瓜，傻瓜则从来不会宽恕别人。

是亲不是亲，非亲却是亲。
美不美，乡中水，亲不亲，故乡人。
相逢不饮空归去，洞口桃花也笑人。

【浅释】

有些人是亲戚但不像亲戚，有些人不是亲戚但胜似亲戚。不管味道美不美，故乡的水都是好喝的；不管是不是亲戚，故乡的人都最亲近。朋友相遇欢聚不喝酒，就连洞口的桃花也会嘲笑我。

为人莫做亏心事，
半夜敲门心不惊。

【浅释】
做人不做对不起良心的事，半夜有人敲门心里也不会惊慌。

莺花犹怕春光老，
岂可教人枉度春。

【浅释】
黄莺和鲜花都害怕春光流逝，怎么能让我们的青春虚度呢?

黄金无假，阿魏无真。

【浅释】
黄金贵重很难造假，阿魏这样的药材却没几种是真货。

客来主不顾，应恐是痴人。

【浅释】
宾客来了主人不招待，这样的主人恐怕是个傻瓜。

贫居闹市无人问，富在深山有远亲。
谁人背后无人说，哪个人前不说人。
有钱道真语，无钱语不真。
不信但看筵中酒，杯杯先敬有钱人。
闹里有钱，静处安身。

【浅释】

穷人住在闹市没人搭理，富人住在深山也会引来远房亲戚。有谁背地里不被别人谈论，哪个人在人面前不谈论别人？有钱人说的好像都是真理，没钱的人说的是真理人们也不相信。要是不相信，你只看筵席上就明白了。哪杯酒不先敬有钱的人？喧闹繁华的地方有钱可赚，偏僻幽静的地方宜于安身。

来如风雨，去似微尘。
长江后浪推前浪，世上新人赶旧人。

【浅释】

来势像暴风骤雨一样猛烈，退去像微尘飘落一样静悄悄。长江的后浪推涌着前浪，世上的新人赶超着旧人。

近水楼台先得月，向阳花木早逢春。
古人不见今时月，今月曾经照古人。
先到为君，后到为臣。
莫道君行早，更有早行人。

【浅释】

挨着水的楼台先看到水中的月亮，向着太阳的花木最早接受春天的滋润。过去的人不会见到今日的月亮，而今日月亮曾经照耀过古人。最早到的人就能当上皇帝，而后到的人就只能做臣子了。不要认为你行得早，还有人比你行得更早。

莫信直中直，须防仁不仁。
山中有直树，世上无直人。

【浅释】

不要信任那些吹嘘正直的人，更要预防那些标榜仁义却不仁义的人。山里有长得笔挺的树，但世界上却没有正直的人。

自恨枝无叶，莫怨太阳倾。

【浅释】

树应该悔恨自己的枝上不长叶子，而不应该埋怨太阳偏心。

一年之计在于春，一日之计在于晨。
一家之计在于和，一生之计在于勤。

【浅释】

一年的计划应在春天里做好，一天的计划应在黎明时分做好。一个家庭最宝贵的是和睦，一个人一生要有所成就必须勤劳。

责人之心责己，恕己之心恕人。

【浅释】

应该用责备别人的态度来责备自己，用宽恕自己的肚量来宽恕别人。

守口如瓶，防意如城。
宁可人负我，切莫我负人。
再三须重事，第一莫欺心。
虎生犹可近，人毒不堪亲。
来说是非者，便是是非人。

【浅释】

严守内心的秘密如同密封的瓶子一样，防备他人的念头就像城池一样坚固。宁愿让别人辜负我，决不让自己辜负他人。做事要再三斟酌谨慎对待，首先不要欺骗自己的良心。与没见过的老虎还可以接近，但与很熟的恶人不能太亲热。前来和你议论他人是非的人，就是挑拨是非的小人。

远水难救近火，远亲不如近邻。
有茶有酒多兄弟，急难何曾见一人。
人情似纸张张薄，世事如棋局局新。

远处的水救不了近处的火，即使再好的远亲也不如近邻能够随时帮忙。平时喝酒吃茶的朋友很多，但是在危难之时却没有一个朋友出来帮助。人情就好像纸张一样薄，世事则像下棋一样，每一局都充满变化。

山中也有千年树，世上难逢百岁人。

【浅释】

山里有生长上千年的树，世上难得遇到活到百岁的人。

力微休负重，言轻莫劝人。
无钱休入众，遭难莫寻亲。

【浅释】

力量薄弱就不要去担负重物，说话没分量就不要去劝导别人。没有钱就不要和众人在一块，遇到急难不要去求亲戚。

平生莫做皱眉事，世上应无切齿人。

【浅释】

一辈子不做不应该做的事，世界上就不会有痛恨自己的人了。

士者国之宝，儒为席上珍。

【浅释】

士人是国家的宝物，儒生是筵席上的珍馐。

若要断酒法，醒眼看醉人。

【浅释】

如果要问有什么方法可以戒酒，只需用清醒的眼光看看醉酒之人的狼狈样就可以了。

　　求人须求大丈夫，济人须济急时无。
　　渴时一滴如甘露，醉后添杯不如无。

【浅释】

请求人帮助就去求真正的男子汉，救济别人就救济那些急需救济的人。口渴的时候一滴水也如同甘露一般甜美，喝醉酒后再添杯还不如不添。

　　久住令人贱，频来亲也疏。

【浅释】

在他人家住长了会被别人轻视，亲戚之间来往次数多了反而会变得疏远。

　　酒中不语真君子，财上分明大丈夫。

【浅释】

饮酒时不胡乱说话才是真正的君子，在钱财上清清楚楚的才是真正的男子汉。

　　积金千两，不如多买经书。
　　养子不教如养驴，养女不教如养猪。
　　有田不耕仓廪虚，有书不读子孙愚。
　　仓廪虚兮岁月乏，子孙愚兮礼义疏。
　　听君一席话，胜读十年书。
　　人不通古今，马牛而襟裾。
　　茫茫四海人无数，哪个男儿是丈夫！
　　美酒酿成缘好客，黄金散尽为收书。

积蓄千两黄金，不如多买书籍传给后代。养儿子不教育和养驴没有区别，养女儿不教育和养猪没有两样。有田不耕种仓库就会空虚，有书不读子孙就会愚笨；仓库空虚了日子就会难，子孙愚笨了怎么知晓礼义呢？同你长谈一次话，受益胜过读十年的书。一个人不能博古通今，就如同牛马穿上衣服没有什么区别。茫茫四海人不计其数，哪个男人才是真正的男子汉呢？酿造美酒是因为热情好客，花掉金钱是由于收买书籍。

救人一命，胜造七级浮屠。
城门失火，殃及池鱼。
庭前生瑞草，好事不如无。

【浅释】

挽救他人一条性命，德行胜过建造七层高的佛塔。城门失火了，护城河里的鱼也会遭到牵连。庭院前长出吉祥草，就会惹人来看，招引麻烦。这样的好事还不如没有。

欲求生富贵，须下死功夫。

【浅释】

要想获得富贵，一定要付出艰苦的努力。

百年成之不足，一旦败之有余。

【浅释】

多年奋斗要做成一件事还不一定成功，而一瞬间的不慎毁坏起来却会绰绰有余。

人心似铁，官法如炉。善化不足，恶化有余。

人心就像铁，国家的法律法规就像熔炉。如果善性对你感化不够，那么恶性对你的感化就会变本加厉。

> 水至清则无鱼，人太察则无谋。
> 知者减半，愚者全无。

【浅释】

水如果太清了就不会有鱼，人如果脾气太急了就不会有智谋。读书人少了，明事理的人就会更少。

> 在家由父，出嫁从夫。痴人畏妇，贤女敬夫。

【浅释】

女子在家里要听从父亲，出嫁后要服从丈夫。只有傻瓜才害怕老婆，贤惠的女人敬重丈夫。

> 是非终日有，不听自然无。
> 宁可正而不足，不可邪而有余。
> 宁可信其有，不可信其无。

【浅释】

是非天天都有，假如不听就自然没有了。宁肯正直而受穷，也不能歪邪而富有。有些事宁可相信它有，也不要觉得它没有。

> 竹篱茅舍风光好，僧院道房终不如。

【浅释】

自家的篱笆茅舍别具一番风光，就是道观寺院也不及它。

命里有时终须有，命里无时莫强求。

【浅释】
命中注定有的一定会有，命中注定没有的再三强求也白搭。

道院迎仙客，书堂隐相儒。
庭栽栖凤竹，池养化龙鱼。
结交须胜己，似我不如无。
但看三五日，相见不如初。

【浅释】
　　道院里迎来了高雅脱俗的客人，书堂隐居着有宰相之才的儒士。庭院里栽着凤凰栖身的高洁美好的竹子，水池里养着即将化身为龙的硕大的鲤鱼。结识朋友一定要与胜过自己的人交，与自己差不多的人还不如不交。结识朋友时，起初三五天还比较亲热，之后相见就比不上起先相识时亲热了。

人情似水分高下，世事如云任卷舒。

【浅释】
情像水一样有薄有厚，世事就像云一样变化无常。

会说说都是，不会说说无礼。

【浅释】
会说话的人讲的话都是有礼貌的，不会说话的人所讲的话都是没有礼貌的。

磨刀恨不利，刀利伤人指。
求财恨不多，财多反害己。

【浅释】

磨刀都嫌磨得不够锋利，但刀过于锋利则易伤人手指。追求钱财总嫌不够多，但钱财太多反而会害了自己的子女。

知足常足，终身不辱；
知止常止，终身不耻。

【浅释】

知道满足的道理就会经常感到满足，懂得任何事物都有止境就应适可而止，这样一生都不会遭受耻辱。

有福伤财，无福伤己。
差之毫厘，谬之千里。

【浅释】

有福人受伤害无非损失点钱财，没福人受伤害却要自己身体去顶。开始差一点点，结果会相差很大，原是说推行礼仪首先要从小处开始，现用于形容慎始之重要。

若登高必自卑，若涉远必自迩。

【浅释】

登高处一定要从低处开始，走远路一定要从近处起步。

三思而行，再思可矣。

【浅释】

凡事应三思而后行，但通常考虑两次也就差不多了。

使口不如自走，求人不如求己。

【浅释】

光动嘴巴不如动腿去做，央求他人不如依靠自己。

小时是兄弟，长大各乡里。

【浅释】

小时候在一起是好兄弟，长大成人就各奔东西。

嫉财莫嫉食，怨生莫怨死。

【浅释】

可以妒忌他人的钱财，但不要妒忌他人的饮食；他人活着的时候可以抱怨，人死后就不要再抱怨了。

人见白头嗔，我见白头喜。
多少少年亡，不到白头死。

【浅释】

别人发现头发白了就很生气，我见了却很高兴。多少人年轻黑发时就死去了，还没有活到有白头发的时候。

墙有缝，壁有耳。

【浅释】

墙壁透风，隔墙有耳，要时时提防。

好事不出门，恶事传千里。

【浅释】

好的事情很难传出家门，但坏事情却很容易传得很远。

贼是小人，智过君子。

【浅释】

虽然是卑鄙小人，但其智慧有时可超过品行高尚的人。

君子固穷，小人穷斯滥矣。

【浅释】

君子虽然穷困，但能安分守己，小人穷困了则会胡作非为。

贫穷自在，富贵多忧。

【浅释】

人虽贫穷但活得自在，人越富贵忧虑越多。

不以我为德，反以我为仇。

【浅释】

不但不感激我，说我的好，反而把我当仇人对待。

宁可直中取，不向曲中求。

【浅释】

宁愿正直做人，不可委曲求全。

人无远虑，必有近忧。

【浅释】

人若没有了长远的打算，以后一定会被眼前的难事所困扰。

知我者谓我心忧，不知我者谓我何求。

【浅释】
了解我的人能说出我内心忧愁，不了解我的人还认为我有个人所求。

晴天不肯去，直待雨淋头。

【浅释】
天气晴朗时不肯去做事，等到雨淋到头上时就为时过晚了。

成事莫说，覆水难收。

【浅释】
事情办成了不要再多说，泼出去的水是收不回来的。

是非只为多开口，烦恼皆因强出头。

【浅释】
是非都是由说话过多而引发的，烦恼都是由于争强好胜而招致的。

忍得一时之气，免得百日之忧。

【浅释】
能忍耐一时的气愤，就可以避免长久的忧愁。

近来学得乌龟法，得缩头时且缩头。

【浅释】
遇到不利的情况学学乌龟，该缩头的时候就要把头缩回去。

惧法朝朝乐，欺公日日忧。

【浅释】

遵守法律道德的会时时平安无事，欺辱公正，无视道德的人，烦恼反而更多。

人生一世，草木一春。

【浅释】

人的一生连百岁都活不到，却常常心怀千年的忧患。

黑发不知勤学早，转眼便是白头翁。

【浅释】

黑发的年轻人不知道趁早地发奋学习，转眼间就会变成白发老翁。

月过十五光明少，人到中年万事休。

【浅释】

月亮到了十五以后会一天比一天暗淡；如果人到了中年以后，恐怕很难有什么发展了。

儿孙自有儿孙福，莫为儿孙作马牛。

【浅释】

儿孙自有儿孙应有的福气，不要替他们当牛做马。

人生不满百，常怀千岁忧。

【浅释】

人的一生不过百岁，常常为了千年的事忧虑，有什么用呢？

今朝有酒今朝醉，明日愁来明日忧。

【浅释】

今天既然有酒就饮个畅快，哪怕是酩酊大醉；明天可能会有哀愁烦恼，到明天再说。

路逢险处难回避，事到头来不自由。

【浅释】

路遇到险处难以躲避，事情临到头上就由不得自己了。

药能医假病，酒不解真愁。

【浅释】

药可以治好并不存在的虚假病症，而酒却不能清除内心真正存在的忧愁。

人贫不语，水平不流。

【浅释】

人在贫穷时说话也不多，水在平面上也不会流动。

一家养女百家求，一马不行百马忧。

【浅释】

一家养育的姑娘长大了，一百家的人都来求亲；带头的马站着不走，一百匹马都担忧地站在那里。

有花方酌酒，无月不登楼。

【浅释】

有了鲜花陪伴才能够开怀畅饮，没有月亮升天就不要登楼眺望。

三杯通大道，一醉解千愁。

【浅释】

三杯喝下去可以通晓道理，一醉可以解除烦恼忧愁。

深山毕竟藏猛虎，大海终须纳细流。

【浅释】

深山必然会藏有猛虎，大海终究要容纳细流。

惜花须检点，爱月不梳头。

【浅释】

假如爱惜花朵，那么就要举止恭敬；假如喜爱月亮，就不要用它当镜子梳头。

大抵选他肌骨好，不擦红粉也风流。

【浅释】

只要身体素质好，不梳妆打扮也风流。

受恩深处宜先退，得意浓时便可休。
莫待是非来入耳，从前恩爱反成仇。

【浅释】

受到很深的恩惠时就及早身退，春风得意时就及时罢休。要少听或不听是非话，听得多了再好的人也变成为仇人，到那时就晚了。

    留得五湖明月在，不愁无处下金钩。

【浅释】

只要五湖明月仍在，就不愁没有地方钓不着鱼。

    休别有鱼处，莫恋浅滩头。

【浅释】

不要离开有鱼的深潭，别去贪恋浅显的沙滩。

    去时终须去，再三留不住。

【浅释】

该失去的再留也留不住。

    忍一句，息一怒。
    饶一着，退一步。

【浅释】

忍一句怨言，息一些怨气。让对方一着，退后一步。

    三十不豪，四十不富，五十将近寻死路。

【浅释】

人到三十岁不自强自立，四十岁不富，到五十岁就没什么指望了。

生不认魂，死不认尸。

【浅释】

活着不认他的灵魂，死了不认他的尸首。

一寸光阴一寸金，寸金难买寸光阴。

【浅释】

光阴要比黄金还宝贵，因为光阴一去就不会返回，这是无论多少黄金都难以买到的。

父母恩深终有别，夫妻义重也分离。
人生似鸟同林宿，大限来时各自飞。

【浅释】

父母的恩情深重，但最终要告别；夫妻的情义很深，也迟早会分离。人生就像鸟儿一样，大家都栖息在一个林子里，一旦死期来临，便要各奔东西。

人善被人欺，马善被人骑。

【浅释】

善良的人往往被别人欺负，驯服的马总是被人任意乘骑。

人无横财不富，马无夜草不肥。

【浅释】

人没有意外之财不会暴富，马不在夜里喂草不能长肥。

人恶人怕天不怕，人善人欺天不欺。

【浅释】

恶人人们都害怕但天不怕，善良的人被人欺负但天不欺负。

善恶到头终有报，只争来早与来迟。

【浅释】

行善和作恶，终究都会得到报应，不同的只在早些到来还是晚些到来。

黄河尚有澄清日，岂可人无得运时！

【浅释】

黄河水还有清的时候，人怎么能没有运气好的时候呢？

得宠思辱，居安思危。

【浅释】

获得宠爱时，要想到可能会遭遇屈辱的日子；境况安逸时，要想到会有遭遇危险的可能。

念念有如临敌日，心心常似过桥时。

【浅释】

要像如临大敌一样时刻警惕，像过独木桥一样小心谨慎。

英雄行险道，富贵似花枝。

【浅释】

英雄豪杰所走的道路充满艰险，富贵荣华像花枝一样容易凋谢。

人情莫道春光好，只怕秋来有冷时。

【浅释】

人情关系并不总是如同春光一样美好，只怕也有像秋天冷冷清清的时候。

送君千里，终须一别。

【浅释】

哪怕送您到千里之外，终究还是要分手离别的。

但将冷眼观螃蟹，
看你横行到几时。

【浅释】

用冷静的眼光来看爬行的螃蟹，看它究竟能横行霸道到什么时候。

见事莫说，问事不知。
闲事休管，无事早归。

【浅释】

看到什么事，不要和人说；问你什么事，就说不清楚。与自己没有关系的闲事不要去管，没有要做的事情就早点回家。

假饶染就真红色，也被旁人说是非。

【浅释】

假的绸缎即使染成真的红色，也会遭到人们品评非议。

善事可作，恶事莫为。

【浅释】
好事可以做，坏事不能去做。

许人一物，千金不移。

【浅释】
答应的事情，想方设法也要做到。

龙生龙子，虎生虎儿。

【浅释】
龙生出的就是龙子，虎生出的就是虎儿。

龙游浅水遭虾戏，虎落平阳被犬欺。

【浅释】
龙在浅水中连小虾也敢戏弄，老虎落入平川反被家犬所欺负。

一举首登龙虎榜，十年身到凤凰池。

【浅释】
在科举考试中一旦名登进士榜，十年之后就能在朝廷出任高官。

十载寒窗无人问，一举成名天下知。

【浅释】
十年寒窗苦读，无人搭理照料；一旦科举及第，天下人立刻都知道了。

酒债寻常行处有，人生七十古来稀。

【浅释】

欠下酒钱是很平常的事，人活到七十岁却自古少有。

养儿防老，积谷防饥。

【浅释】

养育儿子是为了养老，积蓄谷物是为了防备饥荒。

当家才知盐米贵，养子方知父母恩。

【浅释】

当家后才能体会钱财来之不易，有了儿女才能理解父母的养育之恩。

常将有日思无日，莫把无时当有时。

【浅释】

该常常在有吃穿的时候想到没有吃穿的日子，不要等到没有吃穿的时候才想念有吃穿的日子。

时来风送滕王阁，运去雷轰荐福碑。

【浅释】

时运到来的时候，会有顺风送你到滕王阁，以使你闻名天下；时运失去的时候，会有雷击毁荐福碑，不让你靠此谋生。

入门休问荣枯事，观看容颜便得知。

【浅释】

进门时不必问主人近况如何，看看他的脸色表情也就大致知道了。

官清书吏瘦，神灵庙祝肥。

【浅释】

长官廉洁，下属的小官吏就会境况贫寒；神仙灵验，庙里的小职员就会大获收益。

息却雷霆之怒，罢却虎狼之威。

【浅释】

做官的人应当平息雷霆般的愤怒，去掉虎狼般的威风。

饶人算之本，输人算之机。

【浅释】

能够宽恕他人，是思考问题的根本之点；承认不如他人，是思考问题的关键一条。

好言难得，恶语易施。

【浅释】

于人有益的话不容易听到，伤害人的话却很容易说出。

一言既出，驷马难追。

【浅释】

一句话既然说出去了，用四匹马共驾的快车也追不回来。

道吾好者是吾贼，道吾恶者是吾师。

【浅释】

吹捧自己的人应该是自己的仇人；批评自己的人才是自己的老师。

路逢险处须当避，不是才人莫献诗。

【浅释】

路上遭遇了危险的地方，应注意自觉躲避；自己面对的如果不是才子，就不要向他献诗。

三人行，必有我师焉：
择其善者而从之，其不善者而改之。

【浅释】

三个人一起走路，其中必定有可以为我所学习的人。我选取那些优良的方面学习它，对那些不良的方面则加以改正。

欲昌和顺须为善，要振家声在读书。

【浅释】

要想万事顺利和睦，必须尽力多做善事；要想提高家庭名声，关键在于勤奋读书。

少壮不努力，老大徒伤悲。

【浅释】

年轻时假如不肯勤奋上进，年老时就只有独自悲伤。

人有善愿，天必佑之。

【浅释】
人只要有善良的愿望，上天会保佑的。

莫饮卯时酒，昏昏醉到酉。
莫骂酉时妻，一夜受孤凄。

【浅释】
不要在早晨喝酒，不然一天到晚都打不起精神。不要在晚上和妻子吵架，否则一夜都会孤单无人理会。

种麻得麻，种豆得豆。

【浅释】
种的是麻获得的就是麻，种的是豆获得的就是豆。

天网恢恢，疏而不漏。

【浅释】
天网非常广大，网孔尽管稀疏，但却没有遗漏。

见官莫向前，做客莫在后。

【浅释】
面见当官的不要着急地往前凑，到别人家做客时不要往后退缩。

宁添一斗，莫添一口。

【浅释】

宁可多添一斗粮，不愿多增一口人。

螳螂捕蝉，岂知黄雀在后。

【浅释】

螳螂正在专心捕食前面的知了，哪里晓得黄雀就在身后盯着自己。

不求金玉重重贵，但愿儿孙个个贤。

【浅释】

不奢望家中金玉满堂，价值连城；只期盼儿孙个个杰出，都成圣贤。

一日夫妻，百世姻缘。

【浅释】

夫妻缘分得来不容易，要恩爱珍惜。

百世修来同船渡，千世修来共枕眠。

【浅释】

夫妻之间应当同舟共济，同床共枕，这是千世修来的福分，要倍加珍惜。

杀人一万，自损三千。

【浅释】

杀死一万敌人，自己一方也要损失三千人。

伤人一语，利如刀割。

【浅释】

说一句伤人的话，其尖利就如同是用刀刺人一样。

枯木逢春犹再发，人无两度再少年。

【浅释】

枯木到了春天还会发芽的，但人是不会有第二次青春的。

未晚先投宿，鸡鸣早看天。

【浅释】

出行时不到晚上就该去找住宿处，听到鸡叫就及时起来看看天气。

将相头顶堪走马，公侯肚内好撑船。

【浅释】

将相的头顶能跑马，公侯的肚里可行船。

富人思来年，穷人思眼前。

【浅释】

富足的人家时常考虑未来的发展，贫穷的人家总是考虑眼前的生活。

世上若要人情好，赊去物件莫取钱。

【浅释】

在世上要想图个好人缘，赊欠给别人的东西就不要收钱。

死生有命，富贵在天。

【浅释】
人的生死是命运注定的，富贵是苍天安排的。

击石原有火，不击乃无烟。
为学始知道，不学亦枉然。

【浅释】
敲打石头会产生火花，不去敲打连烟也不会出。人经过学习，才能明白
道理；不去学习，就是虚度光阴，懵懂无知。

莫笑他人老，终须还到老。

【浅释】
不要笑话他人年纪老迈，总有一天，自己也会变为老人。

和得邻里好，犹如拾片宝。

【浅释】
同邻里相处好，就像捡到一块宝贝一样可贵。

但能依本分，终须无烦恼。

【浅释】
只要做事能够安分守己，那就永远不会有烦恼忧愁。

大家做事寻常，小家做事慌张。
大家礼义教子弟，小家凶恶训儿郎。

【浅释】

大户人家把做事看得很平常，小户人家做起事来慌里慌张。大户人家用礼义身教教导子弟，小户人家只知用恶言训斥儿孙。

君子爱财，取之有道。
贞妇爱色，纳之以礼。

【浅释】

人人都爱财富，但要来得正当。对于守贞节的妇女，要引导进入礼教的规范。

善有善报，恶有恶报；
不是不报，日子未到。

【浅释】

做善事就会有好的报应，干坏事就会遭到坏的报应。有时没能见到报应，并不是没有报应，而是报应的时机还没到来。

万恶淫为首，百行孝当先。

【浅释】

在全部坏事之中，淫乱位于首位；在所有德行当中，孝敬应为第一。

人而无信，不知其可也。

【浅释】

个人不讲信用，真不知道他还能干什么事情。

一人道虚，千人传实。

【浅释】

一个人说的情况，不管真假，经很多人一传似乎便成了真的。

凡事要好，须问三老。

【浅释】

要想办好事情，必须请教德高望重的老人。

若争小可，便失大道。

【浅释】

在一些小事上斤斤计较，便会失去更大的东西。

家中不和邻里欺，邻里不和说是非。

【浅释】

假如家庭内部不和谐，就会被邻居欺负；如果邻居之间不融洽，就会常常讲些是是非非。

年年防饥，夜夜防盗。

【浅释】

年年防范饥荒，夜夜防范盗贼。

学者如禾如稻，不学者如蒿如草。

【浅释】

学习的人像禾苗庄稼一样对世人有用，不愿意学习的人像蒿草一样对世人无用。

遇饮酒时须饮酒，得高歌处且高歌。

【浅释】

遇到喝酒的机会就开怀痛饮，适于高歌的地方就放声歌唱。

因风吹火，用力不多。

【浅释】

借着风力吹火，无须用太大力气。

不因渔父引，怎得见波涛。

【浅释】

不是凭着渔夫的指引，怎么能看到滚滚的波浪！

无求到处人情好，不饮任他酒价高。

【浅释】

不到处求人的人，人缘就好；不到处饮酒的人，身价也会高。

知事少时烦恼少，识人多处是非多。

【浅释】

知道的事情少烦恼自然也会少，认识的人多招惹的是非也会多。

世间好语书说尽，天下名山僧占多。

【浅释】

世间的好话都被书本说完，天下的名山被和尚（实指佛寺）占去的最多。

入山不怕伤人虎，只怕人情两面刀。

【浅释】

上山不怕伤害人的老虎，只怕人情险恶两面三刀。

强中更有强中手，恶人终受恶人磨。

【浅释】

强人之中还有更强的高手，恶人终究还是受到恶人的惩罚。

会使不在家豪富，风流不在着衣多。

【浅释】

会计划不管有钱没钱都需要，漂亮的人穿什么都无关紧要。

光阴似箭，日月如梭。

【浅释】

光阴快速流逝，如同射出去的箭；日月频繁交替，如同织布时的梭。

天时不如地利，地利不如人和。

【浅释】

时机好，不如地理条件好；地理条件好，不如与别人相互团结好。

黄金未为贵，安乐值钱多。

【浅释】

黄金算不上宝贵，平安快乐的生活才是最宝贵的。

万般皆下品，唯有读书高。

【浅释】

世上各种职业都是卑微的，只有读书当官才是高贵的。

为善最乐，为恶难逃。

【浅释】

做好事行善事使人人快乐，做坏事有恶行罪责难逃。

羊有跪乳之恩，鸦有反哺之义。
孝顺还生孝顺子，忤逆还生忤逆儿。
不信但看檐前水，点点滴在旧窝池。

【浅释】

羊羔有跪下接受母乳的感恩举动，小乌鸦有衔食反喂母鸦的情义。孝顺的人生的孩子也孝顺，不顺从的人生的孩子也是逆子。不信就看屋檐流下的水，一点一滴都流在以前的坑里。

隐恶扬善，执其两端。

【浅释】

不讲别人的坏处，多讲别人的好处，要握住这两点。

妻贤夫祸少，子孝父心宽。

家里有贤惠的妻子，丈夫心烦事就少；儿子知孝，父亲就放宽心了。

人生知足何时足，到老偷闲且是闲。
但有绿杨堪系马，处处有路通长安。

人一辈子也没有满足的时候，年老当忙里偷闲颐养天年。只要有绿树就能拴马，处处大路可通往长安。

既堕釜甑，反顾何益。
反复之水，收之实难。

既然釜与甑都已经摔坏了，再反思又有什么用呢？洒出去的水，再想收回来恐怕是不可能的。

见者易，学者难。
莫将容易得，便作等闲看。

有很多事，看别人做认为很容易，一旦自己学起来就会感到很难。不要把容易得到的东西，看得很平常而不知珍惜。

用心计较般般错，退步思量事事宽。

用心算计别人反而时时出错，退一步考虑事情路子就会很宽。

道路各别，养家一般。

从俭入奢易，从奢入俭难。

【浅释】

道路各有区别，治家的道理却都是相同的。从节俭到奢侈容易做到，从奢侈到节俭就非常困难了。

知音说与知音听，不是知音莫与弹。

【浅释】

知心的话说给知己的人听，不是知己就不要跟他谈。

点石化为金，人心犹未足。
信了肚，卖了屋。

【浅释】

就是点石成金，人的欲望还是无法满足。整天吃香的、喝辣的，即便卖了房子也满足不了。

谁人不爱子孙贤，谁人不爱千钟粟。
奈五行，不是这般题目。

【浅释】

别人游手好闲，不干你事；别人忙忙碌碌与你无关。没有人不希望子孙后代贤能，没有人不喜欢无比优厚的俸禄，只是无奈五行八字中没有如此好的运气。

莫把真心空计较，儿孙自有儿孙福。

【浅释】

儿孙们的事情有操不完的心，不要为儿孙们左思右虑整天盘算，他们自然有应该得到的属于自己的富贵。

天下无不是的父母，世上最难得者兄弟。

【浅释】

天下没有不好的父母，世间最难得的是兄弟间的深厚感情。

与人不和，劝人养鹅；与不人睦，劝人架屋。

【浅释】

与人合不来，就劝人家养鹅；跟人不和睦，就劝人重新造屋。

但行好事，莫问前程。
不交僧道，便是好人。

【浅释】

去做好事，不要计较前途如何。不与僧人道士交往，就是好人。

河狭水激，人急计生。
明知山有虎，莫向虎山行。

【浅释】

河道变窄水流就会湍急，人在危急关头理应有应急的策略。明知道山中有虎，就不要到有虎的山上去了。

路不铲不平，事不为不成。
人不劝不善，钟不敲不鸣。

【浅释】

道路不铲不修就不会平坦，事情如果不去做就不会成功；人不劝导不会学好，就像钟不敲打不会响一样。

无钱方断酒，临老始看经。

【浅释】

没钱的时候才去戒酒，年纪老了才开始读经书。

点塔七层，不如暗处一灯。

【浅释】

把七层的高塔都点亮灯，还不如在黑暗处点亮一盏灯。

堂上二老是活佛，何用灵山朝世尊。

【浅释】

堂上二老双亲就是活菩萨，何必一定要去灵山朝拜佛祖呢？

万事劝人休瞒昧，举头三尺有神明。

【浅释】

奉劝世人做什么事情都不要违背良心，其实你的一言一行都有神灵盯着你。

但存方寸土，留与子孙耕。
灭却心头火，剔起佛前灯。

【浅释】

要留下适当的田地，供给子孙们耕种，以自食其力。要熄灭心头的怒火，点亮佛前的青灯。

惺惺常不足，蒙蒙作公卿。

【浅释】
聪慧能干的人不能成事，稀里糊涂的人却做了高官。

众星朗朗，不如孤月独明。
兄弟相害，不如友生。

【浅释】
再多的星星，也不如一个月亮明亮。兄弟之间要和睦相处，不能相互
危害。

合理可作，小利莫争。

【浅释】
合乎情理的事情就可以去办，而蝇头小利不要去抢。

牡丹花好空入目，枣花虽小结实成。

【浅释】
牡丹花虽好但只能供观赏，枣花虽小却能结出果实。

随分耕锄收地利，
他时饱暖谢苍天。

【浅释】
照农时变化来种植收获庄稼，吃饱穿暖时不要忘记感谢上苍。

得忍且忍，得耐且耐，
不忍不耐，小事成大。

【浅释】
遇事要冷静，能忍耐则忍耐，要不然小事就会酿成大错。

相论逞英豪，家计渐渐消。

【浅释】
彼此相互攀比，各逞其能，家道将逐渐衰退下去。

贤妇令夫贵，恶妇令夫败。

【浅释】
贤惠的妻子能让丈夫有地位，不好的妻子会使丈夫卑贱。

一人有庆，兆民咸赖。

【浅释】
一个人有了值得庆祝的事，很多人都会从中得到益处。

人老心不老，人穷志不穷。

【浅释】
人老了但壮心不能老，人虽穷但志气不能穷。

人无千日好，花无百日红。

【浅释】

人不可能总是一帆风顺，犹如花不可能常开不败一样。

杀人可恕，情理难容。

【浅释】

杀了人的人以宽恕，但违背了仁义道德却不能原谅。

乍富不知新受用，乍贫难改旧家风。
座上客常满，杯中酒不空。

【浅释】

忽然富裕起来，却不知道怎样享用；一下子从富变穷了，过去的生活方式也还难以改变。时常宾朋满座，杯中的酒也没有空过。

屋漏更遭连夜雨，行船又遇打头风。

【浅释】

屋子本来就漏，却又遭到连夜大雨；行船本就困难，偏又碰上迎头风。

笋因落箨方成竹，鱼为奔波始化龙。
曾记少年骑竹马，看看又是白头翁。

【浅释】

笋因为不断掉壳才成为竹子，鱼只有长途奔波才可变成龙。还记得小时候一起骑竹马的情景，现在相看都已成白发老翁。

礼义生于富足，盗贼出于赌博。

礼义是在富足生活中形成的，人常常是由于赌博而沦为盗贼，走上犯罪的道路。

天上众星皆拱北，世间无水不流东。

【浅释】

天上的所有星星环绕着北极星。世界上的所有河流都归纳入大海。

君子安贫，达人知命。

【浅释】

君子贫穷时也能安分守己，贤达之人知晓天命。

良药苦口利于病，忠言逆耳利于行。

【浅释】

好药吃着虽然苦但对治病有利，批评的话语听着虽然刺耳但对自己的行事有所帮助。

顺天者存，逆天者亡。
人为财死，鸟为食亡。

【浅释】

顺从天意者就可以生存，违背天意者就必然会灭亡。人为抢夺钱财而死，鸟为觅取食物而亡。

夫妻相和好，琴瑟与笙簧。

【浅释】

夫妻之间和和美美，就像琴瑟与笙簧一样音韵和谐。

善必寿考，恶必早亡。

【浅释】

行善积德必定长寿，常做坏事必会早亡。

爽口食多偏作病，快心事过恐生殃。

【浅释】

美味佳肴吃得太多反而要生病，高兴的事过后恐怕要出现祸殃。

富贵定要依本分，贫穷不必再思量。

【浅释】

富贵之后一定要安分守己，穷困了就不要再有非分之想。

画水无风空作浪，绣花虽好不闻香。

【浅释】

画中之水波涛滚滚，但听不到风浪声；布上绣的花虽然好看，却闻不到花香。

贪他一斗米，失却半年粮；
争他一脚豚，反失一肘羊。

【浅释】

贪图他人一斗米，却失去了半年的口粮；拿了别人的一个猪蹄，反而失掉了一个羊肘子。

龙归晚洞云犹湿，鹿过春山草木香。
平生只会说人短，何不回头把己量。

【浅释】

龙在返回洞里时云彩还是湿的，鹿走过的山地草木都带着香气。平常只会议论别人的短处，为什么不反过来找找自身的毛病呢？

见善如不及，见恶如探汤。

【浅释】

看见好人好事唯恐已赶不上，看到坏人坏事如手碰到沸水一样。

人穷志短，马瘦毛长。

【浅释】

人贫穷了，就会表现得如同没有志气一样；马变瘦了，就会显得如同毛变长了一样。

自家心里急，他人不知忙。
贫无达士将金赠，病有高人说药方。

【浅释】

自己的事情自己心里最着急，别人不知道，不会帮忙的。人穷了不会有人仗义送你钱财，生病时倒是有人告诉治病的良方。

触来莫与竞，事过心清凉。
秋至满山多秀色，春来无处不花香。

【浅释】

对于冒犯了自己的人不要和他计较，事情过去后心情自然会平和下来。秋天到时满山遍野都是秀美的景色，春天到来后处处都散布着醉人的花香。

凡人不可貌相，海水不可斗量。

【浅释】

衡量一个人不可凭相貌来判定，就像海水不能用斗来量一样。

清清之水为土所防，济济之士为酒所伤。

【浅释】

再大的洪水也会被土挡住，多少豪杰志士也会被酒伤害。

蒿草之下还有兰香，茅茨之屋或有侯王。
无限朱门生饿殍，几多白屋出公卿。

【浅释】

蒿草下边可能长着兰草，茅屋里边可以生出达官贵人。许多豪门之家也会沦为饿殍，很多贫苦家庭也能培养出高官名士。

醉后乾坤大，壶中日月长。
万事皆已定，浮生空自忙。

【浅释】

醉酒会感到天地广阔，酒壶中包含着天地日月。世上的事情都很明了，但个人的前程却很暗淡。

千里送毫毛，礼轻仁义重。
世事明如镜，前程暗似漆。

【浅释】

从千里之外送来一根毫毛，礼物尽管轻，但情谊却深厚。世上的事如镜子一样清晰明了，但个人的前程却如同漆一样暗淡。

架上碗儿轮流转，媳妇自有做婆时。

【浅释】

架上的碗碟可以不分先后轮流使用，再年轻的媳妇也有熬到做婆婆的那一天。

人生一世，如驹过隙。

【浅释】

人生短短几十年，如同白驹过隙，一闪即过。

良田万顷，日食一升；
大厦千间，夜眠八尺。

【浅释】

家有良田万亩，每天也不过吃一升；即便是千间大厦，一个人有八尺地方睡觉也就够了。

千经万典，孝悌为先。

【浅释】

千万种经典说的都是同一个道理，孝敬父母、友爱兄弟应是首先要做到的。

一字入公门，九牛拖不出。
八字衙门向南开，有理无钱莫进来。

【浅释】

老百姓一旦吃官司进了衙门，再也休想平安地出来了。

富从升合起，贫因不算来。

【浅释】

富是由一点一滴积累起来的，贫穷都是因为不会精打细算造成的。

家无读书子，官从何处来。

【浅释】

家中人都不读书求学，怎么会有做官的人呢？

人间私语，天闻若雷；
暗室亏心，神目如电。
一毫之恶，劝人莫作；
一毫之善，与人方便。
欺人是祸，饶人是福；
天眼昭昭，报应甚速。

【浅释】

背地里说的悄悄话，老天都听得一清二楚。暗地里做的亏心事，神灵都看得明明白白。即便最细小的坏事，也要劝人不要做；任何于人有利的好事，都要尽力去做。欺负别人会给自己带来灾祸，宽恕他人能给自己带来福分；上天都明白清楚，人的所作所为会很快得到相应的好与坏的报应。

圣贤言语，神钦鬼服。

【浅释】

圣贤说的话，连神鬼都佩服。

人各有心，心各有见。
口说不如身逢，耳闻不如眼见。

【浅释】

每个人都有自己的心思，都有自己的主见。口里说出来不如亲身经历过，只是听说不如亲眼所见。

养兵千日，用兵一时。
国清才子贵，家富小儿娇。

【浅释】

长期供养培训军队，为的是应对一时的战争。国家政治清明，有才识的读书人就会受到敬重，家庭富贵了，小孩子就变得娇贵起来。

利刀割体疮犹合，恶语伤人恨不消。

【浅释】

利刀伤了人是很容易治好的，但恶语伤害人很难使人消恨。

有才堪出众，无衣懒出门。

【浅释】

有才识的人足以出人头地，没有像模像样的衣服就懒得出门。

公道世间唯白发，贵人头上不曾饶。

【浅释】

只有人们头上的白发，才是世间最公道的东西，即使是贵族富人，它也一视同仁，绝不放过。

为官须作相，及第必争先。

【浅释】

做官就要做到宰相，科举考试就要争取名列前茅。

苗从地发，树由枝分。
父子亲而家不退，兄弟和而家不分。

【浅释】

芽从土地里生长出来，大树是从枝干上分杈。父子和谐家道就不会衰败，兄弟和谐相处家庭就不会破裂。

官有公法，民有私约。

【浅释】

国家有国家的法律，民间自有民间的契约。

闲时不烧香，急时抱佛脚。

【浅释】

平时不烧香拜佛，危急之时才想起求佛爷护佑。

幸生太平无事日，恐防年老不多时。
国乱思良将，家贫思贤妻。

【浅释】

国家混乱时当权者才想到忠良的将军，家里贫困时主人才想到贤惠的妻子。

池塘积水须防旱，田土深耕足养家。
根深不怕风摇动，树正何愁月影斜。

【浅释】

池塘里蓄满水是为了防旱，土地深耕细作是为了多打粮食来养家糊口。树根扎得深就不怕大风摇动，树干长得直就不怕地上的影子斜。

学在一人之下，用在万人之上。
一字为师，终身如父。
忘恩负义，禽兽之徒。

【浅释】

一个人那里学到的东西，可以用在千千万万人身上。从老师那里学到点滴知识，就要终身像对待父亲那样尊敬老师。忘恩负义之人，只能与禽兽为伍。

劝君莫将油炒菜，
留与儿孙夜读书。
书中自有千钟粟，
书中自有颜如玉。

【浅释】

你不要把油用作炒菜，应该留给儿孙们夜里读书做灯油用。读好书就能获得高官厚禄，漂亮女人。

> 莫怨天来莫怨人，
> 五行八字命生成。
> 莫怨自己穷，
> 穷要穷得干净；
> 莫羡他人富，
> 富要富得清高。

【浅释】

不要怨天尤人，人生都是命中注定的。不要埋怨自己贫穷，穷要穷得有气节；不要羡慕他人富贵，富要富得纯洁高尚。

> 别人骑马我骑驴，仔细思量我不如，
> 待我回头看，还有挑脚汉。

【浅释】

别人骑马我却骑驴，认真比较我不如别人，但等我回头一看时，在后面还有挑担的人却远不如我。

> 路上有饥人，家中有剩饭。
> 积德与儿孙，要广行方便。
> 作善鬼神钦，作恶遭天谴。

【浅释】

有乞讨者来门前，家中如果有吃剩的饭菜，就应该把食物送给他们，就算为儿孙们积点德。做善事鬼神也会钦佩，做坏事必定会遭到上天的惩罚。

> 积钱积谷不如积德，买田买地不如买书。

【浅释】

积攒钱粮不如多积阴德，买田买地不如多买书籍。

一日春工十日粮，十日春工半年粮。
疏懒人没吃，勤俭粮满仓。

【浅释】

春天里干一天活就能够收获十天吃的粮食，干十天就能够收获够半年吃的粮食，懒散的人没有粮吃，勤奋的人粮食堆满仓。

人亲财不亲，财利要分清。

【浅释】

不管是多么亲密的人，钱财利益也要分得明明白白。

十分伶俐使七分，常留三分与儿孙，
若要十分都使尽，远在儿孙近在身。

【浅释】

十分的聪明用上七分即可，留三分给儿孙。如果十分聪明都用尽，那就会聪明反被聪明误，近的误了自己，远的会误了儿孙。

君子乐得做君子，小人枉自做小人。

【浅释】

高尚的君子自愿高尚，卑鄙的小人自甘卑鄙。

好学者则庶民之子为公卿，不好学者则公卿之子为庶民。

【浅释】

好学的人即便是贫困子弟，也能够做高官；不好学的人即便是公侯之子，失利后也只能做平民。

惜钱莫教子，护短莫从师。
记得旧文章，便是新举子。

【浅释】

舍不得钱财，就不要教育子女；庇护缺点，就不要从师学习。能弄懂并背得圣贤们的文章，就能考取为新的举人。

人在家中坐，祸从天上落。
但求心无愧，不怕有后灾。

【浅释】

人在家里待着，灾害也会从天上降下。行事只求问心无愧，不要担忧会有什么灾害。

只有和气去迎人，哪有相打得太平。
忠厚自有忠厚报，豪强一定受官刑。

【浅释】

只有和和气气地去对待周围的人，才能过上安稳日子，经常打打骂骂哪有太平日子可过呢？忠厚老实的人自然会有好的回报，巧取豪夺的人日后必定会受到法律的严惩。

人到公门正好修，留些阴德在后头。
为人何必争高下，一旦无命万事休。

【浅释】

人进了官府正好修炼，为自己身后积些阴德。做人何必非要争出谁高谁低呢？一旦失去性命就什么都完了。

　　　　　山高不算高，人心比天高。
　　　　　白水变酒卖，还嫌猪无糟。

【浅释】

山再高也没有天高，但人心有时比天还高；把白水当酒卖给别人，还埋怨自家猪没酒糟吃。

　　　　　贫寒休要怨，富贵不须骄。
　　　　　善恶随人作，祸福自己招。

【浅释】

人在穷困时不要怨天尤人，富贵时不能骄奢淫逸。好事坏事都是人自己做的，灾难幸福全是由自己引来的。

　　　　奉劝君子，各宜守己，只此呈示，万无一失。

【浅释】

奉劝天下的正人君子都要安分守己，遵纪守法。只要做到上面说的可以保证你万无一失，一帆风顺。

历代蒙求

【题解】

《历代蒙求》就主要内容而言，上至天地的形成，人类的起源，下至元朝的建立，对各个时期的历史人物都有褒贬客观的评论。文言格式采用四字成言，文字精练，脉络清晰，详略得当，非常便于儿童诵读和记忆。

《历代蒙求》作者为陈栎，字寿翁，相传生于南宋末年，死于元代中期。因为所居的地方叫定宇，所以也有人把他称作定宇先生。

据考证，宋元时期，蒙求的读物多种多样，介绍历史知识的，以陈栎的《历代蒙求》最为著名。世人将《名物蒙求》《性理字训》《史学提要》合四为一，称为《小四书》。本文便是明刊《小四书》里的《历代蒙求》，希望广大少年儿童读后，能学到有用的知识。

太极既判，高下定位，
轻清为天，重浊为地，
中处者人，必立之君。

【解析】

盘古开天辟地，宇宙便由最初的混沌状态分化出阴阳二气，天地也就确定了。轻的气往上浮，就成了天，天上有日、月、星辰；重的气往下沉，就成了地，地上有高山、河流、林木。处在中间的精气，就形成了人类，他们必然要确立他们的群主。（太极：指宇宙的本原，"太""极"都是极限的意思。既判：分化。高下：指天地。）

三皇五帝，世质民淳；
伏羲画卦，更造书契。

【解析】

三皇五帝时期，世风质朴，民俗淳厚。伏羲画八卦以推算规律，造文字来记载历史。

炎帝神农，教民耒耜。

【解析】

炎帝神农氏，亲自尝遍百草，辨别出能够治病的药物和能够吃的五谷。他制造出耒和耜，教人耕种。

黄帝轩辕，神化宜民，
始垂衣裳，皇风愈惇。

【解析】

黄帝轩辕氏，教导人们按照自然规律种植五谷，治疗疾病。而且从那一时期起，人们穿上五彩的衣服，美好的文明之风越来越敦厚。（黄帝：姓公孙名轩辕，传说是我国远古时期一个部落的首领。神化：指按自然规律转变。宜：适应。垂：垂下。皇风：美好的善良的风气。惇：敦厚。）

皇降而帝，少昊有作；
颛顼继之，授于帝喾。

【解析】

黄帝在首山采铜，在荆山造鼎，铸完后，突然光芒四射，一条巨龙腾空而来，接走了黄帝，长子少昊接替了部落联盟首领的地位，并且大有作为。他死后，由颛顼继位。颛顼死后，帝喾接替他的位置，成为部落联盟首领。

唐帝曰尧，舍子丹朱，
询事考言，让于有虞；
舜德重华。

【解析】

　　唐部落的首领叫尧，因为儿子丹朱品德不端，于是放弃了让其继位的打算，通过征求其他首领的意见，同时亲自考察虞舜的言行举止，最后将位子让给了虞舜。虞舜名重华，是一个品德高尚的人。

乐日韶舞，亦舍商均，让于大禹。

【解析】

　　虞舜以童音乐化天下民众，让民众懂得音乐，会跳美丽的舞蹈。后来他年纪老了，也放弃了让儿子商均继位的主张，让治水有功的大禹接替他做了部落联盟的首领。（商均：舜的儿子。大禹：夏氏族的首领，姓姒，名文命。）

惟此五帝，实官天地。

【解析】

　　只有这五位帝王，实施的是"禅让"的制度。

家天下者，始于有夏。
启贤继能，禹因传启。
三王传子，实始于此。

【解析】

　　家天下制度从夏朝开始实行，大禹的儿子夏启贤能，大禹死后，夏启便继承了父亲的王位，从三王开始的世袭制度由此发端。

桀虐而亡，共十七君，祚四百年。

【解析】

　　桀是夏朝末代的国王，残酷无比，被商汤击败而死，夏朝灭亡。从夏禹建国到夏朝灭亡，共传承十七代国王，历史持续了四百年。

> 商汤代兴，太甲太戊，
> 盘庚武丁，凡六七君，
> 贤圣挺生。

【解析】

商汤任用伊尹治理政治，终于战胜了夏桀和各部落，建立起商王朝。商朝的太甲、太戊、盘庚、武丁，共有六七位君主，有道德，有才能，杰出人物层出不穷，国家昌盛。（商汤：商朝开国君主。太甲：商汤的长孙。）

> 纣为无道，罪浮于桀，
> 祚六百年，为周所灭。

【解析】

商朝末代君王商纣王昏淫残虐，残害忠良。他的罪孽，远远胜过夏桀。商王朝共延续了六百多年，最终被周武王消灭。

> 周自后稷，积德累仁。

【解析】

周部落自从后稷时代开始，就积累了不少行仁德的事情。

> 文王宜王，犹服事殷。

【解析】

到周文王姬昌时，周族已经非常强大，原本能够称王天下了，为了让商纣王不对周族有防范，还屈服于殷商的统领，甚至被囚在羑里。

> 武王伐纣，天下归周。

【解析】

周武王兴师讨伐残暴无道的商纣王，天下诸侯纷起响应。

卜世卜年，古今无俦。
成康俱贤，泰和极治。

【解析】

　　周成王继位后，卜卦预卜周朝能传承多少世、多少年。这在古往今来的历史中没有先例。成王、康王都是有贤德的君主，他们在位期间，国泰民安，社会非常稳定。（俦：伴侣。泰和极治：相传自成王至康王的四十余年间，没有犯罪的人，所以用不着刑罚，经济文化有较大的发展，历史上称为"成康之治"。）

平王东迁，春秋攸始，
五霸相继，尊周为名。

【解析】

　　平王东迁，周幽王成为西周末代国王。他统治期间，政治混乱，天灾人祸接连不断，终究被入侵的犬戎所杀。太子姬宜臼（周平王）继位，他面对凌乱不堪的都城，没法收拾，只好把都城移到雒邑（现在河南洛阳），建立东周王朝，从此步入了春秋阶段。在此期间，各诸侯国日渐强大，依次有五个国家以尊周天子为名，实现了自己的雄霸事业，他们分别是：齐桓公、晋文公、楚庄公、吴王阖闾和越王勾践。

降为战国，七雄纷争。

【解析】

　　进入战国时期后，又出现七国争雄的局面。

赧王入秦，周历遂讫，
享年最永，八百七十。

到周赧王统治时期，东周早已经名存实亡。秦国索性灭了东周，周赧王去世。周王朝的历史于是就完结了。周朝经历时期最长，总共八百七十年。

秦并六国，狼吞虎噬；
谓并三五，始称皇帝。

【解析】

秦王王嬴政即位以后，如狼似虎，率领大军先后消灭了韩、魏、楚、燕、赵、齐六国，建立起中国历史上第一个统一的中央集权国家，嬴政认为，应该把三皇五帝的尊称合并起来，于是自称为始皇帝。

尽扫良法，焚书坑儒，
二世而亡，咸阳为墟。

【解析】

秦始皇废除了所有先王的制度和法规，采取一系列改革的政策，并下令焚毁旧封建礼教的儒家经典著作《诗》《书》，对敢于违抗的四百多名儒生和方士进行坑杀。但是秦王朝并没有传承多久，秦二世上台不久，就被起义军推翻，都城咸阳也变成了一片废墟。

汉高勃兴，宽仁大度；
诛秦戮项，光启炎祚。

【解析】

汉高祖刘邦勃然兴盛；他宽仁大度，深得民心；先是推翻了秦朝暴政，后又消灭了对手项羽，火德的光焰开启了新的王朝。

当时股肱，萧何曹参，
萧与张韩，人杰为三。

【解析】

在当时辅佐刘邦取得天下的手足之臣，是萧何与曹参。西汉初年，萧何、张良、韩信，是三位杰出的人物，他们帮助刘邦取得了"楚汉之争"的胜利。（股肱：比喻左右得力的"手足之臣"。）

文景恭俭，休养生息。

【解析】

汉文帝和汉景帝，都提倡勤俭，他们减轻赋税和徭役，大力发展农业生产，实行了与民休息的政策，西汉从此兴旺起来。

武帝穷黩，孝宣总核，
元成柔弱，哀平短祚。

【解析】

武帝穷兵黩武，宣帝总结以往经验，继续发展生产，安定边疆。元帝和成帝则十分柔弱，没有什么作为，哀帝和平帝均为短命天子。

王莽篡窃，实开光武；
同符高帝，西汉遂东。

【解析】

王莽篡位，窃取了汉朝江山。光武帝刘秀与各路英雄一起推翻了王莽的统治，并假借一道赤伏符降下"上天"让刘秀做中兴之主的旨意。于是刘秀做了名正言顺的皇帝，建都在鄗，从此，开始了东汉王朝。（王莽：西汉末年的汉室亲戚。光武：指光武帝刘秀，刘邦的九世孙，东汉的开国皇帝。同符：刘秀安排当年的一个同学来献一道赤伏符。）

曹操子丕，篡汉为魏。

【解析】

东汉末年，战乱频繁。曹操逐步统一了北方，担当汉丞相的职务，被封作魏王。他的儿子曹丕进一步废了汉献帝，自称为魏国皇帝。

三世贤主，显宗肃宗，
传世十二，终于灵献，
汉祚四百，人心未灭。

【解析】

东汉初年的三位君王：光武帝刘秀、明帝刘庄、章帝刘炟都是贤明有作为的。东汉共传承了十二世，在灵帝和献帝手里完结了汉王朝四百年的历史，然而人民思汉之心并没有终止。

帝室之胄，蜀主刘备。

【解析】

汉朝皇帝的后代刘备，在诸葛亮、张飞、关羽的辅佐下开发西蜀，自立为汉中王，后又称帝。与魏、吴形成鼎立形势。（刘备：西汉皇族后代。）

吴主孙权，开国江东。

【解析】

孙权是东吴的帝王。他在张昭、周瑜的辅助下，接替父亲孙坚、兄长孙策的事业，坐镇长江下游江南一带，建立了相对稳固的政权。

三分鼎峙，各为长雄，
孰能一之，晋司马氏。

【解析】

　　魏蜀吴三国三足鼎立，互相对峙，经常为争夺中原之地成为天下霸主而诉诸战争。最后是谁实现了统一呢? 是晋朝的创立者司马氏家族。

　　　　　　历懿师昭，炎为武帝。

【解析】

　　经过了司马懿和司马师、司马昭父子三人的开创奋斗，到司马炎接位晋王时才代魏称帝，即武帝，建立了晋朝。

　　　　　　开基肇乱，子愚妇逆。

【解析】

　　晋王朝由于武帝司马炎登基后大封皇族为主，从一开始就不断地发生内乱；而他的儿子又傻又浑，继位为惠帝，迟钝昏庸，皇后贾南风又残暴又荒淫，弄得晋朝一天也不安宁。

　　　　　　怀愍孤立，擒于刘石。

【解析】

　　晋怀帝、晋愍帝统治时期，十分孤立，战乱不休。最终都被匈奴的军队击败，先后成了刘曜、石勒、刘聪的俘虏，并被杀害。

　　　　　　元帝渡江，国曰东晋；
　　　　　　十世而亡，宋武应运。

【解析】

　　晋元帝渡过长江，建立东晋。晋朝经过十代而亡国，宋武帝刘裕应运而生。

自晋中微，群胡云扰，
五凉四燕，三秦二赵，
一夏一蜀，纷纷僭窃。

【解析】

自晋朝中期开始衰落以来，北方少数民族纷纷侵犯中原，先后建立过五个凉国、四个燕国、三个秦国、两个赵国，还有一个夏国和一个成汉（在蜀地），纷纷犯上作乱篡取江山。

正朔相承，要推建业。

【解析】

正规接受晋恭帝禅让称帝的，应该算在建业建都的宋武帝刘裕。（朔：帝王将令叫作朔，这里指晋恭帝禅让刘裕的政令。）

僭窃俱亡，并于元魏，
南北分王，垂三百祀。

【解析】

北方越位篡取江山的诸位"帝王"都接连灭亡了，北魏道武帝拓跋珪逐步统一了北方，势力延伸到黄河南北的广大区域，与南方的东晋王朝对立。南北朝分治，大约持续了三百年。

元魏迁洛，亦曰贤君。

【解析】

北魏孝文帝迁都洛阳，他本人也是一位贤明的君主。

南历五朝，宋齐梁陈；
宋始刘裕，齐萧道成，
萧衍梁继，霸先陈兴。

【解析】

南方先后经过了五个朝代，继东晋之后依次即位的是宋朝、齐朝、梁朝和陈朝。刘裕是宋朝的建立者，萧道成是齐朝的建立者；继位的是梁朝的萧衍，最后兴盛的是陈朝的陈霸先。

元魏之衰，分而为二；
高及宇文，各篡其位。

【解析】

北魏末年衰落以后，分为两个魏国：高欢立只有十一岁的元善在洛阳为帝，历史上称为东魏；宇文泰在长安拥元宝炬称帝，历史上称为西魏。后来高欢和宇文泰都篡夺了帝位。（高：指高欢，在战乱中当上将领。因拥立元修为皇帝而掌握北魏大权。元修逃往长安后，高欢又拥元善为帝。宇文：指宇文泰。因战功被孝武帝封为大都督。后来宇文泰毒死孝武帝，另立元宝炬为帝。）

高为北齐，宇文并之。

【解析】

高氏建立北齐，后来被宇文氏所灭。

宇文之周，又灭于隋。

【解析】

北周是宇文泰建立的，后来又被隋朝灭亡了。

隋主杨坚，本无功德，
平陈后主，幸而混一。

【解析】

隋朝开国皇帝杨坚，并没有什么功德，只是在侥幸地灭陈之后，实现了国家的统一。

再传炀帝，以奢侈亡，
天亦厌乱，业归李唐。

【解析】

隋朝继杨坚之后传位给炀帝杨广，他因腐化堕落穷奢极欲丧失民心，被部下杀死。天意也厌倦了中原的长期混乱局面，统一中国的大业就落在了唐王李渊父子身上。（炀帝：杨坚的次子，604年乘父生病卧床，杀父自称皇帝。李唐：指唐王李渊父子。）

唐起义兵，始于高祖。

【解析】

唐王李渊起义反隋，建立了唐朝统一了中国，成为唐朝的开朝皇帝唐高祖。

佐以太宗，实为英主。

【解析】

辅助李渊建立唐朝的是他的儿子李世民，就是之后的唐太宗。唐太宗确实是贤明有作为的君主。

十八学士，号为登瀛。

【解析】

十八位学士因受到重视和重用被时人称为"登瀛洲"。

贤相房杜，共致太平。

【解析】

最有才能的是宰相房玄龄、杜如晦等人。他们帮助唐太宗治理国家，使唐朝成为太平盛世。

继之玄宪，称唐三宗。

【解析】

之后能传承唐太宗的统治方法的是唐玄宗李隆基和唐宪宗李纯，历史上把他们称为唐朝杰出的有所作为的唐三宗。

闺门多惭，杂以夷风。

【解析】

唐朝的公主们多有使她们感到羞愧和耻辱的事，她们当中有好几位远嫁少数民族，使唐朝开始混杂一些少数民族的风俗。

外乱藩镇，内乱宦官，
迄于唐亡，亦三百年。

唐朝走向衰亡，外面有独霸一方的安禄山、史思明等藩镇作乱，内部有口蜜腹剑的李林甫、杨国忠诸宦官捣乱。唐朝从兴盛一直到灭亡，也将近有三百年（290年）时间。

五代继之，始于朱梁。

【解析】

在唐朝之后崛起的是"五代"，起初是朱温建立的后梁国。

唐李存勖，晋石敬瑭，
汉刘知远，周祖郭威，
共五十年，君如弈棋。

【解析】

接连建国的有李存勖建立的后唐、石敬瑭建立的后晋、刘知远建立的后汉、郭威建立的后周。前后共五十多年，君主变换如同下棋一样。

于时十国，各据偏方，
三汉二蜀，吴楚南唐，
荆闽吴越，纷然僭窃。

【解析】

在当时，占据一方立国称帝的还有十个国家：就是除后汉外的南汉、北汉，前蜀、后蜀，吴国、楚国、南唐，荆南、闽国和吴越国。它们纷纷称霸一方，自称皇帝。

孰能削平，必待圣哲。

【解析】

谁能稳定这杂乱的局势呢？必须要等待拥有超乎常人的才干智慧和品德崇高的人。

赵氏太祖，继以太宗，
扫除僭国，宋业以降。

【解析】

宋太祖赵国胤和接替他的宋太宗赵光义先后用了十多年的时间，逐一铲除了各个雄踞一方的小国，实现了统一中国的大业，建立起宋朝的江山。

真仁英神，俱称贤者。

【解析】

宋真宗、宋仁宗、宋英宗、宋神宗，都是贤明的君主。

相王安石，引进小人，
新法既变，又复绍述。

【解析】

宰相王安石，把一些无名之辈引进内阁，共同参与变法。新法已经实现，受到许多元老大臣的竭力反对。又不得不恢复祖宗遗训，实行旧法。

哲继以徽，误于六贼；
金师已逼，始禅于钦。

【解析】

接替宋哲宗的是徽宗，因为误用了六个奸臣，宋朝越加走向衰落。内部有农民起义，外面有金朝侵扰。当金朝大军逼近都城开封后，徽宗才着了急，一边求和，一边请求各地方支援首都，并下诏"罪己"，把王位传给太子赵桓，即宋钦宗。

祸如高齐，父子蒙尘。

【解析】

灾祸的来临仿佛南北朝北齐皇帝高澄被盗杀，高洋嗜酒狂暴暴毙，高殷立后被废，等等。历史再现，徽宗、钦宗父子被金兵俘虏，蒙受巨大耻辱。

高宗南渡，孝亦贤主。

【解析】

赵构是徽宗的儿子，两次到金营当人质。听闻父兄被俘后，偷偷逃脱，与父兄辞别后，渡过黄河，在南京（河南商丘）重建宋朝政权，称为高宗，后又把都城迁到临安（杭州）苟且偷安。而宋孝宗一心想收复失地，主张抗战，并亲自料理国家大事，倒也是一位圣明的帝王。

保境全民，光宁理度。

【解析】

南宋政权注意和金朝议和，保障境内人民的安全。先后传位的有光宗、宁宗、理宗和度宗。

又误于奸，留絷使车，
大朝以此，问罪兴师。

【解析】

然而又被奸臣贾似道误了国。他欺上瞒下，背着朝廷与蒙古营议和，应许割让长江以北，并每年进贡，后担心内情暴露，私自扣留关押了蒙古族派往南宋要求履行和约的使臣郝纪。所以元世祖忽必烈就以此为理由大举进军南宋，向南宋兴师问罪。

然而赵宋，亦三百祀，
国势如周，弱而已矣。

【解析】

可是纵观赵宋王朝的历史，也经历了三百余年，其国势就像过去的周朝一样，日益衰弱。

仁厚崇儒，始终不渝，
天生大贤，周程张朱。

【解析】

宋朝君主的仁爱、宽厚和崇尚儒家思想，是自始至终坚守不变的。苍天也为宋朝降生了伟大贤明的人才，他们就是周敦颐、程颢、程颐、张载和朱熹。

未始得用，如周孔孟。

【解析】

周、程、张、朱终究没有受到重用，其中职位最高的要属朱熹了，宋宁宗时，朱熹被宰相赵汝愚强力举荐，但也只不过进入焕章阁待制兼侍讲。他们都不被重用，就如同春秋时期的孔子和孟子一样。

周美莫寻，宋宜不竞；
不用于宋，表彰于今。

【解析】

周朝的那些优秀人才现在再也找不到了，宋朝本来有适宜的环境却未能实现由这些大贤治理国家。他们在宋朝得不到重用，在今天却受到表彰。

道明且行，康济斯民。

【解析】

程朱理学和孔孟之道一样，道理既明晰易懂，又可以身体力行，对民众的思想道德的健康是非常有好处的。

代金不宋，是为有元，
九十三载，一十四传。

【解析】

取代金朝的不是宋朝，是蒙古族的元朝统一了中国。从宋朝灭亡到明朝的建立，中国被异族统治了九十三年，共传了十四个君主。

洪惟圣朝，如日丽天，
宏基致治，垂统万年。

【解析】

只有现在的朝代是圣明王朝，就像太阳高照在天空一样。宏伟的基业将导致良好的治理，一代一代地流传下去。